हिन्दुस्तान की कहानी

(सम्पूर्ण)

('द डिस्कवरी ऑफ इंडिया' का हिन्दी अनुवाद)

लेखक

जवाहर लाल नेहरू

www.diamondbooks.in

प्रकाशक : डायमंड पॉकेट बुक्स (प्रा.) लि.
X-30 ओखला इंडस्ट्रियल एरिया, फेस -II
नई दिल्ली- 110020
फोन : 011-40712200
ई-मेल : wecare@diamondbooks.in
वेबसाइट : www.diamondbooks.in

संस्करण : 2025

मुद्रक : (रेप्रो इंडिया)

Hindustan ki Kahani (Sampurn)

by *Jawahar lal Nehru*

अहमदनगर क़िला जेल के

9 अगस्त, 1942 से 28 मार्च, 1945 तक के

साथी क़ैदियों और मित्रों को

“...जब कि मधुर मौन-विचार के अवसरों पर
मैं पुराने विचारों की सुधि जगाता हूं।”

प्रकाशकीय

मेरी हमेशा से इच्छा रहती है कि मैं समाज को विविध साहित्य से परिचित करवा सकूँ जो समाज के वैचारिकी को समृद्ध कर सके। पंडित जवाहरलाल नेहरू सिर्फ़ एक राजनेता ही नहीं, बल्कि एक कुशल लेखक और विचारक भी थे। उनकी लेखनी में राष्ट्रीयता, मानवता और प्रकृति के प्रति गहरा प्रेम झलकता है। नेहरू जी ने जेल में रहते हुए अपनी आत्मकथा लिखी, जो भारतीय स्वतंत्रता संग्राम के एक महत्वपूर्ण दस्तावेज के रूप में जानी जाती है। इनकी कुछ प्रमुख पुस्तकें- 'विश्व इतिहास की झलक', 'मेरी कहानी', 'हिंदुस्तान की कहानी', 'पिता के पत्र पुत्री के नाम', 'राजनीति से दूर' आदि हैं।

नेहरू के साहित्य की प्रमुख विशेषताएं :-

- नेहरू जी की लेखनी सरल और सहज है। उन्होंने जटिल विचारों को सरल शब्दों में व्यक्त करने की कला में महारत हासिल की थी।
- नेहरू जी का दृष्टिकोण वैश्विक था। उन्होंने भारतीय संस्कृति और इतिहास के साथ-साथ विश्व के विभिन्न देशों और संस्कृतियों का भी गहरा अध्ययन किया था।
- नेहरू जी बच्चों से बहुत प्यार करते थे। उन्होंने बच्चों के लिए कई किताबें लिखीं, जिनमें 'पंचशील की कहानी' और 'भारत की खोज' प्रमुख हैं।
- नेहरू जी को इतिहास और संस्कृति से गहरा लगाव था। उन्होंने भारतीय इतिहास और संस्कृति पर कई लेख लिखे हैं।

नेहरू जी का साहित्य न केवल भारतीय साहित्य का एक महत्वपूर्ण हिस्सा है, बल्कि यह भारतीय संस्कृति और इतिहास को समझने के लिए भी एक महत्वपूर्ण स्रोत है। उनकी लेखनी ने कई पीढ़ियों को प्रेरित किया है और भारतीयों में राष्ट्रीय एकता और गौरव की भावना पैदा की है। पंडित जवाहरलाल नेहरू एक महान राजनेता होने के साथ-साथ एक कुशल लेखक भी थे। उनका साहित्य भारतीय साहित्य का एक अमूल्य रत्न है। मैं आशा करता हूँ की पाठकों को नेहरु का समस्त साहित्य पसंद आयेगा।

- नरेन्द्र कुमार वर्मा

nk@dpb.in

प्रस्तावना

यह किताब मैंने अहमदनगर क़िले के जेलख़ाने में अप्रैल से सितंबर 1944 के पांच महीनों में, लिखी थी। मेरे कुछ जेल के साथियों ने इसका मसविदा पढ़ने की और उसके बारे में कई सुझाव देने की कृपा की थी। जेलखाने में, किताब को दुहराते हुए, मैंने इन सुझावों से फ़ायदा उठाया और कुछ बातें और जोड़ दीं। यह बताने की ज़रूरत नहीं कि जो कुछ मैंने लिखा है, उसके लिए कोई दूसरा ज़िम्मेदार नहीं, न यही लाज़िमी है कि दूसरा उससे सहमत हो। लेकिन अहमदनगर क़िले के अपने संगी क़ैदियों का मैं उन चर्चाओं और आपस के बहस-मुबाहसों के लिए बड़ा एहसानमंद हूं, जो हम लोगों के बीच हुए और जिनसे हिंदुस्तान के इतिहास और संस्कृति के बारे में अपने ख्याल को सुलझाने में मुझे बड़ी मदद मिली। थोड़ी मुद्दत तक भी रहने के लिए जेलखाना कोई ख़ुशग़वार जगह नहीं है, न तब कि जब लंबे सालों तक वहां रहना पड़े। लेकिन यह मेरी ख़ुशकिस्मती थी कि आलाक़ाबलियत और तहज़ीब के और अस्थायी भावनाओं से उठकर इन्सानी मामलों पर व्यापक दृष्टि रखनेवाले लोगों के बहुत नज़दीक रहने का मुझे मौक़ा मिला।

अहमदनगर क़िले के मेरे ग्यारह साथी हिंदुस्तान के विभिन्न भागों का एक दिलचस्प नमूना पेश करते थे; वे न महज़ राजनीति की नुमाइंदगी करते थे, बल्कि हिंदुस्तानी इल्म की— पुराने और नये इल्म की — और आजकल के हिंदुस्तान के मुख्तलिफ़ पहलुओं की भी नुमाइंदगी करते थे। क़रीब-क़रीब सभी ख़ास ख़ास जीती-जागती हिंदुस्तानी बोलियों के बोलनेवाले वहां मौजूद थे और उन पुरानी भाषाओं के जाननेवाले भी थे, जिन्होंने हिंदुस्तान पर पुराने या नये ज़माने में असर डाला है और जिनमें क़ाबलियत का दरजा ख़ासा ऊंचा था। पुरानी भाषाओं में संस्कृत और पाली, अरबी और फ़ारसी थीं; मौजूदा ज़बानों में हिंदी, उर्दू, बंगला, गुजराती, मराठी, तेलुगू, सिंधी और उड़िया थीं। मेरे सामने इतनी दौलत थी, जिससे मैं फ़ायदा उठा सकता था और अगर कोई रुकावट थी तो वह मेरी ही इन सबसे फ़ायदा उठाने की क़ाबलियत की कमी थी। अगरचे मैं अपने सभी साथियों का एहसानमंद हूं, फिर भी मैं ख़ासतौर पर नाम लेना चाहूंगा मौलाना अबुल कलाम आज़ाद का, जिनकी आला क़ाबलियत को देखकर हमेशा जी ख़ुश होता था और कभी-कभी तो हैरत होती थी। इसके अलावा मैं, गोविन्द वल्लभ पंत, नरेंद्रदेव और आसफ़ अली का ख़ासतौर पर एहसानमंद हूं।

इस किताब के कुछ हिस्से पुराने पड़ गये हैं, और जबसे यह लिखी गई है, बहुत-सी बातें गुज़र चुकी हैं। इसमें कुछ जोड़ने की और इसे दुहराने की अक्सर ख़्वाहिश हुई है, लेकिन मैंने इस ख़्वाहिश को रोका है। सच तो यह है कि इसके अलावा कोई दूसरी सूरत न

थी, क्योंकि क़ैदखाने से बाहर की ज़िंदगी का ताना-बाना ही कुछ दूसरा होता है और सोच-विचार करने और लिखने की फुरसत ही नहीं होती। शुरू में मैंने इसे पूरा-पूरा अपने हाथ से लिखा; मेरे क़ैद से छूटने के बाद यह टाइप किया गया। टाइप किया हुआ मसविदा देखने का मुझे वक़्त नहीं मिल रहा था और किताब की छपाई में देर हो रही थी। ऐसी हालत में मेरी बेटी इंदिरा ने हाथ बंटाया और मेरे कंधे से यह बोझ अपने ऊपर ले लिया। किताब उसी शक़्ल में है, जिस शक़्ल में यह जेल में तैयार हुई थी, कुछ जोड़ा या घटाया नहीं गया है, सिवा इसके कि आख़िर में एक 'ताज़ा क़लम' जोड़ दिया गया है।

मैं नहीं जानता कि दूसरे लेखक अपनी रचनाओं के बारे में कैसा ख्याल करते हैं, लेकिन जब मैं अपनी किसी पुरानी चीज़ को पढ़ता हूं तो हमेशा एक अजीब-सा एहसास मुझे होता है। इस एहसास में और भी अनोखापन उस वक़्त आ जाता है, जब रचना जेल के बंधे हुए और गैर-मामूली वातावरण में हुई हो और पढ़ने का मौक़ा बाहर आने पर मिला हो। मैं उस रचना को पहचान ज़रूर लेता हूं, लेकिन पूरी-पूरी तरह नहीं। ऐसा जान पड़ता है कि किसी दूसरे की लिखी हुई, लेकिन परिचित रचना पढ़ रहा हूं— ऐसे शख़्स की, जो मुझ से क़रीब ज़रूर है, लेकिन है दूसरा ही। शायद यह फ़र्क़ उतना होता है, जितना ख़ुद मुझ में इस बीच आ गया होता है।

इसी तरह का ख़याल इस किताब के बारे में भी मुझमें पैदा हुआ है। यह मेरी है, लेकिन आज जो मेरी हालत है, उसे देखते हुए बिल्कुल मेरी नहीं है, बल्कि यह मेरे किसी पुराने व्यक्तित्व की नुमाइंदगी करती है, जो उन व्यक्तित्वों के लंबे सिलसिले में शामिल हो चुका है, जो कुछ वक़्त क़ायम रहकर मिट गये हैं और अपनी महज़ एक याद छोड़ गये हैं।

जवाहर लाल नेहरू

आनंद भवन, इलाहाबाद

दिसंबर 29, 1945

अनुक्रम

1. अहमदनगर का क़िला

1. बीस महीने

अहमदनगर का क़िला:तेरह अप्रैल:उन्नीस सौ चवालीस

बीस महीने से ज़्यादा हो गए कि हम लोग यहाँ लाये गए। ये बीस महीने से ज़्यादा मेरी नवीं क़ैद की मुद्दत के हैं। हमारे यहाँ पहुँचने पर अंधियाले आसमान में झिलमिलाते हुए दूज के नये चाँद ने हमारा स्वागत किया। बढ़ती हुई चंद्रकला के साथ उजाला पखवारा शुरू हो गया था। तबसे बराबर नये चाँद का दर्शन मुझे इस बात की याद दिलाता रहा है कि मेरी क़ैद का एक महीना और बीता। यही बात मेरी पिछली जेल-यात्रा में हुई थी, जो दिवाली के दीपोत्सव से ठीक बादवाले दूज के चाँद के साथ शुरू हुई थी। चाँद, जो जेल में हमेशा से मेरा संगी रहा है, नज़दीकी परिचय के कारण मुझ से और भी हिल-मिल गया है। यह मुझे याद दिलाता है दुनिया के सौंदर्य की, ज़िंदगी के ज्वार-भाटे की और इस बात की कि अंधेरे के बाद उजाला आता है; मृत्यु और पुनर्जीवन, एक-दूसरे के बाद, अनंत क्रम से चलते रहे हैं। सदा बदलते रहते और फिर भी सदा एक-से इस चाँद को मैंने अनेक अवस्थाओं में, अनेक कलाओं के साथ देखा है—संध्या के समय, रात के मौन घंटों में, जबकि छाया सघन हो जाती है और उस वक़्त, जबकि उषा की मंद समीर और चहक आनेवाले दिन की सूचना लाते हैं। दिन और महीनों के गिनने में चाँद कितना मददगार होता है, क्योंकि चाँद का रूप और आकार (वह दिखाई पड़ता हो, तो) महीने की तिथि बहुत-कुछ ठीक-ठीक बता देते हैं! वह एक आसान जंत्री है - अगरचे इसे समय-समय पर सुधारते रहने की ज़रूरत है— और खेत में काम करनेवाले किसान के लिए तो दिनों के जाने और क्रमशः ऋतुओं के बदलने की सूचना देनेवाली सबसे ज़्यादा सुभीते की जंत्री है।

बाहरी दुनिया के सभी समाचारों से अलग, हमने यहाँ तीन हफ़्ते बिताये। उससे हमारा किसी तरह का संपर्क नहीं था। मुलाक़ातें बंद थीं, खत और अख़बार नहीं मिलते थे, न रेडियो का प्रबंध था। यहां पर हमारी मौजूदगी भी एक राजकीय भेद की बात समझी जाती थी, जिसकी जानकारी उन अफ़सरों के सिवा, जिनके हवाले हम लोग थे, और किसी को न थी। यह एक निकम्मा-सा राज था, क्योंकि सारा हिंदुस्तान जानता था कि हम कहाँ हैं। इसके बाद अख़बार मिलने लगे, और कुछ हफ़्तों के बाद नज़दीकी रिश्तेदारों के ख़त भी, जो घरेलू बातों के बारे में होते थे। लेकिन इन बीस महीनों में कोई मुलाक़ातें न हुई और न कोई दूसरे संपर्क ही हो पाए।

अख़बारों की ख़बरें बुरी तरह कटी-छंटी होतीं। फिर भी उनसे हमें युद्ध की रफ़्तार का, जो दुनिया के आधे से ज़्यादा हिस्से को भस्म कर रहा था, कुछ अंदाज़ा लग जाता था, और इस बात का कि हिंदुस्तान में अपने लोगों पर कैसी बीत रही है। हाँ, अपने लोगों के बारे में हम इससे ज़्यादा न जान पाते थे कि बीसियों हज़ार आदमी, बिना जाँच या मुक़दमे के, कैद में या नज़रबंद हैं; हज़ारों गोली से मार डाले गए; दसियों हज़ार स्कूलों और कालिजों से निकाल दिये गए; जंगी क़ानून-जैसी हालत सारे देश में फैल रही है; आतंक और डर सब जगह छाया हुआ है। जो बीसियों हज़ार लोग बिना किसी तरह की जाँच के कैद कर लिए गए थे, उनकी हालत, हमारी हालत के मुक़ाबले में कहीं बुरी थी, क्योंकि न सिर्फ़ उनकी मुलाक़ातें बंद थीं, बल्कि उन्हें ख़त या अख़बार भी नहीं मिलते थे और पढ़ने के लिए किताबें भी बहुत कम मिल पाती थीं। बहुतेरे पुष्टिकर खाना न मिलने की वजह से बीमार पड़े; कुछ हमारे प्रियजन सही तीमारदारी और इलाज न हो सकने के कारण मर गए।

हिंदुस्तान में, इस वक़्त, युद्ध के कई हज़ार क़ैदी-- ज़्यादातर इटली के — बस रहे थे। हम उनकी हालत का अपने देशवासियों की हालत से मुक़ाबला करते थे। हमें बताया जाता था कि जिनेवा के शर्तनामे के अनुसार उनके साथ बर्ताव हो रहा है। लेकिन हिंदुस्तानी क़ैदियों और नज़रबंदों के लिए कोई शर्तें या क़ानून-क़ायदा नहीं था, सिवा उन आर्डिनेंसों के, जो मनमाने ढंग से हमारे अंग्रेज हाकिम समय-समय पर जारी करते रहते थे। ❐

2. अकाल

अकाल पड़ा—भीषण, दहलानेवाला; ऐसा घोर कि बयान से बाहर! मलाबार में, बीजापुर में, उड़ीसा में, और सबसे बढ़कर बंगाल के हरे-भरे और उपजाऊ सूबे में, आदमी, औरतें, नन्हें बच्चे; हज़ारों की तादाद में, रोज़ खाना न मिलने के कारण मरने लगे। कलकत्ते के महलों के सामने लोग मरकर गिर पड़ते। उनकी लाशें बंगाल के अनगिनत गाँवों की मिट्टी की झोपड़ियों में और देहातों में सड़कों पर और खेतों में पड़ी थीं। आदमी दुनिया में सभी जगह मर रहे थे और जंग में एक-दूसरे को मार रहे थे। आमतौर से ये मौतें आनन-फ़ानन की मौतें होतीं, अकसर बहादुरी की मौतें होतीं। किसी मक़सद, किसी दावे को लेकर ये मौतें होतीं और ऐसा जान पड़ता था कि इस पागल दुनिया में ये मौतें होनेवाली घटनाओं का निष्ठुर परिणाम हैं; इनसे अंत है उस जीवन का, जिस पर हमारा बस नहीं, जिसे हम ढाल नहीं सकते। मौत सब जगह साधारण-सी बात हो रही थी।

लेकिन यहां, मौत के पीछे न कोई मक़सद था, न कोई हेतु, न उसकी कोई ज़रूरत अहमदनगर का क़िला ही थी। यह आदमी के निकम्मेपन और कठोरता का नतीजा था। यह इन्सान की पैदा की हुई थी। यह एक धीमी, भयानक, जूँ की चाल से रेंगकर आनेवाली

चीज़ थी; और इसमें परिशोध का कोई पहलू न था। बस ज़िंदगी का मौत में मिलना और उसमें समा जाना था। ऐसा था कि मौत धंसी हुई आंखों से और क्षीण कंकालों से जीवन रहते-रहते झांक रही थी। और इसलिए यह ठीक और उचित न समझा जाता था कि इसकी चर्चा की जाय। अप्रिय प्रसंगों के बारे में बातें करना या लिखना भला नहीं समझा जाता था। ऐसा करना एक अभागी परिस्थिति को 'नाटकीय ढंग से दिखाना' हो जाता। हिंदुस्तान और इंग्लिस्तान के हाकिमों की तरफ़ से झूठी ख़बरें निकलतीं। लेकिन लाशों की ओर से आंखें नहीं मूंदी जा सकती थी; वे असली हालत उजागर कर रही थीं।

जब नरक की ज्वाला बंगाल के और दूसरी जगहों के लोगों को भस्म कर रही थी, उस वक़्त बड़े अधिकारियों ने हमें यह बताया कि जंग की वजह से हिंदुस्तान का किसान खुशहाल है और उसके यहाँ खाने की कमी नहीं है। बाद में यह कहा गया कि जो हालत पैदा हुई, उसमें प्रांतीय स्वराज का क़सूर है, और हिंदुस्तान की सरकार, या लंदन का इंडिया आफ़िस संविधान के अनुसार सूबों के मामलों में दखल नहीं दे सकते। दरअसल यह संविधान मौक़ूफ था, टूट चुका था, ठुकराया जा चुका था, या यों कहिये कि वाइसराय के बिना अंकुश के अधिकार से जारी किये गए नित नये आर्डिनेंसों के ज़रिये बदलता रहता था। यह संविधान, आख़िरकार, एक अकेले शख़्स की बेलगाम हुकूमत बन गया था- ऐसे शख़्स की, जिसे दुनिया के किसी भी तानाशाह से ज़्यादा अधिकार हासिल थे। इस संविधान को स्थायी सर्विस के कर्मचारी, ख़ासतौर पर सिविल सर्विस और पुलिस के लोग चला रहे थे और वे लोग उत्तरदायी थे गवर्नर के प्रति, जो वाइसराय का मुख्तार था, और वह मंत्रियों को — जहाँ कहीं भी वे थे-नज़र अंदाज़ कर सकता था। मंत्री लोग, भले हों या बुरे, मौन अनुमति के कारण अपने पदों पर बने हुए थे। ऊपर से आये हुए हुक्मों को टालने की उनमें ताब न थी, और वे सर्विस के लोगों तक की आज़ादी में– जो दरअसल उनके मातहत होते थे— दखल देने का साहस न कर सकते थे।

आख़िरकार कुछ करना ही पड़ा। थोड़ी-बहुत मदद पहुँचाई गई। लेकिन इस बीच दस लाख, या बीस लाख, या तीस लाख आदमी मर चुके थे। कोई नहीं जानता कि उन भयानक महीनों में भूख के मारे या रोग से कितने लोग मरे। कोई नहीं जानता कि कितने लाख लड़के और लड़कियाँ और नन्हें बच्चे मौत से तो बच गए, लेकिन जिनकी बाढ़ मारी गई और तन से और आत्मा से जो टूट गए। और अब भी व्यापक अकाल और रोग का भय देश पर मंडरा रहा है।

प्रेसिडेंट रूज़वेल्ट की चार आज़ादियां। अभाव से आज़ादी। फिर भी ख़ुशहाल इंग्लिस्तान और उससे भी ज़्यादा खुशहाल अमरीका ने शरीर की उस भूख की तरफ़ ध्यान न दिया, जो हिंदुस्तान में करोड़ों आदमियों को मारे डाल रही थी— उसी तरह, जिस तरह कि उन्होंने आत्मा की उस प्यास का तिरस्कार किया, जो हिंदुस्तान के निवासियों को सता रही थी। बताया गया कि धन की ज़रूरत नहीं है और खाना पहुँचानेवाले जहाज़ लड़ाई

की ज़रूरतों के कारण मिल नहीं रहे हैं। लेकिन बावजूद सरकारी रोक के, और बंगाल की भयानक घटनाओं को कम करके दिखाने की इच्छा के, इंग्लिस्तान और अमरीका और दूसरी जगहों के दिल रखनेवाले और हमदर्द लोगों ने- मर्दों और औरतों ने हमारी मदद की। सबसे ज़्यादा मदद की चीन और आयरलैंड की सरकारों ने, जिनके साधन थोड़े थे, जिनके सामने अपनी बड़ी कठिनाइयाँ थीं, लेकिन जो खुद अकाल और दुख का तीखा अनुभव रखते थे और जिन्होंने पहचाना कि हिंदुस्तान के तन और आत्मा को क्या बात पीड़ित कर रही है। हिंदुस्तान की याददाश्त लंबी है, लेकिन और चाहे वह जो कुछ भूले या याद रखे, दोस्ती और हमदर्दी के इन सलूक़ों को वह कभी न भूलेगा।

❑

3. लोकतंत्र के लिए लड़ाई

एशिया, यूरोप और अफ़रीका में; पैसिफ़िक, अटलांटिक और हिंद महासागरों के बड़े हिस्सों पर, जंग अपनी पूरी भीषणता से जारी है। चीन में क़रीब सात साल से लड़ाई हो रही है, और साढ़े चार साल से ज़्यादा हो गए यूरोप और अफ़रीका में; और इस संसार-व्यापी युद्ध के भी दो वर्ष चार महीने बीत चुके। फ़ासिस्त और नात्सी- मत के ख़िलाफ़ और दुनिया पर अधिकार हासिल करने की कोशिश के ख़िलाफ़ लड़ाई लड़ी जा रही है। लड़ाई के इन सालों में से कोई तीन साल मैंने यहाँ पर और हिंदुस्तान में दूसरी जगहों पर क़ैद में गुज़ारे हैं।

मुझे याद है कि फ़ासिस्त और नात्सी-मतों का, उनके शुरू के दिनों में मैंने क्या असर लिया था; और मैंने ही नहीं, बल्कि हिंदुस्तान में बहुतों ने चीन में होनेवाली जापान की ज़्यादतियों ने हिंदुस्तान पर कितना गहरा प्रभाव डाला था और चीन के प्रति युगों पुरानी दोस्ती के भाव जगा दिए थे; किस तरह इटली के अबीसीनिया पर किये गए बलात्कार ने हमें बेज़ार कर दिया था; चेकोस्लोवाकिया के साथ जो दग़ा की गई, किस तरह उसने हमें तकलीफ़ पहुंचाई थी; किस तरह गणतांत्रिक स्पेन जब अपने अस्तित्व की हिफ़ाज़त के लिए साहस के साथ लड़ाई लड़ते हुए गिर गया था; तब मैंने और दूसरों ने, उस बात का एक निजी दुख की घटना के तौर पर अनुभव किया था।

यह नहीं कि हम पर सिर्फ़ उन बाहरी हमलों का असर पड़ा हो, जो फ़ासिस्तों और नात्सियों ने किये थे, या उन बेहूदगियों और हैवानी हरकतों का, जो इन हमलों के साथ- साथ हुई थीं। जिन उसूलों पर वे खड़े थे और जिनका वे बड़े ज़ोर-शोर से ऐलान करते थे और ज़िंदगी के वे सिद्धांत, जिनकी नींव पर वे अनी इमारत खड़ी करने की कोशिश में थे; इन सभी बातों ने हमें सजग कर दिया था, क्योंकि ये उन सब यक़ीनों के ख़िलाफ़ पड़ती थीं, जिन पर हम इस वक़्त क़ायम थे और जिन्हें हमने मुद्दतों से अपनाया था और अगर अपनी जातीय स्मृति ने हमारा साथ छोड़ भी दिया होता और हम अपना लंगर खो

बैठते, तो भी हमारे अपने तजुरबे (अगरचे वे दूसरी ही शक़्ल में हमारे सामने आये थे, और भलमन्सी के लिहाज़ से कुछ बदले हुए भेस में थे) काफ़ी थे कि हमें बता दें कि ये नात्सी सिद्धांत और ज़िंदगी के उसूल क्या हैं और किस तरह के राज्य की ओर हमें आख़िरकार ले जायंगे, क्योंकि हमारे देशवासी बहुत दिनों से उन्हीं उसूलों के और वैसे ही सरकारी तरीक़ों के शिकार रह चुके हैं। इसलिए हमारी प्रतिक्रिया फ़ौरन और ज़ोर के साथ फ़ासिस्त और नात्सी उसूलों के खिलाफ़ हुई।

मुझे याद है कि किस तरह मैंने मार्च, 1936 के शुरू के दिनों में सिन्योर मुसोलिनी का, इसरार के साथ भेजा गया, निमंत्रण अस्वीकार कर दिया था। इंग्लिस्तान के बहुतेरे राजनीतिज्ञ, जिन्होंने बाद में, जब इटली लड़ाई में शरीक़ हुआ, इस फ़ासिस्त नेता के खिलाफ़ बहुत कड़ी बातें कहीं, उन दिनों उसकी चर्चा तारीफ़ के साथ और मीठेपन से किया करते थे और उसकी हुकूमत और तरीक़ों के प्रशंसक थे।

दो बरस बाद, म्यूनिख के समझौते से पहले, गरमी के दिनों में नात्सी सरकार ने मुझे जर्मनी में आने की दावत दी थी। दावतनामे के साथ यह लिखा था कि वह नात्सी- मत के ख़िलाफ़ मेरे विचारों को जानती है। फिर भी वह चाहती है कि मैं जर्मनी की हालत खुद आकर देखूं। मैं सरकार का मेहमान बनकर या निजी तौर पर जाने के लिए आज़ाद था और खुले तौर पर या दूसरा नाम रखकर जहां मैं चाहता, वहां बगैर रुकावट के जा सकता था, इस बात का यकीन दिलाया गया था। लेकिन मैंने धन्यवाद के साथ इस न्यौते को नामंजूर कर दिया। उलटे मैं चेकोस्लोवाकिया गया – उस 'दूर-देश' में, जिसके बारे में उस वक़्त के इंग्लिस्तान के प्रधानमंत्री बहुत थोड़ी ही जानकारी रखते थे।

म्यूनिख के समझौते के पहले मैं ब्रिटिश मंत्रिमंडल के कुछ लोगों और इंग्लिस्तान के दूसरे खास-खास राजनीतिज्ञों से मिला था और मैंने उनके सामने फ़ासिस्त और नात्सी- मत के ख़िलाफ़ अपने विचारों को रखने का साहस किया था। मैंने देखा कि मेरी राय का स्वागत नहीं किया गया और मुझसे कहा गया कि बहुत-सी बातों का लिहाज़ रखना जरूरी है।

चेकोस्लोवाकिया के संकट के मौक़े पर प्राग और सुडेटनलैंड में, लंदन, पेरिस और जिनेवा में, जहां लीग-असेंबली की उन दिनों बैठक हो रही थी, फ्रान्सीसी और ब्रिटिश राजनीतिज्ञों का जो रुख़ मैंने देखा, उसे देखकर मैं अचंभे में रह गया और मुझे नफ़रत हुई। अगर यह कहा जाय कि दूसरे फ़रीक़ को राजी रखने की कोशिश की गई, तो लफ़्ज असलियत को ठीक-ठीक अदा करने के लिए नाकाफ़ी होंगे। जो हुआ, उसके पीछे सिर्फ़ हिटलर का डर न था, बल्कि उसकी जानिब बुज़दिली की तारीफ़ का भाव था। और अब, भाग्यचक्र का एक अजीब पलटा है कि मैं और मुझ जैसे लोग, जबकि फ़ासिस्तों और नात्सियों के खिलाफ़ जंग जारी हो, अपने दिन कैद में काटें; और उनमें से बहुत-से लोग जो हिटलर और मुसोलिनी के यहाँ सलामियाँ बजाते थे और जो चीन में होनेवाले जापान की ज्यादतियों को पसंद करते थे, आज़ादी और लोकतंत्र और

फ़ासिस्त-विरोध का झंडा उठाये हुए दिखाई पड़े।

हिंदुस्तान के भीतर भी एक हैरत अंगेज तबदीली आ गई है। और मुल्कों की तरह यहां भी ऐसे लोग हैं, जिन्हें सरकार का 'पिट्ठू' कहना चाहिए, जो सरकार के घाघरे के इर्द-गिर्द चक्कर लगाया करते हैं और उन विचारों को दुहराया करते हैं, जो उनकी समझ में, उन्हें अपने मालिकों का कृपापात्र बनायेंगे। बहुत दिन नहीं हुए, एक ऐसा ज़माना था, जब वे हिटलर और मुसोलिनी की तारीफ़ के पुल बांधा करते थे और उन्हें मिसाल की तरह पेश किया करते थे और साथ ही रूसी सरकार को हर तरह की गालियां सुनाया करते थे। अब वह बात नहीं रही, क्योंकि मौसम बदल गया है। सरकार के और राज के वे ऊंचे हाकिम हैं और फ़ासिस्त तथा नात्सी-विरोधी अपनी तानों को ऊंचे स्वर में अलापते हैं, और लोकतंत्रवाद तक की चर्चा करते हैं। लेकिन दबी सांस से, मानो वह कोई ज़रूरी चीज़ तो है, पर दूर-दराज की है। मुझे कभी-कभी यह कौतूहल होता है कि घटनाओं ने कोई दूसरा ही रुख़ लिया होता, तो उस हालत में ये लोग क्या करते! लेकिन सच यह है कि क़यास की गुंजाइश नहीं, क्योंकि जो भी वक़्ती हुकूमत हो, उसी की ये माला फेरते और उसी की आगे ये स्वागत-पत्र लेकर हाज़िर होते।

जंग से बरसों पहले से मेरे दिमाग़ में, आनेवाली कशमकश की बातें घूम रही थीं। मैं उनके बारे में विचार करता। तक़रीरें करता और लिखता था; और मैंने अपने को, ज़हनी तौर से, इसके लिए तैयार कर लिया था। मैं चाहता था कि जोश के साथ हिंदुस्तान इस बड़े संघर्ष में अमली हिस्सा ले। मैं अनुभव करता था कि इसमें ऊंचे उसूलों की बाज़ी लगेगी और इस कशमकश का नतीजा यह होगा कि हिंदुस्तान में और दुनिया में बड़ी और इन्कलाबी तबदीलियां होंगी। उस वक़्त मैं नहीं समझता था कि हिंदुस्तान को फ़ौरन कोई खतरा है या उस पर हमले का इमक़ान है। फिर भी मैं चाहता था कि हिंदुस्तान उसमें पूरा-पूरा हिस्सा ले। लेकिन मुझे यक़ीन था कि सिर्फ़ एक आज़ाद मुल्क ही, बराबरी की हैसियत से, इस तरह शिरकत कर सकता है।

यही नज़रिया नेशनल कांग्रेस का भी था, जो हिंदुस्तान का अकेला ऐसा संगठन रहा है, जिसने फ़ासिस्त और नात्सी-मत का उसी तरह विरोध किया है, जिस तरह कि साम्राज्यवाद का। इसने गणतांत्रिक स्पेन, चेकोस्लोवाकिया और चीन का बराबर समर्थन किया था।

और अब क़रीब दो साल से कांग्रेस ग़ैर-क़ानूनी करार दे दी गई है। क़ानूनी हिमायत की वह हक़दार नहीं रही, और किसी सूरत में भी वह अपना काम नहीं कर पा रही है। कांग्रेस जेलखाने में है। सूबों की विधान सभाओं के सदस्य, इन सीमाओं के अध्यक्ष, इनके पुराने वज़ीर, कांग्रेसी मेयर, इसकी म्यूनिसिपैलिटियों के सभापति — जब जेल में हैं।

इस बीच, जंग जारी है— लोकतंत्र और अटलांटिक चार्टर और चार आज़ादियों के नाम पर! ❐

4. जेल के दिन:काम के लिए उमंग

जान पड़ता है कि जेलखाने में वक़्त अपना स्वभाव बदल देता है। मौजूदा वक़्त का वजूद मुश्किल से कहा जा सकता है, क्योंकि ऐसी भावना या एहसास रहता नहीं, जो उसे गुजरे वक़्त से जुदा कर सके। जेल से बाहर की सरगरम, जीती और मरती हुई दुनिया की खबरें ऐसी जान पड़ती हैं, मानो कुछ सपने जैसी असार हों; उनमें अतीत की-सी जड़ता और ग़ैर- तबदीली होती है। बाहरी स्वाभाविक वक़्त रह नहीं जाता; भीतरी निजी चेतना बनी रहती है, लेकिन वह भी मंद पड़ जाती है, सिवाय इसके कि जब उसे खयाल मौजूदा वक़्त से हटाकर बीते हुए या आनेवाले वक़्त की किसी हक़ीक़त का अनुभव कराने लगता है। जैसा कि आगस्ट काम्टे ने कहा है, "हम अपने गुज़रे हुए ज़माने में लिपटे हुए मरे हुए लोगों की-सी ज़िंदगी बिताते हैं। लेकिन यह बात ख़ासतौर पर जेल में लागू होती है, जहां हम बीते वक़्त की याद, या आनेवाले वक़्त की कल्पना से अपने बेदम और क़ैद जज़्बों के लिए कुछ खुराक हासिल करते हैं।"

गुज़रे हुए वक़्त में एक शांति और सदा क़ायम रहनेवाली वस्तु की भावना है। वह बदलता नहीं, पायदार है; जैसे कि रंगी हुई तस्वीर या संगमर्मर या कांसे की मूर्ति हो। मौजूदा वक़्त के तूफ़ानों और उलट-फेर से असर न लेते हुए वह अपनी शान और इतमीनान को बनाये रखता है, और दुखी आत्मा और सताये हुए मन को अपनी समाधि-गुफ़ा की तरफ़ पनाह लेने के लिए खींचता रहता है। वहां शांति और इतमीनान है, और वहां आदमी को एक रूहानी कैफ़ियत का भी आभास मिल जायगा।

लेकिन जबतक हम उसमें और मौजूदा वक़्त में, जहां इतनी कशमकश है और हल करने के लिए इतने मसले हैं, एक जीती-जागती कड़ी न क़ायम कर सकें, तबतक इस ज़िंदगी को हम ज़िंदगी नहीं कह सकते। यह कला कला के लिए, जैसी एक चीज़ बन जाती है, जिसमें कोई उत्साह नहीं, काम करने की उमंग नहीं, जो ज़िंदगी का सार है। इस उत्साह और उमंग के बग़ैर, उम्मीद और ताक़त रफ़्ता-रफ़्ता जाती रहती है; हम ज़िंदगी की एक नीची सतह पर आकर ठहर जाते हैं; यहां तक कि चुपके-चुपके मिट जाते हैं। हम गुज़रे हुए ज़माने के हाथों क़ैदी बन जाते हैं और उसकी बे-हिसी का कुछ हिस्सा हममें चिमटकर रह जाता है। तबीयत की यह हालत जेलखाने में आसानी से पैदा हो जाती है, क्योंकि वहां हमें काम करने की आज़ादी नहीं रहती और हम जेल के क़ायदों और वहां की दिन-चर्या के गुलाम बन जाते हैं।

फिर भी, गुज़रा हुआ ज़माना तो हमारे साथ ही रहता है— हम जो कुछ हैं, हमारे जो कुछ है, वह गुज़रे हुए ज़माने से ही हासिल हुआ है। हम उसके बनाये हुए हैं और उसी में ग़र्क़ होकर जीते हैं। इस बात को न समझना और यह ख़याल करना कि यह कोई ऐसी चीज़ है, जो हमारे भीतर रहती है, मौजूदा ज़माने को न समझना है। उसे मौजूदा ज़माने से जोड़ना और

आनेवाले ज़माने तक खींच ले जाना, जहाँ इस तरह जुट न सके, वहां से अपने को अलग कर लेना और इस सबको विचार और अमली दुनिया की धड़कती हुई, थरथराती हुई सामग्री बना लेना — यही ज़िंदगी है।

हरएक ज़ोरदार काम ज़िंदगी की गहराइयों से पैदा होता है। इस काम का मुहूर्त व्यक्ति के सारे लंबे पिछले ज़माने ने, बल्कि नस्ल के गुज़रे हुए ज़माने ने, पेश किया है। नस्ल की याददाश्तें; पूर्वजों और इर्द-गिर्द के प्रभाव और शिक्षा और दबी हुई चेतना के उकसावं; विचार और सपने; और लड़कपन से आगे के काम-सब एक अजीब ढंग से मिल-जुलकर हमें इस काम की तरफ़ मजबूर करके ढकेलते हैं, और यह काम खुद आनेवाले ज़माने को निश्चित करने में अपना असर डालता है। भविष्य के ऊपर असर डालना, उसे कुछ हदतक, या मुमकिन है, बहुत हदतक निश्चित करना सही है-फिर भी, यह तय है कि इसे हम निश्चयवाद नहीं कह सकते।

अरविंद घोष ने मौज़ूदा वक़्त के बारे में कहीं पर लिखा है कि यह 'विशुद्ध और अक्षत क्षण' है; समय और वजूद की वह पैनी छुरे की धार है, जो गुज़रे हुए ज़माने को आने वाले ज़माने से जुदा करना है और यह है, और फौरन नहीं भी है। यह बयान दिलचस्प है, लेकिन इसके मानी क्या हुए? आनेवाले ज़माने के परदे से इस अक्षत क्षण का अपनी पूरी विशुद्धता के साथ प्रकट होना, हमसे उसका लगाव होना और फ़ौरन दाग़ी होकर उसका बासी और गुज़रा हुआ ज़माना बन जाना! क्या यह हम हैं, जो उस पर दाग़ लगाते हैं और उसका अछूतापन बिगाड़ते हैं? या वह क्षण सममुच उतना अछूता नहीं है, क्योंकि उसके साथ सारे बीते हुए ज़माने का कलंक लगा हुआ है?

फ़िलसफ़े की नज़र से इन्सानी आज़ादी जैसी कोई चीज़ है या नहीं, या जो कुछ है, वह खुद चलनेवाला और पहले से निश्चित है— मैं नहीं जानता। जान पड़ता है कि बहुत- कुछ यकीनी तौर पर ऐसी पिछली घटनाओं के मेल-जोल से तय पाया है, जो शख्स पर बीतती हैं; और अकसर उसे बेबस कर देती हैं। मुमकिन है कि जिस अंदरूनी उकसाव का वह अनुभव करता है, जो ज़ाहिर में उसकी अपनी इच्छा या ख्वाहिश होती है, वह भी और बातों का नतीजा है। जैसा कि शोपेनहार कहता है- "आदमी इच्छा के मुताबिक़ काम कर सकता है; लेकिन इच्छा के मुताबिक़ इच्छा नहीं कर सकता।" इस निश्चयवाद में क़तई तौर पर यक़ीन रखना हमें ला-मुहाला बेकार कर देता है और ज़िंदगी के मुताल्लिक मेरा सारा यक़ीन इस ख़याल से बग़ावत करता है-अगरचे हो सकता है कि यह बगावत भी खुद पिछली घटनाओं का नतीजा हो।

मैं अपने दिमाग़ पर, आमतौर से, ऐसे फ़िलसफ़ियाना और आधिभौतिक मसलों का बोझ नहीं डालता, जिनका कि हल न हो। कभी-कभी ये आप ही अनजाने में क़ैद के लंबे और मौन क्षणों में मेरे सामने आ जाते है; और कभी-कभी तो उन सरगरम लमहों में भी, जब मैं काम में लगा होता हूँ। इनके आने के साथ ही मैं एक अलहदगी महसूस करने लगता हूँ,

या अगर ये विचार ऐसे लमहों में आये, जब मैं दुखी हुआ, तो इनसे मुझे शांति मिलती है। लेकिन आमतौर से काम या काम के विचार ही मेरे दिमाग़ में जगह पाते हैं और उस वक़्त जबकि मुझे काम करने की आज़ादी नहीं रहती, तब मैं ख़याल करने लगता हूँ कि काम की तैयारी कर रहा हूँ।

बहुत दिनों से मैंने काम के लिए बुलाहट का अनुभव किया है; ऐसे काम के लिए नहीं, जो विचार से अलग-थलग हो, बल्कि ऐसे काम के लिए, जो एक सिलसिले के साथ, विचार से पैदा होता हो। और जब दोनों में, यानी काम और विचार में, सामंजस्य पैदा हो गया है— विचार ने काम करने की प्रेरणा दी है और काम में जाकर वह पूरा उतरा है, या काम ने विचार पैदा किया है और बातों को ज़्यादा अच्छी तरह समझने का मौक़ा दिया है तब मैंने ज़िंदगी को भरी-पूरी पाया है और ज़िंदगी के उस क्षण में मैंने एक खुलती हुई गहराई पाई है। लेकिन ऐसे क्षण बिरले, बहुत बिरले रहे हैं। होता यह है कि आमतौर से काम और विचार, इनमें से एक, दूसरे से आगे बढ़ जाता है, इस तरह दोनों में सामंजस्य नहीं हो पाता, और दोनों को मिलाने में, फ़िज़ूल कोशिश सिर्फ़ होती है। सालों पहले की बात है-एक ज़माना था कि मैं काफ़ी अरसों तक किसी-न-किसी भाव के आवेश में रहा करता था; जिस काम में लगा होता, उसी में ग़र्क रहता। ऐसा जान पड़ता है कि मेरा जवानी के वे दिन बहुत पीछे छूट गए। सिर्फ़ इसलिए नहीं कि एक ज़माना गुज़र गया; बहुत-कुछ इसलिए कि उनके और आज के दरमियान तजुरबे और पुरदर्द ख़यालों का एक समुंदर आ गया है। पुराना जोश अब बहुत धीमा पड़ गया है, वे आवेग जो मुझे बे-काबू कर देते थे, अब नरम पड़ गए हैं। अपने जज़्बों और भावों पर मुझे अब ज़्यादा क़ाबू हो गया है। हां, विचारों का बोझ अब अकसर काम में रुकावट डालता है और दिमाग़ में जहाँ यक़ीन रहा करता था, अब दबे पांव संदेह आकर खड़ा हो जाता है। शायद यह उम्र का तकाजा है, या हो सकता है कि वक़्त का आम मिजाज़ ही ऐसा हो।

और फिर भी, अबतक काम में लगने की बुलाहट मेरे अंदर अजीब गहराइयों को कुरेदती है और विचारों के साथ दो हाथ भिड़कर मैं फिर 'उस आनंद के सुंदर उल्लास' का तजुरबा करना चाहता हूँ, जो जोखिम और ख़तरे की तरफ़ झुकता है और जो मौत का ललकारकर सामना करता है। मौत के लिए मुझे कशिश नहीं, अगरचे मैं समझता हूँ कि उससे मुझे डर भी नहीं लगता। ज़िंदगी से मुंह मोड़ने, या उससे बाज़ आने में मुझे यक़ीन नहीं। ज़िंदगी से मुझे मुहब्बत है और वह बराबर मुझे अपनी तरफ़ खींचती है। अपने ढंग से मैं उसका रस लेना चाहता हूँ, अगरचे मैं न जाने कितनी अनदेखी रुकावटों से घिरा हुआ हूँ। लेकिन यही ख़्वाहिश मुझे ज़िंदगी के साथ खेलने को, उसकी झलक लेने को, उकसाती है— उसका गुलाम बनने के लिए नहीं, बल्कि इसलिए कि हम एक-दूसरे की और भी क़द्र कर सकें। शायद मुझे एक उड़ाका होना चाहिए था— इसलिए कि जब ज़िंदगी का धीमापन और उदासी मुझपर छाने लगती, तो मैं उड़कर बादलों के कोलाहल में समा जाता और

अपने से कहता।

मैंने सब कुछ तौलकर देख लिया; सब बातों पर विचार कर लिया,
जो आनेवाले साल हैं, वे सांस की बरबादी से जंचे;
जो साल पीछे छूट गए, उनमें भी सांस की बरबादी रही है--
इस ज़िंदगी, इस मौत के मुक़ाबले में उन्हें अगर तौला जाय।

❐

5. गुज़रे हुए ज़माने का मौजूदा ज़माने से संबंध

काम करने के लिए उमंग, काम के ज़रिये तजुरबा हासिल करने की यह इच्छा, मेरे सभी खयालों और धंधों पर असर डालती रही है। किसी चीज़ के बारे में बराबर विचार करना — खुद तो यह एक काम है ही— आनेवाले काम का एक जुज़ बन जाता है। यह कोई हवाई और बग़ैर आधार की चीज़ नहीं, जिसका ज़िदगी और काम से कुछ ताल्लुक न हो। इसके ज़रिये गुज़रा हुआ ज़माना मौजूदा ज़माने तक काम करने के क्षण तक, रास्ता बनाता है और आनेवाला ज़माना यहीं से शुरू होता है।

मेरी जेल की ज़िंदगी का, जिसमें ज़ाहिरा तौर पर काम करने की गुंजाइश नहीं रहती – ख़यालों और जज़्बों का कुछ ऐसा ढंग है कि आनेवाले या क़यासी धंधे से एक रिश्ता क़ायम हो जाता है और इस तरह इस ज़िंदगी में मुझे कुछ ऐसा सार मिल जाता है, जिसके बिना वह सूनी होती और उसमें जीना दूभर हो जाता। जब दरअसल मुझे किसी काम में लाने की आज़ादी नहीं रह गई है, तब मैंने गुज़रे हुए ज़माने और इतिहास को कुछ इस तरह से समझने की कोशिश की है। चूंकि मेरे अपने तजुरबे अकसर तारीख़ी घटनाओं को छूकर निकले, हैं और मैंने अपने मैदान में ऐसी घटनाओं पर असर भी डाला है, इसलिए इतिहास को एक जीते-जागते सिलसिले की शक़्ल में क़यास करने में मुझे दिक़्क़त नहीं हुई है और मैं अपने को उससे कुछ हदतक एक कर सका हूँ।

इतिहास से मेरा परिचय देर में हो पाया, और वह भी उस सीधे रास्ते से नहीं, जिसमें बहुत-सी घटनाओं और तारीखों की जानकारी हासिल कर उनमें ऐसे नतीजे निकाले जाते हैं, जिनका अपनी ज़िंदगी से ताल्लुक़ न हो। जबतक मैं यह करता रहा हूँ, तबतक इतिहास का मेरे लिए कोई महत्त्व नहीं रहा। दैवी घटनाओं और आनेवाली ज़िंदगी के मसलों में मेरी दिलचस्पी और भी कम रही है। विज्ञान और मौजूदा ज़माने के मसलों और अपनी आजकल की ज़िंदगी में मेरी कहीं अधिक दिलचस्पी रही है।

विचारों, भावनाओं और प्रेरणाओं के किसी मेल-जोल के कारण, जिसका मुझे एक धुंधला एहसास-भर रहा है, मुझमें काम करने के लिए उमंग पैदा हुई है; और काम करने ने मुझे विचार की तरफ़ पलटाया है और मुझमें मौजूदा ज़माने की जड़ें, बीते हुए ज़माने में थीं,

इसलिए मैंने बीते ज़माने की खोजें शुरू कीं और उसमें जहां कहीं भी मुमकिन अहमदनगर का क़िला हुआ, मौजूदा ज़माने को समझने का पता ढूंढ़ता रहा हूँ। और पुरानी घटनाओं पर और क़दीम लोगों के बारे में ग़ौर करते हुए चाहे मैं अपने को कितना भी भूल गया हूँ, फिर भी मैं मौजूदा ज़माने की गिरफ़्त से बाहर नहीं गया हूँ। अगर मैंने कभी यह अनुभव किया है कि मैं एक गुजरे ज़माने का आदमी हूँ, तो मैंने यह भी अनुभव किया है कि मेरा सारा गुज़रा हुआ ज़माना सिमटकर मौजूदा वक़्त में आ गया है। पुराने ज़माने का इतिहास इस ज़माने में समा गया, और एक ज़िंदा हक़ीक़त बन गया है, जिसके साथ सुख और दुख के एहसास गुंथे हुए हैं।

अगर गुज़रे हुए ज़माने में मौजूदा ज़माना बन जाने की प्रवृत्ति है, तो मौजूदा ज़माना भी कभी-कभी बीते हुए ज़माने में समा जाता है, उसीकी तरह बे-हिस और स्थिर जान पड़ता है। काम की सरगरमी के बीच कभी-कभी ऐसी भावना पैदा हो जाती है कि जिस काम में लगे हैं, वह बीते हुए ज़माने की कोई घटना है और हम उसे इस तरह देख रहे हैं, जैसे कोई किसी बीते हुए ज़माने की चीज़ को देखता है। गुज़रे हुए ज़माने को और उसके मौजूदा ज़माने के साथ के संबंध को खोजने की इसी कोशिश ने, आज से 12 बरस पहले, अपनी लड़की के नाम लिखे गए खतों की शक़्ल में, मुझे 'विश्व-इतिहास की झलक',[1] लिखने पर आमादा किया था। मैंने कुछ सतही ढंग की चीज़ लिखी, और जहांतक बन पड़ा, सादे ढंग से लिखा, क्योंकि एक लड़की के पढ़ने के लिए लिखी गई थी, जिसकी उम्र 15-16 बरस की थी। लेकिन इस लिखने के पीछे वही तलाश और खोज थी। मैं अपने को एक साहसी यात्रा पर निकला हुआ समझता था, और मैंने एक- एक करके कई युगों में और वक़्तों में उन मर्दों और औरतों को साथी समझकर ज़िंदगी बिताई, जो बहुत दिन क़ब्ल गुज़र चुके थे। जेल में मुझे फ़ुरसत थी, किसी तरह की जल्दी नहीं थी, न एक निश्चित वक़्त में काम पूरा करने का सवाल था। इसलिए मैं अपने दिमाग़ को सैर करने देता था, या अगर जी चाहा, तो कुछ वक़्त के लिए एक जगह ठहर लेने देता था, अपने ऊपर गहराई से असर पड़ने देता था, जिसमें कि गुज़रे ज़माने की सूखी हड्डियों पर गोश्त और खून चढ़ जाय।

इसी तरह की एक तलाश ने, अगरचे वह ज़्यादा नज़दीकी वक़्त और लोगों तक महदूद थी, मुझे अपनी कहानी लिखने के लिए उकसाया था।

मैं ख़याल करता हूँ कि इन बारह सालों में मैं बहुत बदल गया हूँ। मैं ज़्यादा विचारशील हो गया हूँ। शायद मुझमें ज़्यादा संतुलन और अलहदगी की भावना और मिजाज़ की शांति आ गई है। अब मैं विपत्ति से, या जिसे मैं विपत्ति समझता रहा हूँ, उससे उतना नहीं घबड़ाता। मन की उथल-पुथल और परेशानी अब कम हो गई है, या ऐसी है कि ज़्यादा वक़्त तक ठहरती नहीं, हालांकि कहीं बड़े पैमाने पर मुझपर विपत्तियां गुज़री हैं। मुझे ताज्जुब हुआ है कि ऐसा क्यों हुआ। क्या यह त्याग की भावना बढ़ जाने के सबब से है या एहसास मोटा

---

1. यह पुस्तक हिंदी में सस्ता साहित्य मंडल से प्रकाशित हुई है। **- संपादक**

पड़ गया है? या क्या यह महज़ उम्र का तक़ाज़ा है, या ताक़त घट रही है और ज़िंदगी के लिए उत्साह कम हो रहा है? या ऐसा है कि मुद्दतों तक जेल में रहने की वजह से ज़िंदगी रफ़्ता-रफ़्ता क्षीण हो गई है और जो ख़याल मन में भरे हुए थे, वे चले गए हैं और महज़ कुछ अपनी लहरियाँ छोड़ गए हैं? तकलीफ़ का मारा हुआ दिमाग़ अपनी बचत की कोई सूरत ढूंढ़ता है; इंद्रिया बार-बार की चोट से कुंठित हो जाती हैं, और आदमी सोचता है कि इस दुनिया पर इतनी बुराई और बदक़िस्मती छाई हुई है कि उनमें कुछ कमी - बेशी हो जाने से ज़्यादा फ़र्क नहीं आता। हमारे लिए सिर्फ़ एक बात रह जाती है, जिसे हमसे छीना नहीं जा सकता, और वह है हिम्मत और शान के साथी अपने उन आदर्शों पर क़ायम रहना, जिनसे कि ज़िंदगी सार्थक होती है। लेकिन यह राजनैतिक का ढंग नहीं है।

किसीने उस दिन कहा था- "मौत दुनिया में पैदा हुए हर आदमी का जन्मसिद्ध अधिकार है।" एक ज़ाहिर-सी और सच्ची बात कहने का यह एक अजीब ढंग है। यह ऐसा जन्म सिद्ध अधिकार है, जिससे किसीने इन्कार नहीं किया, न कोई कर सकता है, लेकिन जिसे हम भूले रहने, और जबतक हो सके, दूर रखने की कोशिश करते हैं। फिर भी इस बयान में एक नयापन और कशिश है। जो लोग ज़िंदगी की इतने कडुएपन से शिकायत करते रहते हैं, वे अगर चाहें, तो उनके पास बच निकलने का उपाय है। अगर हम ज़िंदगी पर क़ाबू नहीं पा सकते, तो कम-से-कम मौत पर अधिकार कर सकते हैं। यह एक खुश करने वाला विचार है, जो बेबसी के एहसास को कम करता है।

❐

6. ज़िंदगी का फ़िलसफ़ा

छः या सात साल हुए, अमरीका के एक प्रकाशक ने एक संग्रह के लिए, जिसे वह प्रकाशित करने जा रहे थे, मुझसे अपनी ज़िंदगी के फ़िलसफ़े पर एक मजमून लिखने के लिए कहा था। यह ख़याल मुझे अच्छा लगा, लेकिन मुझे पशोपेश हुआ, और जितना ही मैंने इस बारे में गौर किया, मेरा पशोपेश बढ़ता गया। आखिरकार मैंने वह मजमून नहीं लिखा।

मेरी ज़िंदगी का फ़िलसफ़ा क्या है? मुझे मालूम नहीं। कुछ साल पहले मुझे इतनी दुविधा न होती। उस वक़्त मेरे विचारों और मकसदों दोनों में एक निश्चय था, जो अब रफ्ता-रफ्ता जाता रहा है। हिंदुस्तान, चीन, यूरोप और सारी दुनिया में होनेवाली चंद साल की घटनाएं उलझन और परेशानी और कोफ़्त पैदा करनेवाली रही हैं, और भविष्य अस्पष्ट और अंधियाला हो गया है और उसके बारे में जो स्पष्टता मेरे दिमाग़ में पहले थी, अब नहीं रही है।

बुनियादी मामलों के मुताल्लिक शक व शुबहे ने सामने के काम में मेरे लिए अड़चन नहीं पैदा की— सिवाय इसके कि मेरी सरगरमी की तेज धार कुछ कुंद पड़ गई हो। अपने जवानी के दिनों में मेरी यह कैफियत थी कि खुद-ब-खुद तीर की तरह अपने चुने हुए निशाने

पर पहुंचता था और निशाने को छोड़कर और सब चीजों को नजर-अंदाज कर देता था। वैसा मैं अब न कर पाता था। फिर भी काम में तो लगा ही रहा, क्योंकि काम के लिए जी में उमंग थी और अपने काम और उद्देश्यों में मैंने असली या खयाली मेल भी पाया था। लेकिन राजनीति का जो रूप मेरे सामने था, उसके खिलाफ मुझमें अरुचि बढ़ती गई और रफ्ता रफ्ता-ज़िंदगी की जानिब मेरा सारा रुख़ बदल गया।

जो आदर्श और मक़सद कल थे, वही आज भी है, लेकिन उन पर से मानो एक आब जाता रहा है और उनकी तरफ़ बढ़ते दिखाई देते हुए भी ऐसा जान पड़ता है कि वे अपनी चमकीली सुंदरता खो बैठे हैं, जिससे दिल में गरमी और जिस्म में ताकत पैदा होती थी। बदी की बहुत अकसर जीत रही है, लेकिन इससे भी अफ़सोस की बात यह है कि जो चीज़ें पहले इतनी ठीक जान पड़ती थीं, उनमें एक भद्दापन और कुरूपता आ गई है। क्या आदमी की प्रकृति इतनी बुरी है कि उसे युगों की तालीम की इसलिए जरूरत होगी कि वह लालच और हिंसा और धोखेबाजी की सतह से, जिसपर वह इस वक़्त है, उठ सके? और क्या इस बीच में, मौजूदा ज़माने में या निकट भविष्य में, उसे मूल से बदल देने की सभी कोशिश बेकार होंगी?

उद्देश्य और साधन— क्या दोनों एक साथ लाजिमी तौर पर बंधे हुए हैं और एक- दूसरे पर असर डाल रहे हैं और गलत साधन उद्देश्य को बिगड़ा हुआ रूप देते हैं और कभी-कभी उसे खत्म कर देते हैं? लेकिन सही साधन निर्बल और स्वार्थी मनुष्य प्रकृति के बूते से बाहर की चीज भी हो सकते हैं। ऐसी हालत में आदमी का क्या फ़र्ज है? काम करने से मुंह मोड़ना तो पूरी-पूरी हार मान लेना और बुराई के सामने झुक जाना होगा; और काम करने में भी अकसर बुराई की किसी शक़्ल के साथ समझौता करना होता है और इस तरह के समझौतों के जो गैर- पसंद नतीजे हो सकते हैं, वे सामने आते हैं।

शुरू में ज़िंदगी के मसलों की तरफ़ मेरा रुख़ कमोबेश वैज्ञानिक था, और उसमें उन्नीसवीं सदी और बीसवीं सदी के शुरू के विज्ञान के आशावाद की चाशनी भी थी। एक सुरक्षित और आराम के रहन-सहन ने और उस शक्ति और आत्म-विश्वास ने, जो इस समय मुझमें था, आशावाद के इस भाव को और बढ़ा दिया था। एक अस्पष्ट सरीखी इन्सानी दर्दमंदी की तरफ़ मेरा खिंचाव था।

मजहब में—जिस रूप में मैं विचारशील लोगों को भी उसे बरतते और मानते हुए देखता था, चाहे वह हिंदू-धर्म, चाहे इस्लाम या बौद्ध-मत या ईसाई-मत--मेरे लिए कोई कशिश न थी। अंध-विश्वास और हठवाद से उनका गहरा ताल्लुक था और ज़िंदगी के मसलों पर गौर करने का उनका तरीक़ा यक़ीन कर लेने और चमत्कारों पर भरोसा करने की प्रवृत्ति थी।

फिर भी यह एक ज़ाहिर-सी बात है कि मजहब ने आदमी की प्रकृति की गहराई के साथ महसूस की हुई जरूरतों को पूरा किया है और सारी दुनिया में, बहुत ज्यादा कसरत में, लोग बिना मजहबी अकीदे के रह नहीं सकते। इसने बहुत-से ऊंचे क़िस्म के मर्दों और औरतों को पैदा किया है, और साथ ही तंग-नजर और जालिम लोगों को भी। इसने इन्सानी ज़िंदगी को

कुछ निश्चित आंकें दी हैं और अगरचे इन आंकों में से कुछ आज के ज़माने पर लागू नहीं हैं, बल्कि उसके लिए नुकसानदेह भी हैं, दूसरी ऐसी भी हैं, जो अखलाक़ और अच्छे व्यवहार के लिए बुनियादी हैं।

धर्म' शब्द का व्यापक अर्थ लेते हुए हम देखेंगे कि इसका संबंध मनुष्य के अनुभव के उन प्रदेशों से है, जिनकी ठीक-ठीक माप नहीं हुई है, यानी जो विज्ञान की निश्चित जानकारी की हद में नहीं आये हैं। एक मानी में इसे हम जाने हुए और पैमाइश किये हुए प्रदेश का विस्तार भी कह सकते हैं, अगरचे विज्ञान और मज़हब या धर्म के तरीक़े बिलकुल जुदा हैं और बहुत हद तक दोनों के माध्यम अलग-अलग हैं। यह ज़ाहिर है कि हमारे गिर्द एक विस्तृत अनजाना प्रदेश है और विज्ञान के जो भी कारनामे हों, वह इसके बारे में कुछ नहीं जानता। हां, जानने की कोशिश में जरूर है। शायद विज्ञान के साधारण तरीक़े और यह बात कि उसका संबंध दृश्य जगत और उसकी क्रियाओं से है, उसे उन बातों में पूरी तरह कारगर न होने दें, जो आत्मिक, कलात्मक, आध्यात्मिक और अदृश्य जगत से संबंध रखनेवाली हैं। जो हम देखते, सुनते और अनुभव करते हैं, यानी दिखाई पड़नेवाली और समय और अंतरिक्ष के भीतर परिवर्तनशील दुनिया तक ही ज़िंदगी महदूद नहीं है। यह बराबर स्पर्श कर रही है एक अनदेखी दुनिया को, जिसमें दूसरे संभवतः ज्यादा टिकनेवाले या उतने ही परिवर्तनशील तत्त्व हैं और कोई विचारवान आदमी इस अनदेखी दुनिया की अवहेलना नहीं कर सकता।

विज्ञान हमें ज़िंदगी के मक़सद के बारे में ज्यादा नहीं बताता, सच पूछिये, तो कुछ भी नहीं बताता। यह अब अपनी सीमा को फैला रहा है और मुमकिन है कि बहुत जल्द उस संसार पर धावा बोले, जिसे हम अदृश्य संसार कहते रहे हैं, और इस तरह यह विस्तृत अर्थ में ज़िंदगी के मक़सद को समझने में हमारी मदद करे, या कम-से-कम कुछ ऐसी झलक दे, जिससे इन्सान के अस्तित्त्व या वजूद के मसले पर रोशनी पड़े। धर्म और विज्ञान के बीच का पुराना झगड़ा एक नया रूप धारण करता है— यानी विज्ञान के तरीकों को धार्मिक और भावात्मक अनुभवों पर लागू करता है।

धर्म का रहस्यवाद, आधिभौतिकवाद और फ़िलसफ़े से मेल है। बड़े - बड़े सूफ़ी जरूर हो गए हैं, जिनकी शख्सियतों में कशिश रही है, जिन्हें हम यह कहकर नहीं टाल सकते कि वे अपने को भुलावे में डाले हुए बेबकूफ थे। फिर भी रहस्यवाद को संकुचित अर्थ में लीजिये, तो उससे मुझे खीझ होती है। यह एक अस्पष्ट, ढीली और गिलगिली चीज जान पड़ती है, इसके पीछे मन का कठोर संयम नहीं, बल्कि मानसिक शक्तियों का त्याग है और यह भावात्मक अनुभव के समुंदर में रहना है। यह अनुभव कभी-कभी ऐसी क्रियाओं के बारे में, जो भीतरी हैं और कम ज़ाहिर हैं, कुछ जान दे सकता है, लेकिन इसके जरिये आदमी अपने को भुलावे में भी डाल सकता है।

आधिभौतिकता और फ़िलसफ़ा या आधिभौतिक फ़िलसफ़ा-ये चीज़ें दिमाग को ज्यादा रुचिकर होती हैं। उनके लिए कठिन विचार और तर्क और दलील आवश्यक हैं,

अगरचे ये लाज़िमी तौर पर कुछ ऐसी धारणाओं के सहारे पर टिकी होती हैं, जिन्हें स्वत: सिद्ध मान लिया जाता है, लेकिन जो ठीक भी हो सकती हैं और नहीं भी। सभी विचारवान लोग कमोबेश आधिभौतिक-वाद और फ़िलसफ़े के चक्कर में पड़ते हैं, क्योंकि ऐसा न करना अपने इस विश्व के बहुत-से पहलुओं से आंख मूंदना है। कुछ लोग औरों की बनिस्बत इस तरफ़ ज्यादा खिंचते हैं और इन विषयों पर जो ज़ोर दिया जाता है, उसमें अलग-अलग युगों में फ़र्क़ हो सकता है। पुरानी दुनिया में, यूरोप और एशिया, दोनों जगह बाहरी चीजों के मुक़ाबले में अंदरूनी ज़िंदगी पर ज़्यादा ज़ोर दिया था और यह लाज़िमी तौर पर उन्हें आधिभौतिकवाद और फ़िलसफे की ओर ले जाता था। आज का आदमी भी इन बाहरी चीजों में ज़्यादा ग़र्क़ है, लेकिन वह भी नाज़ुक वक़्तों में और मानसिक तकलीफ़ के मौक़े पर अकसर आधिभौतिकवाद और फ़िलसफे की तरफ़ झुकता है।

ज़िंदगी के मुताल्लिक़ हम सभी का कुछ-न-कुछ फ़िलसफ़ा होता है, वह महज़ धुंधला हो या किसी हद तक स्पष्ट, अगरचे हममें से ज़्यादातर बिना ख़ुद सोचे-विचारे अपनी पीढ़ी या आस-पास के विचारों को ग्रहण कर लेते हैं। हममें से बहुतेरे जिस विश्वास में भी पले हों, उसके कुछ आधिभौतिक ख़यालों को मान लेते हैं। आधिभौतिकवाद मेरे लिए कोई कशिश नहीं रखता, सच पूछिये तो अस्पष्ट कल्पना के लिए मुझमें अरुचि रही है, फिर भी पुरानी और नई आधिभौतिक और फ़िलसफ़ियाना विचार-धारा को समझने की कोशिश में कभी-कभी कुछ दिमाग़ी मज़ा आया है। लेकिन यह काम मेरी पसंद का नहीं है, और मुझे उसके चक्कर से बच निकलने में ही चैन मिला है।

असल में मेरी दिलचस्पी इस दुनिया में और इस ज़िंदगी में है, किसी दूसरी दुनिया या आनेवाली ज़िंदगी में नहीं। आत्मा-जैसी कोई चीज़ है भी या नहीं, मैं नहीं जानता। और अगरचे ये सवाल महत्त्व के हैं, फिर भी इनकी मुझे कुछ भी चिंता नहीं। जिस वातावरण में मैं बचपन से पला हूँ, उसमें आत्मा और भविष्य की जिंदगी, कार्य-कारण का कर्म-सिद्धांत और पुनर्जन्म, ये मान ली गई चीज़े हैं। मुझ पर इनका असर पड़ा है, इसलिए एक मानी में इन सिद्धांतों की तरफ़ मेरे भाव अनुकूलता के हैं। शरीर के भौतिक विनाश के बाद हो सकता है कि आत्मा बनी रहती है और ज़िंदगी के कामों में कार्य-कारण का सिद्धांत लागू होता है, यह बात तर्कपूर्ण जान पड़ती है, अगरचे हम मूल कारण पर ध्यान दें, तो यह सिद्धांत ज़ाहिरा तौर पर कठिनाइयां भी पैदा करता है। यह मान लिया जाय कि आत्मा है, तो पुनर्जन्म के सिद्धांत में भी कुछ दलील जान पड़ती है।

लेकिन इन सिद्धांतों और मानी हुई बातों में मेरा यक़ीन कोई मजहबी तौर पर नहीं है। ये तो एक अनजाने प्रदेश के बारे में दिमाग़ी अटकल की बातें हैं, जो मेरी ज़िंदगी पर असर नहीं डालतीं और आगे चलकर ये सच्ची साबित होती हैं या रद्द कर दी जाती हैं, मेरे लिए यक-सां है।

प्रेत-विद्या, जिसके ज़रिये रूहों के बुलाने का दिखावा होता है और इस क़िस्म के और

धंधे मुझे कुछ बेतुके से जान पड़ते हैं। आध्यात्मिक बातों और ज़िंदगी के बाद के रहस्यों के जानने का यह एक गुस्ताख ढंग है। आमतौर पर यह इससे भी बुरी चीज होती है और कुछ ऐसे सीधे-सादे लोगों की - दिमाग़ पर ज़ोर नहीं डालना चाहते या यों शांति पाना चाहते हैं— भावकुता से फ़ायदा उठाने की कोशिश होती है। मुमकिन है कि इन आध्यात्मिक व्यापारों में कुछ सचाई का अंश हो। मैं इससे इन्कार नहीं करता। लेकिन जो रास्ता अख्तियार किया जाता है, वह मुझे क़तई ग़लत मालूम पड़ता है और इधर-उधर के टुकड़ों को सबूत के तौर पर जोड़कर जो नतीजा निकाला जाता है, वह वाजिब नहीं होता है।

अकसर जब मैं इस दुनिया को देखता हूं, तो मुझे रहस्यों का, अनजानी गहराइयों का, आभास मिलता है। जहां तक हो सके, इन्हें समझने की प्रेरणा मुझमें पैदा होती है; और यही नहीं, यह प्रेरणा भी होती है कि इनसे तन्मय होकर इनकी पूर्णता का अनुभव करूं। लेकिन इन्हें जान सकने का तरीक़ा मेरी समझ में विज्ञान का ही तरीक़ा हो सकता है, यानी वह, जिसमें चीज़ों की जांच तटस्थ होकर की जाती है। यों मैं मानता हूं कि पूरी तटस्थता मुमकिन नहीं, लेकिन अगर आत्मगत अंश बचाया नहीं जा सकता तो जहां-तक हो सके, उसका वैज्ञानिक ढंग से आना ठीक है।

रहस्यमय क्या है, यह मुझे नहीं मालूम। मैं उसे ईश्वर नहीं कहता, क्योंकि ईश्वर का अर्थ बहुत-कुछ इस तरह का लगाया जाता है, जिसमें मुझे विश्वास नहीं। मैं अपने को इस बात के लिए नाक़ाबिल पाता हूं कि किसी देवता या अनजानी महान शक्ति की कल्पना साकार रूप में करूं और जब बहुत से लोग बराबर ऐसा करते हुए दिखाई देते हैं, तो मुझे बड़ी हैरत होती है। एक शख़्सी सूरत में ईश्वर का ख़याल मुझे बड़ा अटपटा जान पड़ता है। अक़ली तौर पर मैं कुछ हद तक एकेश्वरवाद के विचार को समझ सकता हूं, और अगरचे मुझे इस बात का दावा नहीं कि मैं वेदांत के अद्वैत मत की सभी बारीकियों और गहराइयों को जानता हूं, फिर भी मेरा उसकी तरफ़ खिंचाव रहा है। मैं मानता हूं कि बौद्धिक जानकारी इस तरह की बातों में हमें दूर तक नहीं ले जाती। साथ ही वेदांत और इसके-जैसे और रास्ते अनंत की अनिश्चित और गोल बातों से मुझे डरा देते हैं। प्रकृति की विविधता और भरा-पूरापन मुझ में उत्साह पैदा करते हैं और उनसे मुझे आत्मिक शांति भी मिलती है, और मैं ख़याल करता हूं कि पुराने हिंदुस्तान के लोगों या यूनानियों में मैं घुल-मिल सकता था—सिवाय इसके कि देवताओं की कल्पना, जो उनके साथ जुड़ी हुई है, वह मेरे माफ़िक़ न होती।

यह बात मुझे बहुत ही पसंद आती है कि ज़िंदगी की ओर हमारे रुख़ का किसी-न- किसी तरह का नैतिक या इख़लाक़ी आधार होना चाहिए। हां, दलील से इसका समर्थन करना मेरे लिए मुश्किल होगा। गांधीजी सही साधनों पर जो ज़ोर देते हैं, उनकी तरफ़ मेरा खिंचाव रहा है और मेरा ख़याल है कि हमारे सार्वजनिक जीवन के लिए गांधीजी की यह सबसे बड़ी देन है। यह ख़याल नया तो नहीं है, लेकिन एक नैतिक सिद्धांत का सार्वजनिक कामों के लिए इतने बड़े पैमाने पर बरता जाना यक़ीनी तौर पर एक अनूठी बात है। इस रास्ते

में बड़ी दिक़्क़तें हैं, और शायद उद्देश्य और साधन एक-दूसरे से जुदा नहीं किये जा सकते, बल्कि दोनों मिलकर एक समूची वस्तु बनते हैं। एक ऐसी दुनिया में, जहां अकसर सिर्फ़ उद्देश्यों का ख़याल किया जाता है और साधनों को नज़र अंदाज़ किया जाता है, साधनों पर इतना ज़ोर देना अनोखी और साथ ही ध्यान देनेवाली बात है। हिंदुस्तान में इसका प्रयोग कहां तक कामयाब रहा है, मैं नहीं कह सकता। लेकिन इसमें शक नहीं कि इसने बहुत बड़ी शुमार में लोगों पर गहरा और क़ायम रहनेवाला असर डाला है।

मार्क्स और लेनिन की रचनाओं के अध्ययन का मुझ पर गहरा असर पड़ा और इसने इतिहास और मौजूदा ज़माने के मामलों को एक नई रोशनी में देखने में बड़ी मदद पहुंचाई। इतिहास और समाज के विकास के लंबे सिलसिले में एक मतलब और आपस का रिश्ता जान पड़ा और भविष्य का धुंधलापन कुछ कम हो गया। सोवियत यूनियन के अमली कारनामे कुछ कम बड़े न थे। कुछ बातें वहाँ ज़रूर ऐसी दिखाई दीं, जिन्हें मैं नहीं पसंद कर पाता था या नहीं समझ पाता था और मुझे ऐसा मालूम हुआ कि वक़्ती बातों से फ़ायदा उठाने की या महज़ ताक़त के बल पर मक़सद हासिल करने की कोशिश से इसका ताल्लुक़ है। लेकिन ऐसी सूरत पैदा होने के बावजूद, और बावजूद इस बात के कि इब्तिदाई इन्सानी जज़्बे के तोड़-मरोड़ की संभावना थी, इसमें मुझे शक नहीं रहा है कि सोवियत इन्क़लाब ने हमारे समाज को बल्लियों आगे बढ़ाया है और एक ऐसी चमकीली ज्योति पैदा की है, जिसे दबाकर बुझाया नहीं जा सकता; और यह कि इसने एक 'नई तहज़ीब' की, जिसकी तरफ़ दुनिया का तरक़्क़ी करना लाज़िमी है, बुनियाद डाली है। मैं इस तरह की व्यक्तिवादी और शख़्सी आज़ादी में यक़ीन करनेवाला आदमी हूं और बहुत ज़्यादा बंदिशें पसंद नहीं कर सकता। फिर भी मुझे यह ज़ाहिर सी बात जान पड़ी कि एक पेचीदा सामाजिक संगठन में शख़्सी आज़ादी को महदूद करना पड़ता है, और शायद सच्ची शख़्सी आज़ादी के हक़ में यह लाज़िमी है कि समाज के दायरे में कुछ इस तरह की हदें बनाई जायं। एक बड़ी आज़ादी की ख़ातिर छोटी आज़ादियों पर अकसर रोक लगाने की ज़रूरत पड़ती है।

मार्क्सवाद के दार्शनिक दृष्टिकोण में बहुत-कुछ ऐसा है, जिसे मैं बगैर दिक़्क़त के मान सकता हूं-उसमें बताई गई जड़ और चेतन की एकता या अद्वैत को, जड़ की गतिशीलता को; विकास-क्रम से या सहसा उपस्थित होनेवाले निरंतर परिवर्तन के द्वंद्व को; और क्रिया और प्रतिक्रिया, कारण और उत्पत्ति, प्रतिपत्ति, विरोध और समन्वय के ज़रिये होनेवाले द्वंद्व को। फिर भी इससे मेरा पूरी तरह इतमीनान न हुआ। न इसने उन सब बातों का हल पेश किया, जो मेरे दिमाग़ में थीं। और मेरे दिमाग़ में, एक अस्पष्ट आदर्शवादी रास्ता, मानो अनजान में, दिखाई पड़ने लगा। यह रास्ता, कुछ वेदांत के मार्ग-जैसा था। जड़ और चेतन के भेद का ही यह मसला न था, बल्कि कुछ ऐसी चीज़ थी, जो दिमाग़ से परे थी। फिर एक नैतिक पृष्ठभूमि का भी सवाल था। मैंने यह भी समझा कि इख़लाक़ यानी नीति का रास्ता एक बदलता हुआ रास्ता है और यह विकास पाते हुए दिमाग़ और तरक़्क़ी करती हुई सभ्यता पर निर्भर करता

है। यह युग की मानसिक अवस्था का नतीजा है। लेकिन इसमें कुछ और बातें भी थीं, यानी कुछ बुनियादी प्रेरणाएं, जो दोनों के मुक़ाबले में ज्यादा पायदार थीं। मैं कम्युनिस्टों और औरों के व्यवहार में, उनके कामों और इन बुनियादी प्रेरणाओं या सिद्धांतों के बीच जो अलगाव देखता था, उसे पसंद नहीं करता था, इसलिए मेरे दिमाग़ में कुछ ऐसा गड्डमड्ड हो गया कि मैं उसे बुद्धि द्वारा स्पष्ट या हल नहीं कर पाता था। एक आम प्रवृत्ति यह थी कि इन बुनियादी सवालों पर, जो अपनी पहुंच के बाहर के जान पड़ते हैं, सोचा-विचारा न जाय, बल्कि ज़िंदगी के उन प्रश्नों पर ध्यान दिया जाय, जो हमारे सामने आते हैं और उनके बारे में क्या और किस तरह करना चाहिए, यह सोचा जाय। आख़िर असलियत जो भी हो, और उसे पूरी तौर पर या कुछ अंशों में हम हासिल कर सकें या नहीं, यह बात तय है कि मनुष्य के ज्ञान को, चाहे वह आत्मगत ही क्यों न हो, बढ़ाने की और इन्सानी रहन-सहन और सामाजिक संगठन के सुधारने और उसे आगे बढ़ाने की बड़ी संभावना फिर भी रह जाती है।

गुज़रे ज़माने के लोगों में, और किसी हद तक इस ज़माने के लोगों में भी, विश्व की पहेली का उत्तर ढूंढ़ निकालने में लगे रहने की प्रवृत्ति रही है। यह उन्हें आजकल के जाती और समाजिक मसलों से अलग ले जाती है। और जब वे इस पहेली का हल नहीं पाते, तब वे मायूस हो जाते हैं और या तो हाथ पर हाथ रखकर बैठ रहते हैं, या बहुत छोटी-छोटी बातों में अपना वक़्त जाया करते हैं, या फिर किसी हठवादी मत में शरीक़ होकर अपनी तसक़ीन करते हैं। सामाजिक बुराइयों को, जो ज़्यादातर निश्चय ही दूर की जा सकती हैं, पुराने पाप का नतीजा बताया जाता है, यह इस तरह कहा जाता है कि इन्सान की प्रकृति या समाज का संगठन ही ऐसे हैं कि उन्हें बदला नहीं जा सकता, या (हिंदुस्तान में) इन्हें पूर्व-जन्म के कर्मों पर मढ़ दिया जाता है। इस तरह आदमी अक़्ल और वैज्ञानिक ढंग से विचार करने से दूर रहा, वह अविवेक, अंधविश्वास, बेजा हठ और सामाजिक व्यवहार की शरण लेता है। यह सही है कि अक़्ल और वैज्ञानिक विचार भी हमेशा वहां तक नहीं पहुंचाते, जहां तक हम जाना चाहेंगे। घटनाओं के मूल में न जाने कितने कारण और संबंध हुआ करते हैं और उन सबको समझ पाना मुमकिन नहीं, फिर भी उनके पीछे जो ख़ास-ख़ास ताक़तें काम करती हैं, उन्हें हम चुन सकते हैं और बाहरी भौतिक तथ्य पर गौर करके और प्रयोग और व्यवहार के ज़रिये तज़ुरबे करते हुए और ग़लती करते हुए, टटोल-टटोलकर ज्ञान और सचाई का रास्ता पा सकते हैं।

इस काम के लिए और इन हदों के भीतर साधारण मार्क्सवादी रास्ता, चूंकि वह आज के विज्ञान की जानकारी के अनुकूल पड़ता था, मुझे बहुत सहायक जान पड़ा। लेकिन इस रास्ते को क़ुबूल करते हुए भी उससे जो नतीजे निकलते हैं, वे, और गुज़रे ज़माने की और हाल की घटनाओं की उसकी व्याख्या, हमेशा साफ़ न हो पाती। मार्क्स का समाज का साधारण विश्लेषण अद्भुत रूप से सही जान पड़ता है, लेकिन वाद के विकास में जो सूरतें उसने अख्तियार कीं, वे वैसी नहीं हैं, जैसा कि निकट भविष्य के लिए उसने अनुमान किया था। लेनिन ने मार्क्स की प्रतिपत्ति को इन बाद के विकासों पर कामयाबी लागू किया, लेकिन

तबसे और भी परिवर्तन हुए हैं- जैसे फ़ासिस्त और नात्सी-मतों का और उनके साथ लगी हुई सभी बातों का, सामने आना। तकनीक या यंत्र-विज्ञान की तेज़ी से होनेवाली तरक़्क़ी और विस्तार के साथ विज्ञान की नई जानकारी के प्रयोग दुनिया का नशा ही बड़ी तेज़ी से बदल रहे हैं और इसके साथ नये मसले खड़े हो रहे हैं।

इसलिए अगरचे मैंने समाजवादी सिद्धांत की बुनियादी बातों को क़ुबूल कर लिया, फिर भी मैं उसके अनगिनत भीतरी मुबाहसों के फेर में नहीं पड़ा। हिंदुस्तान के गरम दलों से, जो अपनी शक्ति का बहुत हिस्सा आपस के झगड़ों में या बारीकियों को लेकर आपस के बुरा-भला कहने में सर्फ करते हैं, मेरी बिलकुल न पट सकी। इन बातों में मेरी ज़रा भी दिलचस्पी नहीं है। ज़िंदगी इतनी जटिल है और जहां तक हम अपने मौजूदा ज्ञान के आधार पर समझ सकते हैं, इतनी तर्क-हीन है कि हम उसे किसी बंधे हुए सिद्धांत की क़ैद में नहीं ला सकते।

मेरे सामने जो असली मसले रहे हैं, वे व्यक्तिगत और सामाजिक जीवन के हैं- किस तरह शांति के साथ रहा जाय, व्यक्ति की बाहरी और भीतरी ज़िंदगी में कैसे संतुलन हो, व्यक्तियों और दलों के बीच के संबंध किस तरह स्थिर किये जायं, किस तरह निरंतर अच्छी और ऊंची स्थिति हासिल की जाय, किस तरह समाज का विकास किया जाय और इन्सान के अनथक जीवट और साहस का मसला। इन मसलों के हल के लिए निरीक्षण, ठीक-ठीक ज्ञान और विज्ञान के तरीक़ों के मुताबिक़ पूरी-पूरी दलील का सहारा लेना चाहिए। सत्य की खोज में ये तरीक़े मुमकिन हैं कि हमेशा कारगर न हों, क्योंकि कविता और कला और कुछ आत्मिक अनुभव, ये ऐसे विषय हैं, जो एक दूसरे ही वर्ग के हैं और विज्ञान के तरीक़े से, जो पदार्थों की जांच पर अवलंबित हैं, ग्रहण नहीं किये जा सकते। इसलिए सहज ज्ञान और सचाई और असलियत को खोजने के दूसरे तरीक़ों को अलग नहीं किया जा सकता। विज्ञान के मैदान में भी इनकी ज़रूरत पड़ती है; फिर भी हमें हमेशा वस्तुगत ज्ञान के लंगर को पकड़े रहना चाहिए, ऐसे ज्ञान के लंगर को, जिसकी जांच बुद्धि द्वारा और उससे भी बढ़कर अनुभव और व्यवहार के द्वारा हो चुकी है; और हमें होशियार इस बात से रहना चाहिए कि हम ऐसी बातों के मनन के समुंदर में न खो जायं, जिनका ताल्लुक़ हमारी रोज़मर्रा की ज़िंदगी और उसके मसलों और इन्सान की ज़रूरतों से नहीं है। एक जिंदा फिलसफ़े को ऐसा होना चाहिए कि यह आज के मसलों का हल पेश कर सके।

यह हो सकता है कि हम लोग, जो इस ज़माने के हैं, और जो अपने ज़माने के कारनामों पर इतना नाज़ करते हैं, अपने युग के उसी तरह से गुलाम हों, जिस तरह कि पुराने और मध्य-युग के मर्द और औरत अपने युगों के गुलाम थे। हम अपने-आपको इस बात का धोखा दे सकते हैं, जिस तरह हमसे पहले के लोगों ने अपने को धोखा दे रखा था कि दुनिया की बातों पर हमारा ही नज़रिया सही और सचाई तक पहुंचानेवाला नज़रिया है। हम इस क़ैद से बच नहीं सकते, न इस माया जाल से-अगर इसे माया-जाल कहें-छुटकारा पा सकते हैं।

फिर भी मुझे यक़ीन है कि इतिहास के लंबे दौर में और सब चीज़ों के मुक़ाबले में विज्ञान

के तरीक़ों और रास्ते ने इन्सानी ज़िंदगी में सबसे ज़्यादा इन्कलाब पैदा किया है और आदमी की तरक़्क़ी के और भी बड़े-बड़े इन्कलाब के रास्ते खोल दिए है; यहां तक कि जिसे अज्ञात समझा जाता रहा है, उसके दरवाज़े तक हम पहुंच गए हैं। शिल्प और व्यवसाय के क्षेत्र में विज्ञान के कारनामे काफ़ी तौर पर ज़ाहिर हो चुके हैं; जहां क़हत की हालत थी, वहां इसने उसे बहुतायत और ख़ुशहाली में तबदील कर दिया है, और अब तो बहुत-से उन मसलों पर विज्ञान ने हमला करना शुरू कर दिया है, जो फ़िलसफे के मैदान के समझे जाते थे। देश-काल और 'क्वांटम' सिद्धांत ने भौतिक जगत का नक़शा ही तौर पर बदल दिया है। एटम या परमाणु की बनावट, तत्त्वों के परिवर्तन, विद्युत और प्रकाश के एक-दूसरे में बदले जाने आदि विषयों पर हाल की शोधों ने हमारी जानकारी को बहुत आगे बढ़ाया है। मनुष्य अब प्रकृति को अपने से जुदा और भिन्न रूप में नहीं देखता। मनुष्य की नियति प्रकृति की लय-मयी शक्ति का एक अंग बन गई है।

विज्ञान की तरक़्क़ी के कारण, विचार-संबंधी इस उथल-पुथल ने वैज्ञानिकों को एक ऐसे प्रदेश तक पहुंचा दिया है, जिसकी सीमाएं आधिभौतिक प्रदेश से मिली हुई हैं। वे मुख्तलिफ़ और अकसर विरोधी परिणामों पर पहुंचते हैं। कुछ को इस परिस्थिति में एक नई एकता दिखाई देती है, जो इस सिद्धांत के बिलकुल बरख़िलाफ़ पड़ती है। कुछ और लोग हैं, जैसे बर्ट्रेंड रसेल, जो कहते हैं–" पार्मनीडिस के समय से एकेडेमिक वर्ग के फ़िलसूफ़ बराबर इस बात में यकीन रखते आये हैं कि दुनिया एकता के सिद्धांत पर बनी है; मेरे विश्वासों में से सबसे बुनियादी विश्वास यह है कि इस तरह ख़याल करना महज़ बेवकूफी है।" यह फिर लीजिये-" आदमी उन कारणों की उपज है, जिन्हें इस बात का कोई पूर्व-ज्ञान नहीं कि वे किस अंत की ओर जा रहे हैं; उसकी उत्पत्ति और वृद्धि, उसकी आशाएं और उसके भय, उसके प्रेम और विश्वास परमाणुओं के आकस्मिक मेल का नतीजा हैं।" लेकिन भौतिक शास्त्र की नई से नई शोधों ने बहुत हद तक प्रकृति की बुनियादी एकता साबित कर दी है।" यह यक़ीन कि सभी वस्तुएं, एक ही पदार्थ से बनी हैं, बहुत पुराना है और तब का है जब से आदमी ने विचार करना शुरू किया है। लेकिन हमारी ही पीढ़ी एक ऐसी पीढ़ी है, जिसने इतिहास में सबसे पहले प्रकृति की एकता को देखा है–एक बेबुनियाद अक़ीदे या नामुमकिन-सी आरज़ू की सूरत में नहीं, बल्कि विज्ञान के एक सिद्धांत के रूप में, जिसके सबूत इतने साफ़ और ज़ाहिर हैं, जितने कि किसी जानी हुई चीज के हो सकते हैं।"[2]

इस तरह का विश्वास अग़रचे एशिया और यूरोप में बहुत पुराना है, फिर भी विज्ञान के कुछ नये-से-नये नतीजों का उन बुनियादी विचारों से मुक़ाबला, जो अद्वैत वेदांत की तह में हैं, दिलचस्प होगा। वह विचार यह है कि विश्व एक ही द्रव्य से बना है, जिसका रूप निरंतर बदलता रहता है और यह कि शक्तियों का कुल-जोड़ सदा एक समान बना रहता है। यह भी

---

2. कार्ल के. डैरो : 'दि रिनेज़ां ऑव फ़िज़िक्स' (न्यूयार्क, 1936) पृष्ठ 301।

कि 'वस्तुओं की व्याख्या उन्हीं की प्रकृति में निहित है, और इस विश्व में क्या हो रहा है, इसे समझाने के लिए बाहरी अस्तित्वों का सहारा लेना ज़रूरी नहीं, और इन विचारों का हासिल यह है कि विश्व स्वतः विकासशील है।'

ये अस्पष्ट मनन आदमी को किसी नतीजे पर पहुंचाते हैं, इसकी विज्ञान परवा नहीं करता। इस बीच में अपने ख़ास प्रयोगात्मक ढंग से जांच करते हुए, ज्ञान के नक़्शे की हदों को बढ़ाते हुए और इस तरह इन्सानी ज़िंदगी की रविश को बदलते हुए, वह आगे बढ़ रहा है। हो सकता है कि वह मूल रहस्यों को ढूंढ़ निकालने के नज़दीक पहुंच गया हो, और यह भी हो सकता है कि इन रहस्यों को वह न भी खोल पाये। फिर भी वह अपने निश्चित रास्ते पर आगे बढ़ता जायगा, क्योंकि इसकी यात्रा का अंत नहीं है। फ़िलसफ़े का प्रश्न है 'क्यों?', इसे वह नज़र अंदाज़ करके 'कैसे?', यह पूछता रहेगा, और ज्यों- ज्यों उस पर रहस्य का भेद खुलता रहेगा, उसके ज़रिये ज़िंदगी ज्यादा मुकम्मिल और पुर-मानी बनती जायगी और शायद ' क्यों?'– इस सवाल का जवाब देने में भी कुछ हदतक वह मददगार हो।

या शायद इस दीवार को पार न कर सकें और रहस्यमय रहस्यमय ही बना रह जाय, और ज़िंदगी अपनी तमाम तबदीलियों के साथ अच्छाई और बुराई का एक बंडल, संघर्षों का एक तांता और बेमेल और परस्पर विरोधी प्रेरणाओं का एक अजीब-ओ-ग़रीब मजमुआ बनी रहे।

या फिर मुमकिन है कि विज्ञान की तरक़्क़ी ही नैतिक संयमों को तोड़कर, शक्ति और विनाश के उन भयानक साधनों को, जिन्हें उसने तैयार किया है, बुरे और स्वार्थी लोगों के हाथों में केंद्रित कर दे-ऐसे लोगों के हाथों में, जो दूसरों पर अधिकार करने की कोशिश में रहते हैं-और इस तरह अपने बड़े कारनामों का ख़ुद ख़ात्मा कर दे। इस तरह की कुछ बातें हम आजकल घटित होती हुई देखते हैं, और इस युद्ध के पीछे है मनुष्य की आत्मा का भीतरी संघर्ष।

मनुष्य की आत्मा भी कैसी अद्भुत है! अनगिनत कमज़ोरियों के बावजूद आदमी ने, सभी युगों में, अपने जीवन की और अपनी सभी प्रिय वस्तुओं की, एक आदर्श के लिए, सत्य और विश्वासों के लिए, देश और इज़्ज़त के लिए कुरबानी की है। यह आदर्श बदल सकता है, लेकिन कुरबानी की यह भावना बनी हुई है और इसी की वजह से हम इन्सान की बहुत-सी कमज़ोरियों को माफ़ कर सकते हैं और उसकी तरफ़ से मायूस नहीं होते। आफ़तों का सामना करते हुए भी उसने अपनी शान निभाई है, जिन चीज़ों की वह क़ीमत करता रहा है, उनमें अपना विश्वास कायम रखा है। प्रकृति की महान शक्तियों के कठपुतले, जिसकी हस्ती इस बड़े विश्व में धूल के एक कण से ज़्यादा नहीं, मनुष्य ने मौलिक शक्तियों को ललकारा है और अपनी अक़्ल के ज़रिये, जो इन्क़लाब का पालना रहा है, उन्हें अपने वश में करने की कोशिश की है। देवता लोग जैसे भी हों, मनुष्य में कोई बात देवता-जैसी ज़रूर है उसी तरह, जिस तरह कि उसमें कुछ शैतान-जैसी भी बात है।

भविष्य अंधेरा है, अनिश्चित है। लेकिन उस तक पहुंचनेवाले रास्ते का हम एक हिस्सा

देख सकते हैं और यह याद रखते हुए कि चाहे जो बीते, मनुष्य की आत्मा, जिसने इतने संकटों को पार किया है, दबाई नहीं जा सकती, हम उस पर साबित - क़दमी से चल सकते हैं। हमें यह भी याद रखना है कि ज़िंदगी में चाहे जितनी बुराइयां हों, आनंद और सौंदर्य भी है और हम सदा प्रकृति की मोहिनी वन-भूमि में सैर कर सकते हैं।

ज्ञान इसके सिवा क्या है? क्या है मनुष्य का प्रयास,
या ईश्वर की अनुकंपा, जो इतनी सुंदर और विशाल है? भय से मुक्त होकर खड़े
रहना; सांस लेना और प्रतीक्षा करना; घृणा के विरुद्ध हाथ उठाये रहना :
फिर क्या सौंदर्य सदा प्यार करने की वस्तु नहीं है?[3]

7. अतीत का भार

मेरी कैद का इक्कीसवां महीना चल रहा है; चांद बढ़ता और घटता रहता है और जल्द दो साल पूरे हो चुकेंगे। और यह याद दिलाने के लिए कि मेरी उम्र ढल रही है, एक नई सालगिरह आ जायगी। अपनी पिछली चार सालगिरहें मैंने जेल में बिताई हैं - यहां और देहरादून जेल में - और कई और इससे पहले की जेल की मुद्दतों में। उनका शुमार भूल गया हूं।

इन सभी महीनों में मैं बराबर कुछ लिखने का ख़याल करता रहा हूं। इसके लिए तबीयत का तक़ाज़ा भी रहा है और एक हिचक भी रही है। मेरे दोस्तों ने समझ लिया था कि जैसा मैं पिछली कैद की मुद्दतों में करता रहा हूं, इस बार भी कोई नई किताब लिखूंगा। गोया यह बात मेरी आदत में दाख़िल हो गई है।

फिर भी मैंने कुछ लिखा नहीं। यह बात मुझे एक हद तक नापसंद थी कि कोई किताब बिना किसी ख़ास मक़सद के तैयार कर दी जाय। लिखना ख़ुद कुछ दुश्वार न था, लेकिन एक ऐसी चीज़ पेश करना, जिसका कुछ महत्त्व हो और जो मेरे जेल में रहते हुए भी बासी न पड़ जाय, जबकि दुनिया आगे बढ़ जाय, एक दूसरी ही बात थी। मैं आज के या कल के लिए न लिखूंगा, बल्कि एक अनजाने भविष्य के लिए और संभवतः दूर भविष्य के लिए लिखूंगा। और कब के लिए? शायद जो मैं लिखूं वह कभी प्रकाशित न हो; क्योंकि जो साल मैं कैद में बिताऊं, वे ऐसे हो सकते हैं कि उनमें दुनिया में और भी खलबली और संघर्ष हो, बनिस्बत लड़ाई के उन सालों के, जो अब बीत चुके हैं। मुमकिन है हिंदुस्तान ख़ुद जंग का मैदान बने, या यहां ख़ानाजंगी छिड़ जाय।

और अगर हम इन सभी इमकानों से बच भी जायं, तो भी भविष्य की किसी तिथि के लिए लिखना एक जोखिम का काम होगा, क्योंकि आज के मसले मुमकिन है, उस वक़्त तक ख़त्म हो चुके हों, और उनकी जगह नये ही मसले खड़े हो गये हों। सारी दुनिया में फैली हुई इस लड़ाई

3.यूरिपिडीज़ के 'बाक्की' के कोरस से। गिल्बर्ट मरे के अनुवाद के आधार पर।

को मैं सिर्फ़ इस नज़र से नहीं देख सकता था कि यह एक लड़ाई है; जो औरों से बड़ी और ज्यादा दूर तक फैली हुई है। जिस दिन से यह शुरू हुई, बल्कि उसके पहले से, मुझे जान पड़ने लगा था कि बहुत बड़ी उथल-पुथल मचा देनेवाली तबदीलियां आनेवाली हैं और उस वक़्त मेरी नाचीज़ रचनाएं पुरानी पड़ चुकी होंगी। और फिर वे किस काम आयेंगी?

ये सब विचार मुझे परेशान करते रहे और लिखने से रोकते रहे और इनके पीछे मेरे दिमाग़ के छुपे हुए कोने में और गहरे सवाल भी समाये हुए थे, जिनका मुझे कोई सहज उत्तर नहीं मिल रहा था।

इसी तरह के ख़याल और ऐसी ही दिक्क़तें मेरे सामने पिछली, यानी अक्तूबर 1940 से दिसंबर 1941 तक की, क़ैद की मुद्दत में भी आई थीं, जिसे मैंने देहरादून जेल की अपनी पुरानी कोठरी में, जहां छः साल पहले 'मेरी कहानी' लिखना शुरू किया था, काटा था। यहां पर 10 महीने तक कुछ भी लिखने का मेरा जी न चाहा और अपना वक़्त मैंने पढ़ने या ज़मीन खोदकर मिट्टी और फूलों के साथ खिलवाड़ करने में बिताया। आख़िरकार कुछ लिखा भी। जो कुछ लिखा, वह 'मेरी कहानी' का सिलसिला ही था। कुछ हफ्तों तक मैं तेज़ी से लगातार लिखता रहा। लेकिन मेरा काम पूरा न हुआ था कि अपनी चार साल की कैद की मुद्दत के ख़त्म होने से बहुत पहले मैं रिहा कर दिया गया।

यह अच्छी ही बात थी कि जो काम मैंने शुरू किया था, उसे ख़त्म नहीं कर पाया था, क्योंकि अगर मैं उसे ख़त्म कर चुका होता, तो उसे किसी प्रकाशक को दे देने की इच्छा हुई होती। उसे अब देखता हूं, तो अनुभव करता हूं कि यह चीज़ कितने कम मूल्य की है; उसका बहुत-सा हिस्सा अब कितना बासी और नीरस जान पड़ता है। जिन घटनाओं का इसमें बयान है, उनका सारा महत्त्व जाता रहा है और अब वह एक अध-भूले अतीत के मलबे की तरह है, जिस पर बाद के ज्वालामुखी के उफ़ानों का लावा फैला हुआ है। उनमें मेरी दिलचस्पी जाती रही है। जो चीज़ें मेरे दिमाग़ में बच रही हैं, वे हैं निजी तजुरबे, जिनकी छाप मुझ पर पड़ी है, यानी हिंदुस्तान की जनता से-जो इतनी विविध है, फिर भी जिसमें इतनी अद्भुत एकता है—बड़ी संख्या में संपर्क में आना; दिमाग़ की कुछ उड़ानें; दुख की कुछ लहरें और उन पर क़ाबू पाने पर संतोष और ख़ुशी काम में सिर्फ़ किये गए वक़्त का आनंद। इनमें से ज़्यादातर बातें ऐसी हैं कि उनके बारे में कुछ लिखा नहीं जा सकता। आदमी की भीतरी जिंदगी, भावों और विचारों के बारे में कुछ अपनापन है कि दूसरों तक उसका पहुंचाया जाना न वाजिब है और न मुमकिन। फिर भी इन निजी और ग़ैर- निजी संपर्कों की बड़ी क़ीमत है। वे व्यक्ति पर असर डालते हैं, बलिक उसे ढालते हैं और ज़िंदगी और मुल्क और दूसरी क़ौमों के बारे में उसके ख़यालों में तबदीली पैदा करते हैं।

जैसे मैं और जेलों में किया करता था, वैसे ही अहमदनगर के क़िले में भी बाग़वानी शुरू की और रोज़ कई घंटे, यहां तक कि कड़ी धूप में भी, ज़मीन खोदकर क्यारियां तैयार किया करता था। ज़मीन बड़ी ख़राब और पथरीली थी और पिछली इमारतों के ईंट-रोड़ों से भरी हुई थी। यहां पुरानी इमारतों के अवशेष भी थे, क्योंकि यह एक तारीख़ी मुक़ाम है, जहां गुजिश्ता

ज़माने में बहुतेरी लड़ाइयां हुई हैं और महलों के षड़यंत्र चलते रहे हैं। अगर हिंदुस्तान के इतिहास का ख़याल किया जाय, तो इस जगह का यह इतिहास बहुत पुराना नहीं है और व्यापक दृष्टि डाली जाय, तो इतना महत्त्वपूर्ण भी नहीं है। लेकिन इससे संबंध रखनेवाली एक घटना है, जो मार्के की है और जिसकी अब भी याद की जाती है। वह है एक ख़ूबसूरत औरत चांदबीबी की बहादुरी, जिसने इस क़िले की रक्षा की थी और जिसने हाथ में तलवार लेकर अपने सिपाहियों के साथ अकबर की शाही फ़ौज का सामना किया था। अपने ही आदमियों में से एक के हाथों उसकी मौत हुई थी।

इस अभागी धरती को खोदते हुए हमें पुरानी दीवालों के हिस्से मिले हैं और ज़मीन की सतह से बहुत नीचे दबी हुई इमारतों के गुंबदों के ऊपरी हिस्से भी। हम इस काम में ज़्यादा आगे नहीं बढ़ सके, क्योंकि अधिकारियों ने यह पसंद नहीं किया कि गहरी खुदाई की जाय या पुरातत्त्व के बारे में खोज की जाय और न हमारे पास इस काम के लिए ठीक साधन ही थे। एक बार हमें पत्थर में खुदा हुआ एक कमल मिला, जो किसी दीवार के किनारे पर, शायद किसी दरवाज़े केऊपर था।

मुझे याद आई एक दूसरी और कम ख़ुशगवार खोज, जो मैंने देहरादून जेल में की थी। तीन साल हुए, अपने छोटे-से अहाते में ज़मीन खोदते हुए मुझे बीते हुए ज़माने का एक अजीब निशान मिला। ज़मीन की सतह से काफ़ी गहराई पर दो पुराने खंभों के बचे हुए हिस्से मिले और हमने इन्हें किसी क़दर उत्तेजना के साथ देखा। वे पुरानी सूलियों के टुकड़े थे, जो वहां तीस-चालीस साल पहले काम में लाई जाती थीं। यह जेल अब बहुत दिनों से सूली चढ़ाने के काम में नहीं लाया जाता था और पुरानी सूलियों के सब ज़ाहिरा निशान हटा दिये गए थे। हमने उसकी जड़ को पा लिया था और उखाड़ डाला था और जेल के मेरे सभी साथी, जिन्होंने इस काम में हाथ बंटाया था, इस बात से ख़ुश थे कि हम लोगों ने आख़िरकार इस मनहूस चीज़ को निकाल फेंका था।

अब मैंने अपनी कुदाल अलग रख दी है और क़लम उठा लिया है। इस वक़्त जो कुछ लिखूं, उसका शायद वही हश्र हो, जो मेरी देहरादून जेल की अधूरी पांडुलिपि का हुआ था। मौजूदा वक़्त के बारे में, जब तक कि काम में लगकर उसका तजुरबा हासिल करने के लिए आज़ाद नहीं हूं, मैं कुछ नहीं लिख सकता। यह तो मौजूदा वक़्त में काम करने की ज़रूरत है, जो उसे सजीव ढंग से हमारे सामने लाती है। तब फिर उसके बारे में मैं सहज में और सुगमता के साथ लिख सकता हूं। जेल में रहते हुए यह वक़्त कुछ धुंधला-सा, परछाईं-जैसा जान पड़ता है, उसे मज़बूती से पकड़ नहीं सकता, उसका ठीक अनुभव नहीं कर पाता। सही मानो में वह मेरे लिए मौजूदा वक़्त रह नहीं जाता और न उसे हम गुज़रे हुए ज़माने-जैसा समझ सकते हैं, क्योंकि उसमें गुज़रे हुए ज़माने की गतिहीनता और मूर्त्तिमत्ता नहीं।

न मेरे लिए यही मुमकिन है कि मैं पैगंबर का जामा पहनूं और भविष्य के बारे में लिखूं। मेरा दिमाग़ कभी-कभी भविष्य के बारे में सोचता है और उसका परदा फाड़ने की और उसे अपनी पसंद के कपड़े पहनाने की कोशिश करता है। लेकिन ये सब व्यर्थ की कल्पनाएं हैं और भविष्य

अनिश्चित और अनजाना बना रहता है और कोई नहीं कह सकता कि वह फिर हमारी उम्मीदों पर पानी न फेर देगा और इन्सान के सपनों को झुठला न देगा।

अब अतीत या बीता हुआ ज़माना रह जाता है। लेकिन गुज़री हुई घटनाओं के बारे में मैं शास्त्रीय ढंग से इतिहासकार या विद्वान की तरह नहीं लिख सकता। न मुझ में इसकी लियाक़त है, न मेरे पास इसके लिए साधन हैं, और न ऐसी तालीम मिली है और न इस तरह के धंधे में लगने को इस वक़्त जी चाहता है। गुज़रा हुआ ज़माना मुझ पर भारी गुज़रता है या जब कभी उसका मौजूदा वक़्त से लगाव हुआ, तो मुझ में सरगरमी पैदा करता है और इस जिंदा वक़्त का एक पहलू बन जाता है। अगर ऐसा न हो, तो फिर वह एक ठंडी, बंजर, बेजान और गैर- दिलचस्प चीज़ है। उसके बारे में मैं महज़ उस हालत में लिख सकता हूं—जैसा मैंने पहले भी किया है जबकि उसका अपने मौजूदा कामों और ख़यालों से ताल्लुक़ पैदा कर सकूं; और उस वक़्त इतिहास लिखने का धंधा गुज़रे हुए ज़माने के बोझ से कुछ पनाह दिलाता है। मैं समझता हूं कि मनोविश्लेषण का यह भी एक तरीक़ा है; फ़र्क़ इतना है कि यह व्यक्ति पर लागू न किया जाकर किसी जाति या मनुष्य-मात्र पर लागू किया जाता है।

गुज़रे हुए ज़माने का—उसकी अच्छाई और बुराई दोनों का ही—बोझ एक दबा देनेवाला और कभी-कभी दम घुटानेवाला बोझ है, ख़ासकर हम लोगों में से उनके लिए, जो ऐसी पुरानी सभ्यता में पले हैं, जैसी चीन या हिंदुस्तान की है। जैसा कि नीत्शे ने कहा है—" न केवल सदियों का ज्ञान, बल्कि सदियों का पागलपन भी हममें फूट निकलता है। वारिस होना ख़तरनाक है।"

मेरी बिरासत क्या है? मैं किस चीज़ का वारिस हूं? उस सबका, जिसे इन्सान दसियों हज़ार साल में हासिल किया है; उस सबका, जिस पर इसने विचार किया है, जिसका इसने अनुभव किया है या जिसे इसने सहा है या जिसमें इसने सुख पाया है; उसके विजय की घोषणाओं का और उसकी हारों की तीखी वेदना का; आदमी की उस अचरज-भरी ज़िंदगी का, जो इतने पहले शुरू हुई और अब भी चल रही है और जो हमें अपनी तरफ़ इशारा करके बुला रही है। इन सबके, बल्कि इनसे भी ज्यादा के, सभी इन्सानों की शिरकत में, हम वारिस हैं। लेकिन हम, हिंदुस्तानियों की एक ख़ास विरासत या दाय है। वह ऐसी नहीं कि दूसरे उससे वंचित हों, क्योंकि सभी विरासतें किसी एक जाति की न होकर सारी मनुष्य जाति की होती हैं। फिर भी वह ऐसी है, जो हम पर ख़ास तौर पर लागू हैं, जो हमारे मांस और रक्त में और हड्डियों में समाई हुई है और जो कुछ हम हैं या हो सकेंगे, उसमें उसका हाथ है।

यह ख़ास दाय क्या है और इसका मौजूदा वक़्त से क्या लगाव है, इसके बारे में मैं बहुत दिनों से ग़ौर करता रहा हूं, और इसी के बारे में मैं लिखना चाहूंगा, अगरचे विषय इतना जटिल और कठिन है कि मैं उससे डर जाता हूं। इसके अलावा मैं महज़ उसकी सतह को छू सकता हूं, उसके साथ न्याय नहीं कर सकता। लेकिन इसके प्रयत्न में लगकर मैं शायद अपने साथ न्याय कर सकूं और वह इस तरह कि अपने विचारों को सुलझा सकूं और उसे विचार और काम की आनेवाली मंज़िलों के लिए तैयार कर सकूं।

इस विषय को देखने का मेरा ढंग लाज़िमी तौर पर अकसर एक निजी ढंग होगा; यानी

किस तरह ख़याल मेरे दिमाग़ में उपजा, क्या शक़्लें उसने अख़्तियार कीं, किस तरह उसने मुझ पर असर डाला और किस तरह उसने मेरे काम को प्रभावित किया। कुछ ऐसे अनुभवों का बयान ज़रूरी होगा, जो बिलकुल निजी हैं और जिनका ताल्लुक़ इस मज़मून के विस्तृत पहलुओं से न होगा, बल्कि जो ऐसे हैं कि जिनका मुझ पर रंग पड़ा है और जिन्होंने इस सारे प्रश्न पर जो मेरा रुख़ है, उस पर असर डाला है। मुल्कों और लोगों के बारे में हमारे रायें कई बातों पर निर्भर करती हैं और अगर हमारे निजी संपर्क रहे हैं, तो ये उन बातों में से ही हैं। अगर हम किसी मुल्क के लोगों को निजी तौर पर नहीं जानते, तो हम अक्सर उनके बारे में और भी ग़लत रायें क़ायम कर लेते हैं और उन्हें अपने से बिलकुल जुदा और अजनबी समझने लगते हैं।

जहां तक अपने देश का संबंध है, हमारे निजी संपर्क अनगिनत हैं और ऐसे संपर्कों के ज़रिये हमारे सामने अपने देशवासियों की बहुत-सी अलग-अलग तस्वीरें आती हैं, या एक मिली-जुली तस्वीर हमारे दिमाग़ में बनती है। इस तरह अपने दिमाग़ की चित्रशाला को हमने तस्वीरों से भरा है। उनमें से कुछ सूरतें साफ़, जीती-जागती और ऐसी हैं, जो मानो ऊपर से मेरी तरफ़ झांक रही हों और ज़िंदगी के ऊंचे उद्देश्यों की याद दिलाती हों। फिर भी ये बहुत पुरानी-सी चीज़ें, किसी पढ़े हुए क़िस्से-जैसी जान पड़ती हैं। और बहुत-सी दूसरी तस्वीरें भी हैं, जिनके गिर्द पुराने दिनों के साथ की और दोस्ती की ऐसी याद लगी हुई है, जो ज़िंदगी में मिठास पैदा करती है। और फिर जनता की अनगिनत तस्वीरें हैं—हिंदुस्तान के मर्दों, औरतों और बच्चों की, जिनकी एक भीड़ लगी हुई है, और जो सभी मेरी तरफ़ देख रहे हैं और मैं इस बात के समझने की कोशिश में हूं कि उन हज़ारों आंखों के पीछे क्या है।

मैं इस कहानी का आरंभ एक ऐसे अध्याय से करूंगा जो बिलकुल निजी है, क्योंकि यह मेरी उस वक़्त की मानसिक कैफ़ियत का पता देता है, जो मेरे आत्म-चरित—'मेरी कहानी'–के आख़िर में दिये गए वक़्त से बाद की हैं। लेकिन मैं एक दूसरी आत्म- कथा लिखने नहीं बैठा हूं, अगरचे अंदेशा मुझे इस बात का है कि इस बयान में जाती टुकड़े अकसर मौजूद रहेंगे।

संसार-व्यापी युद्ध चल रहा है। यहां अहमदनगर के क़िले में बैठा हुआ, कैद की मजबूरी के कारण, मैं ऐसे वक़्त में बेकार हूं, जबकि एक भयानक सरगरमी सारी दुनिया को जला रही है। मैं कभी-कभी इस बेकारी से ऊब जाता हूँ और उन बड़ी बातों और बहादुरी के बारे में सोचता हूं, जो मेरे दिमाग़ में बहुत दिनों से भर रही है। मैं इस लड़ाई को एक अलहदगी के साथ देखने की कोशिश करता हूं, इस तरह, जैसे कोई क़ुदरती आफ़त को, किसी दैवी दुर्घटना को, बड़े भूकंप या बाढ़ को देखता है। ज़ाहिर है कि मैं अपने को बहुत ज़्यादा चोट या गुस्से या बेकरारी से बचाना चाहूं, तो इसके अलावा दूसरा कोई उपाय नहीं। और बर्बर और विनाश करनेवाली प्रकृति की इस विभीषिका में मेरी अपनी तकलीफ़ें नाचीज़ बन जाती हैं।

मुझे गांधीजी के वे लफ़्ज़ याद हैं, जो उन्होंने 8 अगस्त, 1942 की भविष्य-सूचक शाम को कहे थे– "दुनिया की आंखें अगरचे आज ख़ून से लाल हैं, फिर भी हमें दुनिया का सामना शांत और साफ़ नज़रों से करना चाहिए।"

❐

2. बेडेनवाइलर:लोज़ान

1. कमला

4 सितंबर, 1935 को मैं अलमोड़ा के पहाड़ी जेल से यकायक रिहा कर दिया गया, क्योंकि समाचार आया था कि मेरी पत्नी की हालत नाज़ुक है। वह बहुत दूर-जर्मनी के ब्लैक फॉरेस्ट में—बेडेनवाइलर के एक स्वास्थ्य-गृह में थी। मोटर और रेल के ज़रिये मैं फ़ौरन इलाहाबाद के लिए रवाना हुआ, और वहाँ मैं दूसरे दिन पहुँच गया। उसी दिन तीसरे पहर, हवाई जहाज़ से, यूरोप के लिए चल पड़ा। हवाई जहाज़ ने मुझे कराची, बग़दाद और क़ाहिरा पहुँचाया और सिकंदरिया से एक सी-प्लेन मुझे ब्रिंडिसी ले गया। ब्रिंडिसी से मैं रेलगाड़ी से बैसले पहुँचा, जो स्विज़रलैंड में है। 9 सितंबर की शाम को, यानी इलाहाबाद से चलने के 4 दिन और अलमोड़ा से छूटने के 5 दिन बाद, मैं बेडेनवाइलर पहुँच गया।

कमला के चेहरे पर मैंने वही पुरानी साहस-भरी मुस्कराहट देखी। लेकिन वह बहुत कमज़ोर हो गई थी, और दर्द से उसे इतनी तकलीफ़ थी कि ज़्यादा बात नहीं कर पाती थी। शायद मेरे पहुँच जाने से कुछ अंतर हुआ, क्यों कि दूसरे दिन वह कुछ अच्छी रही और यह सुधार कुछ दिनों तक जारी रहा। लेकिन संकट की हालत बनी रही और रफ़्ता-रफ़्ता उसकी ताक़त घट रही थी। उसकी मौत का ख़याल जी में बैठ न पाता था और मैं ख़याल करने लगा कि उसकी हालत सुधर रही है और अगर सामने आया हुआ संकट टल जाय, तो वह अच्छी हो जायगी। डाक्टर लोग, जैसा कि उनका क़ायदा है, मुझे उम्मीद दिलाते रहे। उस वक़्त संकट टलता दिखाई भी दिया और वह संभली रही। पर इतनी अच्छी तो कभी न जान पड़ी कि देर तक बातें कर सके। हम लोग थोड़ी-थोड़ी बातें करते, और जब मैं देखता कि उसे थकान मालूम पड़ रही है तब मैं चुप हो जाया करता। कभी-कभी मैं उसे कोई किताब पढ़कर सुनाता। उन किताबों में से, जो मैंने उसे पढ़कर सुनाई, एक की याद है, और वह थी पर्ल बक की 'दि गुड अर्थ' (धरती माता)। उसे मेरा इस तरह किताब पढ़ना अच्छा लगता, लेकिन हमारी रफ्तार बहुत धीमी होती।

इस छोटे-से क़सबे में, अपने पेन्शन या ठहरने की जगह से मैं सवेरे और तीसरे पहर पैदल ही स्वास्थ्य-गृह जाया करता था और कमला के साथ चंद घंटे बिताया करता था। जी में न जाने कितनी बातें भरी हुई थीं, जिन्हें मैं उससे कहना चाहता था। लेकिन मुझे अपने को रोकना पड़ता। कभी-कभी हम पुराने दिनों की बातें करते-पुरानी स्मृतियों की, और हिंदुस्तान के आपस के लोगों की। कभी-कभी, ज़रा लालसा से, आने वाले दिनों की, और

उस वक़्त हम लोग क्या करेंगे, यह सोचते। उसकी हालत नाज़ुक थी, लेकिन उसे जीने की आशा बनी रही। उसकी आँखों में चमक और ताक़त क़ायम थी और उसका चेहरा आमतौर पर खुश रहता। इक्के-दुक्के मित्र, जो उससे मिलने आते, उन्हें कुछ ताज्जुब होता, क्योंकि जैसा उन्होंने समझ रखा था, उससे वह अच्छी दिखती। वे लोग उन चमकीली आँखों और मुस्कराते हुए चेहरे से धोखे में आ जाते।

शरद ऋतु की लंबी शामें मैं अपने पेन्शन के कमरे में अकेले बैठकर बिताता, या कभी-कभी खेतों से होता हुआ मैं जंगल की तरफ़ टहलने निकल जाता। एक-एक करके, कमला के सैकड़ों चित्र और उसके गहरे और अनमोल व्यक्तित्व के सैकड़ों पहलू मेरे दिमाग़ में फिरते रहते। हमारे ब्याह के लगभग 20 वर्ष बीत चुके थे, फिर भी न जाने कितनी बार मैं उसके मन और आत्मा के नये रूपों को देखकर अचंभे में आया था। मैंने उसे क़ितनी ही तरह से जाना था और बाद के दिनों में तो मैंने उसे समझ पाने की पूरी कोशिश भी की थी। यह बात नहीं कि मैं उसे बिलकुल पहचान न सका हूँ। हाँ, मुझे अकसर संदेह होता था कि मैंने उसे पहचाना भी या नहीं। उसमें परियों-जैसी कुछ भेद-भरी बात थी, जो सच्ची होते हुए भी ऐसी थी कि उसे ग्रहण नहीं किया जा सकता था।

कुछ थोड़ी-सी स्कूली तालीम के अलावा उसे क़ायदे से शिक्षा नहीं मिली थी। उसका दिमाग़ शिक्षा की पगडंडियों में से होकर नहीं गुज़रा था। हमारे यहाँ वह एक भोली लड़की की तरह आई और ज़ाहिरा उसमें कोई ऐसी जटिलताएं नहीं थीं, जो आजकल आमतौर से मिलती हैं। चेहरा तो उसका लड़कियों-जैसा बराबर बना रहा, लेकिन जब वह सयानी होकर औरत हुई, तब उसकी आँखों में एक गहराई, एक ज्योति, आ गई और यह इस बात की सूचक थी कि इन शांत सरोवरों के पीछे तूफ़ान चल रहा है। वह नई रोशनी की लड़कियों-जैसी न थी, न तो उसमें वे आदतें थीं, न वह चंचलता थी। फिर भी नये तरीक़ों में वह काफ़ी आसानी से घुल-मिल जाती थी। दरअसल वह एक हिंदुस्तानी और ख़ासतौर पर काश्मीरी लड़की थी—चैतन्य और गर्वीली, बच्चों-जैसी और बड़ों-जैसी, बेवकूफ और चतुर। अजनबी, लोगों से और उनसे, जिन्हें वह पसंद नहीं करती थी, वह संकोच करती; लेकिन जिन्हें वह जानती और पसंद करती थी, उनसे वह जी खोलकर मिलती और उनके सामने उसकी खुशी फूटी पड़ती थी। चाहे जो शख़्स हो, उसके बारे में वह झट अपनी राय क़ायम कर लेती। यह राय उसकी हमेशा सही न होती, और न हमेशा वह इन्साफ़ की नींव पर बनी होती, लेकिन अपनी इस सहज पसंद या विरोध पर वह दृढ़ रहती। उसमें कपट नाम को न था। अगर वह किसी व्यक्ति को नापसंद करती और यह बात ज़ाहिर हो जाती, तो वह उसे छिपाने की कोशिश न करती। कोशिश भी करती तो शायद वह इसमें कामयाब न होती। मुझे ऐसे इन्सान कम मिले हैं, जिन्होंने मुझ पर अपनी साफ़-दिली का वैसा प्रभाव डाला हो, जैसा कि उसने डाला था।

❐

2. हमारा ब्याह और उसके बाद

मैंने अपने ब्याह के शुरू के सालों का ख़याल किया, जबकि बावजूद इस बात के कि मैं उसे हद से ज्यादा चाहता था, मैं क़रीब-क़रीब उसे भूल गया था, और बहुत तरह से उसे उस संग से वंचित रखता था, जिसका उसे हक़ था, क्योंकि उस वक़्त मेरी हालत एक ऐसे शख़्स की - सी थी, जिस पर कि भूत सवार हो। मैं अपना सारा वक़्त उस मक़सद को पूरा करने में लगा रहा था, जिसे मैंने अपनाया था। अपनी एक अलग सपने की दुनिया में रहा करता था और अपने गिर्द के चलते-फिरते लोगों को असार छाया की तरह समझा करता था, अपनी शक्ति - भर मैं काम में लगा रहा था; मेरा दिमाग़ उन बातों से लबरेज़ रहता, जिनमें मैं लगा हुआ था। मैंने उस मक़सद में अपनी सारी ताक़त लगा दी थी और उसके अलावा किसी और काम के लिए ताक़त बाक़ी न थी।

लेकिन उसे भूलना बहुत दूर रहा, जब-जब और धंधों से निपटकर उसके पास आता, तो मुझे ऐसा अनुभव होता कि किसी सुरक्षित बंदरगाह में पहुँच गया हूँ। अगर घर से कई दिनों के लिए बाहर रहता, तो उसका ध्यान करके मेरे मन को शांति मिलती और मैं बेचैनी के साथ घर लौटने की राह देखता। अगर वह मुझे ढाढ़स और शक्ति देने के लिए न होती और मेरे थके मन और शरीर को नया जीवन न देती रहती, तो भला मैं कर ही क्या पाता?

वह जो कुछ मुझे दे सकती थी, उसे मैंने उससे ले लिया था। इसके बदले में इन शुरू के दिनों में मैंने उसे क्या दिया? ज़ाहिरा तौर पर मैं नाकामयाब रहा, और मुमकिन है कि उन दिनों की गहरी छाप उस पर हमेशा बनी रही हो। वह इतनी गर्वीली और संवेदनशील थी कि मुझसे मदद मांगना नहीं चाहती थी, अगरचे जो मदद मैं उसे दे सकता था, वह दूसरा नहीं दे सकता था। वह राष्ट्रीय लड़ाई में अपना अलग हिस्सा लेना चाहती; महज दूसरे के आसरे रहकर या अपने पति की परछाईं बनकर वह नहीं रहना चाहती थी। वह चाहती थी कि दुनिया की निगाहों में ही नहीं, बल्कि अपनी निगाहों में वह खरी उतरे। मुझे इससे ज्यादा किसी दूसरी बात से खुशी नहीं हो सकती थी, लेकिन मैं और कामों में इतना फंसा हुआ था कि सतह से नीचे देख ही नहीं पाता था, और वह क्या खोजती थी या इतनी उत्कंठा से क्या चाहती थी, उस ओर से मेरी आँखें बंद थीं। और फिर मुझे इतनी बार जेल जाना पड़ा कि मैं उससे अलग भी रहा, या वह बीमार रही। रवीन्द्रनाथ ठाकुर के नाटक की चित्रा की तरह वह मुझसे यह कहती जान पड़ती थी-"मैं चित्रा हूँ, देवी नहीं हूँ कि मेरी पूजा की जाय। अगर तुम ख़तरे और साहस के रास्ते में मुझे अपने साथ रखना मंज़ूर करते हो, अगर तुम अपनी ज़िंदगी के बड़े कामों में मुझे हिस्सा लेने की इजाज़त देते हो, तो तुम मेरी असली आत्मा को पहचानोगे।" लेकिन उसने यह बात मुझसे शब्दों में नहीं कही। धीरे-धीरे यह संदेश मैं उसकी आँखों में पढ़ पाया।

सन् 1930 के शुरू के महीनों में मुझे उसकी इस इच्छा की झलक मिली। फिर हम

लोग साथ-साथ काम करते रहे और इस अनुभव में मुझे एक नया आनंद मिला। कुछ वक़्त तक हम लोग मानो ज़िंदगी की तेज धार पर साथ-साथ बहते रहे। लेकिन बादल मंडरा रहे थे और एक क़ौमी हंगामा सामने था। हमारे लिए ये सुख के महीने थे, लेकिन वे बहुत जल्द ख़त्म हो गए और अप्रैल के शुरू में मुल्क असहयोग और फिर सरकारी दमन के चंगुल में पड़ गया और मैं फिर जेल चला गया।

हम सब मर्द लोग ज़्यादातर जेल में थे। उस वक़्त एक हैरत - अंग्रेज़ी घटना घटी। हमारी औरतें मैदान में आईं और उन्होंने लड़ाई को संभाला। यह सही है कि कुछ औरतें सदा से इस काम में लगी रही हैं, लेकिन अब तो उनके दल-के-दल उमड़ पड़े, जिसकी वजह से न सिर्फ़ अंग्रेज़ी सरकार को बल्कि खुद उनके मर्दों को अचरज हुआ। और हमारे सामने जो नज़ारा था, वह यह था कि ऊंचे और बीच के वर्ग की औरतें, जो अपने घरों में महफ़ूज जिंदगियां बिता रही थीं, किसान औरतें, मज़दूर औरतें, अमीर औरतें, ग़रीब औरतें, दसियों हज़ार की तादाद में सरकारी हुक्म को तोड़ने और पुलिस की लाठियों का सामना करने के लिए तैयार थीं। साहस और बहादुरी का यह खाली दिखावा नहीं था। इससे भी बड़ी जो बात थी वह यह थी कि उन्होंने संगठन की शक्ति दिखाई।

जब ये ख़बरें हम तक नैनी जेल में पहुँची, उस वक़्त हममें जो पुलक पैदा हुई, उसे मैं कभी भूल नहीं सकता। हमारे दिल हिंदुस्तान की औरतों का ख़याल करके गर्व से भर गए। हम लोग इस घटना के बारे में आपस में मुश्किल से बातें कर पाते थे, क्योंकि हमारे दिल भरे हुए थे और हमारी आँखें आँसुओं से धुंधली हो रही थीं।

मेरे पिताजी बाद में आकर नैनी जेल में हम लोगों में शरीक़ हुए। उन्होंने बहुत-सी बातें बताईं, जिन्हें हम पहले से नहीं जानते थे। जेल से बाहर रहते हुए वह असहयोग आंदोलन के अगुआ थे, लेकिन सारे हिंदुस्तान में औरतों में जो आग भड़क उठी थी, उसे उन्होंने नहीं उकसाया था। बल्कि सच बात तो यह है कि पुराने ढंग के बड़ों की तरह वह इस बात को पसंद नहीं करते थे कि नौजवान और बूढ़ी औरतें गरमी की धूप में सड़कों पर घूमती फिरें और पुलिस से मोर्चा लें। लेकिन उन्होंने जनता का रुख़ देख लिया था और किसी के, यहाँ तक कि अपनी स्त्री, बेटियों और बहू के, उत्साह को रोका नहीं। उनसे मालूम हुआ कि सारे मुल्क में हमारे औरतों ने जो उत्साह, हिम्मत और क़ाबलियत दिखाई, उससे उन्हें कितनी ख़ुशी और हैरत हुई है। अपने घर की लड़कियों के बारे में वह मुहब्बत-भरे गर्व के साथ बातें करते थे।

मेरे पिताजी के कहने से 26 जनवरी, 1931 को सारे हिंदुस्तान में आज़ादी के दिन की सालगिरह मनाई गई और हज़ारों आम जलसों में 'यादगार' के प्रस्ताव पास हुए। इन जलसों पर पुलिस की रोक लगी हुई थी, और इनमें से बहुतों को बल पूर्वक तितर-बितर किया गया। पिताजी ने इन जलसों का संगठन अपनी बीमारी में बिस्तर पर से किया था और यह सचमुच संगठन की विजय थी, क्योंकि हम अख़बारों या डाक या तार या टेलीफ़ोन का इस्तेमाल नहीं

कर सकते थे और न किसी क़ानूनी तौर पर क़ायम किये हुए छापेख़ाने का ही। फिर भी एक मुकर्रिर किये गए दिन और वक़्त पर इस बड़े मुल्क में, सब जगह दूर-दूर के गाँवों तक में, यह प्रस्ताव हर एक सूबे की भाषा में पढ़ा गया और मंज़ूर किया गया। इस प्रस्ताव के मंज़ूर होने के 10 दिन बाद मेरे पिताजी की मृत्यु हुई।

यह प्रस्ताव लंबा था, लेकिन उसका एक हिस्सा हिंदुस्तान की औरतों के बारे में था—"हम हिंदुस्तान की औरतों के प्रति अपनी श्रद्धा और तारीफ़ के गहरे भावों को ज़ाहिर करते हैं, जिन्होंने मातृभूमि के इस संकट के मौक़ेपर अपने घरों की हिफ़ाज़त को छोड़कर अचूक हिम्मत और बरदाश्त की ताक़त दिखाई है और जो अपने मर्दों के साथ कंधे-से-कंधा लगाकर हिंदुस्तान की राष्ट्रीय सेना के सामने की क़तार में शामिल रही हैं और जिन्होंने जंग की कुरबानियों और विजयों में उनके साथ हिस्सा बंटाया है..."

इस उथल-पुथल में कमला ने भी हिम्मत के साथ एक ख़ास हिस्सा लिया और उसके ना-तजुरबेकार कंधों पर, इलाहाबाद में, हमारे काम के संगठन की जिम्मेदारी उस वक़्त आई, जबकि हर एक जाना हुआ काम करने वाला जेल में था। तजुरबे की कमी को उसने अपने जोश और उत्साह से पूरा किया और कुछ ही महीनों के भीतर वह इलाहाबाद के गर्व की चीज़ बन गई।

मेरे पिताजी की आख़िरी बीमारी और मौत की छाया में हम फिर मिले। यह मुलाक़ात दोस्ती और आपस की समझदारी के एक नये ही आधार पर थी। कुछ महीनों बाद, अपनी बेटी के साथ जब हम लोग कुछ दिनों के लिए लंका अपनी पहली सैर के लिए — और यह आख़िरी भी थी— गए, तो ऐसा जाना पड़ता था कि हमने एक-दूसरे को एक नये रूप में देखा है। ऐसा जान पड़ता था कि हमने जितने पिछले साल साथ में बिताये थे, वे इस नये और गहरे संबंध की तैयारी में बिताये थे।

हम लोग जल्द ही लौट आए, और मैं काम में लग गया और बाद में फिर जेल चला गया। साथ-साथ छुट्टी मनाने का और मिलकर काम करने का, यहाँ तक कि मिलकर रहने का भी मौक़ा न हासिल हुआ, सिवाय इसके कि दो लंबी कैदों की मुद्दत के बीच के वक़्त में मुलाक़ात हो गई। दूसरी क़ैद की मुद्दत ख़त्म न होने पाई थी कि कमला मौत की बीमारी से बिस्तर पर लग गई थी।

जब मैं फ़रवरी, सन 1933 में कलकत्ते के एक वारंट पर गिरफ़्तार किया गया, उस वक़्त कमला घर में मेरे कुछ कपड़े लाने के लिए गई। मैं भी उससे रुख़सत होने के ख़याल से उसके पीछे हो लिया। यकायक वह मुझसे लिपट गई और ग़श खाकर गिर पड़ी। उसके लिए यह गैर-मामूली बात थी, क्योंकि हम लोगों ने अपने को एक तरह से तालीम दे रखी थी कि जेल ख़ुशी-ख़ुशी और हलके दिल से जाना चाहिए और इसके बारे में जहाँ तक मुमकिन हो, कोई गुल न होने देना चाहिए। क्या उसके दिल ने उसे पहले से बता दिया था कि हमारी साधारण मुलाक़ात का यह आख़िरी मौक़ा है?

दो-दो साल की लम्बी जेलों की मुद्दतों ने हम लोगों को एक-दूसरे से उस वक़्त जुदा रखा था, जबकि हमें एक-दूसरे की सबसे ज़्यादा ज़रूरत थी। मैं जेल के लंबे दिनों में इस पर ग़ौर करता रहा, लेकिन मैं उम्मीद करता रहा कि वह वक़्त ज़रूर आयेगा जबकि हम दोनों एक साथ होंगे। इन सालों में उस पर क्या गुज़री होगी? मैं इसका अनुमान कर सकता हूँ, अगरचे मैं भी इसे ठीक-ठीक नहीं जानता, क्योंकि जेल की और जेल के बाहर थोड़े वक़्त की मुलाक़ातों में ऐसी परिस्थिति नहीं थी कि इसका सहज में अंदाज़ हो सके। हम लोगों को हमेशा अपने को संभाले रखना पड़ता था, जिसमें अपनी तकलीफ़ को ज़ाहिर करके हम एक-दूसरे को तकलीफ़ न पहुँचाये। लेकिन यह साफ़ था कि बहुतेरी बातों की वजह से वह बहुत परेशान और दुखी थी और उसका मन शांत न था। मैं चाहता कि मैं उसकी कुछ मदद कर सकता, लेकिन जेल में रहते हुए यह मुमकिन न था।

❐

3. इन्सानी रिश्तों का सवाल

ये सब और बहुत-से और ख़याल मेरे दिमाग़ में बेडेनवाइलर के तनहाई के लंबे घंटों में आते। मैं जेल का वातावरण सहज में दूर न कर पाता था। बहुत दिनों से मैं इसका आदी हो गया था और इस नई फ़िज़ा ने कुछ ज़्यादा तबदीली न पैदा की। नात्सी इलाक़े में, उसकी तमाम अनोखी घटनाओं के बीच, जिसे मैं बेहद नापसंद करता था, मैं रह रहा था। लेकिन नात्सियों ने मुझसे छेड़ न की। ब्लैक फ़ॉरेस्ट के एक कोने के इस छोटे से गाँव में नात्सी-पन के कोई चिह्न नहीं मिलते थे।

पर शायद ऐसा हो कि मेरे दिमाग़ में और ही बातें भर रही थीं। मेरे सामने अपनी बीती हुई ज़िंदगी की तस्वीरें फिर रही थीं, और उनमें हमेशा कमला साथ दिखाई देती थी। मेरे लिए वह हिंदुस्तान की महिलाओं, बल्कि स्त्री-मात्र, की प्रतीक बन गई। कभी-कभी हिंदुस्तान के बारे में मेरी कल्पना में वह एक अजीब तरह से मिल-जुल जाती, उस हिंदुस्तान की कल्पना में, जो अपनी सब कमज़ोरियों के बावजूद हमारा प्यारा देश है, और जो इतना रहस्यमय और भेद-भरा है। कमला क्या थी? क्या मैं उसे जान सका था, उसकी असली आत्मा को पहचान सका था? क्या उसने मुझे पहचाना और समझा था? क्योंकि मैं भी एक अनोखा आदमी रहा हूँ और मुझमें भी ऐसा रहस्य रहा है, ऐसी गहराइयां रही हैं, जिनकी थाह मैं खुद नहीं लगा सका हूँ। कभी-कभी मैंने ख़याल किया है कि वह मुझ से इसी वजह से ज़रा सहमी रहती थी। शादी के मामले में मैं ख़ातिर-ख़ाह आदमी न रहा हूँ, न उस वक़्त था। कमला और मैं, एक-दूसरे से कुछ बातों में बिलकुल जुदा थे, और फिर भी कुछ बातों में हम एक-जैसे थे। हम एक-दूसरे की कमियों को पूरा नहीं करते थे। हमारी जुदा-जुदा ताकत ही आपस के व्यवहार में कमज़ोरी बन गई। या तो आपस में पूरा समझौता हो, विचारों का पूरा मेल हो,

नहीं तो कठिनाइयां होंगी ही। हममें कोई भी साधारण गृहस्थी की जिंदगी, जैसे भी गुज़रे, उसे क़ुबूल करते हुए, नहीं बिता सकते थे।

हिंदुस्तान के बाज़ारों में जो बहुत-सी तस्वीरें देखने में आतीं, उनमें एक ऐसी थी, जिसमें कमला की और मेरी तस्वीरें साथ-साथ लगाई गई थीं और जिसके ऊपर लिखा हुआ था— 'आदर्श जोड़ी'। बहुत-से लोग इसी रूप में हमारी कल्पना करते रहे हैं, लेकिन आदर्श को पा लेना और उसे पकड़े रहना बड़ा कठिन है। फिर भी मुझे याद है कि अपने लंका के सफ़र में मैं कमला से यह कहा करता था कि बहुत दिक़्क़तों और आपस के भेदों के रहते हुए और ज़िंदगी ने हमारे साथ जो चालें चली हैं, उनके बावजूद, हम कितने ख़ुशक़िस्मत हैं ! ब्याह एक अनोखी घटना होती है और अगरचे ब्याह का हमें हज़ारों साल का तजुरबा हासिल है, यह बात आज भी उतनी ही सच है। हमने अपने गिर्द बहुत-सी शादियों की बरबादी देखी, या जिसे हम इससे बेहतर न कहेंगे, यह देखा कि जो चीज़ सुनहली और आबदार थी, वह मंद और फीकी पड़ गई है। मैं उससे कहा करता कि हम लोग कितने ख़ुशकिस्मत हैं, और इसे वह क़ुबूल करती, क्योंकि आपस में हम लड़े भले ही हों, एक- दूसरे से नाराज़ भले ही हुए हों, फिर भी हमने उस जिंदा ज्योति को बुझने न दिया, और ज़िंदगी हम दोनों को नये-नये करिश्मे दिखाती रही और एक-दूसरे को नई झलक देती रही।

इन्सानी रिश्तों का मसला कितना बुनियादी है, फिर भी राजनीति और अर्थ - शास्त्र की बहसों में पड़कर हम उसे कितना नज़रअंदाज़ कर देते हैं! चीन और हिंदुस्तान की पुरानी और अक़्लमंद तहज़ीबों में इसे नज़रअंदाज़ नहीं किया गया था। वहाँ सामाजिक व्यवहार के आदर्शों का विकास हुआ था, जिसमें और जो भी ख़ामियां रही हों, यह खूबी थी कि व्यक्ति को एक संतुलन, एक हम वज़नीपन, हासिल होता था। यह संतुलन आज हिंदुस्तान में नहीं दिखाई पड़ रहा है; लेकिन पश्चिम के देशों में ही, जहाँ और दिशाओं में इतनी तरक़्क़ी हुई है, यह कहाँ दिखाई पड़ता? या यह संतुलन ही दरअसल गतिहीनता है और उन्नतिशील तबदीली का विरोधी है? क्या एक का दूसरे के लिए बलिदान करना ज़रूरी है? यक़ीनी तौर पर इसे मुमकिन होना चाहिए कि भीतरी संतुलन का बाहरी तरक़्क़ी से, पुराने ज़माने के ज्ञान का नये ज़माने की शक्ति और विज्ञान से मेल क़ायम हो। सच देखा जाय, तो हम लोग दुनिया के इतिहास की एक ऐसी मंज़िल पर पहुँच गए हैं। कि अगर यह मेल न क़ायम हो सका, तो दोनों ही का अंत और नाश रखा हुआ है।

❐

4. 1935 का बड़ा दिन

कमला की हालत कुछ सुधरी। सुधार कुछ बहुत ज़ाहिर तो नहीं था, लेकिन पिछले हफ्तों की चिंता के बाद हम लोगों ने कुछ आराम महसूस किया। वह अपना नाज़ुक वक़्त

पारकर ले गई थी और उसकी हालत संभली हुई थी और यह एक सुधार था। उसकी यह हालत एक महीने तक जारी रही, और इससे लाभ उठाकर अपनी बेटी इंदिरा के साथ मैं कुछ दिनों के लिए इंग्लिस्तान हो आया। वहाँ मैं आठ साल से नहीं गया था और कई दोस्तों का इसरार था कि मैं उनसे मिलूं।

मैं बेडेनवाइलर वापस आया और पुरानी दिनचर्या फिर से शुरू हुई। जाड़ा आ गया था। ज़मीन बर्फ़ से ढंककर सफ़ेद हो रही थी। ज्योंही बड़ा दिन क़रीब आया, कमला की हालत साफ़ तौर पर गिरने लगी। ऐसा जान पड़ता था कि नाज़ुक वक़्त लौट आया है और उसकी ज़िंदगी एक धागे से लटक रही है। 1935 के उन अंतिम दिनों में मैं बर्फ़ और बर्फानी कीचड़ के बीच रास्ता काटता रहा, और यह नहीं जानता था कि वह कितने दिन या घंटों की मेहमान है। जाड़े का शांत दृश्य, जिस पर बर्फ की सफेद चादर पड़ी हुई थी, मुझे ठंडी मौत की शांति जैसा लगा और मैं अपना पिछला आशावाद खो बैठा।

लेकिन कमला इस संकट-काल से भी लड़ी और अचरज भरी शक्ति से उसे पार कर गई। वह अच्छी होने लगी और ज़्यादा ख़ुश दिखाई देती। उसने चाहा कि हम लोग उसे बेडेनवाइलर से हटाकर दूसरी जगह ले चलें। वह उस जगह से ऊब गई थी। एक दूसरी वजह, जिससे उसे अब वह जगह अच्छी नहीं लगती थी, यह थी कि स्वास्थ्य-गृह का एक दूसरा मरीज़ जाता रहा। वह कमला के पास कभी-कभी फूल भेज दिया करता था और उससे मिलने भी आया करता था। यह मरीज़, जो एक आयरिश लड़का था, कमला के मुक़ाबले में कहीं अच्छी हालत में था; यहाँ तक कि उसे टहलने की इजाज़त मिल गई थी। उसकी अचानक मौत की ख़बर मैंने कमला तक पहुँचने से रोकनी चाही, लेकिन इसमें हम कामयाब न रहे। मरीजों को, ख़ासकर उन्हें, जिन्हें स्वास्थ्य-गृह में ठहरने का दुर्भाग्य होता है, जान पड़ता है एक ग़ैबी जानकारी हासिल हो जाती है, और यह उन्हें बहुत-कुछ वे बातें जता देती है, जो उनसे छिपाई जाती हैं।

जनवरी में मैं कुछ दिनों के लिए पेरिस गया और थोड़े वक़्त के लिए लंदन भी हो आया। ज़िंदगी मुझे अपनी तरफ़ खींच रही थी और लंदन में मुझे ख़बर मिली कि मैं हमारी कांग्रेस का दूसरी बार सभापति चुना गया हूँ और यह कांग्रेस की सभा अप्रैल में होने वाली है। दोस्तों ने मुझे पहले से आगाह कर दिया था, इसलिए यह फ़ैसला एक तरह से जाना हुआ था और इसके बारे में मैंने कमला से बातचीत की थी। मेरे सामने एक दुविधा आकर खड़ी हो गई— उसे इस हालत में छोड़कर जाऊं या सभापति के पद से इस्तीफ़ा दे दूँ। वह नहीं चाहती थी कि मैं इस्तीफ़ा दूँ। उसकी हालत ज़रा सुधरी हुई थी और हम लोगों ने सोचा कि मैं बाद में फिर उसके पास आ सकता हूँ।

1936 की जनवरी के अंत में कमला ने बेडेनवाइलर छोड़ा और स्विज़रलैंड में लोज़ान के स्वास्थ्य-गृह में वह पहुँचाई गई।

❐

5. मृत्यु

हम दोनों ने ही स्विज़रलैंड में आने से जो तबदीली हुई, उसे पसंद किया। कमला अब ज़्यादा ख़ुश रहती और स्विज़रलैंड के इस हिस्से से पहले से अच्छी तरह परिचित होने के कारण मैंने यहाँ अपने को उतना अजनबी महसूस न किया। उसकी हालत में कोई ज़ाहिरा तबदीली न पैदा हुई थी और ऐसा मालूम देता था कि कोई संकट सामने नहीं है। सुधार की रफ़्तार शायद धीमी रहती, लेकिन जान पड़ता था कि काफ़ी वक़्त तक उसकी ऐसी ही हालत रहेगी।

इस बीच में हिंदुस्तान का बुलावा बराबर आ रहा था और वहाँ मित्र लोग मुझे लौटने के लिए ज़ोर दे रहे थे। मेरा जी बेचैन रहने लगा और हिंदुस्तान के मसलों में उलझा रहने लगा। कुछ सालों से, जेल में रहने की वजह से या और वजहों से, सार्वजनिक कामों में मैं सरगरमी से हिस्सा न ले सका था और अब मैं बागडोर तुड़ा रहा था। लंदन और पेरिस के मेरे सफ़र ने और हिंदुस्तान से आने वाली ख़बरों ने मुझे जगाया और अब चुपचाप रहना मुमकिन न था।

मैंने कमला के साथ इसके बारे में विचार किया और डाक्टर से भी सलाह ली। दोनों इस बात पर राज़ी हुए कि मुझे हिंदुस्तान लौटना चाहिए और मैंने डच के० एल० एम० कंपनी के हवाई जहाज़ से लौटने के लिए जगह पक्की कर ली। 28 फ़रवरी को मैं लोज़ान छोड़ने वाला था। यह सब तय हो चुकने के बाद मैंने देखा कि कमला को मेरा उसे छोड़ने का विचार पसंद न आया। फिर भी वह मुझसे अपना कार्यक्रम बदलने के लिए कहना न चाहती थी। मैंने तो उससे कहा कि हिंदुस्तान में ज़्यादा दिन न ठहरूंगा। दो-तीन महीनों में ही लौट आने की उम्मीद करता हूँ। वह चाहे, तो मैं पहले भी आ सकता हूँ; तार से ख़बर मिलने के एक हफ्ते के भीतर मैं वापस आ सकूंगा।

चलने की तारीख़ के चार-पांच दिन रह गए थे। इंदिरा, जो पास ही एक जगह, बेक्स, के स्कूल में, भरती हो गई थी, यह आख़िरी दिन हम लोगों के साथ बिताने के लिए आने वाली थी। डाक्टर मेरे पास आये और उन्होंने सलाह दी कि मैं अपना जाना हफ्ता-दस दिन के लिए मुल्तवी कर दूँ। इससे ज़्यादा वह कहना नहीं चाहते थे। मैं फ़ौरन राज़ी हो गया और बाद में चलने वाले दूसरे के.एल. एम. हवाई जहाज़ में जगह ठीक कर ली।

ज्यों-ज्यों ये आख़िरी दिन बीतने लगे, कमला में अचानक तबदीली आती जान पड़ी। उसके जिस्म की हालत, जहाँ तक हम देख सकते थे, वैसी ही थी, लेकिन उसका दिमाग़ अपने इर्द-गिर्द की चीज़ों पर कम ठहरता। वह मुझसे कहती कि कोई उसे बुला रहा है या यह कि उसने किसी शक़्ल या आदमी को कमरे में आते देखा, जबकि मैं कुछ न देख पाता था।

28 फरवरी को, बहुत सवेरे उसने अपनी आख़िरी सांस ली। इंदिरा वहाँ मौजूद थी, और हमारे सच्चे दोस्त और इन महीनों के निरंतर साथी डाक्टर अटल भी मौजूद थे।

कुछ और मित्र स्विज़रलैंड के पास के शहरों से आ पहुँचे और हम उसे लोज़ान के दाहघर में ले गए। चंद मिनटों में वह सुंदर शरीर और प्यारा मुखड़ा, जिस पर अकसर मुस्कराहट छाई रहती थी, जलकर ख़ाक हो गया। और अब हमारे पास सिर्फ़ एक बरतन रहा, जिसमें उस सतेज, आबदार और जीवन से लहलहाते प्राणी की अस्थियां हमने भर ली थीं।

❐

6. मुसोलिनी : वापसी

जिस लगाव ने मुझे लोज़ान और यूरोप में रोक रखा था, वह टूट गया और अब वहाँ ज़्यादा ठहरने की ज़रूरत न थी। दरअसल मेरे भीतर की कोई और चीज़ भी टूट गई थी, जिसका ज्ञान मुझे धीरे-धीरे हुआ, क्योंकि वे मेरे अंधियाले दिन थे और मेरी बुद्धि ठीक-ठीक काम नहीं कर रही थी। कुछ समय एकांत में बिताने के लिए मैं इंदिरा के साथ मांट्रे चला गया।

जिन दिनों मैं मांट्रे में ठहरा हुआ था, लोज़ान में रहने वाला इटली का राजदूत मुझ से आकर मिला। यह सिन्योर मुसोलिनी की तरफ़ से ख़ासतौर पर मेरे दुख में सहानुभूति प्रकट करने आया था। मुझे ज़रा ताज्जुब हुआ, क्योंकि मैं सिन्योर मुसोलिनी से कभी मिला न था और न मुझ से उनका किसी और ही तरह से संपर्क था। मैंने राजदूत से कहा कि वह मुसोलिनी को बता दें कि इस सहानुभूति के लिए मैं उनका एहसानमंद हूँ।

कुछ हफ्ते पहले, रोम से एक मित्र ने मुझे लिखा था कि सिन्योर मुसोलिनी मुझ से मिलना चाहेंगे। उस वक़्त मेरे रोम जाने का कोई सवाल न था और मैंने उन्हें यह लिख दिया था। बाद में, हवाई रास्ते से, हिंदुस्तान लौटने की जब मैं सोच रहा था, उस वक़्त संदेसा दुहराया गया और इसमें ख़ासतौर पर इसरार और उत्सुकता थी। मैं इस मुलाक़ात से बचना चाहता था; साथ ही रुख़ाई दिखाने की भी मेरी कोई इच्छा न थी। आमतौर पर मैं मुलाक़ात से बचने की इस ख़्वाहिश पर क़ाबू पा जाता, क्योंकि मुझे भी यह जानने का कुतूहल था कि मुसोलिनी किस तरह का आदमी है। लेकिन उस वक़्त अबीसीनिया की लड़ाई चल रही थी, और मेरे उससे मिलने पर, हो-न-हो, तरह-तरह के नतीजे निकाले जाते और इस मुलाक़ात का इस्तेमाल फ़ासिस्तों के प्रचार के लिए किया जाता। मेरी इन्कारी का ज़्यादा असर न पड़ता। हाल की कई मिसालें मेरे सामने थीं। हिंदुस्तानी विद्यार्थी और दूसरे लोग, जो इटली सैर के लिए गए थे, उनसे उनकी इच्छा के खिलाफ़ और कभी-कभी बिना उनकी जानकारी के, इस प्रचार के काम में फ़ायदा उठाया गया और फिर 1931 में 'जायर्नेल डि इटाली' में गांधीजी से 'मुलाक़ात' का जो गढ़ा हुआ हाल छपा था, उसका भी सबक़ भूला न था।

मैंने अपने दोस्त से अफ़सोस ज़ाहिर किया और इस ख़याल से किसी तरह की ग़लत-फ़हमी बाक़ी न रहे, मैंने दुबारा ख़त डाला और टेलीफ़ोन से भी सूचना दे दी। ये सब बातें कमला की मृत्यु से पहले की हैं। उसकी मृत्यु के बाद मैंने दूसरा संदेसा भेजा और दूसरी

वजहों के साथ यह वजह भी दी कि इस वक़्त किसी से भी मुलाक़ात करने के लिए जी नहीं रह गया है।

मेरी तरफ़ से इतने आग्रह की यों ज़रूरत हुई कि मैं जिस के. एल. एम. हवाई जहाज़ से सफ़र करने वाला था, उसे रोम से होकर जाना था और मुझे एक शाम और रात वहीं बितानी थी। इस सफ़र और थोड़े वक़्त के क़याम से मैं बच नहीं सकता था।

कुछ दिन मांट्रे में रहकर मैं जिनेवा और मर्साई गया और वहाँ मैंने पूरब जाने वाले के. एल.एम. हवाई जहाज़ को पकड़ा। तीसरे पहर के ख़त्म होते-होते मैं रोम पहुँचा। वहाँ पहुँचने पर मुझ से एक बड़ा अफ़सर आकर मिला और उसने मुझे सिन्योर मुसोलिनी के 'चीफ़ ऑव कैबिनट' का एक ख़त दिया। इसमें लिखा था कि "डूचे मुझसे मिलकर ख़ुश होंगे और उन्होंने छः बजे का वक़्त मुलाक़ात के लिए मुकर्रिर किया है।" मुझे ताज्जुब हुआ और मैंने उसे अपने पहले के संदेसों का हवाला दिया। लेकिन उसने ज़ोर दिया कि सब कुछ तय हो चुका है और यह इंतज़ाम बदला नहीं जा सकता। उसने बताया कि सच तो यह है कि अगर मुलाक़ात न हो पाई, तो इसका पूरा अंदेशा है कि वह अपने पद से बरख़ास्त कर दिया जाय। मुझे इस बात का इतमीनान दिलाया गया कि अख़बारों में इसके बारे में कुछ न निकलेगा और डूचे से कुछ मिनटों के लिए मिल लेना काफ़ी होगा—वह महज़ मुझसे हाथ मिलाना और मेरी पत्नी की मृत्यु पर अफ़सोस ज़ाहिर करना चाहते थे। इस तरह हममें आपस में एक घंटे तक बहस चलती रही। दोनों तरफ़ से विनय का पूरा दिखावा था, लेकिन साथ ही बढ़ता हुआ खिंचाव भी था। यह घंटा मेरे लिए हद दर्जे का थकाने वाला घंटा था और शायद दूसरे फ़रीक के हक़ में यह और भी भारी गुजरा हो। मुलाक़ात के लिए मुकर्रिर किया हुआ वक़्त आख़िरकार आ पहुँचा, और मैं अपनी वाली करके रहा। डूचे के महल में टेलीफ़ोन से इत्तिला भेज दी गई कि मैं न आ सकूँगा।

उसी दिन शाम को मैंने सिन्योर मुसोलिनी के पास ख़त भेजा, जिसमें मैंने इस बात का अफ़सोस ज़ाहिर किया कि मैं उनके न्योते का फ़ायदा न उठा सका और मैंने उनके सहानुभूति के संदेसे के लिए धन्यवाद दिया।

अपना सफ़र मैंने जारी रखा। क़ाहिरा में कुछ पुराने मित्र मुझ से मिलने आए और इसके बाद और पूरब आने पर पश्चिमी एशिया का रेगिस्तान मिला। बहुतेरी घटनाओं के कारण और सफ़र के इंतज़ाम में लगे रहने की वजह से अभी तक मेरा दिमाग़ किसी-न- किसी काम में लगा हुआ था। लेकिन क़ाहिरा छोड़ने के बाद, इस सुनसान रेगिस्तानी प्रदेश के ऊपर से उड़ते हुए मुझ पर एक भयानक अकेलापन छा गया। मैंने ऐसा महसूस किया कि मुझ में कुछ रह नहीं गया है और मैं बिना किसी मक़सद का हो गया हूँ! अपने घर की तरफ़ अकेला लौट रहा था, उस घर की तरफ़, जो अब घर नहीं रह गया था, और मेरे साथ एक टोकरी थी जिसमें राख का एक बरतन था। कमला का जो कुछ बच रहा था, यही था। और हमारे सब सुख के सपने मर चुके थे और राख हो चुके थे। वह अब नहीं रही, कमला अब नहीं रही—मेरा दिमाग़ यही दुहराता रहा।

मैंने अपने आत्म-चरित[4]-अपनी ज़िंदगी की कहानी का विचार किया, जिसके बारे में मैंने उससे भुवाली के स्वास्थ्य-गृह में सलाह की थी। जब मैं उसे लिख रहा था, तब कभी एक-दो अध्याय उसे पढ़कर सुनाता भी था। उसने इसका सिर्फ़ एक हिस्सा देखा या सुना था। वह अब बाक़ी हिस्सा न देख पायेगी और न अब हम लोग मिलकर ज़िंदगी की किताब में कुछ और अध्याय लिख पायेंगे।

बग़दाद पहुँचकर मैंने अपने प्रकाशकों के पास, जो लंदन से मेरा आत्मचरित निकालने जा रहे थे, एक तार भेजा और उसमें मैंने किताब का 'समर्पण' देने का निर्देश दिया - " कमला को, जो अब नहीं रही।"

करांची आया और परिचित चेहरों के झुंड के झुंड दिखाई दिए। इसके बाद इलाहाबाद आया और हम लोगों ने राख के उस बरतन को वेग से बहने वाली गंगा तक पहुँचाया और फिर इस पवित्र नदी की गोद में उसे प्रवाहित कर दिया। हमारे कितने पुरखों को उसने इस तरह समुंदर तक पहुँचाया है; हमारे बाद आने वाले कितने अपनी अंतिम यात्रा इसके जल के आलिंगन के साथ करेंगे!

❐

---

4. 'मेरी कहानी' के नाम से यह सस्ता साहित्य मंडल से प्रकाशित है। - सं.

3. तलाश

1. हिंदुस्तान के अतीत का विशाल दृश्य

इन वर्षों में, जबकि मैं विचार और काम में लगा था, मेरे दिमाग़ में हिंदुस्तान समाया हुआ था, और मैं बराबर उसे समझ पाने की कोशिश में लगा था; साथ ही उसकी तरफ़ अपनी निजी प्रतिक्रिया की जांच भी कर रहा था। मैंने अपने बचपन के दिनों का ध्यान किया और यह याद करने की कोशिश की कि उस वक़्त मेरे क्या भाव थे, इसके ख़याल ने उस वक़्त मेरे दिमाग़ में कैसी अस्पष्ट शक़्लें पैदा की थीं, और नये अनुभवों ने उनमें क्या तबदीलियां की थीं। इसका ख़याल कभी-कभी दिमाग़ के पिछले हिस्से में चला जाता, लेकिन यह मौजूद हमेशा रहता। यह धीरे-धीरे बदलता रहा और पुराने क़िस्से-कहानियों ने और मौजूदा ज़माने की असलियत ने मिलकर इसे एक अजीब घोल बना दिया था। इसने मुझ में गर्व भी पैदा किया और लज्जा भी, क्योंकि अपने गिर्द जो कुछ देखता था— यानी अंधविश्वास, दकियानूसी विचार और सबसे बढ़कर अपनी गुलामी और ग़रीबी की हालत— उससे मुझे शर्म आती थी।

ज्यों-ज्यों मैं बड़ा हुआ और उन कामों में लगा, जिनसे हिंदुस्तान की आज़ादी की उम्मीद की जा सकती थी, मैं हिंदुस्तान के ख़याल में खोया रहने लगा। यह हिंदुस्तान क्या है, जो मुझ पर छाया हुआ है और मुझे बराबर अपनी तरफ़ बुला रहा है और अपने दिल की किसी अस्पष्ट और गहराई के साथ अनुभव की हुई इच्छा को हासिल करने के लिए काम करने का उत्साह दिला रहा है? मैं खयाल करता हूँ कि शुरू में यह प्रेरणा जाती और कौमी गर्व के कारण पैदा हुई, और ऐसी ख़्वाहिश का नतीजा थी, जो सब लोगों में होती कि दूसरों की हुकूमत का सामना किया जाय और अपनी पसंद के अनुसार ज़िंदगी बिताने की आज़ादी हासिल की जाय। यह बात मुझे बड़ी भीषण जान पड़ी कि हिंदुस्तान- जैसा बड़ा मुल्क, जिसका इतना पुराना और शानदार इतिहास है, हाथ-पैर जकड़ा हुआ एक दूर-देश टापू के बस में हो और वह उस पर अपनी मनमानी कर रहा हो। इससे भी ज़्यादा भीषण यह बात थी कि इस ज़बरदस्ती के मेल का नतीजा हमारी ग़रीबी और गिरी हालत हो। यह काफ़ी वजह थी कि मैं और दूसरे लोग काम में लगें।

लेकिन जो सवाल मेरे मन में उठ रहे थे, उनकी तसक़ीन के लिए इतना काफ़ी न था। अगर हम उसके भौतिक और भौगोलिक पहलुओं को छोड़ दें, तो आखिर यह हिंदुस्तान है

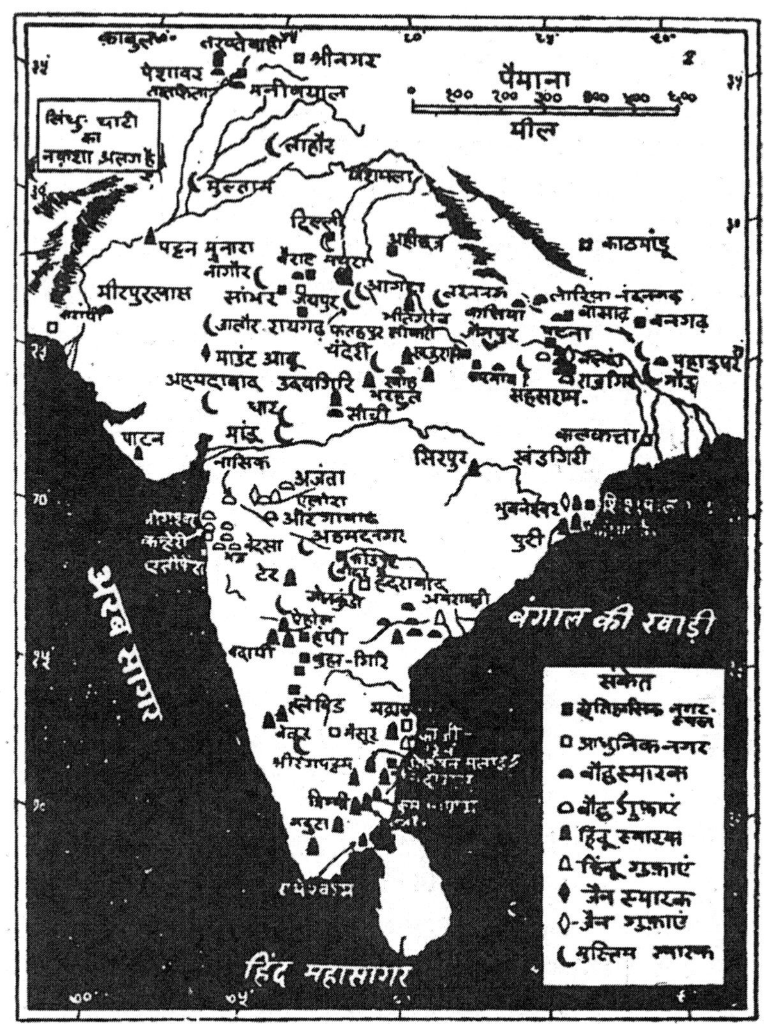

ऐतिहासिक नगर तथा स्मारक

क्या? गुज़रे हुए ज़माने में इसके सामने क्या मक़सद थे; कौन सी ऐसी चीज़ थी, जिससे इसे ताक़त हासिल होती थी? किस तरह वह अपनी पुरानी ताक़त खो बैठा? और क्या उसने यह ताक़त पूरी तौर पर खो दी है? और अलावा इसके बहुत बड़ी शुमार में लोग यहाँ बसते हैं, क्या कोई ऐसी जिंदा चीज़ है, जिसकी वह नुमाइंदगी करता है? आज की दुनिया में उसकी ठीक जगह क्या है?

ज्यों-ज्यों मैंने इस बात का अनुभव किया कि हिंदुस्तान का और मुल्कों से

अलग- अलग होकर रहना ना-मुनासिब है और ग़ैर-मुमकिन भी; मेरा ध्यान इस मामले के. अंतर्राष्ट्रीय पहलू की ओर बराबर जाता रहा। आने वाले ज़माने की जो शक़्ल मेरे सामने बनती, वह ऐसी होती, जिसमें हिंदुस्तान और दूसरे मुल्कों के बीच राजनीति, व्यवसाय और संस्कृति का गहरा मेल और रिस्ता होता। लेकिन आने वाले ज़माने की बात तो बाद में उठती थी, पहले तो हमारे सामने मौजूदा ज़माना था, और इस मौजूदा ज़माने के पीछे एक लंबा और उलझा हुआ अतीत था, जिसने कि मौजूदा ज़माने की रूपरेखा बनाई थी इसलिए, बातों को समझ पाने की गरज़ से मैंने अतीत का सहारा लिया।

हिंदुस्तान मेरे ख़ून में समाया हुआ था और उसमें बहुत-कुछ ऐसी बात थी, जो स्वभाव से मुझे उकसाती थी। फिर भी, मौजूदा ज़माने की और पुराने ज़माने की बहुत- सी बची हुई चीज़ों को नफ़रत की निगाह से देखता हुआ मैं जैसे एक विदेशी आलोचक की हैसियत से उस तक पहुँचा। अगर कहा जाय कि पच्छिम के रास्ते मैं उस तक पहुँचा और मैंने इस तरह देखा, जिस तरह कि कोई पच्छिमवाला दोस्त देखता है, तो बेजा न होगा। मैं इस बात के लिए उत्सुक और फ़िक्रमंद था कि उसके नज़रिये को और उसकी रूपरेखा को बदल दूं और उसे हाल के ज़माने का जामा पहनाऊं। फिर भी जी में संदेह उठते थे। मैं जो उसके अतीत की देन को मिटाने का साहस करने जा रहा था, क्या मैं हिंदुस्तान को ठीक-ठीक समझ सका था? यह सही है कि हमारे सामने बहुत-कुछ ऐसा था, जिसे मिटा देना ही मुनासिब था, लेकिन अगर हिंदुस्तान में कोई ऐसी चीज़ न होती, जो क़ायम रहने के क़ाबिल और जिंदा थी और जिसकी सचमुच क़ीमत थी, तो यह यक़ीनी है कि हज़ारों साल वह अपनी तहज़ीब और वजूद को क़ायम न रख सकता था। यह चीज़ क्या थी?

उत्तर पच्छिमी हिंदुस्तान की सिंध-घाटी में, मोहनजोदड़ो के एक टीले पर मैं खड़ा हुआ। मेरे गिर्द इस क़दीम शहर के मकान थे और गलियां थीं। कहा जाता है कि यह शहर पांच हज़ार साल पहले मौजूद था और उस वक़्त भी यहाँ एक पुरानी और विकसित सभ्यता क़ायम थी। प्रोफेसर चाइल्ड लिखते हैं- "सिंध-सभ्यता एक ख़ास वातावरण में आदमी की ज़िंदगी का पूरा संगठन ज़ाहिर करती है और यह सालहा-साल की कोशिशों का ही नतीजा हो सकती है। यह एक टिकाऊ सभ्यता थी; उस वक़्त भी उस पर हिंदुस्तान की अपनी छाप पड़ चुकी थी और यह आज की हिंदुस्तानी संस्कृति का आधार है।" यह एक बड़े अचरज की बात है कि किसी भी तहज़ीब का इस तरह पांच या छः हज़ार बरसों का अटूट सिलसिला बना हो और वह भी इस रूप में नहीं कि वह स्थिर और गतिहीन हो, क्योंकि हिंदुस्तान बराबर बदलता और तरक़्क़ी करता रहा है। ईरानियों, मिस्त्रियों, यूनानियों, चीनियों, अरबों, मध्य-एशियायियों और भूमध्यसागर के लोगों से इसका गहरा ताल्लुक़ रहा है। लेकिन बावजूद इस बात के कि उसने इन पर असर डाला और इनसे असर लिया, उसकी तहज़ीबी बुनियाद इतनी मज़बूत थी कि क़ायम रह सकी। इस मज़बूती का रहस्य क्या है? यह आई कहाँ से?

मैंने हिंदुस्तान का इतिहास पढ़ा और उसके विशाल प्राचीन साहित्य का एक अंश भी देखा। उस विचार-शक्ति का, साफ़-सुथरी भाषा का, और ऊंचे दिमाग़ का, जो इस साहित्य के पीछे था, मुझ पर बड़ा गहरा असर हुआ। चीन के और पश्चिमी और मध्य- एशिया के उन महान यात्रियों के साथ, जो बहुत पुराने ज़माने में यहाँ आये और जिन्होंने अपने सफ़रनामे लिखे हैं, मैंने हिंदुस्तान की सैर की। पूरबी, एशिया, अंगकोर, बोरोबुदुर और बहुत-सी जगहों में हिंदुस्तान ने जो कर दिखाया था, उस पर मैंने गौर किया; मैं हिमालय में भी घूमा, जिसका हमारी उन पुरानी कथाओं और उपाख्यानों से संबंध रहा है, जिन्होंने हमारे विचार और साहित्य पर इतना प्रभाव डाला है। पहाड़ों की मुहब्बत और काश्मीर से अपने संबंध ने मुझे ख़ासतौर पर पहाड़ों की तरफ़ खींचा और वहाँ मैंने न महज़ आज की ज़िंदगी और उसकी शक्ति और सौंदर्य को देखा, बल्कि गुज़रे हुए युगों की यादगारें भी देखीं। उन पुर-ज़ोर नदियों ने, जो इस पहाड़ी सिलसिले से निकलकर हिंदुस्तान के मैदानों में बहती हैं, मुझे अपनी तरफ़ खींचा और अपने इतिहास के अनगिनत पहलुओं की याद दिलाई, सिंधु, जिससे हमारे देश का नाम हिंदुस्तान पड़ा और जिसे पार करके हज़ारों बरसों से न जाने कितनी जातियां, फ़िरके, क़ाफ़िले ओर फ़ौजें आती रही हैं; ब्रह्मपुत्र, जो इतिहास की धारा से अलग रही है, लेकिन जो पुरानी कथाओं में जीवित है और पूर्वोत्तर पहाड़ों के गहरे दरारों के बीच से रास्ता बनाकर हिंदुस्तान में आती है और फिर शांतिपूर्वक और मनोहारी प्रवाह के साथ पहाड़ों और जंगलों के बीच के भाग से बहती है; जमुना, जिसके नाम के साथ कृष्ण के रास- नृत्य और क्रीड़ा की अनेक दंत- कथाएं जुड़ी हुई हैं; और गंगा, जिससे बढ़कर हिंदुस्तान की कोई दूसरी नदी नहीं, जिसने हिंदुस्तान के हृदय को मोह लिया है और जो इतिहास के आरंभ से न जाने कितने करोड़ों लोगों को अपने तट पर बुला चुकी है। गंगा की उसके उद्गम से लेकर सागर में मिलने तक की कहानी पुराने ज़माने से लेकर आज तक की हिंदुस्तान का संस्कृति और सभ्यता की, साम्राज्यों के उठने की और नष्ट होने की, विशाल और शानदार नगरों की, आदमी के साहस और साधना की, ज़िंदगी की पूर्णता की और साथ-ही-साथ त्याग और वैराग्य की, अच्छे और बुरे दिनों की, विकास और ह्रास की, जीवन और मृत्यु की कहानी है।

मैंने अजंता, एलोरा, एलीफैंटा और दूसरी जगहों के स्मारकों, खंडहरों, पुरानी मूर्तियों और दीवारों पर बनी चित्रकारी को देखा और आगरा और दिल्ली की बाद के ज़माने की इमारतें भी देखीं, जिनके एक-एक पत्थर हिंदुस्तान के गुज़रे हुए वक़्त की कहानी कहते हैं।

अपने ही शहर, इलाहाबाद में, या हरिद्वार के स्नानों में, यह कुंभ मेले में मैं जाता और देखता कि वहाँ लाखों आदमी गंगा में नहाने के लिए आते हैं, उसी तरह, जिस तरह कि उनके पुरखे सारे हिंदुस्तान से हज़ारों बरस पहले से आते रहे हैं। चीनी यात्रियों के और औरों के तेरह सौ साल पहले के इन मेलों के बयानों की याद करता। उस समय भी ये मेले बड़े प्राचीन माने जाते थे और कब से इनका आरंभ हुआ, यह कहा नहीं जा सकता। मैंने सोचा, यह भी कितना गहरा विश्वास है, जो हमारे देश के लोगों को अनगिनत पीढ़ियों से इस मशहूर नदी की ओर खींचता रहा है!

मेरी इन यात्राओं ने, और उनके साथ वे सभी बातें थीं, जिन्हें मैंने पढ़ रखा था, मुझे बीते हुए युग की झांकी दिखाई। अब तक जो एक कोरी दिमाग़ी जानकारी थी, उसमें दिली कद्रदानी शामिल हुई और रफ़्ता-रफ़्ता हिंदुस्तान की मेरी दिमाग़ी तरस्वीर में असलियत की जान पड़ने लगी और मुझे अपने पुरखों की भूमि जीते-जागते लोगों से बसी हुई दिखाई पड़ी-ऐसे लोगों से बसी हुई, जो हँसते भी थे और रोते भी थे, जो मुहब्बत करना जानते थे और दुख सहना भी; और उनमें ऐसे थे, जो ज़िंदगी का अनुभव रखने वाले और उसे समझनेवाले थे, और उन्होंने अपनी बुद्धि के ज़रिये एक ऐसी इमारत तैयार की थी, जिसने हिंदुस्तान को एक तहज़ीबी पायदारी दी और वह हज़ारों साल तक क़ायम रही। इस गुज़रे हुए ज़माने की सैकड़ों जीती-जागती तस्वीरें हमारे दिमाग़ में फिर रही थीं, और जब मैं किसी ख़ास जगह जाता, जिससे उनका ताल्लुक होता, तो वे मेरे सामने आ जातीं। बनारस के पास, सारनाथ में, मैं बुद्ध को अपना पहला उपदेश देते हुए क़रीब-क़रीब देख सका और उनके वे शब्द, जो लिखे जा चुके हैं, ढाई हज़ार साल बाद, एक दूर की प्रतिध्वनि की तरह सुनाई दिए। अशोक की लाटें, जिन पर लेख खुदे हुए हैं, अपनी शानदार भाषा में एक ऐसे आदमी का हाल बताती हैं, जो अगरचे वह बादशाह था, फिर भी किसी भी राजा या बादशाह से ऊँची हैसियत रखता था। फ़तहपुर सीकरी में, अकबर, अपनी सल्तनत की शान को भूलकर, सभी मज़हबों के आलिमों से कुछ नई बात सीखने और इन्सान की हमेशा-हमेशा की पहेली का हल पाने की ग़रज़ से बहस करने बैठता।

इस तरह रफ़्ता-रफ़्ता, हिंदुस्तान के इतिहास का शानदार नज़्ज़ारा सामने आता था और इसमें अच्छे दिन और बुरे दिन, जीत और हार; दोनों ही दिखाई देते थे। पांच हज़ार साल के इतिहास, हमलों और उथल-पुथल के बीच क़ायम रहने वाली इस संस्कृति की परंपरा में मुझे कुछ अनोखापन जान पड़ा—उस परंपरा में, जो आम लोगों में फैली हुई थी और उन पर गहरा असर डाल रही थी। सिर्फ़ चीन ऐसा मुल्क है, जहाँ ऐसी अटूट परंपरा और तहज़ीबी ज़िंदगी दिखाई देती है। फिर गुज़रे हुए ज़माने की यह विशाल तस्वीर धीरे-धीरे मौजूदा ज़माने की बदनसीबी में बदल जाती है, जबकि हिंदुस्तान अपने बीते दिनों के बड़प्पन के बावजूद एक गुलाम मुल्क है और इंग्लिस्तान का पुछल्ला बना हुआ है और सारी दुनिया एक भयानक और विध्वंसकारी लड़ाई के शिकंजे में है और इन्सान को वहशी बनाये हुए है। लेकिन पाँच हज़ार बरसों की इस कल्पना ने मुझे एक नई निगाह दी और हाल के ज़माने का बोझ कुछ हलका जान पड़ने लगा। अंग्रेज़ी सरकार की एक सौ - अस्सी साल की हुकूमत हिंदुस्तान की लंबी कहानी की महज़ एक दुखदाई घटना जान पड़ी। वह फिर संभलने लगा है, और इस अध्याय के आख़िरी सफ़े का लिखा जाना शुरू हो गया है। दुनिया भी इस दहशतनाक हालत को पार करेगी और एक नई नींव पर अपना निर्माण करेगी।

❐

2. राष्ट्रीयता और अंतर्राष्ट्रीयता

इस तरह हिंदुस्तान के प्रति मेरी प्रतिक्रिया अकसर एक भावुक प्रतिक्रिया थी, और इसके साथ भी बहुत-सी शर्तें और सीमाएं थीं। यह एक ऐसी प्रतिक्रिया थी, जो राष्ट्रीयता की शक्ति अख़्तियार करती है, अगरचे जहाँ तक और लोगों का वास्ता था, ये पाबंद करने वाली शर्तें और सीमाएं ग़ैर हाज़िर थीं। मेरे ज़माने में हिंदुस्तान में राष्ट्रीयता की भावना का होना एक अनिवार्य चीज़ थी, और है; क्योंकि हर एक गुलाम मुल्क के लिए आज़ादी की ख़्वाहिश पहली और सबसे बड़ी ख़्वाहिश होती है; और हिंदुस्तान में, जहाँ अपनी विशेषता और गुज़रे हुए बड़प्पन पर लोगों को इतना नाज है, यह बात दुगनी सही है।

सारी दुनिया में होने वाली हाल की घटनाओं ने इसे साबित कर दिया है कि यह ख़याल ग़लत है कि अंतर्राष्ट्रीयता और जनता के आंदोलनों के आगे राष्ट्रीयता ख़त्म हो रही है। सच यह है कि राष्ट्रीयता की भावना लोगों में अब भी एक ज़ोरदार भावना है और इसके साथ परंपरा, मिल-जुलकर रहने और सामान्य मक़सद की भावनाएं जुड़ी हुई हैं। जबकि बीच के वर्ग के विचारशील लोग रफ़्ता-रफ़्ता राष्ट्रीयता की भावना से अलग छूट रहे हैं, या कम-से-कम समझते हैं कि हट रहे हैं, मज़दूर पेशा लोगों के और जनता के आंदोलन, जो जानबूझकर अंतर्राष्ट्रीयता की नींव पर क़ायम हुए थे, अब राष्ट्रीयता की तरफ़ झुकते आ रहे हैं। और इस युद्ध के जारी होने में तो सब जगह और सभी को राष्ट्रीयता के जाल में ढकेल दिया है। राष्ट्रीयता की इस अचरज भरी उठान ने, या यों कहिये कि एक नई ही शक़्ल में उसे देखने और उसकी अहमियत को जान लेने के कारण ने, नये-नये मसले खड़े कर दिए हैं या पुराने मसलों की शक़्ल बदल दी है। पुरानी और जमी हुई परंपराएं आसानी से हटाई या मिटाई नहीं जा सकतीं, नाज़ुक वक़्तों में वे उठ खड़ी होती हैं और लोगों के दिमाग़ों पर छा जाती हैं। और अकसर, जैसा कि हमने देखा है, जानबूझकर इस बात की कोशिश होती है कि उनके ज़रिये लोगों को काम में लगने के लिए या क़ुरबानियों के लिए उकसाया जाय। पुरानी परंपराओं को बहुत हद तक क़ुबूल करना पड़ता है और उन्हें नये विचारों और नई हालतों के मुताबिक लाने के लिए उनमें हेर-फेर करना पड़ता है। साथ ही नई परंपराओं का क़ायम करना भी ज़रूरी है। राष्ट्रीयता का आदर्श एक गहरा और मज़बूत आदर्श है और यह बात नहीं कि इसका ज़माना बीत चुका हो और आगे के लिए इसका महत्त्व न रह गया हो; लेकिन और भी आदर्श, जैसे अंतर्राष्ट्रीयता और श्रमजीवी वर्ग के आदर्श, जो मौजूदा ज़माने की असलियतों की बुनियाद पर ज़्यादा क़ायम हैं, उठ खड़े हुए हैं, और अगर हम दुनिया की कशमकश को बंद कर अमन क़ायम करना चाहते हैं, तो हमें इन जुदा-जुदा आदर्शों के बीच एक समझौता क़ायम करना होगा, आदमी की आत्मा के लिए राष्ट्रीयता का जो आकर्षण है, इसका लिहाज़ करना पड़ेगा, चाहे उसके दायरे को कुछ सीमित ही करना पड़े।

अगर उन देशों में भी जहाँ नये विचारों और अंतर्राष्ट्रीय ताक़तों का ज़ोरदार असर पड़ा

है, राष्ट्रीयता की भावना इतनी आम है, तो हिंदुस्तान के लोगों के दिमाग़ों पर उनका कितना ज्यादा असर होना लाज़िमी है! कभी-कभी हमसे कहा जाता है कि हमारी राष्ट्रीयता इस बात की निशानी है कि हम लोग पिछड़े हुए लोग हैं और हमारे दिल संकुचित हैं। जो लोग हमसे इस तरह की बातें करते हैं, शायद उनका ख़याल है कि अगर हम अंग्रेज़ी सल्तनत या कामनवेल्थ के भीतर एक छोटे हिस्सेदार की हैसियत क़ुबूल कर लें, तो सच्ची अंतर्राष्ट्रीयता की भावना की जीत होगी। वे यह समझते नहीं दिखाई पड़ते कि इस ख़ास क़िस्म की, और महज़ नाम की अंतर्राष्ट्रीयता एक संकुचित अंग्रेज़ी राष्ट्रीयता का फैलाव-भर है, और अगर हमने हिंदुस्तान में अंग्रेज़ी राज्य के वे नतीजे न भी देखे होते, जो हमने देख लिए हैं, तो भी यह हमें पसंद नहीं आ सकती थी। फिर भी, राष्ट्रीयता की भावना चाहे कितनी ही गहरी हो, सच्ची अंतर्राष्ट्रीयता को कुबूल करने में और संसार-व्यापी संगठन और राष्ट्रीय संगठन के बीच मेल कराने, बल्कि राष्ट्रीय संगठन को संसार- व्यापी संगठन के मातहत रखने के मामले में हिंदुस्तान बहुत-सी और क़ौमों के मुक़ाबले में आगे बढ़ गया है।

❐

3. हिंदुस्तान की ताक़त और कमजोरी

हिंदुस्तान की ताक़त और उसके ह्रास या उतार के कारणों की खोज एक लंबी और टेढ़ी खोज है। फिर भी इस उतार के कारण काफ़ी ज़ाहिर हैं। तकनीक की दौड़ में वह पीछे पड़ गया, और यूरोप, जो बहुत ज़माने से कई बातों में पिछड़ा हुआ था, तकनीकी तरक़्क़ी में नेता बन बैठा। तकनीक की इस तरक़्क़ी के पीछे विज्ञान की भावना थी, और थी एक खुदबुदाती हुई जिंदगी, जिसने अपने को बहुत-से क्षेत्रों में और खोज की साहसी यात्राओं में ज़ाहिर किया था। नई तकनीक की जानकारी ने यूरोप के देशों की फ़ौजी ताक़त को बहुत बढ़ाया और उनके लिए यह मुमकिन हो गया कि पूरब में फैलकर वे वहाँ के मुल्कों पर क़ब्ज़ा कर सकें। यह सिर्फ़ हिंदुस्तान की नहीं बल्कि सारे एशिया की कहानी है।

ऐसा हुआ कैसे, यह बता सकना ज़रा मुश्किल है, क्योंकि दिमाग़ी कुर्ती में और यंत्रों के हुनर में पुराने ज़माने में हिंदुस्तानी पिछड़े न थे। ज्यों-ज्यों सदियां गुज़रती हैं, हम इस हुनर का रफ़्ता-रफ़्ता उतार देखते हैं। ज़िंदगी और बड़े-बड़े कारनामों के लिए उमंग घट जाती है, रचनात्मक शक्ति का लोप होता है और उसकी जगह पर नक्काली आ जाती है जहाँ विजयी और इन्कलाबी विचारों ने क़ुदरत और दुनिया के राज़ों को भेदने की कोशिशें की थीं, वहाँ अब लफ़्फ़ाज टीकाकार अपनी टीकाओं और शरहों को लेकर आते हैं। शानदार कला और मूर्तियों की जगह पर अब हमें मिलते हैं, पेचीदा खुदाई के काम, जिनमें विस्तार तो बहुत है, लेकिन कल्पना या दस्तकारी की शान नहीं दिखाई देती है। भाषा की शक्ति, संपन्नता और पुर-ज़ोर सादगी जाती रहती है और उनकी जगह बहुत संवारी हुई और जटिल

साहित्यिक रचनाएं ले लेती हैं। वह जोशीली ज़िंदगी और साहस के लिए उमंग, जिसके बूते पर लोग दूर-दराज़ के मुल्कों में हिंदुस्तानी संस्कृति के क़ायम करने की योजना किया करते थे, एक संकीर्ण कट्टरता बनकर रह जाती है, जो समुंदर की यात्रा तक की मनाही कर देती है। जिज्ञासा की तर्कपूर्ण भावना, जिसे हम पुराने ज़माने में बराबर पाते हैं, और जिसकी वजह से विज्ञान की और भी तरक़्क़ी हो सकती थी, तर्कहीनता और अंधविश्वास में बदल जाती है। हिंदुस्तानी ज़िंदगी की धार मंद पड़ जाती है, मुर्दा सदियों के बोझ को जैसे-तैसे ढोते हुए लोग मानो गुजरे हुए ज़माने में ही रहते हैं। गुज़रे हुए ज़माने का भारी बोझ उसे कुचल देता है और उस पर एक तरह की बेहोशी छा जाती है। मानसिक मूढ़ता और शारीरिक थकान की ऐसी हालत में हिंदुस्तान का ह्रास हुआ, यह कोई अचरज की बात नहीं। और इस तरह वह जहाँ-का-तहाँ रह गया, जबकि दुनिया के और हिस्से आगे बढ़ गए।

फिर भी यह मुकम्मल या सोलह आने सच्चा नक्शा नहीं है। अगर बीच में कोई ऐसा लंबा ज़माना आया होता, जब घोर जड़ता या गतिहीनता छा गई होती, तो बहुत मुमकिन है कि इसका नतीजा यह होता कि गुज़रे हुए ज़माने से हमारा ताल्लुक बिलकुल टूट गया होता, एक युग का अंत हो जाता और उसके खंडहरों पर कोई नई चीज़ तामीर हो गई होती। इस तरह का बिलगाव कभी नहीं हुआ और यक़ीनी तौर पर एक सिलसिला जारी है। साथ ही समय-समय पर पुनर्जाग्रति की कौंधें उठी हैं और इनमें से कुछ बड़ी चमकदार और देर तक बनी रहने वाली रही हैं। सदा इस बात की कोशिश दिखाई दी है कि नये का समन्वय पुराने से किया जाय, कम-से-कम पुराने के उन हिस्सों से, जो इस लायक़ हैं कि उनकी हिफ़ाज़त की जाय। अकसर वह जो पुराना दिखता है, महज़ बाहरी रूपरेखा में पुराना है, एक तरह का प्रतीक है और भीतरी वस्तु बदल गई है। कोई प्रेरणा ऐसी बनी रही है, जो लोगों को ऐसी वस्तु के पीछे ले जाती रही है, जिसे हासिल करना बाक़ी है और जो हमेशा नये और पुराने के बीच समन्वय क़ायम करने की कोशिश में रही है। यही प्रेरणा और ख़्वाहिश थी, जो उन्हें आगे बढ़ाती रही और उन्हें इस क़ाबिल बनाती रही कि पुराने विचारों को न छोड़ते हुए भी नये विचारों को अपना सकें। जीते-जागते और ज़िंदगी से भरे-पूरे, या कभी-कभी परेशान नींद की बड़बड़ाहट जैसी इन युगों में क्या कोई ऐसी चीज़ रही है, जिसे हिंदुस्तान का स्वप्न कहा जा सके, मैं नहीं जानता। हर एक जाति और हर एक क़ौम के लोगों को अपने होनहार के मुताल्लिक कोई विश्वास या कल्पना रही है, और शायद हर एक में यह विश्वास कुछ हद तक उसके हक़ में सच्चा भी है। हिंदुस्तानी होने के नाते ख़ुद मुझ पर इस कल्पना या असलियत का प्रभाव रहा है कि हिंदुस्तान को किसी एक मक़सद को पूरा करना है। मैं समझता हूँ कि जिस वस्तु में सैंकड़ों पीढ़ियों को निरंतर ढालने की शक्ति रही है, उसने अपनी यह क़ायम रहनेवाली शक्ति, शक्ति के किसी गहरे कुएँ से हासिल की होगी और उसमें यह सामर्थ्य होगी कि इसे हर युग में नई कर ले।

क्या शक्ति का ऐसा कोई कुआं हैं? और अगर है, तो क्या वह सूख चुका है, या उसमें

ऐसे छिपे हुए सोते हैं, जिनसे वह अपने को बराबर भरता रहता है? आज का क्या हाल है? क्या कोई सोते अब भी जारी हैं, जिनसे अपने को तरो-ताज़ा किया जा सके और नई ताक़त हासिल की जा सके? हमारी क़ौम एक पुरानी क़ौम है, या यों कहिये कि बहुत-सी क़ौमों का एक अजीब मजमुआ है और हमारी क़ौमी यादें हमें उस ज़माने तक पहुँचाती हैं, जबकि इतिहास का आरंभ हुआ था। क्या हमारा वक़्त पूरा हो चुका और हम अपने वजूद की शाम तक पहुँच गए हैं और किसी तरह चैन और नींद हासिल हो, इस ख़्वाहिश में बुड्ढों, अपाहिजों और रचना-शक्ति-हीन लोगों की तरह टेरते जा रहे हैं?

कोई क़ौम, कोई जाति ऐसी नहीं, जो तबदील न होती रहती हो। बराबर वह औरों में घुलती मिलती और बदलती रहती है। ऐसा हो सकता है कि वह क़रीब-क़रीब मुर्दा दिखाई दे, और फिर इस तरह उठ खड़ी हो, जैसे कोई नई जाति, या पुरानी का नया रूप हो। पुराने और नये लोगों में बिलकुल ताल्लुक़ टूट सकता है या यह भी हो सकता है कि विचार और आदर्शों की नई और मज़बूत कड़ियां उन्हें जोड़ती रहें।

इतिहास में'न जाने कितनी ऐसी मिसालें हैं कि पुरानी और अच्छी तरह से क़ायम तहज़ीबें रफ़्ता-रफ़्ता या यकायक मिट गई हैं और उनकी जगह नई और शक्तिशाली संस्कृतियों ने ले ली है। या यह कोई जीवनीशक्ति है, ताकत का कोई भीतरी सोता है, जो किसी तहज़ीब या क़ौम को ज़िंदगी देता रहता है और जिसके बग़ैर सारी कोशिशें बेकार हैं और ऐसी हैं, जैसे कोई बुड्ढा आदमी किसी युवक का अभिनय कर रहा हो।

आज की दुनिया के लोगों में मैंने तीन में इस जीवनी-शक्ति का अनुमान किया है— अमरीकी, रूसी और चीनी लोगों में, और इनका एक अजीब मेल है। अमरीका के लोग, बावजूद इसके कि उनकी जड़ें पुरानी दुनिया में मिलती हैं, नये लोग हैं और उनकी नई क़ौम है और इसमें शक नहीं कि वे पुरानी क़ौमों के बोझों और जटिल विचारों से बचे हुए हैं और उनका हद दर्जे का उत्साह आसानी से समझ में आ जाता है। कनाडा, आस्ट्रेलिया और न्यूज़ीलैंड के लोगों की भी यही दशा है। वे सभी बहुत-कुछ पुरानी दुनिया से अलग-थलग हैं और एक नई ज़िंदगी उनके सामने है।

रूसी नये लोग नहीं हैं, फिर भी उन्होंने बीते हुए युग से पूरी तरह से अपना नाता तोड़ लिया है, उसी तरह, जैसे मौत नाता तोड़ देती है। उनका नया जन्म हुआ है–इस रूप में कि उसकी इतिहास में कोई मिसाल नहीं। रूसी फिर जवान हो गए हैं और उनमें एक अद्भुत शक्ति और स्फूर्ति आ गई है। वे अपनी कुछ पुरानी जड़ों को खोजने लगे हैं, लेकिन व्यवहार की दृष्टि से वे नये लोग हैं और उनकी एक नई क़ौम और एक नई तहज़ीब है।

रूस की मिसाल यह दिखाती है कि अगर कोई क़ौम पूरी-पूरी क़ीमत चुकाने के लिए और जनता की दबी हुई ताक़त को उकसाने के लिए तैयार हो, तो वह किस तरह फिर से अपने में नई शक्ति पैदा कर सकती है। बावजूद उसकी भयानकता और डरावनेपन के, शायद इस युद्ध का यह नतीजा हो कि जो जातियां विनाश से बच सकें, वे नई ज़िंदगी हासिल कर लें।

चीनी लोग इन सबसे अलग हैं। उनकी कोई नई क़ौम नहीं, न उन्हें ऊपर से लेकर नीचे तक परिवर्तन का धक्का सहना पड़ा है। यह सही है कि सात साल की ख़ूंख़्वार लड़ाई ने उन्हें बदल दिया है। कहाँ तक यह इस युद्ध का नतीजा है या दूसरे स्थायी कारणों का या दोनों का मिला-जुला हुआ, मैं नहीं जानता। लेकिन चीनी लोगों की जीवनी-शक्ति मुझे हैरत में डाल देती है। मैं इस बात की कल्पना नहीं कर सकता कि कोई क़ौम, जिसकी नींव इतनी मज़बूत हो, मर सकती है।

जो जीवनी-शक्ति मैंने चीन में देखी, वैसी ही कुछ मैंने कभी-कभी हिंदुस्तान के लोगों में महसूस की है। ऐसा हमेशा नहीं हुआ है; और हर हालत में मेरे लिए तटस्थ होकर विचार करना मुश्किल है। शायद मेरी ख़्वाहिशें मेरे विचारों को टेढ़ी-मेढ़ी शक़्ल दे देती हैं, लेकिन हिंदुस्तान के लोगों के बीच घूमते फिरते हुए मैं बराबर इस चीज़ की तलाश में रहा हूँ। अगर हिंदुस्तानियों में यह जीवनी शक्ति है, तो उनका कुछ नहीं बिगड़ा है; वे अपना काम पूरा करके रहेंगे। अगर उनमें इसकी कमी है, तो हमारी सारी राजनैतिक कोशिशें और हंगामे महज़ अपने को भुलावे में डालने वाली चीज़ें हैं और ये हमें बहुत दूर न ले जा सकेंगी। मेरी दिलचस्पी इस बात में नहीं है कि हम कोई ऐसी राजनैतिक व्यवस्था पैदा करें, जिससे हम लोग अपना काम, कमो-बेश पहले जैसा, महज़ कुछ ज़्यादा अच्छी तरह चला सकें। मैंने अनुभव किया है कि हमारे लोगों में एक दबी हुई शक्ति और योग्यता का बड़ा भंडार है और मैं चाहता हूँ कि यह खुल जाये और हिंदुस्तानी अपने में नये जोश और नई फ़ुर्ती का अनुभव करें। हिंदुस्तान ऐसा मुल्क है कि वह दुनिया में दूसरे दर्जे का काम नहीं कर सकता। या तो वह बहुत बड़ा काम करेगा, या उसकी कोई पूछ न होगी। बीच की कोई हालत मेरे लिए कोशिश नहीं रखती। न मैं यही समझता हूँ कि बीच की कोई हालत अमली सूरत रख सकती है।

हिंदुस्तान की आज़ादी के लिए पिछली चौथाई सदी की लड़ाई और अंग्रेज़ी सरकार से मोर्चा लेने में मेरे मन में और बहुत-से और लोगों के मन में जो ख़्वाहिश रही है, इसकी जीवनी-शक्ति को फिर से जगाने की ख़्वाहिश रही है। हमने समझा कि कोशिशों और ख़ुशी- ख़ुशी उठाई गई तक़लीफ़ों और क़ुरबानियों के ज़रिये, ख़तरे और जोख़िम का सामना करते हुए, जिस बात को हम बुरी और बेजा समझते हैं, उसे बरदाश्त करने से इन्कार करके, हम हिंदुस्तान में उत्साह पैदा करेंगे और उसे लंबी नींद से जगायेंगे। अगरचे हम हिंदुस्तान की अंग्रेजी हुकूमत से बराबर मोर्चा लेते रहे, हमारी आँखें हमेशा अपने लोगों की तरफ़ रही हैं। राजनैतिक नफ़े की क़ीमत इससे ज़्यादा न थी कि वह हमारे इस ख़ास मक़सद को पूरा कर सके। चूंकि यह मक़सद हमारे सामने रहा, हम अकसर सियासी मैदान में इस तरह पेश आते रहे, जिस तरह कोई भी कूटनीति तक अपने को महदूद रखने वाला राजनीतिज्ञ पेश नहीं आ सकता। और विदेशी और हिंदुस्तानी आलोचक हमारी ज़िद और हमारी बेवक़ूफ़ी के तरीकों पर ताज्जुब करते रहे। हम लोगों ने बेवकूफी की या नहीं, यह तो आगे का इतिहास ही बता सकेगा। हमने अपने मक़सदों को ऊंचा रखा और हमारी निगाह दूर की चीज़ों पर बनी रही।

अगर मौके से फ़ायदा उठानेवाली कूटनीति की नज़र से देखा जाय, तो शायद हमने अकसर बेवकूफियां कीं, लेकिन हमने अपनी आँखों के आगे से अपने ख़ास मक़सद को ओझल न होने दिया और हमारा यह मक़सद सारे हिंदुस्तान के लोगों को, उनकी चेतना और आत्मा को, जगाना था और यक़ीनी तौर पर उन्हें अपनी ग़ुलामी और ग़रीबी की हालत से आगाह करना था। दरअसल हमारा मक़सद उनमें एक अंदरूनी ताक़त पैदा करना था—यह जानते और बातें ख़ुद-ब-ख़ुद आ जायेंगी। हमें पीढ़ियों की गुलामी और एक मग़रूर विदेशी ताक़त की अधीनता को मिटा देना था।

❐

4. हिंदुस्तान की खोज

अगरचे किताबों और पुराने स्मारकों और गुज़रे हुए ज़माने के सांस्कृतिक कारनामों ने हिंदुस्तान की कुछ जानकारी मुझ में पैदा की, फिर भी उनसे मेरा संतोष न हुआ और जिस बात की मुझे तलाश थी, उसका पता न चला। और वह उनसे मिल भी कैसे सकता था, क्योंकि उसका ताल्लुक़ गुज़रे हुए ज़माने से था और मैं यह जानने की कोशिश में था कि आया उस गुज़रे हुए ज़माने का हाल के ज़माने से कोई सच्चा ताल्लुक़ है भी या नहीं? मेरे लिए और मेरे-जैसे बहुतों के लिए ज़माना हाल कुछ ऐसा था, जिसमें मध्य-युग की बातों की, हद दर्जे की ग़रीबी और दुख की और बीच के वर्गों की कुछ हद तक सतही आधुनिकता की, एक अजीब खिचड़ी थी। मैं अपने जैसे या अपने वर्ग के लोगों को सराहनेवाला नहीं था, लेकिन मुझे उम्मीद थी कि हो न हो, वह हिंदुस्तान की हिफ़ाज़त की लड़ाई में आगे आयेंगे। बीच का वर्ग अपने को कैद और जकड़ा हुआ पाता था और ख़ुद बढ़ना और तरक़्क़ी करना चाहता था। और चूंकि अंग्रेज़ी हुकूमत के चौखट में गिरफ्तार रहते हुए उसके लिए ऐसा करना मुमकिन न था, इस हुकूमत के ख़िलाफ़ उसमें बग़ावत का एक जज़्बा पैदा हो गया, फिर भी यह जज़्बा उस ढड्ढे के ख़िलाफ़ नहीं था, जो हमें पीछे डाल रहा था। दरअसल यह महज़ अंग्रेज़ी बागडोर को बदलकर, उसे क़ायम रखना चाहता था। यह बीच का वर्ग ख़ुद इस ढांचे की पैदावार था और इस वर्ग के लिए यह मुमकिन न था कि उसे ललकारे और उखाड़कर फेंक दे।

नई शक्तियों ने सिर उठाया और उन्होंने हमें गाँवों की जनता की तरफ़ ढकेला और पहली बार हमारे नौजवान पढ़े-लिखों के सामने एक नये और दूसरे ही हिंदुस्तान की तस्वीर आई, जिसकी मौजूदगी को वे क़रीब-क़रीब भुला चुके थे या जिसे वह ज़्यादा अहमियत नहीं देते थे। वह एक परेशान कर देने वाला नज़ारा था, न महज़ इस ख़याल से कि हमें हद दर्जे की ग़रीबी और उसके मसलों का बहुत बड़े पैमाने पर सामना करना था, बल्कि इसलिए भी कि उसने हमारे मूल्यांकन को और उन नतीजों को, जिन पर हम अबतक पहुंचे थे, बिलकुल

पलट दिया था। इस तरह हमारे लिए असली हिंदुस्तान की खोज शुरू हुई, और इसने जहाँ एक तरफ़ हमें बहुत-सी जानकारी हासिल कराई, दूसरी तरफ़ हमारे अंदर एक कशमकश पैदा कर दी। अपनी पुरानी रहन-सहन और तजुरबों के मुताबिक़ हमारी प्रतिक्रियाएं जुदा-जुदा थीं। कुछ लोग तो गाँवों की इस बड़ी जनता से पहले से काफ़ी परिचित थे, इसलिए उनमें कोई नई सनसनी नहीं पैदा हुई, उन्होंने जैसी भी हालत थी, पहले से ही मान रखी थी। लेकिन मेरे लिए सचमुच एक खोज की यात्रा साबित हुई, और जहाँ मैं अपने लोगों की कमियों और कमज़ोरियों को दुख के साथ समझता था, वहीं मुझे हिंदुस्तान के गाँवों में रहने वालों में कुछ ऐसी विशेषता मिली, जिसका लफ़्ज़ों में बताना कठिन था और जिसने मुझे अपनी तरफ़ खींचा। यह विशेषता ऐसी थी, जिसका मैंने अपने यहाँ के बीच के वर्ग में बिलकुल अभाव पाया था।

आम जनता की मैं आदर्शवादी कल्पना नहीं करता हूँ, और जहाँ तक हो सकता है, अमूर्त रूप से उसका ख़याल करने से बचता हूँ। हिंदुस्तान की जनता इतनी विविध और विशाल होते हुए भी मेरे लिए बड़ी वास्तविक है। मैं उसका ख़याल अस्पष्ट गुट्टों की शक़्ल में नहीं, बल्कि व्यक्तियों के रूप में करना चाहता हूँ। यह हो सकता है कि चूंकि उससे मैं बड़ी उम्मीदें नहीं रखता था, इसलिए मुझे कोई मायूसी नहीं हुई। जितनी मैंने आशा कर रखी थी, उससे मैंने उन्हें बढ़कर ही पाया। मुझे ऐसा जान पड़ा कि उनमें जो मज़बूती और अंदरूनी ताक़तें हैं, उसकी वजह यह है कि वे अपनी पुरानी परंपरा अब भी अपनाये हुए हैं। पिछले दो सौ वर्षों में उन्होंने जो चोटें खाई हैं, उसमें इस परंपरा का बहुत-कुछ तो जा चुका है, फिर भी कुछ बच रहा है, जिसकी क़ीमत है; साथ ही बहुत- कुछ ऐसा है, जो बुरा और निकम्मा है।

उन्नीस सौ बीस के बाद के कुछ सालों में मेरा काम ज़्यादातर अपने ही सूबे तक महदूद रहा, और मैंने संयुक्त प्रांत (यू०पी०) के 48 ज़िलों में—गाँवों और शहरों में-लंबी यात्राएं कीं और मैं काफ़ी घूमा। यह सूबा बहुत ज़माने से हिंदुस्तान का दिल समझा जाता रहा है और क़दीम और बीच के, दोनों ही ज़मानों की तहज़ीबों का मरकज़ रहा है। यहाँ कितनी ही संस्कृतियां और क़ौमें आपस में मिली-जुली हैं; यह वह प्रदेश है, जहाँ 1857 में बग़ावत की आग भड़की थी और जिसका बाद में बड़ी बेरहमी से दमन हुआ था। रफ़्ता-रफ़्ता मेरा परिचय उत्तरी और पश्चिमी ज़िलों के जाटों से हुआ, जो धरती के सच्चे बेटे हैं, जो बहादुर और आज़ाद दिखाई देते हैं और औरों के मुक़ाबले में ख़ुशहाल हैं। राजपूत किसानों और छोटे ज़मींदारों से मेरी जान-पहचान हुई और मैंने जाना कि उन्हें अब भी अपनी जाति का और पुरखों का गुमान है— उन्हें भी, जिन्होंने इस्लाम मज़हब अख्तियार कर लिया है। मैंने गुनी कारीगरों और घरेलू धंधों में लगे हुए लोगों– हिंदुओं और मुसलमानों से परिचय किया, और बड़ी तादाद में जानकारी हासिल की उन ग़रीब रियाया और किसानों से, ख़ासकर अवध में और पूरबी ज़िलों में, जो पीढ़ियों के ज़ुल्म और ग़रीबी से पिस रहे थे और जिन्हें यह उम्मीद करने की हिम्मत नहीं होती थी कि उनके दिन फिरेंगे, लेकिन फिर भी जो आशा लगाये बैठे थे और जिनके मन में विश्वास था।

उन्नीस सौ तीस के बाद कई सालों में जब-जब मैं जेल से बाहर रहा और ख़ास तौर से 1936-37 के चुनाव के दौरे में, मैं हिंदुस्तान में और भी दूर-दूर के हिस्सों में, शहरों, क़सबों और गाँवों में घूमा। बंगाल के देहातों को छोड़कर, जहाँ बदकिस्मती से मुझे जाने का बहुत कम मौक़ा मिला, मैंने हर एक सूबे का दौरा किया और मैं गाँवों में पैठा। राजनैतिक और आर्थिक मामलों के मुताल्लिक़ मैं बोलता और मेरी तक़रीरों से यही मालूम होता कि मेरे अंदर ये सब समस्याएं और चुनाव की चर्चा ही भरी हुई हैं। लेकिन मेरे दिमाग़ के किसी कोने में कुछ दूसरी ही गहरी और अहम बातें थीं और उनका चुनाव और दूसरी वक़्ती सरगरमियों से क़तई ताल्लुक़ न था। वहाँ एक दूसरी ही और इससे बड़ी बेकरारी मुझ में पैदा हो गई थी, और हिंदुस्तान की ज़मीन और उसके लोग मेरे सामने फैले हुए थे और मैं एक बड़ी खोज की यात्रा पर था। हिंदुस्तान, जिसमें इतनी विविधता और मोहिनी शक्ति है, मुझ पर एक धुन की तरह सवार था और यह धुन बढ़ती ही गई। जितना ही मैं उसे देखता था, उतना ही मुझे इस बात का अनुभव होता था कि मेरे लिए या किसी के लिए भी, जिन विचारों का वह प्रतीक था, उसे समझ पाना कितना कठिन है। उसके बड़े विस्तार से या उसकी विविधता से मैं घबड़ाता नहीं था, लेकिन उसकी आत्मा की गहराई ऐसी थी, जिसकी थाह मैं न पा सकता था—अगरचे कभी- कभी उसकी झलक मुझे मिल जाती थी। यह किसी क़दीम ताल-पत्र-जैसा था, जिस पर विचार और चिंतन की तहें, एक पर एक जमी हुई थीं, और फिर भी किसी बाद की तह ने पहले से आंके हुए लेख को पूरी तरह से मिटाया न था। उनका हमें भान हो चाहे न हो, ये सब एक साथ हमारे चेतन और अचेतन दिमाग़ में मौजूद हैं और ये सब मिलकर हिंदुस्तान के पेचीदा और भेद-भरे व्यक्तित्व का निर्माण करती हैं। वह स्फिक्स-जैसा चेहरा, अपनी भेद-भरी और कभी - कभी व्यंग्य-भरी मुस्कराहट के साथ सारे हिंदुस्तान में दिखाई देता था। अगरचे ऊपरी ढंग से हमारे देश के लोगों में विविधता और विभिन्नता दिखाई देती थी, लेकिन सभी जगह वह समानता और एकरूपता भी मिलती थी, जिसने हमारे दिन चाहे जैसे बीते हों, हमें एक साथ रखा। हिंदुस्तान की एकता मेरे लिए अब एक ख़याली बात न रह गई। यह एक अंदरूनी एहसास था और मैं इसके बस में आ गया। यह एकता ऐसी मज़बूत थी कि किसी राजनैतिक बिलगाव ने, किसी संकट या आफ़त ने, इसमें फ़र्क़ न आने दिया।

हिंदुस्तान या किसी भी मुल्क का ख़याल आदमी के रूप में करना एक फ़िज़ूल-सी बात थी। मैंने ऐसा नहीं किया। मैं यह भी जानता था कि हिंदुस्तान की ज़िंदगी में कितनी विविधता है और उसमें कितने वर्ग, क़ौमें धर्म और वंश हैं और सांस्कृतिक विकास की कितनी अलग-अलग सीढ़ियां हैं। फिर भी मैं समझता हूं, किसी देश में, जिसके पीछे इतना लंबा इतिहास हो और ज़िंदगी की जानिब जहाँ एक आम नज़रिया हो, वहाँ एक ऐसी भावना पैदा हो जाती है, जो और भेदों के रहते हुए भी समान रूप से वहाँ रहनेवालों. पर अपनी छाप लगा देती है। इस तरह की बात क्या चीन में किसी से छिप सकती है, वह चाहे किसी

दकियानूसी अधिकारी से मिले, चाहे किसी कम्युनिस्ट से, जिसने गुजरे ज़माने से अपना ताल्लुक़ तोड़ रखा है? हिंदुस्तान की इस आत्मा की खोज में मैं लगा रहा—कुतूहलवश नहीं-अगरचे कुतूहल यक़ीनी तौर पर मौजूद था-बल्कि इसलिए कि मैं समझता था कि इसके ज़रिये मुझे अपने मुल्क और मुल्क के लोगों को समझने की कोई कुंजी मिल जायेगी और विचार और काम के लिए कोई धागा हाथ लग जायेगा। राजनीति और चुनाव की रोज़मर्रा की बातें ऐसी हैं, जिनमें हम ज़रा-ज़रा से मामलों पर उत्तेजित हो जाते हैं। लेकिन अगर हम हिंदुस्तान के भविष्य की इमारत तैयार करना चाहते हैं, जो मज़बूत और ख़ूबसूरत हो, तो हमें गहरी नींव खोदनी पड़ेगी।

❐

5. भारत माता

अकसर जब मैं एक जलसे से दूसरे जलसे में जाता होता, और इस तरह चक्कर काटता रहता होता था, तो इन जलसों में मैं अपने सुनने वालों से अपने इस हिंदुस्तान या भारत की चर्चा करता। भारत एक संस्कृत शब्द है और इस जाति के परंपरागत संस्थापक के नाम से निकला हुआ है। मैं शहरों में ऐसा बहुत कम करता, क्योंकि वहाँ के सुनने वाले कुछ ज़्यादा सयाने थे और उन्हें दूसरे ही क़िस्म की गिज़ा की ज़रूरत थी। लेकिन किसानों से, जिनका नज़रिया महदूद था, मैं इस बड़े देश की चर्चा करता, जिसकी आज़ादी के लिए हम लोग कोशिश कर रहे थे और बताता कि किस तरह देश का एक हिस्सा दूसरे से जुदा होते हुए भी हिंदुस्तान एक था। मैं उन मसलों का ज़िक्र करता, जो उत्तर से लेकर दक्खिन तक और पूरब से लेकर पच्छिम तक, किसानों के लिए यक-सां थे, और स्वराज्य का भी ज़िक्र करता, जो थोड़े लोगों के लिए नहीं, बल्कि सभी के फ़ायदे के लिए हो सकता था। मैं उत्तर-पच्छिम में ख़ैबर के दर्रे से लेकर धुर दक्खिन में कन्याकुमारी तक की अपनी यात्रा का हाल बताता और यह कहता कि सभी जगह किसान मुझसे एक-से सवाल करते, क्योंकि उनकी तकलीफें एक-सी थीं—यानी ग़रीबी, कर्ज़, पूंजीपतियों के शिकंजे, ज़मींदार, महाजन, कड़े लगान और सूद, पुलिस के जुल्म, और ये सभी बातें गुथी हुई थीं, उस ढढ्ढे के साथ, जिसे एक विदेशी सरकार ने हम पर लाद रखा था और इनसे छुटकारा भी सभी को हासिल करना था। मैंने इस बात की कोशिश की कि लोग सारे हिंदुस्तान के बारे में सोचें और कुछ हद तक इस बड़ी दुनिया के बारे में भी, जिसके हम एक जुज़ हैं। मैं अपनी बातचीत में चीन-स्पेन, अबीसिनिया, मध्य-यूरोप, मिस्र और पच्छिमी एशिया में होने वाली कश-मकशों का जिक्र भी ले आता। मैं उन्हें सोवियत यूनियन में होने वाली कश-मकशों का ज़िक्र भी ले जाता। मैं उन्हें सोवियत यूनियन में होने वाली अचरज भरी तबदीलियों का हाल भी बताता और कहता कि अमरीका ने कैसी तरक़्क़ी की है। यह काम आसान न था, लेकिन जैसा मैंने समझ रखा था, वैसा मुश्किल भी न था। इसकी वजह यह थी कि हमारे पुराने महाकाव्यों ने और

पुराणों की कथा-कहानियों ने, जिन्हें वे ख़ूब जानते थे, उन्हें इस देश की कल्पना करा दी थी, और हमेशा कुछ लोग ऐसे मिल जाते थे, जिन्होंने हमारे बड़े- बड़े तीर्थों की यात्रा कर रखी थी, जो हिंदुस्तान के चारों कोनों पर हैं। या हमें पुराने सिपाही मिल जाते, जिन्होंने पिछली बड़ी जंग में या और घावों के सिलसिले में विदेशों में नौकरियां की थीं। सन तीस के बाद जो आर्थिक मंदी पैदा हुई थी, उसकी वजह से दूसरे मुल्कों के बारे में मेरे हवाले उनकी समझ में आ जाते थे।

कभी ऐसा भी होता कि जब मैं किसी जलसे में पहुँचता, तो मेरा स्वागत " भारत मात की जय!" इस नारे से ज़ोर के साथ किया जाता। मैं लोगों से अचानक पूछ बैठता कि इस नारे से उनका क्या मतलब है? यह भारत माता कौन है, जिसको वे जय चाहते हैं। मेरे सवाल से उन्हें कुतूहल और ताज्जुब होता और और कुछ जवाब न बन पड़ने पर वे एक-दूसरे की तरफ़ या मेरी तरफ़ देखने लग जाते। मैं सवाल करता ही रहता। आख़िर एक हट्टे-कट्टे जाट ने, जो अनगिनत पीढ़ियों से किसानी करता आया था, जवाब दिया कि भारत माता से उनका मतलब धरती से है। कौन सी धरती? ख़ास उनके गाँव की धरती, या ज़िले की या सूबे की, या सारे हिंदुस्तान की धरती से उनका मतलब है? इस तरह सवाल-जवाब चलते रहते, यहाँ तक कि वे ऊबकर मुझ से कहने लगते कि मैं ही बताऊं। मैं इसकी कोशिश करता और बताता कि हिंदुस्तान वह सब कुछ है, जिसे उन्होंने समझ रखा है, लेकिन वह इससे भी बहुत ज़्यादा है। हिंदुस्तान के नदी और पहाड़, जंगल और खेत, जो हमें अन्न देते हैं, ये सभी हमें अज़ीज हैं। लेकिन आख़िरकार जिनकी गिनती है, वे हैं हिंदुस्तान के लोग, उनके और मेरे-जैसे लोग, जो इस सारे देश में फैले हुए हैं। भारत माता दरअसल यही करोड़ों लोग हैं, और "भारत माता की जय ! " से मतलब हुआ इन लोगों की जय का। मैं उनसे कहता कि तुम इस भारत माता के अंश हो, एक तरह से तुम भी भारत माता हो, और जैसे-जैसे ये विचार उनके मन में बैठते, उनकी आँखों में चमक आ जाती, इस तरह, मानो उन्होंने कोई बड़ी खोज कर ली हो।

❑

6. हिंदुस्तान की विविधता और एकता

हिंदुस्तान में अपार विविधता है; यह ज़ाहिर-सी चीज़ है; यह इस तरह सतह पर है कि कोई भी इसे देख सकता है। इसका ताल्लुक़ उन भौतिक चीज़ों से भी है, जिन्हें हम ऊपर-ऊपर देखते हैं और कुछ दिमाग़ी आदतों और स्वभाव से भी है। बाहरी ढंग से देखें, तो उत्तर-पच्छिम के पठान में और धुर दक्खिन के तमिल में बहुत कम ऐसी बातें है, जो आपस में समान कही जायेंगी। नस्ल के लिहाज़ से ये जुदा-जुदा हैं, अगरचे हो सकता है कि दोनों के दरम्यान कुछ ऐसे धागे हों, जो एक-दूसरे को जोड़ रहे हों; सूरत-शक़्ल में, खाने-पीने और पोशाक में ये जुदा-जुदा हैं और भाषा में तो हैं ही। उत्तर-पच्छिम के सरहदी

सूबे में मध्य एशिया की हवा पहुँची हुई है, और यहाँ के रीति-रिवाज हमें हिमालय के परली तरफ़ के मुल्कों की याद दिलाते हैं। पठानों के देहाती नाचों में और रूस के कज़्ज़ाकों के नाचों में अद्भुत समानता है। लेकिन इन भेदों के रहते हुए भी इस बात में शक नहीं हो सकता कि पठान पर हिंदुस्तान की छाप है, उसी तरह, जिस तरह कि तमिल पर यह छाप साफ़ तौर पर देखते हैं। इसमें अचरज की कोई बात नहीं, क्योंकि यह सरहदी देश और सच पूछिये, तो अफ़ग़ानिस्तान भी, हज़ारों बरस तक हिंदुस्तान से मिले रहे हैं। अफ़ग़ानिस्तान में बसने वाली पुरानी तुर्की क़ौमें इस्लाम के आने से पहले ज़्यादातर बौद्ध थीं, और उससे पहले भी रामायण और महाभारत के ज़माने में हिंदू थीं। सरहदी प्रदेश पुरानी हिंदुस्तानी तहज़ीब का एक केंद्र था और आज भी न जाने कितने मठों और इमारतों के खंडहर हमें वहाँ दिखाई देते हैं; ख़ास तौर से तक्षशिला के विश्वविद्यालय के, जो दो हज़ार बरस पहले मशहूर हो चुका था, और जहाँ हिंदुस्तान- भर से और मध्य- एशिया से भी विद्यार्थी पढ़ने आते थे। धर्म की तबदीली ने फ़र्क ज़रूर पैदा किया था, लेकिन उस हिस्से के लोगों की जो मानसिक पृष्ठभूमि तैयार हो चुकी थी, उसे बदलने में वह नाकामयाब रही।

पठान और तामिल, दो अलग-अलग सिरों की मिसालें हैं। और लोग इनके बीच में आते हैं। सभी के रूप जुदा हैं, लेकिन जो बात सबसे बढ़कर है, वह यह है कि सभी पर हिंदुस्तान की अपनी छाप है। यह एक दिलचस्प बात है कि बंगाली, मराठा, गुजराती, तमिल, आंध्र, उड़िया, असमी, कन्नड़, मलयाली, सिंधी, पंजाबी, पठान, काश्मीरी, राजपूत और बीच के लोगों का एक बड़ा टुकड़ा, जो हिंदुस्तानी भाषा बोलता है—इन सबने, सैकड़ों वर्षों से अपनी ख़ासियतें क़ायम रखी हैं, और अब भी उनमें वही गुण या दोष मिलते हैं, जिनका पता परंपरा और पुराने लेखों से मिलता है। फिर भी इन युगों में वे बराबर हिंदुस्तान बने रहे हैं, क़ौमी बपौती के रूप में उन्हें जो कुछ हासिल है और उनके आचार-विचार के आदर्श एक-से हैं। इस बपौती में कुछ ऐसी जीती-जागती बात है, जिसका पता हमें ज़िंदगी के मसलों की तरफ़ उनके फ़िलसफ़े से लगता है। पुराने चीन की तरह पुराना हिंदुस्तान एक अलग दुनिया थी। वहाँ की संस्कृति और तहज़ीब हर चीज़ को एक ख़ास शक़्ल दे देती थी। विदेशी प्रभाव आते और अकसर इस तहज़ीब पर अपना असर डालते थे और बाद में उसी में समा जाते थे। जहाँ फूट की प्रवृत्तियां दिखाई दीं, वहाँ समन्वय की कोशिश होने लगती थी। सभ्यता के उषा - काल से लेकर आज तक, हिंदुस्तान के दिमाग़ में एकता का एक स्वप्न बराबर रहा है। इस एकता की कल्पना इस तरह से नहीं की गई कि मानो वह बाहर से लागू की गई चीज़ हो, या बाहरी बातों या विश्वासों तक में एकरूपता आ जाय। यह कुछ और ही गहरी चीज़ थी; इसके दायरे के भीतर रीति-रिवाजों और विश्वासों की तरफ़ ज़्यादा-से-ज़्यादा सहिष्णुता बरती गई है और उनके सभी अलग-अगल रूपों को क़ुबूल किया गया है और उन्हें बढ़ावा दिया गया है।

एक क़ौम के लोगों के अंदर भी, वे आपस में चाहे जितने नज़दीक क्यों न हों, छोटे या

बड़े भेद हमेशा देखने को मिल सकते हैं। किसी गिरोह की एकता का अंदाज तब होता है, जब हम उसका मुक़ाबला दूसरे क़ौमी गिरोह से करते हैं। अगर दो गिरोह पास-पास के देशों के हुए, तो सरहदी हिस्सों में उनके भेद-भाव कम और नहीं के बराबर मालूम देते हैं। यों भी इस ज़माने में क़ौमियत का यह ख़याल, जिससे हम परिचित हैं, मौजूद न था। जागीरदारी, धर्म, जाति और संस्कृति के रिश्तों को ज़्यादा महत्त्व दिया जाता था। फिर भी मैं समझता हूँ कि हिंदुस्तान के किसी भी ज़माने में, जिसका इतिहास क़लमबंद हो चुका है, एक हिंदुस्तानी अपने को हिंदुस्तान के किसी भी हिस्से में अजनबी न समझता, और वही हिंदुस्तानी किसी भी दूसरे मुल्क में अपने को अजनबी और विदेशी महसूस करता, हाँ, यक़ीनी तौर पर वह अपने को उन मुल्कों में कम अजनबी पाता, जिन्होंने उसकी तहज़ीब और धर्म को अपना लिया था। हिंदुस्तान से बाहर के मुल्कों में शुरू होने वाले मज़हबों के अनुयायी हिंदुस्तान में आने और यहाँ पर बसने के कुछ पीढ़ियों के भीतर साफ़ तौर पर हिंदुस्तानी बन जाते थे, जैसे ईसाई, यहूदी, पारसी और मुसलमान। ऐसे हिंदुस्तानी, जिन्होंने इनमें से किसी एक मज़हब को क़ुबूल कर लिया, एक क्षण के लिए भी धर्म-परिवर्तन के कारण गैर हिंदुस्तानी नहीं हुए। दूसरे मुल्कों में इन्हें हिंदुस्तानी और विदेशी समझा जाता रहा, चाहे इनका धर्म वही रहा हो, इन दूसरे मुल्कवालों का था।

आज भी, जबकि क़ौमियत का ख़याल बहुत बदल गया और तरक़्क़ी कर गया है, विदेशों में हिंदुस्तानियों का गिरोह एक अलग गिरोह समझा जाता है और अपने भीतरी भेदों के बावजूद उन्हें एक गिना जाता है। हिंदुस्तानी ईसाई चाहे जहाँ जाय, हिंदुस्तानी ही समझा जाता है, और हिंदुस्तानी मुसलमान चाहे तुर्की में हो, चाहे ईरान और अरब में, सभी मुसलमानी मुल्कों में वह हिंदुस्तानी ही समझा जाता है।

मैं समझता हूँ कि हममें से सभी ने अपनी जन्मभूमि की अलग-अलग तस्वीर बना रखी होगी और कोई दो आदमी एक-सा विचार न रखते होंगे। जब मैं हिंदुस्तान के बारे में सोचता हूँ, तो कई बातों का ध्यान आता है—दूर तक फैले हुए मैदानों का, जिन पर अनगिनत छोटे-छोटे गाँव बसे हुए हैं, उन शहरों और क़सबों का, जहाँ मैं हो आया हूँ; बरसात के मौसम के जादू का, जो सूखे और जले हुए मैदानों में ज़िंदगी बिखेरता है और उन्हें अचानक हरियाली और सौंदर्य का और बड़ी और ज़ोर-शोर से बहने वाली नदियों का प्रदेश बना देता है; ख़ैबर के सुनसान दर्रे का, हिंदुस्तान के दक्खिनी छोर का और सबसे बढ़कर, बर्फ से ढके हुए हिमालय का, या काश्मीर में बसंत ऋतु में किसी पहाड़ी घाटी का, जिसमें नये-नये फूल फूल रहे हैं और जिसमें पानी के सोते फूटकर गुनगुना रहे हैं। हम लोग अपने पसंद की तस्वीरें बनाते हैं और उनकी हिफ़ाज़त करते हैं। इसलिए बजाय गरम मैदानी हिस्सों के, जो ज़्यादा आम हैं, मैंने पहाड़ी मज़र पसंद किया है। दोनों तस्वीरें ठीक हैं, क्योंकि हिंदुस्तान उष्ण कटिबंध से लेकर समशीतोष्ण कटिबंध तक और भूमध्य-रेखा से लेकर एशिया के ठंडे प्रदेश तक फैला है।

❒

7. हिंदुस्तान की यात्रा

सन 1936 के आख़िर और 1937 के शुरू के महीनों में मेरी यात्रा की गति बढ़ी ही नहीं, बल्कि प्रचंड हो गई। इस बड़े मुल्क में, रात-दिन सफ़र करते हुए, मैंने तूफ़ान की तरह चक्कर लगाया। बराबर चलता ही रहता था; मुश्किल से कहीं ठहरता, मुश्किल से दम मारता। सभी तरफ़ से ज़रूरी बुलावे थे, और वक़्त थोड़ा था, क्योंकि आम चुनाव के दिन सिर पर थे और मैं दूसरों के चुनावों को जिता देने वाला ख़याल किया जाता था। मैंने ज्यादातर मोटर से और कभी-कभी हवाई जहाज़ और रेल से सफ़र किया। कभी-कभी थोड़ा रास्ता तय करने के लिए मैंने हाथी, ऊँट या घोड़े की भी सवारी की, या अगनबोट, नाव या डोंगी की मदद ली या बाइसिकिल पर सवार हुआ या पैदल भी चल पड़ा। यात्रा के ये जुदा-जुदा और अनोखे साधन बड़े यात्रा मार्गों से हटकर देश में पैठने के लिए अकसर ज़रूरी हो जाते हैं। मैं माइक्रोफ़ोन और लाउड स्पीकर, इन यंत्रों के दोहरे सैट साथ में रखता था। उनके बिना बड़े-बड़े मजमों में बोलना, या अपनी आवाज़ की हिफ़ाज़त कर सकना ग़ैर-मुमकिन हो जाता। ये माइक्रोफ़ोन मेरे साथ-साथ न जाने कितनी अनोखी जगहों में घूमे हैं—तिब्बत की सीमा से लेकर बलूचिस्तान की सीमा तक—जहाँ इस तरह की कोई चीज़ इससे पहले देखी या सुनी नहीं गई थी।

सवेरे से लेकर रात में देर तक, एक जगह से दूसरी जगह तक, मेरी यात्रा का सिलसिला चलता रहा और बड़े-बड़े मजमे मेरे इंतज़ार में इकट्ठा होते, और इन मजमों के बीच में भी मुझे रुकना पड़ता, क्योंकि मेरा स्वागत करने के लिए किसान लोग देर से आसरा लगाये खड़े होते थे। चूंकि मुझे इनकी पहले से ख़बर न होती, इसलिए मेरा सारा प्रोग्राम अस्त- व्यस्त हो जाता, और बाद को, जहाँ सभाओं का निश्चय हुआ होता, वहाँ मैं देर से पहुँच पाता। फिर भी यह मेरे लिए कैसे मुमकिन था कि इन ग़रीबों की परवा न करके मैं आगे बढ़ जाऊं? इस तरह देर-पर-देर होती रहती। खुले मैदानों में जो सभाएँ होतीं, उनमें बीच तक पहुँचने में कई मिनट लग जाया करते। एक-एक मिनट की गिनती करना ज़रूरी था, और ये मिनट इकट्ठा होकर घंटों ले लेते। इस तरह जब शाम होने को आती, तो मैं घंटों पिछड़ा हुआ होता। लेकिन भीड़ सब्र के साथ इंतज़ार करती होती, गोकि जाड़े के दिन थे और बिना काफ़ी कपड़ों के लोग खुले मैदानों में इंतज़ार करते हुए कांप जाते थे। इस तरह से हमारा दिन का प्रोग्राम कभी-कभी 18 घंटों का हो जाता और दिन का सफ़र अकसर आधी रात या इसके बाद ख़त्म होता। एक बार कर्नाटक में बीच फ़रवरी में यह हालत अपनी हद को पार कर गई। हमने अपना रिकार्ड तोड़ दिया। दिन का प्रोग्राम भारी था, और हमें एक बड़े रमणीक पहाड़ी जंगल से होकर गुज़रना था। वहाँ की सड़कें बहुत अच्छी न थीं और उन पर तेज़ी से सफ़र कर सकना मुमकिन न था। आधी दर्जन तो बड़ी-बड़ी सभाओं में जाना था और बहुतेरी छोटी-छोटी सभाएं थीं। आठ बजे सवेरे से हमारा कार्यक्रम शुरू हुआ। हमारी आख़िरी सभा

चार बजे सवेरे हो पाई। इसे सात घंटे पहले ख़त्म हो जाना चाहिए था और इसके बाद हमें 70 मील की यात्रा करके उस जगह पहुँचना था, जहाँ हमारे आराम करने का इंतज़ाम था। हम 7 बजे वहाँ पहुँच पाये। रात-दिन में, न जाने कितनी सभाएँ करने के अलावा हमने 415 मील तय किये थे। दिन के काम में 23 घंटे लग गए। एक घंटे के बाद दूसरे दिन का कार्यक्रम शुरू कर देना था।

किसी ने यह अंदाज़ लगाने की तकलीफ़ की थी कि इन महीनों में कोई एक करोड़ आदमी उन जलसों में आये, जिनमें मैंने व्याख्यान दिए, और सड़कों से गुज़रते हुए और कई लाख आदमी मुझ से किसी-न-किसी रूप में संपर्क में आये। सबसे बड़े मजमों में एक लाख आदमी तक मौजूद होते। बीस-बीस हज़ार के जलसे तो काफ़ी आम थे। कभी-कभी छोटे क़सबों से होकर गुज़रते हुए देखता, और यह देखकर ताज्जुब होता कि सारी दुकानें बंद हैं और क़सबा क़रीब-क़रीब सुनसान है। इसका भेद तब खुलता, जब मैं खुली सभा में पहुँचता, जहाँ क़सबे की सारी आबादी, मर्द औरतें, बच्चे तक, सभी मौजूद होते और मेरे पहुँचने का इंतज़ार करते होते।

अपने जिस्म को क़ायम रखते हुए मैं यह सब कैसे कर पाया, यह अब समझ में नहीं आता। जिस्म की बरदाश्त करने की ताक़त की यह ग़ैर मामूली मिसाल थी। मैं समझता हूँ कि रफ़्ता-रफ़्ता जिस्म इस सैलानी ज़िंदगी का आदी हो गया था। दो सभाओं के बीच के वक़्त में मैं चलती मोटर में ऐसी गहरी नींद में सो जाता कि जगाना मुश्किल होता, लेकिन मुझे उठाना ही पड़ता और एक बड़े स्वागत करते हुए मजमे का सामना करना पड़ता। मैंने अपना खाना घटाकर कम-से-कम जितना हो सकता था कर दिया था। कभी-कभी एक वक़्त का खाना टाल ही जाता था—ख़ास कर शाम का, और इसकी वजह से तबीयत हलकी रहती थी। लेकिन जिस बात ने मुझे क़ायम रखा और शक्ति दी, वह थी वह मुहब्बत और उमंग, जिसे मैंने सब जगह पाया। मैं इसका आदी हो गया था, फिर भी पूरी तरह आदी न हो पाता, क्योंकि रोज़ किसी-न-किसी नई अचरज की बात का अनुभव होता ही था।

❑

8. आम चुनाव

मेरी यात्रा ख़ास तौर पर उस आम चुनाव के सिलसिले में थी, जो सारे हिंदुस्तान में होने वाला था और जिसका वक़्त नज़दीक आ रहा था। लेकिन चुनावों के साथ-साथ आमतौर पर चलने वाले तरीक़ों और हथकंडों को मैं नहीं पसंद करता था। जन-सत्तावाली या जमहूरी हुकूमत के लिए चुनाव ज़रूरी और लाज़िमी होता है, इसलिए इससे बचत नहीं हो सकती। फिर भी चुनाव बहुत अकसर इन्सान के बुरे पहलू को सामने लाते हैं और यह बात नहीं कि हमेशा ज़्यादा अच्छे उम्मीदवार की ही जीत होती हो। संवेदनशील लोग और वे लोग, जो

अपने को आगे बढ़ाने के लिए बहुत-से चालू हथकंडे अख़्तियार नहीं कर सकते, घाटे में रहते हैं; इसलिए वे इस झगड़े से बचना चाहते हैं। तो क्या प्रजा-सत्ता या जमहूरियत उन्हीं का मैदान है, जिनकी जिल्दें मोटी और आवाज़ें ऊँची होती हैं और जिनका ईमान लचीला होता है?

चुनाव की ये बुराइयाँ ख़ासतौर पर वहाँ ज़्यादा फैली होती हैं, जहाँ निर्वाचकों का समूह छोटा होता है। अगर निर्वाचक-समूह बड़ा हुआ, इनमें से बहुत-सी बुराइयाँ दूर हो जाती हैं, या कम-से-कम उतनी ज़ाहिर नहीं होतीं। किसी ग़लत बात को उठाकर या धर्म के नाम पर (जैसा हमने बाद में देखा) बड़े-से-बड़े निर्वाचक-समूह के बहक जाने की संभावना होती है; लेकिन बड़े निर्वाचक- समूह में बहुत-सी संतुलन करने वाली बातें होती हैं, जिनकी वजह से भद्दे ढंग की बुराइयां कम हो जाती हैं। मेरे तजुरबे ने मेरे इस यक़ीन को मज़बूत कर दिया है कि मताधिकार व्यापक-से-व्यापक होना अच्छा होता है। इस बड़े निर्वाचक-समूह में मेरा उस महदूद निर्वाचक-समूह के मुक़ाबले में ज़्यादा यक़ीन है, जो हैसियत या शिक्षा की बुनियाद पर तैयार किया जाता है। हैसियत का आधार हर हालत में बुरा है। जहाँ तक तालीम का आधार है, यह ज़ाहिर है कि तालीम अच्छी और ज़रूरी चीज़ है। लेकिन हरूफ़ पहचान लेने वाले या थोड़े पढ़े आदमी में मैंने कोई ऐसी बात नहीं पाई है, जिससे उसकी राय को, एक अनपढ़ मगर आम समझ रखने वाले किसान की राय पर तरजीह दी जाय। हर हालत में, जबकि ख़ास सवाल किसानों से ताल्लुक रखते हैं, तब उनकी राय ज़्यादा महत्त्व की होगी। मेरा यक़ीन है कि सभी बालिग़ों को, वे मर्द हों या औरत, चुनने के अख़्तियार होने चाहिए, और अगरचे मैं समझता हूँ कि इस रास्ते में दिक़्क़तें हैं, फिर भी मुझे यक़ीन है कि इसके ख़िलाफ़ हिंदुस्तान में जो आवाज़ बुलंद की जाती है, उसमें ज्यादा दम नहीं और इसके पीछे उन लोगों का ख़ौफ़ है, जिन्हें ख़ास हक़ हासिल हैं।

1937 का सूबे की असेंबलियों के लिए चुनाव इस सीमित मताधिकार की बिनाह पर हुआ था और आम जनता के कुल 12 फ़ी सदी लोगों को चुनाव का अधिकार मिला था। लेकिन इसे भी पिछले चुनावों के मुक़ाबले में बड़ी तरक़्क़ी समझना चाहिए और रियासतों को अलग कर दिया जाय, तो तीन करोड़ लोगों को मत देने का हक़ हासिल था। इन चुनावों का क्षेत्र बहुत बड़ा था और रियासतों को छोड़कर सारे हिंदुस्तान में फैला था। हर एक सूबे को अपनी असेंबली या विधान सभा के लिए चुनाव करना था और ज़्यादातर सूबों में दो सदन थे, इसलिए दोहरे चुनाव होते थे। उम्मीदवारों की तादाद कई हज़ार तक पहुँच गई थी

इन चुनावों की तरफ़ मेरा और कुछ हद तक ज़्यादातर कांग्रेस वालों का नज़रिया आम नज़रिये से जुदा था। मैं शख़्सी तौर पर उम्मीदवारों की फ़िक्र नहीं करता था, बल्कि सारे मुल्क में ऐसी फ़िज़ा करना चाहता था कि जो हमारे आज़ादी के इस राष्ट्रीय आंदोलन के माफ़िक़ जिसकी कांग्रेस प्रतिनिधि थी और उस कार्यक्रम की तरफ़दारी में हो, जिसको हमारे चुनाव के ऐलानों में बताया गया था। मैंने अनुभव किया कि अगर हम इस काम में कामयाब

हुए, तो सभी बातें ख़ुद-ब-ख़ुद ठीक होकर रहेंगी और अगर नाकामयाब हुए, तो इससे कुछ ख़ास फ़र्क नहीं पड़ता कि कोई ख़ास उम्मीदवार हारा या जीता।

मेरा मक़सद लोगों में एक ख़ास तरह के विचार पैदा करना था। उम्मीदवारों की मैं शायद ही चर्चा करता, सिवाय इस रूप में कि वे हमारे उद्देश्य के अलमबरदार हैं। उनमें से मैं बहुतों को जानता था, लेकिन बहुतों को मैं ज़ाती तौर पर बिलकुल नहीं जानता था और इसकी ज़रूरत नहीं समझता था कि अपने दिमाग़ पर हज़ारों नामों का बोझ डाला जाय। मैं कांग्रेस के नाम पर, हिंदुस्तान की आज़ादी के नाम पर और आज़ादी की लड़ाई के नाम पर वोट मांगता था। मैं कोई वादे नहीं करता था, सिवाय इसके कि जबतक आज़ादी न हासिल हो जायगी, तबतक लड़ाई बराबर जारी रहेगी। मैं लोगों से कहता था कि हमारे लिए उसी हालत में वोट दो, जब तुम हमारे मक़सद और प्रोग्राम को समझ लो और उसके मुताबिक़ अमल करने को तैयार हो; नहीं तो हमें वोट न दो। हमें झूठे वोटों की ज़रूरत नहीं थी और न महज़ इस वज़ह से किसी के लिए वोट चाहते थे कि जनता उन्हें पसंद करती है। वोट और चुनाव के बल पर हम बहुत आगे न बढ़ा सकेंगे। एक लंबी यात्रा के ये केवल छोटे-छोटे डग थे और हमने बताया कि बिना समझे - बूझे और वोट का महत्त्व जाने और बाद को भी काम के लिए तैयार हुए, वोट देना हमें धोखा देना होगा और मुल्क के प्रति एक झूठा अमल करना होगा। अगरचे हम चाहते थे कि अच्छे और सच्चे लोग हमारे नुमाइंदे बनें, फिर भी व्यक्तियों का ख़ास महत्त्व न था; महत्त्व था हमारे मक़सद का, उस संगठन का, जिसने इस मक़सद को अपनाया था और उस क़ौम का, जिसकी आज़ादी का हमने बीड़ा उठाया था। मैं इसी आज़ादी की व्याख्या करता और बताता कि मुल्क के करोड़ों लोगों पर इसका क्या असर होगा। हम गोरे रंग के मालिकों की जगह पर गेंहुए रंग के मालिकों को लाकर नहीं बिठाना चाहते थे। हम जनता की सच्ची हुकूमत चाहते थे, ऐसी जो जनता द्वारा और जनता के हक़ में हो और जिससे हमारी ग़रीबी और मुसीबतें दूर हो जायं।

मेरे व्याख्यानों की यही टेक होती थी। इसी गैर-शख़्सी तरीक़े पर मैं अपने को चुनाव के दौरे में ठीक-ठीक बिठा पाता था। ख़ास उम्मीदवारों की हार-जीत की मुझे ज्यादा फ़िक्र न थी। मुझे तो इससे बड़े मामलों की फ़िक्र थी। सच बात तो यह है कि यह तरीक़ा ख़ास उम्मीदवारों की कामयाबी के महदूद नज़रिये से भी ज़्यादा कारगर था, क्योंकि इस तरह उनके चुनाव का मसला मुल्क की आज़ादी की लड़ाई की ऊंची सतह तक उठकर आ जाता था—उस लड़ाई की सतह पर, जिसमें करोड़ों ग़रीबी के मारे हुए लोग अपनी युग-युग की ग़रीबी का शाप मिटाने की कोशिश में लगे थे। ये विचार बीसियों कांग्रेसवालों ने प्रकट किए और ये आम लोगों तक इस तरह पहुंचे, जैसे समुंदर की ज़ोरदार हवा आकर हममें ताज़गी पैदा करती है। इन विचारों ने न जाने कितने चुनाव के गोरखधंधों को उखाड़कर फेंक दिया। मैंने अपने देशवासियों को पहचाना, मुझे वे भले मालूम दिए और लाखों निगाहों ने मिलकर मुझे जनता की मनोवृत्ति बताई।

मैं रोज़ ही चुनाव के बारे में तक़रीर करता था, लेकिन दरअसल चुनाव की बातें मेरे दिमाग़ में शायद ही जगह पाती रही हों। वे ऊपर-ऊपर सतह पर तैरती रहती थीं। और न मेरा ख़याल सिर्फ़ वोट देने वालों तक ही सीमित था। मैं तो उससे कहीं बड़ी चीज़ के यानी करोड़ों की तादाद में हिंदुस्तान के लोगों के, संपर्क में आ रहा था। मेरे पास देने के लिए जो संदेसा था, वह क्या मर्द क्या औरत क्या बच्चा-सभी के लिए था—चाहे वे मतदाता हों, चाहें न हों। बहुत बड़ी संख्या में जनता से जो शारीरिक और भावों का संपर्क हो रहा था, उस अनुभव का जोश मुझ पर ग़ालिब था। यह भावना नहीं होती थी कि हम मानो भीड़ में जा पड़े हैं, बहुत लोगों के बीच में अकेले हैं, या भीड़ के जज़्बों के बस में हैं। मेरी आँखें इन हज़ारों आँखों में मिलती थीं। हम एक-दूसरे को इस तरह नहीं देखते थे कि कोई अजनबी हों और पहली ही बार मिल रहे हों। हम एक-दूसरे को पहचान रहे थे, अगरचे मैं कह नहीं सकता कि यह पहचान किस बात की थी। जब मैं नमस्कार करता था और मेरे सामने मेरी दो हथेलियां जुड़तीं, तो हाथों का एक जंगल-सा नमस्कार की क्रिया में उठ खड़ा होता था और निजी मित्रता की मुस्कराहट उनके चेहरे पर खेल जाती थी और एकत्रित जनता के कंठ से अभिवादन का एक स्वर उठकर मानो मुझे भावुकता से अपने गले लगा लेता था। मैं उनसे बातें करता था। मेरी आवाज़ उन तक वह संदेसा पहुँचाती थी, जो मैं उनके लिए लाया था। मुझे यह जानने का कुतूहल होता था कि मेरे लफ़्ज़ों और उनके पीछे जो ख़याल हैं, उन्हें वे कहां तक समझ सके हैं। मैं नहीं कह सकता कि जो कुछ मैं कहता था, उसे वे समझते थे कि नहीं; लेकिन उनकी आँखों में एक गहरी समझदारी का प्रकाश होता था जो मुँह से कहे गए शब्दों से कहीं बढ़कर था।

❐

9. जनता की संस्कृति

इस तरह मैं आज की हिंदुस्तान की जनता का मार्मिक नाटक देखता था और अक्सर मैं उन धागों का पता लगा पाता था, जो उनकी ज़िंदगी को गुज़रे हुए ज़माने से जोड़ रहे थे, जबकि उनकी निगाहें आनेवाले ज़माने की तरफ़ लगी हुई थीं। मैं पाता था कि तहज़ीब की एक पृष्ठभूमि है, जो उनकी ज़िंदगी पर गहरा असर डाल रही है। यह पृष्ठभूमि साधारण फ़िलसफ़े, परंपरा, इतिहास, पुराण की ओर कल्पित कथाओं के मेल-जोल से तैयार हुई थी और इन विविध अंगों को एक-दूसरे से अलग नहीं किया जा सकता था। जो लोग बिलकुल अनपढ़ और अशिक्षित थे, उनकी भी यही पृष्ठभूमि थी। अपने पुराने महाकाव्यों, रामायण और महाभारत से, और दूसरी किताबों से, सुगम अनुवादों या संक्षेपों के ज़रिये जनता अच्छी तरह परिचित थी। एक-एक घटना और उपदेश उनके मन में टंके हुए थे और इस तरह उनके दिमाग़ भरे पूरे थे। अनपढ़ देहातियों को भी सैकड़ों पद्य ज़बानी याद थे और उनकी

बातचीत में इनके या किसी प्राचीन कथा या उपदेश के हवाले आते रहते थे। मुझे इस बात पर अचरज होता था कि गाँव के लोग आजकल की साधारण बातों को साहित्यिक लिबास दे देते थे। अगर मेरे दिमाग़ में लिखे हुए इतिहास और कमोबेश जाने हुए वाक्यों के चित्र भरे हुए थे, तो मैंने अनुभव किया कि अनपढ़ किसान के दिमाग़ में भी एक चित्र - शाला थी; हाँ, इसका आधार परंपरा, पुराण की कथाएं और महाकाव्य के नायकों और नायिकाओं के चरित्र थे। इसमें इतिहास कम था, फिर भी चित्र काफ़ी सजीव थे।

मैं उनके जिस्मों और उनकी सूरतों की तरफ़ देखता और उनके रहने-सहने के ढंग पर ग़ौर करता। उनमें बहुत-सी सूरतें ऐसी थीं, जो बातों का जल्द असर लेनेवाली थीं, उनमें हट्टे-कट्टे, सीधे और साफ़ अंगवाले लोग मिलते, और औरतों में अदा और लोच तथा शान और समतौल होती और बहुत अकसर उनके चेहरों पर उदासी दिखाई पड़ती। आमतौर पर ऊंची जात के लोगों में, जिनकी माली हालत दूसरों के मुक़ाबले में कुछ अच्छी होती, अच्छे शरीरवाले मिलते। कभी-कभी जब मैं किसी देहाती सड़क या गाँव से होकर गुज़रता, तो मुझे किसी अच्छे बदन के आदमी को देखकर या रूपवाली स्त्री को देखकर अचरज होता और मुझे पुराने ज़माने के दीवालों पर बने चित्रों की याद हो आती। युगों की कुलफ़त और मुसीबत के बाद भी हिंदुस्तान में आज ऐसे नमूने किस तरह मिल जाते हैं, इस बात पर मुझे हैरत होती। अच्छी हालत में और अच्छे अवसर मिलने पर ये लोग क्या नहीं कर सकते थे?

ग़रीबी और ग़रीबी से उपजी हुई अनगिनत बातें सभी जगह दिखाई पड़ती थीं और इसके हैवानी पंजे के निशान हर एक माथे पर लगे हुए थे। ज़िंदगी इस तरह कुचल और मरोड़ दी गई थी कि एक पाप बन गई थी, और दमन और असुरक्षा की हालत ने बहुतेरी बुराइयां पैदा कर दी थीं। ये बातें देखने में खुशगवार नहीं हो सकती थीं, फिर भी हिंदुस्तान में बुनियादी हक़ीक़त यही थी। लोग ज़रूरत से ज़्यादा भाग्य पर भरोसा करते थे और जैसी भी बीतती, उसे क़ुबूल करते थे। साथ ही उनमें एक नरमी और भलमनसी थी, जो हज़ारों साल की तहज़ीब का नतीजा थी और जिसे सख्त से सख़्त बदक़िस्मती भी नहीं मिटा पाई थी।

❑

10. दो जीवन

इस तरह और दूसरे तरीक़ों से भी मैंने प्राचीन और आज के हिंदुस्तान की तलाश की कोशिश की। ज़िंदा और गुज़री हुई हस्तियाँ मुझ में ख़याल और जज़्बे की लहरें पैदा करतीं। उनसे मैं अपने को असर लेने देता। इस न ख़त्म होने वाले जुलूस में मिलकर उससे एक हो जाने की मैंने कोशिश की, गोया कुछ वक़्त के लिए मैं भी इस जुलूस के बिलकुल पीछे हो लिया और उसके साथ-साथ चलता रहा। इसके बाद मैं अपने को अलग कर लेता और जिस तरह कोई पहाड़ की चोटी पर खड़ा होकर तलहटी की तरफ़ झाँकता है, उस तरह अलग-अलग होकर मैं इसे देखता।

इस लंबी यात्रा का मक़सद क्या है? यह न ख़त्म होने वाला जुलूस आखिर हमें कहाँ तक पहुँचायेगा? कभी-कभी मुझ पर थकान छा जाती और मोह का जादू दूर-सा हो जाता। तब मैं अपने में एक अलहदगी पैदा करके अपनी बचत करता। रफ़्ता-रफ़्ता मैंने अपने को इसके लिए तैयार कर लिया था और जो भी अपने ऊपर बीते, उसे अहमियत देना छोड़ दिया था। या कम-से-कम मैंने ऐसी कोशिश की, और कुछ हद तक उसमें कामयाब भी रहा— गोकि मुझे ज़्यादा कामयाबी मिली नहीं, क्योंकि मेरे अंदर जो एक ज्वालामुखी है, वह सचमुच मुझे अलहदा रहने नहीं दे सकता। अचानक मेरे सब रोक-थाम टूट जाते और मेरी अलहदगी ख़त्म हो जाती।

लेकिन जो अधूरी-सी कामयाबी मुझे मिली वह बड़ी मददगार साबित हुई। काम में लगे रहते हुए, बीच-बीच में मैं अपने को उससे अलग करके उस पर गौर करता। कभी-कभी मैं घंटा-दो-घंटा वक़्त चुराकर और अपने धंधों को भूलकर दिमाग़ी चुप्पी हासिल करता और एक क्षण के लिए दूसरी ही ज़िंदगी बिताने लगता। और इस तरह, एक ढंग से, ये दो जिंदगियां साथ-साथ चलतीं, एक-दूसरे से जुड़ी हुई और अलग भी।

❐

4. हिंदुस्तान की खोज

1. सिंध-घाटी की सभ्यता

हिंदुस्तान के गुज़रे हुए ज़माने की सबसे पहली तस्वीर हमें सिंध-घाटी की सभ्यता में मिलती है, जिसके पुर-असर खंडहर सिंध में मोहनजोदड़ो में और पच्छिमी पंजाब में हड़प्पा में मिले हैं। यहाँ पर जो खुदाइयां हुई हैं, उन्होंने प्राचीन इतिहास के बारे में हमारे ख़यालों में इन्क़लाब पैदा कर दिया है। बदक़िस्मती से इन जगहों में खुदाई का काम शुरू होने के चंद साल बाद ही वह बंद कर दिया गया और पिछले 13-14 सालों से यहाँ कोई मार्के का काम नहीं हुआ। काम बंद किये जाने की वजह शुरू में तो यह थी कि सन् 30 के बाद के कुछ सालों में बड़ी आर्थिक मंदी फैल गई थी। बताया गया कि पैसे की कमी है, अगरचे सल्तनत की शान-शौक़त और दिखावे में कभी इस कमी ने रुकावट न डाली। दूसरे लोक-व्यापी युद्ध ने सारा काम ही बंद कर दिया, यहाँ तक कि जो खुदाई हो चुकी थी, उसकी ठीक-ठीक हिफ़ाजत का भी ध्यान न रखा गया। मैं मोहनजोदड़ो दो बार गया हूँ — 1931 में और 1936 में। अपनी दूसरी यात्रा में मैंने देखा कि बरसात ने और ख़ुश्क रेगिस्तानी हवा ने बहुत-सी इमारतों को, जिनकी ख़ुदाई हो चुकी है, अभी ही नुकसान पहुँचा दिया है। बालू और मिट्टी के अंदर पाँच हज़ार बरसों तक हिफ़ाज़त से पड़े रहने के बाद, खुली हवा के असर से वे बड़ी तेज़ी से नष्ट हो रही थीं और क़दीम ज़माने के इन मूल्यवान खंडहरों के बचाने की कोई कोशिश नहीं हो रही थी। पुरातत्त्व विभाग के अफ़सर ने, जिसके सिपुर्द यहाँ की देखरेख थी, शिकायत की कि खुदाई में निकली इमारतों की हिफ़ाजत के लिए उसे न मदद या सामान दिया जाता है, न पैसे दिये जाते हैं। इन पिछले आठ बरसों में क्या हुआ है, इसकी मुझे जानकारी नहीं, लेकिन मेरा ख़याल है कि बरबादी जारी रही है और कुछ और सालों में मोहनजोदड़ो को अपना रंग-रूप देखने को न मिलेगा।

यह एक ऐसी दुर्घटना है, जिसके लिए कोई बहाना नहीं सुना जा सकता और कुछ ऐसी चीज़ें, जो फिर कभी देखने में आ नहीं सकती, मिट गई होंगी और सिर्फ़ तस्वीरों या बयानों के आधार पर हम जान सकेंगे कि वे क्या थीं।

मोहनजोदड़ो और हड़प्पा एक-दूसरे से काफ़ी दूरी है। इन दो जगहों के खंडहरों की खोज एक इत्तिफ़ाक की बात थी। इसमें शक नहीं कि बहुत से ऐसे मिट्टी में दबे हुए शहर

सिंध-घाटी की सभ्यता

सन 1921 में हड़प्पा की खुदाई के साथ क़दीम तहजीब का एक नया मरकज दुनिया के सामने आया। इस नक्शे में वह इलाका दिखाया गया है, जहाँ मोहनजोदड़ो-हड़प्पा-तहजीब के निशान मिले हैं।

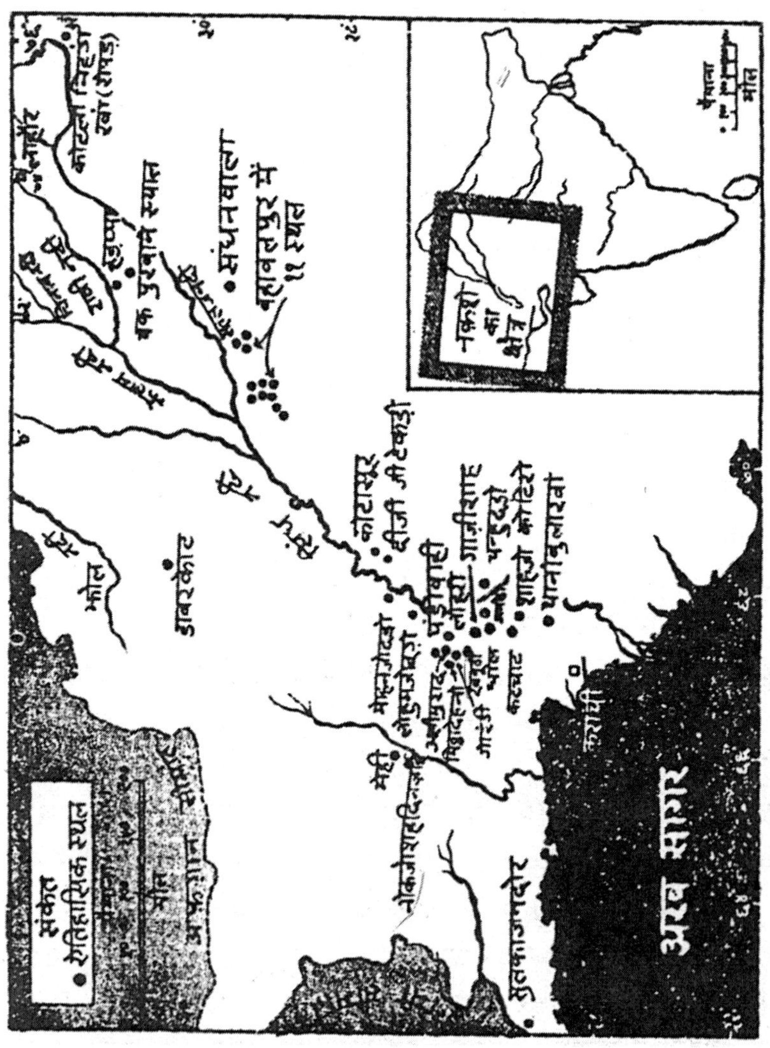

और पुराने ज़माने के आदमियों के कारनामे इन दो जगहों के बीच पड़े होंगे और यह तहज़ीब हिंदुस्तान के बड़े हिस्सों में, और यक़ीनी तौर पर उत्तरी हिंदुस्तान में फैली हुई थी। ऐसा वक़्त आ सकता है, जबकि हिंदुस्तान के क़दीम ज़माने के ऊपर से परदा उठाने का काम फिर हाथ में लिया जाय और मार्के की खोजें हों। अभी ही इस सभ्यता के निशान हमें इतनी दूर फैली हुई जगहों में मिले हैं, जैसे पच्छिम में काठियावाड़ और पंजाब में अंबाला ज़िले में और ऐसा यक़ीन करने की वजहें है कि वह सभ्यता गंगा की चोटी तक फैली हुई थी। इस तरह यह सभ्यता महज़ सिंध घाटी की सभ्यता के अलावा कुछ और भी थी। मोहनजोदड़ो में मिले हुए लेख अभी तक ठीक-ठीक पढ़े नहीं जा सके हैं।

लेकिन जो भी हम अब तक जान सके हैं, वे बड़े महत्त्व की बातें हैं। सिंध घाटी की सभ्यता, जैसा भी हम उसे जान सके, एक बड़ी तरक़्क़ी-याफ़्ता सभ्यता थी और उसे इस दर्जे तक पहुंचाने में हज़ारों साल लगे होंगे। यह काफ़ी अचरज की बात है कि यह सभ्यता लौकिक और दुनियाबी सभ्यता है और अगरचे इसमें मज़हबी अंश भी मौजूद थे, वे इस पर हावी न थे। यह भी ज़ाहिर है कि यह सभ्यता हिंदुस्तान के और तहज़ीबी ज़मानों की पूर्व-सूचक थी।

सर जान मार्शल हमें बताते हैं—'मोहनजोदड़ो और हड़प्पा, इन दोनों जगहों में, एक चीज़ू जो साफ़ तौर पर ज़ाहिर होती है और जिसके बारे में कोई धोखा नहीं हो सकता, वह यह है कि इस दोनों जगहों में जो सभ्यता हमारे सामने आई है, वह कोई इब्तदाई सभ्यता नहीं है, बल्कि ऐसी है, जो उस समय ही युगों पुरानी पड़ चुकी थी, हिंदुस्तान की ज़मीन पर मज़बूत हो चुकी थी और उसके पीछे आदमी का कई हज़ार बरस पुराना कारनामा था। इस तरह अब से मानना पड़ेगा कि ईरान, मेसोपोटामिया और मिस्र की तरह हिंदुस्तान उन सबसे प्रमुख प्रदेशों में एक है, जहां सभ्यता का आरंभ और विकास हुआ था।" और फिर वह कहते हैं कि 'पंजाब और सिंध में, अगर हम हिंदुस्तान के और दूसरे हिस्सों में न भी मानें, एक बहुत तरक़्क़ीयाफ़्ता और अद्भुत रूप से आपस में मिलती-जुलती हुई सभ्यता का प्रचार था, जो उसी ज़माने की मेसोपोटामिया और मिस्र की सभ्यताओं से जुदा होते हुए भी, कुछ बातों में उनसे ज़्यादा तरक़्क़ी पर थी।"

सिंध-घाटी के इन लोगों के उस ज़माने की सुमेर-सभ्यता से बहुत-से संपर्क थे और इस बात का भी सबूत मिलता है कि अक़्क़ाद में हिंदुस्तानियों की, संभवतः व्यापारियों की, एक बस्ती थी। "सिंध घाटी के शहरों की बनी हुई चीज़ें दजला और फ़रात के बाज़ारों में बिकती थीं और उधर सुमेर की कला के कुछ नमूनों, मेसोपोटामिया के सिंगार के सामान, और एक बेलन के आकार की मुहर की नक़ल सिंधवालों ने कर ली थी। व्यापार कच्चे माल और विलास की चीज़ों तक महदूद न था। अरब सागर के किनारों से लाई गई मछलियां मोहनजोदड़ो की खाने की चीज़ों में शामिल थीं।"[5]

5. गार्डन चाइल्ड : 'ह्वाट हैपेन्ड इन हिस्टरी' (पेलिकन बुक्स) पृ० 112।

इतने पुराने ज़माने में भी हिंदुस्तान में रुई कपड़ा बनाने के काम में लाई जाती थी। मार्शल सिंध-घाटी की सभ्यता का समकालीन मेसोपोटामिया और मिस्र की सभ्यता से मिलान और मुक़ाबला करते हैं- 'इस तरह, कुछ ख़ास-ख़ास बातें ये हैं कि इस ज़माने में रुई का कपड़ा बनाने के काम में इस्तेमाल सिर्फ़ हिंदुस्तान में होता था और पच्छिमी दुनिया में 2000 या 3000 साल बाद तक यह नहीं फैला। इसके अलावा मिस्र या मेसोपोटामिया या पच्छिमी एशिया में कहीं भी हमें वैसे अच्छे बने हुए हम्माम या कुशादा घर नहीं मिलते, जैसे कि मोहनजोदड़ो के शहरी अपने इस्तेमाल में लाते थे। उन मुल्कों में देवताओं के शानदार मंदिरों और राजाओं के लिए महलों और मक़बरों के बनाने का ज़्यादा ध्यान दिया जाता था और धन ख़र्च किया जाता था। लेकिन जान पड़ता है कि जनता को मिट्टी की छोटी झोंपड़ियों से संतोष करना पड़ता था। सिंध-घाटी में इससे उलटी ही तस्वीर दिखाई देती है और अच्छी-से-अच्छी इमारतें वे मिलती हैं, जिनमें नागरिक रहा करते थे।" निजी या आम लोगों के लिए खुले हम्मामों का और नालियों के ज़रिये गंदगी निकालने का जो इंतज़ाम हम मोहनजोदड़ो में पाते हैं, वह अपने ढंग का पहला जो कहीं भी मिलता है। हमें रहने के दो मंज़िले घर भी मिलते हैं, जो पकी हुई मिट्टी के बने होते थे और जिनमें हम्माम, चौकीदार के घर, और अलग-अलग घरानों के रहने के लिए हिस्से होते थे।

मार्शल से, जो सिंध-घाटी की सभ्यता के माने हुए विशेषज्ञ हैं और जिन्होंने ख़ुद खुदाई कराई थी, एक और उद्धरण दूंगा। वह कहते हैं—"सिंध-घाटी की कला और धर्म भी उतने ही विचित्र हैं और उन पर एक अपनी ख़ास छाप है। इस ज़माने के दूसरे मुल्कों की हम कोई ऐसी चीज़ नहीं जानते, जो शैली के ख़याल से यहाँ की चीनी मिट्टी की बनी भेंड़ों, कुत्तों और जानवरों की मूर्त्तियों से मिलती हो, या उन खुदी हुई मुहरों से, ख़ास तौर से जिन पर छोटी सींगों के कूबड़वाले बैलों की नक्क़ाशीहै और जो बनाने के कौशल और सुडौलपन की दृष्टि से बेमिसाल हैं। न यही मुमकिन होगा कि हड़प्पा में पाई गई दो छोटी मूर्त्तियों का मुक़ाबला, बनावट की सुघड़ाई के ख़याल से किन्हीं और मूत्तियों से कर सकें, सिवाय इसके कि जब यूनान की सभ्यता के प्रौढ़ काल के कारनामें देखें।...सिंध-घाटी के लोगों के धर्म में बहुत-सी ऐसी बातें हैं, जिनसे मिलती हुई बातें हमें और मुल्कों में मिल सकती हैं, और यह बात सभी पूर्व-ऐतिहासिक और ऐतिहासिक धर्मों के बारे में सच ठहरेगी। लेकिन सब कुछ लेकर, उनका धर्म इतनी विशेषता के साथ हिंदुस्तानी है कि आजकल के प्रचलित हिंदू धर्म से उसका भेद मुश्किल से किया जा सकता है।"

इस तरह से हम देखते हैं कि सिंध-घाटी की सभ्यता ईरान, मेसोपोटामिया और मिस्र की उस ज़माने की सभ्यताओं के संपर्क में रही है, इसके और उनके लोगों में आपस में व्यापार होता रहा है और कुछ बातों में यह उनसे बढ़कर रही है। यह एक शहरी सभ्यता थी, जहाँ के व्यापारी मालदार और असर रखने वाले लोग थे। सड़कों पर दुकानों की क़तारें होतीं और ऐसी इमारतें, जो शायद छोटी-छोटी दुकानें थीं और आजकल के हिंदुस्तानी बाज़ार

जैसी लगती हैं। प्रोफेसर चाइल्ड कहते हैं- "इससे ज़ाहिरा तौर पर यह नतीजा निकलता है कि सिंध के शहरों के कारीगर बिक्री के लिए सामान तैयार करते थे। इस सामान के विनियम की सुविधा के लिए समाज ने कोई सिक्कों का चलन और क़ीमतों की माप स्वीकार की थी या नहीं, और अगर की थी, तो वह क्या थी, इसका ठीक पता नहीं। बहुत-से बड़े और कुशादा मकानों के साथ लगे हुए सुरक्षित गोदामों से पता लगता है कि इन घरों के मालिक लोग सौदागर थे। इन घरों की गिनती और आकार यह बताते हैं कि यहाँ पर मज़बूत और ख़ुशहाल व्यापारियों की बिरादरी थी।" "इन खंडहरों में सोने, चांदी, क़ीमती पत्थरों और चीनी मिट्टी के ज़ेवर, पिटे हुए तांबे के बरतन, धातु के बने औज़ार और हथियार इतनी बहुतायत से मिले हैं कि अचरज होता है।" चाइल्डसाहब यह भी कहते हैं कि "गलियों की सुंदर तरतीब और नालियों की बहुत बढ़िया व्यवस्था और उनकी बराबर सफाई इस बात का संकेत देते हैं कि यहाँ कोई नियमित शहरी हुकूमत थी और वह अपना काम मुस्तैदी से करती थी। इसकी अमलदारी इतनी काफ़ी मज़बूत थी कि बाढ़ों की वजह से बार-बार बनी इमारतों की तैयारी के वक़्त भी नगर- निर्माण के और सड़कों की क़तारों के क़ायम रखने के नियमों का पालन होता था।" [6]

सिंध-घाटी की सभ्यता और आज के हिंदुस्तान के बीच की बहुत-सी कड़ियां ग़ायब हैं और ऐसे ज़माने गुजरे हैं कि जिनके बारे में हमारी जानकारी नहीं के बराबर है। एक ज़माने को दूसरे ज़माने से जोड़नेवाली कड़ियाँ अकसर ज़ाहिर भी नहीं है और इस बाबत जाने कितनी घटनाएँ घटी हैं और कितनी तबदीलियां हुई हैं। फिर भी ऐसा मालूम देता है कि एक सिलसिला क़ायम रहा है और एक साबित ज़ंजीर है, जो आज के हिंदुस्तान को उस छः सात हज़ार साल पुराने ज़माने से, जबकि सिंध-घाटी की सभ्यता शायद शुरू हुई थी, बांध रही है। मोहनजोदड़ो और हड़प्पा की कितनी चीज़ें चली आती हुई परंपरा की, रहन-सहन की, लोगों के पूजा-पाठ, कारीगरी, यहाँ तक कि पोशाक के ढंगों की, हमें याद दिलाती रहती हैं। इनमें से बहुत-सी बातों ने पच्छिमी एशिया पर प्रभाव डाला था। यह बड़े अचरज की बात है।

यह एक दिलचस्प बात है कि हिंदुस्तान की कहानी के इस उषा काल में हम उसे एक नन्हें बच्चे के रूप में नहीं देखते हैं, बल्कि इस वक़्त भी वह अनेक प्रकार से सयाना हो चुका था। वह ज़िंदगी के तरीक़ों से अनजान नहीं है, वह किसी धुंधली और हासिल न होने वाली दूसरी दुनिया के सपनों में खोया हुआ नहीं है; बल्कि उसने ज़िंदगी की कला में, रहन-सहन के साधनों में काफ़ी तरक़्क़ी कर ली है और न महज़ सुंदर चीज़ों की रचना की है, बल्कि आज की सभ्यता के उपयोगी और ख़ास चिह्नों—अच्छे हम्मामों और नालियों—को भी तैयार किया है।

❐

---

6. गार्डन चाइल्ड : 'ह्वाट हैपेन्ड इन हिस्टरी', पृ० 113-114 ।

2. आर्यों का आना

सिंध-घाटी की सभ्यता वाले ये लोग कौन थे और कहाँ से आये थे, इसका हमें अब तक पता नहीं है। यह बहुत मुमकिन, बल्कि संभावित है कि इनकी संस्कृति इसी देश की संस्कृति थी और उसकी जड़ें और शाखाएँ दक्खिन हिंदुस्तान तक में मिलती हैं। कुछ विद्वान इन लोगों में और दक्खिन हिंदुस्तान के द्रविड़ों में क़ौम और संस्कृति की ख़ासतौर पर समानता पाते हैं। और अगर बहुत क़दीम वक़्त में हिंदुस्तान में बाहरी लोग आये थे, तो इसकी तारीख़ मोहनजोदड़ो से हज़ारों बरस पुरानी है। व्यवहार के विचार से हम उन्हें हिंदुस्तान के ही निवासी मान सकते हैं।

सिंध-घाटी की सभ्यता का क्या हुआ और वह कैसे ख़त्म हो गई? कुछ लोगों का कहना है (और इनमें गार्डन चाइल्ड भी हैं) कि इसका अंत अचानक और किसी ऐसी दुर्घटना के कारण हुआ, जिसको बताया नहीं जा सकता। सिंध नदी अपनी बहुत बड़ी बाढ़ों के लिए मशहूर है, जो शहरों और गाँवों को बहा ले जाती रही है। यह बदलती हुई आब-व-हवा के कारण धीरे-धीरे ज़मीन ख़ुश्क हो गई हो और खेतों के ऊपर बालू छा गया हो। मोहनजोदड़ो के खंडहर ख़ुद इस बात का सबूत हैं कि शहर पर तह-की-तह बालू जमता रहा है, जिसकी वजह से शहरियों को मजबूर होकर पुरानी नीवों पर और ऊँची सतहों पर इमारतें बनवानी पड़ी हैं। जिन मकानों की खुदाइयां हुई हैं, उनमें से कुछ ऐसे हैं कि दुमंज़िले या तिमंज़िले जान पड़ते हैं, असलियत यह है कि ज़मीन की सतह ज्यों-ज्यों ऊपर उठती गई, त्यों-त्यों वे अपनी दीवारें उठाते गए। हम जानते हैं कि क़दीम ज़माने में सिंध का सूबा बड़ा उपजाऊ और हरा-भरा था, लेकिन मध्य-काल के बाद से यह ज़्यादातर रेगिस्तान हो रहा है।

इसलिए यह बहुत मुमकिन है कि मौसमी तबदीलियों का उस प्रदेश के लोगों और उनके रहन-सहन पर गहरा असर पड़ा हो। लेकिन यह असर रफ़्ता-रफ़्ता ही पड़ा होगा, अचानक दुर्घटना के रूप में नहीं। और हर हालत में इस दूर तक फैली हुई शहरी सभ्यता के एक टुकड़े पर ही मौसम का यह असर पड़ा होगा, क्योंकि हमारे पास इस बात के विश्वास करने के कारण हैं कि यह सभ्यता बराबर गंगा की घाटी तक, और संभवतः उससे भी आगे तक, फैली हुई थी। सच बात तो यह है कि ठीक-ठीक फ़ैसला करने के लिए हमारे पास काफ़ी सबूत नहीं हैं। इन क़दीम शहरों में से कुछ तो शायद बालू से घिरकर उसी में दब गए और बालू ने उनको मिटाने से बचाया; और दूसरे शहर और सभ्यता के चिह्न धीरे-धीरे नष्ट होते रहे और ज़माने के साथ ज़ाया हो गए। शायद आगे की पुरातत्त्व की खोजों से ऐसी कड़ियों का पता चले, जो इस युग को बाद के युगों से जोड़ती हों।

जहाँ एक तरफ़ इस बात का आभास होता है कि सिंध की सभ्यता का अटूट सिलसिला बाद के वक़्तों से बना रहा, वहाँ दूसरी तरफ़ इस सिलसिले के टूटने के बीच में खाई पड़ जाने का अनुमान होता है और यह खाई न केवल समय का अंतर बताती है, बल्कि यह भी

कि जो सभ्यता बाद में आई, वह एक दूसरे प्रकार की थी। पहली बात तो यह है कि अगरचे शहर तब भी थे और किसी-न-किसी प्रकार का शहरी जीवन भी था, फिर भी यह बाद की सभ्यता पहले के मुकाबले में ज़्यादा ज़राअती—खेतिहरों की—सभ्यता थी। हो सकता है कि खेती पर ख़ासतौर पर ज़ोर डाला हो, उन लोगों ने, जो बाद में आये, यानी आर्यों ने, जो कई गिरोहों में पच्छिमोत्तर से हिंदुस्तान में उतरे।

यह ख़याल किया जाता है कि आर्यों का यहाँ आना सिंध-घाटी की सभ्यता के एक हज़ार साल बाद हुआ, लेकिन यह भी मुमकिन है कि वक़्त की इतनी बड़ी खाई दोनों के बीच न रही हो और जातियां और क़बीले पच्छिमोत्तर से बराबर थोड़े-थोड़े समय बाद आकर रहे हों, जैसाकि वे बाद में आये, और आने पर हिंदुस्तान में घुल-मिल जाते रहे हों। हम कह सकते हैं कि संस्कृतियों का पहला बड़ा समन्वय और मेल-जोल आनेवाले आर्यों और द्रविड़ों में, जो संभवत: सिंध-घाटी की सभ्यता के प्रतिनिधि थे, हुआ। इस समन्वय और मेल-जोल से हिंदुस्तान की जातियाँ बनीं और एक बुनियादी हिंदुस्तानी संस्कृति तैयार हुई, जिसमें दोनों के अंश थे। बाद के युगों में और बहुत-सी जातियाँ आती रहीं, जैसे ईरानी, यूनानी, पार्थियन, बैक्ट्रियन, सिदियन, हूण, तुर्क, (इस्लाम से पहले के), क़दीम ईसाई, यहूदी, और पारसी वगैरह। ये सभी लोग आये, इन्होंने अपना प्रभाव डाला और बाद में यहाँ के लोगों में घुल-मिल गए। डाडवेल के कहने के अनुसार, हिंदुस्तान में "समुद्र की तरह सोखने की असीम शक्ति थी।" यह कुछ अजब-सी बात जान पड़ती है कि हिंदुस्तान में, जहाँ ऐसी वर्ण-व्यवस्था है और अलग बने रहने की भावना है, विदेशी जातियों और संस्कृतियों को जज़्ब कर लेने की इतनी समाई रही हो। शायद यही वजह है कि उसने अपनी जीवनी-शक्ति क़ायम रखी है और समय-समय पर वह अपना काया-कल्प करता रहा है। जब मुसलमान यहाँ आये, तो उन पर भी उसका असर पड़ा। विन्सेंट स्मिथ का कहना है कि "विदेशी (मुसलमान तुर्क) अपने पूर्वजों- शकों और युई-ची—की तरह हिंदू-धर्म की पचा लेने की अद्भुत शक्ति के वश में हुए और तेज़ी के साथ उनमें 'हिंदूपन' आ गया।"

❐

3. हिंदू-धर्म क्या है?

इस उद्धरण में विन्सेंट स्मिथ ने 'हिंदू-धर्म' और 'हिंदूपन' शब्दों का प्रयोग किया है। मेरी समझ में इन शब्दों का इस तरह इस्तेमाल करना ठीक नहीं। अगर इनका इस्तेमाल हिंदुस्तानी तहज़ीब के विस्तृत मानी में किया जाय, तो दूसरी बात है। आज इन शब्दों का इस्तेमाल, जबकि ये बहुत संकुचित अर्थ में लिये जाते हैं और इनसे एक ख़ास मज़हब का ख़याल होता है, ग़लतफ़हमी पैदा कर सकता है। हमारे पुराने साहित्य में तो 'हिंदू' शब्द कहीं आता ही नहीं। मुझे बताया गया है कि इस शब्द का हवाला हमें जो किसी हिंदुस्तानी

पुस्तक में मिलता है, वह है आठवीं सदी ईसवी के एक तांत्रिक ग्रंथ में, और वहाँ हिंदू का मतलब किसी ख़ास धर्म से नहीं, बल्कि ख़ास लोगों से है। लेकिन यह ज़ाहिर है कि यह लफ़्ज़ बहुत पुराना है और 'अवेस्ता' में और पुरानी फ़ारसी में आता है। उस समय, और उस समय से हज़ार साल बाद तक पच्छिमी और मध्य एशिया के लोग इस लफ़्ज का इस्तेमाल हिंदुस्तान के लिए, बल्कि सिंधु नदी के इस पर बसने वाले लोगों के लिए करते थे। यह लफ़्ज़ साफ़-साफ़ 'सिंधु' से निकला है और यह 'इंडस' का पुराना और नया नाम है। इस 'सिंधु' शब्द से हिंदू और हिंदुस्तान बने हैं और 'इंडोस' और 'इंडिया भी। मशहूर चीनी यात्री इत्-सिंग ने, जो हिंदुस्तान में सातवीं सदी ईसवी में आया था, अपनी यात्रा के बयान में लिखा है कि 'उत्तर की जातियां', यानी मध्य एशिया के लोग हिंदुस्तान को हिंदू (सीन्-तु) कहते हैं, लेकिन उसने यह भी लिखा है कि "यह आम नाम नहीं है... हिंदुस्तान का सबसे मुनासिब नाम आर्य- देश है।" एक ख़ास मज़हब के माने में 'हिंदू' शब्द का इस्तेमाल बहुत बाद का है।

हिंदुस्तान में मज़हब के लिए पुराना व्यापक शब्द 'आर्य-धर्म' था। दरअसल धर्म का अर्थ मज़हब या 'रिलिजन' से ज्यादा विस्तृत है। इसकी व्युत्पत्ति जिस धातु-शब्द से हुई है, उसके मानी हैं 'एक साथ पकड़ना।' यह किसी वस्तु की भीतरी आकृति, उसके आंतरिक जीवन के विधान, के अर्थ में आता है। इसके अंदर नैतिक विधान, सदाचार और आदमी की सारी ज़िम्मेदारियाँ और कर्तव्य आ जाते हैं। आर्य-धर्म के भीतर वे सभी मत आ जाते हैं, जिनका आरंभ हिंदुस्तान में हुआ है, वे मत चाहे वैदिक हों, चाहे अ- वैदिक। इसका व्यवहार बौद्धों और जैनों ने भी किया है और उन लोगों ने भी, जो वेदों को मानते हैं। बुद्ध अपने बनाये मोक्ष के मार्ग को हमेशा 'आर्य-मार्ग' कहते थे।

पुराने ज़माने में 'वैदिक धर्म' शब्दों का इस्तेमाल ख़ासतौर पर उन दर्शनों, नैतिक शिक्षाओं, कर्म-कांड और व्यवहारों के लिए होता था, जिनके बारे में समझा जाता था कि वे वेद पर अवलंबित हैं। इस तरह से, वे सभी लोग, जो वेदों को आमतौर पर प्रमाण मानते थे, वैदिक धर्मवाले कहलाये।

सभी क़दीम हिंदुस्तानी मतों के लिए—और इनमें बुद्ध-मत और जैन मत भी शामिल हैं— 'सनातन-धर्म' यानी प्राचीन धर्म का प्रयोग हो सकता है, लेकिन इस पर आजकल हिंदुओं के कुछ कट्टर दलों ने एकाधिकार कर रखा है, जिनका दावा है कि वे इस प्राचीन मत के अनुयायी हैं।

बौद्ध-धर्म और जैन-धर्म यक़ीनी तौर पर हिंदू-धर्म नहीं है और न वैदिक धर्म ही है। फिर भी उनकी उत्पत्ति हिंदुस्तान में ही हुई और ये हिंदुस्तानी जिंदगी, तहज़ीब और फ़िलसफ़े के अंग हैं। हिंदुस्तान में बौद्ध और जैनी हिंदुस्तानी विचार-धारा और संस्कृति की सौ फ़ी - सदी उपज हैं, फिर भी इनमें से कोई भी मत के ख़याल से हिंदू नहीं है। इसलिए हिंदुस्तानी संस्कृति को हिंदू संस्कृति कहना एक सरासर ग़लतफ़हमी फैलाने वाली बात है। बाद के वक़्तों में इस संस्कृति पर इस्लाम के संपर्क का बड़ा असर पड़ा, लेकिन यह फिर भी बुनियादी तौर

पर और साफ़-साफ़ हिंदुस्तानी ही बनी रही। आज यह सैकड़ों तरीकों पर पच्छिम की व्यावसायिक सभ्यता के ज़ोरदार असर का अनुभव कर रही है और यह ठीक-ठीक बता सकना मुश्किल है कि इसका नतीजा क्या होकर रहेगा।

हिंदू-धर्म जहाँ तक कि वह एक मत है, अस्पष्ट है, इसकी कोई निश्चित रूपरेखा नहीं; इसके कई पहलू हैं और ऐसा है कि जो चाहे इसे जिस तरह का मान ले। इसकी परिभाषा दे सकना या निश्चित रूप में कह सकना कि साधारण अर्थ में यह एक मत है, कठिन है। अपनी मौजूदा शक़्ल में, बल्कि बीते हुए ज़माने में भी, इसके भीतर बहुत-से विश्वास और कर्म-कांड आ मिले हैं, ऊंचे-से-ऊंचे और गिरे से गिरे, और अकसर इनमें आपस का विरोध भी मिलता है। इसकी मुख्य भावना यह जान पड़ती है कि अपने को जिंदा रखो और दूसरे को भी जीने दो। महात्मा गांधी ने इसकी परिभाषा देने की कोशिश की है-" अगर मुझसे हिंदू-मत की परिभाषा देने को कहा जाय, तो मैं सिर्फ़ यह कहूंगा कि 'यह अहिंसात्मक साधनों से सत्य की खोज है।' आदमी चाहे ईश्वर में विश्वास न रखे, फिर भी वह अपने को हिंदू कह सकता है। हिंदू-धर्म सत्य की अनथक खोज है... हिंदू-धर्म सत्य को मानने वाला धर्म है। सत्य ही ईश्वर है। हम इस बात से परिचित हैं कि ईश्वर से इन्कार किया गया है। हमने सत्य से कभी इन्कार नहीं किया है।" गांधीजी इसे सत्य और अहिंसा बताते हैं, लेकिन बहुत-से प्रमुख लोग, जिनके हिंदू होने में कोई संदेह नहीं, यह कह देते हैं कि अहिंसा, जैसा उसे गांधीजी समझते हैं, हिंदू- मत का आवश्यक अंग नहीं है। तो फिर हिंदू-मत का अकेला सूचक चिह्न सत्य रह जाता है। ज़ाहिर है यह कोई परिभाषा नहीं हुई।

इसलिए 'हिंदू' और 'हिंदू-धर्म' शब्दों का हिंदुस्तानी संस्कृति के लिए इस्तेमाल किया जाना न तो शुद्ध है और न मुनासिब ही है, चाहे इन्हें बहुत पुराने ज़माने के हवाले में ही क्यों न इस्तेमाल कर रहे हों, अगरचे बहुत से विचार, जो प्राचीन ग्रन्थों में सुरक्षित हैं, इस संस्कृति के उद्गार हैं। और आज तो इन शब्दों का इस अर्थ में इस्तेमाल किया जाना और भी ग़लत है। जब तक पुराने विश्वास और फ़िलसफ़े सिर्फ़ ज़िंदगी के एक मार्ग और संसार को देखने के एक रुख़ के रूप थे, तब तक तो अधिकतर हिंदुस्तानी संस्कृति का पर्याय हो सकते थे। लेकिन जब एक ज़्यादा पाबंदीवाले मज़हब का विकास हुआ, जिसके साथ न जाने कितने विधि विधान और कर्म-कांड लगे हुए थे, तब यह उससे कुछ आगे बढ़ी हुई चीज़ थी और साथ ही उस मिली-जुली संस्कृति के मुक़ाबले में घटकर भी थी। एक ईसाई या मुसलमान अपने को हिंदुस्तानी ज़िंदगी और संस्कृति के मुताबिक़ ढाल सकता था और अकसर ढाल लेता था, और साथ ही जहाँ तक मज़हब का ताल्लुक है, वह कट्टर ईसाई या मुसलमान बना रहता था। उसने अपने को हिंदुस्तानी बना लिया था और बिना अपना मज़हब बदले हुए हिंदुस्तानी बन गया था।

'हिंदुस्तानी' के लिए ठीक शब्द 'हिंदी' होगा, चाहे हम उसे मुल्क के लिए, चाहे संस्कृति के लिए और चाहे अपनी भिन्न परंपराओं के तारीख़ी सिलसिले के लिए इस्तेमाल

करें। यह लफ्ज 'हिंद' से बना है, जो हिंदुस्तान का छोटा रूप है। अब भी हिंदुस्तान के लिए 'हिंद' शब्द का आमतौर पर प्रयोग होता है। पच्छिमी एशिया के मुल्कों में, ईरान और टर्की में, इराक़, अफ़गानिस्तान, मिस्र और दूसरी जगहों में, हिंदुस्तान के लिए बराबर 'हिंद' शब्द का इस्तेमाल किया जाता है और इन सभी जगहों में हिंदुस्तानी को 'हिंदी' कहते हैं। 'हिंदी' का मज़हब से कोई संबंध नहीं और हिंदुस्तानी मुसलमान और ईसाई उसी तरह से 'हिंदी' है, जिस तरह कि एक हिंदू मत का मानने वाला। अमरीका के लोग, जो सभी हिंदुस्तानियों को हिंदू कहते हैं, बहुत ग़लती नहीं करते। अगर वे 'हिंदी' शब्द का प्रयोग करें, तो उनका प्रयोग बिलकुल ठीक होगा। दुर्भाग्य से 'हिंदी' शब्द हिंदुस्तान में एक ख़ास लिपि के लिए इस्तेमाल होने लगा है - यह भी संस्कृत की देवनागरी लिपि के लिए—इसलिए इसका व्यापक और स्वाभाविक अर्थ में इस्तेमाल करना कठिन हो गया है। शायद जब आजकल के मुबाह से ख़त्म हो लें, तो हम फिर इस शब्द का इस्तेमाल उसके मौलिक अर्थ में कर सकें और वह ज्यादा संतोषजनक होगा। आज हिंदुस्तान के रहने वाले के लिए 'हिंदुस्तानी' शब्द का इस्तेमाल होता है और ज़ाहिर है कि वह हिंदुस्तान से बनाया गया है; लेकिन बोलने में यह बड़ा है और इसके साथ वे ऐतिहासिक और सांस्कृतिक ख़याल नहीं जुड़े हैं, जो 'हिंदी' के साथ जुड़े हैं, निश्चय ही, प्राचीन काल की हिंदुस्तान की संस्कृति के लिए 'हिंदुस्तानी' शब्द का इस्तेमाल अटपटा जान पड़ेगा।

अपनी सांस्कृतिक परंपरा के लिए हम हिंदी या हिंदुस्तानी, जो भी इस्तेमाल करें, हम यह देखेंगे कि पुराने ज़माने में समन्वय के लिए यहाँ एक भीतरी प्रेरणा रही है और हमारी तहज़ीब और क़ौम के विकास का आधार, ख़ासकर हिंदुस्तान का, फ़िलसफ़ियाना रुख़ रहा है। विदेशी तत्त्वों का हर हमला इस संस्कृति के लिए एक चुनौती था और उनका सामना इसने हर बार एक नये समन्वय के ज़रिये, उन्हें अपने में ज़ज़्ब करके किया है। इस तरीक़े से उसका काया कल्प भी होता रहा है और अगरचे पृष्ठभूमि वही रही हैं और बुनियादी बातों में कोई खास तबदीली नहीं हुई है। इस समन्वय के कारण संस्कृति के नये-नये फूल खिले हैं। सी० ई० एम० जोड ने इसके बारे में लिखा है—" इसकी वजह जो कुछ भी हो, वाक़या यह है कि क़ौमों के जुदा-जुदा तत्त्वों के समन्वय की ओर विभिन्नता से एकता पैदा करने की योग्यता और तत्परता दिखाई है।"

4. सबसे पुराने लेख:धर्म-ग्रंथ और पुराण

सिंध-घाटी की सभ्यता की खोज से पहले यह खयाल किया जाता था कि हिंदुस्तानी संस्कृति के सबसे पुराने प्रमाण-लेख जो हमें मिले हैं, वे वेद हैं। वेदों के काल-निर्णय के बारे में बड़ा मतभेद रहा है, यूरोपीय विद्वान इसे इधर खींचते रहे हैं और हिंदुस्तानी विद्वान् और

पीछे ले जाते रहे हैं। यह एक विचित्र बात है कि अपनी पुरानी संस्कृति को महत्त्व देने के लिए हिंदुस्तानी उसे ज़्यादा-से-ज्यादा पुरानी साबित करने की कोशिश में रहे हैं। प्रोफेसर विंटरनीज़ का ख़याल है कि वैदिक साहित्य का आरंभ ईसा से 2000, बल्कि 2500 वर्ष पहले होता है। यह हमें मोहनजोदड़ो के ज़माने के बहुत नज़दीक पहुँचा देता है।

आज के ज़्यादातर विद्वानों ने ऋग्वेद की ऋचाओं के संबंध में जो प्रमाण माने हैं, वे उसे ईसा से 1500 वर्ष पुराना बताते हैं, लेकिन मोहनजोदड़ो की खुदाई के बाद इन धर्म- ग्रंथों को और पुराना साबित करने की तरफ़ रुझान रहा है। इस साहित्य की ठीक तिथि जो भी हो, यह संभावित है कि यह यूनान या इसरायल के इतिहास से पुराना है और सच बात तो यह है कि मनुष्य-मात्र के दिमाग़ की सबसे पुरानी कृतियों में है। मैक्स मूलर ने कहा है कि " आर्य जाति के मनुष्य द्वारा कहा गया यह पहला शब्द है।"

वेद आर्यों के उस समय के भावोद्गार हैं, जबकि वे हिंदुस्तान की हरी-भरी भूमि पर आये। वे अपने कुल के विचारों को अपने साथ लाये, उस कुल के, जिसने ईरान में 'अवेस्ता' की रचना की और हिंदुस्तान की ज़मीन पर उन्होंने अपने विचारों को विस्तार दिया। वेदों की भाषा भी 'अवेस्ता' की भाषा से अद्भुत रूप में मिलती-जुलती है और यह बताया जाता है कि वेद 'अवेस्ता' के जितने नज़दीक हैं, उतने ख़ुद इस देश के महाकाव्यों की संस्कृति के नज़दीक नहीं हैं।

हम मुख्तलिफ़ मज़हबों की मज़हबी किताबों को किस नज़र से देखें, जबकि इन मज़हब वालों का यह ख़याल है कि इनका ज़्यादातर हिस्सा दैवी प्रेरणा से प्राप्त हुआ है या नाज़िल हुआ है? अगर हम उनकी जाँच-पड़ताल या नुक़्ताचीनी करते हैं और उन्हें आदमियों की रची हुई चीज़ें बताते हैं, तो कट्टर मज़हबी लोग अकसर इससे बुरा मानते हैं। फिर भी, उन पर विचार करने का कोई दूसरा तरीक़ा नहीं है।

मैंने मज़हबी किताबों के पढ़ने में हमेशा संकोच किया है। उनके बारे में जो इस तरह के दावे किये जाते हैं कि इनमें आख़िरी बातें लिख दी गई हैं, मुझे पसंद नहीं आते। इन मज़हबों को लोग जैसा बरतते हैं, इसके बारे में जो ऊपरी शहादतें मेरे सामने आई हैं, उन्होंने मुझे उनके मूल आधारों तक पहुँचने का उत्साह नहीं दिलाया है। ताहम मुझे इन किताबों तक भटककर पहुँचना पड़ा है, इसलिए कि ग़ैर- जानकारी ख़ुद कोई गुण नहीं हैं और अकसर एक ख़ामी साबित होती है। मैं जानता रहा हूँ कि इनमें से कुछ ने इन्सान पर गहरा असर डाला है, और जिस चीज़ का ऐसा असर पड़ सकता है, उसमें कोई भीतरी गुण और शक्ति— ताक़त — का कोई जिंदा सर चशमा ज़रूर है। उनके बहुत-से अंशों को पढ़ने में मुझे बड़ी कठिनाई हुई है, क्योंकि बारहा कोशिश करने पर भी मैं अपने में काफ़ी दिलचस्पी पैदा नहीं कर सका हूँ; साथ ही ऐसे टुकड़े भी मिले हैं, जिनकी निपट सुंदरता ने मुझे मोह लिया है। और उस वक़्त ऐसा हुआ है किसी जुमले ने या जुमले के एक टुकड़े ने अचानक मुझ में बिजली पैदा कर दी है और मुझे यह अनुभव हुआ है कि मेरे सामने सचमुच ही बहुत बड़ी चीज है। बुद्ध और

मसीह के कुछ शब्द अपने गहरे अर्थ के साथ मुझ पर रोशन हो गए हैं और मुझे ऐसा जान पड़ा है कि आज भी वे उसी तरह लागू हैं, जिस तरह वे 2000 या उससे ज़्यादा साल पहले लागू थे। उनमें एक बेबस कर देने वाली सचाई है, एक ऐसी टिकाऊ बात है, जिसे देश और काल छू नहीं सकते। ऐसा ख़याल मुझे सुक़रात का हाल या चीनी फ़िलसूफ़ों की रचनाओं को पढ़कर हुआ है और उपनिषदों और भगवद्गीता को पढ़कर भी। मुझे अध्यात्म और कर्म-कांड की व्याख्या और बहुत-सी और बातों में, जिनका उन मसलों से कोई ताल्लुक़ नहीं, जो मेरे सामने हैं, दिलचस्पी नहीं रही है। मैंने जो कुछ पढ़ा, शायद उसके बहुत ज़्यादा हिस्सों का भीतरी अभिप्राय मैं समझ नहीं सका और कभी-कभी दोबारा पढ़ने पर ज़्यादा प्रकाश मिला है। गूढ़ अंशों को समझने की दरअसल मैंनें ख़ास कोशिश नहीं की और जिन हिस्सों की मैं अपने लिए कोई अहमियत नहीं समझता था, उन्हें छोड़ जाता रहा हूँ। न मुझे लंबी टीकाओं और शरहों में दिलचस्पी रही है। मैं इन किताबों को, या किन्हीं किताबों को, ईश्वर-वाक्य की तरह नहीं मान सका हूँ, ऐसा कि बिना चूँ-चरा के उनके एक-एक लफ़्ज को क़ुबूल कर लिया जाय। दरअसल उनके मुताल्लिक़ ईश्वर-वाक्य होने के दावे का आमतौर पर यह नतीजा हुआ कि उनमें लिखी बातों के खिलाफ़ मेरे दिमाग़ ने ज़िद पकड़ ली है। उनकी तरफ़ मेरा ज़्यादा खिंचाव तब होता है और उनमें मैं ज़्यादा फ़ायदा तब हासिल कर सकता हूँ, जब मैं उन्हें आदमियों की रचनाएँ समझूं, ऐसे आदमियों की, जो बड़े ज्ञानी और दूरदर्शी हो गए हैं, लेकिन जो हैं साधारण नश्वर मनुष्य, न कि अवतार या ईश्वर की तरफ़ से बोलने वाले लोग, क्योंकि ईश्वर की कोई जानकारी या उसके बारे में निश्चय मुझे नहीं है।

मुझे इस बात में हमेशा ज़्यादा शान और भव्यता जान पड़ी है कि एक इन्सान दिमाग़ी और रूहानी हैसियत से बलंदी पर पहुँचे और दूसरों को भी उठाने की कोशिश करे, न कि इसमें कि वह किसी बड़ी शक्ति या ईश्वर की तरफ़ से बोलने वाला बने। धर्मों के कुछ संस्थापक अद्भुत व्यक्ति हो गए हैं—लेकिन अगर उनका ख़याल आदमियों की शक़्ल में न करूं, तो उनकी सारी शान मेरी नज़र में जाती रहती है। जिस बात का मुझ पर असर होता है और जिससे मेरे दिल में उम्मीद बंधती है, वह यह है कि आदमी के दिमाग़ और उसकी रूह ने तरक़्क़ी हासिल कर ली है, न कि यह कि वह एक पैग़ाम लाने वाला एलची बन गया है।

पुराण की गाथाओं का भी मुझ पर कुछ ऐसा ही असर पड़ा। अगर लोग इन कहानियों को घटना के रूप में सही मानते हैं तो यह बिलकुल बेतुकी और हँसी की बात है। लेकिन इस तरह उनमें विश्वास करना छोड़ दिया जाय, तो वे एक नई ही रोशनी में दिखाई पड़ने लगती हैं, उनमें एक नया सौंदर्य जान पड़ता है; ऐसा जान पड़ता है कि एक ऊँची कल्पना ने अचरज-भरे फूल ख़िलाये हैं और इनमें आदमी के शिक्षा लेने की बहुत-सी बातें हैं। यूनान के देवी-देवताओं की कहानियों में अब कोई विश्वास नहीं करता, इसलिए बिना किसी कठिनाई के हम उनकी तारीफ़ कर सकते हैं, वे हमारी मानसिक दाय का अंग बन गई हैं। लेकिन अगर हमें उनमें यक़ीन करना पड़े, तो हम पर कितना बोझ आ पड़ेगा और विश्वास के इस

बोझ से दबकर हम अकसर उनका सौंदर्य खो देंगे। हिंदुस्तान की पुराण-गाथाएं कहीं ज़्यादा और भरी-पूरी हैं, और बड़ी ही सुंदर और अर्थ-भरी है। मैंने कभी-कभी इस बात पर अचरज किया है कि वे आदमी और औरतें, जिन्होंने ऐसे सजीव सपनों और सुंदर कल्पनाओं को रूप दिया है, कैसे रहे होंगे और विचार और कल्पना की किस सोने की खान में से उन्होंने खोदकर ऐसी चीज़ें निकाली होंगी!

धर्म-ग्रंथों को आदमी के दिमाग की उपज मानते हुए हमें याद रखना चाहिए कि किस युग में वे रचे गए हैं, किस फ़िज़ा और मानसिक वातावरण ने उन्हें जन्म दिया है, और समय और विचार और अनुभव का कितना अंतर उनमें और हममें है। हमें कर्म-कांड और धर्म- संबंधी रस्मों की भूल को भुला देना चाहिए और उस सामाजिक पृष्ठभूमि को ध्यान में रखना चाहिए, जिसमें उनका विकास हुआ है। इन्सानी ज़िंदगी के बहुत-से मसले एक दायमी हैसियत रखते हैं। उनमें नित्यता की एकं पुट और यही कारण है कि इन प्राचीन पुस्तकों में हमारी दिलचस्पी बनी हुई है। लेकिन और भी मसले रहे हैं, जो किसी ख़ास युग तक सीमित रहे हैं और उनमें हमारे लिए जिंदा दिलचस्पी की कोई बात नहीं रही है।

❐

5. वेद

बहुत-से हिंदू वेदों को श्रुति-ग्रंथ मानते हैं। यह मुझे ख़ास तौर पर एक दुर्भाग्य की बात मालूम पड़ती है, क्योंकि इस तरह हम उनके सच्चे महत्त्व को खो बैठते हैं। वह यह कि विचार की शुरू की अवस्था में आदमी के दिमाग़ ने अपने को किस रूप में प्रकट किया था और वह कैसा अद्भुत दिमाग़ था। 'वेद' शब्द की व्युत्पत्ति 'विद्' धातु से हुई है, जिसका अर्थ जानना है और वेदों का उद्देश्य उस समय की जानकारी को इकट्ठा कर देना था। उनमें बहुत-सी चीज़ें मिली-जुली हैं—स्तुतियाँ हैं, प्रार्थनाएँ हैं, यज्ञ की विधि है, जादू-टोना है और बड़ी ऊँची प्रकृति-संबंधी कविता है। उनमें मूर्तिपूजा नहीं है, देवताओं के मंदिरों की चर्चा नहीं है। जो जीवनी-शक्ति और ज़िंदगी के लिए इक़रार उनमें समाया हुआ है, वह ग़ैर-मामूली है। शुरू के वैदिक आर्य लोगों में ज़िंदगी के लिए इतनी उमंग थी कि वे आत्मा के सवाल पर ज़्यादा ध्यान नहीं देते थे। एक अस्पष्ट तरीक़े से उन्हें इस बात का विश्वास था कि मौत भी कोई जीवन है।

रफ़्ता-रफ़्ता ईश्वर की कल्पना पैदा होती है; उस तरह के देवता लोग मिलते हैं, जैसे ओलंपिया (यूनान) में होते थे। उसके अनंतर एकेश्वरवाद आता है और फिर इसी से मिला-जुला हुआ अद्वैतवाद। विचार उन्हें अद्भुत प्रदेशों में पहुँचाता है और प्रकृति के रहस्यों पर ग़ौर किया जाता है और इस तरह जाँच करने की भावना उठती है। इस तरह के विकास में सैकड़ों वर्ष लग जाते हैं और जब हम वेद के अंत, वेदांत तक पहुँचते हैं, तो हमें उपनिषदों का दर्शन या फ़िलसफ़ा मिलता है।

पहला वेद, ऋग्वेद, शायद मनुष्य की पहली पुस्तक है। इसमें हमें इन्सानी दिमाग़ के सबसे पहले उद्गार मिलते हैं, काव्य की छटा मिलती है और मिलती है प्रकृति की सुंदरता और रहस्य पर आनंद की भावना। इन प्राचीन ऋचाओं में, जैसा कि डाक्टर मैकनिकोल कहते हैं, हमें शुरुआत मिलती है " उन लोगों के साहसी कारनामों की, जिन्होंने हमारी दुनिया के और उसमें रहने वाले मनुष्य के जीवन के महत्त्व की खोज करने की कोशिशें कीं, और जो इतने दिन हुए की गई और यहाँ अंकित हैं- हिंदुस्तान एक खोज पर निकला है और उसकी यह खोज अब तक जारी है।"

लेकिन ख़ुद ऋग्वेद के पीछे विचार और सभ्यता के जीवन के कई युग रहे हैं, जिनमें सिंध-घाटी की, मेसोपोटामिया की और दूसरी तहज़ीबें पनपी थीं। इसलिए यह मुनासिब ही है कि ऋग्वेद में" अपने पूर्वजों, ऋषियों और प्रथम मार्ग-प्रदर्शकों" के नाम पर किया गया समर्पण मिलता है।

रवींद्रनाथ ठाकुर ने इन ऋचाओं के बारे में– "ज़िंदगी के अचरज और भय की तरफ़ एक जन-समाज की मिली-जुली प्रतिक्रिया का यह काव्यमय वसीयतनामा है। सभ्यता के आरंभ में ही एक जोरदार और अछूती कल्पनावाले लोग जीवन के अपार रहस्य को भेदने के लिए उत्सुक हुए। अपने सरल विश्वास द्वारा उन्होंने हरएक तत्त्व में, प्रकृति की हर एक शक्ति में देवत्व देखा। उसका जीवन आनंदमय और साहसी था और रहस्य की भावना ने उनकी ज़िंदगी में एक जादू पैदा कर दिया था। मन में एक जाति- गत विश्वास था, जिस पर विश्व की द्वंद्वमयी विविधता के चिंतन का बोझ नहीं पड़ा था, यद्यपि उस पर जब-तब सहज अनुभव का प्रकाश इस रूप में पड़ा था कि 'सत्य' एक है (यद्यपि) विप्र उसे अनेक नामों से पुकारते हैं। [7]

लेकिन चिंतन की यह भावना धीरे-धीरे आती गई; यहाँ तक कि वेद का रचयिता यही पुकार उठा कि "हे धर्म, हमें विश्वास प्रदान करो" और उसने "सृष्टि का गीत"[8] नामक ऋचा में, जिसे मैक्समूलर ने "अज्ञात ईश्वर के प्रति" शीर्षक दिया है, गहरे सवाल उठाये हैं:

1. तब न सत् था न असत् : न अंतरिक्ष था और न उसके परे आकाश था। क्या और कहां व्याप्त था? और किसने आश्रय दिया? क्या वहाँ जल था, अथाह जल?
2. तब न मृत्यु थी; न कोई अमर था; न दिन और रात को विभाजित करने का कोई निशान था। वही एक श्वास-रहित, अपनी प्रकृति द्वारा सांस लेता था : उसको छोड़कर और कुछ नहीं था।
3. वहाँ अंधकार था : पहले अंधकार में छिपी हुई घोर अस्त-व्यस्तता थी। उस समय जो कुछ था, वह शून्य और निराकार था; तेज की शक्ति से उस इकाई का जन्म हुआ।
4. उसके बाद आरंभ में इच्छा उत्पन्न हुई, इच्छा, जो आत्मा का बीज है। ऋषियों ने अपने

7. एकं सत् विप्रा बहुधा वदन्ति।

8. ऋग्वेद का नासदीय सूक्त।

हृदय में विचारा, तो पाया कि सत् का संबंध असत् से है।

5. अलग करने वाली रेखा आर-पार फैली; उसके ऊपर क्या था और क्या उसके नीचे था?

   जन्म देने वाले थे, महान शक्तियां थीं; स्वतंत्र कर्म था यहाँ, और उधर क्रिया-शक्ति थी।

6. कौन वास्तव में जानता है और कौन कह सकता है कि इसका जन्म कहाँ हुआ और यह सृष्टि कहाँ से आई?

   इस पृथ्वी की उत्पत्ति के बाद देवता हुए, इसलिए कौन कह सकता है, कि कंब इसकी सृष्टि हुई?

7. वह इस सृष्टि का आदि पुरुष है, चाहे उसने इस सबको बनाया हो, चाहे नहीं।

   जिसकी दृष्टि इस पृथ्वी पर सबसे ऊंचे आकाश से शासन करती है; वही वास्तव में जानता है, या शायद वह भी न जानता हो।[9]

❐

6. ज़िंदगी से इक़रार और इन्कार

इन धुंधली शुरुआतों से हिंदुस्तानी विचार और फ़िलसफ़े, हिंदुस्तानी जीवन और संस्कृति और साहित्य की नदियाँ निकलती हैं और फैलती और गहरी होती हुई कभी-कभी सैलाबों से धरती पर उपजाऊ मिट्टी बिखेरती हुई आगे बढ़ती हैं। इन सालहो-साल में उन्होंने कभी अपने रास्ते पलटे हैं, कभी सिकुड़कर पतली भी पड़ गई हैं, लेकिन उन्होंने अपने ख़ास निशान क़ायम रखे हैं। अगर उनमें ज़िंदगी की एक मज़बूत तहरीक़ न रही होती, तो वे ऐसा न कर पातीं। इस क़ायम रहने की शक्ति को हमेशा एक बरकत न समझना चाहिए; इसके यह भी मानी हो सकते हैं, जैसा कि हिंदुस्तान में मेरी समझ में बहुत दिनों से होता रहा है, कि उनमें गतिहीनता आ गई है और सड़ांध पैदा हो गई है। लेकिन यह एक बड़ा वाक़या है, जिसे हम नज़र अंदाज़ नहीं कर सकते, ख़ासकर इन दिनों में; जबकि हम निरंतर लड़ाइयों और संकटों के कारण एक ख़ुद-दार और तरक़्क़ीयाफ्ता तहज़ीब की जड़ खुदती हुई देखते हैं। हम उम्मीद करते हैं कि लड़ाई की इस कुठाली से, जिसमें न जाने कितनी चीज़ें पिघल रही हैं, क्या पच्छिम में और क्या पूरब में, कुछ उम्दा वस्तु तैयार होकर निकलेगी, जो बड़ी इन्सानी हासिलातों को क़ायम रखते हुए उनमें उन तत्त्वों को भी जोड़ेगी, जिनकी कमी रही है। लेकिन न महज़ माली पूंजी और इन्सानी ज़िंदगी, बल्कि उन ख़ास मूल्यों का, जो इस ज़िंदगी को सार्थक करती हैं, बार-बार और इतने बड़े पैमाने पर नाश होना ऐसी बात है, जो ध्यान देने की है। बावजूद उस तरक़्क़ी के, जो मुख्तलिफ़ दिशाओं में हुई है और उसकी वजह से जो ऊंचे मान क़ायम हुए हैं, जिसकी पिछले युगों में कल्पना भी नहीं हुई थी, क्या हमारी

---

9. एवरीमैन्स लाइब्रेरी में प्रकाशित 'हिंदू स्क्रिप्चर्स' में प्रकाशित अनुवाद के आधार पर।

मौजूदा तिजारती तहज़ीब में कोई सार-भूत तत्त्व नहीं रहे हैं, और उसके अपने विनाश के बीज उसके भीतर मौजूद रहे हैं?

जब कोई मुल्क विदेशी हुकूमत में रहता है, तो वह अपनी मौजूदा हालत के ख़याल से बचने के लिए गुज़रे हुए ज़माने के सपनों से अपने को बहलाता है और उसे अपनी पुरानी बड़ाई की कल्पना से शांति मिलती है। यह एक बेवकूफ़ी का और ख़तरनाक दिल- बहलाव है, जिसमें हममें से ज़्यादातर लोग लगे रहते हैं। इतनी ही क़ाबिल-एतराज़ आदत हम लोगों की हिंदुस्तान में यह है कि हम ख़याल करते हैं कि अगरचे दुनियावी बातों में हम पस्ती पर पहुँच चुके हैं, रूहानी तौर पर हम अब भी बड़े हैं। आज़ादी और तरक़्क़ी के मौकों को खोकर और फ़ाक़ाक़शी और दुःख की नींव पर हम रूहानी या किसी तरह की इमारत नहीं खड़ी कर सकते। बहुत-से पच्छिमी मुल्कों के लिखने वालों ने इस ख़याल को बढ़ावा दिया है कि हिंदुस्तान के लोग ग़ैर-दुनियावी हैं। मैं समझता हूँ कि सभी मुल्कों में ग़रीब और बदकिस्मत लोग ग़ैर- दुनियावी होते हैं--यह दूसरी बात है कि वे बग़ावती बन बैठें— क्योंकि यह दुनिया उनके लिए नहीं है। यही हासत गुलाम मुल्क के लोगों की होती है।

ज्यों-ज्यों आदमी बड़ा होकर सयाना होता है, त्यों-त्यों माद्दी दुनिया या वस्तु-जगत से उसका संतोष हटता जाता है और वह उसमें पूरी तरह उलझने से बचता है। वह दिमाग़ी और रूहानी तस्कीन चाहता है, उसे भीतरी अर्थ की तलाश होती है, यही बात सभ्यताओं और लोगों पर भी लागू होती है। ज्यों-ज्यों वे बढ़कर सयाने होते हैं, हर एक सभ्यता में और हर एक जाति में अंदरूनी ज़िंदगी और बाहरी ज़िंदगी की ये साथ-साथ चलनेवाली धाराएं मिलेंगी। जब ये धाराएं एक-दूसरे से मिल जाती हैं, या नज़दीक रहती हैं, तब सम-तौल और पायदारी रहती है, जब ये एक-दूसरे से दूर हो जाती हैं, तब कश- मकश पैदा होती है और ऐसे संकट सामने आते हैं, जो दिमाग़ और रूह को तकलीफ़ पहुँचाते हैं।

ऋग्वेद की ऋचाओं के ज़माने से हम ज़िंदगी और विचार की दोनों धाराओं का विकास बराबर देखते हैं। शुरू की ऋचाओं में बाहरी दुनिया की बातें भरी पड़ी हैं ; प्रकृति की सुंदरता और रहस्य और जीवन के आनंद का वर्णन है और जीवन-बल भरपूर देखने को मिलता है। देवी-देवता ओलिंपस[10] (यूनान) के देवी-देवताओं की तरह मनुष्यों-जैसे हैं; ऐसा ख़याल किया जाता है कि वे अपनी जगहों से उतरकर आदमियों और औरतों के बीच हिलते-मिलते हैं और दोनों के बीच कोई निश्चित विभाजक रेखा नहीं है। इसके बाद विचार आता है और खोज की भावना उपजती है और इस लोक से परे जो लोक है, उसका रहस्य गहराई पकड़ता है। ज़िंदगी अब भी भरी-पूरी बनी रहती है, लेकिन बाहरी रूपों की तरफ़ से मुड़ने की प्रवृत्ति भी आ जाती है और ज्यों-ज्यों आँखें अदृश्य चीज़ों की तरफ़ टिकती हैं— न चीज़ों की तरफ़, जिन्हें साधारण तरीक़े से देखा या सुना या अनुभव नहीं किया जा सकता। त्यों-त्यों इन सबसे अलहदगी का भाव बढ़ता जाता है। इन सबका मक़सद क्या है?

---

10. यूनान का एक पर्वत, जो प्राचीन काल में देवताओं का निवास-स्थान माना जाता था।

क्या इस विश्व का कोई उद्देश्य है? और अगर है, तो आदमी का जीवन इससे समरस कैसे हो सकता है? क्या हम देखी और अनदेखी दुनिया के बीच एक मधुर संबंध पैदा कर सकते हैं और इस तरह ज़िंदगी में आचार का सही मार्ग ढूंढ़ निकाल सकते हैं?

इसलिए हम पाते हैं कि हिंदुस्तान में इसी तरह, जिस तरह कि और जगहों में विचार और काम की ये दो धाराएँ-एक जो ज़िंदगी से इक़रार करती है, और दूसरी जो उससे बच निकलना चाहती है—साथ-ही-साथ विकसित होती है; हाँ मुख्तलिफ़ ज़मानों में कभी एक और कभी दूसरे पर ज़्यादा ज़ोर दिया गया है। फिर भी इस संस्कृति की बुनियाद—पृष्ठभूमि —ग़ैर- दुनियावी या इस दुनिया को हेच समझने वाली नहीं थी। उस वक़्त भी, जबकि फ़िलसफे की भाषा में यह इस विषय पर बहस करती थी कि दुनिया माया है, यह ख़याल कोई क़तई ख़याल न होता था, बल्कि आख़िरी असलियत के रिश्ते में इसे ऐसा समझा जाता था (यह अफ़लातून की बताई हुई असलियत की परछाई - जैसी चीज़ थी); और यह संस्कृति दुनिया को उसकी मौजूदा सूरत से ग्रहण करती थी और ज़िंदगी और उसकी बहुतेरी सुंदरताओं का लुत्फ़ लेना चाहती थी। शायद सेमेटिक संस्कृति— गर हम उससे निकलने वाले अनेक मज़हबों की मिसालें लें (और ख़ासतौर पर पुराने ईसाई मत की)–कहीं ज़्यादा ग़ैर-दुनियावी रही है। टी. ई. लारेंस का कहना है कि "सेमेटिक मज़हबों की आम बुनियाद में (इन मज़हबों की चाहे हार हुई हो, चाहे जीत) हमेशा इस बात का ख़याल रहा है कि दुनिया हेच है।" और इसका नतीजा यह हुआ है कि कभी तो लोग मौज उड़ाने की तरफ़ झुके हैं, और कभी आत्म-त्याग की तरफ़।

हम पाते हैं कि हिंदुस्तान में, हर ज़माने में, जब उसकी संस्कृति ने फूल खिलाये हैं, लोगों ने ज़िंदगी और प्रकृति में गहरा रस लिया है; जीने की क्रिया में ही उन्होंने आनंद का अनुभव किया है; साहित्य, संगीत और कला का विकास हुआ है; गाने, नाचने, चित्रकला और नाटकों में उनकी दिलचस्पी रही है; यहाँ तक कि यौन-संबंधों के बारे में बड़ी पेचीदा क़िस्म की जाँचें हुई हैं, इस बात का क़यास नहीं किया जा सकता कि एक ऐसी तहज़ीब या ज़िंदगी का ऐसा नज़रिया, जिसकी बुनियाद में ग़ैर-दुनियादारी हो, या जो ज़िंदगी को हेच समझता हो, इस तरह के विविध और ज़ोरदार विकास का बानी होगा। दरअसल, इससे ज़ाहिर होना चाहिए कि कोई भी तहज़ीब जो बुनियादी तौर पर गैर- दुनियावी हो, हज़ारों साल तक अपने को क़ायम नहीं रख सकती।

फिर भी कुछ लोगों का ख़याल है कि हिंदुस्तानी विचार और संस्कृति ज़िंदगी से इन्कार करने के सिद्धांत के सूचक हैं, ज़िंदगी से इक़रार के सिद्धांत के नहीं। मेरा ख़याल है कि दोनों ही सिद्धांत, कमोबेश सभी पुरानी संस्कृतियों और पुराने धर्मों में मौजूद हैं। लेकिन मैं तो इस नतीजे पर पहुंचूंगा कि सब कुछ देखते हुए, हिंदुस्तानी संस्कृति ने ज़िंदगी से इन्कार करने पर कभी ज़ोर नहीं दिया है, अगरचे यहाँ के कुछ फ़िलसूफ़ों ने ऐसा ज़रूर किया है। बल्कि ईसाई मज़हब के मुक़ाबले में इसने ज़िंदगी से जो इन्कार किया है, वह बहुत कम है। बौद्ध-धर्म और

जैन-धर्म ने अलबत्ता ज़िंदगी से अलग रहने पर कुछ ज़ोर दिया है, और हिंदुस्तान के इतिहास के कुछ ज़मानों में एक बड़े पैमाने पर ज़िंदगी से दूर रहने की प्रवृत्ति रही है, मिसाल के लिए उस वक़्त, जबकि बहुत ज़्यादा शुमार में लोग बौद्ध विहारों या मठों में शामिल हुए हैं। इसकी क्या वजह थी, मैं नहीं जानता। इसी तरह की, बल्कि इससे भी बढ़ी हुई मिसालें हमें यूरोप के मध्य युग में मिल सकती हैं, जबकि इस तरह का विश्वास फैला हुआ था कि दुनिया का खात्मा होने वाला है। शायद त्याग के और ज़िंदगी से इन्कार करने के ख़याल लोगों में उस वक़्त पैदा होते हैं, जब राजनैतिक या आर्थिक मायूसी का उन्हें सामना करना पड़ता है।

बौद्ध-धर्म, बावजूद अपने उसूली नज़रिये के—बल्कि नज़रियों के, क्योंकि कई नज़रिये हैं—दरअसल आखिरी सीमाओं से अपने को बचाता है; यह तो बीच के रास्ते के सिद्धांत का माननेवाला है। यहाँ तक कि 'निर्वाण' के बारे में जो ख़याल है, वह भी ऐसा नहीं कि उसे एक तरह की शून्यता समझें, जैसा कि कभी-कभी समझा जाता है। यह एक निश्चित स्थिति है, लेकिन चूंकि यह इन्सान के विचारों से परे की वस्तु है, इसलिए इसके वर्णन में नकारात्मक शब्द इस्तेमाल किये गए हैं। अगर बौद्ध-धर्म, जो हिंदुस्तानी विचार और संस्कृति की उपज का एक नमूना है, एक नकारात्मक या ज़िंदगी से इन्कार करनेवाला सिद्धांत होता, जो ज़रूर ही उसका इस तरह का असर उन करोड़ों लोगों पर पड़ा होता, जो उसके माननेवाले हैं। लेकिन, दरअसल बौद्ध-मज़हबवाले मुल्कों में हमें इसके ख़िलाफ़ सबूत मिलते हैं और चीनी लोग इस बात की जीती-जागती मिसाल हैं कि ज़िंदगी से इक़रार करना किसे कहते हैं।

जान पड़ता है कि यह ग़लतफ़हमी भी इस वजह से पैदा हुई है कि हिंदुस्तानी विचारधारा हमेशा ज़िंदगी के आख़िरी मक़सद पर ज़ोर देती रही है। इसकी बनावट में जो आधिभौतिक अंश रहा है, उसे यह कभी नहीं भुला सकी है और इसलिए, ज़िंदगी से दूसरी तौर पर इक़रार करते हुए भी इसने ज़िंदगी का शिकार या गुलाम बनने से इन्कार किया है। इसने कहा है कि सही कामों में अपनी पूरी ताक़त और शक्ति के साथ जरूर लगिये, लेकिन अपने को उससे ऊपर रखिये और अपने कामों में नतीजे के बारे में ज़्यादा चिंता न कीजिये। इस तरह इसने ज़िंदगी और काम में लगे रहते हुए भी एक अलहदगी अख़्तियार करना सिखाया है। इसने काम से मुंह मोड़ना नहीं सिखाया। अलहदगी या विरक्त रहने का ख़याल हिंदुस्तानी विचार और फ़िलसफ़े में समाया हुआ है, उसी तरह जैसे कि और बहुत-से दूसरे फ़िलसफ़ों में यह मिलता है। यह इस बात के कहने का सिर्फ़ एक दूसरा तरीक़ा है कि दृश्य और अदृश्य-जगत के बीच एक सम-तौल और तवाज़ुन क़ायम रखना चाहिए, क्योंकि दृश्य-जगत के कामों में अगर बहुत मोह पैदा हो जाता है, तो दूसरी दुनिया भुला दी जाती है या ओझल हो जाती है और तब खुद कामों के पीछे कोई आख़िरी मक़सद नहीं रह जाता।

हिंदुस्तानी दिमाग़ की इन शुरू की उड़ानों में सचाई पर ज़ोर दिया गया है, उस पर भरोसा और उसके लिए उत्साह दिखाया गया है। हठवाद या इलहाम को उन लोगों के लिए छोड़ दिया गया है, जो मुक़ाबले में छोटा दिमाग़ रखने वाले हैं और जो इनसे ऊपर

उठ नहीं सकते। वे प्रयोग के ज़रिये, जिसकी नींव निजी अनुभव पर होती, सत्य की खोज करना चाहते थे। यह अनुभव, जब इसका ताल्लुक़ अदृश्य-जगत से होता, तो सभी भावुक या आत्मिक अनुभवों की तरह, दृश्य-जगत के अनुभवों से मुख्तलिफ़ होता। तीन परिमाणों की दुनिया से परे, किसी दूसरी ही और बड़ी दुनिया में यह जा पहुँचता और उसे तीन परिमाणवाले शब्दों में बता सकना कठिन होता। यह अनुभव क्या था, कोई दिव्य-दशर्न था, या सत्य और असलियत के किसी पहलू को पहचान लेना था, या महज़ ख़्वाब या ख़याल था, मैं कह नहीं सकता। संभव है कि अकसर यह आत्म-मोह रहा हो। जिस बात में मुझे दिलचस्पी है वह यह है कि इस खोज का तरीक़ा कैसा था। यह हठवादी या कही हुई बात को मान लेने का ढंग नहीं था, बल्कि ज़िंदगी के बाहरी दिखावों के पीछे जो असलियत है, उसे खोज निकालने की जाती कोशिश थी।

इसे याद रखना चाहिए कि हिंदुस्तान में फ़िलसफ़ा कुछ इने-गिने फ़िलसूफ़ों या विचारकों का मैदान नहीं था। आम लोगों के मज़हब का यह एक लाज़िमी अंश था, और चाहे जितने घुले हुए रूप में क्यों न हो, यह भिदकर उन तक पहुँचता था और इसने उनमें एक फ़िलसफ़ियाना नज़रिया पैदा कर दिया था, जो हिंदुस्तान में क़रीब - क़रीब उतना ही आम था, जितना कि चीन में यह है। कुछ लोगों के लिए तो इस फ़िलसफ़े ने एक गहरी और पेचीदा कोशिश की शक़्ल अख्तियार कर ली थी, जो यह जानना चाहती थी कि सभी दिखाई पड़नेवाली वस्तुओं के पीछे कौन से कारण और नियम काम कर रहे हैं। ज़िंदगी का आख़िरी मक़सद क्या है, ज़िंदगी में जो बहुत-सी परस्पर विरोधी बातें दिखाई पड़ती हैं, उनमें कोई भीतरी एकता है या नहीं। लेकिन आम लोगों के लिए यह एक ज़्यादा सादा मामला था। फिर भी इसने उन्हें ज़िंदगी के मक़सद का, कार्य-कारण का, कुछ ज्ञान दिया और उनमें ऐसी हिम्मत पैदा की कि वे कठिनाइयों और बदनसीबियों का सामना कर सकें और अपनी शांति और खुशी की न खो बैठें। रवींद्रनाथ ठाकुर ने डाक्टर ताई -ची-ताओ को लिखा था कि चीन और हिंदुस्तान का पुराना ज्ञान ' ताओ' यानी सच्चा रास्ता पूर्णता की खोज है और ज़िंदगी के अनेक कामों का जीवन के आनंद से मेल है।

इस ज्ञान के कुछ हिस्से ने अनपढ़ और मूर्ख जनता पर भी अपनी छाप डाली है, और हमने देखा है कि सात साल के भयानक युद्ध के बाद भी चीनी लोगों ने अपने विश्वास के लंगर को खोया नहीं है और न अपने दिमाग़ की ख़ुशी में फ़र्क आने दिया है। हिंदुस्तान में हमारी मुसीबतें और भी लंबी रही हैं और ग़रीबी और हद दर्जे की विपत्ति हमारे यहाँ के लोगों की अभिन्न साथी रही हैं। फिर भी वे हँस लेते हैं और गाते हैं और नाचते हैं और उम्मीद नहीं खो बैठे हैं।

❐

7. समन्वय और समझौता : वर्ण-व्यवस्था का आरंभ

आर्यों के हिंदुस्तान में आने ने नये मसले खड़े किये, जो क़ौमी और राजनैतिक, दोनों ही थे। हारी हुई जाति, यानी द्रविड़ों के पीछे सभ्यता की एक लंबी पृष्ठभूमि थी, लेकिन इसमें ज़रा भी शक नहीं कि आर्य लोग अपने को उनसे बहुत ही ऊंचा समझते थे और दोनों के बीच एक चौड़ी खाई थी। फिर कुछ पिछड़ी हुई क़दीम जातियाँ भी थीं, जो या तो जंगलों में रहा करती थीं या ख़ानाबदोश थीं। जातियों की इस कशमकश और आपस की प्रतिक्रिया से ही वर्ण-व्यवस्था की शुरुआत हुई और बाद की सदियों में इसने हिंदुस्तानियों की ज़िंदगी पर बड़ा गहरा असर डाला। शायद यह न आर्यों की चीज़ थी, न द्रविड़ों की। यह जुदा-जुदा जातियों को एक सामाजिक संगठन के अंदर ले आने की कोशिश थी; उस वक़्त के जो भी हालात थे, उन्हें एक संगत रूप देने का प्रयास था। बाद में इसकी वजह से बड़ी पस्ती आई और आज भी यह एक बोझ और शाप के रूप में मौजूद है। लेकिन बाद की कसौटियों और विकास के आधार पर इसके बारे में फैसला करना मुनासिब न होगा। यह व्यवस्था उस ज़माने के विचारों के अनुरूप थी और कुछ इस तरह के दर्जे सभी क़दीम तहज़ीबों में हम पायेंगे, सिवाय चीन के, जो ज़ाहिरा तौर पर इससे बचा हुआ था। आर्यों की दूसरी शाख़ में, यानी ईरानियों के यहाँ सासानी ज़ुमाने में चार दर्जे किये गए थे, लेकिन इन्होंने बिगड़कर जातों की शक़्ल नहीं ली। बहुत-सी पुरानी तहज़ीबें- जिनमें यूनानी भी एक है–आम लोगों की गुलामी के बल पर बनी थीं। हिंदुस्तान में मज़दूर की गुलामी इतने बड़े पैमाने पर नहीं थी, अगरचे एक थोड़ी तादाद में घरेलू गुलामी यहाँ पर भी थे। अफ़लातून ने अपनी 'रिपब्लिक' पुस्तक में चार ख़ास वर्गों के ढंग के दर्जों की चर्चा की है। मध्य युग के कैथलिक देशों में भी इस तरह का भेद मौजूद था।

जात या वर्ण का आरंभ आर्यों और अनार्यों के भेद में हुआ। अनार्यों में भी दो भेद थे, एक तो द्रविड़ जातियां थीं; दूसरे यहाँ की क़दीम जातियाँ थीं। शुरू में आर्यों में सिर्फ़ एक वर्ग था और धंधों का शायद ही बंटवारा रहा हो। 'आर्य' शब्द की व्युत्पत्ति ऐसी धातु से है, जिसका अर्थ 'धरती का जोतना' है और सभी आर्य खेतिहर थे, खेती एक क़ाबिल-कद्र पेशा समझा जाता था। धरती के जोतने वाले पुरोहित, सिपाही, व्याप्री सभी होते और पुरोहितों को कोई विशेष हक़ हासिल नहीं थे। वर्ण-भेद, जिसका मक़सद आर्यों को अनार्यों से जुदा करना था, अब खुद आर्यों पर अपना यह असर लाया कि ज्यों-ज्यों धंधे बढ़े और इनका आपस में बंटवारा हुआ, त्यों-त्यों नये वर्गों ने वर्ण या जाति की शक़्ल ले ली।

इस तरह, ऐसे ज़माने में, जब फ़तह करने वालों का यह क़ायदा था कि हारे हुए लोगों को या तो गुलाम बना लेते थे, या उन्हें बिलकुल मिटा देते थे, वर्ण-व्यवस्था ने एक शांतिवाला हल पेश किया और बढ़ते हुए धंधों के बंटवारे की ज़रूरत ने इसमें मदद पहुँचाई। समाज में दर्जे क़ायम हो गए। किसान जनता में से वैश्य बने, जिनमें किसान, कारीगर और

व्यापारी लोग थे; क्षत्रिय हुए जो हुकूमत करते थे या युद्ध करते थे; ब्राह्मण बने जो पुरोहिती करते थे, विचारक थे, जिनके हाथ में नीति की बागडोर थी और जिनसे यह उम्मीद की जाती थी कि वे जाति के आदर्शों की रक्षा करेंगे। इन तीनों वर्णों से नीचे शूद्र थे, जो मज़दूरी करते थे और ऐसे धंधे करते थे, जिनमें ख़ास जानकारी की ज़रूरत नहीं होती और जो किसानों से अलग थे। क़दीम बाशिंदों में से भी बहुत-से इस समाज में मिला लिये गए और उन्हें शूद्रों के साथ इस समाजी व्यवस्था में सबसे नीचे का दर्जा दिया गया। यह मिला लेने का काम बराबर जारी रहा। इस वर्ण-विभाजन में अदला- बदली होती रही और सख्ती के साथ तो भेद बाद में क़ायम हुए। शायद हुकूमत करने वाले वर्ण को हमेशा बड़ी आज़ादी रही, और कोई भी शख्स, जो लड़कर या दूसरी तरह ताक़त अपने हाथ में कर लेता था, वह अगर चाहे, तो क्षत्रियों में शरीक़ हो सकता था और पुरोहितों के ज़रिये अपनी वंशावली तैयार करा सकता था, जिसमें उसका ताल्लुक किसी प्राचीन आर्य शूरवीर से दिखा दिया जाता।

आर्य शब्द का रफ़्ता-रफ़्ता कोई जातीय अभिप्राय न रह गया और इसके मानी 'कुलीन' के हो गए। इसी तरह अनार्य के मानी यह हुए कि जो कुलीन न हो और यह शब्द आमतौर पर जंगल में रहने वालों और ख़ाना बदोश जातियों के लिए इस्तेमाल में आता।

हिंदुस्तानियों में विश्लेषण करने की एक अद्भुत बुद्धि रही है और इसने न केवल विचारों, बल्कि ज़िंदगी के कामों को अलग-अलग टुकड़ों में बांटने के लिए उत्साह दिखाया है। आर्यों ने समाज को तो चार ख़ास हिस्सों में बांटा ही, शख़्सी ज़िंदगी का भी इसने चार टुकड़ों या अवस्थाओं में बंटवारा किया है-पहली अवस्था ब्रह्मचर्य की है, जबकि आदमी बढ़कर युवा होता है, विद्या सीखता है, ज्ञान हासिल करता है और आत्म-संयम का अभ्यास करता है; दूसरी अवस्था गृहस्थ की है, जबकि वह दुनियादारी में लगता है; तीसरी अवस्था बड़े-बूढ़े व्यवहार कुशल वानप्रस्थ की है, जिसमें उसने तटस्थता और सम-तौल हासिल कर लिया है और अपने को समाज सेवा के कामों में, बिना निजी लाभ की इच्छा के, लगा सकता है; आख़िरी अवस्था संन्यास की है, जिसमें वह दुनिया से बिलकुल अलग-थलग हो जाता है और दुनिया के धंधों को छोड़ देता है। इस तरह से आर्यों ने आदमी में साथ-साथ रहनेवाली दो विरोधी प्रवृत्तियों में भी समझौता क़ायम किया—यानी उस प्रवृत्ति में, जो ज़िंदगी से इक़रार करती है और उसमें, जो ज़िंदगी से इन्कार करती है।

जिस तरह चीन में हुआ है, उसी तरह हिंदुस्तान में विद्या और क़ाबलियत की हमेशा लोगों ने बड़ी क़द्र की है और विद्या का अभिप्राय ऊंचे क़िस्म के ज्ञान के साथ-साथ सदाचार से रहा है। विद्वानों के सामने हुकूमत करने वालों और योद्धाओं ने सदा सिर झुकाया है। पुराना हिंदुस्तानी सिद्धांत यह रहा है कि जिनके हाथ में ताक़त है, वे पूरे-पूरे ढंग से कभी तटस्थ नहीं हो सकते। उनकी निजी दिलचस्पियों और प्रवृत्तियों का आम लोगों की जानिब जो उनके फ़र्ज़ हैं, उनसे संघर्ष पैदा होगा। इससे मूल्यों के ठीक-ठीक आंकने के लिए और नीति के आदर्शों की रक्षा के लिए विचारकों के एक वर्ग को, जो आर्थिक चिंताओं और जहाँ तक

हो सके, तरफ़दारी से दूर रहें और ज़िंदगी के मसलों पर अलहदगी से ग़ौर कर सकें, चुना गया। इस प्रकार विचारकों और फ़िलसूफ़ों के वर्ग ने समाज के संगठन में सबसे ऊंचा दर्जा पाया और सब लोग इनका आदर और मान करते थे। इसके बाद काम के मैदान के लोग थे, यानी हुकूमत करनेवाले और लड़ाइयों में हिस्सा लेने वाले, लेकिन इनकी चाहे जैसी ताक़त रही हो, इन्हें वह इज़्ज़त नहीं हासिल थी, जो पहले वर्ग के लोगों को थी। इससे भी कम क़द्र थी दौलतमंदों की। युद्ध करने वाले वर्ग को बहुत ऊंचा रुतबा मिला था; अगरचे यह सबसे ऊपर का वर्ग नहीं था। इस बात में हमारी स्थिति चीन से जुदा थी, जहाँ इस वर्ग को हिक़ारत से देखा जाता था।

यह एक उसूली बात थी और कुछ हद तक यह और जगहों में भी मिलती है। मिसाल के लिए मध्य-युग के यूरोप की ईसाई रियासतों को ले लीजिए, जबकि रोम के पादरियों के हाथ में सभी रूहानी, इख़लाकी और नैतिक मामलों की नकेल थी, यहाँ तक कि रियासत के कार-बार के बुनियादी आम उसूलों की भी। अमली तौर पर रोम के पादरियों की गहरी दिलचस्पी दुनियावी ताक़त में पैदा हो गई थी और मज़हब के ख़ास पुरोहित लोग ख़ुद हाक़िम बने हुए थे। हिंदुस्तान में ब्राह्मण वर्ग ने विचारकों और फ़िलसूफ़ों को पेश करने के अलावा ख़ुद ताक़त हासिल कर ली थी, इस तरह अपने को सुरक्षित करके पुरोहितों ने अपनी जायदादों की हिफ़ाज़त की ठान ली थी। लेकिन यह सिद्धांत मुख्तलिफ़ हद तक हिंदुस्तानी ज़िंदगी पर गहरा असर डालता रहा और आदर्श हमेशा यह रहा कि विद्वान और दयावान, भले और संयमी और दूसरों के लिए आत्म- त्याग करनेवालों की इज़्ज़त की जाय। ब्राह्मण वर्ग में, गुज़रे ज़माने में, अधिकारी जमात की सभी बुराइयां रही हैं, और इसमें से बहुतेरे न क़ाबिल हुए हैं, न नेक। फिर भी आम लोगों में उनकी इज़्ज़त बनी रही है, इसलिए नहीं कि उनके पास दौलत इकट्ठा हो गई थी, बल्कि इसलिए कि उन्होंने पीढ़ी-दर-पीढ़ी बहुत-से क़ाबिल लोगों को पैदा किया था, जिन्होंने अपने त्याग द्वारा आम लोगों की और समाज की सेवाएं की थीं। अपने ख़ास ख़ास लोगों के कारनामों से पूरे वर्ग ने हर युग में फ़ायदा उठाया है, लेकिन आम लोगों ने इज़्ज़त की है गुणों की, न कि पदों की। परंपरा यह रही है कि भलाई और विद्या की इज़्ज़त हो, वह चाहे जिस शख़्स में हो। बहुत-सी मिसालें हैं इस बात की कि गैरब्राह्मणों की, यहाँ तक कि दलित वर्ग के लोगों की इतनी इज़्ज़त की गई है कि उन्हें संतों का रुतबा तक दिया गया है। सरकारी पद और फ़ौजी शक्ति की उतनी इज़्ज़त नहीं की गई है–इनका भय चाहे लोगों ने माना हो।

आज भी, इस पैसे के युग में, इस परंपरा का असर साफ़ तौर पर दिखाई देता है, और इसी की वजह से गांधी जी (जो ब्राह्मण नहीं हैं) आज हिंदुस्तान के सबसे बड़े नेता बन गए हैं और बिना किसी सरकारी पद के या धन के ज़ोर के आज करोड़ों दिलों पर उनका सिक्का जमा हुआ है। शायद एक क़ौम की सांस्कृतिक पृष्ठभूमि और चेतन या अचेतन उद्देश्य की यह एक अच्छी कसौटी है, यानी किस तरह के नेता को वह क़ुबूल करती है।

पुरानी हिंदुस्तानी सभ्यता, या भारतीय आर्य-संस्कृति में धर्म का विचार एक केंद्रीय

विचार था और धर्म के मानी मत या मज़हब से कुछ ज़्यादा थे। इसमें दूसरों के प्रति अपने फ़र्ज़ की अदायगी का भी विचार रहा है। यह धर्म ख़ुद 'ऋतु' का अंग था, यानी उस बुनियादी नैतिक विधान का अंग था, जो इस सारे विश्व को और जो कुछ इस विश्व में है, उस सबका नियमन करता है। यदि ऐसी कोई व्यवस्था है, तो मनुष्य को उसके अनुकूल बनना तथा रहना-सहना चाहिए कि इससे उसकी संगति या समरसता क़ायम रहे। अगर आदमी अपने फ़र्ज़ों को अदा करता है और सदाचार की दृष्टि से उसके काम ठीक हैं, तो लाज़िमी तौर पर नतीजे उनके ठीक होंगे। हक़ों पर ज़ोर नहीं दिया जाता था। यह कुछ हद तक सभी जगह पुराना नज़रिया रहा है। इस ज़माने में जो शख़्सी गिरोहों और क़ौमों के हक़ों पर ज़ोर दिया जाता है, वह इससे ज़ाहिरा तौर पर बहुत ख़िलाफ़ जान पड़ता है।

❒

8. हिन्दुस्तानी संस्कृति का अटूट सिलसिला

इस तरह, शुरू-शुरू के दिनों में हम एक ऐसी सभ्यता और संस्कृति का आरंभ देखते हैं, जो बाद के युगों में बहुत फली फूली और पनपी और जो बावजूद बहुत-सी तबदीलियों के बराबर क़ायम रही। बुनियादी आदर्श और मुख्य विचार अपना रूप ग्रहण करते हैं और साहित्य और फ़िलसफ़ा, कला और नाटक और ज़िंदगी के और धंधे इन आदर्शों से और लोकमत से प्रभावित होते हैं, जो बाद में उगकर बढ़ते ही रहे और आजकल की वर्ण-व्यवस्था के रूप में उन्होंने सारे समाज और सभी चीज़ों को जकड़ लिया। यह व्यवस्था एक ख़ास युग की परिस्थितियों में बनी थी और इसका उद्देश्य समाज का संगठन और उसमें सम-तौल पैदा करना था, लेकिन इसका विकास कुछ ऐसा हुआ कि यह उसी समाज के लिए और इन्सानी दिमाग़ के लिए कैदघर बन गई। आख़िरकार तरक़्क़ी के दामों हिफ़ाज़त ख़रीदी गई।

फिर भी बहुत दिनों तक यह व्यवस्था क़ायम रही और सभी दिशाओं में तरक़्क़ी करने की प्रेरणा इतनी ज़ोरदार थी कि उस व्यवस्था के चौखटे के भीतर भी यह सारे हिंदुस्तान में और पूरबी समुंदरों तक फैली और इसकी पायदारी ऐसी थी कि यह हमलों के धक्के बार-बार सहकर भी जिंदा रही। प्रोफेसर मैकडानेल अपने 'संस्कृत साहित्य के इतिहास' में हमें बताते हैं कि " हिदुस्तानी साहित्य का महत्त्व, समग्र रूप से, उसकी मौलिकता में है। जिस वक़्त कि यूनानियों ने ईसा से पहले की चौथी सदी के अंत में पश्चिमोत्तर में हमला किया, उस वक़्त हिंदुस्तानी अपनी क़ौमी संस्कृति क़ायम कर चुके थे और इस पर विदेशी प्रभाव नहीं पड़े थे। और बावजूद इसके कि ईरानियों, यूनानियों, सिदियनों और मुसलमानों के हमलों की लहरें एक के बाद एक आती रहीं और ये लोग विजय पाते रहे, भारतीय आर्य जाति की ज़िंदगी और साहित्य का क़ौमी विकास अंग्रेज़ों के अधिकार के वक़्त तक बिना

रुकावट और अटूट क्रम से चलता रहा। इंडो-यूरोपियन जाति की किसी शाख़ ने, अलग रहते हुए, ऐसे विकास का अनुभव नहीं किया। चीन को छोड़कर कोई ऐसा मुल्क नहीं, जो अपनी भाषा और साहित्य, अपने धार्मिक विश्वास और कर्म-कांड और अपने सामाजिक रीति-रिवाजों का तीन हज़ार वर्षों से ज़्यादा का अटूट विकास का सिलसिला पेश कर सके।"

लेकिन इतिहास के इस लंबे ज़माने में हिंदुस्तान बिलकुल अलग-थलग नहीं रहा है और उसका निरंतर और जीता-जागता संपर्क ईरानियों, यूनानियों, चीनियों, मध्य-एशियायियों और औरों से रहा है। अगर उसकी बुनियादी संस्कृति इन संपर्कों के बाद भी क़ायम रही, तो ज़रूर ख़ुद इस संस्कृति में कोई बात-कोई भीतरी ताक़त और ज़िंदगी की समझ-बूझ-रही है, जिसने इसे इस तरीक़े पर जिंदा रखा है, क्योंकि यह तीन-चार हज़ार बरसों का संस्कृति का विकास और अटूट सिलसिला एक अद्भुत बात है। मशहूर विद्वान और प्राच्यविद् मैक्समूलर ने इस पर ज़ोर दिया है और लिखा है- " दरअसल हिंदू विचार के सबसे हाल के और सबसे पुराने रूपों में एक अटूट क्रम मिलता है और यह तीन हज़ार साल से ज़्यादा तक बना रहा है।" बहुत जोश के साथ उन्होंने (इंग्लिस्तान की केंब्रिज यूनिवर्सिटी में दिये गए व्याख्यानों में, सन् 1882) में कहा है– " अगर हम सारी दुनिया की खोज करें, ऐसे मुल्क का पता लगाने के लिए कि जिसे प्रकृति ने सबसे संपन्न, शक्तिवाला और सुंदर बनाया है—जो कुछ हिस्सों में धरती पर स्वर्ग की तरह है—तो मंग हिंदुस्तान की तरफ़ इशारा करूंगा। अगर मुझ से कोई पूछे कि किस आकाश के तले इन्सान के दिमाग़ ने अपने कुछ सबसे चुने हुए गुणों का विकास किया है, ज़िंदगी के सबसे अहम मसलों पर सबसे ज्यादा गहराई के साथ सोच-विचार किया है और उनमें से कुछ के ऐसे हल हासिल किये हैं, जिन पर उन्हें भी ध्यान देना चाहिए, जिन्होंने कि अफ़लातून और कांट को पढ़ा है— तो मैं हिंदुस्तान की तरफ़ इशारा करूंगा। और अगर मैं अपने से पूछूं कि कौन सा ऐसा साहित्य है, जिससे हम यूरोपवाले, जो बहुत कुछ महज़ यूनानियों और रोमनों और एक सेमेटिक जाति के, यानी यहूदियों के, विचारों के साथ-साथ पले हैं, वह इसलाह हासिल कर सकते हैं, जिसकी हमें अपनी ज़िंदगी को ज्यादा मुक़म्मिल, ज्यादा विस्तृत और ज़्यादा व्यापक बनाने के लिए ज़रूरत है, न महज़ इस ज़िंदगी के लिहाज़ से, बल्कि एक एकदम बदली हुई और सदा क़ायम रहनेवाली ज़िंदगी के लिहाज़ से-तो मैं हिंदुस्तान की तरफ़ इशारा करूंगा।'

क़रीब-क़रीब आधी सदी बाद, रोम्यां रोलां ने उसी लहजे में लिखा है-" अगर दुनिया की सतह पर कोई एक मुल्क है, जहाँ कि जिंदा लोगों के सभी सपनों को उस क़दीम वक़्त से जगह मिली है, जबसे इन्सान ने अस्तित्त्व का सपना शुरू किया, तो वह हिंदुस्तान है।"

9. उपनिषद्

उपनिषद्, जिनका समय ईसा से 800 वर्ष पहले से लेकर है, हमें भारतीय आर्यों के विचार के विकास में एक कदम आगे ले जाते हैं और यह बड़ा लंबा क़दम है। आर्य लोगों को बसे हुए अब काफ़ी समय बीत चुका है और एक पायदार और ख़ुशहाल सभ्यता, जिसमें पुराने और नये का मेल हो चुका है, बन गई है। इसमें आर्यों के विचार और आदर्श प्रभाव रखते हैं, लेकिन इनकी पृष्ठभूमि में पूजा के जो रूप हैं, वे और भी पहले के ओर आदिम हैं।

वेदों का नाम आदर से, लेकिन एक मीठे व्यंग्य के भाव से लिया जाता है। वैदिक देवताओं से अब संतोष नहीं रह जाता और पुरोहितों के कर्मकांड का मज़ाक उड़ाया जाता है। लेकिन अतीत से नाता तोड़ लेने की कोशिश नहीं होती; उसे वह मुक़ाम समझा जाता है, जहाँ से तरक़्क़ी की मंज़िल शुरू होती है।

उपनिषद छान-बीन की, मानसिक साहस की और सत्य की खोज के उत्साह की भावना से भरपूर हैं। यह सही है कि यह सत्य की खोज मौजूदा ज़माने के विज्ञान के प्रयोग के तरीक़ों से नहीं हुई है, फिर भी जो तरीक़ा अख्तियार किया गया है, उसमें वैज्ञानिक तरीक़े का एक अंश है। हठवाद को दूर कर दिया गया है। उनमें बहुत-कुछ ऐसा है, जो साधारण है और जिसका आजकल हम लोगों के लिए कोई अर्थ या प्रसंग नहीं। ख़ास ज़ोर आत्म-बोध या आत्मा-परमात्मा के ज्ञान पर दिया गया है और इन दोनों को मूल में एक ही बताया गया है। बाहरी दुनिया या वस्तु-जगत को असत् नहीं बताया गया है, बल्कि निस्बती तौर पर सत् और भीतरी सत्य का एक पहलू बताया गया है।

उपनिषदों में बहुत-सी अस्पष्ट बातें हैं और उनकी मुख्तलिफ़ शरहें हुई हैं। लेकिन ये फ़िलसूफ़ों और विद्वानों के जाँच करने की चीज़ें हैं। आम झुकाव अद्वैतवाद की तरफ़ है और इस सारे नज़रिये का ज़ाहिरा मक़सद यह मालूम पड़ता है कि उस ज़माने की जो आपस की कड़ी बहसें रही हैं और भेद-भाव रहे हैं, उन्हें कम किया जाय। यह समन्वय का रास्ता रहा है। जादू-टोने में दिलचस्पी को और इसी तरह दैवी बातों के ज्ञान को बढ़ावा देने से रोका गया है और बिना सच्चे ज्ञान के पूजा-पाठ और कर्म-कांड को फिजूल बताया गया है। कहा गया है। "इनमें लगे हुए लोग अपने को समझदार और विद्वान मानते हुए इस तरह भटकते रहते हैं, जैसे अंधे को अंधा रास्ता दिखा रहा हो और ये अपने लक्ष्य तक नहीं पहुंच पाते।" वेदों तक को नीचे दर्जे का ज्ञान बताया गया है; भीतरी मन के प्रकाश को ऊंचा ज्ञान कहा है। बिना संयम के फ़िलसफ़े के ज्ञान की तरफ़ से होशियार किया गया है और समाज के धंधों और रूहानी बातों में सामंजस्य पैदा करने की बराबर कोशिश की गई है। ज़िंदगी ने जो कर्तव्य और फ़र्ज ऊपर डाले हैं, उनका पालन होना ही चाहिए, लेकिन अलहदगी का भाव रखते हुए, ऐसा कहा गया है।

व्यक्तिगत पूर्णता की नीति पर शायद इतना ज़्यादा ज़ोर दिया गया कि सामाजिक

दृष्टिकोण को नुक़सान पहुंचा। उपनिषदों में कहा गया है कि "आत्मा से बढ़कर कोई चीज़ नहीं।" यह समझा गया होगा कि समाज में पायदारी आ गई है, इसलिए आदमी का दिमाग़ व्यक्तिगत पूर्णता का बराबर ध्यान किया करता था और इसकी खोज में उसने आसमान और दिल के सबसे अंदरूनी कोनों को छान डाला। यह पुराना हिंदुस्तानी नज़रिया कोई संकुचित क़ौमी नज़रिया न था, अगरचे इस बात का ज़रूर ख़याल रहा होगा कि हिंदुस्तान सारी दुनिया का केंद्र है, उसी तरह, जिस तरह कि चीन, यूनान और रोम ने अपने बारे में मुख्तलिफ़ वक़्तों में ख़याल किया है। महाभारत में कहा गया है-" यह सारा मर्त्यलोक एक परस्पर आश्रित संगठन है।"

जिन सवालों पर उपनिषदों में विचार किया गया है, उनके आधिभौतिक पहलुओं को समझना मेरे लिए कठिन है, लेकिन इन सवालों पर ग़ौर करने का जो ढंग है, उसने मुझ पर असर डाला है, क्योंकि यह हठवाद या अंध-विश्वास का ढंग नहीं है। यह ढंग मज़हबी न होकर फ़िलसफ़ियाना है। ख़यालों के कस-बल को, जाँच की भावना को और दलील की पृष्ठ-भूमि को मैं पसंद करता हूँ। बयान के ढंग में कसाव है। यह अकसर गुरु और शिष्य के बीच सवाल-जवाब के रूप में मिलता है, और यह अनुमान किया गया है कि उपनिषद् व्याख्यानों के एक तरह की याददाश्त हैं, जिन्हें गुरु तैयार किया है या शिष्यों ने टांक लिया है। प्रोफेसर एफ. डब्ल्यू. टामस अपनी किताब 'दि लीगेसी ऑव इंडिया' ('हिंदुस्तान की देन') में कहते हैं-" उपनिषदों का जो ख़ास गुण है और जिसकी वजह से उनमें इन्सानी दिलकशी है, वह यह है कि उनके लहज़े में बड़ा निष्कपटपन है, वह इस तरह का है, मानो दोस्त आपस में किसी गहरे मसले पर सोच-विचार कर रहे हैं।" चक्रवर्ती राजगोपालाचार्य उनके बारे में इस तरह जोश के साथ कहते हैं—"प्रशस्त कल्पना विचारों की शानदार उड़ान, जाँच-पड़ताल की बेधड़क भावना, जिसके पीछे सचाई तक पहुँचने की गहरी प्यास है–इनसे प्रेरित होकर उपनिषदों में गुरु और शिष्य विश्व के 'खुले हुए रहस्य में पैठते हैं, और यह बात दुनिया की इन सबसे पुरानी पवित्र पुस्तकों को सबसे आधुनिक और संतोष देने वाली बना देती है।"

उपनिषदों की सबसे बड़ी विशेषता यह है कि उनमें सचाई पर बड़ा ज़ोर दिया गया है। "सचाई की सदा जीत होती है, झूठ की नहीं। सचाई के रास्ते से ही हम परमात्मा तक पहुँच सकते हैं।" और उपनिषदों में आई हुई यह प्रार्थना मशहूर है : "असत् से मुझे सत् की तरफ़ ले चल! अंधकार से मुझे प्रकाश की तरफ़ ले चल! मृत्यु से मुझे अमरत्व की तरफ़ ले चल!"

हमें बार-बार एक बेचैन दिमाग़ की झांकी मिलती है, ऐसी दिमाग़ की, जो जिज्ञासा और छान-बीन में लगा हुआ है-" किसकी आज्ञा से मन अपने विषय पर उतरता है? किसकी आज्ञा से जीवन, जो सबसे पहली चीज़ है, आगे बढ़ता है? किसकी आज्ञा से मनुष्य ये वचन कहते हैं? किस देवता ने आंख और कान दिये हैं?" और फिर-वायु शांत क्यों नहीं रहती? आदमी के मन को चैन क्यों नहीं मिलता? क्यों और किसकी खोज में जल बहता रहता है और एक क्षण नहीं ठहरता?" आदमी बराबर एक साहस पूर्ण यात्रा में लगा हुआ है, उसके

लिए न कहीं दम लेना है और न उसकी यात्रा का अंत है। 'ऐतरेय ब्राह्मण' में हमारी इस अनंत यात्रा के बारे में एक मंत्र है और इसके हर श्लोक के आख़ीर में है-" चरैवेति, चरैवेति'—" हे यात्री, इसलिए, चलते रहो, चलते रहो।

इस खोज के बारे में कोई विनय की भावना नहीं है, वैसा विनय, जैसा धर्मों में एक सर्व-शक्तिमान परमात्मा के प्रति दिखाया जाता है। यहाँ हमें मन की परिस्थिति के ऊपर विजय मिलती है। “मेरा शरीर राख हो जायगा और मेरी सांस इस चंचल और अमर वायु में मिल जायगी, लेकिन मैं और मेरे कर्मों का अंत नहीं। हे मन, इस बात का सदा ध्यान रख !" सवेरे की एक प्रार्थना में सूर्य को इस तरह संबोधन किया गया है—" हे देदीप्यमान सूर्य, मैं वही पुरुष हूँ, जो तुझे ऐसा बनाता हूँ!" कितना ऊँचा आत्म-विश्वास है!

आत्मा क्या है? इसका बयान या इसका परिभाषा सिर्फ़ नकारात्मक ढंग से हो सकती है-" वह यह नहीं है, यह नहीं है।" या, एक प्रकार से स्वीकारात्मक ढंग से-" तू वह है!" व्यक्तिगत आत्मा परमात्मा के महत् ज्वाल की एक चिनगारी है, जो उससे निकल उसी में समा जाती है।" जिस तरह से अग्नि अखंड होते हुए भी दुनिया में आकर जिन चीज़ों को जलाती है, उन्हीं के अनुसार अलग-अलग रूप ले लेती है, इसी तरह से अंतरात्मा जिस चीज़ में प्रवेश करती है, उसी के अनुसार अलग रूप ग्रहण कर लेती है, लेकिन वह ख़ुद बिना किसी रूप के है।" यह अनुभूति कि सब चीज़ों के भीतर एक ही तत्त्व है, हमारे और उनके बीच के भेद ही हटा देती है और हममें यह भावना पैदा करती है कि इन्सान और प्रकृति के बीच एकता है और यह एकता बाहरी दुनिया की विविधता और अनेकरूपता की तह में है। "जो जानता है कि सभी चीज़ें आत्मरूप हैं, उसके लिए क्या शोक, क्या भ्रम रह जाते हैं, जबकि वह इस एकता को देखता है?" "हाँ, जो सभी वस्तुएँ उस आत्मा में देखता है और सभी चीज़ों में आत्मा को देखता है, उससे (आत्मा) वह फिर न छिपेगा।"

भारतीय आर्यों के इस गहरे व्यक्तिवाद और अलहदगी की भावना का इस व्यापक नज़रिये के साथ, जो जाति, वर्ग और दूसरी बाहरी और भीतरी भेदों की रुकावटें लांघ जाती हैं, मिलान और मुक़ाबला करना दिलचस्प है। यह दूसरी चीज़ तो एक तरह की आधिभौतिक जनसत्ता है। " वह जो आत्मा को सब चीज़ों में और सब चीज़ों में आत्मा को देख्ता है, फिर किसी जीव को हिक़ारत से देख ही नहीं सकता।" अगरचे यह महज़ सिद्धांत की बात थी, फिर भी इसमें शक़ नहीं कि इसने ज़िंदगी पर असर डाला होगा और उस रवादारी और माक़ूलपसंदी, मज़हबी मामलों में उस आज़ाद ख़याली, जीने और जीने देने की उस भावना का वातावरण पैदा कियां होगा, जो हिंदुस्तानी और चीनी संस्कृति के ख़ास लक्षण हैं। मज़हब और संस्कृति के बारे में कोई दबाव नहीं था और इससे एक ऐसी पुरानी और अक़्लमंद तहज़ीब का पता चलता है जिसके पास दिमागी शक्ति का अक्षय ख़ज़ाना है।

उपनिषदों में एक सवाल है, जिसका बहुत अनोखा, लेकिन मार्के का जवाब दिया गया है। सवाल यह है कि "यह विश्व क्या है? यह कहाँ से उत्पन्न होता है और कहां जाता

है?" और उत्तर है–"स्वतंत्रता से इसका जन्म है, स्वतंत्रता में ही वह टिका है और स्वतंत्रता में ही वह लय हो जाता है।" इसका ठीक-ठीक अर्थ क्या है, मैं नहीं समझ सकता, सिवाय इसके कि उपनिषदों की रचना करने वालों में स्वतंत्रता के ख़याल के लिए बड़ा जोश था और वे सब कुछ उसी रूप में देखना चाहते थे। स्वामी विवेकानंद इस पहलू पर हमेशा ज़ोर दिया करते थे।

हमारे लिए यह सहज नहीं कि कल्पना में भी हम अपने को इतने पुराने ज़माने में जा बिठायें और उस ज़माने के दिमागी वातावरण में दाख़िल हो सकें। लिखने का ढंग ही कुछ ऐसा है कि हम उसके आदी नहीं। यह देखने में अटपटा और तरजुमे के ख़याल से मुश्किल है और इसकी पृष्ठभूमि में जो ज़िंदगी है, वह अब से बिलकुल जुदा है। आज बहुत-सी चीज़ें हैं, जिनके हम आदी हो गए हैं, इसलिए उन्हें मानकर चलते हैं, अगरचे ये विचित्र हैं और काफ़ी ग़ैर-माक़ुल हैं। लेकिन जिन चीज़ों के हम आदी नहीं हैं, उनका समझना और पसंद करना कहीं ज्यादा कठिन है। लेकिन इन सब मुश्किलों और क़रीब-क़रीब दूर हो सकने वाली रुकावटों के संदेशों को चाव और उत्सुकता से सुननेवाले हिंदुस्तान के इतिहास में बराबर मिलते हैं और इन संदेशों ने क़ौमी दिमाग़ और चरित्र पर ज़ोरदार असर डाला है। ब्लूम फ़ील्ड का कहना है कि "विरोधी बौद्ध-मत के लिये दिये हिंदू-विचार का कोई ऐसा ख़ास रूप नहीं है, जिसकी जड़ उपनिषदों में न हो।"

क़दीम हिंदुस्तानी ख़याल ईरान के रास्ते यूनान तक पहुँचा था और इसने वहाँ के कुछ विचारकों और फ़िलसूफ़ों पर असर डाला था। बहुत बाद में प्लोटिनस ईरानी और हिंदुस्तानी फ़िलसफ़े को पढ़ने के लिए पूरब में आया और उस पर ख़ासतौर पर उपनिषदों के रहस्यवाद का प्रभाव पड़ा। कहा जाता है कि इन विचारों में से बहुत-से प्लोटिनस से संत अगस्टाइन तक पहुँचे थे और उसकी मारफ़त इन्होंने आज के ईसाई-धर्म पर असर डाला है।[11]

पिछली डेढ़ सदी में हिंदुस्तानी फ़िलसफ़े को जो यूरोप ने फिर से खोज निकाला, उसका नतीजा यह हुआ कि यूरोप के फ़िलसूफ़ों और विचारकों पर उसका गहरा प्रभाव पड़ा है। इस सिलसिले में निराशावादी शोपेनहार का कहना अकसर उद्धृत किया जाता है—" (उपनिषदों के) हर एक शब्द से गहरे, मौलिक और ऊंचे विचार उठते हैं और इन सब पर एक ऊंची पवित्र और उत्सुक भावना छाई हुई है...सारे संसार में कोई ऐसी रचना नहीं जिसका पढ़ना... इतना उपयोगी, इतना ऊंचा उठानेवाला हो, जितना उपनिषदों का...(ये) सबसे ऊँचे ज्ञान की उपज हैं... एक न एक दिन सारी दुनिया का इन पर विश्वास होकर रहेगा।" और फिर

11. रोम्यां रोलां ने विवेकानंद संबंधी अपनी किताब के परिशिष्ट में 'शुरू' की सदियों में यूनानी-ईसाई रहस्यवाद और उसका हिंदू रहस्यवाद से संबंध' पर एक लंबा नोट दिया है। वह बताते हैं कि सैकड़ों बातों से इसका सबूत मिलता है कि हमारे युग की दूसरी सदी में यूनानी विचार धारा में पूरबी असर मिल-जुल गया था।

वह लिखते हैं-" उपनिषदों के पढ़ने से मेरी ज़िंदगी को शांति मिली है; यही मेरी मौत के समय की तसक़ीन बनेगा।" इस पर लिखते हुए मैक्समूलर कहते हैं–"शोपेनहार हरगिज़ ऐसे आदमी न थे की बहकी हुई बातें लिखें, या तथा कथित रहस्यवादी या अधकचरे विचारों पर वाह-वाह करने लगें। और यह कहते हुए न मुझे शर्म या डर मालूम पड़ता है कि वेदांत के बारे में उनका जो उत्साह था, उसमें मैं शरीक हूँ और अपनी ज़िंदगी में बहुत कुछ मुझे इससे मदद मिली है और मैं इसका ऋणी हूँ।'

एक दूसरी जगह मैक्समूलर लिखते हैं-" उपनिषद् वेदांत के फ़िलसफ़े का सोता है, जिसमें इन्सानी सोच-विचार अपनी चोटी पर पहुंच गया जान पड़ता है।" "मेरी सबसे खुशी की घड़ियां वेदांत की किताबों के पढ़ने में बीतती हैं। मेरे लिए वे सवेरे की रोशनी और पहाड़ों की साफ़ हवा-जैसी है— एक बार समझ में आ जाने पर उनमें कितनी सादगी, कितनी सचाई मिलती है!"

लेकिन शायद उपनिषदों की और उसके बाद की पुस्तक भगवद्गीता की मुक्तकंठ से जैसी तारीफ़ आयरिश कवि ए. ई. (जी. डब्ल्यू. रसेल) ने की है, वैसी दूसरे ने नहीं-" इस ज़माने के लोगों में, गेटे, वर्डस्वर्थ, इमर्सन और थोरो में यह ज्ञान और जीवनी-शक्ति कुछ अंशों में मिलेगी, लेकिन जो कुछ भी इन्होंने कहा है और उससे बहुत ज़्यादा, हमें पूरब के महान और पवित्र ग्रंथों में मिलेगा। भगवद्गीता और उपनिषदों में सभी बातों के बारे में ज्ञान की ऐसी दिव्य पूर्णता मिलती है कि मुझे ख़याल होता है कि उनके रचनेवालों ने हज़ारों भाव भरे पुराने जन्मों में पैठकर ही, उन जन्मों में, जिनमें छाया के लिए और छाया के साथ संघर्ष होता रहा है— इतने अधिकार के साथ उन बातों को लिखा है, जिन्हें आत्मा निश्चित समझती है।"[12]

❐

10. व्यक्तिवादी फ़िलसफ़े के फ़ायदे और नुकसान

कारगर तरक़्क़ी हासिल करने के लिए उपनिषदों में तन की चुस्ती और मन की पवित्रता और तन-मन दोनों के संयम पर बराबर ज़ोर दिया गया है।

चाहे ज्ञान सीखना हो, चाहे दूसरी ही कामयाबी हासिल करना हो; संयम, तप और क़ुरबानी ज़रूरी होती है। किसी-न-किसी तरह की तपस्या का ख़याल हिंदुस्तानी विचारधारा

12. छांदोग्य उपनिषद् में एक विचित्र और दिलचस्प टुकड़ा है-" सूर्य कभी डूबता नहीं, न उदय होता है। जब लोग समझते हैं कि सूर्य डूब रहा है, तब होता यह है कि वह दिन के अंत तक पहुंचकर महज़ बदल जाता है और यहाँ नीचे रात कर देता है और जो कुछ दूसरी तरफ़ है, उसके लिए दिन कर देता है। जब लोग समझते हैं कि वह सवेरे उगता है, तब वह रात के छोर तक पहुँचकर पलट जाता है और यहाँ नीचे दिन कर देता है और जो कुछ दूसरी तरफ़ है, उसके लिए रात कर देता है। सच बात तो यह है कि वह कभी डूबता नहीं।"

का एक अंग है, और ऐसा ख़याल न सिर्फ़ चोटी के विचारकों के यहाँ है, बल्कि साधारण अनपढ़ जनता में फैला हुआ है। हज़ार बरस पहले यह बात रही है, और आज भी यह बात है, और अगर गांधीजी की रहनुमाई में हिंदुस्तान को हिला देने वाले जनता के आंदोलनों के पीछे जो मनोवृत्ति काम करती है, उसे हम समझना चाहते हैं, तो ज़रूरी है कि हम इस ख़याल को समझ लें।

यह ज़ाहिर है कि उपनिषदों की रचना करनेवालों के विचार, और वह ऊंचे दर्जे का मानसिक वातावरण, जिसमें वे रहते थे, एक छोटे, चुने हुए लोगों के दायरे तक महदूद थे। आम जनता की समझ से ये बिलकुल बाहर थे। ऐसे लोगों की तादाद, जो रचनात्मक काम करते हैं, हमेशा थोड़ी ही होती है। लेकिन अगर बड़ी संख्या के लोगों से उनके विचार मिलते रहे और यह छोटा दल बड़े दल को ऊपर उठाने और उसे बढ़ाने की कोशिश में लगा रहा, इस तरह कि दोनों के बीच की खाई कम हो जाय, तो एक पायदार और तरक़्क़ी करने वाली संस्कृति पैदा होती है। बिना इस रचनात्मक छोटे दल के सभ्यता का ह्रास होने लगता है। लेकिन इसका ह्रास उस वक़्त भी हो सकता है, जबकि एक रचनात्मक छोटे-दल का बड़े दल से संबंध टूट जाय और कुल मिलाकर समाज की एकता बाक़ी न रह जाय। ऐसी हालत में छोटा दल अपनी रचना - शक्ति खो बैठता है और बांझ हो जाता है। नहीं तो इसकी जगह पर कोई दूसरी रचनात्मक या जीवनी-शक्ति, जिसे समाज पैदा करे, आ जाती है।

मेरे लिए और ज़्यादातर औरों के लिए भी, उपनिषदों के ज़माने की तस्वीर सामने लाना और उस वक़्त क्या-क्या ताक़तें काम कर रही थीं, इनकी जांच-पड़ताल करना मुश्किल है। फिर भी मैं ख़याल करता हूँ कि मुट्ठी भर विचारकों और आँख मूंदकर चलनेवाली बहुत बड़ी जनता के बीच गहरे मानसिक भेद के बावजूद उन दोनों के बीच एक लगाव था, कम-से-कम कोई दिखनेवाली खाई नहीं थी। जिस तरह से उस वक़्त के समाज में अलग-अलग दर्जे थे, उसी तरह मानसिक दर्जे भी थे और इन्हें स्वीकार कर लिया गया था और उसका इंतज़ाम भी कर दिया गया था। इससे समाज में कुछ मेल पैदा हो गया था और झगड़े-फ़िसाद से बचत हो गई थी। उपनिषदों के नये विचार को भी आम लोगों के लिए इस तरह से समझाया जाता था कि वह रायज़ ख़यालों से और अंधविश्वासों से मिल-जुल जाता था और इस तरह वह अपने ख़ास मानी को बहुत-कुछ खो बैठता था। समाज में जो दर्जे क़ायम हो चुके थे, उन्हें नहीं छेड़ा जाता था, बल्कि उनकी हिफ़ाज़त की जाती थी। अद्वैतवाद ने मज़हबी मामलों में एकेश्वरवाद की शक़्ल ले ली थी, और इससे भी नीची सतह के अक़ीदों और पूजा के तरीक़ों को न सिर्फ़ गवारा किया जाता था, बल्कि यह समझा जाता था कि विकास की एक ख़ास सीढ़ी के लिए यह मुनासिब भी है।

इस तरह उपनिषदों की विचारधारा आम लोगों में बहुत ज़्यादा फैली नहीं और चंद विचारकों और आम लोगों के बीच मानसिक भेद और भी ज़ाहिर हो गया। वक़्त पाकर इसने नई तहरीकें पैदा कीं। जड़वादी फ़िलसफे की, बुद्धिवाद की और अनीश्वरवाद की

ज़बरदस्त लहरें उठीं। और फिर इसके भीतर से बौद्ध-धर्म और जैन-धर्म पैदा हुए, रामायण और महाभारत जैसे प्रसिद्ध संस्कृत महाकाव्य रचे गए, और इनमें एक बार फिर इस बात की कोशिश की गई कि विरोधी मतों और विचार के तरीक़ों में समन्वय किया जाय। लोगों की स्रजन शक्ति, बल्कि स्रजन- बुद्धिवाले थोड़े से लोगों की राजन-शक्ति, इन ज़मानों में बहुत साफ़ ढंग से सामने आती है और फिर इन थोड़े-से लोगों में और बड़ी जनता के बीच एक लगाव क़ायम हो गया जान पड़ता है। कुल मिलाकर दोनों मिल-जुलकर आगे बढ़ते हैं।

इस तरह से, एक-एक करके कई ज़माने आते हैं, जबकि विचारों और काम मैदान में, साहित्य में, नाटक में, मूर्त्तिकला में, इमारतों के तैयार करने में, और हिंदुस्तान की सीमा से दूर संस्कृति, धर्म और उपनिवेशों के फैलाने के साहसी कामों में रचनात्मक कोशिशें फूट पड़ती हैं। इन ज़मानों में, झगड़े-फ़िसाद के वक़्त आते हैं और इसकी वजह कुछ भीतरी बातें होती हैं और कुछ बाहर से होनेवाली छेड़-छाड़ भी। लेकिन आख़िर में यह हालत काबू में आती है और रचनात्मक स्फूर्ति का ज़माना फिर लौटता है। ऐसा आख़िरी ज़माना, जिसमें बहुत तरह के काम हुए, वह शानदार ज़माना था, जो ईसा से बाद की चौथी सदी में शुरू हुआ। ईसा के 1000 वर्ष बाद तक, या पहले ही, हिंदुस्तान में भीतरी गिरावट के निशान हो जाते हैं, अगरचे पुरानी कलात्मक लहर जारी रहती है, और बहुत सुंदर चीज़ें तैयार होती रहती हैं। नई जातियां आती हैं, जिनकी भूमिका दूसरी ही होती है और ये हिंदुस्तान के थके हुए दिल और दिमाग़ के लिए एक नया शौक़ ले आती है; और इस टक्कर का नतीजा यह भी होता है कि नये मसले उठतें हैं और उनकी हल की तदबीरें की जाती हैं।

ऐसा जान पड़ता है कि भारतीय-आर्यों के गहरे व्यक्तिवाद ने, आख़िरकार, अच्छे और बुरे दोनों ही नतीजें दिखाये, जो उनकी संस्कृति से उपजे। इसने बहुत ऊंचे टप्पे के लोग पैदा किये, और यह बात इतिहास के किसी एक ख़ास ज़माने तक महदूद न रही, बल्कि हर एक युग में और बार-बार ऐसा होता रहा। इसने पूरी संस्कृति को एक आदर्शवादी और इख़लाकी पृष्ठभूमि दी, जो क़ायम रही और अभी क़ायम है, चाहे हमारे व्यवहार पर ज़्यादा असर न डाल रही हो। इस पृष्ठभूमि की मदद से और ऊँचे लोगों की मिसालों के ज़ोर पर उन्होंने समाज की बनावट को क़ायम रखा, और जब- जब उसके टूटने का अंदेसा हुआ, तब-तब उसे संभाला। उन्होंने सभ्यता और संस्कृति के अचरज पैदा करनेवाले फूल खिलाये, और अगरचे वे ऊँचे दायरों तक महदूद थे, फिर भी हो-न- हो, वे कुछ हद तक जनता में भी फैले। दूसरे मतों और रास्तों के लिए हद दर्जे की वादारी दिखाकर वे उन झगड़ों को बचाते रहे, जिन्होंने अकसर समाज को टूक-टूक कर डाला है और इस तरह उन्होंने बराबर किसी-न-किसी तरह का समतौल बनाये रखा है। एक बड़े संगठन के भीतर, लोगों को अपने पसंद की ज़िंदगी बसर करने की आज़ादी देकर, उन्होंने एक प्राचीन और तजुरबेकार जाति के लोगों की बुद्धिमानी दिखाई है। ये सभी कारनामे बड़े मार्के के रहे हैं।

लेकिन इसी व्यक्तिवाद का यह नतीजा हुआ कि इन्सान के समाजी पहलू पर और

समाज के प्रति इन्सान के फ़र्ज़ पर, कम ध्यान दिया जाने लगा। हर शख़्स की ज़िंदगी बंट और बंध गई थी और दर्जों में बंटे हुए समाज में अपने तंग दायरे के अंदर वह फ़र्ज़ों और ज़िम्मेदारियों की एक गठड़ी बनकर रह गया था। पूरे समाज की न उसे कल्पना थी, न इस समाज के प्रति उसका कोई फ़र्ज़ बाक़ी रहा था और न इस बात की कोई कोशिश की गई कि वह समाज से अपनी मज़बूती समझे। इस ख़याल का शायद मौजूदा ज़माने में विकास हुआ है और यह किसी क़दीम समाज में नहीं मिलता। इसलिए क़दीम हिंदुस्तान में इसकी उम्मीद करना मुनासिब नहीं। फिर भी व्यक्तिवाद, अलहदगी और दर्जेवार जातें हिंदुस्तान में बहुत ज्यादा नुमायां रही हैं। बाद के ज़मानों में तो ये हमारे लोगों के दिमाग़ के लिए एक पूरा कैदखाना बन गई हैं— न सिर्फ़ नीची जात के लोगों के लिए, जिन्हें इससे सबसे ज़्यादा तकलीफ़ पहुँची, बल्कि ऊँची जात के लोगों के लिए भी। हमारे इतिहास के पूरे दौर में यह हमें एक कमज़ोर करनेवाली बात रही है, और शायद यह भी कहना बेजान होगा कि ज्यों-ज्यों जात-पांत की सख्ती बढ़ी है, त्यों-त्यों हमारे दिमाग़ भी जड़ होते गए हैं और हमारी जाति की रचनात्मक शक्ति मिटती गई है।

एक और अजीब बात सामने आती है। सभी तरह के अक़ीदों और व्यवहारों, अंधविश्वासों और बेवकूफ़ियों के प्रति जो रवादारी दिखाई गई थी, उसके नुक़सानदेह पहलू भी थे, क्योंकि इसने बहुत-सी बुरी रस्मों को जड़ पकड़ लेने दी और परंपरा के उस बोझ को उखाड़कर फेंकने से रोका, जो हमारी बाढ़ को रोक रहा था। पुरोहितों के बढ़ते हुए दल ने इस हालत से अपना अलग ही फ़ायदा उठाया और आम लोगों के अंधविश्वास की नींव पर अपने स्वार्थों के गढ़ बना लिये। इस पुरोहित वर्ग की शायद उतनी ताक़त कभी नहीं रही, जितनी ईसाई मज़हब की कुछ शाखों के पुरोहित वर्ग की रही, क्योंकि यहाँ हमेशा कुछ-न-कुछ ऐसे विचारवान नेता रहे हैं, जिन्होंने इन व्यवहारों की निंदा की है। इसके अलावा इतने अलग-अलग मत रहे हैं कि लोग अपना मत बदल सकते थे। फिर भी यह पुरोहित वर्ग इतना मज़बूत था कि जनता को अपने वश में रख सके और उसके अंधविश्वासों से लाभ उठाता रह सके।

इस तरह से, आज़ाद ख़याल और कट्टरपन, ये साथ-साथ बने रहे और उनमें से नुक्ता चीनी करनेवाले मज़हबी फ़िलसफ़े और आचार-विचारवाले कर्म-कांड पैदा हुए। पुराने धर्म-ग्रंथों के प्रमाण की दुहाई बराबर दी जाती थी, लेकिन उनकी सचाइयों को बदलते हुए ज़माने के लिहाज़ से पेश करने की कोई कोशिश नहीं की जाती थी। रचनात्मक और रूहानी शक्तियां कमज़ोर पड़ने लगीं और उस चीज़ का, जिसमें इतनी जान थी, इतना अर्थ था, केवल छिलका बाकी रह गया। अरविंद घोष ने लिखा है-अगर उपनिषदों या बुद्ध के ज़माने का, या बाद के संस्कृत-युग का कोई पुराना हिंदुस्तानी आज के हिंदुस्तान में ला बिठाया जाय, तो वह देखेगा कि उसकी जाति पुराने वक़्त के बाहरी रूपों, छिलकों और चीथड़ों से चिपटी हुई है और उसके ऊँचे मतलब के दस हिस्सों में से नौ को खो बैठी है...उसे अचरज

होगा कि यहाँ इतना दिमाग़ी लचरपन, इतनी जड़ता है, बातों का इस तरह दोहराते रहना है, जो हमें आगे नहीं बढ़ाता; विज्ञान का ख़ात्मा हो गया है, कला बहुत दिनों से बांझ हो रही है और रचनात्मक बुद्धि कितनी कमज़ोर हो गई है।"

❒

11. जड़वाद

हमारी बड़ी बदक़िस्मतियों में एक यह है कि हम यूनान में, हिंदुस्तान में और सभी जगह दुनिया के पुराने साहित्य का एक बड़ा हिस्सा खो बैठे हैं। शायद इससे बचत न थी, क्योंकि शुरू में किताबें ताड़-पत्रों पर या भोज-पत्र पर, जो भूर्ज वृक्ष की छाल होता है—लिखी जाती थी और इनके छिलके बहुत आसानी से उचड़ जाते थे और काग़ज़ पर लिखने का रिवाज बाद में हुआ। किसी भी किताब की चंद प्रतियों से ज़्यादा न होतीं और अगर वे नष्ट हो जातीं, तो वह रचना ही गुम हो जाती और उसका पता हमें महज़ उन हवालों या उद्धरणों से मिलता, जो उसके बारे में और पुस्तकों में होते। फिर भी पचास-साठ हज़ार संस्कृत की हाथ की लिखी पुस्तकों या उनके रूपांतरों का पता लग चुका है और उनकी सूची बन चुकी है और नये-नये ग्रंथ बराबर मिलते जा रहे हैं। हिंदुस्तान की बहुत-सी पुरानी पुस्तकें अबतक हिंदुस्तान में मिली ही नहीं हैं, लेकिन उनके अनुवाद चीनी या तिब्बती भाषा में मिले हैं। हाथ की लिखी पुरानी पुस्तकों की धार्मिक संस्थाओं के भंडारों में, मठों में और निजी संग्रहों में अगर संगठित रूप में खोज जी जाय, तो शायद बहुत अच्छा नतीजा निकले। यह काम, और हाथ की लिखी इन किताबों की छान-बीन करने का काम, और अगर ज़रूरी समझा जाय, तो इनके छपाने और अनुवाद का काम, ऐसी बातें हैं, जिन्हें और बातों के साथ-साथ उस वक़्त हाथ में लेना है, जब हम अपनी मौजूदा बेड़ियों को तोड़ने में कामयाब हो जायें। इस तरह का अध्ययन यक़ीनी तौर पर हिंदुस्तान के इतिहास के बहुतेरे पहलुओं पर रोशनी डालेगा, खासकर तारीख़ी घटनाओं और बदलते रहनेवाले विचारों की सामाजिक पृष्ठभूमि पर। बार-बार के नुक़सान और बरबादी के बावजूद और बगैर किसी ख़ास-संगठित कोशिश के पचास हज़ार से ज़्यादा हाथ की लिखी पुस्तकों का पता लग जाना इस बात को बताता है कि साहित्य, नाटक फ़िलसफ़े और विषयों में पुराने ज़माने में कितनी अद्भुत बहुतायत से रचनाएं हुई थीं। बहुत-सी पांडु लिपियों की, जिनका पता लगा है, अभी ठीक तरह से जाँच तक नहीं हुई है।

उन किताबों में, जो बिलकुल खो गई है, जड़वाद का पूरा साहित्य है, जो शुरू के उपनिषदों के ज़माने से ठीक बाद रचा गया था। इस साहित्य के जो हवाले अब मिलते हैं, वे सिर्फ़ उन किताबों में हैं, जिनमें उन पर टीका-टिप्पणी की गई है और जिनमें जड़वादी सिद्धांतों के खंडन की लंबी कोशिश की गई है। इसमें तो कोई शक ही नहीं है कि जड़वादी फ़िलसफ़े

का हिंदुस्तान में सदियों तक चलन रहा है और अपने ज़माने में इसका लोगों पर गहरा असर रहा है। ईसा से पहले की चौथी सदी में राजनैतिक और आर्थिक संगठन के बारे में कौटिल्य की जो मशहूर पुस्तक 'अर्थशास्त्र' है उसमें इसका ज़िक्र हिंदुस्तान के ख़ास फ़िलसफ़ों में किया गया है।

इसलिए इस फ़िलसफे के बारे में जानने के लिए हमें उन आलोचकों और व्यक्तियों पर भरोसा करना पड़ता है, जिनकी दिलचस्पी इसे गिराने में रही है और उन्होंने इसकी हँसी उड़ाई है और बताया है कि यह कैसी बेतुकी चीज़ है। यह फ़िलसफ़ा था क्या, इसे जानने का यह बड़ा ग़ैर-वाजिब तरीक़ा है। फिर भी इसके खंडन में जो उत्साह और जोश इन नुक़्ताचीनों ने दिखाया है, उसी से पता चलता है कि उन लोगों की नज़रों में इसकी कितनी अहमियत थी। संभव जान पड़ता है कि जड़वाद के साहित्य का ज़्यादा हिस्सा, बाद के ज़मानों में, पुरोहितों ने या कट्टर मज़हब के माननेवालों ने नष्ट कर दिया हो।

जड़वादियों ने विचार, मज़हब और अध्यात्म में प्रमाण का और सभी निहित स्वार्थ का विरोध किया। उन्होंने वेदों की, पुरोहिताई की परंपरा से आये हुए यक़ीनों की निंदा की और यह ऐलान किया कि अक़ीदे को आज़ाद होना चाहिए और उसे पहले से मान ली गई बातों या सिर्फ़ पुराने ज़माने के प्रमाण का भरोसा न कर लेना चाहिए। सभी तरह के मंत्र-तंत्र और अंधविश्वास की उन्होंने बुराई की। उनका आम रवैया बहुत-कुछ आज के जड़वादियों जैसा था—ये अपने को गुज़रे हुए ज़माने की जंजीरों और बोझ से, जो चीज़ें नहीं दिखाई देतीं, उनकी कल्पना से और ख़याली देवताओं की पूजा से आज़ाद करना चाहते थे। सिर्फ़ उसका वजूद तो माना जा सकता था, जिसे कि सीधे-सीधे देखा जा सके। इसके अलावा और सभी अनुमानों या क़यासों के सच होने की उतनी ही संभावना थी, जितनी कि झूठ होने की। इसलिए अपने मुख्तलिफ़ रूपों में पदार्थ के और दुनिया के ही वजूद को माना जा सकता था। मन और बुद्धि और और सभी चीज़ें इन्हीं बुनियादी तत्त्वों से बनी हैं। प्रकृति के व्यापार आदमी के ज़रिये क़ायम की गई क़ीमतों की परवाह नहीं करते और अच्छे या बुरे से उन्हें कोई प्रयोजन नहीं रहता। नैतिक मान आदमियों के क़ायम किये गए रिवाज हैं।

इन सब विचारों को हम समझते हैं; ये दो हज़ार बरस पुराने नहीं, बल्कि कुछ अजीब तौर पर हमारे ज़माने के विचार जान पड़ते हैं। इस तरह के शक़-व-शुबहे के विचार, ऐसी कशमकश, इन्सानी दिमाग़ की परंपरा के ख़िलाफ़ या बग़ावत, आखिर आई कहाँ से? हम उस ज़माने के सामाजिक और राजनैतिक हालात ठीक तौर पर नहीं जानते, लेकिन यह बात काफ़ी ज़ाहिर है कि यह ज़माना राजनैतिक संघर्ष और समाजी उथल-पुथल का रहा है, जिसका नतीजा यह हुआ है कि मज़हब से यक़ीन उठ गया है और लोग दिमाग़ी जांच-पड़ताल में लगे हैं और खोज किसी ऐसे रास्ते से की हुई है, जिससे मन को संतोष मिले। इसी दिमाग़ी उथल-पुथल और समाजी अबतरी से नये रास्ते निकले हैं. और नये फिलसफ़ों ने शक़्लें अख्तियार की हैं।

उपनिषदों के सहज-ज्ञान से जुदा बाक़ायदा फ़िलसफ़ों का दिखाई पड़ना शुरू होता है, और ये अनेक रूपों में जैन, बौद्ध और जिसे हम दूसरे शब्दों के अभाव से हिंदू कहेंगे- सामने आते हैं। इसी ज़माने के महाकाव्य हैं और भगवद्गीता भी इसी ज़माने की चीज़ है। इस ज़माने का काल-क्रम ठीक-ठीक मुकर्रिर कर सकना मुश्किल है, चूंकि विचार और सिद्धांत एक-दूसरे पर छाये हुए थे और आपस में उनकी क्रिया-प्रतिक्रिया होती रहती थी। बुद्ध ईसा से पहले की छठी सदी में हुए हैं। इनमें कुछ का विकास उनसे क़ब्ल हुआ, कुछ का बाद में, या अकसर इन दोनों के विकास साथ-साथ चलते रहे।

बौद्ध-धर्म के उदय के लगभग फ़ारसी साम्राज्य सिंध नदी तक फैला हुआ था। एक बड़ी ताक़त के हिंदुस्तान की ठीक सीमा तक आ जाने ने लोगों के विचारों पर असर डाला होगा। ईसा से पहले की चौथी सदी में सिकंदर का उत्तर-पच्छिम हिंदुस्तान पर थोड़े वक़्त का धावा हुआ। यह बात ख़ुद तो कुछ ऐसी अहमियत नहीं रखता, लेकिन यह बड़े मार्के की तबदीलियों का पेशरौं—अग्रदूत—था। सिकंदर की मौत के करीब-क़रीब ठीक बाद चंद्रगुप्त ने आलीशान मौर्य सल्तनत बनाकर खड़ी की। इतिहास की नज़र से हिंदुस्तान में यह पहला दूर-दूर तक फैला हुआ केंद्रीय राज्य था। परंपरा इस तरह के बहुत-से हाक़िमों और अधिपतियों की चर्चा करती है, और एक महाकाव्य में हिंदुस्तान के आधिपत्य के लिए युद्ध होने का हाल दिया है। यहाँ मक़सद शायद उत्तरी हिंदुस्तान से है। लेकिन ज़्यादा संभव यह है कि क़दीम हिंदुस्तान क़दीम यूनान की तरह छोटी रियासतों का एक गिरोह था। बहुत-से गणराज्य थे, और इनमें से कुछ का बड़ा विस्तार था; छोटी-छोटी रियासतें भी थीं, इनके अलावा, यूनान की तरह यहाँ शहरी रियासतें भी थीं और इनमें सौदागरों के ज़बरदस्त संघ थे। बुद्ध के ज़माने में के ज़माने में बहुत-से गणराज्य थे और मध्य और उत्तरी हिंदुस्तान में (जिसमें अफ़गानिस्तान का एक भाग, गंधार, भी था) चार बड़े राज्य थे। संगठन जैसा भी रहा हो, शहरी या गाँव की ख़ुद- अख़्तियारी की परंपरा बड़ी मजबूत थी, और उस हालत में भी, जब किसी का आधिपत्य मान लिया जाता था, रियासत के अंदरूनी इंतज़ाम में कोई बाहरी दख़ल न देता था। यहाँ एक क़िस्म का आदिम लोकतंत्र था, अगरचे यूनान की तरह यहाँ भी यह ऊँचे वर्ग के लोगों तक महदूद थी।

क़दीम हिंदुस्तान और क़दीम यूनान बहुत-सी बातों में एक-दूसरे से बहुत मुख़्तलिफ़ रहे हैं, फिर भी इनमें इतनी ज्यादा बातें ऐसी हैं, जो आपस में एक-सी हैं कि मेरा ख़याल होता है कि इनकी ज़िंदगी की पृष्ठभूमि बहुत मिलती-जुलती रही होगी। पेलोपोनीसियन युद्ध का, जिसने एथेन्स के लोकतंत्र का ख़ात्मा किया, कुछ बातों में क़दीम हिंदुस्तान के बड़े युद्ध, महाभारत, से मुक़ाबला हो सकता है। यूनानी सभ्यता और आज़ाद शहरी रियासतों की नाकामयाबी ने संदेह और निराशा के भाव पैदा किये और इससे लोग रहस्यों और क़रिश्मों के पीछे पड़े और जाति के आदर्श गिरने लगे। बाद में फ़िलसफ़े के नये मतों– स्टोइक[13] और

13. इस मत का क़ायम करनेवाला जेनो नाम का फ़िलसूफ़ था। इस मत के लोग अपने आवेगों को काबू में रखने पर जोर देते थे।

एपिक्यूरियन[14]–का विकास हुआ।

ज़रा-सी और कभी-कभी परस्पर-विरोधी सामग्री की बिनाह पर ऐतिहासिक तुलनाएं करना ख़तरनाक और भुलावे में डालनेवाली बात हो सकती है। लेकिन हिंदुस्तान में महाभारत की लड़ाई के बाद का ज़माना, जबकि मानसिक वातावरण बड़ा अस्त-व्यस्त हो गया था, हमें यूनान के उस ज़माने की याद दिलाता है, जब यूनानी संस्कृति का अंत हो गया था। आदर्शों में पस्ती आ गई थी और नये फ़िलसफ़ों की तलाश थी, राजनैतिक और आर्थिक दृष्टि से भीतरी तबदीलियाँ होती रही होंगी, जैसे गणराज्यों और शहरी रियासतों का कमज़ोर हो जाना और केंद्रीय राज्यों की तरफ़ रुझान होना।

लेकिन यह मुक़ाबला हमें बहुत दूर नहीं ले जाता। दरअसल यूनान इन धक्कों से कभी संभला नहीं, अगरचे यूनानी सभ्यता कुछ और सदियों तक भूमध्यसागरीय प्रदेश में बनी रही और उसने रोम और यूरोप पर अपना असर डाला। हिंदुस्तान अद्भुत रूप से संभला और महाकाव्यों और बुद्ध के ज़माने के बाद के एक हज़ार सालों में रचनात्मक शक्ति की हम बहुतायत पाते हैं। फ़िलसफ़ा, साहित्य, नाटक, गणित और कलाओं में हमें अनगिनत बड़े-बड़े नाम मिलते हैं। ईसवी सन की शुरू की सदियों में मानो स्फूर्ति फूटी पड़ती है और इसका नतीजा यह होता है कि उपनिवेशों के साहसी संगठन होते हैं और ये हिंदुस्तान के लोगों और उनकी संस्कृति को पूर्वी समुद्र के दूर-दूर देशों तक पहुँचाते हैं।

❐

12. महाकाव्य, इतिहास, परंपरा और कहानी-क़िस्से

क़दीम हिंदुस्तान के दो बड़े महाकाव्य-रामायण और महाभारत—शायद कई सदियों में तैयार हुए और बाद में भी उनमें नये टुकड़े जोड़े जाते रहे। उनमें भारतीय-आर्यों के शुरू के दिनों का हाल है—उनकी विजयों का, उनकी आपस की उस वक़्त की लड़ाइयों का, जब वे फैल रहे थे और अपनी ताक़त को मज़बूत कर रहे थे—लेकिन इन महाकाव्यों की रचना और संग्रह बाद की बाते हैं। मैं कहीं की किसी ऐसी पुस्तक नहीं जानता हूँ, जिसने आम जनता के दिमाग़ पर इतना लगातार और व्यापक असर डाला हो, जितना कि इन दो पुस्तकों ने डाला है। इतने क़दीम वक़्त में तैयार की गई होने पर भी वे हिंदुस्तानियों की ज़िंदगी में आज भी अपना जीता-जागता असर रखती हैं। मूल संस्कृत में तो थोड़े-बहुत क़ाबिल लोगों तक ये पहुँचती हैं, लेकिन तरजुमों और बहुत- से और तरीक़ों से, जिनसे परंपरा और क़िस्से-कहानियाँ फैलती हैं और आम लोगों की ज़िंदगी का ताना-बाना बन जाती हैं, ये जनता तक पहुँची हुई हैं।

---

14. इस मत का संस्थापक एपीक्यूरस नाम का फ़िलसूफ़ था। दुनिया की चीजों का आनंद लेने के पक्ष में इसकी शिक्षा थी।

इनमें हमें वह ख़ास हिंदुस्तानी ढंग मिलता है, जिसमें जुदा-जुदा सांस्कृतिक विकास के लोगों के लिए एक साथ सामग्री पेश की जाती है, यानी ऊँचे-से-ऊँचे दर्जे के विद्वानों से लेकर अनपढ़ और अशिक्षित देहाती तक के लिए। इनके ज़रिये हमें क़दीम हिंदुस्तानियों का वह गुर कुछ-कुछ समझ में आ जाता है, जिससे वे एक पंचमेल और जात-पांत में बंटे हुए समाज को इकट्ठा बनाये रखने में, उनके झगड़ों को सुलझाते रहने में, उन्हें वीर परंपरा और नैतिक रहन-सहन की समान भूमिका देने में कामयाब हुए हैं। उन्होंने कोशिश करके लोगों में एक आम नज़रिया क़ायम किया और यह सब भेदभावों से ऊपर था और बना रहा।

मेरे बचपन की सबसे पहली यादों में इन महाकाव्यों की उन कहानियों की यादें हैं, जिन्हें मैंने अपनी माँ से और घर की बड़ी-बूढ़ी औरतों से उसी तरह सुना था, जिस तरह कि यूरोप या अमरीका में बच्चे परियों की या दूसरी साहस की कहानियाँ सुनते हैं। इन कहानियों में मेरे लिए परियों की कहानियों और साहस की कहानियों, दोनों, के ही तत्त्व मौजूद थे और फिर हर साल खुले मैदान में होनेवाले उन लोकप्रिय नाटकों में ले जाया जाता था, जहां रामायण की कथा का अभिनय होता था और बहुत बड़े मजमे उसे देखने के लिए इकट्ठा होते थे। ये सब बातें बड़े भद्दे ढंग से हुआ करती थीं, लेकिन इससे कोई फ़र्क नहीं पड़ता था, क्योंकि कहानी तो सभी लोगों की जानी हुई थी, और त्यौहार के दिन आनंद के दिन होते थे।

इस तरीक़े पर हिंदुस्तान के क़िस्से-कहानियां और पुरानी परंपरा मेरे दिमाग़ में घर करती रहीं और ये बहुत-सी और दूसरी ख़याली बातों से मिलती-जुलती रहीं। मुझे ऐसा ख़याल नहीं कि मैंने इन कहानियों को हूबहू सच समझकर उन पर कभी ज़्यादा अहमियत दी हो; बल्कि उनमें जादू-टोने या अलौकिकता के जो अंश होते, उनकी मैंने आलोचना भी की है। लेकिन कल्पना में, मेरे लिए वे काफ़ी सच्ची रही हैं, उसी तरह जिस तरह कि अलिफ़लैला या पंचतंत्र की कहानियां, जो जानवरों के क़िस्सों का भंडार है और जिनसे पच्छिमी एशिया और यूरोप ने बहुत-कुछ हासिल किया है।[15] जब मैं बड़ा हुआ, तो और तस्वीरें मेरे दिमाग़

---

15. पंचतंत्र के एशियायी और यूरोपीय भाषाओं में अनगिनत अनुवादों और नक़ल की कहानी लंबी, पेचीदा और दिलचस्प है। पहला तरजुमा, जिसका कि पता चलता है, संस्कृत से पहलवी में ईसा की छठी सदी के मध्य में ईरान के बादशाह खुसरो नौशेरवां के कहने से हुआ था। उसके बहुत जलद बाद (लगभग 570 ई० में,) सीरियन भाषा में एक तरजुमा निकला और उसके बाद एक तरजुमा अरबी में हुआ। ग्यारहवीं सदी में सीरियन, अरबी और फ़ारसी में नये तरजुमे हुए, इनमें से आखिरी 'कलीया दमन' की कहानी के नाम से मशहूर हुआ। इन तरजुमों के जरिये से 'पंचतंत्र' यूरोप में पहुँचा। ग्यारहवीं सदी के अंत में सीरियन से यूनानी भाषा में तरजुमा हुआ और कुछ बाद में इब्रानी भाषा में। पंद्रहवीं और सोलहवीं सदियों में इसके कई तरजुमे या नक़लें लातीनी, इटालियन, स्पैनिश, जर्मन, स्वीडिश, डेनिश, डच, आइसलैंडिश, फ्रान्सीसी,

में इकट्ठा हुईं-हिंदुस्तान और यूरोप की परियों की कहानियां, यूनानी दंत कथाएं, जोन ऑब आर्क की कहानी, 'ऐलिस इन वंडरलैंड' की कहानी, अकबर और बीरबल की बहुत-सी कहानियां, शरलाक होम्स के क़िस्से, राजा आर्थर और उसके सरदारों की कथाएं, हिंदुस्तानी ग़दर की नायिका, झांसी की रानी की कथा और राजपूती बहादुरी और जौहर की कहानियां। ये, और बहुत-सी और कहानियाँ कुछ अजीब तरह के उलझाव के साथ मेरे दिमाग़ में भरी हुई थीं, लेकिन हमेशा इनके पीछे, एक भूमिका की तरह वे हिंदुस्तानी दंत-कथाएं थीं, जिन्हें मैंने अपने शुरू-बचपन—के दिनों में सीखा था।

अगर मेरा यह हाल था, जिसके दिमाग़ पर तरह-तरह के असर पड़े थे, तो मैंने अनुभव किया कि इन पुरानी दंत कथाओं और परंपरा का औरों के दिमाग़ पर, ख़ासतौर पर हमारी अनपढ़ जनता के दिमाग़ पर कितना ज्यादा पड़ा होगा। यह असर संस्कृति और नीति, दोनों ही के लिहाज़ से अच्छा असर रहा है और इन कहानियों या रूपकों की सुंदरता और ख़याली संकेत को बरबाद करना या फेंक देना मैं हरग़िज पसंद न करूंगा।

हिंदुस्तान की दंत-कथाएं महाकाव्यों तक महदूद नहीं हैं, वे वैदिक काल तक पहुँचती हैं और अनेक रूपों और पोशाकों में संस्कृत साहित्य में आती है। कवि और नाटककार इनसे पूरा फ़ायदा उठाते हैं और अपनी कथाएं और सुंदर कल्पनाएं इनके आधार पर बनाते हैं। कहा जाता है कि अशोक का वृक्ष सुंदरी स्त्री के पैरों से छुआ जाकर फूल उठता है। हम कामदेव की और उसकी स्त्री, रति की कथाएं पढ़ते हैं, और उसके मित्र बसंत की। काम दुस्साहस करके अपना पुष्पबाण स्वयं शिव पर चलाता है और शिव के तीसरे नेत्र से निकली हुई ज्वाला में भस्म हो जाता है। लेकिन वह अनंग, यानी बिना शरीर का, होकर जिंदा रहता है।

इन पुराणों की कथाओं और वीरगाथाओं में सचाई पर अड़े रहने और चाहे जैसा जोखिम होने पर अपने वचन का पालन करने, मृत्यु तक और उसके बाद भी वफ़ादारी न छोड़ने, साहसी और अच्छे काम करने और लोकहित के लिए त्याग करने की शिक्षाएं दी गई हैं। कभी-कभी तो ये कहानियां बिलकुल ख़याली होती हैं, कभी उनमें घटनाओं और कल्पनाओं का मेल-जोल रहता है, किसी ऐसी घटना का, जिसे परंपरा ने महफ़ूज़ रखा है, बढ़ा-चढ़ा बयान होता है। सच्ची घटनाएँ और गढ़े हुए क़िस्से इस तरह एक में मिल गए हैं कि दोनों अंशों को अलग करना ग़ैर-मुमकिन है और इस तरह का गड्ड-मड्ड ख़याली इतिहास की जगह ले लेता है, जो चाहे हमें यह न बता सके कि दरअसल हुआ क्या, लेकिन जो हमें उतनी ही महत्त्व की दूसरी सूचना देता है, यानी लोग क्या हुआ समझते रहे हैं। उनकी समझ में उनके वीर पूर्वज कैसे-कैसे काम कर सकते थे और उनके क्या आदर्श थे? इस तरह ये चाहे सच्ची घटनाएं हों, चाहे गढ़े हुए क़िस्से, यहाँ के रहनेवालों की ज़िंदगी के ये जीते-

---

अंग्रेजी, हंगेरियन और कई स्लाव भाषाओं में हुई। इस तरह से 'पंचतंत्र' की कहानियाँ एशियायी और यूरोपीय साहित्यों में मिल-जुल गईं।

जागते जुज़ बन जाते हैं और उन्हें अपनी रोज़मर्रा की ज़िंदगी की नीरसता और कुरूपता से बचाकर ऊँची दुनिया की तरफ़ खींचते रहे हैं और आदर्श तक पहुँचना चाहे जितना भी कठिन रहा हो, हमेशा कर्तव्य और सही जीवन का रास्ता दिखाते रहे हैं।

कहा जाता है कि गेटे ने उन लोगों की मलामत की है, जिन्होंने लूक्रिशिया को और दूसरी पुरानी रोमन वीरगाथाओं को गढ़ंत और झूठी बताया है। उसने कहा है कि जो चीज़ दरअसल जाली और झूठी होगी, वह भद्दी और निकम्मी भी होगी, कभी सुंदर और रूह फूंकनेवाली नहीं हो सकती, और "अगर रोमन लोग इतने काफ़ी बड़े थे कि इस तरह की चीज़ें गढ़ सके, तो हमें कम-से-कम इतना बड़ा होना चाहिए कि उनमें यक़ीन कर सकें।"

इसलिए यह कल्पित इतिहास, जो घटनाओं और गढ़ंत का मेल है, या जो कभी- कभी बिलकुल गढ़ंत है, एक प्रतीक के रूप में सत्य बन जाता है और हमें उस ख़ास ज़माने के लोगों के दिल और दिमाग और मकसदों के बारे में बताता है। एक और मानी में यह सच है कि यह विचार और काम की बुनियाद में पहुँचाता है—जहाँ तक आनेवाले इतिहास का ताल्लुक़ है। क़दीम हिंदुस्तान में इतिहास की समूची धारणा पर फ़िलसफ़े और मज़हब के सोच-विचार का और इख़लाकी रुझानों का असर पड़ा है। तारीख़वार इतिहास लिखने की या घटनाओं का कोरा हाल इकट्ठा कर लेने की कोई ख़ास अहमियत नहीं रही है। जिस बात की उन्हें ज्यादा फ़िक्र रही है, वह यह है कि इन्सानी घटनाओं का इन्सानी आचरण पर क्या प्रभाव और असर रहा है। यूनानियों की तरह ये लोग बड़े कल्पनाशील और कला-विषय में गुणी थे और गुज़री हुई घटनाओं के बारे में भी उन्होंने कल्पना और कला से काम लिया है, क्योंकि उनका ध्यान इस बात पर रहा है कि आगे के आचरण के लिए कुछ सबक़ लिया जाय।

यूनानियों, चीनियों और अरबवालों की तरह क़दीम हिंदुस्तानी इतिहासकार नहीं थे। यह एक दुर्भाग्य की बात है और इसके कारण आज हमारे लिए तिथियां या काल-क्रम निश्चित करना मुश्किल हो गया है। घटनाएं एक-दूसरी से गुंथ जाती हैं और बड़ा उलझाव पैदा हो जाता है। बहुत धीरज के साथ मेहनत करके ही विद्वानों ने हिंदुस्तानी इतिहास की भूल-भुलैया के बीच से कुछ अता-पता लगाया है। सच पूछा जाय, तो सिर्फ़ एक किताब है, यानी कल्हण की 'राजतरंगिणी', जो ईसा की बारहवीं सदी में लिखा हुआ काश्मीर का इतिहास है, जिसे हम इतिहास कह सकते हैं। बाक़ी इतिहास के लिए हमें महाकाव्यों के कल्पित इतिहास की, या पुस्तकों की मदद लेनी पडती है, या शिलालेखों, कला के कारनामों या इमारतों के खंडहरों, सिक्कों, या विस्तृत संस्कृत-साहित्य से जहाँ-तहाँ इशारे मिल जाते हैं। हाँ, विदेशी यात्रियों के सफ़रनामों से भी मदद मिलती है, ख़ासकर यूनानियों, चीनियों और बाद के ज़माने के लिए अरबों के सफ़रनामों से।

ऐतिहासिक बुद्धि की इस कमी से जनता का कोई नुक़सान नहीं हुआ था; क्योंकि जैसा और जगह होता है, बल्कि और जगह से ज्यादा, यहाँ जनता ने अतीत के बारे में अपने

विचार परंपरागत बयानों, पुराण की कहानियों और गाथाओं की नींव पर, जो पीढ़ी-दर-पीढ़ी चली आती है, बनाये थे। यह क़यासी तारीख़ या वाक्यों और कहानियों की मिलावट ऐसी थी, जिससे लोग ख़ूब परिचित हो गए थे और इस तरह जनता की एक पक्की सांस्कृतिक पृष्ठभूमि तैयार हो गई थी। लेकिन इतिहास की तरफ़ से लापरवाही के बुरे नतीजे भी हुए और ये अब तक हमारा पीछा कर रहे हैं। इसने हमारा नजरिया धुंधला कर दिया, ज़िंदगी से एक तरह का बिलगाव पैदा किया, हमें झट विश्वास कर लेनेवाला बना दिया और जहाँ तक वाक़ये का ताल्लुक़ था, हमारे दिमाग़ में उलझाव डाल दिया। फ़िलसफ़े के मैदान में, जो कहीं मुश्किल, अगरचे लाज़िमी तौर पर अस्पष्ट और अनिश्चित होता है, हमें यह दिमाग़ी उलझाव नहीं मिलता; हम इस मैदान में हिंदुस्तानी दिमाग में विश्लेषण और समन्वय दोनों की क़ाबलियत पाते हैं, अकसर इसे हम बहुत नुक़्ताचीनी और शक़ व शुबहे करनेवाला देखते हैं। लेकिन जहाँ तक वाक़ये का ताल्लुक़ है, या ग़ैर-नुक़्ता चीनी रहा है, शायद इसलिए कि यह ख़ुद वाक़ये पर ज्यादा अहमियत नहीं देता रहा' है।

विज्ञान और आजकल की दुनिया से वास्ता पड़ने की वजह से अब वाक़यों की समझ-बूझ पैदा हुई है, जाँच-पड़ताल की और प्रमाणों के तौलने की बुद्धि उपजी है और परंपरा को ज्यों-का-त्यों क़ुबूल करने से इन्कार भी हुआ है। बहुत-से क़ाबिल तारीख़-दां आजकल काम में लगे हुए हैं, लेकिन वे अकसर उलटी ही ग़लती करते हैं, यानी घटनाओं के काल-क्रम की तो बहुत छान-बीन करते हैं, लेकिन जिंदा इतिहास को छोड़ देते हैं। लेकिन आजकल भी हम पर परंपरा का कितना असर होता है, यह एक ताज्जुब की बात है, और बुद्धिमान आदमी की विवेचना - बुद्धि भी जाती रहती है। मुमकिन है, यह इस वजह से हो कि हम अपनी मौजूदा हालत में जातीयता के ख़याल में ग़र्क हैं। जब हमें राजनैतिक और आर्थिक आज़ादी हासिल हो जायगी, तभी हमारा दिमाग़ बाक़ायदा और सही अंदाज़ में काम करेगा।

जाँच-पड़ताल के नज़रिये क़ौमी परंपरा के बीच टक्कर की एक बहुत हाल की, अहमियत रखनेवाली और भेद प्रकट करनेवाली मिसाल है। हिंदुस्तान के बहुत बड़े हिस्से में विक्रम संवत चलता है। इसका आधार सौरगिनती पर है, लेकिन महीने चांद के अनुसार गिने जाते हैं। पिछले महीने में, यानी अप्रैल 1944 में, इस संवत के हिसाब से, दो हज़ार साल पूरे हुए, और एक नई सहस्राब्दी शुरू हुई। इस मौके पर सारे हिंदुस्तान में उत्सव मनाये गए, और यह उत्सव मनाया जाना वाजिब था, क्योंकि एक तो काल गणना के ख़याल से यह बहुत बड़ा मौक़ा था, दूसरे विक्रम या विक्रमादित्य, जिसके नाम से यह संवत चलता है, बहुत पुराने वक़्त से लोक-परंपरा का एक प्रधान पुरुष रहा है। उसके नाम के साथ अनगिनत कहानियाँ गुंथी हुई हैं और उनमें से बहुत-सी मध्य युग में जुदा-जुदा पोशाकों में, एशिया के जुदा-जुदा हिस्सों में पहुँची हैं और बाद में यूरोप में भी।

विक्रम बहुत ज़माने से एक क़ौमी सूरमा और आदर्श राजा समझा जाता रहा है।

उसकी याद एक ऐसे शासक के रूप में की जाती है, जिसने विदेशी हमला करनेवालों को मार भगाया। लेकिन उसकी कीर्ति की ख़ास वजह उसके दरबार की साहित्यिक और सांस्कृतिक चमक-दमक है, जहाँ उसने कुछ बहुत मशहूर कवियों, कलावंतों और गवैयों को इकट्ठा किया था और ये उसके दरबार के 'नवरत्न' कहलाते थे। उसके बारे में जो कथाएं हैं, ज़्यादातर ऐसी हैं, जिनसे उसकी अपनी प्रजा की भलाई करने की ख़्वाहिश ज़ाहिर होती है, और यह कि वह ज़रा-सी ज़रूरत पड़ने पर दूसरे को लाभ पहुंचाने के लिए अपने स्वार्थ का त्याग करता था। वह अपनी उदारता, दूसरों की सेवा, साहस और निरभिमान के लिए मशहूर है। वह ख़ासकर इस वजह से लोकप्रिय है कि वह एक अच्छा आदमी, कलाओं का हामी और सरपरस्त समझा जाता था। वह सफल योद्धा या विजेता था, यह बात कहानियों में नहीं प्रकट की गई है। भलाई और आत्म-त्याग पर यह ज़ोर हिंदुस्तानी दिमाग़ और आदर्शों की विशेषता है। सीज़र की तरह विक्रमादित्य का नाम एक तरह की पदवी और प्रतीक बन गया और बाद के बहुत-से शासकों ने इसे अपने नामों के साथ जोड़ लिया। इस वजह से गड़बड़ी पैदा हो गई, क्योंकि बहुत-से विक्रमादित्यों का बयान इतिहास में आता है।

लेकिन यह विक्रम था कौन? और वह कब हुआ? इतिहास की दृष्टि से यह बात बिलकुल अस्पष्ट है। ईसा से 57 वर्ष पहले, जब इस संवत का आरंभ होता है, इस तरह के किसी शासक का पता नहीं है। हाँ, उत्तर हिंदुस्तान में, चौथी सदी ईसवी में एक विक्रमादित्य था, जो हूणों के साथ लड़ा था और जिसने उन्हें मार भगाया था। यही वह व्यक्ति है, जिसके दरबार में 'नवरत्नों' का होना समझा जाता है और जिसके आस-पास ये कहानियाँ बनी हैं। अब सवाल यह होता है कि चौथी सदी ईसवी के इस विक्रमादित्य का ताल्लुक़ उस संवत से कैसे हो सकता है, जिसका आरंभ इससे 57 वर्ष पहले होता है? शायद इसकी व्याख्या इस तरह है कि मध्य भारत की मालवा रियासत में 57 ई० पू० से शुरू होनेवाला एक संवत चला आ रहा था, विक्रम के बहुत बाद यह संवत उसके नाम के साथ किसी तरह जुड़ गया और उसका नया नामकरण हुआ। लेकिन ये सभी बातें अस्पष्ट और अनिश्चित हैं।

जो सबसे अचरज की बात है, वह यह है कि काफ़ी समझ-बूझ के हिंदुस्तानियों ने परंपरा के इस वीर-पुरुष विक्रम के नाम के साथ जैसे भी हो, 2000 वर्ष पुराने इस संवत को जोड़ने के लिए इतिहास के साथ किसी तरीक़े पर खिलवाड़ किया है। यह बात भी दिलचस्प है कि विदेशी के ख़िलाफ़ लड़ाई करने पर और एक क़ौमी राज्य के अंतर्गत हिंदुस्तान की एकता क़ायम करने की इच्छा पर ज़ोर दिया गया है। दरअसल विक्रम का राज्य उत्तरी और मध्य-हिंदुस्तान तक महदूद था।

हिंदुस्तानी ही अकेले नहीं हैं, जिन पर इतिहास के लिखने या उस पर विचार करने में क़ौमी भावनाओं और क़ौमी समझी गई दिलचस्पियों का असर पड़ता हो। हर क़ौम और सभी लोगों में गुज़रे हुए ज़माने को ज़्यादा अच्छा करके दिखलाने और चमकाने तथा अपने पक्ष में तोड़ने-मरोड़ने की ख़्वाहिश रहती है। हिंदुस्तान के जिन इतिहासों को हममें से बहुतों

को पढ़ना पड़ा है, वे ज़्यादातर अंग्रेजों के लिखे हुए हैं और जो आमतौर पर ब्रिटिश हुकूमत की तरफ़दारी में या तो सफ़ाइयां पेश करते हैं, या उसके गुण गाते हैं और उसके साथ-साथ यहाँ की हज़ारों बरस पहले होनेवाली घटनाओं का मुश्किल से छिपाई हुई हिक़ारत के साथ बयान है। दरअसल, उनके लिए मतलब का इतिहास तो हिंदुस्तान में अंग्रेज़ों के आने के साथ शुरू होता है; उसके पहले जो कुछ हुआ, वह किसी भेद-भरे ढंग से इस दैवी उत्कर्ष की तैयारी में हुआ है। ब्रिटिश ज़माने के इतिहास का भी अंग्रेज़ों के गुणों और अंग्रेज़ी हुकूमत का बड़प्पन ज़ाहिर करने के लिए, तोड़-मरोड़ किया गया है। बहुत धीरे-धीरे एक ज़्यादा सही नज़रिया अब बन रहा है। लेकिन इतिहास में अपने मतलब के मुताबिक़ उलट-फेर करने की मिसाल के लिए गुज़रे ज़माने के इतिहास में पैठने की ज़रूरत नहीं। आज का ज़माना ऐसी मिसालों से भरा पड़ा है, और अगर मौजूदा ज़माने की, जिसे हम देख रहे हैं और जिसका अनुभव कर रहे हैं, इस तरह तोड़-मरोड़ हो सकती है, तो गुज़रे हुए ज़माने के बारे में क्या कहा जाय?

फिर भी यह सच है कि हिंदुस्तान के लोगों में परंपरा और चली आई बात को वग़ैर पूरी-पूरी जाँच-परख के इतिहास के रूप में मान लेने की आदत है। उन्हें इस तरह के शिथिल विचारों से और नतीजों पर पहुँचने के सहज तरीकों से अपने को छुड़ाना पड़ेगा।

लेकिन मैं देवताओं और देवियों की और उन दिनों की चर्चा कर रहा था, जब पुराण के क़िस्सों और कथाओं का आरंभ हुआ था, और इस चर्चा से बहुत दूर हट आया। वे ऐसे दिन थे, जब ज़िंदगी भरी-पूरी थी और प्रकृति के साथ उसका तार-तार मिला हुआ था, जब आदमी का दिमाग़ विश्व के रहस्यों पर अचरज और आनंद से निगाह डालता था, जब स्वर्ग और धरती एक-दूसरे के बहुत क़रीब जान पड़ते थे और देवता लोग तथा देवियां कैलास से, या हिमालय में स्थित अपने धामों से आलिंपस के देवताओं की तरह आदमियों और औरतों के बीच खेल करने या कभी-कभी उन्हें दंड देने के लिए उतर आते थे। इस भरी-पूरी ज़िंदगी और शानदार कल्पना से कथा-कहानियों का और बली तथा सुंदर देवताओं एवं देवियों का जन्म हुआ, क्योंकि यूनानियों की तरह हिंदुस्तानी भी ज़िंदगी और सौंदर्य के प्रेमी थे। प्रोफेसर गिल्बर्ट मरे हमें ओलिंपयन देवी-देवताओं की अपार सुंदरता बताते हैं। उनका बयान हिंदुस्तानी दिमाग़ की शुरू की सृष्टियों के बारे में भी ठीक उतरता है।" वे कलावंतों के सपने, आदर्श और रूपक हैं; वे किसी ऐसी वस्तु के प्रतीक हैं, जो हमसे बाहर की है, वे देवता हैं ऐसी परंपरा के, जो आधी तर्क की जा चुकी है; अनजान में जिनकी कल्पना कर ली गई है; जिन तक हमारी आकांक्षाएं पहुँचती हैं। वे ऐसे देवता हैं, जिनकी उचित सावधानी के साथ अधकचरे फ़िलसूफ़ अनेक उज्ज्वल और दिल को मथनेवाले अनुमानों के प्रसंग में प्रार्थना कर सकते हैं। वे ऐसे देवता नहीं हैं, जिनमें कोई वाक़ये के तौर पर यक़ीन करता हो।"[16] इसके बाद जो प्रोफेसर मरे कहते हैं, वह हिंदुस्तान पर उतना ही लागू है—"जिस

16. यह और इसके बाद का उद्धरण, दोनों गिल्बर्ट मरे की पुस्तक 'फ़ाइव स्टेजेंज़

तरह आदमी की गढ़ी हुई सुंदर-से-सुंदर मूर्ति देवता नहीं होती, बल्कि एक प्रतीक होती है, जिसके ज़रिये देवता की कल्पना हो सके; उसी तरह से ख़ुद देवता, जब उनकी कल्पना की जाती है, तो यथार्थ नहीं बन जाते, बल्कि यथार्थ की कल्पना में मदद करनेवाले केवल प्रतीक होते हैं... इस बीच उन्होंने कोई ऐसा मत नहीं चलाया, जो ज्ञान के ख़िलाफ़ पड़ता हो, कोई ऐसे हुक्म नहीं जारी किये, जिनके कारण कि इन्सान अपनी अंदरूनी रोशनी के ख़िलाफ़ पाप करता।"

रफ़्ता-रफ्ता वैदिक और दूसरे देवी-देवताओं के दिन हटकर पीछे पहुँच गए और उसकी जगह कठिन फ़िलसफ़े ने ली ली। लेकिन लोगों के दिमाग़ों में सुख के संगियों और दुःख के साथियों की तरह उनकी अपनी आकांक्षाओं और अस्पष्ट रूप से अनुभव किये गए आदर्शों के रूप में वे मूरतें फिर भी तिरती रहीं और उनके गिर्द कवियों ने अपनी कल्पनाएं लपेटीं, और अपने सपनों के घर बनाये और उन्हें अच्छी तरह सजाया। इनमें से बहुत-सी कथाओं और कवियों की कल्पनाओं को एफ. डब्ल्यू. बेन ने सुंदर ढंग से हिंदुस्तानी कथाओं-संबंधी अपनी किताबों में उतारा है। इनमें से एक 'डिजिट ऑव दि मून' में हमें यह बताया गया है कि औरत की सृष्टि कैसे हुई-" शुरू में जब त्वष्टा (विश्वकर्मा) स्त्री की रचना पर आया, तो उसने पाया कि वह अपनी सारी सामग्री आदमी की बनावट में ख़र्च कर चुका है और ठोस वस्तु तत्त्व बच नहीं रहा है। इस पशोपेश में उसने गहरा सोच-विचार किया और जो किया, वह यह था—उसने चांद की गोलाई, लताओं का ख़म, लता - तंतुओं का चिपटना, दूब का कंपना, नरकुल की नज़ाक़त, फूलों का खिलाव, पत्तियों का हलकापन, हाथी की सूंड का सुडौलपन, हिरनों की नज़र, मक्खियों का एकत्र होना, सूरज की किरनों की ख़ुशी, बादलों का रोना, हवा की चंचलता, ख़रगोश का डर और मोरों का घमंड लिया, फिर सुग्गे की छाती से कोमलता और बज्र से कठोरता, शहद की मिठास, चीते की निर्दयता, आग की धधक और बर्फ़ की ठंड, चिटचिटे की चहचहान और कोयले की कूक, सारस का छल और चक्रवाक-चकवे की वफ़ादारी ली और इन सबको मिलाकर स्त्री को रचा और फिर उसे मनुष्य को दे दिया।"

❒

13. महाभारत

महाकाव्यों का समय बताना कठिन है। इनमें उस क़दीम ज़माने का हाल हैं, जब कि आर्य हिंदुस्तान में बस रहे थे और अपनी जड़ जमा रहे थे। ज़ाहिरा तौर पर इन्हें बहुत-से लेखकों ने लिखा है या इनमें मुख्तलिफ़ वक़्तों में इज़ाफ़ा किया है। रामायण ऐसा महाकाव्य

ऑव ग्रीक रिलिजन' (थिंकर्स लाइब्रेरी) पृ० 76 और बाद के पृष्ठ से लिये गए हैं।

है, जिसमें बयान में थोड़ी-बहुत एकता है; महाभारत प्राचीन ज्ञान का एक बड़ा और फुटकर संग्रह है। दोनों ही बौद्ध-काल से पहले बन गए होंगे, अगरचे इसमें शक़ नहीं कि इनमें बाद में भी हिस्से जोड़े गए हैं।

फ्रान्सीसी इतिहासकार मिशले, 1864 में, ख़ासतौर पर रामायण के हवाले में लिखते हुए कहते हैं-" जिस किसी ने भी बड़े काम किये हैं या बड़ी आकांक्षाएं की उसे इस गहरे प्याले से ज़िंदगी और जवानी की एक लंबी घूट पीनी चाहिए... पच्छिम में सभी चीज़ें संकरी और तंग हैं-यूनान एक छोटी जगह है और उसका विचार करके मेरा दम घुटता है; जूडिया ख़ुश्क जगह है और मैं हांफ जाता हूँ। मुझे विशाल एशिया और गहन पूर्व की तरफ़ ज़रा देर को देखने दो। वहाँ मिलता है मेरे मन का महाकाव्य-हिंद-महासागर-जैसा विस्तृत, मंगलमय, सूर्य के प्रकाश से चमकता हुआ, जिसमें दैवी संगीत है और जहाँ कोई बेसुरापन नहीं। वहाँ एक गहरी शांति का राज्य है, और कशमकश के बीच भी वहाँ बेहद मिठास और इंतहा दर्जे का भाई-चारा है, जो सभी जिंदा चीज़ों पर छाया हुआ है—मुहब्बत, दया, क्षमा का अपार अथाह समुंदर है।"

महाकाव्य की हैसियत से रामायण एक बहुत बड़ा ग्रंथ ज़रूर है और उससे लोगों को बहुत चाव है, लेकिन यह महाभारत है, जो दरअसल दुनिया की सबसे ख़ास पुस्तकों में से एक है। यह एक विराट कृति है, परंपरा और कथाओं का और हिंदुस्तान की क़दीम राजनैतिक और सामाजिक संस्थाओं का यह एक विश्व-कोश है। दस साल से ज़्यादा से बहुत-से अधिकारी हिंदुस्तानी विद्वान मिलकर उन पाठों की जाँच-पड़ताल में लगे हुए हैं, जो अब तक हासिल हुए हैं, जिसमें कि एक प्रामाणिक संस्करण छपाया जा सके। कुछ हिस्से उन्होंने छापकर प्रकाशित भी कर दिए हैं, लेकिन काम अब भी अधूरा है और चल रहा है। यह एक दिलचस्प बात है कि इस भयानक और व्यापक युद्ध के दिनों में भी रूस के पूर्वी विद्याओं के जाननेवाले विद्वानों ने महाभारत का रूसी तरजुमा पेश किया है।

शायद यह वह ज़माना था, जबकि विदेशी लोग हिंदुस्तान में आ रहे थे और अपने साथ अपने रीति-रिवाजों को ला रहे थे। इनमें से बहुत-से रीति-रिवाज आर्यों के रीति-रिवाजों से मुख्तलिफ़ थे, और इस तरह विरोधी विचारों और रीति-रिवाजों की एक अजीब खिचड़ी हमें देखने में आती है। आर्यों में एक स्त्री के कई पति होने का चलन नहीं था, फिर भी हम पाते हैं कि महाभारत की एक ख़ास पात्री के पांच पति हैं, जो आपस में भाई-भाई हैं। रफ़्ता-रफ्ता पहले के आदिम निवासी और नये आनेवाले लोग, दोनों ही आर्यों में घुल-मिलकर एक हो रहे थे और वैदिक-धर्म में भी इसी के मुताबिक़ तबदीली आ रही थी। यह वह व्यापक रूप अख्तियार कर रहा था, जिससे मौजूदा हिंदू-धर्म निकला है। यह मुमकिन इसलिए हो सका कि बुनियादी नज़रिया यह जान पड़ता है कि सचाई पर किसी एक का इज़ारा नहीं हो सकता, और उसे देखने और उस तक पहुँचने के बहुत-से रास्ते हैं। इस तरह सभी तरह के, यहाँ तक कि विरोधी, विश्वासों को गवारा किया जाता था।

महाभारत में हिंदुस्तान (या जिसे गाथाओं के अनुसार जाति के आदि पुरुष भरत के नाम पर भारतवर्ष कहा जाता था) की बुनियादी एकता पर ज़ोर देने की बहुत निश्चित कोशिश की गई है। इसका एक और पहले का नाम आर्यावर्त्त या आर्यों का देश था। लेकिन यह मध्य-हिंदुस्तान के बिंध्य पहाड़ तक फैले हुए उत्तरी हिंदुस्तान तक महदूद था। शायद उस ज़माने तक आर्य इस पहाड़ के सिलसिले के पार नहीं पहुँचे थे। रामायण की कथा आर्यों के दक्खिन में पैठने का इतिहास है। वह बड़ी ख़ाना-जंगी, जो बाद में हुई और जिसका महाभारत में बयान है, एक गोल-मोल तरीक़े से क़यास किया जाता है कि ईसा से क़ब्ल चौदहवीं सदी में हुई। यह लड़ाई हिंदुस्तान (या शायद उत्तरी हिंदुस्तान) पर सबसे ऊंचा अधिकार हासिल करने के लिए हुई थी और इससे सारे हिंदुस्तान के, भारतवर्ष के रूप में, कल्पना किये जाने की शुरुआत होती है। भारतवर्ष की जो यह कल्पना थी, उसमें आजकल के अफ़ग़ानिस्तान का ज्यादा हिस्सा, जिसे उस वक़्त गंधार कहते थे (और जिससे कुंदहार शहर का नाम पड़ा है) शामिल था और इस देश का अपना अंग समझा जाता था। सच तो यह है कि मुख्य शासक की स्त्री का नाम गांधारी, या गंधार की लड़की, था। दिल्ली इसी वक़्त हिंदुस्तान की राजधानी बनती है—मौजूदा शहर नहीं, बल्कि इसके पास के, इससे मिले हुए पुराने शहर, जो हस्तिनापुर और इंद्रप्रस्थ कहलाते थे।

बहन निवेदिता (मार्गरेट नोबुल) ने महाभारत के बारे में लिखते हुए बताया है- "विदेशी पाठक पर... दो ख़ास बातों का असर पड़ता है। पहली बात तो यह है कि विविधता में यहाँ एकता मिलती है; दूसरी यह कि सुननेवालों पर एक ऐसे मरकजी हिंदुस्तान के ख़याल को बिठाने की लगातार कोशिश है, जिसकी अपनी वीरता की परंपरा है, जो एकता के भाव को जगानेवाली है।"[17]

महाभारत में कृष्ण की कथाएं हैं और भगवद्गीता नाम का मशहूर काव्य भी है। गीता के फ़िलसफ़े के अलावा भी इस ग्रंथ में आमतौर पर ज़िंदगी में और रियासती मामलों में नीति और इख़लाक़ के उसूलों पर ज़ोर दिया गया है। धर्म की इस बुनियाद के बग़ैर सच्चा सुख नहीं मिल सकता और न समाज ही क़ायम रह सकता है। समाज की बहबूदी इसका मक़सद है, किसी एक गिरोह की बहबूदी नहीं, बल्कि सारी दुनिया की बहबूदी, क्योंकि "मर्त्यों की यह दुनिया एक परस्पर-आश्रित संगठन है। लेकिन धर्म ख़ुद सापेक्ष है और सचाई, अहिंसा वगैरह बुनियादी उसूलों के अलावा यह वक़्त परिस्थिति पर निर्भर करता है। ये उसूल हमेशा-हमेशा क़ायम रहते हैं और इनमें तबदीली नहीं आती, मगर इनके अलावा धर्म, जो कर्तव्यों और ज़िम्मेदारियों का गड्ड मड्ड है, बदलते हुए ज़माने के साथ बदलता रहता है। यहाँ और-और जगहों पर अहिंसा पर जो ज़ोर दिया गया है, वह दिलचस्प है, क्योंकि इसमें

---

17. **यह उद्धरण मैंने सर एस० राधाकृष्णन् की पुस्तक 'इंडियन फ़िलासफ़ी' से लिया है। मैं राधाकृष्णन् का, और उद्धरणों के लिए और इस अध्याय और दूसरे अध्यायों की बहुत-सी बातों के लिए, एहसानमंद हूँ।**

और किसी अच्छे मक़सद के लिए लड़ाई करने में कोई ज़ाहिरा विरोध नहीं माना गया है। सारा महाकाव्य एक बड़े युद्ध की घटनाओं को लेकर रचा गया है। जान पड़ता है कि अहिंसा की कल्पना का संबंध ज़्यादातर मक़सद से था, यानी मन में हिंसा का भाव न रखना चाहिए, आत्म-संयम करना चाहिए और गुस्से और नफ़रत पर क़ाबू पाना चाहिए; इसका मतलब यह नहीं था कि अगर ज़रूरी हो और किसी तरह बचत न हो सके, तो भी शरीर से कोई हिंसा का काम न बन पड़ना चाहिए।

महाभारत एक ऐसा बेशक़ीमती भंडार है कि हमें उसमें बहुत तरह की अनमोल चीज़ें मिल सकती हैं। यह रंग-बिरंगी, घनी और खुदबुदाती हुई ज़िंदगी से भरपूर है और इस बात में यह हिंदुस्तानी विचारधारा के दूसरे पहलू से बहुत हटकर है, जिसमें तपस्या और ज़िंदगी से इन्कार पर ज़ोर दिया गया है। यह महज़ नीति की शिक्षा देनेवाली किताब नहीं है, हालांकि नीति और इख़लाक़ की तालीम इसमें काफ़ी मिलेगी। महाभारत की शिक्षा का सार एक जुमले में रख दिया गया है-" दूसरे के लिए तू ऐसी बात न कर, जो तुझे ख़ुद अपने लिए नापसंद हो।" ज़ोर समाज की भलाई पर दिया गया है, और यह बात मार्के की है; क्योंकि ख़याल यह किया जाता है कि हिंदुस्तानी दिमाग़ का रुझान शख़्सी कमाल हासिल करने की ओर रहा है न कि समाज की भलाई की तरफ़। इसमें कहा है — " जिससे समाज की भलाई नहीं होती, या जिसे करते हुए तुम्हें शर्म आती है, उसे न करो।"

फिर कहा है–"सचाई-अपने को बस में रखना, तपस्या, उदारता, अहिंसा, धर्म पर डटे रहना – इनसे कामयाबी हासिल होती है, जात और ख़ानदान से नहीं।" "ज़िंदगी और अमर होने से धर्म बढ़कर है।" "सच्चे आनंद के लिए तकलीफ़ उठाना ज़रूरी है।" धन कमाने के पीछे पड़े रहनेवाले पर एक व्यंग्य है- " रेशम का कीड़ा अपने धन के कारण मरता है।" और, अंत में, एक जीती-जागती और तरक़्क़ी करती हुई जाति के लोगों के उपयुक्त यह आदेश है-" असंतोष तरक़्क़ी के लिए उकसानेवाला है।"

महाभारत में वेदों का बहुदेववाद है, उपनिषदों का अद्वैतवाद है और देववाद, द्वैतवाद और एकेश्वरवाद भी है। फिर भी नज़रिया रचनात्मक, कमोबेश बुद्धिवादी है। अलहदगी की भावना अभी तक महदूद है। जात-पांत के मामलों में कट्टरपन नहीं है। अभी भी लोगों में अपने में भरोसा है; लेकिन ज्यों-ज्यों बाहरी ताक़तों के हमले होते हैं और पुरानी व्यवस्था पर वार होता है, त्यों-त्यों यह भरोसा कुछ कम होता जाता है और अंदरूनी एकता और शक्ति पैदा करने के लिए ज्यादा समानता की मांग होती है। नये-नये निषेध लागू होते हैं। गो मांस का खाना, जिसे पहले बुरा न समझा जाता था, बाद में बिलकुल मना कर दिया जाता है। महाभारत में मान्य अतिथियों को गो-मांस और बछड़े का मांस पेश करने के हवाले हैं।

❐

14. भगवद्गीता

भगवद्गीता महाभारत का अंश है; एक बहुत बड़े नाटक की एक घटना है। लेकिन उसकी अपनी अलग जगह है और वह अपने में संपूर्ण है। यों यह 700 श्लोकों का छोटा-सा काव्य है, लेकिन विलियम वॉन हबोल्ट ने इसके बारे में लिखा है कि "यह सबसे सुंदर, शायद अकेला सच्चा दार्शनिक काव्य है, जो किसी भी जानी हुई भाषा में मिलता है।" बौद्धकाल से पहले जब इसकी रचना हुई, तब से आजतक इसकी लोकप्रियता और प्रभाव घटे नहीं हैं, और आज भी इसके लिए हिंदुस्तान में पहले जैसा आकर्षण बना हुआ हैं। विचार और फ़िलसफ़े का हर एक संप्रदाय इसे श्रद्धा से देखता है और अपने-अपने ढंग से इसकी व्याख्या करता है। संकट के वक़्त, जब आदमी का दिमाग़ संदेह से सताया हुआ होता है और अपने फ़र्ज़ के बारे में उसे दुविधा दो तरफ़ खींचती होती है, वह रोशनी और रहनुमाई के लिए गीता की तरफ़ और भी झुकता है, क्योंकि यह संकटकाल के लिए लिखी गई कविता है—राजनैतिक और सामाजिक संकटों के अवसर के लिए और उससे भी ज़्यादा इन्सान की आत्मा के संकट काल के लिए। गीता की अनगिनत व्याख्याएं निकल चुकी है और अब भी बराबर निकलती रहती हैं। विचार और काम के मैदान के आजकल के नेताओं-तिलक, अरविंद घोष, गांधी—ने भी इसके संबंध में लिखा है और अपनी-अपनी व्याख्याएं दी हैं। गांधीजी ने इसे अहिंसा में अपने दृढ़ विश्वास का आधार बनाया है, और लोगों ने इसे अहिंसा और धर्म-कार्य के लिए युद्ध का।

यह काव्य घोर युद्ध शुरू होने से पहले, ठीक लड़ाई के मैदान में, अर्जुन और कृष्ण की बातचीत के रूप में आरंभ होता है। अर्जुन विचलित है, उसकी अंतरात्मा लड़ाई और उससे होनेवाले बड़े संहार का, मित्रों और बंधुओं के संहार का, ख़याल करके सहम उठती है। आख़िर यह सब किसलिए? कौन से ऐसे फ़ायदे की कल्पना हो सकती है, जो इस नुक़सान का, इस पाप का, परिहार कर सके? उसकी सभी पुरानी कसौटियाँ जवाब दे देती हैं, वे सभी मूल्य, जिन्हें उसने आंक रखा था, बेकार हो जाते हैं। अर्जुन इन्सान की पीड़ित आत्मा का प्रतीक बन जाता है, ऐसी आत्मा का, जो सभी ज़मानों में फ़र्ज़ और इख़लाक़ के तक़ाज़ों की वजह से दुविधा में पड़ी रही है। इस शख़्सी बातचीत से होते-होते हम आदमी के फ़र्ज़ और सामाजिक आचरण, इन्सानी ज़िंदगी और सदाचार, और हमारा रूहानी नज़रिया कैसा होना चाहिए, इन गैर-शख़्सी ख़यालों तक पहुँच जाते हैं। इनमें बहुत-कुछ ऐसा है, जो आध्यात्मिक है; और इस बात की कोशिश की गई है कि इन्सानी तरक़्क़ी के तीन रास्तों—ज्ञान-मार्ग, कर्म-मार्ग और भक्ति मार्ग—का इसके ज़रिये समन्वय हो। शायद भक्ति पर औरों की बनिस्बत ज़्यादा ज़ोर दिया गया है और एक व्यक्तिगत ईश्वर का रूप भी इसमें दिखता है, हालांकि यह कहा गया है कि वह पूर्ण रूप परमेश्वर का ही एक अवतार है। गीता में ख़ासतौर पर इन्सानी ज़िंदगी की रूहानी ज़मीन दिखाई गई है और इसी भूमिका में रोज़मर्रा की ज़िंदगी

के व्यावहारिक मसले हमारे सामने आते हैं। यह हमें ज़िंदगी के फ़र्ज़ों और कर्तव्यों का सामना करने के लिए पुकारती है, लेकिन हमेशा इस तरह कि इस रूहानी ज़मीन और विश्व के बड़े मक़सद को नज़र अंदाज़ न किया जाय। हाथ पर हाथ रखकर बैठ रहने की बुराई की गई है और यह बताया गया है कि काम और ज़िंदगी को युग के सबसे ऊँचे आदर्शों के अनुसार होना चाहिए, क्योंकि हर एक युग में ख़ुद आदर्श बदलते रहते हैं। एक ख़ास ज़माने के आदर्श-युग-धर्म-का सदा ध्यान रखना चाहिए।

चूंकि आज के हिंदुस्तान पर मायूसी छायी हुई है और उसके चुपचाप रहने की भी एक हद हो गई है, इसलिए काम में लगने की यह पुकार ख़ासतौर पर अच्छी मालूम पड़ती है। यह भी मुमकिन है कि ज़माने-हाल के लफ़्ज़ों में, इस पुकार को समाज के सुधार की और समाज-सेवा की और अमली, बेग़रज देशभक्ति के और इन्सानी दर्दमंदी के काम की पुकार समझा जाय। गीता के अनुसार ऐसा काम अच्छा होता है, लेकिन इसके पीछे रूहानी मक़सद का होना लाज़िमी है। यह काम त्याग की भावना से किया जाना चाहिए और इसके नतीजों की फ़िक्र न करनी चाहिए। अगर काम सही है, तो नतीजे भी इसके सही होंगे, चाहे वे फ़ौरन न ज़ाहिर हों, क्योंकि कार्य-कारण का नियम हर हालत में अपना काम करेगा ही।

गीता का संदेसा सांप्रदायिक या किसी एक ख़ास विचार के लोगों के लिए नहीं है। क्या ब्राह्मण और क्या अजात, यह सभी के लिए है। यह कहा गया है कि "सभी रास्ते मुझ तक पहुंचाते हैं।" इसी व्यापकता की वजह से सभी वर्ग और संप्रदाय के लोगों को गीता मान्य हुई है। इसमें कोई बात ऐसी है कि हमेशा नयापन पैदा किया जा सकता है और ज़माना गुज़रने के साथ पुरानी पड़ने से इसे रोकता है-यह जिज्ञासा और जांच-पड़ताल का, विचार और कर्म का और बावजूद संघर्ष और विरोध के, समतौल क़ायम रखने का कोई ख़ास गुण है। विषमता के बीच में भी हम उसमें एकता और संतुलन पाते हैं और बदलती हुई परिस्थिति पर विजय पाने का रुख़ और यह इस तरह नहीं कि जो कुछ सामने है, उससे मुंह मोड़ा जाय, बल्कि इस तरह कि उसमें अपने काम के लिए जगह बनाई जाय। ढाई हज़ार बरसों में, जो इसके लिखे जाने के बाद गुज़रे हैं, हिंदुस्तान के लोगों ने न जाने कितनी तबदीलियां देखी हैं और चढ़ाव उतार भी देखा है; तजुरबे-पर-तजुरबे हुए हैं, ख़याल-पर-ख़याल उठे हैं, लेकिन उन्हें हमेशा गीता में कोई जिंदा चीज़ मिली है, जो उनके तरक़्क़ी करते हुए विचार से मेल खा गई है, जिसमें ताज़गी रही है और दिमाग़ के छेड़नेवाले रूहानी मसलों पर जो लागू रही है। ❐

15. क़दीम हिंदुस्तान में ज़िंदगी और कारबार

विद्वानों और फ़िलसूफ़ों ने क़दीम हिंदुस्तान के फ़िलसफे और अध्यात्म के विकास को जांचने के लिए बहुत कुछ किया है; तारीख़ी घटनाओं का काल-क्रम निश्चित करने के

लिए भी बहुत कुछ किया गया है। लेकिन उन वक़्तों के सामाजिक और आर्थिक हालात को मालूम करने के लिए अभी ज़्यादा काम नहीं हुआ है-यह कि किस तरह लोग रहते-सहते थे और अपना धंधा करते थे, क्या चीज़ें और किस तरह पैदा करते थे और व्यापार किस ढंग से होता था। इन बहुत अहम मसलों पर अब ज़्यादा ध्यान दिया जा रहा है और हिंदुस्तानी विद्वानों के लिखे हुए कुछ ग्रंथ निकले हैं और एक अमरीकी की लिखी हुई एक पुस्तक प्रकाशित हुई है। महाभारत ख़ुद समाज-शास्त्र-संबंधी और और सूचनाओं का भंडार हे और यक़ीनी तौर पर दूसरी बहुत-सी पुस्तकों से हमें जानकारी हासिल हो सकती है। लेकिन उनकी इस नुक्ते-नज़र से ग़ौर के साथ जांच-पड़ताल करना ज़रूरी है। एक किताब, जिसकी इस ख़याल से बहुत ज़्यादा क़ीमत है, कौटिल्य का 'अर्थशास्त्र', जो ईसा से पहले चौथी सदी में लिखा गया था और जिसमें राजनैतिक, सामाजिक, आर्थिक बातों और मोर्चों के फ़ौजी संगठन के बारे में बहुत-सी तफ़सीली जानकारी मिलती है।

इससे भी पहले का एक बयान, जो हमें बुद्ध से भी पहले के ज़माने तक पहुँचाता है, हमें जातक कथाओं में मिलता है। इन जातक कथाओं का मौजूदा रूप बुद्ध के समय से बाद का है। इनमें बुद्ध के पहले के जन्मों का हाल लिखा हुआ ख़याल किया जाता है और ये बौद्ध साहित्य का महत्त्वपूर्ण अंग बन गई हैं। लेकिन ज़ाहिरा तौर पर ये कहानियां और भी पुरानी हैं और इनमें बौद्ध काल से पहले का ज़िक्र है। इनसे हमें उस ज़माने के हिंदुस्तान की ज़िंदगी के बारे में बहुत-सी सूचना मिलती है। प्रोफ़ेसर रीज़ डेविड्स ने इन्हें लोक-कथाओं का सबसे पुराना, सब से मुक़म्मिल और सबसे महत्त्व का संग्रह बताया है। बाद के अनेक संग्रह, जिनमें जानवरों की और कहानियां इकट्ठा की गई हैं, जो हिंदुस्तान में लिखे गए और बाद में पच्छिमी एशिया और यूरोप में फैले, इन्हीं जातकों से निकले सिद्ध किये जा सकते हैं।

जातकों में उस ज़माने का ज़िक्र है, जबकि हिंदुस्तान की दो ख़ास जातियों का, द्रविड़ों और आर्यों का, आख़िरी मेल-मिलाप हो रहा था। उनमें एक "विविध और अस्त-व्यस्त समाज का पता लगता है, जिसके वर्गीकरण की सभी कोशिशें बेसूद होंगी और जिसके बारे में उस ज़माने की वर्ण-व्यवस्था के अनुसार संगठन की कोई बात ही नहीं हो सकती।"[18] यह कहा जा सकता है कि जातकों में हमें ब्राह्मणों और क्षत्रियों की परंपरा के विरोध में जन साधारण की परंपरा मिलती है।

जुदा-जुदा राज्यों और शासकों के काल-क्रम और वंशावलियां हमें मिलती हैं। शुरू में राजा चुना जाता था; बाद में राजा वंशगत होने लगे और सबसे जेठा लड़का राज्य का

---

18. रिचर्ड फिक : 'दि सोशल आर्गनाइज़ेशन इन नार्थ-ईस्ट इंडिया इन बुद्धाज़ टाइम' ('बुद्ध के ज़माने में पूर्वोत्तर हिंदुस्तान का सामाजिक संगठन') (कलकत्ता, 1920), पृष्ठ 286। एक और हाल की पुस्तक, जो ख़ासकर जातक कथाओं के आधार पर लिखी गई है, रतिलाल मेहता की 'प्रि-बुद्धिस्ट इंडिया' (पूर्व-बौद्धकालीन भारत) (बंबई, 1939) है। अपनी ज़्यादातर सामग्री के लिए मैं इस दूसरी पुस्तक का आभारी हूँ।

अधिकारी होता। औरतें उत्तराधिकार से अलग रखी गई हैं, लेकिन इस नियम के अपवाद भी मिलते हैं। जैसा कि चीन में रहा है, शासक सभी दुर्भाग्यों के ज़िम्मेदार ठहराये जाते थे।

अगर कोई बात बिगड़ती है तो इलज़ाम राजा पर आता है। मंत्रियों की समितियां हुआ करती थीं और एक तरह की राज्य परिषद के भी हवाले मिलते हैं। फिर भी राजा खुद-मुख़्तार हुआ करता था, हालांकि उसे कुछ क़ायमशुदा मुआहदों के बमूजिब चलना पड़ता था। दरबार में पुरोहित का पद बड़ा ऊंचा माना जाता था; वह सलाहकार भी होता था और धार्मिक रस्मों को अदा करनेवाला भी। ज़ालिम और अन्यायी राजाओं के ख़िलाफ़ जनता के विद्रोह के भी हवाले मिलते हैं, और ऐसे राजाओं को उनके अपराधों के लिए जानें तक गंवानी पड़ी हैं।

गांव की पंचायतों को एक हद तक ख़ुद मुख्तारी हासिल थी। ज़मीन के लगान से ख़ास आमदनी थी। यह ख़याल किया जाता था कि ज़मीन पर लगाया गया कर राजा के हिस्से का है; आमतौर पर यह ग़ल्ले या उपज की शक़्ल में अदा किया जाता था; लेकिन हमेशा ऐसा न होता था। यह ख़ास कर किसानों की तहज़ीब थी और इसकी बुनियादी इकाई यही ख़ुद-मुख़्तार गांव हुआ करते थे। इन्हीं गांवों की जनता के आधार पर राजनैतिक और आर्थिक संगठन होता था; दस-दस और सौ-सौ गांवों के गिरोह बना दिए जाते थे। बाग़वानी, पशु-पालन और ग्वालों का धंधा बहुत बड़े पैमाने पर होता था। बाग़ और उद्यान बहुतायत से थे और फूलों और फलों की कद्र की जाती थी। जिन फूलों का ज़िक्र है, उनकी एक लंबी फेहरिस्त तैयार होगी; जो फल पसंद किये जाते थे, वे आम, अंजीर, अंगूर, केला और ख़जूर हैं। ज़ाहिरा तौर पर तरकारी और फल बेचनेवालों की और मालियों की शहरों में बहुत-सी दुकानें हुआ करती थीं। आज की तरह उस ज़माने में भी फूल-मालाओं की बड़ी क़द्र थी।

शिकार एक बाक़ायदा धंधा था, ख़ासतौर से इसलिए कि उसके ज़रिये खाना हासिल होता था। मांसाहार साधारण-सी बात थी, और इसमें मुर्गे और मछलियां शामिल थी; हिरन के गोश्त की बड़ी क़द्र होती थी। मछुओं का अलग धंधा था और क़साई-खाने भी थे। लेकिन खाने की ख़ास चीज़ें चावल, गेहूं, बाजरा और मक्का थीं। ईख से शक्कर बनाई जाती थी। आज की तरह उस ज़माने में भी दूध और उससे बनी दूसरी चीज़ों की बड़ी क़द्र थी। शराब की दुकाने भी थीं और शराब, जान पड़ता है, चावल, फल और ईख से तैयार की जाती थी।

धातुओं और क़ीमती पत्थरों की खानें थीं। जिन धातुओं का ज़िक्र आया है, वे हैं सोना, चांदी, तांबा, लोहा, सीसा, टिन, पीतल। क़ीमती पत्थरों में हीरा, लाल, मूंगा हैं, मोतियों का भी ज़िक्र है। सोने, चांदी और तांबे के सिक्कों के हवाले मिलते हैं। व्यापार के लिए साझे हुआ करते थे और सूद पर कर्ज़ दिया जाता था।

तैयार किये गए माल में रेशम, ऊन, और रुई के कपड़े, लोइयां, कंबल और क़ालीन थे। कताई, बुनाई, रंगाई के धंधे ख़ूब फैले हुए और नफ़े के धंधे थे। धातु-उद्योग लड़ाई के हथियार तैयार करता था। इमारत के धंधे में पत्थर, लकड़ी और ईंटें काम में आती थीं बढ़ई

लोग तरह-तरह के सामान तैयार करते थे, जैसे गाड़ियां, रथ, पलंग, कुरसियां, बेंचें, पेटियां, खिलौने वगैरह। बेंत का काम करनेवाले चटाई, टोकरियां, पंखे और छाते तैयार करते थे। कुम्हार हर एक गांव में होते थे। फूलों और चंदन की लकड़ी से कई तरह की सुगंधियां, तेल और सिंगार की चीज़ें तैयार की जाती थीं, इसमें चंदन की बुकनी भी होती थी। कई तरह की दवाइयां और आसव तैयार होते थे और कभी-कभी मरे हुए आदमी के शरीर को मसाला लगाकर सुरक्षित भी रखा जाता था।

बहुत तरह के कारीगरों और दस्तकारों के अलावा, जिनकी चर्चा हुई है, कई और पेशेवरों के हवाले मिलते हैं। वे हैं–अध्यापक, वैद्य, जर्राह, व्यापारी, दुकानदार, गवैये, ज्योतिषी, कुंजड़े, भांड़ बाजीगर, नट, कठपुतली का तमाशा करनेवाले और फेरी करनेवाले

घरों में गुलामों का होना काफ़ी मामूली बात थी, लेकिन खेती के काम और दूसरे कामों के लिए मज़दूर लगाये जाते थे। उस वक़्त भी थोड़े-से अछूत थे— ये चांडाल कहलाते थे और इनका ख़ास काम था मुर्दों को फेंकना या जलाना।

व्यापारियों की जमातों और कारीगरों के धंधों का महत्त्व माना जा चुका था। फ़िक का कहना है — " व्यापारी सभाएं जो कुछ तो आर्थिक वजहों से बनी थीं, कुछ पूंजी के अच्छे ढंग से इस्तेमाल और मिलने-जुलने की सहूलियतों की वजह से, और कुछ अपने वर्ग के क़ानूनी हितों की हिफ़ाज़त के लिए, हिंदुस्तानी संस्कृति के शुरू के ज़माने में बन चुकी थीं।" जातकों में लिखा है कि कारीगरों के 18 संघ थे, लेकिन उनमें सिर्फ़ चार नाम-से बताये गए हैं, यानी बढ़इयों और मेंमारों के, सुनारों के, चमड़े का काम करनेवालों के और रंगसाज़ों के।

महाकाव्यों में भी व्यापारी और कारीगरों के संगठनों के हवाले हैं। महाभारत में लिखा है – "संघों की रक्षा एकता से है।" कहा जाता है कि व्यापारियों के संघों का ऐसा ज़ोर था कि राजा भी इनके ख़िलाफ़ कोई क़ानून नहीं बना सकता था। पुरोहितों के बाद इन संघों के मुखियों को बताया गया है, जिनका राजा को ख़ास ध्यान रखना चाहिए।'[19] व्यापारियों का मुखिया श्रेष्ठ (आजकल का सेठ) बहुत काफ़ी महत्त्व रखता था।

जातकों के बयान से एक कुछ ग़ैर-मामूली विकास का पता लगता है। वह है, ख़ास ख़ास धंधा करनेवालों के अलग गांव या बस्तियां। जैसे एक बढ़इयों का गांव था, जिसमें कहा जाता है कि एक हजार घर थे। एक सुनारों का गाँव था, और उसी तरह और भी थे। इस तरह के ख़ास पेशेवरों के गांव आमतौर पर शहरों के क़रीब होते थे, जहाँ उनकी बनाई चीज़ों की खपत होती थी और जहां उन्हें अपनी ज़रूरत की और चीजें हासिल हो जाती थीं। जान पड़ता है कि सारा गांव सहकारिता के उसूलों पर काम करता था और बड़े-बड़े ठेके लिया करता था। शायद इस अलहदा संगठन और रहने की वजह से जातों का विकास हुआ और वे फैलीं। ब्राह्मणों और कुलीनों की मिसालें रफ़्ता - रफ़्ता व्यापारियों के संघों और कारीगरों की सभाओं ने अपनाई।

---

19. 'केंब्रिज हिस्ट्री ऑव इंडिया', जिल्द 1, पृष्ठ 269। प्रो० वाशबर्न हाप्किन्स का लेख।

बड़ी-बड़ी सड़कें, जिनके किनारे यात्रियों के आराम के लिए घर बने थे, और कहीं-कहीं अस्पताल भी, सारे उत्तरी हिंदुस्तान में फैली हुई थीं और दूर-दूर जगहों को मिलाती थीं। ईसा से पहले की पांचवीं सदी में मिस्र में मेंफ़ीस नाम की जगह पर हिंदुस्तानी व्यापारियों की एक बस्ती थी, जैसा कि वहाँ पाई गई हिंदुस्तानियों के सिरों की मूर्तियों से पता चलता है। शायद हिंदुस्तान और दक्खिन-पूरबी एशिया के टापुओं के बीच भी व्यापार हुआ करता था। समुद्र पार के व्यापार के लिए जहाज़ों की ज़रूरत थी और यह ज़ाहिर है कि हिंदुस्तान में देश के भीतर नदियों पर चलने के लिए, बल्कि समुंदर पर भी चलनेवाले जहाज़ बनते थे। महाकाव्यों में दूर से आनेवाले सौदागरों से जहाज़ की चुंगी लिये जाने के हवाले हैं।

जातकों में सौदागरों की समुद्र-यात्राओं के हवाले भरे पड़े हैं। ख़ुश्की के रास्ते से, रेगिस्तानों को पार करके, भड़ोंच के पच्छिमी बंदरगाह तक और उत्तर में गंधार और मध्य एशिया तक कारवां जाया करते थे। भड़ोंच से जहाज बेबिलन (बावेरू) के लिए फ़ारस की खाड़ी को जाया करते थे। नदियों के रास्ते बड़ी आमद-रफ़्त हुआ करती थी और जातकों के अनुसार बेड़े बनारस, पटना, चंपा (भागलपुर) और दूसरी जगहों से समुंदर को जाया करते थे और वहाँ से दक्खिनी बंदरगाहों और लंका और मलय टापू तक। पुराने तमिल काव्यों में कावेरीपट्टिनम्, नाम के बंदरगाह का हाल मिलता है, जो दक्खिन में कावेरी नदी के किनारे पर था और जो अंतर्राष्ट्रीय व्यापार का केंद्र था। ये जहाज़ काफ़ी बड़े होते होंगे, क्योंकि जातकों में बताया गया है कि एक जहाज़ पर सैकड़ों व्यापारी और यात्री सवार हुए।

दिल्ली में कुतुब मीनार के पास गुप्त-काल
का लोहे का मशहूर खंभा

'मिलिंद' में (यह ईसा से बाद की पहली सदी की रचना है। मिलिंद उत्तरी हिंदुस्तान का यूनानी-ख़्त्री राजा था, जो कट्टर बौद्ध बन गया था) यह लिखा है- "जिस तरह एक जहाज़ का मालिक, जिसने किसी समुद्री बंदरगाह के शहर में माल के भाड़े से ख़ूब धन कमा लिया है, समुद्र यात्रा करके बंग (बंगाल), या तक्कील, या चीन, या सोविर, या इस्कंदरिया या कारोमंडल तट पर, या हिंदुस्तान से पूर्व, या किसी ऐसी जगह, जहाँ जहाज़ इकट्ठा होते हैं, जा सकता है।[20]

हिंदुस्तान से बाहर जानेवाले माल में रेशम के कपड़े, मलमल और महीन कपड़े, छुरियां, जिरह-बख्तर, कमखाब, जरदोजी के काम, लोइयां, इत्र-फुलेल, दवाइयां, हाथी-दांत और हाथी दांत की बनी चीज़ें, जेवर और सोना (चांदी बहुत कम) – ये खास चीज़ें होती थीं, जिन्हें व्यापारी भेजा करते थे।[21]

हिंदुस्तान, बल्कि उत्तरी हिंदुस्तान, अपने लड़ाई के हथियारों के लिए मशहूर था, ख़ासतौर पर अपने लोहे की उम्दगी के लिए और तलवारों और कटारों के लिए। ईसा से पहले की पांचवी सदी में हिंदुस्तानी सिपाहियों की एक बड़ी टुकड़ी, पैदल और घुड़सवार दोनों की, ईरानी फ़ौज के साथ यूनान गई थी। जब सिकन्दर ने ईरान पर हमला किया, तो (यह फ़िरदौसी के प्रसिद्ध महाकाव्य 'शाहनामा' में लिखा है) हिंदुस्तान से ईरानियों ने दिल्ली में कुतुब मीनार के पास गुप्त-काल का लोहे का मशहूर खंभा जल्दी-जल्दी से तलवारें और हथियार मंगाये। तलवार के लिए पुराना (इस्लाम से पहले का) अरबी लफ़्ज़ है 'मुहन्नद', जिसके मानी हैं "हिंद से आया हुआ" या हिंदुस्तानी यह लफ़्ज़। आजकल भी आमतौर पर इस्तेमाल किया जाता है।

क़दीम हिंदुस्तान में जान पड़ता है कि लोहे के तैयार करने में बड़ी तरक़्क़ी हो गई थी। दिल्ली के पास एक बहुत बड़ा लोहे का खंभा है, जिसने आजकल के वैज्ञानिकों को दंग कर दिया है और वे नहीं पता लगा सके हैं कि यह किस तरह बना होगा, क्योंकि इस पर न जंग लग सका है और न दूसरी मौसमी तबदीलियों का असर पहुँचा है। इस पर जो लेख खुदा हुआ है, वह गुप्त ज़माने की लिपि में है, जो ईसा से बाद की चौथी सदी में प्रचलित थी। लेकिन कुछ विद्वानों का यह कहना है कि यह खंभा ख़ुद इस लेख से पहले का है और यह लेख बाद में जोड़ा गया है।

ईसा से पहले की चौथी सदी में सिकंदर का हिंदुस्तान पर हमला फ़ौजी नुक्ते-नज़र से एक छोटी-सी बात थी। यह एक सरहदी धावे के क़िस्म का हमला था और वह भी बहुत कामयाब हमला नहीं था। एक सरहदी सरदार ने उससे ऐसा कड़ा मोर्चा लिया कि ख़ास हिंदुस्तान पर बढ़कर आने के अपने विचार को उसे पलटना पड़ा। अगर सरहदी इलाक़े का

---

20. मिसेज़ सी. ए. एफ. रीज़ डेविड्स ने ' केंब्रिज हिस्ट्री ऑव इंडिया', (जिल्द 1), पृष्ठ 212 में उद्धृत किया है।

21. रोज़ डेविड्स : ' बुद्धिस्ट इंडिया', पृष्ठ 98

एक छोटा सा हाकिम इस तरह लड़ सकता था, तो और दक्खिन के ज़्यादा ताक़तवर राज्यों के बारे में क्या कहा जा सकता है? शायद यही वजह है कि उसकी फ़ौज ने और आगे बढ़ने से इन्कार किया और वापस लौटने का आग्रह किया।

हिंदुस्तान की फ़ौजी ताक़त का अंदाज सिकंदर के वापस लौट जाने और उसकी मौत के थोड़े दिनों बाद मिला, जब सेल्युकस ने दूसरा हमला करना चाहा। चंद्रगुप्त ने उसे हराकर पीछे भगा दिया। उस ज़माने में हिंदुस्तानी फ़ौजों को एक ऐसी सुविधा थी, जो दूसरों को नहीं हासिल थी; यह सिखाये हुए हाथियों की सुविधा थी, जिनकी आजकल के टैंकों से तुलना की जा सकती है। सेल्युकस निकाटोर ने हिंदुस्तान से ऐसे 500 लड़ाई के हाथी हासिल किये और 302 ई. पू. में एशिया माइनर में ऐंटिगोनस के ख़िलाफ़ लड़ाई में इन्हें लगाया। फ़ौजी मामलों के जानकार इतिहासकारों का कहना है कि ऐंदिगोनस मारा गया और उसका बेटा दिमित्रियस भाग गया। इसकी ख़ास वजह ये हाथी ही थे।

हाथियों को सिखाने, घोड़ों की नस्ल तैयार करने आदि विषयों पर किताबें लिखी गई हैं; इनमें हर एक को शास्त्र कहा गया है। अब इस शब्द का अर्थ धर्म-ग्रंथों के लिए लिया जाने लगा है, लेकिन इसका इस्तेमाल गणित से लेकर नृत्य तक किसी भी तरह की विद्या के लिए बिना किसी भेद-भाव के किया जाता था। दरअसल धर्म और दुनियावी ज्ञान के बीच कोई विभाजक लकीर नहीं खींची गई थी। ये आपस में इस तरह सटे हुए थे कि एक-दूसरे के ऊपर आ जाते थे और हर एक बात, जिसकी ज़िंदगी के लिए उपयोगिता होगी, जांच का विषय बन जाती।

हिंदुस्तान में लिखने का रिवाज बहुत ही पुराना है। बाद के पाषाण युग के मिट्टी के बर्तनों पर ब्राह्मी लिपि में लिखे हुए अक्षर मिले हैं। मोहनजोदड़ो में ऐसे लेख मिले हैं, जिन्हें अभी तक पूरी तरह नहीं पढ़ा जा सका है। ब्राह्मी लेख, जो हिंदुस्तान में सभी जगह मिले हैं, ऐसे हैं, जिनकी लिपि पूरी तरह देवनागरी लिपि की बुनियाद में है, इसमें कोई शुबहा नहीं हो सकता। अशोक के कुछ लेख ब्राह्मी में हैं, पच्छिमोत्तर के और लेख खरोष्ठी लिपि में हैं

ईसा से पहले छठी या सातवीं सदी में पाणिनि ने अपना संस्कृत व्याकरण तैयार किया।[22] उसने और भी व्याकरणों का ज़िक्र किया है, और उस ज़माने में भी संस्कृत का रूप स्थिर हो चुका था और यह एक बराबर बढ़ते हुए साहित्य की भाषा बन चुकी थी।

पाणिनि की पुस्तक को केवल व्याकरण न समझना चाहिए। लेनिनग्राद के सोवियत प्रोफेसर टी० शेरवात्सकी ने उसका बयान करते हुए उसे "इन्सानी दिमाग़ की सबसे बड़ी रचनाओं में से एक " बताया है। आज भी पाणिनि संस्कृत व्याकरण पर प्रमाण माना जाता है, हालांकि बाद के वैयाकरणों ने उसमें और बातें जोड़ी हैं और उसकी अपनी ढंग से व्याख्याएं

22. **कीथ और कुछ दूसरे लेखक पाणिनि का समय 300 ई. पू. के लगभग बताते हैं। लेकिन सब प्रमाणों के तौलने से यह साफ़ ज़ाहिर होता है कि उसकी रचना बौद्ध-काल से पहले की है।**

की हैं। यह एक दिलचस्प बात है कि पाणिनि ने यूनानी लिपि की चर्चा की है। इससे पता चलता है कि हिंदुस्तान और यूनान के बीच सिकंदर के पूरब आने से पहले ही किसी-न-किसी तरह का संपर्क हो चुका था।

ज्योतिष का खासतौर पर अध्ययन होता था और अकसर यह अध्ययन फलित ज्योतिष की तरफ़ झुकता था। औषध-शास्त्र की पाठ्य-पुस्तकें बनी थीं और अस्पताल भी थे। हिंदुस्तानी औषध-शास्त्र का संस्थापक धन्वंतरि था, ऐसी परंपरा है। लेकिन सबसे मशहूर पुरानी पाठ्य-पुस्तकें ईसवी सन की शुरू की सदियों में रची गईं। इनमें औषधि पर चरक की और शल्य या जर्राही—आपरेशन पर सुश्रुत की पुस्तकें हैं। यह ख़याल किया जाता है कि कनिष्क (जिसकी राजधानी पच्छिमोत्तर में थी) के दरबार का राजवैद्य चरक था। इन पुस्तकों में बहुत-से रोगों का बयान है और उनके निदान और इलाज बताये गए हैं। इनमें जर्राही, दाइयों का काम, स्नान, खानपान, सफ़ाई, बच्चों को खिलाने के ढंग और चिकित्सा-संबंधी शिक्षा, आदि बातें बताई गई हैं। हम प्रयोग की तरफ़ रुझान देखते हैं और मुर्दों के ऊपर चीर-फाड़, जर्राही की शिक्षा के साथ-साथ, कराई जाती थी। सुश्रुत ने बहुत-से जर्राही के औजारों का ज़िक्र किया है, और चीर-फाड़ का भी, जिसमें अंगों को काटने, पेट चीरने, पेट चीरकर बच्चा निकालने, मोतियाबिंद की जर्राही वगैरह हैं। घावों के कीड़ों को बफास देकर मारा जाता था। ईसा से पहले की तीसरी या चौथी सदी में जानवरों के अस्पताल भी थे। ये शायद जैनियों और बौद्धों के मज़हबों के असर से बने थे, जिनमें अहिंसा पर ज़ोर दिया गया है।

गणित में क़दीम हिंदुस्तानियों ने कुछ इन्कलाबी आविष्कार किये थे— ख़ासतौर पर शून्य के चिह्न, दशमलव प्रणाली, ऋण के चिह्न और बीजगणित में अज्ञात राशियों के लिए अक्षरों के इस्तेमाल के ज़रिये। इन आविष्कारों का वक़्त बताना मुश्किल है, क्योंकि उसूल की खोज और उसके व्यवहार के बीच बड़े लंबे ज़माने का फ़र्क आ जाता था। लेकिन यह ज़ाहिर है कि अंकगणित, बीजगणित और रेखागणित की शुरुआतें सबसे क़दीम ज़माने में हो चुकी थीं। ऋग्वेद के ज़माने में भी गिनती के लिए दहाई का इस्तेमाल किया जाता था। इन क़दीम हिंदुस्तानियों में गिनती और समय का गैर मामूली एहसास था। बहुत बड़ी राशियों के नामों की एक लंबी सूची उन्होंने बना रखी थी। यूनानियों, रोमनों, ईरानियों और अरबों के यहाँ ज़ाहिरा हज़ार या ज्यादा-से-ज्यादा दस हज़ार ($10^4 = 10,000$) की संख्या से आगे के नाम न थे। हिंदुस्तान में 18 निश्चित नामकरण (10^{18}) तो थे ही; और इससे भी लंबी सूचियां बन गई थीं। बुद्ध की शुरू की तालीम के बयान से हमें मालूम होता है कि 10^{50} तक की संख्याओं के अलग-अलग नाम वह ले सकते थे।

दूसरी तरफ़ वक़्त का बड़ा सूक्ष्म विभाजन हो गया था और इसकी सबसे छोटी इकाई लगभग एक सेकंड का सत्रहवां हिस्सा थी। लंबाई की सबसे छोटी माप क़रीब- क़रीब 1.3×7^{-10} इंच थी। ये सब बड़ी और छोटी राशियां महज़ फर्ज़ी थीं, और इनका इस्तेमाल

फ़िलसफ़े के विचारों में हुआ करता था। फिर भी क़दीम हिंदुस्तानियों की देश- काल की कल्पना और क़दीम क़ौमों के मुक़ाबले कहीं बढ़ी चढ़ी थी। उनका चिंतन बहुत बड़े पैमाने पर होता था। उनकी पुराण की कथाओं में अरबों-खरबों साल के युगों का बयान है। आजकल के भूगर्भ शास्त्र की विशद युगों की गिनतियां और नक्षत्रों की दूरी की बहुत बड़ी मापें उनके लिए अचरज की चीज़ें न होतीं। हिंदुस्तान की इस पृष्ठभूमि की वजह से ही डार्विन के और इसी तरह के दूसरे सिद्धांतों ने यहां वह उथल-पुथल और अंदरूनी संघर्ष पैदा नहीं किया, जो उन्नीसवीं सदी के बीच के ज़माने में यूरोप में उठा था। यूरोप की साधारण जनता के दिमाग़ में जो वक़्त का पैमाना आमतौर पर आता था, वह कुछ हज़ार बरसों से आगे का नहीं था।

'अर्थशास्त्र' में उत्तरी हिंदुस्तान में ईसा से पहले की चौथी सदी में बरती जानेवाली मापें और तौलें मिलती हैं। बाज़ार में तौल के बटखरों की कड़ी जांच हुआ करती थी।

पुराणों के ज़माने में अकसर वन के आश्रमों का ज़िक्र है, जो एक तरह के विश्वविद्यालय होते थे। ये शहरों से बहुत दूर पर नहीं होते थे और यहाँ मशहूर विद्वानों के पास शिक्षा- दीक्षा के लिए विद्यार्थी इकट्ठा हुआ करते थे। यह शिक्षा कई विषयों की होती थी, इसमें फ़ौजी शिक्षा शामिल थी। इन आश्रमों को इसलिए पसंद किया जाता था कि विद्यार्थी लोग यहाँ शहर के शोर-गुल और आकर्षणों से दूर रहते हुए संयम और ब्रह्मचर्य की ज़िंदगी बिता सकते थे। यहाँ कुछ साल तालीम हासिल करके वे वापस जाकर गृहस्थी की और शहरी ज़िंदगी बिताते थे। शायद इन आश्रमों या गुरुकुलों में छोटे-छोटे गुट्ट इकट्ठा हुआ करते थे, अगरचे इस बात के संकेत मिलते हैं कि लोकप्रिय गुरुओं के यहाँ बड़ी संख्या में विद्यार्थी खिंचकर पहुँचा करते थे।

बनारस हमेशा से विद्या का एक केंद्र रहा है और बुद्ध के ज़माने में भी यह मशहूर था और प्राचीन माना जाता था। बनारस के पास मृगदाव में बुद्ध ने सबसे पहला उपदेश दिया था, लेकिन बनारस किसी ज़माने में ऐसे विश्वविद्यालय का केंद्र था, जैसे उस वक़्त और बाद में और जगहों में थे, यह नहीं जान पड़ता। वहाँ पर गुरुओं और शिष्यों के बहुत-से अलग-अलग समुदाय थे और अकसर विरोधी समुदायों में तीखे बहस-मुबाहसे या शास्त्रार्थ हुआ करते थे।

लेकिन पच्छिमोत्तर में मौजूदा पेशावर के पास एक क़दीम और मशहूर विश्वविद्यालय तक्षशिला में था। यह ख़ासतौर पर विज्ञान, चिकित्सा शास्त्र और कलाओं के लिए मशहूर था और हिंदुस्तान के दूर-दूर के हिस्सों से यहां लोग आया करते थे। जातक कथाओं में ऐसी बहुत-सी मिसालें हैं, उन कुलीन और ब्राह्मणों के बेटों की, जो तक्षशिला में शिक्षा हासिल करने के लिए अकेले और बिना किसी रक्षा के अस्त्र के जाया करते थे। इसकी स्थिति ऐसी थी कि बहुत करके यहां मध्य एशिया और अफ़गानिस्तान से भी विद्यार्थी शिक्षा पाने के लिए आया करते थे। तक्षशिला का स्नातक होना एक इज़्ज़त की बात समझी जाती थी। जो वैद्य यहां से चिकित्सा-शास्त्र सीखकर निकलते थे, उनकी बड़ी क़द्र होती थी और

इसका वर्णन मिलता है कि जब कभी बुद्ध बीमार पड़ते थे, तब उनके भक्त ऐसे मशहूर वैद्य को बुलाते थे, जो तक्षशिला का स्नातक होता था। ईसा से पहले की छठी-सातवी सदी के वैयाकरण पाणिनि ने यहीं शिक्षा पाई थी।

इस तरह तक्षशिला बौद्ध ज़माने से पहले का ब्राह्मणों का विश्वविद्यालय था। बौद्ध ज़माने में यहाँ बौद्ध विद्यार्थी भी सारे हिंदुस्तान से और सीमापार से खिंचकर आते थे, इसलिए यह बौद्ध-ज्ञान का भी केंद्र बन गया था। यह मौर्य सल्तनत के पच्छिमोत्तरी सूबे का सदर मुकाम भी था।

क़ानून के लिहाज़ से औरतों का दर्जा, सबसे पहले स्मृतिकार मनु के अनुसार, निश्चित तौर पर गिरा हुआ था। वे हमेशा किसी-न-किसी के सहारे पर रहती थीं, वह चाहे बाप का हो, चाहे पति का, चाहे बेटे का। क़ानून की नज़र में उन्हें चल-संपत्ति-जैसा समझा जाता था। फिर भी, महाकाव्यों की बहुत-सी कथाओं से पता चलता है कि इस क़ानून का कड़ा अमल नहीं होता था और उन्हें समाज में और घरों में इज़्ज़त का ओहदा मिलता था। पुराने स्मृतिकार मनु ख़ुद लिखते हैं-" जहाँ औरतों की इज़्ज़त होती है, वहां देवता लोग आकर बसते हैं।" तक्षशिला या किसी पुराने विश्वविद्यालय के सिलसिले में विद्यार्थिनियों का ज़िक्र नहीं मिलता। लेकिन उनमें से कुछ कहीं-न-कहीं शिक्षा ज़रूर पाती रही हैं, क्योंकि विदुषी और पढ़ी-लिखी स्त्रियों की बार-बार चर्चा हुई है। बाद के ज़मानों में भी मशहूर विदुषी स्त्रियां हुई हैं। औरतों का क़ानूनी दर्जा क़दीम हिंदुस्तान में गिरा हुआ ज़रूर था, लेकिन आज की कसौटी से जांचा जाय, तो क़दीम यूनान, रोम, शुरू के ईसाई मतवाले मुल्कों और मध्य-युग के बल्कि और हाल के, यानी उन्नीसवीं सदी के शुरू के, यूरोप में उनका जैसा दर्जा था, उससे यहाँ कहीं अच्छा था।

मनु और उनके बाद के स्मृतिकार व्यापार में साझे के चलन का हाल बताते हैं। मनु ने ख़ासतौर पर ब्राह्मणों की बातें कहीं हैं। याज्ञवल्क्य ने व्यापारी वर्ग और किसानों के बारे में भी लिखा है। एक बाद के लिखने वाले, नारद ने कहा है-" हर एक हिस्सेदार का घाटा, ख़र्च और नफ़ा उसकी लगाई पूंजी के अनुसार कम या ज्यादा होता है। गोदाम, खाने का, चुंगी का, नुक़सान का, किराये-भाड़े का और हिफ़ाज़त का ख़र्चा हर हिस्सेदार को मुआहदे के मुताबिक़ देना चाहिए।"

राज्य की जो कल्पना मनु ने की है, वह ज़ाहिरा तौर पर एक छोटे राज्य की है। लेकिन इस कल्पना में विकास और तबदीलियां हो रही थीं, यहां तक कि इसके अंदर ईसा से पहले की चौथी सदी के विशाल मौर्य-साम्राज्य और यूनानियों से अंतर्राष्ट्रीय संपर्क तक आ गए।

ईसा से पहले की चौथी सदी में हिंदुस्तान में रहनेवाले यूनानी राजदूत मेगस्थनीज ने हिंदुस्तान में किसी तरह की भी गुलामी के रिवाज के होने से इन्कार किया है। लेकिन ऐसा करने में उसने ग़लती की है, क्योंकि इसी ज़माने की हिंदुस्तानी किताबों में दासों की हालत सुधारने के हवाले मिलते हैं। फिर भी यह बात ज़ाहिर है कि यहाँ बड़े पैमाने पर गुलामी नहीं

थी और जैसा कि बहुत-से दूसरे मुल्कों में इस ज़माने में एक आम बात थी, यहाँ मज़दूरी करनेवाले गुलामों के गिरोह नहीं थे। शायद इसी से मेगस्थनीज़ ने समझा हो कि गुलामी यहाँ बिलकुल थी ही नहीं। यह लिखा गया था कि" आर्य कभी दास नहीं बनाया जा सकता।" ठीक तौर पर कौन 'आर्य' था और कौन नहीं था, यह बताना मुश्किल है; लेकिन आर्यों के दायरे में उस वक़्त बहुत-कुछ चारों ही ख़ास वर्ण, जिनमें शूद्र भी थे, आ जाते थे, सिर्फ़ अछूत नहीं आते थे।

चीन में भी शुरू के हान वंश के ज़माने में गुलाम ख़ासकर घरेलू सेवा के लिए हुआ करते थे। खेती या बड़े पैमाने पर मज़दूरी में उनका ज़्यादा काम न होता था। चीन और हिंदुस्तान दोनों ही जगह इस तरह के घरेलू ग़ुलाम आबादी के लिहाज़ से गिनती में बहुत थोड़े थे, और इस ख़ास मामले में हिंदुस्तानी और चीनी समाज और समकालीन यूनानी और रोमन समाज में बड़ा फ़र्क था।

उस ज़माने के हिंदुस्तानी कैसे थे? हमारे लिए इतने पुराने और इस ज़माने से इतने मुख्तलिफ़ ज़माने के बारे में क़यास करना मुश्किल है; फिर भी जो विविध जानकारी हमें है, उससे एक धुंधली तस्वीर हमारे सामने आती ही है। वे खुले दिल के, अपने में भरोसा रखनेवाले, अपनी परंपरा पर फ़ख़ करनेवाले लोग थे; रहस्य की खोज में हाथ-पैर फेंकनेवाले, प्रकृति और इन्सानी ज़िंदगी के बारे में बहुत से सवाल करनेवाले, अपनी बनाई मर्यादा और क़ायम किये गए मूल्यों के बारे में सावधान रहनेवाले थे, लेकिन ज़िंदगी में आनंद के साथ हिस्सा लेने वाले और मौत का लापरवाहीं से सामना करनेवाले थे। सिकंदर के उत्तरी हिंदुस्तान के हमले के यूनानी इतिहासकार एरियन पर आर्य जाति की इस ज़िंदादिली का असर हुआ था। वह लिखता है-"कोई क़ौम गाने और नाचने की इतनी शौक़ीन नहीं, जितने हिंदुस्तानी हैं।"

❒

16. महावीर और बुद्धः वर्ण-व्यवस्था

महाकाव्यों के ज़माने से लेकर शुरू बौद्ध काल तक उत्तरी हिंदुस्तान की कुछ इस तरह की भूमिका रही है, जैसी ऊपर बताई गई है। राजनैतिक और आर्थिक दृष्टि से यह बराबर बदलती रही है, और मिलने-जुलने और समन्वय का और धंधों का विशेषीकरण होकर बंट जाने का अमल जारी रहा है। विचार के मैदान में बराबर विकास होता रहा है और अकसर संघर्ष रहा है। शुरू के उपनिषदों के बाद के ज़माने में बहुत-सी दिशाओं में विचार और काम में तरक़्क़ी हुई है, और यह ख़ुद कर्म-कांड और पुरोहिताई के ख़िलाफ़ प्रतिक्रिया के रूप में रही है। लोगों का दिमाग, जो कुछ वे देखते थे, उसके ख़िलाफ़ विद्रोह करता था और इस विद्रोह का नतीजा था, जो शुरू के उपनिषदों में और कुछ समय बाद जड़वाद, जैन-धर्म और

बौद्ध-धर्म के रूप में और भगवद्गीता में पाये जानेवाले सब धर्मों के समन्वय में हमें मिलता है। फिर इन सबके भीतर से हिंदुस्तानी फ़िलसफ़े या दर्शन की छः पद्धतियां निकलती हैं। लेकिन इन सब मानसिक संघर्ष और विद्रोह के पीछे एक जीती-जागती और तरक़्क़ी करती हुई क़ौमी ज़िंदगी थी।

जैन-धर्म और बौद्ध-धर्म वैदिक-धर्म और उसकी शाखों से हटकर थे, अगरचे एक मानी में ये ख़ुद उसी से निकले थे। ये वेदों को प्रमाण मानने से इन्कार करते हैं, और जो बात सबसे बुनियादी है, वह यह है कि ये आदिकारण के बारे में या तो मौन हैं या उससे इन्कार करते हैं। दोनों ही अहिंसा पर ज़ोर देते हैं और ब्रह्मचारी भिक्खुओं और पुरोहितों के संघ बनाते हैं। उनका नज़रिया एक हद तक यथार्थवादी और बुद्धिवादी नज़रिया है, हालांकि जब अनदेखी दुनिया पर विचार करना हो, तो लाज़िमी तौर पर यह नज़रिया हमें बहुत आगे नहीं ले जाता। जैन-धर्म का एक बुनियादी सिद्धांत है कि सत्य हमारे विचारों से सापेक्ष है। यह एक कठोर नीतिवादी और अपरोक्षवादी विचार पद्धति है; और इस धर्म में ज़िंदगी और विचार में तपस्या के पहलू पर ज़ोर दिया गया है।

जैन-धर्म के संस्थापक महावीर और बुद्ध समकालीन थे। दोनों ही क्षत्रिय वर्ण के थे। बुद्ध का 80 वर्ष की उम्र में ईसा से 544 वर्ष पहले निर्वाण हुआ। तभी से बौद्ध-संवत शुरू होता था। (यह तिथि परंपरा के अनुसार है। इतिहासकार बाद की तारीख़ यानी 487 ई० पू० देते हैं। लेकिन अब उनका रुझान परंपरागत तिथि को मानने की तरफ़ है)। यह एक अद्भुत संयोग है कि मैं ये सतरें बौद्ध-संवत 2488 की पहली तारीख बैशाखी पूर्णिमा के दिन लिख रहा हूँ। बौद्ध साहित्य में यह लिखा है कि बुद्ध का जन्म इसी वैशाख (मई-जून) महीने की पूर्णिमा को हुआ था, इसी तिथि को उन्होंने ज्ञान प्राप्त किया था और इसी तिथि को उनका निर्वाण भी हुआ था।

बुद्ध में प्रचलित धर्म, अंधविश्वास, कर्म-कांड और यज्ञ आदि की प्रथा पर और इनके साथ जुड़े हुए निहित स्वार्थों पर हमला करने का साहस था। उन्होंने आधिभौतिक और परमार्थी नज़रिये का, करामातों, इलहाम अलौकिक व्यापार आदि का विरोध किया। दलील, अक़्ल और तजुरबे पर उनका आग्रह था और उन्होंने नीति या इख़लाक़ पर ज़ोर दिया। उनका तरीक़ा था मनोवैज्ञानिक विश्लेषण का और इस मनोविज्ञान में आत्मा को जगह नहीं दी गई थी। उनका नज़रिया आधिभौतिक कल्पना की बासी हवा के बाद पहाड़ की ताज़ी हवा के हलके थपेड़े-सा जान पड़ता है।

बुद्ध ने वर्ण-व्यवस्था पर कोई सीधा वार नहीं किया, लेकिन अपने संघ में उन्होंने इसे जगह नहीं दी और इसमें शक नहीं कि उनका सारा रुख़ और काम करने का ढंग ऐसा रहा कि उससे वर्ण-व्यवस्था को धक्का पहुंचा। शायद उनके समय में और कुछ सदियों बाद तक जात या वर्ण-व्यवस्था बहुत तरल दशा में थी। यह ज़ाहिर है कि जिस समाज में जात-पांत के बंधन हों, वह विदेशों से व्यापार में या दूसरे साहसी कामों में बहुत हिस्सा नहीं ले सकता,

और फिर भी बुद्ध के पंद्रह सौ बरस बाद तक हम देखते हैं कि हिंदुस्तान और पड़ोसी मुल्कों के बीच व्यापार तरक़्क़ी कर रहा था और हिंदुस्तानी उपनिवेशों की भी अच्छी हालत थी। पच्छिमोत्तर से विदेशी लोगों के आने का तांता बंधा रहा और ये लोग यहां जज़्ब होते रहे हैं।

जज़्ब होने की इस गति पर विचार करना मनोरंजक है। यह गति दोनों सिरों पर काम करती रही। नीचे की तरफ़ तो नई जातें बनती गईं; दूसरी तरफ़ जितने कामयाब हमलावर होते, सब क्षत्रिय बन जाते। ईसाई सन से ठीक पहले और बाद की सदियों के सिक्के दो- तीन पीढ़ियों के भीतर-भीतर तेज़ी के साथ होनेवाली यह तब्दीली ज़ाहिर करते हैं। पहले शासक का नाम विदेशी है; उसके बेटे या पोते का नाम संस्कृत का है, और उसे गद्दी पर बिठाने के वक़्त वही परंपरागत विधि बरती जाती है, जो क्षत्रियों के लिए बनाई गई थी।

बहुत-से राजपूत क्षत्रिय वंश उस वक़्त से शुरू होते हैं, जब शकों या सिदियनों के हमले ईसा से पहले की दूसरी सदी में होने लगे थे, या जब बाद में सफेद हूणों के हमले हुए। इन सबों ने मुल्क में प्रचलित धर्म को और संस्थाओं को क़ुबूल कर लिया और बाद में उन्होंने महाकाव्यों के वीर-पुरुषों से रिश्ता जोड़ना शुरू किया। क्षत्रिय वर्ग ज़्यादातर अपने पद और प्रतिष्ठा के कारण बना था, न कि जन्म की वजह से; इसलिए विदेशियों के लिए इसमें शरीक़ हो जाना बड़ा आसान था।

यह एक अजीब, लेकिन मार्के की, बात है कि हिंदुस्तानी इतिहास की लंबी मुद्दत में बड़े लोगों ने पुरोहितों और वर्ण-व्यवस्था की सख्तियों के ख़िलाफ़ बार-बार आवाज़ उठाई है और इनके ख़िलाफ़ ताक़तवर तहरीकें हुई हैं; फिर भी रफ्ता रफ्ता, क़रीब-क़रीब इस तरह कि पता भी नहीं चलता, मानो भाग्य का कोई न टलनेवाला चक्र हो, जात-पांत का ज़ोर बढ़ा है और उसने फैलकर हिंदुस्तानी ज़िंदगी के हर पहलू को अपने शिकंजे में जकड़ लिया है। जात के विरोधियों का बहुत लोगों ने साथ दिया है और अंत में इनकी ख़ुद अलग जात बन गई है। जैन-धर्म, जो क़ायम-शुदा धर्म से विद्रोह करके उठा था, और बहुत तरह से उससे जुदा था, जात की तरफ़ सहिष्णुता दिखाता था और खुद उससे मिल-जुल गया था। यही कारण है कि यह आज भी जिंदा है और हिंदुस्तान में जारी है। यह हिंदू-धर्म की क़रीब-क़रीब एक शाख़ बन गया है। बौद्ध-धर्म वर्ण-व्यवस्था न स्वीकार करने के कारण अपने विचार और रुख़ में ज्यादा स्वतंत्र रहा। अठारह सौ साल हुए, ईसाई-मत यहाँ आता है और बस जाता है और रफ़्ता-रफ़्ता अपनी अलग जातें बना लेता है। मुसलमानी समाजी संगठन, बावजूद इसके कि उसमें इस तरह के भेदों का ज़ोरदार विरोध हुआ है, इससे कुछ हद तक प्रभावित हुए बगैर न रह सका।

हमारे ही ज़माने में, जात-पांत की कठोरता को तोड़ने के लिए बीच के वर्गवालों में बहुत-सी तहरीकें हुई हैं और उनसे कुछ फ़र्क़ भी पैदा हुआ है, लेकिन जहां तक आम जनता का ताल्लुक़ है, कोई ख़ास फ़र्क नहीं हुआ है। इन तहरीक़ों का क़ायदा यह रहा है कि सीधे-सीधे हमला किया जाय। इसके बाद गांधीजी आये और उन्होंने इस मसले को

हिंदुस्तानी तरीक़े पर हाथ में लिया—यानी घुमाव के तरीक़े से—और उनकी निगाह आम जनता पर रही। उन्होंने काफ़ी सीधे तरीक़े पर भी वार किये हैं, काफ़ी छेड़-छाड़ की है, काफ़ी आग्रह के साथ इस काम में लगे रहे हैं, लेकिन उन्होंने चार वर्णों के मूल और बुनियाद में काम करनेवाले सिद्धांत को चुनौती नहीं दी। इस व्यवस्था के ऊपर और नीचे जो झांड़-झंखाड़ उठ आई है, उस पर उन्होंने हमला किया और यह जानते हुए कि इस तरह वह जात-पांत के समूचे ढड्ढे की जड़ काट रहे हैं।[23] इसकी बुनियाद को उन्होंने अभी ही हिला दिया है और आम जनता पर इसका गहरा असर पड़ा है। उनके लिए तो ऐसा है कि या तो सारा ढड्ढा क़ायम रहे, या सारा का सारा टूट जाय। लेकिन गांधीजी की ताक़त से भी बड़ी ताक़त काम कर रही है और वह हमारे मौजूदा ज़िंदगी के हालात हैं—और ऐसा जान पड़ता है कि आख़िरकार पुराने ज़माने के इस चिमटे रहनेवाले निशान का भी अंत होनेवाला है।

लेकिन उस वक़्त, जब हम हिंदुस्तान में जात-पांत के ख़िलाफ़ (जिसकी शुरू बुनियाद रंग या वर्ण पर रही है) इस तरह लड़ रहे हैं, हम देखते हैं कि पच्छिम में नई, अपने को अलग रखने वाली और मग़रूर जातें उठ खड़ी हुई हैं, जिनका उसूल अपने को अलग-थलग रखना है और इसे कभी वे राजनीति और अर्थशास्त्र की भाषा में, और कभी लोकतंत्र के नाम पर भी पेश करती है।

बुद्ध से पहले, ईसा से 700 साल पहले, बताया जाता है कि बड़े ऋषि और स्मृतिकार, याज्ञवल्क्य ने यह कहा था-" अपने मज़हब और चमड़े के रंग की वजह से हममें गुण नहीं उपजता; गुण अभ्यास से आता है। इसलिए यह उचित है कि कोई आदमी दूसरे के लिए कोई भी ऐसी बात न करे, जिसे वह अपने लिए किया जाना पसंद न करेगा।"

❐

---

23. जात-पांत के बारे में गांधीजी के बयान बराबर ज़्यादा ज़ोरदार और तीखे होते आ रहे हैं और उन्होंने अनेक बार इसे साफ़ तरीक़े पर कहा है कि जिस रूप में आज जात-पांत चल रही है, उसे दूर ही हो जाना चाहिए। अपने रचनात्मक कार्यक्रम में, जो उन्होंने क़ौम के सामने रखा है, वह कहते हैं-"इसमें शक नहीं कि इसका मक़सद राजनैतिक, सामाजिक और आर्थिक आज़ादी है। यह इस बड़ी क़ौम की ज़िंदगी के हरएक शोबे में एक इख़लाक़ी अहिंसात्मक इन्क़लाब है-जिसका नतीजा यह होगा कि जात-पांत और अछूतपन और इसी तरह के और अंधे यक़ीन मिट जायेंगे, हिंदू-मुसलमान के झगड़े गुज़रे हुए ज़माने की बात हो जायगी और अंग्रेज़ों और यूरोपीयों से दुश्मनी का ख़याल बिलकुल भुला दिया जायगा।..." और फिर बहुत हाल में उन्होंने कहा है-"जात-पांत की व्यवस्था—उसे हम जिस रूप में जानते हैं—दकियानूसी चीज़ है। अगर हिंदू-धर्म और हिंदुस्तान को क़ायम रहना है और तरक़्क़ी करना है, तो इसे जाना ही होगा।"

17. चंद्रगुप्त और चाणक्य:मौर्य-साम्राज्य की स्थापना

बौद्ध-धर्म हिंदुस्तान में रफ़्ता-रफ़्ता फैला; अगरचे मूल में यह क्षत्रियों की तहरीक़ थी और हुकूमत करनेवाले वर्ग और ब्राह्मणों के बीच के झगड़े को ज़ाहिर करती थी, फिर भी इसके इख़लाक़ी और जमहूरियत के पहलू और ख़ासकर पुरोहिताई और कर्म-कांड के विरोध आम लोगों को पसंद आये। इसका विकास एक आमपसंद सुधार के आंदोलन के रूप में हुआ और कुछ ब्राह्मण विचारक भी इसमें खिंचकर आ गए। लेकिन आमतौर पर ब्राह्मणों ने इसका विरोध किया और बौद्धों को नास्तिक और क़ायम-शुदा मज़हब के ख़िलाफ़ बग़ावत करनेवाला बताया। ढाई सदी बाद सम्राट अशोक ने इस धर्म में दीक्षा ली और शांति के साथ इस मज़हब का हिंदुस्तान में और बाहर प्रचार करने में उसने अपनी सारी ताक़त लगा दी।

इन दो सदियों में हिंदुस्तान में बहुत-सी तब्दीलियां हुईं। जातियों में मेल-जोल ले आने की और छोटी-छोटी रियासतों को गणराज्य का रूप देने की बहुत-सी क्रियाएं बहुत दिनों से जारी थीं; और एक मिला-जुला केंद्रीय राज्य क़ायम करने की पुरानी प्रेरणा भी काम कर रही थी, और इन सबका नतीजा यह हुआ कि एक ताक़तवर और शानदार साम्राज्य क़ायम हो गया। पच्छिमोत्तर में होनेवाले सिकंदर के हमले ने इस विकास को और भी आगे ढकेलने में मदद दी, और दो ऐसे मार्के के आदमी सामने आये, जिन्होंने इस बदलती हुई हालत से फ़ायदा उठाया और उसे अपनी मर्ज़ी के मुताबिक़ ढाल लिया। ये लोग थे चंद्रगुप्त मौर्य और उसका दोस्त, वज़ीर और सलाहकार ब्राह्मण चाणक्य। इनके मेल से ख़ूब काम चला। दोनों ही नंदों के मगध राज्य से, जिसकी राजधानी पाटलिपुत्र (आधुनिक पटना) थी, निकाले हुए थे; दोनों ही पच्छिमोत्तर में तक्षशिला पहुंचे और वहां सिकंदर के मुक़र्रर किये हुए यूनानियों के संपर्क में आये। चंद्रगुप्त सिकंदर से ख़ुद मिला; उसकी विजयों और शान-शौकत का हाल सुना, और उसी की बराबरी करने का उसके मन में हौसला पैदा हुआ। दोनों देख-भाल और तैयारी में लगे रहे। उन्होंने बड़े ऊंचे मनसूबे बांधे और अपना मक़सद पूरा करने के लिए मौक़े के इंतज़ार में रहे।

जल्द ही उन्हें बेबिलन से सिकंदर के (323 ई० पू० में) मरने की ख़बर मिली और फौरन चंद्रगुप्त और चाणक्य ने राष्ट्रीयता का पुराना और सदा नया नारा बुलंद किया। यूनानियों की संरक्षक सेना तक्षशिला से भगा दी गई। क़ौमियत की पुकार ने चंद्रगुप्त को बहुत-से साथी दिये और उन्हें साथ लेकर उत्तरी हिंदुस्तान पार करते हुए उसने पाटलिपुत्र पर धावा कर दिया। सिकंदर की मौत के दो साल के भीतर ही उसने इस शहर पर और राज्य पर कब्ज़ा कर लिया और मौर्य-साम्राज्य की स्थापना हो गई।

सिकंदर के सेनापति सेल्युकस ने जिसने अपने स्वामी की मौत के बाद एशिया माइनर से लेकर हिंदुस्तान तक के प्रदेश पर उत्तराधिकार पाया था, पच्छिमोत्तर हिंदुस्तान पर फिर

से हूकूमत क़ायम करनी चाही और उसने अपनी फ़ौज लेकर सिंधु नदी पार कर ली। उसने शिकस्त खाई और क़ाबुल और हिरात तक अफ़ग़ानिस्तान का एक हिस्सा उसे चंद्रगुप्त को देना पड़ा और उसने अपनी लड़की भी चंद्रगुप्त के साथ ब्याह दी। दक्खिन हिंदुस्तान को छोड़कर सारे हिंदुस्तान पर अरब सागर से लेकर बंगाल की खाड़ी तक, चंद्रगुप्त का साम्राज्य फैला हुआ था, और उत्तर में यह क़ाबुल तक पहुँचता था। लिखित इतिहास में यह पहला मौक़ा था कि हिंदुस्तान में एक केंद्रीय हुकूमत इतने बड़े पैमाने पर बनी। इस बड़ी सल्तनत की राजधानी पाटलिपुत्र थी।

यह नई हुकूमत थी कैसी? ख़ुशक़िस्मती से इसके पूरे पूरे हाल हमें मिलते हैं, हिंदुस्तानियों के लिखे हुए भी और यूनानियों के भी। मेगस्थनीज़ ने, जो सेल्यूकस का भेजा हुआ एलची था, हालात दर्ज किये हैं और उस से भी ज़्यादा महत्त्व की बात यह है कि कौटिल्य के 'अर्थशास्त्र' में, जो राजनीति-शास्त्र पर एक पुस्तक है, हमें उसी ज़माने का लिखा हुआ हाल मिलता है। कौटिल्य चाणक्य का ही दूसरा नाम है और इस तरह हमें एक ऐसी किताब देखने को मिलती है, जिसका लिखनेवाला न महज़ एक विद्वान था, बल्कि उसने साम्राज्य के क़ायम करने, उसे तरक़्क़ी देने और उसकी हिफ़ाज़त में बहुत ख़ास हिस्सा लिया था। चाणक्य को हिंदुस्तान का मैकियाविली कहा गया है और कुछ हद तक यह मुक़ाबला मुनासिब भी है। लेकिन हर मानी में वह उसके मुक़ाबले में बहुत बड़ा आदमी था—दिमाग़ में भी और काम में भी। वह एक राजा का महज पैरोकार या एक शक्तिशाली साम्राट का दीन सलाहकार न था। हिंदुस्तान के एक पुराने नाटक-'मुद्राराक्षस'-में, जो उस ज़माने का हाल दर्ज कराता है, उसकी तस्वीर हमें मिलती है। साहसी और षड्यंत्री गर्वीला और बदला लेनेवाला, अपमान को कभी न भूलनेवाला, अपने उद्देश्य पर बराबर हटा रहनेवाला, दुश्मन को धोखे में डालने और हराने की सभी तरह की तरक़ीबों को काम में लानेवाला-इस रूप में हम उसे एक साम्राज्य की बागडोर को हाथ में लिये देखते हैं और वह सम्राट को अपने मालिक की तरह नहीं, बल्कि एक प्रिय शिष्य की तरह देखता है। अपनी ज़िंदगी में सीधा-सादा और तपस्वी, ऊंचे पद की शान-शौक़त में दिलचस्पी न लेनेवाला है; और जब उसका मक़सद हासिल हो जाता है, तो वह काम से छुट्टी पा लेना चाहता है और ब्राह्मण की तरह मनन और चिंतन की ज़िंदगी बिताना चाहता है।

अपना मक़सद हासिल करने के लिए शायद ही कोई बात हो, जिसे करने में चाणक्य को पसोपेश होता। वह काफ़ी बेबाक था, साथ ही वह काफ़ी बुद्धिमान भी था और यह समझता था कि ग़लत ज़रियों से मक़सद को ही नुक़सान पहुंच सकता है। क्लौसविट्ज़[24] से बहुत पहले कहा जाता है कि उसने बताया था कि युद्ध दूसरे ज़रियों से शासन-नीति का ही एक सिलसिला है, लेकिन उसने यह भी बताया है कि युद्ध का मक़सद इस नीति के व्यापक

24, जर्मन सेनापति तथा सैन्य लेखक (1780-1831 ई०)

उद्देश्यों को पूरा करना होना चाहिए, उसे ख़ुद एक मक़सद बनकर ही न रह जाना चाहिए। राजनीतिज्ञ का हमेशा यह उद्देश्य होना चाहिए कि युद्ध के फलस्वरूप राज्य की तरक़्क़ी हो, केवल यह नहीं कि बैरी हार जाय और नष्ट हो जाय। अगर युद्ध से दोनों फ़रीक़ नष्ट हो जाते हैं, तो इसे राजनीतिज्ञता का दिवाला समझना चाहिए। लड़ाई के लिए हथियारबंद फ़ौज की ज़रूरत होती है, लेकिन हथियारों के ज़ोर से कहीं ज्यादा महत्त्व की बात है वह कूटनीति, जिससे दुश्मन भरोसा खो बैठे और उसकी फ़ौज तितर-बितर होकर या तो नष्ट हो जाय, या हमला होने के पहले ही नाश की हालत के क़रीब पहुंच जाय। अगरचे चाणक्य अपने मक़सद को हासिल करने के मामले में बड़ा कड़ा और कुछ भी न उठा रखने वाला था, फिर भी वह यह कभी नहीं भूलता था कि अक़्लमंद और आला-दिमाग दुश्मन को कुचलने के बनिस्बत उसे अपना हिमायती बना लेना ज़्यादा अच्छा है। दुश्मन की फ़ौज में फूट के बीज बोना उसका आख़िरी हथियार था। साथ ही, कहा यह जाता है कि ठीक उस वक़्त, जबकि जीत होनेवाली थी, उसने चंद्रगुप्त को अपने बैरी की तरफ़ उदारता दिखाने पर आमादा किया। यह भी कहते हैं कि चाणक्य ने अपने ऊंचे ओहदे की मुहर को ख़ुद ही इस विपक्षी के मंत्री के सिपुर्द कर दिया, जिसकी बुद्धिमानी और अपने पुराने मालिक के लिए वफ़ादारी का चाणक्य पर बड़ा असर पड़ा था। इस तरह से यह क़िस्सा हार और अपमान की कड़वाहट के साथ नहीं बल्कि समझौते के साथ और राज्य की मज़बूत और क़ायम रहनेवाली बुनियाद के रखने के साथ ख़त्म होता है, जिसमें दुश्मन की हार ही नहीं होती है, बल्कि उसे दिल से भी अपने में मिला लिया जाता है।

मौर्य-साम्राज्य का यूनानी दुनिया के साथ कूटनीतिक संबंध था—सेल्यूकस से भी और उसके उत्तराधिकारी टोलमी फिलाडेल्फस से भी। यह संबंध आपस के व्यापारिक हितों की मज़बूत बुनियाद पर टिका हुआ था। स्ट्रैनो कहता है कि मध्य एशिया की आमूनदी उस महत्त्वपूर्ण सिलसिले की एक कड़ी थी, जिससे हिंदुस्तानी माल कैस्पियन और काले समुंदरों के रास्ते यूरोप में पहुंचाया जाता था। ईसा से पहले की तीसरी सदी में यह रास्ता बहुत चालू था। उस ज़माने में मध्य एशिया ख़ुशहाल और ज़रखेज था। उससे एक हज़ार साल कुछ बाद वह सूखने लगा। 'अर्थशास्त्र' में लिखा है कि राजा के अस्तबल में अरबी घोड़े थे।

❐

18. राज्य का संगठन

यह नया राज्य, जो 321 ई. पू. में क़ायम हुआ और हिंदुस्तान के ज़्यादातर हिस्से पर और उत्तर में ठीक क़ाबुल तक फैला, आख़िर था कैसा राज्य? यह था एकछत्र शासन और ऊपर के सिरे पर हम इसमें एकाधिपत्य पाते हैं; जैसा कि अधिकतर साम्राज्यों में रहा है और अब भी है। शहरों और गांवों की इकाइयों में बहुत-कुछ मुक़ामी स्वराज्य था और चुने गए

बुज़ुर्ग इन मुक़ामी मामलों की देखभाल किया करते थे। इस मुक़ामी स्वराज्य की बड़ी क़द्र थी और शायद ही किसी राजा या सबसे बड़े शासक ने इसमें दख़ल दिया हो।

फिर भी केंद्रीय शासन का असर था और उसके तरह-तरह के काम सभी जगह देखने में आते थे और कुछ मानी में यह मौर्य शासन ऐसा न था कि आजकल के एकाधिपत्य शासन की याद दिलाता है। उस महज़ किसानी के युग में राज्य व्यक्ति पर उस तरह की बंदिशें, जैसी आजकल दिखती हैं, लगा नहीं सकता था; लेकिन सब सीमाओं के बावजूद, ज़िंदगी पर बंदिशें लगाने की और उसे नियंत्रित करने की कोशिशें हुईं। यह शासन एक मात्र पुलिस शासन न था, जिसका मक़सद बाहरी और भीतरी अमन क़ायम रखना और लगान वसूल करना ही रहा हो।

एक काफ़ी फैली हुई और कड़ी नौकरशाही थी और ख़ुफिया विभाग के भी हवाले अकसर मिलते हैं। खेती पर बहुत तरीक़ों से नियंत्रण लगे हुए थे; और यही हालत सूद के दर की थी। खाने की चीज़ों, मंडियों, कारख़ानों, कसाईखानों, पशुओं की नस्लक़शी, पानी के हक़ों, शिकार, वेश्याओं और शराबख़ानों पर बंदिशें लगी हुई थीं और इनकी समय-समय पर जांच हुआ करती थी। मापें और तौलें सब जगहों के लिए एक-सी कर दी गई थीं। खाने की चीज़ों के भरने और उनमें मिलावट करने पर कड़ी सज़ाएं मिलती थीं। व्यापार पर कर लगा हुआ था और इसी तरह धर्म के कामों पर भी। नियमों का पालन न हुआ या और कोई अपराध हुआ, तो मंदिरों का धन ज़ब्त कर लिया जाता था। अगर अमीर लोग ग़बन करते या क़ौमी संकटों से फ़ायदा उठाते, तो उनकी जायदाद ज़ब्त कर ली जाती। सफाई का इंतज़ाम किया जाता था और अस्पताल खुले हुए थे और ख़ास-ख़ास केंद्रों पर वैद्य मुक़र्रिर थे। हुकूमत की तरफ़ से विधवाओं, यतीमों, बीमारों और कमज़ोरों को मदद दी जाती थी। अकाल से बचाने की ख़ास ज़िम्मेदारी हुकूमत की होती थी और हुकूमत के भंडारों में जो कुछ भी ग़ल्ला होता, उसका आधा इसी के लिए बचा रखा जाता था कि अकाल के ज़माने में काम आए।

ये सब क़ानून-क़ायदे शायद ज़्यादातर शहरों पर लागू होते थे और गांवों पर कम; यह भी मुमकिन है, इनका व्यवहार में ढिलाई से इस्तेमाल किया जाता हो। लेकिन सिद्धांत के ख़याल से भी ये बातें दिलचस्प हैं। गांव के रहनेवालों के लिए क़रीब-क़रीब स्वराज था।

चाणक्य के 'अर्थशास्त्र' में अनेकानेक विषयों का बयान हुआ है और यह पुस्तक हुकूमत के सिद्धांत और व्यवहार के सभी पहलुओं पर विचार करती है। इसमें राजा के, उसके मंत्रियों और सलाहकारों के कर्तव्य बताये गए हैं और राज सभा की बैठकों, सरकारी महकमों, कूटनीति, लड़ाई और सुलह के बयान हैं। इसमें चंद्रगुप्त की बड़ी फ़ौज की तफ़सील दी गई है, जिसमें पैदल, घुड़सवार सेना, रथों और हाथियों का हाल है।[25] साथ ही चाणक्य

---

25. शतरंज का खेल, जिसका आरंभ हिंदुस्तान में ही हुआ, शायद सेना के इन्हीं चार अंगों के ख़याल से निकला था। यह चतुरंग कहलाता था, यानी चार अंगोंवाला, जिससे शतरंज

का कहना है, गिनती से कुछ होता जाता नहीं—अगर संयम न हो और ठीक नेता न हों, तो यही सेना भार हो सकती है। रक्षा के और क़िलेबंदी के बारे में भी इस किताब में कहा गया है।

और जिन बातों पर इस क़िताब में लिखा गया है, वे हैं, व्यापार और व्यवसाय, क़ानून और न्यायालय, शहरी व्यवस्था, सामाजिक रीति-रिवाज, विवाह और तलाक़, औरतों के अधिकार, राज्य कर और लगान, खेती, खानों और कारख़ानों का चलाना, व्यवसाय, मंडियां, बागवानी, उद्योग-धंधे, आबपाशी और जल के रास्ते, जहाज़ और जहाज़रानी, निगमें, मर्दुमशुमारी, मछली पकड़ने का धंधा, क़साईख़ाने, राहदारी के पत्र, कैदख़ाने वगैरह। विधवा को फिर से ब्याहा जाना माना गया है, और किन्हीं ख़ास हालतों में तलाक़ भी।

चीन के बने रेशमी कपड़े, चीन पट्ट, का भी हवाला मिलता है और इस कपड़े में और हिंदुस्तान के बने रेशम के कपड़े में फ़र्क बताया गया है। शायद हिंदुस्तान का बना कपड़ा चीन के कपड़े के मुक़ाबले में ज़्यादा मोटा होता था। चीनी कपड़ों का आयात यह बताता है कि कम-से-कम ईसा से पहले की चौथी सदी में चीन के साथ हिंदुस्तान का व्यावसायिक संबंध क़ायम था।

अपने राज्यारोहण के वक़्त राजा को इस बात की क़सम खानी पड़ती थी कि वह अपनी प्रजा की सेवा करेगा। "मैं स्वयं, ज़िंदगी और संतान से वंचित रहूं, अगर मैं तुम्हें सताऊं।" "उसका सुख उसकी प्रजा के सुख में है और उसकी खैरियत में है; जो बात उसे ख़ुद अच्छी लगती है, उसे वह अच्छा न समझे, लेकिन जो बात उसकी प्रजा को अच्छी लगे, उसे वह अच्छा समझे।" "अगर राजा में उत्साह है, तो उसकी प्रजा में भी उतना ही उत्साह होगा।" "आम लोगों के हित के काम उस वक़्त तक नहीं रुके रह सकते, जब तक कि राजा को फ़ुरसत न हो, उसे उनके लिए सदा तैयार रहना चाहिए। और अगर राजा अनीति करे, तो उसकी प्रजा को यह अधिकार है कि उसे हटाकर उसकी जगह दूसरे को बिठा दे।"

एक आबपाशी का महकमा था, जो नहरों की निगरानी किया करता था और एक महकमा जल के यातायात का था, जो बंदरगाहों, घाटों, पुलों और उन बहुत-सी नावों और जहाज़ों की देख-भाल करता था, जो नदियों पर चला करते थे और समुंदर पर होकर बरमा या उससे भी आगे जाते थे। ख़ुश्की की फ़ौज के सहायक अंग की तरह, जान पड़ता है, एक जलसेना भी थी।

साम्राज्य में व्यापार ख़ूब होता था और दूर-दूर जगहों के बीच चौड़ी सड़कें बनी हुई थीं, जिनके किनारे अकसर यात्रियों के लिए आराम-घर बने हुए थे। ख़ास सड़क को राज-पथ या राजा का रास्ता कहते थे और यह सारे देश को पार करता हुआ राजधानी से लेकर ठीक पच्छिमोत्तर सरहद तक जाता था। विदेशी व्यापारियों का ख़ासतौर पर ज़िक्र आता है और उनके लिए अलग सुविधाएं थीं और जान पड़ता है कि उन्हें उनके आपस के व्यवहार में

निकला। अलबेरूनी इस खेल का हिंदुस्तान में चार आदमियों द्वारा खेले जाने का हाल लिखता है।

अपने देशों के अलग क़ानूनों का कुछ हद तक लाभ दिया जाता था। कहा जाता है कि पुराने मिस्त्री लोग अपने सुरक्षित शवों को हिंदुस्तान की मलमल में लपेटा करते थे और अपने कपड़ों को हिंदुस्तान के नील में रंगा करते थे। पुराने खंडहरों में एक तरह का कांच भी मिला है। यूनानी एलची मेगस्थनीज़ कहता है कि हिंदुस्तानी सौंदर्य और नफ़ासत की चीज़ों के प्रेमी थे, और यह भी लिखता है कि ऊँचाई को बढ़ाई के लिए जूतों का इस्तेमाल किया जाता था।

मौर्य-साम्राज्य में विलास की बढ़ती हुई ज़िंदगी में सादगी घटी, धंधों के बंटवारे बढ़े और संगठन भी बढ़ा। "सराय, आराम-घर, खाने के घर, जुआ-घर, जान पड़ता है बहुत हैं; संप्रदायों और पेशेवरों की सभाओं के लिए अलग-अलग जगहें हैं और पेशेवरों की आम दावतें भी होती हैं। मनोरंजन के धंधे से बहुत तरह के लोगों की रोज़ी चलती है, जैसे नचनियों, गवैयों और स्वांग करनेवालों की। ये लोग गांवों तक में पहुँचते हैं और 'अर्थशास्त्र' का लेखक इन खेल-तमाशों के लिए भवन बनाये जाने के ख़िलाफ़ इसलिए है कि इससे लोगों का घर-बार और खेती के काम से जी हटता है। साथ ही सार्वजनिक मनोरंजन के कामों में हाथ बंटाने से इन्कार करने के लिए दंड की भी व्यवस्था है। राजा की तरफ़ से ख़ासतौर पर तैयार किये गए मकानों या अखाड़ों में नाटक, कुश्ती और आदमियों और पशुओं की और प्रतियोगिताओं का, और दूसरे तमाशों और विचित्र चीज़ों की तस्वीरों के दिखाने का इंतज़ाम है। ...बहुत करके उत्सवों के मौक़ों पर सड़कों पर रोशनी की जाती थी।[26] शाही जुलूस भी निकला करते थे और शिकारियों के जमाव हुआ करते थे।

इस विशाल साम्राज्य में बड़ी आबादीवाले बहुत-से शहर थे, लेकिन उन सबमें बड़ा शहर पाटलिपुत्र था, जो राजधानी था और यह आलीशान शहर गंगा और सोन संगम पर (मौजूदा पटना) बसा हुआ था। मेगस्थनीज़ ने इसका यों वर्णन किया है- इस नदी (गंगा) और एक दूसरी नदी के संगम पर पालिबोथ्र बसा हुआ है, जो अस्सी स्टेडिया (9.2 मील) लंबा और पंद्रह स्टेडिया (17 मील) चौड़ा है। इसकी शक़्ल समचतुष्कोण की है और यह लकड़ी की चार-दीवारी से घिरा हुआ है, जिसमें तीर चलाने के लिए संदें बनी हुई हैं। सामने इसके एक खाई है, जो हिफ़ाज़त के लिए है और जिसमें शहर का गंदा पानी पहुँचता है। यह खाई, जो चारों तरफ़ घूमी हुई है, चौड़ाई में 600 फ़ुट है और गहराई में 30 हाथ; और दीवाल पर 560 बुर्जे हैं और उसमें 64 फाटक हैं।"

यह दीवाल ही लकड़ी की नहीं थी, बल्कि ज्यादातर घर भी लकड़ी के थे। ज़ाहिरा यह भूकंप से बचाव के लिए था, क्योंकि उस प्रदेश में भूकंप अकसर आते रहे हैं। सन् 1934 के बिहार के भयानक भूकंप ने हमें इस बात की फिर याद दिला दी है। चूंकि मकान लकड़ी के होते थे, इसलिए आग लगने से बचने के लिए बहुत इंतज़ाम रहता था। हर एक गृहस्थ को सीढ़ियां, कांटे और पानी से भरे डोल रखने पड़ते थे।

---

26. 'केंब्रिज हिस्ट्री ऑव इंडिया' (जिल्द 1, पृ० 480) में डॉक्टर एफ. डब्लू. टामस।

पाटलिपुत्र में लोगों की चुनी हुई म्युनिसिपैलिटी भी थी। इसके 30 सदस्य थे, और वे पांच-पांच की 6 समितियों में बंटे हुए थे और इनके हाथ में व्यापार, दस्तकारी, मौत और पैदाइश, उद्योग-धंधें, यात्रियों वगैरह के इंतज़ाम थे। रुपये-पैसे, सफ़ाई, पानी पहुंचाना, सार्वजनिक इमारतों और बगीचों की देख-भाल पूरी म्यूनिसिपैलिटी के जिम्मे थी।

19. बुद्ध की शिक्षा

इन राजनैतिक और आर्थिक इन्कलाबों के पीछे, जो हिंदुस्तान की शक़्ल ही बदल रहे थे, बौद्ध-धर्म का जोश था। पुराने मतों से इसका संघर्ष और धर्म के मामलों में निहित स्वार्थों से इसकी लड़ाई चल रही थी। बहस और मुबाहसे (जिनका हिंदुस्तान में हमेशा शौक़ रहा है) से कहीं बढ़कर लोगों पर असर था एक ज्वलंत और बड़े व्यक्तित्व का और उसकी याद दिलों में ताज़ा थीं। उसका संदेश पुराना था, फिर भी बहुत नया था और जो लोग ब्रह्म-ज्ञान की बारीकियों में उलझे हुए थे, उनके लिए मौलिक था। इसने विचारशील लोगों की कल्पना पर क़ब्ज़ा कर लिया; यह लोगों के दिलों के भीतर गहरा पैठा गया। बुद्ध ने अपने चेलों से कहा था-"सभी देशों में जाओ और इस धर्म का प्रचार करो। उनसे कहो कि ग़रीब और दीन, अमीर और कुलीन, सब एक हैं और इस धर्म में सभी जातें इस तरह आकर मिल जाती हैं, जिस तरह कि नदियां समुंदर में जाकर मिलती हैं।" उनका संदेश सभी के लिए दया और प्रेम का संदेश था। क्योंकि "इस दुनिया में नफ़रत का अंत नफ़रत से नहीं हो सकता; नफ़रत प्रेम करने से हो जायगी।" और "आदमी को चाहिए कि गुस्से को दया के ज़रिये और बुराई को भलाई के ज़रिये जीते।"

भले काम करने का और अपने ऊपर संयम रखने का यह आदर्श था। "आदमी लड़ाई में हज़ार आदमियों पर विजय हासिल कर सकता है; लेकिन जो अपने ऊपर विजय पाता है, वही सबसे बड़ा विजयी है।" "जन्म से नहीं, बल्कि कर्म से ही आदमी शूद्र या ब्राह्मण होता है।" पापी की भी निंदा उचित नहीं, क्योंकि "जो पापियों से जान-बूझकर कड़े शब्द कहता है, वह मानो उनके पाप-रूपी घाव पर नमक छिड़कता है। "दूसरे के ऊपर विजय पाना ही दुःख का कारण होता है–"विजय नफ़रत उपजाती है, क्योंकि विजित दुखी होता है।"

अपने इन सब उपदेशों में उन्होंने धर्म का प्रमाण नहीं दिया, न ईश्वर या किसी दूसरी दुनिया का हवाला दिया। वह बुद्धि और तर्क और अनुभव पर भरोसा करते हैं और लोगों से कहते हैं कि सत्य को अपने मन के भीतर खोजो। कहा जाता है कि उन्होंने कहा-" किसी को मेरे बताये नियमों को आदर की वजह से न मान लेना चाहिए; उसकी परख पहले इस तरह कर लेना चाहिए, जैसे तपाकर सोने की परख की जाती है।" सचाई के न जानने से सभी दुःख उपजते हैं। ईश्वर या परब्रह्म है या नहीं, इसके बारे में उन्होंने कुछ नहीं बताया है। न वह उससे इकरार करते हैं, न इन्कार। जहां जानकारी मुमकिन नहीं, वहां हमें अपना फैसला नहीं देना

चाहिए। एक सवाल के जवाब में, बताया जाता है कि बुद्ध ने यह कहा था-" अगर परब्रह्म से मतलब है किसी उस चीज़ से, जिसका सभी जानी हुई चीज़ों से कोई संबंध नहीं, तो किसी तर्क से उसका अस्तित्व या वजूद सिद्ध नहीं किया जा सकता। यह हम कैसे जान सकते हैं कि दूसरी चीज़ों से असंबद्ध चीज़ कोई है भी या नहीं? यह सारा विश्व-उसे हम जिस रूप में जानते हैं— संबंधों का एक सिलसिला है; हम कोई ऐसी चीज़ नहीं जानते, जो बिना संबंध के है या हो सकती है।" इसलिए हमें अपने को उन चीज़ों तक महदूद रखना चाहिए, जिनका हम अनुभव कर सकते हैं और जिनके बारे में हमें पक्की जानकारी है।

इसी तरह बुद्ध ने आत्मा के अस्तित्व के बारे में भी कुछ नहीं कहा है। वह इससे भी न इक़रार करते हैं और न इन्कार। वह इस सवाल में पड़ना ही नहीं चाहते और यह एक बड़ी अचरज की बात है, क्योंकि उस ज़माने में हिंदुस्तानियों के दिमाग़ में आत्मा और परमात्मा, एकेश्वरवाद, अद्वैतवाद और दूसरे आधिभौतिक सिद्धांत समाये रहते थे। मगर बुद्ध ने सभी तरह के आधिभौतिकवाद से अपने विचारों को हटाया। लेकिन प्रकृति के नियम के स्थायित्व में और एक व्यापक हेतुवाद में उनका विश्वास है और इस तरह हर एक बाद की स्थिति अपने से पहले की स्थिति का नतीजा है, अच्छे काम का सुख से और बुरे काम का दुःख से स्वाभाविक संबंध है।

हम अनुभव की इस दुनिया में शब्दों या भाषा का इस्तेमाल करते हैं और कहते हैं कि "यह है" या "यह नहीं है"। लेकिन जब हम सतही पहलुओं के भीतर पैठते हैं, तो इनमें से एक भी, संभव है, सही न हो और जो कुछ हो रहा है, उसको बयान करने में हमारी भाषा ही नाकाफ़ी हो। सत्य "है" और "नहीं है" के बीच में या इनसे परे कहीं भी हो सकता है। नदीं बराबर बहती है और हर क्षण एक-सी मालूम पड़ती है, फिर भी पानी बराबर तबदील होता रहता है। इसी तरह आग है। लौ जलती रहती है और अपना आकार भी क़ायम रखती है, फिर भी वही लौ हमेशा नहीं रहती, बल्कि क्षण-क्षण में बदलती रहती है। इसी तरह ज़िंदगी भी बराबर बदलती रहती है और अपने सभी रूपों में वह एक धारा की तरह है, जिसे हम 'होने की प्रक्रिया' कह सकते हैं। असलियत कोई ऐसी चीज़ नहीं है, जो क़ायम रहनेवाली और न बदलनेवाली हो, बल्कि वह एक रोशन ताक़त है, जिसमें तेज़ी है और रफ़्तार है और जो नतीजों का एक सिलसिला है। समय की धारणा "महज़ एक ख़याल है, जो जिस किसी घटना के आधार पर व्यवहार के लिए बना लिया गया है।" हम यह नहीं कह सकते कि कोई एक चीज़ किसी दूसरी चीज़ का कारण है, क्योंकि 'होने की प्रक्रिया' में कोई अंश ऐसा नहीं है, जो स्थायी हो या न बदलनेवाला हो। किसी वस्तु का तत्त्व उसमें निहित नियम में है, जो उसे किसी दूसरी कहलाई जानेवाली वस्तु से जोड़ता है। हमारे शरीर और हमारी आत्माएं क्षण-क्षण में बदलती रहती हैं; उनका अंत हो जाता है और उनकी जगह पर कोई दूसरी चीज़, जो उन्हीं-जैसी, लेकिन उनसे मुख्तलिफ़ होती है यह जगह ले लेती है, और फिर वह भी चली जाती है। एक मानी में हम हरदम मर रहे हैं और हरदम फिर से जन्म ले रहे हैं,

और यह सिलसिला एक अटूट अस्तित्व का आभास देता है। यह "एक सतत परिवर्तनशील अस्तित्व का सिलसिला है।" हर चीज़ बस एक प्रवाह है, आंदोलन है और परिवर्तन है।

हम लोग भौतिक घटनाओं को एक नपे-तुले ढंग से सोचने और उनकी व्याख्या करने के इतने आदी हो गए हैं कि हमारे दिमाग़ों के लिए यह सब समझ सकना मुश्किल है। लेकिन यह बड़ी मार्के की बात है कि बुद्ध का यह फ़िलसफ़ा हमें आजकल के भौतिक विज्ञान की धाराओं और दार्शनिक विचारों के इतना निकट ले आता है।

बुद्ध का ढंग मनोवैज्ञानिक विश्लेषण का ढंग था और यहाँ भी यह देखकर अचरज होता है कि आज के विज्ञान की नई से नई खोजों के कितने निकट उनकी सूझ-बूझ थी। आदमी की ज़िंदगी पर विचार और जांच बिना किसी स्थायी आत्मा के लिहाज़ के होती है, क्योंकि अगर किसी ऐसी आत्मा की सत्ता है भी, तो वह हमारी समझ से परे है; मन को शरीर का अंग, मानसिक शक्तियों की एक मिलावट, समझा जाता था। इस तरह से व्यक्ति मानसिक स्थितियों की एक गठरी बन जाता है; "आत्मा विचारों का महज़ एक प्रवाह है।" "जो कुछ भी हम हैं, वह जो कुछ भी हमने सोचा है, उसका नतीजा है।"

ज़िंदगी में जो दुःख और व्यथा है, उस पर ज़ोर दिया गया है और बुद्ध ने जिन "चार बड़े सत्यों" का बखान किया है, उनमें यह दुःख, उसके कारण, उसे ख़त्म करने की संभावना और उसके लिए उपाय बताये गए हैं। अपने चेलों को उपदेश देते हुए, कहा जाता है कि बुद्ध ने कहा था-"जब तुमने युगों के दौर में इस (दुःख) का अनुभव किया, तुम्हारी आँखों से इतना पानी बहा है; जब तुम इस (ज़िंदगी की) यात्रा में भटके हो और तुमने शोक किया है या तुम रोये हो, क्योंकि जिस चीज़ से तुम नफ़रत करते रहे हो, वह तुम्हें मिली है और जिस चीज़ की तुम ख़्वाहिश करते रहे हो, वह तुम्हें नहीं मिली है, वह सब तुम्हारे आंसुओं का पानी चारों बड़े समुदरों के पानी से ज़्यादा रहा है।"

दुःख की इस हालत का अंत कर देने से 'निर्वाण' प्राप्त हो सकता है। 'निर्वाण' है क्या? इसके बारे में लोगों में मतभेद रहा है, क्योंकि एक ऐसी हालत का, जो अनुभव से परे है, किस तरह से हमारे सीमित दिमाग़ों की भाषा में बयान हो सकता है? कुछ लोग कहते हैं कि यह केवल विनाश हो जाना है, बुझ जाना है। लेकिन बुद्ध ने, कहा जाता है कि इससे इन्कार किया है; और यह बताया है कि यह एक अत्यंत क्रियाशीलता की अवस्था है। यह झूठी इच्छाओं के मिट जाने की हालत है, न कि अपने मिट जाने को, लेकिन इसका बयान केवल नकारात्मक शब्दों में किया जा सकता है।

बुद्ध का बताया हुआ रास्ता मध्यम मार्ग है और यह अपने को यातना देने और विलास में डुबा देने के बीच का रास्ता है। शरीर को तकलीफ़ देने के अनुभव के बाद उन्होंने कहा है कि जो आदमी अपनी ताक़त खो बैठता है, वह ठीक रास्ते पर नहीं चल सकता। यह मध्यम मार्ग आर्यों का अष्टांग मार्ग कहलाया। इसके अंग हैं- विश्वास, ठीक आकांक्षाएं, ठीक वचन, ठीक कर्म, ठीक आचार, ठीक प्रयत्न, ठीक वृत्ति और ठीक आनंद। इसमें अपने विकास का

सवाल है, किसी की कृपा का नहीं। और अगर आदमी इस दिशा में अपना विकास करने में कामयाब होता है, तो उसके लिए कभी हार नहीं—"जिसने अपने को वस में कर लिया है, उसकी जीत को देवता भी हार में नहीं बदल सकते।"

बुद्ध ने अपने चेलों को वे बातें बताईं जो उनके विचार में वे लोग समझ सकते थे और जिन पर वे आचरण कर सकते थे। उनके उपदेशों का यह मक़सद नहीं था कि जो कुछ भी है, उसकी व्याख्या की जाय, बल्कि जो कुछ भी है, उसका पूरा-पूरा दिग्दर्शन कराया जाय। कहा जाता है कि एक बार उन्होंने अपने हाथ में कुछ सूखी पत्तियां लेकर अपने प्रिय शिष्य आनंद से पूछा कि हाथ की इन पत्तियों के अलावा क्या और भी कहीं पत्तियां हैं। आनंद ने जवाब दिया-" पतझड़ की पत्तियां सभी तरफ़ गिर रही हैं, और वे इतनी हैं कि उनकी गिनती नहीं हो सकती।" तब बुद्ध ने कहा-"इसी तरह मैंने तुम्हें मुट्ठी भर सत्य दिये हैं, लेकिन इनके अलावा कई हज़ार और सत्य हैं, इतने कि उनकी गिनती नहीं हो सकती।"

❒

20. बुद्ध की कहानी

बुद्ध की कहानी ने मुझे शुरू बचपन में ही आकर्षित किया था और मैं युवा सिद्धार्थ की तरफ़ खिंचा था, जिसने बहुत-से अंतर्द्वंद्वों, दुःख और तप के बाद बुद्ध का पद हासिल किया था। एडविन आर्नल्ड की किताब 'लाइट ऑव एशिया' मेरी एक प्रिय पुस्तक बन गई। बाद में जब मैंने अपने सूबे में बहुत-से दौरे किये, तब मैं बुद्ध की कथा से संबंध रखनेवाली बहुत-सी जगहों पर, अपने यात्रा मार्ग से हटकर भी, जाना पसंद करता था। इनमें से ज़्यादातर मुक़ाम या तो मेरे ही सूबे में हैं या उसके नज़दीक हैं। यहीं (नेपाल की सरहद पर) बुद्ध का जन्म हुआ, यहीं वह घूमते-फिरते रहे, यहीं गया (बिहार) में उन्होंने बोधि वृक्ष के नीचे बैठकर ज्ञान प्राप्त किया, यहीं उन्होंने अपना पहला उपदेश दिया और यहीं वह मरे।

जब मैं उन देशों में गया, जहाँ बौद्ध-धर्म अब भी एक जीता-जागता और ख़ास धर्म है, तब मैंने जाकर मंदिरों और मठों को देखा और भिक्खुओं और आम लोगों से मिला और यह जानने की कोशिश की कि बौद्ध-धर्म ने जनता के लिए क्या किया। उसने उन पर क्या असर डाला, किस तरह की छाप उनके दिमाग़ों और चेहरों पर छोड़ी और मौजूदा ज़िंदगी की उन पर क्या प्रतिक्रिया हुई? बहुत-कुछ ऐसा था, जिसे मैंने नहीं पसंद किया। बौद्ध-धर्म के बुद्धिवादी नैतिक सिद्धांतों पर इतना कूड़ा-करकट जमा हो गया है, इतने कर्म-कांड, इतने विधि-विधान, और बुद्ध की शिक्षा के बावजूद, इतने आधिभौतिक सिद्धांत और जादू-टोने तक इकट्ठा हो गए हैं कि क्या कहा जाय! और बुद्ध के सतर्क कर देने पर भी उन्हें ईश्वर माना गया है और उनकी बड़ी-बड़ी मूर्त्तियां बन गई हैं, जिन्हें मैंने मंदिरों में और और जगहों में अपने सिर की ऊंचाई से भी ऊपर स्थापित देखा है। उस वक़्त मैंने मन में सोचा कि अगर

वह इन्हें देखते, तो क्या कहते! बहुत-से भिक्खु अनपढ़ लोग हैं, बल्कि घमंडी हैं, क्योंकि वे यह चाहते हैं कि उनके सामने माथा झुकाया जाय, अगर उनके सामने नहीं, तो उनके भेस के सामने। हर एक देश में धर्म के ऊपर क़ौमी ख़ासियतों की छाप पड़ी हुई थी और इसने उनके जुदा-जुदा रीति-रिवाजों और रहन-सहन के अनुसार रूप बन रखा था। यह सब स्वाभाविक ही था और शायद एक लाज़िमी विकास था।

लेकिन मैंने बहुत-कुछ ऐसा भी देखा, जिसे मैंने पसंद किया। कुछ मठों में और उनसे लगे हुए विद्यालयों में ध्यान और शांति से अध्ययन करने का वातावरण था। बहुत- से भिक्खुओं के चेहरों पर शांति और सौम्यता मिली, और ओज और दया और तटस्थता का भाव मिला, और संसार की चिंताओं से मुक्ति दिखाई दी। क्या ये सब बातें आज की दुनिया में अपनी ठीक जगह रखती हैं या महज़ उससे बच निकलने का एक तरीक़ा है? क्या इनका ज़िंदगी के निरंतर संघर्ष से इस तरह मेल नहीं हो सकता कि ये उसके भद्देपन को, उसकी लोलुपता को, उसके हिंसा भाव को, कम कर सकें?

बौद्ध-धर्म का निराशावाद मेरे अपनी ज़िंदगी के नज़रिये से मेल नहीं खाता, न ज़िंदगी और उसके मसलों से भागने की उसकी प्रवृत्ति मेरे अनुकूल पड़ती है। अपने दिमाग़ के किसी छिपे कोने में मैं क़ाफ़िर हूं, और जिस तरह से काफ़िर ज़िंदगी और प्रकृति को उमंग के साथ देखता है, उसी तरह मैं भी देखता हूँ, और ज़िंदगी में जिन संघर्षों का सामना करना पड़ता है, उनसे घबड़ाता नहीं हूँ। जो कुछ मैंने अनुभव किया है, या अपने चारों ओर देखा है, वह चाहे जितना तकलीफ़ और दुःख पहुँचानेवाला रहा हो, उससे मेरे इस नज़रिये में फ़र्क नहीं पड़ा है।

क्या बौद्ध-धर्म निष्क्रियता और निराशावाद सिखाता है? इसकी व्याख्या करनेवाले ऐसा कह सकते हैं और इस धर्म के बहुत-से अनुयायियों ने यही अर्थ निकाला है। मुझ में उसकी बारीकियों पर गौर करने या उसकी बाद की जटिलताओं और आधिभौतिक विकास पर फ़ैसला देने की योग्यता नहीं है। लेकिन जब मैं बुद्ध का ध्यान करता हूं, तो इस तरह के विचार मेरे मन में नहीं उठते, न मैं यही समझता हूं कि निष्क्रियता और निराशावाद की बुनियाद पर ठहरे हुए किसी धर्म का आदमियों की इतनी बड़ी संख्या पर, जिसमें क़ाबिल-से-क़ाबिल लोग हो गए हैं, इतना गहरा असर पड़ सकता है।

जान पड़ता है कि बुद्ध की वह कल्पना, जिसे अनगिनत प्रेमपूर्ण हाथों ने पत्थर और संगमरमर और कांसे में गढ़कर साकार किया है, हिंदुस्तानियों के विचारों और भावों की प्रतीक है, या कम-से-कम उसके एक ज़िंदा पहलू की प्रतीक है। कमल के फूल पर शांत और धीर, वासनाओं और इच्छाओं से परे, इस दुनिया के तूफ़ान और कश मकश से दूर, वह इतने ऊपर, इतने दूर मालूम पड़ते हैं कि जैसे पहुँच से बाहर हों। लेकिन जब फिर उन्हें देखते हैं, तो उस शांत, अडिग आकृति के पीछे एक आवेग और मनोभाव जान पड़ता है, जो अनोखा है और उन आवेगों और मनोभावों से, जिनसे हम परिचित हैं, ज़्यादा ज़ोरदार है। उनकी आंखें मुंदी हुई हैं, लेकिन चेतना की कोई शक्ति उनके भीतर से दिखाई देती है और

शरीर में एक जीवनी शक्ति भरी हुई जान पड़ती है। युग-पर-युग बीतते हैं, फिर भी बुद्ध इतने दूर के नहीं जान पड़ते हैं; उनकी वाणी हमारे कानों में कुछ धीमे स्वर से कहती जान पड़ती है और यह बताती है कि हमें संघर्ष से भागना नहीं चाहिए, बल्कि धीर नेत्रों से उसका सामना करना चाहिए और ज़िंदगी में विकास और तरक़्क़ी और भी बड़े अवसरों को देखना चाहिए।

सदा की तरह आज भी व्यक्तित्त्व का असर है, और जिस आदमी ने इन्सान के विचारों पर अपनी वह छाप डाली हो, जो बुद्ध ने डाली, जिसमें आज भी हम उनकी कल्पना में कोई जीती-जागती, थर्राहट पैदा करनेवाली चीज़ पाते हैं, वह आदमी बड़ा भी अद्भुत आदमी रहा होगा—ऐसा आदमी, जो बार्थ के शब्दों में "शांत और मधुर प्रभुता की सजी हुई मूर्त्ति था, जिसमें सभी प्राणियों के लिए अपार करुणा थी, जिसे पूरी नैतिक स्वतंत्रता मिली हुई थी और जो सभी तरह के पक्षपात से अलग था।" और उस क़ौम और जाति में, जो ऐसे विशाल नमूने पेश कर सकती है, अक़्लमंदी और भीतरी ताक़त की कैसी गहरी संचित निधि होगी!

□

21. अशोक

हिंदुस्तान और पच्छिमी दुनिया से जो संपर्क चंद्रगुप्त मौर्य ने क़ायम किये थे, वे उसके बेटे बिंदुसार के लंबे राज्य-काल में बने रहे। पाटलिपुत्र के दरबार में मिस्र के टोलमी और पच्छिमी एशिया के सेल्यूकस निकाटोर के बेटे और उत्तराधिकारी ऐंटिओकस के यहाँ से एलची आते रहे। चंद्रगुप्त के पोते अशोक ने ये संपर्क और भी बढ़ाये और इसके ज़माने में हिंदुस्तान एक महत्त्व का अंतर्राष्ट्रीय केंद्र बन गया-ख़ासतौर से बौद्धधर्म के तेज़ी से बढ़ते हुए प्रचार की वजह से।

273 ई० पू० में अशोक इस बड़े साम्राज्य का उत्तराधिकारी हुआ। इससे पहले वह पच्छिमोत्तर का प्रादेशिक शासक रह चुका था, जिसकी राजधानी विश्वविद्यालय की नगरी तक्षशिला थी। उस समय ही साम्राज्य के भीतर हिंदुस्तान का ज्यादातर हिस्सा आ गया था और यह ठीक मध्य एशिया तक फैला हुआ था। सिर्फ़ दक्खिन-पूरब और दक्खिन का एक हिस्सा इसमें नहीं आ पाया था। सारे हिंदुस्तान को एक हुकूमत के मातहत ले आने के पुराने सपने ने अशोक को उकसाया और उसने पूरबी समुद्रतट के कलिंग प्रदेश को जीतने को ठानी। यह प्रदेश मोटे ढंग से आजकल के उड़ीसा और आंध्र देश का एक हिस्सा मिलाकर बनेगा। कलिंग के लोगों के बहादुरी के साथ मुक़ाबला करने के बावजूद अशोक की सेना जीत गई। इस लड़ाई में भयानक ख़ून-ख़राबा हुआ और जब अशोक के पास समाचार पहुँचे, तो उसे बड़ा पछतावा हुआ और युद्ध से उसका जी फिर गया। विजयी सम्राटों और इतिहास के नेताओं के बीच वह अकेला व्यक्ति है, जिसने विजय के क्षण में यह निश्चय किया कि वह आगे युद्ध न करेगा। सारे हिंदुस्तान ने उसका आधिपत्य मंजूर कर लिया-सिवाय धुर दक्खिन

के एक टुकड़े के, जिसे वह इच्छा करने-भर से अपने अधिकार में ला सकता था। लेकिन उसने अपने राज्य को बढ़ाया नहीं और बुद्ध की शिक्षा के असर में उसका मन दूसरी ही तरह की विजयों और साहसी कामों की तरफ़ फिरा।

अशोक का साम्राज्य

अशोक के क्या ख़याल थे और उसने क्या किया, यह हम उसके ही शब्दों में उन बहुत-से आदेशों में जो, उसने जारी किये थे और जो पत्थरों और धातों पर अंकित किये गए थे, हम जानते हैं। ये आदेश सारे हिंदुस्तान में फैले थे और हमें अब भी मिलते हैं। इन आदेशों के ज़रिये उसने अपनी प्रजा को ही नहीं, बल्कि आनेवाली पीढ़ियों को भी अपना संदेशा दिया था। उसके एक आदेश में कहा गया है:-

"परम पवित्र प्रियदर्शी सम्राट ने अपने राज्य के आठवें वर्ष में कलिंग को जीता। डेढ़ लाख आदमी वहाँ से कैदी के रूप में लाये गए; एक लाख आदमी वहाँ पर मारे गए और इस संख्या के कई गुने लोग और मरे।

'कलिंग के साम्राज्य में मिलाये जाने के ठीक बाद ही प्रियदर्शी सम्राट का अहिंसा-धर्म का पालन करना, उस धर्म से प्रेम और उसका प्रचार शुरू होता है। इस तरह प्रियदर्शी सम्राट

का कलिंग-विजय पर पश्चात्ताप उदय होता है, क्योंकि न जीते गए देश के जीते जाने के साथ ही ख़ूनक़शी और मौतें होती हैं और लोग बंदी करके ले जाये जाते हैं। यह प्रियदर्शी सम्राट को महान शोक पहुंचानेवाली बात है।"

इस आदेश में आगे कहा गया है कि अब अशोक हत्या या बंदी किया जाना नहीं देख सकता; जितने लोग कलिंग में मरे, उनके सौवें-हज़ारवें हिस्से का भी नहीं। सच्ची विजय, अशोक लिखता है, लोगों के दिलों पर कर्तव्य और दया-धर्म पालन करते हुए विजय हासिल करना है, और इस तरह की सच्ची विजय उसने पा ली थी, न महज़ अपने राज्य में, बल्कि दूर-दूर के राज्यों में। इसके अलावा आदेश में यह भी कहा है:

" इसके अतिरिक्त यह है कि अगर कोई उनके साथ बुराई करता है, तो उसे भी प्रियदर्शी सम्राट जहाँ तक होगा, सहन करेंगे। अपने राज्य के वन के निवासियों पर भी प्रियदर्शी सम्राट की कृपा दृष्टि है और वह चाहते हैं कि ये लोग ठीक विचारवाले बनें, क्योंकि अगर ऐसा वह न करें तो प्रियदर्शी सम्राट को अनुशोच होगा, क्योंकि परम पवित्र महाराज चाहते हैं कि जीवधारी-मात्र की रक्षा हो और उन्हें आत्म-संयम, मन की शांति और आनंद प्राप्त हो।"

इस अद्भुत शासक ने, जिसे अब तक हिंदुस्तान में और एशिया के दूसरे हिस्सों में प्रेम के साथ याद किया जाता है, बुद्ध के सत्कर्म और सद्भाव की शिक्षा के फैलाने में और जनता के हित के कामों में अपने को पूरी तरह लगा दिया। वह घटनाओं को हाथ- पर-हाथ रखकर देखनेवाला और ध्यान में डूबा हुआ और अपनी उन्नति की चिंता में खोया हुआ आदमी न था। वह राज-कार्य में मेहनत करनेवाला था और उसने यह ऐलान कर दिया था कि मैं सदा काम के लिए तैयार हूँ; सब वक़्तों में और सब तरह, चाहे मैं खाना खाता होऊं, चाहे रनिवास में होऊं, चाहे अपने सयन में रहूं, या स्नान में, सवारी पर रहूं या महल के बाग़ में, सरकारी कर्मचारी, जनता के कार्यों के बारे में मुझे बराबर सूचना देते रहें।...जिस समय भी हो और जहां भी हो, मैं लोक-हित के लिए काम करूंगा।'

उसके दूत और एलची सीरिया, मिस्र, मैसिडोनिया, साइरीन और एपाइरस तक बुद्ध के संदेश और उसकी शुभ कामनाओं को लेकर पहुंचे। वे मध्य एशिया भी गये और बरमा और स्याम भी, और उसने ख़ुद अपने बेटे और बेटी, महेंद्र और संघमित्रा को, दक्खिन में लंका भेजा। सभी जगह दिमाग़ और दिल को फेरने की कोशिश की गई; कोई जब्र या ज़ोर नहीं इस्तेमाल किया गया। ख़ुद कट्टर बौद्ध होते हुए भी उसने दूसरे धर्मों के लिए आदर का भाव दिखाया। एक आदेश में उसने यह ऐलान किया:

" सभी मत किसी-न-किसी वजह से आदर पाने के अधिकारी हैं। इस तरह का व्यवहार करने से आदमी अपने मत की प्रतिष्ठा को बढ़ाता है, साथ ही वह दूसरे मतों और लोगों की सेवा करता है।'

बौद्ध-धर्म हिंदुस्तान में काश्मीर से लेकर लंका तक बड़ी तेज़ी के साथ फैला। यह नेपाल में भी पैठा और बाद में तिब्बत और चीन और मंगोलिया तक पहुँचा। हिंदुस्तान में

इसका एक नतीजा यह हुआ कि शाकाहार बढ़ा और शराब पीने से लोग बचने लगे। उस वक़्त तक ब्राह्मण और क्षत्रिय दोनों ही मांस खाया करते थे और शराब पीते थे। पशुओं का बलिदान रोक दिया गया।"

विदेशों से संपर्क होने और धर्म के प्रचारकों के बाहर जाने का नतीजा यह ज़रूर हुआ होगा कि हिंदुस्तान और बाहर के मुल्कों में व्यापार बढ़ा हो। ख़ुतन (अब मध्य- एशिया में सिनक्यांग में) में हिंदुस्तानियों के एक उपनिवेश का बयान हमें हासिल हुआ है। हिंदुस्तानी विश्वविद्यालयों में, ख़ासतौर से तक्षशिला में, बाहर से विद्यार्थी पढ़ने के लिए आते थे।

अशोक एक बड़ा निर्माता भी था और यह कहा गया है कि उसने अपनी कुछ बड़ी-बड़ी इमारतों के बनवाने के लिए विदेशी कारीगरों को रख छोड़ा था। यह नतीजा एक जगह बने हुए कुछ ऐसे स्तंभों को देखकर निकाला गया है, जो पर्सिपोलिस की याद दिलाते हैं। लेकिन इस शुरू की पत्थर की कारीगरी में और खंडहरों में भी हिंदुस्तानी कला की परंपरा की ख़ास बातें देखने में आती हैं।

अशोक के पाटलिपुत्र के महल की बहुत-से खंभोंवाली एक इमारत के कुछ हिस्सों को कोई तीस साल हुए पुरातत्त्वज्ञों ने खोदकर निकाला था। हिंदुस्तान के पुरातत्त्व विभाग के डा० स्पूनर ने अपनी सरकारी रिपोर्ट में कहा है कि यह" ऐसी सुरक्षित हालत में पाई गई है कि विश्वास नहीं होता। इसमें लगी हुई शहतीरें वैसी ही चिकनी और ठीक हालत में हैं, जैसी वे उस दिन रही होंगी, जब वे लगाई गई थीं, यानी दो हज़ार साल से ज़्यादा साल पहले।" आगे चलकर वह यह भी लिखते हैं कि "पुरानी लकड़ी की ऐसी रक्षा-उनके किनारे इतने सही और पक्के थे उनके जोड़ों की लकीरों तक का पता न चलता था—देखकर सभी देखनेवालों की हैरत का ठिकाना न था। सब की सब चीज़ें ऐसी सच्ची और होशियारी से बनी थीं कि उनसे अच्छा काम आज भी हो सकना मुमकिन नहीं है... मुख़्तसर यह है कि बनावट इतनी पक्की थी, जितनी कि इस तरह के कामों में हो सकती है।"

देश के और हिस्सों में भी खुदाई की गई इमारतों में लकड़ी की शहतीरें और कड़ियां मिली हैं, जो बहुत सुरक्षित हालत में हैं। यह कहीं भी अचरज की बात होगी, लेकिन हिंदुस्तान में, जहाँ आबहवा उन्हें नष्ट कर देती है और जहाँ इतने तरह के कीड़ों से खाये जाने का उन्हें डर रहता है, यह और भी अचरज की बात है। लकड़ी की हिफ़ाज़त के लिए कोई मसाला इस्तेमाल ज़रूर होता रहा होगा; यह क्या था, यह मैं समझता हूं, अब भी एक रहस्य है।

पाटलिपुत्र (पटना) और गया के बीच नालंदा विश्वविद्यालय के खंडहर मिलते हैं, जो बाद में मशहूर हुआ था। यह ज़ाहिर नहीं होता कि कब से इसकी शुरुआत हुई। अशोक के ज़माने में इसका कोई पता नहीं मिलता।

अशोक की मृत्यु ईसा से पहले 232 वें साल में हुई, जब वह इकतालीस साल राज्य कर चुका था। इसके बारे में एच. जी. वेल्स अपनी 'आउट लाइन ऑव हिस्टरी' में लिखते

हैं- "बादशाहों के दसियों हज़ार नामों में, जिनसे इतिहास के सफ़े भरे हुए हैं, जिनमें बड़े-बड़े महाराजे और महामहिम और शहंशाह हैं, अशोक का नाम अकेला चमक रहा है, इस तरह से चमक रहा है, जैसे कोई सितारा हो। वोलगा से लेकर जापान तक उसका नाम आज भी आदर के साथ लिया जाता है। चीन, तिब्बत और हिंदुस्तान भी (जहाँ उसकी शिक्षा अगरचे त्याग दी गई है), उसके बड़प्पन की परंपरा की रक्षा करते हैं। आज के जितने जिंदा लोग उसकी स्मृति को बनाये हुए हैं, उतने लोगों ने कांस्टेंटाइन और शार्लमेन के नाम कभी सुने भी न होंगे।"

❒

5. युगों का दौर

1. गुप्त-काल में राष्ट्रीयता और साम्राज्यवाद

मौर्य-साम्राज्य का अंत हुआ और उसकी जगह शुंग-वंश ने ली। इसका राज्य उसके मुक़ाबले में बहुत छोटे क्षेत्र पर था। दक्खिन में बड़े-बड़े राज्य उठ रहे थे और उत्तर में बाख्त्री या भारतीय-यूनानी काबुल से पंजाब तक फैल गए थे। मेनांडर के नेतृत्व में उन्होंने पाटलिपुत्र तक पर हमला किया, लेकिन मार भगाये गए। ख़ुद मेनांडर पर हिंदुस्तान के रंग-ढंग और वातावरण का असर पड़ा और वह बौद्ध बन गया और एक मशहूर बौद्ध हुआ। आम बौद्ध-परंपरा में यह राजा मिलिंद कहलाया और इसे क़रीब-क़रीब संत का पद मिला। हिंदुस्तानी और यूनानी संस्कृतियों के मेल-जोल से गंधार की, यानी अफ़ग़ानी सरहदी सूबे की, यूनानी-बौद्ध-कला का जन्म हुआ।

एक पत्थर की लाट है, जो 'हेलियोदोर की लाट' के नाम से मशहूर है और जिसका वक़्त ईसा से पहले की पहली सदी है। यह मध्य हिंदुस्तान में सांची के क़रीब, बेसनगर में, है और इस पर संस्कृत में एक लेख ख़ुदा हुआ है। इससे हमें इस बात की झलक मिलती है कि किस तरह यूनानी, जो हिंदुस्तान के सरहद पर आये थे, हिंदुस्तानी बन रहे थे और हिंदुस्तानी संस्कृति में ज़ज़्ब हो रहे थे। इस लेख का तरजुमा इस तरह किया गया है:

"देवताओं के देव वासुदेव (विष्णु) के इस गरुड़ स्तंभ को डियां के बेटे, तक्षशिला-निवासी विष्णु-पूजक हेलिओडोरस ने स्थापित किया, जो यूनान के महाराज ऐंटिआल्सिडास के यहाँ से परम रक्षक महाराज काशिपुत्र भागभद्र के यहाँ उनके राज्य-काल के चौदहवें वर्ष में राजदूत होकर आये।

"तीन शाश्वत सिद्धांत, जिनका अच्छी तरह पालन करने से स्वर्ग मिलता है, हैं,– आत्म-संयम, आत्म-त्याग (दान) और सत्यनिष्ठा!"

मध्य एशिया में शक या सिदियन लोग (सीस्तान - शकस्थान) आक्सस (अक्षु) नदी की घाटी में बस गए थे। यूइ-ची दूर पूरब से आये और उन्होंने इन शकों को हिंदुस्तान की तरफ़ ढकेला। ये शक बौद्ध और हिंदू बन गए। यूइ-चियों में से एक जत्था कुषाणों का था। इसने सबों के ऊपर अधिकार करके अपनी ताक़त फैलाई और उत्तरी हिंदुस्तान पर आया। शकों कोणों ने हराया और दक्खिन की तरफ़ ढकेला। ये काठियावाड़ और दक्खिन में चले गए। इसके बाद कुषाणों ने सारे उत्तरी हिंदुस्तान पर और मध्य एशिया के एक बड़े हिस्से पर अपना साम्राज्य क़ायम कर लिया। उनमें से कुछ ने हिंदू-धर्म अख़्तियार कर लिया, लेकिन

ज़्यादातर बौद्ध बने और उनका सबसे मशहूर राजा कनिष्क बौद्ध-कथाओं का एक नायक है और उसके बड़े-बड़े कारनामों और लोक-हित के कामों का इन कथाओं में ज़िक्र हुआ है। अगरचे यह बौद्ध था, लेकिन जान पड़ता है कि राष्ट्र का धर्म कुछ मिला-जुला मामला था, जिसमें जरथुष्ट्र के धर्म का भी हाथ था। यह सरहदी हुकूमत, जो कुषाण साम्राज्य कहलाई और जिसकी राजधानी मौजूदा पेशावर और तक्षशिला के पुराने विश्वविद्यालय के पास ही थी, ऐसी जगह बन गई, जहां बहुत-सी क़ौमों के लोग इकट्ठा हुआ करते थे। यहाँ पर हिंदुस्तानी लोग सिदियनों, यूइ-चियों, ईरानियों, बानी यूनानियों, तुर्कों और चीनियों से मिलते-जुलते थे और इन जुदा-जुदा संस्कृतियों का एक-दूसरे पर प्रभाव पड़ता था। इनके आपस के प्रभावों का नतीजा यह हुआ कि मूर्ति-कला की एक नई शैली निकल पड़ी। इसी ज़माने में, जहाँ तक इतिहास बताता है, चीन और हिंदुस्तान के बीच पहले संपर्क हुए और 64 ई० में चीन से यहाँ एलची आये। चीन से हिंदुस्तान आए तोहफ़ों में, छोटे लेकिन बहुत पसंद आनेवाले तोहफ़े थे, आड़ू और नाशपाती के दरख़्त। ठीक गोबी के रेगिस्तान के किनारे पर, तुर्फान और कूचा में, हिंदुस्तानी, चीनी और ईरानी संस्कृतियों का बहुत आकर्षक मेल क़ायम हुआ।

कुषाणों के ज़माने में बौद्ध-धर्म दो टुकड़ों में बंट गया—एक महायान और दूसरा हीनयान कहलाया—और दोनों में, जैसा कि हिंदुस्तान का क़ायदा रहा है, बड़े विवाद होते थे और बड़ी-बड़ी सभाओं में, जिनमें सारे हिंदुस्तान से नुमाइंदे इकट्ठा होते थे, झगड़े के विषयों को लेकर बहसें हुआ करती थीं। काश्मीर इस साम्राज्य के बीच के हिस्से के पास था और यहाँ भी मुबाहसे होते थे और बहुत-सी सांस्कृतिक प्रवृत्तियां देखने में आती थीं। इन विवादों में एक नाम बहुत आगे आता है, वह है नागार्जुन का, जो पहली सदी ईसवी में हुआ था। यह बहुत ऊंचे पाये का आदमी था और बौद्ध-शास्त्रों का और हिंदुस्तानी फ़िलसफ़े का बहुत बड़ा जानकार था और इसी की वजह से हिंदुस्तान में महायान-मत की जीत हुई। महायान के ही सिद्धांत चीन में फैले; लंका और बरमा हीनयान के सिद्धांतों को मानते रहे।

कुषाण लोग हिंदुस्तानी बन गए थे और हिंदुस्तानी संस्कृति के संरक्षक थे। फिर भी क़ौमी विरोध की धारा भीतर-ही-भीतर इस हुकूमत के ख़िलाफ़ चल रही थी और जब बाद में नई जातियां हिंदुस्तान में आई, तब इस क़ौमी और विदेशियों का विरोध करनेवाले आंदोलन ने चौथी सदी ईसवी में एक रूप ग्रहण कर लिया। एक दूसरे बड़े शासक ने, जिनका भी नाम चंद्रगुप्त था, नये हमला करनेवालों को मार भगाया और एक ताक़तवर और विस्तृत साम्राज्य क़ायम कर लिया।

इस तरह से साम्राज्यवादी गुप्तों के ज़माने का 320 ई० में आरंभ होता है, जिसमें एक के बाद एक कई बड़े शासक पैदा होते हैं, जो न महज़ युद्ध में कामयाब होते हैं, बल्कि शांति की कलाओं में भी सफलता दिखाते हैं। बार-बार के हमलों ने विदेशियों के ख़िलाफ़ एक मज़बूत भावना पैदा कर दी थी और देश के पुराने ब्राह्मण-क्षत्रिय इस बात पर मजबूर हुए कि अपने

देश की और संस्कृति की हिफ़ाज़त के लिए कुछ करें। जो विदेशी लोग यहां जज़्ब हो गए थे, उनको क़ुबूल कर लिया गया, लेकिन सभी नये आनेवालों को ज़ोरदार विरोध का सामना करना पड़ा और इस बात की कोशिश की गई कि पुराने ब्राह्मण-आदर्शों की नींव पर एक गठी हुई हुकूमत क़ायम की जाय। लेकिन अब वह पुरना आत्म-विश्वास जा रहा था और इन आदर्शों में एक ऐसी कड़ाई आ गई, जो उनके स्वभाव के ख़िलाफ़ थी। हिंदुस्तान, शारीरिक और मानसिक दोनों ही अवस्थाओं को देखते हुए, जैसे किसी खोल के भीतर आ गया था।

फिर भी यह खोल काफ़ी गहरा और चौड़ा था। शुरू में, जिस ज़माने में आर्य यहां- जिसे उन्होंने आर्यावर्त्त या भारतवर्ष कहा, आये—उस ज़माने में हिंदुस्तान के सामने सवाल यह था कि इस नई जाति और संस्कृति में और इस देश की पुरानी जाति और सभ्यता में समन्वय कैसे क़ायम हो। हिंदुस्तान के दिमाग़ ने इसके हल करने पर ध्यान दिया और मिली-जुली भारतीय आर्य-संस्कृति की बुनियाद पर एक क़ायम रहनेवाला हल पेश किया। दूसरे विदेशी लोग यहां आये और जज़्ब होते गए। उन्होंने कुछ ख़ास फ़र्क पैदा न किया। अगरचे हिंदुस्तान के दूसरे मुल्कों से व्यापार के ज़रिये और दूसरी तरह के भी ताल्लुक़ थे, फिर भी वह अपने ही मसलों में ग़र्क़ रहा, उसने बाहर क्या हो रहा है, इस पर कम ध्यान दिया। लेकिन अब जो समय-समय पर अजनबी लोगों के हमले हो रहे थे, जिनके अनोखे रीति- रिवाज थे, उन्होंने उसे हिला दिया और वह अब इन हमलों की तरफ़ से लापरवाह नहीं हो सकता था, क्योंकि वे महज़ उसके राजनैतिक संगठन को ही नहीं तोड़ रहे थे, बल्कि उसके सांस्कृतिक आदर्शों को भी ख़तरे में डाल रहे थे और उसकी सामाजिक व्यवस्था को भी। इस प्रतिक्रिया ने क़ौमी रूप लिया और इसके साथ क़ौमियत की ताक़त भी थी और तंग-नज़री भी। धर्म और फिलसफ़ा, इतिहास और परंपरा, रीति-रिवाज और सामाजिक व्यवस्था, जो उस ज़माने के हिंदुस्तान की ज़िंदगी को अपने घेरे में लिये हुए थी और जिसे ब्राह्मण-धर्म या (बाद में व्यवहार में आये हुए शब्द द्वारा) हिंदू-धर्म कह सकते हैं, क़ौमियत का प्रतीक बना। यह दरअसल एक क़ौमी मज़हब था और यह उन सब जातीय और सांस्कृतिक गहरी भावनाओं के अनुकूल था, जो आज सब जगह क़ौमियत की बुनियाद में हैं। बौद्ध-धर्म की भी, जो हिंदुस्तानी विचार से उपजा था, अपनी क़ौमी पृष्ठभूमि थी। उसके लिए हिंदुस्तान वह देश था, जहाँ बुद्ध रहे थे, उन्होंने उपदेश दिया था और जहां वह मरे थे। लेकिन मूल में बौद्ध-धर्म अंतर्राष्ट्रीय था, सारी दुनिया का धर्म था और जैसे- जैसे इसने विकास पाया और फैला, वैसे-वैसे यह अधिकाधिक अंतर्राष्ट्रीय होता गया। इस तरह पुराने ब्राह्मण-धर्म के लिए यह स्वाभाविक था कि वह बार-बार क़ौमी जाग्रतियों का प्रतीक बने।

यह धर्म और फ़िलसफ़ा हिंदुस्तान के मुख्तलिफ़ धर्मों और जातीय तत्त्वों की तरफ़ तो रवादारी और उदारता का बरताव करता था और उन्हें अपने विस्तृत संगठन में बराबर जज़्ब करता जाता था, लेकिन विदेशियों के ख़िलाफ़ इसकी उग्रता बढ़ती जाती थी और इसने अपने को उनके संपर्क से बचाये रखना चाहा। ऐसा करने से जो क़ौमियत की भावना उठी

है, वह अकसर साम्राज्यवाद में बदल गई है, जैसा कि अकसर ताक़त के बढ़ जाने से होता है। हालांकि गुप्तों का ज़माना ख़ुद बड़ी तरक़्क़ी और तहज़ीब और कस- बल का ज़माना था, फिर भी इसने बड़ी तेज़ी से साम्राज्यवाद की प्रवृत्तियां दिखाई। इस वंश के एक बड़े शासक, समुद्रगुप्त को, हिंदुस्तान का नेपोलियन कहा गया है। साहित्य और कला के लिहाज़ से यह ज़माना बड़ा ही शानदार ज़माना रहा है।

चौथी सदी से लेकर कोई डेढ़ सौ साल तक गुप्त वंश ने उत्तर में एक बड़े शक्तिशाली और ख़ुशहाल राज्य के ऊपर हुकूमत की। क़रीब डेढ़ सौ साल तक उनके उत्तराधिकारी यह राज्य चलाते रहे, लेकिन वे अपनी रक्षा करने में लगे रहे और उनका साम्राज्य सिमटता और रफ़्ता-रफ़्ता छोटा होता रहा। मध्य-एशिया से नये हमलावर हिंदुस्तान में उतर रहे थे और इस पर हमले कर रहे थे। ये लोग सफेद हूण थे और इन्होंने मुल्क में बड़ी लूट-मार की, उसी तरह, जिस तरह एटिला यूरोप में कर रहा था। उनके बर्वर व्यवहार और पिशाची निर्दयता ने आख़िरकार लोगों को जगाया और यशोवर्द्धन के नेतृत्व में मिल-जुलकर लोगों ने उन पर हमला किया। हूणों की ताक़त तोड़ दी गई और उनके सरदार मिहिरगुल को क़ैद कर लिया गया। लेकिन गुप्तों के वंशज बालादित्य ने अपने मुल्क के रिवाज के अनुसार उसके साथ उदारता का बरताव किया और उसे हिंदुस्तान से वापस जाने दिया। मिहिरगुल ने इस बरताव का यह बदला दिया कि बाद में वह फिर लौटा और उसने अपने मेहरबान पर कपट से हमला किया।

लेकिन हिंदुस्तान में हूणों का राज्य थोड़े दिनों का था—कोई आधी सदी का। उसमें बहुत-सी यहीं रह गए और छोटे-छोटे सरदार बन बैठे। ये अकसर लोगों को सताते रहे, लेकिन अंत में हिंदुस्तान की जनता के समुंदर में ये भी समा गए। इनमें से कुछ सरदार सातवीं सदी के आरंभ में बड़े उग्र हो गए। कन्नौज के राजा हर्षवर्द्धन ने उन्हें कुचल दिया और बाद में उसने एक शक्तिशाली राज्य का ख़ुद संगठन किया, जो सारे उत्तरी हिंदुस्तान और मध्य एशिया तक फैला हुआ था। वह बड़ा उत्साही बौद्ध था, लेकिन उसका मत महायानी बौद्ध-धर्म था, जो बहुत कुछ-हिंदू धर्म के निकट था। उसने बौद्ध-धर्म और हिंदू-धर्म दोनों को ही मदद दी। इसीके ज़माने में मशहूर चीनी यात्री ह्वेन-त्सांग (य्वान-च्वांग) हिंदुस्तान में (629 ई० में) आया था। हर्षवर्द्धन कवि और नाटककार भी था और उसके दरबार में बहुत-से कलाकार और कवि रहते थे और उसकी राजधानी उज्जयिनी सांस्कृतिक कामों का एक मशहूर केंद्र बन गई थी। हर्ष 648 ई० में मरा। यह क़रीब-क़रीब वही वक़्त था, जब इस्लाम अरब के रेगिस्तान में उठ रहा था और बाद में बड़ी तेज़ी से अफ़रीका और एशिया में फैलनेवाला था।

❐

2. दक्खिनी हिंदुस्तान

मौर्य-साम्राज्य के सिमिटकर अंत हो जाने के एक हज़ार से ज़्यादा साल बाद तक दक्खिनी हिंदुस्तान में बड़े-बड़े राज्य पनपे। आंध्रों ने शकों को हराया था; बाद में ये कुषाणों के समकालीन रहे। इसके बाद पच्छिम में चालुक्य-साम्राज्य क़ायम हुआ और इसके पीछे राष्ट्रकूट आये। घुर दक्खिन में पल्लवों का राज्य था, और यहीं से ज़्यादातर वे हिंदुस्तानी बाहर गये, जिन्होंने उपनिवेश क़ायम किये। इसके बाद चोल साम्राज्य बना और यह सारे प्रायद्वीप पर छा गया और इसने लंका और बरमा तक पर विजय हासिल की। आख़िरी बड़ा चोल-राजा राजेंद्र था, जिसकी 1044 ई० में मौत हुई।

दक्खिनी हिंदुस्तान अपनी बारीक़ दस्तकारी और समुद्री व्यापार के लिए ख़ासतौर पर मशहूर था। इसकी समुद्री ताक़तों में गिनती थी और यहाँ के जहाज़ दूर देशों तक सामान पहुंचाया करते थे। यूनानियों की यहां बस्ती थी और रोम के सिक्क़े भी यहाँ पाये गए हैं। चालुक्य राज्य और ईरान के सासानी शासकों के बीच आपस में एलची आते- जाते थे।

उत्तरी हिंदुस्तान में जो बार-बार हमले होते रहते थे, उनका कोई सीधा असर दक्खिन पर नहीं पड़ता था। यह ज़रूर था कि उत्तर से बहुत-से लोग, जिनमें कारीगर, थवई और शिल्पी भी थे, दक्खिन में जाकर बस जाया करते थे। इस तरह दक्खिन पुरानी कला-परंपरा का मरकज़ बन गया और उत्तर में नई-नई धाराएं हमलावरों के साथ-साथ आती रहीं। यह सिलसिला बाद की सदियों में और तेज़ हो गया, यहाँ तक कि दक्खिन हिंदू कट्टरपन का गढ़ बन गया।

❒

3. अमन के साथ विकास और लड़ाई के तरीक़े

बार-बार के हमलों का और एक साम्राज्य के बाद दूसरे साम्राज्य के आने का जो मुख्तसर बयान किया गया है, उससे हिंदुस्तान में क्या हो रहा था इसके बारे में ग़लत ख़याल पैदा हो सकता है। इस बात को याद रखना चाहिए कि यह ज़माना एक हज़ार या उससे ज़्यादा साल का है और बीच-बीच में लंबे वक़्त आये हैं, जब मुल्क में अमन रहा है और हुकूमत में तरतीब। मौर्य, कुषाण, गुप्त और दक्खिन में आंध्र, चालुक्य, राष्ट्रकूट, और और। राज्य ऐसे हुए हैं, जो दो-दो, तीन-तीन सौ साल तक क़ायम रहे हैं - अंग्रेज़ी साम्राज्य को यहाँ जितना ज़माना गुज़रा है, आमतौर पर उससे ज़्यादा लंबे अरसों तक। इनमें से क़रीब-क़रीब सब मुल्की हुकूमतें रही हैं, और कुषाणों तक जैसे लोग, जो उत्तरी सरहद के पार से आये थे, बहुत जल्द इस देश के ही रहे थे; उन्होंने यहां की सांस्कृतिक परंपरा को अपना लिया था और उनकी जड़ें यहीं थीं। बराबर की हुकूमतों से सरहदी छेड़-छाड़ और कभी-कभी संघर्ष

होते रहते थे, लेकिन मुल्क की आम हालत अमन-अमान की थी और हाकिम कला और संस्कृति की प्रवृत्तियां को बढ़ावा देने में अपना ख़ास बड़प्पन समझते थे। ये प्रवृत्तियां राज्यों की हदों तक सीमिति नहीं रहती थीं, क्योंकि सारे हिंदुस्तान की साहित्य और संस्कृति के लिहाज़ से एक ही भूमिका थी। धर्म और फ़िलसफ़े के विवाद भी तुरंत मुल्क में फैल जाते थे और उत्तर और दक्खिन सभी जगह उन पर चर्चा होने लगती थी।

उस वक़्त भी, जबकि दो राज्यों में लड़ाई होती रहती थी, या भीतरी राजनैतिक इन्क़लाब की हालत होती थी, जहाँ तक जनता के धंधे थे, उनसे बहुत कम छेड़-छाड़ की जाती थी। इस बात के लिखे प्रमाण मिले हैं कि लड़नेवाले शासकों में और ख़ुदमुख़्तार गांवों के मुखियों के बीच ऐसे मुआहदे हुए हैं कि फ़सल को किसी तरह का नुक़सान न पहुँचाया जायगा और अगर अनजाने में नुक़सान पहुँच गया, तो उसका दूसरे फ़रीक़ को मुआवज़ा देना पड़ जायगा। ज़ाहिर है कि यह मुआहदा बाहर से आनेवाले हमलावरों की तरफ़ से नहीं हो सकता था और न शायद सचमुच ताक़त हासिल करने के लिए लड़ी गई लड़ाई में यह चीज़ चल सकती थी।

लड़ाई का पुराना और कड़ा भारतीय आर्य-सिद्धांत यह था कि कोई अनीति के तरीक़े अख्तियार न किये जायेंगे और हक़ के लिए लड़ी गई लड़ाई में नीति के तरीक़े बरते जायेंगे। अमल में यह सिद्धांत कहां तक आता था, यह दूसरी ही बात है। ज़हरीले तीरों का इस्तेमाल मना था, इसी तरह छुपे हुए हथियारों का; सोते हुए या शरण में आये हुए लोगों को मारना मना किया गया था। इसका ऐलान था कि अच्छी इमारतों को कोई नुक़सान न पहुंचाया जाय। लेकिन इस मत में चाणक्य के ज़माने में ही तबदीली शुरू हो गई थी और अगर दुश्मन को हराने के लिए ज़रूरी हो, तो और भी विनाशकारी और छल के तरीक़ों का इस्तेमाल किया जाना वह पसंद करता था।

यह एक दिलचस्प बात है कि चाणक्य ने अपने 'अर्थशास्त्र' में लड़ाई के हथियारों का ज़िक्र करते हुए ऐसे यंत्रों का बयान किया है, जो एक साथ सैकड़ों आदमियों की जान ले सकते थे और साथ ही किसी तरह के विस्फोटक का भी ज़िक्र है। उसने खाई खोदकर लड़ाई करने के हवाले दिये हैं। इन सब के ठीक-ठीक मानी क्या होते हैं, अब कह सकना मुमकिन नहीं है। शायद ये हवाले किन्हीं परंपरा से चली आई कहानियों या तिलिस्मी लड़ाइयों के हैं। इनसे बारूद का हवाला हो सकता है, ऐसा यक़ीन करने की कोई वजह नहीं है।

अपने लंबे इतिहास के दौर में हिंदुस्तान ने बहुत-से संकट के ज़माने देखे हैं, जब उसे आग और तलवार और अकाल से पैदा होनेवाले विनाशों का सामना करना पड़ा है और इस ज़माने में भीतरी व्यवस्था ख़त्म हो गई है। लेकिन इस इतिहास की व्यापक जांच से यह पता चलेगा कि लंबे वक़्तों तक यहाँ जो व्यवस्था और शांति की ज़िंदगी रही है, वैसी यूरोप में नहीं रही है। और यह बात तुर्कों और अफ़गानों के हमलों के बाद की सदियों के बारे में भी सही उतरती है, ठीक उस वक़्त तक, जब मुग़ल साम्राज्य टूटता है।

यह ख़याल कि अंग्रेज़ी राज्य ने पहले-पहले हिंदुस्तान में अमन क़ायम किया, एक बड़ा ही अनोखा और धोखे का ख़याल है। यह सही है कि जब अंग्रेज़ों ने हिंदुस्तान में अपनी हुकूमत क़ायम की, उस वक़्त यह मुल्क बड़ी पस्ती की हालत में था और राजनैतिक और आर्थिक व्यवस्था टूट गई थी। और दरअसल यही वजह थी कि यह राज्य इस देश में क़ायम हो सका।

❐

4. आजादी के लिए हिंदुस्तान की उमंग

पूरब ने तूफ़ान के आगे सिर झुका लिया
सब्र और गहरी लापरवाही के साथ,
उसने फ़ौजों को सिर के ऊपर से गुज़र जाने दिया,
और फिर वह विचार में डूब गया

ऐसा कवि ने कहा है, और उसकी ये पंक्तियां अकसर उद्धृत की जाती हैं। यह सही है कि पूरब या कम-से-कम उसका वह हिस्सा, जिसे हिंदुस्तान कहते हैं, विचार में डूबना पसंद करता रहा है, और अकसर उन बातों पर विचार करने का उसे शौक़ रहा है, जिन्हें कुछ ऐसे लोग, जो अपने को अमल पसंद कहेंगे, बेतुका और बेमतलब समझेंगे। उसने हमेशा विचारों और विचार करनेवालों की—आला दिमाग़वालों की—क़द्र की है और तलवार चलानेवालों और पैसेवालों को इनसे ऊंचा समझने से बराबर इन्कार किया है। अपनी पस्ती के दिनों में भी वह विचार का तरफ़दार रहा है और इससे उसे कुछ तसल्ली हासिल हुई है।

लेकिन यह बात सही नहीं है कि हिंदुस्तान ने कभी भी सब्र के साथ तूफ़ान के आगे सिर झुका दिया है या विदेशी फ़ौजों के सिर पर से गुज़रने की तरफ़ से लापरवाह रहा है। उसने उनका हमेशा मुक़ाबला किया है—कभी कामयाबी के साथ और कभी नाकाम होकर—और जब वह नाकाम भी रहा है, तो उसने अपनी नाकामी को याद रखा है और दूसरी कोशिश के लिए अपने को तैयार करता रहा है। उसने दो तरीक़े अख़्तियार किये हैं-एक तो यह कि वह लड़ा है और उसने हमलावरों को मार भगाया है; दूसरा यह कि जो भगाये नहीं जा सके, उनको उसने अपने में जज़्ब कर लेने की कोशिश की है। उसने सिकंदर की फ़ौज का बड़ी कामयाबी से मुक़ाबला किया और उसकी मौत के ठीक बाद उत्तर से उन फ़ौजियों को, जिन्हें यूनानियों ने यहां मुकर्रिर कर रखा था, मार भगाया है। बाद में उसने भारतीय यूनानियों और भारतीय - सिदियनों को जज़्ब करके आख़िरकार फिर क़ौमी एकता क़ायम कर ली है। वह कई पीढ़ियों तक हूणों से लड़ता रहा है और उन्हें अंत में मार भगाया है। जो बचे रहे, उन्हें उसने फिर अपने में जज़्ब कर लिया। जब अरब आये, तो वे सिंधु नदी के पास रुक गए। तुर्क लोग और अफ़ग़ानी बहुत रफ़्ता-रफ़्ता आगे फैले। दिल्ली के तख़्त पर अपने को मज़बूती

से क़ायम करने में उन्हें सदियां लग गईं। यह एक अटूट और लंबा संघर्ष रहा है, और जहाँ एक तरफ़ यह संघर्ष चलता रहता था, दूसरी तरफ़ जज़्ब करने और उन्हें हिंदुस्तानी बनाने की क्रिया भी जारी रहती थी, जिसका नतीजा यह होता था कि हमलावर वैसे ही हिंदुस्तानी बन जाते थे, जैसे कि और लोग थे। अकबर मुख्तलिफ़ तत्त्वों के समन्वय के पुराने हिंदुस्तानी आदर्श का नुमाइंदा बन गया और इस मुल्कवालों को एक आम क़ौमियत के अंदर लाने की कोशिश में लगा। चूंकि वह हिंदुस्तान का बना रहा, इसलिए हिंदुस्तान ने भी उसे अपनाया, बावजूद इसके कि वह बाहर से आया हुआ था। यही वजह थी कि वह अच्छा निर्माण कर सका और उसने एक शानदार सल्तनत की नींव डाली। जब तक उसके उत्तराधिकारियों ने उसकी नीति को बरता और क़ौमियत की ज़ेहनियत बनाये रहे, तब तक उनकी सल्तनत क़ायम रही। जब वे इससे अलग हट गए और क़ौमियत के विकास की सारी प्रवृत्ति को रोकने लगे, तब वे कमज़ोर पड़ गए और सारी सल्तनत की धज्जियां उड़ गईं। नई तहरीकें उठीं, जिनमें तंग-नज़री थी, लेकिन जो उभरती हुई क़ौमियत की नुमाइंदगी करती थीं और अगरचे ये इतनी मज़बूत नहीं थीं कि पायदार हुकूमत क़ायम कर सकें, फिर भी वे मुग़लों की सल्तनत को नाबूद करने - भर को काफी थीं। ये कुछ वक़्त तक कामयाब रहीं, लेकिन उनकी निगाह गुज़रे हुए ज़माने पर बहुत ज़्यादा थी, और उस ज़माने को फिर से जिंदा करने के ख़याल में डूबी थीं। उन्होंने यह नहीं। उन्होंने यह नहीं महसूस किया कि बहुत कुछ जो उसके बाद गुज़र चुका था, उसकी तरफ़ से आंखें नहीं मूंदी जा सकती थीं, अतीत वर्तमान की जगह हरगिज़ नहीं ले सकता था; और यह वर्तमान भी, उनके ज़माने के हिंदुस्तान में ऐसा था, जिसमें सड़ांध पैदा हो गई थी। यह बदलती हुई दुनिया से अलग-थलग जा पड़ा था और हिंदुस्तान बहुत पीछे पड़ गया था। उन्होंने इस बात का ठीक- ठीक अनुमान न किया कि एक नई और जीवट की दुनिया पच्छिम में उठ रही थी, जिसका नज़रिया नया था और जिसके पास नई हिकमतें थीं, और यह कि एक नई ताक़त-यानी ब्रिटिश—उस नई दुनिया की, जिससे वे इतने बेख़बर थे, नुमाइंदगी करती थी। ब्रिटिश जीते, लेकिन मुश्किल से उन्होंने अपने को उत्तर में क़ायम किया था कि बलवा हो गया और यह आज़ादी की लड़ाई बन गया और इसने अंग्रेजी हुकूमत का क़रीब-क़रीब ख़ात्मा कर दिया। आज़ादी की, स्वतंत्रता की, उमंग हमेशा रही है और विदेशी हुकूमत के सामने सिर झुकाने से बराबर इन्कार किया गया है।

5. तरक़्क़ी बनाम हिफ़ाज़त

हम एक अलग-थलग रहनेवाले लोग हैं, अपने गुज़रे हुए ज़माने और अपनी विरासत का हमें नाज़ रहा है, और इनकी हिफ़ाज़त करने के लिए हम दीवारें और बाड़ें खड़ी करते रहे हैं। लेकिन जाति-चेतना के और जात-पांत की बढ़ती हुई सख्ती के बावजूद, हम और

लोगों की ही तरह, जो अपनी जातीय विशुद्धता का घमंड रखते हैं, अजीब वर्ण-संकर जाति बन गए हैं, जिसमें आर्य, द्रविड़, तूरानी, सेमेटिक, मंगोल–सभी जातियों का घोल है। आर्यों की यहां कई लहरें आईं और वे द्रविड़ों में घुल-मिल गए, इसके बाद हज़ारों बरसों तक अपना घर-बार छोड़कर आनेवाली अन्य जातियों तथा क़बीलों की लहरें आती रहीं—मीडियन, ईरानी, यूनानी, वाख़्त्री, पार्थियन, शक या सिदियन, कुषाण या युइ-ची, तुर्क-मंगोल और और जातियां, जो बड़ी या छोटी संख्या में आई और जिन्होंने हिंदुस्तान में अपना घर कर लिया। डाडवेल अपनी किताब 'इंडिया' में कहते हैं-"खूंखार और लड़ाकू जातियों ने बार-बार इस (हिंदुस्तान) के उत्तरी मैदान पर हमला किया, इसके राजाओं को परास्त किया, इसके शहरों पर क़ब्ज़ा किया या उन्हें बरबाद कर दिया, नये राज्य बनाये, अपनी नई राजधानियां खड़ी कीं, और फिर जनता की महान लहर में समा गए और छोड़ गए अपनी औलाद में क्षीण होता हुआ कुछ विदेशी रक्त या विदेशी रीति-रिवाज के कुछ धागे, और ये भी जल्द ही अपने इर्द-गिर्द के वातावरण के ज़बरदस्त प्रभाव की वजह से उसी के अनुरूप हो गए।"

इस ज़बरदस्त वातावरण का क्या कारण रहा है? कुछ अंश में तो यह भूगोल और मौसम और हिंदुस्तान की हवा का ही असर था। लेकिन यक़ीनन बहुत ज्यादा असर था यह एक ज़बरदस्त ज़ज़्बे का, एक गहरी प्रेरणा का, या ज़िंदगी के महत्त्व के ख़याल का, जिसने हिंदुस्तान की अंतर्चेतना पर अपनी छाप उस वक़्त डाल दी थी, जबकि इतिहास के उषा-काल में अभी वह ताज़ा और थोड़ी उम्र का ही था। यह छाप इतनी गहरी थी कि बराबर क़ायम रही और इससे जो लोग भी संपर्क में आये, उन पर इसने असर डाला और इस तरह वे, चाहे जितने मुख्तलिफ़ रहे हों, वे भी इसके घेरे में आकर जज़्ब हो गए। क्या यह जज़्बा, यह विचार, वह ज़िंदा चिनगारी थी, जिसने इस मुल्क में पनपनेवाली तहज़ीब को रोशन किया और जो मुख्तलिफ़ दर्जे तक इतिहास के युगों में यहाँ के लोगों पर असर डालती रही?

हिंदुस्तानी सभ्यता के विकास के भीतर काम करनेवाली किसी जज़्बे या ज़िंदगी के नज़रिये की बात करना बेतुकी और बढ़कर बोलने-जैसी बात जान पड़ती है। अकेले शख़्स की ज़िंदगी भी सौ ज़रियों से अपनी ग़िज़ा हासिल करती है; एक क़ौम या तहज़ीब की ज़िंदगी इससे कहीं पेचीदा है। हिंदुस्तान की सतह पर अनगिनत विचार समुंदर पर बहनेवाले टुकड़ों की तरह तिरते रहते हैं और इनमें से बहुत से ऐसे हैं, जो आपस में एक-दूसरे के ख़िलाफ़ पड़ते हैं। यह बहुत आसान होगा कि इनमें से कुछ को चुनकर किसी ख़ास विषय को हम सिद्ध कर दें। उतना ही आसान होगा कुछ और बातों को चुनकर इस विषय का खंडन कर देना। कुछ हद तक यह सभी जगह मुमकिन है; हिंदुस्तान-जैसे एक पुराने और बड़े मुल्क में, जहाँ जिंदा चीज़ों के साथ मुर्दा चीज़ें इस तरह चिमटी हुई हों, यह काम ख़ासतौर पर आसान होगा। बहुत पेचीदी घटना को सादगी से बयान करने में एक ज़ाहिरा ख़तरा भी है। विचार और अमल के बीच गहरे फ़र्क़ बहुत ही कम होते हैं; एक ख़याल दूसरे से जुड़ा सा रहता है, और ऐसे भी

विचार होते हैं, जो अपना बाहरी रूप बनाये रखते हुए भी भीतर-भीतर बिलकुल बदल जाते हैं या अकसर वे बदलती दुनिया का साथ नहीं दे पाते और उसके लिए बोझ हो जाते हैं।

हम युगों के साथ-साथ बराबर बदलते रहे हैं और किसी ज़माने में यह नहीं हुआ है कि हम अपने गुज़िश्ता ज़माने-जैसे बने रहे हों–आज जाति और संस्कृति दोनों ही के लिहाज़ से हम जो कुछ भी थे, उससे मुख्तलिफ़ हैं, और अपने चारों ओर, क्या हिंदुस्तान में और क्या दूसरी जगह; मैं देखता हूँ कि तब्दीली लंबे डग भर रही है। फिर भी इस बाक़ये को मैं नज़र अंदाज़ नहीं कर सकता कि हिंदुस्तानी और चीनी तहज़ीबों ने क़ायम रहने की और अपने को मौक़े के बमूजिब ढाल लेने की गज़ब की ताक़त दिखाई है; और बावजूद अनेक तब्दीलियों और संकटों के, वे बहुत बड़ी मुद्दत तक अपनी बुनियादी ख़ासियत क़ायम रखने में कामयाब हुए हैं। वे ऐसा न कर पाते, अगर वे ज़िंदगी और क़ुदरत से एक समरसता या संगति न कर पाते तो। वह जो कुछ भी चीज़ रही हो, जिसने इन्हें अपने पुराने लंगर से लगाये रखा, वह चाहे अच्छी हो, चाहे बुरी, चाहे मिली जुली, अगर यह ताक़तवर न रही होती, तो इतने ज़माने तक क़ायम नहीं रह सकती थी। शायद अपनी उपयोगिता यह कब की खो चुकी है और तब से यह महज़ एक बोझ और रुकावट बनकर चली आ रही है; या मुमकिन है ऐसा हो कि बाद के ज़मानों के कूड़ा-करकट ने उसकी अच्छाइयों को दबाकर ख़त्म कर दिया हो और अब उस मुर्दा चीज़ का महज़ खोल बाक़ी रह गया हो।

तरक़्क़ी और हिफ़ाजत या पायदारी के विचारों में शायद हमेशा कुछ आपस की अनबन रही है। दोनों एक साथ मौजूद नहीं हो पाते। इनमें से पहला तबदीली चाहता है और दूसरा एक न बदलनेवाली पनाह की जगह चाहता है, और यह कि चीज़ें जैसी-की-तैसी बनी रहें। तरक़्क़ी का ख़याल नये ज़माने का है और पच्छिम में भी अपेक्षाकृत नया है। क़दीम और बीच के ज़माने की तहज़ीबें गुजिश्ता सुनहले वक़्त के और फिर ज़माने की पस्ती के ख़याल में डूबी रहती थीं। हिंदुस्तान में भी गुज़रे हुए ज़माने की बड़ी सुनहली कल्पना की गई है। यहां जो सभ्यता तैयार हुई, उसकी भी बुनियाद हिफ़ाज़त और पायदारी के ख़यालों पर बनी थी और इस नुक्ते नज़र से यह उन सभी सभ्यताओं से, जो पच्छिम में उठीं, कहीं ज़्यादा कामयाब रही। समाज के संगठन ने, जिसकी नींव में वर्ण-व्यवस्था और मुश्तरका ख़ानदान थे, इसमें मदद पहुंचाई और गिरोह के लिए सामाजिक पायदारी पैदा की और उम्र, कमज़ोरी या लाचारी की वजह से जो अपना पेट नहीं भर सकते थे, उनके लिए एक तरह का बीमा मुहैया किया। इस तरह का इंतज़ाम अगर कमज़ोरों की मदद करता है, तो एक हद तक मज़बूतों के लिए रुकावट भी पैदा करता है। यह साधारण लोगों को बढ़ावा तो देता है, लेकिन असाधारण लोगों के ख़िलाफ़ पड़ता है, चाहे वे बुरे हों, चाहे क़ाबिल। यह लोगों को उठाकर या गिराकर एक सतह पर ले आता है और व्यक्तिवाद के खिलने के लिए इस हालत में कम मौक़ा होता है। ध्यान देने की यह एक बड़ी दिलचस्प बात है कि जहाँ हिंदुस्तानी फ़िलसफ़ा हद दर्जे का व्यक्तिवादी फ़िलसफ़ा रहा है और क़रीब-क़रीब पूरे तौर से व्यक्ति

के-विकास से उसका संबंध रहा है, वहाँ हिंदुस्तान का सामाजिक संगठन फ़िरक़ेवाराना था और महज़ गिरोहों पर ध्यान देता था। व्यक्ति को पूरी आज़ादी थी इस बात की कि चाहे सोचे, विचारे और जिस चीज़ में चाहे यक़ीन लाये; लेकिन उसे समाज और फ़िरक़े के रीति-रिवाजों की कड़ी पाबंदी करनी पड़ती थी।

बावजूद इस पाबंदी के, गिरोहों के भीतर भी सब-कुछ लेकर बहुत लचीलापन था; और कोई ऐसा क़ानून या समाज का नियम न था, जो रीति-रिवाज से बदला न जा सके। यह भी था कि नये गिरोह अपने-अपने अलग रीति-रिवाज, विश्वास और व्यवहार रख सकते थे और ऐसा करते हुए भी एक बड़े सामाजिक संगठन का अंग बने रह सकते थे। यही लचीलापन और अपने को मौके के बमूजिब ढालने की ताक़त ऐसी चीज़ें थीं, जिन्होंने विदेशियों को जज़्ब करने में मदद दी। इन सबके पीछे कुछ बुनियादी इख़लाकी या नीति के सिद्धांत थे और ज़िंदगी के मसलों को देखने का एक फ़िलसफ़ियाना नज़रिया था और दूसरों के तरीक़ों के लिए रवादारी थी।

जब तक पायदारी और हिफ़ाज़त ख़ास मक़सद रहे, तब तक तो यह व्यवस्था ख़ूब काम देती रही; और अगर आर्थिक तब्दीलियों ने इसकी जड़ें हिलाई, तो भी अपने को उनके माफ़िक बनाकर यह क़ायम रही। इसे असली चुनौती मिली सामाजिक तरक़्क़ी की उस नई, गतिशील धारणा से जो किसी तरह पुराने, टिके हुए विचारों से मेल नहीं खाती थी। यही कल्पना पुराने क़ायम-शुदा व्यवस्थाओं को पूरब में उखाड़ रही है, उसी तरह जिस तरह कि इसने पच्छिम में व्यवस्थाओं को उखाड़ा है। पच्छिम में, जहाँ अब भी तरक़्क़ी का बोलबाला है, हिफ़ाज़त की मांग पेश हो गई है। हिंदुस्तान में हिफ़ाज़त की कमी ने ही लोगों को मजबूर किया है कि वे पुरानी लीक छोड़कर बाहर आयें, और ऐसी तरक़्क़ी का ख़याल लायें, जो हिफ़ाज़त की हालत पैदा करेगी।

लेकिन क़दीम या बीच के ज़माने के हिंदुस्तान में तरक़्क़ी की ऐसी कोई चुनौती न थी। हां, तब्दीली और नये मौक़ों के बमूजिब अपने को ढालते रहने की ज़रूरत महसूस की जा चुकी थी, इसी से समन्वय के लिए हम इतना उत्साह पाते हैं। यह समन्वय महज उन लोगों का नहीं था, जो हिंदुस्तान में पहुंच गए थे, यह समन्वय व्यक्ति की बाहरी और भीतरी ज़िंदगी के बीच भी था, और इसी तरह आदमी और प्रकृति के बीच भी। उस ज़माने में ऐसी खाइयां नहीं थीं, जैसी आजकल दिखती हैं। इस आम संस्कृति की भूमिका ने हिंदुस्तान को बनाया और इस पर विविधता के बावजूद एकता की छाप दी। राजनैतिक व्यवस्था की जड़ में ख़ुदमुख़्तार गांवों की प्रथा थी और यह बुनियाद के रूप में क़ायम रहती थी, जबकि राजे आते-जाते रहते थे। बाहर से नये आनेवाले और हमलावर इस व्यवस्था की सतह को सिर्फ़ छेड़ देते थे और उसकी जड़ को नहीं छू पाते थे। राज्य की ताक़त देखने में चाहे जैसी निरंकुश दिखाई पड़ती हो, रीति-रिवाजों और वैधानिक बंधनों से सैकड़ों तरीक़ों से ऐसी जकड़ी हुई थी कि कोई भी शासक सहज में गांवों के हक़ों और अधिकारों में दखल न दे सकता था।

इन आम हक़ों और अधिकारों से न केवल गांव में बसनेवालों की आज़ादी, बल्कि व्यक्ति की भी हिफ़ाज़त होती थी।

हिंदुस्तान के लोगों में आज सबसे ख़ासतौर पर हिंदुस्तान और हिंदुस्तान संस्कृति और परंपरा पर गर्व करनेवाले अगर कोई हैं, तो राजपूत हैं। उनकी बहादुरी के कारनामे गुज़रे हुए ज़माने में इसी परंपरा के जिंदा अंश थे। लेकिन कहा जाता है कि बहुत-से राजपूत भारतीय-सिदियनों के वंशज हैं और कुछ उन हूणों के भी, जो हिंदुस्तान में आये थे। जाट से ज्यादा मज़बूत और अच्छा किसान आज हिंदुस्तान में न मिलेगा, जिसने धरती से अपना नाता जोड़ लिया है और अपनी ज़मीन में किसी क़िस्म का हस्तक्षेप नहीं बरदाश्त कर सकता। वह भी मूल में सिदियन है। इसी तरह काठियावाड़ का लंबा और ख़ूबसूरत किसान कट्ठी भी है। हमारे यहां के लोगों में से कुछ के नस्ल की शुरुआत कमोबेश निश्चय के साथ बताई जा सकती है, दूसरों के बारे में ऐसा कर सकना मुमकिन न होगा। लेकिन मूल में जो भी रहा हो, सभी साफ़-साफ़ हिंदुस्तानी बन गए हैं और दूसरों के साथ-साथ हिंदुस्तानी संस्कृति के अंग हैं और हिंदुस्तान की पुरानी परंपरा को अपनी परंपरा मानते हैं।

ऐसा जान पड़ता है कि हिंदुस्तान में जो भी तत्त्व आया और यहां जज़्ब हो गया, उसने हिंदुस्तान को अपना कुछ दिया भी और उससे उसका लिया भी; इसने अपनी और हिंदुस्तान इन दोनों की ताक़त में इज़ाफ़ा किया। लेकिन जहां वह अलग-अलग रहा और हिंदुस्तान की ज़िंदगी में और यहाँ की संपन्न और विविध संस्कृति में हिस्सा न ले सका, वहां उसका कोई पायदार असर न हुआ और आख़िरकार मिट गया, और मिटते-मिटते अपने को या फिर हिंदुस्तान को कुछ नुक़सान पहुंचा गया।

❐

6. हिंदुस्तान और ईरान

उन बहुत-से लोगों में, जो हिंदुस्तान की ज़िंदगी और संस्कृति से संपर्क में आये हैं और इन पर असर डाला है, सबसे पुराने और सबसे मुस्तकिल ईरानी रहे हैं। दरअसल यह ताल्लुक़ भारतीय आर्य सभ्यता की शुरुआत से पहले ही शुरू हो जाता है, क्योंकि भारतीय आर्य और ईरानी अलग होकर अपना-अपना रास्ता लेने से पहले एक ही नस्ल के थे। जाति के ख़याल से तो इन दोनों का नाता रहा ही है, इनके पुराने धर्म और भाषा की भी एक-सी भूमिका रही है। वैदिक-धर्म और ज़रथुष्ट्र के धर्म में बहुत-सी एक-सी बातें थीं और वैदिक-संस्कृत और 'अवेस्ता' की भाषा दोनों एक-दूसरे से बहुत-कुछ मिलती-जुलती हैं। बाद की संस्कृत और फ़ारसी के विकास अलग-अलग हुए, लेकिन दोनों के बहुत-से मूल-शब्द एक ही हैं, जिस तरह कि सभी आर्य भाषाओं के कुछ मूल-शब्द समान हैं। दोनों भाषाओं पर और इनसे ज़्यादा उनकी कला और संस्कृति पर, उनके जुदा-जुदा वातावरणों

का प्रभाव पड़ा। फ़ारसी कला का ईरान की मिट्टी और प्राकृतिक दृश्य से नज़दीक़ी संबंध जान पड़ता है, और शायद इस वजह से ईरान की कला-संबंधी परंपरा बनी चली आ रही है। इसी तरह भारतीय आर्य कला-परंपरा और आदर्श बर्फ से ढंके पहाड़ों, हरे-भरे जंगलों और उत्तरी हिंदुस्तान की बड़ी नदियों से पैदा हुए हैं।

हिंदुस्तान की तरह ईरान की भी सांस्कृतिक बुनियाद इतनी मज़बूत थी कि वह अपने हमलावरों पर भी असर डाल सके और अकसर उन्हें अपने में जज़्ब कर ले। अरब लोग, जिन्होंने सातवीं सदी ईसवी में ईरान विजय किया, इस असर के नीचे आ गए और अपने सीधे-सादे रेगिस्तानी रहन-सहन को छोड़कर उन्होंने ईरान की रंगी-चुनी तहज़ीब अख़्तियार कर ली। जिस तरह फ्रांसीसी ज़बान यूरोप में है, उसी तरह फ़ारसी दूर दराज़ हिस्सों के सभ्य लोगों की भाषा बन गई। ईरानी कला और संस्कृति पच्छिम में कुस्तुंतुनिया से लेकर ठीक गोबी के रेगिस्तान तक फैल गई।

हिंदुस्तान पर भी यह असर बराबर रहा और अफ़गानों और मुग़लों के ज़मानों में यहाँ मुल्क की दरबारी ज़बान फ़ारसी रही। यह बात अंग्रेज़ी दौर के ठीक शुरू तक बनी रही। आज की सभी हिंदुस्तानी ज़बानों में फ़ारसी लफ़्ज़ भरे पड़े हैं। संस्कृत से निकली ज़बानों के लिए, ख़ासतौर पर हिंदुस्तानी के लिए, जो ख़ुद एक मिली-जुली ज़बान है, यह स्वाभाविक था। लेकिन दक्खिन की द्रविड़ ज़बानों पर भी फारसी का असर पड़ा है। है हिंदुस्तान में गुज़रे हुए ज़माने के फ़ारसी के कुछ बड़े शानदार शायद गुज़रे हैं, और आज भी हिंदुओं और मुसलमानों दोनों ही में फ़ारसी के अच्छे आलिम मिलते हैं।

इसमें कोई शक नहीं जान पड़ता कि सिंध की घाटी की सभ्यता के संपर्क उस ज़माने की ईरान और मेसोपोटामिया की तहज़ीबों से थे। कुछ आकृतियों और मुद्राओं में आश्चर्यजनक सादृश्य पाया जाता है। इस बात के भी कुछ सबूत हैं कि ईरान और हिंदुस्तान के बीच पूर्व-अशीमियन ज़माने में भी आपस के संपर्क थे। हिंदुस्तान का 'अवेस्ता' में ज़िक्र आया है और उत्तरी हिंदुस्तान का कुछ बयान भी है। ऋग्वेद में फ़ारस के हवाले हैं। फ़ारसी लोग 'पार्श्व' कहलाते थे और बाद में यही 'पारसीक' कहलाये, जिससे आधुनिक 'पारसी' शब्द निकला है। पार्थियनों को 'पार्थव' कहा गया है। इस तरह ईरान और हिंदुस्तान के दरम्यान आपस की दिलचस्पी की परंपरा पुरानी है और अशीमियन वंश के ज़माने से भी पहले की है। शहंशाह साइरस के ज़माने से और भी संपर्कों के प्रमाण मिले हैं। साइरस हिंदुस्तान की सरहद, ग़ालिबन क़ाबुल और बलूचिस्तान तक आया था। ईसा से पहले छठी सदी में दारा के अधीन जो सल्तनत थी, वह ठीक पच्छिमोत्तर हिंदुस्तान तक फैली हुई थी और सिंध और शायद पच्छिमी हिंदुस्तान का एक हिस्सा इसमें आ गया था। इस ज़माने को हिंदुस्तान के इतिहास में ज़रथुष्ट्र का ज़माना कहा गया है और इसका असर काफ़ी फैला रहा होगा। सूर्य की पूजा को प्रोत्साहन दिया गया।

दारा का हिंदुस्तानी सूबा उसकी सल्तनत का सबसे मालदार और सबसे ज्यादा घना

बसा हुआ सूबा था। इस ज़माने में सिंध आज के टुकड़ों में बंटे हुए रेगिस्तानी देश से बहुत मुख्तलिफ़ रहा होगा। हेरोडोटस हिंदुस्तानी बाशिंदों की ख़ुशहाली और आबादी का और दारा को दिये जानेवाले ख़िराज़ का हाल लिखता है-"हिंदुस्तानियों की आबादी जितने लोगों को हम जानते हैं, उनसे ज़्यादा है; और इसी औसत से वह औरों से ज़्यादा ख़िराज़ भी देते थे—सोने के चूरे की 360 टेलेंट"(यह बराबर है दस लाख पाउंड से ऊपर के)। हेरोडोटस फ़ारसी फ़ौज के हिंदुस्तानी दस्ते का भी ज़िक्र करता है, जिसमें पैदल, घुड़सवार और रथवाले थे। बाद में हाथियों का भी जिक्र है।

ईसा से पहले की सातवीं सदी से भी पहले से लेकर युगों बाद तक व्यापार के ज़रिये हिंदुस्तान और ईरान के ताल्लुक के सबूत मिलते हैं; ख़ासतौर पर यह ख़याल किया जाता है कि हिंदुस्तान और बेबिलन के बीच होनेवाला क़दीम व्यापार का रास्ता फ़ारस की खाड़ी से होकर था।[27] छठी सदी के बाद साइरस और दारा के हमलों के ज़रिये सीधे संपर्क क़ायम हो गए। सिकंदर की विजय के बाद कई सदियों तक ईरान यूनानियों की हुकूमत में रहा। इस ज़माने में भी संपर्क बने रहे और कहा जाता है कि अशोक की इमारतों पर पार्सिपोलिस की निर्माण-शैली का असर पड़ा। यूनानी-बौद्ध-कला, जो पच्छिमोत्तर हिंदुस्तान और अफ़ग़ानिस्तान में विकसित हुई, उसमें भी ईरान की छूत रही है। हिंदुस्तान में गुप्तों के ज़माने में ईसा के बाद की चौथी-पांचवीं सदियों में, जो कला और संस्कृति के कारनामों के लिए मशहूर हैं, ईरान से ताल्लुक़ बने रहे।

क़ाबुल कंधार और सीस्तान के सरहदी इलाक़े, जो अकसर हिंदुस्तान की हुकूमतों के अंदर रहे हैं, हिंदुस्तानियों और ईरानियों की आपस में, मिलने की जगहें थीं। बाद के पार्थियन ज़माने में इन्हें 'सफेद हिंदुस्तान' का नाम दिया गया। इन हिस्सों का ज़िक्र करते हुए फ्रांसीसी विद्वान जेम्स डार्मेस्टेलर कहते हैं–"हिंदू सभ्यता इन इलाक़ों में फैली हुई थी, जो दरअसल ईसा से पहले और बाद की दो सदियों में 'सफेद हिंदुस्तान' के नाम से जाने जाते थे और मुसलमानों की विजय के ज़माने तक ईरानी से ज़्यादा हिंदुस्तानी बने रहे।"

उत्तर हिंदुस्तान में आनेवाले व्यापारी और यात्री ख़ुश्की के रास्ते आते थे। दक्खिनी हिंदुस्तान समुंदर के ऊपर भरोसा करता था और उसकी समुंदरी रास्ते से दूसरे देशों से तिजारत होती थी। दक्खिनी राज्य और ईरान के सासानियों के बीच आपस में राजदूत आते-जाते रहते थे।

हिंदुस्तान पर तुर्कों, अफगानों और मुग़लों की विजयों का नतीजा यह हुआ कि हिंदुस्तान के ताल्लुक़ात मध्य और पच्छिमी एशिया से बढ़े। पंद्रहवीं सदी में (यूरोपीय रिनेज़ां या पुनर्जाग्रति के युग के समय) समरकंद और बुख़ारा में तैमूरी पुनर्जागृति फल-फूल रही थी और इस पर ईरान का गहरा असर था। बाबर, जो ख़ुद तैमूरिया ख़ानदान का शाहज़ादा था,

27. प्रोफेसर ए. वी. विलियम्स जैकसन: 'दि केंब्रिज हिस्टरी ऑव इंडिया' जिल्द 1, पृ० 329।

इसी वातावरण से आया और उसने दिल्ली के तख़्त पर कब्ज़ा कर लिया। यह सोलहवीं सदी के शुरू की बात है, जिस वक़्त कि ईरान में सफ़ावी बादशाहों की हुकूमत के ज़माने में एक शानदार कलात्मक पुनर्जाग्रति हो रही थी और यह ज़माना फ़ारसी कला का सुनहला ज़माना कहलाया है। बाबर के बेटे, हुमायूं, ने यहां से भागकर सफावी शाह के यहां पनाह ली थी, और उसी की मदद से वह फिर हिंदुस्तान लौटा था। हिंदुस्तान के मुग़ल बादशाह ईरान से बड़ा नज़दीक़ी ताल्लुक़ बनाये रखते थे और सरहद पार करके मुग़लों के शानदार दरबार में इज़्ज़त और धन कमाने के लिए आनेवाले ईरानी विद्वानों और कलावंतों का तांता लगा रहता था।

हिंदुस्तान में इमारतों के एक नये तर्ज़ ने तरक़्क़ी पाई, जिसमें हिंदुस्तानी और ईरानी आदर्शों और प्रेरणाओं का मेल-जोल था और दिल्ली और आगरा बहुत-सी शानदार और खूबसूरत इमारतों से भर गए। इनमें से सबसे ख़ूबसूरत इमारत थी ताजमहल, जिसके बारे में फ्रांसीसी आलिम एम. ग्रूसे ने कहा है "इसमें हिंदुस्तान के जिस्म में ईरान की रूह उतर आई है।"

हिंदुस्तान और ईरान के लोगों में शुरू से लेकर सारे इतिहास के ज़माने में जैसा नज़दीकी ताल्लुक़ रहा है, शायद ही दूसरे लोगों में रहा हो। बदक़िस्मती से जो आख़िरी यादगार इस लंबे, क़रीब के और बा- इज़्ज़त रिश्ते की है, वह नादिरशाह के हमले की है, जो दो सौ साल का ज़माना गुज़रा, थोड़े वक़्त के लिए हुआ था, लेकिन जो हद दर्जे का ख़ौफ़नाक़ हमला था।

इसके बाद अंग्रेज़ आये और उन्होंने सब दरवाज़े और सब रास्ते, जिनके ज़रिये हमारा अपने एशियाई पड़ोसियों से ताल्लुक़ जुड़ता था, बंद कर दिए। समुंदर के आर-पार नये रास्ते क़ायम हुए, जिन्होंने हमें यूरोप के ज़्यादा क़रीब पहुंचाया, ख़ासतौर पर इंगलिस्तान के। लेकिन हिंदुस्तान और ईरान और मध्य एशिया और चीन के बीच फिर कोई संपर्क नहीं रह पाये, जब तक कि इस ज़माने में हवाई जहाज़ों ने तरक़्क़ी नहीं कर ली, और फिर हमने अपनी पुरानी दोस्ती ताज़ा की। बाक़ी एशिया से अचानक इस तरह अलग-थलग हो रहना हिंदुस्तान की अंग्रेज़ी हुकूमत का सबसे ख़ास और बदक़िस्मत नतीजा हुआ है।[28]

---

28. प्रोफेसर ई. जे. रैपसन लिखते हैं-" वह ताक़त जो सब मातहत हुकूमतों को एक बड़े निज़ाम के अंदर लाने में कामयाब हुई है, वह असल में एक समुंदरी ताक़त है; और चूंकि इसका समुंदरी रास्तों पर क़ाबू है, अमन के हक़ में इसे ख़ुश्की की राहें बंद कर देनी पड़ी हैं। हिंदुस्तान की सल्तनत के सरहदी मुल्कों—अफ़ग़ानिस्तान, बलूचिस्तान और बरमा-के प्रति अंग्रेज़ी पालिसी का यही मक़सद रहा है। सियासी अलहदगी इस तरह पर सियासी एकता का एक लाज़िमी नतीजा रही है। लेकिन इसे याद रखना चाहिए कि अलहदगी हिंदुस्तान की तारीख़ की एक हाल की और बिलकुल नई चीज़ है। यह एक ख़ास घटना है, जो मौजूदा ज़माने को गुज़रे हुए ज़माने से जुदा करती है।"

(केंब्रिज हिस्ट्री ऑव इंडिया, जिल्द 1, पृष्ठ 52)

लेकिन एक अटूट नाता क़ायम रहा है—मौजूदा ज़माने के ईरान से नहीं, बल्कि क़दीम ईरान से; तेरह सौ साल हुए, जब इस्लाम ईरान में पहुंचा, उस वक़्त पुराने ज़रथुष्ट्र- धर्म के माननेवाले लोग सैकड़ों या हज़ारों की गिनती में हिंदुस्तान में आये। उनका यहां स्वागत हुआ और वे पच्छिमी समुद्र-तट पर बस गए और अपने मज़हब और रीति-रिवाज़ों के पाबंद बने रहे। न किसी ने उनसे छेड़खानी की, न उन्होंने दूसरों से; यह एक बड़े मार्के की बात है कि ये लोग, जो पारसी कहलाये, हिंदुस्तान में चुपके से और बगैर बड़े दिखावे के मिल-बैठ गए और इसे अपना घर बना लिया और फिर भी एक फ़िरके की हैसियत से, अपने पुराने रीति-रिवाजों को पाबंदी से निभाते रहे। अपने फ़िरके के बाहर शादी-ब्याह की इन्होंने इजाज़त न दी और ऐसी बहुत ही कम मिसालें हैं। ख़ुद इस बात से हिंदुस्तान में ज्यादा ताज्जुब नहीं हो सकता था, क्योंकि यहां भी आमतौर पर लोग अपनी ही बिरादरी में शादी-ब्याह करते हैं। उनकी जनसंख्या बहुत धीमी रफ़्तार से बढ़ी है और आज भी कुल गिनती उनकी एक लाख के लगभग है। तिजारत में उन्होंने तरक़्क़ी की है और उनमें से बहुत से उद्योग-धंधे के अगुआ हैं। ईरान से क़रीब-क़रीब कोई ताल्लुक़ उनका नहीं रहा है और वे पूरी तौर पर हिंदुस्तानी बन गए हैं, फिर भी वे अपनी परंपरा को पकड़े हुए हैं और अपनी क़दीम मातृभूमि की स्मृति को जगाये हुए हैं।

ईरान में, हाल में इस्लाम से पहले की अपनी पुरानी तहज़ीब पर ध्यान देने की एक ज़बरदस्त तहरीक़ पैदा हो गई है। इसका मज़हब से कोई वास्ता नहीं है; यह संस्कृति और क़ौमियत की बिनाह पर है और ईरान की लंबी सांस्कृतिक परंपरा की खोज में रहती है और उस पर गर्व करती है।

दुनिया में जो कुछ हो रहा है और आपस की दिलचस्पियां एशियाई मुल्कों को अब फिर एक-दूसरे की तरफ़ मुख़ातिब होने के लिए मजबूर कर रही हैं। यूरोप की हुकूमत के ज़माने को एक बुरे सपने की तरह समझकर उसे भुलाया जा रहा है और पुरानी यादें, पुराने दोस्ताना ताल्लुकात और मेल-जोल के कामों की तरफ़ खींच रही हैं। इसमें कोई शक नहीं कि नज़दीक़ ही आनेवाले ज़माने में हिंदुस्तान उसी तरह ईरान के क़रीबतर आयेगा, जिस तरह वह चीन के क़रीबतर आ रहा है।

दो महीने हुए हिंदुस्तान में आनेवाले ईरानी कल्चरल (सांस्कृतिक) मिशन के नेता ने इलाहाबाद शहर में कहा था-"ईरानी और हिंदुस्तानी दो भाई की तरह हैं, जो फ़ारसी क़िस्से के अनुसार एक-दूसरे से छूट गए थे; एक पूरब चला गया था और दूसरा पच्छिम। उनके खानदानवाले भी एक-दूसरे को भुला बैठे थे। दोनों के बीच जो बात समान रह गई थी, वह कुछ पुराने गीतों की धुनें थीं, जिन्हें दोनों अब भी अपनी बांसुरियों पर निकाला करते थे। इन धुनों के ज़रिये से ही दोनों खानदानवालों ने सदियों बाद एक-दूसरे को पहचाना और फिर मिल गए। इसी तरह हम भी हिंदुस्तान में आये हैं, अपनी युगों पुरानी तानों को अपनी बांसुरियों पर गाने के लिए, जिसमें कि उन्हें सुनकर हमारे हिंदुस्तानी भाई हमें पहचान सकें और अपना ही समझें और फिर वे अपने ईरानी भाइयों से मिल जायं।"

❐

7. हिंदुस्तान और यूनान

क़दीम यूनान यूरोपीय तहज़ीब का सरचशमा ख़याल किया जाता है; और पूरब और पच्छिम के बुनियादी भेद के मुताल्लिक़ बहुत-कुछ लिखा जा चुका है। यह भेद मेरी समझ में नहीं आता; जो कुछ कहा जाता है, वह एक हद तक अस्पष्ट और अवैज्ञानिक है और उसका घटनाओं में कोई आधार नहीं है। अभी हाल तक बहुत-से यूरोपीय विचारकों का यह ख़याल था कि क़द्र व क़ीमत के क़ाबिल जितनी चीज़ें हैं, उनकी शुरुआत यूनान से या रोम से है। सर हेनरी मेन ने कहीं पर कहा है कि क़ुदरत की अंधी ताक़तों के अलावा दुनिया में कोई भी हरकत करनेवाली चीज़ नहीं है, जो अपने मूल में यूनानी न हो। यूनान और रोम के बारे में जानकारी रखनेवाले यूरोप के बड़े-बड़े आलिम हिंदुस्तान और चीन के बारे में बहुत काम जानते थे। फिर भी प्रोफेसर ई. आर. डॉड्स ने ज़ोर दिया है उस "पूरबी भूमिका पर, जो यूनानी संस्कृति के पीछे थी और जिससे वह अपने को (सिवाय यूनान और रोम के विषय के पंडितों के दिमाग़ में) कभी जुदा न कर सकी थी।"

यूरोप में बहुत दिनों तक लाज़िमी तौर पर यूनानी, इबरानी और लातीनी ज़बानों तक इल्म महदूद था। और इससे जो तस्वीर तैयार होती थी, वह भूमध्य सागर के आस-पास की दुनिया की थी। बुनियादी ख़याल पुराने रोमनों के ख़याल से बहुत मुख्तलिफ़ न था, अगरचे इसमें बहुत-सी तब्दीलियां और रद्दोबदल कर लेने पड़े थे। यह विचार न महज़ इतिहास और भौगोलिक राजनीति पर, और संस्कृति और सभ्यता के विकास पर हावी था, बल्कि इसने वैज्ञानिक तरक़्क़ी के रास्ते में भी रोड़े डाले। अफ़लातून और अरस्तू दिमाग़ पर छाये हुए थे। उस वक़्त भी, जबकि एशिया के लोगों के कारनामों की कुछ जानकारी यूरोपीय दिमाग़ तक छनकर पहुंचती थी, यह ख़ुशी से क़ुबूल नहीं की जाती थी। अनजान में इसका विरोध होता और इसे जैसे भी हो, पहली तस्वीर में बिठलाने की कोशिश की जाती थी।

जब ख़ास पढ़े-लिखे लोगों का यह ख़याल था कि पूरब और पच्छिम के बीच एक ख़ास फ़र्क़ है, तो फिर आम अनपढ़ लोगों का तो कहना ही क्या! यूरोप में मशीन के कारख़ानों के खुलने और उसके साथ होनेवाली माली तरक़्क़ी ने आम लोगों पर इस भेद की छाप और भी गहरी कर दी और किसी अनोखी दलील से क़दीम यूनान मौजूदा यूरोप और अमरीका का मां-बाप बन गया। दुनिया के गुज़िश्ता ज़माने के मुताल्लिक़ नई जानकारियों ने कुछ विचार करनेवालों के दिमाग़ के इन नतीजों को हिला दिया, लेकिन जहाँ तक आम लोगों का मामला था, चाहे वे पढ़े-लिखे हों चाहे अनपढ़, सदियों पुराने विचार क़ायम रहे; ये ख़याली सूरतें थीं, जो उनकी चेतना की ऊपरी तहों पर तिरती रहती थीं और फिर उस दृश्य में, जो उन्होंने अपने लिए बना रखा था, समा जाती थीं।

पूरब और पच्छिम, इन लफ़्ज़ों के इस्तेमाल को मैं समझ नहीं सका हूं, सिवाय इस मानी में कि यूरोप और अमरीका ने मशीन के कारख़ानों में बड़ी तरक़्क़ी कर ली है और एशिया इस

लिहाज़ से पिछड़ा हुआ है। कल-कारखानों की बहुतायत दुनिया के इतिहास में एक नई चीज़ है और इसने और चीज़ों के मुक़ाबले में दुनिया को ज़्यादा बदल दिया है और बराबर बदल रही है। लेकिन यूनानी तहज़ीब में और आज की यूरोपीय और अमरीकी तहज़ीबों में कोई बुनियादी रिश्ता नहीं है। आज का यह ख़याल कि आराम की ज़िंदगी ही सबसे बड़ी चीज़ है, यूनानी और दूसरे क़दीम साहित्यों के बुनियादी विचारों से बिलकुल जुदा है। यूनानी और हिंदुस्तानी और चीनी और ईरानी लोग हमेशा एक ऐसे मज़हब और ज़िंदगी के फ़िलसफे की तलाश में रहे हैं, जिसका असर उनके सभी कामों पर रहा है और जिसका मक़सद एक तरह का समतौल और समरसता का भाव पैदा करता रहा है। यह आदर्श ज़िंदगी के हर पहलू में — साहित्य में, कला में और संस्थाओं में—ज़ाहिर होता है और एक मुनासिबत और पूर्णता पैदा करता है। मुमकिन है कि ये विचार बिलकुल सही न हों और ज़िंदगी के असल हालात और ही रहे हों। फिर भी यह याद रखना ज़रूरी है कि आज के यूरोप और अमरीका यूनानियों के मुकम्मिल नज़रिये से कितने दूर हैं, जिसकी वे अपनी फ़ुरसत के क्षणों में इतनी तारीफ़ करते हैं, और जिनके साथ वे कुछ दूर का रिश्ता क़ायम करना चाहते हैं, महज़ इसलिए कि उनके दिलों की कुछ भीतरी ख़्वाहिशें पूरी हों; या मौजूदा ज़िंदगी के सख्त और जलते रेगिस्तान में कोई नख़लिस्तान मिले।

पूरब और पच्छिम के हर एक देश और लोगों का अपना व्यक्तित्व रहा है, उनका संदेसा रहा है और उन्होंने ज़िंदगी के मसलों को अपने तरीक़े पर हल करने की कोशिश की है। यूनान की कुछ ख़ास बात है और अपने ढंग में वह निराला है; यही बात हिंदुस्तान की है, यही चीन और ईरान की। क़दीम हिंदुस्तान और क़दीम यूनान एक-दूसरे से मुख्तलिफ़ थे, फिर भी मिलते-जुलते थे, उसी तरह, जिस तरह क़दीम हिंदुस्तान और क़दीम चीन के बीच, बावजूद बड़े इख्तलाफों के खयालों का मेल-जोल था। इन सबों का एक-सा उदार इन रवादारी का और काफ़िरों- जैसा नज़रिया था; ज़िंदगी का और प्रकृति की अनंत विविधता और अपार सुंदरता का वे आनंद लेते थे; कला से प्रेम था; और थी वह अक़्लमंदी, जो एक पुरानी जाति को उसके संचित अनुभवों की वजह से हासिल होती है। इनमें से हर एक ने अपनी क़ौमी ख़ासियत के बमूजिब तरक़्क़ी की। अपने यहां की क़ुदरती फ़िज़ा से असर लिया और ज़िंदगी के किसी एक पहलू पर औरों की बनिबस्त ज़्यादा ज़ोर दिया। यह ज़ोर सब जगह यक-सां नहीं है। यूनानियों ने, एक क़ौम की हैसियत से, मुमकिन है अपने मौजूदा ज़माने की ज़िंदगी में ज़्यादा उमंग से हिस्सा लिया हो और जो सौंदर्य और मधुरता उनके इर्द-गिर्द थी, या जिसे उन्होंने पैदा किया था, उसके रस में डूबे हों। हिंदुस्तानियों ने भी यह आनंद और मधुरता अपने मौजूदा ज़माने में ही पाई, लेकिन साथ-ही-साथ उनकी आंखें और गहरे ज्ञान की तरफ़ भी थीं और उनके दिमाग़ अनोखे सवालों के हल में लगे हुए थे। चीनी इन मसलों और उनके रहस्यों को ख़ूब जानते हुए भी अक़्लमंदी के साथ, उनमें उलझने से अलग रहे। अपने-अपने मुख्तलिफ़ तरीक़ों से हर एक ने ज़िंदगी की ख़ूबसूरती

और पूर्णता को व्यक्त करने की कोशिश की। इतिहास ने दिखा दिया है कि हिंदुस्तान और चीन की बुनियादें ज़्यादा मज़बूत थीं और उनमें टिकने की ज़्यादा ताक़त थी। वे अभी तक जिंदा हैं, अगरचे बुरी तरह झकोरा खा चुके हैं और उनकी बड़ी तनज्ज़ुली हो चुकी है और भविष्य धुंधला है। पुराने यूनान की जो भी शान रही है, उसकी ज़िंदगी थोड़े ज़माने की रही; वह टिका न रह सका, सिवाय इसके कि उसके आलीशान कारनामें हैं और उसका असर बाद में आनेवाली संस्कृतियों पर पड़ा है और उस छोटे और रोशन दिन की भरी-पूरी ज़िंदगी की यादगार बाक़ी है। शायद अपने मौजूदा ज़माने में उसकी इस हद की दिलचस्पी रही कि अब वह गुज़रा हुआ ज़माना बन के रह गया।

अपनी भावना और दृष्टिकोण में हिंदुस्तान यूरोपीय राष्ट्रों की बनिस्बत पुराने यूनान के ज़्यादा क़रीब है, यद्यपि वे अपने को यूनानी संस्कृति के वारिस बताते हैं। हम इस बात को भूल सकते हैं, क्योंकि हम तक कुछ ऐसे ख़याल चले आ रहे हैं, जो दलील के साथ ग़ौर करने के रास्ते में रुकावट डालते हैं। कहा जाता है कि हिंदुस्तान में मज़हब और फ़िलसफ़ा और चिंतन और अध्यात्म पनपते हैं और हिंदुस्तानी इस दुनिया की बातों से उदासीन हैं, और जो कुछ इससे परे हैं या बाद की दुनिया का है, उसके सपनों में खोया रहता है। हमको बताया यही जाता है और शायद जो लोग हमसे ऐसा कहते हैं वे चाहेंगे भी कि हिंदुस्तान विचार और चिंतन में डूबा और उलझा रहे और वे लोग इस दुनिया को और उसके सभी पदार्थों को, इन विचारकों से आज़ाद रहकर अपने क़ब्ज़े में रख सकें और उनका उपभोग कर सकें। हां, हिंदुस्तान में यह सब कुछ रहा है, लेकिन इनसे और ज़्यादा बातें भी रही हैं। उसने बचपन के भोलेपन और मासूमियत को जाना है, जवानी की उमंगें और मस्तियां देखी हैं और बुज़ुर्गी में वह ज्ञान हासिल किया है, जो सुख-दुख के अनुभव से ही आता है; और बार-बार उसने अपने बचपन, अपनी जवानी और अपनी बुज़ुर्गी को ताज़ा किया है। उम्र और आकार के ज़बरदस्त बोझ ने उसे दबा दिया है; पस्ती लानेवाले रीति-रिवाजों और बुरे अमल ने उसमें घर कर लिया है, तुफ़ैली कीड़े उसमें चिपटे हुए उसका ख़ून चूस रहे हैं, लेकिन इन सबके पीछे युगों की ताक़त और एक क़दीम जाति की भीतरी अक़्ल है, क्योंकि हम बहुत पुराने लोग हैं, अनथाही सदियां हमारे कानों में धीमे स्वर में अपनी कहानी कह रही हैं। लेकिन हमने अपनी जवानी को बार-बार ताज़ा किया है, अगरचे उन गुजरे हुए युगों की यादें और सपने क़ायम रहे हैं।

यह कोई गुप्त सिद्धांत या गूढ़ विद्या नहीं है, जिसने हिंदुस्तान को इतने लंबे युगों तक जिंदा और क़ायम रखा; जिस चीज़ ने ऐसा किया है, वह है उसकी कोमल मानवता, उसकी बहुरंगी और रवादारी बरतनेवाली संस्कृति और ज़िंदगी और उसके भेद-भरे तरीक़ों की गहरी सूझ-बूझ। उसकी भरीपूरी जीवनी-शक्ति की धार उसकी शानदार कला और साहित्य में युग-युग से बहती आई है, हालांकि इनका बहुत थोड़ा हिस्सा हमें आजकल हासिल है और ज़्यादा हिस्सा या तो छिपा पड़ा है या क़ुदरत और इन्सान की ग़ारतगरी से ज़ाया

हो चुका है। एलीफैंटा की गुफ़ा की त्रिमूर्ति में हम ख़ुद हिंदुस्तान की बहुमुखी मूर्ति देख सकते हैं शक्तिशाली, आंखों में मजबूर कर देनेवाली ताक़त रखनेवाली, गहरे ज्ञान और समझ-बूझवाली, जो हमारी तरफ़ देख रही है। अजंता की दीवार के चित्रों में हमें कोमलता और सौंदर्य और जीवन से प्रेम दिखाई देता है, लेकिन हमेशा कुछ और गहरी चीज़ का, ऐसी चीज़ का, जो हमसे परे हैं, आभास मिलता है।

भूगोल और आबोहवा के लिहाज़ से यूनान हिंदुस्तान से मुख्तलिफ़ है। वहाँ कोई ऐसी नदियां नहीं, जो सचमुच की नदियां कहला सकें, कोई जंगल नहीं, कोई बड़े वृक्ष नहीं, जिनकी हिंदुस्तान में बहुतायत है। अपनी विशालता और परिवर्तनशीलता से समुद्र ने यूनानियों पर जो असर डाला है, वह हिंदुस्तानियों पर नहीं पड़ा, सिवाय इसके कि उन हिंदुस्तानियों पर पड़ा हो, जो समुद्र के किनारे बसते हैं। हिंदुस्तान की ज़िंदगी खुश्की की ज़िंदगी रही है, बड़े-बड़े मैदानों, विशाल पर्वतों, ज़ोरदार नदियों और घने जंगलों का इसमें हिस्सा रहा है। यूनान में भी कुछ पहाड़ रहे हैं और यूनानियों ने आलिंपस को अपने देवताओं का उसी तरह निवास बनाया है, जिस तरह कि हिंदुस्तानियों ने अपने देवताओं और ऋषियों को हिमालय की ऊंचाइयों पर जगह दी है। दोनों ने देवताओं की गाथाएं रची हैं और ये इतिहास के साथ इतनी मिल-जुल गई हैं कि घटनाओं को गढ़ंत से छुड़ाना मुश्किल हो गया है। पुराने यूनानी, कहा जाता है, न भोगी थे और न योगी; वे आनंद को बुरा या पाप जानकर उससे दूर नहीं भागते थे, न वे जान-बूझकर उस तरह के आमोदों में पड़ते थे, जिनमें इस ज़माने के लोग पड़ते हैं। जिस तरह से हम अपनी इच्छाओं का दमन करते हैं, वैसा किये बगैर वे ज़िंदगी में जोश से हिस्सा लेते थे, और जिस काम लगते थे, ख़ूब लगते थे, और इस तरह से वे हमारी बनिस्बत ज़िंदगी का ज़्यादा लुत्फ़ लेते थे। हिंदुस्तान की ज़िंदगी के बारे में भी हम अपने पुराने साहित्य से कुछ ऐसा ही असर लेते हैं। हिंदुस्तान में तपस्या की ज़िंदगी का भी एक पहलू रहा है, जैसा कि बाद में यूनान में भी रहा है, लेकिन यह बहुत थोड़े लोगों तक महदूद था और जनता की ज़िंदगी पर इसका असर न था। यह पहलू जैन और बौद्ध-धर्म के दिनों में कुछ ज़ोर पकड़ गया था, लेकिन फिर भी इसने ज़िंदगी की पृष्ठभूमि को ज्यादा नहीं बदला था।

ज़िंदगी जैसी भी थी, उसे हिंदुस्तान और यूनान दोनों जगह क़ुबूल किया गया था और लोग उसे पूरी तरह बसर करते थे, फिर भी इस तरह का यक़ीन था कि एक ख़ास क़िस्म की अंदरूनी ज़िंदगी बेहतर होती है। इससे कुतूहल और कल्पना की गुंजाइश होती थी, लेकिन जांच की यह भावना पदार्थों के बारे में अनुभव प्राप्त करने की तरफ़ नहीं झुकती थी, बल्कि कुछ विचारों को ज़ाहिरा तौर पर सही क़यास करके उन पर तर्कपूर्ण दलील की तरफ़ जाती थी। वैज्ञानिक तरीक़ों के आने से पहले दरअसल सभी जगह यह रुख़ हुआ करता था। ग़ालिबन यह सोच-विचार कुछ थोड़े ऊंचे ज़हन के लोगों तक महदूद था, फिर भी साधारण शहरियों पर भी इसका असर पड़ता ही था, और वे भी फ़िलसफे के मसलों पर आपस में

और बातों के साथ अपनी खुली सभाओं में बहस करते थे। लोगों का रहन-सहन, जैसा आज भी हिंदुस्तान में ख़ासकर देहातों में है, पंचायती ढंग का था और लोग आपस में बाज़ार में, या मंदिरों और मसजिदों में, या पनघटों पर या जहां पंचायतघर होते, इकट्ठा होकर दिन की ख़बरों और आम ज़रूरतों पर विचार करते थे। यही लोकमत बनता था और उसका इज़हार होता था। ऐसा चर्चाओं के लिए काफ़ी फ़ुरसत रहा करती थी।

फिर भी यूनानियों के बहुत-से शानदार कारनामों में से एक ऐसा है जो औरों से बढ़-चढ़कर है-यानी प्रयोगात्मक विज्ञान की शुरुआत। इसकी तरक़्क़ी जैसी यूनानी सभ्यता के भीतर आये हुए प्रदेश, सिकंदरिया, में हुई, वैसी ख़ुद यूनान में नहीं हो पाई और ईसा से पहले 330 से 130 तक, यानी दो सदियों में, वैज्ञानिक उन्नति और यंत्रों के आविष्कार ने लंबे डग लिये। हिंदुस्तान में इसके मुकाबले की कोई चीज़ नहीं मिलती, और हिंदुस्तान ही क्या, कहीं और भी हम ऐसी बात सत्रहवीं सदी तक नहीं पाते हैं, फिर विज्ञान ने लंबे डग भरे हैं। रोम ने भी, बावजूद अपने साम्राज्य के, एक विस्तृत प्रदेश पर अधिकार स्थापित करने के और यूनानी सभ्यता से संपर्क होने के और कई क़ौमों के ज्ञान और तजुरबे से फ़ायदा उठाने के मौक़ों के, विज्ञान, आविष्कार या यांत्रिक विकास की कोई ख़ास देन नहीं दी। यूरोप में यूनान और रोम की तहज़ीब के विनष्ट होने पर ये अरब थे, जिन्होंने विज्ञान की लौ को मध्य युगों में जगाये रखा।

सिकंदरिया की विज्ञान और आविष्कार की यह सरगरमी यक़ीनी तौर पर ज़माने की समाजी उपज और एक बढ़ते हुए समाज और जहाज़रानी की ज़रूरतों का नतीजा था; उसी तरह जिस तरह कि अंक गणित और बीज-गणित का विकास-शून्यांक और राशिमानों का आविष्कार-हिंदुस्तान में बढ़ते हुए व्यापार और जटिल होते हुए संगठन के लिहाज़ से समाजी ज़रूरतों का परिणाम था। लेकिन यों आमतौर पर पुराने यूनानियों में कहां तक विज्ञान के लिए रुझान था, यह नहीं कहा जा सकता। उनकी ज़िंदगी अपनी परंपरा के नमूने पर चली होगी, जिसकी बुनियाद में उसका पुराना फ़िलसफ़ियाना नज़रिया था, जो इन्सान और क़ुदरत के बीच समरसता और मेल चाहता था। यह नज़रिया पुराने यूनान और हिंदुस्तान में एक-सा था। हिंदुस्तान की तरह यूनान में भी साल त्योहारों में बंटा हुआ था और मौसम - मौसम के उत्सव हुआ करते थे, जो इन्सान को क़ुदरत के स्वर के साथ मिलाये रहते थे। हिंदुस्तान में अब भी ये त्योहार मनाये जाते हैं, बसंत में और फ़सल कटने के समय; और दीपावली, जो रोशनी का त्योहार है और शरद के अंत में मनाया जाता है; और होली का उत्सव, जो शुरू गरमी में मनाया जाता है और इनके अलावा पौराणिक पुरुषों के नाम पर त्योहार चलते हैं। अब भी इन उत्सवों में कुछ मौक़ों पर लोकगीत और लोकनृत्य होते हैं, जैसे रामलीला या कृष्ण का गोपियों के साथ नाच।

पुराने हिंदुस्तान में औरतें अलग-थलग नहीं रहती थीं, सिवाय कुछ हद तक राज-घराने और कुलीन वर्ग की औरतों के। शायद यूनान में मर्द और औरतें उस ज़माने में हिंदुस्तान के

मुक़ाबले में ज़्यादा अलग रहते थे। पुरानी हिंदुस्तानी किताबों में मशहूर और विदुषी औरतों का अकसर ज़िक्र आता है, और अकसर वे खुले शास्त्रार्थों में हिस्सा लिया करती थीं। यूनान में शादी ज़ाहिरा तौर पर सिर्फ़ आपस के मुआहदे की बात थी, लेकिन हिंदुस्तान में यह हमेशा धार्मिक संस्कार समझी गई है, अगरचे और तरह की शादियों का भी ज़िक्र आया है।

यूनान की औरतों की जान पड़ता है, हिंदुस्तान में ख़ास आवभगत होती थी। जैसा कि पुराने नाटकों से पता चलता है, राज- दरबारों की दासियां अकसर यूनानी हुआ करती थीं। यूनान से हिंदुस्तान में आनेवाली ख़ास चीज़ों में, जो बैरी गैज़ा (पच्छिमी हिंदुस्तान में भड़ोच) के बंदरगाह में उतरती थीं, "गानेवाले लड़कों और ख़ूबसूरत लड़कियों" का होना बताया जाता है। चंद्रगुप्त मौर्य का रहन-सहन बताते हुए मेगस्थनीज़ कहता है-

"राजा का खाना औरतें पकाती थीं और वे ही शराब भी पेश किया करती थीं, जिसका सभी हिंदुस्तानियों में चलन है।" कुछ शराब यक़ीनी तौर पर यूनान या उसके उपनिवेश से आती थी, क्योंकि एक पुराना तामिल कवि" यवनों (आयोनियन या यूनानियों) द्वारा अपने अच्छे जहाज़ों में लाई ठंडी सुगंधित शराब" का हवाला देता है। एक यूनानी बयान है कि पाटलिपुत्र के राजा (शायद अशोक का पिता बिंदुसार) ने ऐंटिओकस को लिखा कि हमें मीठी शराब, सूखी अंजीर और एक सोफ़िस्ट फ़िलसूफ़ ख़रीदकर भेज दो। ऐंटिओकस ने जवाब दिया-"हम आपको अंजीर और शराब भेजेंगे, लेकिन यूनानी क़ानून सोफ़िस्ट की बिक्री की इजाज़त नहीं देता।"

यूनानी-साहित्य से यह साफ़ पता चलता है कि सम लिंगी संबंध को बुरा नहीं माना जाता था। दरअसल इसकी जानिब एक सरस अनुमोदन का भाव था। शायद इसकी वजह यह थी कि युवावस्था से लड़के-लड़कियां अलग रखे जाते थे। इसी तरह की प्रवृत्ति ईरान में पाई जाती है और फ़ारसी-साहित्य में इसके हवाले भरे पड़े हैं। ऐसा जान पड़ता है कि माशूक़ की एक युवक के रूप में कल्पना करना साहित्यिक-परंपरा का अंग बन गया था। संस्कृत-साहित्य में ऐसी कोई बात नहीं मिलती और यह ज़ाहिर है कि हिंदुस्तान में सम-लिंगी संबंध न पसंद किया जाता था और न प्रचलित ही था।

यूनान और हिंदुस्तान के आपस के संपर्क उस ज़माने से मिलते हैं, जबसे कि लिखा हुआ इतिहास मिलता है और बाद के ज़माने में हिंदुस्तान के और यूनानी असर में आये हुए पच्छिमी एशिया के क़रीबी ताल्लुक़ रहे हैं। मध्य प्रदेश में उज्जयिनी (अब उज्जैन) में जो बहुत बड़ी वेधशाला है, उसका मिस्र के सिकंदरिया से संबंध था। संपर्क की इस लंबी मुद्दत में इन दो तहज़ीबों के बीच विचार और संस्कृति की दुनिया में आपस के बहुत-से तबादले हुए होंगे। किसी यूनानी किताब में यह रवायत दर्ज है कि कुछ हिंदुस्तानी सुकरात के पास आये और उन्होंने उससे सवाल किये। पैथागोरस पर हिंदुस्तानी फ़िलसफ़े का ख़ास असर हुआ था, और प्रोफेसर एच० जी० रॉलिन्सन का कहना है कि "धर्म, फ़िलसफ़े और गणित के क़रीब-क़रीब सभी सिद्धांत, जिनकी पैथागोरस के अनुयायी तालीम दिया करते

थे, हिंदुस्तान में ईसा से पहले की छठी सदी में मालूम थे।" उर्विक नाम के यूनान और रोम का ख़ास अध्ययन करनेवाले एक यूरोपीय विद्वान ने अफ़लातून की 'रिपब्लिक' नाम की किताब की व्याख्या हिंदुस्तानी विचार के आधार पर की है।[29] ईसाई तत्त्ववाद को यूनानी अफ़लातूनी और हिंदुस्तानी तत्त्वों को मिलाकर एक करने की कोशिश समझा गया है। रियाना का फ़िलसूफ़ एपोलोनियस शायद पच्छिमोत्तर हिंदुस्तान में, तक्षशिला में, ईसाई संवत के शुरू में आया था।

मशहूर यात्री और विद्वान अलबेरूनी, जो मध्य-एशिया के ख़ुरासान में पैदा हुआ एक पारसी था, हिंदुस्तानी में ग्यारहवीं सदी ईसवी में आया। उसने यूनानी फ़िलसफ़ा, जो बग़दाद में शुरू इस्लामी ज़माने में आम पसंद था, पढ़ रखा था। हिंदुस्तान में आकर उसने संस्कृत सीखने में मेहनत की, जिससे वह हिंदुस्तानी फ़िलसफे को पढ़ सके। उसने दोनों में बहुत-सी समान बातें देखीं और दोनों का मुक़ाबला उसने अपनी किताब में किया है। वह ऐसी संस्कृत किताबों के हवाले देता है, जिनमें यूनानी ज्योतिष और रोमन ज्योतिष का बयान हुआ है।

अगरचे लाज़िमी तौर पर इनका एक-दूसरे पर असर रहा है, फिर भी यूनानी और हिंदुस्तानी तहज़ीबों में से हर एक इतनी मज़बूत रही है कि अपनी जगह पर मुस्तक़िल रहे और अपनी ख़ासियत की बिनाह पर तरक़्क़ी कर सके। पुरानी प्रवृत्ति सभी चीज़ों को यूनान या रोम से निकली हुई बताने की रही है, लेकिन इस प्रवृत्ति के ख़िलाफ़ प्रतिक्रिया हुई है और एशिया और ख़ासतौर पर हिंदुस्तान के कारनामों पर ज़ोर दिया गया है। प्रोफेसर टार्न कहते हैं—"मोटे ढंग से एशिया ने यूनान से जो भी लिया, वह आमतौर पर महज़ बाहरी बातें हैं, उसने केवल रूप-रेखा ली। शायद ही उसने भीतरी बातें ग्रहण की हों—नागरिक संस्थाएं चाहे एक अपवाद हों— और भाव तो उसने लिया ही नहीं, क्योंकि भाव के मामले में एशिया को हमेशा यक़ीन रहा है कि वह यूनान को दूर बिठा सकता है, और उसने दूर बिठाया है।" फिर लिखते हैं-"हिंदुस्तानी तहज़ीब इतनी मज़बूत थी कि यूनानी तहज़ीब के मुक़ाबले में डटी रह सके, लेकिन मज़हब को छोड़कर और मामलों में ज़ाहिरा इतनी मज़बूत न थी कि अपनी वैसा असर डाल सके, जैसा कि बेबिलन ने उस पर डाला; फिर भी ऐसा ख़याल करने की हमें वजह मिल सकती है कि कुछ बातों में हिंदुस्तान एक हावी साझेदार था।" "बुद्ध की प्रतिमा को छोड़ दें, तो यह कहा जा सकता है कि अगर यूनानियों का कभी वजूद न होता, तो भी हिंदुस्तान का इतिहास मुख्य-मुख्य बातों में ठीक वैसा ही रहता, जैसा कि रहा है।"

यह एक दिलचस्प ख़याल है कि हिंदुस्तान में मूर्त्ति-पूजा यूनान से आई। वैदिक-धर्म सभी तरह की मूर्ति पूजा के ख़िलाफ़ था। देवताओं के लिए कोई मंदिर तक न थे। मूर्ति-पूजा के कुछ निशानात हिंदुस्तान के पुराने विश्वासों में मिलते हैं, अगरचे मूर्ति-पूजा यक़ीनी तौर पर

---

29. ज़िमर्न ने अपनी 'दि ग्रीक कामनवेल्थ' किताब में उर्विक की किताब 'दि मेसेज ऑव प्लेटो' (1920) का हवाला दिया है। मैंने यह किताब नहीं देखी है।

बहुत फैली नहीं थी। शुरू का बौद्ध-धर्म इसका कट्टर विरोधी था और बुद्ध की मूर्तियां और प्रतिमाएं तैयार करने की ख़ास मनाही थी। लेकिन यूनानी कला क असर अफ़गानिस्तान में और सरहद के आस-पास काफ़ी गहरा था और रफ़्ता - रफ़्ता उस असर ने काम किया। फिर भी शुरू में बुद्ध की कोई मूर्तियां नहीं बनीं, बल्कि बोधिसत्वों की (जिन्हें बुद्ध के, पहले के, अवतार समझा जाता है) अपोलो-जैसी मूर्तियां बनीं। इनके बाद ख़ुद बुद्ध की मूर्तियां बनने लगीं। इससे हिंदू-धर्म के कुछ रूपों में भी मूर्ति-पूजा को प्रोत्साहन मिला, हालांकि वैदिक-धर्म पर यह असर न पड़ा और वह इससे बचा रहा। मूर्ति या प्रतिमा के लिए फ़ारसी और हिंदुस्तानी में अब तक लफ्ज है 'बुत' जो बुद्ध से निकला है।

इन्सान के दिमाग़ में, जान पड़ता है, ज़िंदगी और प्रकृति और विश्व में किसी एकता की खोज कर लेने की धुन है। यह ख़्वाहिश, चाहे ठीक हो चाहे न हो, दिमाग़ की किसी ख़ास ज़रूरत को पूरा करती है। पुराने फ़िलसूफ़ इस पर हमेशा विचार किया करते थे और आज के वैज्ञानिक भी इस प्रेरणा से मजबूर हैं। हमारी सभी स्कीमों और योजनाओं, शिक्षा और सामाजिक व राजनैतिक संगठन के हमारे सभी विचारों के पीछे एकता और समरसता: की यही तलाश है। हमें कुछ क़ाबिल सोच-विचार करने वाले और फ़िलसूफ़ अब यह बताते हैं कि आकस्मिक दुनिया में कोई एकता या निज़ाम नहीं है। यह हो सकता है, लेकिन इसमें शक नहीं कि इस भटके हुए यक़ीन ने भी (वह जैसा भी रहा हो) और हिंदुस्तान और यूनान और दूसरी जगहों में इस तलाश ने कुछ प्रत्यक्ष नतीजे दिखाये हैं और ज़िंदगी में एक समरसता, एक समतौल और एक संपन्नता पैदा की है।

❐

8. पुराना हिंदुस्तानी रंगमंच

यूरोप को पुराने हिंदुस्तानी नाटक-साहित्य का जबसे पता लगा, तभी से इस तरह के सुझाव दिये जाने लगे कि या तो इसकी शुरुआत ही यूनानी नाटकों से हुई, या इस पर यूनानी नाटकों का गहरा असर पड़ा। इस मत में कुछ सच-जैसी दिखनेवाली बात थी, क्योंकि उस वक़्त तक किसी क़दीम नाटक का पता न चला था और सिकंदर के हमले के बाद यूनान के अधिकार में आये राज्य हिंदुस्तान की सरहद पर क़ायम हो चुके थे। ये राज्य कई सदियों तक बने रहे और यूनानी नाटकों के खेल होते रहे होंगे। इस मसले की यूरोपीय विद्वानों ने सारी उन्नीसवीं सदी में छानबीन की और इस पर बहस-मुबाहसे हुए। अब यह बात आमतौर पर क़ुबूल कर ली गई है कि हिंदुस्तानी रंगमंच, अपने मूल में और विचारों और विकास में बिलकुल स्वतंत्र रहा है। इसकी शुरुआत का पता लगायें, तो हम ऋग्वेद तक पहुंच जायेंगे, जिसमें कुछ नाटकीय ढंग की बातचीत मिलती है। रामायण और महाभारत में नाटकों का ज़िक्र आता है। कृष्ण की लीलाओं के नाच और संगीत से इसकी शुरुआत होती है और

उसी से इसकी रूप-रेखा बनती है। ईसा से पहले की छठी- सातवीं सदी का मशहूर वैयाकरण पाणिनि नाटक के कुछ रूपों का उल्लेख करता है।

नाट्य-कला पर एक पुस्तक — 'नाट्य-शास्त्र'- कहा जाता है कि तीसरी सदी ईसवी में लिखी गई, लेकिन यह ज़ाहिर है कि यह इसी मज़मून की और पहले की रचनाओं के आधार पर लिखी गई है। ऐसी किताब उसी वक़्त तैयार हो सकती है, जब नाटक की कला की ख़ासी तरक़्क़ी हो चुकी है और आम लोगों के सामने खेल बराबर रचाये जाते रहे हैं। इससे पहले बहुत काफ़ी साहित्य इस पर तैयार हो चुका रहा होगा और इसके पीछे कई सदियों का रफ्ता रफ्ता विकास जान पड़ता है। हाल में छोटा नागपुर की रामगढ़ की पहाड़ियों में एक ऐसे कदीम नाट्यघर का पता चला है, जिसकी तारीख़ ईसा से पहले की दूसरी सदी बताई जाती है। यह मार्के की बात है कि 'नाट्यशास्त्र' में जो रंगमंच का आम बयान मिलता है, उससे इस नाटकघर का नक़शा मेल खाता है।

अब यक़ीन किया जाने लगा है कि ईसा से पहले की तीसरी सदी में नियमित रूप से लिखे गए संस्कृत नाटक पूरी-पूरी तरह प्रतिष्ठित हो चुके थे, बल्कि कुछ विद्वानों का ख़याल है कि यह बात ई. पू. पांचवीं सदी में ही हो गई थी। जो नाटक मिलते हैं, उनमें और पहले के नाटककारों और नाटकों के हवाले अकसर आते हैं, जिनका अभी तक पता नहीं चला है। ऐसे खोये हुए नाटककारों में एक भास था, जिसकी बाद के नाटककारों ने बड़ी तारीफ़ की है। इस सदी के शुरू में इसके तेरह नाटकों का एक संग्रह खोज में हाथ आया। अब तक मिले संस्कृत नाटकों में अश्वघोष के नाटक हैं। अश्वघोष ईसवी संवत के ठीक पहले या बाद हुआ था। दरअसल ये नाटकों के कुछ टुकड़े मात्र हैं, जो ताड़- पत्र पर अंकित हैं, और एक ताज्जुब की बात है कि गोबी रेगिस्तान के किनारे तुरफ़ान में पाये गए हैं। अश्वघोष एक धर्म-परायण बौद्ध था और इसने 'बुद्ध-चरित' भी लिखा है, बुद्ध की जीवनी है और मशहूर है और बहुत ज़माने से हिंदुस्तान, चीन और तिब्बत में आम-पसंद रहा है। किसी ज़माने में इसका तरजुमा चीनी ज़बान में हो चुका है और इसका तरजुमा करनेवाला एक हिंदुस्तानी था।

जहाँ तक पुराने हिंदुस्तानी नाटकों के इतिहास की बात है, इन खोजों ने हमारे सामने एक नया ही दृश्य ला दिया है और हो सकता है कि अगर और खोजें हों और नई रचनाएं मिलें, तो हिंदुस्तानी संस्कृति के इस मनोरंजक विकास पर और रोशनी पहुंचे, क्यों कि जैसा कि सिल्वां लेवी ने अपनी पुस्तक 'ला थियेत्र इंदियान' ('हिंदुस्तानी रंगमंच') में लिखा है- "नाटक में उदय होती हुई सभ्यता की महत्तम अभिव्यक्ति होती है। यह असली ज़िंदगी का बयान करता है। यह एक चमत्कारी रूप में सारभूत तथ्यों को गौण बातों से अलग करके हमारे सामने एक प्रतीक के रूप में रखता है। हिंदुस्तान की मौलिकता की उसकी नाट्य- कला में पूरी-पूरी अभिव्यक्ति हुई है-इस कला में हिंदुस्तान की रूढ़ियों, सिद्धांतों और संस्थाओं का मिला-जुला सार पाया जाता है।"

यूरोप ने प्राचीन हिंदुस्तानी नाटकों के बारे में तब जाना, जब सन् 1789 में सर विलियम

जोन्स ने कालिदास के 'शकुंतला' का अनुवाद प्रकाशित किया। इस खोज से यूरोप के विचारशील लोगों में हलचल पैदा हो गई और इस पुस्तक के कई संस्करण निकले। सर विलियम जोन्स के अनुवाद के सहारे जर्मन, फ्रेंच, डेनिश और इटालियन में भी इसके अनुवाद हुए। गेटे पर इसका गहरा असर हुआ और उसने 'शकुंतला' की जी खोलकर तारीफ़ की।' फ़ौस्ट' में प्रस्तावना जोड़ने का विचार, कहा जाता है, उसके मन में कालिदास की प्रस्तावना को पढ़कर उठा और यह संस्कृत नाटकों की साधारण परंपरा के अनुसार ही लिखी गई थी।[30]

कालिदास संस्कृत-साहित्य का सबसे बड़ा कवि और नाटककार माना गया है। प्रोफेसर सिल्वां ने लिखा है-"हिंदुस्तानी कविता और साहित्य के क्षेत्र में कालिदास का नाम चमक रहा है। नाटक, महाकाव्य और विरह गीत आज भी इस कलाकार की प्रतिभा और सूझ-बूझ का सबूत दे रहे हैं। सरस्वती के वरद पुत्रों में यह अद्वितीय है, और इसे ही ऐसी महान रचना करने का सौभाग्यं प्राप्त हुआ है, जिससे हिंदुस्तान का आदर बढ़ा है और ख़ुद मानवता ने अपने को पहचाना है। उज्जयिनी में 'शकुंतला' के जन्म पर जो आलोक हुआ था, उसने कई

---

30. हिंदुस्तानी लेखकों की यह प्रवृत्ति रही है (और इसका मैं भी शिकार रहा हूं) कि वे यूरोपीय विद्वानों की रचनाओं में से ऐसे चुने हुए टुकड़े और उद्धरण पेश करते हैं, जो पुराने हिंदुस्तानी साहित्य और फ़िलसफ़े की तारीफ़ में हो। उतनी ही आसानी से, बल्कि और ज़्यादा आसानी से, ऐसे उद्धरण भी पेश किये जा सकते हैं, जो इनके बर-अक्स हो। अठारहवीं और उन्नीसवीं सदियों में हिंदुस्तानी विचार और फ़िलसफे के बारे में यूरोपीय विद्वानों ने जो जानकारी हासिल की, उससे उनमें बड़ा उत्साह फैला और उन्होंने इनकी बड़ी तारीफ़ें कीं। ऐस ख़याल किया गया कि ये चीज़ें उनकी एक ज़रूरत को पूरा करती हैं, जिसे यूरोपीय संस्कृति नहीं कर पाई है। फिर एक प्रतिक्रिया शुरू हुई और यह धारणा पलटी, और आलोचनाएं होने लगीं और संदेह उठा। इसका कारण यह हुआ कि यह फ़िलसफ़ा बग़ैर शक्ल का और बिखरा हुआ समझा गया और हिंदुस्तानी समाज के कड़े जात-पांत के बंधनों को भी बुरा माना गया। ये दोनों ही तरह की प्रतिक्रियाएं ऐसी थीं, जिनकी बुनियाद में पुराने हिंदुस्तानी साहित्य की नाकाफ़ी जानकारी थी। ख़ुद गेटे की राय ने पलटा खाया और उसने एक तरफ़ तो यह क़बूल किया है कि हिंदुस्तानी विचार ने पच्छिमी सभ्यता को ज़ोरदार उत्तेजना दी है, और दूसरी तरफ़ इसके गहरे असर को मानने से इन्कार किया है। हिंदुस्तान के बारे में यूरोपीय दिमाग़ का यह दो-तरफ़ा और विरोधी नज़रिया एक ख़ास बात रही है। हाल में महान यूरोपीय रोम्यां रोलां ने, जो सबसे आला यूरोपीय संस्कृति के नुमाइंदे हैं, एक ज़्यादा समन्वय का और हिंदुस्तानी विचार की बुनियादी बातों के लिए एक बहुत दोस्ताना नज़रिया सामने रखा है। उनके ख़याल से पूरब और पच्छिम मानवी आत्मा के सनातन संघर्ष से अलग-अलग पहलुओं की नुमाइंदगी करते हैं। इस विषय-हिंदुस्तानी विचार की तफ़ पच्छिमी प्रतिक्रिया—पर शांतिनिकेतन विश्वविद्यालय के मि० अलेक्स एरनसन ने बड़ी जानकारी और क़ाबलियत के साथ लिखा है।

लंबी सदियों बाद पच्छिम की दुनिया को भी तब आलोकित किया, जब विलियम जॉन्स ने इसका उसे परिचय कराया। कालिदास ने अपने लिए उज्ज्वल तारों के बीच स्थान कर लिया है, जहां हर एक नाम इन्सानी भावना के एक युग की नुमाइंदगी करता है। इन नामों का सिलसिला इतिहास की रचना करता है, बल्कि यों कहिये कि ख़ुद इतिहास बन जाता है।"

कालिदास ने नाटक भी लिखे हैं, और कुछ लंबे काव्य रचे हैं। उसका वक़्त ठीक-ठीक नहीं तय हो पाया है, लेकिन अनुमान है कि वह चौथी सदी ईसवी के अंत के लगभग, उज्जयिनी में, गुप्त ख़ानदान के चंद्रगुप्त (द्वितीय) विक्रमादित्य के ज़माने में था। परंपरा कहती है कि वह इस दरबार के नवरत्नों में से एक था और इसमें कोई शक नहीं कि उसकी प्रतिभा को लोगों ने पहचाना और उसकी अपनी ज़िंदगी में पूरी क़द्र हुई। वह उन भाग्यवानों में से था, जिन्हें ज़िंदगी में आदर मिला, और जिन्होंने सुंदरता और कोमलता को— ज़िंदगी की कड़ाइयों और रूखेपन के मुक़ाबले में - ज़्यादा अनुभव किया। उसकी रचनाओं में ज़िंदगी के लिए प्रेम और प्रकृति की सुंदरता के लिए एक उमंग मिलती है।

कालिदास की एक बड़ी कविता है 'मेघदूत'। एक प्रेमी है, जिसे पकड़कर अपनी प्रेयसी से अलग कर दिया गया है, बरसात के मौसम में एक बादल से अपनी गहरी चाह का संदेसा उसके पास पहुंचाने के लिए कहता है। इस कविता की और कालिदास की, अमरीकी विद्वान राइडर ने जी खोलकर तारीफ़ की है। वह कविता के दो हिस्सों का हवाला देते हुए कहते हैं- "पहले आधे में बाहरी प्रकृति का बयान है, लेकिन उसमें इन्सानी जज़्बे पिरोये हैं; दूसरे आधे में इन्सानी दिल की तस्वीर है, लेकिन यह तस्वीर प्रकृति की सुंदरता के चौखटे में मढ़ी हुई है। यह काम इतनी होशियारी से किया गया है कि यह कहना मुश्किल हो जाता है कि कौन-सा आधा हिस्सा ज़्यादा अच्छा है। जो लोग इस मुक़म्मिल कविता को मूल में पढ़ते हैं, उनमें से कुछ एक हिस्से को, कुछ दूसरे को ज़्यादा पसंद करते हैं। पांचवीं सदी में कालिदास ने वह बात समझ ली थी, जिसे यूरोप ने उन्नीसवीं सदी तक न समझा, और जिसे वह अब भी एक अधूरे ढंग से समझ रहा है, यानी दुनिया आदमी के लिए नहीं बनी है, और यह कि वह अपना पूरा रुतबा तभी हासिल करता है, जबकि वह उस ज़िंदगी की शान और क़ीमत समझ लेता है, जो इन्सानी ज़िंदगी से जुदा है। कालिदास ने इस हक़ीक़त को पा लिया था, या उसकी दिमागी ताक़त का शानदार सबूत है; यह ऐसा गुण है कि जो ऊंचे दर्जे की कविता के लिए उतना ही ज़रूरी है, जितना कि बाहरी रूप-रेखा की पूर्णता। कविता में प्रवाह कोई दुर्लभ बात नहीं, दिमाग़ी समझ-बूझ भी बहुत असाधारण चीज़ नहीं, लेकिन दोनों का मेल जबसे कि दुनिया शुरू हुई, शायद आधी दर्जन से ज्यादा बार नहीं देखा गया। चूंकि कालिदास में यह मधुर मेल मौजूद था, इसलिए उसकी गिनती ऐनाक्रिया और होरेस और शैली की पंगत में नहीं, बल्कि सोफोक्लीज़, और बर्जिल और मिल्टन की पंगत में है।"

कालिदास से शायद बहुत पहले एक और मशहूर नाटक रचा गया था— शूद्रक का 'मृच्छकटिक'। यह एक कोमल और एक हद तक कृत्रिम नाटक है, फिर भी इसमें कुछ ऐसी

असलियत है कि उसका हम पर असर होता है और इससे हमें उस ज़माने की तहज़ीब और विचारों की झांकी मिलती है। 400 ई० के लगभग, चंद्रगुप्त द्वितीय के ही ज़माने में, एक दूसरा मशहूर नाटक रचा गया। यह विशाखदत्त का 'मुद्राराक्षस' था। यह. एक ख़ालिस राजनैतिक नाटक है, जिसमें प्रेम या किसी पौराणिक कथा का आधार नहीं लिया गया है। इसमें चंद्रगुप्त मौर्य के ज़माने का हाल है, और उसका प्रधान मंत्री चाणक्य, जिसने 'अर्थशास्त्र' लिखा था, इसका नायक है। कुछ मानों में यह नाटक आज के ज़माने पर बहुत मौज़ूं आता है।

राजा हर्ष भी, जिसने सातवीं सदी ईसवी के शुरू में एक नया साम्राज्य क़ायम किया, एक नाटककार था और हमें उसके लिखे हुए तीन नाटक मिलते हैं। 700 ई० के लगभग भवभूति हुआ है, जो संस्कृत-साहित्य का एक और उज्ज्वल नक्षत्र था; उसका अनुवाद करना सहज नहीं, क्योंकि उसके नाटक की सुंदरता उसकी भाषा में है लेकिन वह हिंदुस्तान में बहुत लोकप्रिय है और सिर्फ़ कालिदास को उससे बड़ा समझा जाता है। विल्सन ने, जो ऑक्सफोर्ड यूनिवर्सिटी में संस्कृत के प्रोफ़ेसर थे, इन दोनों के बारे में लिखा है कि 'भवभूति और कालिदास के श्लोकों से ज़्यादा मधुर और सुंदर और शानदार भाषा की कल्पना करना मुमकिन नहीं।'

संस्कृत नाटक की धारा सदियों तक बहती रही, लेकिन नवीं सदी के मुरारी के बाद उसकी ख़ूबियों में ज़ाहिरा कमी आई। यह कमी और सिलसिलेवार उतार हमें ज़िंदगी के और कामों में भी दिखाई पड़ता है। यह राय दी गई है कि नाटकों का यह ह्रास कुछ अंशों में इस वजह से हो सकता है कि भारतीय-अफ़ग़ान और मुग़ल ज़मानों में इसे राज- दरबार की सरपरस्ती नहीं हासिल हुई और इस्लाम मज़हबवालों ने कला के इस रूप, यानी नाटक को यों नहीं पसंद किया कि इसका ताल्लुक़ राष्ट्रीय धर्म से था, क्योंकि यह साहित्यिक नाटक- हम उसके आमपसंद पहलुओं को छोड़ देते हैं, जो जारी रहे- ऐसा था कि ऊंचे वर्ग के लोगों के लिए लिखा गया था और उन्हीं की सरपरस्ती का इसे सहारा था। लेकिन इस दलील में ज़्यादा दम नहीं है, अगरचे यह मुमकिन है कि ऊपर की सियासी तब्दीलियों ने थोड़ा-बहुत दूर का असर डाला हो। सच बात तो यह है कि संस्कृत नाटक का ह्रास इन सियासी तब्दीलियों से बहुत पहले दिखाई पड़ने लगता है और ये तब्दीलियां भी, कुछ सदियों तक सिर्फ़ उत्तरी हिंदुस्तान में हुईं और अगर इस नाटक में कोई दम बाक़ी रहा था, तो यह दक्खिन में पनप सकता था। भारतीय-अफ़ग़ानों, तुर्कों और मुग़ल शासकों का कारनामा - कुछ थोड़ी मुद्दतों को छोड़कर, जब कट्टरपना ग़ालिब आया है, यह रहा है कि उन्होंने हिंदुस्तान की संस्कृति को यक़ीनी तौर पर बढ़ावा दिया है और अकसर उसमें नये रुख़ पैदा किये हैं और अपनी बातें जोड़ी हैं। हिंदुस्तानी संगीत को बड़े उत्साह से ज्यों-का-त्यों मुसलमानी दरबारों में और अमीरों के यहां उठा लिया गया है, और इसके कुछ सबसे बड़े उस्ताद मुसलमान हुए हैं। साहित्य और कविता को भी बढ़ावा मिला है और मशहूर हिंदी कवियों में मुसलमान भी हुए हैं। बीजापुर के सुल्तान इब्राहीम आदिलशाह ने हिंदी में संगीत पर एक किताब लिखी

है। हिंदुस्तानी कविता और संगीत दोनों में ही हिंदू देवी-देवताओं के ज़िक्र भरे पड़े लेकिन उन्हें क़ुबूल किया गया और पुराने रूपक और अलंकार चलते रहे। यह कहा जा सकता है कि मूर्तियों का बनाना छोड़कर कला का कोई भी रूप नहीं है, जिसे मुस्लिम शासकों ने (कुछ अपवादों को छोड़कर) दबाने की कोई कोशिश की हो।

संस्कृत नाटक का ह्रास यों हुआ कि उन दिनों हिंदुस्तान में दूसरी दिशाओं में भी उतार आया हुआ था और रचना-शक्ति घट रही थी। अफ़ग़ानों और तुर्कों के दिल्ली में तख्तनशीन होने के बहुत पहले ही यह उतार शुरू हो गया था। बाद में संस्कृत को अमीरों की इल्मी ज़बान की हैसियत से फ़ारसी से मुक़ाबला करना पड़ा। लेकिन एक साफ़ वजह यह मालूम पड़ती है कि संस्कृत नाटकों की ज़बान में और उस ज़माने की रोज़मर्रा ज़बान में एक बढ़ती हुई खाई पैदा हो रही थी। 1000 ई० तक बोली जानेवाली आम ज़बानें, जिनसे हमारी मौजूदा ज़बानें निकलीं हैं, अदबी शक़्ल अख़्तियार करने लग गई थीं।

फिर भी, इन सब बातों के बावजूद, संस्कृत नाटक तमाम मध्ययुग में और हाल तक लिखे जाते रहे, यह एक अचरज पैदा करनेवाली बात है। सन 1892 में शेक्सपियर के 'मिडसमर नाइट्स ड्रीम' का संस्कृत-भावानुवाद निकला। पुराने नाटकों की पांडुलिपियां बराबर मिल रही हैं। इनकी एक सूची, जो प्रोफेसर सिल्वां लेवी ने 1890 में तैयार की थी, 377 नाटकों और 189 नाटककारों के नाम देती है। एक और हाल की फ़हरिस्त में 650 नाटकों के नाम दिये गये हैं।

पुराने नाटकों की (कालिदास और दूसरों के) भाषा मिली-जुली है, यानी उसमें संस्कृत और एक या ज़्यादा प्राकृतों का इस्तेमाल हुआ है। ये प्राकृतें संस्कृत की ही बोल-चाल का रूप हैं। एक ही नाटक में पढ़े-लिखे लोग संस्कृत बोलते हैं और साधारण अनपढ़ लोग और आमतौर से औरतें, प्राकृत बोलती हैं, हालांकि इसके अपवाद भी मिलेंगे। श्लोक या गीत, जिनकी बहुतायत है, संस्कृत में हैं। इस मिली-जुली भाषा की वजह से शायद नाटक आम तमाशबीनों को ज्यादा पसंद होता था। यह साहित्यिक भाषा और आमपसंद कला के अलग-अलग तक़ाज़ों के बीच का एक समझौता था। सिल्वां लेबी, इसका कुछ मानों में फ्रान्सीसी दुखांत नाटकों से मुक़ाबला करते हैं, जो अपने विषयों के चुनाव की वजह से आम लोगों से अलग जा पड़ा था और जिसने असली ज़िंदगी से मुड़कर एक रस्मी समाज पैदा कर लिया था।

लेकिन इस ऊंचे दर्जे के साहित्यिक रंगमंच से अलग हमेशा एक आम लोगों का रंगमंच रहा है, जिसकी बुनियाद में हिंदुस्तान के महाकाव्यों और पुराणों की कथाएं होती थीं, और इन मज़मूनों से देखनेवाले वाक़िफ़ हुआ करते थे; और उन्हें तमाशे से मतलब होता, नाटकीय तत्त्वों की जांच से नहीं। ये खेल लोगों की बोली में होते, इसलिए अलग- अलग इलाक़ों में अलग-अलग बोलियां इस्तेमाल की जाती थीं। दूसरी तरफ़ संस्कृत नाटक ऐसे थे, जिनका सारे हिंदुस्तान में चलना था, क्योंकि संस्कृत सारे हिंदुस्तान की भाषा थी।

इसमें कोई शक नहीं कि ये संस्कृत नाटक खेले जाने के लिए लिखे जाते थे, क्योंकि इनमें तफ़सील से अभिनय-संकेत दिये गए हैं और देखने वालों को बिठाने के भी क़ायदे थे। क़दीम यूनान की चलन के ख़िलाफ़ यहां पात्रियां खेल में हिस्सा लेती थीं। यूनानी और संस्कृत दोनों में, प्रकृति के संबंध में एक सूक्ष्म चेतना मिलती है, एक ऐसा भाव मिलता है कि मनुष्य प्रकृति का अंग है। इनमें संगीत का ज़बरदस्त पुट है और कविता ज़िंदगी का एक लाज़िमी अंग जान पड़ती है, जिसमें भरपूर मानी हैं और महत्त्व है। यह अकसर स्वर से पढ़ी जाती थी। यूनानी नाटकों को पढ़ते हुए बहुत से ऐसे रीति-रिवाजों और विचार के तरीक़ों के हवाले आते हैं, जिनसे ख़याल यकायक पुराने हिंदुस्तानी रीति- रिवाजों पर जा पहुंचता है। यह सब होते हुए भी यूनानी नाटक संस्कृत नाटक से, मूल में जुदा हैं।

यूनानी नाटक का ख़ास आधार दुखांत (ट्रेजेडी) है, पाप की समस्या है। आदमी क्यों दुख उठाता है? दुनिया में पाप क्यों है? धर्म और ईश्वर की पहेली है। आदमी कितना तरस के क़ाबिल है, जिसकी दो दिन की ज़िंदगी है और जो शक्तिशाली भाग्य के ख़िलाफ़ अंधी और बिना मक़सद की कोशिशों में लगा हुआ है-"यह वह नियम है जो क़ायम रहता है, बदलता नहीं युगों तक...।" आदमी को दुख झेलकर सीखना चाहिए और अगर वह भाग्यवान है, तो वह इस कोशिश से ऊपर उठेगा :

"सुखी वह है, जिसने थका देनेवाले समुंदर पर तूफ़ानों से छुटकारा पा लिया है और जो सुरक्षित बंदरगाह में पहुंच गया है।"

'सुखी वह है, जो अपनी कोशिशों से ऊपर उठकर आज़ाद हो गया है।'

"क्योंकि ज़िंदगी की कला एक अजब ढंग से गढ़ी गई है कि एक और दूसरा, अपने भाई को धन और शक्ति में पीछे छोड़ जाता है।"

"और करोड़ों आदमी बहते और उतराते रहते हैं, और करोड़ों उम्मीदों के ख़मीर से उनमें तूफ़ान आता रहता है।

"और या तो उनकी इच्छा पूरी होती है, या पूरी होने से रह जाती है; और आशाएं या तो मर जाती हैं या बनी रहती हैं।

"लेकिन ज़माने के गुजरने के साथ, जो भी यह जान सकता है कि जीना ही सुखी होना है, उसने अपना स्वर्ग पा लिया है।"

आदमी मुसीबत झेलकर ही सीखता है; वह सीखता है कि ज़िंदगी का सामना कैसे करना चाहिए; लेकिन वह यह भी सीखता है कि आख़िरी रहस्य बना रह जाता है और इन्सान अपने सवालों के जवाब नहीं पाता है, न अच्छाई और बुराई की पहेली को हल कर पाता है।

"रहस्य के अनेक रूप हैं; और बहुत-सी चीज़ें, जिन्हें ईश्वर ने पैदा किया है, आशा और भय से परे हैं। और जिस अंत की आदमी को तलाश है, वह आता नहीं, और जहां किसी

आदमी का ख़याल नहीं जाता था, वहां एक रास्ता मौजूद है।"[31]

यूनानी 'ट्रेजेडी' के मुक़ाबले की ज़ोरदार और उस शान की कोई चीज़ संस्कृत में नहीं है। दरअसल यहां 'ट्रेजेडी' (दुखांत) जैसी कोई चीज़ है ही नहीं, क्योंकि इसकी मनाही रही है। इस तरह के बुनियादी सवालों पर विचार नहीं किया गया है, क्योंकि नाटककारों ने धार्मिक विश्वासों को, जैसे वे प्रचलित थे, मान लिया है। इसमें पुनर्जन्म और कार्यकारण के सिद्धांत हैं। बिना कारण के आकस्मिक या पाप पर विचार ही नहीं हो सकता था, क्योंकि जो कुछ अब होता है, वह पूर्व जन्म की किसी पहली घटना का लाज़िमी नतीजा है। अंधे तरीक़े पर काम करनेवाली अंधी ताक़तों की, जिनके खिलाफ़ आदमी लड़ता है, अगरचे उसकी लड़ाइयों का कोई फल नहीं निकलता, यहां गुंजाइश ही नहीं है। फ़िलसूफ़ और विचारक इन सीधी-सादी व्याख्याओं से संतुष्ट न होते थे, और वे बराबर इनके पीछे रहस्य क्या है, इसकी खोज में रहते थे और आख़िरी कारण और पूरी तफसील जानना चाहते थे। लेकिन ज़िंदगी इन्हीं विश्वासों के सहारे चलती थी और नाटककार उनकी कुरेद नहीं किया करते थे। ये नाटक और संस्कृत काव्य आमतौर पर साधारण हिंदुस्तानी धारणा को मानकर चलते थे और इस धारणा से विद्रोह के कोई ऐसे चिह्न नहीं हासिल होते हैं।

नाटकों की रचना के बारे में कड़े नियम बने हुए थे और उन्हें तोड़ सकना आसान न होता था। फिर भी क़िस्मत के आगे दीनता से सिर नहीं झुकाया गया है—नायक हमेशा हिम्मतवाला आदमी होता है, जो कठिनाइयों का मुक़ाबला करता है। चाणक्य अवज्ञा के साथ 'मुद्राराक्षस' में कहता है-"मूर्ख भाग्य के भरोसे रहते हैं"; वे अपने ऊपर भरोसा करने के बजाय मदद के लिए सितारों की तरफ़ देखते हैं। कुछ बनावट आ जाती है : नायक हमेशा नायक बना रहता है, दुष्ट हमेशा दुष्टता के काम करता है : बीच का ताव-भाव नहीं मिलता।

फिर भी ज़बरदस्त नाटकीय मौक़े आते हैं, दिल पर असर पैदा करनेवाले दृश्य दिखाये गए हैं और ज़िंदगी की एक पृष्ठभूमि है, जो सपने की तस्वीर की तरह जान पड़ती है, यानी जो असली भी है और बेबुनियाद भी, और इन सबको कवि की कल्पना शानदार भाषा में बुनकर रख देती है। ऐसा जान पड़ता है—चाहे दरअसल ऐसा न रहा हो— कि हिंदुस्तान की ज़िंदगी उस वक़्त ज्यादा शांतिमय, ज़्यादा पायदार थी और मानो उसने अपनी जड़ों का पता लगा लिया था और मसलों का हल पा गई थी। यह ज़िंदगी धीरे- गंभीर भाव से बहती जाती है, और तेज़ हवा के थपेड़ों और गुज़रते हुए तूफ़ान भी सिर्फ़ उसकी सतह को हिला जाते हैं। यूनानी 'ट्रेजेडी' के ख़ौफ़नाक तूफ़ानों-जैसी कोई चीज़ यहां नहीं है। लेकिन उसमें बड़ी मानवता है, एक सुंदर सामंजस्य है, और एक व्यवस्थित एकता है। सिल्वां लेवी ने लिखा है कि नाटक अब भी हिंदुस्तानी प्रतिभा का सबसे अच्छा आविष्कार है।

---

31. ये दो उद्धरण 'यूरीपिडिस' से प्रोफ़ेसर गिल्बर्ट मरे के तरजुमे के आधार पर दिये गए हैं। पहला 'बाक्काइ' और दूसरा 'ऐलसेस्टिस' से है।

प्रोफेसर ए. बैरीडेल कीथ[32] भी कहते हैं कि "संस्कृत नाटक को यथार्थ में हिंदुस्तानी काव्य की सबसे ऊंची उपज समझा जा सकता है, जिसमें हिंदुस्तानी साहित्य के सावधान रचनाकारों की साहित्यिक कला की अंतिम कल्पना का निचोड़ आ गया है।... दरअसल ब्राह्मण,[33] जिसे इस और दूसरे मामलों में बहुत बुरा-भला कहा गया है, हिंदुस्तान के दिमाग़ी बड़प्पन के मूल में रहा है। जिस तरह से उसने हिंदुस्तानी फ़िलसफ़ा पेश किया, उसी तरह अपने दिमाग की एक दूसरी कोशिश से उसने नाटक के सूक्ष्म और प्रभावशाली रूप का विकास किया।"

शूद्रक के 'मृच्छकटिक' का एक अनुवाद 1924 में न्यूयार्क में मंच पर खेला गया। 'नेशन' पत्र के नाटकीय समालोचक, मि० जोज़ेफ उड क्रच ने उसके बारे में यह लिखा था-" अगर दर्शक को ' विशुद्ध कला रंगमंच' का, जिसकी सिद्धांतवादी लोग चर्चा करते रहते हैं, सच्चा नमूना कहीं देखने को मिल सकता है, तो वह यहां पर मिलेगा और यहीं पर उसे पूरब के सच्चे ज्ञान पर विचार करने का मौक़ा मिलेगा, जो गूढ़ सिद्धांतों में नहीं रखा हुआ है, बल्कि एक विशेष कोमलता में है, जो परंपरागत ईसाई-मत की कोमलता से, जिसे इब्रानी मत की कट्टर पवित्रता ने बिगाड़ रखा है, कहीं ज़्यादा गहरी और सच्ची है।... एक बिलकुल गढ़ा हुआ नाटक है, लेकिन जो दिल पर असर डालता है, क्योंकि वह वास्तविकता का चित्रण नहीं करता, बल्कि ख़ुद वास्तविक है...। इसका लिखनेवाला जो भी रहा हो, और चाहे वह चौथी सदी में हुआ हो चाहे आठवीं में, वह एक भला और बुद्धिमान आदमी था, और उसकी बुद्धिमानी या भलमनसाहत उपदेशक के होठों से या तेज़ चलनेवाले क़लम से निकलनेवाली नहीं, बल्कि दिल से उपजनेवाली है। यौवन और प्रेम की नूतन सुंदरता के लिए उसकी कोमल सहानुभूति ने उसके शांत स्वभाव को अपना पुट दिया है; और वह इतना प्रौढ़ हो चुका है कि यह समझे कि एक हलकी-फुलकी और गढ़ंत घटना-चक्रोंवाली कहानी भी कोमल मानवता और निश्चित भलाई का वाहन बन सकती है... इस तरह का नायक सिर्फ़ ऐसी सभ्यता पैदा कर सकती है, जिसमें पायदारी आ गई हो; जब किसी सभ्यता ने अपनी सभी मामलों पर विचार कर लिया हो, तभी वह ऐसे शांत और सरल नतीजे पर पहुँच सकती है। मैकबथ और ओथेलो चाहे जितने बड़े और हिला देनेवाले चरित्र हों, बर्बर नायक हैं, क्योंकि शेक्सपियर का भावुक आवेग एक ऐसा आवेग है, जिसे एक नई जगी हुई चेतना और बर्बर युग की बहुत-सी नैतिक धारणाओं के संघर्ष ने पैदा किया है। हमारे ज़माने का यथार्थवादी नाटक भी इसी तरह की उलझनों का नतीजा है; लेकिन जब मसले स्थिर हो जाते हैं, जब दिमाग़ से किये गए फ़ैसलों के ज़रिये आवेग शांत हो जाते हैं, तब रूप मात्र रह

---

32. मैंने सिल्वां लेवी की 'ला थियेत्र इंदियान' (पेरिस, 1890) तथा बैरीडेल कीथ की 'दि संस्कृत ड्रामा' (ऑक्सफोर्ड, 1924) को कई बार पढ़ा है और कुछ उद्धरण इन दोनों पुस्तकों से लिए गए हैं।

33. पश्चिमी लेखक भारतवासियों के लिए प्रायः ब्राह्मण शब्द का प्रयोग करते हैं।—सं०

जाता है।... यूनान और रोम को छोड़कर, यूरोप में किसी पिछले ज़माने में, हमें इससे ज़्यादा सभ्य कृति नहीं मिल सकती है।"[34]

❐

9. संस्कृत की जीवनी-शक्ति और स्थिरता

संस्कृत एक अद्भुत रूप से संपन्न, हरी-भरी और फूलों से लदी हुई भाषा है; फिर भी यह नियमों से बंधी हुई है और 2600 वर्ष पहले व्याकरण का जो चौखटा पाणिनि ने इसके लिए तैयार कर दिया था, उसी के भीतर चल रही है। यह फैली, खूब संपन्न हुई, भरी- पूरी और अलंकृत बनी, लेकिन अपने मूल को पकड़े रही। संस्कृत-साहित्य के ह्रास के ज़माने में इसने अपनी कुछ शक्ति और शैली की सादगी खो दी और जटिल रूपों और उपमाओं और उत्प्रेक्षाओं में उलझ गई। शब्दों को जोड़नेवाले समास के नियम पंडितों के हाथ में पड़कर चतुराई दिखाने के साधन बन गए और ऐसे समास-पद बनाये जाने लगे, जो कई पंक्तियों में जाकर टूटते थे।

सर विलियम जोन्स ने 1884 में ही कहा था-"संस्कृत भाषा चाहे जितनी पुरानी हो, उसका गठन अद्भुत है; यूनानी भाषा के मुक़ाबले में ज्यादा मुकम्मिल, लातीनी के मुक़ाबले में ज्यादा संपन्न और दोनों के मुक़ाबले में यह ज्यादा परिष्कृत है; लेकिन दोनों साथ धातु-क्रियाओं और व्याकरण के रूपों में वह इतनी मिलती-जुलती है कि यह संयोग आकस्मिक नहीं हो सकता। यह मेल इतना गहरा है कि कोई भी भाषा-शास्त्री इसकी जांच करने पर इस नतीजे पर पहुँचे बिना नहीं रह सकता कि ये सभी भाषाएं किसी एक ही सोते से निकली हैं, जो शायद अब नहीं रह गया है...

विलियम जोन्स के बाद और यूरोपीय विद्वान हुए हैं-अंग्रेज़, फ्रान्सीसी, जर्मन और दूसरे—जिन्होंने संस्कृत का अध्ययन किया और एक नये विज्ञान, यानी तुलनात्मक भाषा-विज्ञान, की नींव डाली। जर्मनी विद्वान इस नये मैदान में आगे बढ़े और संस्कृत में खोज करने का सबसे ज़्यादा श्रेय उन्नीसवीं सदी के इन्हीं जर्मन विद्वानों को मिलना चाहिए। क़रीब-क़रीब सभी जर्मन विश्वविद्यालयों में संस्कृत का एक विभाग रहा है और इसमें एक या दो अध्यापक लगे रहे हैं। हिंदुस्तान में पंडितों की कमी नहीं थी, लेकिन वे पुराने ढंग के थे, उनमें आलोचना-वृत्ति नहीं थी और वे अरबी और फ़ारसी को छोड़कर प्रतिष्ठित विदेशी भाषाओं के जानकार न थे। यूरोपीयों के असर से हिंदुस्तान में एक नई तरह से अध्ययन शुरू

34. मैंने यह लंबा उद्धरण आर० एस० पंडित के 'मुद्राराक्षस' के अनुवाद की भूमिका से लिया है। इस अनुवाद के साथ बहुत-सी दिलचस्प टिप्पणियां और परिशिष्ट हैं। मैंने अकसर सिल्वां लेवी के 'ला थियेत्र इंदियान' (पेरिस, 1890) और ए० बैरीडेल कीथ के 'दि संस्कृत ड्रामा' (ऑक्सफोर्ड, 1924) से मदद ली है, और इन दोनों पुस्तकों से कुछ उद्धरण दिये हैं।

हुआ और बहुत-से हिंदुस्तानी यूरोप (आमतौर पर जर्मनी) गए, जिसमें कि वे शोध और आलोचना और तुलनात्मक अध्ययन के नये तरीक़ों को सीख लें। इन्हें यूरोपीयों के मुक़ाबले में एक सुविधा थी, लेकिन साथ-ही-साथ एक असुविधा भी थी। और यह असुविधा इस वजह से थी कि उनके कुछ बंधे-तुले और पहले से बने हुए विचार थे और विरासत में मिले हुए इन विचारों और परंपराओं के कारण वे निष्पक्ष आलोचना न कर पाते थे। जो सुविधा थी, वह बहुत बड़ी सुविधा थी, यानी रचना के भाव को, और जिस वातावरण में वह की गई थी, उसे, वे जल्दी समझ लेते थे और इस तरह उसमें पैठ सकते थे।

व्याकरण और भाषा-शास्त्र के मुकाबले में भाषा ख़ुद कहीं बड़ी चीज़ है। यह एक जाति और संस्कृति के प्रतिभा की कवित्वमय विरासत है और जिन विचारों और कल्पनाओं ने उन्हें ढाला है, उनका जीता-जागता रूप है। शब्द युग-युग में अपने अर्थ बदलते रहते हैं और पुराने विचार नये विचारों में तबदील हो जाते हैं, अगरचे अकसर वे अपना पुराना भेस क़ायम रखते हैं, किसी पुराने लफ़्ज़ या मुहावरे के मानी पकड़ना मुश्किल हो जाता है और उसके भाव के बारे में तो कहा ही क्या जाय! अगर हम उस पुराने मानों की झलक लेना चाहते हैं और उन लोगों के दिमाग़ में पैठना चाहते हैं, जिन्होंने इस भाषा को गुज़रे दिनों में इस्तेमाल किया था, तो हमें भावुक और कवित्वमय निगाह रखना ज़रूरी है। भाषा जितनी संपन्न और भरी-पूरी होती है, उतनी ही यह दिक़्क़त बढ़ जाती है और प्रतिष्ठित भाषाओं की तरह संस्कृत ऐसे लफ़्ज़ों से भरी है, जिनमें न महज काव्य की सुंदरता है बल्कि जिनमें गहरे मानी हैं। उनके साथ जुड़े हुए बहुत-से विचार हैं, जिनको ऐसी भाषा में, जो भावों और नज़रिये में विदेशी है, नहीं अदा किया जा सकता। उसके व्याकरण, उसके फ़िलसफ़े में भी काव्य का पुट है—उसके पुराने कोष तक पद्य में हैं।

हममें से उन लोगों के लिए भी, जिन्होंने कि संस्कृत पढ़ी है, इस प्राचीन भाषा के भाव में पैठ सकना और उसकी पुरानी दुनिया में फिर से रह सकना बहुत आसान नहीं है। लेकिन हम कुछ हद तक ऐसा कर सकते हैं, क्योंकि हम उन पुरानी परंपराओं के वारिस हैं और वह पुरानी दुनिया हमारी कल्पनाओं से अब भी चिपटी हुई है। हिंदुस्तान की हमारी मौजूदा ज़बानें संस्कृत की संतान हैं और उनके शब्द - कोष और वर्णन के ढंग संस्कृत की देन हैं। संस्कृत काव्य के फ़िलसफ़े के बहुत-से पुरमानी और ख़ास शब्द, जिनके विदेशी भाषाओं में तरजुमे नहीं हो सकते, अब भी हमारी आम भाषाओं के अंग हैं। और ख़ुद संस्कृत में, अगरचे वह लोगों की भाषा की शक्ल में बहुत दिन हुए मर चुकी है, एक अद्भुत जीवनी-शक्ति है। लेकिन विदेशियों के लिए, वे चाहे जितने क़ाबिल हों, कठिनाइयां और भी बढ़ जाती हैं। बदकिस्मती से विद्वान और आलिम कवि बहुत कम होते हैं और भाषा को जानने के लिए ऐसे आदमी की ज़रूरत है, जो आलिम भी हो और कवि भी। इन विद्वानों से, जैसा मुशियो बार्थ ने बताया है, हमें ऐसे कोरे शब्दानुवाद मिलते हैं, जो अपने असली अर्थ से दूर ही नहीं, उलटे तक होते हैं।"

इसलिए अगरचे तुलनात्मक भाषा-विज्ञान के अध्ययन ने तरक़्क़ी की है और संस्कृत में बहुत-कुछ शोध का काम हुआ है, फिर भी भावुक और कवित्वमय निगाह की दृष्टि से यह कुछ बेसूद और बेकार-सा रहा है। अंग्रेज़ी में या किसी विदेशी भाषा में संस्कृत से शायद ही कोई ऐसा अनुवाद हुआ हो, जिसे हम मान्य और मूल के साथ न्याय करनेवाला कह सकते हैं। इस काम में हिंदुस्तानी और विदेशी दोनों ही अलग-अलग कारणों से ना-कामयाब रहे हैं। यह बड़े अफ़सोस की बात है और दुनिया कुछ ऐसी चीज़ से महरूम रह जाती है, जिसमें अपार सौंदर्य है और कल्पना है और गहरा विचार है और जो न महज़ हिंदुस्तान की विरासत है, बल्कि जिसे मानव-जाति की विरासत होना चाहिए।

इंजील के प्रामाणिक संस्करण के अंग्रेज़ी अनुवादकों के कठिन संयम, आदरपूर्ण दृष्टिकोण और सूझ-बूझ ने न महज़ एक विशाल ग्रंथ तैयार किया, बल्कि अंग्रेजी भाषा को शक्ति और गौरव प्रदान किया। यूरोपीय विद्वानों और कवियों की कई पीढ़ियों ने यूनानी और लातीनी के प्रतिष्ठित ग्रंथों पर प्रेम के साथ मेहनत करके कई यूरोपीय भाषाओं में सुंदर अनुवाद पेश किये हैं और इस तरह आम लोग भी उन संस्कृतियों में शरीक़ हो सकते हैं और अपनी नीरस जिंदगियों में सचाई और सुंदरता की झलक पा सकते हैं। बदक़िस्मती से संस्कृत की बड़ी रचनाओं के साथ यह काम होना बाक़ी है। यह कब होगा और होगा भी या नहीं मैं नहीं जानता। हमारे विद्वान गिनती में और क़ाबलियत में आगे बढ़ते जाते हैं; इसी तरह हमारे कवि भी हैं, लेकिन इन दोनों के बीच एक चौड़ी और बढ़ती हुई खाई है। हमारी रचनात्मक प्रवृत्तियां दूसरी ही दिशा में जा रही हैं और आज की दुनिया के बहुत-से तक़ाजे हमें इसका मौक़ा नहीं देते कि हम फ़ुरसत से इन ग्रंथों का अध्ययन कर सकें। ख़ासतौर से हिंदुस्तान में हमें दूसरी ही तरफ़ देखना पड़ रहा है और जो बहुत-सा वक़्त खोया जा चुका हैं, उसे भरना है; हम लोग पुराने ग्रंथों में बहुत डूब रहे हैं और चूंकि हम अपनी रचनात्मक बुद्धि खो चुके हैं, इसलिए हमें उन ग्रंथों से, जिनका हम इतना दम भरते हैं, प्रेरणा भी नहीं मिलती। मैं समझता हूँ, हिंदुस्तान की प्रतिष्ठित पुस्तकों के अनुवाद निकलते ही रहेंगे और विद्वान लोग इसका ध्यान रखेंगे कि संस्कृत शब्दों और नामों की वर्तनी ठीक-ठीक की जाती है और शुद्ध उच्चारण के लिए आवश्यक चिह्न लगाये जाते हैं, साथ ही काफ़ी टिप्पणियों और व्याख्याओं और तुलनात्मक संकेतों को भी दिया जाता है; दरअसल जो भी अनुवाद होगा, उसमें हर एक लफ्ज़ का मतलब सावधानी से अदा किया जायगा, फिर भी एक जिंदा भाव की कमी रह जायगी। जिस चीज़ में जान थी, आनंद था, जो इतनी सुंदर और मधुर थी, वह पुरानी और फीकी और बासी जान पड़ेगी, जिसका यौवन और सौंदर्य जाता रहा है, सिर्फ़ विद्वानों के अध्ययन-कक्ष की धूल और आधी रात में जलाये गए दीपक के तेल की गंध रह जायगी।

कितने दिनों से संस्कृत एक मरी हुई भाषा है-इस मानी में कि वह आमतौर पर बोली नहीं जाती—मैं नहीं जानता। कालिदास के ज़माने में भी यह जनता की भाषा न थी, अगरचे

यह सारे हिंदुस्तान के पढ़े-लिखों की भाषा थी। और सदियों तक वह ऐसी ही बनी रही, बल्कि दक्खिन-पूरबी एशिया के हिंदुस्तान के उपनिवेशों में और मध्य- एशिया में भी फैली। नियमित रूप से संस्कृत-अध्ययन के, और संभवत: नाटकों के भी, सातवीं सदी ईसवी में कंबोडिया में प्रचलित होने के प्रमाण हैं। थाईलैंड (स्याम) में कुछ उत्सव संस्कारों के मौक़ों पर संस्कृत अब भी इस्तेमाल में आती है। हिंदुस्तान में संस्कृत की जीवनी-शक्ति बड़ी अचरज भरी रही है। जब तेरहवीं सदी के शुरू में अफगान सुल्तानों ने दिल्ली की गद्दी पर कब्जा कर लिया, उस समय हिंदुस्तान के ज़्यादातर हिस्सों की दरबारी ज़बान फ़ारसी हो गई और रफ़्ता-रफ़्ता बहुत से पढ़े-लिखे लोगों ने संस्कृत के मुक़ाबले में उसे तरजीह दी। आम ज़बानों ने भी तरक़्क़ी करके साहित्यिक रूप अख़्तियार किये। फिर भी, इन सब बातों के बावजूद, संस्कृत चलती रही, अगरचे यह संस्कृत वैसे पाये की न रह गई थी। 1937 में, त्रिवेंद्रम में, ओरियंटल कान्फ्रेंस के मौके पर, सभापति की हैसियत से बोलते हुए डॉ० एफ० एफ़० टॉमस ने बताया था कि संस्कृत का हिंदुस्तान में एकता लाने में कितना ज़ोरदार हाथ था और अब भी उसका कितना प्रचार है। उन्होंने दरअसल यह तजवीज़ किया कि संस्कृत के किसी सरल रूप को, जा एक तरह की बुनियादी संस्कृत हो, अखिल - भारत की भाषा के रूप में बढ़ावा देना चाहिए। उन्होंने मैक्समूलर के इस बयान को उद्धृत किया और उससे इत्तिफ़ाक ज़ाहिर किया-"क़दीम और आज के हिंदुस्तान के बीच ऐसा अद्भुत सिलसिला चला आ रहा है कि बावजूद बारबार की समाजी उथल-पुथल के, धार्मिक सुधारों और विदेशी हमलों के, संस्कृत आज भी अकेली भाषा है, जो इस बड़े देश में सब जगह बोली जाती है... आजकल भी, एक सदी की अंग्रेज़ी हुकूमत और शिक्षा के बाद, मेरा विश्वास है कि संस्कृत हिंदुस्तान में जितने विस्तार से समझी जाती है, उतने विस्तार से दांते के ज़माने में यूरोप में लातीनी भाषा भी नहीं समझी जाती थी।"

दांते के ज़माने में यूरोप में कितने लोग लातीनी समझते थे, इसका मुझे कुछ भी अनुमान नहीं, न मैं यही जानता हूँ कि हिंदुस्तान में आज कितने लोग संस्कृत समझते हैं। लेकिन संस्कृत समझनेवालों की गिनती, ख़ासतौर पर दक्खिन में, अब भी बहुत बड़ी है। सादी संस्कृत का समझना उन लोगों के लिए, जो आज की किसी भी भारतीय-आर्य भाषा-हिंदी, बंगाली, मराठी, गुजराती आदि को अच्छी तरह जानते हैं, आसान है। आजकल की उर्दू तक में, जो ख़ुद एक भारतीय आर्य भाषा है, 80 फ़ीसदी लफ़्ज़ संस्कृत के हैं। अकसर यह बताना मुश्किल हो जाता है कि कोई ख़ास लफ़्ज़ संस्कृत से आया है या फ़ारसी से, क्योंकि इन दोनों भाषाओं के मूल शब्द अकसर एक-से हैं। कुछ अचरज की बात है कि दक्खिन की द्रविड़ भाषाओं ने, अगरचे वे मूल में बिलकुल अलग की भाषाएं हैं, संस्कृत के इतने शब्द अपने में ले लिए हैं कि क़रीब-क़रीब उनका आधा शब्द-कोष संस्कृत से मिलता है।

बहुत-से विषयों पर, जिनमें नाटक भी हैं, संस्कृत में सारे मध्य युग, यहां तक कि हमारे ज़माने तक किताबें लिखी जाती रही हैं। दरअसल ऐसी किताबें अब भी निकलती

रहती हैं और संस्कृत में पत्रिकाएं भी निकलती हैं। उनका दर्जा बहुत ऊंचा नहीं है और संस्कृत-साहित्य में वे कोई मूल्यवान इज़ाफ़ा नहीं करती हैं। लेकिन ताज्जुब की बात तो यह है कि संस्कृत की पकड़ इस सारे लंबे ज़माने में बनी रही। कभी-कभी आम सभाओं में अब भी संस्कृत में व्याख्यान होते हैं, अगरचे यह स्वाभाविक है कि सुननेवाले लोग बहुत चुने हुए होते हैं।

संस्कृत के लगातार इस्तेमाल ने यक़ीनी तौर पर मौजूदा ज़माने की हिंदुस्तानी भाषाओं की सहज बाढ़ को रोका है। पढ़े-लिखे दिमाग़ी लोगों ने इन्हें तुच्छ बोलियों के रूप में समझा है और इस काबिल नहीं जाना है कि इनमें रचनात्मक और विद्वत्तापूर्ण रचनाएं पेश की जायं। इस तरह की रचनाएं संस्कृत में और बाद में फ़ारसी में पेश की जाती रहीं। बावजूद इस रुकावट के बड़ी-बड़ी सूबेदार भाषाओं ने रफ़्ता-रफ़्ता सदियों के दौर में शक़्ल अख़्तियार की और उनके साहित्यिक रूपों का विकास हुआ और उनके साहित्य का निर्माण हुआ।

यह जानना दिलचस्प होगा कि आजकल के थाईलैंड में जब नये पारिभाषिक, वैज्ञानिक और प्रशासन-संबंधी पारिभाषिक शब्दों की ज़रूरत हुई तो उनमें से बहुत-से संस्कृत के आधार पर बना लिए गए।

प्राचीन हिंदुस्तानी ध्वनि पर बड़ा ज़ोर देते थे और इसलिए उनकी रचनाओं में, चाहे वे गद्य में हो या पद्य में, एक लय और संगीत का गुण मिलता है। शब्दों का ठीक-ठीक उच्चारण हो सके, इसकी बड़ी कोशिश होती थी और इसके लिए नियम बनाये गए थे। इसकी और भी ज़रूरत यों पड़ी कि पुराने ज़माने में शिक्षा ज़बानी होती थी और सारी पुस्तकें कंठ करा दी जाती थीं, और इस तरह पीढ़ी-दर-पीढ़ी चलती रहती थीं। शब्दों की ध्वनि को महत्त्व देने का नतीजा यह हुआ कि मतलब और ध्वनि का मेल कराने की कोशिशें हुईं। कभी-कभी बहुत सुंदर मेल पैदा हुआ और कभी-कभी भद्दे और बनावटी संयोग भी बने पड़े। ई० एच० जॉन्स्टन ने इसके बारे में लिखा है-"हिंदुस्तान के संस्कृत कवियों में ध्वनि के परिवर्तनों का जो एहसास है, उसके बराबर की मिसाल दूसरे देशों के साहित्य में बहुत कम मिलेगी और उनके शब्द-विन्यास में बड़ा ही आनंद आता है। लेकिन उनमें से कुछ ध्वनि और आशय को इस तरह से भी मिलाने की कोशिश करते हैं कि उससे कोई बारीक़ी नहीं पैदा होती और उन्होंने थोड़े से व्यंजनों के सहारे और कभी एक ही व्यंजन के सहारे पद्य रचना करके तो बड़ा ही अनर्थ किया है।" [35]

वेदों के पाठ आज भी उच्चारण के उन नियमों के अनुसार किये जाते हैं, जो पुराने ज़माने में बनाये गए थे।

मौजूदा ज़माने की हिंदुस्तानी भाषाएं, जो संस्कृत से निकली हैं और इसलिए भारतीय-आर्य भाषाएं कहलाती हैं, ये हैं–हिंदी, उर्दू, बंगाली, मराठी, गुजराती, उड़िया, असमी, राजस्थानी (जो हिंदी का ही एक रूप है), पंजाबी, सिंधी, पश्तो और काश्मीरी।

35. ई. एच. जॉन्स्टन के अश्वघोष के 'बुद्ध - चरित' (लाहौर, 1936) के अनुवाद से।

द्रविड़ भाषाएं ये हैं—तमिल, तेलगू, कन्नड़ और मलयालम। इन पंद्रह भाषाओं में सारे हिंदुस्तान की भाषाएं आ जाती हैं, और इनमें से हिंदी (अपने रूपांतर उर्दू के साथ) सबसे ज़्यादा रायज़ है और जहां यह बोली भी नहीं जाती, वहां भी समझ ली जाती है। इन भाषाओं को छोड़कर कुछ बोलियां और अविकसित भाषाएं हैं, जो बहुत छोटे इलाक़ों में या कुछ पिछड़ी हुई पहाड़ी और जंगली जातियों द्वारा बोली जाती हैं। बार-बार दुहराई जानेवाली यह कहानी कि हिंदुस्तान में पांच सौ या इससे ज़्यादा ज़बाने हैं, भाषा-वैज्ञानिकों या मर्दुमशुमारी के कमिश्नर के दिमाग़ की गढ़ंत है, जो बोलियों के छोटे-छोटे भेदों को, और आसाम, बंगाल और बरमा के सरहद की पहाड़ी जातियों की हर एक बोली को गिन लेते हैं, चाहे वह बोली कुछ सौ या हज़ार लोगों की ही बोली हो। इन सैकड़ों की गिनती करानेवाली भाषाओं में से ज़्यादातर हिंदुस्तान के पूरबी सरहदी या बरमा के सरहदी इलाक़ों की बोलियां हैं। जो तरीक़ा मर्दुमशुमारी के कमिश्नरों ने अख़्तियार किया है, उसी की नक़ल की जाय, तो यूरोप में सैकड़ों भाषाएं निकलेंगी, और जर्मनी में मेरा ख़याल है, साठ बताई गई हैं।

हिंदुस्तान में ज़बान के मसले का इस विविधता से कोई ताल्लुक़ नहीं। यह मसला हिंदी-उर्दू का है, यानी एक ज़बान का, जिसके दो साहित्यिक रूप हैं और जिनकी दो लिपियां हैं। बोली में दोनों में शायद ही ज्यादा फ़र्क़ हो; लिखने में, ख़ासतौर से साहित्यिक शैली में, यह भेद बढ़ जाता है। इस भेद को कम करने की और एक आम सूरत, जिसे हिंदुस्तानी कहते हैं, पैदा करने की भी कोशिशें हुई हैं, और अब भी जारी हैं। और यह आम ज़बान की शक़्ल में, जो सारे हिंदुस्तान में समझी जा सके, तरक़्क़ी कर रही है।

पश्तो, जो संस्कृत से निकली हुई भारतीय आर्य भाषाओं में से एक है, पच्छिमोत्तर के सरहदी सूबे की ज़बान है, और अफ़ग़ानिस्तान की भी। इस पर हमारी दूसरी भाषाओं के मुक़ाबले में फ़ारसी का ज्यादा असर पड़ा है। इस सरहदी इलाक़े में, गुज़रे ज़माने में बहुत-से ऊंचे दर्जे के विचारक, विद्वान और संस्कृत के वैयाकरण हो गए हैं।

लंका की भाषा सिंहली है। यह भी संस्कृत से निकली हुई एक भारतीय आर्य भाषा है। सिंहली लोगों ने अपना धर्म, यानी बौद्ध-धर्म ही हिंदुस्तान से नहीं लिया है, बल्कि वे जाति और भाषा में भी हिंदुस्तानियों से मिले हुए हैं।

अब यह बात पूरी तरह से मानी जा चुकी है कि संस्कृत का यूरोप की पुरानी प्रतिष्ठित और आज की भाषाओं से मेल है। स्लाव भाषा तक में बहुत-से मूल शब्द संस्कृत से मिलते हैं। संस्कृत से सबसे निकट की यूरोपीय भाषा लिथुआनियन है।

❐

10. बौद्ध दर्शन

कहा जाता है कि बुद्ध ने उस प्रदेश की आम भाषा का इस्तेमाल किया, जिसमें वह

रहते थे और यह प्राकृत थी, जो संस्कृत से निकली थी। संस्कृत वह जानते थे, इसमें कोई शक नहीं, लेकिन वह जनता तक पहुंचने के लिए आम भाषा में बोलना पसंद करते थे। इस प्राकृत से शुरू के बौद्ध-धर्मग्रंथों की भाषा पाली का विकास हुआ। बुद्ध की बातचीत और कथाएं और वाद-विवाद उनके मरने के बाद पाली में लिखे गए और यह लंका, बरमा और स्याम, जहां हीनयान बौद्ध मत का प्रचार है, के बौद्ध-धर्म का आधार है।

बुद्ध के कोई सैकड़ों साल बाद हिंदुस्तान में संस्कृत फिर जगी और बौद्ध विद्वानों ने अपने फ़िलसफ़े के और दूसरे ग्रंथ संस्कृत में लिखे। अश्वघोष की रचनाएं और नाटक (जो हमारे सबसे पुराने नाटक हैं), जिनका मक़सद बौद्ध-धर्म का प्रचार रहा है, संस्कृत में हैं। हिंदुस्तान के बौद्ध पंडितों की ये रचनाएं, चीन, जापान, तिब्बत और मध्य एशिया तक पहुंची, जहाँ बौद्ध-धर्म की महायान शाखा का प्रचार रहा है।

जिस युग में बुद्ध का जन्म हुआ, वह हिंदुस्तान के लिए बड़े मानसिक मंथन और दार्शनिक सोच-विचार का ज़माना था। और यह बात हिंदुस्तान तक ही महदूद न थी, क्योंकि यही ज़माना लाओ-त्से और कनफ़ूशस का और ज़रथुष्ट्र और पाइथागोरस का ज़माना था। हिंदुस्तान में इसने भौतिकवाद को भी जन्म दिया और भगवद्गीता को भी, बौद्ध-मत को भी और जैन मत को भी, और दूसरी बहुत-सी विचार धाराओं को, जो बाद में हिंदुस्तानी दर्शन के अलग-अलग वर्गों में प्रकट हुईं। विचारों की अनेक तहें थीं-एक-दूसरे से मिली हुई और कभी एक-दूसरे पर चढ़ी हुई। बौद्ध-धर्म के साथ-साथ विभिन्न दर्शनों का विकास हुआ और ख़ुद बौद्ध-धर्म में ऐसे भेद पैदा हुए, जिनसे विचार के अलग-अलग वर्ग क़ायम हो गए। फ़िलसफ़ियाना सोच-विचार धीरे-धीरे घटा और उसकी जगह लोग पंडिताऊ बहस-मुबाहसे में पड़ गए।

बुद्ध ने अपने अनुयायियों को आधिभौतिक विषयों को लेकर पंडिताऊ बहस- मुबाहसे में पड़ने के ख़िलाफ़ आगाह कर दिया था। कहा जाता है कि उन्होंने कहा था-"जिस विषय पर आदमी को बोलना ज़रूरी न हो, उस पर चुप रहना चाहिए।" सत्य तो जीवन में ही पाया जा सकता है, जीवन की परिधि से बाहर की बातों पर तर्क-वितर्क करने से नहीं। उन्होंने ज़िंदगी के इख़लाकी पहलू पर ज़ोर दिया और ज़ाहिरा यह महसूस किया कि लोग जब आधिभौतिक बारीकियों में पड़ जाते हैं, तो इसे नज़रअंदाज़ कर दिया जाता है। शुरू के बौद्ध-धर्म में हमें बुद्ध के इस फ़िलसफ़ियाना और बुद्धिवादी भाव की झलक मिलती है। उसकी जिज्ञासा की बुनियाद अनुभव पर है। अनुभव की दुनिया में विशुद्धात्मा की कल्पना ठीक-ठीक नहीं ग्रहण की जा सकती थी, इसलिए उसे अलग कर दिया गया, उसी तरह सृष्टिकर्ता ईश्वर का विचार, जिसका दलील के साथ सबूत नहीं दिया जा सकता था, अलग रखा गया। फिर भी अनुभव बच रहता है और एक मानी में यह वास्तविक भी है— यह ' होने की प्रक्रिया' के अलावा, जो बराबर अपने को बदलती रहती है, और क्या हो सकता है? इस तरह वास्तविकता की इन बीच की अवस्थाओं को माना गया है और मनोवैज्ञानिक आधार पर इनके बारे में जिज्ञासा चलती है।

बुद्ध ने, विद्रोही होते हुए भी, अपने को देश के पुराने धर्म से अलग नहीं किया। मिसेज़ रीज डेविड्स कहती हैं-" गौतम का जन्म और पालन हिंदू की भांति हुआ था और वह हिंदू की तरह रहे और मरे... गौतम के अध्यात्मवाद और सिद्धांतों में ज़्यादा बातें ऐसी न मिलेंगी, जो प्राचीन पद्धतियों में न मिल जायं और उनकी नीति से मिलती हुई शिक्षाएं शुरू या बाद की हिंदू पुस्तकों में मिल जायंगी; गौतम की जो कुछ मौलिकता है, वह इस बात में है कि जो अच्छी बातें और लोग कह गये थे, उन्हें उन्होंने नये रूप में ढाला, उनका विस्तार किया, उन्हें प्रतिष्ठित और कर्मबद्ध किया और यह कि जिन न्याय और बराबरी के सिद्धांतों को पहले ही ख़ास-ख़ास हिंदू विचारकों ने माना था, उनको उन्होंने तर्क के आधार पर अंतिम परिणाम तक पहुंचाया। इनमें और दूसरे उपदेशकों में फ़र्क यह था कि इनमें ज्यादा गहरी लगन और लोक-हित की विशाल भावना थी।"[36]

फिर भी अपने ज़माने के परंपरा से आनेवाले धर्म के चलन के ख़िलाफ़ बुद्ध ने विद्रोह के बीज बोये। उनके सिद्धांत या फ़िलसफे का विरोध नहीं हुआ—क्योंकि कट्टर धर्म का पालन करते हुए भी किसी ऐसे विचार के, जिसकी हम कल्पना कर सकते हैं, सिद्धांत के रूप में प्रतिपादन में बाधा न थी-बल्कि समाज की ज़िंदगी और संगठन में जो उन्होंने दख़ल दिया, उसका विरोध हुआ। पुराने तरीक़े में बड़ी आज़ादी और विचारों का लचीलापन था, हर एक तरह के मत की गुंजाइश थी, लेकिन अमल के मामले में उसमें कड़ाई थी और चलन को तोड़ना पसंद न किया जाता था। इसलिए लाज़िमी तौर पर बौद्ध-धर्म पुराने विश्वास से अलग-थलग जा पड़ा और बुद्ध के मरने के बाद यह खाई और भी चौड़ी हो गई।

शुरू के बौद्ध-धर्म की ज्यों-ज्यों अवनति हुई, त्यों-त्यों उसके महायान रूप ने तरक़्क़ी की ; पुराना रूप हीनयान कहलाता था। इसी महायान पंथ में बुद्ध को ईश्वर का पद दिया गया और साकार ईश्वर के रूप में उनकी उपासना शुरू हुई। बुद्ध की मूर्ति भी पच्छिमोत्तर के यूनानी प्रदेश में दिखाई पड़ने लगी। लगभग इसी वक़्त हिंदुस्तान में ब्राह्मण-धर्म फिर से जगा और साथ-साथ संस्कृत के अध्ययन ने ज़ोर पकड़ा। हीनयान और महायान पंथों के बीच तीखे विवाद हुए और दोनों के बीच शास्त्रार्थ और आपस का विरोध बाद के इतिहास में बराबर मिलता है। हीनयानवाले देश (लंका, बरमा, स्याम) अब भी चीन और जापान में प्रचलित बौद्ध-धर्म को हिकारत से देखते हैं और मेरा ख़याल है कि दूसरी तरफ़ से भी इस जज़्बे का जवाब मिलता है।

हीनयान ने, कुछ हद तक, सिद्धांत की पुरानी पवित्रता क़ायम रखी, और उसे पाली में एक नियम के अंतर्गत कर लिया, लेकिन महायान सभी दिशाओं में फैला, सभी तरह के विश्वासों के लिए रवादारी बरती और हर एक देश के ख़ास नज़रिये के अनुसार अपने को ढाल लिया। हिंदुस्तान में यह आम धर्म के निकट आने लगा। हर एक और मुल्क-चीन,

---

36. यह उद्धरण, और बहुत-कुछ और बातें, डॉ० एस० राधाकृष्णन् की 'इंडियन फ़िलासफ़ी' (जार्ज़ ऐलेन एंड अनविन, लंदन, 1940) से ली गई हैं।

जापान, तिब्बत में—इसका विकास अलग-अलग ढंग से हुआ। कुछ शुरू के बहुत बड़े बौद्ध विचारकों ने आत्मा के बारे में बुद्ध के रुख़ की, यानी न उससे इन्कार करना और न इक़रार करना, छोड़ दिया और उन्होंने साथ-साथ आत्मा से इन्कार किया।

अनेक प्रतिभाशाली लोगों में नागार्जुन की एक ख़ास जगह है और उसकी गिनती उन सबसे बड़े दिमाग़ी लोगों में है, जिन्हें हिंदुस्तान ने पैदा किया है। यह कनिष्क के ज़माने में, ईसवी संवत के शुरू के लगभग हुआ और महायान सिद्धांतों के प्रतिपादन की ख़ास ज़िम्मेदारी इसी की है। उसके विचारों में अद्भुत बल और साहस है और ऐसे नतीजों तक पहुंचने में उसे ज़रा भी संकोच नहीं होता, जो ज़्यादातर लोगों के लिए नागवार और चौंका देनेवाले होंगे। अपने विवेचन में वह निष्ठुर तर्क के साथ लगता है; यहां तक कि उसे अपने विश्वासों से इन्कार करना पड़ जाता है। विचार अपने को जान नहीं सकता और अपने से बाहर जा नहीं सकता, यानी दूसरे को जान नहीं सकता। इस विश्व से बाहर कोई ईश्वर नहीं, और ईश्वर से अलग कोई विश्व नहीं, और दोनों ही दिखावट मात्र हैं। और इसी तरह वह दलील करता रहता है, यहां तक कि कुछ बच नहीं रहता; सत्य और असत्य के बीच कोई फ़र्क़ नहीं रह जाता, किसी चीज़ को समझने की या उसके बारे में ग़लतफहमी की संभावना नहीं रह जाती क्योंकि जो अवास्तविक हैं, उसके बारे में ग़लतफहमी ही क्या हो सकती है? कोई चीज़ वास्तविक नहीं है। दुनिया का वजूद देखने-भर का है; यह गुणों और संबंधों का एक आदर्शवादी क्रम है, जिसमें हमने विश्वास बना रखा है, लेकिन जिसकी हम बुद्धि से व्याख्या नहीं कर सकते। लेकिन इस सब अनुभव के पीछे वह किसी वस्तु—परम सत्ता-का संकेत करता है, जो हमारी विचार की ताक़त से परे है, क्योंकि जब हम उस पर विचार करने लगते हैं, तब वह सापेक्ष हो जाता है।' [37]

---

37. रूस की अकादेमी ऑव साइंसेज़ के प्रोफेसर टी० शेरबात्सकी ने अपनी पुस्तक 'दि कन्सेप्शन ऑव बुद्धिस्ट निर्वाण' (लेनिनग्राद, 1927) में यह सुझाव दिया है कि नागार्जुन को 'संसार के बड़े फ़िलसूफ़ों में जगह मिलनी चाहिए। वह उसकी 'अद्भुत शैली' का उल्लेख करते हैं, जो हमेशा दिलचस्प, साहसपूर्ण, हैरान करनेवाली और कभी-कभी देखने में 'उद्दंड' है। वह नागार्जुन के विचारों का हीगेल और ब्रेडले के विचारों से मुक़ाबला करते हैं—" इस तरह नागार्जुन के नकारवाद में और मि० ब्रेडले (जो हमारी रोज़मर्रा की दुनिया की क़रीब-क़रीब सभी धारणाएं, वस्तुएं, गुण, संबंध, देश और काल, परिवर्तन, कार्य- कारण-संबंध, गति और आत्मा का खंडन करते हैं), में और उसमें बड़ा अद्भुत साम्य है। हिंदुस्तानी दृष्टिकोण से ब्रेडले को सच्चा माध्यमिक कहा जा सकता है। लेकिन इन सब मुक़ाबलों से ऊपर उठकर हम शायद हीगेल और नागार्जुन के तर्क के तरीक़े में ऐसी समानता पायेंगे, जो एक ही कुल के लोगों में मिलती है।" शेरबात्सकी ने बौद्ध फ़िलसफ़े की कुछ पद्धतियों और ज़माने हाल के विज्ञान के नज़रिये में भी कुछ समानताएं बताई हैं, ख़ासतौर पर 'एंट्रोपी' के नियम के अनुसार विश्व की अंतिम हालत की कल्पना के बारे में। उन्होंने एक दिलचस्प घटना बताई है, जब सोवियत ट्रांसबैकालिया में ब्यूरियतों का नया-नया 'गणराज्य' बना, तब वहां के शिक्षा विभाग

परम सत्ता को बौद्ध फ़िलसफे में शून्यता कहकर बताया गया है, लेकिन यह हमारे असत् या कुछ न होने की धारणा से बिलकुल जुदा चीज़ है।[38] अपने अनुभव की दुनिया में हम उसे शून्यता इसलिए कहते हैं कि उसके लिए कोई दूसरा शब्द नहीं है, लेकिन आधिभौतिक सत्य की परिभाषा में यह कुछ ऐसी वस्तु है, जो सबसे परे और सबमें व्याप्त है। एक मशहूर बौद्ध विद्वान ने कहा है-'शून्यता के कारण ही सब बातें संभव होती हैं, बिना इसके दुनिया में कुछ भी संभव नहीं।"

इन सबसे पता चलता है कि आधिभौतिकवाद हमें कहां पहुचा सकता है और इस तरह के विचारों के पीछे पड़ने के ख़िलाफ़ आगाह करके बुद्ध ने कितनी अक़्लमंदी की थी। फिर भी इन्सानी दिमाग़ अपने को कैद में रखने से इन्कार करता है और ज्ञान के उस फल की तरफ़ हाथ बढ़ाता रहता है, जिसे वह अच्छी तरह से जानता है कि वह उसकी पहुंच के बाहर है। बौद्ध फ़िलसफ़े में आधिभौतिकवाद भी आया, लेकिन इसके विषय को देखने का ढंग मनोवैज्ञानिक था। मन की मनोवैज्ञानिक स्थितियों की सूझ-बूझ देखकर भी अचरज होता है। आजकल के मनोविज्ञान के अवचेतन मन की यहां स्पष्ट धारणा है और उसका विवेचन भी हुआ है। मेरा ध्यान एक पुरानी पुस्तक के एक असाधारण अंश पर दिलाया गया है। यह एक तरह से आजकल के 'ईडिपस कंप्लेक्स' के सिद्धांत की याद दिलाता है, अगरचे प्रतिपादन का ढंग बिलकुल जुदा है।[39]

बौद्ध-धर्म से फ़िलसफ़े की चार निश्चित पद्धतियां निकलीं, इनमें से दो हीनयान शाखा

के अधिकारियों ने धर्म-विरोधी प्रचार करते हुए यह बताया कि इस ज़माने का विज्ञान विश्व को पदार्थवाद के नज़रिये से देखता है। गणराज्य के बौद्ध भिक्षुओं ने, जो महायानी थे, एक पैंफ़लेट छापकर यह जवाब दिया कि पदार्थवाद से वे नावाक़िफ़ नहीं हैं, बल्कि दरअसल उनके फ़िलसफे की एक पद्धति ने पदार्थवाद के सिद्धांत का निरूपण किया है।

38. प्रोफेसर शेरबात्सकी, जो इस विषय के अधिकारी विद्वानों में हैं, कई भाषाओं के (जिनमें तिब्बती भाषा भी है) मूल पाठों को जांचने के बाद कहते हैं कि शून्यता सापेक्षता है। हर एक चीज़ सापेक्ष और परस्पराश्रित होने की वजह से ऐसी है कि उसकी निजी सत्ता नहीं, इसलिए वह शून्य है। दूसरी तरफ़ इस दिखनेवाली दुनिया से बिलकुल परे और इसको भी लिए हुए कोई वस्तु है, जिसे परम सत्ता समझ सकते हैं और चूंकि इसकी कल्पना नहीं हो सकती, या इसका ऐसे शब्दों में बयान नहीं हो सकता, जो सीमित और इस दिखनेवाली दुनिया के हैं, इसलिए इसे 'तथ्यता' कहा गया है। इसी परम सत्ता को शून्यता कहा गया है।

39 यह वसुबंधु के 'अभिधर्मकोश' में आया है, जो पांचवीं सदी ईस्वी में लिखा गया था। और जिसमें और पहले के मत और परंपराएं इकट्ठी की हुई हैं। मूल संस्कृत अप्राप्य है, लेकिन उसके चीनी और तिब्बती भाषा में तरजुमे मौजूद हैं। चीनी तरजुमा प्रसिद्ध यात्री ह्वेनसांग का किया हुआ है, जो हिंदुस्तान में आया था। इस चीनी तरजुमे से फ्रान्सीसी में एक अनुवाद हुआ है (पेरिस-लूवेन, 1926)। मेरे सहयोगी और कैद के संगी आचार्य नरेंद्रदेव इस पुस्तक का फ्रान्सीसी से हिंदी और अंग्रेज़ी में अनुवाद कर रहे हैं, और उन्होंने इस अंश पर मेरा ध्यान दिलाया। यह तीसरे अध्याय में है।

में थीं और दो महायान शाखा में। इन सभी बौद्ध दर्शन या फ़िलसफे की पद्धतियों का मूल उपनिषदों में है, लेकिन ये वेदों को प्रमाण नहीं मानते। वेदों से इन्कार ही एक ख़ास बात है, जो इन्हें उसी ज़माने के तथाकथित हिंदू फ़िलसफ़ों से जुदा करती है। ये तथाकथित हिंदू फ़िलसफे वेदों को आमतौर पर मानते हैं और एक तरह से उनकी तरफ़ श्रद्धा के भाव दिखाते हैं, लेकिन ये वेदों को ऐसा नहीं समझते कि उनसे कोई गलती नहीं हो सकती और दरअसल बिना वेदों का ख़याल किये हुए अपनी राह चलते हैं। चूंकि वेदों और उपनिषदों में अनेक तरह से बातें कहीं गई हैं; इसलिए बाद के विचारकों के लिए यह हमेशा संभव रहा है कि औरों को छोड़कर किसी एक पहलू पर ज़्यादा ज़ोर दें और उसी की बुनियाद पर अपनी पद्धति का निर्माण करें।

प्रोफेसर राधाकृष्णन् ने बौद्ध-विचार के विकास क्रम को, जिस रूप में वह चार पद्धतियों में प्रकट हुआ, इस तरह बताया है–यह द्वैतात्मक आधिभौतिकवाद से शुरू होता है और ज्ञान को वस्तुओं का प्रत्यक्ष बोध मानता है। दूसरी सीढ़ी यह है कि विचार वस्तुओं के बोध का माध्यम बन जाते हैं और इस तरह से मन और वस्तुओं के बीच एक परदा खड़ा हो जाता है। ये दो सीढ़ियां हीनयान मत की है। महायान मत और आगे बढ़ता है। वह स्वरूप के पीछे जो वस्तु है, उसी को ख़त्म कर देता है और सभी अनुभव को मन के विचारों का एक क्रम मानता है। सापेक्षता और अवेचतन में मन के विचार भी आ जाते हैं। अंतिम सीढ़ी में – यह नागार्जुन का माध्यमिक दर्शन या बीच का मार्ग है-मन ख़ुद एक धारणा का रूप ग्रहण कर लेता है और हमारे आगे धारणाओं की छुट-पुट इकाइयां रह जाती हैं और आभास रह जाता है और इनके बारे में हम कुछ कह नहीं सकते।

इस तरह से हम अंत में कहीं नहीं पहुंचते हैं या ऐसी चीज़ तक पहुंचते हैं, जिसको हमारे सीमित दिमाग़ों के लिए समझ सकना कठिन है और उसका न वर्णन हो सकता है और न उसकी परिभाषा हो सकती है। ज़्यादा से-ज़्यादा जो हम कह सकते हैं वह यह है कि यह एक तरह की चेतना है, या जैसा कहा गया है, 'विज्ञान' है।

बावजूद इस नतीजे के, जिसे मनोवैज्ञानिक और आधिभौतिक विवेचन के बाद हमने हासिल किया है और जो आख़िरकार अदृश्य दुनिया या परम सत्ता की कल्पना को विशुद्ध चेतना बना देता है, यानी कुछ नहीं कर देता, जहां तक हम लफ़्ज़ों का उपयोग कर सकते या उन्हें समझ सकते हैं, इस बात पर ज़ोर दिया गया है कि इख़लाक़ी संबंधों की हमारी सीमित दुनिया में निश्चित क़ीमत है। इसलिए हमें अपने ज़िंदगी में और इन्सानी ताल्लुक़ात में इख़लाक़ बरतना चाहिए और भली जिंदगियां बितानी चाहिए। उस ज़िंदगी और इस दिखनेवाली दुनिया पर हम तर्क और ज्ञान और अनुभव का इस्तेमाल कर सकते हैं और हमें करना चाहिए। असीम, या जो कुछ भी उसे कहें, इस दुनिया से कहीं परे है और इसलिए उस पर इनको लागू नहीं किया जा सकता।

❐

11. बौद्ध-धर्म का हिंदू-धर्म पर असर

बुद्ध की शिक्षा का पुराने आर्य-धर्म पर और हिंदुस्तान के लोगों में प्रचलित आम विश्वासों पर क्या असर हुआ? इसमें कोई शक नहीं कि इस शिक्षा ने मज़हबी और क़ौमी ज़िंदगी के बहुत-से पहलुओं पर ज़बरदस्त और क़ायम रहनेवाले असर डाले। बुद्ध अपने को एक नये मज़हब का बानी भले ही न समझा हो—-शायद वह अपने को सिर्फ़ एक सुधारक समझते थे— लेकिन उनके अद्भुत व्यक्तित्व और ज़ोरदार संदेशों ने, जिनमें उन्होंने अनेक सामाजिक और मज़हबी चलन की बातों पर हमले किये, लाज़िमी तौर पर उनके और स्वार्थ- पर पुरोहित वर्ग के बीच संघर्ष पैदा कर दिया। बुद्ध ने क़ायम - शुदा समाजी या आर्थिक निज़ाम को तोड़ने का दावा कभी नहीं किया। उन्होंने उसकी बुनियादी मान्यताओं को क़ुबूल किया और अगर हमले किये, तो महज उन बुराइयों पर, जो उनके चारों ओर इकट्ठा हो गई थीं। फिर भी वह कुछ हद तक समाज में इन्कलाब पैदा करने के काम में लगे थे, इसीलिए ब्राह्मण वर्ग, जो उस ज़माने के मौजूदा चलन को जारी रखना चाहता था, उनसे नाराज़ हो गया। बुद्ध की शिक्षा में कोई भी बात ऐसी नहीं है, जिसे विचारों के विस्तीर्ण क्षेत्र में बिठाया न जा सके। लेकिन चूंकि ब्राह्मणों के अधिकार पर हमला हुआ था, इसीलिए बात ही दूसरी पैदा हो गई थी।

यह एक दिलचस्प बात है कि बौद्ध-धर्म ने पहले मगध में जड़ पकड़ी; यह उत्तरी हिंदुस्तान का वह हिस्सा था, जहां ब्राह्मण धर्म कमज़ोर था। रफ़्ता-रफ़्ता यह पच्छिम और उत्तर में फैला और बहुत-से ब्राह्मण भी इसमें शरीक़ हुए। सबसे पहले यह ख़ासतौर पर क्षत्रियों का आंदोलन था, लेकिन आम जनता को भी पसंद आनेवाला था। संभवतः ब्राह्मणों की वजह से ही, जो इसमें बाद में शरीक़ हुए, फ़िलसफ़े और अध्यात्मवाद की दिशाओं में इसका विकास हुआ। यह भी मुमकिन है कि ब्राह्मण-बौद्धों की वजह से ही इसके महायान मत का विकास हुआ, क्योंकि कुछ मामलों में, और ख़ासकर अपनी रवादारी और विविधता में, यह उस ज़माने के आर्य-धर्म से ज्यादा मिलता-जुलता था।

बौद्ध-धर्म ने सैंकड़ों तरीक़ों से हिंदुस्तानी ज़िंदगी पर असर डाला। और यह लाज़िमी भी था, क्योंकि इसे याद रखना चाहिए कि एक हज़ार वर्ष तक यह एक जीता-जागता, शक्तिशाली और हिंदुस्तान में दूर-दूर तक फैला हुआ मज़हब था। उस लंबे ज़माने में भी, जब इसका ह्रास हो रहा था, और जब एक अलग धर्म की शक़्ल में यहां इसका वजूद न रहा, इसका बहुत अंश हिंदू-धर्म और क़ौमी ज़िंदगी और विचार के तरीक़ों का अंग बन गया और अगरचे आख़िरकार आम लोगों ने इसे धर्म के रूप में मानना छोड़ दिया, इसकी अमिट छाप बनी रही और उसने क़ौमी तरक़्क़ी पर असर डाला। इस स्थायी असर का धार्मिक विश्वास, फ़िलसफ़े के सिद्धांत, या इस तरह की बातों से कोई ताल्लुक़ न था। यह बुद्ध और उनके धर्म का नैतिक और सामाजिक और अमली आदर्शवाद था, जिसने हमारी जनता को प्रभावित

किया और उस पर अपनी अमिट छाप डाली; उसी तरह, जिस तरह कि ईसाई-धर्म के नैतिक आदर्शों ने यूरोप पर असर डाला, चाहे उसने उसके धार्मिक विश्वासों पर ज़्यादा ध्यान न दिया; और इस्लाम के इन्सानी, समाजी और अमली नज़रिये ने बहुत से ऐसे लोगों पर असर डाला, जिनका उसके धार्मिक रूपों और विश्वासों के लिए आकर्षण न था।

हिंदुस्तान में आर्य-धर्म ख़ासतौर पर एक क़ौमी मज़हब था, जो इस देश तक महदूद था; और जो समाजी जात-पांत की व्यवस्था यहां पर तरक़्क़ी कर रही थी, उसने इस पहलू पर ज़ोर दिया। इसने धर्म प्रचार की कोशिशें नहीं कीं। धर्म-परिवर्तन का यहां कोई सवाल न उठता था और न हिंदुस्तान की सरहद से पार इसकी निगाह ही जाती थी हिंदुस्तान के भीतर इसकी गति का अपना ख़ास तरीक़ा था, जिसमें उग्रता न थी और जो अचेतन ढंग से नये और पुराने आनेवालों को अपने में जज़्ब करता रहा और अकसर उनकी नई जातें बना देता रहा। उन दिनों के लिए, बाहरी दुनिया के प्रति, इस तरह का रुख़ स्वाभाविक था, क्योंकि आने-जाने में दिक्क़तें थीं और विदेशियों से संपर्क की ज़रूरत शायद ही होती थी। इसमें शक नहीं कि व्यापार और धंधों के लिए संपर्क क़ायम थे, लेकिन उनसे हिंदुस्तान की ज़िंदगी और तरीक़ों में कोई फर्क नहीं पैदा होता था। हिंदुस्तानी ज़िंदगी का समुंदर अपने में भरा-पूरा था और इतना काफ़ी बड़ा और विविध था कि उसमें तरह-तरह की मौजों के उठने की पूरी गुंजाइश थी। उसमें आत्म-चेतना थी और वह अपने में ही ग़र्क़ रहनेवाला था और उसे इस बात की परवाह न थी कि उसकी सरहदों के बाहर क्या हो रहा है। इस समुंदर के बीचों-बीच एक ऐसा सोता फूट निकला, जिससे ताज़े और नितरे हुए पानी की धार बह चली, जो पुरानी सतह को चंचल करती हुई, बढ़कर सैलाब बन गई और इसने उन पुरानी सरहदों और रुकावटों की परवाह न की, जिन्हें इन्सान और क़ुदरत ने खड़ा कर रखा था। बुद्ध की शिक्षा की इस धार में क़ौम के लिए उपदेश था, लेकिन यह उपदेश क़ौम तक के लिए ही नहीं था। यह भले आचरण में लगने के लिए एक ऐसी पुकार थी, जिसने वर्ग, जात-पांत या क़ौम की बंदिशें न मानीं।

उनके ज़माने के हिंदुस्तान के लिए यह एक नया नज़रिया था। अशोक पहला व्यक्ति था, जिसने दूतों और प्रचारकों को विदेशों में भेजकर इतने बड़े पैमाने पर यह काम किया। इस तरह से हिंदुस्तान को और दुनिया के बारे में चेतना शुरू हुई; और शायद ज़्यादातर यही चीज़ थी, जिसने ईस्वी संवत की शुरू की सदियों में उसे उपनिवेशों के क़ायम करने में बड़े-बड़े साहसी काम करने के लिए उकसाया। समुद्र पार के इन धावों का संगठन हिंदू राजाओं ने किया था और ये अपने साथ ब्राह्मण-व्यवस्था और आर्य-संस्कृति ले गए थे। एक ऐसे धर्म और संस्कृति के लिए, जिसने अपने भीतर धीरे-धीरे तरह-तरह के वर्ण-भेद क़ायम कर रखे थे, यह एक असाधारण विकास था। किसी बड़ी ज़ोरदार प्रेरणा या बुनियादी नज़रिये की तबदीली से ही यह बात पैदा हो सकती थी। मुमकिन है यह प्रेरणा कई कारणों से हुई हो और बड़ी वजहें इनमें व्यापार और फैलते हुए समाज की ज़रूरतें रही हों, लेकिन नज़रिये की

यह तब्दीली, एक अंश में, बौद्ध-धर्म और उसने जो विदेशों से संपर्क स्थापित कर लिए थे, उनके कारण भी हुई। उस वक़्त हिंदू-धर्म में इतनी काफ़ी स्फूर्ति और गति मौजूद थी, लेकिन इससे पहले उसने विदेशों की ओर उतना ध्यान नहीं दिया था। नये धर्म की सार्वभौमिकता के जो नतीजे हुए, उनमें एक यह भी था कि इस बड़ी स्फूर्ति को दूर देशों तक पहुंचने के लिए प्रोत्साहन मिला।

वैदिक-धर्म और धर्म से ज़्यादा आम रूपों के साथ जो कर्म-कांड और पूजा-पाठ का रिवाज लगा हुआ था, वह लुप्त हो चुका था, ख़ासतौर पर पशुओं की बलि की प्रथा उठ चुकी थी। अहिंसा के विचार पर, जो वेदों और उपनिषदों में पहले से ही मौजूद था, बौद्ध-धर्म ने, और उससे भी ज्यादा जैन-धर्म ने, ज़ोर दिया। ज़िंदगी के लिए एक नया आदर और जानवरों की तरफ़ दया का भाव पैदा हो गया। और इन सबके पीछे नेक जिंदगी, ऊंचे प्रकार की ज़िंदगी बिताने का विचार रहा।

बुद्ध ने तपस्या के नैतिक मूल्य से इन्कार किया था, लेकिन उनकी शिक्षा का सारा असर ज़िंदगी की तरफ़ निराशावाद का था। यह ख़ासतौर से हीनयान का रुख़ था और जैनियों का इससे भी बढ़कर था। परलोक, मुक्ति और दुनिया के बोझ से छुटकारा पाने पर ज़ोर दिया जाता था। ब्रह्मचर्य को प्रोत्साहन मिला और शाकाहार बढ़ा। ये सभी विचार हिंदुस्तान में बुद्ध से पहले मौजूद थे, लेकिन इन पर इतना ज़ोर नहीं दिया गया था- पुराने आर्य - आदर्श का ज़ोर भरी-पूरी और बहुमुखी ज़िंदगी पर था। विद्यार्थी अवस्था ब्रह्मचर्य और संयम के लिए थी; गृहस्थ ज़िंदगी के धंधों में अच्छी तरह हिस्सा लेता था और भोग को उसका अंग समझता। इसके बाद रफ़्ता-रफ़्ता उससे खिंचाव पैदा होता और लोक-सेवा और आत्मा की उन्नति की तरफ़ ज्यादा ध्यान जाता। ज़िंदगी की सिर्फ़ आख़िरी मंज़िल, जब वृद्धावस्था आ जाती, ज़िंदगी के साधारण कामों और रागों से पूरे तौर पर खिंचने और संन्यास के लिए होती।

पहले तपस्या की तरफ़ झुकाव रखनेवाले लोग छोटे-छोटे गुटों में जंगलों में आश्रम बनाकर रहा करते थे और विद्यार्थी आकर्षित होकर उनके यहां जाते थे। बौद्ध-धर्म के साथ-साथ बड़े-बड़े मठ—भिक्खुओं और भिक्खुनियों के—सब जगह बन गए और लोग इनमें खिंचकर बराबर जाने लगे। बिहार के सूबे का नाम ही बिहार या मठ से बना है, जिससे पता चलता है कि इस बड़े प्रदेश में कितने मठ रहे होंगे। इन मठों में शिक्षा का भी इंतज़ाम हुआ करता था और कुछ का संबंध विद्यालयों और कभी-कभी विश्वविद्यालयों या विद्यापीठों से था।

न सिर्फ़ हिंदुस्तान में, बल्कि सारे मध्य एशिया में, बहुत-से बड़े - बड़े बौद्ध मठ क़ायम थे। एक मशहूर मठ बलख़ में था, जिसमें एक हज़ार भिक्खु रहते थे और इसके बहुत-से उल्लेख मिलते हैं। इसका नाम नव-विहार या नया मठ था, जिसका फ़ारसी रूप नौ-बहार हो गया।

यह क्या बात है कि हिंदुस्तान में बौद्ध-धर्म का नतीजा यह हुआ कि और देशों के मुक़ाबले में, जहां यह लंबी मुद्दतों तक क़ायम रहा, जैसे चीन, जापान, और बरमा में यहां परलोकवाद की ज़्यादा तरक़्क़ी हुई? मैं नहीं जानता, लेकिन मेरा ख़याल है कि हर एक देश की पृष्ठभूमि इतनी काफ़ी मज़बूत रही है कि धर्म को अपने ही रूप में ढाल ले। मिसाल के लिए चीन में कनफ़ूशस और लाओ-त्से और दूसरे फ़िलसफ़ों की ज़बरदस्त परंपराएं रही हैं। और फिर चीन और जापान ने बौद्ध-धर्म का महायानी रूप क़ुबूल किया, जो हीनयान के मुक़ाबले में कम निराशावादी था। हिंदुस्तान पर जैन-धर्म का भी असर पड़ा, जो इन सब सिद्धांतों और फ़िलसफ़ों से ज़्यादा परलोकवादी और ज़िंदगी से इन्कार करनेवाला रहा है।

हिंदुस्तान और उसके सामाजिक संगठन पर बौद्ध-धर्म का एक और बड़ा अजीब असर पड़ा मालूम देता है, ऐसा असर, जो उसके सारे नज़रिये का विरोधी है। वह है जात-पांत संबंधी, जिसको उसने पसंद न किया, लेकिन फिर भी जिसकी मूल बुनियाद को इसने कुबूल कर लिया।

बुद्ध के ज़माने में वर्ण-व्यवस्था लचीली थी और इसमें उतनी कट्टरता नहीं आई थी, जितनी बाद के ज़माने में आ गई। जन्म से ज़्यादा योग्यता, चरित्र और काम पर ज़ोर दिया जाता था। ख़ुद बुद्ध ने अकसर ब्राह्मण शब्द का उपयोग योग्य, उत्साही और संयमी आदमी के लिए किया है। छांदोग्य उपनिषद् में एक मशहूर कहानी है, जिससे जात-पांत और स्त्री-पुरुष के संबंध को उस ज़माने में कैसा समझा जाता था, इस पर रोशनी पड़ती है।

यह सत्यकाम की कथा है, जिसकी माता जबाला थी। सत्यकाम गौतम ऋषि (बुद्ध नहीं) के यहां विद्या सीखना चाहता था और जब वह घर से चलने लगा, तब उसने अपनी मां से पूछा- " मैं किस गोत्र का हूं?" उसकी मां ने उससे कहा-"बेटा मैं नहीं जानती कि तू किस वंश का है। अपनी युवावस्था में, जब मैं अपने पिता के घर में आये हुए बहुत से अतिथियों की सेवा में रहती थी, उस समय तू मेरे गर्भ में आया। मैं नहीं जानती तू किस गोत्र का है। मेरा नाम जबाला था, तू सत्यकाम है। अपने को सत्यकाम जाबाल बताना। "

इसके बाद सत्यकाम गौतम के यहां गया और ऋषि ने उसके वंश का पता पूछा। उसने जैसा उसकी मां ने बताया था, कह दिया। इस पर ऋषि ने कहा-" सच्चे ब्राह्मण को छोड़कर दूसरा कोई इस तरह साफ़-साफ़ नहीं कह सकता। जाओ बस लकड़ी बीन लाओ। मैं तुम्हें दीक्षा दूंगा। तुम सत्य से डिगे नहीं।"

शायद बुद्ध के ज़माने में ब्राह्मण-वर्ग के लोगों में ही कमोबेश कट्टरता आई थी। क्षत्रिय अपने कुल और परंपरा का अभिमान करते थे, लेकिन जहां तक वर्ग की बात थी, उनके दरवाज़े उन सब व्यक्तियों और कुलों के लिए खुले हुए थे, जो शासक बन बैठे उन्हें छोड़कर ज़्यादातर लोग वैश्य थे, जो किसानी करते थे और यह पेशा बड़े आदर का पेशा समझा जाता था। दूसरी पेशेवर जातें भी थीं। अजाती कहलानेवाले लोग, जान पड़ता है, बहुत थोड़े थे, शायद कुछ जंगली लोग थे और कुछ ऐसे लोग थे, जिनका पेशा मुर्दों को जलाना, फेंकना आदि था।

जैन और बौद्ध-धर्म ने जो अहिंसा पर ज़ोर दिया, उसका नतीजा यह हुआ कि खेत जोतना एक नीचा धंधा समझा जाने लगा, क्योंकि इससे अकसर जीव - हत्या होती थी। यह पेशा, जो भारतीय-आर्यों के गर्व करने का पेशा था, देश के कुछ हिस्सों में गिरा हुआ समझा जाने लगा, बावजूद इसके कि इस पेशे का एक बुनियादी महत्त्व था, और जो लोग खेती करते, उनकी प्रतिष्ठा घट गई।

इस तरह से बौद्ध-धर्म, जो पुरोहिताई और कर्म-कांड के ख़िलाफ़ और आदमी को गिराने और उसे ऊंची ज़िंदगी से वंचित रखने के खिलाफ़ एक विद्रोह के रूप में उठा था, ख़ुद, अनजाने में, बहुत बड़ी संख्या में किसानों की पस्ती का कारण बन गया। बौद्ध-धर्म को इसके लिए ज़िम्मेदार ठहराना ठीक न होगा, क्योंकि दूसरी जगहों में इसका ऐसा कोई असर न पड़ा। वर्ण-व्यवस्था के भीतर ही कुछ ऐसी बात थी, जो इसे इस दिशा में ले गई।

जैन-धर्म ने उसे अहिंसा के उत्साह में इधर ढकेला—और बौद्ध-धर्म ने अनजाने में इस क्रिया में मदद पहुंचाई।

❐

12. हिंदू-धर्म ने बौद्ध-धर्म को क्योंकर अपने में मिला लिया?

आठ या नौ साल हुए, जब मैं पेरिस में था, मेरी और अपनी बातचीत के शुरू में ही, आंद्रे मालरो ने मुझ से एक अजीब सवाल किया। उन्होंने मुझ से पूछा - "वह कौन सी ताक़त थी, जिसकी वजह से एक हजार वर्ष पहले हिंदू-धर्म ने बिना किसी बड़े संघर्ष के संगठित बौद्ध-धर्म को हिंदुस्तान से बाहर ढकेल दिया? हिंदू-धर्म एक बड़े और फैले हुए लोकप्रिय धर्म को, बिना धर्म के नाम पर लड़ी गई उस तरह की लड़ाइयों के, जिन्होंने और देशों के इतिहास को काला किया है, क्योंकर एक तरह से अपने में जज़्ब कर लेने में कामयाब हुआ? कौन सी भीतरी ताक़त या जीवनी-शक्ति हिंदू-धर्म में उस वक़्त थी, जिससे वह यह अद्भुत काम कर सका? और क्या हिंदुस्तान में आज भी वह जीवनी - शक्ति और भीतरी ताक़त मौजूद है? अगर है, तो उसकी आज़ादी को कोई रोक नहीं सकता और उसका बड़प्पन निश्चय है।"

यह सवाल शायद ऐसा था, जो एक फ्रान्सीसी विचारक के लिए, जो काम के मैदान का भी आदमी था, उपयुक्त ही था। फिर भी यूरोप या अमरीका में बहुत कम लोग ऐसे होंगे, जो इस तरह की बातों में उलझें; उनके सामने तो मौजूदा ज़माने के ही न जाने कितने मसले ग़ौर करने के लिए होंगे। आज की दुनिया के ये मसले मालरो के सामने भी थे और अपने शक्तिशाली और विश्लेषण करनेवाले दिमाग़ के जरिये वह उन मसलों पर रोशनी हासिल करने की कोशिश में रहते थे, वह रोशनी चाहे गुजरे ज़माने से मिले, चाहे मौजूदा ज़माने

से - और इसे वह विचार से, बातचीत से, लेखों से, या सबसे बढ़कर काम से, ज़िंदगी और मौत के खेल के मैदान से, हासिल करने की कोशिश में रहते।

गुप्तकालीन भारत

स्पष्ट है कि मालरो के लिए यह केवल एक सैद्धांतिक सवाल नहीं था। यह उनके दिमाग़ में फिर रहा था और छूटते ही उन्होंने मुझ से यह सवाल किया। यह मेरी पसंद का सवाल था, या ऐसा सवाल था, जो मेरे मन में भी उठता रहा है। लेकिन इसका मेरे पास मालरो के लिए या खुद अपने लिए कोई जवाब न था। जवाबों और व्याख्याओं की कमी नहीं है, लेकिन वे ऐसी हैं कि सवाल के मूल तक नहीं पहुंचती।

यह साफ़ है कि हिंदुस्तान में बौद्ध-धर्म को बड़े पैमाने पर या ज़ुल्म के साथ दमन नहीं किया गया। कभी-कभी मुक़ामी झगड़े, या किसी हिंदू शासक और बौद्ध संघ या भिक्खुओं के संगठन के बीच, जो बड़ा शक्तिशाली हो गया था, संघर्ष हो जाते थे। इन झगड़ों के मूल में अकसर राजनैतिक बातें होती थीं और इनसे कोई ज्यादा फ़र्क होता-जाता न था। यह भी एक ध्यान रखने की बात है कि हिंदू-धर्म को बौद्ध-धर्म ने कभी भी बिलकुल ही हटा

दिया हो, ऐसा न था। जिस समय कि बौद्ध-धर्म की सबसे ज़्यादा तरक़्क़ी हुई, उस समय भी हिंदू-धर्म खूब फैला हुआ था। बौद्ध-धर्म की हिंदुस्तान में क़ुदरती मौत हुई; या यह कहिये कि यह रफ़्ता-रफ़्ता मिटता गया और एक नये रूप में बदलता गया। कीथ का कहना है - "हिंदुस्तान में एक ऐसी अद्भुत शक्ति है कि वह जिस चीज़ को बाहर से ग्रहण करता है, उसे अपने में मिला और पचा लेता है।" अगर यह बात बाहर से और विदेशी आधारों से ली गई चीज़ों के बारे में सही है, तो यह ख़ुद उसी के दिमाग़ और विचारों की उपज के बारे में और भी लागू हो जाती है। बौद्ध-धर्म न सिर्फ़ पूरी तौर पर हिंदुस्तान की उपज था, बल्कि इसका फ़िलसफ़ा हिंदुस्तान के पुराने विचार और उपनिषदों के वेदांती फ़िलसफे से मिलता हुआ था। उपनिषदों ने पुरोहिताई और कर्म-कांड का मज़ाक तक उड़ाया था और जात-पांत के महत्त्व को कम किया था।

आपस के शास्त्रार्थों के बावजूद, या शायद उन्हीं की वजह से ब्राह्मणधर्म और बौद्ध-धर्म की एक-दूसरे पर क्रिया-प्रतिक्रिया होती रही और ये फ़िलसफ़े और आम यक़ीन के ख़याल से भी एक-दूसरे के क़रीब आते रहे। ख़ासतौर पर महायान-मत ब्राह्मण-धर्म और रूपों के बहुत निकट था। अपनी नैतिक पृष्ठभूमि की हिफ़ाज़त करते हुए यह किसी चीज़ से भी समझौता करने के लिए तैयार था। ब्राह्मण-धर्म ने बुद्ध को अवतार— ईश्वर—बना दिया। यही बौद्ध-धर्म ने भी किया। महायान के सिद्धांत तेज़ी से फैले, लेकिन जैसे-जैसे उनका प्रसार हुआ, वैसे-वैसे महायान के गुणों का ह्रास हुआ और वह कम स्पष्ट रह गया। मठों में धन इकट्ठा हो गया, ये निहित स्वार्थों के गढ़ बन गए और इनका अनुशासन ढीला पड़ने लगा। पूजा के आम रूपों में जादू-टोने और अंध-विश्वास ने धर किया। पहले एक हज़ार साल के वजूद के बाद हिंदुस्तान में बौद्ध-धर्म का बढ़ता हुआ ह्रास दिखाई पड़ता है। इस ज़माने में उसके रोग की हालत का बयान मिसेज रीज़ डेविड्स ने किया है- "इन रोग ग्रस्त कल्पनाओं के गहरे असर में आकर गौतम की नैतिक शिक्षाएं हमारी निगाह से ओझल हो गई हैं। सिद्धांत-पर-सिद्धांत उठकर सामने आते हैं, और हर एक नई धारणा एक ज़वाबी धारणा मांगती है, यहां तक कि सारा आसमान दिमाग़ी जालसाज़ियों से भर जाता है और धर्म के बानी के सीधे-सादे और महान उपदेश आधिभौतिक सूक्ष्मताओं के चमकीले ढेर के नीचे दबकर और घुटकर ख़त्म हो जाते हैं।"[40]

यही बयान उन 'रोग ग्रस्त कल्पनाओं' और 'दिमाग़ी जालसाज़ियों' पर भी ठीक- ठीक लागू होता है, जिनसे ब्राह्मण-धर्म और उसकी शाखाएं इस ज़माने में पीड़ित थीं।

बौद्ध-धर्म हिंदुस्तान में एक सामाजिक और आध्यात्मिक जागृति और सुधार के ज़माने में शुरू हुआ। इसने लोगों में एक नई जान फूंकी, जनता की ताक़त के नये ज़रिये निकाले और रहनुमाई के नये जौहर पेश किये। अशोक की शहंशाही सरपरस्ती में यह तेज़ी से फैला और हिंदुस्तान का सबसे ख़ास मज़हब बन गया। यह दूसरे मुल्कों में भी फैला और बौद्ध

40. राधाकृष्णन की 'इंडियन फ़िलासफ़ी' नामक पुस्तक से लिया गया उद्धरण।

आलिमों और विद्वानों का एक तांता था, जो हिंदुस्तान के बाहर जाता था और हिंदुस्तान में आता था। यह सिलसिला सदियों तक जारी रहा। जब चीनी यात्री फ़ाहियान हिंदुस्तान में पांचवीं सदी ईसवी में, यानी बुद्ध के एक हज़ार साल बाद, आया, तो उसने देखा कि यहां बौद्ध-धर्म फैला हुआ है। सातवीं सदी में, एक उससे भी मशहूर यात्री, ह्वेनत्सांग (य्वांन च्वांग) हिंदुस्तान में आया और उसने ह्रास के लक्षण देखे, अगरचे कुछ प्रदेशों में इसका अब भी ज़ोर था। काफ़ी बड़ी तादाद में बौद्ध विद्वान और भिक्खू रफ़्ता-रफ़्ता हिंदुस्तान से चीन चले गए।

इस बीच में गुप्त सम्राटों के ज़माने में, चौथी और पांचवीं सदियों में, ब्राह्मण-धर्म में पुनर्जागृति पैदा हो गई थी। यह बौद्ध-धर्म की विरोधी हरगिज़ नहीं थी, लेकिन इसने यक़ीनी तौर पर ब्राह्मण-धर्म की ताक़त और अहमियत को बढ़ावा दिया और इसके भीतर बौद्ध-धर्म की परलोकमुखता के ख़िलाफ़ एक प्रतिक्रिया भी थी। बाद के गुप्त राजाओं ने बहुत दिनों तक हूणों के हमलों का मुक़ाबला किया, और अगरचे उन्होंने आख़िरकार हूणों को यहां से भगा दिया, फिर भी मुल्क में कमज़ोरी आ गई और ह्रास का सिलसिला शुरू हो गया। बाद में कई ऐसे वक़्त आए हैं, जब तरक़्क़ी दिखाई पड़ी है और मार्के के लोग सामने आए हैं। लेकिन ब्राह्मण-धर्म और बौद्ध-धर्म दोनें का ह्रास होता रहा, दोनों के अंदर बहुत गिरे क़िस्म के अमल दिखाई पड़ने लगे। दोनों के बीच फ़र्क कर सकना मुश्किल हो गया। अगर ब्राह्मण-धर्म ने बौद्ध-धर्म को ज़ज़्ब कर लिया, तो इस प्रक्रिया में ब्राह्मण-धर्म ख़ुद बहुत-से मानों में बदल गया।

आठवीं सदी में शंकराचार्य ने, जो हिंदुस्तान के सबसे बड़े फ़िलसूफ़ों में हो गए हैं, हिंदू संन्यासियों के मठ बनाये। यह बौद्धों के संघों की नक़ल में था। इससे पहले ब्राह्मण-धर्म में संन्यासियों के ऐसे कोई संगठन न थे, हालांकि उनके छोटे-छोटे गुट मौजूद थे।

पूर्वी बंगाल में और पच्छिमोत्तर में सिंध में बौद्ध-धर्म का कुछ बिगड़ा हुआ रूप अब भी चल रहा था। पर वैसे तो बौद्ध-धर्म रफ़्ता-रफ़्ता हिंदुस्तान से, एक फैले हुए मज़हब की शक़्ल में, उठ-सा गया।

❐

13. हिंदुस्तान का फ़िलसफ़ियाना नज़रिया

अगरचे एक विचार से दूसरे विचार का सिलसिला लगा रहता है, और आमतौर से इनमें से हर एक का ज़िंदगी के बदलते हुए ताने-बाने से ताल्लुक़ होता है और इन्सानी दिमाग़ में कभी-कभी एक तर्क-पूर्ण प्रवाह देखने को मिलता है, फिर भी ऐसा होता है कि ये विचार एक-दूसरे पर चढ़ आते हैं और नये और पुराने साथ-साथ चलते रहते हैं, जो आपस में मेल नहीं खाते और अकसर विरोधी होते हैं। अकेले आदमी के दिमाग को लीजिये, तो उसे भी हम विरोधी विचारों की एक गठरी पायेंगे, और उसके कामों में आपस में कोई मेल मुश्किल

से ढूंढ़ सकेंगे। जब एक क़ौम का सवाल हो, जिसमें सांस्कृतिक विकास की सभी मंज़िलें मिलती हों, तो हम देखेंगे कि वह अपने में, अपने विचारों, यक़ीनों और धंधों में, गुज़रे ज़मानों को लेकर आजतक के सभी युगों की नुमाइंदगी करती है। शायद इसके लोगों के काम मौजूदा ज़माने के समाजी और सांस्कृतिक नमूने से ज़्यादा मिलते हुए हों, नहीं तो वह ज़िंदगी की बहती हुई धार से अलग-थलग जा पड़ेंगे, लेकिन इन कामों के पीछे आदिम विश्वास और ऐसे यक़ीन लगे हुए हैं, जिनकी कोई दलील नहीं। ऐसे मुल्कों में भी, जो तिजारत के लिहाज़ से तरक़्क़ी-याफ़्ता हैं, जहां पर शख़्स ख़ुद-ब-ख़ुद नई-से-नई ईजादों या तरीक़ों को इस्तेमाल में लाता है या उनसे फ़ायदा उठाता है, हमें ऐसे यक़ीन और विचार मिलेंगे, जिन्हें दलील इन्कार करती है और अक़्ल क़ुबूल नहीं करती, और यह देखकर हद दर्जे का अचरज होता है। समझ और अक़्ल की उम्दा मिसाल हुए बिना ही एक राजनीतिज्ञ कामयाब हो सकता है। एक वकील मार्के का पैरोकार और न्याय-शास्त्री होते हुए भी और बातों में हद दर्जे का ज़ाहिल हो सकता है, और एक वैज्ञानिक भी, जो मौजूदा ज़माने का ख़ास नुमाइंदा है, अकसर अपने तरीक़ों और विज्ञान के नज़रिये को अपने पढ़ने के कमरे और प्रयोगशाला से बाहर आते ही भुला देता है।

यह बात उन मसलों पर सही आती है, जो हमारी रोज़मर्रा की ज़िंदगी के भौतिक पहलुओं पर असर डालते हैं। फ़िलसफ़े और आधिभौतिक विचारों में ये मसले ज़्यादा दूर के, कम क्षणिक और हमारे रोज़ के कामों से कप ताल्लुक रखनेवाले जान पड़ते हैं। हम लोगों में से ज़्यादातर के लिए—अगर हमने अपने ऊपर कड़ा संयम नहीं लगाया है, दिमाग़ को इस तौर पर मायल नहीं किया है-ये मसले अपने पहुंच से बिलकुल बाहर के हुआ करते हैं। लेकिन फिर भी हममें से सभी का कुछ-न-कुछ ज़िंदगी का फ़िलसफ़ा होता है, वह जान में हो या अनजान में; और अगर वह ख़ुद अपने चिंतन का नतीजा नहीं है, तो वह विरासत में मिला हुआ और दूसरों से क़ुबूल किया गया और ज़ाहिरा तौर पर सही मान लिया गया फ़िलसफ़ा होता है। या यह हो सकता है कि हम ख़ुद विचार करने के ख़तरे से बचकर किसी मज़हबी अकीदे या धार्मिक विश्वास या क़ौम के भाग्य या एक अस्पष्ट इन्सानी -दर्दमंदी के ख़याल में पनाह लें। अकसर ये सभी बातें और दूसरी बातें भी एक साथ मौजूद रहती हैं, चाहे उनमें आपस में कोई ताल्लुक़ न भी हो। इस तरह से हमारा व्यक्तित्व टुकड़ों में बंट जाता है, जो आपस में ताल्लुक रखते हुए अलग-अलग काम करते रहते हैं।

शायद गुज़रे ज़माने में इन्सान के व्यक्तित्व में ज़्यादा एकता और समतौल रहे हैं, अगरचे कुछ बहुत ऊंचे लोगों की मिसालों को छोड़कर, आज के मुक़ाबले में ये नीची सतह पर रहे होंगे। परिवर्तन के इस लंबे दौर में, जिससे दुनिया गुज़र रही है, हमने इस एकता को तोड़ दिया है, लेकिन हम एक नई एकता हासिल करने में अभी तक कामयाब नहीं हुए हैं। हम अब भी हठवादी धर्म के तरीक़ों से चिमटे हुए हैं, पुराने रस्मों और विश्वासों को पकड़े हुए हैं, फिर भी विज्ञान की रीति के बमूजिब रहने का दावा करते हैं। शायद विज्ञान, ज़िंदगी के

प्रति अपने नज़रिये में, बहुत तंग रहा है और इसने बहुत-से जीते-जागते पहलुओं को नज़र अंदाज़ कर दिया है; इसी से यह एक नई एकता और नये समन्वय का आधार नहीं पेश कर सकता है। शायद यह रफ़्ता - रफ़्ता इस आधार को फैला और हम इन्सानी, व्यक्तित्व के लिए पिछली सतह से ऊंचे स्थान पर एक नया मेल-जोल हासिल कर सकेंगे।

लेकिन मसला अब ज़्यादा मुश्किल और जटिल हो गया है, क्योंकि अब यह इन्सानी व्यक्तित्व के दायरे से बाहर पहुंच गया है। पुराने ज़माने और बीच के युग के महदूद दायरे में एक तरह से मिले-जुले व्यक्तित्व का विकास कर सकना शायद ज़्यादा आसान था। गांवों और शहरों की उस छोटी-सी दुनिया में, जहाँ समाजी संगठन और व्यवहार के ख़याल बंधे-तुले थे, व्यक्ति और उनके गिरोह, अपने तक महदूद और आमतौर पर बाहरी तूफ़ानों से महफ़ूज ज़िंदगी बिताया करते थे। आज व्यक्ति तक का दायरा सारी दुनिया तक फैल गया है और समाजी संगठन के जुदा-जुदा ख़याल एक-दूसरे के साथ टक्कर ले रहे हैं और उनके पीछे हैं ज़िंदगी के जुदा-जुदा फ़िलसफे। वहीं ज़ोर की हवा कहीं तूफ़ान बरपा करती है, तो कहीं बवंडर उठाती है। इसलिए अगर व्यक्ति की शांति और सकून हासिल करना है, तो यह तभी हो सकता है, जबकि उसे सारी दुनिया में फैली हुई एक ही क़िस्म की समाजी व्यवस्था का सहारा मिले।

हिंदुस्तान में और जगहों से कहीं ज़्यादा समाजी संगठन का पुराना विचार और ज़िंदगी का यह फ़िलसफ़ा, जो इसकी तह में है, कुछ हद तक आज भी चला आ रहा है। अगर उसमें समाज को पायदारी देनेवाला और उसका ज़िंदगी के हालात से मेल करानेवाला कोई गुण न होता है, तो ऐसा न हुआ होता। साथ ही, उनकी बुराई उनके गुण पर छा न गई होती, तो आख़िरकार वह नाकामयाब न हुए होते और ज़िंदगी से अलग-थलग होकर उसके लिए बोझ न बन जाते। लेकिन हर हालत में आज उन्हें हम दुनिया से जुदा चीज़ की हैसियत में नहीं देख सकते, हमें तो उन्हें दुनिया के साथ-साथ ही देखना पड़ेगा और उनका दुनिया के साथ मेल बिठाना होगा।

हैवल ने कहा है—'हिंदुस्तान में धर्म की हैसियत एक हठवादी मत की नहीं है, वह इन्सानी व्यवहार का एक ऐसा चालू सिद्धांत है, जिसने अपने को रूहानी तरक़्क़ी की मुख्तलिफ़ मंज़िलों और ज़िंदगी के मुख्तलिफ़ हालात के माफ़िक बना लिया है।" एक हठवादी मत में तो ज़िंदगी से अलग हटकर भी यक़ीन क़ायम रखा जा सकता है, लेकिन इन्सानी व्यवहार के एक चालू सिद्धांत को तो ज़िंदगी से अपना मेल बनाये रखना है, नहीं तो वह ज़िंदगी के रास्ते में रुकावट बन जायगा। ऐसे सिद्धांत का मूल आधार ही यह है कि वह अमली हो, ज़िंदगी से मेल रखनेवाला हो और अपने को बदलती हुई हालतों के मुताबिक़ ढाल सके। जब तक वह ऐसा कर सकता है, तब तक वह अपना काम कर रहा है। ज़िंदगी के झुकाव से दूर हुआ, सामाजिक ज़रूरतों से संपर्क छूटा, तो इसके और ज़िंदगी के बीच फ़ासला बढ़ जाता है और यह अपनी जीवनी-शक्ति और महत्त्व खो बैठता है।

आधिभौतिक सिद्धांत और कल्पनाओं का विषय ज़िंदगी की बराबर बदलती रहनेवाली चीज़ें नहीं हैं, बल्कि उनके पीछे जो परम सत्ता है— अगर इस तरह की कोई सत्ता है भी—वह है। इसलिए उनमें कुछ ऐसी पायदारी है, जिसमें बाहरी तब्दीलियों से फ़र्क नहीं आता। लेकिन जिस वातावरण में ये पैदा होते हैं और जिन इन्सानी दिमागों की ये उपज हैं, उनकी इन पर छाप रहती है। अगर इनका असर फैलता है, तो लोगों के ज़िंदगी के आम फ़िलासफ़े को ये बदल देते हैं। हिंदुस्तान में अगरचे फ़िलसफ़ा, जहाँ तक कि ऊंचे विचार का ताल्लुक़ है, कुछ चुने हुए लोगों तक महदूद रहा है, फिर भी और जगहों के मुक़ाबले में यह ज़्यादा आम रहा है और क़ौमी नज़रिये के ढालने और दिमाग़ का एक ख़ास रुझान पैदा करने में इसका गहरा हाथ रहा है।

बौद्ध फ़िलसफ़े ने इस अमल में एक अहम हिस्सा लिया और बीच के ज़माने में इस्लाम ने ऐसे नये फ़िरके पैदा करके- जिन्होंने हिंदू-धर्म और इस्लामी समाजी और मज़हबी गठन के बीच की खाई पर पुल बांधने की कोशिश की—सीधे तरीक़े से या घुमाव-फिराव के साथ, क़ौमी नज़रिये पर अपनी छाप डाली। लेकिन यों ख़ासतौर पर जिसका असर रहा है, वह हिंदुस्तान के छः दर्शनों का है। इनमें से कुछ पर ख़ुद बौद्ध- विचारों का प्रभाव पड़ा था। ये सभी कट्टर मत माने जाते हैं, लेकिन अपने नज़रिये और परिणामों में ये एक-दूसरे से जुदा हैं, अगरचे इनमें बहुत-से विचार एक-से भी हैं। इनमें हमें बहुदेववाद मिलेगा, साकार ईश्वरवाद मिलेगा, विशुद्ध अद्वैतवाद मिलेगा और ऐसा दर्शन भी मिलेगा, जो ईश्वर पर ध्यान न देते हुए विकास के सिद्धांतों को आधार बनाता है। हमें आदर्शवाद भी मिलेगा और पदार्थवाद भी। इन दर्शनों की एकता और विविधता में हमें जटिल और सर्वग्राही हिंदुस्तानी मानस के अनेक रुख़ देखने को मिलेंगे। मैक्समूलर ने इन दोनों बातों पर ध्यान दिलाया है-" इस सत्य का मुझ पर अधिकाधिक प्रभाव पड़ा है... कि इन छः दर्शनों की विविधता के पीछे कोई ऐसी आम पूंजी है, जिसे हम क़ौमी या आम फ़िलसफ़ा कह सकते हैं... जिससे हर एक विचारक अपने मतलब के माफ़िक़ विचार ले सकता था।"

इन सबमें समान रूप से माना गया यह विश्वास है कि विश्व में एक व्यवस्था है और उसका परिचालन नियम के अनुसार होता है और उसमें एक विशाल तारतम्य है। कुछ इस तरह का ख़याल ज़रूरी हो जाता है, नहीं तो कोई ऐसी व्यवस्था नहीं रह जायगी, जिसका समझना ज़रूरी हो। अगरचे हेतुवाद और कार्य-कारण के सिद्धांत चलते रहते हैं, फिर भी व्यक्तियों को अपने भाग्य का निर्माण करने की कुछ स्वतंत्रता रहती है। हमें इनमें पुनर्जन्म में विश्वास मिलता है और इनमें निस्वार्थ प्रेम और निष्काम कर्म पर ज़ोर दिया गया है। विवेचन में तर्क और बुद्धि का सहारा लिया जाता है, लेकिन यह बात मान्य है कि अंतरप्रेरणा इन दोनों से बढ़कर है। साधारण विवेचन बुद्धि के धरातल पर चलता है—जहाँ तक कि बुद्धि का सहारा उन बातों के विषय में लिया जा सकता है, जो उसकी सीमा से बाहर है। प्रोफेसर कीथ ने बताया है कि "इन दर्शनों में निश्चय ही एक कट्टरता है और धर्मग्रंथों के प्रमाण को

माना गया है, लेकिन वे अस्तित्व संबंधी समस्याओं को इन्सानी तरीक़ों से समझना चाहते हैं, और देखा यह जाता है कि धर्म-ग्रंथों का इस्तेमाल केवल उन नतीजों के समर्थन में हुआ है, जिन पर वे स्वतंत्र रूप से पहुंचे हैं और अकसर तो प्रमाणों का उनके सिद्धांतों से लगाव भी संदिग्ध रह जाता है।"

❐

14. षट् - दर्शन

हिंदुस्तानी फ़िलसफ़े की शुरुआत हम बौद्ध ज़माने से पहले ही होती हुई देखते हैं। ब्राह्मणों और बौद्धों के दर्शनों का विकास साथ-साथ और रफ़्ता-रफ़्ता होता है और ये आपस में अकसर एक-दूसरे की अलोचना भी करते हैं और एक-दूसरे की बातों को ग्रहण भी कर लेते हैं। ईस्वी संवत के आरंभ होने से पहले ब्राह्मणों के छः दर्शनों ने, ऐसे और बहुत-से वादों के भीतर से उठकर, अपना स्वरूप बना लिया था। इनमें हर एक का अपना जुदा नज़रिया है, हर एक की तर्क-शैली अलग है, फिर भी ये एक-दूसरे से अलग-अलग नहीं थे, बल्कि एक बड़ी व्यवस्था के अंग थे।

छः दर्शनों के नाम इस तरह हैं - (1) न्याय; (2) वैशेषिक; (3) सांख्य; (4) योग; (5) मीमांसा और (6) वेदांत।

न्याय की शैली तर्क और विश्लेषण की शैली है। दरअसल 'न्याय' के मानी ही तर्क या विवेक-शास्त्र के हैं। यह बहुत कुछ अरस्तू की तर्कशैली से मिलता-जुलता है, लेकिन दोनों में बुनियादी फ़र्क भी है। न्याय के बुनियादी उसूलों को और सभी दर्शनों ने स्वीकार कर लिया था और मानसिक संयम के रूप में न्याय की शिक्षा बराबर प्राचीन और बीच के ज़माने में, बल्कि आजतक हिंदुस्तान की पाठशालाओं और विश्वविद्यालयों में दी जाती रही है। हिंदुस्तान की नई तालीम में इसे जगह नहीं मिली है, लेकिन जहां कहीं भी संस्कृत पुराने ढंग से पढ़ाई जाती है, वहां यह पाठ्य-क्रम का एक ख़ास अंग है। दर्शन के अध्ययन के लिए इसे महज़ एक लाज़िमी तैयारी के तौर पर नहीं समझा जाता था, बल्कि यह ख़याल किया जाता था कि हर एक पढ़े-लिखे आदमी के लिए इसका जानना ज़रूरी है। हिंदुस्तानी तालीम की पुरानी व्यवस्था में इसकी कम-से-कम उतनी ही महत्त्वपूर्ण जगह है, जितनी कि यूरोपीय शिक्षा में अरस्तू के तर्क-शास्त्र की।

इसका तरीक़ा अलबत्ता इस ज़माने के वैज्ञानिक ढंग के वस्तुगत अनुसंधान से जुदा था। फिर भी वह अपने ढंग से आलोचनात्मक और शास्त्रीय था, और ऐसा था कि उसमें धर्म का सहारा लेने के बजाय ज्ञान के विषयों की जांच की तर्कपूर्ण ढंग से और क़दम-क़दम करके कोशिश की गई है। इसके पीछे कुछ धर्म ज़रूर रहा है, कुछ मान्यताएं रही हैं, जिनके बारे में तर्क कर सकना मुमकिन न था। लेकिन उन मान्यताओं को क़ुबूल करके, इस दर्शन

का ढांचा ऐसी ही बुनियाद पर खड़ा किया गया है। यह मान लिया गया था कि ज़िंदगी और प्रकृति में एक तारतम्य और एकता है। व्यक्ति-रूप ईश्वर में भी विश्वास है, इसी तरह व्यक्ति-रूप आत्माओं और पारमाण्विक सृष्टि में। व्यक्ति न शरीर है और न आत्मा, बल्कि दोनों के मेल का नतीजा है। वास्तविकता को आत्माओं और प्रकृति का जटिल मिश्रण माना गया है।

वैशेषिक दर्शन बहुत-सी बातों में न्याय से मिलता-जुलता है। यह जीव और पदार्थ की भिन्नता पर ज़ोर देता है और इस सिद्धांत को पेश करता है कि सृष्टि परमाणुओं से निर्मित है। इसमें विश्व को धर्म के आधार पर संचालित बताया गया है और इसी सिद्धांत अनुमान को साफ़-साफ़ स्वीकार नहीं किया गया है। पर सारा ढांचा खड़ा है। ईश्वर के न्याय और वैशेषिक और शुरू के मिलाकर उनका नज़रिया यथार्थवादी है।

सांख्य दर्शन, जिसके बारे में कहा जाता है कि कपिल (लगभग सातवीं सदी, ई० पू०) ने इसे बहुत-सी प्राचीन और बुद्ध से पहले की विचारधाराओं के तत्त्वों के सहारे गढ़ा था, बड़े मार्के का है। रिचर्ड गार्बे के अनुसार-" दुनिया के इतिहास में पहली बार हमें इन्सानी दिमाग़ की पूरी आज़ादी और अपनी शक्ति पर पूरी निर्भरता की मिसाल कहीं मिलती है, तो वह कपिल के सिद्धांत में।"

बौद्ध-धर्म के उदय के बाद सांख्य एक बड़ा सुगठित दर्शन बन गया। जो सिद्धांत इसमें बताया गया है, वह वस्तु जगत के पदार्थों की जांच के आधार पर नहीं बना है, बल्कि आदमी के दिमाग़ से उपजी हुई, पूरे तौर पर फ़िलसफ़ियाना और आधिभौतिक कल्पना है। दरअसल जो चीज़ें अपनी पहुंच से परे हैं, उनकी इस तरह जांच मुमकिन भी नहीं। बौद्ध-धर्म की तरह सांख्य ने भी अपनी जांच-पड़ताल में बुद्धि और तर्क का सहारा लिया और प्रमाणों को छोड़ा, इस तरह उसने बौद्ध-धर्म से उसी के मैदान में मोर्चा लिया। इस बुद्धिवादी नज़रिये की वजह से ईश्वर के विचार को अलग कर दिया गया। इस तरह सांख्य में न साकार ईश्वर है और न निराकार, न एकेश्वरवाद है न एकवाद। इसका नज़रिया नास्तिक नज़रिया है और इसने लोकातीत धर्म की बुनियादों को हिला दिया। ईश्वर ने विश्व की सृष्टि नहीं की है, बल्कि एक सतत विकास हुआ है। वह पुरुष, बल्कि पुरुषों और प्रकृति की आपस की प्रतिक्रिया का नतीजा है, अगरचे प्रकृति ख़ुद भी शक्तिरूप है। विकास एक निरंतर प्रक्रिया है।

सांख्य द्वैतवादी दर्शन कहलाता है, क्योंकि इसका आधार दो आदिकारणों पर है, एक तो प्रकृति है, जो बराबर काम करती रहनेवाली और परिवर्तनशील शक्ति है, और दूसरा पुरुष है, जो चेतन है और कभी बदलता नहीं। चेतन - रूप पुरुषों या आत्माओं की अनगिनत संख्या है। पुरुष स्वयं स्थिर है, लेकिन उसके प्रभाव में प्रकृति विकास करती है और एक बराबर पूर्णता को प्राप्त करनेवाली दुनिया का रूप लेती है। कार्य कारण का संबंध माना गया है, लेकिन कहा गया है कि कार्य कारण में ही निहित है। कार्य और कारण इस तरह से एक ही वस्तु के विकसित और अविकसित रूप हैं। हमारे अमली नज़रिये से अलबत्ता कार्य और

कारण जुदा-जुदा और एक-दूसरे से मुख़्तलिफ़ हैं, लेकिन बुनियादी तौर पर दोनों एक हैं।

इस तरह तर्क चलता है और यह दिखाता है कि किस तरह से अव्यक्त प्रकृति या शक्ति, पुरुष या चेतन के प्रभाव में और हेतुवाद के सिद्धांत के अनुसार, इतना जटिल और विविध रूप धारण कर लेती है और बराबर बदलती और विकास करती रहती है। विश्व के ऊंचे-से-ऊंचे और नीचे से नीचे प्राणी के बीच में एक सिलसिला और एकता है।

सारी कल्पना आधिभौतिक है, और कुछ अनुमानों के आधार पर जो विवेचन पेश किया गया है, वह लंबा, जटिल और तर्कपूर्ण है।

पतंजलि का योग दर्शन ख़ासतौर पर शरीर और मन के संयम का एक तरीक़ा है, जिससे मानसिक और आत्मिक शिक्षा मिलती है। पतंजलि ने न सिर्फ़ इस पुराने दर्शन को एक संगठित रूप दिया, बल्कि पाणिनि के संस्कृत व्याकरण पर भी उसने भाष्य लिखा। यह टीका, जो 'महाभाष्य' के नाम से मशहूर है, उतनी ही प्रामाणिक मानी जाती है, जितना कि पाणिनि का ग्रंथ। लेनिनग्राद के प्रोफेसर शेरबात्सकी ने लिखा है कि "हिंदुस्तान की आदर्श वैज्ञानिक कृति पाणिनि का व्याकरण और पतंजलि का 'महाभाष्य' है।"[41]

योग शब्द यूरोप और अमरीका में ख़ूब चल गया है, अगरचे इसे बहुत कम लोग ठीक-ठीक समझते हैं और इसका संबंध विचित्र क्रियाओं से जोड़ा जाता है, ख़ासतौर पर बुद्ध के समान आसन लगाकर बैठने से और अपनी नाभि या नाक की नोक की तरफ़ ध्यान लगाकर देखने से।[42] पच्छिम में कुछ लोग शरीर के कुछ करतबों को सीखकर अपने को इस विषय का अधिकारी समझने लगते हैं और विश्वासी या अद्भुत चीज़ों की तलाश में रहनेवालों को ठगते हैं, या उन पर रोब जमाते हैं। यह दर्शन शरीर के कुछ करतबों तक सीमित नहीं है, बल्कि इसका आधार यह मनोवैज्ञानिक ख़याल है कि मन की ठीक-ठीक शिक्षा हो, तो एक ऊंचे ढंग की चेतना पैदा हो जाती है। इस तरीक़े का मक़सद यह है कि आदमी ख़ुद चीज़ों की जानकारी हासिल करे, यह नहीं कि यथार्थता या विश्व के बारे में किसी पूर्व-कल्पित आधिभौतिक सिद्धांत को क़ुबूल कर ले। इस तरह से यह एक प्रयोगात्मक पद्धति है और इसे चलाने के सबसे अच्छे ढंग बयान किये गए हैं और इसलिए इसे कोई भी फ़िलसफ़ा ग्रहण कर सकता है, उसका नज़रिया चाहे जैसा हो। मिसाल के लिए सांख्य दर्शन, जो नास्तिक है, इसके तरीक़ों को व्यवहार में ला सकता है। बौद्ध-धर्म ने यौगिक शिक्षा के नये ही रूप का विकास किया, जो इससे कुछ मिलता था और कुछ जुदा था। इसलिए पतंजलि के योग

---

41. यह निश्चय नहीं हो पाया है कि वैयाकरण पतंजलि और 'योगसूत्र' के रचनेवाले पतंजलि एक ही हैं कि दो हैं। वैयाकरण की तिथि तो निश्चित रूप से मालूम है कि ईसा से पहले की दूसरी सदी है। कुछ लोगों की राय है कि 'योगसूत्र' का रचयिता दूसरा ही है, जो इसके दो- तीन साल बाद हुआ है।

42. 'योग' शब्द का अर्थ है 'मेल'। शायद यह उसी धातु से निकला है, जिससे अंग्रेज़ी शब्द 'योक' निकला है।

दर्शन के सिद्धांतवाले अंश मुक़ाबले में कम महत्त्व के हैं; जिस चीज़ का महत्त्व है, वह है उसकी क्रियाएं। ईश्वर की सत्ता में विश्वास इस दर्शन का अंग नहीं है, लेकिन इस बात का सुझाव दिया जान पड़ता है कि साकार ईश्वर में विश्वास और उसकी भक्ति मन को स्थिर करने में मददगार होती है, इसलिए इसका एक अमली मक़सद है।

ऐसा ख़याल किया जाता है कि आगे चलकर योग की साधना करनेवाले को एक अंतर्दृष्टि हासिल हो जाती है, या परमानंद की स्थिति प्राप्त हो जाती है, जिस तरह की स्थिति का सूफ़ी लोग भी बयान करते हैं। मैं नहीं कह सकता कि यह मन की ऊंची स्थिति है, जिससे विशेष ज्ञान के दरवाज़े खुल जाते हैं, या महज़ एक आत्म- मोह की हालत है। अगर इनमें से पहली बात मुमकिन है, तो दूसरी भी यक़ीनी तौर पर पैदा होती है, और इसे लोग अच्छी तरह जानते हैं कि योग की क्रिया में कोई व्यतिक्रम हुआ, तो उसके बड़े विषम नतीजे होते हैं— जहां तक कि दिमाग़ का ताल्लुक़ है।

लेकिन ध्यान और मनन की इन आख़िरी सीढ़ियों तक पहुंचने से पहले शरीर और मन के संयम की ज़रूरत है। शरीर ठीक और स्वस्थ, लचीला और सुंदर, दृढ़ और मज़बूत होना चाहिए, बहुतेरी जिस्मानी कसरतें बताई गई हैं, और सांस लेने के तरीक़े भी, जिनसे उस पर बस हासिल हो सके और आदमी आमतौर पर गहरी और लंबी सांसें लेने का आदी हो जाय। इसके लिए 'क़सरतें' लफ्ज इस्तेमाल करना ठीक नहीं, क्योंकि इनमें ज़ोर से हरकतें नहीं होतीं। ये तो एक तरह के आसन या बैठने के तरीक़े हैं और अगर इन्हीं को ठीक-ठीक किया गया, तो ये शरीर को आराम देते हैं और तरो-ताज़ा कर देते हैं, उसे बिलकुल थकाते नहीं। शरीर को चुस्त रखने का यह ख़ास हिंदुस्तानी तरीक़ा सचमुच बड़े मार्के का है, अगर हम इसका दूसरा आम तरीक़ों से मुक़ाबला करते हैं, जिनमें उछल कूद रहती है और जिस्म को तरह-तरह से झटके दिये जाते हैं, यहां तक कि आदमी थककर रह जाता है और हांफ जाता है। ये दूसरे तरीक़े भी हिंदुस्तान में रायज़ रहे हैं और कुश्ती, तैराकी, घुड़सवारी, बनेटी, तीरंदाज़ी, गदा-मुगदर जि-जित्सू के ढंग की चीज़ और बहुत-से और खेल और दिलबहलाव के तरीक़े रहे हैं। लेकिन आसन का तरीक़ा शायद हिंदुस्तान के लिए अपना और उसके फ़िलसफ़े के अनुकूल है। इसमें एक ख़ास सम-तौल है और शरीर को कसरत कराते हुए भी इसमें एक अविचलित शांति है। इससे शक्ति को ख़र्च किये बग़ैर आदमी ताक़त और चुस्ती हासिल कर लेता है और इसी वजह से आसन सभी उम्र के लोगों के लिए ठीक है, यहां तक कि इसे बूढ़े लोग भी कर सकते हैं।

ये आसन बहुत तरह के हैं। इधर कई बरसों से, जब-जब मुझे मौक़ा मिला है, मैं इनमें से कुछ सीधे-सादे और चुने हुए आसनों का प्रयोग करता रहा हूं। इसमें शक नहीं कि शरीर और मन के लिए जैसी प्रतिकूल हालतों में मुझे अकसर रहना पड़ा है, उसमें इनसे मुझे बड़ा फ़ायदा हुआ है। योग का अभ्यास मेरा इन्हीं तक और कुछ प्राणायाम की विधियों तक सीमित रहा है। मैं कुछ शुरू की जिस्मानी हालतों से आगे नहीं बढ़ सका हूं और मेरा मन

अब भी क़ाबू में नहीं आया है और शरीर का एक असंयत अंग बन हुआ है।

शरीर के समय के साथ-साथ (जिसमें उचित खान-पान करना और अनुचित खान-पान से बचना शामिल है), जिसे योग दर्शन में नैतिक प्रवृत्ति कहा गया है, वह भी ज़रूरी है। इसके अंदर अहिंसा, सत्य, ब्रह्मचर्य आदि आते हैं। अहिंसा के माने शारीरिक बल-प्रयोग से बचना ही नहीं है, बल्कि मन को घृणा और द्वेष से बचाये रखना भी है।

यह ख़याल किया जाता है कि इन सबसे इंद्रियों पर क़ाबू पाया जाता है। इसके बाद मनन और ध्यान आते हैं और अंत में वह गहरी एकाग्रता या समाधि की अवस्था आती है, जिससे अनेक प्रकार की अंतर्दृष्टि प्राप्त हो जाती है।

विवेकानंद ने, जो योग और वेदांत के इस ज़माने के सबसे बड़े हामियों में हुए हैं, योग के प्रयोगात्मक पहलू पर बार-बार ज़ोर दिया है और उसे विवेक पर आधारित किया है।" इन योगों में से कोई भी विवेक का पल्ला नहीं छोड़ता, कोई यह नहीं कहता कि तुम अपनी विवेक-बुद्धि किसी भी तरह के पुरोहितों के हाथ में सुपुर्द कर दो... इनमें से हर एक यह बताता है कि तुम अपने विवेक को मज़बूती से पकड़े रहो।" अगरचे योग और वेदांत का भाव विज्ञान के भाव के अनुकूल है, फिर भी यह सच है कि दानों के माध्यम जुदा-जुदा हैं, और इसलिए उनमें गहरे मतभेद आ जाते हैं। योग के बमूजिब चेतना बुद्धि तक महदूद नहीं, और "विचार कर्म है, और केवल कर्म के कारण विचार का मूल्य है।" प्रेरणा और अंतर्दृष्टि को स्वीकार किया गया है, लेकिन क्या यह भुलावे में हमें नहीं डाल सकती? विवेकानंद कहते हैं कि बुद्धि के ख़िलाफ़ नहीं होना चाहिए, "जिसे हम प्रेरणा कहते हैं, वह विवेक का ही विकास है, अंतर्दृष्टि तक पहुंचानेवाला रास्ता विवेक का ही रास्ता है...सच्ची प्रेरणा कभी विवेक के ख़िलाफ़ नहीं जाती। जहां वह ख़िलाफ़ जाती है, वहां वह सच्ची प्रेरणा ही नहीं है... " यह भी कहते हैं –" प्रेरणा हर किसी की भलाई के लिए होनी चाहिए; नाम और शोहरत और किसी निजी फ़ायदे के लिए नहीं। इसे हमेशा दुनिया के भले के लिए और पूरी तरह से निस्वार्थ होना चाहिए।"

आगे वह कहते हैं—"ज्ञान का एकमात्र आधार अनुभव है।" जांच-पड़ताल के वही तरीक़े, जिन्हें हम विज्ञान में और बाहरी ज्ञान के सिलसिले में इस्तेमाल में लाते हैं, मज़हब के मामले में भी इस्तेमाल में आने चाहिए।" अगर इस तरह की जांच-पड़ताल का यह नतीजा होता है कि मज़हब नष्ट हो जाता है, तो यह समझना चाहिए कि वह एक फिज़ूल-सी चीज़ था और निकम्मा अंधविश्वास था; और जितनी जल्दी वह ख़त्म हो जाय, उतना ही अच्छा है।" "मज़हब इस बात का दावा क्यों करते हैं कि वे विवेक से बंधे नहीं हैं, यह कोई नहीं जानता... क्योंकि यह कहीं बेहतर है कि आदमी बुद्धि का अनुसरण करते हुए नास्तिक हो जाय, बजाय इसके कि किसी के प्रमाण पर बीस करोड़ देवताओं में अंधविश्वास रखे... शायद ऐसे पैगंबर हुए हैं, जिन्होंने इंद्रियों के ज्ञान की सीमा पार कर ली है और जो इससे आगे बढ़ गए हैं। इस बात में हम यक़ीन उसी वक़्त लायेंगे, जब हम ऐसा ख़ुद कर सकें;

इससे पहले नहीं।" यह कहा जाता है कि विवेक ऐसी दृढ़ चीज़ नहीं है और इससे अकसर ग़लतियां हो जाती हैं। अगर विवेक कमज़ोर चीज़ है, तो पुरोहितों का एक समूह क्यों ज्यादा क़ाबिले- इतमीनान समझा जाय? विवेकानंद आगे कहते हैं—"मैं अपने विवेक का सहारा लूंगा, क्योंकि बावजूद उसके कमज़ोर होने के, उसी के ज़रिये सचाई तक पहुंचने का मौक़ा हो सकता है।... इसलिए हमें विवेक का अनुसरण करना चाहिए और उन लोगों से सहानुभूति रखनी चाहिए, जो विवेक का अनुसरण करते हुए किसी विश्वास पर नहीं पहुंच सके हैं।" "इस राजयोग के मनन के लिए किसी विश्वास की ज़रूरत नहीं। जबतक कि तुम ख़ुद न जान लो, किसी चीज़ में यक़ीन न लाओ।"[43]

विवेकानंदजी विवेक पर बराबर ज़ोर देते रहे और उन्होंने विश्वास के आधार पर जो किसी चीज़ को मान लेने से जो इन्कार किया, उसका कारण यह था कि उनके दिमाग़ की आज़ादी में अटल यक़ीन था; अलावा इसके वह प्रमाण को मान लेने से उठनेवाले बुराइयों को अपने मुल्क में देख चुके थे – "क्योंकि मैं एक ऐसे मुल्क में पैदा हुआ, जहां लोगों ने प्रमाण की हद कर दी है।" इसलिए उन्होंने पुराने योग और वेदांत दर्शनों की अपने मत अनुसार व्याख्या की और इसके वह अधिकारी भी थे। लेकिन उनके पीछे चाहे जितना विवेक और प्रयोग हो, वे एक ऐसे क्षेत्र की बातें हैं, जो साधारण आदमी की समझ और पहुंच के बाहर की हैं और यह क्षेत्र आध्यात्मिक और मनोवैज्ञानिक है और जिस दुनिया से हम परिचित हैं, उससे बिलकुल जुदा है। यह तय है कि इस तरह के प्रयोग और अनुभव सिर्फ़ हिंदुस्तान में ही नहीं हुए हैं, ईसाई रहस्यवादियों, ईरानी सूफ़ियों और औरों की रचनाओं में इसके पूरे-पूरे सबूत मिलते हैं। यूं अनुभव एक-दूसरे से कितने मिलते- जुलते हैं, यह देखकर अचरज होता है। रोम्यां रोलां के शब्दों में, उनसे यह ज़ाहिर होता है कि " मज़हबी अनुभव की बड़ी घटनाएं सब जगह और सब काल में मिलती है; जाति और काल के अलग-अलग पहनावे को हटा दिया जाय, तो ये आपस में समान दिखनेवाली हैं और इनसे यह पता लगता है कि इन्सान की भावना में बराबर एकता है—बल्कि यह भावना से भी ज़्यादा गहराई में जानेवाली चीज़ है, जिसकी तलाश में यह भावना ख़ुद रहती है—मनुष्य मात्र को निर्माण करनेवाला तत्त्व ही एक है। "

तब फिर योग एक ऐसी प्रयोगात्मक पद्धति है, जो व्यक्तिगत की आध्यात्मिक पृष्ठभूमि को टटोलती है और इस तरह कुछ चेतना और मन की रोक-थाम को विकसित करती है। आजकल का मनोविज्ञान इससे कहां तक लाभ उठा सकता है, मैं नहीं कह सकता; लेकिन ऐसा करने का कुछ प्रयत्न होना अच्छा है। अरविंद घोष ने योग की परिभाषा इस तरह की है-" सारा राज-योग इस चेतना और अनुभव पर निर्भर करता है कि हमारे भीतरी तत्त्व, उनके मेल-जोल, कृत्य, शक्तियां, इन सबको अलग-अलग और छिन्न-भिन्न किया जा सकता है

43. विवेकानंद की रचनाओं के ज़्यादातर उद्धरण रोम्यां रोलां की पुस्तक 'लाइफ ऑव विवेकानंद' से लिए गए हैं।

और फिर उनमें एक नया संयोग पैदा किया जा सकता है और उनसे ऐसे नये काम लिए जा सकते हैं, जो उनके लिए पहले मुमकिन न होते या उन्हें बदलकर निश्चित भीतरी क्रियाओं से एक नये समन्वय का रूप दिया जा सकता है।"

इसके बाद दूसरा दर्शन है मीमांसा। यह कर्म-कांड संबंधी है और इसमें बहुदेववाद की तरफ़ झुकाव मिलता है। इस ज़माने के आम हिंदू-धर्म और हिंदू-विधान पर इस सिद्धांत और उसके नियमों का बड़ा असर रहा है। ये नियम बताते हैं कि धर्म क्या है और उनके अनुसार उचित आचार कैसा होना चाहिए। इस बात का ध्यान रखना चाहिए कि हिंदुओं का बहुदेववाद एक विचित्र ही ढंग का है, क्योंकि देव लोग, उनमें चाहे जैसी विशेष शक्तियां हों, मनुष्य से नीची योनि के जीव माने गए हैं। हिंदुओं और बौद्धों दोनों ही का विश्वास है कि मनुष्य - जन्म आत्म-सिद्धि के रास्ते में जीव के लिए सबसे ऊंची अवस्था है। देव लोग भी यह स्वतंत्रता और सिद्धि तभी हासिल कर सकते हैं, जब वे आदमी का जन्म लें। साधारण बहुदेववाद की कल्पना से यह बहुत दूर की स्थिति है। बौद्धों का कहना है कि सिर्फ़ मनुष्य बुद्धत्व के परम पद को प्राप्त कर सकता है।

इस सिलसिले का छठा और आख़िरी दर्शन वेदांत हैं, जिसकी शुरुआत उपनिषदों से होती है और जो विकसित होकर अनेक रूप धारण करता है, लेकिन जिसका आधार हमेशा विश्व की अद्वैत कल्पना में रहा है। सांख्य में जिस पुरुष और प्रकृति का वर्णन है, उसे वेदांत अलग-अलग तत्त्व नहीं समझता, बल्कि यह समझता है कि यह एक ही सत्ता, परम पुरुष, के विभाव हैं। पुराने वेदांत के आधार पर शंकर (या शंकराचार्य) ने अद्वैत वेदांत का निर्माण किया। यही वह दर्शन है, जो आज के हिंदू-धर्म के आम नज़रिये की नुमाइंदगी करता है।

इसका आधार विशुद्ध अद्वैतवाद है; आधिभौतिक अर्थ में आख़िरी सत्ता आत्मा या परब्रह्म है। वही सद्रूप है; और जो कुछ भी है, वह दृश्य मान है। परब्रह्म किस तरह सब चीज़ों में व्याप्त है; किस तरह से एक अनेक रूप में भासमान है और अखंड भी है, क्योंकि परब्रह्म अखंड और ऐसा है, जिसके टुकड़े नहीं किये जा सकते; यह सब तर्क द्वारा समझ में नहीं आ सकता, क्योंकि हमारा दिमाग़ वस्तु-जगत से सीमित और महदूद है। उपनिषद् ने इस आत्मा का बयान इस तरह किया है (अगर हम इसे बयान कह सकते हैं)—" वह पूर्ण है, यह (भी) पूर्ण है; पूर्ण-से- पूर्ण आता है; पूर्ण-को- पूर्ण से निकाल लो, (फिर भी) पूर्ण बच रहता है।"

शंकर ने ज्ञान के एक जटिल और सूक्ष्म सिद्धांत का निर्माण किया है और कुछ अनुमानों के आधार पर, तर्क द्वारा एक-एक पग बढ़ते हुए अद्वैतवाद का पूरा ढांचा पेश किया है। व्यक्तिगत आत्मा की अलग सत्ता नहीं है, बल्कि वह परमात्मा ही है, जिसने अपने को कुछ रूपों में सीमित कर लिया है। इसकी उपमा घड़े के भीतर के अवकाश से दी गई है, आत्मा व्यापक अवकाश है। अमल में हम उन दोनों को अलग-अलग मान सकते हैं, लेकिन यह भेद केवल देखने का है, सच्चा भेद नहीं है। इस एकता के, यानी व्यक्तिगत आत्मा और परमात्मा की एकता के, अनुभव में ही मुक्ति है।

इस तरह से हम जिस वस्तु जगत को अपने चारों ओर देखते हैं, वह उस सत्ता का सिर्फ़ एक प्रतिबिंब है; या अनुभव के स्तर पर उसकी छाया है। इसे माया कहा गया है, जिसका अंग्रेज़ी में 'इल्यूजन' शब्द द्वारा ग़लत अनुवाद किया गया है। लेकिन यह असत् नहीं है। यह सत् और असत् के बीच का एक रूप है। यह एक प्रकार की सापेक्ष स्थिति है, इसलिए शायद सापेक्षवाद की कल्पना हमें माया के अर्थ के ज़्यादा निकट लाती है। फिर इस दुनिया में भलाई और बुराई क्या है? क्या ये भी सिर्फ़ प्रतिबिंब हैं और इनमें सार नहीं है? आख़िरी विश्लेषण में वे चाहे जो ठहरें, हमारी इस अनुभव की दुनिया में इन नैतिक भेदों में एक वास्तविकता और महत्त्व है। जहां व्यक्ति व्यक्ति की तरह पेश आते हैं, वहां ये भेद संगत हो जाते हैं।

ये सीमित व्यक्ति असीम को बिना सीमित किये उसकी कल्पना नहीं कर सकते; वे महज़ महदूद और वस्तुगत रूप में कल्पना कर सकते हैं। लेकिन ये सीमित रूप और कल्पनाएं भी अंत में असीम और परब्रह्म में ही आश्रय लेती हैं। इसलिए धर्म का रूप एक सापेक्ष बात हो जाती है और हर एक आदमी अपनी शक्ति के अनुसार कल्पना करने के लिए आज़ाद है।

शंकर ने वर्ण-व्यवस्था की बुनियाद पर ब्राह्मणों के ज़रिये बनी समाजी ज़िंदगी को क़ुबूल किया और उसी को क़ौम के मिले-जुले अनुभव और अक़्ल की नुमाइंदगी करनेवाला समझा। लेकिन उन्होंने बताया कि किसी भी जाति का कोई भी आदमी सबसे ऊंचा ज्ञान हासिल कर सकता है।

शंकर के फ़िलसफ़े और उनके रुख़ में दुनिया से इन्कार करने का और आत्मा की मुक्ति के लिए, जो उनकी नज़र में आदमी का परम ध्येय है, साधारण प्रवृत्तियों से बचने का भाव है। त्याग और वैराग्य पर भी बराबर ज़ोर दिया गया है।

फिर भी शंकर एक अद्भुत शक्ति के और बड़े काम करनेवाले व्यक्ति थे। वे गुफ़ा में जाकर बैठ जानेवाले या जंगल के एक कोने में एकांतवास करते हुए अपनी व्यक्तिगत पूर्णता की साधना करनेवाले और दूसरों को क्या होता है, इससे लापरवाह आदमी नहीं थे। उनका जन्म दक्खिन हिंदुस्तान के मलाबार प्रदेश में हुआ था, और उन्होंने सारे हिंदुस्तान में निरंतर यात्रा की थी और अनगिनत लोगों से वह मिले थे; उनसे तर्क और वाद-विवाद किया था और उन्हें क़ायल किया था और उन्हें अपने उत्साह और जीवन-शक्ति का एक अंश दिया था। ज़ाहिर है कि वह ऐसे आदमी थे, जो अपना एक ख़ास ध्येय समझते थे, जो कन्याकुमारी से लेकर हिमालय तक सारे हिंदुस्तान को अपना कार्य-क्षेत्र समझते थे और उसमें एक सांस्कृतिक एकता का अनुभव करते थे और यह समझते थे कि बाहरी रूप चाहे जितने भिन्न हों, वह एक ही भाव से भरा हुआ है। हिंदुस्तान में उनके ज़माने में विचार की जो जुदा-जुदा धाराएं बह रही थीं, उनमें एक समन्वय पैदा करने की उन्होंने पूरी कोशिश की, और इस बात की कोशिश की कि विविधता के बीच से एकता पैदा करें। बत्तीस साल की

छोटी-सी ज़िंदगी में उन्होंने जो काम कर दिखाया, वह ऐसा था कि कई लंबी ज़िंदगियों में दूसरा न कर पाता और उन्होंने अपने ज़बरदस्त दिमाग़ और संपन्न व्यक्तित्व की ऐसी छाप हिंदुस्तान पर डाली कि वह आजतक बनी हुई है। उनमें फ़िलसूफ़ और विद्वान का, जड़वादी और रहस्यवादी का, कवि और संत का, और इन सबके अलावा एक अमली सुधारक और क़ाबिल संगठनकर्ता का एक अजीब मेल-जोल था। ब्राह्मण-धर्म के अंतर्गत उन्होंने पहली बार दस पंथ बनाये और इनमें से चार अब भी ख़ूब चल रहे हैं। उन्होंने चार बड़े मठ क़ायम किये, जो हिंदुस्तान के क़रीब-क़रीब चार छोरों पर हैं। इनमें से एक मैसूर में शृंगेरी में, दूसरा पूर्वी समुद्र तट पर पुरी में, तीसरा काठियावाड़ में पच्छिमी समुद्र-तट पर द्वारका में और चौथा बीच हिमालय में बद्रीनाथ में है। बत्तीस वर्ष की उम्र में दक्खिन के गरम प्रदेश का यह ब्राह्मण केदारनाथ में, ऊंचे हिमालय के बर्फ से ढके प्रदेश में, परलोक सिधारा।

शंकर की इन लंबी यात्राओं का, उस ज़माने में, जबकि आना-जाना मुश्किल होता था और सवारी के साधन धीमे और आदिम थे, एक ख़ास महत्त्व है। इन यात्राओं की कल्पना और सब जगह अपने-जैसे विचार वालों से मिलना-जुलना और सारे हिंदुस्तान के पंडितों की भाषा, संस्कृत में उनसे बातचीत करना, हमारे सामने इतने पुराने समय के हिंदुस्तान में एकता का चित्र ले आते हैं। उस ज़माने में या उससे भी और पहले ऐसी यात्राएं गैर - मामूली न रही होंगी। बावजूद राजनैतिक विभाजनों के, लोगों की बराबर आमद-रफ़्त होती थी, नई किताबें भी फैलती थीं, हर एक नया विचार, नया सिद्धांत, सारे देश में बड़ी तेज़ी से फैल जाता था और लोग उन पर दिलचस्पी से बातचीत ही नहीं करते थे, बल्कि उन्हें लेकर गरम वाद-विवाद भी होते थे। पढ़े-लिखे लोगों का ही एक आम सांस्कृतिक और बौद्धिक स्तर नहीं था, बल्कि साधारण लोग भी बराबर अनेक तीर्थों की यात्रा किया करते थे, जो सारे देश में फैले हुए थे और जो पौराणिक काल से ही मशहूर भी थे। इस सब आमद-रफ़्त और लोगों के आपस में मिलने-जुलने ने सबके एक मुल्क और आम संस्कृति के ख़याल को ज़रूर पुख्ता किया होगा। ये यात्राएं ऊंचे वर्ग के लोगों तक महदूद न थीं; यात्रियों में सभी वर्ग के आदमी और औरतें होती थीं। लोगों के मन में इन यात्राओं का जो भी धार्मिक महत्त्व रहा हो, आज की तरह उस ज़माने में भी इसे छुट्टी का अवसर और आनंद मनाने और मुल्क के जुदा-जुदा हिस्सों को देखने का मौक़ा समझा जाता था। हर एक तीर्थ के मुक़ाम पर हिंदुस्तान के सभी जगह और स्तर के लोगों को देखा जा सकता था, जिनके रीति-रिवाज, पहनावे और बोलियां जुदा-जुदा थीं; लेकिन फिर भी जिनमें इस बात की चेतना थी कि उनमें कुछ समान बातें हैं, कुछ आपस के बंधन हैं, जो उन्हें एक ही जगह खींचकर ले आये हैं। उत्तर और दक्खिन हिंदुस्तान की बिलकुल जुदा भाषाएं भी आपस के मेल-जोल में बहुत ज़्यादा बाधक न हो पाती थीं।

ये सब बातें उस समय थीं और यक़ीनी तौर पर शंकर इन्हें पूरी तरह से जानते थे। ऐसा जान पड़ता है कि शंकर इस क़ौमी एकता और समान चेतना के भाव को और भी बढ़ाना

चाहते थे। दिमाग़ी, फ़िलसफ़ियाना और धार्मिक स्तर पर उन्होंने सारे देश में ज़्यादा एकता पैदा करने की कोशिश की। आम लोगों के स्तर पर भी उन्होंने बहुत-कुछ किया, उन्होंने बहुत-सी रुढ़ियों को तोड़ा और अपने दार्शनिक विचारों के मंदिर के दरवाज़ों को उन सभी के लिए खोल दिया, जो उसमें आने की योग्यता रखते थे। अपने चार बड़े मठों को हिंदुस्तान के उत्तर, दक्खिन, पूरब और पच्छिम के कोनों में क़ायम करके, ज़ाहिर है, वह संस्कृति के ख़याल से मिले-जुले हिंदुस्तान की कल्पना को बढ़ावा देना चाहते थे। ये चारों जगहें कुछ अंशों में पहले भी तीर्थ के मुक़ाम रही हैं और अब तो और भी ज्यादा हो गई हैं।

क़दीम हिंदुस्तान अपने तीर्थ के मुक़ामों का कैसा अच्छा चुनाव किया करते थे ! क़रीब-क़रीब हमेशा ये रमणीक स्थान हुआ करते थे, और उनके आस-पास प्रकृति की छवि देखने को मिलती थी। काश्मीर में अमरनाथ की बर्फ़ीली गुफा है; दक्खिनी हिंदुस्तान के बिलकुल छोर पर रामेश्वरम् के पास कन्याकुमारी का मंदिर है। फिर काशी है, और हरिद्वार है, जो हिमालय के तले पर है और जहाँ से गंगा टेढ़ी-मेढ़ी पहाड़ी घाटियों को पार करके मैदानी प्रदेश में आती है; और प्रयाग है, जहाँ गंगा और यमुना का संगम होता है; और मथुरा और वृंदावन हैं, जो यमुना तट पर हैं, जिनके चारों ओर कृष्ण की कथाएं जुड़ी हुई हैं; और बुद्ध गया है, जहाँ बताया जाता है कि बुद्ध ने ज्ञान प्राप्त किया था, और दक्खिन हिंदुस्तान में इसी तरह की अनेक जगहें हैं। बहुत-से पुराने मंदिरों में, ख़ासतौर पर दक्खिन में मशहूर मूर्तियां बनी हुई हैं और दूसरे कलात्मक अवशेष हैं। इस तरह से बहुत-से तीर्थों की यात्रा करने से पुरानी हिंदुस्तानी कला की झांकी मिल जाती है।

कहा जाता है कि शंकर ने हिंदुस्तान में व्यापक धर्म के रूप में बौद्ध मत का अंत करने में मदद दी और उसके बाद ब्राह्मण-धर्म ने उसे भाई की तरह गले लगाकर अपने में जज़्ब कर लिया। लेकिन शंकर के ज़माने से पहले भी हिंदुस्तान में बौद्ध-धर्म सिमट रहा था। शंकर के कुछं विरोधी ब्राह्मण तो उन्हें छिपा हुआ (प्रच्छन्न) बौद्ध बताते थे। यह बात सही है कि बौद्ध-धर्म का उन पर गहरा असर पड़ा था।

❐

15. हिंदुस्तान और चीन

यह बौद्ध-धर्म था, जिसके, जोर से हिंदुस्तान और चीन एक-दूसरे के नज़दीक आये और जिसके ज़रिये उन्होंने बहुत-से संपर्क क़ायम कर लिए। अशोक के पहले दोनों के बीच संपर्क थे या नहीं, इसकी हमें जानकारी नहीं है; शायद समुद्र के रास्ते से कुछ व्यापार होता था, क्योंकि चीन से रेशमी माल यहां आता था। लेकिन खुश्की के रास्ते भी संपर्क रहे होंगे और बहुत पहले ज़माने में लोग आते रहे होंगे, क्योंकि हिंदुस्तान के पूरबी छोर के प्रदेश में मंगोली सूरत-शक़्ल के लोग आमतौर पर मिलते हैं। नेपाल में यह बात बहुत ज़ाहिर हो

जाती है। असम (पुराने कामरूप) में और बंगाल में यह अकसर देखी जाती है। लेकिन जहां तक इतिहास की बात है, अशोक के धर्म प्रचारकों ने रास्ता खोला, और ज्यों-ज्यों चीन में बौद्ध-धर्म फैला, त्यों-त्यों वहां से यात्रियों और विद्वानों का लगातार आना शुरू हुआ और ये हिंदुस्तान और चीन के बीच एक हज़ार बरस तक आते-जाते रहे। वे गोबी रेगिस्तान पार करके, मध्य एशिया के पहाड़ों और मैदानों को तय करते हुए और हिमालय के ऊपर से अपनी लंबी, कठिन और भयानक यात्रा करते थे। बहुत-से हिंदुस्तानी और चीनी रास्ते में मर गए—और एक बयान तो यह है कि 90 फ़ीसदी यात्री मर गए। बहुत-से, जो अपनी यात्रा पूरी कर सके, वे फिर जहां पहुंचे, वहीं बस गए और वापस नहीं लौटे। एक दूसरा रास्ता भी था, जो मुक़ाबले में कुछ ज्यादा महफ़ूज न था, पर छोटा ज़रूर था। यह रास्ता समुद्री था और हिंद- चीन, जावा, सुमात्रा, मलय और निकोबार टापुओं से होकर जानेवाला था। इससे भी लोग अकसर जाते थे और कभी- कभी यात्री ख़ुश्की के रास्ते से चलकर समुद्री रास्ते से अपने देश को लौटा करते थे। बौद्ध-धर्म और हिंदुस्तानी संस्कृति सारे मध्य एशिया में और इंडोनेशिया के हिस्सों में फैल गई थी और बहुत से मठ और विद्यालय इस सारे विस्तृत प्रदेश में जगह-जगह बने हुए थे। इस तरह हिंदुस्तान और चीन के यात्रियों का समुद्र और ख़ुश्की के इन मार्गों में सर्वत्र स्वागत होता था और उन्हें ठहरने की जगह मिल जाती थी। कभी-कभी चीन से आनेवाले विद्वान इंडोनेशिया के किसी हिंदुस्तानी उपनिवेश में कुछ महीनों तक ठहर कर संस्कृत सीखते और फिर यहां आते थे।

पहला हिंदुस्तानी विद्वान, जिसके चीन जाने का बयान मिलता है, वह था कश्यप मातंग। वह सन् 67 ई० में, सम्राट मिंङ्-ती के राज्य-काल में, शायद उसी के बुलावे पर चीन गया था। लो नदी के तट पर लो-यंग नाम की जगह पर यह बस गया था। उसके साथ धर्मरक्षक गया था और बाद के सालों में जो प्रसिद्ध विद्वान गए, उनमें बुद्धिभद्र, जिनभद्र, कुमारजीव परमार्य, जिनगुप्त और बोधिधर्म थे। इनमें हर एक अपने साथ भिक्खुओं या चेलों को ले गया था। यह कहा जाता है कि एक वक़्त (सदी छठी ईस्वी) तीन हज़ार से ज़्यादा बौद्ध भिक्खु और दस हज़ार हिंदुस्तानी परिवार सिर्फ़ लो-यंग के सूबे में ही थे।

ये हिंदुस्तानी विद्वान जो चीन गए, न महज़ अपने साथ संस्कृत के हाथ के लिखे ग्रंथ ले गए, जिनका उन्होंने न सिर्फ़ चीनी भाषा में अनुवाद किया, बल्कि उन्होंने चीनी भाषा में मौलिक पुस्तकें भी रचीं। उन्होंने चीनी साहित्य की वृद्धि में अच्छा ख़ासा हिस्सा लिया और चीनी में कविताएं भी लिखी। कुमारजीव जो 401 ईस्वी में चीन गया था, बड़ा लिखने वाला था और उसकी लिखी 47 किताबें इस वक़्त मिलती हैं। उसकी चीनी लिखने की शैली बहुत अच्छी कही जाती है। उसने मशहूर हिंदुस्तानी विद्वान नागार्जुन की जीवनी का चीनी में अनुवाद किया। जिनगुप्त चीन में छठी सदी ईस्वी के दूसरे हिस्से में गया। उसने संस्कृत के 37 ग्रंथों का चीनी में अनुवाद किया। उसके ज्ञान का इतना आदर था कि तंग वंश के एक सम्राट ने उससे दीक्षा ली और उसका चेला बन गया।

चीन और हिंदुस्तान के बीच विद्वानों का आना-जाना दोनों ओर से ही होता था और बहुत-से चीनी विद्वान भी यहां आये। इनमें से सबसे मशहूर, जिन्होंने अपनी यात्राओं के बयान लिख छोड़े हैं, वे हैं फ़ाह्यान, (या फ़ांसियां), सुंग-युन, ह्वेन-त्सांग (या य्वान च्वांग) और इत्सिंग (या यित्सिंग)। फ़ाह्यान हिंदुस्तान में पांचवी सदी में आया। वह चीन में कुमारजीव का चेला था। हिंदुस्तान के लिए चलने से पहले जब फाह्यान अपने गुरु से बिदा होने के लिए गया, तब कुमारजीव ने उससे जो कुछ कहा, उसका मनोरंजक बयान किया जाता है। कुमारजीव ने उससे कहा कि धार्मिक ज्ञान हासिल करने में ही अपना सारा वक़्त न बिताना, बल्कि हिंदुस्तान के लोगों के रहन-सहन और आचार को भी अच्छी तरह समझने की कोशिश करना, जिसमें कि चीनवाले उन्हें अच्छी तरह समझ सकें। फ़ाह्यान ने पाटलिपुत्र के विश्वविद्यालय में शिक्षा हासिल की थी।

चीनी यात्रियों में सबसे मशहूर ह्वेन-त्सांग था, जो यहां सातवीं सदी में आया था, जबकि चीन में महान तंग वंश का राज्य चल रहा था और उत्तरी हिंदुस्तान में एक साम्राज्य का शासक हर्षवर्धन था। ह्वेन-त्सांग ख़ुश्की के रास्ते, गोबी रेगिस्तान को पार करके, तुरफ़ान और कूचा, ताशकंद और समरकंद, बल्ख, ख़ुतन और यारकंद होता हुआ हिमालय को लांघकर हिंदुस्तान में आया था। वह अपने बहुत से साहसी कामों का बयान करता है, और उन संकटों का, जिन्हें उसे झेलना पड़ा, साथ ही वह मध्य एशिया के बौद्ध शासकों और मठों, और उन तुर्कों का, जो कट्टर बौद्ध थे, हाल लिखता है। हिंदुस्तान में आकर वह सारे देश में घूमा, सभी जगह उसका आदर और स्वागत हुआ और उसने यहां की जगहों और लोगों के बारे में आंखों देखा हाल लिखा और कुछ मनोरंजक और अजीब सुनी-सुनाई कहानियां भी लिखीं। उसने नालंदा विश्वविद्यालय में, जो पाटलिपुत्र के पास था और जो अपने बहुमुखी ज्ञान के लिए मशहूर था और जहां देश के दूर-दूर हिस्सों के विद्यार्थी आते थे, कई साल बिताये। कहा जाता है कि यहां 10,000 विद्यार्थी और भिक्खु रहा करते थे। ह्वेन-त्सांग ने यहां न्याय के आचार्य की उपाधि ली और बाद में विश्वविद्यालय का उप-प्रधान बन गया।

ह्वेन-त्सांग की किताब 'सि-यू-की', यानी पच्छिमी राज्य (तात्पर्य हिंदुस्तान से है) का ब्यौरा पढ़ने में बड़ी रोचक है। ह्वेन-त्सांग एक बहुत बड़े सभ्य और तरक़्क़ीयाफ्ता मुल्क से उस ज़माने में आया था, जबकि चीन की राजधानी सि- आन्-फू कला और ज्ञान का केंद्र थी, इसलिए उसकी टिप्पणियां और हिंदुस्तान की दशा के बयान बड़े क़ीमती हैं। वह यहां की शिक्षा-व्यवस्था का हाल लिखता है, जिसके अंतर्गत बहुत छुटपन में विद्यारंभ होकर क्रमशः विद्यार्थी विश्वविद्यालय के दर्जे तक पहुंचता था और वहां पांच विषयों में शिक्षा दी जाती थी-(1) व्याकरण, (2) कला-कौशल, (3) औषध, (4) तर्क और (5) दर्शन। हिंदुस्तान के लोगों के विद्या-प्रेम का उसने ख़ासतौर पर असर लिया था। एक तरह की प्रारंभिक शिक्षा यहां व्यापक रूप में मिलती है और सभी भिक्खु और पुरोहित शिक्षक

हुआ करते थे। लोगों के बारे में वह लिखता है कि "साधारण लोग, अगरचे वे स्वभाव से खुशमिज़ाज हैं, फिर भी सच्चे और ईमानदार हैं। रुपये-पैसे के मामलों में उनमें मक्कारी नहीं है, और न्याय करने के विषय में उनमें बहुत सोच-विचार मिलता है... अपने व्यवहार में वे कपटी या धोखेबाज़ नहीं है। और अपने वादों और क़सम के पाबंद हैं। उनके हुकूमत के क़ायदों में अद्भुत ईमानदारी है और उनके व्यवहार में बड़ी मिठास और भलमनसाहत है। जहां तक विद्रोहियों या अपराधियों का मामला है, वे बहुत कम देखने में आते हैं, और कभी-कभी ही उपद्रव करते हैं। " आगे चलकर वह लिखता है- "चूंकि शासन व्यवस्था की नींव उदार सिद्धांतों पर खड़ी है, इसलिए सरकार का कार्यांग बहुत सादा है...लोगों से बेगार नहीं ली जाती... इस तरह लोगों पर कर हलके हैं... रोज़गार में लगे हुए व्यापारी अपने धंधे की ख़ातिर आते- जाते रहते हैं।"

ह्वेन-त्सांग जिस रास्ते से आया था, उसी रास्ते वापस गया, यानी मध्य एशिया से होते हुए, और वह अपने साथ बहुत-सी हाथ की लिखी पोथियां ले गया। उसके वृत्तांत से यह साफ़ पता चलता है कि बौद्ध-धर्म का ख़ुरासान, ईराक़, मोसुल और ठीक सीरिया की सरहद तक कितना असर था। फिर भी यह वह ज़माना था, जब वहां बौद्ध-धर्म का ह्रास शुरू हो गया था, और इस्लाम, जिसकी शुरुआत अरब में हो गई थी, वहां सब जगह शीघ्र ही फैलनेवाला था। ईरानी लोगों के बारे में ह्वेन-त्सांग यह दिलचस्प बात कहता है—" वे विद्या की परवाह नहीं करते, बल्कि अपने को पूरी तरह कला की वस्तुओं में लगाते हैं। जो कुछ भी वहां तैयार होता है, उसकी पड़ोस के मुल्कों में बड़ी क़द्र होती है।"

ईरान ने तब, और उसके पहले और बाद में भी, ज़िंदगी की ख़ूब सूरती और शान को बढ़ाने में मदद देने पर ध्यान दिया था और उसका असर एशिया में दूर-दूर तक फैला था। गोबी रेगिस्तान के किनारे के छोटे से राज्य तुरफ़ान के बारे में ह्वेन-त्सांग ने हमें बताया है, और हाल में पुरातत्त्वविदों के उद्योग से हमें उसके बारे में और भी बातें मालूम हुई हैं। कितनी संस्कृतियां आईं और आपस में मिलीं-जुलीं और मिल-जुलकर एक हुईं, जिससे कि एक बड़ा क़ीमती मिश्रण पैदा हुआ; यह अपनी प्रेरणा चीन और हिंदुस्तान और ईरान और यूनानी आधारों तक से हासिल करता था। भाषा भारतीय-यूरोपीय थी और हिंदुस्तान और ईरान से ली गई थी। और यूरोप की केल्टिक भाषा से कुछ अंशों में मिलती-जुलती थी; मज़हब हिंदुस्तान से लिया गया; ज़िंदगी के रहन-सहन के तरीक़े चीनी थे; बहुत-से कलात्मक सामान ईरान से आये हुए थे। बुद्धों और देवी-देवताओं की मूर्तियां और दीवाल पर बने हुए चित्र, जो बड़ी सुंदरता से बने थे, ऐसे थे कि उनका पहनावा तो हिंदुस्तानी था, और सिर की पोशाक यूनानियों जैसी थी। मो० ग्रूसे ने कहा है कि "ये देवियां हिंदू कोमलता, यूनानी प्रगल्भता और चीनी आकर्षण के सबसे अच्छे मेल की नुमाइंदगी करती है। "

ह्वेन-त्सांग अपने देश को वापस गया, तो वहां उसका सम्राट ने और आम लोगों ने स्वागत किया। वह अपनी पुस्तक लिखने और बहुत-सी पोथियां जो वह अपने साथ ले गया

था, उनके अनुवाद के धंधे में लगा। जब बहुत साल पहले वह यात्रा के लिए निकल रहा था, तब यह कथा कही जाती है कि तंग वंशी सम्राट ने पानी में एक मुट्ठी धूल डालकर उसे देते हुए कहा था- "अच्छा हो कि तुम यह प्याला पी लो, क्योंकि हमें क्या यह नहीं बताया गया है कि अपने देश की एक मुट्ठी धूल मनों विदेशी सोने से बढ़कर है?"

ह्वेन-त्सांग की हिंदुस्तान की यात्रा, और चीन और हिंदुस्तान में जो उसे आदर प्राप्त हुआ, उसका नतीजा यह हुआ कि दोनों देशों में राजनैतिक संपर्क क़ायम हुए। कन्नौज के हर्षवर्धन और तंग-सम्राट के बीच राजदूतों की अदला-बदली हुई। ह्वेन-त्सांग ने ख़ुद हिंदुस्तान से अपना लगाव क़ायम रखा। वह यहां के मित्रों के पास ख़त भेजा करता था और यहां के हाथ की लिखी पोथियां मंगाया करता था। दो मनोरंजक पत्र, जो संस्कृत में लिखे गए थे, चीन में सुरक्षित हैं। इनमें से एक 645 ई० में हिंदुस्तानी बौद्ध विद्वान स्थविर प्रज्ञादेव ने ह्वेन-त्सांग को लिखा था। अभिवादन और आपस के मित्रों के कुशल-समाचार और अपनी साहित्यिक कृतियों की बातचीत के बाद वह लिखता है. "हम तुम्हें एक जोड़ा सफेद वस्त्र का भेज रहे हैं, जिससे यह प्रकट हो कि हम तुम्हें भूले नहीं हैं। रास्ता लंबा है। इसलिए इस बात का ध्यान न करना कि भेंट तुच्छ है। हम चाहते हैं कि तुम इसे स्वीकार करो। जिन सूत्रों और शास्त्रों की तुम्हें ज़रूरत हो, उनकी सूची भेजना। हम उनकी नक़ल करके तुम्हारे पास भेज देंगे।" ह्वेन-त्सांग अपने जवाब में लिखता है-"मुझे हिंदुस्तान से लौटे हुए एक राजदूत से मालूम हुआ कि महान गुरु शीलभद्र अब नहीं रहे। इस समाचार से मुझे जो दुख हुआ, उसकी हद नहीं... मैंने उन सूत्रों और शास्त्रों में से जो मैं—ह्वेन-त्सांग–लाया था, योगाचार्य-भूमिशास्त्र और दूसरे ग्रंथ का अनुवाद कर लिया है, कुल तीस जिल्दों का। मैं विनयपूर्वक आपको सूचित करना चाहूंगा कि सिंधु नदी पार करते हुए मैंने पवित्र ग्रंथों का एक गट्ठर खो दिया। इस पत्र के साथ अब मैं मूल पाठों की एक सूची भेज रहा हूं। मैं प्रार्थना करूंगा कि अवसर मिले, तो इन्हें मेरे पास भेजना। कुछ छोटी-मोटी चीज़ें भेंट के तौर पर भेज रहा हूं। कृपा कर इन्हें स्वीकार करना।" [44]

ह्वेन-त्सांग ने हमें नालंदा विद्यापीठ का बहुत-कुछ हाल बताया है और उसके बारे में और भी बयान मिलते हैं। लेकिन जब मैं, कुछ साल हुए, वहां गया और मैंने नालंदा के खुदे हुए खंडहर देखे, तो जिस बड़े पैमाने पर उसकी रचना हुई थी, उसे देखकर मैं अचरज में रह गया। अभी उसके सिर्फ़ एक हिस्से की खुदाई हुई है, और बाक़ी हिस्सों पर बस्तियां बसी हुई हैं, लेकिन जिस हिस्से की खुदाई हुई है, उसमें बड़े-बड़े आंगन हैं, जिनके चारों तरफ़ किसी वक़्त पत्थर की विशाल इमारतें बनी हुई थीं।

चीन में ह्वेन-त्सांग की मृत्यु के तुरंत बाद ही एक दूसरा मशहूर चीनी यात्री - इत्सिंग (या यि-त्सिंग) हिंदुस्तान में आया। वह 671 ई० में रवाना हुआ और उसे हिंदुस्तान के बंदरगाह ताम्रलिप्ति तक पहुंचने में क़रीब-क़रीब दो साल लगे। यह बंदरगाह हुगली नदी के

44. डाक्टर पी. सी. बागची की पुस्तक 'इंडिया ऐंड चायना' (कलकत्ता, 1944) से उद्धृत।

दाहिने दहाने पर है। वह समुद्र के रास्ते आया और कई महीने तक वह श्रीभोग (सुमात्रा में आधुनिक पालेमबंग) में संस्कृत सीखने के लिए ठहरा। समुद्र के रास्ते उसकी यात्रा का एक महत्त्व हैं, क्योंकि यह संभव है कि मध्य-एशिया की स्थिति उस वक़्त हलचल की थी और राजनैतिक परिवर्तन हो रहे थे। मुमकिन है कि मैत्री-भाव रखनेवाले बौद्ध मठ, जो रास्ते में बिखरे हुए थे, अब न रह गए हों। यह भी मुमकिन है कि हिंदुस्तानी उपनिवेशों के इंडोनेशिया में तरक़्क़ी पाने की वजह से और हिंदुस्तान और इन देशों के बीच व्यापार के व और दूसरे संपर्कों के कारण समुद्री रास्ता ज़्यादा सहूलियत का हो गया हो। उसके और वृत्तांतों से पता चलता है कि फ़ारस (ईरान), हिंदुस्तान, मलय, सुमात्रा और चीन के बीच नियमित रूप से जहाज़ आया-जाया करते थे। इत्सिंग क्वांगतुंग से एक फ़ारसी जहाज़ पर सवार होकर पहले सुमात्रा गया था।

इत्सिंग ने भी नालंदा विश्वविद्यालय में बहुत दिनों तक विद्या सीखी और यह अपने साथ कई सी संस्कृत ग्रंथ ले गया। उसकी ख़ास दिलचस्पी बौद्ध-कर्म-कांड और आचार की बारीकियों में थी, और इनके बारे में उसने विस्तार से लिखा है। लेकिन वह रीति-रिवाजों, कपड़ों और खाने-पीने के बारे में भी बहुत कुछ कहता है। अब की तरह उस ज़माने में भी गेहूं उत्तरी हिंदुस्तान का मुख्य भोजन था और पूरब और दक्खिन में चावल चलता था। मांस भी कभी-कभी खाया जाता था; लेकिन यह कम ही होता था (इत्सिंग संभवत: बौद्ध भिक्खुओं की बात बता रहा है, औरों को नहीं)। घी, तेल, दूध, मलाई सब जगह मिलती थी, और मिठाइयों और फलों की इफ़रात थी। आचार-विचार की शुद्धता पर हिंदुस्तानी जो महत्त्व देते थे, उसका इत्सिंग ने बयान किया है।" अब पहला और ख़ास फ़र्क, जो पांच प्रदेशों के देश हिंदुस्तान और दूसरी क़ौमों में है, वह पवित्रता और अपवित्रता में किया जानेवाला बड़ा भेद है।" वह यह भी लिखता है-" भोजन के बाद जो कुछ बच रहे, उसको रख छोड़ना, जैसा कि चीन में चलता है, हिंदुस्तान के नियमों के अनुकूल नहीं है।”

इत्सिंग हिंदुस्तान का हवाला आमतौर पर पच्छिम (सि-फंग) करके देता है, लेकिन वह कहता है कि यह आर्य देश के नाम से मशहुर है-" आर्य देश; आर्य माने उत्तम और देश माने प्रदेश, उत्तम प्रदेश, जो 'पच्छिम' का नाम है। इसका नाम ऐसा इसलिए पड़ा कि यहां उत्तम चरित्र के लोग बराबर उत्पन्न होते रहे हैं और सभी लोग इस नाम से देश की प्रशंसा करते हैं। यह मध्य-देश भी कहलाता है, यानी बीच का देश, क्योंकि यह सैकड़ों-हज़ारों देशों के बीच में है। लोग सब इस नाम से परिचित हैं। उत्तरी जातियां (हू या मंगोल या तुर्क) ही इस उत्तम देश को 'हिंदू' (सिन्-तु) कहती हैं, लेकिन यह नाम हरगिज़ आम नहीं है। यह केवल देशी नाम है और इसका कोई ख़ास महत्त्व नहीं है। हिंदुस्तान के लोग इस नाम को नहीं जानते और हिंदुस्तान के लिए सबसे उचित नाम आर्य-देश' है।"

इत्सिंग का 'हिंदू' का हवाला मनोरंजक है। वह आगे कहता है-" कुछ लोग कहते हैं कि इंदु के मानी चंद्रमा के होते हैं और हिंदुस्तान का चीनी नाम, यानी इंदु (यिन्-तु), इसी

से निकला है; इसका यह अर्थ हो सकता है लेकिन यह नाम आम नहीं है। जहां तक महान चाऊ (चीन) का हिंदुस्तानी नाम, यानी चीना है, यह महज़ एक नाम है, इसका कोई महत्त्व नहीं।" वह कोरिया और अन्य देशों के संस्कृत नामों का भी वर्णन करता है।

हिंदुस्तान और हिंदुस्तान की बहुत सी चीज़ों के लिए आदर का भाव रखते हुए इत्सिंग ने साफ़ बताया है कि वह पहला स्थान अपनी जन्मभूमि चीन को देता है। हिंदुस्तान आर्य-देश हो सकता है, लेकिन चीन देव-भूमि है। "हिंदुस्तान के पांच भागों के लोगों को अपनी पवित्रता और उत्तमता का गर्व है। लेकिन ऊंचे किस्म की रुचि, साहित्यिक उत्कृष्टता, शिष्टता, मर्यादा, आवभगत और बिदा होने के समय के शिष्टाचार, भोजन का स्वाद, नीति और उदारता की शालीनता चीन में ही मिलती है, और कोई मुल्क चीन से इन बातों में बढ़ नहीं सकता।" "सुई से छेदकर और जलाकर रोग अच्छा करने की क्रिया में, नब्ज़ देखने की कला में हिंदुस्तान के किसी हिस्से से चीन पिछड़ा नहीं है; और ज़िंदगी को बढ़ाने की औषधि तो सिर्फ़ चीन में मिलती... मनुष्यों के चरित्र और चीज़ों के गुणों के कारण चीन देवभूमि कहलाया है। क्या हिंदुस्तान के पांच भागों में कोई व्यक्ति है, जो चीन की तारीफ़ नहीं करता।"

चीन-सम्राट के लिए पुरानी संस्कृत में जिस शब्द का इस्तेमाल हुआ है, वह है 'देव-पुत्र', और यह ठीक उसी आशय के चीनी शब्द का अनुवाद है।

इत्सिंग, जो ख़ुद संस्कृत का ख़ासा विद्वान था, इस भाषा की तारीफ़ करता है और बताता है कि उत्तर और दक्खिन के दूर-दूर देशों में इसका आदर होता है..." तब तो देव-भूमि (चीन) और स्वर्गिक भंडार (हिंदुस्तान) के लोगों को भाषा के सच्चे नियमों की कितनी और शिक्षा देनी चाहिए!"[45] चीन में संस्कृत का काफ़ी अध्ययन होता रहा होगा। यह बात मनोरंजक है कि कुछ चीनी विद्वानों ने संस्कृत के ध्वनि के नियमों को चीनी भाषा में चलाना चाहा। इसकी एक मशहूर मिसाल शाऊ-वेन का भिक्खु था, जो तंग वंश के ज़माने में हुआ था। इसी ढंग की एक वर्णमाला उसने चीन में चलाने की कोशिश की।

हिंदुस्तान में बौद्ध-धर्म के ह्रास के साथ-साथ हिंदुस्तान और चीन के बीच विद्वानों का आना-जाना क़रीब-क़रीब बंद हो गया, अगरचे चीनी यात्री हिंदुस्तान की बौद्ध-धर्म की पवित्र जगहों के दर्शन के लिए फिर भी कभी-कभी आते रहते थे। ग्यारहवीं सदी और उसके बाद जो राजनैतिक क्रांतियां हुईं, उस ज़माने में बौद्ध भिक्खुओं के ठट्ठ-के- ठट्ठ पोथियों की गठरियां बांधे हुए नेपाल चले गए, या हिमालय पार करके तिब्बत पहुंच गए। इस तरह से और पहले भी पुराने हिंदुस्तानी साहित्य का बहुत-सा हिस्सा चीन और तिब्बत पहुंच गया, और हाल के वर्षों में उनका फिर से पता चला है, जो या तो मूल में ही मौजूद हैं, या ज्यादातर अनुवाद के रूप में। बहुत-से पुराने हिंदुस्तानी ग्रंथ, चीनी या तिब्बती तरज़ुमे की शक़्ल में

---

45. ये उद्धरण जे. ताकाकुलु के इत्सिंग के ग्रंथ के अनुवाद 'ए रेकर्ड' ऑव बुद्धिस्ट रिलिजन एज़ प्रैक्टिस्ड इन इंडिया ऐंड दि मलय आर्किपेलेगो' (आक्सफोर्ड 1896) से लिए गए हैं।

सुरक्षित हैं और ये महज़ बौद्ध-धर्म के बारे में नहीं हैं, बल्कि ब्राह्मण-धर्म, ज्योतिष, गणित, चिकित्सा-शास्त्र आदि विषय के भी हैं। चीन के सुंगपाओ संग्रह में ऐसे 8000 ग्रंथ मौजूद बताये जाते हैं। तिब्बती ऐसे ग्रंथों से भरा हुआ है। अकसर हिंदुस्तानी, चीनी और तिब्बती विद्वान मिलकर काम किया करते थे। इस सहयोग की एक ख़ास मिसाल बौद्ध पारिभाषिक शब्दों का वह संस्कृत-तिब्बती चीनी कोष है, जो नवीं या दसवीं सदी ईस्वी में तैयार हुआ था और जिसका नाम 'महाव्युत्पत्ति' है।

चीन की सबसे पुरानी छपी हुई किताबों में, जो आठवीं सदी ईस्वी की शुरुआत के वक़्त की हैं, संस्कृत के ग्रंथ भी हैं। ये लकड़ी के ठप्पों से छपे हुए हैं। दसवीं सदी में, चीन में, छापे के विशेषज्ञों का एक शाही आयोग बना और उसके फलस्वरूप ठीक सुंग ज़माने तक छपाई की कला ने तेज़ी से तरक़्क़ी की। यह एक अचरज की बात है और इसका ठीक-ठीक कारण नहीं समझ में आता कि बावजूद चीनी और हिंदुस्तानी विद्वानों के बीच इतना घना संबंध होने के और सैकड़ों साल तक आपस में पुस्तकों की अदला- बदली होते रहने के, इसके कोई प्रमाण नहीं मिलते कि हिंदुस्तान में उस ज़माने में पुस्तकों की छपाई होती थी। ठप्पे से छापने का चलन चीन से तिब्बत में किसी शुरू ज़माने में पहुंचा, और मेरा ख़याल है कि यह वहां अब भी क़ायम है। चीनी छपाई का पहला परिचय यूरोप को मंगोल या युआन-वंश के ज़माने (1260-1368) में हुआ। पहले यह जर्मनी तक महदूद रहा, बाद में पंद्रहवीं सदी में यह और देशों में फैला।

हिंदुस्तान के हिंदी-अफ़ग़ान और मुग़ल ज़मानों में भी हिंदुस्तान और चीन के बीच जब-तब राजनैतिक संबंध रहे हैं। दिल्ली के सुल्तान मुहम्मद बिन तुग़लक (1326- 51) ने अरब यात्री इब्न बतूता को चीनी दरबार में राजदूत बनाकर भेजा था। बंगाल ने उस ज़माने में सुल्तान की हुकूमत से अलग होकर अपनी आज़ाद रियासत क़ायम कर ली थी। चौदहवीं सदी के बीच के ज़माने में चीनी दरबार की तरफ़ से बंगाल के सुल्तान के यहां हु--शीन और फ़िन-शीन नाम के दो राजदूत भेजे गए थे। इसका नतीजा यह हुआ कि सुल्तान गयासुद्दीन के राज्य-काल में बंगाल से कई राजदू लगातार चीन भेजे गए। यह चीन के मिंग बादशाहों का ज़माना था। बाद में एक एलची के साथ, जिसे सईफ़ुद्दीन ने 1414 ई० में भेजा था, और क़ीमती तोहफ़ों के साथ एक जिंदा जिराफ़ भी भेजा गया था। जिराफ़ हिंदुस्तान में कैसे पहुंचा, यह एक रहस्य की बात है। शायद यह अफ्रीका से भेंट की शक़्ल में आया हो, और इस ख़याल से कि यह अजीब चीज़ है और इसलिए पसंद किया जायगा, इसे मिंग बादशाह के पास भेजा गया। दरअसल चीन में इनकी बड़ी क़द्र हुई क्योंकि कनफ़ूशस के अनुयायी जिराफ़ को एक पवित्र प्रतीक मानते हैं। इसमें शक नहीं कि यह जानवर जिराफ़ ही था, क्योंकि इसके वर्णनों के साथ-साथ चीनी रेशमी कपड़े पर इसकी एक तस्वीर भी मिलती है। जिस दरबारी चित्रकार ने इसकी तस्वीर बनाई है, उसने इसका लंबा हाल भी लिखा है, जिसमें बताया गया है कि यह जानवर बहुत शुभ है।" मंत्री लोग और आम जनता इसे देखने

के लिए जमा हुए और उसे देखकर बहुत ही ख़ुश हुए।"

चीन और हिंदुस्तान के बीच जो व्यापार बौद्ध ज़माने में ज़ोर से चल रहा था, वह हिंदी-अफ़ग़ान और मुग़ल ज़माने में भी जारी रहा और बहुत-सी चीज़ों का अदला- बदला होता रहा। यह माल उत्तरी हिमालय के दर्रों से होकर मध्य एशिया के कारवानी रास्ते से जाता था। समुद्र के रास्ते भी अच्छा ख़ासा व्यापार होता था, जो दक्खिन-पूरबी एशिया के टापुओं से होता हुआ ख़ासतौर पर दक्खिनी हिंदुस्तान के बदरगाहों तक पहुंचता था।

चीन और हिंदुस्तान के बीच होनेवाली तीन हज़ार, बल्कि इससे ज्यादा सालों की राह-रस्म में दोनों मुल्कों ने एक-दूसरे से कुछ हासिल किया, न महज़ विचार और फ़िलसफे के मैदान में, बल्कि ज़िंदगी की कलाओं और विज्ञान में भी। शायद चीन पर हिंदुस्तान का जितना असर पड़ा, उतना हिंदुस्तान पर चीन का नहीं पड़ा। यह अफ़सोस की बात है, क्योंकि हिंदुस्तान चीन का कुछ व्यावहारिक ज्ञान सीखकर उससे लाभ उठा सकता था और अपनी दिमाग़ी उड़ानों को कुछ क़ाबू में रख सकता था। चीन ने हिंदुस्तान से बहुत-कुछ लिया, लेकिन उसमें हमेशा ऐसी शक्ति और आत्म-विश्वास रहे हैं कि जो कुछ वह लेगा, वह अपने ढंग से और उसको अपने यहां की ज़िंदगी के ताने-बाने में कहीं ठीक-ठीक बिठा लेगा।[46] बौद्ध-धर्म और उसका पेचीदा फ़िलसफ़ा भी कनफ़ूशस और लाओ-त्से का रंग लिए बगैर न रह पाया। बौद्ध-धर्म के किंचित निराशावादी नज़रिये ने चीनियों के ज़िंदगी के प्रति प्रेम और उमंग को दबाया नहीं। एक पुरानी चीनी कहावत है-" अगर कहीं सरकार तुम्हें पकड़ पाये, तो कोड़ों से तुम्हारी जान ले लेगी; अगर कहीं बौद्ध तुम्हें पकड़ पाये, तो वे तुम्हें भूखों मार डालेंगे!"

सोलहवीं सदी का एक मशहूर चीनी उपन्यास है-'बंदर', जो वू-चेन येन की रचना है (इसका अंग्रेज़ी तरजुमा 'मंकी' नाम से आर्थर वेले ने किया है), जिसमें हिंदुस्तान की यात्रा में ह्वेन-त्सांग पर बीती घटनाओं का कल्पित और बढ़ा-चढ़ा बयान है। इस किताब के आख़िर में हिंदुस्तान के लिए एक समर्पण है–"मैं इस किताब को बुद्ध की पवित्र भूमि को समर्पित करता हूं। प्रार्थना है कि अपने संरक्षक और गुरु की दया का यह ऋण चुकाये और भटके हुओं और पतितों के कष्टों को कम करे...।"

एक-दूसरे से कई सदियों तक कटे रहकर, भाग्य के अजीब फेर से हिंदुस्तान और चीन ब्रिटिश ईस्ट इंडिया कंपनी के असर में आये। हिंदुस्तान को इसे बहुत दिनों तक बरदाश्त करना पड़ा; चीन में यह संपर्क बहुत थोड़े दिनों का था, फिर भी वहां इसका नतीजा यह हुआ कि वहां अफ़ीम पहुंची और युद्ध पहुंचा।

और अब भाग्य का चक्र पूरा फिर चुका है, और फिर से हिंदुस्तान और चीन एक- दूसरे की तरफ़ देखने लगे हैं और उनके दिमाग़ों में पुरानी यादें उठ रही हैं। फिर एक- दूसरे की तरह

---

46. चीनी नव-जागृति के आंदोलन के नेता प्रोफ़ेसर हु-शीह ने पुराने ज़माने के 'चीनी भारतीयकरण' पर लिखा है।

के यात्री बीच के पहाड़ों को पार करके या उन पर से उड़ करके सद्भावना के संदेश लाने लगे हैं, जिससे मैत्री के मज़बूत बंधन क़ायम होंगे।

16. दक्खिन-पूरबी एशिया में हिंदुस्तानी उपनिवेश और सभ्यता

हिंदुस्तान को जानने और समझने के लिए यह ज़रूरी है कि आदमी दूर देश और काल में यात्रा करे और कुछ देर के लिए उसकी मौजूदा हालत, उसके सब दुख-दर्द, उसकी संकीर्णता और उसकी भयानक दशा को भूल जाय, और वह क्या था और उसने क्या किया, इन बातों की झांकी ले। रवींद्रनाथ ठाकुर ने लिखा था–"मेरे देश को जानने के लिए आदमी को उस युग की यात्रा करनी पड़ेगी, जब उसने आत्म-ज्ञान हासिल किया था और इस तरह अपनी भौतिक सीमाओं को लांघ गया था; जब उसने अपना रूप एक ऐसी ज्वलंत उदारता द्वारा प्रकट किया था कि जिसने सारे पूर्वी क्षितिज को आलोकित कर दिया था और विदेशी तटों के निवासी एक अचंभित ज़िंदगी में जाकर उसे अपना समझ सके थे; न कि अब, जब वह गुमनामी के तंग घेरे में सिमटकर आ गया है, जब उसे अलहदगी का दैन्य गर्व है, जब उसका चिंतन दरिद्र होकर अपने ही गिर्द, गुज़रे हुए ज़माने को दुहराते हुए चक्कर काट रहा है, ऐसे गुज़रे हुए ज़माने के गिर्द, जिसने अपनी रोशनी खो दी है और जिसके पास भविष्य के यात्रियों के लिए कोई संदेश नहीं है।"

हमें गुज़रे हुए ज़माने को ही सामने लाने की ज़रूरत नहीं, बल्कि एशिया के उन अनेकों देशों की, शरीर से नहीं तो कल्पना में ही, यात्रा करने की ज़रूरत है, जहां बहुत तरह से हिंदुस्तान ने अपना विस्तार किया था और जहां उसने अपनी भावना, अपनी शक्ति और अपने सौंदर्य-प्रेम की अमर छाप डाली थी। अपने गुज़रे हुए ज़माने की इन शानदार कृतियों को हममें से कितने कम लोग जानते हैं, कितने कम लोग इसका अनुभव करते हैं कि हिंदुस्तान विचार और फ़िलसफ़े के मैदान में तो बड़ा था ही, काम के मैदान में भी वह उतना ही बड़ा था? हिंदुस्तान के मर्दों और औरतों ने अपने देश से सुदूर जाकर जिस इतिहास का निर्माण किया, उसका लिखा जाना अभी बाकी है। बहुत-से पच्छिम के लोग अब भी यह ख़याल करते हैं कि पुराने ज़माने का इतिहास भूमध्य सागर के किनारे के देशों तक ख़त्म हो जाता है और बीच के ज़माने और मौजूदा ज़माने का इतिहास ज़्यादातर उस छोटे झगड़ालू महाद्वीप का इतिहास है, जिसे यूरोप कहते हैं। और अब भी वे आनेवाले ज़माने के लिए इस तरह योजना बनाते हैं, जैसे यूरोप ही सब कुछ है और बाक़ी देश कहीं भी बिठाये जा सकते हों।

सर चार्ल्स इलियट ने लिखा है कि "यूरोप के इतिहासकार हिंदुस्तान के साथ अन्याय करते हैं, जब वे महज़ उसके आक्रमणकारियों के वृत्तांत लिखते हैं और इस तरह का प्रभाव

डालते हैं कि मानो ख़ुद उसके बाशिंदे कमज़ोर, सपना देखनेवाले लोग हों और बाक़ी दुनिया के कटे हुए अपने पहाड़ों और समुंदरों से घिरे हुए अलग-थलग रह रहे हों। इस तरह की तस्वीर में यह बात भुला दी जाती है कि हिंदुओं ने कैसी-कैसी दिमाग़ी विजय हासिल की है। उनकी राजनैतिक विजयें भी तुच्छ नहीं हैं, और अगर इस लिहाज़ से नहीं कि कौन से देशों पर ये हुई हैं, तो दूरी के लिहाज़ से तो ज़रूर ही मार्के की हैं... लेकिन इस तरह के फ़ौजी या व्यापारी आक्रमण, हिंदुस्तानी विचार के प्रचार के मुक़ाबले में कम भी नहीं हैं।" [47]

जिस वक़्त इलियट ने यह लिखा, उस वक़्त शायद वह उन हाल की जानकारियों से परिचित नहीं थे, जो दक्खिन-पूरबी एशिया के बारे में अब हासिल हुई हैं और जिन्होंने हिंदुस्तान और एशिया के गुज़रे हुए ज़माने के बारे में हमारे ख़यालों में क्रांति पैदा कर दी है। इन खोजों की जानकारी ने उनकी दलील को और भी मज़बूत कर दिया होता और यह दिखा दिया होता कि विचारों के प्रचार के अलावा भी विदेशों में हिंदुस्तान का कारनामा हरगिज़ तुच्छ नहीं रहा है। मुझे याद है कि जब मैंने क़रीब पंद्रह साल पहले दक्खिन-पूरबी एशिया के इतिहास का कुछ विस्तार से हाल पढ़ा था, तब मुझे कितना ताज्जुब हुआ था और मैं कितना उत्तेजित हो उठा था। मेरी आंखों के सामने बिलकुल नये नज़्ज़ारे फिर गए थे, इतिहास के नये पहलू दिखाई पड़े थे और हिंदुस्तान के गुज़रे हुए ज़माने की नई कल्पना सामने आई थी, और मुझे अपने सब पुराने विचारों को उनकी रोशनी में फिर से ठीक-ठीक बिठाना पड़ा था। चंपा, कंबोडिया और अंगकोर, श्रीविजय और मज्जापहित यकायक मानो शून्य के भीतर से साकार होकर मेरे सामने आये थे और उनके साथ एक स्वाभाविक भावना का उद्गार था, जो अतीत का वर्तमान से स्पर्श कराता है।

उस बड़े योद्धा और विजेता और दूसरे कारनामोंवाले शैलेंद्र के बारे में डॉ० एच० जी० क्वार्टिश वेल्स ने लेखा है-" उस बड़े विजेता ने, जिसके कारनामों का मुक़ाबला पच्छिमी इतिहास के सिर्फ़ बड़े-से-बड़े सैनिकों से किया जा सकता है और जिसका नाम अपने ज़माने में फ़ारस से चीन तक फैला हुआ था, दस या बीस साल के भीतर ही एक विस्तृत समुद्री साम्राज्य क़ायम कर लिया था, जो पांच सदियों तक क़ायम रहा, और जिसने हिंदुस्तानी कला और संस्कृति के अद्भुत विकास को जावा और कंबोडिया में संभव बनाया। लेकिन अपने विश्व-कोषों और इतिहासों में... इस विस्तृत साम्राज्य या उसके महान संस्थापक का हवाला ढूंढ़ना फ़िज़ूल साबित होगा... यह बात ही कि इस तरह का एक साम्राज्य किसी ज़माने में था, मुट्ठी भर पूर्वी विषयों के विद्वानों के अलावा लोग मुश्किल से जानते हैं।[48] इन प्राचीन हिंदुस्तानी उपनिवेश क़ायम करनेवालों के फ़ौज़ी कारनामे महत्त्व के हैं, क्योंकि उनसे हिंदुस्तानी चरित्र और योग्यता के कुछ पहलुओं पर रोशनी पड़ती है, जिनका अब तक ठीक-ठीक आदर नहीं किया गया है। लेकिन इससे कहीं अहम बात यह है कि उन लोगों ने

---

47. इलियट : 'हिंदूइज्म एंड बुद्धिज्म', जिल्द 1, पृष्ठ 12

48. देखिये 'टुवर्ड्स अंगकोर'-(हैरप, 1937)

अपने उपनिवेशों में एक संपन्न सभ्यता क़ायम की और ऐसी बस्तियां बसाई, जो एक हज़ार साल से ज़्यादा क़ायम रहीं।

पिछली चौथाई सदी के बीच, दक्खिन-पूरबी एशिया के इस बड़े प्रदेश के इतिहास पर बहुत-कुछ रोशनी पड़ी है, और उसे बृहत्तर भारत का नाम दिया गया है। बहुत-सी कड़ियां अब भी नहीं मिलतीं, बहुत-सी परस्पर विरोधी बातें कही जाती हैं, विद्वान लोग अब भी एक-दूसरे के ख़िलाफ़ सिद्धांत पेश कर रहे हैं, लेकिन मोटे ढंग से इस इतिहास की रूप-रेखा काफ़ी स्पष्ट है और कभी-कभी तो विस्तार की बातों की भी बहुतायत से जानकारी हासिल होती है। सामग्री की कोई कमी नहीं है, क्योंकि हिंदुस्तानी पुस्तकों में हमें हवाले मिलते हैं, अरब के यात्रियों के बयान हैं, और सबसे महत्त्व की तो चीन से प्राप्त इतिहास की सूचनाएं हैं। बहुत से पुराने शिलालेख, ताम्र पत्र वगैरह भी हैं और जावा और बाली में हिंदुस्तानी आधारों पर तैयार किया गया एक संपन्न साहित्य भी है, जो अकसर हिंदुस्तानी महाकाव्यों और पुराणों की गाथाओं को दूसरे शब्दों में महज़ दुहरा देता है। यूनानी और लातिनी आधारों से भी कुछ सूचनाएं मिलती हैं, लेकिन सबसे बढ़कर पुरानी इमारतों के विशाल खंडहर हैं, जो ख़ासतौर पर अंगकोर और बोरो-बुदर में मिलते हैं।[49]

ईस्वी संवत की पहली सदी से आगे हिंदुस्तानी उपनिवेश बसानेवालों की लहर-पर-लहर पूरब और दक्खिन-पूरब में फैलीं और ये लंका, बरमा, मलय, जावा, सुमात्रा, बोर्नियो, स्याम, कंबोडिया और इंडोचीन तक फैलीं। इनमें से कुछ तो फ़ारमूसा, फिलिपीन टापुओं और सेलिबीज़ तक पहुंची। मेडागास्कर तक की चालू ज़बान इंडोनेशियन जिसमें संस्कृत शब्दों की मिलावट है। ऐसा होने में कई सौ साल लगे होंगे और शायद इन सब जगहों में सीधे हिंदुस्तान के लोग न पहुंचे होंगे, बल्कि बीच के किसी उपनिवेश से फैले होंगे। पहली सदी ईस्वी से लगभग 900 ईस्वी तक चार ख़ास लहरें उपनिवेश क़ायम करनेवालों की गई हुई जान पड़ती हैं, लेकिन इनके बीच-बीच में पूरब जानेवाले लोगों का एक सिलसिला बना रहा होगा। इन साहसी कारनामों की सबसे मार्के की बात यह थी कि इनका संगठन राज्य द्वारा हुआ जान पड़ता है। दूर-दूर तक फैले हुए उपनिवेश यकायक एक साथ क़ायम होते हैं; और क़रीब-क़रीब हमेशा ये ऐसी जगहों पर क़ायम होते हैं, जो फ़ौजी दृष्टि से महत्त्व की जगहें हैं या ख़ास यात्रा के मार्ग हैं। इन बस्तियों को जो नाम दिये गए, वे पुराने हिंदुस्तानी नाम हैं। इस तरह वह देश, जिसे आज कंबोडिया कहते हैं, कंबोज कहलाया, जो प्राचीन हिंदुस्तान का क़ाबुल की घाटी में, गंधार में, एक मशहूर शहर था। इस बात से ही, मोटे ढंग से उपनिवेश के बसाये जाने का समय जाना जा सकता है, क्योंकि उस वक़्त गंधार (अफ़ग़ानिस्तान) आर्य - हिंदुस्तान का एक महत्त्वपूर्ण हिस्सा रहा होगा।

---

49. इस संबंध में डॉक्टर आर. सी. मज़ूमदार की पुस्तक 'एनशियेंट इंडियन कालोनीज़ इन दि फ़ार ईस्ट' (कलकत्ता, 1927) और इन्हीं लेखक की पुस्तक 'स्वर्णद्वीप' (कलकत्ता, 1937) देखिये; ग्रेटर इंडिया सोसाइटी (कलकत्ता) के प्रकाशन भी। '

समुद्र-पार की इन अद्भुत और भयावह विजय-यात्राओं के पीछे कौन सी प्रेरणा थी? इनका ख़याल या संगठन मुमकिन न था, अगर इनसे पहले, पीढ़ियों और सदियों पहले, कुछ व्यक्ति या छोटे-छोटे तिजारती गिरोह वहां जाकर वहां से परिचित न हुए होते। सबसे पुरानी संस्कृत किताबों में पूरब के इन देशों के अस्पष्ट हवाले हैं। उनमें आये हुए नामों को आज जगहों से जोड़ सकना आसान नहीं, लेकिन कभी-कभी कोई दिक़्क़त नहीं भी होती। जावा साफ़ तौर पर 'यवद्वीप' या 'जौ का टापू' है और यव आज भी एक अन्न विशेष का नाम है। पुराने ग्रंथों में आये हुए और नाम भी आमतौर पर धातु, खनिज, या किसी व्यापार या खेती की पैदावार से ताल्लुक रखते हैं। इस नामकरण से ही व्यापार की तरफ़ ध्यान जाता है। डॉक्टर आर० सी० मजूमदार ने बताया है-" अगर साहित्य आम लोगों के विचारों का ठीक-ठीक दर्पण है, तो ईस्वी संवत के शुरू होने से पहले और बाद की सदियों में बनिज - व्यापार के लिए बहुत बड़ा उत्साह रहा होगा।" इन सब बातों से पता चलता है कि यहां की आर्थिक व्यवस्था का फैलाव हो रहा था और दूर-दूर की मंडियों की बराबर खोज हो रही थी।

ईसा से पहले की तीसरी और दूसरी सदियों में यह व्यापार रफ़्ता-रफ़्ता बढ़ गया था और तब इन व्यवसायियों और व्यापारियों के बाद धर्म प्रचारकों का जाना शुरू हुआ होगा, क्योंकि यह अशोक से ठीक बाद का ज़माना था। संस्कृत की पुरानी कथाओं में डरानेवाली समुद्र - यात्राओं और जहाज़ों के तबाह होने के बहुत-से बयान मिलते हैं। यूनानी और अरबी दोनों ही बयानों से पता लगता है कि हिंदुस्तान और सुदूर पूरब के देशों के बीच कम-से कम पहली सदी ईस्वी में समुद्र के रास्ते से नियमित व्यापार चालू था। मलय प्रायद्वीप और इंडोनेशिया के टापू चीन और हिंदुस्तान, फ़ारस, अरब और भूमध्य सागर के यात्रा-मार्ग में पड़ते थे। अपने भौगोलिक महत्त्व के अलावा इन देशों में क़ीमती खनिज, धातु, मसाले और लकड़ियां मिलती थीं। अब की तरह उस ज़माने में भी मलय अपनी टीन की खानों के लिए मशहूर था। शायद सबसे पहली यात्राएं हिंदुस्तान के पूरबी समुद्र तट के बराबर-बराबर-कलिंग (उड़ीसा), बंगाल, बरमा, और फिर नीचे मलय प्रायद्वीप होते हुए हुई थीं। बाद में दक्खिन हिंदुस्तान से सीधे यात्रा मार्ग क़ायम हो गए थे। इसी रास्ते से हिंदुस्तान में अनेक चीनी यात्री आये थे। फाह्यान जावा से पांचवीं सदी में होकर गुज़रा था और उसने उलाहना दिया है कि अब भी यहां बहुत-से विधर्मी बसते हैं; उसका तात्पर्य ब्राह्मणों से था, जो बौद्ध-धर्म के अनुयायी नहीं बने थे।

यह ज़ाहिर है कि जहाज़ों के बनाने का धंधा प्राचीन हिंदुस्तान में अच्छी तरक़्क़ी पर था। उस ज़माने में बने हुए जहाज़ों का कुछ ब्यौरेवार हाल हमें मिलता है। बहुत-से हिंदुस्तानी बंदरगाहों के नाम मिलते हैं। दूसरी और तीसरी सदी ईस्वी के दक्खिन हिंदुस्तानी (आंध्र) सिक्कों पर दुहरे पालों-वाले जहाज़ की छाप मिलती है। अजंता की दीवार पर बने हुए चित्रों में लंका की विजय दिखाई गई है और हाथी ले जानेवाले जहाज़ बने हैं। वे बड़ी रियासतें और सल्तनतें, जो शुरू के हिंदुस्तानी उपनिवेशों में क़ायम हुईं, सभी मुख्य रूप से समुद्री

ताक़तें थीं। उनकी व्यापार में दिलचस्पी थी और इसलिए समुद्री मार्ग पर उनका अधिकार था। उनकी आपस में समुद्री लड़ाइयां भी होती थीं और कम-से-कम एक बार उन्होंने दक्खिन हिंदुस्तान के चोल राज्य को चुनौती दी। लेकिन चोल-वंशी भी बड़े ताक़तवर थे और उन्होंने समुद्री धावा दिया और कुछ काल के लिए शैलेंद्र के साम्राज्य को दबा दिया।

वृहत्तर भारत
(दक्षिण-पूर्वी एशिया में भारतीय उपनिवेश)

सन 1088 ई० का एक दिलचस्प तमिल शिलालेख है, जिसमें "पंद्रह सौ के संघ" का बयान है। ज़ाहिरा तौर पर यह व्यापारियों का संघ था, जिसके लोगों को बताया गया है कि वे "वीर पुरुष थे, जिनका जन्म कृत युग (सतयुग) से ही जल और थल की राह से दूर-दूर देशों में जाकर छहों खंडों को भेदकर घोड़े, हाथी, मणि- माणिक, फुलेल और औषधियों का थोक और खुदरा व्यापार करने के लिए हुआ था।"

हिंदुस्तानियों के शुरू के औपनिवेशिक उद्योगों की यह भूमिका थी। व्यापार और साहसी धंधों और विस्तार की प्रेरणा उन्हें इन पूर्वी देशों में ले गई, जिनका पुराने संस्कृत ग्रंथों में 'स्वर्णभूमि' या 'स्वर्णद्वीप' के व्यापक शब्द से संकेत किया गया है। इस नाम में ही

एक कशिश थी। शुरू के उपनिवेश क़ायम करनेवाले पहले बस गए, फिर और बाद में आये, और शांति के साथ बैठने की यह क्रिया जारी रही। हिंदुस्तानियों का उन जातियों से, जो उन्हें वहां पर मिलीं, मेल-जोल हुआ, और एक नई मिली-जुली संस्कृति का विकास हुआ। इतना हो चुकने पर ही शायद राजनैतिक वर्ग के लोग—कुछ क्षत्रिय राजकुमार, कुलीन वंशों के सैनिक - साहसी कामों और राज्य स्थापना के विचार से आये। नामों की समानता की वजह से यह सुझाव दिया गया है कि इन लोगों में से ज़्यादातर हिंदुस्तान में ख़ूब फैली हुई मालव जाति के लोग थे—इसी से मलय जाति हुई, जिसका सारे इंडोनेशिया पर इतना अहम असर रहा है। मध्य-हिंदुस्तान का एक हिस्सा अब भी मालवा कहलाता है। ऐसा ख़याल किया जाता है कि शुरू के औपनिवेशिक पूर्वी समुद्र तट के कलिंग देश (उड़ीसा) से गए थे, लेकिन यह दक्खिन का पल्लव हिंदू राज्य था, जिसने उपनिवेशों को बसाने की संगठित कोशिश की। यह ख़याल किया जाता है कि शैलेंद्र-वंश, जो दक्खिन-पूरबी एशिया में इतना मशहूर हुआ, उड़ीसा से आया हुआ था। उस ज़माने में उड़ीसा बौद्धों का एक गढ़ था, अगरचे शासन करनेवाला राजवंश ब्राह्मण-धर्म का अनुयायी था।

ये सभी हिंदुस्तानी नौ-आबादियां चीन और हिंदुस्तान, इन दो बड़े मुल्कों और दो बड़ी तहज़ीबों के बीच बसी थीं। उनमें से कुछ, जो एशिया के बड़े भू-खंड पर थीं, तो ऐसी थीं कि उनकी सरहदें चीनी-साम्राज्य को छूती थीं, बाक़ी हिंदुस्तान और चीन के ख़ास तिजारती रास्ते में पड़ती थीं। इस तरह उन पर दोनों देशों का असर पड़ता था और उनमें एक मिली-जुली हिंदुस्तानी और चीनी सभ्यता ने तरक़्क़ी की; लेकिन इन दोनों ही सभ्यताओं की प्रकृति ऐसी थी कि आपस के कोई झगड़े नहीं हुए और जुदा-जुदा शक़्ल के मिले-जुले नमूने बन चले। भू-खंडी देशों में बरमा, स्याम और हिंद-चीन थे और इन पर ज़्यादा असर चीन का पड़ा; टापुओं पर और मलय प्रायद्वीप पर हिंदुस्तान की छाप ज़्यादा थी। आमतौर पर शासन के तरीक़े और ज़िंदगी का फ़िलसफ़ा चीन ने दिया, धर्म और कला हिंदुस्तान ने दी। भू-खंडी देश अपने व्यापार के लिए ज़्यादातर चीन का सहारा लेते थे, और उनमें आपस में एलचियों का अदल-बदल होता रहता था। लेकिन कंबोडिया तक में, और अंगकोर के विशाल खंडहरों में कला-संबंधी जो भी प्रभाव पड़ा, वह सिर्फ़ हिंदुस्तान का। इसके अलावा और दूसरे असर का पता अब तक नहीं चला है। लेकिन हिंदुस्तानी कला लचीली थी, और ऐसी थी कि उसे हर एक मुल्क अपनी ज़रूरत के मुताबिक़ ढाल सकता था, और हर एक मुल्क में इसने इस तरह नये-नये फूल खिलाये, अगरचे बुनियादी छाप वहीं हिंदुस्तान की बनी रही। सर जान मार्शल ने "हिंदुस्तानी कला की अद्भुत जीवनी-शक्ति रखनेवाली और लचीलेपन की विशेषता" का हवाला दिया है, और उन्होंने बताया है कि किस तरह हिंदुस्तानी और यूनानी दोनों की कलाओं में "अपने को हर एक संपर्क में आनेवाले देश, जाति और धर्म की ज़रूरतों के मुताबिक़ ढाल लेने की गुंजाइश थी।"

हिंदुस्तानी कला अपनी बुनियादी विशेषता हिंदुस्तान के कुछ धर्म-संबंधी आदर्शों

और फ़िलसफ़ियाना नज़रिये से हासिल करती है। जिस तरह कि हिंदुस्तान से इन सभी पूर्वी देशों में धर्म पहुंचा, उसी तरह कला की यह बुनियादी कल्पना भी पहुंची। अनुमान होता है कि शुरू की नौ-आबादियां यक़ीनी-तौर पर ब्राह्मण-धर्मवालों की थीं और बौद्ध-धर्म वहां बाद में फैला। दोनों आपस में मैत्री रखते हुए साथ-साथ चलते थे और मिली-जुली पूजा के रूप में आम लोगों में चल निकले थे। यह बौद्ध-धर्म महायानी था, जो अपने को परिस्थिति के अनुकूल आसानी से ढाल लेता था और मुक़ामी रहन-सहन और परंपरा का ऐसा असर हुआ कि ब्राह्मण-धर्म और बौद्ध-धर्म शायद दोनों ही अपने मूल सिद्धांतों की शुद्धता पर क़ायम न रह सके थे। बाद के सालों में एक बौद्ध - राज्य और एक ब्राह्मण-राज्य के बीच घोर लड़ाइयां हुई, लेकिन ये दरअसल व्यापार और समुद्री यात्रा-मार्ग पर अधिकार पाने के लिए राजनैतिक और आर्थिक लड़ाइयां थीं।

इन हिंदुस्तानी नौ-आबादियों का इतिहास कोई तेरह सौ साल का बल्कि इससे भी ज्यादा का है। यह पहली या दूसरी सदी ईस्वी से शुरू होकर पंद्रहवीं सदी के अंत तक चलता है। शुरू की सदियों का हाल बहुत साफ़-साफ़ नहीं मालूम है, सिवाय इसके कि बहुत-से छोटे-छोटे राज्य थे। रफ्ता-रफ्ता वे आपस में मिल पाते हैं और पाचवीं सदी के होते-होते बड़े-बड़े शहरों का निर्माण होने लगता है। आठवीं सदी तक ऐसे साम्राज्य बन चुके थे, जो जहाजरानी किया करते थे और कुछ अंशों में केंद्रीय थे, लेकिन बहुत-से देशों पर एक अस्पष्ट ढंग का आधिपत्य भी बनाये हुए थे। कभी-कभी ये मातहत राज्य आज़ाद बन बैठते थे, यहां तक कि केंद्रीय राज्य पर हमले भी कर दिया करते थे, और इस वजह से उन ज़मानों को ठीक-ठीक समझने में कुछ दिक़्क़त होती थी।

इनमें सबसे बड़ा राज्य शैलेंद्र-साम्राज्य था। इसी को श्रीविजय का साम्राज्य कहते हैं, और यह आठवीं सदी तक सारे मलय एशिया में समुद्री और ख़ुश्की दोनों तरह की ताक़तों के रूप में सबसे ऊपर उठ चुका था। अभी हाल तक यह ख़याल किया जाता था कि इसकी शुरुआत सुमात्रा में हुई थी और वहीं इसकी राजधानी भी थी; लेकिन बाद की खोजों ने साबित कर दिया है कि इसकी शुरुआत मलय प्रायद्वीप में हुई थी। जिस ज़माने में इसकी ताक़त चोटी पर पहुंच गई थी, उस ज़माने में इसके अंदर मलय, लंका, सुमात्रा, जावा का एक हिस्सा, बोर्नियो, सेलबिस, फिलिपीन और फारमूसा का एक हिस्सा था और शायद कंबोडिया और चंपा (अनाम) पर भी इसका आधिपत्य था। यह बौद्ध-साम्राज्य था।

लेकिन शैलेंद्र-वंश के इस साम्राज्य के क़ायम और मज़बूत करने के बहुत पहले ही मलय, कंबोडिया और जावा में ताक़तवर रियासत बन चुकी थीं। मलय प्रायद्वीप के उत्तरी हिस्से में स्याम की सरहद के क़रीब जो दूर तक फैले हुए खंडहर हैं, वे आर० जे० विल्किनसन के अनुसार ऐसे हैं, जिनसे " बहुत ऊंचे दर्जे की संपन्न और वैभवशाली बलशाली रियासतों के वहां किसी ज़माने में होने का पता चलता है। " चंपा (अनाम) में तीसरी सदी में पांडुरंगम नाम का शहर था, और पांचवी सदी में कंबोज एक बड़ा शहर हो गया था। नवीं सदी में

जयवर्धन नाम के एक प्रतापी राजा ने छोटे-छोटे राज्यों को एक में मिलाकर कंबोडिया का साम्राज्य क़ायम किया था, जिसकी राजधानी अंगकोर थी। कंबोडिया बीच-बीच में शैलेंद्र-वंश के आधिपत्य में संभवतः आ जाता रहा, लेकिन यह आधिपत्य नाम के लिए था और नवीं सदी में यह स्वतंत्र हो बैठा। यह कंबोडिया का साम्राज्य क़रीब चार सौ साल तक क़ायम रहा और इसमें बहुत बड़े-बड़े शासक और निर्माण करनेवाले लोग हुए, जैसे जयवर्मन, यशोवर्मन, इंद्रवर्मन और सूर्यवर्मन। इसकी राजधानी सारे एशिया में मशहूर हो गई, जो 'विशाल अंगकोर' के नाम से जानी जाती थी; यहां दस लाख की आबादी थी और यह शहर सीज़र बादशाहों के रीम शहर से बड़ा और ज्यादा विशाल था। शहर के पास ही अंगकोर वट का विशाल मंदिर था। कंबोडिया का साम्राज्य तेरहवीं सदी के आख़िर तक चलता रहा और 1297 में एक चीनी राजदूत वहां गया था, जो राजधानी की दौलत और शान-शौक़त का बयान करता है। लेकिन इस साम्राज्य का अचानक अंत हो गया, इतना अचानक कि कुछ इमारतें मुक़म्मिल होने से रह गईं। बाहरी हमले हुए और अदरूनी दिक़्क़तें भी पेश आईं, लेकिन शायद जो सबसे बड़ी आफ़त आई, वह यह थी कि मीकांग नदी रेत से अट गई, जिसकी वजह से शहर में आने के रास्तों में पानी आकर दलदल बन गया और शहर को छोड़ना पड़ा।

नवीं सदी में जावा भी शैलेंद्र-साम्राज्य से अलग हो गया, फिर भी शैलेंद्र-वंश इंडोनेशिया में ग्यारहवीं सदी तक सबसे बड़ी ताक़त बना रहा, और तब दक्खिन हिंदुस्तान के चोल राज्य से उसकी मुठभेड़ हुई। चोलवंशी विजयी हुए और पचास साल से ज़्यादा ज़माने तक इंडोनेशिया के बहुत-से हिस्सों पर उनका आधिपत्य रहा। चोल लोगों के हट जाने पर शैलेंद्र-वंश ने अपनी खोई हुई ताक़त फिर हासिल कर ली और क़रीब तीन सौ साल तक और एक स्वतंत्र राज्य की हैसियत से बना रहा। लेकिन तब यह पूरबी समुद्र के देशों में सबसे बड़ी ताक़त न रह गया था और तेरहवीं सदी में इस साम्राज्य का छिन्न- भिन्न होना शुरू हो गया। इसकी कमज़ोरी से जावा ने फ़ायदा उठाया और थाइयों (स्याम) ने भी। चौदहवीं सदी के पिछले आधे हिस्से में जावा ने श्रीविजय के शैलेंद्र-साम्राज्य पर पूरी तरह से अधिकार कर लिया।

यह जावाई राज्य, जो इस वक़्त आगे आया, ऐसा था कि उसके पीछे एक लंबा इतिहास है। यह ब्राह्मण-धर्मवालों का राज्य था और बौद्ध-धर्म के प्रचार के बावजूद इसने अपने पुराने धर्म को छोड़ा न था। इसने श्रीविजय के शैलेंद्र-साम्राज्य के राजनैतिक और आर्थिक प्रभाव का उस वक़्त भी मुक़ाबला किया था, जब ख़ुद जावा का आधे से ज्यादा हिस्सा इस साम्राज्य में आ गया था। यहां ऐसे लोग बसते थे, जिनका ध्यान व्यापार पर था, जो जहाज़रानी करते थे और जिन्हें पत्थर की शानदार इमारतें बनवाने का शौक़ था। शुरू में यह सिंहसारी-राज्य कहलाता था, लेकिन 1292 ईस्वी में मज्जापहित नाम का एक नया शहर क़ायम हुआ और आगे चलकर इसी से मज्जापहित- साम्राज्य हो गया था, जो

श्रीविजय-साम्राज्य के बाद दक्खिन-पूरबी एशिया की सबसे बड़ी ताक़त था। मज्जापहित ने कुबलाइ खां के चीन से भेजे गए कुछ एलचियों का अनादर किया और चीनियों ने उस पर धावा करके उसे दंड दिया। जावाइयों ने शायद चीनियों से बारूद का इस्तेमाल सीखा और इसकी मदद से वह अंत में शैलेंद्र-वंशवालों को हरा सके।

मज्जापहित एक बड़ा केंद्रित और विस्तारशील साम्राज्य था। कहा जाता है कि यहां की कर-व्यवस्था बड़े अच्छा ढंग से संगठित थी और व्यापार और उपनिवेशों पर ख़ासतौर पर ध्यान दिया जाता था। सरकार का एक व्यवसाय - विभाग था और इसी तरह उपनिवेश-विभाग, स्वास्थ्य-विभाग और युद्ध और गृह विभाग आदि भी थे। एक प्रधान न्यायालय भी था, जिसमें कई न्यायाधीश काम करते थे। इस साम्राज्य का जैसा अच्छा संगठन था, उसे जानकर हैरत होती है। इसका ख़ास काम हिंदुस्तान और चीन से व्यापार करना था। यहां के मशहूर शासकों में एक महारानी सुहिता थी।

मज्जापहित और श्रीविजय के बीच का युद्ध बड़ा भयानक था, और अगरचे मज्जापहित की पूरे तौर पर जीत हुई, इस जीत ने नये झगड़ों के बीज बोये। शैलेंद्रों की ताक़त, जो कुछ भी बच रही थी, उससे और लोगों ने, ख़ासतौर पर अरब और मुस्लिमों ने मिलकर सुमात्रा और मलाका में मलय शक्ति क़ायम की। पूर्वी समुद्रों की कमान, जो अब तक दक्खिन हिंदुस्तान या हिंदुस्तानी उपनिवेशों के हाथ में थी, वह अब अरबों के हाथ में चली गई। तिजारत के केन्द्र की हैसियत से और राजनैतिक ताक़त की जगह के रूप में, अब मलाका सामने आया और मलय-प्रायद्वीप और टापुओं में इस्लाम फैला। यही ताक़त थी, जिसने पंद्रहवीं सदी के अंत में मज्जापहित का पूरी तरह ख़ात्मा कर दिया। लेकिन कुछ बरसों के भीतर ही, सन 1511 में, अल्बुकर्क के नेतृत्त्व में पुर्तगाली आये और उन्होंने मलाका पर क़ब्ज़ा कर लिया। अपनी नई और तरक़्क़ी करती हुई ताक़त के बल पर यूरोप सुदूर पूरब तक पहुंच गया था।

17. हिंदुस्तानी कला का विदेशों में प्रभाव

पुराने साम्राज्यों और वंशों का यह हाल पुरातत्त्वज्ञों की दिलचस्पी का है, लेकिन सभ्यता और कला के इतिहास के लिए उसकी दिलचस्पी और भी ज़्यादा है। हिंदुस्तान के नज़रिये से यह ख़ासतौर पर महत्त्व का है, क्योंकि वहां जो कुछ था, वह हिंदुस्तान का किया-धरा था और हिंदुस्तान की जीवनी-शक्ति और प्रतिभा मुख्तलिफ़ शक़्लों में वहां ज़ाहिर हुई थी।

हम हिंदुस्तान को उत्साह से भरा हुआ और दूर-दूर तक फैलता हुआ पाते हैं, और यह देखते हैं कि वह न महज़ अपने विचारों, बल्कि दूसरे आदर्शों, अपनी कला, अपने व्यापार, अपनी भाषा और साहित्य और अपने हुकूमत के तरीक़ों को सब जगह ले जाता

है। न वह मंद पड़ा हुआ है, न अलग-अलग रहनेवाला है या समुंदर और पहाड़ से कटकर अकेला पड़ गया है। उसके निवासी इन ऊंचे पहाड़ों को पार करते हैं और ख़तरनाक समुंदर को लांघते हैं, और जैसा कि मो० रोनी ग्रूसे ने बताया है, "एक बृहत्तर हिंदुस्तान का निर्माण करते हैं, जो राजनैतिक हैसियत से उतना ही कम संगठित है, जितना कि बृहत्तर यूनान था, लेकिन जो नैतिक हैसियत से वैसा ही मधुर और व्यापक प्रभाव रखनेवाला है।" दरअसल मलय - एशिया की इन रियासतों का राजनैतिक संगठन भी बड़े ऊंचे दर्जे का था, अगरचे यह हिंदुस्तानी राजनैतिक व्यवस्था का अंग नहीं था। लेकिन मो. ग्रूसे उन विस्तृत प्रदेशों का हवाला देते हैं, जहां हिंदुस्तानी तहज़ीब फैल गई थी—" पूरबी ईरान के ऊंचे पठार में, सेरिंडिया के नख़िलस्तानों में, तिब्बत, मंगोलिया और मंचूरिया के सूखे बंजरों में, चीन और जापान के सुसभ्य क़दीम मुल्कों में, मोनों और ख्मेरों और हिंद-चीन की और आदिम जातियों की भूमियों पर, मलय-पोलिनीसियों के मुल्कों में, इंडोनेशिया और मलय में, न सिर्फ़ मज़हब पर, बल्कि कला और साहित्य पर भी, या एक शब्द में कहिये, तो आत्मा की सभी बुलंद चीज़ों पर, हिंदुस्तान ने अपनी ऊंची संस्कृति की अमिट छाप छोड़ी है। "[50]

हिंदुस्तानी तहज़ीब ने ख़ासतौर पर दक्खिन-पूरबी एशिया के मुल्कों में जड़ पकड़ी, और इसका सबूत आज वहां सब जगह मिलता है। चंपा, अंगकोर, श्रीविजय, मज्जापहित और और जगहों में संस्कृत की शिक्षा के बड़े-बड़े केंद्र थे। मुख्तलिफ़ राजाओं के नाम और उन राज्यों और साम्राज्यों के नाम, जो वहां क़ायम हुए, बिलकुल हिंदुस्तानी और संस्कृत नाम हैं। इससे यह मतलब न निकालना चाहिए कि वे पूरी तौर पर हिंदुस्तानी थे, बल्कि यह कि उनमें हिंदुस्तानीपन आ गया था। राज्य की मुख्तलिफ़ रस्में हिंदुस्तानी ढंग की थी और वे संस्कृत के ज़रिये अदा की जाती थीं। राज्य के सभी कर्मचारियों के पद प्राचीन संस्कृत में आये हुए पद हैं और ये पद अब तक न महज़ थाईलैंड में चले आ रहे हैं, बल्कि मलाया की मुस्लिम रियासतों में भी। इंडोनेशिया की इन जगहों के पुराने साहित्य में हिंदुस्तानी कथाएं और गाथाएं भरी पड़ी हैं। जावा और बोली के मशहूर नृत्य हिंदुस्तान से हासिल किये हुए हैं। बाली के छोटे टापू ने तो अपनी पुरानी हिंदुस्तानी तहज़ीब को अब तक बहुत-कुछ क़ायम रखा है, यहां तक कि हिंदूधर्म भी वहां चला आ रहा है। फिलिपीन में लिखने की कला हिंदुस्तान से गई।

कंबोडिया की वर्णमाला दक्खिन हिंदुस्तान से ली गई है और बहुत-से संस्कृत लफ्ज छोटे-मोटे हेर-फेर के साथ लिए गए हैं। दीवानी और फ़ौजदारी के क़ानून हिंदुस्तान के क़दीम स्मृतिकार मनु के क़ानून के आधार पर बने हैं और इन्हें बौद्ध-धर्म के असर से होनेवाली कुछ तब्दीलियों के साथ कंबोडिया के मौजूदा क़ानून में ले लिया गया है।[51]

---

50. रोनी ग्रूसे : 'सिविलाइजेशन्स ऑव दि ईस्ट', जिल्द 2 पृ० 2761

51. 1. बी. आर. चटर्जी के 'इंडियन कल्चरल इन्फ्लूएंस इन कंबोडिया' (कलकत्ता, 1928) ग्रंथ में ए. लेकलेयर की 'रिसर्चेज़ सरले ओरिजिंस ब्रह्मनाक्स देलाय कंबोजियनिस' से

लेकिन जिन चीज़ों में हिंदुस्तानी असर सबसे ज़्यादा साफ़ तौर पर मिलता है, वे हैं इन क़दीम हिंदुस्तानी नी-आबादियों की कला और इमारतें। मौलिक प्रेरणा में कुछ तब्दीली आई, उसने अपने को परिस्थितियों के मुताबिक़ ढाला और मुक़ामी गुणों का उसमें मेल-मिलाप हुआ और इस मेल-मिलाप से अंगकोर और बोरोबुदर की शानदार इमारतें और अद्भुत मंदिर तैयार हुए। जावा में बोरोबुदर में बुद्ध की ज़िंदगी की सारी कहानी पत्थरों में गढ़ी हुई मिलती है। दूसरी जगहों में मूर्तिपट्टों पर विष्णु और राम और कृष्ण की कथाएं खुदी हुई हैं। अंगकोर के बारे में ऑस्बर्ट सिटवेल ने लिखा है- बात को तुरंत मान लेना चाहिए कि अंगकोर, जिस रूप में वह खड़ा हुआ मिलता है, आज दुनिया के ख़ास अजायबों में है; इन्सानी प्रतिभा ने पत्थर पर खुदाई करके जो कुछ भी पेश किया है, यह उसकी चोटो पर है और इसके मुक़ाबले की दर्शनीय, सुंदर और अद्भुत चीज़ तो चीन में कहीं नहीं देखी जाती।... ये एक ऐसी सभ्यता के जड़-अवशेष हैं, जिसने छः सदियों तक अपने अत्यंत चमकीले पर फड़काये और जो इस तरह नष्ट हो गई कि अब उसका नाम भी इन्सान के होठों पर नहीं आता।' [52]

अंगकोर वट के विशाल मंदिर के गिर्द एक बड़ा रक़बा बहुत दूरतक फैले हुए खंडहर का है, जिसमें बनावटी झीलें और पोखरें हैं और नहरें हैं, जिन पर पुल बने हुए ; और एक बड़ा फाटक है, जिस पर " एक बहुत बड़े आकार का सिर पत्थर में खुदा हुआ है; यह एक सुंदर, मुसकराता हुआ, लेकिन रहस्यमय कंबोडियाई मुख है, जो शक्ति और सुंदरता में देवताओं- जैसा है।"[53] यह मुख, अद्भुत रूप से आकर्षक है और इसकी मुस्कान विचलित करनेवाली हैं — इसे अंगकोर की मुस्कान कहेंगे। मुख कई जगह दुहराया गया है। इस फाटक से मंदिर के लिए रास्ता है - " पड़ोस का बयान दुनिया में सबसे अजीब और कल्पनापूर्ण है, अंगकोर वट से ज्यादा सुंदर है, क्योंकि इसकी कल्पना ज़्यादा अलौकिक है, यह किसी दूर के नक्षत्र के शहर का मंदिर जान पड़ता है... और इसकी सुंदरता उसी तरह अग्राह्य है, जिस तरह कि बड़े काव्य की पंक्तियों की हुआ करती है। "[54]

अंगकोर को प्रेरणा हिंदुस्तान से मिली, लेकिन यह ख्मेर - प्रतिभा थी, जिसने उसे विकसित किया, या यह कहिये कि दोनों ने एक-दूसरे से मिलकर यह अचरज की चीज़ पैदा की। कंबोडिया के जिस राजा ने कहा जाता है कि इसे बनवाया, उसका नाम जयवर्मन (सप्तम) था और यह एकदम हिंदुस्तानी नाम है। डाक्टर क्वार्टिश वेल्स कहते हैं—" जब हिंदुस्तान का राह दिखानेवाला हाथ हट गया, तब भी जो प्रेरणा उससे मिली थी, वह नहीं भुलाई गई, बल्कि ख्मेर-प्रतिभा ने मुक्त होकर उससे विशाल, नई और अद्भुत रूप से सजीव

उद्धृत।

52.-53. ये दो उद्धरण ऑस्बर्ट सिटवेल की पुस्तक 'इस्केप विद मी— एन ओरिएंटल स्केच बुक' (1941) से लिए गए हैं।

54. वही।

कल्पनाएं ढालीं, जो विशुद्ध हिंदुस्तानी वातावरण में पली किसी भी चीज़ से जुदा थीं, इसलिए उनका आपस में मुक़ाबला न होना चाहिए।... यह बात सही है कि ख्मेर-संस्कृति हिंदुस्तानी प्रेरणा के आधार पर क़ायम हुई और यह प्रेरणा न रही होती, तो ख्मेर लोग मध्य-अमरीका के मय लोगों जैसी बर्बर शान दिखाने से कुछ ज़्यादा न कर पाते; लेकिन यह मानना पड़ेगा कि इस प्रेरणा ने जैसी उपजाऊ धरती यहां पाई, वैसी बृहत्तर भारत में उसे और कहीं न मिली।'[55]

इससे यह ख़याल पैदा होता है कि ख़ुद हिंदुस्तान में यह प्रेरणा जो रफ़्ता-रफ़्ता मिट गई, उसकी वजह यह थी कि उसके दिमाग़ और ज़मीन नई धाराओं और विचारों की खूराक़ की कमी की वजह से दब गए और कमज़ोर हो गए। जबतक हिंदुस्तान ने अपने दिमाग़ को दुनिया के लिए खुला रखा, अपनी दौलत दूसरों को दी और ख़ुद उसमें जिस चीज़ की कमी थी, उसे दूसरों से लिया, तब तक उसमें ताज़गी रही और वह मज़बूत और जीवटवाला बना रहा। लेकिन जितना ही वह अपने भीतर सिमटा और अपनी रक्षा करने की कोशिश में रहा और बाहरी असरों से उसने अपने को जितना अछूता रखना चाहा, उतना ही उसने अपनी प्रेरणा को खो दिया और उसकी ज़िंदगी अधिकाधिक मंद पड़ती गई और ऐसी हो गई कि वह अपने मरे हुए अतीत के गिर्द व्यर्थ धंधों में फंसी हुई चक्कर काटती रही। सौंदर्य की रचना करने की कला तो खोई ही, उसकी औलाद ने उसे पहचानने की बुद्धि भी खो दी।

जावा, अंगकोर और बृहत्तर भारत की दूसरी जगहों की खुदाई और खोजों का यश यूरोपीय विद्वानों और पुरातत्त्वविदों को है, ख़ासकर फ्रान्सीसी और डच विद्वानों को। बड़े-बड़े शहर और स्मारक शायद अब भी मिट्टी में दबे हुए पड़े हैं, और उनकी खोज होनी बाक़ी है। इस बीच में, कहा जाता है कि खानों के खोदने की वजह से या सड़क बनाने का सामान लेने में मलाया की ख़ास ख़ास पुरानी जगहें, जहां पुराने खंडहर थे, जाया हो गई हैं और यक़ीनी तौर पर युद्ध इस बरबादी में इज़ाफ़ा करेगा। कुछ साल हुए, मुझे एक थाई (स्यामी) विद्यार्थी का, जो ठाकुर के शांतिनिकेतन में आया था और थाईलैंड को वापस जा रहा था, एक ख़त मिला था। उसने लिखा था-" मैं अपने को बार-बार ख़ासतौर पर ख़ुशक़िस्मत समझता हूं कि मुझे इस बड़े और पुराने देश आर्यावर्त्त में आने का और मातामही भारतभूमि को अपनी विनम्र श्रद्धांजलि अर्पित करने का मौक़ा मिला। यह मातामही ऐसी है जिसकी गोदी में मेरी मातृभूमि प्रेमपूर्वक पली है और उसने सभ्यता और धर्म में जो कुछ भी सुंदर है, उसे पहचानना और उससे मुहब्बत करना सीखा है।" मुमकिन है कि यह एक आम मिसाल न हो, फिर भी इससे कुछ पता इस बात का चलता है कि हिंदुस्तान के बारे में दक्खिन-पूरबी एशिया में किस तरह के ख़याल लोगों के दिलों में हैं, अगरचे यह ख़याल धुंधला है और इसके साथ बहुत कुछ और भी मिला-जुला है। वहां सभी जगह एक तंग किस्म की जातीयता पैदा हो गई है, जो अपने ही तक देखकर रह जाती है और दूसरों का

55. डॉक्टर एच जी क्वार्टिश वेल्स की पुस्तक 'टुवर्ड्स अंगकोर' (हैरप, 1933) से।

यक़ीन नहीं करना चाहती। यूरोप के आधिपत्य से भय और नफ़रत है, फिर भी यूरोप और अमरीका की नक़ल करने की एक ख़्वाहिश भी है। अकसर हिंदुस्तान के लिए कहीं-कहीं हिक़ारत के भाव भी हैं, क्योंकि हिंदुस्तान गुलामी की हालत में है, लेकिन फिर भी इन सब बातों के पीछे हिंदुस्तान के लिए एक आदर और मित्रता का भाव है, क्योंकि पुरानी यादें क़ायम रहती हैं, और लोग इस बात को नहीं भूले हैं कि एक ज़माना था, जब हिंदुस्तान उनके लिए मातृभूमि - जैसा था और उनका अपने भंडार के पुष्ट भोजन से पालन करता था। जिस तरह से यूनान से भूमध्य सागर के मुल्कों में 'हेलेनिज़्म' या यूनानियत फैली, उसी तरह से हिंदुस्तान का सांस्कृतिक असर बहुत- से मुल्कों में फैला और वहां उसने अपनी ज़बरदस्त छाप छोड़ी।

सिल्वां लेवी लिखते हैं- "ईरान से चीनी समुंदर तक साइबेरिया के बर्फ़ानी प्रदेशों से जावा और बोर्नियो के टापुओं तक, ओशीनिया से सोकोटरा तक, हिंदुस्तान ने अपने यक़ीनों, अपनी कहानियों और अपनी तहज़ीब को फैलाया है। उसने मानव-जाति के चौथाई हिस्से पर लंबी सदियों के दौर में अपनी अमिट छाप डाली है। उसे इस बात का हक़ है कि अज्ञान के कारण उसे दुनिया के इतिहास में जो पद मिलने से रह गया है, उसे हासिल करे और मानव-आत्मा की प्रतीक बड़ी क़ौमों के बीच अपनी उचित जगह ले।"[56]

❐

18. पुरानी हिंदुस्तानी कला

हिंदुस्तानी संस्कृति और कला का जो अद्भुत विस्तार दूसरे देशों में हुआ है, उसका नतीजा यह रहा है कि इस कला के कुछ अच्छे-से-अच्छे नमूने इस देश से बाहर मिलते हैं। बदक़िस्मती से हमारी बहुत-सी इमारतें और मूर्त्तियां, ख़ासतौर पर उत्तरी हिंदुस्तान में, युगों के दौर में ज़ाया हो चुकी हैं। सर जान मार्शल कहते हैं कि "हिंदुस्तान के अंदर की ही हिंदुस्तानी कला को जानना उसकी आधी ही कहानी जानने के बराबर है। उसे पूरी तौर पर समझने के लिए हमें बौद्ध-धर्म के साथ-साथ मध्य एशिया, चीन और जापान तक जाना चाहिए; तिब्बत और बरमा और स्याम में फैलकर नये रूप धारण करते हुए और फुटकर नये सौंदर्य पेश करते हुए हमें इसे देखना चाहिए; हमें कंबोडिया और जावा में इसके शानदार और बेमिसाल कारनामों को देखना चाहिए। इन मुल्कों में हर एक में हिंदुस्तानी कला का एक नई ही जातीय प्रतिभा से मुक़ाबला होता है, उसे नये ही मुक़ामी वातावरण का सामना करना पड़ता है और उनके ख़ास असर में यह नये भेस बदलती है।[57]

56. यह उद्धरण यू. एन. घोषाल की किताब 'प्रोग्रेस ऑव ग्रेटर इंडियन रिसर्च, 1917- 42' (कलकत्ता, 1943) में दिया गया है।

57. रेजिनल्ड ली मे की 'बुद्धिस्ट आर्ट इन स्याम' (केंब्रिज, 1938) की प्रस्तावना का अंश, जो घोषाल की 'प्रोग्रेस ऑव ग्रेटर इंडियन रिसर्च' (कलकत्ता, 1943) में उद्धृत है।

हिंदुस्तानी कला का हिंदुस्तानी धर्म और फ़िलसफ़े से इतना गहरा ताल्लुक़ है कि जब तक कोई उन आदर्शों की जानकारी न रखता हो, जो हिंदुस्तानी दिमाग़ को अपनी तरफ़ खींचते रहे हैं, तब तक उसके लिए इसका ठीक-ठीक समझना मुश्किल हो जाता है। जैसे संगीत में पूरबी और पच्छिमी कल्पनाओं के बीच एक खाई है, उसी तरह कला में भी है। शायद यूरोप के मध्य युग के महान कलाकार और निर्माता हिंदुस्तानी कला और शिल्प से अपना ज़्यादा मेल पाते, बनिस्बत आज के यूरोपीय कलाकारों के, जिन्होंने अपनी प्रेरणा रिनेज़ा और उसके बाद के युग से हासिल की है, क्योंकि हिंदुस्तानी कला में हमें बराबर एक धार्मिक प्रेरणा मिलती है, एक पारदृष्टि दिखाई देती है, जैसी शायद यूरोप के बड़े गिरजाघरों के बनानेवालों में थी। सौंदर्य की कल्पना भाव - जगत में की गई है, वस्तु-जगत में नहीं; यह आत्मा से संबंध रखनेवाली चीज़ है, चाहे उसने जड़ वस्तु में सुंदर रूप और आकार ग्रहण कर लिया हो। यूनानियों को सौंदर्य से बड़ा प्रेम था और उसमें उन्हें आनंद ही नहीं मिलता था, बल्कि सत्य दिखाता था; क़दीम हिंदुस्तानियों को भी सौंदर्य से प्रेम था, लेकिन वे अपनी कृतियों में सदा कोई गूढ़ अर्थ बिठाने की कोशिश में रहते थे— अंदरूनी सत्य की कोई ऐसी कल्पना, जिसका उन्हें आभास हुआ हो। उनकी रचनात्मक कृतियों की आला मिसालों को देखकर हमारे मन में प्रशंसा के भाव उठते हैं, चाहे हम उनके उद्देश्य या विचारों को ठीक-ठीक समझ न सकें। ऐसी मिसालों में, जो उनसे उतरकर हैं, कलाकार के मन में न पैठ सकने की और समझ पाने की यह कमी इस प्रशंसा में बाधक होती है। और एक ऐसी चीज़ को देख कर, जिसे आदमी समझ नहीं पाता, कुछ अस्पष्ट घबराहट और चिढ़ भी होती है और दिमाग़ इस नतीजे पर पहुंचता है कि कलाकार अपना काम ठीक जानता न था या नाकामयाब रहा है। कभी- कभी तो नफ़रत पैदा हो जाती है।

मैं पूरबी या पच्छिमी कला के बारे में कुछ नहीं जानता और मुझे इस बात का अधिकार नहीं कि उसके बारे में कुछ कहूं। उसके प्रति मेरे भाव ऐसे ही हैं, जैसे किसी अन-सीखे मामूली आदमी के हों। कुछ चित्रों या मूर्तियों या इमारतों को देखकर दिल ख़ुशी से भर जाता है; या मुझ पर असर पड़ता है और एक अजीब भाव का अनुभव करता हूं, या ये मुझे कम पसंद आते हैं, या उनका मुझ पर कोई असर नहीं होता और मैं उन्हें क़रीब-क़रीब अनदेखा करके आगे गुज़र जाता हूं, या उनसे मुझे नफ़रत होती है। मैं इन प्रतिक्रियाओं को समझा नहीं सकता, न कला की चीज़ों के गुण और दोष को क़ाबलियत के साथ बता सकता हूं। लंका में अनुराधापुर की बुद्धमूर्ति का मुझ पर बड़ा असर पड़ा, और उसकी एक तस्वीर बरसों तक मेरे साथ बराबर रही है। दूसरी तरफ़ दक्खिन हिंदुस्तान के कुछ मशहूर मंदिर हैं, जो तफ़सील और नक़्क़ाशी से अटे हुए हैं, जिन्हें देखकर मुझे घबराहट होती है और मन में बेचैनी होती है।

यूनानी-परंपरा में शिक्षा पाये हुए यूरोपीयों ने शुरू में हिंदुस्तानी कला की यूनानी नज़रिये से जांच की। गंधार और सरहदी सूबे की यूनानी-बौद्ध कला में तो उन्होंने कुछ बात देखी, जो उनकी पहचानी हुई थी; और हिंदुस्तान की कला को और कृतियों को उन्होंने इसी

का गिरा हुआ रूप माना। रफ़्ता-रफ़्ता एक नया नज़रिया क़ायम हुआ और यह कहा जाने लगा कि हिंदुस्तानी कला में एक मौलिकता और जीवनी-शक्ति है, जो यूनानी-बौद्ध-कला से नहीं हासिल हुई है, बल्कि यूनानी-बौद्ध-कला ख़ुद उसका एक हलका प्रतिबिंब है। यह नया नज़रिया ज़्यादातर इंग्लिस्तान को छोड़कर यूरोप के और मुल्कों से आया। यह एक अचरज की बात है कि हिंदुस्तानी कला की (और यह बात संस्कृत-साहित्य के बारे में भी ठीक ठहरती है) जैसी क़द्र यूरोप के दूसरे मुल्कों में हुई, वैसी इंग्लिस्तान में नहीं। मैंने अकसर सोचा है कि इंग्लिस्तान और हिंदुस्तान के बीच बदक़िस्मती से आज जो राजनैतिक रिश्ता है, उसका कहां तक इस परिस्थिति में हाथ हो सकता है। शायद इसका कुछ हाथ तो है, लेकिन फ़र्क के और भी ज़्यादा बुनियादी कारण हो सकते हैं। यों बहुत-से कलाकार, विद्वान और दूसरे अंग्रेज़ हैं, जो हिंदुस्तानी भावनाओं और नज़रिये के नज़दीक पहुंच गए हैं और जिन्होंने हमारी पुरानी तिथियों की खोज में और दुनिया के आगे उनकी व्याख्या करने में मदद दी है। बहुत-से और लोग भी हैं, जिनकी दोस्ती और सेवा के लिए हिंदुस्तान एहसानमंद है। फिर भी यह वाक़या रह ही जाता है कि हिंदुस्तानियों और अंग्रेज़ों के बीच एक खाई है, और यह बराबर बढ़ती जा रही है। हिंदुस्तान की तरफ़ से तो इस बात का समझ लेना, कम-से-कम मेरे लिए, कुछ ज़्यादा आसान है, क्योंकि हाल के ज़माने में बहुत सी ऐसी घटनाएं घटी हैं, जिन्होंने हमारे दिलों में गहरे घाव कर दिये हैं। दूसरी तरफ़, शायद दूसरी ही वजहों से, इसीसे मिलती-जुलती प्रतिक्रिया हो, और इन्हें इस बात पर गुस्सा हो कि अगरचे उनकी राय में, उनका क़सूर नहीं रहा है, फिर भी सारी दुनिया के आगे वे बदनाम कर दिये गए हैं। लेकिन यह जज़्बा महज़ राजनैतिक नहीं है, और ख़ुद-ब-ख़ुद ज़ाहिर हो जाता है और सबसे ज़्यादा वह इंग्लिस्तान के बुद्धिजीवी तबके के लोगों में मिलता है। उनके ख़याल में हिंदुस्तानी आदमी मूल पाप[58] का एक ख़ास प्रतीक है और उनके सारे कार्यों पर इस पाप की छाप है। एक लोकप्रिय अंग्रेज़ लेखक ने, जिसे मुश्किल से अंग्रेज़ी विचारों या बुद्धि का नुमाइंदा कहेंगे, एक पुस्तक हाल में लिखी है, जो हिंदुस्तान की क़रीब-क़रीब सब चीज़ों के लिए हिक़ारत और नफ़रत से भरी हुई है। उससे एक ज़्यादा ऊंचे और प्रामाणिक अंग्रेज़ लेखक मि. ऑस्बर्ट सिटवेल ने अपनी किताब 'इस्केप विद मी' (1941) में कहा है कि " बावजूद उसकी अनेक और विविध अद्भुत चीज़ों के, हिंदुस्तान का आदर्श एक नागवार ख़याल रहा है।" वह "हिंदू-कला की कृतियों की अकसर घृणा पैदा करनेवाली गंदी और चिपचिपा खासियत" का भी जिक्र करते हैं।

हिंदुस्तानी कला या आमतौर से हिंदुस्तान के बारे में इस तरह की राय रखने का मि. सिटवेल को अख़्तियार है। मुझे यकीन है कि यही उनके सही जज़्बे हैं। हिंदुस्तान की बहुत-सी बातों से मुझे भी नफ़रत होती है। लेकिन सब-कुछ लेकर हिंदुस्तान के बारे में मेरे

---

58. बाइबिल के अनुसार जब हव्वा ने ज्ञानवृक्ष का फल खाया, तभी से पाप शुरू हुआ। ईसाई लोग इसी को 'मूल पाप' कहते हैं। —सं०

ये भाव नहीं हैं। यह स्वाभाविक भी है, क्योंकि मैं हिंदुस्तानी हूं, और अपने से आसानी से नफ़रत नहीं कर सकता, चाहे जितना अयोग्य मैं क्यों न होऊं। लेकिन यह सवाल रायों का या कला के बारे में नज़रिये का नहीं है; यह ज़्यादा करके एक पूरी क़ौम के ख़िलाफ़ जानकर और अनजान में नफ़रत का और गैर-दोस्ताना जज़्बा है। क्या यह बात सही है कि जिन्हें हमने नुक़सान पहुंचाया है, उन्हें हम नापसंद करते हैं और उनसे नफ़रत करने लगते हैं?

उन अंग्रेज़ों में, जिन्होंने हिंदुस्तानी कला को पसंद किया है और उस पर राय क़ायम करने के लिए नई कसौटियां इस्तेमाल की हैं, लारेंस बिनियन और ई. बी. हैवेल हैं। हिंदुस्तानी कला के आदर्शों और उसके तह के भावों के बारे में हैवेल को ख़ासतौर पर उत्साह है, वह इस बात पर ज़ोर देते हैं कि एक बड़ी क़ौमी कला के ज़रिये हमें क़ौम के विचार और स्वभाव का गहरा परिचय मिलता है, लेकिन हम इस कला को तभी समझ सकते हैं, जब हम उन आदर्शों को समझ लें जो उनके पीछे हैं। एक विदेशी हुकूमत करने वाली कौम इन आदर्शों को न समझकर या उनकी बुराई करके मानसिक विरोध के बीज बोती है। हिंदुस्तानी कला मुट्ठी भर विद्वानों के संबोधन के लिए नहीं रही है। इसका मक़सद यह रहा है कि हिंदू-धर्म और फिलसफे के मरकज़ी ख़यालों को आम लोगों को समझाये।" इस शिक्षा के मक़सद को पूरा करने में हिंदू-कला कामयाब रही, इसका अनुमान इस वाकये से हो जाता है (जो उन सबका जाना हुआ है, जो हिंदुस्तानी ज़िंदगी से परिचित हैं), कि हिंदुस्तानी गांववाले, अगरचे वे पच्छिमी लोगों के मानों में निरक्षर और अनपढ़ हैं, फिर भी अपने वर्ग के लोगों में, दुनिया के किसी जगह के लोगों के मुक़ाबले में ज्यादा सभ्य हैं।[59]

संस्कृत कविता और हिंदुस्तानी संगीत की तरह कला में भी यह माना जाता था कि कलाकार प्रकृति के सभी विभागों से एकमत होकर आदमी की प्रकृति और विश्व के साथ एकता का निरूपण करेगा। सारी एशियाई कला की यह ख़ास बात रही है, और इसी की वजह से एशिया की कला में हमें एक तरह की एकता मिलती है, बावजूद इसके कि क़ौमी फ़र्क और विविधता इतनी ज़ाहिर हैं। हिंदुस्तान में अजंता की दीवारों पर बने हुए सुंदर चित्रों के अलावा पुरानी चित्रकारी ज़्यादा नहीं मिलती। शायद इस कला का ज़्यादा हिस्सा नष्ट हो गया है। हिंदुस्तान की विशेषता उसकी मूर्तिकला और स्थापत्य में है, जिस तरह कि चीन और स्थापत्य में है, जिस जापान की विशेषता उनकी चित्रकारी में है।

---

59. ई० बी० हैवेल : 'दि आइडियल्स ऑव इंडियन आर्ट' (1920), पृ० 19 भूमिका।

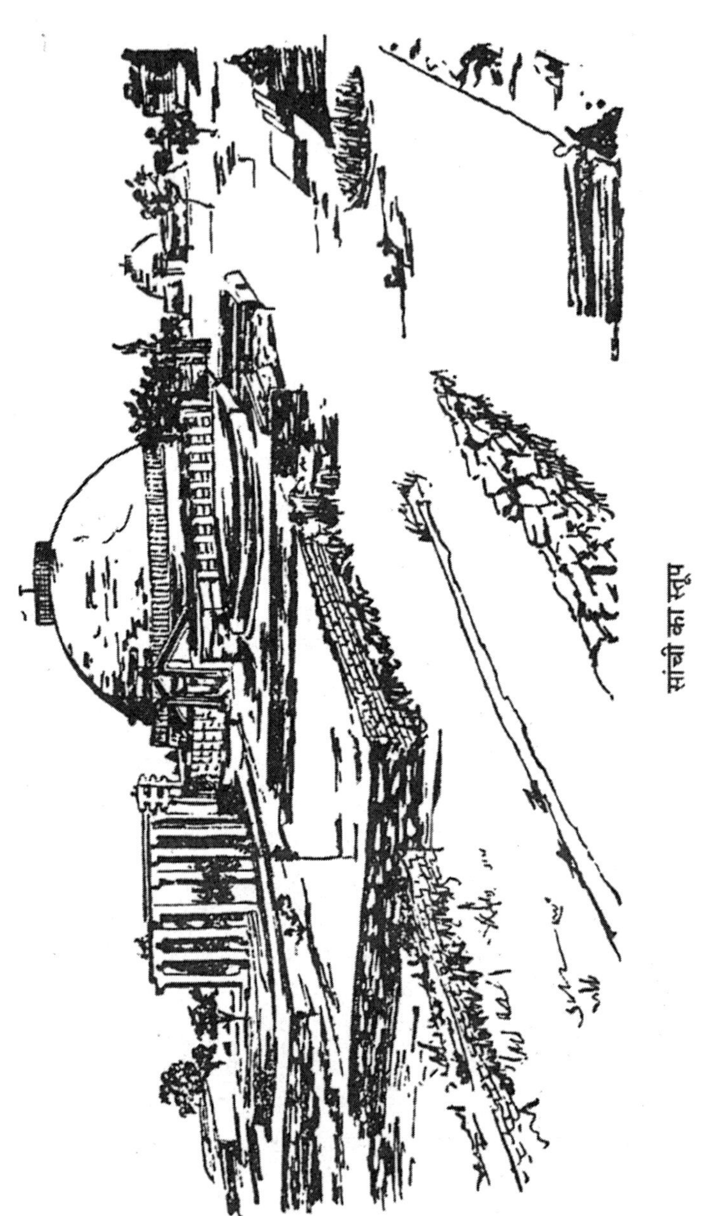

सांची का स्तूप

हिंदुस्तानी संगीत, जो यूरोपीय संगीत से इतना मुख़्तलिफ़ है, अपने तरीक़े पर बहुत तरक़्क़ी कर चुका था और इसके लिए हिंदुस्तान मशहूर था और चीन और दूर पूरब के मुल्कों को छोड़कर इसने सारे एशिया के संगीत पर असर डाला था। इस तरह से संगीत ईरान,

अफ़ग़ानिस्तान, अरब, तुर्किस्तान और कुछ हद तक और इलाक़ों में, जहां अरबी तहज़ीब फैली थी, जैसे उत्तरी अफ्रीका, इनके बीच की एक और कड़ी बन गया। हिंदुस्तान का शास्त्रीय संगीत शायद इन सब जगहों में पसंद किया जायगा।

कला के विकास में एशिया की और जगहों की तरह हिंदुस्तान में भी धार्मिक विचारों का एक ख़ास असर गढ़ी हुई मूर्तियों के ख़िलाफ़ पड़ा। वेद मूर्त्ति-पूजा के विरोधी रहे और बौद्ध ज़माने में भी बाद के दिनों में ही बुद्ध की मूर्तियां और तस्वीरें बनीं। मथुरा के अजायबघर में बोधिसत्त्व की एक बहुत बड़ी पत्थर की मूर्ति है, जिसमें बड़ा दम-ख़म है। यह ईस्वी संवत के शुरू के कुशाण ज़माने की है।

शुरू के ज़माने में हिंदुस्तानी कला हमें प्रकृतिवाद से भरी हुई मिलती है, जो कुछ अंशों में चीनी प्रभावों की वजह से हो सकता है। हिंदुस्तानी कला के इतिहास की मुख्तलिफ़ मंजिलों पर हमें चीनी असर दिखाई देते हैं, ख़ासतौर पर प्रकृतिवाद को तरक़्क़ी देने वाले इसी तरह हिंदुस्तानी आदर्शवाद के चीन और जापान में जाकर ख़ास ज़मानों में वहां ज़बरदस्त असर डाला।

चौथी से छठी सदियों के बीच, गुप्तों के ज़माने में, जो हिंदुस्तान का सुनहला युग कहलाया है, अजंता की गुफ़ाएं खोदी गईं और उनकी दीवारों पर चित्र बनाये गए। बाग़ और बादामी की गुफ़ाएं भी इसी ज़माने की हैं। अजंता की दीवार पर बनी तस्वीरें बड़ी सुंदर हैं और जबसे उनकी खोज हुई है, उन्होंने हमारे आजकल के कलाकारों पर गहरा असर डाला है और ये ज़िंदगी से मुड़कर अजंता की शैली की नक़ल में पड़ गए हैं। यह इसके अच्छे नतीजे नहीं है।

अजंता हमें एक दूर की, सपने जैसी दूर की, लेकिन बहुत वास्तविक, दुनिया में पहुंचा देता है। दीवाल पर बने ये चित्र बौद्ध भिक्खुओं के बनाये हुए हैं। बहुत दिन पहले उनके स्वामी बुद्ध ने बताया था कि स्त्रियों से दूर रहो, उनकी तरफ़ देखो तक नहीं, क्योंकि वे ख़तरनाक हैं। फिर भी हम पाते हैं कि यहां स्त्रियों की कमी नहीं है-सुंदर स्त्रियां, राज-कन्याएं, गानेवाली, नाचनेवाली, बैठी और खड़ी, श्रृंगार करती हुई या जुलूस के साथ जाती हुई स्त्रियां हमें मिलती हैं। अजंता की स्त्रियां मशहूर हो गई हैं। इन कलाकार भिक्खुओं का दुनिया से और इस ज़िंदगी के चलते-फिरते नाटक से कितना गहरा परिचय था, कितने प्रेम से उन्होंने ये चित्र बनाये हैं! ये चित्र उन्होंने उसी तरह बनाये हैं, जिस तरह कि उन्होंने बोधिसत्त्व की प्रशांत और लोकोत्तर महिमा का चित्रण किया है।

सातवीं और आठवीं सदियों में ठोस चट्टानों को काटकर एलोरा की विशाल गुफ़ाएं तैयार हुईं, जिनके बीच में कैलास का बहुत बड़ा मंदिर है। इन्सान ने इसकी कल्पना किस तरह की और कल्पना करने के बाद उसे किस तरह साकार किया, इसका सोचना कठिन है। इसी ज़माने की एलीफैंटा की गुफ़ाएं भी हैं, जहां त्रिमूर्ति की ज़बरदस्त और रहस्यमयी मूर्ति बनी हुई है। दक्खिन हिंदुस्तान में महाबलिपुरम की इमारतें भी इसी ज़माने की हैं।

एलीफैंटा की गुफ़ा में नटराज शिव की एक टूटी हुई मूर्ति है, जिसमें शिव नाचने की मुद्रा में दिखाये गए हैं। हैवेल का कहना है कि अपनी टूटी हुई हालत में भी यह बड़ी ज़बरदस्त मूर्ति है और इसकी कल्पना विशाल है, "नृत्य की लयमय गति से अगरचे चट्टान तक प्रतिध्वनित जान पड़ती है, फिर भी सिर को देखने से उसी सौम्य और शांत और निर्विकार प्रकृति का आभास होता है, जिससे बुद्ध का मुख आलोकित रहता है।"

ब्रिटिश म्यूज़ियम में एक दूसरी मूर्ति नटराज शिव की है और इसके बारे में एप्स्टीन ने लिखा है-" लोक का सृजन करते हुए और उसका विनाश करते हुए शिव नाच रहे हैं। उनकी विशाल लयमयता युगों की कल्पना सामने ले आती है और उनकी गति में मंत्रोच्चार की-सी निठुर जादू-भरी शक्ति है। ब्रिटिश म्यूज़ियम के इस छोटे-से संग्रह में हमें प्रेम की साधना में मृत्यु की अभिव्यक्ति की मर्मांतक मिसाल मिलती है; और मनुष्य के मनोवेगों में जो क़िस्मत का फैसला करने वाला जुज़ है, उसका जैसा निचोड़ यहाँ मिलता है, वैसा किसी दूसरी कृति में नहीं मिलता। इन गहन कृतियों के मुक़ाबले में हमारे यूरोपीय प्रतीक तुच्छ और बेजान जान पड़ते हैं; इनमें प्रतीकपने का आडंबर नहीं, ये सार-वस्तु पर ज़ोर देती हैं, इनमें विशेष मूर्तिमत्ता है।"[60]

जावा के बोरोबुदर का बोधिसत्त्व का एक सिर है, जो कोपेनहेगन के ग्लिप्टोटेक में पहुंच गया है। रूप-रेखा की दृष्टि से तो वह सुंदर है ही, लेकिन जैसा कि हैवेल ने कहा है, इसमें कुछ और गहरी बात है, जो बोधिसत्त्व की विशुद्ध आत्मा को इस तरह दिखलाती है, जैसे दर्पण में कोई देखे। "यह एक ऐसा चेहरा है, जिस पर समुद्र की गहराइयों की प्रशांति, बिना बादल के नीले आसमान का नितरापन और इन्सानी निगाह से दूर का परम सौंदर्य साकार हुआ है।"

हैवेल आगे लिखते हैं-"जावा की हिंदुस्तानी कला अपनी एक विशेषता रखती जो उसे उस महाप्रदेश की कला से जुदा करती है, जहां से वह आई थी। दोनों में वही गहरी प्रशांति मिलती है, लेकिन जावा के दिव्य आदर्श में हमें वे तपस्या के भाव नहीं मिलते, जो एलीफैंटा और महाबलिपुरम के हिंदू-शिल्प की विशेषता है। हिंदी जावाई कला में मानवी संतोष और आनंद का भाव ज्यादा है और यह टापुओं में बसे हुए नौआबाद हिंदुस्तानियों की अपने महाप्रदेश में पूर्वजों के सदियों के संघर्ष के बाद हासिल शांति और ख़ुशी की ज़िंदगी का इज़हार करती है।"[61]

❒

---

60. एप्स्टीन : 'लेट देयर बी स्कल्पचर' (1942), पृ० 193।

61. हैवेल : 'दि आइडियल्स ऑव इंडियन आर्ट' (1920), पृ० 169।

19. हिंदुस्तान का विदेशी व्यापार

ईस्वी संवत के पहले एक हज़ार बरसों में हिंदुस्तान का व्यापार बराबर ख़ूब फैला हुआ था और हिंदुस्तानी व्यापारी बहुत-सी विदेशी मंडियों पर कब्जा किये हुए थे। यह व्यापार पूर्वी समुद्र के देशों में तो ख़ूब होता ही था, उधर यह भूमध्य सागर के देशों तक फैला हुआ था। काली मिर्च और मसाले हिंदुस्तान से या हिंदुस्तान होकर पच्छिम को जाते थे; ये अक्सर हिंदुस्तानी या चीनी जहाज़ों में जाते और यह कहा जाता है कि गॉथ अलैरिक रोम से 3000 पौंड काली मिर्च ले गया था। रोमन लेखकों ने यह शिकायत की है कि रोम से हिंदुस्तान और दूर के देशों में, बहुत-सी आमोद-प्रमोद की चीज़ों के बदले में सोना बहकर जाता था।

यह व्यापार ज़्यादातर, क्या हिंदुस्तान में और क्या दूसरी जगह, उन सामग्रियों के अदल-बदल का होता था, जो मुक़ामी तौर पर पाई जाती थीं। हिंदुस्तान की ज़मीन उपजाऊ थी और यहां कुछ चीज़ें बहुतायत से होती थीं, जो दूसरी जगहों में नहीं होती थीं, और चूंकि उसके लिए समुद्र का रास्ता सुगम था, इस रास्ते से वह चीज़ें विदेशों में भेजता था। वह व्यापार की चीज़ें पूर्वी समुद्रों से लाकर भी बाहर पहुंचाता था और इस तरह लदाई के व्यापार से भी फ़ायदा उठाता था। लेकिन इसके अलावा भी बातें उसके हक़ में थीं। बहुत पुराने ज़माने से वह कपड़ा तैयार करता रहा है, उस ज़माने से, जबकि बहुत- से दूसरे मुल्क इस धंधे को नहीं जानते थे; इसलिए यहां पर कपड़े का धंधा तरक़्क़ी कर गया था। हिंदुस्तानी बुना हुआ कपड़ा दूर-दूर देशों में जाया करता था। बहुत शुरू ज़माने से यहां रेशमी कपड़ा भी बनता रहा है, अगरचे शायद वह चीनी रेशम - जैसा अच्छा न होता था, जो ईसा से पहले की चौथी सदी से यहां लाया जाता रहा है। हिंदुस्तानी रेशम के व्यवसाय ने यहां बाद में तरक़्क़ी की होगी, हालांकि जान पड़ता है कि यह बहुत ख़ास तरक़्क़ी न रही होगी। कपड़े रंगने की कला में अलबत्ता ख़ास तरक़्क़ी हुई जान पड़ती है और पक्के रंग तैयार करने के यहां ख़ास तरीक़े खोज निकाले गए थे। इनमें से एक नील का रंग था, जिसे अंग्रेजी में 'इंडिगो' कहते हैं। यह शब्द 'इंडिया' से निकला है और यूनान के ज़रिये आया है। शायद इस रंगाई के धंधे की जानकारी ने हिंदुस्तान के विदेशों से व्यापार को बहुत आगे बढ़ाया।

ईस्वी सन की शुरू की सदियों में रसायन-शास्त्र हिंदुस्तान में और मुल्कों के मुक़ाबले में शायद ज़्यादा तरक़्क़ी कर चुका था। इसके बारे में मेरी जानकारी बहुत नहीं है, लेकिन हिंदुस्तानी रसायन - शास्त्रियों और वैज्ञानिकों के प्रमुख सर पी० सी० राय ने, जिन्होंने हिंदुस्तानी वैज्ञानिकों की कई पीढ़ियों को तैयार किया है, एक किताब 'हिस्ट्री ऑव हिंदू केमिस्ट्री' लिखी है। उस ज़माने में रसायन-शास्त्र कीमियागारी और धातु - शास्त्र से बहुत ताल्लुक रखता था। एक मशहूर हिंदुस्तानी रसायन और धातु-शास्त्री नागार्जुन हुआ है और नामों की समानता की वजह से कुछ लोगों ने सुझाव दिया है कि यही पहली सदी ईस्वी का बड़ा फ़िलसूफ़ था। लेकिन इस बात में बड़ा शुबहा है।

क़दीम हिंदुस्तानी फ़ौलाद को ताव देना जानते थे और हिंदुस्तानी फ़ौलाद और लोहे की दूसरे मुल्कों में क़द्र होती थी, ख़ासतौर पर लड़ाई के कामों में। बहुत-सी और धातुओं की यहां लोगों की जानकारी थी और औषधि के लिए धातुओं के यौगिक तैयार किये जाते थे। अर्क़ खींचने और कंकड़-पत्थर फूंककर चूना बनाने का काम लोगों को अच्छी तरह मालूम था। औषधि विज्ञान ने काफ़ी तरक़्क़ी कर ली थी। मध्य-युग तक प्रयोगों में ख़ासी तरक़्क़ी होती रही, अगरचे ये प्रयोग ज्यादातर पुरानी किताबों के आधार पर हुआ करते थे। शरीर-रचना और शरीर-विज्ञान का अध्ययन होता था और खून की गरदिश की बात हार्वे से बहुत पहले सुझाई जा चुकी थी।

ज्योतिर्विज्ञान, जो सबसे पुराना विज्ञान है, विश्वविद्यालयों के पाठ्यक्रम का एक नियमित अंग था और अकसर इसे फलित ज्योतिष से मिला-जुला दिया जाता था। एक बहुत शुद्ध पंचांग तैयार किया जा चुका था और यह अब भी चलता है। यह सौर- पंचांग है, जिसमें महीनों की गिनती चंद्रमा के हिसाब से होती है, जिसकी वजह से इसे समय- समय पर ठीक करने की ज़रूरत पड़ती है। और जगहों की तरह यहां भी पुरोहितों या ब्राह्मणों के हाथों में यह पंचांग होता था और वे मौसम के त्योहारों को निश्चित करते और सूर्यग्रहणों के ठीक-ठीक वक़्त बताते थे। ये मौक़े भी त्योहार-जैसे ही हुआ करते थे। इस ज्ञान से फ़ायदा उठाकर वे जनता में विश्वासों को उत्पन्न करते और उन्हें पूजा-पाठ में लगाते (जिसे वे ख़ुद निश्चय ही अंधविश्वास समझते रहे होंगे) और इस तरह अपनी प्रतिष्ठा बढ़ाते थे। ज्योतिर्विज्ञान का ज्ञान अमली तौर पर उन लोगों के बड़े काम का होता, जो समुद्री-यात्रा पर निकलते। क़दीम हिंदुस्तानियों को ज्योतिर्विज्ञान की अपनी तरक़्क़ी पर गर्व रहा है। उनके अरब-ज्योतिर्विज्ञान से संपर्क थे, जो ज़्यादातर सिकंदरिया में केंद्रित था।

यह बताना मुश्किल है कि यंत्रों ने कहां तक तरक़्क़ी की थी; लेकिन जहाज़ों का बनाना एक ऐसा व्यवसाय था, जो ख़ूब चलता था। और भी तरह-तरह के ' यंत्रों' के हवाले मिलते हैं; ख़ासतौर पर लड़ाई में काम आनेवाले यंत्रों के। कुछ उत्साही और विश्वासी हिंदुस्तानियों ने इससे तरह-तरह के पेचीदा यंत्रों की कल्पना कर ली है। फिर भी यह मालूम पड़ता है कि औज़ारों के इस्तेमाल में और रसायन शास्त्र और धातु-शास्त्र की जानकारी में हिंदुस्तान किसी भी मुल्क के मुक़ाबले में पिछड़ा हुआ न था। इससे व्यापार के मामले में उसे फ़ायदा पहुंचा और कई सदियों तक वह कई विदेशी मंडियों को अपने क़ाबू में रख सका।

शायद एक बात और उसके माफ़िक़ पड़ती थी-गुलाम मज़दूरों का न होना, जबकि इस तरह की प्रथा यूनानियों की और दूसरी क़दीम तहज़ीबों की तरक़्क़ी में बाधक रह चुकी थी। वर्ण-व्यवस्था में चाहे जैसी बुराइयां रही हों, सबसे नीचे तबके के लोगों के लिए भी ग़ुलामी के मुक़ाबले में लाख दर्जे ग़नीमत थी। हर एक जात के अंदर तो बराबरी और एक हदतक आज़ादी थी; हर एक जात अपने पेशे के आधार पर क़ायम हुई थी और अपने ख़ास काम

में लगती थी। इससे जिस काम में भी एक शख़्स होता, उसे ख़ास महारत हासिल हो जाती और हुनर के धंधेवालों को काम की विशेषता हासिल होती।

❐

20. क़दीम हिंदुस्तान में गणित-शास्त्र

चूंकि क़दीम हिंदुस्तानी ऊंचे दिमाग़वाले और सूक्ष्म बातों पर सोच-विचार करनेवाले लोग थे, इसलिए हमें उम्मीद ही करनी चाहिए कि वे गणित-शास्त्र में बढ़े-चढ़े रहे होंगे। यूरोप ने शुरू में अंक-गणित और बीज-गणित अरबों से सीखा-इसी से उन्होंने संख्याओं को 'अरबी संख्याओं' का नाम दिया-लेकिन अरबों ने ख़ुद पहले हिंदुस्तान से सीखा था। हिंदुस्तानियों ने गणित में जो अचरज भरी तरक़्क़ी की थी, उसे अब लोग अच्छी तरह से जानते हैं और यह माना जाता है कि अंक गणित और बीज-गणित की बुनियाद बहुत पहले ही हिंदुस्तान में पड़ी थी। गिनती के चौखटे की मदद से गिनने के भद्दे तरीक़े और रोमन और इसी तरह की संख्याओं के इस्तेमाल ने बहुत दिनों तक तरक़्क़ी को रोक रखा था, जबकि शून्यांक मिलाकर दस हिंदुस्तानी अंकों ने इन्सान के दिमाग़ को इन बंधनों से आज़ाद कर दिया और अंकों के आचरण पर बहुत रोशनी डाली अंकों के ये चिह्नों और मुल्कों में इस्तेमाल किये जानेवाले चिह्नों से बिलकुल जुदा थे। आज वे इतने आम हैं कि हम उन्हें माने बैठे हैं, लेकिन उनमें क्रांतिकारी तरक़्क़ी के बीज थे। हिंदुस्तान से बग़दाद होते हुए पच्छिमी दुनिया में पहुंचने में इन्हें सदियां लग गईं।

डेढ़ सौ साल हुए, नेपोलियन के ज़माने में लाप्लास ने लिखा था- "यह हिंदुस्तान है, जिसने हमें सभी संख्याओं को दस चिह्नों के ज़रिये प्रकट करने का युक्तिपूर्ण तरीक़ा बताया, जिसमें हर एक चिह्न का एक अपना मूल्य है और एक उसके स्थान की वजह से मिला हुआ मूल्य है। यह एक गहरा और अहम ख़याल है, जो अब हमें इतना सीधा-सादा जान पड़ता है कि हम उसकी सही ख़ूबियों को भूल जाते हैं। लेकिन इसकी सादगी ही से जो आसानी हमारी गिनतियों में हो गई हैं, उसने अंक -गणित को उपयोगी आविष्कारों की पहली कोटि में ला दिया है और हम इस कारनामे के महत्त्व को तब समझेंगे, जब हम यह याद रखेंगे कि कदीम ज़माने के दो सबसे बड़े लोगों यानी आर्कमीडिस और अपोलोनियस की प्रतिभा से भी यह विचार बच निकला था।"[62]

हिंदुस्तान में ज्यामिति, अंक-गणित और बीज-गणित की शुरुआत हमें बहुत क़दीम ज़माने तक पहुंचा देती है। शायद शुरू में वैदिक वेदियों पर चित्रों के बनाने में एक तरह के ज्यामितीय बीज-गणित का इस्तेमाल किया जाता था। सबसे प्राचीन किताबों में एक वर्गाकार को आयत में, जिसकी एक भुजा दी गई हो, बदलने की रीति बताई गई है (अ

---

62. हागबेन की 'मैथमेटिक्स फ़ॉर दि मिलियन' (लंदन, 1942) में उद्धृत।

क्ष= स)। हिंदू संस्कारों में ज्यामित-चित्र अब भी आमतौर से इस्तेमाल में आते हैं। ज्यामिति ने हिंदुस्तान में तरक़्क़ी ज़रूर की, लेकिन इस विषय में यूनान और सिकंदरिया आगे बढ़ गए। अंक-गणित और बीज-गणित में ही हिंदुस्तान आगे बना रहा। स्थान-मूल्य की दशमलव-विधि और शून्यांक के आविष्कारक या आविष्कारकों का पता नहीं। शून्यांक के सबसे पहले प्रयोग का जो अब तक पता लगा है, वह लगभग 200 ई० पू० के एक शास्त्रीय ग्रंथ में है। यह मुमकिन समझा जाता है कि स्थान-मूल्य का तरीक़ा ईसाई संवत के शुरू के लगभग ईजाद किया गया। शून्य, जिसके मानी कुछ नहीं के हैं, शुरू में एक बिंदी या नुक्ते की शख़्ल में था। बाद में यह एक छोटे वृत्त की शक़्ल में बदल गया। यह और अंकों की तरह एक अंक समझा जाता था। प्रोफेसर हाल्स्टेड ने इसके गहरे महत्त्व के बारे में इस तरह लिखा है-" शून्य के चिह्न की रचना में महत्त्व को चाहे जितना बढ़ाकर कहा जाय, अत्युक्ति न होगी। एक ऐसी चीज़ को, जो हवाई और कुछ न हो, एक स्थिति और नाम दे देना, एक चित्र और प्रतीक में बदल देना, जिसमें मदद करने की शक्ति आ जाय; हिंदू जाति की ही विशेषता है, जहां इसका जन्म हुआ। यह निर्वाण को बिजली पैदा करनेवाले यंत्रों में ढाल देने जैसी बात है। गणित की कोई भी ईज़ाद बुद्धि और शक्ति को आमतौर पर आगे बढ़ाने में इतनी कारगर नहीं हुई है।"[63]

इस तारीखी घटना को लेकर इस ज़माने के एक और गणितज्ञ ने बड़ी ज़ोरदार प्रशंसा की है। डानज़िग अपनी पुस्तक 'नंबर' में लिखते हैं--" पांच हज़ार साल के इस लंबे ज़माने में न जाने कितनी तहज़ीबें उठीं और गिरीं और इनमें से हर एक अपने साहित्य, कला, फ़िलसफे और मज़हब की विरासत छोड़ गई। लेकिन गिनती के मैदान में, जो इन्सान की पहली कला रही है, सब कुछ मिलाकर उनके क्या कारनामे रहे? गिनती का सब-कुछ ढंग इतना भोंडा और ग़ैर-लचीला था कि तरक़्क़ी को ग़ैर-मुमकिन बना देनेवाला, और जोड़ने के ढंग इतने महदूद कि मामूली हिसाब के लिए भी विशेषज्ञ की मदद लेनी पड़े। आदमी इन तरीकों को हज़ारों साल तक इस्तेमाल में लाता रहा, लेकिन इनमें कोई मार्के का सुधार न कर सका, इसमें एक भी मतलब का विचार न जोड़ सका। यह सही है कि अंधेरे युगों में विचार बहुत धीरे-धीरे तरक़्क़ी करते थे, फिर भी उनके मुक़ाबले में गिनती के इतिहास को देखा जाय, तो ख़ासतौर पर गतिहीन और अटका हुआ जान पड़ता है। इस नज़र से देखने से उस अनजाने हिंदू का कारनामा, जिसने हमारे संवत की पहली सदियों में किसी वक़्त स्थान-मूल्य के सिद्धांत को ईजाद किया, एक लोकव्यापी महत्त्व का कारनामा हो जाता है।[64]

डानज़िंग को ताज्जुब इस बात का है कि यूनान के बड़े गणितज्ञों में से किसी ने इसकी

---

63. जी० बी० हाल्स्टेड की 'आन दि फाउंडेशन ऐंड टेकनीक ऑव अरिथमेटिक' (शिकागो, 1912), पृष्ठ 20 से बी. दत्ता और ए. एन. सिंह की 'हिस्ट्री ऑव हिंदू मैथमेटिक्स' (1935) में उद्धृत।

64. एल० हागबेन को 'मैथेमेटिक्स फ़ार दि मिलियन' (लंदन, 1942) में उद्धृत।

ईजाद क्यों न की।" क्या यह बात है कि यूनानी प्रयोगात्मक विज्ञान को हेठा समझते थे और अपने बच्चों की तालीम तक को गुलामों के सिपुर्द कर देते थे? अगर ऐसा है, तो यह कैसे हुआ कि जिस क़ौम ने हमें ज्यामिति दी और उसे उतना आगे बढ़ाया, वह बीज गणित के मोटे सिद्धांत भी हमें न दे सके? क्या यह उतने ही ताज्जुब की बात नहीं कि बीज-गणित भी, जो आजकल के गणित का बुनियादी पत्थर है, हिंदुस्तान में उपजा और क़रीब-क़रीब उसी वक़्त, जबकि स्थान-मूल्य की ईजाद हुई?"

प्रोफेसर हागबेन ने इस सवाल के जवाब में यह सुझाव दिया है-"हिंदुओं ने ही इस दिशा में कदम क्यों बढ़ाया, क्यों अपने क़दीम गणितज्ञों ने ऐसा नहीं किया, क्यों व्यावहारिक मनुष्यों द्वारा यह बन सका, इस बात को समझने की कठिनाई को हम हल न कर सकेंगे, अगर हम बौद्धिक उन्नति को कुछ प्रतिभावाले मनुष्यों की कोशिशों का नतीजा समझते रहेंगे, बजाय इसके कि हम उसे रीति-रिवाज और विचार के पूरे सामाजिक संगठन का नतीजा समझें, जो बड़े-से-बड़े प्रतिभावाले के गिर्द होता है। 100 ईस्वी के लगभग हिंदुस्तान में जो हुआ है, वह पहले भी हो चुका है। हो सकता है कि यह इस वक़्त रूस में हो रहा हो। इस सत्य को मानने का अर्थ यह है कि अगर कोई संस्कृत आम जनता की तालीम की तरफ़ उतना ही ध्यान नहीं देती, जितना कि वह विशेष प्रतिभावाले लोगों की तरफ़ देती है, तो यह समझना चाहिए कि उसके विनाश का बीज उसी के अंदर है।[65]

तब हमें मान लेना होगा कि ये मार्के की ईज़ादें किसी ऐसे प्रतिभावाले व्यक्ति की क्षणिक सूझ का नतीजा नहीं है, जो अपने समकालीनों से बहुत आगे बढ़ा हुआ था, बल्कि यह कि वे दरअसल सामाजिक परिस्थितियों का नतीजा हैं और अपने ज़माने की लगातार मांग के जवाब में थीं। इस मांग को पूरा करने के लिए ऊंचे दर्जे की प्रतिभा की यक़ीनी तौर पर ज़रूरत थी, लेकिन अगर यह मांग मौजूद न रही होती, तो कोई रास्ता निकालने की प्रेरणा ही न हुई होती और अगर यह ईज़ाद हुई भी होती, तो इसे लोग या तो भुला देते, या उस वक़्त तक के लिए रख छोड़ते, जब इसकी ज़रूरत आकर पड़ती। संस्कृत के शुरू के गणित-संबंधी ग्रंथों से यह साफ़ ज़ाहिर है कि मांग मौजूद थी, क्योंकि इन ग्रंथों में व्यापार के और ऐसे समाजी ताल्लुक़ों के सवाल भरे पड़े हैं, जिनमें टेढ़े-मेढ़े जोड़ लगाने पड़ते थे; कर, उधार और सूद के मसले हैं; साझेदारी के, चीज़ों के अदल-बदल और लेन-देन के और सोने की परख और तौल कांटे के मसले भी मिलते हैं। समाज जटिल हो चुका था और सरकारी धंधों में और लंबे रोज़गारों में बहुत-से लोग लगे हुए थे। हिसाब के सीधे तरीक़ों के जाने बिना काम चलाना ग़ैर-मुमकिन था।

शून्यांक और स्थान-मूल्यवाली दशमलव विधि को क़ुबूल कर लेने से हिंदुस्तान में अंक-गणित और बीज गणित की तरक़्क़ी के दरवाज़े तेज़ी से खुल गए। भिन्न और भिन्न राशियों के गुणा व भाग प्रचलित हुए; त्रैराशिक निकला और उसे पूर्ण बनाया गया; वर्ग और

65. हागबेन : ' मैथेमेटिक्स फ़ार दि मिलियन' (लंदन, 1942), पृष्ठ 285।

वर्गमूल; उसके साथ-साथ वर्गमूल का चिह्न (√) निकला, घन और घनमूल; ऋण- चिह्न; ज्या की तालिकाएं उपयोग में आईं; वृत्त की परिधि तथा व्यास के अनुपात π का मूल्य 3.1416 ठहराया गया; अनजान राशियों के लिए बीज-गणित में वर्णमाला के अक्षरों का इस्तेमाल हुआ; सामान्य और वर्ग समीकरण का विचार उठा; शून्यांक के गणित की छान-बीन हुई, शून्यांक की परिभाषा इस तरह दी गई: अ-अ = 0; अ + 0 = अ; अ - 0 = अ; अ × 0 = 0; अ ÷ 0 = अनंत संख्या। ऋण राशियों की कल्पना भी की गई है। इस तरह √4 = 2 ±।

गणित की ये और दूसरी प्रगतियां पांचवी से बारहवीं सदी के बीच होनेवाले अनेक मशहूर गणितज्ञों की पुस्तकों में दी गई हैं। इससे पहले के भी ग्रंथ हैं (ईसा से पहले की आठवीं सदी के लगभग का 'बौद्धायन'; ईसा से पहले की पांचवी सदी के 'आपस्तंब और 'कात्यायन'), जिनमें ज्यामिति के प्रश्नों, ख़ासतौर पर त्रिभुज, आयत और वर्ग के सवालों को बताया गया है। लेकिन बीज - गणित पर जो सबसे पुरानी पुस्तक मिलती है, वह प्रसिद्ध ज्योतिर्विद आर्य भट्ट की है, जिनका जन्म 476 ई० में हुआ था। ज्योतिष और गणित पर उसने अपनी किताब जब लिखी, तब उसकी उम्र सिर्फ़ 23 साल की थी। आर्य भट्ट ने, जिसे कभी - कभी बीज - गणित का ईज़ाद करनेवाला बताया जाता है, अपने से पहले के लेखकों से कम-से-कम कुछ अंशों में मदद ली होगी। हिंदुस्तानी गणित-शास्त्र में दूसरा बड़ा नाम जो आता है, वह है भास्कर प्रथम का (522 ई०) और उसके बाद ' ब्रह्मगुप्त (628 ई०) हुआ। वह भी एक ज्योतिर्विद था। उसने शून्यांक के नियमों का बयान किया और इस विद्या में और भी तरक़्क़ी की। इसके बाद लगातार कई गणितज्ञ हुए जिन्होंने अंक-गणित और बीज-गणित पर पुस्तकें लिखी हैं। आख़िरी बड़ा नाम भास्कर द्वितीय का है, जिसका जन्म 1114 ई० में हुआ था। उसने ज्योतिर्विज्ञान, बीज-गणित और अंक-गणित, इन पर तीन पुस्तकें लिखी हैं। उसकी गणित की पुस्तक का नाम 'लीलावती' है, जो गणित की किताब के लिए कुछ अनूठा नाम है, क्योंकि यह एक औरत का नाम है। इस किताब में एक लड़की के बार-बार हवाले आते हैं, जिसे 'हे लीलावती' करके पुकारा गया है, उसके बाद किसी दिये गए सवाल को समझाया गया है। यह ख़याल किया जाता है (अगरचे इसका सबूत नहीं है) कि लीलावती भास्कर की बेटी थी। किताब की शैली साफ़ और सादी है और ऐसी है कि उसे छोटी उम्र के लोग समझ सकें। यह किताब संस्कृत स्कूलों में, कुछ हद तक अपनी शैली के कारण, अब भी इस्तेमाल में आती है।

गणित-शास्त्र की किताबें (नारायण, 1150; गणेश, 1545), बनती रहीं; लेकिन ऐसा जान पड़ता है कि जो काम हो चुका था, उसे इनमें महज़ दुहराया गया है। हिंदुस्तान में गणित-शास्त्र में बारहवीं सदी के बाद जब तक कि हम मौजूदा ज़माने तक नहीं आ जाते हैं, मौलिक काम बहुत थोड़ा हुआ है।

आठवीं सदी में, ख़लीफ़ा अल्मंसूर के राज्यकाल में (753-774), कई हिंदुस्तानी

विद्वान बग़दाद गए, और जिन किताबों को वे अपने साथ ले गए थे, उनमें ज्योतिर्विज्ञान और गणित की भी किताबें थीं। शायद इससे पहले भी, हिंदुस्तानी गिनती के अंक बग़दाद पहुंच चुके थे, लेकिन यह पहला नियमित संपर्क था और आर्य भट्ट की और दूसरी किताबों के अरबी तरजुमे हुए। इन्होंने अरबी दुनिया में गणित और ज्योतिष की तरक़्क़ी पर असर डाला और वहां हिंदुस्तानी अंक प्रचलित हुए। बग़दाद उस ज़माने में इल्म का एक बड़ा केंद्र था और यूनानी और यहूदी आलिम वहां जमा हुए थे और इन लोगों के साथ-साथ यूनानी फ़िलसफ़ा, ज्यामिति और विज्ञान वहां पहुंचे थे। बग़दाद का सांस्कृतिक असर मध्य एशिया से लेकर स्पेन तक सारी इस्लामी दुनिया में पहुंचा था और इस तमाम ख़ित्ते में अरबी तरजुमों के ज़रिये हिंदुस्तानी गणित-शास्त्र का ज्ञान फैल गया था। अरब इन अंकों को 'हिंदसा' कहते थे और अंकों के लिए अरबी लफ़्ज़ 'हिंदसा' की है, जिसके माने हैं 'हिंद से आया हुआ।'

अरबी दुनिया से यह नई गणित, शायद स्पेन के मूर विश्वविद्यालयों के ज़रिये, यूरोपीय मुल्कों में पहुंची और यूरोपीय गणित-शास्त्र की इससे बुनियाद पड़ी। यूरोप में इन नये 'हिंदसों' का विरोध हुआ। वे काफ़िरों के निशान समझे जाते थे, और उनके आमतौर पर इस्तेमाल में आने में कई सौ साल लग गए। सबसे पहला इस्तेमाल जो हुआ, वह सिसली के एक सिक्क़े में 1134 ई० में हुआ; इंग्लिस्तान में इसका पहला इस्तेमाल 1490 में हुआ।

यह साफ़ मालूम पड़ता है कि हिंदुस्तानी गणित की जानकारी और ख़ासतौर पर अंकों के स्थान-मूल्य की पद्धति की जानकारी, पच्छिमी एशिया में बग़दाद में हिंदुस्तानी विद्वानों के जाने से पहले पहुंच चुकी थी। सीरिया के एक विद्वान भिक्खु ने, जिसका सीरियनों को हिक़ारत से देखनेवाले कुछ यूनानी विद्वानों के ग़रूर से दिल बहुत दुखा था, उनकी एक शिक़ायत में कुछ दिलचस्प वाक्य लिखे हैं। उसका नाम सेवेरस सेबोख़्त था और वह दज़ला नदी के किनारे के एक धर्माश्रम में रहा करता था। उसने 662 ई० में लिखा है और यह जताने की कोशिश की है कि सीरिया के लोग यूनानियों से किसी तरह घटकर नहीं हैं। मिसाल के तौर पर वह हिंदुस्तानियों का हवाला देता है-" मैं हिंदुओं के विज्ञान का बयान बिलकुल न करूंगा, वे सीरियनों- जैसे लोग नहीं हैं, ज्योतिर्विज्ञान की उनकी सूक्ष्म खोजों को, जो यूनानियों और बैबिलोनियावालों की खोजों से कहीं बढ़कर हैं, न बताऊंगा। उनकी गणना का तो बयान ही नहीं हो सकता। मैं सिर्फ़ यह बताना चाहूंगा कि यह गणना नौ चिह्नों के सहारे की जाती है। अगर यूनानी भाषा बोलने ही की वजह से कोई समझता हो कि वह यह सारा विज्ञान जान गया है, तो उसे ये बातें भी जाननी चाहिए। तब उसे पता चलेगा कि दूसरे लोग भी हैं, जो कुछ जानते हैं।"[66]

हिंदुस्तान के गणित का ज़िक्र करते हुए हाल के ज़माने के एक असाधारण व्यक्ति की बरबस याद आती है। यह श्रीनिवास रामानुजम् थे। दक्खिन हिंदुस्तान के एक ग़रीब ब्राह्मण

66. बी० दत्ता और ए. एन. सिंह की पुस्तक 'हिस्ट्री ऑव हिंदू मैथेमेटिक्स' (1933) में उद्धृत। इस विषय की बहुत-सी जानकारी के लिए मैं इस पुस्तक का आभारी हूं।

के घर में जन्म लेकर और उचित शिक्षा न पाकर वह मद्रास पोर्ट ट्रस्ट में क्लर्क हो गए। लेकिन उनमें क़ुदरती प्रतिभा का एक न दब सकनेवाला गुण था और वह अपने फ़ुरसत के घंटों में अंकों और उनके समीकरण से अपना जी बहलाया करते थे। ख़ुशकिस्मती से एक गणितज्ञ का ध्यान इस पर गया और उसने इनको कुछ काम के लिए इंग्लिस्तान में केंब्रिज भेज दिया। वहां के लोगों पर इसका असर पड़ा और उनके लिए एक वज़ीफ़े का इंतज़ाम कर दिया गया। इस तरह उन्होंने अपनी क्लर्की छोड़ी और वह केंब्रिज चले गए। थोड़े ही समय में उन्होंने वहां कुछ बड़ा अहम और मौलिक काम पेश किया। इंग्लिस्तान की रायल सोसायटी ने अपने क़ायदों को तोड़कर उन्हें अपना एक 'फ़ेलो' चुन लिया, लेकिन वह दो साल बाद 33 साल की उम्र में शायद तपेदिक़ से मर गए। मेरा ख़याल है कि जूलियन हक्सले ने उनके बारे में कहीं कहा है कि वह इस सदी के सबसे बड़े गणितज्ञ थे।

रामानुजम् की छोटी ज़िंदगी और मौत हिंदुस्तान की हालत की प्रतीक है। हमारे करोड़ों लोगों में कितने थोड़े हैं, जो कुछ शिक्षा भी पा लेते हैं; कितने हैं, जिन्हें पेट भर खाना नहीं मिलता; उन लोगों में से भी, जिन्हें कुछ तालीम हासिल हो जाती है, कितने हैं, जिनके लिए किसी दफ्तर में क्लर्की करने के सिवा कुछ चारा नहीं होता, और इस क्लर्की की तनख़्वाह इंग्लिस्तान के बेकारों को मिलनेवाली ख़ैरात से कम होती है? अगर ज़िंदगी इनके लिए अपने दरवाज़े खोल दे और उन्हें खाना और दूसरी सुविधाएं दे, और तालीम और तरक़्क़ी के मौक़े दे, तो इन करोड़ों में से कितने हैं, जो बड़े वैज्ञानिक, शिक्षक, हुनर जाननेवाले, व्यापारी, लेखक और कलाकार बन सकते हैं और एक नये हिंदुस्तान और एक नई दुनिया के बनाने में मदद कर सकते हैं?

21. विकास और ह्रास

ईस्वी सन के पहले हज़ार बरसों में हिंदुस्तान ने बहुत-से चढ़ाव और उतार देखे हैं; हमलावरों से लड़ाइयां और अंदरूनी दिक़्क़तें पेश आई हैं। फिर भी यह ज़ोरदार उफ़ान लेती हुई और चारों तरफ़ फैलती हुई क़ौमी ज़िंदगी का ज़माना रहा है। संस्कृति तरक़्क़ी करती है, एक भरी-पूरी तहज़ीब, फ़िलसफ़ा, साहित्य, नाटक, कला, विज्ञान और गणित-शास्त्र के फूल खिलाती है। हिंदुस्तान की आर्थिक व्यवस्था फलती है, हिंदुस्तान का क्षितिज विस्तृत होता है और दूसरे मुल्क़ इसके असर में आते हैं। ईरान, चीन, यूनानी दुनिया, मध्य एशिया से ताल्लुक़ात बढ़ते हैं और इन सबसे ऊपर यह होता है कि पूर्वी समुद्र के देशों की तरफ़ बढ़ने की गहरी उमंग पैदा होती है, जिसका नतीजा यह होता है कि हिंदुस्तानी नोआबादियां क़ायम होती हैं और हिंदुस्तानी संस्कृति हिंदुस्तान की सरहदों से बहुत आगे तक पहुंचती है। इन हज़ार बरस के बीच के ज़माने में, चौथी सदी के शुरू से छठी सदी तक, गुप्त-साम्राज्य

का बोल-बाला रहता है और इस दूर-दूर तक फैली हुई बौद्धिक और कलात्मक प्रवृत्तियों का यह प्रतीक और सरपरस्त बनता है। यह हिंदुस्तान का सुनहला युग कहलाता है और इस ज़माने के ग्रंथों में, जो संस्कृत-साहित्य की निधि एक प्रशांत गंभीरता है, आत्म-विश्वास है, और उस ज़माने के लोगों में इस बात का गर्व है कि वे इस सभ्यता के प्रखर मध्याह-काल में जीवित हैं, और इसके साथ-साथ अपनी ऊंची दिमाग़ी और कलात्मक शक्तियों को ज़्यादा-से-ज्यादा उपयोग में लाने की उनमें उमंग है।

लेकिन इससे पहले कि वह सुनहला ज़माना ख़त्म हो, कमज़ोरी और तनज्जुली की अलामतें दिखाई देने लगती हैं। पच्छिमोत्तर से सफ़ेद हूणों के दल-के-दल आते हैं और बार-बार मार भगाये जाते हैं। लेकिन उनका आना जारी रहता है और रफ़्ता-रफ़्ता वे उत्तरी हिंदुस्तान में रास्ता कर लेते हैं। आधी सदी तक वे उत्तरी हिंदुस्तान में हुक्मरानी भी करते हैं, लेकिन इसके बाद आख़िरी गुप्त सम्राट, मध्य-हिंदुस्तान के एक शासक, यशोवर्मन, के साथ मिलकर बड़ी कोशिश से उन्हें मुल्क से निकाल बाहर करता है। इस लंबे संघर्ष के कारण हिंदुस्तान राजनैतिक हैसियत से और लड़ाई की ताक़त की हैसियत से भी कमज़ोर पड़ गया और हूणों के बहुत तादाद में सारे उत्तरी हिंदुस्तान में बस जाने से रफ़्ता-रफ़्ता लोगों में एक भीतरी तब्दीली भी पैदा कर दी। जिस तरह और विदेशों से आनेवाले जज़्ब हो चुके थे, उसी तरह ये भी जज़्ब कर लिए गए, लेकिन इनकी छाप बनी रही और भारतीय आर्य जातियों के प्राचीन आदर्श कमज़ोर पड़ गए। हूणों के जो पुराने बयान मिलते हैं, वे उनकी हद दर्जे की कठोरता के और बर्बरता के व्यवहारों से भरे हुए हैं; और इस तरह के व्यवहार युद्ध और हुकूमत के हिंदुस्तानी आदर्शों से बिलकुल जुदा हैं।

सातवीं सदी में, हर्ष के ज़माने में, राजनैतिक और सांस्कृतिक दोनों ही तरह की पुनर्जागृति होती है। उज्जयिनी (आजकल का उज्जैन), जो गुप्तों की शानदार राजधानी थी, फिर कला और संस्कृति और एक बलशाली राज्य का केंद्र बनती है। लेकिन इसके बाद की सदियों में यह भी कमज़ोर पड़ जाती है और ख़त्म हो जाती है। नवीं सदी में, गुजरात का मिहिरभोज छोटे-छोटे राज्यों को एक में मिलाकर उत्तरी और मध्य-हिंदुस्तान में एक केंद्रीय राज्य क़ायम करता है और कन्नौज को अपनी राजधानी बनाता है। फिर एक साहित्यिक पुनर्जागृति होती है और इसका मुख्य पुरुष राजशेखर होता है। इसके बाद फिर ग्यारहवीं सदी के शुरू में एक दूसरा भोज, जो बड़ा पराक्रमी और आकर्षक व्यक्ति है, सामने आता है, और उज्जयिनी फिर एक बड़ी राजधानी बनती है। यह भोज एक बड़ा अद्भुत आदमी था और इसने कई क्षेत्रों में प्रतिष्ठा हासिल की थी। यह वैयाकरण था, कोशकार था और इसकी दिलचस्पी भैषज और ज्योतिर्विज्ञान में भी थी। यह बड़ी इमारतों का निर्माण करनेवाला था और कला और साहित्य का संरक्षक भी था। यह ख़ुद कवि और लेखक था और कई रचनाएं इसके नाम के साथ जुड़ी हुई हैं। उसका नाम लोक- कथाओं और कहानियों का—बड़प्पन, ज्ञान और उदारता के प्रतीक के रूप में—अंग बन गया है।

लेकिन इन चमकदार मिसालों के बावजूद हम देखते हैं कि हिंदुस्तान में एक भीतरी कमज़ोरी पैठ गई है, जो न महज़ उसकी राजनैतिक प्रतिष्ठा बल्कि रचनात्मक प्रवृत्तियों को मंद कर देती है। इसके लिए कोई तिथि नहीं दी जा सकती, क्योंकि यह प्रक्रिया धीमी गति से चलनेवाली थी और इसने पहल उत्तरी हिंदुस्तान और बाद में दक्खिन में असर डाला। सच तो यह है कि इस वक़्त दक्खिन हिंदुस्तान राजनैतिक और सांस्कृतिक दोनों हैसियतों से ज़्यादा महत्त्व का बन गया। शायद इसकी यह वजह रही हो कि दक्खिनी हिंदुस्तान हमलावरों के साथ बराबर लड़ाई में लगे रहने की मुसीबत और परेशानी से बचा रहा; शायद उत्तरी हिंदुस्तान की गैर-इतमीनानी की हालत से बचने के लिए बहुत- से लेखक और कलाकार और बड़े-बड़े इमारतों के निर्माण करनेवाले भागकर दक्खिन में जा बसे। दक्खिन के शक्तिशाली राज्यों ने और उनके शानदार दरबारों ने लोगों को आकर्षित किया होगा और उन्हें रचनात्मक कार्य के लिए वह अवसर दिया होगा, जो उन्हें दूसरी जगह नहीं मिलता था।

लेकिन अगरचे उत्तरी हिंदुस्तान सारे हिंदुस्तान पर हावी नहीं था, जैसा कि वह अकसर पहले रह चुका था, बल्कि छोटे-छोटे राज्यों में बंटा हुआ था, फिर भी ज़िंदगी भरी-पूरी थी, और संस्कृति और फ़िलसफे के बहुत-से केंद्र अब भी मौजूद थे। हमेशा की तरह इस वक़्त भी बनारस धार्मिक और फ़िलसफ़ियाना विचारों का गढ़ था, और हर शख़्स, जो किसी नये सिद्धांत को या किसी पुराने सिद्धांत की नई व्याख्या को लेकर सामने आता, उसे अपने विचारों को मान्य कराने के लिए यहां आना पड़ता था। बहुत ज़माने तक काश्मीर भी बौद्धों और ब्राह्मणों के संस्कृत ज्ञान का बड़ा केंद्र रहा है। बड़े- बड़े विश्वविद्यालय रहे हैं, जिनमें नालंदा सबसे मशहूर था और यहां के विद्वानों का सारे हिंदुस्तान में आदर था। नालंदा में शिक्षा पानेवाले पर संस्कृति की एक छाप-सी लग जाती थी। इस विश्वविद्यालय में भरती होना सहज न था, क्योंकि इसमें वही लोग भरती हो सकते थे, जिन्होंने एक ख़ास क़ाबलियत हासिल कर ली होती थी। इसने स्नातकोत्तर शिक्षा देने में विशेषता प्राप्त की थी और यहां चीन, जापान और तिब्बत तक से विद्यार्थी आते थे, बल्कि कहा जाता है कि कोरिया, मंगोलिया और बुखारा से भी। धार्मिक और फ़िलसफियाना विषयों के अलावा, जो बौद्ध-मत और ब्राह्मणमत दोनों ही के अनुसार पढ़ाये जाते थे, दुनिया की और व्यावहारिक विषयों की भी तालीम दी जाती थी। कला और इमारत बनाने की शिक्षा के विभाग थे; वैद्यक का एक विद्यालय था; कृषि का विभाग था; गोधन और पशुओं का विभाग था। और यहां के बौद्धिक जीवन के बारे में कहा जाता है कि बराबर ज़ोरदार वाद-विवाद और चर्चाएं चलती रहती थीं। हिंदुस्तानी संस्कृति का विदेशों में प्रचार ज़्यादातर नालंदा के विद्वानों का काम रहा है।

इसके अलावा विक्रमशिला का विश्वविद्यालय था, जो बिहार में ही, आजकल के भागलपुर के पास था और काठियावाड़ में वल्लभी था। गुप्तों के ज़माने में उज्जयिनी के विश्वविद्यालय की प्रतिष्ठा हुई। दक्खिन में अमरावती का विश्वविद्यालय था।

फिर भी, ज्यों यह सहस्राब्दी ख़त्म होने को आती है, यह सब कुछ संस्कृति की तिपहरी-जैसा लगता है। सबेरे की आभा बहुत पहले ख़त्म हो चुकी थी, और दुपहरी भी बीत गई थी। दक्खिन में अब भी कुछ दम और ज़ोर बाक़ी था, और यह कुछ सदियों तक और चलता रहा; देश से बाहर हिंदुस्तान की नौ-आबादियों में उत्साह की और भरी-पूरी ज़िंदगी पांच सौ वर्षों तक और क़ायम रही। लेकिन ऐसा जान पड़ता है कि हृदय मंद हो रहा था, उसकी धड़कनें धीमी पड़ रही थीं और रफ़्ता-रफ़्ता उसकी शिथिलता और अंगों में भी फैल रही थी। आठवीं सदी में होनेवाले शंकर के बाद, फ़िलसफ़े के मैदान में, कोई बड़ा आदमी नहीं हुआ है, हालांकि टीकाकारों और व्याख्या करनेवालों का एक लंबा सिलसिला मिलता है। शंकर भी दक्खिन हिंदुस्तान के थे। मानसिक साहस और जिज्ञासा का स्थान कठोर तर्क और अनुर्वर वाबिवाद ले लेते हैं। ब्राह्मण-धर्म और बौद्ध-धर्म दोनों का उतार दिखाई देता है और पूजा के गिरे हुए रूप सामने आते हैं, ख़ासतौर पर तांत्रिक-पूजा और योग के कुछ विकृत रूप।

साहित्य में भवभूति (आठवीं सदी) आख़िरी बड़ा व्यक्ति है। बहुत-सी किताबें इसके बाद भी लिखी जाती रहीं, लेकिन शैली जटिल और बनावटी होती गई; न तो विचारों में और न उनके प्रकट करने के ढंग में ताज़गी रह गई है। गणित में, भास्कर द्वितीय (बारहवीं सदी) आख़िरी बड़ा नाम है। कला में ई. बी. हैवेल हमें इस ज़माने के बाद तक ले आते हैं। उनका कहना है कि कलात्मक उद्गार के रूप सातवीं-आठवीं सदी तक पक्के नहीं हो पाये थे, जबकि हिंदुस्तान की आला दर्जे की मूर्त्ति-कला और चित्र-कला के ज़्यादातर नमूने तैयार हुए। उनके कहने के मुताबिक सातवीं-आठवीं सदी से लेकर चौदहवीं सदी तक हिंदुस्तानी कला का सबसे बुलंद ज़माना रहा है, उसी तरह, जिस तरह कि यूरोप में गॉथिक कला के सबसे ऊंचे विकास का यह ज़माना रहा है। उनका कहना है कि सोलहवीं सदी में जाकर पुराने हिंदुस्तान की रचनात्मक प्रवृत्ति क्षीण होने लगी। यह विचार कहां तक सही है, मैं नहीं जानता; लेकिन मेरा ख़याल है कि कला के मैदान में भी दक्खिन हिंदुस्तान में ही, उत्तरी हिंदुस्तान के मुक़ाबले में, पुरानी परंपरा ज्यादा दिनों तक क़ायम रही।

उपनिवेशों को बसानेवाला आख़िरी बड़ा गिरोह दक्खिन हिंदुस्तान से नवीं सदी में गया था, लेकिन चोल-वंशियों की समुद्री शक्ति ग्यारहवीं सदी तक बनी रही, जब उन्हें श्रीविजय ने हराया और परास्त किया।

इस तरह हम देखते हैं कि हिंदुस्तान शुष्क हो रहा था और अपनी रचनात्मक शक्ति और प्रतिभा खो रहा था। यह सिलसिला बहुत धीमा था और इसमें कई सदियां लग गईं, और पहले उत्तर में और अंत में दक्खिन में ह्रास हुआ। इस राजनैतिक और सांस्कृतिक पतन के क्या कारण थे? क्या इसकी यह वजह थी कि हमारी तहज़ीब पुरानी पड़ चुकी थी और जिस तरह इन्सान का बुढ़ापा आता है, उसी तरह तहज़ीबों का भी आता है; या ज्वार-भाटे की यह इस तरह की लहर थी, जो आगे बढ़कर फिर पीछे खिंच आती है? या इसके लिए

बाहरी कारण और हमले ज़िम्मेदार थे? राधाकृष्णन् का कहना है कि हिंदुस्तानी फ़िलसफ़े ने अपनी शक्ति सियासी आज़ादी के साथ-साथ खो दी। सिल्वां लेवी कहते हैं—"हिंदुस्तान की आज़ादी के साथ संस्कृत का रचनात्मक युग भी ख़त्म हो गया। आजकल की भाषाएं और आजकल के साहित्य आर्यों के देश पर छा गए हैं और उन्होंने ही संस्कृत की जगह ले ली है। संस्कृत को अब सिर्फ़ विद्यालयों में शरण मिली है और यहां पर उसमें पंडिताऊपन की छाप लग गई है।"

ये सब बातें सही हैं, क्योंकि सियासी आज़ादी खो जाने के साथ तहज़ीब का उतार भी लाज़िमी तौर पर शुरू हो जाता है। लेकिन सियासी आज़ादी ही क्यों गुम हो, बशर्ते कि किसी तरह का उतार उससे पहले ही शुरू नहीं हो गया है? छोटा मुल्क हो, तो एक ज़्यादा ताक़तवाले हमलावर के सामने आसानी से भले ही झुक जाय, लेकिन हिंदुस्तान-जैसा बड़ा विकसित और ऊंचे दर्जे की तरक़्क़ी तक पहुंचा हुआ मुल्क बगैर अंदरूनी ह्रास के हमलावर के सामने न झुकेगा। यह दूसरी बात है कि हमलावर का युद्ध-कला का ज्ञान ऊंचा हो। भीतरी ह्रास इन हज़ार वर्षों के आख़िर में हिंदुस्तान में पैदा हो चुका था, यह ज़ाहिर ही है।

हर एक तहज़ीब की ज़िंदगी में ह्रास और फूट के ज़माने आते हैं, और ऐसे ज़माने हिंदुस्तान के इतिहास में पहले भी आ चुके हैं। लेकिन हिंदुस्तान ने उन्हें झेलकर अपने को फिर से तरोताज़ा किया है और कभी-कभी अपने ही में सिमिटकर कुछ वक़्त बिताने के बाद फिर एक नई ताक़त हासिल करके मैदान में आया है। हमेशा एक सजीव अंतस्तल बच रहा है, जिसने नये संपर्कों की मदद से अपने को फिर से ताज़ा किया है और फिर से अपना विकास किया है, यद्यपि यह गुज़रे हुए ज़माने से मुख्तलिफ़ ढंग का रहा है? ताहम उससे इसका गहरा ताल्लुक़ भी रहा है। अपने को वक़्त के बमूजिब ढाल लेने की मुलामियत, दिमाग़ का वह लचीलापन, जिसे हिंदुस्तान ने पहले बहुत अकसर दिखाया है, क्या अब जाता रहा है? क्या उसके बंधे-तुले विश्वासों और उसके समाजी संगठन की कट्टरता ने उसके दिमाग़ को भी सख़्त बना दिया है, क्योंकि अगर ज़िंदगी का बढ़ना और तरक़्क़ी करना बंद हो जाता है, तो विचारों का विकास भी ठहर जाता है। व्यावहारिक जीवन में कट्टरता का और विचारों में विस्फोट का अजब मेल हमें हिंदुस्तान में बराबर देखने को मिलता है। लाज़िमी तौर पर इस विचार का व्यवहार पर असर पड़ा है, चाहे यह असर इस तरह पर हुआ हो कि अतीत का तिरस्कार न किया गया हो। लेवी ने कहा है– "अगरचे उनकी निगाहें पुराने ज्ञान की तरफ़ हैं, उनकी बुद्धि आजकल के विचारों को समझती है। और अनजाने ही आज हिंदुस्तान बदल गया है।" लेकिन विचार ने जब अपनी विस्फोटकता और रचनात्मक-शक्ति खो दी और वह एक घिसे-पिसे और बेमानी व्यवहार का ग़ुलाम बन गया, पुराने जुमलों को दुहराने और सभी नई चीज़ों से डरने लगा, तब ज़िंदगी बंध गई और स्थिर हो गई; और अपने ही बनाये कैदखाने में बंद हो गई।

तहज़ीबों के ख़त्म हो जाने की हमारे सामने बहुत-सी मिसालें हैं और शायद इनमें से

सबसे मार्के की मिसाल रोम के पतन के बाद यूरोप की क़दीम सभ्यता के ख़त्म होने की है। उत्तर से आनेवाले हमलावरों के हमलों से बहुत पहले रोम अपनी अंदरूनी कमज़ोरियों के कारण जर्जर हो गया था। उसका अर्थ-तंत्र, जो पहले फैल रहा था, संकुचित हो गया था और अनेक कठिनाइयां उठ खड़ी हुई थीं। शहरी उद्योग-धंधे पिछड़ गए थे, ख़ुशहाल शहर रफ़्ता-रफ़्ता ग़रीब और छोटे हो गए थे और धरती का उपजाऊपन भी कम हो चला था। अपनी बराबर बढ़नेवाली कठिनाइयों पर क़ाबू पाने के लिए बादशाहों ने तरह-तरह की कोशिशें कीं। रियासत की तरफ़ से व्यापारियों पर ऐसी पाबंदियां लगाई गईं कि वे अपने ख़ास पेशों से बंध गए। बहुत किस्म के मज़दूर-पेशा लोगों पर अपने वर्ग से बाहर ब्याह-शादी करने पर रोक लगा दी गई, इस तरह से कुछ पेशे क़रीब-क़रीब एक जाति-से बन गए। किसान गुलाम बन गए। लेकिन ह्रास को रोकने की ये सब सतही तरकीबें बेकार हुईं; बल्कि उन्होंने हालत को और भी बिगाड़ दिया; और रोम सल्तनत बैठ गई।

हिंदुस्तानी सभ्यता का ऐसा नाटकीय अंत न उस वक़्त हुआ और न बाद में ही, और जो कुछ भी उस पर गुज़रा, उसके बावजूद उसने एक ग़ज़ब की पायदारी दिखलाई है। लेकिन एक बढ़ती हुई तनज़्ज़ुली दिखाई पड़ती है। ब्योरे के साथ यह बता सकना। मुश्किल है कि हिंदुस्तान में ईस्वी सन के पहले हज़ार साल के आख़िर में समाज की क्या हालत थी। लेकिन कमोबेश यक़ीन के साथ यह कहा जा सकता है कि हिंदुस्तान का फैलता हुआ अर्थ-तंत्र ख़त्म हो चुका था और सिकुड़ने की तरफ़ उसका ज़बरदस्त रुझान हो चला था। शायद यह हिंदुस्तानी समाजी संगठन के बढ़ते हुए कट्टरपन और अलग-अलग रहने की प्रवृत्ति का नतीजा था और इसके तह में यहां की अर्थ-व्यवस्था थी। जहां-जहां हिंदुस्तानी विदेशों में पहुंचे थे, जैसे दक्खिन-पूरबी एशिया में, वहां-वहां उनके दिमाग़ में, रीति-रिवाज़ों में और अर्थ-तंत्र में यह कड़ापन नहीं आया था और विकास और फैलाव के उनके सामने पौक़े थे। इससे चार-पांच सदी बाद तक वे इन नौ- आबादियों में पनपे और उन्होंने स्फूर्ति और रचनात्मक शक्ति दिखाई। लेकिन ख़ास हिंदुस्तान में अलग-थलग रहने की भावना ने उनकी रचनात्मक शक्ति को खोखला कर दिया और उनमें तंग-ख़याली, गुट्टबंदी और संकुचित नज़रिया पैदा हो गया। ज़िंदगी इस तरह टुकड़े-टुकड़े में बंट और बंध गई कि हर एक शख्स का धंधा निश्चित हो गया और सदा-सदा के लिए बन गया और उसका ताल्लुक़ दूसरों से बहुत कम रह गया। क्षत्रियों का काम मुल्क की हिफ़ाज़त में लड़ाई करना रह गया और इस काम में दूसरों को या तो दिलचस्पी न रह गई थी या उन्हें इसके लिए इजाज़त न थी। ब्राह्मण और क्षत्रिय बनिज- व्यापार करनेवालों को नीच नज़र से देखने लगे। नीची जातवालों को तालीम और तरक़्क़ी के मौक़ों से वंचित रखा गया और उन्हें अपने से ऊंची जात वालों के अधीन रहना सिखलाया गया। बावजूद इसके कि शहरी अर्थ-व्यवस्था और उद्योगों ने ख़ासी तरक़्क़ी कर ली थी, राज्य का संगठन बहुत कुछ सामंतवादी था। शायद युद्ध-कला में भी हिंदुस्तान पिछड़ गया था। इन हालतों में, जब तक सारे ढांचे को न पलट दिया जाय और

शक्ति और योग्यता लिए नये सोते न खोल दिये जायं, तरक़्क़ी नामुमकिन थी। जात-पांत के बंधनों से इसमें रुकावट पड़ती थी। इसने हिंदुस्तानी समाज में चाहे जो पायदारी या ख़ूबियां पैदा की हों, ख़ुद इसके अंदर इसके विनाश के बीज मौजूद थे।

हिंदुस्तान के समाजी संगठन ने (और इसके बारे में मैं आगे चलकर और भी विचार करूंगा) हिंदुस्तानी सभ्यता को एक अद्भुत पायदारी दे रखी थी। इसने गुट्टों को बल दिया था और उनका आपस का मेल पक्का किया था। लेकिन यही फैलाव एक विस्तृत मेल-जोल के हक़ में बाधक साबित हुआ। इसने हुनर और दस्तकारी, और बनिज- व्यापार को तरक़्क़ी दी, लेकिन हमेशा एक महदूद दायरे के भीतर-भीतर। इस तरह ख़ास ख़ास क़िस्म के धंधे पुश्तैनी बन गए और नये ढंग के कामों से बचने की और पुरानी लकीर पीटते रहने की प्रवृत्ति पैदा हुई; इससे नई प्रेरणाओं और ईज़ादों की तरफ़ से लोगों में विमुखता आई। इससे एक महदूद दायरे के अंदर कुछ आज़ादी ज़रूर दी, लेकिन एक बड़ी आज़ादी को नुक़सान पहुंचाकर, और जो क़ीमत इसे चुकानी पड़ी, वह यह थी कि बहुत बड़ी संख्या में लोग सदा-सदा के लिए समाज की सीढ़ी के नीचे के हिस्से में बने रह गए और तरक़्क़ी करने के मौके न मिले। जब तक इस संगठन में तरक़्क़ी और फैलाव के रास्ते निकलते रहे, तब तक यह प्रगतिशील रहा, जब ऐसी हालत में पहुंच गया कि आगे फैलाव नामुमकिन था, तब वह स्थिर हो गया, प्रगतिशील न रहा और बाद में लाज़िमी तौर पर पीछे हटनेवाला बन गया।

इसकी वजह से चौतरफ़ा ह्रास हुआ-विचारों में, फ़िलसफ़े में, राजनीति में, लड़ाई के तौर-तरीक़ों में, दुनिया की जानकारी और उससे संपर्क में, और मुक़ामी जज़्बे पैदा हुए, सामंतवादी भावनाएं दिखने लगीं और सारे हिंदुस्तान का न ख़याल करके गिरोहबंदी का ख़याल किया जाने लगा और हमारा अर्थ-तंत्र संकुचित होने लगा। लेकिन, जैसा कि बाद के ज़माने ने ज़ाहिर किया, पुराने ढांचे में एक जीवनी शक्ति बाक़ी थी, उसमें एक अद्भुत दृढ़ता थी और साथ ही एक प्रकार का लचीलापन था, और अपने को वक़्त ज़रूरतों के मुताबिक़ ढालने की सलाहियत थी। इसकी वजह से ही वह क़ायम रह सका और नये संपर्कों से और विचारों की लहरों से फ़ायदा उठा सका और कुछ मानो में तरक़्क़ी भी कर सका। लेकिन यह तरक़्क़ी हमेशा गुज़रे हुए ज़माने की बहुत-सी यादगारों से जकड़ी और बंधी रही।

❐

6. नये मसले

1. अरबवाले और मंगोल

जिस समय हर्ष उत्तरी हिंदुस्तान के एक बलशाली राज्य पर हुकूमत कर रहा था और चीनी यात्री और विद्वान ह्वेन त्सांग नालंदा विश्वविद्यालय में पढ़ रहा था, उस समय इस्लाम अरब में अपना रूप धारण कर रहा था। इस्लाम को हिंदुस्तान में एक मज़हबी और राजनैतिक ताक़त की शक़्ल में आकर बहुत से नये मसले खड़े करना था, लेकिन यह बात ध्यान रखने की है कि हिंदुस्तानी परिस्थिति के फ़र्क ले आने में उसे बहुत ज़माना लग गया। हिंदुस्तान के बीचों-बीच पहुंचने में उसे करीब छः सदियां लग गईं, और जब वह यहां राजनैतिक विजयों के साथ-साथ पहुँचा, उस वक़्त तक यह खुद बहुत कुछ बदल चुका था और इसके अलमबरदार दूसरे ही लोग थे। अरबवाले, जो अपने उत्साह की बाढ़ में एक प्रबल शक्ति के साथ फैलकर स्पेन से लेकर मंगोलिया की सरहदों तक विजयी के रूप में पहुंच गए थे और जिन्होंने इन प्रदेशों में अपनी शानदार संस्कृति पहुंचाई थी, खास हिंदुस्तान में न आये। वे पच्छिमोत्तर किनारे तक पहुंचे और वहीं तक रह गए। अरबी सभ्यता का रफ्ता रफ्ता उतार हुआ और मध्य और पच्छिमी एशिया की तुर्की जातियां आगे आईं। यही तुर्क लोग थे और हिंदुस्तानी सरहद के अफ़ग़ान थे जो इस्लाम को हिंदुस्तान में एक राजनैतिक ताकत की हैसियत से लाये।

कुछ तारीखों के सहारे ये घटनाएं हमें ठीक-ठीक समझ में आ जायंगी। इस्लाम की शुरुआत 622 ई० में पैगंबर मुहम्मद की मक्का से मदीना को हिजरत के वक़्त से कही जा सकती है। मुहम्मद की मृत्यु 10 साल बाद हुई। कुछ ज़माना तो अरब में परिस्थिति को मजबूर करने में लगा और इसके बाद उन अद्भुत घटनाओं का सिलसिला शुरू हुआ, जिन्होंने इस्लाम का झंडा उठानेवाले अरबों को पूरब में मध्य एशिया तक और पच्छिम में सारे उत्तरी अफ्रीका के महाद्वीपों को पार करते हुए स्पेन और फ्रांस तक पहुंचाया। सातवीं सदी में और आठवीं के शुरू तक वे इराक़, ईरान और मध्य-एशिया तक फैल चुके थे। 712 ई० में वे पच्छिमोत्तर हिंदुस्तान में सिंध तक पहुंचे और वहीं ठहर गए। इस इलाक़े के और हिंदुस्तान के ज्यादा उपजाऊ हिस्सों के बीच एक बड़ा रेगिस्तान पड़ता था। पच्छिम में अरबवालों ने अफ्रीका और यूरोप के बीच के तंग समुद्री रास्ते को (जो अब जिब्राल्टर के जलडमरूमध्य के नाम से मशहूर है) पार किया और 711 ई० में वे स्पेन में दाखिल हुए।

उन्होंने सारे स्पेन पर कब्जा कर लिया और पिरेनीज पहाड़ों को पार करके फ्रांस पहुंचे। 732 ई० में तूर्स (फ्रांस) में उन्हें चार्ल्स मार्तेल ने हराया और उनकी बाढ़ रोकी।

यह एक ऐसी कौम की विजय-यात्रा थी, जिसका घर अरब के रेगिस्तानों में था और जिसने अब तक तारीख में कोई बड़ा काम नहीं किया था और इस हैसियत से यह बहुत मार्के की थी। उन्होंने अपनी बड़ी शक्ति अपने पैगंबर के जोरदार और क्रांतिकारी व्यक्तित्व से और उनके इन्सानी भाईचारे के संदेसे से हासिल की होगी। फिर भी यह खयाल गलत होगा कि अरब-सभ्यता का इस्लाम से पहले कोई ज़माने को जाहिलियत का ज़माना कहकर, ऐसा ज़माना बताकर, जबकि लोगों में अज्ञान और अंधविश्वास फैला हुआ था, उसे गिराने की कोशिश करते हैं। और तहजीबों की तरह अरबी-तहजीब का भी एक लंबा अतीत काल रहा है और इसका सामी क़ौमों, यानी फोनीशियन, क्रीटन, चैल्डियन और इब्रानियों की तरक़्क़ी से गहरा ताल्लुक रहा है। इज़राइलवाले ज्यादा अलग-थलग रहनेवाले हुए और रवादारी-पसंद चैल्डियनों से और औरों से उन्होंने अपना नाता तोड़ लिया। ताहम सारे सामी इलाकों के आपस के संपर्क बने हुए थे और कुछ हद तक उनकी एक सामान्य पृष्ठभूमि थी। इस्लाम से पहले की अरब तहजीब खासतौर पर यमन में पनपी। पैगंबर के वक़्त में अरबी जबान एक बड़ी तरक़्क़ी-याफ्ता जबान थी और उसमें फारसी यहांतक कि हिंदुस्तानी, लफ्ज मिल-जुल गए थे। फिनीशियनों की तरह अरबवाले भी समुद्र के जरिये दूर-दराज का सफर तिजारत करने के लिए किया करते थे। दक्खिनी चीन में कैंटन के पास, इस्लाम से पहले के ज़माने में, अरबवालों की नौ-आबादी थी।

फिर भी यह सही है कि इस्लाम के पैगंबर ने अपने कौमियों में एक नई जान फूंकी और उनमें विश्वास और उत्साह पैदा किया। अपने को एक नये दीन का अलमबरदार समझकर उन्होंने अपने दिलों में ऐसी उमंगों और ऐसे आत्म-विश्वास का अनुभव किया, जैसा अकसर पूरी कौम पर छा जाता है और इतिहास को उलट-पुलट देता है। उनकी कामयाबी की यकीनी तौर पर यह भी वजह रही है कि पच्छिमी और मध्य एशिया और उत्तरी अफ्रीका के राज्य पस्ती की हालत में थे। उत्तरी अफ्रीका में विरोधी ईसाई फिर्के आपस की लड़ाई में लगे हुए थे, और ताकत हासिल करने के लिए लड़ी गई ये लड़ाइयां अकसर खूनी लड़ाइयां रही हैं। इस ज़माने में जिस तरह की ईसाइयत यहां फैली थी, उसमें तंगदिली और गैर-रवादारी नुमायां तौर पर मौजूद थी और उसमें और अरबी मुसलमानों में बड़ा फर्क दिखता था, क्योंकि ये लोग इंसानी भाई-चारे का पैगाम लाए थे और रवादारी बरतना जानते थे। यही वजह थी कि ईसाइयों के झगड़ों से आजिज आकर पूरी-की-पूरी कौमें उनके साथ हो लीं।

जो संस्कृति अरबवाले अपने साथ दूर देशों में ले गए, वह खुद बराबर तब्दील होती और तरक़्क़ी करती रही है। इस पर इस्लाम के नये विचारों की छाप जरूर थी, लेकिन इसे इस्लामी तहजीब का नाम देना बातों को उलझाना और शायद उन्हें गलत तरीक़े पर पेश करना होगा। दमिश्क में राजधानी बनाकर उन्होंने जल्दी ही अपने रहन-सहन के सीधे-सादे

ढंग छोड़ दिये और एक ज्यादा रंगी-चुनी तहजीब को तरक़्क़ी दी। यह ज़माना अरब और सीरिया की मिली-जुली संस्कृति का ज़माना कहा जा सकता है। बाइज़ेंटाइन के असर उन पर पड़े, लेकिन जब वे हटकर बगदाद में चले गए, तो सबसे ज्यादा असर ईरान की पुरानी परंपरा का पड़ा, और बरबी और ईरानी मिली-जुली संस्कृति ने तरक़्क़ी पाई और उन सारे इलाकों पर, जिन पर उनका बस था, छा गई।

अगरचे अरबवालों ने दूर-दूर मुल्कों पर फ़तह हासिल की थी और यह फ़तह आसानी से कर सके थे, हिंदुस्तान में वे उस वक़्त सिंघ से आगे न बढ़ सके, न बाद में ही। क्या इसकी यह वजह हो सकती है कि हिंदुस्तान इस वक़्त भी इतना काफी मजबूत था कि हमलावरों को रोक सके? गालिबन यह बात सही है, क्योंकि दूसरी तरह से इस बात की कैफियत नहीं दी जा सकती कि इसके कई सदियों बाद तक क्यों दरअसल कोई दूसरा हमला न हुआ। हो सकता है कि कुछ अंश में खुद अरबों के आपस के झगड़ों की वजह से ऐसा हुआ हो। बगदाद की मरकजी हुकूमत से सिंघ जुदा हो गया और एक आजाद मुसलमानी रियासत बन गया। लेकिन, अगरचे कोई हमला न हुआ, फिर भी हिंदुस्तान और अरब के संबंध बढ़े, यात्री आने-जाने लगे, एलिचियों का अदला-बदला हुआ और हिंदुस्तानी किताबें, खासतौर पर गणित और ज्योतिर्विज्ञान की बगदाद पहुंची और उनके अरबी में तरजुमे हुए। बहुत-से हिंदुस्तानी वैद्य बगदाद गए। ये व्यापारिक और सांस्कृतिक संबंध सिर्फ़ उत्तरी हिंदुस्तान से नहीं क़ायम हुए। इसमें हिंदुस्तान की दक्खिनी रियासतें भी शरीक हुई खासतौर पर राष्ट्रकूट, जो हिंदुस्तान के पच्छिमी समुद्र-तट से व्यापार किया करते थे।

इस लगातार ताल्लुक की वजह से हिंदुस्तानियों का इस नये मजहब-इस्लाम से वाकिफ हो जाना लाजिमी था। इस नये धर्म को फैलाने के लिए प्रचारक भी आये और उनका स्वागत भी हुआ। मस्जिदें बनाई गई। इस पर न तो हुकूमत ने, न जनता ने कोई एतराज किया, और न किसी तरह के मज़हबी फिसाद हुए। हिंदुस्तान की पुरानी परंपरा यह थी कि सभी मज़हबों और पूजा के सभी तरीकों के साथ रवादारी बरती जाए। इस तरह इस्लाम हिंदुस्तान में राजनैतिक ताकत की हैसियत से आने से सदियों पहले मजहब की हैसियत से आ चुका था।

उमैया खलीफाओं की हुकूमत में जो अरबी साम्राज्य क़ायम हुआ, उसकी राजधानी दमिश्क थी और यह एक आलीशान शहर बन गया। लेकिन जल्द ही, 750 ई० के लगभग अब्बासिया खलीफाओं ने बगदाद को राजधानी बना लिया। भीतरी झगड़े पैदा हुए और स्पेन मरकजी सल्तनत से अलग हो गया। लेकिन बहुत दिनों तक फिर भी एक आजाद अरबी रियासत बना रहा। रफ्ता रफ्ता बगदाद की सल्तनत भी कमजोर पड़ी और कई छोटी-छोटी रियासतों में बंट गई और मध्य-एशिया से सेलजूक तुर्कों ने आकर बगदाद में सियासी ताकत क़ायम कर ली, अगरचे खलीफा उनकी मर्जी को मानता हुआ अब भी बना रहा। अफगानिस्तान में सुल्तान महमूद गजनवी नाम का एक तुर्क उठ खड़ा हुआ, जो बड़ा

अच्छा सिपाही और फौजी नायक था। उसने खलीफाओं की कुछ परवाह न की, बल्कि उन्हें ताने देता रहा। लेकिन फिर भी बगदाद इस्लामी दुनिया का सांस्कृतिक केंद्र बना रहा और दूर का स्पेन भी अपनी प्रेरणा के लिए उसका मुंह देखता। उस वक़्त यूरोप विद्या, विज्ञान, कला और ज़िंदगी की आसाइशों से पिछड़ा हुआ था। यह अरबी स्पेन था, और खासतौर पर काडोबा का विश्वविद्यालय था, जिसने यूरोप में उस सारे अंधकार के युग में ज्ञान और जिज्ञासा का दीपक जगाये रखा और उसके प्रकाश ने यूरोपीय अंधकार को कुछ हद तक दूर किया।

ईसाइयों के मुसलमानों के खिलाफ धर्म-युद्ध (क्रुसेड) 1095 ई० में शुरू हुए और करीब डेढ़ सदी तक चलते रहे। वे महज दो उग्र धर्मों, कलीसा और हिलाल, की आपस की लड़ाई की हैसियत नहीं रखते थे। मशहूर इतिहासकार प्रोफ़ेसर जी० एम० ट्रेवेलियन ने बताया है कि "ये धर्म युद्ध (क्रूसेड) नई स्फूर्ति से जगते हुए यूरोप के पूरब तक पहुंचने की आम ख्वाहिश के फौजी और मज़हबी पहलू थे और इन धर्म-युद्धों से जो पुरस्कार यूरोप लेकर वापस आया, वह पवित्र ईसाई-धर्म को क़ायम रखनेवाली आजादी न थी, न ईसाइयत की एकता थी, क्योंकि इन धर्म-युद्धों की कहानी ही इस बात को झुठला देती है। वह दरअसल ले आया ललित कलाएं और हुनर, आराम के साधन, विज्ञान और मानसिक जिज्ञासा-यानी वे सभी चीज़ें, जिनसे साधु पीटर को सबसे ज्यादा नफ़रत होती।"

आखिरी धर्म युद्ध (क्रुसेड) के एक गैर- शानदार तरीक़े पर खत्म होने से पहले ही बीच एशिया में कुछ तूफ़ानी और तहलका मचा देनेवाली घटनाएं घटीं। चंगेज खां ने बरबादी ढानेवाला अपना धावा पच्छिम की तरफ़ शुरू कर दिया। इसका जन्म मंगोलिया में 1155 ई० में हुआ था और 1219 में उसने अपना यह बड़ा धावा शुरू किया, जिसने मध्य एशिया को एक दहकते हुए वीराने में तब्दील कर दिया। उस वक़्त वह कोई नौजवान अल्हड़ न था। बुखारा, समरकंद, हेरात और बल्ख ये आलीशान शहर, जिनमें से हर एक की आबादी दस लाख से ज्यादा थी, जलाकर खाक कर दिये गए। चंगेज रूस में कीफ़ तक गया, फिर लौट आया। चूंकि बगदाद उसके रास्ते में नहीं पड़ता था, इसलिए वह किसी तरह बच गया। 1227 में 72 साल की उम्र पाकर वह मरा। उसके उत्तराधिकारी और आगे यूरोप तक पहुंचे और 1258 में हलाकू ने बगदाद पर क़ब्जा किया और कला के एक मशहूर मरकज़ का, जहां पांच सौ बरसों से दुनिया के हर एक हिस्से से आकर खज़ाने इकट्ठे हुए थे, खात्मा कर दिया। इसने एशिया में अरब और ईरान की मिली-जुली खास तहज़ीब को, बड़ा धक्का पहुंचाया, अगरचे यह तहजीब मंगोलियों के ज़माने में भी जिंदा रही- खासतौर पर उत्तरी अफ्रीका और स्पेन में। आलिमों के दल-के-दल अपनी किताबें लिए हुए बगदाद से काहिरा और स्पेन पहुंचे और इन जगहों में कला और विद्या की एक नई जागृति हुई। लेकिन खुद स्पेन अरबवालों के हाथों से खिसक रहा था और 1236 ई० में कारडोबा का पतन हो चुका था। इसके बाद और ढाई सदियों तक ग्रैनाडा की रियासत अरबी तहजीब का चमकीला

मरकज बनी रही। 1492 ई० में ग्रैनाडा भी फर्डिनेंड और इज़ाबेला के हाथों में चला गया और स्पेन में अरबी हुकूमत का अंत हुआ। इसके बाद अरबवालों का खास मरक़ज क़ाहिरा बन गया, हालांकि यह तुर्कों के क़ब्जे में आ गया। आटोमन तुर्कों ने कुस्तुंतुनिया को क़ब्जे में कर लिया, और इस तरह उन शक्तियों को प्रस्तुत किया, जिन्होंने बाद में यूरोपीय नव-जागृति को जन्म दिया।

एशिया और यूरोप में मंगोलों की ये विजयें युद्ध की कला में एक नयापन पेश करती हैं। लिडेल हार्ट का कहना है कि "जहां तक दुश्मन को हैरत में डाल देने और तेज़ हरकत की बात है, जहां तक फ़ौजी हिकमत और बगैर सामना किये हुए हमला करने की तरकीब का मामला है, उनके (मंगोलों के) हमले तारीख में अपना सानी नहीं रखते। "चंगेज खां अगर दुनिया का सबसे बड़ा फ़ौजी नेता नहीं है, तो बिला-शुबहा सबसे बड़े नेताओं में एक है। उसके और उसके शानदार वारिसों के आगे एशिया और यूरोप की बहादुरी तिनके की तरह थी, और इसे महज़ एक इत्तिफ़ाक़ समझना चाहिए कि पच्छिमी और बीच का यूरोप फ़तह होने से बच गया। इन मंगोलों से यूरोप ने फ़ौजी हिक़मत और लड़ाई की कला के बारे में नये सबक सीखे। इन मंगोलों के जरिये बारूद का इस्तेमाल भी, जो चीन की चीज थी, इन्होंने जाना।

मंगोल हिंदुस्तान नहीं आये। वे सिंध नदी तक आकर रुक गए और दूसरी जगहों पर जाकर उन्होंने फ़तहें हासिल की। जब उनकी सल्तनत खत्म हुई, तो एशिया में कई छोटी-छोटी रियासतें क़ायम हुईं, और फिर 1369 ईस्वी में तैमूर ने, जो तुर्क था और मां की तरफ़ से चंगेज खां की औलाद होने का दावा करता था, चंगेज के कारनामों को दुहराने की कोशिश की। उसकी राजधानी समरकंद फिर एक सल्तनत का सदर मुकाम बनी, अगरचे यह सल्तनत ज्यादा दिनों की नहीं थी। तैमूर की मौत के बाद उसके वारिसों की दिलचस्पी फ़ौजी कारनामों में कम रही, बल्कि वे शांति की ज़िंदगी बसर करने और कलाओं को तरक़्क़ी देने में ज्यादा लगे रहे। मध्य-एशिया में तैमूरियों के नाम पर मशहूर एक नई जागृति हुई और इस फ़िज़ा में तैमूर के एक वंशज, बाबर ने जन्म लिया और बड़ा हुआ। बाबर हिंदुस्तान में मुगल वंश का क़ायम करनेवाला था। वह शानदार मुग़लियों में पहला था। दिल्ली उसने 1526 में जीती।

चंगेज खां मुसलमान नहीं था, जैसाकि कुछ लोग इसलिए खयाल करते हैं कि उसका नाम अब इस्लाम से मिल-जुल गया है। कहा जाता है कि वह शामाई मज़हब का माननेवाला था, जो एक आसमानी मज़हब था। यह मजहब क्या था मैं नहीं जानता, लेकिन नाम से लाजिमी तौर पर उस लफ्ज की तरफ़ ध्यान जाता है जो अरबवालों ने बौद्धों के लिए दे रखा था, यानी शामानी, जो संस्कृत 'श्रमण' से निकला है। उस ज़माने में बौद्ध-धर्म के बिगड़े हुए रूप एशिया के मुख्तलिफ़ हिस्सों में फैले हुए थे और इन हिस्सों में मंगोलिया भी था और यह मुमकिन है कि चंगेज खां इनके असर में पला भी। यह एक बड़ा अटपटा खयाल है कि

इतिहास का सबसे बड़ा फ़ौजी विजेता शायद किसी तरह का बौद्ध था।'[67]

मध्य एशिया में, आज भी, बड़े विजेताओं में चार के नाम किस्से-कहानियों तक में चलते हैं और याद किये जाते हैं—सिकंदर, सुल्तान महमूद, चंगेज खां और तैमूर। इन चारों के साथ अब एक पांचवां नाम जोड़ने की जरूरत है, जो एक दूसरे ही किस्म का आदमी था, एक दूसरे ही मैदान का लड़ाका और विजेता था, जिसके नाम के गिर्द किस्से-कहानियां बनने लग गई हैं, यानी लेनिन।

❑

2. अरबी-सभ्यता के फूल का खिलना और हिंदुस्तान से संपर्क

एशिया और अफ्रीका के बड़े हिस्से और यूरोप का एक टुकड़ा जीत लेने के बाद अरबवालों ने अपने दिमाग को दूसरे ही मैदानों में फतह हासिल करने के लिए फेरा सल्तनत मज़बूत की जा रही थी, बहुत-से नये मुल्क उसकी नज़र के दायरे में आ चुके थे, और वे इस दुनिया और उसके तरीकों को जानने के ख्वाहिशमंद थे। आठवीं और नवीं सदियों के अरबवालों में बड़े मार्के की मानसिक जिज्ञासा, विवेकपूर्ण चिंतन और वैज्ञानिक जांच की भावना मिलती है। आमतौर पर किसी भी मज़हब में, जिसकी बुनियाद निश्चित विचारों और यक़ीनों पर होती है, शुरू के दिनों में प्रबल विश्वास रहता है और उससे इधर-उधर हटना नहीं पसंद किया जाता, न उसे प्रोत्साहन दिया जाता है। यह विश्वास अरबवालों को दूर-दूर तक ले गया था और उनकी विजयपूर्ण सफलता ने ही उसके विश्वास को और भी गहरा बना दिया होगा। फिर भी हम पाते हैं कि वे मज़हबी अक़ीदों और हठवाद की हद को लांघकर जड़वाद के सिद्धांतों पर भी सोच-विचार करते हैं और अपनी स्फूर्ति और उत्साह को साहसी विचार की तरफ़ मोड़ते हैं। अरब यात्री, जो अपने ढंग में बेजोड़ थे, दूर मुल्कों में यह जानने और समझने के लिए जाते हैं कि वहां के लोग क्या कर-धर या विचार कर रहे हैं और उनके

---

67. एक तरह का शामानी या शामाई मत अब भी आर्कटिक प्रदेश के साइबीरिया, मंगोलिया और सोवियत मध्य-एशिया के तन्ना-तुवा में चलता है। इसका आधार प्रेतात्माओं में पूरे तौर पर विश्वास पर जान पड़ता है और बौद्ध-धर्म से इसका कोई भी ताल्लुक नहीं है। लेकिन हो सकता है कि बहुत पुराने ज़माने में बौद्ध-धर्म के किसी बिगड़े हुए रूप का इस पर असर पड़ा हो और बाद में वह मुक़ामी आदिम अंधविश्वासों से मिल-जुल गया हो। तिब्बत में, जो माना हुआ बौद्ध मुल्क है, एक अपने ही ढंग का बौद्ध-धर्म रायज़ है, जिसे लामा-मत कहते हैं। मंगोलिया में भी, जहां शामानी मत का प्रचार है, बौद्ध परंपरा जीवित है। इस तरह उत्तरी मध्य एशिया में विश्वास के अनेक दर्जे मिलेंगे, जो बौद्ध-धर्म से लेकर आदिम विश्वासों तक पहुंचते हैं।

फ़िलसफ़े, विज्ञान और रहन-सहन का क्या रवैया है, और इसी के बाद वे अपने खयालों को तरक़्क़ी देते हैं। बाहर से विद्वान बुलाकर बग़दाद में लाए गए और किताबें मंगाई गईं और खलीफ़ा अल-मंसूर (आठवीं सदी के बीच में) ने खोज और तरजुमे के इदारे क़ायम किये, जहां यूनानी, सिरियन, गेंद, लातीनी और संस्कृत से तरजुमे किये जाते थे। सीरिया, एशिया माइनर और लेवांट के पुराने मठों की पांडुलिपियों के पाने के लिए खूब छान-बीन हुई। ईसाई पादरियों ने सिकंदरिया के पुराने विद्यालयों को बंद कर दिया था और वहां के विद्वानों को निकाल दिया था। इनमें से बहुत-से-देश-निकाले लोग ईरान और दूसरी जगहों में चले गए थे। अब उन्हें बगदाद में पनाह मिली और वे अपने साथ यूनानी फ़िलसफ़ा और विज्ञान और गणित ले आये-यानी अफ़लातून और अरस्तू, बतलीमूस और उक्लैदिस से यहां के लोगों का परिचय कराया। यहां पर नस्तूरी और यहूदी विद्वान और हिंदुस्तानी वैद्य, फ़िलसूफ़ और गणितज्ञ मौजूद थे। यह हालत हारूं अल रशीद और अल-मामून (आठवीं और नवीं सदियों में) खलीफ़ाओं के ज़माने तक चलती रही और तरक़्क़ी करती रही और बग़दाद सभ्य दुनिया का सबसे बड़ा आलिमों का मरकज़ बन गया।

इस ज़माने में हिंदुस्तान से इसके बहुत से संपर्क रहे और अरबवालों ने हिंदुस्तानी गणित, ज्योतिर्विद्या और औषध-विद्या से बहुत-कुछ हासिल किया। और फिर भी, ऐसा जान पड़ता है कि इन संपर्कों के लिए प्रेरणा खासतौर पर अरबों की थी, और अगरचे अरबों ने हिंदुस्तान से बहुत कुछ सीखा, हिंदुस्तानियों ने अरबों से ज्यादा नहीं सीखा। हिंदुस्तानी अपने घमंड में डूबे, अलग-थलग और जहां तक हो सका, अपने ही खोल के भीतर समाये रहे। यह एक बदकिस्मती की बात है, क्योंकि बग़दाद और अरबी नवजागृति के दिमागी खमीर ने हिंदुस्तानी दिमाग को ठीक उस वक़्त जगाया होता, जबकि वह अपनी रचनात्मक शक्ति बहुत-कुछ खो रहा था। मानसिक जांच-पड़ताल की इस भावना को और भी पुराने ज़माने के हिंदुस्तानियों ने अपने विचारों के अनुकूल पाया होता।

बग़दाद में हिंदुस्तानी इल्म और विज्ञान के अध्ययन को शक्तिशाली बरमक घरानेवालों ने, जिसमें से हारूं अल रशीद के वज़ीर होते रहे हैं, बड़ा प्रोत्साहन दिया। यह घराना शायद पहले बौद्ध-धर्म का माननेवाला था और इसने बाद में मज़हब बदल दिया था। हारूं अल-रशीद की किसी बीमारी के मौके पर मणक नाम का एक वैद्य हिंदुस्तान से बुलाया गया। मणक बग़दाद में बस गया और एक बड़े अस्पताल का व्यवस्थापक बना दिया गया। अरबी लेखकों का कहना है कि मणक के अलावा उस वक़्त बग़दाद में छः और हिंदुस्तनी वैद्य रहा करते थे। ज्योतिर्विज्ञान में अरबों ने हिंदुस्तानियों और सिकंदरियावालों, दोनों से आगे तरक़्क़ी की। दो और नाम उनके यहां मशहूर हैं-अलख़्वारिज्मी, जो नवीं सदी का गणितज्ञ और नजूमी था और उमर खय्याम, जो बारहवीं सदी में कवि और नजूमी दोनों हैसियतों से मशहूर हुआ। औषध-शास्त्र में अरब चिकित्सक और जर्राह एशिया और यूरोप में मशहूर थे। इनमें सबसे मशहूर बुखारा का इब्नसीना था, जो हकीमों का बादशाह

कहलाया है। उसकी मृत्यु 1037 ई० में हुई। अरब विचारकों और फ़िलसूफ़ों में एक बड़ा नाम अबू नस्त्र फ़राबी का है।

फिलसफ़े में हिंदुस्तान का असर ज्यादा हुआ नहीं जान पड़ता। फिलसफ़े और विज्ञान, इन दोनों के लिए अरबवाले यूनान और पुराने सिकंदरिया के विद्वानों की तरफ़ झुकते थे। अफ़लातून और खासतौर पर अरस्तू ने अरब खयाल पर गहरा असर डाला है और अबतक इस्लामी मदरसों में उनकी पढ़ाई मूल पाठों की मदद से नहीं, बल्कि अरबी टीकाओं के ज़रिये, खास मज़मूनो की हैसियत से होती है। सिकंदरिया की नौ-अफ़लातूनियत का असर भी अरबी दिमाग पर हुआ और यूनानी फ़िलसफ़े के जड़वादी ख्याल भी अरबों तक पहुंचे और इससे उनके यहां बुद्धिवाद और जड़वाद की शुरुआत हुई। जड़वादियों ने मज़हब से करीब-करीब कतई इंकार किया है। जो बात गौर करने की है, वह यह है कि बग़दाद में इन मुख्तलिफ़ और विरोधी सिद्धांतों पर बहस-मुबाहसा करने की पूरी आजादी थी। मज़हब और अक़्ल के बीच का यह मुबाहसा और झगड़ा बग़दाद से सारी अरबी दुनिया में फैला और स्पेन तक पहुंचा। ईश्वर के स्वरूप के बारे में मुबाहसे हुए और यह बताया गया कि उसमें उस तरह के किन्हीं गुणों का अरोप नहीं हो सकता, जिनका उसमें होना कहा जाता है। ये गुण इंसानी हैं। यह कहा गया कि खुदा को रहीम या नेक बताना उतनी ही पस्त और ला-मज़हब बात होगी, जितना कि यह कहना कि उसके दाढ़ी है।

बुद्धिवाद से भौतिकवाद और संदेहवाद का रास्ता खुला। लेकिन बग़दाद की पस्ती और तुर्की ताक़त की तरक़्क़ी के साथ-साथ बुद्धिवादी जिज्ञासा की भावना मंद पड़ गई। लेकिन अरबी स्पेन में यह फिर भी जारी रही और स्पेन का एक मशहूर अरबी फ़िलसूफ़ तो मज़हब से इंकार करने की हद तक पहुंचा। यह इब्न रश्द था, जो बारहवीं सदी में हुआ है। बताया जाता है कि उसने कहा था कि उसके ज़माने के सभी मज़हब या तो बच्चों के लिए या बेवकूफों के लिए हैं, या ऐसे हैं कि उन पर अमल नहीं किया जा सकता। उसने दरअसल ऐसा बयान किया या नहीं, यह कहा नहीं जा सकता, लेकिन जो परंपरा उससे पता चलता है कि वह किस तरह का आदमी था, और अपने विश्वासों के लिए उसने तकलीफें सहीं। औरतों को जन-साधारण के कामों में हिस्सा लेने का मौका मिलना चाहिए, इसके हक़ में उसने ज़ोरों से लिखा है और कहा है कि वे इन कामों को पूरी तौर पर अंजाम दे सकती हैं। उसने यह भी सुझाव दिया है कि ऐसे लोगों को, जिनका इलाज नहीं हो सकता और इसी तरह के दूसरे लोगों को मिटा देना चाहिए, क्योंकि वे समाज पर एक बोझ हैं। स्पेन उस वक़्त यूरोप के और इल्मी मरक़जों से बहुत आगे बढ़ा हुआ था और कारडोबा के अरबी और यहूदी आलिमों की पेरिस में और दूसरी जगहों में बड़ी क़द्र होती थी। टोलेडो के सईद नाम के एक अरबी लेखक ने पिरेनीज़ के उत्तर में रहनेवाले यूरोपियों का इस तरह बयान किया है-" वे ठंडी प्रकृति के होते हैं और उनमें पुख्तगी कभी नहीं आती। वे क़द के लंबे और रंग के गोरे-चिट्टे होते हैं, लेकिन उनमें अक़्ल की तेज़ी और दिमाग़ी सूझ-बूझ नहीं होती।"

पच्छिमी और मध्य एशिया में अरबी तहज़ीब ने जो फूल खिलाये, उनकी प्रेरणा अरबी और ईरानी, इन दो आधारों से मिली। दोनों आपस में खूब घुल-मिल गए और उन्होंने खयाल का जोर पैदा किया और ऊंचे दर्जे के लोगों के ऊंचे रहन-सहन की हालत पैदा की। अरबों से ताक़त और जांच की भावना आई, ईरानियों ने ज़िंदगी के लुत्फ़ और कला और आसाइशों को पेश किया। तुर्की-हुकूमत में ज्यों-ज्यों बग़दाद की तनुज्जुली हुई, त्यों-त्यों बुद्धिवाद और जिज्ञासा की भावना भी मिटी। चंगेज खां और मंगोलों ने इन सभी का खात्मा कर दिया। सौ साल बाद मध्य एशिया फिर जगा और समरकंद और हेरात चित्र-कला और वस्तु-कला के केंद्र बने और उन्होंने अरब और ईरान की मिली-जुली सभ्यता की परंपरा में फिर से कुछ जान फूंकी। लेकिन अरबी बुद्धिवाद और विज्ञान फिर न जगे। इस्लाम एक ज्यादा सख्त और बेलोच मज़हब बन गया, जो फ़ौजी फ़तहों के लिए माफ़िक पड़ता था, दिमागी फ़तहों के लिए नहीं। एशिया में इसके खास नुमाइंदे अरबवाले न रहे, बल्कि तुर्क[68] और मंगोल (जो बाद में हिंदुस्तान में जाकर मुग़ल कहलाये) बने, और कुछ हद तक अफ़गानी। पच्छिमी एशिया के ये मंगोल मुसलमान हो गए थे, सुदूर पूरब में और बीच के इलाक़ों में बहुत से बौद्ध बन गए थे।

❒

3. महमूद गजनवी और अफ़गान

आठवीं सदी के शुरू में, 712 ई० में, अरबवाले सिंध पहुंचे थे और उन्होंने यहां अधिकार कर लिया था। वहीं वे ठहर गए। क़रीब पचास साल के भीतर खुद सिंध अरबी सल्तनत से अलहदा हो गया, यद्यपि यह एक छोटी आज़ाद मुसलमान रियासत की हैसियत से बना रहा। क़रीब तीन सौ साल बाद तक फिर कोई और हमला या धावा हिंदुस्तान पर न हुआ। 1000 ई० के आस-पास अफ़गानिस्तान में ग़ज़नी के सुल्तान महमूद ने, जो तुर्क था और जिसने मध्य एशिया में अच्छी ताक़त बना ली थी, हिंदुस्तान पर धावे शुरू किये। ऐसे बहुत से धावे हुए और ये धावे खूं-नाक और बे-दर्दी के थे, और हर मौके पर महमूद अपने साथ लूट का बड़ा खज़ाना ले गया। उसी ज़माने के एक आलिम, खीवा के रहनेवाले अलबेरूनी ने, इन हमलों का बयान किया है-"हिंदू धूल के कनों की तरह चारों तरफ़ तितर-बितर हो गए, और लोगों के मुंह में किसी पुराने किस्से की तरह उनकी याद रह गई। जो तितर-बितर होकर बच रहे, वे सभी मुसलमानों की तरफ़ हद दर्जे की नफ़रत से देखते हैं।" इस शायराना बयान से हमें उस आफ़त का कुछ अंदाज मिलता है, जो महमूद ने ढाई थी,

68. मैंने अकसर तुर्क या तुर्की लफ़्ज का इस्तेमाल किया है। इससे कुछ भ्रम हो सकता है, क्योंकि 'तुर्क' से आजकल तुर्की के लोगों से मतलब लिया जाता है, जो उस्मानी तुर्कों की औलाद हैं। लेकिन और तरह के तुर्क भी होते थे, जैसे सेलजुक वग़ैरह। मध्य-एशिया, चीनी तुर्किस्तान वग़ैरह की सभी तूरानी जातियां तुर्क या तुर्की कही जा सकती हैं।

ताहम हमें यह याद रखना चाहिए कि महमूद ने उत्तरी हिंदुस्तान के सिर्फ़ एक टुकड़े को छुआ और लूटा था, जो उसके धावे के रास्ते में पड़ा था। सारा-का-सारा मध्य-पूरबी और दक्खिनी हिंदुस्तान उससे बिलकुल बचा हुआ था।

उस वक़्त और बाद में भी दक्खिन हिंदुस्तान में ज़बरदस्त चोल साम्राज्य की हुकूमत थी, जिसने समुद्री रास्तों को क़ाबू में कर रखा था और जो जावा में श्रीविजय तक और सुमात्रा तक फैला हुआ था। पूरबी समुद्र के देशों में हिंदुस्तानी नौ-आबादियां भी तरक़्क़ी पर थीं और बलशाली थीं। उनके और दक्खिनी हिंदुस्तान के बीच समुद्री ताक़त बंटी हुई थी। लेकिन यह हिंदुस्तान को खुश्की की राह होनेवाले हमले से न बचा सकी।

महमूद ने पंजाब और सिंध को अपने राज्य में मिला लिया और वह हर हमले के बाद गज़नी लौट जाता रहा। वह काश्मीर न जीत पाया। इस पहाड़ी देश ने कामयाबी के साथ उसे रोका और वहां से मार भगाया। जब वह काठियावाड़ में सोमनाथ से वापस हो रहा था, तो उसे राजपूताने के रेगिस्तानी प्रदेश में भी गहरी हार खानी पड़ी[69]। यह उसका आखिरी धावा था और इसके बाद वह फिर न लौटा।

महमूद मज़हबी आदमी होने के बनिस्बत लड़ाका कहीं ज़्यादा था, और बहुत से और विजेताओं की तरह उसने अपनी फ़तहों में मज़हब के नाम से फ़ायदा उठाया। उसके लिए हिंदुस्तान महज़ एक ऐसा मुल्क था, जहां से वह माल और खजाना लूटकर अपने देश में पहुंचा सकता था। उसने हिंदुस्तान में एक फ़ौज भरती की और उसे अपने एक मशहूर सिपहसालार की मातहम, जिसका नाम तिलक था और जो एक हिंदुस्तानी और हिंदू था, कर दिया। इस फ़ौज का इस्तेमाल उसने खुद अपने मज़हबवालों के खिलाफ़ मध्य एशिया में किया। उसकी यह बड़ी ख्वाहिश थी कि अपनी राजधानी ग़ज़नी को मध्य और पच्छिमी

---

69. इस हार के बारे में' तारीखे-सोरठ' (रणछोड़जी अमरजी द्वारा अनूदित, बंबई, 1882) नाम के एक पुराने फ़ारसी इतिहास में एक अजीब बयान आया है (पृष्ठ 112)-"शाह मुहम्मद ने घबड़ाहट में भागकर अपनी जान बचाई, लेकिन उसके बहुत से साथी, मर्द और औरत, पकड़ लिए गए... तुर्क, अफ़गान और मुग़ल औरत कैदियों से, अगर वे क्वारी हुईं, तो हिंदुस्तानी सिपाहियों ने व्याह कर लिए... औरों के पेट जलाब और रेचक दवाएं देकर साफ़ किये गए और उसके बाद कैदियों का उसी वर्ग के लोगों के साथ ब्याह कर दिया गया। नीचे के वर्ग की औरतें नीचे वर्ग के लोगों से ब्याही गईं। शरीफ़ आदमियों की दाढ़ियां मुड़वा दी गईं और वे राजपूतों की शेखावत और वडिल जातियों में शरीक कर लिए गए और नीचे वर्ग के लोग कोलियों, खांतों, बाबरियों और मेरों की जातियों में मिला लिए गए।" मैंने खुद 'तारीखे-सोरठ' नहीं देखी है और कह नहीं सकता कि इसे कहां तक प्रमाणित माना जा सकता है। मैंने यह उद्धरण के० एम० मुंशी की किताब 'दि ग्लोरी दैट वाज़ गुर्जर देश' से लिया है (भाग 3, पृष्ठ 140)। विदेशियों को राजपूतों के फ़िरक़ों में मिला लेने का ढंग दिलचस्प है, और यह बात कि शादियां तक हुईं। शुद्धि का जो तरीका बताया गया, वह अजीब है।

एशिया के बड़े शहरों के मुक़ाबले का बना दे और इसलिए वह हिंदुस्तान से बहुत से-कारीगर और मेमार ले गया था। इमारतों के बनाने में उसकी दिलचस्पी थी और दिल्ली के करीब मथुरा शहर का उस पर बड़ा असर पड़ा। इसके बारे में उसने लिखा– "यहां हज़ारों इमारतें हैं, जो मज़हबियों के मज़हब की तरह मज़बूत हैं, यह मुमकिन नहीं कि उसकी यह हालत, करोड़ों दीनार खर्च किये बग़ैर हुई हो, और इस तरह का दूसरा शहर दो सौ साल के कम वक़्त में नहीं तैयार हो सकता।"

लड़ाइयों के बीच फ़ुरसत के वक़्तों में महमूद की दिलचस्पी इस बात में थी कि अपने देश के तहज़ीबी रुझानों को तरक़्क़ी दिलाये, और उसने अपने यहां बहुत-से मशहूर लोगों को इकट्ठा कर लिया था। इनमें से मशहूर फ़ारसी कवि फ़िरदौसी भी था, जिसने 'शाहनामा' रचा था और जिसकी बाद में महमूद से अनबन हो गई थी। अलबेरूनी, जो यात्री और आलिम था, उसका समकालीन हुआ है, और इसने अपनी किताबों में उस वक़्त के मध्य-एशिया के और पहलुओं की झांकी पेश की है। खीवा में उसका जन्म हुआ था, लेकिन वह फ़ारसी खानदान का था। वह हिंदुस्तान आया और यहां उसने खूब यात्राएं कीं। वह दक्खिन के चोल राज्य के आबपाशी के बड़े कामों के हाल बताता है, यद्यपि इसमें शक है कि वह खुद दक्खिन हिंदुस्तान गया भी था। उसने काश्मीर में संस्कृत सीखी और हिंदुस्तान के मज़हब, फ़िलसफ़े, विज्ञान और कलाओं की जानकारी हासिल की। इससे पहले इसने यूनानी फ़िलसफ़े को पढ़ने के लिए यूनानी ज़बान भी सीखी थी। उसकी किताबें न महज़ मालूमात का एक खज़ाना हैं, बल्कि उनसे हमें यह भी पता चलता है कि किस तरह लड़ाई और लूटमार और क़त्ल के ज़माने में भी सब के साथ लोग इल्म हालिस करने में लगे रहते थे और किस तरह एक मुल्क के लोग दूसरे मुल्कवालों की बातों को उस वक़्त भी समझने के कोशिश में लगे हुए थे, जबकि जोश और गुस्से ने उनके आपस के संबंधों को तीखा बना दिया था। इस जोश और गुस्से ने बिला शुबहा दोनों ही तरफ़ के लोगों की बुद्धि को मंद कर दिया था और हर एक अपने को दूसरे से ऊंचा खयाल करता था। हिंदुस्तानियों के बारे में अलबेरूनी कहता है कि वे 'गर्वीले, मूर्खतापूर्ण, घमंडी, अपने में संतुष्ट और बेवक़ूफ़ हैं" और उनका यक़ीन हैं कि "उनके मुल्क - जैसा दूसरा मुल्क नहीं, उनकी क़ौम जैसी दूसरी क़ौम नहीं, उनके राजों-जैसे दूसरे राजे नहीं और उनके विज्ञान-जैसा दूसरों का विज्ञान नहीं।" शायद लोगों के रुख़ का यह काफ़ी सही बयान है।

महमूद के हमले हिंदुस्तान के इतिहास की एक बड़ी घटना है, हालांकि सियासी तौर पर सारे हिंदुस्तान पर उनका कुछ ज्यादा असर नहीं पड़ा और हिंदुस्तान का खास हिस्सा अछूता ही रहा। उनसे उत्तरी हिंदुस्तान की कमज़ोरी और उतार का पता चलता है और अलबेरूनी के बयान इस बात पर और भी रोशनी डालते हैं कि उत्तर और पच्छिम में राजनैतिक हालत कैसी बिगड़ी हुई थी। पच्छिमोत्तर से होनेवाले बार-बार के ये हमले हिंदुस्तान के बंधे हुए विचार और अर्थ-तंत्र में बहुत से नये तत्त्व लेकर आये। सबसे खास

बात यह है कि वे यहां इस्लाम को ले आये, जो पहली बार बेरहम फ़ौजी फ़तहों के साथ आया। अबतक करीब तीन सौ साल पहले से, इस्लाम यहां शांति के साथ एक मज़हब की हैसियत से आया था. और उसने बिना झगड़े फ़साद के अपनी जगह और मज़हबों के साथ-साथ बना ली थी। उसके इस नये तरीक़े ने लोगों में जबरदस्त मनोवैज्ञानिक प्रतिक्रियाएं पैदा की और उनके दिलों में कड़वापन भर दिया। एक नये मज़हब से कोई एतराज न था, लेकिन अगर कोई चीज जबरदस्ती उनके रहन-सहन के ढंग में खलल डाले और उसे उलट-पलट दे, तो इसके खिलाफ उनके दिलों में गहरा विरोध था।

यह याद रहे कि हिंदुस्तान बहुत से मज़हबों का मुल्क रहा है, बावजूद इसके कि हिंदू मज़हब अपनी मुख्तलिफ़ शक़्लों में उन पर हाबी रहा हो। जैन और बौद्ध-धर्म को छोड़ दिया जाय, जो ज्यादातर हिंदू-धर्म में ज़ज्ब हो गए थे, तो भी ईसाई और इब्रानी मज़हब रह जाते हैं। ये दोनों मज़हब हिंदुस्तान में गालिबन ईसा से बाद की पहली सदी में आये थे, और दोनों ने इस मुल्क में जगह कर ली थी। दक्खिन हिंदुस्तान में बहुत से सिरियन ईसाई और नस्तूरी थे और वे इस देश के वैसे ही अंग थे, जैसे और लोग थे। यही हाल यहूदियों का था और जरथुष्ट्र के अनुयायियों के उस छोटे से दल का भी था, जो ईरान से सातवीं सदी में हिंदुस्तान आया था। और यही हालत बहुत से मुसलमानों की भी थी—जो उत्तर-पच्छिम से आकर पच्छिमी समुद्र-तट पर बस गए थे।

महमूद विजेता की हैसयित से आया और पंजाब उसकी सल्तनत का एक सरहदी सूबा बन गया। फिर भी जब वह वहां का शासक बन बैठा, तो उसके पुराने तरीक़ों को नरम करने, और कुछ हद तक सूबे के लोगों की खुशी हासिल करने की कोशिश की गई। उनके रहन-सहन में अब इतना दखल नहीं दिया जाता था और फ़ौज में और हुकूमत में ऊंचे-ऊंचे ओहदों पर हिंदू मुकर्रिर किये जाने लगे थे। महमूद के ज़माने में इस तौर की शुरुआत भर हो पाई थी, बाद में इस रुझान ने और तरक़्क़ी की।

महमूद 1030 ई० में मरा। उसकी मौत के बाद एक सौ साठ से ज्यादा सालों तक कोई दूसरा हमला न हुआ और न तुर्की हुकूमत पंजाब से आगे बढ़ी। इसके बाद शहाबुद्दीन गौरी नाम के एक अफ़गान ने ग़ज़नी पर कब्जा कर लिया और ग़जनवियों की सल्तनत का खात्मा हुआ। उसने पहले लाहौर पर धावा किया, फिर दिल्ली पर, लेकिन दिल्ली के राजा पृथ्वीराज चौहान ने उसे पूरी तरह से हरा दिया। शहाबुद्दीन अफ़गानिस्तान वापस चला गया और दूसरे साल फिर एक नई फ़ौज लेकर हिंदुस्तान में उतरा। इस बार उसकी जीत हुई और 1192 में वह दिल्ली के तख्त पर बैठा।

पृथ्वीराज एक लोकप्रिय नायक है और गीतों और कहानियों में अब भी मशहूर है, क्योंकि साहसी प्रेमी हमेशा हर-दिल अज़ीज होते हैं। वह अपनी प्रेमिका को उसके पिता, कन्नौज के राजा जयचंद, के महल से भगा लाया था और बहुत से छोटे-छोटे राजाओं को, जो उसको वरने के लिए आये थे, चुनौती दी थी। थोड़े वक़्त के लिए उसने अपनी प्रेमिका

को जरूर पा लिया, लेकिन इसका नतीजा यह हुआ कि एक शक्तिशाली शासक से उसकी लड़ाई छिड़ गई और दोनों तरफ़ से बहुत-से योद्धा काम आये। दिल्ली और मध्य हिंदुस्तान के बहादुर आपस की लड़ाई में लग गए और बहुत खून-खराबी हुई। इस तरह एक औरत की खातिर पृथ्वीराज ने अपनी जान गवाई और अपना तख्त खोया, और दिल्ली, जो एक सल्तनत की राजधानी थी, एक विदेशी हमलावर के हाथ में चली गई। लेकिन उसकी प्रेम कहानी अब भी कही जाती है और उसे एक वीर पुरुष माना जाता है और जयचंद को करीब-करीब देशद्रोही समझा जाता है।

दिल्ली की इस फ़तह के ये मानी नहीं थे कि सारा हिंदुस्तान फ़तह हो गया। चोल- वंश दक्खिन में अब भी शक्तिशाली था और दूसरी खुद-मुख्तार रियासतें भी थी। अफ़गानों को दक्खिन हिंदुस्तान के ज्यादातर हिस्से में अपनी हुकूमत फैलाने में और भी डेढ़ सदी लग गई। लेकिन दिल्ली में नई हुकूमत का आना एक मार्के की बात थी और नई व्यवस्था का यह एक प्रतीक था।

❒

4. हिंदी-अफ़गान:दक्खिन हिंदुस्तान:विजयनगर:बाबर:समुद्री ताक़त

हिंदुस्तान के इतिहास को अंग्रेजों ने और कुछ हिंदुस्तानी इतिहासकारों ने भी तीन बड़े हिस्सों में बांटा है—प्राचीन या हिंदू, मुस्लिम और अंग्रेजी-काल। यह बंटवारा न अक़्ल का है और न सही है, इससे धोखा होता है और यह हमारे सामने एक ग़लत तस्वीर पेश करता है। इसमें ऊपर के वर्गों के कुछ सतही परिवर्तनों का खयाल किया गया है, बनिस्बत इसके कि हिंदुस्तानियों के राजनैतिक, आर्थिक और सांस्कृतिक विकास की खास-खास तब्दीलियों का खयाल किया गया हो। तथाकथित प्राचीन काल बड़ा विशाल है और परिवर्तनों से भरा हुआ है, उन्नति, उतार और फिर बराबर उन्नति का क्रम चलता है। जिसे मुस्लिम-काल या मध्य युग कहते हैं, उसमें भी एक तब्दीली हुई और अहम तब्दीली हुई, फिर भी यह ऊपर के लोगों तक महदूद रही। इसने हिंदुस्तानी ज़िंदगी के खास सिलसिले पर ज़्यादा असर नहीं डाला। वे हमलावर, जो हिंदुस्तान में पच्छिमोत्तर से आये, ज्यादा पुराने ज़माने में आनेवाले और हमलावरों की तरह हिंदुस्तान में जज़्ब हो गए और उसके हो रहे। उनके वंश हिंदुस्तानी वंश कहलाये और आपस की शादियों की वजह से जातियों का बहुत-कुछ मेल-जोल हो गया। कुछ अपवादों को छोड़कर जान-बूझकर इस बात की कोशिश की गई जान पड़ती है कि आम लोगों के रीति-रिवाजों और तरीक़ों से छेड़-छाड़ न की जाय। उन्होंने हिंदुस्तान को अपना देश समझा और हिंदुस्तान के बाहर उनके कोई दूसरे लगाव न थे। हिंदुस्तान एक आजाद मुल्क बना रहा।

अंग्रेजों के आने ने एक बड़ा फ़र्क ला दिया और पुरानी प्रथा बहुत कुछ जड़ से उखड़ चली। वे पच्छिम से एक बिलकुल नई प्रेरणा लाये, जो यूरोप में पुनर्जागृति (रिनेजां), सुधार (रिफ़र्मेशन) और इंग्लिस्तान की राजनैतिक क्रांति के ज़माने से रफ़्ता- रफ्ता तरक़्क़ी कर रही थी और औद्योगिक क्रांति (इंडस्ट्रियल रिव्योल्यूशन) के शुरू में जिसकी रूपरेखा बन रही थी। अमरीका और फ्रांस की क्रांतियों ने इसे और आगे बढ़ाया। अंग्रेज बाहरी, विदेशी और हिंदुस्तान में बे- मेल ही बने रहे और कुछ और होने की उन्होंने कोशिश भी न की। सबसे बड़ी बात तो यह है कि हिंदुस्तान के इतिहास में पहली दफ़ा उसका राजनैतिक नियंत्रण बाहर से लगाया गया और उसके अर्थ-तंत्र का मरकज़ एक दूर देश में रहा। उन्होंने हिंदुस्तान को आधुनिक युग की एक नौ-आबादी की तरह समझा और हिंदुस्तान अपनी लंबी तारीख में पहली बार एक गुलाम मुल्क बना।

महमूद ग़ज़नवी का हमला यक़ीनी तौर पर एक विदेशी, तुर्की, हमला था और उसका नतीजा यह हुआ कि पंजाब हिंदुस्तान के और हिस्सों से कुछ ज़माने के लिए अलग रहा। जो अफ़ग़ान यहां बारहवीं सदी के आखिर में आये थे, उनकी बात दूसरी थी। वे हिंदी-आर्य जाति के लोग थे और हिंदुस्तान के लोगों से उनका नज़दीकी रिश्ता था। दरअसल लंबी मुद्दतों तक अफ़गानिस्तान का एक टुकड़ा होकर रहा है, उसे ऐसा होना ही था। उसकी भाषा पश्तो बुनियादी तौर पर संस्कृत से निकली है। हिंदुस्तान या हिंदुस्तान से बाहर बहुत कम जगहें ऐसी हैं, जहां हिंदुस्तानी संस्कृति की पुरानी यादगारें और खंडहर——खासकर बौद्ध ज़माने के इतनी बहुतायत से हों, जितने अफ़गानिस्तान में हैं। ज्यादा सही यह होगा कि अफ़गान लोग हिंदी-अफ़गान कहे जायं। उनमें और हिंदुस्तान के मैदानों के लोगों में बहुत-कुछ फ़र्क रहा है, उसी तरह जिस तरह कि काश्मीर की पहाड़ी घाटियों के लोगों में और नीचे के गरम और मैदानी इलाक़ों के लोगों में है। लेकिन बावजूद इस फर्क के, काश्मीर हिंदुस्तानी इल्म और तहजीब का एक खास मरकज़ रहा है। अफ़गानियों में और ज्यादा तहजीब याफ़्ता या सादगी से हटे हुए अरबों और ईरानियों में भी फ़र्क रहा है। अपने पहाड़ी गढ़ों की तरह वे सख्त और खौफ़नाक लोग हैं। वे लोग अपने मज़हब के पक्के, बहादुर, दिमागी धंधों और गहराइयों में पड़ने से बचनेवाले रहे हैं। शुरू-शुरू में उनका व्यवहार ऐसा रहा है, जैसा विजेताओं का विद्रोही लोगों के साथ होता है, यानी कड़ा और बेरहमी का।

लेकिन जल्द ही ये नरम पड़ गए। हिंदुस्तान उनका घर बन गया और दिल्ली उनकी राजधानी रही-दूर-दराज ग़जनी नहीं, जैसा कि महमूद के ज़माने में था। अफ़गानिस्तान, जहां से वे आये थे, उनके राज्य के छोर के महज़ एक हिस्से की हैसियत रखता था। हिंदुस्तानी बनने की क्रिया तेज़ी से चली और उनमें से बहुतों ने इस मुल्क की औरतों से ब्याह कर लिए। उनके बड़े सुल्तानों में से एक, अलाउद्दीन खिलजी, ने एक हिंदू औरत के साथ ब्याह किया और इसी तरह उसके बेटे ने भी। बाद के कुछ शासक जाति के तुर्क थे, जैसे कुतुबुद्दीन ऐबक, सुल्तान रज़िया और इल्तुतमिश, लेकिन उमरा और फ़ौज ज्यादातर अफ़ग़ान ही रही।

दिल्ली एक सल्तनत की राजधानी के तौर पर चमकी। मोरक्को का एक मशहूर अरब यात्री इब्न बतूता, जिसने बहुत से मुल्क और क़ाहिरा और कुस्तुंतुनिया से चीन तक के बहुत-से शहर देखे थे, शायद कुछ अत्युक्ति के साथ कहता है कि "दिल्ली जहान के सबसे बड़े शहरों में एक है।"

दिल्ली की सल्तनत दक्खिन की तरफ़ फैली। चोल राज्य की अवनति हो रही थी; लेकिन उसकी जगह पर एक नई समुद्री ताकत उठ खड़ी हुई थी। यह पांड्य रियासत थी, इसकी राजधानी मदुरा में थी और इसका बंदरगाह पूरबी तट पर क़ायम था। यह एक छोटा-सा राज्य था, लेकिन यहां व्यापार की एक बड़ी मंडी थी। चीन से वापस आते समय मार्को पोलो यहां दो बार रुका था—सन 1288 में और फिर 1293 में, और उसने इसे "एक बड़ा और विशाल नगर" बताया है, जहां अरब और चीन के जहाजों का जमघट रहता था। वह बहुत बारीक मलमल का भी जिक्र करता है, जिसके तार मकड़ी के जालों जैसे लगते थे और जो हिंदुस्तान के पूरबी समुद्र तट पर तैयार किया जाता था। मार्को पोलो हमें एक और दिलचस्प बात बताता है। अरब और ईरान से बहुत बड़ी संख्या में घोड़े दक्खिन हिंदुस्तान में मंगाये जाते थे। दक्खिन हिंदुस्तान की आब-हवा घोड़ा-कशी के लिए माफ़िक नहीं आती थी और घोड़ों को, और इस्तेमाल के अलावा, फ़ौजी कामों के लिए जरूरत पड़ती थी। घोड़ा-कशी के माफ़िक सबसे अच्छे मैदान मध्य और पच्छिमी एशिया में थे, और इस बात से कुछ हदतक इसका अंदाज लगेगा कि मध्य-एशिया की जातियां लड़ाई की कला में क्यों बढ़ी चढ़ी थीं। चंगेज खां के मंगोल बड़े शानदार घुड़सवार थे और वे अपने घोड़ों से बड़ा लगाव रखते थे। तुर्क लोग भी अच्छे घुड़सवार थे और अरबवालों की अपने घोड़ों के लिए मुहब्बत तो मशहूर ही है। उत्तरी और पच्छिमी हिंदुस्तान में, खासतौर पर काठियावाड़ में घोड़ा-कशी के लिए कुछ अच्छे मैदान हैं और राजपूत घोड़ों के बड़े शौकीन हैं। कोई छोटी-मोटी लड़ाइयां अकसर किसी मशहूर घोड़े की खातिर लड़ी गई हैं। दिल्ली के एक सुल्तान के बारे में एक कहानी कही जाती है कि उसने एक राजपूत सरदार के घोड़े को पसंद करके उससे मांगा। हाड़ा सरदार ने लोदी बादशाह से कहा-"तीन चीज़ें हैं, जिन्हें राजपूत से कभी नहीं मांगना चाहिए, उसका घोड़ा, उसकी स्त्री और उसकी तलवार।" और यह कहकर वह घोड़े को सरपट भगाता हुआ चला गया। बाद में इस घटना के कारण फ़साद हुआ।

चौदहवीं सदी के आखिरी हिस्से में तुर्क या तुर्क मंगोल जाति के तैमूर ने उत्तर से उतरकर दिल्ली सल्तनत को विध्वस्त कर दिया। वह हिंदुस्तान में चंद महीने ही रहा, वह दिल्ली आया और वापस लौट गया। लेकिन जिस रास्ते वह आया, उस रास्ते में सब जगहें उसने वीरान कर दीं और क़त्ल किये गए लोगों की खोपड़ियों के मोनार लगा दिये, खुद दिल्ली मुर्दों का शहर बन गया। खुशक़िस्मती से वह और आगे नहीं बढ़ा और पंजाब के कुछ हिस्सों और दिल्ली को ही यह खौफ़नाक हालत भुगतनी पड़ी।

दिल्ली को मौत की इस नींद से उठने में बहुत साल लग गए और जब वह जगी भी,

तो एक बड़ी सल्तनत की राजधानी न रह गई थी। तैमूर के हमले ने इस सल्तनत को तोड़ दिया था, और उसके खंडहरों पर दक्खिन में कई रियासतें उठ खड़ी हुई थीं। इससे पहले, चौदहवीं सदी के शुरू में, दो बड़े राज्य क़ायम हुए थे-गुलवर्ग, जो बहमनी[70] राज्य के नाम से मशहूर है और विजयनगर का हिंदू राज्य। गुलबर्ग अब पांच रियासतों में बंट गया, इसमें से एक अहमदनगर था। अहमद निज़ाम शाह, जिसने 1490 में अहमदनगर क़ायम किया, बहमनी राजाओं के वज़ीर निज़ामुल्मुल्क भैरी का बेटा था। यह निज़ामुल्मुल्क भैरू नाम के एक ब्राह्मण खज़ानची का बेटा था (इसी से इसका नाम भैरी पड़ा)। इस तरह अहमदनगर के राज-वंश की जड़ देसी ही थी और अहमदनगर की बहादुर औरत चांदबीबी का खून मिला-जुला था। दक्खिन हिंदुस्तान की सभी मुस्लिम रियासतें देसी और हिंदुस्तानी थीं।

तैमूर के दिल्ली को तबाह करने के बाद उत्तरी हिंदुस्तान कमजोर बना रहा और टुकड़ों में बंट गया। उसके मुक़ाबले में दक्खिनी हिंदुस्तान की हालत ज्यादा अच्छी थी और दक्खिनी राज्यों में सबसे बड़ा और बलशाली राज्य विजयनगर का था। इस राज्य ने उत्तर से भागे हुए बहुत-से हिंदुओं को अपनी तरफ़ खींचा। उस ज़माने में लिखे हुए बयानों से यह पता लगता है कि यह शहर बहुत मालदार और खूबसूरत था। मध्य-एशिया का अब्दुल रज्जाक लिखता है कि " शहर ऐसा है, जिसके मुक़ाबले का शहर सारी दुनिया में न आंखों से देखा और न कानों से सुना है।" बजारों के लिए मेहराबवाले रास्ते थे और आलीशान दालानें बनी हुई थी और इन सबके बीच राजा का शानदार महल खड़ा था, "जिसके चारों तरफ़ पत्थर की कटी हुई, चिकनी और चमकदार नहरों से पानी के बहुत-से सोते बहा करते थे।" सारा शहर बागों से भरा पड़ा था और उन्हीं की वजह से, जैसाकि एक इटली के यात्री निकोलो कांटी ने 1420 में लिखा है, "शहर की बाहर- बाहर दौड़ 60 मील लंबी थी।" एक बाद का यात्री पायस था, जो पुर्तगाली था और 1522 में इटली की नवजागृति के शहरों को देखकर आया था। उसका कहना है कि विजयनगर का शहर "रोम जितना बड़ा और देखने में बहुत सुंदर है।" और अपनी अनेक वावलियों, नहरों और फल बागों की वजह से बड़ा ही अनूठा और सुहावना है। यह "दुनिया का सबसे भरा-पूरा शहर है" और "यहां सभी चीजों की बहुतायत है। " महल के कमरे तमाम हाथीदांत की कारीगरी से भरे हुए थे और उनके ऊपर गुलाब और कमल नक़्श किये हुए थे।" यह इतना खूबसूरत और क़ीमती है कि इसके मुक़ाबले का दूसरा कहीं मिल सकना दुश्वार होगा।" राजा कृष्णदेव राय के बारे में पायस लिखता है – "इससे ज्यादा गुणों और पराक्रमवाला राजा भी कहीं नहीं मिल सकता, वह बहुत हंसमुख और खुशमिज़ाज है, वह विदेशियों का बड़ा आदर और प्रेम से आवभगत करता है, और उनकी

---

70. दक्खिन के बहमनी राज्य का आरंभ और नामकरण दिलचस्प है। इस राज्य को क़ायम करनेवाला एक अफ़गान मुसलमान था, जिसका गंगू नाम का ब्राह्मण शुरू के दिनों में संरक्षक था। उसके एहसान को कुबूल करते हुए इसने अपने खानदान का नाम बहमनी (ब्राह्मण से) खानदान रखा।

जैसी भी हालत हो, पूरा-पूरा कुशल- समाचार पूछता है।"

जिस वक़्त कि दक्खिन में विजयनगर तरक़्क़ी पर था, उस वक़्त दिल्ली की छोटी सल्तनत को एक नये दुश्मन का सामना करना पड़ा। उत्तरी पहाड़ी प्रदेशों से एक और . हमलावर उतरकर आया और दिल्ली के पास पानीपत के मशहूर मैदान में, जहां हिंदुस्तान के भाग्य का अकसर निबटारा हुआ है, उसने 1526 ई० में दिल्ली के तख्त पर क़ब्जा कर लिया। यह विजेता बाबर था, जो तुर्की-मंगोल था और मध्य एशिया के तैमूरिया खानदान का था। उससे हिंदुस्तान की मुग़ल सल्तनत की शुरुआत होती है।

बाबर की कामयाबी की वजह शायद दिल्ली की सल्तनत की कमजोरी ही नहीं थी, बल्कि यह भी थी कि उसके पास एक नया और तरक़्क़ीशुदा तोपखाना था, जैसा उस वक़्त हिंदुस्तान में इस्तेमाल में नहीं आया था। इस वक़्त से आगे हिंदुस्तान युद्ध के विज्ञान की तरक़्क़ी करने में पिछड़ता जाता है। यह कहना ज्यादा सही होगा कि सारा एशिया इस विज्ञान में जहां-का-तहां बना रहा, जबकि यूरोप ने इसमें बराबर तरक़्क़ी की। महान मुगल साम्राज्य (अगरचे हिंदुस्तान में दो सौ साल तक यह शक्तिशाली बना रहा) शायद सत्रहवीं सदी के बाद यूरोपीय फ़ौजों के साथ बराबर के मुक़ाबले में ठहर न सकता था। लेकिन जबतक समुद्री रास्ते पर काबू न हो, कोई यूरोपीय सेना हिंदुस्तान तक पहुंच नहीं सकती थी। जो बड़ी तब्दीली इन सदियों में होती रही थी, वह यह थी कि यूरोप के लोग समुद्री ताक़त में तरक़्क़ी कर रहे थे। दक्खिन में तेरहवीं सदी में चोल राज्य के पतन के बाद हिंदुस्तान की समुद्री ताक़त तेज़ी से घटी। पांड्य के छोटे-से राज्य का समुद्र से ताल्लुक होते हुए भी वह काफ़ी मज़बूत न था। हिंदुस्तान की नौ-आबादियों का समुद्र पर प्रभाव फिर भी, पंद्रहवीं सदी तक बना रहा, और इस वक़्त अरबवाली ने उनसे बाजी जीत ली और उनके जल्द बाद पुर्तगालियों ने।

❐

5. मिली-जुली संस्कृति का विकास और समन्वय:परदा:कबीर:गुरु नानक:अमीर खुसरो

इसलिए मुसलमानों के हिंदुस्तान पर हमला करने की या हिंदुस्तान के मुसलमानी ज़माने की बात करना उतना ही गलत है, जितना अंग्रेजों के हिंदुस्तान में आने को ईसाई हमला कहना या अंग्रेजी ज़माने को ईसाई ज़माना कहना होगा। इस्लाम में हिंदुस्तान पर हमला नहीं किया; यह हिंदुस्तान में कुछ सदियों पहले आया था। यहां तुर्की हमला (महमूद का) हुआ, अफ़ग़ानों का हमला हुआ, इसके बाद तुर्क मंगोल या मुग़लों का हमला हुआ और इनमें आखिरी दो महत्त्व के थे। अफ़गानों को हम सरहदी हिंदुस्तानी दल का समझ सकते हैं, वे शायद ही अजनबी कहे जा सकते हैं, और उनकी सियासी हुकूमत के ज़माने को हिंदी - अफ़गान काल कहलाना चाहिए। मुगल बाहर के लोग थे और हिंदुस्तान के लिए

अजनबी भी थे, फिर भी वे हिंदुस्तानी ढांचे में बड़ी जल्दी समा गए और उनसे हिंदी-मुगल काल शुरू हुआ।

चाहे अपनी खुशी से उन्होंने ऐसा किया हो, चाहे परिस्थिति ने उन्हें मजबूर किया हो, अफ़गान शासक और उनके साथ आनेवाले लोग हिंदुस्तान में समा गए। उनके खानदान पूरी तौर पर हिंदुस्तानी हो गए और उनकी जड़ें हिंदुस्तान में फैलीं, उन्होंने हिंदुस्तान को अपना घर समझा और बाकी दुनिया को विदेश माना। बावजूद सियासी झगड़ों के, उन्हें लोगों ने भी ऐसा ही खयाल किया और बहुत से राजपूत राजाओं तक ने उन्हें अपना फ़रमां-रवा समझा। लेकिन और राजपूत सरदार भी थे, जिन्होंने उनके मातहत होने से इंकार भी किया, और भयानक लड़ाइयां भी हुई। दिल्ली के मशहूर सुल्तान फ़िरोज़शाह की मां हिंदू और न थी इसी तरह गया सुद्दीन तुग़लक की माँ भी। अफ़ग़ान तुर्क और हिंदू उमरावों में इस तरह की शादियां आम नहीं थीं, लेकिन फिर भी होती थीं। दक्खिन में गुलबर्ग के मुसलमान शासक ने विजयनगर की एक हिंदू राजकुमारी के साथ बड़ी शान-शौक़त के साथ ब्याह किया था।

ऐसा जान पड़ता है कि मध्य और पच्छिमी एशिया में हिंदुस्तानियों के बारे में बड़े अच्छे खयाल थे। ग्यारहवीं सदी के पुराने ज़माने में, यानी अफ़ग़ानों की विजय के पहले, इदरीसी नाम के एक मुसलमान भूगोलविद ने लिखा था-"हिंदुस्तानी स्वभाव से इन्साफ़-पसंद हैं, और इससे अपने व्यवहार में कभी डिगते नहीं। उनकी नेकी, ईमानदारी और अपने वादों की वफ़ादारी मशहूर है, और दरअसल वे इन गुणों के लिए इतने मशहूर हैं कि लोग उनके मुल्क में सब तरफ़ से आकर इकट्ठे होते हैं।[71]

एक कार-गुज़ार हुकूमत क़ायम हो गई और आमद-रफ़्त के ज़रियों की खासतौर पर तरक़्क़ी हुई, अगरचे इसकी वजह फ़ौजी सहूलियत का पैदा करना था। सरकार इस बात का खयाल करती थी कि मुक़ामी रिवाजों में दखल न दे। ताहम वह ज्यादा मरकज़ी हो चली थी। शेरशाह (जिसका ज़माना मुगलिया ज़माने के बीच आ पड़ता है), अफ़गान शासकों में सबसे क़ाबिल था। उसने मालगुजारी की ऐसी प्रथा की बुनियाद रखी कि उसे बाद में अकबर ने भी अपना लिया और फैलाया। अकबर का मशहूर वज़ीर-माल, टोडरमल, पहले शेरशाह के यहां इसी पद पर था। अफ़गान हाकिम हिंदुओं को रफ़्ता-रफ़्ता ज़्यादा ओहदे देने लगे थे।

हिंदुस्तान और हिंदू धर्म पर अफ़ग़ानों की फ़तह के दो असर पड़े, और इनमें से दोनों एक-दूसरे को काटते हुए थे। फ़ौरन जो असर पड़ा, वह यह था कि बहुत से लोग दक्खिन में चले गए और अफ़गान हुकूमत के इलाकों से दूर हो रहे। जो बच रहे, वे और कट्टर बन गए और अलग-थलग रहने लगे, वे अपने ही खोल में समा गए और अपनी वर्ण-व्यवस्था को और कड़ा करके विदेशी तरीकों और असरों से अपने को बचाने में लग गए। दूसरी तरफ़ विचार और ज़िंदगी के इन तरीक़ों की ओर लोगों का रफ़्ता-रफ़्ता और बिना कोशिश के रुझान पैदा होने लगा। फिर एक समन्वय पैदा हुआ। इमारत की कला में नई शैलियां उपजीं,

71. इलियट की 'हिस्टरी ऑफ इंडिया' जिल्द 1, पृष्ठ 88 से।

खाना-कपड़ा बदला और बहुत तरह के फ़र्क़ रहन-सहन में पैदा हो गए। यह समन्वय संगीत में खासतौर पर नुमायां था, जिसने पुराने हिंदुस्तानी शास्त्रीय ढांचे को क़ायम रखते हुए अनेक दिशाओं में तरक़्क़ी की। फ़ारसी ज़बान दरबार की सरकारी ज़बान बन गई और बहुत से फ़ारसी लफ़्ज आम इस्तेमाल में आने लगे। साथ-ही-साथ एक आम ज़बान को भी तरक्क़ी दी गई।

हिंदुस्तान में जो बुरी बातें पैदा हुईं, उनमें से एक परदे के रिवाज की तरक़्क़ी थी। ऐसा क्योंकर हुआ, यह साफ़ नहीं, लेकिन आनेवालों की पुराने लोगों पर होनेवाली प्रतिक्रिया का यह नतीजा जरूर था। हिंदुस्तान में, इससे पहले मर्द और औरत अमीरों के वर्ग में तो कुछ अलग-थलग जरूर रहते थे, जैसा कि और मुल्कों में भी, खासतौर पर यूनान में, था। दोनों के अलग-अलग रहने का कुछ इसी तरह का रिवाज ईरान में भी था, बल्कि सारे पच्छिमी एशिया में था, लेकिन कहीं भी सख्त क़िस्म का परदा नहीं होता था। शायद इसकी शुरुआत बाइजेंटाइन दरबारियों के दायरे में हुई, जहां जनानखाने की निगरानी के लिए ख़्वाजासरा मुकर्रिर किये जाते थे। बाइजेंटाइन का असर रूस में पहुंचा, जहां ठीक महान पीटर के ज़माने तक औरतें काफ़ी कड़े परदे में रखी जाती थीं। इसका तातारों से कोई ताल्लुक न था, जिनके बारे में यह बात काफ़ी तौर पर आम है कि वे अपनी औरतों को अलग नहीं रखते थे। अरब और फ़ारस की मिली-जुली तहज़ीब पर बाइजेंटाइनी रीति-रिवाजों का बहुत-कुछ असर पड़ा और संभवतः ऊंचे वर्ग की औरतों का अलग रहना चल पड़ा। फिर भी अरब में या पच्छिमी और मध्य एशिया में औरतों में कोई कड़ा परदा न होता था। जो अफ़गान उत्तरी हिंदुस्तान में दिल्ली की फ़तह के बाद आये, उनके यहां परदे की कड़ी पाबंदी न होती थी। तुर्की और अफ़ग़ान शहज़ादियां और बेग़में अकसर घोड़े की सवारी, शिकार और मेल-मुलाक़ात के लिए निकला करती थीं। यह एक पुराना मुसलमानी रिवाज है, जिसकी पाबंदी अब भी होती है कि हज के सफ़र में उन्हें अपने चेहरों को खुला रखना चाहिए। मालूम पड़ता है कि परदे के रिवाज की तरक़्क़ी हिंदुस्तान में मुगलों के ज़माने में हुई, जब इसे हिंदुओं और मुसलमानों दोनों ही में पद और इज़्ज़त की निशानी समझा जाने लगा। परदे की यह प्रथा खासतौर पर ऊंचे वर्ग के लोगों में उन सभी जगहों में तेज़ी से फैली, जहां मुसलमानों का असर था—यानी उस बीच और पूरब के बड़े प्रदेश में, जिसमें दिल्ली, संयुक्त प्रांत, राजपूताना, बिहार और बंगाल आ जाते हैं। लेकिन यह कुछ अजीब बात है कि पंजाब और सरहदी सूबे में परदे की पाबंदी बहुत कड़ी नहीं है। दक्खिन और पच्छिम हिंदुस्तान में कुछ हद तक मुसलमानों को छोड़कर परदे का रिवाज नहीं रहा है।

इसमें मुझे ज़रा भी शक नहीं कि हाल की सदियों में हिंदुस्तान के ह्रास के कारणों में से एक खास कारण औरतों को परदे में रखने का रिवाज है। मुझे इसका और भी ज़्यादा यक़ीन है कि इस वहशियाना रिवाज का पूरी तरह खत्म होना हमारी समाजी ज़िंदगी की तरक्क़ी के लिए लाज़िमी है। औरत को इससे नुक़सान पहुंचता है, यह ज़ाहिर सी बात है, लेकिन

जो नुक़सान मर्द को पहुंचता है, जो बढ़ते हुए बच्चे को पहुंचता है, जिसे अपना बहुत-सा वक़्त औरतों के साथ परदे में बिताना पड़ता है, वह कम बड़ा नहीं है। खुश क़िस्मती से यह रिवाज हिंदुओं में बहुत तेज़ी से उठ रहा है और मुसलमानों में भी कुछ धीमी रफ़्तार से। परदे के उठाने में सबसे ज्यादा हाथ कांग्रेस की सियासी और समाजी तहरीक़ों का रहा है, जिन्होंने बीच के वर्ग की दसियों हज़ार औरतों को अपनी ओर खींचा है और जो किसी-न-किसी सार्वजनिक धंधे से शरीक़ हुई हैं। गांधीजी परदे के रिवाज के कट्टर विरोधी रहे हैं और हैं और उन्होंने इसे "दूषित और बर्बर रिवाज ' बताया है, जिसने औरतों को पिछड़ा हुआ और तरक्क़ी से महरूम रखा है। एक जगह उन्होंने लिखा है– "इस वहशियाना रिवाज के ज़रिये मर्द लोग हिंदुस्तान की औरतों पर जो अत्याचार कर रहे हैं, मैंने उसपर विचार किया। जिस वक़्त यह रिवाज शुरू हुआ, उस वक़्त इसके जो भी लाभ रहे हों, अब यह मुल्क को अपार नुक़सान पहुंचा रहा है। "गांधीजी ने कहा कि" औरतों को वही आज़ादी और अपनी तरक्क़ी के वही मौक़े मिलने चाहिए, जो मर्दों को हासिल हैं। मर्दों और औरतों के आपस के संबंध में समझदारी के बरतावे की जरूरत है। दोनों के बीच में दीवारें नहीं खड़ी की जानी चाहिए। उनके आपस के व्यवहार में स्वाभाविकता और बेसख्तगी होनी चाहिए।" दरअसल गांधीजी ने औरतों की बराबरी और आज़ादी के बारे में जोरदार बातें कहीं और लिखी हैं कि उनकी घरेलू गुलामी को तीखेपन से बुरा बताया है।

मैं अपने विषय से हटकर यकायक मौजूदा ज़माने की बातें करने लगा, और अब मुझे मध्य युग पर वापस जाना चाहिए, जब अफ़ग़ान लोग दिल्ली की गद्दी पर जम चुके थे और पुराने और नये तरीक़ों के बीच समन्वय क़ायम होना शुरू हो चुका था। इनमें से ज्यादातर तब्दीलियां ऊपर के वर्गों में हुईं और उनका असर आम जनता खासतौर पर देहाती जनता पर नहीं पड़ा। उनकी शुरुआत दरबारी हलकों में होती और वे शहरों और क़सबों में फैलतीं। इस तरह एक ऐसा सिलसिला चला, जो कई सदियों तक चलता रहा और उत्तरी हिंदुस्तान में एक मिली-जुली संस्कृति तरक़्क़ी करती रही। दिल्ली और जिसे अब संयुक्त प्रांत कहते हैं, इसके मरकज़ बने, जिस तरह कि ये पुरानी आर्य संस्कृति के मरकज रहे और अब भी हैं। लेकिन आर्य-संस्कृति का बड़ा हिस्सा खिसककर दक्खिन पहुंचा, जो हिंदू कट्टरता का गढ़ बन गया।

तैमूर के हमले से दिल्ली की सल्तनत जब कमजोर हो गई, तो जौनपुर (संयुक्त प्रांत) में एक छोटा-सा मुसलमानी राज्य क़ायम हुआ। सारी पंद्रहवीं सदी-भर यह कला और संस्कृति और मज़हबी रवादारी का मरकज रहा। तरक्क़ी करती हुई आम ज़बान, हिंदी को यहां प्रोत्साहन मिला, और हिंदुओं और मुसलमानों के मज़हबों में समन्वय पैदा करने की भी कोशिशें हुईं। क़रीब-क़रीब इसी वक़्त उत्तर में दूर काश्मीर में भी जैनुल-आबदीन नाम के एक मुसलमान राजा ने अपनी रवादारी और संस्कृति विद्या और पुरानी संस्कृति के प्रोत्साहन के लिए यश हासिल किया।

सारे हिंदुस्तान में यह नया खमीर काम कर रहा था और लोगों के दिमाग़ों में नये विचार कुरेद पैदा कर रहे थे। पुराने ज़माने की तरह हिंदुस्तान में इस नई परिस्थिति की तरफ़ एक प्रतिक्रिया चल रही थी और विदेशी तत्त्वों को जज़्ब करने की कोशिश में वह अपने को कुछ तब्दील कर रहा था। इसी खमीर में से नये ढंग के सुधारक उत्पन्न हुए, जिन्होंने इस समन्वय के पक्ष में निश्चय के साथ उपदेश दिये और अक्सर वर्ण-व्यवस्था की निंदा या अवहेलना की। दक्खिन में पंद्रहवीं सदी में हिंदू रामानंद हुए और उनके और भी मशहूर शिष्य बनारस में कबीर हुए, जो मुसलमान जुलाहे थे। उत्तर में गुरु नानक हुए, जो सिख धर्म के संस्थापक माने जाते हैं। इन लोगों का असर उन मतों तक सीमित नहीं था, जो इनके नाम पर क़ायम हुए, बल्कि उससे कहीं ज़्यादा फैला हुआ था। सारे हिंदू-धर्म पर इन नये विचारों का प्रभाव पड़ा और हिंदुस्तान का इस्लाम भी और जगहों के इस्लाम से मुख्तलिफ़ बन गया। इस्लाम के ज़बरदस्त अद्वैतवाद का हिंदू-धर्म पर असर पड़ा, और हिंदुओं के बहुत से देवी-देवताओं में विश्वास का कुछ असर हिंदुस्तानी मुसलमानों पर पड़े बगैर न रहा। हिंदुस्तानी मुसलमानों में से ज्यादातर ऐसे थे, जो नौ-मुस्लिम थे और यहां की पुरानी परंपरा में पले थे। बाहर से आनेवाले मुसलमान मुक़ाबले में थोड़े थे। मुस्लिम रहस्यवाद और सूफ़ी मत की, जिसकी शुरुआत शायद नये अफ़लातूनी मत से हुई थी, तरक्क़ी हुई।

विदेशी लोगों के हिंदुस्तान में बराबर जज़्ब होने का सबसे मार्के का पता इस बात से लगता है कि मुल्क की आम ज़बान को उन्होंने उठा लिया, अगरचे फ़ारसी दरबार की ज़बान बनी रही। शुरू के मुसलमानों की लिखी हुई हिंदी की कई मशहूर किताबें हैं। इन लिखनेवालों में सबसे मशहूर खुसरो था, जो एक तुर्क था और जिसका घराना संयुक्त-प्रांत में दो-तीन पीढ़ियों से बस गया था। यह चौदहवीं सदी में हुआ और इसने कई अफ़ग़ान सुल्तानों के ज़माने देखे थे। फ़ारसी का तो वह चोटी का शायर था; वह संस्कृत भी जानता था। वह बहुत बड़ा संगीतज्ञ भी था और हिंदुस्तानी संगीत में उसने कई नई बातें पैदा की। यह भी कहा जाता है कि हिंदुस्तान का आम-पसंद बाद्य-यंत्र सितार उसी की ईजाद की हुई चीज है। उसने बहुत से मज़मूनों पर लिखा है और खासतौर पर हिंदुस्तान की तारीफ़ की है, और यह बताया है कि किन-किन बातों में हिंदुस्तान बढ़ा हुआ है। इनमें मज़हब, फ़िलसफ़ा, तर्क-शास्त्र, भाषा और व्याकरण (संस्कृत), संगीत, गणित, विज्ञान और आम (फल) गिनाये गए हैं।

लेकिन हिंदुस्तान में खासतौर पर उसकी शोहरत की वजह उसके आम-पसंद गीत हैं, जिन्हें उसने लोगों की आम ज़बान हिंदी में लिखा है। उसने साहित्यिक माध्यम न चुनकर बड़ी अक़्लमंदी की, क्योंकि उसे मुट्ठी भर लोग ही समझ पाते। उसने गांववालों की ज़बान ही नहीं इस्तेमाल की, बल्कि उनके रीति-रिवाज और रहन-सहन के ढंग का भी बयान किया। उसने जुदा-जुदा ऋतुओं के गीत लिखे हैं और हिंदुस्तान की पुरानी शास्त्रीय परंपरा के बमूजिब हर एक ऋतु के लिए अलग राग और बोल हैं, उसने ज़िंदगी के विविध पहलुओं पर गीत रचे हैं—दुल्हन के आने पर, प्रेमी के वियोग पर, वर्षाऋतु पर, जब जली हुई धरती

से नई ज़िंदगी फूट निकलती है। ये गीत अब भी दूर-दूर गाये जाते हैं और हम उन्हें उत्तरी और मध्य हिंदुस्तान के किसी गांव या शहर में सुन सकते हैं, ख़ासतौर पर तब, जब वर्षा ऋतु आती है, और हर एक गांव में आम और पीपल की शाखों में बड़े-बड़े झूले पड़ते हैं, और गांव के सभी लड़के-लड़कियां झूला झूलने के लिए इकट्ठा होते हैं।

अमीर खुसरो ने बहुत सी पहेलियां भी रची हैं, जो बच्चों और बड़ों, दोनों में ही बहुत चलती है। अपनी ज़िंदगी में ही खुसरो गीतों और पहेलियों के लिए मशहूर हो गया था। उसकी यह शोहरत बढ़ती ही रही है। मैं और कहीं भी ऐसी मिसाल नहीं पाता कि छः सौ साल पहले जो गीत लिखे गए हों, वे अब भी आमपसंद हों और अब भी लफ़्ज़ों की फेर फार के बगैर, ज्यों-के-त्यों गाये जाते हों।

❐

6. हिंदुस्तानी समाजी संगठन:वर्ग का महत्त्व

हिंदुस्तान के बारे में जो लोग कुछ भी जानते हैं, उन्होंने वर्ण-व्यवस्था का हाल सुन रखा बाहर का हर आदमी इसे बुरा कहता है और हिंदुस्तान के बहुत-से लोग ऐसा ही कहते हैं और इसकी नुक़्ता-चीनी करते हैं। हिंदुस्तान में भी शायद ही कोई ऐसा हो, जो इसकी मौजूदा शक़्ल व सूरत को देखते हुए इसे पसंद करता हो, अगरचे ऐसे लोग बेशक मिलेंगे, जो इसके बुनियादी सिद्धांत को क़ुबूल करते हैं और हिंदुओं में बहुत से लोग अपनी ज़िंदगी में इसे मानते चले आ रहे हैं। 'वर्ण' या 'जात' लफ़्ज़ के इस्तेमाल से कुछ ग़लतफ़हमी होती है, क्योंकि अलग-अलग लोग इसके अलग-अलग मानी लगाते हैं। साधारण यूरोपीय या उसी के जैसे विचारोंवाला हिंदुस्तानी यह समझता है कि यह केवल वर्गों को पत्थर की तरह मज़बूत करके अलग-अलग कर देना है और यह महज़ इस बात की तरकीब है कि वर्ग-भेद बना रहे, ऊंचे वर्ग के लोग सदा-सदा के लिए चोटी पर बने चले आयें, और नीचे वर्ग के लोग सदा-सदा के लिए नीचे ही बने रहें। इस विचार में सचाई है और शुरू में शायद यह इस बात की तरकीब थी कि आर्य विजेता उन लोगों में न मिलने-जुलने पायें, जिन्हें उन्होंने हराया था। शुरू में चाहे इस व्यवस्था में लचीलापन रहा हो, लेकिन जिस तरह इसने तरक़्क़ी की है, उससे यक़ीनी तौर पर यही नतीजा निकलता है। लेकिन सचाई का यह महज़ एक पहलू है। और इस कैफ़ियत से यह नहीं पता चलता है कि आखिर इस व्यवस्था में इतनी शक्ति और मज़बूर क्योंकर रही कि यह आजतक चली आ रही है। इसने बौद्ध-धर्म की ज़बरदस्त टक्कर को झेल लिया और अफ़ग़ान और मुग़ल शासन और इस्लाम के प्रसार की कई सदियां ही नहीं देखीं, बल्कि अनगिनत हिंदू सुधारकों के, जिन्होंने इसके खिलाफ़ अपनी आवाजें बुलंद कीं, वार सहे। यह तो सिर्फ़ आजकल ही ऐसा हुआ है कि उसकी बुनियाद पर ही हमला हो रहा है और इसका वजूद ही जोखिम में है। इसका कारण खासतौर पर हिंदू

समाज में उपजी हुई कोई ज़बरदस्त प्रेरणा नहीं हैं, अगरचे यक़ीनी तौर पर ऐसी प्रेरणा मौजूद है, न यही कारण है कि पच्छिमी खयाल हमारे बीच में आ गए हैं, अगरचे ऐसे खयालों ने ज़रूर अपना असर डाला है। जो तब्दीलियां हमारी आंखों के सामने हो रही हैं, उनका कारण खासतौर पर यह है कि बुनियादी आर्थिक परिवर्तनों ने हिंदुस्तानी समाज के सारे ढांचे को हिला दिया है और संभव है कि उसे पूरी तरह से उलट-पलट दें। ज़िंदगी के हालात में तब्दीली आ गई है, विचार के ढंग बदल रहे हैं, यहां तक कि अब गैर-मुमकिन जान पड़ता है कि वर्ण-व्यवस्था क़ायम रह सके। उसकी जगह क्या चीज ले लेगी, यह मैं नहीं कह सकता, क्योंकि सिर्फ़ वर्ण-व्यवस्था ही जोखिम में नहीं है। संघर्ष है सामाजिक संगठन के मसले पर दो जुदा-जुदा नज़रियों में। एक तरफ़ है पुराना हिंदू विचार कि वर्ग या गिरोह संगठन की बुनियादी इकाई है, दूसरी तरफ़ पच्छिम का विचार है, जो बहुत ज़्यादा व्यक्तिवाद पर जोर देता है, जो व्यक्ति को वर्ग से ऊपर रखता है।

यह संघर्ष हिंदुस्तान की ही विशेषता नहीं है; यह पच्छिम में भी और सारी दुनिया में चल रहा है, अरगचे यहां इसने दूसरी शक़्लें अख्तियार की हैं। यूरोप की उन्नीसवीं सदी की सभ्यता ने लोकतंत्री उदार-मत का रूप लेकर और आर्थिक और सामाजिक क्षेत्रों में उसके विस्तार ने, व्यक्तिवाद की नुमाइंदगी की सबसे आला अलामत पेश की। उन्नीसवीं सदी की विचारधारा अपने सामाजिक और राजनैतिक संगठन के साथ-साथ बीसवीं सदी में भी बहकर आ गई है, लेकिन अब उसका ज़माना बिलकुल बीता हुआ जान पड़ता है और संकट और युद्ध के दबाव से वह टूट रही है। अब वर्ग और समाज के महत्त्व पर ज़्यादा ज़ोर दिया जाने लगा है और सवाल यह पैदा हो गया है कि व्यक्ति और वर्ग के तकाज़ों के बीच समझौता कैसे कराया जाय। इस मसले का हल अलग-अलग मुल्कों में अलग-अलग शक़्लें ले सकता है, ताहम रुझान इस तरफ़ है कि एक बुनियादी हल हासिल किया जाय, जो सब पर यक-सां लागू हो।

वर्ण-व्यवस्था कोई अलग-थलग चीज नहीं है; यह एक और बड़ी सामाजिक व्यवस्था का अंग है, और महत्त्व रखनेवाला अंग है। यह मुमकिन जान पड़ता है कि उसकी कुछ ज़ाहिरा बुराइयों को दूर कर दिया जाय और उसकी तरतीब को न छेड़ा जाय। लेकिन यह बहुत गैर-मुमकिन बात है, क्योंकि जो आर्थिक और सामाजिक ताक़तें काम कर रही हैं, उन्हें इसके ढांचे की ज़्यादा परवाह नहीं है; वे इसकी बुनियाद पर ही हमला कर रही हैं और साथ-साथ उन सभी थूनियों पर, जो इसे उठाये हुए हैं। सच बात तो यह है कि ये थूनियां बहुत कुछ टूट चुकी हैं और वर्ण-व्यवस्था को अब अपना ही सहारा है।

अब सवाल यह नहीं रहा है कि हम वर्ण-व्यवस्था को पसंद करते हैं या नहीं। हम पसंद करें या नहीं तब्दीलियां हो रही है। लेकिन यक़ीनी तौर पर यह हमारी ताक़त के भीतर है कि हम इन तब्दीलियों को ढाल सकें और उन्हें रुख़ दे सकें; इस तरह कि हमें सारे हिंदुस्तान के लोगों की उस प्रतिभा और विशेषता का पूरा-पूरा फ़ायदा मिल जाय, जो हमारे सामाजिक

संगठन की मज़बूती और पायदारी के जरिये साफ़ तौर पर ज़ाहिर हो चुकी है।

सर जार्ज बर्डउड ने कहीं पर कहा है-"जबतक हिंदू अपनी वर्ण-व्यवस्था को क़ायम रखते हैं, तबतक हिंदुस्तान हिंदुस्तान बना रहेगा; लेकिन जिस दिन उन्होंने इसे छोड़ा, उस दिन से हिंदुस्तान हिंदुस्तान न रह जाएगा। यह शानदार प्रायद्वीप गिरकर ऐंग्लो-सैक्सन साम्राज्य के घोर 'ईस्ट एंड'[72] की हालत पर पहुंच जाएगा।" वर्ण-व्यवस्था रहे चाहे न रहे, हम ब्रिटिश साम्राज्य में उस हालत पर बहुत दिनो में से गिरकर पहुंचे हुए हैं। और हर सूरत में, हमारी भविष्य की स्थिति चाहे जैसी भी हो, वह इस साम्राज्य की सरहद के भीतर नहीं महदूद रहेगी। लेकिन सर जार्ज बर्डउड ने जो कहा है, उसमें कुछ सचाई है, अगरचे शायद उन्होंने इसे उस रुख़ से नहीं देखा है। एक विशाल और पुराने सामाजिक संगठन के टूटने पर समाजी ज़िंदगी पूरी तौर पर तितर-बितर हो सकती है और सारे-के-सारे लोगों को मुसीबत का सामना करना पड़ सकता है और व्यक्तियों के आचरण बड़े पैमाने पर विकृत रूप ले सकते हैं, अगर कोई दूसरा सामाजिक ढांचा, जो जनता की प्रतिमा के अनुकूल हो—उसकी जगह पर नहीं आ जाता। शायद परिवर्तन के ज़माने में अव्यवस्था की यह हालत पैदा होना लाज़िमी है; यह हालत आज सारी दुनिया में काफ़ी फैली हुई है। शायद इस तरह की हालत से जो दुख और मुसीबतें आती हैं, उन्हीं के ज़रिये लोग तरक़्क़ी करते हैं और ज़िंदगी से सबक़ सीखते हैं और अपने को नई हालतों के बमूजिब ढाल लेते हैं।

फिर भी, हम एक व्यवस्था को महज़ तोड़कर इस उम्मीद में नहीं बैठे रह सकते कि कुछ अच्छा ही होगा; हमें उस भविष्य की, जिसके लिए हम काम कर रहे हैं, कोई कल्पना—वह अस्पष्ट कल्पना ही क्यों न हो—रखनी चाहिए। हम जगह खाली छोड़कर ही नहीं बैठ सकते, नहीं तो यह ख़ाली जगह, मुमकिन है, इस तरह भर जाय कि हमें पछताना पड़े। हम जो भी रचनात्मक योजनाएं बनायें, हमें उन आदमियों का ध्यान रखना पड़ेगा, जिनसे हमारा वास्ता है—उनके विचारों और प्रेरणाओं की कैसी पृष्ठभूमि है और किस तरह के वातावरण में हमें काम करना है? इन सब बातों को नज़र अंदाज कर देने के ये मानी होंगे कि हम अपनी योजना हवा में तैयार कर रहे हैं या दूसरों ने और जगहों में जो किया है, उसकी महज़ नक़ल कर रहे हैं और यह बेवकूफ़ी की बात होगी। इसलिए यह जरूरी हो जाता है कि हम अपने उस पुराने हिंदुस्तानी सामाजिक संगठन को जानने और समझने की कोशिश करें, जिसने लोगों पर इतना ज़बरदस्त असर डाला है।

इस संगठन की बुनियाद तीन विचारों पर थी—खुदमुख्तार देहाती समाज, वर्ण-व्यवस्था और मुश्तरक़ा खानदान। इन तीनों में ही वर्ग को बड़ाई दी गई है; व्यक्ति की जगह दूसरे दर्जे पर है। अलग-अलग इनमें से किसी विचार में बहुत अनोखापन नहीं, और इनमें से तीनों के मुक़ाबले की व्यवस्थाएं हमें दूसरे मुल्कों में भी मिल जायेंगी, खासतौर पर मध्य-युग में। पुराने हिंदुस्तानी गणराज्यों की तरह सभी जगह आदिम रूप में गणतंत्र मिल

72. ईस्ट एंड लंदन का वह हिस्सा है, जहां ग़रीब लोग बसते हैं। - सं०

जायंगे। हिंदुस्तानी गांव के समाज के मुक़ाबले में पुराने रूसी 'मीर' होते थे। वर्ण या जात खासतौर पर धंधों के मुताबिक़ ही हैं, और यही प्रथा यूरोप के मध्य- युग के व्यावसायिक संघों की रही है। चीन का मुश्तरका खानदान हिंदुस्तान के मुश्तरका खानदान से मिलता-जुलता है। मैं इन सबके बारे में इतनी काफ़ी जानकारी नहीं रखता कि इस बहस को आगे बढ़ाऊं और न मेरे मक़सद के लिए यह जरूरी ही है। सब कुछ ले-देकर यह मानना पड़ेगा कि हिंदुस्तानी संगठन अपने ढंग का निराला था और यह वक़्त के साथ-साथ और भी निराला हो गया।

❒

7. गांव का स्वराज:शुक्र-नीति-सार

दसवीं सदी की एक पुरानी किताब है, जिससे तुर्की और अफ़गान हमलों से पहले की हिंदुस्तान की राजनैतिक व्यवस्था का कुछ चित्र मिलता है। यह है शुक्राचार्य का 'नीति सार'। इसमें केंद्रीय शासन के और शहर और गांव की ज़िंदगी के संगठन का बयान मिलता है; साथ ही राज सभा और बहुत-से सरकारी महकमों के भी बयान हैं। गांव की पंचायत, या चुनी हुई प्रतिनिधि सभा के न्याय और व्यवस्था दोनों ही के संबंध में बड़े अधिकार थे और इसके सदस्यों को राजा के अधिकारी बहुत ही आदर की नज़र से देखते थे। यही पंचायत ज़मीन की बांट करती थी और पैदावार का एक अंश कर के रूप में उगाहती थी और गांव की तरफ़ से सरकार का हिस्सा अदा किया करती थी। कई गांव-पंचायतों के ऊपर एक बड़ी पंचायत हुआ करती थी, जो उनकी निगरानी करती और ज़रूरत पड़ने पर उनके कामों में दखल भी दे सकती थी।

कुछ पुराने शिलालेख हमें यह भी बताते हैं कि गांव-पंचायतों के सदस्य किस तरह चुने जाते थे और उनमें क्या बातें गुण और दोष की समझी जाती थीं। अलग-अलग समितियां बनाई जाती थीं, जिनके लिए सालाना चुनाव होते थे और जिनमें औरतें हिस्सा ले सकती थीं। अच्छा आचरण न करने पर कोई भी सदस्य अपने पद से हटाया जा सकता था। सार्वजनिक रुपये-पैसे का ठीक-ठीक हिसाब न दे सकने पर कोई भी सदस्य अयोग्य ठहराया जा सकता था और अलग किया जा सकता था। रियायत रोकने के लिए बनाये गए एक दिलचस्प नियम का बयान मिलता है—सार्वजनिक पदों पर इन सदस्यों के निकट संबंधियों की नियुक्ति नहीं हो सकती थी।

इन गांव-पंचायतों को अपनी आज़ादी का बड़ा खयाल रहता था और यह नियम बना हुआ था कि जबतक राजाज्ञा न मिली हो, कोई भी सिपाही गांव में दाखिल नहीं हो सकता था। अगर किसी पदाधिकारी की शिकायत लोग करें, तो 'नीति- सार' का कहना है कि राजा को "अपने हुक्कामों की तरफ़दारी न करके अपनी रियाया की तरफ़दारी करनी चाहिए।"

अगर बहुत लोग शिकायत करें, तो पदाधिकारी को बरखास्त कर देना चाहिए, "क्योंकि पद के मद से कौन उन्मत्त नहीं हो जाता?" राजा का जनता के बहुमत के बमूजिब काम करने का कर्तव्य बताया गया था। "लोकमत राजा के मुक़ाबले में ज़्यादा मज़बूत होता है; जिस तरह कि बहुत से तारों की बटी हुई रस्सी शेर को भी खींच लाती है।" "पदाधिकारियों की नियुक्ति करते वक़्त चरित्र और योग्यता का ध्यान रखना चाहिए-जात या घराने का नहीं" और "न वर्ण से और न पुरखों द्वारा ब्राह्मणत्व का भाव उत्पन्न किया जा सकता है।"

बड़े क़स्बों में बहुत-से कारीगर और सौदागर बसते थे और संघ उनके या समितियां और महाजनों के संगठन हुआ करते थे। इनमें से हर एक अपने भीतरी मामलों के नियंत्रण में स्वतंत्र था।

ये सब सूचनाएं बहुत अधूरी हैं, लेकिन इनसे, और बहुत-से और ज़रियों से पता चलता है कि शहरों और गांवों में मुक़ामी-स्वराज की व्यापक व्यवस्था थी और जबतक उसे अपना कर का हिस्सा मिलता रहे, केंद्रीय सरकार इसमें बहुत ही कम दख़ल देती थी। क़ानून में रिवाज पर बड़ा ज़ोर दिया जाता था और रिवाज के जरिये क़ायम हक़ों में सियासी या फ़ौजी ताक़त शायद ही कभी दखल देती रही हो। शुरू में खेती की प्रथा की बुनियाद सहकारिता या सारे गांव के मिल-जुलकर काम करने पर थी। व्यक्तियों और घरानों के कुछ अधिकार थे और कुछ कर्तव्य भी थे, और दोनों की हिफ़ाज़त रिवाजी क़ानून के ज़रिये होती थी।

हिंदुस्तान में कोई धर्मतंत्री राजतंत्र नहीं था। हिंदुस्तान की राज पद्धति के अनुसार अगर राजा अन्यायी या अत्याचारी हो, तो उसके खिलाफ़ विद्रोह करने का अधिकार माना हुआ अधिकार था। दो हज़ार साल पहले चीनी फ़िलसूफ़ मेंसियस ने जो कहा था, वह हिंदुस्तान पर भी लागू होता है-"जब शासक अपनी प्रजा को घास और कूड़े की तरह समझे, तब प्रजा को उसे लुटेरे और दुश्मन की तरह समझना चाहिए।" यहां राजकीय अधिकारों की सारी कल्पना यूरोप की सामंती कल्पना से जुदा थी, जिसमें राजा को अपने राज्य के सब लोगों और वस्तुओं पर अधिकार हासिल था। यह अधिकार वहां राजा अपने सामंतों (लार्डों और वैरनों) को दे देता था और ये लोग राज-निष्ठा की प्रतिज्ञा करते थे। इस तरह अधिकार की एक सीढ़ी तैयार हो जाती थी। ज़मीन और उससे संबंध रखनेवाले लोग सामंती लार्ड की, और उसके ज़रिये राजा की, प्रजा हो जाते थे। रोमन अधिकार (डोमिनियन) की कल्पना की यह तरक्क़ीशुदा शक़्ल थी। हिंदुस्तान में इस तरह की कोई चीज़ नहीं थी; राजा को ज़मीन से कुछ कर उगाहने का हक था और कर उगाहने के इस हक को ही वह दूसरे को दे सकता था। हिंदुस्तान में किसान सामंतों का गुलाम नहीं होता था। ज़मीन की कोई कमी न थी, इसलिए किसान को बेदखल करने में कोई फ़ायदा भी न था। इस तरह हिंदुस्तान में ज़मींदारी की वैसी प्रथा न थी, जैसी पच्छिम में थी; न किसान व्यक्तिगत रूप से अपनी ज़मीन का मालिक हुआ करता था। ये दोनों खयाल बहुत बाद में अंग्रेजों के ज़रिये पेश हुए हैं और इनके भयंकर नतीजे हुए हैं।

विदेशियों की फ़तहयाबी के साथ-साथ मुल्क में लड़ाइयां और तबाहियां आईं, विद्रोह हुए और उनका दमन हुआ, और नये हाकिमों ने अपने हथियारों के ज़ोर पर भरोसा किया। मुल्क के रिवाजी क़ानून की बंदिशों को वे हाकिम अकसर तोड़ सकते थे। इसके अहम नतीजे हुए और खुदमुख्तार गांवों की आज़ादी में कमी आई और बाद में मालगुज़ारी की वसूलयाबी के तरीक़ों में बहुत-सी तब्दीलियां पैदा हुईं। ताहम अफ़ग़ान और मुग़ल हाकिमों ने इस बात का खास ध्यान रखा कि पुराने रीति-रिवाजों में दखल न दिया जायं और कोई बुनियादी अदल-बदल न किये जायं और हिंदुस्तानी ज़िंदगी का समाजी और आर्थिक ढांचा पहले जैसा बना रहा। गयासुद्दीन तुग़लक ने अपने हुक्कामों को इस बात की खास हिदायतें दे रखी थीं कि रिवाजी क़ानून की हिफ़ाज़त होनी चाहिए और रियासती मामलों को मज़हब से, जो ज़ाती पसंद की चीज़ है, अलग रखना चाहिए। लेकिन ज़माने की गर्दिश और लड़ाइयों के कारण और इस वजह से कि सरकार में केंद्रीयता बढ़ती जा रही थी, रिवाजी क़ानून का लिहाज़ कम होता गया। फिर भी गांवों की खुद मुख्तारी बनी रही। इसका टूटना अंग्रेजी हुकूमत में जाकर शुरू हुआ।

❐

8. वर्ण-व्यवस्था के उसूल और अमल:सम्मिलित कुटुंब

हैवेल का कहना है कि "हिंदुस्तान में धर्म हठवाद की हैसियम नहीं रखता, बल्कि आत्मिक तरक़्क़ी और ज़िंदगी की मुख्तलिफ़ हालतों का खयाल करते हुए मानवाचार का एक चालू सिद्धांत है।" पुराने ज़माने में, जब भारतीय-आर्य संस्कृति की रूप-रेखा बन रही थी, उस वक़्त धर्म को ऐसे लोगों की ज़रूरतों का लिहाज रखना पड़ा था, जो दिमाग़ी और आत्मिक विकास की नज़र से इतने मुख्तलिफ़ थे, जितने कि हो सकते हैं। एक तो वन में रहनेवाले आदिम लोग थे, फिर जादू-टोने और आत्माओं में विश्वास करने वाली और प्रतीक-पूजक लोग थे और सभी तरह के अंधविश्वासी आदमी थे; दूसरे ऐसे लोग भी थे जो आध्यात्मिक विचार की सबसे ऊंची सीढ़ियों तक पहुंच सके थे। इन दोनों छोरों के बीच विश्वास और आचार की अनेक सतहें थीं। कुछ लोग तो ऊंचे-ऊंचे विचारों में लगे हुए थे। लेकिन ऐसे विचार ज्यादातर लोगों की पहुंच से बाहर थे। ज्यों-ज्यों सामाजिक जीवन ने तरक़्क़ी की, विश्वासों में कुछ समानताएं भी पैदा हुईं; फिर भी संस्कृति और व्यक्तिगत मिजाज़ के भेदों के कारण बहुत से फ़र्क़ बाक़ी रह गए। भारतीय आर्य नज़रिया तो यह था कि किसी भी विश्वास को बलपूर्वक न दबाया जाय और किसी दावे को रद्द न किया जाय। हर एक वर्ग को आज़ादी थी कि वह अपने आदर्शों की अपनी-अपनी समझ और दिमाग़ी सतह के अनुसार पूर्ति करने में लगे। समन्वय की कोशिशें होती थीं, लेकिन किसी विश्वास का विरोध नहीं किया जाता था, न उसे दबाया जाता था।

सामाजिक संगठन के बारे में और भी कठिन समस्या का सामना करना पड़ा था। इन बिलकुल जुदा-जुदा वर्गों को किस तरह एक सामाजिक संगठन के अंदर लाया जाय, जिसमें कि ये एक-दूसरे के साथ सहयोग करते हुए अपनी-अपनी आज़ाद ज़िंदगी बसर कर सकें और अपनी तरक़्क़ी कर सकें? एक मानी में - अगरचे यह दूर का मुक़ाबला होगा - इस स्थिति का मुक़ाबला आजकल के अल्पसंख्यक लोगों की समस्याओं से किया जा सकता है, जो आज अनेक देशों में फैली हैं और जिनका हल पाना मुश्किल हो रहा है। संयुक्त राज्य अमरीका ने अपने अल्पसंख्यकों के मसले का हल हर एक नागरिक को सौ फ़ीसदी अमरीकी स्वीकार करके किया है--वह हर एक से एक निश्चित नमूने की पाबंदी कराना चाहता है। दूसरे मुल्कों में, जिनका इतिहास ज़्यादा पुराना और जटिल है, यह सुविधा मुमकिन नहीं है। कनाडा तक में जो फ्रेंच वर्ग है उसे अपनी जाति, धर्म और भाषा की गहरी चेतना है। यूरोप में रुकावट डालनेवाली दीवारें और भी ऊंची और गहरी हैं। ये सब बातें यूरोपीयों पर, या उन लोगों पर, जो यूरोप में फैले हुए हैं, लागू होती हैं, अगरचे उनके पीछे संस्कृति की समानता है और उनकी एक-सी भूमिका है। जहां ग़ैर-यूरोपीय आ जाते हैं, वे इस चित्र में ठीक-ठीक बैठ नहीं पाते। संयुक्त राज्य अमरीका में हब्शी लोग, चाहे वे सौ फ़ी -सदी अमरीकी हों, जाति की दृष्टि से अलग-अलग ही हैं। वे बहुत-से ऐसे अवसरों और सुविधाओं से वंचित रखे जाते हैं, जो दूसरों को साधारणतया हासिल हैं। दूसरी जगहों में इससे भी बुरी मिसालें मिलेंगी। सिर्फ़ सोवियत रूस ने कहा जाता है कि अपनी अल्पसंख्यकों और जातियों की समस्या का हल एक अनेक जातियों का मिला-जुला राज्य क़ायम करके किया है।

अगर ये कठिनाइयां और समस्याएं आज भी हमारे पीछे लगी हुई हैं, जब हम इतनी तरक़्क़ी कर गए हैं और हमारा ज्ञान इतना बढ़ा हुआ है, तो उस क़दीम ज़माने में, जब भारतीय आर्य अपनी सभ्यता और सामाजिक ढांचे का विकास एक ऐसे देश में, जहां लोगों में इतनी विविधता हो, कर रहे थे, ये कठिनाइयां और समस्याएं कितनी ज़्यादा रही होंगी? इन समस्याओं को दूर करने का साधारण तरीक़ा उस वक़्त और बाद के ज़माने में यह रहा है कि विजित लोगों को या तो गुलाम बना लिया जाय या उन्हें नेस्तनाबूद कर दिया जाय। हिंदुस्तान में यह तरीक़ा नहीं बरता गया, लेकिन यह साफ़ ज़ाहिर है कि ऊंचे वर्गवालों के पद को बनाये रखने के बारे में पूरी सतर्कता रखी गई। इस तरह ऊंचे पद को सुरक्षित करते हुए एक ऐसी राज व्यवस्था बनाई गई कि उसमें बहुत से वर्गों का समावेश रह सके और कुछ हदों के भीतर और कुछ आम क़ायदों को मानते हुए एक वर्ग को अपने धंधे में लगने और अपनी इच्छा और रीति-रिवाजों के अनुसार अपनी अलग-अलग ज़िंदगी बिताने का अवसर मिले। एक ही खास रुकावट रही थी, और वह यह थी कि किसी वर्ग को दूसरे वर्गों के साथ संघर्ष में न आना चाहिए। यह एक लचीली और फैलनेवाली व्यवस्था थी, जिसमें नये वर्ग बराबर बन सकते थे और इनमें या तो नये आनेवाले लोग, या पुराने वर्गों से अलग होनेवाले शरीक़ हो सकते थे—अगर वे तादाद में काफ़ी हों। हर एक वर्ग के भीतर बराबरी और लोकतंत्र के

सिद्धांत बरते जाते थे- और उनके चुने नेता वर्ग का नियंत्रण करते थे और जब खास सवाल उठते थे, तो सारे वर्ग के लोगों से मशविरा किया जाता था।

ये वर्ग प्रायः हमेशा धंधों के आधार पर बने होते थे; हर एक अपने खास हुनर या व्यवसाय में विशेषता रखनेवाला होता था। इस तरह से वे एक प्रकार के व्यवसाय संघ या शिल्प-संघ का रूप ले लेते थे। हर एक वर्ग में एके का भाव प्रबल होता था और यह भाव न केवल वर्ग की औरों के मुक़ाबले में रक्षा करता था, बल्कि आपस में अगर कोई व्यक्ति संकट में हो या आर्थिक तंगी में हो, तो उसकी सहायता के लिए बिरादरीवालों को उकसाता था। हर एक जात या वर्ग के लोगों के धंधों का ताल्लुक़ दूसरे वर्ग या जात के लोगों के धंधों से लगा हुआ था और ऐसा खयाल किया जाता था कि अगर हर एक वर्ग अपने-अपने धंधे को पूरी तरह अंजाम देता रहे, तो सारे समाज़ का काम सहूलियत से चलता रहेगा। इन सब बातों से ऊपर इसकी ज़ोरदार और क़ाफ़ी कामयाब कोशिश रही है कि एक आम क़ौमी रिश्ता पैदा किया जाय, जो मुख्तलिफ़ गिरोहों को मिला-जुला रख सके—मिली-जुली संस्कृति और मीली-जुली परंपरा का भाव उपजाया गया था, नेता और संत सबके आम होते थे और जिसका यह भाव भी था कि सबका एक ही मुल्क है, जिससे चारों कोनों पर सभी लोग तीर्थ-यात्रा के लिए पहुंचा करते थे। उस ज़माने का क़ौमी लगाव आजकल की राष्ट्रीयता से बहुत ज़्यादा था; सियासी लिहाज़ से वह कमज़ोर था, लेकिन सामाजिक और सांस्कृतिक लिहाज़ से यह मज़बूत था। चूंकि राजनैतिक संगठन की कमज़ोरी थी, इसलिए विदेशियों की विजयें हो सकीं; चूंकि सामाजिक संगठन मजबूत था, इसलिए लोग फिर उठ खड़े होते थे और नये आनेवाले को अपने में जज़्ब कर लेते थे। यह संगठन इतने सिरोवाला था कि सबको काटा नहीं जा सकता था और विजय और तबाहियों के बावजूद बहुत-से सिर ज़िंदा रहते थे।

वर्ण-व्यवस्था, सेवाओं और धंधों की बुनियाद पर बनी हुई एक वर्ग-व्यवस्था थी। समान नियम लागू किये बग़ैर और हर एक वर्ग को पूरी आज़ादी देते हुए इसका मक़सद सभी वर्गों को एक व्यवस्था के अंदर ले आना था। इसके विस्तृत दायरे के भीतर एक पत्नी रखने, एक से ज़्यादा पत्नी रखने और ब्रह्मचर्य की, सभी प्रथाएं थीं; जिस तरह और रीति-रिवाजों, विश्वासों और आचारों के साथ रवादारी बरती जाती थी, उसी तरह इन सबसे रवादारी बरती जाती थी। हर एक सतह पर ज़िंदगी क़ायम रखी गई थी। किसी भी अल्पसंख्यक दल को बहुसंख्यक दल की अधीनता क़ुबूल करने की जरूरत न थी। शर्त यही थी कि लोग इतने क़ाफी हो जायं कि उनका एक खास वर्ग कहला सके और वह वर्ग की हैसियत से क़ायम रह सके। दो वर्गों के बीच जाति, धर्म, रंग, संस्कृति और मानसिक विकास के अपार भेद हो सकते थे।

व्यक्ति का ख़याल एक वर्ग के सदस्य के रूप में ही किया जाता था; अगर वह वर्ग के अस्तित्व में बाधक नहीं है, तो जो चाहे वह करने के लिए आज़ाद था। उसे अपने वर्ग के

धंधे में बाधा डालने का कोई हक़ नहीं था। हां, अगर वह इतना मज़बूत हो और इतने साथी इकट्ठा कर सके कि उसका एक अलग वर्ग बन सके, तो वह एक नया वर्ग ख़ुशी से क़ायम कर सकता था। अगर वह किसी वर्ग में बैठ नहीं सकता, तो इसके यह मानी होते कि जहां तक दुनिया के सामाजिक व्यवहार हैं, वह उनके क़ाबिल नहीं। ऐसी हालत में वह संन्यासी हो सकता था और वर्ण को, हर एक वर्ग को और कार्य-क्षेत्र को छोड़ सकता था और घूमता-फिरता रहकर जो चाहे कर सकता था।

यह याद रखना चाहिए कि जहां हिंदुस्तानी सामाजिक प्रवृत्ति यह थी कि व्यक्ति के मुक़ाबले में वर्ग या समाज़ के दावे को ऊंचा समझा जाय, वहां धार्मिक विचार और आध्यात्मिक खोज के मामलों में व्यक्ति की आज़ादी पर ज़ोर दिया गया है। मुक्ति और ब्रह्म-ज्ञान के दरवाज़े सबके लिए खुले थे—हर वर्ग के लिए, चाहे वह ऊंचा हो, चाहे नीचा। यह मुक्ति या ज्ञान वर्ग के लिए नहीं हो सकते थे; बल्कि पूरी तौर पर व्यक्ति के लिए होते, इस मुक्ति की खोज के बारे में कोई हठवादी नियम नहीं थे और समझा यह जाता था कि सभी मार्गों से इस तक पहुंचा जा सकता है।

अगरचे समाज के संगठन में वर्ग-व्यवस्था को प्रधानता दी गई थी, जिससे जात- पांत ज़ोर पकड़ते थे, फिर भी हिंदुस्तान में सदा से एक व्यक्तिवादी रुझान रहा है। दोनों नज़रियों के बीच अकसर आपस का संघर्ष भी देखने में आता है। कुछ हद तक यह व्यक्तिवाद धर्म के उसूलों का, जो व्यक्ति पर ज़ोर देता, नतीजा होता। समाज-सुधारक लोग, जो वर्ण-व्यवस्था की आलोचना करते या उसकी निंदा करते, आमतौर पर धार्मिक- सुधारक हुआ करते और उनकी ख़ास दलील यह होती कि वर्णों के भेद आत्मिक उन्नति और उस गहरे व्यक्तिवाद के रास्ते में बाधक होते हैं, जिसकी ओर धर्म का संकेत है। इस वर्ण-वर्ण के आदर्श से हटकर एक तरह के व्यक्तिवाद और साथ ही सार्वभौमिकता की ओर बौद्ध-धर्म का रुझान हुआ। लेकिन इस व्यक्तिवाद ने साधारण सामाजिक धंधों से खिंचाव का रूप ले लिया। वर्ण-व्यवस्था की जगह लेनेवाले किसी दूसरे सामाजिक ढांचे को यह पेश न कर सका; इसीसे उस वक़्त और बाद में भी वर्ण-व्यवस्था चलती रही।

खास-खास वर्ण कौन थे? अगर हम क्षण-भर के लिए उन लोगों को छोड़ दें, जिन्हें वर्ण से बाहर समझा जाता था, यानी अछूतों को, तो फिर ब्राह्मण थे, जो पुरोहित, गुरु और विचारक होते थे; क्षत्रिय, जो शासक और युद्ध करनेवाले लोग थे; वैश्य सौदागरी, तिजारत, महाजनी वग़ैरह करते थे; और शूद्र थे, जो किसानी और दूसरे काम किया करते थे। इन सब में शायद एक ही वर्ण खूब संगठित और अलग-थलग रहनेवाला था, यानी ब्राह्मणों का। क्षत्रिय अपने वर्ग में विदेशों से आनेवाले लोगों और मुल्क में ताक़त और पद हासिल कर लेनेवाले लोगों, दोनों के ही आदमियों को लेकर अपनी तादाद बढ़ाते रहते थे। वैश्य लोग ख़ासतौर पर तिजारत और महाजनी करते थे और कुछ और पेशों में भी थे। खेती-बाड़ी और घरेलू नौकरी-चाकरी शूद्रों के ख़ास धंधे थे। ज्यों-ज्यों नये धंधे निकलते थे या दूसरे कारणों

से नई जातों के बनने का सिलसिला बराबर जारी रहता था, त्यों-त्यों पुरानी जातों का दर्जा समाज के भीतर तरक़्क़ी करता जाता था। यह सिलसिला हमारे ज़माने तक चला आया है। कभी-कभी नीची जातवाले जनेऊ पहन लेने लग जाते हैं, जो सिर्फ़ ऊंची जातवालों के लिए ही बना समझा जाता है। इन सब बातों से ज़्यादा फ़र्क न पैदा होता, क्योंकि जात का एक दायरा मुकर्रिर था और हर जात का धंधा या पेशा अलग होता। यह सिर्फ़ इज़्ज़त का सवाल हुआ करता। कभी-कभी नीचे वर्गों के लोग अपनी योग्यता के कारण राज्य में ऊंचे ओहदों तक तरक्क़ी करके पहुंच जाते थे, लेकिन ऐसा होता बहुत कम था।

समाज का संगठन ऐसा था, जिसमें साधारण तरीक़े पर धन बटोरने पर ज़्यादा ज़ोर न दिया जाता था, न आपस में ज़्यादा होड़ होती थी, इसलिए उसके जातों में इस तौर पर बंटने से उतना फ़र्क़ न पैदा होता था, जितना यों होता। ब्राह्मणों को, जो सबसे ऊपर थे, अपनी विद्या और बुद्धि का गुमान था और दूसरे उनकी इज़्ज़त किया करते थे; दुनिया की धन-दौलत उनके पास बहुत कम हो पाती थी। व्यापार करनेवाले अमीर और समृद्ध जरूर होते थे, लेकिन कुल मिलाकर समाज में उनका बहुत बड़ा रुतबा न था।

बाशिंदों की ज़्यादा तादाद किसानों की थी। न तो ज़मींदारी की प्रथा थी, न ज़मीन पर किसानों की ही मिल्कियत थी। यह कहना मुश्किल है कि क़ानून से ज़मीन का मालिक कौन था; आजकल का जैसा मिल्कियत का-सा सिद्धांत न था। किसान को अपनी ज़मीन पर खेती करने का अख्तियार था और जो असल सवाल था, वह यह था कि पैदावार का बंटवारा कैसे हो। पैदावार का ज़्यादा हिस्सा किसान के पास जाता, राजा का या राज का भी हिस्सा होता (आमतौर पर छठा हिस्सा) और गांव के हर एक दूसरे पेशेवाले का हिस्सा लगता—जैसे, ब्राह्मण पुरोहित का, पढ़ानेवाले गुरु का, व्यापारी का, लोहार का, बढ़ई का, चमार का, कुम्हार, थवई, नाई, मेहतर वग़ैरह का। इस तरह राज्य से लेकर मेहतर तक, सभी का पैदावार में हिस्सा हुआ करता था।

दलित जाति के और अछूत लोग कौन होते थे? 'दलित जाति' एक नया नामकरण है और एक अस्पष्ट ढंग से समाज के बिलकुल नीचे के तल की कुछ जातों पर लागू होता है। इनके और औरों के बीच कोई निश्चित विभाजक रेखा नहीं है। उत्तरी हिंदुस्तान में बहुत थोड़े-से लोग, जो भंगी या मेहतर का काम करते हैं, अछूत समझे जाते हैं। दक्खिन हिंदुस्तान में इनकी गिनती कहीं बड़ी है। इनकी शुरुआत कैसे हुई और गिनती में ये इतने बढ़ कैसे गए, यह बता सकना बड़ा कठिन है। शायद वे लोग, जो गंदे समझे जानेवाले पेशों में लगे थे, पहले ऐसे समझे जाते थे और बाद में उनके साथ ऐसे किसानी करनेवाले. मज़दूर जुड़ गए, जिनकी अपनी ज़मीन न थी।

हिंदुओं में आचार की शुद्धता का बेहद कड़ा विचार रहा है। इसका एक अच्छा नतीजा रहा और बहुत-से बुरे नतीजे भी हुए। अच्छा नतीजा तो जिस्म की सफ़ाई थी। रोज़ का नहाना हिंदुओं की ज़िंदगी का एक ख़ास अंग रहा है, इसमें ज़्यादातर दलित-वर्ग भी शरीक़ हैं।

हिंदुस्तान से ही यह आदत इंग्लिस्तान और दूसरी जगहों में फैली। साधारण हिंदू और ग़रीब से ग़रीब किसान को अपने बरतनों को साफ़ और चमकता हुआ रखने में गर्व का अनुभव होता है। सफ़ाई का यह विचार वैज्ञानिक न समझना चाहिए, क्योंकि वही आदमी, जो दिन में दो बार स्नान करेगा, बिना संकोच के ऐसा पानी पी लेगा, जो कि साफ़ नहीं है और जिसमें कीटाणु भरे पड़े हैं। न यह विचार सामूहिक है—कम-से-कम यह अब नहीं रहा है। वही शख़्स, जो अपने झोंपड़े में काफ़ी सफ़ाई रखेगा, सारा कूड़ा-करकट गांव की गलियों में या अपने पड़ोसी के घर के आगे डाल देगा। गांव आमतौर पर बड़े गंदे होते हैं और जगह-जगह कूड़ा-करकट के ढेर लगे हुए मिलते हैं। यह भी देखने में आयेगा कि सफ़ाई का ख़ुद कोई ख़याल नहीं पैदा होता, बल्कि इसलिए उसका ख़याल किया जाता है कि इसे धर्म की आज्ञा का रूप दिया गया है। जहां यह धर्म की आज्ञा का खयाल नहीं, वहां सफाई का दर्जा नुमांया तौर पर गिरा हुआ होता है।

आचार-विचार संबंधी शुद्धता का बुरा नतीजा यह हुआ कि अलग रहने की प्रवृत्ति और छूत-छात ने तरक़्क़ी की और गैर-बिरादरीवालों के साथ बैठकर खाना-पीना मना किया गया और यह बात इतनी बढ़ी कि दुनिया भर में ऐसी मिसाल और कहीं नहीं मिलती। इसका नतीजा यह भी हुआ कि कुछ खास जातोंवाले इसलिए अछूत समझे जाने लगे कि उन्हें ऐसे ज़रूरी धंधों में लगना पड़ता था, जो गंदे समझे जाते हैं। आमतौर पर अपने ही जातवालों के साथ खाने का रिवाज सभी जातों में फैला। यह समाज में एक खास पद का निशान बन गया और ऊंची जातों के मुक़ाबले में नीची जातवाले ज़्यादा कट्टरपन के साथ इसे बरतते। यह रिवाज ऊंची जातवालों के यहां से उठ रहा है। लेकिन नीची जातवालों में, जिनमें दलित जातियां भी हैं, यह अब भी चल रहा है।

जब आपस में खाने-पीने की इतनी मनाही रही, तो मुख़्तलिफ़ जातवालों के बीच शादी-ब्याह के बारे में क्या कहना है! कुछ मिली-जुली शादियों का होना तो लाज़िमी था, लेकिन सब-कुछ लेकर यह बड़े हैरत की बात है कि हर एक जात ने अपनी ही हद के अंदर शादी-ब्याह क़ायम रखा। ज़माने के लंबे दौर में जातियों की विशुद्धता बनी रह सके, यह एक महज़ ख़याल है, फिर भी हिंदुस्तान की वर्ण-व्यवस्था ने कुछ हदतक, ख़ासतौर पर ऊंची जातों में, खास नमूने क़ायम रखने में मदद दी है।

नीचे के स्तर के कुछ वर्गों के बारे में कभी-कभी कहा जाता है कि ये जात से बाहर के हैं। दरअसल कोई भी वर्ग, यहांतक कि अछूत लोग भी वर्ण-व्यवस्था के चौखटे के बाहर नहीं है। दलित-वर्ग और अछूत लोगों की अपनी अलग जातें हैं, उनकी पंचायतें अलग हैं, जो उनकी बिरादरी के लोगों की हैं और उनके आपस के मामलों को तय करती रहती हैं। लेकिन इनमें से बहुतों को गांव की आम ज़िंदगी से बाहर करके बेरहमी से सताया गया है।

इस तरह पुराने हिंदुस्तानी सामाजिक संगठन की दो खास बातें थीं, एक ख़ुदमुख़्तार गांवों का होना, और दूसरी वर्ण-व्यवस्था। तीसरी बात थी मिले-जुले ख़ानदान की प्रथा,

जिसके सभी लोग आम जायदाद के मिले-जुले हिस्सेदार होते थे और जो बच रहते थे, वे सभी रियासत के मालिक होते थे। बाप या कोई और बुज़ुर्ग ख़ानदान का कर्ता हुआ करता था, लेकिन उसका काम प्रबंधकर्ता का होता था। क़दीम रोम में 'पैटर फ़ेमिलियस' की जो हैसियत होती थी, वह उसकी न थी। किन्हीं हालतों में अगर फ़रीक चाहें, तो जायदाद का बंटवारा हो सकता है। इस मिली-जुली जायदाद में खानदान के सभी लोगों का हिस्सा समझा जाता था—चाहे वे कमाते हों, चाहे न कमाते हों। लाज़िमी तौर पर इसके ये मानी होते कि सभी को थोड़ा-थोड़ा निश्चित रूप से मिल जाता और कुछ को बहुत ज्यादा हिस्सा मिले, ऐसा न होता था। यह एक किस्म का बीमा था, जिससे वे लोग भी फ़ायदा उठा लेते थे, जो शरीर से अपंग होते या जिनके दिमाग़ में फ़र्क होता। इस तरह पर जहां एक तरफ़ सबके गुज़र-बसर का इंतज़ाम हो जाता था, वहां चूंकि काम करने की पाबंदी न थी, इसलिए काम भी ढीले तरीक़े पर होता और उसका मुआवजा भी थोड़ा ही हो पाता। शख़्सी फ़ायदे या हौसले पर ज़ोर न दिया जाता, बल्कि इस बात पर कि वर्ग और ख़ानदान का क्या नफ़ा है। एक बड़े कुटुंब में पलने और रहने का बच्चे पर यह असर होता कि अपने को बड़ा समझने का ख़याल नरम पड़ जाता और उसमें समाजी हमदर्दी की रुझान पैदा हो जाती।

ये सब बातें उसके बिलकुल बर-अक्स हैं, जो घोर व्यक्तिवादी पच्छिमी सभ्यता में और ख़ासतौर पर अमरीका में होता है, जहां शख्सी हौसले को बढ़ावा दिया जाता है और ज़ाती नफ़ा एक आम मक़सद मान लिया गया है, और जहां तेज - तपाक और दूसरों को धक्का देकर आगे बढ़नेवालों के लिए सभी नफ़े हैं और कमज़ोरों और शर्माऊ लोगों या वोदों के गुज़र की गुंजाइश नहीं। हिंदुस्तान में मिले-जुले कुटुंब का रिवाज तेज़ी से टूट रहा है और शख़्सी नज़रिये पैदा हो रहे हैं और इसका नतीजा यह हो रहा है कि न महज़ ज़िंदगी की आर्थिक पृष्ठभूमि में तब्दीलियां हो रही हैं, बल्कि आपस के व्यवहार के सिलसिले में नये मसले खड़े हो रहे हैं।

इस तरह, हिंदुस्तानी समाजी ढांचे के तीनों खंभों की बुनियाद वर्ग के ऊपर क़ायम थी, न कि व्यक्ति पर। मक़सद यह था कि वर्ग में, यानी समाज में, पायदारी आये, उसकी हिफ़ाज़त हो सके और वह जारी रह सके। तरक़्क़ी का मक़सद न था, इसलिए तरक्क़ी में रुकावट आती। हर एक वर्ग के भीतर, चाहे वह गांव हो, चाहे कोई जात या बड़ा ख़ानदान हो, लोग एक आम ज़िंदगी में हिस्सा लेते थे आपस में बराबरी की हैसियत रखते थे और लोकतंत्री नदी के बारे में जाते थे। आज भी जातों की पंचायतें लोकतंत्री ढंग पर चलती हैं। एक वक़्त मुझे यह देखकर ताज्जुब हुआ कि देहातियों में, जिनमें अकसर अनपढ़ भी थे, चुनाववाली राजनैतिक और दूसरी समितियों में आने की उत्सुकता थी। वह इनके तरीकों से जल्द वाक़िफ़ हो जाते थे और जब कभी उनकी ज़िंदगी से तालुक रखनेवाले मसले पेश होते, तो वे मुफ़ीद मेंबर साबित होते और उन्हें दबाना आसान न होता। लेकिन छोटे-छोटे वर्गों में बदक़िस्मती से फूट और आपस में झगड़ा करने की प्रवृत्ति देखी गई है।

लोकतंत्री तरीक़े से लोग अच्छी तरह वाक़िफ़ ही न थे, बल्कि उसे समाजी ज़िंदगी में, मुक़ामी हुकूमत में, पेशेवरों के संघों में, धार्मिक जमातों वगैरह में आमतौर पर बरतते थे। वर्ण-व्यवस्था की और जो भी बुराइयां हों, उसने हर एक वर्ग के भीतर यह लोकतंत्री ढंग क़ायम रखा। कार्य संचालन, चुनाव और बहस के लंबे नियम होते थे। शुरू-शुरू की बौद्ध-सभाओं के बारे में लिखते हुए मार्क्विस ऑव ज़ैटलैंड ने कहा है-" बहुतों को यह जानकर ताज्जुब होगा कि हिंदुस्तान में, दो हज़ार या इससे भी ज़्यादा साल पहले, बौद्धों की सभाओं में हमारी अपनी आजकल की पार्लामेंट के दस्तूर-अमल मिलते हैं। सभा के गौरव का निबाह करने की ख़ातिर एक ख़ास पदाधिकारी मुकर्रिर किया जाता था। यह हाउस ऑव कामन्स के 'मिस्टर स्पीकर' का पूर्व रूप था। एक और पदाधिकारी इसलिए मुकर्रिर होता था—कि जब ज़रूरत हो, एक निश्चित 'कोरम' का प्रबन्ध करे- यह हमारी व्यवस्था के 'पार्लामेंटरी चीफ़ ह्विप' के जवाब का पदाधिकारी होता था। सदस्य लोग कोई भी विषय पेश करने के लिए प्रस्ताव ले आते थे, फिर इस पर बहस होती थी। कुछ हालतों में एक ही बार बहस का होना काफ़ी होता था, दूसरी हालतों में इसका तीन बार होना लाज़िमी होता; यह पार्लमेंट के इस दस्तूर की पेशबंदी थी कि किसी भी बिल को क़ानून के रूप में आने से पहले उसे पार्लमेंट के सामने तीन बार पढ़ा जाना चाहिए। अगर विचारणीय विषय पर मतभेद होता, तो उसे बहुमत से तय किया जाता और 'बैलेट' या गुप्त परची के ज़रिये मत पड़ते थे। "[73]

इस तरह हिंदुस्तान के पुराने सामाजिक ढांचे में कुछ गुण थे; और दरअसल ये गुण न रहे होते, तो वह इतने दिनों तक क़ायम न रह पाता। इसके पीछे हिंदुस्तानी संस्कृति का फ़िलसफ़ियाना आदर्श था—इन्सानी एकता का और इसमें धन-दौलत हासिल करने पर नहीं, बल्कि भलाई, सौंदर्य और सचाई पर ज़ोर दिया गया था। इस बात की कोशिश की गई थी कि इज़्ज़त, ताक़त और दौलत एक ही जगह न इकट्ठा हों। व्यक्ति और वर्ग के कर्तव्यों पर जोर दिया गया था, अधिकार पर नहीं। स्मृतियों में अलग-अलग वर्गों के धर्मों, कर्तव्यों का बयान किया गया है, इनमें से किसी में उनके अधिकारों की सूची नहीं दी गई है। मक़सद यह होता था कि वर्ग के भीतर, खासतौर पर गांवों में, और एक दूसरे ही मानी में जात के भीतर भी, ऐसी हालत रहे कि उसे बाहर की मदद की ज़रूरत न हो, वह अपने में पूर्ण हो। यह एक बंधी हुई व्यवस्था थी, जिसमें अपने चौखटे के भीतर तो तब्दीली की, आज़ादी की, और अपने को ठीक-ठाक बिठा लेने की गुंजाइश थी, लेकिन ज़ो लाज़िमी तौर पर बराबर ज़्यादा अलग-थलग और सख्त पाबंदियों की तरफ़ ले जानेवाली थी। रफ़्ता-रफ़्ता इसमें फैलने की और नये गुणों को ग्रहण करने की ताक़त जाती रही। मज़बूत निहित स्वार्थों ने बड़ी तब्दीलियों को और शिक्षा को फैलने से रोक रखा। पुराने अंधविश्वास, जिन्हें ऊपर के वर्ग के लोग अंधविश्वास समझते थे, क़ायम रहे और उनमें नये जुड़ते गए। क़ौमी अर्थतंत्र

73. प्रोफ़ेसर रालिन्सन की पुस्तक 'दि लिगेसी ऑव इंडिया' (1937) में पृष्ठ 11 (भूमिका) पर उद्धृत।

ही नहीं बंध गया, बल्कि विचार भी स्थिर हो गया; वह पुरानी लकीर का पाबंद, सख़्त, न फैलनेवाला और न तरक़्क़ी करनेवाला हो गया।

वर्णों की कल्पना और अमल में बड़प्पन के आदर्श ने जगह कर ली थी और ज़ाहिर है कि यह लोकतंत्री विचारों के ख़िलाफ़ पड़ता था। इसे अपने उदार कर्तव्यों का ख़ूब एहसास था; लेकिन शर्त यह थी कि लोग स्थापित व्यवस्था को चुनौती न दें और अपनी- अपनी पैतृक जगहों पर क़ायम रहें। हिंदुस्तान के कारनामे और उसकी कामयाबियां बहुत करके ऊंचे वर्ग के लोगों तक महदूद थीं; नीचे स्तर के लोगों को बहुत कम मौक़े हासिल थे और उनकी तरक्क़ी पर सख्त पाबंदियां लगी थीं। ये ऊंचे वर्ग के लोग छोटे-छोटे सीमित गिरोहों में बंटे हुए नहीं थे, वे बड़े-बड़े थे और ताक़त, अधिकार और प्रभाव उनमें ख़ूब था। इसलिए वे कामयाबी के साथ एक लंबे ज़माने तक इस तरह बने चले आये। लेकिन वर्ण-व्यवस्था और हिंदुस्तानी सामाजिक संगठन की जिस कमज़ोरी और कमी पर बात जाकर टूटती थी, वह यह थी कि इसने बहुत बड़ी जनता को गिराये रखा और उसे उठने, शिक्षा, संस्कृति और धन-दौलत के मामले में तरक्क़ी करने का मौक़ा न दिया। इस पस्ती की वजह से सभी तरफ़ तनज़्ज़ुली फैली और इसके असर से ऊंचे वर्ग के लोग भी न बच पाये। इससे वह सड़ांध पैदा हुई, जो हिंदुस्तान की ज़िंदगी और अर्थ- तंत्र पर अपना असर बनाये रही। समाज के इस ढांचे में और उस ज़माने के दुनिया के और हिस्सों के ढांचों में ज़्यादा फ़र्क न था, लेकिन पिछली कुछ पीढ़ियों में दुनिया में जो तब्दीलियां हुई हैं, उनकी वजह से यह फ़र्क बहुत नुमायां हो गया है। आज के समाज में वर्ण-व्यवस्था और उसके साथ लगी हुई बहुत-सी चीज़ें बेमानी, रुकावट डालनेवाली, प्रतिक्रिया पैदा करनेवाली और तरक़्क़ी में बाधक हैं। इसके चौखटे के भीतर अब बराबरी नहीं क़ायम रह सकती, न तरक्क़ी के मौके मिल सकते हैं, न इसमें राजनैतिक लोकतंत्र की गुंजाइश है और आर्थिक लोकतंत्र की तो उससे भी कम है। इन दो विचारों के बीच संघर्ष छिड़ा हुआ है और इनमें से सिर्फ़ एक जिंदा रह सकता है।

❐

9. बाबर और अकबर:हिंदुस्तानी बनने का सिलसिला

अब फिर पीछे वापस चलिये। अफ़ग़ान लोग हिंदुस्तान में बस गए थे और हिंदुस्तानी बन गए थे। उनके हाकिमों के सामने पहले यह सवाल था कि लोगों के विरोध को किस तरह कम किया जाय, फिर उनको अपने शुरू के निर्दय ढंग को नरम किया जाय और उन्होंने बाहरी विजेताओं की हैसियत से नहीं, बल्कि हिंदुस्तान में जन्मे और पले हुए लोगों की हैसियत से हुकूमत करने की कोशिश की। जो बात शुरू-शुरू में नीति के ढंग पर बरती गई, वह ज्यों-ज्यों इन पच्छिमोत्तरी लोगों पर हिंदुस्तान के वातावरण का असर पड़ा और उसने इन्हें ज़ज़्ब किया, त्यों-त्यों एक लाज़िमी प्रवृत्ति बनती गई। ऊपर से तो यह सिलसिला

चलता ही रहा, जनता में भी ख़ुद-ब-ख़ुद ऐसे ज़बरस्त सोते फूट निकले, जिनका मक़सद विचारों और रहन-सहन के ढंग में एक समन्वय पैदा करना था। एक मिली-जुली संस्कृति ज़ाहिर होने लग गई और ऐसी बुनियाद पड़ गई, जिस पर अकबर ने बाद में इमारत खड़ी की।

अकबर हिंदुस्तान के मुग़ल ख़ानदान का तीसरा बादशाह था, फिर भी दरअसल इसीने सल्तनत की बुनियाद पक्की की। उसके बाबा बाबर ने 1526 में दिल्ली के तख़्त पर क़ब्जा किया था, लेकिन वह हिंदुस्तान के लिए परदेसी था और बराबर अपने को परदेसी समझता रहा। वह उत्तर से, एक ऐसी जगह से आया था, जहां उसने अपने मध्य एशियाई देश में तैमूरियों की नई जागृति देखी थी और जहां ईरान की कला और संस्कृति का गहरा असर पड़ा था। अपने साथी-संगियों से मिलने की, वहां की सोहबतों की और ज़िंदगी की उन आसाइशों की, जो बग़दाद और ईरान से वहां फैली थीं, उसे बराबर चाह बनी रही। उन उत्तरी पर्वत- प्रदेशों के बर्फ़िस्तान की और फ़रग़ाना के अच्छे गोश्त और फल-फूलों की उसे गहरी ख़्वाहिश होती थी। जो कुछ उसने यहां देखा, उससे चाहे जैसी मायूसी उसे हुई हो, वह कहता है कि हिंदुस्तान एक बहुत ही बढ़िया मुल्क है। हिंदुस्तान में आने के चार साल बाद बाबर मर गया और उसका बहुत-सा वक़्त लड़ाई में और आगरा की राजधानी को सजाने में बीता और इस काम के लिए उसने कुस्तुंतुनिया के एक मशहूर मेमार को बुलाया और काम पर लगाया था। कुस्तुंतुनिया में यह सुलेमान का आलीशान ज़माना था और उस शहर में शानदार इमारतें खड़ी हो रही थीं।

बाबर ने हिंदुस्तान बहुत कम देखा और चूंकि वह चारों तरफ़ से विरोधी लोगों से घिरा हुआ था, इसलिए बहुत-कुछ चीज़ें उसके देखने से रह गईं। लेकिन उसके बयान से इस बात का पता चलता है कि उत्तरी हिंदुस्तान का बहुत-कुछ सांस्कृतिक ह्रास हो चुका था। कुछ तो इसकी वजह थी तैमूर का किया हुआ विध्वंस; कुछ यह कि बहुत से विद्वान और कलाकार और मशहूर कारीगर दक्खिन हिंदुस्तान में चले गए थे। बाबर का कहना है कि होशियार काम करनेवालों और कारीगरों की कमी न थी, लेकिन कारीगरी में ईज़ाद का कौशल न रह गया था। यह भी जान पड़ता है कि ज़िंदगी की आसाइशों और आराम की चीज़ों में हिंदुस्तान ईरान के मुक़ाबले में बहुत पिछड़ा हुआ था। मैं नहीं कह सकता कि इसकी वजह क्या थी; यह कि हिंदुस्तानी दिमाग ज़िंदगी के इस पहलू की ओर से लापरवाह था, या यह कि बाद में कुछ ऐसी घटनाएं घटीं, जिनका यह नतीजा हुआ। शायद ईरानियों के मुक़ाबले में उन दिनों हिंदुस्तानी ऐशो-आराम और आसाइयों की तरफ़ इतना नहीं खिंचते थे। अगर इन्हें इन चीज़ों की काफ़ी परवाह होती, तो आसानी से वे इन्हें ईरान से हासिल कर सकते थे, क्योंकि दोनों मुल्कों के बीच अकसर आना-जाना लगा रहता था। लेकिन ज़्यादा संभव यह है कि सूरत बाद में पैदा हुई और यह हिंदुस्तान के ह्रास और सांस्कृतिक कट्टरपन का एक और चिह्न था। पहले के ज़मानों में, जैसाकि संस्कृति-काल के साहित्य और चित्रों से पता लगता है, लोगों की रुचि के परिमार्जन में कमी न थी और उन ज़मानों को देखते हुए रहन-सहन का मान

बहुत ऊंचा और आडंबरवाला था। उस वक़्त भी, जब बाबर हिंदुस्तान में आया, दक्खिन के विजयनगर के बारे में बहुत से यूरोपीय यात्रियों ने वयान किया है कि कला, संस्कृति, सुरुचि और ऐशो-आराम का यहां का दर्जा बहुत ऊंचा था।

लेकिन उत्तरी हिंदुस्तान में सांस्कृतिक ह्रास बहुत नुमायां हैं। बंधे-तुले विश्वासों और एक कट्टर सामाजिक संगठन के समाजी कोशिशों और तरक़्क़ी में रुकावट डाली। इस्लाम के और बाहर के बहुत से लोगों के, जिनके रहन-सहन जुदा थे, आने से इन विश्वासों और इस संगठन पर असर पड़ा। विदेशी की विजय के और जो कुछ बुरे नतीजे हों, उससे एक फ़ायदा होता है-यह लोगों के मानसिक क्षितिज को विस्तृत कर देता है और उन्हें इस बात के लिए मजबूर करता है कि वे अपनी घरौंदों से बाहर निकलें। वे इस बात का अनुभव करने लगते हैं कि जैसा उन्होंने समझ रखा था, दुनिया उससे कहीं बड़ी और विविध है। अफ़ग़ानों की विजय का भी यही असर पड़ा था और उसकी वजह से बहुत-सी तब्दीलियां हुई थीं। मुग़लों की विजय का इससे भी ज़्यादा असर पड़ा, क्योंकि ये लोग अफ़ग़ानों से कहीं ज़्यादा तहज़ीब-याफ़्ता थे और रहन-सहन के तरीक़ों में आगे बढ़े हुए थे। और भी तब्दीलियां हुई। ख़ासतौर पर उन्होंने वे आसाइशें पेश कीं, जिनके लिए कि ईरान मशहूर था। यहां तक कि वहां की दरबारी ज़िंदगी के बहुत बने-चुने शिष्टाचार भी यहां आये। दक्खिन की बहमनी रियासत का कलिकट के ज़रिये ईरान से सीधा संपर्क था।

हिंदुस्तान में बहुत-सी तब्दीलियां हुई और कला और इमारतों और दूसरी सांस्कृतिक दिशाओं में नई प्रेरणाएं देखने में आई। लेकिन यह सब इस बात का नतीजा था कि पुरानी दुनिया की ऐसी दो शैलियों का आपस में संपर्क हुआ, जो अपनी उठान के दिनों की जीवनी-शक्ति और रचनात्मक शक्ति खो चुकी थीं और जो कट्टरपन के चौखटों में घिरी हुई थीं। हिंदुस्तानी संस्कृति की दुपहरी भी कब की ढल चुकी थी और उसका पुराना कौतूहल का भाव और मानसिक साहस, जिसके लिए अरबवाले मशहूर थे, अब न दिखते थे।

बाबर की शख़्सियत दिलकश है; वह नई जागृति की ठीक-ठीक नुमाइंदगी करनेवाला शहज़ादा है, जो साहसी और बहादुर है, और कला, साहित्य और रहन-सहन का प्रेमी है। उसके पोते अकबर में और भी आकर्षण है और गुणों में भी वह उससे कहीं बढ़कर है। योग्य सेनापति की हैसियत से वह साहसी और दिलेर है, फिर भी उसमें बड़ी दया और कोमलता भी है; वह आदर्शवादी और सपनों का देखनेवाला है, फिर भी वह कार्य क्षेत्र का आदमी है; लोगों का ऐसा नेता है कि अपने अनुयायियों में गहरी स्वामिभक्ति उकसा सके। योद्धा की हैसियत से उसने हिंदुस्तान के बड़े हिस्सों पर फ़तह हासिल की, लेकिन उसकी निगाहें एक दूसरी ही तरह की विजय पर लगी हुई थीं, वह लोगों के दिलों और दिमाग़ों पर फ़तह हासिल करना चाहता था। उसकी इन मजबूत कर देनेवाली आंखों में, जैसाकि उसके दरबार के एक पुर्तगाली जेसुइट ने हमें बताया है, "धूप में दमकते हुए समुंदर" की-सी झलक थी। अखंड हिंदुस्तान के पुराने स्वप्न ने उसमें नया रूप ग्रहण किया, और यह एकता महज़ सियासी

एकता न थी, बल्कि ऐसी थी कि सब लोगों को एक चेतना में ढालनेवाली थी। सन 1556 से लेकर, अपने राज्य काल के क़रीब पचास साल तक उसने बराबर यही कोशिश की। बहुत-से राजपूत सरदारों को, जो किसी तरह दूसरे के क़ाबू में आनेवाले न थे, उसने अपनी तरफ़ मिला लिया। उसने एक राजपूत राजकुमारी से ब्याह किया और इस तरह उसका बेटा जहांगीर आधा मुग़ल और आधा राजपूत हिंदू था। जहांगीर का बेटा शाहजहां भी एक राजपूत माता की कोख से पैदा हुआ था। इस तरह यह तुर्क-मंगोल वंश तुर्क या मंगोल होने की बनिस्बत कहीं ज़्यादा हिंदुस्तानी था। अकबर राजपूतों का बड़ा प्रशंसक था और उनसे अपना संबंध मानता था, और अपनी ब्याह-संबंधी और दूसरी नीति से उसने राजपूत राजाओं से दोस्ती पैदा कर ली थी, उसकी वजह से उसकी सल्तनत में बड़ी पायदारी आई। मुग़लों और राजपूतों के इस सहयोग ने, जो बाद के शहंशाहों के ज़माने में भी बना रहा, न महज़ सरकारी हुकूमत और फ़ौज पर असर डाला, बल्कि कला, संस्कृति और रहने के तरीक़ों पर भी। मुग़ल अमीर रफ़्ता-रफ़्ता और भी ज़्यादा हिंदुस्तानी होते गए और राजपूतों पर ईरानी संस्कृति का असर पड़ा।

अकबर ने बहुत से लोगों को अपनी तरफ़ कर लिया और साथ ही रखा। लेकिन वह राजपूताना में मेवाड़ के राणा प्रताप की स्वाभिमानी और अदम्य आत्मा का दमन करने में कामयाब न हुआ और राणा प्रताप ने एक ऐसे व्यक्ति से, जिसे वह विदेशी विजेता समझता था, रिश्ता जोड़ने की अपेक्षा जंगल में मारा-मारा फिरना अच्छा समझा।

अकबर ने अपने आस-पास बहुत से शानदार लोगों को इकट्ठा कर लिया था, जो उसके आदर्शों के समर्थक थे। इनमें अबुल फ़ज़ल और फ़ैजी नाम के दो मशहूर भाई थे और बीरबल, राजा मानसिंह और अब्दुल रहीम ख़ानख़ाना थे। उसका दरबार नये-नये मज़हबों के लोगों के और उन लोगों के, जिनके पास नये विचार थे या नई ईज़ादें थीं, मिलने की जगह बन गया। उसकी सब तरह के विचारों की रवादारी और उसका सब तरह के विश्वासों और मतों को प्रोत्साहन इस हद तक पहुंचा कि कुछ ज़्यादा कट्टर मुसलमान उससे नराज हो गए। उसने एक ऐसे समन्वित धर्म का प्रचार करने की भी कोशिश की, जो सबको मान्य होता। इसीसे राज्य में उत्तर हिंदुस्तान में हिंदुओं और मुसलमानों के सांस्कृतिक मेल-जोल ने एक लंबा डग आगे बढ़ाया। ख़ुद अकबर जितना मुसलमानों में लोकप्रिय था, उतना ही हिंदुओं में भी। मुग़ल वंश की स्थापना ऐसी मज़बूती से हो गई, मानो वह हिंदुस्तान का अपना वंश हो।

❒

10. यंत्रों की तरक्क़ी और रचनात्मक स्फूर्ति में एशिया और यूरोप के बीच में अंतर

अकबर में जानकारी हासिल करने का शौक़ कूट-कूटकर भरा हुआ था, यह जानकारी चाहे रूहानी बातों की हो, चाहे दुनियावी मामलों की। यंत्रों में उसकी दिलचस्पी थी; इसी तरह युद्ध-विज्ञान में भी थी। लड़ाई के हाथियों की वह बड़ी कद्र करता था और ये उसकी फ़ौज का एक ख़ास अंग थे। उसके दरबार के पुर्तगाली जेसुइट बताते हैं कि "उसकी दिलचस्पी बहुत-सी बातों में थी और वह उन सबके बारे में जानकारी हासिल करने का यत्न करता था। उसे न महज़ सियासी और फ़ौजी मामलों का पूरा-पूरा ज्ञान था, बल्कि बहुत-सी यांत्रिक कलाओं का भी।" "अपने ज्ञान के शौक़" अपने ज्ञान के शौक़" में वह "सभी चीज़ों को एक साथ सीख लेना चाहता था- इस तरह, जैसे कोई भूखा आदमी अपना खाना एक ही निवाले में खा लेना चाहता है।"

फिर भी यह ताज्जुब की बात है कि यह कौतूहल एक मुक़ाम तक पहुंचकर रुक गया और इसने उसे उन रास्तों को टटोलने के लिए नहीं उकसाया, जो उसके सामने खुले हुए थे। 'महान- मुग़ल' के रूप में उसकी प्रतिष्ठा बड़ी ज़रूर थी और ख़ुश्की पर फ़ौजी ताक़त भी बढ़-चढ़ कर थी, लेकिन समुंदरी शक्ति उसकी कुछ भी न थी। 1498 में, केप के रास्ते वास्को डि-गामा कलिकट तक पहुंचा था; 1511 में अल्बुकर्क ने मलाका पर क़ब्जा करके हिंद महासागर में पुर्तगाली समुद्री शक्ति क़ायम कर ली थी। पच्छिमी तट पर गोआ पुर्तगाल के क़ब्जे में आ चुका था। इन सब बातों ने अकबर और पुर्तगालियों के बीच कोई सीधा संघर्ष नहीं पैदा किया। लेकिन समुंदर के रास्ते मक्का जानेवाले यात्रियों को—और इनमें कभी-कभी शाही घराने के लोग भी होते थे-पुर्तगाली लोग मुत्तिधन वसूल करने के लिए पकड़ लिया करते थे। यह ज़ाहिर था कि ज़मीन पर अकबर की जो भी ताक़त रही हो, समुंदर के मालिक पुर्तगाली ही रहे। इसके समझने में दिक़्क़त न होनी चाहिए कि ख़ुश्की की एक ताक़त, जो सारे महाद्वीप पर छाई हो, समुद्री ताक़त को ज़्यादा अहमियत न देगी, अगरचे दरअसल हिंदुस्तान के गुज़रे ज़माने में बड़प्पन की एक वजह यह भी रही है कि समुंदरी रास्तों पर उसका क़ाबू रहा है। अकबर को एक बड़े महाद्वीप पर विजय पानी थी और पुर्तगालियों से भिड़ने के लिए उसके पास वक़्त न था और यद्यपि ये पुर्तगाली अकसर डंक मार दिया करते थे, फिर भी अकबर उन्हें ज़्यादा अहमियत न देता था। एक बार उसने जहाज़ों के बनवाने का विचार किया भी, लेकिन यह ज़्यादातर दिल बहलाव के लिए था, समुद्री शक्ति को तरक्क़ी देने के ख़याल से उतना न था।

इसके अलावा तोपख़ाने के बारे में मुग़लों की फ़ौजें और उस ज़माने की हिंदुस्तान की और रियासतों की फ़ौजें भी, आमतौर पर आटोमान सल्तनत से आये हुए तुर्कों पर भरोसा करती थीं। तोपखाने के सबसे बड़े पदाधिकारी का नाम रूमी खां पड़ गया- रूम-पूरबी रोम,

यानी कुस्तुंतुनिया को कहते हैं। ये विदेशी विशेषज्ञ मुक़ामी लोगों को काम सिखा लिया करते थे, लेकिन अकबर ने या किसी दूसरे ने ही अपने आदमियों को शिक्षा प्राप्त करने के लिए बाहर क्यों नहीं भेजा, या इस काम में शोध के जरिये तरक्क़ी करने में दिलचस्पी क्यों न ली?

एक और भी विचार करने की बात है। जेसुइटों ने अकबर को एक छपी हुई इंजील भेंट की थी और शायद एक या दो और छपी हुई किताबें भी दी थी। उसे छपाई के बारे में कौतूहल क्यों न हुआ, जिससे सरकारी कामों में और दूसरे बड़े उद्देश्यों में भी उसे बे- इंतिहा मदद मिलती?

फिर घड़ियों को ले लीजिये। मुग़ल अमीरों में इनका बड़ा रिवाज था, और इन्हें पुर्तगाली और बाद में अंग्रेज यूरोप से ले आया करते थे। अमीरों की आसाइश की चीज़ों में इनकी गिनती होती थी, आम लोग धूप-घड़ियों या बालू या पानी की घड़ियों से अपना संतोष करते थे। इस बात को जानने की कोई कोशिश न हुई कि कमानी की ये घड़ियां कैसे बनती थीं, न उनके यहां बनवाने की ही कोई कोशिश हुई। यंत्रों की तरफ़ रुझान की यह कमी ग़ौर के क़ाबिल है, खासतौर पर ऐसी हालत में, जबकि हिंदुस्तान में दस्तकारी और कारीगरी में होशियार लोगों की कोई कमी न थी

इस ज़माने में हिंदुस्तान ही में ऐसा नहीं हुआ कि यह रचनात्मक स्फूर्ति और ईज़ाद की शक्ति अपंग हो गई थी। यही, बल्कि इससे भी गिरी हुई दशा सारे पच्छिमी और मध्य एशिया की हो रही थी। चीन के बारे में मैं कह नहीं सकता, लेकिन मेरा ख़याल है कि इसी तरह की पस्ती वहां भी आ गई थी। यह बात ध्यान में रखने की है कि चीन और हिंदुस्तान, दोनों ही मुल्कों में, इससे पहले के ज़मानों में, विज्ञान के अनेक महक़मों में काफ़ी तरक्क़ी हुई थी। जहाज़ के बनाने और दूर-दूर देशों से समुद्र के रास्ते व्यापार करने के कारण यंत्र-संबंधी तरक़्क़ी के लिए बराबर प्रोत्साहन मिलता रहता था। यह सही है कि इन दोनों मुल्कों में या कहीं और ही, उस ज़माने में कल-पुर्जों में कोई बहुत बड़ी तरक्क़ी न हुई। इस नज़र से पंद्रहवीं सदी की दुनिया उस वक़्त से हज़ार-दो-हज़ार साल पहले की दुनिया से बहुत मुख्तलिफ़ न थी।

अरब लोग, जिन्होंने कुछ हद तक व्यावहारिक विज्ञान की शुरुआत में मदद दी थी और इल्म को उस वक़्त तरक़्क़ी दी थी, जब यूरोप के बीच के युगों में अंधकार फैला हुआ था, अब पिछड़ गए थे और उनकी अहमियत जाती रही थी। कहा जाता है कि सातवीं सदी में सबसे पहले बननेवाली घड़ियों में कुछ घड़ियां अरबवालों की बनाई हुई थीं। दमिश्क में एक मशहूर घड़ी थी, और इसी तरह हारू-अल रशीद के ज़माने में बग़दाद में भी। लेकिन अरबों की तनज्जुली के साथ-साथ इन मुल्कों से घड़ियां बनाने का हुनर भी उड़ गया, अगरचे यूरोप के कुछ मुल्कों में यह तरक़्क़ी कर रहा था और घड़ियां वहां मुश्किल से मिलनेवाली चीज़ों में नहीं समझी जाती थीं।

कैक्सटन[74] से बहुत पहले स्पेन के अरबी मूर लकड़ी के ठप्पों से छपाई किया करते थे।[75] यह काम हूकूमत सरकारी हुक्मों की नक़लें करने के लिए किया करती थी। ठप्पे की छपाई से आगे वहां तरक्क़ी न हुई, और यह भी बाद में रफ़्ता-रफ़्ता उठ गई। आटोमान तुर्कों की यूरोप और पच्छिमी एशिया में बहुत दिनों तक सबसे बड़ी मुसलमानी ताक़त रही लेकिन कई सदियों तक उन्होंने छापेखाने के काम की ओर ध्यान न दिया, अगरचे यूरोप में उनकी सल्तनत से मिले हुए मुल्कों में बहुत बड़ी तादाद में किताबें छपती रहती थीं। इसकी जानकारी उन्हें ज़रूर रही होगी, लेकिन इस ईज़ाद से फायदा उठाने की उनकी कोशिश न हुई। कुछ हद तक मज़हबी जज़्बा इसके ख़िलाफ़ पड़ता था; कुरान- जैसी पवित्र किताब का छापना बेअदबी में शुमार किया जाता था; क्योंकि छपे हुए तख़्तों का बेजा इस्तेमाल हो सकता था या उन पर पैर पड़ सकता था या वे कूड़े में फेंके जा सकते थे। यह नेपोलियन था, जिसने छापेख़ाने का मिस्त्र में सबसे पहले प्रचार किया और वहां से यह रफ़्ता - रफ़्ता और अरब मुल्कों में फैला।

जब एशिया मूर्छित और अपनी पुरानी कोशिशों की वजह से थक गया था, उस वक़्त यूरोप में, जो बहुत-सी बातों में पिछड़ा हुआ था, तब्दीलियों के आसार दिख रहे थे। वहां एक नई चेतना पैदा हो गई थी, एक नया जोश काम कर रहा था, जो वहां के साहसियों को समुंदर पार भेज रहा था और वहां के विचारकों के दिमाग़ों को नई-नई दिशाओं में ले जा रहा था। नई जागृति (रिनेज़ां) ने विज्ञान की तरक्क़ी में ज़्यादा मदद न दी; कुछ हद तक इसने लोगों को विज्ञान से विमुख किया और विश्वविद्यालयों में इसने जिस तरह की फ़िलसफ़ियाना और दकियानूसी शिक्षा शुरू की, उसने एक तरह से उन वैज्ञानिक विचारों के प्रचार को रोका, जिनसे लोग ख़ूब वाक़िफ हो चुके थे। कहा जाता है कि अठारहवीं सदी तक आधे से ज़्यादा पढ़े-लिखे अंग्रेज यह मानने से इन्कार करते थे कि ज़मीन अपनी धुरी पर घूमती रहती है या सूर्य के चारों तरफ़ परिक्रमा करती है, बावजूद इसके किकोपर्निकस, गैलिलियो और न्यूटन सामने आ चुके थे और अच्छी दूरबीनें भी इस्तेमान में आ रही थीं। यूनानी और लातीनी साहित्य को पढ़कर बतलीमूस के इस सिद्धांत में उनका अब भी विश्वास था कि धरती के आस-पास विश्व घूमता है। उन्नीसवीं सदी का मशहूर राजनीतिज्ञ, डब्ल्यू० ई० ग्लैड्स्टन, अच्छा विद्वान होने के बावजूद न विज्ञान को समझता था और न उसके लिए उसे आकर्षण था। आज भी शायद बहुत से राजनीतिज्ञ हैं (सिर्फ़ हिंदुस्तान में ही नहीं), जो विज्ञान और उसके तरीक़ों की बहुत कम जानकारी रखते हैं, अगरचे वे ऐसी दुनिया में रहते हैं, जहां विज्ञान बराबर अमल में लाया

---

74. इसने इंग्लिस्तान में सबसे पहले छापेखाने का प्रचार किया। - सं०

75. मैं नहीं कह सकता कि इस तरह की छपाई का काम स्पेन के अरबों ने कैसे सीखा। शायद यह मंगोलों के जरिये उन तक चीन से पहुंचा था और उत्तरी और पच्छिमी यूरोप में पहुंचने से बहुत पहले यह बात हुई थी। मंगोलों के मैदान में आने से पहले भी कारडोबा से क़ाहिरा तक और दमिश्क़ से बगदाद तक की अरबी दुनिया के चीन से अकसर संपर्क होते रहे थे।

जा रहा है और वे ख़ुद बड़े पैमाने पर विनाश और हत्या के लिए उसे इस्तेमाल में लाते हैं।

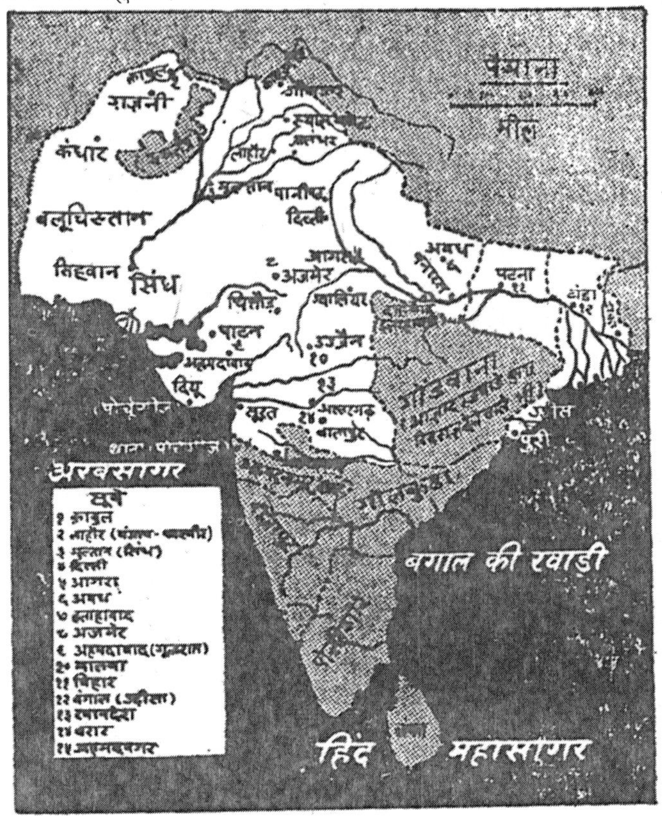

अकबर का साम्राज्य

फिर भी 'रिनेज़ां' ने यूरोप के दिमाग़ को बहुत-से पुराने बंधनों से छुड़ा दिया था, और जिन बुतों में वह मुब्तिला था, उनमें से बहुतों को तोड़ दिया था। यह बात चाहे 'रिनेज़ां' की वजह से कुछ अंशों में और घुमाव के साथ पैदा हुई हो, चाहे उसके बावजूद, चीज़ों की जांच-पड़ताल की एक नई भावना अपना असर दिखला रही थी; और यह भावना न महज़ पुराने क़ायमशुदा प्रमाणों का विरोध करती थी, बल्कि हवाई और अस्पष्ट ख़यालों का भी। फ्रान्सिस बेकन ने लिखा था कि "इन्सानी ताक़त और इन्सानी ज्ञान के रास्ते मिले-जुले चलते हैं, बल्कि क़रीब-क़रीब एक हैं, फिर भी चूंकि हवाई बातों में पड़ने की लोगों में एक बुरी आदत सी पड़ गई है, इसलिए महफ़ूज यह होगा कि हम विज्ञान को उन बुनियादों पर खड़ा करें, जिनका अमल से ताल्लुक़ है और खयाली हिस्से पर क्रियात्मक हिस्से की मुहर लगा दें।" बाद में, सत्रहवीं सदी में, सर टामस ब्राउन ने लिखा था-" लेकिन ज्ञान का सबसे बड़ा दुश्मन, जिसने सत्य का सबसे ज़्यादा ख़ून किया है, प्रमाणों में अंधविश्वास

रहा है, ख़ासतौर पर प्राचीन आदेशों में विश्वास। क्योंकि (जैसाकि सभी देख सकते हैं) मौजूदा ज़माने के ज़्यादातर लोग गुज़रे हुए ज़मानों को ऐसे अंधविश्वास के साथ देखते हैं कि एक के प्रमाण दूसरे की अक़्ल को दबा लेते हैं। जो लोग हमारे ज़माने से दूर हैं, उनकी रचनाएं, जो शायद ही समकालीनों या बाद के लोगों की टीका-टिप्पणी से बची हों, अब ऐसी हो गई हैं, मानो हमारे क़ाबू से परे हैं; और जितनी ही वे पुरानी हों, उतनी ही परम सत्य के नज़दीक जान पड़ती हैं। मेरी समझ में यह खुले तौर पर अपने को धोखा देना है और सचाई के रास्ते से बहुत दूर जाना है।"

अकबर सोलहवीं सदी का आदमी था। इस सदी ने यूरोप में गति-विज्ञान का जन्म देखा, इन्सानी ज़िंदगी में इन्कलावी तरक़्क़ी पैदा करनेवाला था। इस नई तलाश को लेकर यूरोप आगे बढ़ा। पहले तो इसकी रफ़्तार धीमी थी, लेकिन यह बराबर बढ़ती गई, यहांतक कि उन्नीसवीं सदी में इसने आकर एक नई दुनिया तैयार कर ली। जब यूरोप कुदरती ताक़तों से फ़ायदा उठा रहा था और उन्हें अपने काम में ला रहा था, तब एशिया बेहोश और गतिहीन हो रहा था आदमी की मज़दूरी और मशक्कत पर भरोसा करते हुए पुरानी लीक पीटता चला आ रहा था।

ऐसा यह क्यों था? एशिया इतना बड़ा प्रदेश है और इसके हिस्से इतने जुदा-जुदा हैं कि किसी एक जवाब से काम नहीं चल सकता। हर एक मुल्क पर ख़ासतौर पर चीन और हिंदुस्तान-जैसे बड़े मुल्कों पर, अलग-अलग विचार करने की ज़रूरत है। उस ज़माने में और बाद में भी, चीन यक़ीनी तौर पर यूरोप से ज़्यादा संस्कृत था और वहां के लोग यूरोप के किसी मुल्क के लोगों के मुक़ाबले में ज़्यादा सभ्य ज़िंदगी बसर करते थे। हिंदुस्तान में भी ज़ाहिरा तौर पर हमें एक तड़क-भड़कवाले दरबार का और पनपते हुए व्यापार, तिजारत, कारीगरी और दस्तकारी का दृश्य देखने में आता है। उस ज़माने में-अगर कोई हिंदुस्तानी यात्री यूरोप जाता, तो उसे बहुत-सी बातों में यूरोप पिछड़ा हुआ और अनपढ़ दिखता। लेकिन जो गतिशीलता का गुण वहां पैदा हो गया था, वह हिंदुस्तान में क़रीब-क़रीब गायब था।

किसी सभ्यता का ह्रास बाहरी हमलों से उतना नहीं होता, जितना भीतरी नाकामियों से। यह इसलिए खत्म हो सकती है कि कुछ मानों में उसका काम पूरा हो चुका है और उसे बदलती हुई दुनिया के सामने कोई नई चीज़ नहीं पेश करती है; या इसलिए कि जो लोग इसकी नुमाइंदगी करते हैं, उनके गुणों में छीज आ गई है और अब वे योग्यता के साथ उसका बोझ नहीं संभाल सकते। यह हो सकता है कि समाजी संस्कृति ऐसी है कि एक हद से आगे वह तरक़्क़ी करने में बाधा डालती है और आगे तरक्क़ी तभी हो सकती है, जब यह बाधा दूर हो जाय या संस्कृति के गुणों में कोई ख़ास फ़र्क पैदा किया जा सके। तुर्की और अफ़ग़ान हमलों से पहले भी हिंदुस्तानी सभ्यता का ह्रास काफ़ी ज़ाहिर है। क्या इन हमलावरों के आने ने और उनके विचारों ने प्राचीन हिंदुस्तान से टक्कर लेकर एक नई समाजी हालत पैदा कर दी और इस तरह उसके दिमाग़ी बंधन टूट गए और उसमें नई शक्ति आ गई है?

कुछ हद तक ऐसा हुआ और कला, इमारतों के बनाने, चित्रकारी और संगीत पर असर

पड़ा। लेकिन ये असर काफ़ी गहरे नहीं थे; ये कमोबेश सतही थे और समाजी संस्कृति बहुत कुछ पहले जैसी बनी रही। किन्हीं बातों में तो यह और भी कड़ी पड़ गई। अफ़ग़ान लोग तरक्क़ी के कोई सामान नहीं लाए; वे एक पिछड़े हुए सामंती और क़बाइली निज़ाम की नुमाइंदगी करते थे। हिंदुस्तान में यूरोप के किस्म की सामंती प्रथा न थी, लेकिन राजपूतों का, जिन पर हिंदुस्तान की रक्षा का दारमदार था, कुछ सामंती ढंग का संगठन था। मुग़लों में भी आधी सामंती व्यवस्था थी, लेकिन इनकी मरक़जी शाही हुकूमत मज़बूत थी। इस शाही हुकूमत ने राजपूतों ने की अस्पष्ट सामंती व्यवस्था पर विजय पाई।

अकबर ऐसा खोजी दिमाग़वाला था कि अगर उसने इस तरफ़ ध्यान दिया होता और दुनिया के और हिस्सों में क्या हो रहा है, इसे जानने की काशिश की होती, तो उसके लिए यह मुमकिन था कि एक समाजी तब्दीली की बुनियाद क़ायम कर देता। लेकिन वह अपनी सल्तनत को मज़बूत करने में लगा हुआ था और उसके सामने मसला यह था कि इस्लाम - जैसे तबलीग़ी मज़हब का क़ौमी एकता क़ायम की जाए। उसने मज़हब की विवेक के साथ व्याख्या करने की कोशिश की थी और कुछ वक़्त के लिए हिंदुस्तान की फ़िजां में हैरतअंगेज़ तब्दीली पैदा कर दी। लेकिन यह सीधा हल कामयाब न हुआ और शायद ही कहीं दूसरी जगह भी यह कामयाब हुआ हो!

इस तरह हिंदुस्तान की समाजी रूपरेखा में अकबर ने भी कोई बुनियादी फ़र्क न पैदा किया और उसके बाद तो तब्दीली और दिमागी साहस की जो हवा उठी थी, वह दब गई और हिंदुस्तान ने अपनी पुरानी न बदलने वाली और गतिहीन ज़िंदगी अख़्तियार कर ली।[76]'

❐

---

76. **अबुलफ़ज़ल बताता है कि अकबर ने कोलंबस की अमरीका की तलाश का हाल सुना था। उसके बाद के, यानी जहांगीर के, राज्य-काल में हिंदुस्तान में अमेरीका से, यूरोप के रास्ते, तंबाकू पहुंच गया था। बावजूद जहांगीर के इसे दबाने की कोशिशों के, इसका जल्दी से और हैरत-अंग्रेज ढंग से चलना हो गया था।**

मुग़ल ज़माने में बराबर हिंदुस्तान का मध्य-एशिया से नज़दीकी संपर्क रहा है। यह संपर्क रूस तक पहुंच चुका था और तिजारती और सियासी दूतों के आमद-रफ़्त के हवाले मिलते हैं। एक रूसी मित्र ने मेरा ध्यान रूसी तारीखों के ऐसे हवालों की तरफ़ दिलाया है। 1532 में खोजा हुसन नाम का बाबर बादशाह का एक एलची दोस्ती का संबंध क़ायम करने के लिए मास्को पहुंचा। ज़ार मिखायल फेंडोरिविच (1613-1645) के ज़माने में हिंदुस्तानी व्यापारी वोल्गा के तट पर बस गए थे। सन 1625 में फौज़ी हाकिम की आज्ञा से अस्तराख़ान में एक हिंदुस्तानी सराय बनी थी। हिंदुस्तानी दस्तकार और खासतौर पर कपड़ा बुननेवाले मास्को बुलाये गए थे। 1695 में, सिमियन मेलेंकी नाम का एक रूसी गुमाश्ता दिल्ली आया था और औरंगज़ेब उससे मिला था। 1772 में महान पीतर अस्तराख़ान पहुंचा था और उसने हिंदुस्तानी व्यापारियों से भेंट की थी। 1743 में हिंदुस्तानी साधुओं का एक दल, जिन्हें फ़क़ीर बताया गया, अस्तराख़ान पहुंचा। इनमें से दो साधु रूस में बस गए और रूसी प्रजा बन गए।

11. एक मिली-जुली संस्कृति का विकास

अकबर ने इमारत ऐसी मज़बूत खड़ी की थी कि यह बावजूद कुछ ढीले उत्तराधिकारियों के एक सौ साल तक और क़ायम रही। मुग़लों के क़रीब-क़रीब हर एक राज्य-काल के बाद तख्त के लिए शहज़ादों में आपस की लड़ाइयां हुईं, जिनसे मरकज़ी ताक़त कमज़ोर पड़ती गई। लेकिन दरबार की तड़क-भड़क बनी रही, और आलीशान मुग़ल बादशाहों की शोहरत सारे एशिया और यूरोप में फैल गई। आगरा और दिल्ली में खूबसूरत इमारतें तैयार हुईं, जिनमें पुराने हिंदुस्तानी आदर्शों के साथ एक नई सादगी और ऊंचे दर्जे का सुडौलपन मिलता है। यह भारतीय मुग़ल-कला उत्तरी और दक्खिनी हिंदुस्तान के मंदिरों की और दूसरी इमारतों की पस्त और बहुत रंगी-चुनी, विस्तृत सजावटवाली कला से नुमायां तौर पर जुदा है। चोटी के मेमारों और कलावंतों ने मुहब्बत के हाथों से आगरे में ताजमहल खड़ा किया।

आलीशान मुग़लों में से आखिरी, यानी औरंगज़ेब ने, घड़ी को उलटा चलाने की कोशिश की और इस कोशिश में उसे तोड़ ही दिया। जबतक मुग़ल बादशाहों ने क़ौमी रविश का साथ दिया और जबतक वे एक मिली-जुली कौमियत को तैयार करने और मुल्क के मुख्तलिफ़ अनासिरों का समन्वय करने की कोशिश में रहे, तबतक उनकी मज़बूती बनी रही। जब औरंगज़ेब ने इस तहरीक़ का विरोध किया और उसे दबाना शुरू किया और हिंदुस्तानी हाकिम की हैसियत से नहीं, बल्कि मुसलमान हाकिम की हैसियत से राज्य करना चाहा, तब मुग़ल सल्तनत टूटने लगी। अकबर और कुछ हद तक उसके उत्तराधिकारियों के काम पर पानी फिर गया और बहुत-सी ताक़तें, जिन्हें अकबर की नीति ने क़ाबू में कर रखा था, फिर आज़ाद हो गईं और उन्होंने सल्तनत को चुनौती दी। नये आंदोलन उठ खड़े हुए, जिनके नज़रिये तंग ज़रूर थे, लेकिन जो उभरती हुई क़ौमियत की नुमाइंदगी करते थे, और अगरचे वे इतने मज़बूत नहीं थे कि पायदार हुकूमत क़ायम कर सकें, फिर भी ऐसे जरूर थे कि मुग़ल सल्तनत को तोड़-फोड़ दें।

पच्छिमोत्तर से आनेवाले हमलावरों और इस्लाम ने हिंदुस्तान को काफ़ी ज़ोरदार टक्कर दी थी। इसने हिंदू-समाज में पैठी हुई बुराइयों को खोलकर दिखा दिया था, यानी जात-पांत की सड़ांध को, अछूतपने को और अलग-थलग रहने के रवैये को, एक बेतुकी हद तक पहुंचा देने को। इस्लाम के भाई-पने के और इस मज़हब के माननेवालों की उसूली बराबरी के खयाल ने उन लोगों पर ज़बरदस्त असर ख़ासतौर पर डाला, जिन्हें हिंदू-समाज के भीतर बराबरी का दर्जा देने से इन्कार किया गया था। विचारों के इस संघर्ष से बहुत से नये आंदोलन उठे, जिनका मकसद एक धार्मिक समन्वय क़ायम करना था। बहुतों ने मज़हब बदला लेकिन, इसमें से ज़्यादातर नीची जातों के लोग थे और खासकर बंगाल के। कुछ ऊंची जात के लोगों ने भी नये मज़हब को क़ुबूल किया, या तो इसलिए कि दरअसल उसमें यक़ीन लाये, लेकिन ज़्यादातर सियासी और आर्थिक कारणों से। हुक्मरानों के मज़हब को क़ुबूल करने में ज़ाहिरा नफ़े थे।

इस व्यापक मत-परिवर्तन के बावजूद हिंदू-धर्म अपने विविध रूपों में मुल्क का खास मज़हब बना रहा—यह ठोस, अलग-थलग रहनेवाला, अपने में पूर्ण और अपनी जगह पर पक्का था। ऊंचे वर्ण के लोगों में विचारों के मैदान में अपने बड़प्पन में कोई संदेह न पैदा हुआ और फ़िलसफ़े और अध्यात्म के मसलों का हल हासिल करने के लिहाज से वे इस्लाम के नज़रिये को अनगढ़-सा समझते रहे। इस्लाम का एकेश्वरवाद भी उन्हें अपने धर्म में मिलता था और साथ ही अद्वैतवाद था, जो उनके ज़्यादातर फ़िलसफ़े की बुनियाद में था। हर एक को आज़ादी थी कि वह चाहे इन सिद्धांतों को क़ुबूल करे, चाहे पूजा के ज़्यादा सादे और प्रचलित तरीक़ों को अपनाये। वह वैष्णव होकर व्यक्ति-रूप ईश्वर में आस्था रख सकता था और उसे अपनी भक्ति समर्पित कर सकता था; अगर फ़िलसफ़ियाना विचारों का आदमी हो, तो वह अध्यात्म और गूढ़ दर्शन के बारीक़ ख़यालों की सैवर कर सकता था। अगरचे उनका समाजी संगठन वर्ग के आधार पर हुआ था, मज़हब के मामले में हिंदू बड़े व्यक्तिवादी थे; धर्म-प्रचार में न उनका विश्वास था, और अगर कोई मज़हब बदल लेता था, तो न इसकी उन्हें परवाह थी। जिस बात पर उन्हें एतराज होता था, वह यह थी कि उनके समाजी संगठन से छेड़-छाड़ की जाय। अगर कोई दूसरा गिरोह अपने ढंग पर चलना चाहता था, तो इससे उन्हें बहस न थी, वह ऐसा करने के लिए आज़ाद था। यह बात ग़ौर करने की है कि जिन्होंने इस्लाम मज़हब अख्तियार किया, उन्होंने सामूहिक रूप से अपने वर्ग के साथ-साथ ऐसा किया - वर्ग की भावना का इतना ज़ोर था। ऊपर के वर्ग के लोग इक्के-दुक्के शख़्सी तौर पर मज़हब भले ही बदलें, अकसर नीचे वर्ग के लोग, दल-के-दल या गांव-के-गांव मिलकर नया मज़हब क़ुबूल करते थे। इस तरह से ज़हां तक वर्ग का ताल्लुक है, उनकी ज़िंदगी में और उसके कामों में फ़र्क न आया था; वे पहले जैसे चलते रहते थे; पूजा के तरीक़ों में छोटी- मोटी तब्दीलियां ज़रूर पैदा हो जाती थी। इसी वजह से आज देखते हैं कि कुछ ख़ास पेशे या हुनर ऐसे हैं, जो बिलकुल मुसलमानों के हाथ में हैं। इस तरह कपड़ा बुनने का काम ज़्यादातर, और बहुत हिस्सों में तो अकेले, मुसलमान ही करते हैं। यही कैफ़ियत जूते के सौदागरों और क़स्साबों की भी है। दर्जी क़रीब-क़रीब मुसलमान ही मिलेंगे। वर्ग की व्यवस्था टूट रही है, इसलिए बहुत-से लोग दूसरे पेशे भी अख़्तियार करने लगे हैं। इसने पेशेवरों के वर्ग को बांटनेवाली लकीर कुछ-कुछ मिटा दी है। दस्तकारी और देहाती उद्योग-धंधों का अंग्रेजी हुकूमत के शुरू में जो जान-बूझकर विनाश किया गया था, उसने और बाद में एक नये औपनिवेशिक अर्थ-तंत्र ने, बहुत-से पेशेवरों और दस्तकारों की, ख़ासतौर पर जुलाहों की, रोजी छीन ली। जो इस मुसीबत से बच रहे, वे या तो किसानी करनेवाले मज़दूर बन गए, या अपने संबंधियों के साथ छोटे-मोटे खेतों के खेतिहर हो गए।

उस ज़माने में मज़हब बदलकर इस्लामी मत क़बूल कर लेने पर, शायद कोई खास विरोध नहीं होता था—ये लोग चाहे इक्के-दुक्के हों, चाहे गिरोह-के-गिरोह—सिवाय इसके कि जब किसी तरह की ज़बरदस्ती की जाती हो। इस धर्म-परिवर्तन को दोस्त और रिश्तेदार

भले ही पसंद न करें, लेकिन हिंदू ज़ाहिरा तौर पर इसे महत्त्व न देते थे। उस ज़माने की इस लापरवाही के रुख़ से आज की हालत बिलकुल उलटी है, आज मज़हब की तब्दीली पर बड़ा शोर मचता है और यह तब्दीली चाहे इस्लाम के हक़ में हो, चाहे ईसाई मत के हक़ में, इसे बहुत नापसंद किया जाता है। ज़्यादातर इसके राजनैतिक कारण हैं, और इनमें ख़ासकर मज़हब की बिनाह पर निर्वाचन क्षेत्रों का बन जाना है। हर एक मज़हब बदलनेवाले आदमी के बारे में यह ख़याल किया जाता है कि उसने एक मज़हबी गिरोह की गिनती बढ़ाई और इस तरह आखिरकार उसकी नुमाइंदगी और सियासी ताक़त में तरक़्क़ी की। इस मक़सद से मर्दुमशुमारी में भी हेर-फेर करने की कोशिश की जाती है। लेकिन सियासी वजहों से हटकर भी, हिंदू-धर्म में दूसरे मज़हबवालों को दीक्षा देने की और जो मज़जब से अलहदा हो गए हैं, उन्हें वापस ले लेने की रुचि पैदा हो गई। हिंदू-धर्म पर इस्लाम के जो असर पड़े हैं, उनमें यह भी एक है, अगरचे अमली तौर पर इसकी वजह से हिंदुस्तान में दोनों में संघर्ष पैदा होते हैं। कट्टर हिंदू इसे अब भी नहीं पसंद करते।

काश्मीर में मुसलमान बनाने का एक लंबा सिलसिला रहा है, जिससे वहां की 95 फ़ी-सदी आबादी आज मुस्लिम है, अगरचे इसने बहुत से अपने पुराने हिंदू रिवाजों को क़ायम रखा है। उन्नीसवीं सदी के बीच में इस रियासत के हिंदू शासक ने यह पाया कि इनमें से बहुत ज़्यादा तादाद में लोग एक साथ हिंदू-धर्म में वापस आने के लिए राज़ी या ख़्वाहिशमंद हैं। उसने बनारस के पंडितों के पास अपने आदमियों को भेजकर पुछवाया कि ऐसा किया जा सकता है या नहीं। पंडितों ने इस तरह के मत - परिवर्तन के ख़िलाफ व्यवस्था दी, और मामला वहीं पर ख़त्म हो गया।

हिंदुस्तान में बाहर से आनेवाले मुसलमान कोई नया तर्जे अमल या राजनैतिक और आर्थिक ढांचा अपने साथ नहीं लाये। बावजूद इसके कि इस्लाम सभी मज़हब के लोगों को भाई मानता है, उनमें गिरोहबंदियां थीं और उनका नज़रिया सामंतवादी था। कारीगरी और उद्योग-धंधों के संगठन के लिहाज़ से उस वक़्त हिंदुस्तान में जो हालत थी, उससे वे पिछड़े हुए थे। इस तरह हिंदुस्तान के समाजी संगठन और आर्थिक ज़िंदगी पर बहुत कम असर पड़ा - यह ज़िंदगी अपनी पुरानी रफ़्तार से जारी रही और सभी लोग, वे चाहे हिंदू हों, चाहे मुसलमान, इसके भीतर अपनी-अपनी जगह पर जम गए थे।

औरतों के दर्जे में तनज़्ज़ुली हुई। पुराने क़ानूनों में भी विरासत के मामले में और घर में उनके दर्जे के बारे में इन्साफ़ नहीं बरता गया था; फिर भी उन्नीसवीं सदी के इंग्लिस्तान के क़ानून के मुक़ाबले में इन पुराने क़ानूनों में औरतों का ज़्यादा लिहाज़ रखा गया था। ये विरासत संबंधी क़ानून हिंदुओं की सम्मिलित कुटुंब-प्रथा का ख़याल रखकर बनाये गए थे और मुशतरक़ा जायदाद दूसरे ख़ानदान में न चली जाय, इसका बचाव करते थे। शादी के बाद औरत दूसरे ख़ानदान की हो जाती थी। आर्थिक दृष्टि से वह अपने बाप या पति या बेटे की आश्रित समझी जाती थी, लेकिन उसकी अपनी जायदाद हो सकती थी और होती भी;

बहुत तरह से उसकी आदर प्रतिष्ठा होती थी और उसे समाजी और सांस्कृतिक कामों में हिस्सा लेने की काफ़ी आज़ादी थी। हिंदुस्तानी इतिहास में मशहूर औरतों के नाम भरे पड़े हैं, जिनमें विचकार और फ़िलसूफ़ भी हैं और हाकिम और लड़ाई में हिस्सा लेनेवाली भी हुई हैं। यह आज़ादी बराबर कम होती रही। विरासत के बारे में इस्लामी क़ानून औरतों के हक़ में ज़्यादा इन्साफ़-पसंद था, लेकिन वह हिंदू औरतों पर लागू न होता था। जो तब्दीली उनके सामने आई, वह उनके ख़िलाफ़ पड़नेवाली थी—यानी परदे का रिवाज बहुत कड़ा हो गया-मुसलमान औरतों में यह और भी कड़ा था। यह रिवाज उत्तर में सब जगह और बंगाल में भी फैल गया, लेकिन दक्खिन और पच्छिम इस बुरी प्रथा से बचे रहे। उत्तर में भी यह रिवाज ऊंचे वर्ग के लोगों में ही रहा और खुशकिस्मती से आम जनता इससे बची रही। औरतों को अब शिक्षा के कम मौक़े हासिल होते थे और अब वे ज़्यादातर अपनी गिरस्ती में घिर गई थीं।[77] आगे बढ़ने के बहुत-से रास्तों को बंद करके और एक पाबंद ज़िंदगी में घेरकर, उन्हें यह बताया गया कि सतीत्व की रक्षा उनका परम धर्म है और इसका नाश परम पाप है। यह था मर्दों का बनाया हुआ सिद्धांत, लेकिन मर्द इसे अपने ऊपर लागू नहीं करते थे। तुलसी दास ने अपने प्रसिद्ध काव्य, हिंदी रामायण में, जिसका आदर उचित ही है और जो जहांगीर के ज़माने में रचा गया था, औरतों की जो तस्वीर खींची है, वह हद दर्जे की ग़ैर-इन्साफ़ी और पक्षपात ज़ाहिर करनेवाली है।

कुछ तो यों कि हिंदुस्तान के ज़्यादातर मुसलमान हिंदू-धर्म से मत-परिवर्तन किये हुए लोग थे और कुछ इसलिए कि हिंदू-मुसलमानों का यहां लंबे ज़माने तक, ख़ासतौर पर उत्तरी हिंदुस्तान में, साथ रहा, दोनों के बीच बहुत-सी आम बातें, आदतें, रहन-सहन के ढंग और रुचियां पैदा हो गई थीं, जो संगीत, चित्रकारी, इमारतों, खाने, कपड़े और एक-सी परंपरा में दिखाई देती हैं! वे मिल-जुलकर शांति के साथ एक क़ौम के लोगों की तरह रहा करते थे, एक-दूसरे के जलसों और त्योहारों में शरीक़ होते थे, एक बोली बोलते थे, और बहुत-कुछ एक ही ढंग से रहते थे, और जिन आर्थिक मामलों का उन्हें सामना करना पड़ता, वे भी एक-से थे। अमीर लोग और वे लोग, जिनके पास ज़मीनें थीं, और उनके पिछे लगे दरबार का रुख़ देखते थे। (ये लोग ज़मींदार या ज़मीन के मालिक होते थे। वे लगान वसूल न करते थे, बल्कि उन्हें सरकारी मालगुज़ारी वसूल करने और उसे अपने काम में लाने की आज्ञा मिली रहती थी। यह हक़ आमतौर पर हीन हयाती हुआ करता था। इनकी एक पेचीदा और आडंबरवाली और रंगी-चुनी आम तहज़ीब अलग तैयार हो गई। ये एक से कपड़े पहनते, एक-सा खाना खाते, एक-सी कलाओं में दिलचस्पी लेते थे। इनके दिल बहलाव फ़ौजी थे, शिकार और मर्दानगी के खेल। इनकी पसंद का ख़ास खेल चौगान (पोलो) होता और हाथियों की लड़ाई भी इनके यहां बहुत आम-पसंद थी।

---

77. **फिर भी मशहूर स्त्रियों की बहुत-सी मिसालें उस ज़माने में और बाद में भी मिलती है, जिनमें विदुषी भी हैं और शासन कनेवाली भी। अठारहवीं सदी में लक्ष्मीदेवी ने 'मिताक्षरा' पर, जो मध्य-युग का मशहूर क़ानूनी ग्रंथ हैं, बड़ी टीका तैयार की।**

यह सब राह-रस्म और एक-सी ज़िंदगी उस हालत में क़ायम हुई, जब वर्ण-व्यवस्था मौजूद थी, और वह दोनों के मिलकर एक हो जाने में अड़ंगा डालनेवाली थी। आपस के शादी-ब्याह यों ही कभी हो जाते हों, और उस वक़्त भी दोनों पक्ष मिलकर एक नहीं होते थे, बल्कि होता यह था कि हिंदू औरत मुसलमान घराने की ही रहती थी। आपस में खान-पान नहीं होता था, लेकिन इस मामले में बहुत कड़ाई न थी। औरतों के परदे में अलग-थलग रहने ने समाजी ज़िंदगी की तरक्क़ी में रुकावट पैदा की। यह बात मुसलमानों पर ज़्यादा लागू होती थी, क्योंकि उनमें परदा ज़्यादा कड़ा था। अगरचे हिंदू और मुसलमान मर्द आपस में अकसर मिलते रहते थे, पर दोनों ही तरफ़ की औरतों को ये मौक़े न मिल पाते थे। अमीर और बड़े घरानों की औरतें इस तरह ज़्यादा अलग-थलग ज़िंदगी बिताती थीं, और आपस में एक-दूसरे से नावाकिफ़ रहते हुए इन्होंने जुदा-जुदा ख़याल रखनेवाले दल बना लिए थे।

गांव के आम लोगों की, और इसके मानी होते हैं कि आबादी के ज़्यादातर हिस्से की, ज़िंदगी गठी हुई थी, और मिले-जुले आधार पर क़ायम थी। गांव के महदूद घेरे के अंदर हिंदुओं और मुसलमानों के गहरे संबंध होते थे। वर्ण-व्यवस्था यहां कोई रुकावट नहीं डालती थी और हिंदुओं ने मुसलमानों की भी एक जात मान ली थी। ज्यादातर मुसलमान ऐसे थे, जिन्होंने अपना पुराना मज़हब बदल लिया था और पुरानी परंपरा को अब भी भूले न थे। वे हिंदू विचारों, कथाओं और पुराणों की कहानियों से वाक़िफ़ होते थे, वे एक तरह का काम करते, एक-सी ज़िंदगी बिताते, एक-सी कपड़े पहनते और एक ही बोली बोलते थे। ये एक-दूसरे के त्योहारों में शरीक होते और कुछ नीम- मज़हबी त्योहार ऐसे भी होते, जो दोनों के लिए आम थे। इनके लोक-गीत एक ही थे। इनमें से ज़्यादातर किसान, दस्तकारी करनेवाले या देहाती धंधे करनेवाले लोग होते थे।

एक तीसरा बड़ा गिरोह, जो अमीरों और किसानों व दस्तकारों के बीच का था, व्यापारियों और तिजारत- पेशा लोगों का था। यह ज़्यादातर हिंदुओं का था और अगस्ये इसे कोई सियासी ताक़त हासिल न थी, फिर भी आर्थिक संगठन बहुत-कुछ इसी के क़ाबू में था। इस वर्ग के लोगों के मुसलमानों से संपर्क, ऊपर और नीचे के दोनों ही वर्गों के लोगों के मुक़ाबले में, कम थे। बाहर से आये हुए मुसलमानों का रुख़ सामंतवादी था और तिजारत की तरफ़ वे मुख़ातिव न होते थे। इस्लाम की यह मनाही भी कि सूद न खाना चाहिए, उनके तिजारत के रास्ते में अड़चन पैदा करने वाली थी। वे अपने को शासक वर्ग का और अमीर समझते थे और सरकारी ओहदेदार, माफ़ीदार या फ़ौजी अफ़सर हुआ करते थे। बहुत से आलिम भी थे, जिनका दरबार से लगाव रहता था या जो मज़हबी या दूसरी अकादेमियों की देख-रेख करते थे।

मुग़लों के ज़माने में बहुत-से हिंदुओं ने दरबार की भाषा फ़ारसी में किताबें लिखीं। इनमें से कुछ अपने ढंग की किताबों में चोटी की रचनाएं मानी जाती हैं। साथ-ही-साथ मुस्लिम आलिमों ने संस्कृत से पुस्तकों के फ़ारसी में तरजुमे किये और हिंदी में भी किताबें लिखीं।

हिंदी के सबसे मशहूर कवियों में दो मुसलमान हैं-मलिक मुहम्मद जायसी, जिसने "पद्मावत" लिखा, और अब्दुल रहीम खानखाना, जो अकबरी दरवार के अमीरों में था और जिस पर अकबर के बेटे की देख-रेख की ज़िम्मेदारी थी। ख़ानख़ाना अरबी, फ़ारसी और संस्कृत का विद्वान था और उसकी हिंदी कविता ऊंचे दर्जे की है। कुछ वक़्त तक वह शाही फ़ौज का सिपहसालार भी था, फिर भी उसने मेवाड़ के राणा प्रताप की प्रशंसा की है, जो बराबर अकबर से लड़ता रहा और जिसने अकबर के आगे कभी हथियार नहीं डाले। खानखाना युद्ध में अपने दुश्मन की बहादुरी और देश-भक्ति और आत्म-सम्मान की सराहना करता है और उसे मिसाल के क़ाबिल बताता है। अकबर ने भी इसी बहादुरी और दोस्ती की बुनियाद पर अपनी नीति क़ायम की थी, और उसके बहुत-से वज़ीरों और सलाहकारों ने भी यह नीति सीख ली थी। ख़ासतौर पर वह राजपूतों से मेल रखता था, क्योंकि उनके जिन गुणों की वह तारीफ़ करता था, वे उसमें भी थे, यानी लापरवाही की हद तक पहुंची हुई दिलेरी, बहादुरी और आत्म-सम्मान और अपने वचन से कभी न डिगने की बान। उसने राजपूतों को अपना तरफ़दार बना लिया था, लेकिन अपने तारीफ़ के क़ाबिल गुणों के बावजूद राजपूत एक ऐसे मध्ययुगीन समाज की नुमाइंदगी करनेवाले थे, जो नई ताक़तों के उठ खड़े होने के साथ-साथ पुराना पड़ रहा था। अकबर को इन नई ताकतों का ख़ुद एहसास न था, क्योंकि वह भी अपनी समाजी विरासत के घेरे में क़ैद था।

अक़बर को हैरतअंगेज कामयाबी हासिल हुई, क्योंकि उत्तरी और मध्य हिंदुस्तान के मुख़्तलिफ़ लोगों के बीच उसने एकता की भावना पैदा कर दी। एक विदेशी शासक वर्ग की मौजूदगी इसमें रुकावट डालती थी; फिर मज़हब और जात-पांत की रुकावट थीं, और एक स्थिर और कट्टर व्यवस्था के मुक़ाबले में तबलीग़ी, मज़हब की मौजूदगी ने रुकावटें पैदा कर रखी थीं। ये रुकावटें दूर नहीं हुईं, लेकिन उनके बावजूद एकता की भावना ने तरक़्क़ी की। लोगों का यह आकर्षण उसके व्यक्तित्व के लिए न था, बल्कि जिस ढांचे का उसने निर्माण किया था, उसके लिए था। उसके बेटे और पोते, जहांगीर और शाहजहां, ने उस ढांचे को क़ुबूल किया और उसकी हदों के भीतर काम करते रहे। ये बहुत ख़ास योग्यता के लोग न थे, लेकिन उन्हें अपने राज्य-काल में सफलता मिली। यह इसलिए कि जो रास्ता अकबर ने मज़बूरी के साथ क़ायम कर दिया था, उस पर वे चलते रहे। इनके बाद औरंगज़ेब आया, जो इनसे कहीं ज़्यादा क़ाबिल था, लेकिन जो दूसरे ही ढांचे का आदमी था वह इन बने हुए रास्ते से हटकर चला और इस तरह उसने अकबर के काम पर पानी फेर दिया। फिर भी वह उसे बिलकुल न मिटा सका। यह बड़ी हैरतअंगेज़ बात है कि बावजूद उसके और उसके कमज़ोर और निकम्मे उत्तराधिकारियों के, अकबर के तैयार किये हुए ढांचे की इज्ज़त लोगों के दिलों में क़ायम रही। यह भावना ज़्यादातर उत्तर और मध्य हिंदुस्तान में रही; दक्खिन और पच्छिम में नहीं थी। इसलिए अब पच्छिमी हिंदुस्तान से इसके ख़िलाफ़ चुनौती आई।

12. औरंगजेब उलटी गंगा बहाता है:हिंदू-राष्ट्रीयता की तरक्क़ी:शिवाजी

शाहजहां फ्रांस के 'शानदार बादशाह' चौदहवें लुई का समकालीन था और उस वक़्त मध्य यूरोप में तीस साला जंग हो रही थी। उधर जब वारसाई का महल तैयार हो रहा था, यहां आगरे में ताजमहल और मोती मस्जिद और दिल्ली में जुम्मा मस्जिद और शाही महल के दीवाने-आम और दीवाने-खास तैयार हुए। परियों जैसी दर्शनीय ये सुंदर इमारतें मुग़ल शान-शौक़त की चरम सीमा की नुमाइंदगी करती हैं। दिल्ली के दरबार और तख़्ते-ताऊस की शान वारसाई से कहीं बढ़-चढ़कर थी। लेकिन बारसाई की तरह ये भी ग़रीब और दलित लोगों के आधार पर क़ायम थीं। गुजरात और दक्खिन में भयानक अकाल पड़ा हुआ था।

इस बीच इंग्लिस्तान की समुद्री ताक़त बढ़ और फैल रही थी। यूरोपीयों में सिर्फ़ पुर्तगालियों को अकबर ने देखा था। उसके बेटे जहांगीर के ज़माने में अंग्रेजों जहाज़ी बेड़े ने हिंद महासागर में पुर्तगालियों को हराया और पहले जेम्स का राजदूत सर टामस रो 1615 में जहांगीर के दरबार में हाज़िर हुआ। उसे कारख़ाने क़ायम करने की इजाज़त मिल गई। सूरत में कारखाना शुरू किया गया और 1639 में मद्रास की नींव पड़ी। सौ साल से ज़्यादा अरसे तक हिंदुस्तान में किसी ने अंग्रेजों को कोई महत्त्व न दिया। समुद्री रास्तों के मालिक अब अंग्रेज बन बैठे थे और उन्होंने पुर्तगालियों को क़रीब-क़रीब हटा दिया था। इस वाकये की मुग़ल बादशाहों या उनके सलाहकारों के लिए कोई अहमियत न थी। आज औरंगजेब के ज़माने में मुग़ल साम्राज्य साफ़ तौर पर कमज़ोर पड़ रहा था, उस वक़्त अंग्रेजों ने लड़कर अपना क़ब्जा बढ़ाने की एक संगठित कोशिश की। यह 1685 की घटना है। औरंगज़ेब अगरचे कमजोर हो रहा था और दुश्मनों से घिरा था, अंग्रेजों को हटाने में कामयाब हुआ। इस वक़्त से पहले ही फ्रान्सीसी भी हिंदुस्तान में पैर ज़माने की जगह पा चुके थे। ठीक उस वक़्त, जबकि हिंदुस्तान की राजनैतिक और आर्थिक हालत बिगड़ रही थी, यूरोप की बाढ़ लेती हुई शक्तियां हिंदुस्तान और पूरबी मुल्कों में फैल रही थीं।

फ्रान्स में चौदहवें लुई का लंबा राज्य-काल चल रहा था और यह आने वाली क्रांति के बीज बो रहा था। इंग्लिस्तान में तरक़्क़ी करते हुए मध्य वर्ग ने अपने राजा का सिर काट दिया था। कामवेल का थोड़े ज़माने का गणराज्य दमक दिखा चुका था, दूसरा चार्ल्स आ और जा चुका था, और दूसरा जेम्स भाग चुका था। बहुत-कुछ नये व्यापारी-वर्ग की नुमाइंदगी करनेवाली पार्लामेंट राजा को दबाकर शक्तिशाली बन बैठी थी।

यह वह ज़माना था, जब एक घरेलू युद्ध के बाद अपने बाप शाहजहां को कैद करके, औरंगज़ेब मुग़लों के तख्त पर बैठा। अकबर की ही एक ऐसी शख़्सियत थी, जो इस परिस्थिति का अंदाजा लगा सकती थी और उन नई ताक़तों को, जो उठ रही थीं, क़ाबू में ला सकती थी। शायद वह भी इस सल्तनत के विनाश को थोड़े वक़्त के लिए ही रोक सकता था,

उसे बचा न सकता था। हां, यह बात दूसरी थी कि अपने कौतूहल और ज्ञान और प्यास की वजह से वह उन नई 'तकनीकों' के महत्त्व को समझता, जो उठ रहे थे और आर्थिक हालत में पैदा होनेवाली तब्दीलियों की अटकल लगाता। औरंगज़ेब अपने मौजूदा ज़माने को भी अच्छी तरह समझ न पाया; वह उलटी चाल चलनेवाला आदमी था और अपनी सारी क़ाबलियत और उत्साह के बावजूद उसने अपने पूर्वजों के काम को मिटाने की कोशिश की। वह धर्मांध और नीरस आदमी था और उसे कला या साहित्य से कोई प्रेम न था। हिंदुओं पर पुराना और घृणित 'जज़िया' कर लगाकर और उनके बहुत से मंदिरों को तुड़वाकर उसने अपनी बहुत बड़ी प्रजा को बुरी तरह नाराज़ कर दिया। उत्तर में सिख उठ खड़े हुए, जो हिंदू और मुसलमानी विचारों के एक प्रकार के समन्वय की नुमाइंदगी करने वाले लोग थे, लेकिन जिन्होंने दमन से बचने के लिए एक फ़ौजी बिरादरी बना ली थी। हिंदुस्तान के पच्छिमी समुद्र तट के क़रीब के योद्धा मराठों को भी उसने नाराज़ कर दिया, जो प्राचीन राष्ट्रकूटों के वंशज थे, और जिनके यहां उस वक़्त एक चमत्कारी सेनानायक पैदा हो चुका था।

सारी मुग़ल-सल्तनत में एक बफान-सी आई हुई थी और नई जागृति की भावना तरक़्क़ी कर रही थी, जिसमें धर्म और जातीयता का मेल था। यह ज़रूर है कि इस जातीयता को हम ज़माने-हाल की मज़हब से अलग-थलग रहनेवाली जातीयता नहीं कह सकते; न यह ऐसी थी कि इसका संबंध सारे देश से रहा हो। इसमें सामंतवादी रंग था, और मुक़ामी जज़्बे और धार्मिक भावनाओं का पुट था। राजपूत, जो औरों से ज़्यादा सामंतवादी थे, अपने-अपने वंशों का ध्यान करते थे; सिख, जिनका औरों के मुक़ाबले में एक छोटा दल पंजाब में था, पंजाब के बाहर की न सोचते थे। लेकिन खुद मज़हब की एक गहरी क़ौमी भूमिका थी और उसकी सभी परंपराएं हिंदुस्तान से ताल्लुक रखनेवाली थी। प्रोफ़ेसर मैकडानेल ने लिखा है कि "हिंदी-यूरोपीय-कुल के लोगों में हिंदुस्तानी ही एक ऐसे हैं, जिन्होंने एक बड़ा क़ौमी धर्म-यानी ब्राह्मण धर्म-तैयार किया और एक लोक-व्यापी धर्म—यानी बौद्ध-धर्म को जन्म दिया। और सभी ऐसे हैं, जिन्होंने इस दिशा में मौलिकता दिखाना तो दूर रहा, दरअसल बाहरी मज़हबों को अख़्तियार किया है।" मज़हब और राष्ट्रीयता के इस मेल ने दोनों ही तत्त्वों से ज़ोर और ताक़त हासिल की; लेकिन इस मेल में उसकी कमज़ोरी भी समाई हुई थी, क्योंकि इस तरह की जातीयता सिर्फ़ एक अंश में जातीयता कहला सकती थी और यह हिंदुस्तान के उन सभी लोगों को, जो इस मज़हबी दायरे से बाहर के थे, एक में मिलानेवाली नहीं थी। हिंदू-राष्ट्रीयता हिंदुस्तान की ज़मीन की एक स्वाभाविक उपज थी, लेकिन यह लाज़िमी तौर पर उस बड़ी राष्ट्रीयता के रास्ते में रुकावट डालती थी, जो मज़हबी भेद भावों से ऊपर उठ जाना चाहती है।

यह सही है कि ऐसे ज़माने में, जब एक बड़ी सल्तनत टूट रही थी और बहुत-से हिंदुस्तानी और विदेशी साहसी अपने-अपने वास्ते छोटी-छोटी हुकूमतें क़ायम कर लेने की कोशिश में थे, आजकल के अर्थ में जातीयता का अस्तित्व मुश्किल से हो सकता था। हर

एक साहसी अपनी ताक़त बढ़ाना चाहता था; हर एक गिरोह अपनी-अपनी फ़िक्र में था। जो इतिहास इस वक़्त हमारे सामने आता है, उसमें महज़ इन साहसियों का बयान है, और वह इन साहसियों के कारनामों को जितना आगे लाता है, उतना उन महत्त्ववाली घटनाओं को नहीं, जो सतह के नीचे-नीचे घट रही थीं। फिर भी हमें इस बात की झलक मिल जाती है कि यद्यपि बहुत-से साहसी इस वक़्त मैदान में थे, सब लुटेरे ही न थे। ख़ास तौर पर मराठों की एक ज़्यादा विस्तृत कल्पना थी और ज्यों-ज्यों उनकी ताक़त बढ़ी, इस कल्पना ने भी विस्तार पाया। वारेन हेस्टिंग्स ने 1784 में लिखा था-"हिंदुस्तान और दक्खिन के सब लोगों में मराठे ही एक ऐसे हैं, जिनमें राष्ट्रीयता का सिद्धांत मिलता है, और इसकी क़ौम के हर एक व्यक्ति पर छाप है, और अगर उनके राज्य पर कोई ख़तरा गुज़रा, तो यह शायद उनके सरदारों में आम मक़सद के हक़ में एका पैदा कर दे।" शायद उनकी यह राष्ट्रीय भावना उन इलाक़ों तक महदूद थी, जहां मराठी भाषा बोली जाती है। फिर भी मराठे अपनी राजनैतिक और फ़ौजी व्यवस्था और आदतों में उदार थे और उनके भीतर आपस में जम्हूरियत की भावना थी। इन सब बातों से उनमें मज़बूती पैदा होती थी। शिवाजी औरंगज़ेब से लड़ा ज़रूर, लेकिन उसने मुसलमानों को अपने यहां बराबर नौकरियां भी दीं।

आर्थिक संगठन का टूट जाना भी मुग़ल-साम्राज्य का छिन्न-भिन्न होने का एक कारण रहा है। किसानों के बलवे बार-बार होते रहते थे और इनमें से कुछ बड़े पैमाने पर हुए थे। 1669 से लेकर किसानों ने बार-बार दिल्ली सल्तनत के खिलाफ़ और राजधानी से नज़दीक ही विद्रोह किया। ग़रीबों का एक दूसरा बलवा सतनामियों का था, जिनके बारे में एक मुग़ल अमीर ने कहा था कि "यह कमीने विद्रोहियों का एक गिरोह है, जिसमें सुनार, बढ़ई, मेहतर, चमार और दूसरे नीच लोग शामिल हैं।" अबतक शहज़ादे और अमीर और उन्हीं के दर्जे के आदमी विद्रोह किया करते थे। अब एक दूसरा ही वर्ग इसका प्रयोग कर रहा था।

उस वक़्त, जबकि सल्तनत में फूट और बग़ावत फैल रही थी, मराठों की नई ताक़त तरक़्क़ी पर थी और अपने को पच्छिमी हिंदुस्तान में मज़बूत कर रही थी। शिवाजी, जिसका जन्म 1627 में हुआ था, पहाड़ी इलाक़ों के हट्टे-कट्टे छापामार लोगों का एक आदर्श नेता था, और उसके सवार दूर-दूर तक छापा मारने जाते थे, यहांतक कि उन्होंने सूरत शहर को, जहां अंग्रेजों की कोठियां थीं, लूटा और मुग़ल सल्तनत के दूर के हिस्सों पर 'चौथ' कर लगाया। शिवाजी उभरती हुई हिंदू राष्ट्रीयता का प्रतीक था और पुराने साहित्य से प्रेरणा हासिल करता था; वह दिलेर था और उसमें नेतृत्व के बड़े गुण थे। उसने मराठों को एक मज़बूत और संगठित फ़ौजी दल का रूप दिया, उन्हें एक क़ौमी भूमिका दी, और ऐसी ताक़त बना दिया, जिसने मुग़ल सल्तनत को बिगाड़कर छोड़ा। वह 1680 में मरा, लेकिन मराठों की ताक़त बढ़ती गई, यहांतक कि वह हिंदुस्तान की एक आला ताक़त बन गई।

❐

13. शक्ति प्राप्त करने के लिए मराठों और अंग्रेजों का संघर्ष:अंग्रेजों की जीत

औरंगज़ेब की मृत्यु के बाद के सौ सालों में हिंदुस्तान पर अधिकार पाने के लिए कई ताक़तों के दांव-पेंच चलते रहे। मुग़ल सल्तनत तेज़ी के साथ टूटकर बिखर गई थी और शाही सूबेदार आज़ाद बन बैठे थे। फिर भी दिल्ली के मुग़ल उत्तराधिकारी की इज्ज़त बनी हुई थी, उस वक़्त भी, जबकि वह बेबस और दूसरों के हाथों में क़ैदी था, नाम के लिए उसी की फरमाबरदारी जारी रही। इन छोटी-छोटी हुकूमतों की कोई खास ताक़त या अपनी अहमियत न थी, सिवाय इसके कि वे ताक़त के ख़ास दावेदारों की मदद कर सकते थे, या उनके रास्ते में रुकावटें पैदा कर सकते थे। दक्खिन में अपनी फ़ौजी स्थिति के कारण शुरू में हैदराबाद के निज़ाम की एक ख़ास अहमियत जान पड़ती थी; लेकिन जल्द ही यह मालूम पड़ गया कि यह अहमियत बिलकुल बनावटी है और बाहरी ताक़तों ने इसे "भूसा भरकर फुलाकर खड़ा कर रखा है।" जोखिम और ख़तरे से अपने को बचाते हुए, दूसरों की मुसीबतों से फ़ायदा उठाने की और दोरुख़ेपन की इसमें ख़ास क़ाबलियत थी। सर जॉन शोर ने इसे "हद दर्जे का गया-गुज़रा शक्तिहीन... और इसलिए गुलामी में डूबने की तरफ़ झुका हुआ" बताया है। मराठे निज़ाम को अपने मातहत ख़िराज देनेवाले सरदारों में से एक समझते थे। इससे बचने की और आज़ादी जताने की कोशिश निज़ाम ने की नहीं कि उसे मराठे फ़ौरन दंड देते थे और उसकी कमज़ोर और दब्बू सेना को मार भगाते थे। उसने ब्रिटिश ईस्ट इंडिया कंपनी की बढ़ती हुई ताक़त की शरण ली और अपनी इस ताबेदारी के ज़रिये रियासत क़ायम रखी। और जब अंग्रेजों की मैसूर के टीपू सुल्तान के खिलाफ़ जीत हुई, तब दरअसल हैदराबाद रियासत ने बग़ैर किसी खास कोशिश के अपना क्षेत्र बहुत बढ़ा लिया।

सन् 1784 में हैदराबाद के निज़ाम के बारे में लिखते हुए, वारेन हेस्टिंग्स कहता है-" उसकी रियासत छोटी है और थोड़ी मालगुज़ारीवाली है; उसकी फ़ौजी ताक़त बहुत-ही तुच्छ है; और वह खुद कभी भी बहादुरी या साहस के लिए मशहूर नहीं रहा है, बल्कि इसके ख़िलाफ़ उसका खास उसूल यह रहा जान पड़ता है कि पड़ोसियों में लड़ाई भड़काई जाय और खुद उसमें हिस्सा लिए बग़ैर उनके झगड़ों और कमज़ोरियों से फ़ायदा उठाया जाय, और लड़ाई से बचने की खातिर चाहे जैसा नीचा देखना पड़े, देख लिया जाय।"[78]

अठारहवीं सदी में हिंदुस्तान में अधिकार के चार दावेदार थे—दो इनमें से हिंदुस्तानी थे और दो विदेशी। हिंदुस्तानी थे मराठे और दक्खिन में हैदरअली और उसका बेटा टीपू सुल्तान; विदेशी थे अंग्रेज और फ्रान्सीसी। सदी के पहले आधे हिस्से में ऐसा जान पड़ता था कि इनमें से मराठे सारे हिंदुस्तान पर हुकूमत क़ायम कर लेंगे और मुग़ल सल्तनत के उत्तराधिकारी बन जायेंगे। सन् 1737 में ही उनकी फ़ौजें दिल्ली के दरवाजे पर पहुंच गई थीं

78. टामसन की पुस्तक 'दि मेकिंग ऑव दि इंडियन प्रिंसेज' (1943) में पृ. 1 पर उद्धृत।

और कोई ताक़त इतनी मज़बूत न रह गई थी कि उनकी मुक़ाबला कर सके।

ठीक उसी वक़्त (1739 में) एक नई बवा आई। पच्छिमोत्तर से ईरान का नादिरशाह दिल्ली पर टूट पड़ा; उसने बड़ी मार-काट और लूट-मार मचाई और यहां से बेशुमार ख़ज़ाना और 'तख़्ते ताऊस' ले गया। उसके लिए यह धावा कोई मुश्किल काम न था, क्योंकि दिल्ली के हाकिम कमज़ोर और नामर्द हो चुके थे और लड़ाई के आदी न रह गए थे और मराठों से नादिरशाह का सामना नहीं हुआ। एक मानी में, उसके धावे ने मराठों का काम आसान कर दिया, जो बाद के सालों में पंजाब में भी फैल गए। दुबारा ऐसा जाना पड़ा कि हिंदुस्तान मराठों के हाथ में चला जायगा।

नादिरशाह के हमले के दो नतीजे हुए। एक तो यह कि दिल्ली के मुग़ल हाकिमों का अधिकार का रहा-सहा दावा खत्म हो गया; अब से वह धुंधली परछाईं-जैसे और नाम के हाकिम बन गए, और जिस किसी के हाथ में ताक़त होती, वे उसकी कठपुतली होते। बहुत हद तक नादिरशाह के आने से पहले भी उनकी यह हालत हो चुकी थी; उसने इस सिलसिले को पूरा कर दिया। फिर भी परंपरा और क़ायम-शुदा रिवाजों का ऐसा ज़ोर होता है कि अंग्रेजी ईस्ट इंडिया कंपनी और दूसरे लोग भी उनके पास प्लासी की लड़ाई के पहले तक नज़र और खिराज़ भेजते रहे; और उसके बाद भी बहुत दिनों तक कंपनी अपनी हैसियत दिल्ली के बादशाह के मुख्तार की समझती रही और 1835 तक उसी के नाम के सिक़्क़े ढलते रहे।

नादिरशाह के हमले का दूसरा नतीजा यह हुआ कि अफ़ग़ानिस्तान हिंदुस्तान से अलहदा हो गया। अफ़ग़ानिस्तान, जो मुद्दतों से हिंदुस्तान का हिस्सा रह चुका था, अब जुदा होकर नादिरशाह की सल्तनत का हिस्सा बन गया। कुछ दिनों बाद, एक मुक़ामी विद्रोह की वजह से, नादिरशाह को उसी के अफ़सरों ने क़त्ल कर दिया और अफ़ग़ानिस्तान ख़ुद मुख़्तार रियासत बन गया।

नादिरशाह की वजह से मराठों पर कोई आंच न आई थी और वे पंजाब में फैलते रहे। लेकिन 1761 में एक दूसरे अफ़ग़ान हमलावर, अहमदशाह दुर्रानी, ने उन्हें बुरी तरह से हराया। यह उस वक़्त अफ़ग़ानिस्तान का हाकिम था। इस आफ़त में मराठों की फ़ौज के चुने हुए लोग काम आये और कुछ वक़्त के लिए उनका सल्तनत क़ायम करने का सपना मिट गया। रफ़्ता-रफ़्ता उन्होंने अपने को संभाला और मराठों की सल्तनत कई ख़ुद मुख़्तार रियासतों में बंट गई। पूना के पेशवा की सरपरस्ती में इनका एक गुट अलबत्ता क़ायम रहा। बड़ी रियासतों के सरदारों में ग्वालियर के सिंधिया, इंदौर के होल्कर और बड़ोदा के गायकवाड़ थे। पच्छिमी और मध्य हिंदुस्तान के एक बड़े हिस्से पर इस गुट का अब भी प्रभाव था, लेकिन पानीपत में अहमदशाह के ज़रिये मराठों की हार ने उन्हें बहुत कमज़ोर कर दिया था और ठीक उसी वक़्त अंग्रेजी कंपनी हिंदुस्तान में एक महत्त्वपूर्ण क्षेत्रीय ताक़त की हैसियत से सिर उठा रही थी।

बंगाल में, क्लाइव ने, जालसाज़ी और बग़ावत को बढ़ावा देकर, और बहुत कम

लड़ाई लड़कर, 1757 में प्लासी का युद्ध जीत लिया; यह ऐसी तारीख़ है, जिससे अकसर हिंदुस्तान में अंग्रेज़ी साम्राज्य की शुरुआत मानी जाती है। यह एक बदमज़ा शुरुआत थी और उसका यह कडुआ ज़ायका कुछ बराबर ही बना रहा। जल्द ही सारा बंगाल और बिहार अंग्रेजों के हाथ में आ गया और उनकी हुकूमत के शुरू के नतीजों में यह भी था कि सन् 1770 में दोनों सूबों में एक भयानक अकाल पड़ा, जिसने इस हरे-भरे और खूब आबाद इलाक़े की तिहाई आबादी साफ़ कर दी।

दक्खिन में, अंग्रेजों और फ्रान्सीसियों के बीच जो लड़ाई हो रही थी, वह उन दोनों के बीच होनेवाले विश्व-व्यापी युद्ध का हिस्सा थी। इसमें अंग्रेज़ कामयाब हुए फ्रान्सीसी क़रीब-क़रीब हिंदुस्तान से अलग कर दिये गए।

फ्रान्सीसियों के ख़त्म हो जाने से अब तीन ताक़तें बाक़ी रहीं, जिनमें हिंदुस्तान में अधिकार हासिल करने के लिए झगड़ा था-यानी मराठों का गुट, दक्खिन में हैदरअली, और अंगेज़। बावजूद इसके कि प्लासी में अंग्रेज़ों की जीत हुई थी और बंगाल और बिहार में वे फैल गए थे, हिंदुस्तान में शायद ही कोई यह ख़याल करता रहा हो कि ब्रिटिश यहां का सबसे बड़ी ताक़त बन जायंगे। देखनेवाला अब भी मराठों को पहली जगह देता। ये लोग पच्छिमी और मध्य हिंदुस्तान में सब जगह, यहांतक कि दिल्ली तक, फैले हुए थे और इनके साहस और युद्ध करने के गुणों की शोहरत थी। हैदरअली और टीपू सुल्तान ज़बरदस्त विरोधी थे, जिन्होंने अंग्रेज़ों को बुरी तरह हराया और ईस्ट इंडिया कंपनी की ताक़त को क़रीब-क़रीब खत्म कर दिया। लेकिन ये लोग दक्खिन तक महदूर रहे और सारे हिंदुस्तान में जो कुछ होता था, उस पर उनका कोई सीधा असर न था। हैदरअली एक अद्भुत आदमी और हिंदुस्तान के इतिहास का एक क़ाबिले- ज़िक्र व्यक्ति था। उसका एक तरह का क़ौमी आदर्श था और उसमें कल्पनाशील नेता के गुण बराबर एक तकलीफ़-देह बीमारी का शिकार रहते हुए भी उसने आत्म-संयम और मेहनत करने की अद्भुत शक्ति दिखाई। औरों के मुक़ाबले में उसने बहुत पहले अनुभव यह किया कि समुंदरी ताक़त का बड़ा महत्त्व है और इस ताक़त के आधार पर अंग्रेज़ों-जैसा ज़ोर बंध सकता है। उसने मिल-जुलकर इन्हें मुल्क से निकाल बाहर करने के लिए एक संगठन तैयार करने की भी कोशिश की और इस सिलसिले में मराठों, निज़ाम और अवध के शुजाउद्दौला के पास पैग़ाम भेजे। लेकिन इसका नतीजा कुछ न रहा। उसने अपना समुद्री बेड़ा तैयार करना शुरू किया और मालद्वीप टापू पर क़ब्जा कर लिया और उसे जहाज़ बनाने और समुद्री कार्रवाहियों का अड्डा बनाया। अपनी फ़ौज के साथ कूच करते हुए वह रास्ते में एक मुक़ाम पर मर गया। उसके बेटे-टीपू ने जहाज़ी बेड़े को मज़बूत करने के काम को जारी रखा। टीपू ने नेपोलियन और कुस्तुंतुनिया के सुल्तान के पास भी पैग़ाम भेजे थे।

उत्तर में, रंजीतसिंह की अधीनता में, पंजाब में एक सिख रियासत तैयार हो रही थी, जो बाद में काश्मीर और पच्छिमोत्तर के सरहदी सूबे तक फैली। लेकिन वह भी एक किनारे

की रियासत थी और हिंदुस्तान पर क़ब्जा पाने के लिए जो लड़ाई हो रही थी, उस पर उसका ज़्यादा असर न था। ज्यों-ज्यों अठारहवीं सदी ख़त्म होने पर आई, यह साफ़ ज़ाहिर हो गया कि लड़ाई सिर्फ़ दो ताक़तों में है, यानी मराठों और अंग्रेज़ों में। और सभी रियासतें और इलाक़े इन दोनों के मातहत या इनसे जुड़े हुए थे।

मैसूर के टीपू सुल्तान को अंग्रेज़ों ने आख़िरकार 1799 में हरा दिया और इससे अब मराठों और ब्रिटिश ईस्ट इंडिया कंपनी के बीच लड़ाई के लिए मैदान खाली हो गया। चार्ल्स मेटकाफ़ ने, जो हिंदुस्तान के सबसे क़ाबिल अंग्रेज़ अफ़सरों में से एक था, 1806 में लिखा था-" हिंदुस्तान में दो से ज़्यादा बड़ी ताक़तें नहीं हैं, ब्रिटिश और मराठे; और बाक़ी रियासतों में से हर एक इन दोनों में से एक के असर में हैं। जितने इंच हम पीछे हटेंगे, वे इनके कब्जे में आयेंगे।" लेकिन मराठा सरदारों में आपस में वैर चल रहा था और अंग्रेज़ों ने इनसे अलग-अलग लड़कर इन्हें हराया। इन्होंने कुछ मार्के की लड़ाइयां जीती थीं, ख़ासतौर पर 1804 में आगरे के पास इन्होंने अंग्रेज़ों को बुरी तरह परास्त किया। लेकिन 1818 में मराठा - शक्ति आख़िरकार कुचल दी गई और मध्य हिंदुस्तान में उसकी नुमाइंदगी करनेवाले बड़े-बड़े सरदारों ने हार मानकर ईस्ट इंडिया कंपनी की सर-परस्ती क़ुबूल कर ली। उस वक़्त अंग्रेज हिंदुस्तान के एक बहुत बड़े हिस्से के बेरोक हाकिम बन गए, जो मुल्क पर सीधे या अपने कठपुतले और मातहत राजाओं की मारफ़त हुकूमत करते थे। पंजाब और कुछ दूर के हिस्से अब भी उनके क़ाबू से बाहर थे, लेकिन हिंदुस्तान में अंग्रेज़ी सल्तनत जम चुकी थी और बाद में सिखों, गोरखों और बरमियों से इनकी जो लड़ाइयां हुईं, उन्होंने नक़शा भर दिया।

❒

14. संगठन और यंत्र-कला में अंग्रेज़ों की श्रेष्ठता और हिंदुस्तान का पिछड़ा होना

इस ज़माने पर अब नज़र डालते हुए क़रीब-क़रीब ऐसा जान पड़ता है कि इत्तिफ़ाकिया हालत के एक सिलसिले और भाग्य के सबब से हिंदुस्तान पर अधिकार कर सकने में अंग्रेज़ कामयाब हुए। जो शानदार इनाम उन्हें हासिल हुआ है, उसे देखते हुए अद्भुत रूप से थोड़ी कोशिशों से उन्होंने एक बड़ी सल्तनत जीत ली और अपार दौलत पाई, और इस तरह दुनिया की इनी-गिनी ताक़तों में गिने जाने लगे। ऐसा जान पड़ता है कि कोई छोटी- सी घटना ऐसी घट सकती थी, जिससे उनकी उम्मीदों पर पानी फिर जाता और उनके हौसले खत्म हो जाते। कई मौक़ों पर उन्हें हैदरअली, टीपू, मराठों, सिखों और गोरखों ने हराया। क़िस्मत ने इतना साथ न दिया होता, तो हिंदुस्तान से उनके पैर उखड़ जाते, या ज़्यादा-ज़्यादा वे समुद्री तट के कुछ इलाक़ों में बने रहते।

फिर भी अगर उस ज़माने के हालत को ग़ौर से देखा जाय, तो मालूम पड़ेगा कि जो

कुछ हुआ, वह एक तरह से लाज़िमी था। खुशकिस्मती ज़रूर थी, लेकिन खुशकिस्मती से फ़ायदा उठाने के लिए क़ाबिलियत भी होनी चाहिए। हिंदुस्तान उस वक़्त, मुगल सल्तनत के टूट जाने के बाद, एक उथल-पुथल की कैफ़ियत में था। कई सदियों को देखा जाय, तो वह इतना कमज़ोर और बेबस कभी नहीं हुआ था। संगठित शक्ति के टूट जाने से साहसियों और सल्तनत के नये दावेदारों के लिए रास्ता खुल गया था। इन साहसियों और दावेदारों में अंग्रेज़ ही ऐसे थे, जिनमें वे गुण थे, जो कामयाबी के लिए ज़रूरी होते हैं। एक बड़ी बात जो उनके खिलाफ़ पड़ती थी, वह यह थी कि वे विदेशी थे और एक दूर देश से आये हुए थे। लेकिन यही बात, जो उनके खिलाफ़ पड़ती थी, उनके माफ़िक भी आई, क्योंकि किसी ने उनकी तरफ़ ज़्यादा ध्यान न दिया और न उनको हिंदुस्तान के अधिकार का भावी दावेदार समझा। यह अचरज की बात है कि यह धोखा प्लासी की लड़ाई के बहुत बाद तक क़ायम रहा और जाब्ते की बातों में उनका दिल्ली के कठपुतली बादशाह के मुख़्तार की हैसियम से पेश आना, इस धोखे को चलाता रहा। बंगाल का जो ये माल लूटकर ले गए और उनके व्यापार के तरीक़ों ने यह यक़ीन पैदा किया था कि ये विदेशी धन-दौलत के चाहनेवाले हैं, राज अधिकार नहीं चाहते; और अगरचे ये तकलीफ़-देह लोग हैं, फिर भी थोड़े वक़्त के हैं—कुछ तैमूर और नादिरशाह- जैसे, जो आये और लूट का माल लेकर फिर अपने घर को वापस चले गए।

ईस्ट इंडिया कंपनी शुरू में व्यापार के लिए क़ायम हुई थी और उसका फ़ौजी अमल सिर्फ़ इस व्यापार की हिफ़ाज़त करना था। रफ़्ता-रफ़्ता, क़रीब-क़रीब इस तरह कि लोगों को पता भी न चला, इसने अपना इलाका बढ़ा लिया था और जो ख़ास तरीक़ा इसने अख़्तियार किया, वह यह था कि मुक़ामी झगड़ों में विरोधी दलों में से किसी एक को मदद देना। कंपनी की फ़ौजें ज़्यादा अच्छी सिखाई गई थीं और जिसकी तरफ़ भी वे मदद देतीं, उसे फ़ायदा पहुंचता और कंपनी अपनी सहायता के लिए ख़ासी क़ीमत वसूल करती। इस तरह कंपनी की ताक़त बढ़ी और उसके फ़ौजी अमल ने तरक़्क़ी की। लोग इन फ़ौजों को इस तरह देखने लगे कि वे किराये पर ली जा सकती है। जब लोगों को इस बात का पता चला कि अंग्रेज़ किसी की मदद करने वाले नहीं थे, बल्कि वे तो अपना ही खेल खेल रहे थे, और वह था हिंदुस्तान में सियासी ताक़त क़ायम करना, उस वक़्त तक वे मुल्क में अपने को मज़बूती से क़ायम कर चुके थे।

विदेशियों के ख़िलाफ़ एक भावना यक़ीनी तौर पर मौजूद थी, और यह बाद के सालों में और भी बढ़ी। लेकिन एक आम और व्यापक क़ौमी भावना से यह बहुत दूर की चीज़ थी। पृष्ठभूमि में सामंतवाद था और लोग मुक़ामी सरदारों की वफादारी बजाते थे। जैसा कि चीन के जंगी सरदारों के ज़माने में हुआ था, मुल्क की व्यापक मुसीबतों ने लोगों को इस बात पर मजबूर किया कि जो भी फ़ौजी सरदार क़ायदे से तनख़्वाह दे सकता हो लूट के मौक़े देता हो, उसके यहां नौकरी कर ली जाय। ईस्ट इंडिया कंपनी की फ़ौजों में ज़्यादातर हिंदुस्तानी

सिपाही होते थे। सिर्फ़ मराठों में कुछ क़ौमी भावना थी, और यह भावना मुक़ामी सरदारों की वफ़ादारी पर नहीं थी; फिर भी यह क़ौमी जज़्बा तंग और महदूद था। उन्होंने अपने बरताव से बहादुर राजपूतों को अपने ख़िलाफ़ कर लिया। बजाय इसके कि वे उनकी दोस्ती हासिल करते, उन्हें अपना दुश्मन बना बैठे, या ज्यादा-से ज़्यादा असंतुष्ट जागीरदार ख़ुद मराठा सरदारों में तीखा वैमनस्य था और बावजूद इसके कि पेशवा के मातहत उनका एक गुट-सा था, उनमें कभी-कभी खाना-जंगी हुआ करती थी। नाज़ुक मौक़ों पर ये एक-दूसरे के काम न आते और अलग-अलग लड़कर ये हरा दिये जाते थे।

फिर भी मराठों ने बहुत-से क़ाबिल लोग पैदा किये, जो राजनीतिज्ञ भी थे और योद्धा भी। इनमें नाना फड़नवीस, पेशवा बाजीराव (प्रथम), ग्वालियर के महादाजी सिंधिया और इंदौर के यशवंतराव होल्कर की गिनती होनी चाहिए। और उस अद्भुत औरत को, यानी इंदौर की रानी अहिल्याबाई को भी, न भूलना चाहिए। उनके सैनिक अच्छे होते थे, अपनी जगह पर डटे रहनेवाले और मौत का बहादुरी से सामना करनेवाले थे। लेकिन इस सब बहादुरी के पीछे युद्ध के ज़माने में और शांति के ज़माने में भी अकसर महज़ एक जां-बाज़ी और अताईपन होता, जो एक हैरत की बात है। दुनिया के बारे में उनका अज्ञान हद दर्जे का था और उनकी हिंदुस्तान के भूगोल की भी जानकारी बड़ी महदूद थी। जो बात और भी बुरी थी, वह यह थी कि वे इस बात का पता लगाने का भी कष्ट नहीं उठाना चाहते थे कि बाहर क्या हो रहा है और उनके दुश्मन क्या करने में लगे हुए हैं। इन हालतों में दूरंदेशीवाली राजनीतिज्ञता और कार-आमद अमल की क्या गुंजाइश हो सकती थी? उनकी तेज़ी और रफ़्तार से अकसर दुश्मन ताज्जुब में आकर घबरा उठते थे, लेकिन युद्ध को ये महज़ कुछ बहादुरी के घावे समझते और इससे ज़्यादा कुछ नहीं। छापामार लड़ाई में वे बे-जोड़ थे। बाद में उन्होंने अपनी फ़ौजों को ज़्यादा नियमित ढंग से संगठित किया। नतीजा यह हुआ कि एक तरफ़ वे ज़िरह-बख़्तर से बोझिल हुए, दूसरी तरफ़ उनकी तेज़ रफ़्तार जाती रही, और वे इन नई परिस्थितियों के अनुकूल अपने को आसानी से न बना पाये। वे अपने को होशियार समझते थे और थे भी; लेकिन सुलह की हालत में या युद्ध में उन्हें धोखा दे सकना मुश्किल न था, क्योंकि वे एक पुराने और दकियानूसी चौखटे में घिरे हुए थे और उसके बाहर निकलना न चाहते थे।

हिंदुस्तानी शासकों ने शुरू में ही विदेशियों की सिखाई हुई फ़ौजों की तरतीब और क़ायदे की बरतरी देख ली थी। वे फ्रान्सीसी और अंग्रेज़ी अफ़सरों को अपनी फ़ौजों को क़वायद कराने के लिए रखने लगे थे और इन दोनों के मुक़ाबले ने हिंदुस्तानी फ़ौजों की तैयारी में मदद पहुंचाई। हैदरअली और टीपू को समुंदरी ताक़त की अहमियत का भी कुछ ख़याल था और उन्होंने अंग्रेज़ों को चुनौती देने के लिए एक जहाज़ी बेड़ा तैयार करने की कोशिश भी की, लेकिन यह काम उन्होंने देर में शुरू किया और इस कारण कामयाब न रहा। मराठों ने भी इस दिशा में एक हलकी सी कोशिश की थी। हिंदुस्तान में उस ज़माने में

जहाज़ बना करते थे, लेकिन थोड़े वक़्त में एक बेड़ा खड़ा कर देना आसान न था, ख़ासतौर से तब, जबकि बराबर मुक़ाबले का सामना करना पड़े। जब फ्रान्सीसी ताक़त ख़त्म हुई, तो बहुत-से फ्रान्सीसी अफ़सरों को भी, जो हिंदुस्तानी हुकूमतों की फ़ौजों में थे, जाना पड़ा। जो विदेशी अफ़सर बच रहे थे, यानी अंग्रेज़, वे अकसर नाज़ुक मौक़ों पर अपने मालिकों का साथ छोड़ देते थे और कुछ मौक़ों पर दग़ा देकर उन्हें फ़ौज और ख़ज़ाने के साथ दुश्मनों के (अंग्रेजों के) सुपुर्द कर देते थे। हिंदुस्तानी ताक़तों का विदेशी अफ़सरों पर भरोसा करना न महज़ उनके फ़ौजी संगठन का पिछड़ापन ज़ाहिर करता है, बल्कि ऐसा भी था कि इससे उन्हें अकसर धोखा खाना पड़ता था और इन अफ़सरों के एतबार के क़ाबिल न होने की वजह से उन्हें सदा खतरा रहता था। हिंदुस्तानी राज्यों के हुक्कामों में और फ़ौज में कुछ लोग अकसर अंग्रेजों को गुप्त रूप से मदद पहुंचाने वाले हुआ करते थे।

अगर मराठे अपने गुट और गिरोहबार क़ौमियत के बावजूद दीवानी और फ़ौजी संगठन में पिछड़े हुए थे, तो दूसरी हिंदुस्तानी ताक़तें तो और भी पिछड़ी हुई थीं। राजपूत दिलेर ज़रूर थे, लेकिन उनके ढंग सामंतवादी थे। वीर होते हुए भी वे नाकारा थे और आपस की फूट में मुब्तिला रहते थे। उनमें से बहुतेरे सामंतवादी स्वामिभक्ति की भावना से और कुछ अंशों में अकबर की पुरानी नीति के फलस्वरूप मिटती हुई दिल्ली की हुकूमत के तरफ़दार बने रहे। लेकिन दिल्ली की हुकूमत इतनी कमज़ोर हो चुकी थी कि वह इससे फ़ायदा न उठा सकी और राजपूतों का ह्रास होता रहा और वे दूसरों के हाथों के खिलौने बनते गए, और आख़िरकार मराठा सिंधिया के प्रभाव में आ गए। उनके कुछ सरदारों ने अपनी हिफ़ाज़त करने के लिए होशियारी से जोड़-तोड़ लगाने की कोशिशें कीं। उत्तरी और मध्य हिंदुस्तान के बहुत-से मुस्लिम हाकिम और सरदार उतने ही सामंतवादी और ख़यालों में उतने ही पिछड़े हुए थे, जितने कि राजपूत लोग। उनका होना-न-होना बराबर था, सिवाय इसके कि आम लोगों की मुसीबतों और झंझटों को ये और बढ़ाते रहते थे। इनमें से कुछ ने मराठों की सरपरस्ती क़ुबूल कर लीं।

नेपाल के गोरखे बड़े ऊंचे दर्जे के और क़ायदे के सिपाही थे और ईस्ट इंडिया कंपनी की किसी भी फ़ौज से अच्छे नहीं, तो बराबरी के तो ज़रूर थे। अगरचे इनका संगठन पूरी तरह से सामंतवादी था, फिर भी उन्हें अपने देश से ऐसा गहरा प्रेम था कि ये उसकी हिफ़ाज़त के लिए जी तोड़कर लड़नेवाले थे। अंग्रेज़ उनसे दहशत खा गए, लेकिन हिंदुस्तान का खास लड़ाई में इनकी वजह से कोई फ़र्क़ न पैदा हुआ।

मराठों ने उत्तरी और मध्य हिंदुस्तान के उन बड़े प्रदेशों में, जहां वे फैल गए थे, अपने को मज़बूत नहीं बनाया। वे आये और चले गए, उन्होंने जड़ नहीं पकड़ी। शायद ठीक उस ज़माने में, लड़ाई की जीत और हार की वजह से, कोई भी जड़ नहीं पक सकता था; और दरअसल अंग्रेजी अधिकार के या अंग्रेज़ी सरपरस्ती में आये हुए इलाक़ों की हालत कहीं बुरी थी और अंग्रेज़ों ने या उनकी हुकूमत ने भी वहां जड़ नहीं पकड़ी थी।

एक तरफ़ मराठे थे (और उनसे भी ज़्यादा दूसरी हिंदुस्तानी ताक़तें थीं), जो अताईपन और जां-बाज़ी के तरीक़ों पर अमल करते थे; दूसरी तरफ़ हिंदुस्तान में आये हुए अंग्रेज़ थे, जो पूरी तरह चुस्त थे। बहुत-से ब्रिटिश नेता काफ़ी साहसी थी। लेकिन उनकी नीति में कोई जां-बाज़ी न थी और इसके लिए सभी अपने-अपने दायरों में मुस्तैदी से काम किया करते थे। एडवर्ड टामसन लिखते हैं- "देशी रियासतों के दरबारों में ईस्ट इंडिया कंपनी के सचिवालय की ख़िदमत ऐसे लोगों की पीढ़ियां और क़ाबलियत करती थीं, जैसी शायद ही किसी और वक़्त में ब्रिटिश सल्तनत को एक साथ हासिल हुई हों।"

इन दरबारों में ब्रिटिश रेज़ीडेंटों का एक खास काम यह होता था कि वज़ीरों और हुक्कामों को रिश्वतें दे-देकर उन्हें बिगाड़ते रहें। एक इतिहासकार का कहना है कि उनका ख़ुफ़िया इंतज़ाम पक्का था। उन्हें दरबारी बातों की और दुश्मनों की फ़ौजों की पूरी-पूरी जानकारी रहती थी, जबकि इन मुक़ाबला करनेवालों को यह पता न होता कि अंग्रेज़ क्या कर रहे हैं या क्या करनेवाले हैं। अंग्रेज़ों के मददगार पांचवें दस्ते के लोग बराबर काम करते रहते थे और नाज़ुक वक़्तों पर, या जब लड़ाई सरगरमी पर होती, अब अपने दलों को छोड़कर उनसे आ मिलते और इससे बड़ा फ़र्क़ पैदा हो जाता। लड़ाई शुरू होने से पहले ही वे लड़ाइयां जीते होते थे। यही बात प्लासी में हुई और यही बात बार-बार सिख-लड़ाइयों के वक़्त तक होती रही। विश्वासघात की एक मार्के की मिसाल ग्वालियर के सिंधिया के एक ऊंचे अफ़सर की थी, जिसने चुपके से अंग्रेज़ों से समझौता कर लिया था और जो ठीक लड़ाई के वक़्त अपनी सारी फ़ौज के साथ अंग्रेज़ों की तरफ़ चला गया। इसका इनाम उसे इस तरह मिला कि सिंधिया (जिसके साथ विश्वासघात हुआ) की रियासत से ही एक टुकड़ा अलग करके, उसे एक नई रियासत बनाकर, उसका शासक बना दिया गया। यह रियासत अब भी है, लेकिन उस आदमी का नाम विश्वासघात और दग़ाबाज़ी का पर्याय हो गया है, उसी तरह, जिस तरह कि हाल में क्विसलिंग का नाम बन गया है।

इस तरह, अंग्रेज़ एक ऊंचे दर्जे के सियासी और फ़ौजी संगठन की नुमाइंदगी करते थे, जो खूब मज़बूत था और उनके यहां बड़े क़ाबिल नेता थे। अपने दुश्मनों के मुक़ाबले में उनकी जानकारी कहीं बढ़ी-चढ़ी थी और वे हिंदुस्तान की फूट और यहां की ताक़तों के आपस के झगड़ों का पूरा फ़ायदा उठाते थे। समुंदरों पर उनका क़ब्जा था, इसलिए उन्हें महफ़ूज़ फ़ौजी रसद कैंप भी मिले हुए थे और मदद हासिल करने के ज़रिये उनके लिए खुले थे। थोड़े वक़्त के लिए हार भी गए, तो फिर ताक़त इकट्ठी करके दुबारा हमला शुरू कर सकते थे। प्लासी की लड़ाई के बाद बंगाल के हाथ में आ जाने से उन्हें बड़ी दौलत मिली थी और इस तरीक़े पर मराठों से और दूसरों से भी लड़ाई जारी रखने के ज़रिये उन्हें हासिल हो गए थे और हर नई जीत के साथ-साथ ये ज़रिये बढ़ते ही जाते थे। अगर हिंदुस्तानी ताक़तें हारती थीं, तो उनके लिए तबाही आ जाती थी और इसका वे कोई इलाज न कर पाती थीं।

जंग और जीत और लूटमार के इस ज़माने ने मध्य हिंदुस्तान और राजपूताना और

दक्खिन और पच्छिम में यह हालत कर दी थी कि बहुत-से इलाक़ों में हुकूमत ही न रह गई थी और वहां मार-धाड़ और बेबसी और मुसीबत का आलम था। उन पर से फ़ौजें गुज़र जाती थीं और उनके पीछे लुटेरे आते थे और वहां के मुसीबत के मारे लोगों की कोई खबर लेनेवाला न होता था। जो आता, वह उनके माल असबाब को लूटने के लिए ही आता। हिंदुस्तान के कुछ हिस्सों की हालत क़रीब-क़रीब वैसी हो गई थी, जैसी तीस साल की लड़ाई के ज़माने में मध्य-यूरोप की हुई थी। हालत आमतौर पर सभी जगह. बिगड़ी हुई थी, लेकिन सबसे ज़्यादा बिगड़ी हालत उन इलाक़ों की थी, जहां अंग्रेज़ों का अधिकार था या उनकी सरपरस्ती थी। एडवर्ड टामसन ने लिखा है कि "जो तस्वीर मद्रास में या अवध और हैदराबाद की मातहत रियासतों में हमें देखने में आती है, उससे ज़्यादा दहशतनाक तस्वीर का ख़याल नहीं किया जा सकता। इन जगहों में मुसीबत की बवा आई हुई थी; इनके मुक़ाबले में वे प्रदेश, जहां नाना फड़नवीस की हुकूमत थी, अमन-चैन के नख़िलस्तान-जैसे थे।"

इस ज़माने से ठीक पहले हिंदुस्तान के बड़े हिस्से, बावजूद मुग़लों की हुकूमत के जाने के, बद-अमनी से एकदम बरी थे। बंगाल में एक हद तक आज़ाद मुग़ल सूबेदार अल्लावर्दी के लंबे राज्य-काल में अमन की हुकूमत थी और व्यापार और तिजारत तरक़्क़ी पर थे, जिससे सूबे की दौलत बढ़ रही थी। अल्लावर्दी की मौत के कुछ वक़्त बाद प्लासी की लड़ाई (1757) हुई और ईस्ट इंडिया कंपनी दिल्ली के बादशाह की मुख़्तार बन बैठी, गो वह दरअसल बिलकुल आज़ाद थी और जो चाहती थी, कर सकती थी। इसके बाद कंपनी और उसके गुमाश्तों और मुख़्तारों ने बंगाल की लूट-खसोट शुरू की। प्लासी के कुछ साल बाद मध्य- हिंदुस्तान में इंदौर की अहिल्याबाई का राज्य-काल शुरू हुआ और यह तीस साल (1765-1795) तक क़ायम रहा। यह बात कहावत की तरह मशहूर हो गई है कि इस ज़माने में पूरा-पूरा अमन-चैन रहा; अच्छी हुकूमत क़ायम थी और लोगों में खुशहाली फैली। वह एक बड़ी योग्य शासक और संगठन करने वाली स्त्री थी और अपने जीवन-काल में उसने लोगों से बड़ा आदर पाया और मरने के बाद उसकी कृतज्ञ प्रजा ने उसे धार्मिक प्रतिष्ठा दी। इस तरह उस ज़माने में, जबकि बंगाल और बिहार ईस्ट इंडिया कंपनी की नई हुकूमत में पस्ती की हालत में थे और संगठित लूट की वजह से तबाह हो रहे थे और वहां राजनैतिक और आर्थिक दुर्व्यवस्था फैली हुई थी, जिसकी वजह से भयानक अकाल पड़ रहे थे, मध्य-हिंदुस्तान में और मुल्क के बहुत से और हिस्सों में लोग खुशहाल थे।

अंग्रेजों ने ताक़त और दौलत ज़रूर हासिल कर ली थी, लेकिन वे अच्छी हुकूमत या किसी तरह की हुकूमत के अपने को ज़िम्मेदार नहीं समझते थे। ईस्ट इंडिया कंपनी के व्यापारियों की दिलचस्पी नफ़े और खज़ाने में थी, अपने मातहत आये हुए लोगों की हालत सुधारने या उनकी हिफ़ाज़त भी करने में नहीं थी। ख़ासतौर पर उनकी मातहत रियासतों में ताक़त और ज़िम्मेदारी के बीच कोई ताल्लुक न रह गया था।

हमें अकसर बताया जाता है-जिससे हम भूल न जायें - कि अंग्रेज़ों ने हिंदुस्तान को अराजकता और अंधकार से बचाया। यह बात इस हद तक सही है कि इस ज़माने के बाद, जिसे मराठों ने 'आतंक का ज़माना' बताया है, उन्होंने व्यवस्थित हुकूमत क़ायम की। लेकिन जो अराजकता और अंधकार फैला, उसकी कम-से-कम कुछ ज़िम्मेदारी ईस्ट इंडिया कंपनी की नीति और हिंदुस्तान में उस कंपनी के नुमाइंदों पर ज़रूर है। इस बात की भी कल्पना की जा सकती है कि बिना अंग्रेज़ों की सहायता के भी, जिसे वे देने के लिए इतने तुले हुए थे, हिंदुस्तान में अधिकार पाने के लिए लड़ी गई लड़ाई के अंत में शांति और व्यवस्थित हुकूमत क़ायम हो जाती। ऐसी सूरतें हिंदुस्तान में, उसकी पांच हज़ार साल की तारीख़ में, और दूसरी जगहों में पहले भी पैदा हो चुकी हैं।

❐

15. रंजीतसिंह और जयसिंह

यह ज़ाहिर है कि हिंदुस्तान विदेशियों की विजय का शिकार इसलिए हुआ कि उसके लोगों में कमियां थीं और अंग्रेज़ एक ऊंची और तरक़्क़ी करती हुई समाजी व्यवस्था की नुमाइंदगी करनेवाले थे। दोनों तरफ़ के नेताओं के बीच नुमायां फ़र्क़ था; हिंदुस्तानी-वे चाहे जितने क़ाबिल हों-ख़याल और अमल के तंग दायरे में रहनेवाले लोग थे और उन्हें इस बात का पता न था कि दूसरी जगहों में क्या हो रहा है और इसलिए वे तब्दील होती हालतों में अपने को ठीक-ठीक बिठा न पाये। अगर कुछ शख़्सों में बातों को जानने का शौक़ पैदा भी हुआ, तो वे उन घेरों को तोड़ न पाते थे, जिनमें वे बंधे हुए और क़ैद थे। इसके बर-अक्स अंग्रेज़ बहुत दुनियासाज़ लोग थे और उनके मुल्क और फ्रान्स और अमरीका में होनेवाली घटनाओं ने उन्हें जगा दिया था। दो बड़ी क्रांतियां गुज़र चुकी थीं। फ्रान्सीसी इन्क़लाबी फ़ौजों के और नेपोलियन के धावों ने सारी युद्ध की कला बदल दी थी। अनजान-से-अनजान अंग्रेज़ अपनी हिंदुस्तान-यात्रा के बीच में दुनिया के कई हिस्सों को देख चुका होता था। खुद इंग्लिस्तान में मार्के की खोजें हो चुकी थीं, जिनका नतीजा यह हुआ था कि वहां औद्योगिक क्रांति हो गई थी, अरगचे शायद बहुत ही थोड़े लोग ऐसे थे, जो इसके दूर तक पहुंचने वाले असर का अंदाज़ा लगा सकते थे। लेकिन तब्दीली का ख़मीर जोरों से काम कर रहा था और लोगों पर असर डाल रहा था। इन सबके पीछे वह प्रसारशील स्फूर्ति थी, जिसने अंग्रेज़ों को दूर-दराज़ मुल्कों में भेजा।

जिन लोगों ने हिंदुस्तान का इतिहास लिखा है, वे लड़ाइयों और हंगामों और राजनैतिक और फ़ौजी नेताओं के बयान में इतने फंस गए हैं कि उन्हें यह बहुत कम लिखा कि हिंदुस्तान के दिमाग़ में क्या तब्दीलियां हो रही थीं और उसकी समाजी और आर्थिक व्यवस्था किस तरफ़ जा रही थी। इस गंदले बयान के भीतर से बीच-बीच में, और इत्तिफ़ाक़ से, कुछ

झलकियां मिल जाती हैं। ऐसा जान पड़ता है कि इस भयानक दौर में लोग आमतौर पर पस्त और कुचले हुए-से थे। वे दुर्भाग्य के चक्र को चुपके से बरदाश्त कर लेते थे; एक चकाचौंध और उदासीनता का उन पर आलम छाया हुआ था। बहुत-से-व्यक्ति ऐसे ज़रूर रहे होंगे, जिनमें बातों को समझने की ख़्वाहिश थी और जो उन नई ताक़तों को समझना चाहते थे, जो काम कर रही थीं, लेकिन घटनाओं की बाढ़ में वे आ गए थे, और उन पर असर न डाल सके।

उन व्यक्तियों में, जिनमें जिज्ञासा भरी हुई थी, एक महाराजा रंजीत सिंह था, जो एक जाट सिख था और जिसने पंजाब में एक राज्य बना लिया था। यह राज्य बाद में काश्मीर और सरहदी सूबे तक फैला। उसमें कमज़ोरियां थीं और बुरी आदतें भी थीं, फिर भी वह एक अद्भुत आदमी था। जैकमों नाम का फ्रान्सीसी उसे "हद दर्जे का बहादुर' बताता है और कहता है कि " यह क़रीब-क़रीब पहला हिंदुस्तानी है, जिसमें मैंने जिज्ञासा का भाव देखा है। लेकिन उसकी जिज्ञासा ऐसी थी कि वह सारी क़ौम की उदासीनता की कमी को पूरा करनेवाली थी। उसकी बातचीत से हमेशा डर लगता है।"[79] इस बात का ध्यान रखना चाहिए कि हिंदुस्तानी हमेशा अलग-थलग रहनेवाले होते हैं, उनमें भी खासतौर पर आला दिमाग लोग। इनमें से बहुत कम ने हिंदुस्तान में आनेवाले विदेशी फ़ौजी नेताओं और साहसियों से राह रस्म रखना पसंद किया होगा, क्योंकि उनके बहुत-से कारनामों ने उनमें दहशत पैदा की होगी। इस तरह विचारशील लोग विदेशियों से जहांतक होता, बचकर अपनी प्रतिष्ठा बचाये रखते और उनसे सिर्फ़ रस्मी मौकों पर मुलाक़ात करते, या उस वक़्त, जब मिलना लाज़िम हो जाता। जिन हिंदुस्तानियों से अंग्रेज़ मिलते, वे आमतौर पर या तो ओहदापरस्त लोग होते या जी-हुज़ूरीवाले, जो उन्हें और वज़ीरों को घेरे रहते और अकसर घूसखोर और षड्यंत्री हिंदुस्तानी दरबारी होते।

रंजीतसिंह मानसिक जिज्ञासावाला आदमी ही न था, उसमें बड़ी मानवता भी थी। उस बक़्त, जब हिंदुस्तान और सारी दुनिया में बेदर्दी और पाशविकता छाई हुई थी, उसने एक राज्य बनाया और ज़बरदस्त फ़ौज खड़ी कर ली, फिर भी वह खून--खराबी पसंद नहीं करता था। प्रिंसेप ने लिखा है कि "एक अकेले आदमी ने इतनी बड़ी सल्तनत इतनी कम गुनहगारी के साथ कभी न क़ायम की थी।" चाहे जैसा भी जुर्म हो, उसने मौत की सज़ा उड़ा दी थी— उस वक़्त, जब इंग्लिस्तान में छोटी-छोटी चोरियों के लिए भी मौत की सज़ाएं दी जाती थी। आसवार्न, जो उससे मिला था, लिखता है-"जंग के मौक़ों को छोड़कर उसने कभी किसी की जान न ली, अगरचे ख़ुद उसकी ज़िंदगी पर कई बार हमले हुए थे, और उसका राज्य बहुत-से ज़्यादा सभ्य बादशाहों के मुक़ाबले में निर्दयता और दमन के कामों से मुक्त पाया जायगा।"[80]

एक दूसरा, और और ही ढंग का हिंदुस्तानी राजनीतिज्ञ, राजपूताना में जयपुर का सवाई जयसिंह था। उसका ज़माना कुछ और पहले का है। 1743 में उसकी मृत्यु हुई। औरंगज़ेब के

---

79. एडवर्ड 'दि मेकिंग ऑव इंडियन प्रिंसेज'। पृ० 157, 158।

80. एडवर्ड 'दि मेकिंग ऑव इंडियन प्रिंसेज'। पृ० 157, 158।

मरने के बाद के ज़माने में जो टूट-फूट हुई, उस वक़्त यह हुआ है। वह इतना होशियार और मौकापरस्त था कि एक के बाद एक तेज़ी से आनेवाले धक्कों से और तब्दीलियों से अपने को संभाल सका। उसने दिल्ली के बादशाह की सरपरस्ती क़ुबूल कर ली। जब उसने देखा कि आगे बढ़ते हुए मराठे इतने मज़बूत हैं कि उन्हें रोका नहीं जा सकता, तो उसने बादशाह की तरफ़ से उनसे समझौता कर लिया। लेकिन उसके राजनैतिक और फ़ौजी कारनामों में मेरी दिलचस्पी नहीं है। वह एक बहादुर योद्धा और पक्का राजनीतिज्ञ था, लेकिन वह इससे कहीं बढ़कर था। वह गणितज्ञ था और ज्योतिर्विद था। वह वैज्ञानिक था और नगर निर्माण करनेवाला था और इतिहास के अध्ययन में उसकी दिलचस्पी थी।

हवामहल, जयपुर

जयसिंह ने जयपुर, दिल्ली, उज्जैन, बनारस और मथुरा में बड़ी-बड़ी बेधशालाएं तैयार कराई। पुर्तगाली पादरियों से यह जानकर कि पुर्तगाल में ज्योतिर्विद्या तरक़्क़ी पर है, उसने एक पादरी के साथ अपना एक आदमी पुर्तगाल के राजा इमानुएल के दरबार में भेजा। इमानुएल ने अपने दूत ज़ेवियर डि सिल्वा को डि ला हायर की तालिकाओं के साथ जयसिंह के पास भेजा। इन तालिकाओं का अपनी तालिकाओं से मिलान करने पर वह इस नतीजे पर पहुंचा कि पुर्तगाली तालिकाएं कम शुद्ध थीं और उनमें कई ग़लतियां थीं। इन ग़लतियों

का कारण उसने यह बताया कि जिन यंत्रों का उपयोग किया गया था, उनके "व्यास घटिया" थे। जयसिंह हिंदुस्तानी गणित का पूरा जानकार तो था ही उसने पुरानी यूनानी किताबें भी देखी थीं और यूरोप में उसके ज़माने में गणित में जो तरक्क़ी हुई थी, उसे भी जानता था। उसने उकलैदिस आदि कुछ युनानी किताबों के और सम तथा गोलीय त्रिकोणमिति और लघु गुणकों के निर्माण और व्यवहार पर यूरोपीय ग्रंथों के संस्कृत में तरज़ुमें कराये थे। उसने ज्योतिर्विद्या की अरबी किताबों के भी तरज़ुमें कराये थे।

उसने जयपुर शहर की स्थापना की। नगर-निर्माण में दिलचस्पी रखने के कारण उसने अपने समय के बहुत से यूरोपीय शहरों के नक़्शे इकट्ठे किये और फिर अपना नक़्शा तैयार किया। जयपुर के अजायबघर में पुराने यूरोपीय शहरों के इन नक़्शों में से कई अब भी सुरक्षित हैं। जयपुर के शहर की आयोजना इतनी इच्छी और बुद्धिमत्तापूर्ण थी कि यह अब भी नगर-निर्माण की एक मिसाल पेश करता है।

थोड़ी ही उम्र के भीतर-भीतर, और युद्धों और दरबारी षड्यंत्रों में फंसे रहते हुए भी, जयसिंह ने यह सब और बहुत-कुछ और भी किया। जयसिंह की मृत्यु से ठीक चार साल पहले नादिरशाह का हमला हुआ था। किसी भी ज़माने में और कहीं भी जयसिंह एक मार्के का आदमी हुआ होता। राजपूताने के ख़ास सामंतवादी वातावरण में पैदा होने और हिंदुस्तान के इतिहास के एक इतने अंधियारे ज़माने में भी, जबकि टूट-फूट, युद्ध और हंगामे ही दिखाई पड़ते थे, उसके वैज्ञानिक कारनामे बड़े महत्त्व के हैं। इससे यह पता चलता है कि हिंदुस्तान में वैज्ञानिक जिज्ञासा का लोप नहीं हुआ था और कोई ऐसा ख़मीर काम कर रहा था कि अगर उसे मौक़ा दिया जाता, तो वह बड़े क़ीमती नतीजे सामने लाता। यह बात नहीं कि जयसिंह अपने ज़माने का एक अनोखा आदमी रहा हो और एक अप्रिय और अनुपयुक्त वातावरण में उत्पन्न हुआ अकेला विचारक रहा हो। वह अपने युग की ही उपज था और अपने साथ काम करनेवाले बहुत-से विज्ञानकर्मियों को उसने इकट्ठा कर लिया था। इनमें से कुछ को उसने समाज के रिवाज और रोक-टोक की परवा न करके पुर्तगाल में एलची बनाकर भेजा था। ऐसा संभव जान पड़ता है कि मुल्क में सैद्धांतिक और व्यावहारिक दोनों तरह के वैज्ञानिक काम के लिए अच्छी-खासी सामग्री मौजूद थी। लेकिन उसे विकास का अवसर न मिला। दुर्व्यवस्था और हंगामों के ख़त्म हो जाने के बाद भी वैज्ञानिक कामों के लिए अधिकारियों से कोई बढ़ावा न मिला।

❒

16. हिंदुस्तान की आर्थिक पृष्ठभूमि:इंग्लिस्तान के दो रूप

जिस वक़्त ये सब दूर तक असर करनेवाले राजनैतिक उलट-फेर हो रहे थे, हिंदुस्तान की आर्थिक पृष्ठभूमि क्या थी? वी० एन्स्टे ने लिखा है कि ठीक अठारहवीं सदी तक" पैदावार और औद्योगिक और व्यापारिक संगठन के हिंदुस्तानी तरीक़े दुनिया के किसी हिस्से में रायज़ तरीक़ों के मुक़ाबले में नीचे न ठहरेंगे।" हिंदुस्तान तिजारती माल पैदा करनेवाला एक बहुत ही तरक्क़ीयाफ़्ता मुल्क था और अपने यहां से तैयार किया माल यूरोप और दूसरे देशों में भेजता था। उसकी महाजनी की व्यवस्था ख़ूब अच्छी और देश-भर में बहुत संगठित थी और बड़े-बड़े रोज़गारियों की हुंडियां हिंदुस्तान में सब जगह सकारी जाती थीं। और हिंदुस्तान ही क्या, ईरान, क़ाबुल, हेरात, ताशकंद और मध्य-एशिया की और जगहों में भी क़ुबूल की जाती थीं। व्यावसायिक सरमाये का उदय चुका और गुमाश्तों, माल पहुंचानेवालों और दलालों और बीच के व्यापारियों का जाल-सा बिछा हुआ था। जहाज़ बनाने का धंधा जोरों पर था और नेपोलियन के ज़माने की लड़ाइयों में एक अंग्रेज़ एडमिरल का खास जहाज़ (फ़्लैग-शिप) हिंदुस्तान के एक कारख़ाने का बना हुआ था। दरअसल, तिजारत और व्यापार और माली मामलों में औद्योगिक क्रांति (इंडस्ट्रियल रिवोल्यूशन) के ज़माने से पहले तक हिंदुस्तान किसी भी मुल्क के मुक़ाबले में तरक़्क़ी कर चुका था। अगर मुल्क में शांति और पायदार हुकूमत के लंबे दौर न गुज़रे होते और आमद-रफ़्त के रास्ते आने-जाने तिजारत के लिए महफ़ूज न होते, तो ऐसी तरक्क़ी नामुमकिन होती।

विदेशी साहसिक शुरू में हिंदुस्तानी तिजारती माल की ख़ूबियों से खिंचकर यहां आये, क्योंकि इस माल की यूरोप में बड़ी खपत थी। ब्रिटिश ईस्ट इंडिया कंपनी का शुरू के दिनों में खास धंधा ही हिंदुस्तानी माल का यूरोप में रोज़गार करना था और यह तिजारत कंपनी के लिए बड़े फ़ायदे की साबित हुई, और कंपनी के हिस्सेदारों को लंबे नफ़े मिलते रहे। चीज़ों की तैयारी के तरीक़े हिंदुस्तान में ऐसे कारगर और संगठित थे और हिंदुस्तान के कारीगरों और शिल्पियों की हुनरमंदी इस दर्जे की थी कि वे तैयारी के ज़्यादा ऊंचे तकनीक से, जो उस वक़्त इंग्लिस्तान में क़ायम हो रहा था, बड़ी कामयाबी से मुक़ाबला कर सकते थे। जिस वक़्त इंग्लिस्तान में बड़ी मशीनों का युग शुरू हुआ, उस वक़्त हिंदुस्तानी माल वहां पटा पड़ता था और उसे भारी चुंगी लगाकर और कुछ चीज़ों का आना तो क़तई बंद करके, रोकना पड़ा।

सन 1757 में, यानी उसी साल, जबकि प्लासी की लड़ाई हुई, क्लाइव ने बंगाल के मुर्शिदाबाद को "लंदन के इतना विस्तृत, आबाद और संपन्न शहर" बताया है, फ़र्क इतना है कि इनमें से पहले मुर्शिदाबाद में ऐसे लोग हैं, जो दूसरे-लंदन-के मुक़ाबले में बे-इंतिहा मालामाल हैं।" पूरबी बंगाल में ढाका का शहर अपनी बारीक मलमल के लिए मशहूर था।

ये दो शहर, महत्त्व के होते हुए भी, हिंदुस्तान के बाहरी छोर के क़रीब के थे। इस विस्तृत देश में सभी जगह और भी बड़े शहर, और बहुत बड़े व्यापार और तिजारत के मरकज़ थे और तेज़ी से समाचार और व्यापार-भाव की जानकारी पहुंचाने के लिए बड़ी होशियारी से व्यवस्था की गई थी। बड़े-बड़े व्यपारियों के यहां, अकसर लड़ाई तक के समाचार, ईस्ट इंडिया कंपनी के अफ़सरों के पास आये समाचारों से बहुत पहले पहुंच जाते थे। इस तरह हिंदुस्तान का अर्थ-तंत्र औद्योगिक क्रांति से पहले जितनी तरक़्क़ी मुमकिन थी उतनी तरक़्क़ी कर चुका था। उसमें और भी तरक़्क़ी की गुंजाइश थी, या वह कड़े समाजी ढांचे की वज़ह से बहुत बंध गया था, यह बता सकना कठिन है। फिर भी यह बहुत संभव जान पड़ता है कि सामान्य हालतों में इसमें वह तब्दीली पैदा हो जाती, जिससे वह अपने को अपने ही तरीक़े पर नई औद्योगिक परिस्थितियों के माफ़िक़ ढाल लेता। अगरचे वह तब्दीली के लिए तैयार हो चुका था, फिर भी इस तब्दीली के लिए खुद उसकी व्यवस्था में एक क्रांति के आने की ज़रूरत थी। इस तब्दीली के पैदा करने के लिए शायद एक प्रवर्तक की ज़रूरत थी। यह ज़ाहिर था कि कल-कारखानों से पहले का इसका अर्थ-तंत्र चाहे जितना तरक़्क़ी कर चुका हो, उन मुल्कों के माल से, जहां कल-कारखाने क़ायम हो चुके थे, यह ज़्यादा दिनों तक मुक़ाबला नहीं कर सकता था। यह लाज़िमी था कि या तो यह अपने कल-कारखाने खड़े करे या यह विदेशी आर्थिक पैंठ के आगे झुक जाय, जो सियासी दखलंदाज़ी का रास्ता खोल देती। जो कुछ हुआ, वह यह था कि विदेशियों की सियासी हुकूमत यहां पहले आई, और इसके ज़रिये उस अर्थ-तंत्र का बड़ी तेज़ी से नाश हुआ, जो क़ायम हो चुका था और उसकी जगह पर कोई निश्चित या रचनात्मक चीज़ आई नहीं। ईस्ट इंडिया कंपनी अंग्रेजी राजनैतिक शक्ति और अंग्रेज निहित स्वार्थों तथा आर्थिक शक्ति, दोनों की नुमाइंदगी करती थी। यह सियासी ताक़त रखनेवाली थी और चूंकि यह तिजारतियों की कंपनी थी, यह धन कमाने पर भी तुली हुई थी। ठीक उस वक़्त, जब यह बड़ी तेज़ी से और अपार धन कमा रही थी, सन् 1776 में, एडम स्मिथ ने अपनी पुस्तक 'वेल्थ ऑव नेशन्स' में लिखा था-"एक मात्र व्यापारियों की करनी की हुकूमत किसी भी देश के लिए शायद सबसे बुरी हुकूमत है।"

अगरचे हिंदुस्तानी व्यापारियों और माल तैयार करनेवालों के वर्ग अमीर थे और सारे देश में फैले हुए थे और उनका आर्थिक व्यवस्था पर क़ाबू था, फिर भी उनमें राजनैतिक शक्ति नहीं थी। हुकूमत स्वेच्छाचारी और अब भी बहुत हद तक, सामंतवादी थी। दरअसल यह शायद जितनी सामंतवादी इस ज़माने में थी, उतनी हिंदुस्तान के इतिहास में और कभी भी पहले नहीं रही थी। इस वजह से कोई मज़बूत मध्य-वर्ग नहीं था, या ऐसा वर्ग भी, जो ताक़त अपने हाथ में कर लेने के लिए सचेत हो, जैसा पच्छिमी देशों में था। आमतौर से लोग उदासीन और गुलामी की मनोवृत्ति रखनेवाले हो रहे थे। इस तरह एक खाई पैदा हो गई थी, जिसका भरना इन्कलाबी तब्दीली लाने के लिए ज़रूरी था। शायद यह खाई हिंदुस्तानी समाज की स्थिर प्रकृति के कारण पैदा हुई थी, क्योंकि यह समाज एक बदलती हुई दुनिया

में तब्दीली से इन्कार करता था, और जो भी सभ्यता तब्दीली की राह में रुकावट डालती है, उसका ह्रास होता है। यह समाज, जिस ढंग का भी था, अब उसका रचनात्मक काम खत्म हो चुका था। तब्दीली को आना ही था।

उस ज़माने में अंग्रेज़ सियासी नज़र से कहीं ज़्यादा तरक़्क़ीयाफ्ता थे। उनके यहां राजनैतिक क्रांति हो चुकी थी और उन्होंने अपने राजा की ताक़त से ऊपर पार्लामेंट की ताक़त क़ायम कर ली थी। उनके मध्य वर्ग के लोग, अपनी नई शक्ति की चेतना रखते हुए, खूब फैलना चाहते थे। यह जीवनी-शक्ति और स्फूर्ति, जो तरक़्क़ी करनेवाले और प्रगतिशील समाज के लक्षण हैं, इंग्लिस्तान में साफ़ तौर पर दिखाई देते हैं। ये कई तरीक़ों पर सामने आते हैं, सबसे ज़्यादा उन ईजादों और खोजों में सामने आते हैं, जिन्होंने औद्योगिक क्रांति का आह्वान किया।

यह सब होते हुए भी, अंग्रेज़ी शासक वर्ग कैसा था? अमरीका के मशहूर इतिहासकार, चार्ल्स और मेरी बेयर्ड, ने हमें बताया कि अमरीका की क्रांति की कामयाबी ने अमरीका के शाही सूबों से किस तरह अंग्रेज़ी शासक वर्ग को अचानक दूर कर दिया–"यह वर्ग एक वहशियाना जाब्ता फ़ौजदारी का आदी था, और आदी था एक तंग, ग़ैर-रवादार शिक्षण की व्यवस्था का; नौकरियों और विशेषाधिकारों के एक बड़े समूह के रूप में कल्पित हुकूमत का; खेतों और दुकानों में मेहनत करनेवाले मर्दों और औरतों को हिक़ारत से देखने का; जनता को शिक्षा देने से इन्कार का; एक क़ायमशुदा मज़हब को मुनकिरों और कैथलिकों पर लादने का; देहातों और गांवों में ज़मींदारों और पादरियों के राज का फ़ौज और जहाज़ी नौकरियों में बेरहमी और अत्याचार का; ज़मींदारों की हुकूमत की रोक-थाम करने वाली उस प्रथा का, जिसमें जेठे बेटे को विरासत का हक़दार माना जाता है; पदों, निठल्ले ओहदों और पेन्शनों की ख़ातिर राजा की चापलूसी में लगे हुए झुंड के झुंड भुक्कड़ लोगों का; और मज़हब और राज की ऐसी व्यवस्था का, जो घमंड और लूट के इस बड़े ढेर के बोझ को जनता पर लादती है। अंग्रेजी राजा की नौ-आबादियों की प्रजा की इस बोझ के पहाड़ से अमरीका के क्रांतिकारियों ने रक्षा की। इस मुक्ति के दस-बीस साल के भीतर उन्होंने क़ानून और नीति में वे सुधार कर लिए, जिनके लिए मातृ-देश (इंग्लिस्तान) में सौ या इससे ज़्यादा साल के बराबर आंदोलन की ज़रूरत पड़ी-और जिनकी बदौलत इन सुधारों के लिए आंदोलन करनेवाले राजनीतिज्ञों को अंग्रेज़ी इतिहास में अमर स्थान दिया गया।"[81]

अमरीकी आज़ादी के ऐलान पर, जो आज़ादी के इतिहास की एक उल्लेखनीय घटना है, 1776 में दस्तख़त हुए थे, और छः साल बाद नो-आबादियां इंग्लिस्तान से अलग हो गई। तब उनकी असली मानसिक, आर्थिक और समाजी क्रांति शुरू हुई। अंग्रेज़ों की प्रेरणा से इंग्लिस्तान के नमूने पर ज़मीन की जो व्यवस्था क़ायम हो गई थी, वह बिलकुल बदल दी गई। बहुत-से विशेषाधिकार खत्म कर दिये गए और बड़ी ज़मींदारियों को ज़ब्त करके उन्हें

---

81. 'दि राइज़ ऑव अमेरिकन सिविलाइज़ेशन' (1928), जिल्द 1, पृ० 292।

टुकड़ों में बांट दिया गया। जागरण और दिमाग़ी और आर्थिक सर-गरमी और उद्योग का एक जोशीला ज़माना आया। सामंतवादी निशानियों से और विदेशी अधिकार से मुक्त होकर आज़ाद अमरीका ने तरक़्क़ी के लंबे डग भरे।

फ्रांस में, बड़ी क्रांति ने बैस्तील के क़ैदखाने को, जो पुरानी व्यवस्था का प्रतीक था, तोड़ डाला, और राजा और सामंतवाद को अटाकर दुनिया के सामने इन्सानी हक़ों का ऐलान किया।

फिर इस वक़्त इंग्लिस्तान में क्या हुआ? अमरीका और फ्रान्स की इन इन्कलावी तब्दीलियों से दहशत खाकर, इंग्लिस्तान और भी प्रतिक्रियावादी हो गया और उसका भयानक और बर्बर जाब्ता फ़ौजदारी और भी वहशियाना बन गया। सन 1760 में जब तीसरा जार्ज गद्दी पर बैठा, तब 160 ऐसे जुर्म थे, जिनके लिए मर्दों, औरतों और बच्चों को मौत की सज़ा मिल सकती थी। जब 1820 में उसका राज्य-काल ख़त्म हुआ, तब इस भयानक सूची में क़रीब सौ ऐसे जुर्म और जुड़ चुके थे, जिनके लिए मौत की सजा क़रार दी गई थी। ब्रिटिश फ़ौज के आम सिपाही के साथ ऐसा बरताव किया जाता था, जैसा जानवरों के साथ भी न होता हो। ऐसी बेदर्दी और बेरहमी बरती जाती थी कि रोंगटे खड़े होते हैं। मौत की सज़ाएं आम थीं, और उससे भी ज़्यादा आम था 'सरे-आम कोड़े लगाने' का रिवाज। सैकड़ों कोड़े तक लगाये जाते थे, यहांतक कि या तो मौत ही हो जाती थी, या ज्यों-त्यों बच गये, तो सज़ा पानेवालों के कुचले हुए जिस्म मरने के दिन तक इस दंड की कहानी कहते रहते थे।

इस मामले में और बहुत-सी और बातों में, जिनका इन्सानियत और व्यक्ति की प्रतिष्ठा से संबंध है, हिंदुस्तान कहीं आगे था और उसकी तहज़ीब कहीं ऊंची थी। उस ज़माने में हिंदुस्तान में इंग्लैंड या यूरोप के मुक़ाबले में ज़्यादा साक्षरता थी, अगरचे तालीम का ढर्रा पुराना था। शायद नागरिक सुविधाएं भी ज़्यादा थीं। यूरोप में आम जनता की दशा बहुत पिछड़ी हुई थी और हिंदुस्तान की जनता की हालत के मुक़ाबले में अच्छी न थी। लेकिन सबसे भारी फ़र्क़ यह था कि पच्छिमी यूरोप में नई ताक़तें और ज़िंदा धाराएं साफ तौर पर काम कर रही थीं और उनके साथ-साथ तब्दीलियां पैदा हो रही थी; हिंदुस्तान में स्थिति कहीं ज्यादा स्थिर और गतिहीन थी।

इंग्लिस्तान का हिंदुस्तान में आगमन हुआ। 1600 में, जब रानी एलिज़ाबेथ ने ईस्ट इंडिया कंपनी को परवाना दिया, उस वक़्त शेक्सपियर जिंदा था और उसका लिखना जारी था। 1611 में इंजील का मंजूरशुदा अंग्रेज़ी तरजुमा निकला; 1608 में मिल्टन का जन्म हुआ, उसके बाद हैंपडेन और क्रामवेल सामने आये और राजनैतिक क्रांति हुई। 1660 में इंग्लिस्तान की रायल सोसायटी क़ायम हुई, जिसने विज्ञान को तरक़्क़ी देने में इतना हिस्सा लिया। सौ साल बाद, 1760 में, कपड़ा बुनने की तेज़ ढरकी की ईज़ाद हुई, उसके बाद जल्दी-जल्दी, एक-एक करके, कातने की कल, भाप के इंजन और मशीन के करघे निकले।

इंग्लिस्तान के इन दो रूपों में कौन-सा इंग्लिस्तान हिंदुस्तान में आया? शेक्सपियर और मिल्टनवाला; उदार बातों और लेखों और बहादुरी के कारनामोंवाला; राजनैतिक क्रांति और आज़ादी के हक़ में लड़ाई करनेवाला; विज्ञान और उद्योग की तरक्क़ी को आगे बढ़ानेवाला इंग्लिस्तान यहां आया, या वहशियाना जाब्ता फ़ौजदारीवाला, बर्बर व्यवहार करनेवाला और सामंतवादी और प्रतिक्रियावादी इंग्लिस्तान आया?—क्योंकि इंग्लिस्तान के दो रूप रहे हैं, जिस तरह हर एक मुल्क में जातीय चरित्र और तहज़ीब के दो पहलू होते हैं। एडवर्ड टामसन ने लिखा है- "हमारी सभ्यता की सबसे ऊंची और आम सतहों के बीच इंग्लिस्तान में हमेशा एक बड़ा फ़र्क़ रहा है, मुझे बड़ा शक है कि इस तरह की चीज़ और भी किसी मुल्क में–जिससे हम अपना मुक़ाबला करना चाहेंगे- है या नहीं और यह फ़र्क़ इतनी धीमी रफ़्तार से घट रहा है कि अकसर यह जान पड़ता है कि यह घट ही नहीं रहा है।"[82]

दोनों इंग्लिस्तान एक-दूसरे पर असर डालते हुए साथ-साथ चल रहे हैं, और एक- दूसरे से जुदा नहीं किये जा सकते; न यही हो सकता था कि इनमें से एक दूसरे को बिलकुल भुलाकर हिंदुस्तान में आये। फिर भी हर बड़े अमल में एक ही आगे आता है और दूसरे पर हावी रहता है; और यह लाज़िमी था कि हिंदुस्तान में यह ग़लत किस्म का इंग्लिस्तान अपना खेल खेले और इस रविश में ग़लत किस्म के हिंदुस्तान से उसका संपर्क हो और इसे बढ़ावा मिले।

संयुक्त राज्य अमरीका की आज़ादी का क़रीब-क़रीब वही ज़माना है, जो हिंदुस्तान का आज़ादी खोने का है। पिछली डेढ़ सदियों पर नज़र डालते हुए एक हिंदुस्तानी, किस क़दर लालच-भरी और ख़्वाहिश -भरी निगाहों से उस बड़ी तरक्क़ी को देखता है, जो अमरीका ने इस ज़माने में कर ली है और इसका मुक़ाबला उन बातों से करता है, जो हिंदुस्तान में हुई हैं, या नहीं हो पाई हैं। बिला शक यह सही है कि अमरीकियों में बहुत-से गुण हैं, और हममें बहुत-सी कमज़ोरियां हैं, और अमरीका में बिलकुल नया मैदान था, और उन्हें बिलकुल आरंभ से ही शुरुआत करनी थी, जबकि हम पुरानी यादों और परंपराओं से जकड़े हुए थे। शायद फिर भी यह बात कल्पना में आनेवाली नहीं है कि अगर ब्रिटेन ने (उसी के शब्दों में) हिंदुस्तान का यह भारी बोझ न संभाला होता और हमें इतने लंबे अरसे तक ख़ुदमुख़्तारी की मुश्किल कला, जिससे हम इतने गैर-वाक़िफ़ थे, सिखाने की कोशिश न की होती, तो हिंदुस्तान न महज़ ज़्यादा आज़ाद और खुशहाल होता, बल्कि विज्ञान और कला में, और उन सभी बातों में, जो ज़िंदगी को जीने के क़ाबिल बनाती हैं, कहीं ज़्यादा तरक़्क़ी कर चुका होता।

❒

---

82. 'मेकिंग ऑव इंडियन प्रिंसेज' (1493) पृ० 264।

7. आखिरी पहलू-1

ब्रिटिश शासन का मज़बूत पड़ना और राष्ट्रीय-आंदोलन का उदय

1. साम्राज्य की विचारधारा:नई जाति

एक अंग्रेज़ ने, जो हिंदुतान से और उसके इतिहास से खूब वाक़िफ़ है, यह लिखा है कि "शायद और किसी चीज़ के मुक़ाबले, जो हमने की हो, हमारा हिंदुस्तान के इतिहास को लिखना ज़्यादा खलता है।" हिंदुस्तान की ब्रिटिश हुकूमत के इतिहास में हिंदुस्तान को सबसे ज़्यादा बुरा क्या लगता है, यह कहना मुश्किल है। फ़हरिस्त लंबी है और उसमें कई तरह की बातें हैं। लेकिन यह सच है कि हिंदुस्तान के इतिहास का, और ख़ासतौर से ब्रिटिश-युग का अंग्रेज़ों द्वारा बयान बेहद बुरा लगता है। क़रीब-क़रीब हमेशा ही इतिहास विजेताओं द्वारा लिखा जाता है और उसमें उनका नज़रिया मिलता है, या कम-से-कम विजेता के बयान को प्रधानता दी जाती है और वही सबसे ऊपर माना जाता है। बहुत मुमकिन है कि हिंदुस्तान में आर्यों के बारे में शुरू के जो बयान मिलते हैं, उनमें यानी पुराणों और परंपराओं में, आर्यों की बड़ाई की गई हो और विजित जनता के प्रति बेइन्साफ़ी हुई हो। कोई शख़्स अपने-आपको जातीय दृष्टिकोण या सांस्कृतिक पाबंदियों से बिलकुल बचा नहीं सकता, और जिस वक़्त जातियों या देशों के बीच झगड़ा होता है, उस वक़्त ग़ैर-तरफ़दारी की कोशिश को भी अपनी जनता के प्रति विश्वास घात समझा जाता है। इस झगड़े की एक हद दर्जे की मिसाल है लड़ाई। उसमें जहांतक दुश्मन क़ौम का सवाल है, सारी ग़ैर-जानिबदारी और सारा इन्साफ़ उठाकर ताक में रख दिया जाता है। दिमाग़ अनुदार होता जाता है और सिवाय एक चीज़ के उसमें और हर एक चीज़ के लिए दरवाज़ा बंद हो जाता है। उस वक़्त की सबसे बड़ी ज़रूरत है अपने कामों को ठीक और ठहराना और दुश्मन के कामों की निंदा करना और उनको काला करके सामने लाना। किसी बहुत ही गहरे कुंए के तले में सत्य छिपा रहता है और झूठ को खुल्लम-खुल्ला बेशर्मी से अहमियत दी जाती है।

उस वक़्त भी, जबकि खुले तौर पर लड़ाई चालू नहीं होती, मुख़ालिफ़ देशों और स्वार्थों में अकसर छिपा हुआ युद्ध और संघर्ष चलता रहता है। और उस देश में जहां हुकूमत विदेशी हो, यह संघर्ष तो जन्म-जात होता है और बराबर चलता रहता है। जनता के दिमाग़

पर उसका असर होता है और उसके विचारों और काम-काज की धारा बदल जाती है। युद्ध की ज़हनियत कभी भी बिलकुल ग़ायब नहीं होती। पुराने वक़्तों में, जब युद्ध और उसके नतीजों को—यानी किसी भी जनता की हार, उसकी गुलामी और उसके प्रति नृशंसता को—घटना चक्र की एक स्वाभाविक सी बात समझा जाता था, तब उनको ढकने या किसी दूसरे दृष्टिकोण से उचित ठहराने की कोई ख़ास ज़रूरत नहीं थी ऊंचे मापदंड की तरक़्क़ी के साथ चीज़ों को न्याय्य ठहराने की ज़रूरत पैदा हो गई है और इसकी वजह से कभी-कभी तो जान-बूझकर, लेकिन ज़्यादातर अनजान में, चीज़ों को तोड़ा-मरोड़ा जाता है। इस तरह पाखंड नेकी को सराहता है और एक कोफ़्त पैदा करनेवाले सदाचार का और बुरे कामों का मेल-जोल दिखता है।

किसी भी देश में, ख़ासतौर से हिंदुस्तान-जैसे बड़े देश में, जहां का इतिहास जटिल है और जहां मिली-जुली संस्कृतियां हैं, यह हमेशा मुमकिन है कि ऐसे तथ्य और ऐसी प्रवृत्तियां निकल आयें, जिनसे कोई एक निश्चित मत तर्कसंगत मालूम पड़े, और तब वहां नई दलील के लिए उसको बुनियाद मान लिया जाता है। अपनी समानताओं और निश्चित मापदंड के बावजूद भी अमरीका विरोधात्मक बातों का देश कहा जाता है। फिर हिंदुस्तान में ये विरोधात्मक बातें और विषमताएं कितनी ज़्यादा भरी होंगी! किसी भी दूसरी जगह की तरह हमको यहां वह चीज़ मिल जायगी, जिसकी हमको तलाश है और तब इस पूर्व- निश्चित आधार पर हम सम्मतियों और धारणाओं का एक इमारत तैयार कर सकते हैं। लेकिन फिर भी उस इमारत की बुनियाद झूठी होगी और असलियत की सही तस्वीर सामने नहीं आयगी।

मौजूदा ज़माने का हिंदुस्तान का इतिहास, यानी ब्रिटिश-युग का इतिहास, आजकल की घटनाओं से इतना ज़्यादा जुड़ा हुआ है कि उसका मतलब लगाने में हमारे ऊपर आजकल की तरफ़दारियों और जज़्बों का एक ज़बरदस्त असर होता है। इस बात की संभावना है कि अंग्रेज़ और हिंदुस्तानी दोनों ही ग़लती करें, हालांकि यक़ीनी तौर पर उनकी ग़लतियां विरोधी दिशाओं में होंगी। उन काग़ज़ातों और उल्लेखों का ज़्यादातर हिस्सा, जिससे इतिहास की शक़्ल तैयार होती है, और वह लिखा जाता है, ब्रिटिश ज़रियों से आता है और उसमें लाज़िमी तौर पर ब्रिटिश नज़रिया होता है। ठीक उन्हीं परिस्थितियों ने, जिनसे हार और फूट हुई, इस कहानी के हिंदुस्तानी पक्ष का उचित बयान होने से रोक दिया और जो कुछ भी काग़ज़ात थे, उनको 1856 के महान विद्रोह में नष्ट कर डाला गया। जो कुछ काग़ज़ात बच रहे, वे घरों में छिपा दिये गए और इस डर से कि नुक़सान पहुंच सकता है, वे प्रकाशित न हो सके। वे कागजात अलग-अलग बिखरे रहे; उनके बारे में किसी को खबर भी नहीं थी और उनमें से ज़्यादातर उन कीड़े-मकोड़ों के हमले की वजह से, जिनकी देश में कोई कमी नहीं है, हस्तलिखित हालत में ही बरबाद हो। एक बाद के ज़माने में, जब इनमें से कुछ काग़ज़ात पाये गए, तो उन्होंने कितनी ही ऐतिहासिक घटनाओं पर एक नई रोशनी डाली, यहांतक कि अंग्रेज़ों के लिखे हिंदुस्तानी इतिहास में भी कुछ रद्द-बदल हुई और हिंदुस्तानी

धारणाएं, जो अकसर ब्रिटिश धारणाओं से जुदा होती थीं, बनीं। इन धारणाओं के पीछे उन स्मृतियों और परंपराओं का अंबार था, जो बहुत गुज़रे ज़माने का नहीं था, बल्कि उस वक़्त का था, जब हमारे दादा और परदादा उन घटनाओं के साक्षी और कभी-कभी शिकार थे। इतिहास के रूप में इस परंपरा की क़ीमत चाहे न हो, फिर भी उसका महत्त्व है, क्योंकि उससे आज के हिंदुस्तानी दिमाग़ की पृष्ठभूमि समझने में मदद मिलती है। हिंदुस्तान में अंग्रेजों की निगाह में जो बदमाश था, वह हिंदुस्तानियों के लिए अकसर एक नायक होता था, और वे लोग, जिनको अंग्रेज़ों ने खुश होकर इज्जत बख़्शी, ज़्यादातर हिंदुस्तानियों की निगाह में देशद्रोही रहे और वह धब्बा उनके वारिसों पर लगा आता है।

अमरीका के इन्क़लाब का हाल अंग्रेज़ों और अमरीकियों ने अलग-अलग ढंग से लिखा है, और आज भी, जब पुराना आवेश ठंडा पड़ गया है और जब दोनों राष्ट्रों में दोस्ती है, हर एक पक्ष का बयान दूसरे पक्ष को बुरा मालूम देता है। खुद हमारे ही वक़्त में, बहुत-से मशहूर अंग्रेज़ राजनीतिज्ञों के लिए लेनिन एक राक्षस और लुटेरा था, फिर भी करोड़ों आदमियों ने उसको एक उद्धार करनेवाला माना है और वे उसको इस युग का सबसे बड़ा आदमी कहते हैं। इस मुक़ाबले में हमको हिंदुस्तानियों की नाराज़गी की हलकी-सी झलक मिल जायगी, जो उनको उस वक़्त होती है, जब उन्हें स्कूलों और कालेजों में उस इतिहास को पढ़ने के लिए मजबूर किया जाता है, जो हिंदुस्तान के गुज़रे ज़माने की हर तरह से निंदा करता है, जो उन लोगों पर कलंक लगाता है, जिनकी याद इन लोगों को प्रिय और सुखद है और जो हिंदुस्तान में ब्रिटिश हुकूमत के लाभों की बड़ाई करता है और उनका आदर करता है।

एक बार अपने शिष्ट व्यंग्यपूर्ण ढंग से गोपाल कृष्ण गोखले ने विधाता की उस अगम्य बुद्धि की चर्चा की, जिसने हिंदुस्तान का अंग्रेज़ों से संपर्क रचा। चाहे यह उस अगम्य बुद्धि की वजह से हो, चाहे यह ऐतिहासिक भाग्य की किसी प्रक्रिया की वजह से हो, या सिर्फ़ एक संयोग हो, हिंदुस्तान में अंग्रेज़ों के आने की वजह से बिलकुल मुख़्तलिफ़ जातियां एक-दूसरे के पास आ गईं; या यों कहिये कि उन दोनों को पास आना चाहिए था, लेकिन जो कुछ हुआ, वह यह था कि वे शायद ही एक-दूसरे की तरफ़ बढ़ी हों और उनके आपसी संपर्क सीधे नहीं थे, बल्कि घुमा-फिराकर पैदा हुए थे। उन थोड़े-से आदमियों पर, जिहोंने अंग्रेज़ी पढ़ ली थी, अंग्रेज़ी साहित्य और अंग्रेज़ी राजनैतिक विचारों का असर हुआ। हालांकि इन राजनैतिक विचारों का अपनी जगह ज़ोर था, फिर भी उस वक़्त हिंदुस्तान में उनकी कोई असलियत नहीं थी। जो अंग्रेज़ हिंदुस्तान में आये थे, वे राजनैतिक या सामाजिक क्रांतिकारी नहीं थे। वे लोग तो अनुदार और रूढ़िवादी थे और वे इंग्लैंड के सबसे ज़्यादा प्रतिक्रियावादी सामाजिक वर्ग की नुमाइंदगी करते थे और कुछ मानों में तो इंग्लैंड खुद यूरोप के देशों में सबसे ज़्यादा अनुदार था।

हिंदुस्तान पर पच्छिमी तहज़ीब का आघात एक गतिशील समाज और 'आधुनिक

चेतना का एक ऐसे गतिहीन समाज पर आघात था, जो मध्य युगीन विचारधारा से बंधा हुआ था और जो अपने ढंग से कितना ही तरक़्क़ी-याफ़्ता या रंगा-चुना हो, अपनी जन्मजात ख़ामियों की वजह से तरक़्क़ी नहीं कर सकता था। और फिर भी यह एक अजीब-सी बात है कि इस ऐतिहासिक प्रक्रिया के नुमाइंदे हिंदुस्तान में अपने इस उद्देश्य से बिलकुल बेखबर ही नहीं थे, बल्कि एक वर्ग के रूप में उनमें ऐसी किसी प्रक्रिया का प्रतिनिधित्व ही नहीं था। इंग्लैंड में इनके वर्ग ने ऐतिहासिक प्रक्रिया का विरोध किया, किंतु विरोधी ताक़तें बहुत ज़बरदस्त थीं और उनको रोका नहीं जा सका। हिंदुस्तान में उनके लिए खुला मैदान था और वे उस तरक़्क़ी और परिवर्तन पर रोक लगाने में कामयाब हुए, जिसकी एक बड़े दायरे में वे नुमाइंदगी करते थे। हिंदुस्तान के सामाजिक प्रतिक्रियावादी समुदायों को उन्होंने बढ़ावा दिया और उनकी स्थिति को मज़बूत किया और उन सब लोगों का, जो राजनैतिक और सामाजिक रद्दो-बदल चाहते थे, विरोध किया। जो कुछ रद्दो-बदल हुई भी, वह तो उनके बावजूद थी या वह उनकी दूसरी कार्रवाइयों के आकस्मिक नतीजे की तरह थी। भाप के इंजन और रेल की शुरुआत मध्ययुगीन ढांचे में रद्दोबदल की तरफ़ एक बड़ा क़दम था, लेकिन उसमें अंग्रेज़ों का इरादा अपने राज्य को सुदृढ़ करने का था, और वे उससे देश के अंदरूनी हिस्सों को अपने फ़ायदे के लिए और चूसने में सुविधा चाहते थे। हिंदुस्तान में ब्रिटिश अधिकारियों की नीति और उसके कुछ आकस्मिक नतीजों में एक विरोध है और उससे उलझन पैदा होती है और ख़ुद वह नीति ढंक जाती है। पश्चिम के इस आघात की वजह से हिंदुस्तान में रद्दो-बदल तो हुई, लेकिन वह हिंदुस्तान के अंग्रेज़ों के बावजूद हुई। वे लोग उस रद्दो-बदल की रफ़्तार को धीमा करने में कामयाब हुए और इस हद तक कि आज भी वह रद्दो-बदल पूरी नहीं हो पाई है।

सामंतवादी ज़मींदार और उनके भाई-बंद, जो इंग्लैंड से हिंदुस्तान में हुकूमत करने के लिए आये, दुनिया के ऊपर एक सामंतवादी नज़र रखते थे। उनके लिए हिंदुस्तान एक बहुत बड़ी जागीर थी, जिसकी मालिक ईस्ट इंडिया कंपनी थी और ज़मींदार अपनी जागीर और अपने काश्तकारों का सबसे अच्छा और स्वाभाविक नुमाइंद्रा था। जब ईस्ट इंडिया कंपनी ने हिंदुस्तान की अपनी इस जागीर को ब्रिटिश बादशाह को सौंप दिया, तो हिंदुस्तान के खर्चे पर उसे एक बहुत बड़ी रकम हरजाने के तौर पर दी गई, लेकिन वह नज़रिया उसके बाद भी बराबर बना रहा। (और उस वक़्त से हिंदुस्तान कर्ज़दार बना। यह हिंदुस्तान की ख़रीद की क़ीमत थी, जो खुद हिंदुस्तान ने दी थी) और तब हिंदुस्तान की ब्रिटिश सरकार ज़मींदार (या ज़मींदार का कारिंदा) बन गई। हर अमली व्यवहार में वह सरकार अपने-आपको हिंदुस्तान समझती, ठीक उसी तरह से, जैसे ड्यूक ऑव डेवनशायर को उसके साथी 'डेवनशायर' समझ सकते हैं। वे करोड़ों आदमी, जो हिंदुस्तान में रहते थे और काम करते थे, वे तो सिर्फ़ ज़मींदार के किसी-न-किसी ढंग के काश्तकार थे, जिनको अपना किराया या कर देना होता था और जिनको स्वाभाविक सामंतवादी ढांचे में अपनी जगह रखनी होती थी। उस ढांचे को

चुनौती देना उनके लिए विश्व के नैतिक आधार के ख़िलाफ़ एक गुनाह था। उसके मानी थे दैवी विभाजन से इन्कार।

हिंदुस्तान में ब्रिटिश हुकूमत के बारे में ऐसी धारणा बुनियादी तौर पर बदला नहीं है; हालांकि अब उसको दूसरे ढंग से ज़ाहिर किया जाता है। वह पुराना तरीक़ा, जिसमें खुले तौर पर मनमाना कर वसूल किया जाता था, अब बदल गया है और उसकी जगह टेढ़े और होशियार तरीक़ों ने ले ली है। यह बात मानी गई कि ज़मींदारों को अपने किसानों का हितैषी होना चाहिए और उनके हितों को लाभ पहुंचाने की कोशिश करनी चाहिए। यह बात भी मान ली गई कि ज़्यादा सच्चे और नमकहलाल काश्तकार को तरक़्क़ी देकर जागीर के दफ़्तर में जगह देनी चाहिए। लेकिन ज़मींदारी प्रथा के लिए कोई चुनौती बरदाश्त नहीं की जा सकती थी। जागीर का काम पहले ही की तरह चलता रहना चाहिए, चाहे उसमें कुछ काम करनेवाले लोग बदल जायं। जब घटनाओं के दबाव ने किसी रद्दो- बदल को लाज़िमी बना दिया, तो इस बात की शर्त लगाई गई कि जागीर के दफ़्तर के सब नमकहलाल नौकरों की जगह बराबर बनी रहे, ज़मींदार के पुराने और नये दोस्तों, साथियों और अनुयायियों के लिए इंतज़ाम हो, पुराने नौकरों को पेन्शनें बराबर मिलती रहे और पुराना जमींदार खुद अब जागीर के कृपालु पोषक और सलाहकार की तरह काम करे और इस तरह बुनियादी रद्दो-बदल ला सकनेवाली कोशिशों पर ही पानी फिर जाय।

हिंदुस्तान के हितों को अपने हितों से एक करके दिखाने की भावना ऊंची प्रशासनिक सेवाओं में, जो पूरी तरह ब्रिटिश हाथों में थी, सबसे ज़्यादा तेज़ थी। बाद के बरसों में ये सेवाएं उस गुथी हुई और सुसंगठित संस्था में परिणत हो गईं, जिसे इंडियन सिविल सर्विस का नाम मिला है। एक अंग्रेज़ लेखक के शब्दों में यह "दुनिया की सबसे ज़्यादा मज़बूत 'ट्रेड यूनियन' है।" वे हिंदुस्तान का संचालन करते थे, वे ख़ुद हिंदुस्तान थे और कोई भी चीज़ जो उनके हितों को चोट पहुंचाती थी, लाज़िमी तौर पर हिंदुस्तान के लिए घातक होनी चाहिए। इंडियन सिविल सर्विस के ज़रिये से और उस इतिहास से, जो ब्रिटिश जनता के सामने रखा गया, उसके अलग-अलग स्तरों में यही धारणा अलग-अलग हद तक फैल गई। हुकूमती वर्ग तो क़ुदरती तौर पर बिलकुल इसी तरह सोचता था, लेकिन मज़दूरों और किसानों पर भी कुछ हद तक इसका असर हुआ और हालांकि अपने ही देश में उनकी एक नीची जगह थी, फिर भी उन्होंने हुकूमत और साम्राज्य का घमंड महसूस किया। वही मज़दूर और किसान जब हिंदुस्तान में आता, तो वह यहां लाज़िमी तौर पर हुकूमती वर्ग का हो जाता। हिंदुस्तान के इतिहास और उसकी संस्कृति से वह बिलकुल अनजान होता और वह हिंदुस्तान के अंग्रेज़ों में प्रचलित विचारधारा को ही मंज़ूर कर लेता, क्योंकि जांचने या लागू करने के लिए उसके पास कोई दूसरा मापदंड नहीं होता था। ज़्यादा-से-ज्यादा उसमें एक धुंधली नेकनीयती होती, लेकिन वह भी उस ढांचे के अंदर सख़्ती से जकड़ी हुई होती। सौ साल तक यह विचारधारा ब्रिटिश जनता के हर हिस्से में पैठती रही और एक क़ौमी विरासत बन गई। यह एक निश्चित

और अविचल धारणा थी, जो हिंदुस्तान के सिलसिले में उनके दृष्टिकोण का संचालन करती और उसने एक अप्रकट तरीक़े से उनके घरेलू नज़रिये पर भी असर डाला। खुद हमारे ही युग में वह विचित्र समुदाय, जिसके पास कोई निश्चित मापदंड या सिद्धांत नहीं है और जिसकी बाहरी दुनिया की ज़्यादा जानकारी नहीं है, यानी ब्रिटिश मज़दूर पार्टी के नेतागण, हिंदुस्तान की मौजूदा व्यवस्था के सबसे ज़्यादा कट्टर समर्थक रहे हैं। कभी-कभी उन्हें अपनी घरेलू और औपनिवेशिक नीति में, अपनी बातों और अपने व्यवहार में विरोध दिखाई देता और उनमें एक धुंधली सी बेचैनी भर जाती है। लेकिन चूंकि वे अपने को ख़ासतौर से सहज बुद्धि वाला व्यावहारिक आदमी समझते हैं, अपने अंतरतम की सारी उथल-पुथल को वे सख़्ती से दबा देते हैं। व्यावहारिक आदमियों को लाज़िमी तौर पर अपने-आपको किसी परिचित या स्थापित परिपाटी की बुनियाद पर ही खड़ा करना चाहिए; किसी ऐसे सिद्धांत या नियम के लिए, जिसकी जांच-पड़ताल न हुई हो—उन्हें अंधेरे में छलांग न मारनी चाहिए।

वाइसरायों को, जो हिंदुस्तान में इंग्लैंड से सीधे ही आते हैं, इंडियन सिविल सर्विस के ढांचे से मेल बिठाना होता है और उन्हीं पर निर्भर रहना पड़ता है। इंग्लैंड के अधिपति और शासक वर्ग का होने की वजह से उनको प्रचलित आई०सी०एस० दृष्टिकोण को अपनाने में कोई दिक़्क़त नहीं होती और निरंकुश सत्ता, जिसकी कहीं और मिसाल नहीं मिलेगी, उनके तरीक़ों और अभिव्यक्ति के ढंग में बारीक रद्दो-बदल पैदा करती है अधिकार आदमी को बिगाड़ देता है, लेकिन निरंकुश अधिकार तो बिलकुल ही बिगाड़ देता है और आज की विस्तृत दुनिया में न तो किसी आदमी को इतनी बड़ी जनता पर ऐसा निरंकुश अधिकार मिला है और न मिलता है, जैसा हिंदुस्तान के ब्रिटिश वाइसराय को है। वाइसराय एक ऐसे ढंग से बातचीत करता है, जिसको न तो इंग्लैंड के प्रधान मंत्री और न संयुक्त राज्य अमरीका के राष्ट्रपति ही अपना सकते हैं। अगर उसकी कोई दूसरी मुमकिन मिसाल हो सकती है, तो वह हिटलर की है। और यह बात सिर्फ़ वाइसराय में ही नहीं है, बल्कि उसकी कौन्सिल के अंग्रेज़ सदस्यों में, गवर्नरों में, यहांतक कि उन छुटभइयों में भी हैं, जो मजिस्ट्रेट या महकमों के सेक्रेटरियों की हैसियत से काम करते हैं। वे एक ऐसी ऊंची चोटी से बातचीत करते हैं, जहां पहुंचा नहीं जा सकता और उनको सिर्फ़ इस बात का ही पक्का यक़ीन नहीं होता कि जो कुछ वे कहते या करते हैं, वह सही है, बल्कि इस बात का भी कि जो कुछ वे कहते या करते हैं, उसके बारे में मृत्युलोक के अदने प्राणी चाहे कुछ भी सोचें, उनको उसे सही मानना होगा, क्योंकि ताक़त और शान उन्हीं की है।

वाइसराय की कौन्सिल के कुछ मेंबरों की नियुक्ति सीधे इंग्लैंड से ही होती है और वे इंडियन सिविल सर्विस के मेंबर नहीं होते। आमतौर पर उनके तरीक़ों में और सिविल सर्विसवालों के तरीक़ों में एक फ़र्क़ होता है। उस ढांचे में वे काम तो काफ़ी आसानी से करते हैं, लेकिन उनमें पूरी तरह से सुनिश्चित सत्ता की श्रेष्ठ और आत्म-संतोषी गंध नहीं होती। कौन्सिल के हिंदुस्तानी मेंबरों में (जो अभी हाल ही में जोड़े गए हैं), जो ज़ाहिरा बड़े लोग

हैं, चाहे जितने या जैसे अक़्लमंद हों, यह बात और भी कम होती है। चाहे उनका ओहदा कितना ही बड़ा क्यों न हो, जो हिंदुस्तानी सिविल सर्विस में हैं, वे उस विशेष दायरे में नहीं होते। उनमें से कुछ अपने साथियों की नक़ल करने की कोशिश करते हैं, लेकिन कोई ज़्यादा कामयाबी के साथ नहीं। उनमें एक ऐसा दिखावा आ जाता है कि वे हँसी के पात्र हो जाते हैं।

मेरा ऐसा ख़याल है कि इंडियन सिविल सर्विस के अंग्रेज़ मेंबरों की नई पीढ़ी पिछले लोगों से विचारों और सरिश्ते में कुछ दूसरे ढंग की है। पुराने ढांचे से वे आसानी से मेल नहीं बिठा पाते; लेकिन सारी ताक़त और नीति का दारोमदार पुराने बड़े मेंबरों पर होता है, इसलिए इन नये लोगों की वजह से कोई फ़र्क़ नहीं होता। उनको या तो स्थापित व्यवस्था को मंज़ूर करना होता है और या जैसाकि कभी-कभी हुआ भी है, उनको इस्तीफ़ा देकर अपने घर वापस जाना होता है।

मुझे याद है कि जब मैं लड़का था, उन दिनों हिंदुस्तान के ब्रिटिश-संचालित अख़बार सरकार ख़बरों—नौकरी, तबादला और तरक्क़ी की ख़बरों से भरे रहते थे। उनमें यहां के अंग्रेज़-समुदाय के कार्यक्रम का, पोलो, घुड़-दौड़, नाच और नाटकों का, ही ज़िक्र होता था। हिंदुस्तान की जनता के बारे में, उसके राजनैतिक, सामाजिक, आर्थिक या सांस्कृतिक जीवन के बारे में, शायद ही कोई बात होती। उन अख़बारों के पढ़ने से तो इस बात का अंदाज़ भी नहीं होता था कि कहीं हिंदुस्तानियों का भी अस्तित्व है।

बंबई में चार टीमों में–हिंदू, मुस्लिम, पारसी और यूरोपीयों में–चतुरंगी (क्वाडरैंगुलर) क्रिकेट मैच हुआ करते थे। यूरोपीय टीम को बंबई प्रेसीडेंसी के नाम से पुकारा जाता था; बाक़ी सब टीमें हिंदू, मुस्लिम या पारसी थीं। इस तरह बंबई का प्रतिनिधित्व यूरोपीयों से होता था और ऐसा मालूम पड़ता कि और टीमें तो बाहरी हैं, जिनको क्रिकेट मैच की ख़ातिर मान्यता दी है। ये चतुरंगी मैच अब भी होते रहते हैं और उन पर काफ़ी बहस होती है और अब इस बात की मांग की जाती है कि क्रिकेट टीम का चुनाव धार्मिक बुनियाद पर नहीं होना चाहिए। मेरा ऐसा ख़याल है कि बंबई 'प्रेसीडेंसी टीम' को अब 'यूरोपियन टीम' कहा जाता है।

हिंदुस्तान में अंग्रेज़ी क्लब आमतौर पर प्रादेशिक नामों से पुकारे जाते हैं-मसलन बंगाल क्लब, इलाहाबाद क्लब, वगैरह। वे अंग्रेज़ों या यूरोपीयों तक ही सीमित होते हैं। उनका प्रादेशिक नाम होने पर या इस बात पर कि इनमें प्रवेश एक ख़ास समुदाय का ही होता है और वे बाहरवालों को शामिल करना पसंद नहीं करते, कोई आपत्ति नहीं हो सकती। लेकिन इन नामों की बुनियाद उस ब्रिटिश ख़याल पर है कि वे ही असली हिंदुस्तानी हैं, वे ही असली बंगाल या असली इलाहाबाद हैं, और सब तो सिर्फ़ फ़ालतू लोग हैं, जो अपनी जगह पहचानें, तो उनकी कुछ क़ीमत भी है, नहीं तो उनसे सिर्फ़ परेशानी ही बढ़ती है। ग़ैर-यूरोपीयों का बहिष्कार एक जातीय करण से ज़्यादा होता है, बनिस्बत इस वजह के कि वे लोग, जिनकी संस्कृति एक-सी है, अपनी फ़ुरसत के वक़्त में मनोरंजन या सामाजिक मेल-जोल के मौके पर बाहरी लोगों का दखल नहीं चाहते। मुझे ख़ुद इस बात में कोई आपत्ति

नहीं कि विशुद्ध अंग्रेज़ी या यूरोपीय क्लब हों और शायद ही कोई हिंदुस्तानी उनमें घुसना चाहे। लेकिन जब इस सामाजिक बहिष्कार की बुनियाद साफ़ तौर से जातीयता पर होती है, और जब शासक वर्ग अपनी श्रेष्ठता का दिखावा करता है, हो इसका दूसरा पहलू हो जाता है। बंबई में एक मशहूर क्लब है, जिसमें (सिवाय एक नौकर की हैसियत से) किसी भी हिंदुस्तानी को, चाहे वह किसी देशी रियासत का राजा ही क्यों न हो, या बड़ा उद्योगपति ही क्यों न हो, दर्शकों के कमरे तक में जाने पर प्रतिबंध था। जहांतक मुझे पता है, उस क्लब में इस तरह का प्रतिबंध अब भी है।

हिंदुस्तान में भेद-भाव अंग्रेज़ बनाम हिन्दुस्तानी के रूप में नहीं है। यह ऐसा है कि एक तरफ़ यूरोपीय है; और दूसरी तरफ़ एशियाई। हिन्दुस्तान में हर एक यूरोपीय, चाहे वह जर्मन हो, पोल हो या रूमानियन, खुद-ब-खुद शासक जाति का मेंबर बन जाता है। रेल के डिब्बों पर, स्टेशन पर ठहरने के कमरों पर, पार्कों में बेंचों पर लिखा होता है-"सिर्फ़ यूरोपीयों के लिए।" दक्षिण अफ्रीका में या दूसरी जगहों में ही यह कोई कम बुरी चीज़ नहीं है, लेकिन ख़ुद अपने ही देश में यह चीज़ बहुत ज़्यादा अपमानजनक है और अपनी ग़ुलामी की याद दिलाती है।

यह सच है कि जातीय श्रेष्ठता और शाही अहंकार के इस ऊपरी दिखावे में धीरे-धीरे तब्दीली होती जा रही है, लेकिन रफ़्तार बहुत धीमी है और अकसर ऐसी घटनाएं होती रहती हैं, जिनसे पता लगता है कि यह तब्दीली सतही है। राजनैतिक दबाव और लड़ाकू राष्ट्रीयता के उत्थान से लाज़िमी तौर पर तब्दीली होती है और पुराने भेद-भावों और ज़्यादतियों को इरादतन कम करने की कोशिश होती है; लेकिन फिर जब वह राजनैतिक आंदोलन एक विकट स्थिति में पहुंच जाता है और जब उसको कुचल जाता है, तो फिर वही पुराना साम्राज्यवादी और जातीय अक्खड़पन पूरी तौर पर उभर पड़ता है।

अंग्रेज़ सजग और समझदार होते हैं, लेकिन जब वे दूसरे देशों में जाते हैं, तो उनमें अपने चारों तरफ़ की जानकारी का एक विचित्र अभाव होता है। हिन्दुस्तान में, जहां शासक-शासित संबंध की वजह से असली समझदारी मुश्किल होती है, इस जानकारी का अभाव ख़ासतौर से दिखाई देती है। ऐसा मालूम होता है कि यह सब इरादतन है, ताकि सिर्फ़ वही देखें जो वे देखना चाहते हैं, और बाक़ी सबके लिए आंखें बंद रखें। लेकिन निगाह बचाने से सचाई ग़ायब तो हो नहीं जाती; और जब वह ज़बरदस्ती ध्यान खींचती है, तो इस अप्रत्याशित घटना से इस तरह नाराजगी और झुंझलाहट होती है, मानो कोई चाल चली गई हो।

इस वर्णव्यवस्था के देश में अंग्रेज़ों ने, खासतौर से इंडियन सिविल सर्विसवालों ने, एक नई जाति बनाई, जो बहुत सख्त है और सबसे अलग-थलग रहने वाली है, यहांतक कि उस जाति में सिविल सर्विस के हिंदुस्तानी सदस्य भी असलियत में शामिल नहीं हैं, हालांकि वे उसी का बिल्ला पहने रहते हैं और उसके नियमों का पालन करते हैं। उस जाति में अपनी

निजी ज़बरदस्त अहमियत के बारे में धार्मिक निष्ठा की-सी भावना बन गई है और उस निष्ठा के आस-पास अपना एक पुराण तैयार हो गया है, जो उसे बनाये रखता है। निहित स्वार्थों और निष्ठा का गठबंधन बहुत ताक़तवर होता है और अगर उसे कोई चुनौती दी जाय, तो उससे बड़ी तीखी नफ़रत और नाराज़गी पैदा हो जाती है।

❐

2. बंगाल की लूट से इंग्लैंड की औद्योगिक क्रांति को मदद

सत्रहवीं सदी के शुरू में ईस्ट इंडिया कंपनी को मुग़ल सम्राट से सूरत में एक चालू करने की इजाज़त मिल गई थी। कुछ साल बाद उन्होंने दक्खिन में कुछ ज़मीन ख़रीदी और मद्रास की बुनियाद डाली। सन 1662 में पुर्तगाल की तरफ़ से दहेज़ की शक़्ल में इंग्लैंड के चार्ल्स द्वितीय को बंबई का टापू भेंट दिया गया, और उसने उसे कंपनी को दे दिया। सन् 1690 में कलकत्ते की बुनियाद पड़ी। इस तरह सत्रहवीं सदी के आख़िर तक अंग्रेजों को हिंदुस्तान में पैर रखने की कई जगहें मिल गई थीं और उन्होंने हिंदुस्तानी समुद्र-तट पर अपने कई अड्डे क़ायम कर लिए थे। वे अंदर की तरफ़ धीरे-धीरे बढ़े। सन् 1757 में प्लासी की लड़ाई से पहली बार उनके क़ब्ज़े में एक बहुत बड़ा प्रदेश आया और कुछ ही बरसों में बंगाल, बिहार, उड़ीसा और पूर्वी तट उनके क़ब्ज़े में आ गया। दूसरा बड़ा क़दम क़रीब चालीस साल बाद, उन्नीसवीं सदी के शुरू में उठाया गया और इससे वे दिल्ली के दरवाज़े तक आ पहुंचे। तीसरा अगला बड़ा क़दम 1818 में मराठों की आखिरी हार के बाद था; और सिख युद्ध के बाद 1849 में चौथे क़दम से तस्वीर ही पूरी हो गई।

इस तरह अंग्रेज़ मद्रास के शहर में 200 बरसों से हैं, बंगाल, बिहार वग़ैरह पर उनकी हुकूमत को 187 बरस हो गए; दक्खिन की तरफ़ उन्होंने अपना राज्य क़रीब 145 बरस पहले बढ़ाया। संयुक्त प्रांत, मध्य-हिन्दुस्तान और पच्छिमी हिंदुस्तान में जमे हुए उन्हें क़रीब 125 साल हुए; और पंजाब में वे 95 बरस पहले जमे। (यह हिसाब जून, 1944 से, जब यह किताब लिखी जा रही है, लगाया गया है) मद्रास का शहर एक बहुत छोटा-सा हिस्सा है और अगर उसे छोड़ दें तो, बंगाल और पंजाब के क़ब्ज़े के बीच में सिर्फ़ 100 साल का फ़र्क़ है। इस दौरान में ब्रिटिश नीति और हुकूमती ढंग से बार-बार तब्दीलियां होती रहीं। ये रद्दो-बदल इंग्लैंड की नई तब्दीलियों और हिंदुस्तान में ब्रिटिश राज्य के संगठन को ख़याल में रखते हुए हुई। हर नये जीते हुए हिस्से के साथ व्यवहार इन तब्दीलियों के मुताबिक़ अलग-अलग होता और साथ ही वह इस बात पर भी निर्भर होता कि जिस शासक - समुदाय को अंग्रेज़ों ने हराया था, वह किस ढंग का था। इस तरह बंगाल में, जहां जीत बहुत आसानी से हुई, मुस्लिम ज़मींदारों को शासक वर्ग समझा गया और ऐसी नीति अपनाई गई कि उनकी

ताक़त टूट जाय। दूसरी तरफ़ पंजाब के ताक़त सिखों से छीनी गई थी और वहां अंग्रेज़ों और मुसलमानों में कोई बुनियादी झगड़ा नहीं था। हिंदुस्तान के ज़्यादातर हिस्से में अंग्रेज़ों के विरोधी मराठे रहे थे।

एक ख़ास ध्यान देने की बात यह है कि हिंदुस्तान के वे हिस्से, जो अंग्रेज़ों के क़ब्जे में सबसे ज़्यादा अरसे से रहे हैं, आज सबसे ज़्यादा ग़रीब हैं। असल में एक ऐसा नक़्शा:तैयार किया जा सकता है, जिससे ब्रिटिश राज्य काल के फैलाव और क्रमिक निर्धनता की वृद्धि का घनिष्ठ संबंध प्रकट हो। कुछ बड़े शहरों से या कुछ नये औद्योगिक प्रदेशों से इस जांच में कोई बुनियादी फ़र्क नहीं आता। जो बात ध्यान देने की है, वह यह है कि कुछ मिलाकर आम जनता की हालत क्या है, और इस बात में कोई शक नहीं है कि हिंदुस्तान के सबसे ज़्यादा ग़रीब हिस्से बंगाल, बिहार, उड़ीसा और मद्रास प्रेसीडेंसी के हिस्से हैं। रहन-सहन का सबसे अच्छा मापदंड पंजाब में है। अंग्रेज़ों के अपने से पहले बंगाल निश्चित रूप से एक धनी और समृद्धिशाली प्रांत था। इन विषमताओं के कई कारण हो सकते हैं। लेकिन यह बात समझा पाना मुश्किल है कि बंगाल, जो इतना धनी और समृद्धिशाली था, ब्रिटिश-शासन के 187 वर्षों में, अंग्रेज़ों द्वारा उसकी दशा सुधारने और वहां की जनता को खुदमुख़्तारी की कला सिखाने की ज़बरदस्त कोशिशों के बावजूद आज ग़रीब, भूखे और मरते हुए लोगों का भयानक समूह है।

हिंदुस्तान में ब्रिटिश-शासन का पहला पूरा तजुरुबा बंगाल को हुआ। उस राज्य की शुरुआत खुल्लम-खुल्ला लूट-मार से हुई; और उसमें ज़्यादा-से-ज़्यादा ज़मीन का लगान सिर्फ़ जिंदा किसान से ही नहीं, बल्कि उसके मरने पर भी वसूल किया जाता था। हिन्दुस्तान के अंग्रेज़ इतिहासकार एडवर्ड टामसन और जी.टी. गैस्ट हमको बताते हैं कि "अंग्रेज़ों के दिमाग में दौलत के लिए इतना ज़बरदस्त लालच भरा हुआ था कि कोर्टेज और पिज़ारों के युग के स्पेनवासियों के समय से लेकर आजतक उसकी मिसाल नहीं मिल सकती। खासतौर से बंगाल में तो उस वक़्त तक शांति नहीं हो सकती थी जबतक कि वह चूसते चूसते खोखला न रह जाय। "इसके बाद कितने ही वर्षों तक अंग्रेज़ी व्यवहार की भयंकर आर्थिक अनैतिकता के लिए क्लाइव खासतौर से जिम्मेवार था"[83]-वही क्लाइव, वही साम्राज्य निर्माता, जिसकी मूर्ति लंदन में इंडिया आफ़िस के सामने खड़ी है! यहांतक कि वह वक़्त आया कि बंगाल को अत्यंत भयंकर अकालों ने बरबाद कर दिया। बाद में इस ढर्रे को तिजारत बताया गया, लेकिन उससे क्या असर हाता है?

इस तिजारत को सरकार का नाम दिया गया और तिजारत क्या थी, खुली लूट थी। इस ढंग की मिसाल इतिहास में नहीं है। और यहां यह बात ध्यान में रखने की है कि यह चीज़ अलग-अलग नामों में और अलग-अलग शक़्लों में कुछ वर्षों तक ही नहीं, बल्कि

---

83. एडवर्ड टामसन और जी. टी. गैरेट:'राइज एंड फुलफिलमेंट ऑव ब्रिटिश रूल इन इंडिया' (लंदन, 1935)।

कई पीढ़ियों तक चलती रही। खुली और सीधी लूट-मार की जगह, क़ानूनी हुलिया में, शोषण ने ले ली, और हालांकि उसकी वजह से खुलापन कम हो गया, लेकिन हालत बदतर हो गई। हिंदुस्तान में शुरू की पीढ़ियों में ब्रिटिश राज्य में जो हिंसा, धन-लोलुपता, पक्षपात और अनैतिकता थी, उसका अंदाज़ भी लगाना मुश्किल है। एक बात ध्यान देने की है कि एक हिन्दुस्तानी लफ़्ज, जो अंग्रेज़ी भाषा में शामिल हो गया है, 'लूट' है। एडवर्ड टामसन ने कहा है और यह बात सिर्फ़ बंगाल के हवाले में ही नहीं कही गई है कि "ब्रिटिश हिंदुस्तान के शुरू के इतिहास का ध्यान आता है, जो शायद दुनिया भर में राजनैतिक छल की सबसे बड़ी मिसाल है।

इस सबका नतीजा, यहांतक कि शुरू के बरसों में ही इसका नतीजा, यह हुआ कि 1770 का अकाल पड़ा, जिसने बंगाल और बिहार की क़रीब एक-तिहाई आबादी को खत्म कर दिया। लेकिन यह सब प्रगति के हक़ में हुआ था और बंगाल इस बात पर घमंड कर सकता है कि इंग्लैंड में औद्योगिक क्रांति को जन्म देने में उसने बहुत मदद की। अमरीका लेखक ब्रुक ऐडम्स हमको बताते हैं कि यह किस तरह हुआ-"हिंदुस्तानी दौलत के (इंग्लैंड में) आने से और राष्ट्र की पूंजी में बहुत बड़ी बढ़वार हो जाने से सिर्फ़ उसकी ताक़त का भंडार ही नहीं बढ़ा, बल्कि उससे उसकी गति में लचीलेपन के साथ-साथ बहुत तेज़ी भी आई। प्लासी के बाद बहुत जल्दी ही बंगाल की लूट लंदन में पहुंचने लगी और तुरंत ही उसका असर हुआ मालूम देता है, क्योंकि सब प्रामाणिक लेखक इस बात से सहमत हैं कि औद्योगिक क्रांति सन् 1770 में शुरू हुई।... प्लासी की लड़ाई 1757 में हुई और उसके बाद जिस तेज़ी से तब्दीली हुई, उसकी बराबरी की शायद कहीं भी मिसाल नहीं है। सन 1760 में 'फ़्लांइग शटल' का अविष्कार हुआ और लकड़ी की जगह, कोयले का इस्तेमाल शुरू हुआ। सन 1764 में हारग्रीव्स ने 'स्पिनिंग जेनी' का आविष्कार किया, सन 1776 में क्रांपटन ने कातने की अपनी मशीन निकाली, सन 1785 में कार्टराइट ने शक्ति-संचालित करघा पेटेंट कराया और 1768 में वाटा ने अपना भाप का इंजन पूरा किया।

हालांकि इन मशीनों से उस समय के गतिशील आंदोलनों को निकासी का रास्ता मिला, लेकिन वह गति और तीव्रता उनकी वजह से नहीं थी। आविष्कार खुद तो गतिहीन होते हैं,... वे उस पर्याप्त शक्ति भंडार के इकट्ठा होने की प्रतीक्षा करते हैं, जो उन्हें चालू करे। उस भंडार की शक्ति हमेशा ही रुपये के रूप में होगी- तिजोरी में इकट्ठा रुपया नहीं, बल्कि फेर में पड़ा हुआ रुपया। हिन्दुस्तान के ख़ज़ाने के आने और उसके बाद जो रुपये की लेन-देन फैली, उसके पहले इस काम के लिए काफ़ी शक्ति नहीं थी।

'शायद जब से दुनिया शुरू हुई है, किसी भी पूंजी से कभी भी इतना मुनाफ़ा नहीं हुआ, जितना कि हिन्दुस्तान की लूट से, क्योंकि, क़रीब-क़रीब पचास बरस तक ग्रेट ब्रिटेन का कोई भी मुक़ाबला करनेवाला नहीं था।"[84]

❐

---

84. ब्रुक ऐडेम्स:'दी लॉ ऑव सिविलाइजेशन एंड डिके' (1928) पृष्ठ 259-60। केट मिचेल द्वारा 'इंडिया' (1943) में उद्धृत।

3. हिंदुस्तान के उद्योग-धंधों और खेती की बरबादी

शुरू के ज़माने में ईस्ट इंडिया कंपनी का ख़ास काम और वह उद्देश्य, जिसके लिए उसकी स्थापना हुई थी, यह था कि हिंदुस्तान से तैयार माल, जैसे कपड़ा वग़ैरह और साथ ही मसालों को, पूरब से यूरोप ले जाकर बेचा जाय, जहां इन चीज़ों की बहुत मांग थी। इंग्लैड में औद्योगिक प्रक्रिया में उन्नति के साथ ही उद्योगपति पूंजीपतियों का एक नया वर्ग बना और उसने इस नीति में रद्दो-बदल की मांग पेश की। अब हिंदुस्तानी चीज़ों के लिए ब्रिटिश बाज़ार बंद करना और ब्रिटिश माल के लिए हिंदुस्तानी बाज़ार खोलना था। इस नये वर्ग का ब्रिटिश पार्लमेंट पर असर हुआ और वह हिंदुस्तान में और ईस्ट इंडिया कंपनी के कामकाज में ज़्यादा दिलचस्पी लेने लगा। शुरू में क़ानून के ज़रिये ब्रिटेन में हिंदुस्तानी माल पर रोक लगा दी गई और चूंकि हिंदुस्तान के निर्यात - व्यापार में ईस्ट इंडिया कंपनी का एकाधिपत्य था, इसलिए इस रोक का असर विदेशी बाज़ारों पर भी पड़ा। इसके बाद इस बात की ज़बरदस्त कोशिश हुई कि देश के अंदर ही ऐसे टैक्स वग़ैरह लगाये जायं कि हिंदुस्तानी माल कम जगह पहुंचे और महंगा पड़े और इस देश के अंदर ख़ुद हिंदुस्तानी माल का चलन रोका गया। दूसरी तरफ़ ब्रिटिश माल पर कोई रोक नहीं थी। हिंदुस्तानी कपड़े का कार-बार नष्ट हो गया और जुलाहों व दूसरे लोगों की बहुत ब्री तादाद पर इसका असर हुआ। बंगाल और बिहार में यह प्रक्रिया तेज थी और दूसरी जगहों में जैसे-जैसे ब्रिटिश राज्य फैलता गया और रेलें बनती गईं, इसका धीरे-धीरे असर हुआ। पूरी उन्नीसवीं सदी में यह सिलसिला जारी रहा और साथ ही कई पुराने धंधे भी बराबर हो गए। इनमें पानी के जहाज़ बनने का धंधा था, शीशे का, कागज़ का, धातुओं के काम करनेवालों का धंधा था और कई दूसरी तरह के धंधे थे।

कुछ हद तक यह लाज़िमी था, क्योंकि पुराने ढंग का नई औद्योगिक प्रक्रिया से संघर्ष हुआ। लेकिन राजनैतिक और आर्थिक दबाव से इसकी रफ़्तार तेज़ कर दी गई और नये तरीक़ों को हिंदुस्तान में काम में लाने की कोई कोशिश नहीं हुई। दरअसल, कोशिश तो इस बात की हुई कि ऐसा होने न पाये और इस तरह हिंदुसतान की आर्थिक तरक़्क़ी को रोक दिया गया। हिंदुस्तान में मशीनें बाहर से मंगाई नहीं जा सकती थीं। एक ऐसी खाली जगह पैदा हो गई थी, जिसके सिर्फ़ ब्रिटिश माल से भरा जा सकता था और इसकी वजह से बड़ी तेज़ी से बेकारी और ग़रीबी बढ़ी। आधुनिक औपनिवेशिक अर्थ-व्यवस्था क़ायम हुई और हिंदुस्तान औद्योगिक इंग्लैंड का एक खेतिहर उपनिवेश बन गया, जो कच्चा माल देता और इंग्लैंड के तैयार माल को अपने यहां खपाता।

कारीगर-पेशा लोगों के ख़त्म हो जाने की वजह से बहुत बड़े पैमाने पर बेकारी फैली। ये करोड़ों आदमी, जो अबतक तरह-तरह के सामना तैयार करने के काम में और अलग-अलग धंधों में लगे हुए थे, अब क्या करते? वे कहां जाते? अब उनका पुराना पेशा खुला हुआ नहीं था और नये पेशे के लिए रास्ता रोका हुआ था। हां, वे मर सकते थे;

असह्य हालत से बचने का यह रास्ता तो हमेशा खुला होता ही है और वे लोग करोड़ों की तादाद में मरे भी। हिंदुस्तान के अंग्रेज़ गवर्नर जनरल लार्डबैंटिंक ने 1934 में कहा-"व्यापार के इतिहास में तक़लीफ़ की ऐसी दूसरी मिसाल पाना मुश्किल है। जुलाहों की हड्डियां हिंदुस्तान के मैदानों को सफ़ेद किये हुए हैं।'"

फिर भी उनमें से बहुत बड़ी तादाद में लोग बच रहे और ज्यों-ज्यों ब्रिटिश नीति देश के अंदरूनी हिस्सों में फैलती गई और बेकारी पैदा हुई, ऐसे लोगों की तादाद बढ़ती गई। इन झुंड-के-झुंड कारीगरों के पास कोई काम नहीं था और उनकी सारी पुरानी कारीगरी बेकार थी। उन लोगों ने ज़मीन की तरफ़ निगाह उठाई, क्योंकि ज़मीन अब भी मौजूद थी। लेकिन ज़मीन पूरी तरह से घिरी हुई थी, वह उनको फ़ायदे के साथ खपा नहीं सकती थी। इस तरह वे ज़मीन पर एक बोझ बन गए और यह बोझ बढ़ता गया और इसके साथ ही देश की ग़रीबी बढ़ती गई और रहन-सहन का मापदंड बेहद गिर गया। हुनरदारों और कारीगरों के ज़मीन पर ज़बरदस्ती वापस आने की हलचल से कृषि और उद्योग-धंधों का संतुलन विगड़ता गया। धीरे-धीरे लोगों के लिए खेती ही अकेला धंधा रह गया, क्योंकि और कोई ऐसा धंधा या काम नहीं था, जिससे पैसा पैदा किया जा सके।

हिंदुस्तान का अधिकाधिक देहातीकरण होता गया। हर प्रगतिशील देश में पहली सदी में खेती से उद्योग-धंधों की तरफ़ और गांव के क़सबे के लिए आबादी का तबादला हुआ है, लेकिन ब्रिटिश नीति की वजह से यहां उलटी ही बात थी। इस संबंध में आंकड़े ध्यान देने लायक़ हैं। उन्नीसवीं सदी के बीच में, यह बताया जाता है कि आबादी का 51 फ़ी-सदी खेती पर निर्भर था; हाल ही में इसके अनुपात का अंदाज़ है 74 फ़ी-सदी (यह अंदाज़ लड़ाई छिड़ने से पहले का है)। हालांकि लड़ाई के दौरान में औद्योगिक काम में बहुत लोग लगे हैं, फिर भी आबादी की बढ़वार की वजह से 1941 की मर्दुमशुमारी के मुताबिक़ खेती पर गुज़र करनेवाले लोगों का अनुपात बढ़ गया है। कुछ बड़े - बड़े शहरों की बढ़ती से (जो ख़ासतौर छोटे क़सबों की आबादी के तबादले से हुई है) यह सरसरी निगाह से देखनेवाले को ग़लतफ़हमी हो सकती है और उससे उसे हिंदुस्तानी हालतों का ग़लत अंदाज होगा।

इस तरह हिंदुस्तानी जनता की भयंकर ग़रीबी की यह असली बुनियादी वजह है, और यह अपेक्षाकृत हाल के ही वक़्त की है। दूसरी वजहें, जिनसे यह ग़रीबी बढ़ी है, वे खुद-बीमारी और निरक्षरता-इस ग़रीबी का, अपर्याप्त भोजन आदि का, परिणाम हैं। बहुत ज़्यादा आबादी होना एक दुर्भाग्य की बात है, और जहां कहीं ज़रूरी हो सकता हो, इसको कम करने के उपाय काम में लाने चाहिए, फिर भी यहां की आबादी के घनत्व का उद्योग-धंधों में बढ़े-चढ़े देशों की आबादी से मिलान किया जा सकता है। यह आबादी ज़रूरत से ज़्यादा सिर्फ़ उसी देश के लिए है, जो खेती पर ज़रूरत से ज़्यादा निर्भर है, और एक उचित अर्थ-व्यवस्था में सारी आबादी उपयोगी काम में लगा सकती है और उससे देश की संपत्ति बढ़ेगी। असल में घनी आबादी तो कुछ खास हिस्सों में, जैसे बंगाल में और गंगा के मैदानों

में ही है, और बहुत-से विस्तृत प्रदेश अब भी छितरे हुए हैं। यहां यह बात याद रखने की है कि ग्रेट ब्रिटेन हिंदुस्तान के मुक़ाबले में दूने से भी ज़्यादा घना बसा हुआ है।

उद्योग-धंधों का संकट तेज़ी से खेती के काम में भी फैल गया और वह वहां पर एक स्थायी संकट हो गया। (बंटवारे की वजह से) खेत दिन-ब-दिन ज़्यादा छोटे और इतने ज़्यादा बिखरे हुए होने लगे कि अंदाज़ नहीं किया जा सकता। खेतिहरी कर्ज का बोझ बढ़ने लगा और ज़मीन अकसर साहूकारों के क़ब्ज़े में पहुंच जाती। दसियों लाख की तादाद में बे-ज़मीन मज़दूर बढ़ गए। हिंदुस्तान एक औद्योगिक पूंजीवादी हुकूमत के मातहत था। लेकिन उसकी अर्थ-व्यवस्था उस युग की थी, जिसमें पूंजीवाद शुरू नहीं हुआ था, फिर भी उस अर्थ-व्यवस्था में से कई एक ऐसी चीज़ें निकली हुई थीं, जिनसे पैसा पैदा किया जा सकता था। हिंदुस्तान आधुनिक औद्योगिक पूंजीवाद का बेबस एजेंट बन गया, जिसमें उसकी सारी बुराइयां तो थीं, लेकिन फ़ायदा एक भी नहीं था।

जब उद्योग-धंधें से पहले की अर्थ-व्यवस्था बदलकर पूंजीवादी औद्योगिक अर्थ-व्यवस्था आती है, तो जन-साधारण को अपनी तकलीफ़ की शक़्ल में एक बहुत बड़ी क़ीमत चुकानी पड़ती है और उसमें बहुत मुश्किलें होती हैं। शुरू में तो यह बात खासतौर से थी, जब ऐसी रद्दोबदल के लिए या उसके दुष्परिणामें को कम करने के लिए कोई योजना नहीं बनाई जाती थी और हर एक चीज़ व्यक्तिगत सूझ और व्यक्तिगत प्रयत्न पर छोड़ दी जाती थी। इस रद्दोबदल के दौरान में इंग्लैंड में भी यही मुश्किल थी, लेकिन कुल मिलाकर यह बहुत ज़्यादा नहीं थी, क्योंकि रद्दो - बदल बड़ी तेज़ी से हुई और जो कुछ बेकारी हुई, वह फ़ौरन ही नये कार-बार में खप गई। लेकिन इसके मानी यह नहीं हैं कि इन्सानी तकलीफ़ की शक़्ल में उसकी क़ीमत अदा नहीं की गई। असलियत में उसका पूरा-पूरा भुगतान हुआ, लेकिन वह हुआ दूसरे लोगों के ज़रिये, खासतौर से हिंदुस्तान की जनता के ज़रिये। उसकी शक़्ल थी अकाल, मौत, बेकारी। यह कहा जा सकता है कि पच्छिमी यूरोप के औद्योगीकरण के सिलसिले में ज्यादातर क़ीमत हिंदुस्तान ने, चीन ने और दूसरे उपनिवेशों ने दी, जिनकी अर्थ-व्यवस्था के संचालन पर यूरोपीय ताक़तों का असर था।

यह बात ज़ाहिर है कि औद्योगिक तरक़्क़ी के लिए हिंदुस्तान में बराबर साधन रहे हैं। यहां संगठन-सामर्थ्य है, तकनीकी योगयता है, हुनरदार काम करनेवाले हैं और हिंदुस्तान के लगातार शेषण के बाद भी कुछ पूंजी बच रही है। ब्रिटिश पार्लमेंट की जांच कमेटी के सामने सन् 1940 में गवाही देते हुए इतिहासकार मांटगुमरी मार्टिन ने कहा-"हिंदुस्तान की औद्योगिक सामर्थ्य उतनी ही है, जितनी कि उसकी कृषि-सामर्थ्य। और वह शख़्स, जो उसे खेतिहर देश की ही हैसियत में लाना चाहता है, वह उसे सभ्यता के पैमाने में गिराना चाहता है।" और हिंदुस्तान में अंग्रेजों ने ठीक यही चीज़ करने की जी-जान से बराबर कोशिश की और हिंदुस्तान में एक सौ पचास बरस की हुकूमत के बाद उनको कितनी कामयाबी मिली है, इसका अंदाज़ हिंदुस्तान की मौजूदा हालत से हो सकता है। जबसे हिंदुस्तान में आधुनिक

उद्योग-धंधों को बढ़ाने की मांग हुई है (और मेरा ऐसा ख़याल है कि यह मांग कम-से-कम 100 बरस पुरानी है), हमसे यह कहा जाता है कि हिंदुस्तान तो ख़ासतौर से खेतिहर देश है और यह उसके (हिंदुस्तान के) ही हित में है कि वह खेती से चिपका रहे। औद्योगिक बढ़वार से संतुलन बिगड़ सकता है और उससे उसके खास व्यवसाय खेती को नुक़सान हो सकता है। ब्रिटिश उद्योगपतियों और अर्थशास्त्रियों ने हिंदुस्तान के किसान के लिए जो चिंता प्रकट की है, वह तो सचमुच कृतज्ञता की चीज़ है। इस बात को ध्यान में रखते हुए, साथ ही हिंदुस्तान की ब्रिटिश सरकार ने जो उसके लिए बड़ा भारी फ़िक्र दिखाया है, उसको ध्यान में रखते हुए, कोई भी व्यक्ति सिर्फ़ इस नतीजे पर पहुंचेगा कि किसी सर्वशक्तिमान दुर्भाग्य ने; किसी मानवोपरि शक्ति ने, उनके इरादों और उपायों को उलट दिया है और उस किसान को पृथ्वीतल के सबसे ज़्यादा ग़रीब और सबसे ज़्यादा दुखी प्राणियों में से एक बना दिया है।

अब किसी भी शख़्स के लिए हिंदुस्तान की औद्योगिक तरक्क़ी को रोकना मुश्किल है, लेकिन अब भी जब कभी कोई विस्तृत और व्यापक योजना तैयार की जाती है, तो हमारे ब्रिटिश दोस्त, जो हम पर अब भी अपनी सलाह की बौछार करते रहते हैं, इस बात की चेतावनी देते हैं कि खेती की अवहेलना न की जाय और उसको पहली जगह दी जाय। मानो कोई भी हिंदुस्तानी, जिसमें रत्ती भर भी अक़्ल है, खेती की अवहेलना कर सकता है और किसान को भुला सकता है! हिंदुस्तानी किसान से ही हिंदुस्तान नहीं है तो और किससे है? उसकी ही तरक्क़ी और बेहतरी पर हिंदुस्तान की तरक्क़ी निर्भर होगी। लेकिन खेती-संबंधी हमारा संकट, जो बहुत गंभीर है, असल में उद्योग के संकट से, जिससे वह पैदा हुआ, जुड़ा हुआ है। दोनों का विच्छेद नहीं हो सकता और न उनका अलग-अलग निबटारा किया जा सकता है। उनके बीच जो असंतुलन है, उसको दूर करना ज़रूरी है।

आधुनिक उद्योग-धंधों में पनपने की हिंदुस्तान की सामर्थ्य का अंदाज़ उस कामयाबी से हो सकता है, जो आगे बढ़ने का मौक़ा मिलने पर उसने दिखाई है। दरअसल यह कामयाबी हिंदुस्तान की ब्रिटिश सरकार और ब्रिटेन के निहित स्वार्थों के ज़बरदस्त विरोध के बावजूद हुई है। उसको पहला असली मौक़ा 1914-18 की लड़ाई के दौरान में मिला, जब ब्रिटिश-माल के आने में रुकावट हो गई। हिंदुस्तान ने उसका फ़ायदा उठाया तो, लेकिन ब्रिटिश-नीति की वजह से वह फ़ायदा अपेक्षकृत बहुत कम हद तक ही उठाया जा सका। तबसे सरकार पर बराबर दबाव रहा है कि हिंदुस्तानी उद्योग-धंधों की तरक़्क़ी के लिए सारी रुकावटों और उन निहित स्वार्थों को, जो रास्ता रोकते हैं, दूर करके सुविधा दी जाय। ज़ाहिरा तौर पर तो सरकार ने इसे अपनी नीति के रूप में मंज़ूर कर लिया है, लेकिन वैसे सरकार ने हर असली तरक़्क़ी को और ख़ासतौर से बुनियादी धंधों की तरक़्क़ी को रोका है। ख़ुद सन् 1935 के विधान में यह बात ख़ासतौर से साफ़ कर दी गई थी कि हिंदुस्तान में ब्रिटिश - उद्योग के निहित स्वार्थों के सिलसिले में हिंदुस्तानी विधानमंडल कोई दख़ल नहीं दे सकते थे। लड़ाई से पहले के सालों में बार-बार और बड़ी ज़ोरदार कोशिशें हुईं कि बुनियादी और

बड़े धंधे शुरू हो जायं, लेकिन सबको सरकारी नीति ने मिटा दिया। लेकिन सरकारी रोक की सबसे ज़्यादा आश्चर्यजनक मिसालें लड़ाई के दौरान में, जब उत्पादन के लिए लड़ाई की ज़रूरत सबसे बड़ी थी, देखने को मिली। हिंदुस्तानी उद्योग के प्रति ब्रिटिश अरुचि को पार कर सकने के लिए ये अहम ज़रूरतें भी काफ़ी नहीं हुई। घटनाओं के वेग में उस उद्योग की तरक्क़ी हुई है, लेकिन दूसरे देशों के उद्योग की तरक्क़ी के मुक़ाबले में या उस तरक़्क़ी के मुकाबले में, जो यहाँ पर मुमकिन थी, पर तरक़्क़ी नहीं के बराबर है।

हिंदुस्तानी उद्योग की तरक़्क़ी का शुरू में खुला विरोध था और बाद में उसकी जगह छिपे विरोध ने ले ली, और वह भी उतना ही कारगर रहा है। यह सब ठीक उसी तरह था, जैसे खुले नज़राने की जगह चुंगी, आबकारी और उत्पादन-कर ने ली और आर्थिक तथा मुद्रा-नीतियां बनीं, जिनसे हिंदुस्तान के खर्च पर ब्रिटेन का लाभ होता था।

बहुत अरसे तक ग़ुलामी में रहने से और आज़ादी के अभाव से कई बुराइयां होती हैं और शायद इनमें सबसे बड़ी आंतरिक क्षेत्र में होती है। नैतिक गिरावट होती है और जनता का उत्साह खत्म हो जाता है। चाहे यह स्पष्ट ही हो, लेकिन इसको नापना मुश्किल है। किसी राष्ट्र के आर्थिक ह्रास के क्रम को देखना या उसको नापना ज़्यादा आसान है। जब हम हिंदुस्तान में ब्रिटिश आर्थिक नीति को पीछे फिरकर देखते हैं, तो यह मालूम होता है कि हिंदुस्तान की जनता की मौजूदा ग़रीबी इस नीति का लाज़िमी नतीजा है। इस ग़रीबी के बारे में कोई रहस्य नहीं है; हम उसकी वजहें देख सकते हैं और उन तरीक़ों को भी देख सकते हैं, जिनसे मौजूदा हालत आई है।

❒

4. राजनैतिक और आर्थिक हैसियत से हिंदुस्तान पहली बार एक दूसरे देश का पुछल्ला बनता है

हिंदुस्तान के लिए यहां पर ब्रिटिश राज्य की स्थापना एक बिलकुल नई चीज़ थी और उसका किसी दूसरे हमले से या राजनैतिक और आर्थिक रद्दो-बदल से मिलान नहीं किया जा सकता था। "हिंदुस्तान पहले भी जीता जा चुका था, लेकिन उन लोगों के द्वारा, जो उसकी सीमाओं के ही अंदर बस गए और जिन्होंने अपने-आपको उसकी ज़िंदगी में शामिल कर लिया। (ठीक उसी तरह, जैसे नार्मल लोगों ने इंग्लैंड को और मंचू लोगों ने चीन को जीता)। उसने (हिंदुस्तान ने) अपनी आज़ादी कभी भी नहीं खोई थी और वह कभी भी गुलाम नहीं बना था। कहने का मतलब यह है कि वह कभी भी ऐसे आर्थिक या राजनैतिक ढांचे में नहीं बंधा था, जिसका संचालन केंद्र उसकी सीमाओं के बाहर था और वह कभी भी किसी ऐसे शासक वर्ग के मातहत नहीं रहा था, जो हर तरह से स्थायी रूप से विदेशी था।"[85] पहले सारे

---

85. के. एस. शेल्वंकर : 'दि प्रॉब्लम ऑव इंडिया' (पेंग्विन स्पेशल, लंदन, 1940)।

शासक वर्ग, चाहे वे देश से बाहर से आये हों, या देश के अंदर के ही रहे हों, हिंदुस्तान के सामाजिक और आर्थिक जीवन की बनावट के ऐक्य को मंजूर करते और उन्होंने उस ढांचे से अपना मेल बिठाने की कोशिश की। उस शासक-वर्ग में हिंदुस्तानियत आ जाती और उसकी जड़ें इस देश में ही गहरी जम जातीं। ये नये शासक बिलकुल दूसरे ढंग के थे, जिनकी बुनियाद दूसरी जगह थी और उनमें और औसत हिंदुस्तानियों में एक बड़ी खाई थी, जिसका भरना कठिन था। उनकी परंपरा में, उनके दृष्टिकोण में, उनकी आमदनी में और उनके रहन-सहन के ढरों में फ़र्क़ था। हिंदुस्तान में आनेवाले शुरू के अंग्रेज़ों ने इंग्लैंड से अलग हो जाने पर हिंदुस्तान के रहने के बहुत-से ढर्रे अपना लिए। लेकिन यह सिर्फ़ एक ऊपरी चीज़ थी और जब हिंदुस्तान और इंग्लैंड में आने-जाने की सुविधाएं बढ़ गई, तो इसको भी इरादतन छोड़ दिया गया। यह महसूस किया गया कि हिंदुस्तान में ब्रिटिश शासक वर्ग को हिंदुस्तानियों से बिलकुल अलग एक अपनी ही ऊंची दुनिया में रहते हुए अपनी शान बनाये रखनी चाहिए। दो दुनियाएं थीं; एक अंग्रेज़ अफ़सरों की दुनिया और दूसरी हिंदुस्तान के करोड़ों आदमियों की दुनिया और उन दोनों में सिवाय एक दूसरे की नफ़रत के और कोई एक-सी बात नहीं थी। पहले जातियां एक-दूसरे में घुल गई थीं, या कम-से-कम ऐसे ढांचे में बैठ गई थीं, जिसमें लोग एक-दूसरे पर भरोसा करते थे। अब भेद-भाव का बोलबाला था और वह इस बात से और बढ़ गया कि अधिपति-जाति के पास राजनैतिक और आर्थिक शक्ति थी और उसमें किसी तरह की रुकावट नहीं थी और न उस पर कोई प्रतिबंध था।

नया पूंजीवाद सारी दुनिया में जो बाज़ार तैयार कर रहा था, उससे हर सूरत में हिंदुस्तान के आर्थिक ढांचे पर असर होता। ऐसे गांव, जहां बाहरी मदद की ज़रूरत न थी और जहां परंपरा से धंधे आपस में बंटे हुए थे, अब अपनी पुरानी शक़्ल में बच नहीं सकते थे। लेकिन जो तब्दीली हुई, वह स्वाभाविक क्रम में नहीं थी और उसने हिंदुस्तानी समाज की सारी आर्थिक बुनियाद को तहस-नहस कर दिया। एक ऐसा ढांचा, जिसके पीछे सामाजिक अनुमति और नियंत्रण था और जो जनता की सांस्कृतिक विरासत का हिस्सा था, अचानक ही अपने-आप बदल दिया गया और एक दूसरा ढांचा, जिसका संचालन बाहर से होता था, लाद दिया गया। हिंदुस्तान दुनिया के बाज़ार में नहीं आया, बल्कि वह ब्रिटिश ढांचे की एक नौ आबादी और खेतिहरी की हैसियत रखनेवाला पुछल्ला बन गया।

गांवों का संगठन, जो अबतक हिंदुस्तानी अर्थ-व्यवस्था की बुनियाद में रहा था, छिन्न-भिन्न हो गया और उसके आर्थिक और व्यवस्था-संबंधी काम, दोनों ही जाते रहे। सन् 1830 में सर चार्ल्स मेटक़ाफ ने, जो हिंदुस्तान के ब्रिटिश अधिकारियों में सबसे क़ाबिल लोगों में था, इन गांवों के संगठनों के बारे में जो शब्द कहे हैं, वे अकसर दुहराये गए हैं–"ग्राम्य जातियां छोटे-छोटे गणराज्यों की तरह हैं, जिनके पास अपनी ज़रूरत हैं-की "क़रीब-क़रीब सभी चीज़ें हैं। वे बाहरी रिश्तों से क़रीब-क़रीब आज़ाद हैं। ऐसा मालूम होता है कि उनका स्थायित्व वहां भी है, जहां और चीज़ों का नहीं है। इन ग्राम्य जातियों के, जिनमें

हर एक की एक अलग आज़ाद सत्ता है, इस संघ से बहुत ऊंचे दर्जे का सुख और सुविधाएं प्राप्य हैं और बहुत हद तक आज़ादी और स्वावलंबन का उपयोग होता है।"

गांवों के धंधों की बरबादी से इन लोगों को बहुत बड़ा धक्का लगा। कृषि और उद्योग का संतुलन बिगड़ गया, श्रम का परंपरा से चला आया विभाजन टूट गया और अलग- अलग कामवाले आदमियों की इस बहुत बड़ी तादाद को किसी समुदाय के काम में आसानी से नहीं लगाया जा सकता था। ज़मींदारी प्रथा के जारी करने से ज़मीन की मिल्कियत के बारे में एक बिलकुल नई धारणा बनी और उससे इन लोगों पर एक और ज़बरदस्त चोट हुई। अबतक जो धारणा थी, उसमें ज़मीन पर तो इतना नहीं, बल्कि ज़मीन की उपज पर ख़ासतौर से सामूहिक स्वामित्व था। शायद अंग्रेज़ गवर्नर इसको पूरी-पूरी तरह समझ नहीं पाये, लेकिन शायद कुछ अपनी वजहों से उन्होंने ख़ासतौर पर इरादतन अंग्रेज़ी व्यवस्था जारी की। वे ख़ुद भी तो अंग्रेज़ों के ज़मींदार वर्ग के प्रतिनिधि थे। शुरू में तो उन्होंने छोटे-छोटे अरसों के लिए मालगुज़ार नियुक्त किये, यानी वे लोग, जिन पर ज़मीन का लगान या मालगुज़ारी वसूल करने और उसको सरकार को अदा करने की ज़िम्मेदारी थी। बाद में यही लोग बढ़कर ज़मींदार हो गए। ज़मीन और उसकी उपज पर से गांववालों का क़ाबू हटा दिया गया। अबतक उस समूची जाति के लिए जो विशेष हित या विशेष स्वार्थ था, अब वह इस नये ज़मीन के मालिक की निजी संपत्ति हो गई। इससे ग्राम्य जाति की मिली-जुली और सहयोगपूर्ण ज़िंदगी की व्यवस्था टूट गई और धीरे-धीरे सहयोगपूर्ण काम और सेवाओं का ढांचा भी ग़ायब होने लगा।

ज़मीन को इस ढंग से जायदाद बना देने से सिर्फ़ एक बड़ा आर्थिक परिवर्तन ही नहीं हुआ, बल्कि उसका असर ज़्यादा गहरा हुआ और उसने सहयोगपूर्ण सामुदायिक सामाजिक ढांचे की सारी हिंदुस्तानी धारणा पर ही चोट की। ज़मीन के मालिकों का एक नया वर्ग सामने आया, एक ऐसा वर्ग, जिसको ब्रिटिश सरकार ने खड़ा किया था और जो बहुत हद तक उस सरकार से मिला-जुला था। पुराने ढांचे के टूटने से नई समस्याएं पैदा हुईं और शायद इस नई हिंदू-मुस्लिम समस्या की शुरुआत वहीं पर पाई जा सकती है। ज़मींदारी- प्रथा पहले-पहल बंगाल और बिहार में जारी की गई, जहां उस ढांचे में, जो स्थायी बंदोबस्त के नाम से मशहूर है, बड़े-बड़े ज़मींदार बनाये गए; बाद में यह महसूस किया गया कि यह व्यवस्था सरकार के लिए फ़ायदेमंद नहीं है, क्योंकि मालगुज़ारी तय थी और बढ़ाई नहीं जा सकती थी। इसलिए हिंदुस्तान के दूसरे हिस्सों में कुछ निश्चित समय के ही लिए नया बंदोबस्त किया गया। यहां समय-समय पर मालगुज़ारी बढ़ती रही। कुछ सूबों में किसानों को ही मालिक बनाया गया। मालगुज़ारी की वसूलयाबी में बेहद सख्ती की वजह से सभी जगह और खासतौर से बंगाल में यह नतीजा हुआ कि पुराने ज़मीन के मालिक बरबाद हो गए और उनकी जगह नये मालदार व्यापारियों ने ले ली। इस तरह से बंगाल खासतौर से हिंदू जमींदारों का सूबा हो गया, और हालांकि उनके काश्तकार हिंदू और मुसलमान दोनों ही थे, लेकिन उनमें ज़्यादातर मुसलमान ही थे।

अंग्रेज़ों ने अपने अंग्रेज़ी नमूने के बड़े-बड़े ज़मींदार बनाये और उसकी खास वजह यह थी कि कुछ थोड़े-से आदमियों से बरतना और निबटना कहीं ज़्यादा आसान था, बनिस्बत इसके कि काश्तकारों की एक बहुत बड़ी तादाद से सीधा व्यवहार किया जाय। मक़सद तो यह था कि लगान की शक़्ल में ज़्यादा-से-ज़्यादा रुपया जल्दी-से-जल्दी वसूल किया जाय। अगर ज़मीन का मालिक ठीक समय में काम न कर पाता, तो फ़ौरन उसको निकाल दिया जाता और उसकी जगह दूसरे को दे दी जाती। साथ ही यह बात भी ज़रूरी समझी गई कि एक ऐसा वर्ग भी पैदा किया जाय, जिसके स्वार्थ और अंग्रेज़ों के स्वार्थ एक हों। हिंदुस्तान के ब्रिटिश अधिकारियों के दिमाग़ में विद्रोह का डर भरा हुआ था और उन्होंने अपने कागज़ात में इसका बार-बार ज़िक्र किया। गवर्नर-जनरल लार्ड विलियम बैंटिक ने 1929 में कहा था-" अगर व्यापक सार्वजनिक उपद्रव या क्रांति के खिलाफ़ सुरक्षा का भाव था, तो मैं यह कहूंगा कि हालांकि स्थायी बंदोबस्त कई ढंग से ख़राब रहा है, लेकिन उसमें कम-से-कम यह फ़ायदा ज़रूर है कि उसने मालदार ज़मींदारों का एक ऐसा बहुत बड़ा समुदाय यक़ीनी तौर पर पैदा कर दिया है, जिसका ब्रिटिश राज्य के जारी रखने में बहुत बड़ा स्वार्थ है और जिसका आम जनता पर पूरा क़ाबू है।"

इस तरह से ब्रिटिश राज्य ने ऐसे वर्ग बनाये और निहित स्वार्थ क़ायम किये, जो उस राज्य से बंधे हुए थे और ऐसी रियायतें या विशेषाधिकार दिये, जो उस राज्य के बने रहने पर ही निर्भर थे और उनके ज़रिये उसने (ब्रिटिश राज्य ने) अपने-आपको सुदृढ़ किया। ज़मींदार थे, राजा और नवाब लोग थे और साथ ही सरकार के विभिन्न महक़मों में पटवारी और गांव के मुखिया से लेकर और बड़े-बड़े अहलकार और नौकर थे। सरकार के दो खास महकमे थे, एक मालगुज़ारी का, दूसरा पुलिस का। इन दोनों महकमों के सिर पर हर ज़िले में कलक्टर या ज़िला मजिस्ट्रेट होता था, जो हुकूमत की धुरी था। अपने जिले में यह निरंकुश रूप से काम करता और उसके हाथों में पुलिस, न्याय, मालगुज़ारी और हुकूमत के सारे कामों की बागडोर होती। अगर उसके हलके से लगी हुई कोई छोटी-सी देशी रियासत होती, तो वह उसके लिए ब्रिटिश एजेंट का काम देता।

इसके अलावा हिंदुस्तानी फ़ौज थी, जिसमें अंग्रेज और हिंदुस्तानी दोनों सिपाही होने, लेकिन अफसर सिर्फ़ अंग्रेज़ ही होते। इसका बराबर, खासतौर से 1857 के विद्रोह के बाद, पुनर्संगठन किया गया और आख़िरकार यह संगठन के लिहाज़ से ब्रिटिश फ़ौज से ही जोड़ दी गई। इसका इंतज़ाम इस तरह किया गया कि उसके मुख्तलिफ़ हिस्सों में एक समतौल बना रहे और बड़ी जगहें अंग्रेज़ों के पास रहें।" मुख्य बात तो यह है कि काफ़ी यूरोपीय फ़ौजों के ज़रिये स्थिति पर क़ाबू रहे, नहीं तो मुल्क के लोगों का एक- दूसरे के ख़िलाफ़ जोड़-तोड़ लगाया जाय।" यह बात 1858 की फ़ौजी पुनर्संगठन के सिलसिले में सरकारी रिपोर्ट में कही गई है। इस फ़ौज का सबसे पहला काम वह था, जो एक क़ब्ज़ा बनाये रखनेवाली फ़ौज का होता है। इसको 'अंदरूनी-सुरक्षा-फ़ौज' कहा जाता था और इसका ज़्यादा हिस्सा ब्रिटिश

था। सरहदी सूबे में हिंदुस्तानी ख़र्चे पर अंग्रेज़ी फ़ौजों के सीखने का मैदान क़ायम हुआ था। 'फ़ील्ड आर्मी', जिसमें ज़्यादातर हिंदुस्तानी थे, विदेशों में लड़ने के लिए थी और उसने कई ब्रिटिश साम्राज्यवादी लड़ाइयों में हिस्सा लिया और उसके खर्चे का बोझ हिंदुस्तान पर डाला गया। इस बात का भी इंतज़ाम किया गया कि हिंदुस्तानी फ़ौज बाक़ी आबादी से अलग रहे।

इस तरह हिंदुस्तान को (अंग्रेज़ों द्वारा) अपने जीत जाने का, फिर ईस्ट इंडिया कंपनी से ब्रिटिश ताज के हाथों में पहुंचने का, ब्रिटिश साम्राज्य का बरमा आदि दूसरी जगहों में फैलने का, अफ्रीका, फ़ारस आदि पर चढ़ाई का और खुद हिंदुस्तानियों से ही अपनी हिफ़ाज़त का ख़र्च भुगतना पड़ा। साम्राज्यवादी अफ़सरों के लिए उसे सिर्फ़ फ़ौजों के अड्डों की तरह ही नहीं बरता गया, और उसके लिए उसे कुछ देना तो दूर रहा, बल्कि इसके अलावा ब्रिटिश फ़ौज की इंग्लैंड में शिक्षा के लिए भी उसको खर्च देना होता था। इस रक़म को 'कैपिटेशन' शीर्षक में लिया जाता था। असल में ब्रिटेन के हर ढंग के कामों का, मसलन चीन और फ़ारस में कूटनीतिज्ञ या राजनैतिक प्रतिनिधियों के रखने का ख़र्च, हिंदुस्तान से इंग्लैंड तक की टेलीग्राफ लाइन का पूरा खर्च, भूमध्य सागर में जहाज़ी बेड़े को रखने के खर्च का एक हिस्सा और यहांतक कि लंदन में तुर्की के सुल्तान के स्वागत करने तक का ख़र्च हिंदुस्तान को ही देना होता था।

यक़ीनी तौर पर हिंदुस्तान में रेलों का बनाना बहुत ज़रूरी और अच्छा था; लेकिन उसमें बेहद फ़िज़ूलख़र्ची की गई। हिंदुस्तानी सरकार ने उस सारी पूंजी पर, जो उसमें लगी, 5 प्रतिशत ब्याज देने की गारंटी कर दी और कितने ख़र्चे की वाजिब ढंग से ज़रूरत थी, उसका अंदाज़ या इसकी जांच करना भी ज़रूरी नहीं समझा। सारी ख़रीदारियां इंग्लैंड में हुईं।

सरकार का मुल्की ढांचा भी फ़िज़ूलखर्ची से भरा हुआ था और उसमें ऊंची तनख़्वाहोंवाली जगहें यूरोपीयों के लिए सुरक्षित थीं। हुकूमती मशीन को हिंदुस्तानी बनाने की रफ़्तार बहुत धीमी थी, और वह भी सिर्फ़ बीसवीं सदी में ही नज़र आई। यह प्रक्रिया हिंदुस्तानी हाथों में ताक़त लाने की बजाय ब्रिटिश राज्य का सुदृढ़ करने का एक और दूसरा तरीका साबित हुई। असली मार्के की जगहें ब्रिटिश हाथों में बनी रहीं और हुकूमत में हिंदुस्तानी ब्रिटिश राज्य के एजेंटों की तरह ही काम कर सकते थे।

इन सब तरीक़ों के अलावा वह नीति थी, जो ब्रिटिश राज्य के युग में बराबर जान-बूझ कर बरती गई, जिसमें हिंदुस्तानियों में फूट डाली गई और एक गिरोह को दूसरे गिरोह की क़ीमत पर बढ़ावा दिया गया। ब्रिटिश राज्य के शुरू के ज़माने में इस नीति को खुले तौर पर मंजूर किया गया और असल में एक साम्राज्यवादी ताक़त के लिए यह नीति स्वाभाविक थी। राष्ट्रीय आंदोलन की तरक़्क़ी के बाद उस नीति ने एक फ़ितरती और ज़्यादा ख़तरनाक़ शक़्ल ले ली, और हालांकि उस नीति की मौजूदगी को माना नहीं गया, लेकिन उसको पहले से भी ज़्यादा तेज़ी के साथ बरता गया।

हमारी आज की क़रीब-क़रीब सारी बड़ी समस्याएं, मसलन राजा और नवाब, अल्पसंख्यक समस्या, विभिन्न देशी और विदेशी निहित स्वार्थ, उद्योग-धंधों का अभाव और खेती की अवहेलना, सामाजिक सेवाओं का बेहद पिछड़ापन और जनता की भयंकर ग़रीबी, ब्रिटिश राज्य के दौरान में ही और ब्रिटिश नीति के परिणामस्वरूप ही पैदा हुई हैं। शिक्षा की तरफ़ एक खास ढंग का रुख़ रहा है। केये की 'लाइफ ऑव मेटकाफ़' में कहा गया है कि "ज्ञान के विस्तार का यह डर एक बड़ा रोग बन गया...जो सरकारी अधिकारियों को हर तरह की चिंता में डालकर बेहद परेशान करता और छापेखानों और बाइबिलों की बाबत सोचकर उनके रोंगटे खड़े हो जाते। उन दिनों हमारी यह नीति थी कि हिंदुस्तान के रहनेवालों को ज़्यादा-से-ज़्यादा बर्बरतापूर्ण हालत में और अंधेरे में रखा जाय और उनमें किसी भी ढंग से ज्ञान का प्रकाश फैलाने की कोशिश का, चाहे वह हमारी तरफ़ से होती या और किसी तरफ़ से, ज़ोरदार विरोध किया जाता।"[86]

साम्राज्यवाद को इसी ढंग से काम करना होता है, नहीं तो वह साम्राज्यवाद नहीं रहता। आधुनिक ढंग के आर्थिक साम्राज्यवाद से नये ढंग का आर्थिक शोषण शुरू हुआ, जो पहले युगों में प्रचलित नहीं था। उन्नीसवीं सदी में हिन्दुस्तान में ब्रिटिश राज्य के इतिहास से एक हिंदुस्तानी को लाज़िमी तौर पर मायूसी और नाराज़गी होगी, फिर भी कितने ही क्षेत्रों में अंग्रेज़ों की श्रेष्ठता का, यहांतक कि हमारी कमज़ोरियों और फूट का भी फ़ायदा उठाने की उनकी सामर्थ्य का पता लगता है। वह जनता, जो कमज़ोर होती है और जो समय की चाल में पीछे रह जाती है, परेशानियों को न्योता देती है, और अंत में वह खुद ही दोषी होती है। अगर उन परिस्थितियों में, घटनाओं के स्वाभाविक क्रम में, ब्रिटिश साम्राज्यवाद और उसके नतीजों की आशा की जा सकती थी, तो साथ ही उसका विरोध भी लाज़िमी था और उन दिनों में अंतिम संघर्ष भी लाज़िमी था।

❐

5. हिन्दुस्तानी रियासतें

आज हिंदुस्तान में हमारी एक बहुत बड़ी समस्या रजवाड़ों या देशी रियासतों की है। ये रियासतें दुनिया-भर में अपने ढंग की अनोखी हैं और उनमें आपस में राजनैतिक और सामाजिक हालतों में, और लंबाई-चौड़ाई में, बहुत बड़ा फ़र्क है। गिनती में वे 601 हैं। इनमें से क़रीब 15 काफ़ी बड़ी समझी जा सकती है और इनमें सबसे बड़ी रियासतें हैं- हैदराबाद, काश्मीर, मैसूर, त्रावणकोर, बड़ौदा, ग्वालियर, इंदौर, कोचीन, जयपुर, जोधपुर, बीकानेर, भोपाल और पटियाला कुछ मझोली रियासते हैं और फिर कई सौ छोटी-छोटी रियासतें हैं, जिनके रकबे बहुत कम हैं, यहांतक कि उनमें से कुछ तो नक्शे में सुई की नोक से भी ज़्यादा बड़ी नहीं हैं। ये छोटी रियासतें ज़्यादातर काठियावाड़, पच्छिमी हिंदुस्तान और पंजाब में हैं।

---

86. **एडवर्ड टामसन द्वारा उद्धृत।**

इनमें से कुछ रियासतें इतनी बड़ी हैं, जितना फ्रान्स है, और कुछ एक औसत किसान के खेत के ही बराबर हैं। लेकिन उनमें इसके अलावा और भी कितने ही ढंग के फ़र्क़ हैं। उद्योग-धंधों के लिहाज़ से मैसूर सबसे ज़्यादा उन्नत है; शिक्षा के लिहाज से मैसूर, त्रावणकोर और कोचीन ब्रिटिश भारत से बहुत आगे हैं।[87] वैसे ज़्यादातर रियासतें बहुत ज़्यादा पिछड़ी हुई हैं और कुछ तो बिलकुल सामंती हैं। वे सभी निरंकुश हैं, हालांकि उनमें से कुछ में आम लोगों के ज़रिये चुनी हुई कौन्सिलें क़ायम कर दी गई हैं, जिनके अधिकार बहुत ज़्यादा सीमित हैं। हैदराबाद में, जो सबसे बड़ी रियासत है, एक अजीब ढंग की सामंती हुकूमत है और वहां पर नागरिक स्वतंत्रता तो नहीं के बराबर है। यही दशा राजपूताना और पंजाब की ज़्यादातर रियासतों की है। नागरिक स्वतंत्रता का अभाव तो सभी रियासतों में दिखाई देता है।

ये रियासतें इकट्ठी नहीं हैं। वे सारे हिंदुस्तान में फैली हुई हैं और टापुओं की तरह हैं, और गैर-रियासती हिस्सों से घिरी हुई हैं। उनकी बहुत बड़ी तादाद एक अर्द्ध-स्वतंत्र अर्थ-व्यवस्था को भी क़ायम रखने में असमर्थ है; यहांतक कि उनमें से सबसे बड़ी रियासतें भी अपनी स्थिति की वजह से, और अपने पड़ोसी हिस्सों के पूरे-पूरे सहयोग के बिना अपनी अर्थ-व्यवस्था नहीं चला सकती। अगर रियासती और ग़ैर-रियासती हिंदुस्तान में आर्थिक संघर्ष हो, तो रियासतों को आर्थिक प्रतिबंधों और टैक्स वग़ैरह के ज़रिये झुकाया जा सकता है। यह बात बिलकुल साफ़ है कि राजनैतिक और आर्थिक दोनों ही दृष्टियों से ये रियासतें, यहांतक कि उनमें से सबसे बड़ी रियासतें भी, अलग नहीं की जा सकती और उनका स्वतंत्र अस्तित्व नहीं रह सकता। इस तरह उनकी गाड़ी चल नहीं सकती और साथ ही इसकी वजह से बाक़ी हिंदुस्तान को भी बहुत बड़ा नुक़सान होगा। सारे हिंदुस्तान में वे विरोधी प्रदेश हो जायंगे और अगर उन्होंने हिफ़ाज़त के लिए विदेशी ताक़त का सहारा लिया, तो यह बात खुद आज़ाद हिंदुस्तान के लिए ख़तरनाक होगी। असल में अगर सारा ही हिंदुस्तान जिसमें रियासतें भी शामिल हैं, राजनैतिक और आर्थिक दृष्टि से एक ऐसी सत्ता के अधीन न होता, जो उनकी रक्षा करती है, तो ये रियासतें आज जिंदा भी न होतीं। उस मुमकिन संघर्ष के अलावा, जो रियासती और ग़ैर-रियासती हिंदुस्तान में होता रहता, यह बात याद रखने की है कि रियासत के निरंकुश शासक पर, उसकी ही प्रजा द्वारा, जो स्वतंत्र संस्थाओं की मांग करती, दबाव पड़ता। इस आज़ादी के हासिल करने की कोशिशें ब्रिटिश ताक़त की मदद से दबा दी गई है या रोक रखी गई हैं।

---

87. सार्वजनिक शिक्षा के लिहाज़ से त्रावणकोर, कोचीन, मैसूर और बड़ौदा ब्रिटिश भारत से बहुत आगे हैं। यह एक बड़ी दिलचस्प बात है कि त्रावणकोर में सार्वजनिक शिक्षा का संगठन सन् 1801 से शुरू हुआ, (इंग्लैंड में यह सन 1870 में शुरू हुआ)। इस वक़्त त्रावणकोर में पुरुषों की साक्षरता 58 प्रतिशत है और स्त्रियों की साक्षरता 41 प्रतिशत है। ब्रिटिश-भारत की साक्षरता से यह चौगुनी से भी ज़्यादा है। त्रावणकोर में सार्वजनिक स्वास्थ्य का भी संगठन ज़्यादा अच्छा है। त्रावणकोर में सार्वजनिक सेवाओं और कार्रवाईयों में स्त्रियां एक अहम हिस्सा लेती हैं।

अपनी बनावट की वजह से खुद उन्नीसवीं सदी में ही ये रियासतें उन परिस्थितियों में बेमेल हो गईं। आज की हालतों में हिंदुस्तान को बीसियों पृथक् और स्वतंत्र इकाइयों में बांटने की योजना भी नामुमकिन है। इससे सिर्फ़ हमेशा का संघर्ष ही नहीं पैदा होगा, बल्कि सारी योजना-बद्ध आर्थिक और सांस्कृतिक प्रगति भी नामुमकिन हो जायगी। यहां हमको यह बात याद रखनी चाहिए कि जब ये रियासतें बनीं, और जब इन्होंने ईस्ट इंडिया कंपनी से संधियां की, उस वक़्त उन्नीसवीं सदी के शुरुआत में यूरोप बहुत-से छोटे-छोटे राज्यों में बंटा हुआ था। तब से कई लड़ाइयों और कई क्रांतियों ने यूरोप की शक़्ल बदल दी है और आज भी इसकी शक़्ल बदल रही है; लेकिन बाहरी दबाव से हिंदुस्तान की शक़्ल तो पत्थर की तरह जड़ रखी गई और उसको बदलने नहीं दिया गया। यह बात बिलकुल वाहियात मालूम होती है कि हम 140 बरस पहले की किसी संधि को उठा लें, जो आमतौर पर लड़ाई के मैदान में या उसके फ़ौरन बाद दो प्रतिद्वंद्वी सेनापतियों में तय हुई और यह कहें कि यह अस्थायी समझौता तो हमेशा चलेगा। उस सुलहनामे में रियासती जनता को कुछ कहने का मौक़ा नहीं मिला था और उस वक़्त एक तरफ़ एक ऐसी व्यापारी संस्था थी, जिसका सिर्फ़ अपने स्वार्थों से या अपने मुनाफ़े से ही ताल्लुक़ था। इस व्यापारिक संस्था ने ब्रिटिश ताज या पार्लमेंट की तरह काम नहीं किया, बल्कि सिद्धांत रूप में उसने उस दिल्ली के सम्राट के एजेंटों की तरह काम किया, जो शक्ति और अधिकार का स्रोत समझा जाता था, हालांकि वैसे खुद वह बिलकुल अशक्त था। ब्रिटिश ताज या पार्लमेंट का इन सुलहनामों से कोई भी ताल्लुक नहीं था। समय-समय पर जब ईस्ट इंडिया कंपनी की सनद फिर से चालू की जाती, सिर्फ़ उसी वक़्त पार्लमेंट हिंदुस्तानी मामलों पर सोच-विचार करती थी। इस बात से कि ईस्ट इंडिया कंपनी हिंदुस्तान में उस अधिकार के बल-बूते पर काम कर रही थी, जो मुग़ल सम्राट ने 'दीवानी' के रूप में दिया था, वह ब्रिटिश ताज या पार्लमेंट के सीधे हस्तक्षेप से मुक्त थी। हां, एक दूसरे ढंग से अगर पार्लमेंट चाहती, तो चार्टर को रद्दकर सकती थी, या उसे फिर से जारी करते वक़्त नई शर्तें लगा सकती थी। यह ख़याल कि इंग्लैंड का बादशाह, या पार्लमेंट उसूली तौर पर नाममात्र के दिल्ली के सम्राट के एजेंट या मातहत की तरह काम करें, इंग्लैंड में पसंद नहीं किया गया, और इसलिए वे बराबर ईस्ट इंडिया कंपनी के कामों से अलहदा रहे। हिंदुस्तानी लड़ाइयों में जो रुपया ख़र्च हुआ, वह हिंदुस्तानी रुपया था और उसको ईस्ट इंडिया कंपनी ने ही वसूल किया और उसी ने उसको खर्च किया।

बाद में जब ईस्ट इंडिया कंपनी के क़ब्जे में आये हुए प्रदेश का क्षेत्रफल बढ़ गया और उसका राज्य सुदृढ़ हो गया, तो ब्रिटिश पार्लमेंट ने हिंदुस्तानी मामलों में ज़्यादा दिलचस्पी लेना शुरू किया। सन् 1858 में हिंदुस्तानी ग़दर और विद्रोह के धक्के के बाद ईस्ट इंडिया कंपनी ने हिंदुस्तान का राज्य (हिंदुस्तान के खर्चे पर, एवज़ में रुपया पाकर) ब्रिटिश ताज को सौंप दिया। उस तबादले में हिंदुस्तानी रियासतों और बाक़ी हिंदुस्तान को अलग-अलग नहीं माना गया। सारे हिंदुस्तान को एक इकाई की तरह बरता गया और हिंदुस्तान में ब्रिटिश

पार्लमेंट हिंदुस्तानी सरकार के ज़रिये, जिसका प्रभुत्व रियासतों के ऊपर भी था, काम करने लगी। ब्रिटिश ताज या पार्लमेंट से इनका कोई अलग रिश्ता नहीं था। वे तो हर तरह से उस सरकारी ढांचे के हिस्से थे, जिसकी नुमाइंदगी हिंदुस्तानी सरकार करती थी। बाद के बरसों में इस सरकार ने, जब कभी उसकी बदलती हुई नीति के लिए ऐसा मुनासिब मालूम हुआ, इन सुलहनामों की अवहेलना की और रियासतों के ऊपर अपना आधिपत्य जमा लिया।

इस तरह जहांतक देशी रियासतों का सवाल है, ब्रिटिश ताज तो उस तस्वीर में मौजूद ही नहीं था। यह तो सिर्फ़ हाल के ही बरसों की बात है कि रियासतों की तरफ़ से किसी ढंग की आज़ादी का हक़ जताया गया है और यह कहा गया है कि हिंदुस्तान की सरकार के अलावा उनका ब्रिटिश ताज से विशेष संबंध है। यहां एक ध्यान देने की बात है कि ये सुलहनामे तो सिर्फ़ कुछ रियासतों के साथ हैं; सिर्फ़ चालीस रियासतें ही संधियों से ताल्लुक रखती हैं और बाक़ियों को तो सनदें मिली हुई हैं। हिंदुस्तानी रियासतों की आबादी का तीन-चौथाई इन चालीस रियासतों में है और उनमें से छः में इस आबादी का हिस्सा एक-तिहाई से भी ज़्यादा है।'[88]

सन् 1935 के गवर्नमेंट ऑव इंडिया एक्ट में पहली बार ब्रिटिश पार्लमेंट का रियासतों और बाक़ी हिंदुस्तान के साथ संबंध में कुछ भेद-भाव किया गया। रियासतों को हिंदुस्तान की सरकार के निरीक्षण और नियंत्रण से हटाकर वाइसराय के मातहत कर दिया गया और उसको इस सिलसिले में ताज का प्रतिनिधि (क्राउन रेप्रेजेंटेटिव) कहा गया। साथ ही वाइसराय हिंदुस्तानी सरकार का अध्यक्ष भी था। हिंदुस्तानी सरकार का राजनैतिक विभाग, जिस पर रियासतों की ज़िम्मेदारी थी; अब वाइसराय की एक्ज़ीक्यूटिव कौन्सिल के नीचे से हटाकर सिर्फ़ वाइसराय के ही मातहत कर दिया गया।

इन रियासतों की सत्ता कैसे शुरू हुई? कुछ तो बिलकुल नई हैं, जिनको अंग्रेज़ों ने ही बनाया है और कुछ मुग़ल सम्राट की बनाई हुई हैं और अंग्रेजों ने उनको सामंती शासक के रूप में बने रहने दिया; लेकिन कुछ को, खासतौर से मराठा सरदारों को, अंग्रेज़ी फ़ौजों ने हराया और फिर उनको सामंत-पद दिया। क़रीब-क़रीब इन सभी का आरंभ ब्रिटिश राज्य के आदिकाल में मिल सकता है; उनका इतिहास इससे ज़्यादा पुराना नहीं है। अगर कुछ वक़्त के लिए उनकी स्वतंत्र सत्ता रही थी, तो वह आज़ादी सिर्फ़ थोड़े-से अरसे के लिए ही रही, और वह आज़ादी लड़ाई से या लड़ाई की धमकी से खत्म भी हो गई। इनमें से कुछ रियासतें- और ये रियासतें खासतौर से राजपूताने में हैं. मुग़लों के वक़्त से पहले की हैं। त्रावणकोर का एक बहुत पुराना, क़रीब 1000 बरस का इतिहास है। कुछ राजपूत वंश ऐतिहासिककाल

---

88. ये छः रियासतें हैं-हैदराबाद (एक करोड़ बीस लाख और एक करोड़ तीस लाख के बीच में); मैसूर (पिचहत्तर लाख), त्रावणकोर (साढ़े बासठ लाख), बड़ौदा (चालीस लाख), काश्मीर (तीस लाख), ग्वालियर (तीस लाख), कुल मिलाकर तीन करोड़ साठ लाख। सारी हिंदुस्तानी रियासतों की आबादी नौ करोड़ है।

से भी पहले के बताये जाते हैं। उदयपुर के महाराणा सूर्यवंशी हैं और उनका वंश-वृक्ष उसी तरह है, जैसे जापान के मिकाडो का। लेकिन ये राजपूत-सरदार मुग़ल सामंत बन गए, बाद में मराठों के मातहत हुए और आख़िर में अंग्रेज़ों के मातहत हो गए। एडवर्ड टामसन ने लिखा है कि इस्ट इंडिया कंपनी प्रतिनिधियों ने "अब राजाओं को अपनी ठीक जगह पर ला दिया, और उस अव्यवस्था से, जिसमें वे डूबे हुए थे, उनको ऊपर उठा दिया। जब उनको इस तरह उठाकर फिर से स्थापित किया, तो ये राजे इतने असहाय और बेबस थे कि जितनी दुनिया के शुरू वक़्त से आजतक कोई भी ताक़त रही होगी। अगर ब्रिटिश सरकार ने दख़ल न दिया होता, तो राजपूत रियासतें ग़ायब हो गई होतीं और मराठा रियासतें टूटफूट गई होतीं। जहां तक अवध या निज़ाम के राज्यों का सवाल है, उनका तो कोई अस्तित्व ही नहीं था। वे तो ज़िंदा ही सिर्फ़ इसी वजह से मालूम देती थीं कि उनकी रक्षक-शक्ति उनमें सांस फूंकती जाती थी।"[89]

आज की प्रमुख रियासत हैदराबाद शुरू में छोटी-सी थी। उसकी सीमाएं टीपू सुल्तान की हार के बाद और मराठा युद्ध के बाद बढ़ाई गई। यह बढ़ती अंग्रेज़ों की वजह से हुई और इस खुली शर्त पर कि निज़ाम उनकी मातहती में काम करेगा। असल में टीपू की हार के बाद उसके राज्य का हिस्सा पहले मराठा नेता पेशवा को नज़र किया गया था, लेकिन इन शर्तों पर लेने से इन्कार कर दिया।

दूसरी सबसे बड़ी रियासत, काश्मीर, को सिख-युद्ध के बाद ईस्ट इंडिया कंपनी ने मौजूदा महाराजा के परदादे को बेच दिया था। बाद में हुकूमत में बद-इंतज़ामी का बहाना लेकर उसको ब्रिटिश नियंत्रण में ले लिया गया। बाद में महाराजा के अधिकार उसको वापस लौटा दिये गए। मैसूर की मौजूदा रियासत को टीपू के साथ लड़ाइयों के बाद अंग्रेज़ों ने बनाया। बहुत अरसे तक वह खुद ब्रिटिश हुकूमत में ही रही।

अगर हिंदुस्तान में सचमुच ही कोई आज़ाद राज्य है, तो वह है नेपाल, जो उत्तरी- पूर्वी सीमा पर है और उसकी स्थिति अफ़ग़ानिस्तान से मिलती-जुलती है। हां, एक तरह से वह सारे हिंदुस्तान से अलहदा है। और सब रियासतें तो उस घेरे में आ गई, जिसको 'सहायक संधि' के नाम से पुकारा जाता है, जिसमें सारी असली ताक़त ब्रिटिश सरकार के हाथों में होती और वह रेज़ीडेंट या एजेंट के ज़रिये काम करती। अकसर राजा के वज़ीर भी ब्रिटिश पदाधिकारी होते, जिनको उनके ऊपर ज़बरदस्ती लाद दिया जाता। लेकिन सुशासन और

---

89. 'दि मेकिंग ऑव दि इंडियन प्रिंसेज'; पृष्ठ 270-71। इस किताब में और टामसन की 'लाइफ़ ऑव लॉर्ड मेटकाफ़' में हैदराबाद में ब्रिटिश नियंत्रण और छल का स्पष्ट चित्रण है। हिंदुस्तानी रियासतों के मसले पर ग़ौर करने के लिए सरकार द्वारा नियुक्त की हुई बटलर कमेटी ने अपनी रिपोर्ट में कहा-"यह ऐतिहासिक सचाई नहीं है कि जब हिंदुस्तानी रियासतें ब्रिटिश ताक़त के संपर्क में आई, तो वे आज़ाद थीं। कुछ को अंग्रेज़ों ने बचा लिया और कुछ रियासतों को उन्होंने बनाया भी।"

सुधार की सारी ज़िम्मेदारी उस शासक पर ही होती, जो इन परिस्थितियों में दुनिया में सबसे ज़्यादा दृढ़ निश्चयी होने पर भी कुछ नहीं कर सकता था। (और आमतौर से उस शासक में न तो कोई निश्चय ही होता, और न कोई योग्यता ही)। हिंदुस्तानी रजवाड़ों के बारे में सन् 1846 में हेनरी लारेंस ने लिखा था-"अगर निश्चित रूप से बद-अमली क़ायम करने की कोई तरकीब थी, तो वह देशी राजा और वज़ीर की उस हुकूमत में थी, जो विदेशी संगीनों की मदद पर निर्भर था, और जिसका नियंत्रण ब्रिटिश रेज़ीडेंट के ज़रिये होता था। अगर ये सब योग्य और समझदार होते और साथ ही भले भी होते, तो भी सरकारी गाड़ी के पहिये शायद ही आसानी से चल सकते। अगर एक ही इन्साफ़पसंद हाकिम, चाहे वह यूरोपीय हो या हिंदुस्तानी, ढूंढ़ पाना मुश्किल है, तब ऐसे तीन आदमी, जो एक साथ मिलकर काम कर सकें, कहां मिल सकते हैं? तीनों बेहद शैतानी कर सकते हैं, लेकिन उनमें से एक शख़्स भी, अगर दूसरा रुकावटें डाले, तो भलाई कर ही नहीं सकता।"

इससे भी पहले, सन् 1817 में, सर टामस मनरो ने गवर्नर जनरल को लिखा था- "सहायक फ़ौजों को काम में लाने के सिलसिले में कई बहुत बड़ी आपत्तियां हैं। उसकी स्वाभाविक प्रवृत्ति यह होती है कि हर ऐसे देश की सरकार, जहां उस फ़ौज का इस्तेमाल होता है, कमज़ोर और अत्याचारी हो जाती है, वहां समाज के उच्च वर्गों में आत्म-सम्मान की भावना ग़ायब हो जाती है और वहां की सारी जनता का पतन होता है और ग़रीबी बहुत बढ़ जाती है। हिंदुस्तान में कुशासन का आमतौर पर इलाज यह है कि महलों में शांतिपूर्ण क्रांति हो या खुला हिंसात्मक विद्रोह हो या विदेशी आक्रमण और आधिपत्य हो। लेकिन ब्रिटिश फ़ौज की मौजूदगी से उस इलाज का कोई मौक़ा नहीं रहता; क्योंकि वह फ़ौज घरेलू और बाहरी दुश्मनों के बावजूद उस राजा को तख़्त पर विठाये ही रखती है। वह उसको आलसी बना देती है, क्योंकि वह अपनी हिफ़ाजत के लिए ग़ैर-आदमियों पर भरोसा करता है। वह शासक ज़ालिम और लालची बन जाता है, क्योंकि उसे यह दिखाया जाता है कि अब उसे अपनी प्रजा की नफ़रत का कोई डर नहीं है। जहां कहीं इस 'सहायक संधि' की प्रथा को अपनाया जाता है, वहां पर, अगर शासक असाधारण योग्यता का आदमी हो, तो शायद बात दूसरी हो, लेकिन वैसे तो उस संधि की छाप गांवों की बरबादी और घटती हुई आबादी में दिखाई देती है।... अगर खुद वह राजा उस (ब्रिटिश) संधि का पूरी-पूरी तरह पालन करने को तैयार भी हो, तो उसके कुछ ख़ास ऐसे पदाधिकारी ज़रूर निकल आयेंगे, जो उसको उस संधि को तोड़ने को मज़बूर करेंगे। जबतक देश में कहीं भी ऊंचे दर्जे की आज़ादी हैं, जो विदेशियों के नियंत्रण को हटा देना चाहती है, तबतक ऐसे सलाहकार भी मिल जायंगे। हिंदुस्तान के निवासियों के बारे में मेरी अच्छी राय है और मैं नहीं समझता कि यह भावना कभी बिलकुल ही ग़ायब हो पायगी। और इसलिए मुझे इस बात में कोई शक नहीं है कि यह प्रथा हर जगह अपना पूरा असर दिखायगी और हर राज्य को, जिसकी रक्षा की यह

ज़िम्मेदारी लेती है, बरबाद कर देगी।"[90]

ऐसी शिकायतों के बावजूद हिंदुस्तानी रियासतों के सिलसिले में यह नीति बनी और उसका नतीजा लाज़िमी तौर पर यह हुआ कि अत्याचार और अनीति की बढ़ती हुई इन रियासतों की सरकारें अकसर ख़राब होती थीं, लेकिन हर सूरत में वे बिलकुल लाचार भी होती थीं। इन रियासतों में कुछ ब्रिटिश रेज़ीडेंट या एजेंट मेटकाफ़ की तरह ईमानदार और भले होते थे, लेकिन आमतौर पर उनमें उन दोनों में से एक भी बात नहीं थी, और वे बिना किसी ज़िम्मेदारी के अपने विशेषाधिकारों का इस्तेमाल करते थे। इन अंग्रेज़ साहसिकों ने, जो अपनी क़ौमियत और सरकारी मदद की वजह से अपने को महफ़ूज समझते थे, रियासती खज़ानों में घोटाला किया। उन्नीसवीं सदी के पहले पचास बरसों में, इन रियासतों में और खासतौर से अवध और हैदराबाद में, जो कुछ हुआ, उस पर यक़ीन करना मुश्किल है। सन् 1857 के ग़दर से कुछ ही पहले, अवध ब्रिटिश भारत में शामिल कर लिया गया।

उस वक़्त ब्रिटिश-नीति इस तरह क़ब्जा करने के पक्ष में थी और ब्रिटिश हुकूमत द्वारा रियासत को हथियाने के लिए हर बहाने का फ़ायदा उठाया जाता। लेकिन 1857 के ग़दर और महाविद्रोह ने रियासती मामलों में उस नीति की क़ीमत ब्रिटिश सरकार को जता दी। कुछ छोटे-छोटे अपवादों को छोड़कर हिंदुस्तानी रजवाड़े उस विद्रोह से अलग ही नहीं रहे, बल्कि उन्होंने कुछ जगहों में अंग्रेज़ों को उसे कुचलने में मदद दी। इससे ब्रिटिश नीति का रियासतों की तरफ़ रुख़ बदल गया, और यह तय किया गया कि उनको बनाये रखा जाय और यही नहीं, बल्कि उनको और ज़्यादा मज़बूत किया जाय।

ब्रिटिश 'प्रभुत्व' के सिद्धान्त की घोषणा की गई, और अमली तौर पर हिंदुस्तान की सरकार के राजनैतिक विभाग का रियासतों पर बराबर और सख़्त नियंत्रण रहा है। राजाओं को हटा दिया गया है और उनके अधिकार छीन लिए गए हैं, ब्रिटिश सेवाओं में से लिए गए मंत्री उन पर लाद दिये गए हैं। रियासतों में ऐसे बहुत-से मंत्री काम कर रहे हैं और वे अपनी ज़िम्मेदारी अपने नाम मात्र के अध्यक्ष उस राजा के मुक़ाबले में ब्रिटिश सत्ता के प्रति कहीं ज़्यादा समझते हैं।

कुछ राजा अच्छे हैं, कुछ बुरे हैं; लेकिन अच्छे राजाओं को हर क़दम पर रोक दिया जाता है। वर्ग के रूप में वे पिछड़े हुए हैं, उनका दृष्टिकोण सामंतवादी हैं, और ब्रिटिश सरकार के साथ ताल्लुक़ात को छोड़कर, जब वे ख़ासतौर से अदब से पेश आते हैं, उनके ढंग तानाशाही के हैं। शेल्वंकर ने हिदुस्तानी रियासतों के बारे में सही ही कहा है कि "वे हिंदुस्तान में अंग्रेज़ों का पांचवां दस्ता हैं।"

❐

---

90. टामसन द्वारा 'दि मेकिंग ऑव दि इंडियन प्रिंसेज' (1943) में पृष्ठ 22-23 पर उद्धृत।

6. हिंदुस्तान में ब्रिटिश राज्य की परस्पर विरोधी बातें : राममोहन राय:समाचार पत्र:

सर विलियम जोन्स:बंगाल में अंग्रेज़ी शिक्षा

हिंदुस्तान में ब्रिटिश राज्य के इतिहास पर ग़ौर करते हुए हमको पग-पग पर एक ख़ास विरोधाभास दिखाई देता है। अंग्रेज़ों का हिंदुस्तान में इसलिए आधिपत्य हुआ और वे दुनिया की एक प्रमुख शक्ति इसलिए बन गए कि वे बड़ी मशीनों की नई औद्योगिक संस्कृति के अगुआ थे। वे एक ऐसी नई ऐतिहासिक शक्ति का प्रतिनिधित्व करते थे, जो दुनिया को बदलने जा रही थी, और हालांकि उनको पता नहीं था, वे परिवर्तन और क्रांति के प्रतिनिधि थे। फिर भी सिवाय उस रद्दो-बदल के, जो उन्हें अपनी स्थिति सुदृढ़ करने और देश और जनता का अपने फ़ायदे के लिए शोषण करने के सिलसिले में ज़रूरी मालूम हुई, उन्होंने हर तरह की रद्दो-बदल को जान-बूझकर रोका। उनका उद्देश्य और दृष्टिकोण प्रतिक्रियावादी था। कुछ हदतक तो उसकी वजह उस सामाजिक वर्ग की पृष्ठभूमि थी, जिसके वे सदस्य थे; लेकिन ख़ासतौर से उसकी वजह यह थी कि वे जानबूझ कर प्रगतिशील दिशा में रद्द बदल को चाहत थे, क्योंकि उस रद्दोबदल से हिंदुस्तानी जनता मज़बूत होती और उसका नतीजा यह होता कि हिंदुस्तान पर अंग्रेज़ी प्रभुत्त्व घंट जाय। जनता का डर उनकी सारी विचारधारा और सारी नीति में समाया हुआ था; क्योंकि न तो वे उस जनता में घुलना-मिलना ही चाहते थे और न वे ऐसा कर ही सकते थे। उनको तो एक विदेशी शासक-समुदाय की तरह अलग और एक बिलकुल जुदा और विरोधी जनता से घिरा रहना था। परिवर्तन हुए और कुछ तो प्रगतिशील दिशाओं में भी हुए, लेकिन वे ब्रिटिश नीति के बावजूद हुए, हालांकि उनको उत्तेजना पच्छिम में संपर्क में आने से अंग्रेज़ों द्वारा ही मिली।

व्यक्तिगत रूप से अंग्रेज़ों ने, जिनमें शिक्षा-प्रसार में दिलचस्पी रखने वाले लोग भी थे, पूर्व में दिलचस्पी रखनेवाले लोग थे, संपादक थे और मिशनरी लोग थे, और साथ ही और दूसरे आदमियों ने हिंदुस्तान में पच्छिमी संस्कृति लाने में एक अहम हिस्सा लिया और अपनी इस कोशिश में उनको अकसर खुद अपनी सरकार से झगड़ना पड़ा। उस सरकार को आधुनिक शिक्षा-प्रसार के असर का डर था और इसीसे उसने उसके रास्ते में बहुत-सी अड़चनें डालीं; फिर भी हिंदुस्तान में अंग्रेज़ी विचार, साहित्य और राजनैतिक परंपरा का प्रवेश करा देने का श्रेय उन योग्य और उत्सुक अंग्रेज़ों को है, जिन्होंने अपने चारों तरफ़ हिंदुस्तानी विद्यार्थियों के उत्साही समुदायों को इकट्ठा किया और जिन्होंने अपनी संस्कृति के फैलाने की बड़ी जोरदार कोशिशें कीं। (जब मैं 'अंग्रेज़ी' लफ़्ज़ कहता तो उसमें सारे ग्रेट ब्रिटेन के निवासियों और आयरलैंड के रहने वाला को शामिल करता हूं, हालांकि मैं यह जानता

हूं कि यह गलत और अनुचित है। लेकिन मुझे 'ब्रिटिश' लफ़्ज़ नापसंद है और शायद उस लफ़्ज़ में आयरलैंड का समावेश नहीं होता। आयरलैंड, स्काटलैंड और वेल्स के निवासियों के सामने मैं क्षमा-प्रार्थी हूं। हिंदुस्तान में उन सबका व्यवहार एक-सा रहा है और यहां उन सबको एक ही समूह की तरह देखा गया है।) खुद ब्रिटिश सरकार भी, जिसको शिक्षा नापसंद थी, परिस्थितियों से विवश हुई और उसको अपने बढ़ते हुए काम के लिए क्लर्कों के तैयार करने और उनको शिक्षा देने का इंतज़ाम करना पड़ा। इन छोटी-छोटी जगहों में काम करने के लिए इंग्लैंड से बड़ी तादाद में आदमियों को लाकर रखना उसकी बिसात के बाहर था। इस तरह धीरे-धीरे शिक्षा का प्रसार हुआ और हालांकि वह बहुत सीमित थी और ग़लत ढंग की थी, फिर भी उसने नये और सक्रिय विचारों के लिए दिमाग़ को खोल दिया।

छापने की मशीन को, और असल में हर एक मशीन को ही, हिंदुस्तानी दिमाग़ के लिए भड़कीला और ख़तरनाक समझा गया। उनको किसी भी ढंग से बढ़ावा नहीं देना था, क्योंकि उससे औद्योगिक तरक्क़ी हो सकती थी और राजद्रोह फैल सकता था। ऐसा कहा जाता है कि एक बार हैदराबाद के निज़ाम ने विलायती मशीनें देखने की इच्छा प्रकट की, तो इस पर वहां के रेज़ीडेंट ने उसके लिए छापने की मशीन और एक हवा भरने का पंप मंगा दिया। निज़ाम की क्षणिक उत्सुकता के शांत हो जाने के बाद ये चीज़ें एक तरफ़ रख दी गईं। लेकिन जब कलकत्ते की सरकार ने यह सुना, तो उसने रेज़ीडेंट के प्रति अपनी नाराज़गी ज़ाहिर की और एक हिंदुस्तानी रियासत में छापने की मशीन चलाने पर तो उसको ख़ासतौर से फटकारा गया। इस पर रेज़ीडेंट ने कहा कि अगर सरकार चाहे, तो वह उस मशीन को खुफ़िया तौर पर तुड़वा सकता है।

लेकिन जहां निजी छापेखानों को बढ़ावा नहीं दिया गया, वहां साथ ही सरकार का काम बिना छपाई के चल नहीं सकता था और इसलिए कलकत्ता, मद्रास और दूसरी जगहों में सरकारी छापेखाने खोले गए। पहला निजी छापाखाना वैप्टिस्ट पादरियों ने श्रीरामपुर में चलाया, और पहला अख़बार एक अंग्रेज़ ने कलकत्ते में सन् 1780 में निकाला।

ये, और ऐसी ही और दूसरी तब्दीलियां धीरे-धीरे हुईं और हिंदुस्तानी दिमाग़ पर उनका असर हुआ। उनसे 'आधुनिक' चेतना फैली। सीधे तौर पर तो यूरोप के विचारों से हिंदुस्तान का एक बहुत छोटा-सा ही समुदाय प्रभावित हुआ, क्योंकि हिंदुस्तान तो अपनी निजी दार्शनिक पृष्ठभूमि से चिपका रहा, जिसको वह पच्छिमी पृष्ठभूमि से अच्छा समझता था। पच्छिम का असली असर और आघात तो ज़िंदगी के अमली पहलू पर हुआ, जो साफ़ तौर पर पूर्व से बेहतर था। नये तरीक़ों की—रेल, छापेखानों, दूसरी मशीनों और लड़ाई के ज़्यादा होशियारी के तरीकों की—अवहेलना नहीं की जा सकती थी। ये तरीक़े परोक्ष रूप से पुराने तरीक़ों को धकेलकर ऊपर आ गए और हिंदुस्तान के दिमाग़ में संघर्ष पैदा हुआ। सबसे ज़्यादा स्पष्ट और गहरी रद्दो-बदल यह थी कि पुरानी खेतिहरी की व्यवस्था हट गई और उसकी जगह व्यक्तिगत संपत्ति और ज़मींदारी की विचारधारा ने ली, अर्थ-व्यवस्था में रुपये का

लालच हुआ और ज़मीन एक ख़रीदारी की चीज़ हो गई। जो चीज़ पहले रिवाज से मज़बूती से जमी हुई थी, अब रुपये से उखड़ गई।

खेती-संबंधी, शिक्षा-संबंधी, तकनीकी और दिमाग़ी-ये सभी तब्दीलियां हिंदुस्तान के और दूसरे बड़े हिस्सों से बहुत पहले बंगाल में देखने में आईं। उसकी वजह यह थी कि बंगाल में और दूसरे प्रदेशों में मुक़ाबले ब्रिटिश राज्य 50 बरस पहले क़ायम हो चुका था। इसी से अठारहवीं सदी के पिछले पचास बरसों में और उन्नीसवीं सदी के पहले पचास बरसों में, बंगाल ने ब्रिटिश-भारतीय जीवन में एक प्रमुख भाग लिया। बंगाल सिर्फ़ ब्रिटिश हुकूमत का ही केंद्र नहीं था, बल्कि उसने अंग्रेज़ी पढ़े-लिखे हिंदुस्तानियों के पहले दल को तैयार किया, जो ब्रिटिश ताक़त की छाया में ही हिंदुस्तान के दूसरे हिस्से में फैल गया। बंगाल में उन्नीसवीं सदी में कितने ही महापुरुष पैदा हुए, जिन्होंने बाक़ी हिंदुस्तान का सांस्कृतिक और राजनैतिक मामलों में पथ-प्रदर्शन किया, और उन्हीं की कोशिशों से आगे चलकर नया राष्ट्रीय आंदोलन साकार हुआ। बंगाल को ब्रिटिश राज्य की ज़्यादा लंबी जानकारी ही नहीं थी, बल्कि उसको ब्रिटिश राज्य के उस शुरू के वक़्त का भी तजुरबा था, जब वह बहुत ज़्यादा सख़्त और लचीला दोनों था। उसने इस राज्य को मंज़ूर कर लिया था और उत्तरी और मध्य-भारत के सिर झुकाने के बहुत पहले ही उसने उस राज्य से अपना मेल बिठा लिया था। सन् 1857 के महाविद्रोह का बंगाल में क़रीब-क़रीब नहीं के बराबर असर था; वैसे उस विद्रोह की पहली चिनगारी संयोग से कलकत्ते के पास दमदम में ही प्रकट हुई थी।

ब्रिटिश राज्य से पहले बंगाल मुग़ल साम्राज्य का एक बाहरी सूबा था। उसकी अहमियत थी, लेकिन वह केंद्र से कटा हुआ-सा था। मध्य युग के शुरू-शुरू में वहां के हिंदुओं में कई गंदे ढंग की पूजाएं और तांत्रिक रस्में चालू थीं। तब हिंदू-सुधार आंदोलन शुरू हुआ और उसका सामाजिक रीतियों और क़ानूनों पर असर हुआ, यहांतक कि कुछ दूसरी जगहों में भी विरासत के कुछ मान्य नियम कुछ हद तक बदल गए। चैतन्य ने, जो एक बड़े विद्वान थे और बड़ी निष्ठा और भावना के व्यक्ति थे, श्रद्धा की बुनियाद पर एक ढंग का वैष्णववाद स्थापित किया और बंगाल की जनता पर बहुत प्रभाव डाला। बंगालियों में ऊंची बौद्धिक प्रतिभा और उतनी ही दृढ़ भावुकता का एक विचित्र सम्मिश्रण हुआ। उन्नीसवीं सदी के पिछले बरसों में प्रेम और मानव सेवा की निष्ठा की इस परंपरा के एक दूसरे संत-स्वभाव के व्यक्ति रामकृष्ण परमहंस थे। उनके नाम पर एक सेवा की संस्था स्थापित हुई, जिसकी सामाजिक सेवाओं का लेखा बेजोड़ है। रामकृष्ण मिशन के सदस्य पुराने फ्रेन्सिस्कनों की तरह धैर्य और प्रेम के साथ सेवा करने के आदर्श से भरे हुए हैं, और क्वेकरों की तरह वे कुशल हैं, और उनमें दिखावा नहीं है। वे लोग अस्पताल और शिक्षा-संबंधी संस्थाएं चलाते हैं, और जब कभी हिंदुस्तान में कहीं भी और कभी-कभी विदेशों में, कोई व्यापक दुर्घटना होती है, तो वे वहां की पीड़ित जनता को सहारा देने में और उनकी सेवा करने में लग जाते हैं।

रामकृष्ण पुरानी हिंदुस्तानी परंपरा के प्रतिनिधि थे। उनसे पहले, अट्ठारहवीं सदी में ही बंगाल में एक और प्रमुख व्यक्ति हो चुके थे। वह थे राजा राममोहन राय। वह एक नये ढंग

के आदमी थे। उनमें पुरानी और नई, दोनों ही तरह की, शिक्षा का मेल था। वह हिंदुस्तानी विचारधारा और हिंदुस्तानी दर्शन-शास्त्र से सुपरिचित थे, और साथ ही वह संस्कृत, अरबी और फ़ारसी के विद्वान थे। वह उस हिंदू-मुस्लिम संस्कृति की उपज थे, जो उस समय हिंदुस्तान के सांस्कृतिक वर्ग के लोगों में फैली थी। हिंदुस्तान में अंग्रेज़ों के आने से और साथ ही उसकी कई तरह की श्रेष्ठता की वजह से, राममोहन राय के जिज्ञासु और साहसी मस्तिष्क ने उनकी संस्कृति के आधारों को जानना चाहा। उन्होंने अंग्रेज़ी पढ़ी, लेकिन इतना काफ़ी न था; उन्होंने पच्छिम के धर्म और वहां की संस्कृति के स्रोत को खोज पाने के लिए यूनानी, लातीनी और इब्रानी भाषाएं पढ़ीं। हालांकि उस वक़्त तकनीकी परिवर्तन इतने ज़ाहिर नहीं थे जितने कि वे बाद में हुए, फिर भी पच्छिमी सभ्यता के तकनीकी पहलू और विज्ञान की तरफ़ उनका खिंचाव हुआ। दार्शनिक और विद्वत्तापूर्ण रुचि की वजह से राममोहन राय लाज़िमी तौर पर पुराने साहित्य की ओर झुके। उनका जिक्र करते हुए पूर्वीय विषयों के जानकार मोनियर विलियम्स ने कहा है—"दुनिया के वह पहले आदमी हैं, जिन्होंने धर्मों का आपस में मिलान करते हुए अध्ययन करने की परिपाटी की खोज की।" फिर भी, साथ-ही-साथ, वह शिक्षा को आधुनिक ढांचे में ढालने के लिए उत्सुक थे और वह उसे पुरानी परिपाटी के चंगुल से निकालना चाहते थे। उन शुरू के दिनों में भी वह वैज्ञानिक तरीक़ों के पक्ष में थे, और उन्होंने गवर्नर जनरल को गणित, भौतिक विज्ञान, रसायन शास्त्र, जीव-विज्ञान आदि दूसरी उपयोगी विद्याओं की शिक्षा की ज़रूरत पर ज़ोर देते हुए लिखा।

वह केवल एक विद्वान और अन्वेषक ही नहीं थे; सबके ऊपर वह एक सुधारक थे। शुरू के दिनों में उन पर इस्लाम का असर हुआ था और बाद में कुछ हद तक ईसाई-धर्म का, लेकिन फिर भी वह अपने धर्म में दृढ़ता के साथ जमे रहे। हां, उस धर्म को उन्होंने उन कुरीतियों और कुप्रथाओं से, जो उस वक़्त उससे जुड़ गई थीं, छुड़ाने की कोशिश की। सती-प्रथा को बंद करने के लिए उन्हीं के आन्दोलन की वजह से ख़ासतौर से सरकार ने उस पर रोक लगाई। यह सती-प्रथा, जिसमें स्त्रियों को पति के साथ चिता पर जलाया जाता था, कभी भी व्यापक नहीं थी। ऊंचे वर्ग में कभी-कभी ऐसी घटनाएं हो जाया करती थीं। शायद यह रिवाज हिंदुस्तान में तातारों के साथ आया। उनमें यह रिवाज था कि मालिक के मरने के बाद उसके नौकर अपने-आपको मार डालते। शुरू के संस्कृत-साहित्य में सती-प्रथा को बुरा कहा गया है। अकबर ने उसे रोकने की कोशिश की और मराठे भी उसके ख़िलाफ़ थे।

राममोहन राय हिंदुस्तानी अख़बारों के क़ायम करनेवालों में एक थे। सन् 1780 के बाद हिंदुस्तान के अंग्रेज़ों ने कई अख़बार निकाले। ये आम-तौर पर सरकार की कड़ी आलोचना करते और सरकार से अकसर उनका झगड़ा होता और उन पर सेंसर रहता। हिंदुस्तान में अख़बारों की आज़ादी के लिए सबसे पहले अंग्रेज़ों ने आवाज़ उठाई। इन अंग्रेज़ों में से एक जेम्स सिल्क बकिंघम थे, जिनकी अब भी याद की जाती है। सरकार की वजह से इनको हिंदुस्तान छोड़कर बाहर जाना पड़ा। पहला अख़बार, जिस पर हिंदुस्तानी नियंत्रण था

और जिसका संपादन भी हिंदुस्तानियों ने किया, सन् 1818 में (अंग्रेज़ी भाषा में) निकला। और उसी साल श्रीरामपुर के बैप्टिस्ट पादरियों ने बंगाल में दो पत्र--एक मासिक और एक साप्ताहिक निकाले। हिंदुस्तानी भाषा में सामयिक रूप से निकलने वाले ये पहले पत्र थे। उसके बाद अंग्रेज़ी में और हिंदुस्तानी भाषाओं में कई अख़बार और कई सामयिक पत्र कलकत्ता, बंबई और मद्रास से कुछ ही समय के अंदर निकलने लगे।

इसी बीच में अख़बारों की आज़ादी के लिए लड़ाई शुरू हो चुकी थी, जो कितने ही उतार-चढ़ाव के साथ अबतक जारी है। सन् 1818 में मशहूर रेगुलेशन न० 3 का जन्म हुआ, जिसके मुताबिक किसी शख़्स को बिना मुक़दमा चलाए नज़रबंद किया जा सकता था। यह रेगुलेशन आज भी अमल में लाया जाता है और बहुत से आदमी इस 126 बरस पहले ही धारा के अनुसार जेल में रखे जाते हैं।

राममोहन राय का कई अख़बारों से संबंध था। उन्होंने अंग्रेज़ी और बंगला, इन दो भाषाओं की मिली-जुली एक पत्रिका निकाली और बाद में उन्होंने एक साप्ताहिक पत्र फ़ारसी भाषा में इस कारण प्रकाशित किया कि सारे हिंदुस्तान में उसका चलन हो सके। उस वक़्त हिंदुस्तान में फ़ारसी ही सारे सभ्य समाज की भाषा थी। लेकिन 1823 में प्रेस-नियंत्रण के लिए नये क़ानून बनने पर इसको बंद होना पड़ा। राममोहन राय ने और दूसरे आदमियों ने इन क़ानूनों का ज़ोरदार विरोध किया, यहांतक कि उन्होंने इंग्लैड में मंत्रिमंडल के पास एक अर्ज़ी भेजी।

राममोहन राय के संपादकीय काम का ख़ासतौर से उनके सुधार आंदोलन से संबंध था। कट्टर समुदायों को उनका समन्वयकारी और विश्वबंधुत्व का दृष्टि-बिंदु बहुत नापसंद था और वे उनके बहुत-से सुधारों का भी विरोध करते थे। लेकिन उनके अपने भी कट्टर समर्थक थे। इन्हीं में ठाकुर-कुटुंब भी था, जिसने बाद में बंगाल की नई जागृति में एक ख़ास हिस्सा लिया। राममोहन राय दिल्ली-सम्राट की ओर से इंग्लैंड गए और वहां ब्रिस्टल में ही उनकी मृत्यु हो गई।

राममोहन राय ने और ठाकुर-कुटुंब ने अंग्रेज़ी घर पर पढ़ी। कोई अंग्रेज़ी स्कूल या कॉलेज उस वक़्त नहीं थे और सरकारी नीति हिंदुस्तानियों को अंग्रेज़ी सिखाने के सख़्त खिलाफ़ थी। सन् 1781 में सरकार ने कलकत्ते में हिन्दू कॉलेज और कलकत्ता मदरसा क़ायम किया। पहली संस्था संस्कृत की पढ़ाई के लिए थी और दूसरी संस्था अरबी की पढ़ाई के लिए। सन् 1781 में बनारस में एक संस्कृत कॉलेज खोला गया। शायद 1810 के बाद ईसाई पादरियों की तरफ़ से अंग्रेजी सिखाने के लिए कुछ स्कूल खुले। सन् 1810 के बाद सरकारी हलक़ों में भी ऐसे ख़याल के लोग हुए, जो अंग्रेज़ी पढ़ाने के तरफ़दार थे, लेकिन उनके मत का विरोध किया गया। जो भी हो, तजुरबे के तौर पर, दिल्ली के अरबी स्कूल में अंग्रेज़ी दर्जे भी शुरू किये गए और ऐसे दर्जे कलकत्ते के कुछ संस्थाओं में भी खोले गए। अंग्रेज़ी पढ़ाने के पक्ष में अंतिम निर्णय सन् 1835 की फ़रवरी के मैकॉले के शिक्षा-संबंधी

नोट से हुआ। बाद में कलकत्ते में प्रेसीडेंसी कॉलेज क़ायम हुआ। सन् 1857 में कलकत्ता, बंबई और मद्रास की यूनिवर्सिटियों का काम शुरू हुआ।

अगर एक तरफ़ हिंदुस्तान में ब्रिटिश सरकार हिंदुस्तानियों को अंग्रेज़ी पढ़ाने के ख़िलाफ़ थी, तो दूसरी तरफ़ ब्राह्मण विद्वान कुछ दूसरे ही कारणों से अंग्रेज़ों को संस्कृत पढ़ाने के और भी ज़्यादा खिलाफ़ थे। जब सर विलियिम जोन्स, जो पहले से ही कई भाषाएं जानते थे और जो एक बड़े विद्वान थे, हिंदुस्तान के सुप्रीम कोर्ट के जज बनकर आये, तो उन्होंने संस्कृत सीखने की अपनी इच्छा प्रकट की। और हालांकि बहुत बड़ा पारितोषिक देने को कहा गया, लेकिन कोई भी ब्राह्मण एक विदेशी और विधर्मी को देववाणी सिखाने को तैयार नहीं हुआ। जोन्स को आखिर बहुत मुश्किलों से एक अ- ब्राह्मण बैद्य मिले जो, अपनी ख़ास शर्तों पर ही संस्कृत पढ़ाने को तैयार थे। हिंदुस्तान की प्राचीन भाषा को सीखने के लिए जोन्स इतने ज़्यादा उत्सुक थे कि उन्होंने सारी शर्तें मान लीं। संस्कृत ने, और ख़ासतौर से पुराने भारतीय नाटकों ने, उनको मोह लिया। उन्हीं के लेखों और अनुवादों से यूरोप को पहली बार संस्कृत-साहित्य के भंडार की झलक मिली। सन् 1784 में जोन्स ने बंगाल की एशियाटिक सोसाइटी क़ायम की, जो बाद में रॉयल एशियाटिक सोसाइटी कहलाई। हिंदुस्तान अपने प्राचीन साहित्य की ख़ोज के लिए जोन्स और दूसरे यूरोपीय विद्वानों का बहुत एहसानमंद है। यह सही है कि हर युग में उस साहित्य के ज़्यादा हिस्से से लोग परिचित थे, लेकिन उनकी जानकारी कुछ ख़ास समुदायों तक ही सीमित थी और सांस्कृतिक क्षेत्र में फ़ारसी का आधिपत्य हो जाने से लोगों का ध्यान उधर से हट गया था। हस्तलिखित ग्रंथों की तलाश से बहुत-से अपरिचित ग्रंथ सामने आये और आधुनिक आलोचनापूर्ण ढंग के अपनाने से इस विस्तृत साहित्य को, जो सामने आया, एक नई पृष्टभूमि मिली।

छापने की मशीन के चलन और उपयोग से प्रचलित हिंदुस्तानी भाषाओं की वृद्धि को बहुत बड़ा प्रोत्साहन मिला। इनमें से कुछ भाषाएं, मसलन हिंदी, बंगला, गुजराती, मराठी, उर्दू, तमिल और तेलुगू बहुत अरसे से सिर्फ़ प्रचलित ही नहीं थीं, बल्कि उनमें साहित्य-निर्माण हो चुका था। उनकी बहुत-सी किताबें आम जनता में खूब प्रचलित थीं। ..ज़्यादातर ये महाकाव्य या कविताएं गीतों और भजनों के संग्रह के रूप में होतीं, जिनको आसानी से याद रखा जा सकता था। उनमें वक़्त क़रीब-क़रीब गद्य साहित्य बिलकुल न था। ज़्यादा गंभीर लेख संस्कृत और फ़ारसी में होते थे, और हर सुसंस्कृत आदमी के लिए उनमें से किसी एक को जानना ज़रूरी था। इन दो प्राचीन भाषाओं का एक प्रभाव-स्थान रहा और उनसे आम लोगों की प्रांतीय भाषाओं की तरक़्क़ी में रुकावट हुई। किताबों की छपाई से और अख़बारों से इन प्राचीन भाषाओं का गढ़ टूटा और फ़ौरन ही प्रांतीय भाषाओं में गद्य-साहित्य की तरक्क़ी हुई। उस वक़्त के ईसाई पादरियों ने, ख़ासतौर से श्रीरामपुर के बैप्टिस्ट मिशनरियों ने, इस काम में बहुत मदद की। ग़ैर-सरकारी तौर पर पहले-पहल उन्होंने ही छापेख़ाने क़ायम किये थे और बाइबिल का हिंदुस्तानी भाषाओं में, गद्य में अनुवाद करने की उनकी कोशिशों को काफ़ी कामयाबी मिली।

सुपरिचित भाषाओं से काम लेने में कोई मुश्किल नहीं थी। लेकिन ईसाई पादरी और भी आगे बढ़े और उन्होंने कुछ छोटी और अविकसित भाषाओं को भी अपनाया और उनको स्वरूप दिया। उन भाषाओं के लिए उन्होंने व्याकरण बनाये और शब्द-कोष तैयार किये। यहांतक कि उन्होंने पहाड़ियों और जंगल के आदिवासियों की बोल-चाल की भाषा को सीखा और उनके लिए लिपि भी निकली। इस तरह हालांकि ईसाई धर्म-प्रचारकों का काम हिंदुस्तान में हमेशा ही प्रशंसनीय नहीं रहा, लेकिन इस मामले में, और साथ ही लोक-साहित्य के संकलन के सिलसिले में उन्होंने सचमुच ही हिंदुस्तान की बहुत सेवा की है।

शिक्षा-प्रसार के सिलसिले में ईस्ट इंडिया कंपनी को जो झिझक थी, वह सही साबित हुई; क्योंकि सन् 1830 में कलकत्ते के हिंदू कॉलेज के विद्यार्थियों की एक टोली ने कुछ सुधारों की मांग की। (इस कॉलेज में सिर्फ़ संस्कृत ही पढ़ाई जाती थी और अंग्रेज़ी बिलकुल नहीं पढ़ाई जाती थी।) उन्होंने कंपनी की राजनैतिक ताक़त को सीमित करने और अनिवार्य रूप से मुफ़्त शिक्षा देने की मांग की। हिंदुस्तान में निःशुल्क शिक्षा अति प्राचीन समय से प्रचलित थी। वह शिक्षा पुरानी लकीर की थी और कोई बहुत अच्छी या लाभदायक नहीं थी; लेकिन वह बिना किसी ख़र्च के ग़रीब विद्यार्थी को भी मिलती थी। उसमें शिक्षक की कुछ व्यक्तिगत सेवा करनी पड़ती थी। इस मामले में हिन्दू और मुस्लिम परंपराएं एक-सी थीं।

जहां एक ओर इस नई शिक्षा के प्रसार को जान-बूझकर रोका गया, वहां बंगाल में पुरानी शिक्षा बहुत हद तक ख़त्म कर दी गई थी। जब बंगाल में अंग्रेज़ अधिकारी बन बैठे, तब मुआफ़ी की ज़मीनें बहुत बड़ी तादाद में थीं, यानी उन ज़मीनों का सरकार को कोई टैक्स नहीं दिया जाता था। इनमें से बहुत-सी व्यक्तिगत थीं, लेकिन ज़्यादातर शिक्षा-संबंधी संस्थाओं के लिए दान के रूप में थीं। उन पर पुराने ढंग के प्रारंभिक स्कूलों की एक बहुत बड़ी तादाद गुज़र करती थी। इनके अलावा कुछ ऊंची शिक्षा की फारसी की संस्थाएं थी। ईस्ट इंडिया कंपनी इस बात के लिए उत्सुक थी कि जल्दी से रुपया बनाया जाय, ताकि इंग्लैंड में हिस्सेदारों को डिविडेंड दिये जा सकें। डाइरेक्टरों का बराबर तकाज़ा बना रहता था। इसलिए जान-बूझकर यह नीति बरती गई कि इन मुआफ़ी की जमीनों को जब्त कर लिया जाय। उनकी मुआफ़ी के असली सबूत मांगे गए, लेकिन वे पुरानी सनदें या तो खो गई थीं या उनको दीमक खा गई थीं, इसलिए ये मुआफ़ियां रद्द कर दी गईं, उन लोगों से क़ब्जा छीन लिया गया और स्कूलों और कॉलेजों की गुज़र की आमदनी ख़त्म हो गई। इस तरह, एक बहुत बड़ा रक़बा छीना गया और बहुत-से पुराने घराने बरबाद हो गए। वे शिक्षण-संस्थाएं, जो इस मुआफ़ी पर गुज़र करती थीं, खत्म हो गई और उनसे ताल्लुक रखनेवाले अध्यापकों की एक बहुत बड़ी तादाद बेकार हो गई।

इस तरीक़े से बंगाल की पुरानी सामंतवादी जमात, जिसमें हिंदू और मुसलमान दोनों ही थे, और साथ ही वे लोग, जो इनके सहारे गुज़र करते थे, बरबाद हुए। एक वर्ग के रूप में

मुसलमान ज़्यादा सामंतवादी थे और मुआफ़ी का फ़ायदा उठानेवाले भी ज़्यादातर वही थे, इसलिए हिंदुओं के मुक़ाबले में उनकी ज़्यादा हानि हुई। हिंदुओं में मध्यम वर्ग के लोगों की मुसलमानों के मुक़ाबले में कहीं ज़्यादा बड़ी तादाद थी, जो व्यापार और व्यवसाय में या दूसरे पेशों में लगी हुई थी। ये लोग दूसरी चीज़ों से ज़्यादा आसानी से मेल बिठा सकते थे और उन्होंने तेज़ी से अंग्रेज़ी शिक्षा को अपनाया। साथ ही वे अंग्रेज़ों के लिए छोटी नौकरियों में ज़्यादा उपयोगी थे। मुसलमान अंग्रेज़ी शिक्षा से अलग रहे और बंगाल में खुद अंग्रेज़ शासक उनके खिलाफ़ थे। उनको यह डर था कि पुराने शासक-वर्ग के बचे हुए ये हिस्से कहीं उपद्रव न करें। इस तरह शुरू में बंगाली हिंदुओं को छोटी सरकारी नौकरियों में एकाधिपत्य मिल गया और वे लोग उत्तरी सूबों में भी भेजे गए। बाद में पुराने घरानों के कुछ बचे हुए मुसलमानों को भी इन नौकरियों में शामिल कर लिया गया।

अंग्रेज़ी शिक्षा के हिंदुस्तानी क्षितिज विस्तृत हुआ, अंग्रेज़ी साहित्य और संस्थाओं के लिए दिल में इज्जत हुई, हिंदुस्तानी ज़िंदगी के कुछ पहलुओं और उनकी कुछ रीतियों के ख़िलाफ़ विद्रोह हुआ और राजनैतिक सुधार की मांग बढ़ा। इस नई पेशेवर जमात ने राजनैतिक हलचल में नेतृत्व किया और सरकार के सामने अपने पक्ष को रखा। असल में अंग्रेज़ी पढ़े-लिखे इन पेशेवर लोगों का एक नया वर्ग बन गया, जो आगे चलकर सारे ही हिंदुस्तान में फैलनेवाला था। यह एक ऐसा वर्ग था, जिस पर पच्छिमी विचारों और तरीक़ों का असर था और जो आम लोगों से अलग रहा करता था। सन् 1852 में कलकत्ते में ब्रिटिश इंडियन एसोसिएशन क़ायम हुआ। यह इंडियन नेशनल कांग्रेस का पूर्वाभास था, लेकिन अभी सन् 1885 में होनेवाली कांग्रेस की शुरुआत तक तो एक पीढ़ी का अरसा पड़ा था। इसी अरसे में 1857-58 का विद्रोह हुआ, उसका दमन हुआ और उसके नतीजे सामने आये। उस सदी के बीच में बंगाल में, और उत्तरी और मध्य हिंदुस्तान में जो फ़र्क़ था, वह यह था कि जहां एक तरफ़ बंगाल में नये पढ़े-लिखे (ख़ासतौर से हिंदू लोग) अंग्रेज़ी साहित्य और विचारों से प्रभावित हो चुके थे और राजनैतिक-वैधानिक सुधार के लिएं इंग्लैंड की तरफ़ आंखें उठाये हुए थे, वहां दूसरी तरफ़ ये दूसरे हिस्से विद्रोह की भावनाओं से खौल रहे थे।

और जगहों के मुक़ाबले में बंगाल में ब्रिटिश राज्य का और पच्छिम का असर ज्यादा साफ़ दिखाई देता है। खेतिहरी अर्थ-व्यवस्था बिलकुल टूट गई थी और पुराना सामंतवादी वर्ग ख़त्म कर दिया गया था। उनकी जगह ज़मीन के नये मालिक आ गए थे, जिनका ज़मीन से परपंरा का लगाव बहुत ही कम था, और जिनमें पुराने सामंतवादी ज़मींदारों के गुण तो क़रीब-क़रीब कोई भी नहीं थे, लेकिन जिनमें उनकी ज़्यादातर बुराईयां ज़रूर थीं। किसानों को अकाल और लूट का सामना करना पड़ा और वे बेहद ग़रीब हो गए। तरह-तरह के कारीगर लोगों की जमात तो क़रीब-क़रीब मिटा ही दी गई। इन टूटी-फूटी बुनियादों पर ऐसे नये समुदाय और नये वर्ग खड़े हुए, जो ब्रिटिश राज्य की उपज थे और जो उससे कितने ही रूपों में संबंधित थे। साथ ही वे सौदागर लोग थे, जो ब्रिटिश कार- बार और तिजारत के

दलाल थे और जो उसकी जूठन से फ़ायदा उठाते थे। इनके अलावा, छोटी नौकरियों में और विद्वत्तापूर्ण व्यवसायों में वे पढ़े-लिखे लोग थे, जो विभिन्न परिमाण में अंग्रेज़ी विचारों से प्रभावित हुए थे और जो प्रगति के लिए ब्रिटिश ताक़त की तरफ़ आशा से आंखें लगाये हुए थे। इनमें हिंदू समाज के सामाजिक ढांचे और उसकी कट्टर रीतियों के ख़िलाफ़ विद्रोह हुआ। उन्होंने प्रेरणा के लिए अंग्रेज़ी उदारता और संस्थाओं की तरफ़ आंखें उठाई।

बंगाल के हिंदुओं के ऊपरी दर्जे पर यह असर हुआ। हिंदुओं की आम जनता पर कोई ज़ाहिरा असर नहीं हुआ और शायद वहां के हिंदू नेताओं ने भी आम जनता के बारे में कुछ नहीं सोचा। कुछ गिने-चुने आदमियों को छोड़कर, मुसलमानों पर कोई असर नहीं हुआ और वे जान-बूझकर इस नई शिक्षा से अलहदा रहे। वे पहले भी आर्थिक दृष्टि से पिछड़े हुए थे, अब और भी ज़्यादा पिछड़ गए। उन्नीसवीं सदी में बंगाल में कितने ही प्रतिभाशाली हिंदू हुए, लेकिन उस दौरान में बंगाल में उस प्रतिभा का शायद एक भी मुसलमान नेता नहीं हुआ। जहांतक आम जनता का सवाल है, हिंदुओं और मुसलमानों में कोई भी ख़ास फ़र्क़ नहीं था। उन दोनों में आदमों का, रहन-सहन का, भाषा का, ग़रीबी और तकलीफ़ का एक-सा पन था। असलियत में हिंदुस्तान भर में कहीं भी हिंदुओं और मुसलमानों में इतना कम अंतर नहीं था, जितना बंगाल में था। शायद 98 फ़ी-सदी मुसलमान पहले हिंदू थे और अब उन्होंने धर्म-परिवर्तन कर लिया था और वे आमतौर पर समाज के सबसे निचले दर्जे के थे। जनसंख्या के लिहाज़ से शायद मुसलमान हिंदुओं के मुक़ाबले में कुछ ज़्यादा थे। (आज-कल बंगाल में आबादी का अनुपात यह है:53 फ़ी-सदी मुसलमान, 46 फ़ी-सदी हिंदू, 1 फ़ी-सदी और दूसरे लोग।)

ब्रिटिश संबंध के शुरू के ये सब नतीजे, और विभिन्न आर्थिक, सामाजिक, बौद्धिक और राजनैतिक आंदोलन, जो उनकी वजह बंगाल में हुए, हिंदुस्तान में और दूसरी जगहों में भी दिखाई देते हैं, लेकिन कम और अलग-अलग परिमाण में। दूसरी जगहों में सामंतवादी ढांचे का और पुरानी अर्थव्यवस्था का ख़ात्मा धीरे-धीरे हुआ और मुक़ाबले में कम हद तक हुआ। असलियत में उस ढांचे ने विद्रोह किया और यहांतक कि कुचले जाने के बाद भी वह थोड़ा-बहुत बचा रहा। उत्तरी हिंदुस्तान के मुसलमान बंगाल के अपने धर्म - भाइयों के मुक़ाबले में सांस्कृतिक और आर्थिक दृष्टि से ऊंचे थे, लेकिन पच्छिमी शिक्षा से वे भी अलहदा रहे। हिन्दुओं ने इस शिक्षा को ज़्यादा आसानी से अपनाया और वे पच्छिमी विचारों से ज़्यादा प्रभावित हुए। छोटी सरकारी नौकरियों में और दूसरे अच्छे पेशों में मुसलमानों के मुक़ाबले में हिंदू कही ज़्यादा थे सिर्फ़ पंजाब में ही यह फ़र्क़ इतना ज़्यादा नहीं था।

सन् 1857-58 में विद्रोह भड़का और उसे कुंचल दिया गया; लेकिन बंगाल क़रीब-क़रीब उससे अछूता रहा। पूरी उन्नीसवीं सदी में वहां अंग्रेज़ी पढ़ी-लिखी जमात ने इंग्लैंड की तरफ़ श्रद्धा से देखा और उन्होंने इंग्लैड की मदद से और उसके सहयोग से आगे बढ़ने की आशा की। संस्कृति के मैदान में एक नई जागृति हुई और बंगला भाषा की

असाधारण उन्नति हुई और बंगाल के नेता राजनैतिक हिंदुस्तान के नेता के रूप में सामने आये।

उन दिनों बंगाल के दिमाग़ में इंग्लैंड के प्रति जो आदर और विश्वास भरा हुआ था, उसकी और साथ ही, सुदृढ़ सामाजिक रीतियों के ख़िलाफ़ विद्रोह की झलक उस हृदय-स्पर्शी संदेश से मिलती है जो अपनी मृत्यु से कुछ महीने पहले, अपनी अस्सीवीं वर्ष- गांठ पर (मई 1941) में श्री रवींद्रनाथ ठाकुर ने दिया। उन्होंने कहा-"जब मैं पीछे मुड़कर अपने जीवन के युग को देखता हूं और अपने बचपन की बढ़वार के इतिहास को स्पष्टता से देखता हूं, तो उस परिवर्तन को देखकर, जो मेरे रुख़ में हुआ और जो मेरे देशवासियों की मनोवृत्ति में हुआ है-एक ऐसा परिवर्तन, जिसके अंदर एक अत्यंत दुख का करण निहित है तो मैं चकित रह जाता हूं।

"मानव के बृहत्तर संसार से हमारा सीधा संपर्क उस अंग्रेज़ जनता के तत्कालीन इतिहास से जुड़ा हुआ है, जिससे उन शुरू के दिनों में हमारा परिचय हुआ। विशेष रूप से उन्हीं के विस्तृत साहित्य के द्वारा हमने अपने हिंदुस्तानी तटों पर आने वाले इन आगंतुकों के बारे में अपने विचार बनाये। उन दिनों हमको जिस ढंग की शिक्षा दी जाती थी, न तो वह काफ़ी थी और न वह कई तरह की थी। इस तरह उनका क्षेत्र ख़ासतौर से सीमित होने की वजह से उन दिनों के पढ़े-लिखे आदमी अंग्रेज़ी भाषा और साहित्य की ओर जाते। उनके दिन और रात, बर्क के ओजस्वी भाषणों से, मौकॉले के लंबे-लंबे वाक्यों से, शेक्सपियर के ड्रामा, बायरन के काव्य और ख़ासतौर से उन्नीसवीं सदी के अंग्रेज़ी राजनीति की उदारता की विवेचना से जगमगाते रहते।

"हालांकि उस समय अपनी राष्ट्रीय आज़ादी पाने की कुछ दूसरी कोशिशें की जा रही थीं; लेकिन दिल में अंग्रेज़-जाति की उदारता में हमारा विश्वास लुप्त नहीं हुआ था। हमारे नेताओं के दिलों में यह यक़ीन इतना पक्का जमा हुआ था कि उनको यह आशा थी कि विजेता अपनी ही मेहरबानी से विजित जनता की आज़ादी का रास्ता खोल देगा। इस विश्वास की बुनियाद इस बात पर थी कि उस वक़्त इंग्लैंड में उन सब लोगों को शरण मिल जाती थी, जिनको सरकारी कोप की वजह से अपने देश को छोड़कर भागना होता था। उन राजनैतिक सत्यार्थियों का, जिन्होंने अपनी जनता की इज़्ज़त के लिए मुसीबतें उठाई थीं, इंग्लैंड में खुला स्वागत होता था। अंग्रेज़ों के स्वभाव में इस उदार मानवता की अभिव्यक्ति से मैं प्रभावित हुआ और इस तरह मैंने उनको अपने सर्वोच्च सम्मान का आसन दिया। उनके राष्ट्रीय स्वभाव की यह उदारता साम्राज्यवादी अहंकार से अभी कलुषित नहीं हुई थी। क़रीब इसी वक़्त, जब मैं लड़का ही था, इंग्लैंड में मुझे पार्लामेंट में, और बाहर भी, जॉन ब्राइट के भाषण सुनने के अवसर मिले। उन व्याख्यानों की ज़बरदस्त उदारता ने, जो सारी संकरी राष्ट्रीय सीमाओं को पार किये हुए थी, मेरी दिमाग़ पर इतनी गहरी छाप डाली कि आज भी, जब सारा माया जाल हट गया है, उसका थोड़ा-सा असर बना हुआ है।

'सचमुच ही अपने शासकों की दया पर घृणास्पद निर्भरता की भावना कोई अभिमान की चीज़ नहीं थी। हां, जो बात ख़ास थी, वह यह थी कि हमने मानवीय महानता को, चाहे उसकी अभिव्यक्ति एक विदेशी आदमी में ही क्यों न हुई हो, जी-जान से मंजूर किया। मानवता के सर्वोत्तम और सर्वश्रेष्ठ उपहारों पर किसी विशेष जाति या विशेष देश का एकाधिपत्य नहीं हो सकता। उनके क्षेत्र को न तो सीमित ही किया जा सकता है और न वे कंजूस के ज़मीन में गड़े हुए संग्रह की तरह हो सकते हैं। यही वजह है कि अंग्रेज़ी साहित्य, जिसने गुज़रे हुए ज़माने में हमारे दिमाग़ का पोषण किया, अब भी हमारे अंतरतम में गूंजता है।"

आगे चलकर श्री रवींद्रनाथ जातीय परंपरा से निर्धारित उचित व्यवहार के भारतीय आदर्श की चर्चा करते हैं–"स्वयं संकीर्ण और दीर्घ काल से सम्मानित इन सामाजिक रीतियों का जन्म उस सीमित भौगोलिक प्रदेश में हुआ और वहीं पर इनका चलन रहा, जो सरस्वती और द्रिसद्वती नदियों के बीच में था और उसको ब्रह्मावर्त्त कहा जाता था। इस तरह आडंबर पूर्ण व्यवहारवाद धीरे-धीरे स्वतंत्र विचार पर छा गया और 'उचित व्यवहार' का वह विचार, जो मनु को ब्रह्मावर्त्त में सुस्थापित मिला, धीरे-धीरे सामाजिक अत्याचार के रूप में परिणत हो गया।

"मेरे बचपन के दिनों में बंगाल के संस्कृत और पढ़े-लिखे समुदाय में, जो अंग्रेज़ी शिक्षा में पला था, समाज के इन कठोर नियमों के विरुद्ध विद्रोह की भावना भरी हुई थी।...उन्होंने व्यवहार के इन निश्चित नियमों के स्थान पर अंग्रेज़ी अर्थ में सभ्यता के अर्थ को मंजूर कर लिया।

ख़ुद हमारे ही घराने में केवल उसके तार्किक और नैतिक वेग के कारण इस भावना-परिवर्तन का स्वागत किया गया और उसका प्रभाव हमारे जीवन के हर एक क्षेत्र महसूस हुआ। उस वातावरण के जन्म लेने की वजह से और साहित्य में हमारा एक आंतरिक पक्षपात होने के कारण मैंने अंग्रेज़ी को अपने हृदयासन पर बिठा दिया। इस तरह मेरे जीवन के पहले अध्याय समाप्त हुए। तब वह समय आया, जब हमारी दिशाएं भिन्न हुईं; और उस वक़्त धोखे को जानकर बड़ी तकलीफ हुई। उसके बाद मुझे दिन-ब-दिन यह देखने को ज़्यादा मिला कि वे लोग, जो सभ्यता की सर्वोच्च सचाइयों को मंजूर करते हैं, राष्ट्रीय स्वार्थ का सवाल आने पर कितनी आसानी से अपने-आपको उनसे अलग कर लेते हैं।"

❐

7. सन् 1857 का महा विद्रोह:जातीय अहंकार

क़रीब एक सदी तक ब्रिटिश हुकूमत में रहकर बंगाल ने उससे अपना मेल बिठा लिया था। किसान अकाल से बरबाद हो गए थे और नये आर्थिक बोझों से पिस रहे थे। नये पढ़े-लिखे लोग पच्छिम की तरफ़ देख रहे थे और यह उम्मीद कर रहे थे कि अंग्रेज़ी उदारता के ज़रिये तरक़्क़ी होगी। यही बात कमोबेश दक्खिनी और पच्छिमी हिंदुस्तान में, मद्रास और बंबई में थी। लेकिन उत्तरी सूबों में इस तरह का कोई भी झुकाव या फ़रमा-बरदारी नहीं थी और विद्रोह की भावना आम जनता में, और ख़ासतौर से सामंतवादी सरदारों और उनके अनुयायियों में, बढ़ रही थी। जनता में भी असंतोष और ज़ोरदार ब्रिटिश विरोधी भावनाएं खूब फैली थीं। ऊंचे वर्ग के लोगों को इन विदेशियों की अकड़ और उनका अपमानजनक व्यवहार बहुत अखरता। जनता को ईस्ट इंडिया कंपनी के अफ़सरों के लालच या अनजानपन की वजह से बहुत मुसीबतें उठानी पड़तीं। ये अफसर उनकी बहुत अरसे से प्रचलित रीतियों की अवहेलना करते और देशवासियों के विचारों का कोई ध्यान ही नहीं देते। एक बहुत बड़ी आबादी पर मनमानी करने की ताक़त से उनके दिमाग़ फिर गए थे और उन्हें कोई भी रोक या लगाम बरदाश्त नहीं थी। यहांतक कि नई न्याय प्रणाली, जो उन्होंने क़ायम की, वह भी एक आतंक की चीज़ बन गई, क्योंकि एक तो उसमें बहुत-सी उलझनें थीं और दूसरे न्यायाधीश देश की भाषा और प्रथाओं से अपरिचित थे।

सन् 1817 में ही सर टॉमस मुनरो ने गवर्नर जनरल लॉर्ड हेस्टिंग्ज़ को ब्रिटिश हुकूमत के फ़ायदे बताने के बाद कहा-" लेकिन ये फ़ायदे बहुत मंहगे पड़े हैं। जनता की आज़ादी, राष्ट्रीय स्वभाव और जनता को जो चीज़ भी सम्माननीय बनती है, उसके बलिदान की क़ीमत पर ये फ़ायदे ख़रीदे गए हैं... इसलिए अंग्रेज़ी ताक़त से हिंदुस्तान को जीतने का नतीजा यहां की जनता को उठाने की जगह उसको गिराना होगा। शायद जीत की ऐसी कोई भी मिसाल नहीं है, जिसमें देशवासियों को सरकारी काम से इतना ज़्यादा अलग कर दिया गया है, जितना कि ब्रिटिश भारत में।"

इस तरह मुनरो ने हुकूमती ढांचे में हिंदुस्तानियों को शामिल करने के लिए कहा। एक साल बाद मुनरो ने फिर कहा–"विदेशी विजेताओं ने देशवासियों के साथ हिंसा का और अकसर बहुत ज़्यादा बेरहमी का बरताव किया है, लेकिन किसी ने भी उनसे इतनी नफ़रत का बरताव नहीं किया, जितना हमने किया है। किसी ने भी सारी जनता को अविश्वसनीय बताकर, ईमानदारी के लिए असमर्थ बताकर, इतना कलंकित नहीं किया, जितना हमने किया है। हमने सिर्फ़ उसी जगह उनको भरती करना ठीक समझा, जहां हमारा काम उनके बिना चल नहीं सकता था। यह बात सिर्फ़ अनुदार ही नहीं मालूम देती, बल्कि बेजा है कि हम विजित जनता के चरित्र को ही कलंकित कर दें।"[91]

---

91. एडवर्ड टामसन द्वारा 'दि मेकिंग ऑव दि इंडियन प्रिंसेज़' (1943) में उद्धृत। पृष्ठ 273,

दो सिख लड़ाइयों के बाद सन् 1850 तक ब्रिटिश हुकूमत पंजाब में फैला दी गई। महाराजा रंजीतसिंह, जिसने पंजाब की सिख हुकूमत को बढ़ाया और क़ायम रखा था, सन् 1839 में मर गया। सन् 1856 में अवध को छीन लिया गया। वैसे तो क़रीब पचास बरसों से अवध ब्रिटिश हुकूमत में ही था, क्योंकि वह एक अधीन राज्य था; वहां का नाममात्र का शासक बेबस था और बहुत बिगड़ा हुआ था और वहां पर ब्रिटिश रेज़ीडेंट सर्वशक्तिमान था। उसमें मुसीबतों की हद हो गई थी और उसमें सहायक संधि के ढांचे की सारी बुराइयां दिखाई देती थीं।

मई, सन् 1857 में मेरठ की हिंदुस्तानी फ़ौज ने बग़ावत की। विद्रोह का ख़ुफिया तौर पर बहुत अच्छा संगठन किया गया था, लेकिन नियम समय से पहले ही इस उभार से नेताओं की सारी योजना ही बिगड़ गई। यह सिर्फ़ एक फ़ौजी बग़ावत से कहीं ज्यादा बड़ी चीज़ थी। उसने बड़ी तेज़ी से विद्रोह का रूप ले लिया और वह हिंदुस्तानी आज़ादी की लड़ाई हो गई। आम जनता के लोकप्रिय विद्रोह के रूप में यह लड़ाई दिल्ली, संयुक्त प्रांत (वर्तमान उत्तर प्रदेश) बिहार और मध्य हिंदुस्तान के कुछ हिस्सों तक ही सीमित थी। ख़ासतौर से तो यह एक सामंतवादी विद्रोह था, जिसके अगुआ सामंतवादी सरदार या उनके साथी थे और जिसमें विदेशी-विरोधी व्यापक भावनाओं से सहायता मिली। लाज़िमी तौर पर इसकी निगाह बचे-खुचे मुग़ल राजवंश पर थी, जो अब भी दिल्ली के महलों में था, लेकिन दुर्बल, अशक्त और बूढ़ा हो गया था। इस विद्रोह में हिंदुओं और मुसलमानों, दोनों ने ही हिस्सा लिया।

इस विद्रोह में ब्रिटिश हुकूमत को अपना पूरा-पूरा जोर लगाना पड़ा। लेकिन आख़िर में उसका दमन हिंदुस्तानी मदद से हुआ। पुरानी हुकूमत की सारी पैदायशी कमज़ोरियां ऊपर आ गई। यह हुकूमत विदेशी राज्य को उखाड़ फेंकने की अपनी आख़िरी जी-तोड़ कोशिश कर रही थी। सामंतवादी सरदारों को विस्तृत प्रदेशों में आम जनता की सहानुभूति प्राप्त थी, लेकिन वे लाचार थे, असंगठित थे और उनके सामने कोई रचनात्मक आदर्श या सामूहिक हितकर मक़सद नहीं था। इतिहास में वे अपना काम पूरा कर चुके थे और आगे उनके लिए कोई जगह नहीं थी। उनमें ऐसे भी बहुत-से लोग थे, जिनकी विदेशी राज्य के ख़िलाफ़ होनेवाले विद्रोह से सहानुभूति तो थी, लेकिन जिन्होंने सयानेपन से काम लिया और अलग खड़े हुए इस बात को देखते रहे कि कौन-सा पक्ष अधिक सबल है और किसकी जीत की संभावना हैं। बहुत से लोगों ने देशद्रोहियों का काम किया। कुल मिलाकर हिंदुस्तानी रजवाड़े या तो अलग रहे, या उन्होंने अंग्रेज़ों की मदद की; क्योंकि जो कुछ भी उनके पास था, उसे जोखिम में डालने में उन्हें डर लगता था। नेताओं में कोई भी क़ौमी एकता लानेवाली भावना नहीं थी, सिर्फ़ एक विदेशी-विरोधी भावना थी और उसके साथ अपने सामंतवादी विशेषाधिकारों को बनाये रखने की इच्छा थी; और यह उस राष्ट्रीय भावना की जगह नहीं ले सकती थी।

अंग्रेज़ों को गुरखों की मदद मिली, लेकिन उससे भी ज्यादा ताज्जुब की बात यह है कि उन्हें सिखों की मदद मिली। सिख उनके दुश्मन रहे थे और अंग्रेज़ों ने कुछ ही बरस पहले उनको हराया था। यह सचमुच ही अंग्रेज़ों के लिए एक तारीफ़ की बात थी या बुराई की, यह अपने - अपने खयाल की बात है। हां, यह जरूर ज़ाहिर है कि उस वक़्त हिंदुस्तानी जनता को एक सूत्र में बांधनेवाली क़ौमी भावना की कमी थी। आजकल जैसी क़ौमियत तो अभी आने को थी; अभी हिंदुस्तान को बहुत तकलीफ़ और मुसीबतें सहनी थीं, इसके पहले कि वह उस सबक को सीखता, जो उसे सच्ची आज़ादी देता। किसी पराजित आदर्श के लिए, यानी सामंतवादी ढांचे के लए, लड़ने से आज़ादी हासिल नहीं हो सकती थी।

विद्रोह में छापामार लड़ाई करनेवाले कुछ मार्के के नेता सामने आये। उनमें से एक तो फ़िरोज़शाह था; जो दिल्ली के बहादुरशाह का रिश्तेदार था। लेकिन उनमें सबसे ज़्यादा प्रतिभावान नेता था तांत्या टोपो, जिसने अंग्रेज़ों को उस वक़्त भी कितने ही महीनों तक परेशान किया, जबकि हार उसके सामने साफ़ तौर पर दिखाई दे रही थी। आख़िर में जब वह नर्मदा को पार करके मराठा प्रदेशों में अपने ही आदमियों से स्वागत और सहायता पाने की आशा से पहुंचा, तो सिर्फ़ उसका स्वागत ही नहीं हुआ, बल्कि उसके साथ दगा भी की गई। इन सबके ऊपर एक नाम और है, जिसके लिए आम जनता में अब भी इज्जत है; और वह नाम है लक्ष्मीबाई का, जो झांसी की रानी थी; जिसकी उम्र बीस बरस की थी और जो लड़ते-लड़ते मारी गई। उन अंग्रेज़ सेनापतियों ने, जिन्होंने उसका मुक़ाबला किया, उसके बारे में यह कहा कि वह बाग़ी नेताओं में "सर्वोत्तम और सबसे ज़्यादा बहादुर" थी।

ग़दर के अंग्रेज़ी स्मारक कानपुर में और दूसरी जगहों में बना दिये गए हैं। उन हिंदुस्तानियों के, जिन्होंने अपनी जाने दीं, कोई स्मारक नहीं हैं। कभी-कभी विद्रोही हिंदुस्तानियों ने बड़ा क्रूर और बर्बरतापूर्ण व्यवहार किया; वे लोग असंगठित थे, दबे हुए थे और वे अकसर ब्रिटिश अत्याचारों की ख़बरों से नाराज़ हो उठते थे। लेकिन इस तस्वीर का एक दूसरा पहलू भी है, जिसने हिंदुस्तान के दिमाग़ पर अपनी छाप डाली और मेरे सूबे में तो ख़ासतौर से, गांव और क़सबों में, उसकी याद बनी हुई है। हर शख़्स उसको भूल जाना चाहेगा, क्योंकि वह एक बड़ी भयानक और घृणास्पद तस्वीर है; और अगरचे वर्तमान युद्ध में नात्सियों द्वारा बर्बरता के नये मापदंड बन गए हैं, फिर भी यह कहा जा सकता है कि उसमें इन्सान अपनी बुरी से बुरी शक़्ल में सामने आता है। लेकिन उसको सिर्फ़ उस वक़्त ही भुलाया जा सकता है और उसके बाद उस वक़्त ही वह अनासक्तिपूर्ण और अव्यक्तिगत हो सकती है, जब वह सचमुच ही गुज़रे ज़माने की चीज़ हो जाय और उसका मौजूदा वक़्त से कोई ताल्लुक़ न रहे। लेकिन जब याद दिलाने वाली कड़ियां मौजूद हैं और जब उन घटनाओं के पीछे की भावना बनी हुई है और दिखाई देती . है, तो हमारी जनता में उनकी याद भी बनी रहेगी और उसका असर दिखाई देगा। तस्वीर को ढक देने की कोशिश से वह मिट नहीं जाती, बल्कि वह दिमाग़ में और भी ज़्यादा गहरी घुस जाती थी। सिर्फ़ स्वाभाविक रूप से उससे बरतने पर ही उसका असर कम किया जा सकता है।

विद्रोह और उसके दमन का इतिहास में बहुत ही ग़लत और झूठा चित्र दिया गया है। उसके बारे में हिंदुस्तानी क्या सोचते हैं, यह बात किताब के पन्ने में शायद ही कहीं पता लगती हो। सावरकर ने 'दि हिस्ट्री ऑव दि वार ऑव इंडियन इंडिपेंडेंस' नामक किताब क़रीब तीस साल पहले लिखी, लेकिन वह किताब फ़ौरन ही ज़ब्त कर ली गई और वह अब भी ज़ब्त है। कुछ स्पष्टभाषी और सम्माननीय अंग्रेज़ इतिहासकारों ने कभी- कभी परदा उठाया है और हमको उस जातीय अहंकार और उस हुकूमती मनोवृत्ति की झलक मिली है, जो एक बहुत बड़े पैमाने पर व्यापक थी। केये और मैलीसन की 'हिस्ट्री ऑव दि म्यूटिनी' में और टॉमसन और गैरेट की 'राइज़ एंड फुलफ़िलमेंट ऑव ब्रिटिश रूल इन इंडिया' में जो बयान दिये गए हैं, उनकी भयंकरता से आदमी बेचैन हो उठता है। " हर एक हिंदुस्तानी, जो अंग्रेज़ों की तरफ़ से लड़ नहीं रहा था, औरतों और बच्चों का हत्यारा माना गया। दिल्ली के रहनेवालों का (और उनमें ऐसे भी लोग थे, जो हमारी सफलता की खुले तौर पर अपनी इच्छा प्रकट करते थे) क़त्ले-आम करने का हुक्म दे दिया गया।" तैमूर और नादिरशाह के दिन याद आ गए, लेकिन यह नया आतंक तो इतने ज़्यादा वक़्त तक रहा और इतने बड़े हिस्सों में कि उनके कारनामे भी फीके पड़ गए। लूट-मार की सरकारी तौर पर एक हफ़्ते के लिए इजाज़त मिली और वह क़रीब एक महीने तक जारी रही। उसके साथ क़त्ले-आम भी जारी था।

खुद इलाहाबाद के मेरे ही शहर और ज़िले में और उसके पड़ोस में जनरल नील ने अपने ख़ूनी मुक़दमे किये। "सिपाही और गैर-सिपाही सभी ख़ूनी मुक़दमे कर रहे थे और बे उम्र या स्त्री-पुरुष का लिहाज़ किये बगैर बिना मुक़दमे के ही देशी आदमियों को क़त्ल कर रहे थे। हमारी ब्रिटिश पार्लमेंट के पुराने कागज़ों में गवर्नर जनरल की रिपोर्टों में यह बात दर्ज है 'कि बागियों की तरह बूढ़ी औरतों और बच्चों का भी बलिदान कर दिया जाता है।' उनको इरादतन फांसी नहीं दी गई, बल्कि गांवों में आग लगाकर ही उनको मार डाला गया... और जो बच रहे, उनको गोली मार दी गई। "फांसी देने स्वयं सेवकों के दल जिले में गए और उस वक़्त शौकिया फांसी देने वालों की कमी नहीं थी। एक शख़्स ने तो बड़ी तारीफ़ के साथ उन लोगों की गिनती बताई, जिनको उसने एक 'कलात्मक ढंग से "ख़त्म कर दिया था। कुछ को उसने आम के पेड़ों पर लटकाकर फांसी दे दी थी, कुछ को उसने हाथी की पीठ पर से पटक दिया था और इस जंगली न्याय के शिकार हुए लोगों को तफ़रीह के लिए आठ के अंक की शक़्ल में एक साथ बांधा गया था।" यही बात कानपुर में हुई, लखनऊ में हुई और दूसरी जगहों में हुई।

जनरल नील की उसके कृतज्ञ देशवासियों द्वारा मूर्ति खड़ी की गई—हिंदुस्तान के ख़र्चे से। वह मूर्ति तो ब्रिटिश राज्य की सच्ची प्रतीक है, जैसी वह उस वक़्त थी और बाद में रही। निकल्सन की मूर्ति पुरानी दिल्ली में अब भी नंगी तलवार ताने खड़ी है।'[92]

---

92. यह अब हटा दी गई है। -सं०

इस पुराने इतिहास का ज़िक्र करना बुरा है, लेकिन उन घटनाओं के पीछे जो भावना थी, वह उन घटनाओं के साथ ही खत्म नहीं हुई। वह बाक़ी बच रही और अब भी जब कभी कोई संकट आता है, तो वही चीज़ फिर दिखाई देती है। अमृतसर और जलियांवाले बाग़ के बारे में दुनिया जानती है, लेकिन ग़दर के बाद जो कुछ हुआ है, उसका उसको पता नहीं है, यहांतक कि उसका भी, जो हमारे ही ज़माने में हुआ है और जिसने नई पीढ़ी के कड़ुवाहट भर दी है। साम्राज्यवाद और एक राष्ट्र का दूसरे राष्ट्र पर राज्य बुरा होता है। यही बात जातीय अहंकार के साथ है। लेकिन अगर साम्राज्यवाद और जातीय अहंकार जुड़ जायें, तो उनसे तो एक बहुत ही भयंकर हालत होगी और आख़िर में उससे संबंधित सभी लोगों में गिरावट आयेगी। इंग्लैड के भविष्य के इतिहासकारों को इस बात पर ग़ौर करना होगा कि इंग्लैंड के पतन में उसके साम्राज्यवाद और उसके जातीय अहंकार का कितना असर रहा—उन चीज़ों का असर, जिन्होंने उसके सार्वजनिक जीवन को दूषित कर दिया था और जिन्होंने उसे अपने ही इतिहास और साहित्य के पापों का विस्मरण करा दिया था।

जब से हिटलर मशहूर हुआ और जर्मनी का डिक्टेटर बना, हमको जातीय अहंकार के बारे में बहुत कुछ सुनने को मिला है। उन सिद्धान्तों की निंदा की गई है, और आज भी संयुक्त राष्ट्रों के नेता उनकी निंदा करते हैं। जीव-विज्ञान के विशेषज्ञ बताते हैं कि जातीयता एक कोरी काल्पनिक चीज़ है और अधिपति-जाति जैसी कोई चीज़ नहीं है। लेकिन जब से ब्रिटिश राज्य शुरू हुआ है, हमको हिंदुस्तान में जातीय अहंकार की सारी शक़्लें देखने को मिली हैं। इस हुकूमत का सारा आदर्शवाद उस अधिपति-जाति के सिद्धान्त पर था और सरकारी ढांचा उसी की बुनियाद पर खड़ा था। असलियत में अधिपति-जाति की भावना तो साम्राज्य में जन्मजात है। उसमें कोई धोखा नहीं था, जो लोग हुकूमत कर रहे थे, उन्होंने इसकी स्पष्ट शब्दों में घोषणा की। शब्दों से ज़्यादा ताक़त उस बरताव में थी, जो जनता के साथ किया जाता था। पीढ़ी के बाद-पीढ़ी में, एक-के-बाद-दूसरे साल में, हिंदुस्तान के साथ एक राष्ट्र के रूप में और हिंदुस्तानियों के साथ व्यक्तिगत रूप में बेइज़्ज़ती और नफ़रत से भरा हुआ बरताव किया गया है। हमको बताया जाता था कि अंग्रेज़ों की एक शाही जाति थी, जिसको हम पर हुकूमत करने का और हमको गुलामी में रखने का दैवी अधिकार मिला हुआ था; जब हम विरोध करते थे, तो हमको शाही जाति के सिंह स्वभाव की याद दिलाई जाती। एक हिंदुस्तानी की तरह यह लिखते हुए मुझे शर्म महसूस होती है, क्योंकि उसकी याद से तकलीफ़ पहुंचती है और जिस बात से और भी ज़्यादा तकलीफ़ होती है, वह यह है कि इस बेइज़्ज़ती के सामने हमने अरसे तक सिर झुकाया और उसको बरदाश्त किया। इसके खिलाफ़ मैंने तो किसी भी ढंग से विरोध को पसंद किया होता, चाहे उसका नतीजा कुछ ही क्यों न आता। और फिर भी यह अच्छा है कि अंग्रेज़ और हिंदुस्तानी दोनों ही उसको जान लें, क्योंकि यह तो इंग्लैंड के हिंदुस्तान के साथ संबंध की मनोवैज्ञानिक पृष्ठभूमि है। मनोवृत्ति की अहमियत होती है और जातीय स्मृतियां गहरी होती है।

एक उदाहरण स्वरूप उद्धरण से हम यह महसूस कर सकेंगे कि हिंदुस्तान में ज़्यादातर अंग्रेज़ों के क्या ख़याल हैं और वे किस तरह बरताव करते हैं। सन् 1883 में इल्बर्ट-बिल-आंदोलन के समय सेटनकेर ने, जो हिंदुस्तानी सरकार के विदेश-सचिव रहे थे, ऐलान किया कि "यह बिल उस प्रिय विश्वास के विरुद्ध जाता है, जो हिंदुस्तान में हर अंग्रेज़ के दिल में है, चाहे वह कितनी ही बड़ी जगह पर हो या छोटी जगह पर हो, चाहे वह चीफ़ कमिश्नर हो या वाइसराय हो या चाय-बाग़ान के मालिक का सहायक हो—कि व उस जाति का सदस्य है, जिसको ईश्वर ने जीतने और हुकूमत करने के लिए बनया है।"[93]

❐

8. ब्रिटिश हुकूमत की तरकीब:संतुलन

सन् 1857-58 का विद्रोह ख़ासतौर से एक सामंतवादी उठान था, हालांकि वैसे उसमें कुछ राष्ट्रीयता से प्रेरित हिस्से भी थे। फिर भी, साथ-ही-साथ रजवाड़ों की और दूसरे सामंतवादी सरदारों की मदद से अंग्रेज़ उसको कुचलने में कामयाब हुए। जो लोग विद्रोह में शामिल हुए, वे आम तौर पर वे थे, जिनके विशेष अधिकारों को या जिनकी ताक़तों को ब्रिटिश हुकूमत ने छीन लिया था, या वे लोग थे, जिनको इस बात का डर था कि कहीं उनकी क़िस्मत दूसरे सरदारों की-सी न हो। ब्रिटिश नीति ने कुछ झिझक के बाद इस पक्ष में फैसला किया था कि धीरे-धीरे राजा और नवाबों की हुकूमत ख़त्म कर दी जाय और सारे देश में सीधे ब्रिटिश राज्य को क़ायम कर लिया जाय। विद्रोह से इस नीति में रद्द -बदल हुई, सिर्फ़ राजा और नवाबों के ही पक्ष में नहीं, बल्कि ताल्लुकेदारों और बड़े ज़मींदारों के भी पक्ष में। यह महसूस किया गया कि इन सामंती या अर्ध-सामंती सरदारों के ज़रिये आम जनता पर क़ाबू करना ज़्यादा आसान है। अवध के ये ताल्लुकेदार मुग़लों के मालगुजार काश्तकार रहे थे, लेकिन केंद्रीय हुकूमत के कमज़ोर हो जाने से ये लोग सामंतवादी ज़मींदारों की तरह काम करने लगे थे। क़रीब-क़रीब वे सभी विद्रोह में शामिल हुए। हां, उनमें से कुछ ऐसे होशियार लोग भी थे, जिन्होंने अपनी बचत का रास्ता बनाये रखा। उनकी बग़ावत के बावजूद ब्रिटिश हुकूमत ने उनको (कुछ अपवादों को छोड़कर) फिर से क़ायम करना चाहा और अच्छी सेवा और वफ़ादारी की शर्त पर उनको फिर से उनकी जागीरें लौटाने का फैसला किया। इस तरह से ये ताल्लुकेदार, जो अपने-आपको अवध के सामंत कहने में फ़न महसूस करते हैं, ब्रिटिश हुकूमत के खंभे बन गए।

हालांकि विद्रोह का सीधा असर तो देश के कुछ हिस्सों पर ही हुआ, लेकिन उसने सारे हिंदुस्तान को, और ख़ासतौर से ब्रिटिश हुकूमतों को झकझोर दिया। सरकार ने फिर से सारे ढांचे का संगठन किया। ब्रिटिश ताज ने, यानी पार्लमेंट ने, देश को ईस्ट इंडिया कंपनी

93. एडवर्ड टॉमसन द्वारा 'राइज एंड फुलफ़िलमेंट ऑव ब्रिटिश रूल इन इंडिया' में उद्धरित।

से अपने हाथों में ले लिया। हिंदुस्तानी फ़ौज, जिसने ग़दर की शुरुआत की थी, नये सिरे से संगठित हुई। ब्रिटिश राज्य, जो अब अच्छी तरह क़ायम हो चुका था, की प्रणाली अब स्पष्ट की गई, सुदृढ़ की गई और उसके अनुसार काम किया जाने लगा। उसकी बुनियादी बातें ये थीं—ऐसे निहित स्वार्थों को क़ायम करना और उनकी हिफ़ाज़त करना, जो ब्रिटिश हुकूमत से बंधे हुए थे, और यहां के विभिन्न हिस्सों में संतुलन बनाये रखने की नीति और फूट डालनेवाली प्रवृत्तियों को बढ़ावा देना।

राजे और बड़े ज़मींदार बे बुनियादी निहित स्वार्थ थे, जो इस तरह पैदा किये गए और जिनको बढ़ावा दिया गया। लेकिन एक नया वर्ग और था, जो ब्रिटिश हुकूमत से बंधा हुआ था अब उसकी अहमियत बढ़ी। यह वर्ग उन हिंदुस्तानियों का था, जो नौकरियों में और ख़ासतौर से छोटी जगहों पर थे। पहले तो जहांतक मुमकिन हो सकता था, हिंदुस्तानियों को भरती नहीं किया जाता था और मुनरो ने उनकी भरती के लिए ज़ोर दिया था। अब तजुरबे से यह बात ज़ाहिर हो गई कि भरती किये हुए हिंदुस्तानी ब्रिटिश हुकूमत पर इतने ज़्यादा निर्भर होते थे कि उन पर भरोसा किया जा सकता था और उनको हुकूमत के एजेंट की तरह बरता जा सकता था। ग़दर से पहले के दिनों में छोटी नौकरियों के ज़्यादातर हिंदुस्तानी सदस्य बंगाली रहे थे। ये लोग उत्तरी सूबों में, जहां कहीं भी ब्रिटिश हुकूमत के सिविल या फ़ौजी दफ़्तरों में क्लर्कों की ज़रूरत होती, भेज दिये जाते और इस तरह ये सब जगह फैल गए थे। संयुक्त प्रांत, दिल्ली और यहांतक कि पंजाब में, जहां-जहां हुकूमती या फ़ौजी अड्डे थे, इन लोगों की नौ-आबादियां बस गईं। ये बंगाली ब्रिटिश फ़ौजों के साथ रहते और उनके बड़े बफादार नौकर साबित हुए। विद्रोह करनेवालों इनका अंग्रेज़ी ताक़त से लगाव मान लिया था और विद्रोही उनसे बहुत ज्यादा नफ़रत करते थे और उनको गालियां देते थे।

इस तरह पर नीचे की नौकरियों में हिंदुस्तानीपने का सिलसिला शुरू हो गया था, अगरचे सभी असली ताक़त अंग्रेज़ों के हाथ में थी। ज्यों-ज्यों अंग्रेज़ी शिक्षा का प्रसार हुआ, नौकरियों में बंगालियों का एकाधिपत्य कम हुआ और हुकूमत के न्याय और व्यवस्था-संबंधी दोनों ही महकमों में और दूसरे हिंदुस्तानी भी आये। यह भारतीयकरण ब्रिटिश राज्य को मज़बूत करने का सबसे ज़्यादा कारगर तरीक़ा हो गया। इस तरह हर जगह एक ऐसी सिविल फ़ौज या एक ऐसा सिविल अड्डा बन गया, जो क़ब्ज़ा करने वाली हथियारबंद फ़ौज से भी ज़्यादा अहम था। इस सिविल फ़ौज में कुछ ऐसे लोग थे, जो लायक़ थे और जिनमें देशभक्ति और राष्ट्रीय प्रवृत्ति थी, लेकिन सिपाही की तरह, जो व्यक्तिगत हैसियत से देशभक्त हो सकता था, वे नियम और अनुशासन से बंधे हुए थे और हुक्म-उदूली, विश्वासघात और विद्रोह का दंड बहुत कठोर था। सिर्फ़ यह सिविल फ़ौज ही नहीं बनी, बल्कि उसमें भरती होने की उम्मीद का एक बहुत बड़ी तादाद पर, जो दिनों-दिन बढ़ रही थी, असर हुआ, और उस असर ने उन लोगों को बिगाड़ दिया। उसमें एक ढंग का रोब था, एक ढंग की सुरक्षा थी और नौकरी ख़त्म होने के बाद पेन्शन का इंतज़ाम था और अगर

अपने अफ़सरों के सामने काफ़ी अदब दिखाया जाता, तो और दूसरी ख़ामियों के होने पर भी कोई ख़तरा नहीं था। ये सिवल नौकर ब्रिटिश हुकूमत और जनता के बीच में बिचौलिये थे। और अगर उनको अपने अफ़सरों का अदब करना पड़ता था, तो वे भी अपनी जगह पर अपने मातहतों से और आम जनता से अदब करा सकते थे।

आमदनी के दूसरे ज़रियों के अभाव में सरकारी नौकरियों की अहमियत और भी ज़्यादा हो गई। कुछ लोग वकील या डाक्टर हो सकते थे, लेकिन सिर्फ़ उसी की वजह से कामयाबी होना कोई ज़रूरी नहीं था। उद्योग-धंधे तो नहीं के बराबर थे। तिजारत कुछ खास वर्गों के हाथों में थी और उनमें उसके लिए एक ख़ास सूझ थी। वह पीढ़ी-दर-पीढ़ी उन्हीं लोगों के हाथों में रहती और वे लोग एक-दूसरे की मदद करते। नई शिक्षा तिजारत या उद्योग-धंधे के लिए कोई योग्यता नहीं साबित होती थी; उसकी निगाह तो ख़ासतौर से सरकारी नौकरी पर थी। शिक्षा इतनी संकरी थी कि किसी दूसरे पेशे की उसमें गुंजायश नहीं थी; समाज-संबंधी नौकरियों का क़रीब-क़रीब कोई अस्तित्त्व ही नहीं था। इस तरह सिर्फ़ सरकारी नौकरी ही बाक़ी बची, लेकिन ज्यों-ज्यों कालेजों से ग्रेजुएट निकलते गए, इन सरकारी नौकरियों में भी उन लोगों का खपना मुश्किल हो गया और उनमें पहुंचने के लिए भयंकर प्रतियोगिता होने लगी। बेकार ग्रेजुएटों का एक ऐसा गिरोह हो गया, जिसमें से सरकार हमेशा ही अपने लिए आदमी ले सकती थी; जो लोग नौकरियों में थे, उनकी सुरक्षा के लिए ये लोग एक ख़तरा बन गए। इस तरह ब्रिटिश सरकार हिंदुस्तान में सबसे बड़ी नौकरी देनेवाली संस्था ही नहीं थी, बल्कि नौकरी देनेवाली (रेलों की नौकरियां भी इसमें शामिल हैं) सिर्फ़ वही एक बड़ी संस्था थी। इस तरह एक बहुत बड़ा नौकरशाही ढांचा तैयार हो गया, जिसकी व्यवस्था और जिसका नियंत्रण चोटी के आदमियों के ज़रिये होता था। यह मेहरबानी देश पर ब्रिटिश पंजा कसने के लिए की गई, जिसके ज़रिये उसे अपने विरोधी तत्त्वों को कुचलना था और साथ ही उन लोगों में, जो सरकारी नौकरियों की तरफ़ आंखें उठाये हुए थे, फूट और होड़ पैदा करना था। उसकी वजह से नैतिक गिरावट आई, संघर्ष हुआ; क्योंकि सरकार विभिन्न समुदायों को आपस में लड़ा सकती थी।

संतुलन और प्रतितौलन की नीति को हिंदुस्तानी फ़ौज में इरादतन बढ़ावा दिया गया। विभिन्न समुदायों को इस तरह रखा कि उनमें राष्ट्रीय ऐक्य की भावना न उठ सके। जातीय और सांप्रदायिक वफ़ादारी को बढ़ावा दिया गया। फ़ौज को आम जनता से बिलकुल अलग रखने की हर एक कोशिश की गई; यहांतक कि मामूली अख़बार भी हिंदुस्तानी सिपाहियों तक पहुंचने नहीं दिये जाते थे। सारी ख़ास ख़ास जगहें अंग्रेज़ों के हाथों में रखी जातीं और किसी भी हिंदुस्तानी को शाही कमीशन नहीं मिल सकता था। एक ग़ैर- तजुरबेकार अंग्रेज़ फ़ौजी ज़्यादा-से-ज्यादा तजुरबेकार और पुराने हिंदुस्तानी ग़ैर-कमीशन अफ़सर से या वाइसराय कमीशनवाले अफ़सर से बड़ा होता। फ़ौजी हेडक्वार्टर्स में सिवाय हिसाब के महकमे में एक मामूली से क्लर्क की जगह के हिंदुस्तानियों को और कोई जगह नहीं दी

जाती थी। और ज़्यादा सुरक्षा के लिए यह नीति थी कि लड़ाई के ज़्यादा कारगर हथियार हिंदुस्तानियों को दिये ही नहीं जाते; वे तो हिंदुस्तान की ब्रिटिश फ़ौजों के लिए ही होते। हिंदुस्तान के हर महत्त्वपूर्ण केंद्र में हिंदुस्तानी पलटन के साथ इन ब्रिटिश टुकड़ियों को, जिन्हें 'अंदरूनी सुरक्षा फ़ौज' कहा जाता था, ज़रूर रखा जाता। इनका काम था अराजकता का दमन करना और जनता को आतंकित करना। एक ओर तो यह अंदरूनी फ़ौज थी, जिसमें अंग्रेज़ों की प्रधानता थी और यह फ़ौज देश में क़ब्ज़ा क़ायम रखने का काम करती। दूसरी ओर हिंदुस्तानी फ़ौज का ज़्यादातर हिस्सा 'फ़ील्ड आर्मी' की तरह काम करता, यानी उसका संगठन देश के बाहर लड़ाई लड़ने के लिए होता। हिंदुस्तानी सिपाहियों की भरती कुछ खास जमातों से ही की जाती थी, जो ख़ासतौर से उत्तरी हिंदुस्तान में थीं और जिनको लड़ाकू जातियां कहा जाता था।

एक बार फिर हमको हिंदुस्तान में ब्रिटिश राज्य का जन्मजात विरोधाभास दिखाई देता है। उन्होंने सारे देश को एक राजनैतिक सूत्र में बांधा और इस तरह वे नई सक्रिय शक्तियां फूट पड़ी, जिन्होंने सिर्फ़ उस ऐक्य की ही बाबत नहीं सोचा, बल्कि उन्होंने हिंदुस्तान की आज़ादी पर लक्ष्य किया। दूसरी तरफ़ ब्रिटिश हुकूमत ने उसी एके को, जो उसी ने खुद ही पैदा किया था, तोड़-फोड़ देने की कोशिश की। उस वक़्त राजनैतिक दृष्टि से उस फूट के मानी हिंदुस्तान के बंटवारे के नहीं थे। उसका मक़सद तो राष्ट्रवादी तत्त्वों को कमज़ोर करना था, ताकि सारे देश पर ब्रिटिश राज्य बना रहे। फिर भी विच्छेद के लिए यह एक कोशिश तो थी ही, क्योंकि हिंदुस्तानी रियासतों को इतनी ज़्यादा अहमियत दे दी गई, जितनी उन्हें पहले कभी भी नहीं मिली थी। इसके लिए प्रतिक्रियावादी तत्त्वों को बढ़ावा दिया गया और उनकी सहायता की आशा की गई। विभाजन को और हर एक समुदाय को हर दूसरे समुदाय के खिलाफ़ प्रोत्साहन दिया गया। धार्मिक या प्रांतीय बुनियाद पर एक को मिटानेवाली प्रवृत्तियों को भी बढ़ावा दिया गया और देशद्रोहियों के वर्ग का, जो अपने पर असर डालने वाली हर रद्दो - बदल से घबराता था, संगठन किया गया। एक विदेशी साम्राज्यवादी ताक़त के लिए यह एक स्वाभाविक नीति थी और हालांकि हिंदुस्तानी राष्ट्रीय दृष्टिकोण से वह बहुत ज़्यादा नुक़सान पहुंचानेवाली थी, फिर भी उस पर ताज्जुब करना एक नासमझी होगी। लेकिन इस सचाई को जान लेना भी ज़रूरी है, क्योंकि उसके बिना हम बाद की घटनाओं को समझ नहीं सकते। इसी नीति से हिंदुस्तान की राष्ट्रीय ज़िंदगी के वे अहम तत्त्व पैदा हुए, जिनकी आजकल हमको अकसर याद दिलाई जाती है। उनको इसीलिए पैदा किया गया था और उनको इसीलिए बढ़ावा दिया गया था कि उनमें मतभेद हो और फूट हो और अब यह कहा जाता है कि वे पहले आपस में एकता करें।

ब्रिटिश ताक़त के हिंदुस्तान के प्रतिक्रियावादियों के साथ इस स्वाभाविक गठबंधन से वह ताक़त उनके प्रतिक्रियावादियों की हिमायती हो गई और उसने उन बहुत-सी प्रथाओं को बने रहने में सहारा दिया, जिनकी वह वैसे निंदा ही करती थी। जिस वक़्त अंग्रेज़ आये,

हिंदुस्तान रिवाजों से बंधा हुआ था और पुराने रिवाजों का अत्याचार अकसर एक भयंकर चीज होती है। फिर भी रिवाज बदलते हैं और उन्हें मजबूरन बदलते हुए वातावरण से कुछ-न-कुछ हद तक मेल बिठाना होता है। रिवाज ही ज़्यादातर हिंदू क़ानून थे और ज्यों-ज्यों रिवाज बदलते गए, क़ानून में भी तब्दीली होती गई। असलियत में हिन्दू क़ानून में ऐसी कोई बात ही नहीं थी, जिसको रिवाज से बदला न जा सके। अंग्रेज़ों ने इस रिवाजी लचीले क़ानून की जगह उन अदालती फ़ैसलों को दे दी, जिनकी बुनियाद पुराने ग्रंथों पर थी। ये फैसले नमूने बन गए और इनका सख़्ती से पालन करना होता था। सिद्धांत रूप से तो यह एक फ़ायदे की बात थी, क्योंकि इससे ज़्यादा यक-सां-पन आ गया और निश्चितता भी ज़्यादा हो गई। लेकिन जिस ढंग से यह किया गया था, उसका नतीजा यह हुआ कि बाद के रिवाजों का ध्यान रखे बिना प्राचीन क़ानून को स्थायी बना दिया गया। इस तरह पुराना क़ानून, जो बहुत-सी जगहों पर कुछ हद तक रिवाजों से बदल दिया गया था और इस तरह जिसका जीवन शेष हो गया था, पत्थर की तरह जड़वत कर दिया गया और उसमें सुपरिचित पारंपरिक ढंग से परिवर्तन लानेवाली हर एक प्रवृत्ति का दमन दिया गया। वैसे हर एक समुदाय के लिए अब भी इस बात का मौक़ा था, कि वह इस बात को साबित करे कि कोई ख़ास रिवाज क़ानून से भी बढ़कर है, लेकिन क़ानूनी अदालतों में यह बात साबित करना बेहद मुश्किल था। रद्दो-बदल सिर्फ़ नये क़ानून से ही हो सकती थी, लेकिन ब्रिटिश सरकार की, जिसको क़ानून बनाने का अधिकार था, अपने सहायक अनुदार हिस्सों को विरोधी बनाने की कोई इच्छा नहीं थी। बाद में जब आंशिक रूप में निर्वाचित असेंबलियों को क़ानून बनाने के कुछ अधिकार दिये गए, तो हर ऐसी कोशिश पर, जिससे समाज-सुधार संबंधी क़ानून बन सकते थे, अधिकारियों ने नाराज़गी ज़ाहिर की और उन कोशिशों को सख़्ती से दबाया गया।

❐

9. उद्योग-धंधों की तरक़्क़ी:प्रांतीय भेद-भाव

सन् 1857-58 के विद्रोह के असर से हिंदुस्तान धीरे-धीरे पनपा। ब्रिटिश नीति के बावजूद ज़बरदस्त ताक़तें काम कर रही थीं और हिंदुस्तान को बदल रही थीं और एक नई सामाजिक सजगता आ रही थी। हिंदुस्तान के राजनैतिक एके से, पच्छिम के साथ संपर्क से, विज्ञान और मशीनों में तरक़्क़ी की वजह से, यहां तक कि सारे देश में उसी गुलामी के दुर्भाग्य से, नई विचारधाराएं बनीं, धीरे-धीरे उद्योग-धंधों की तरक़्क़ी हुई और क़ौमी आज़ादी के लिए एक नया आंदोलन खड़ा हुआ। हिंदुस्तान की जागृति दोहरी थी-उसने पच्छिम की तरफ़ निगाह की, और साथ ही उसने अपनी तरफ़, अपने गुज़रे हुए ज़माने की तरफ़ भी निगाह की।

हिंदुस्तान में रेलों के आने से औद्योगिक युग का सकारात्मक पहलू सामने आया;

अबतक ब्रिटेन के तैयार माल की शक़्ल में उसका नकारात्मक पहलू ही सामने आया था। सन् 1860 में हिंदुस्तान में औद्योगीकरण रोकने की गरज़ से मशीन के आयात पर जो चुंगी लगी हुई थी, हटा दी गई और बड़े पैमाने के उद्योग-धंधे की शुरुआत हुई। इनमें ख़ासतौर से ब्रिटिश पूंजी लगी थी। सबसे पहले बंगाल का जूट-उद्योग शुरू हुआ और इसका संचालन-केंद्र स्काटलैंड में डंडी में था। उसके बहुत बाद अहमदाबाद और बंबई में कपड़े की मिलें चालू हुई। इनमें ज़्यादातर हिंदुस्तानी पूंजी थी और इन पर हिंदुस्तानी नियंत्रण था। इसके बाद खानों का नंबर आया। हिंदुस्तान की ब्रिटिश सरकार बराबर अड़चनें डालती रही। हिंदुस्तानी कपड़े के माल पर एक उत्पादन-कर लगाया गया, ताकि वह हिंदुस्तान में भी लंका-शायर के सूती माल से मुक़ाबला न कर सके। हिंदुस्तानी-सरकार की नीति एक पुलिस सरकार की नीति थी। यह बात इस तथ्य से सबसे ज्यादा ज़ाहिर होती है कि बीसवीं सदी तक उसमें खेती, उद्योग-धंधे और व्यापार से ताल्लुक रखनेवाला कोई महक़मा ही नहीं था। जहांतक मेरा ख़याल है, केंद्रीय सरकार में खेती का महक़मा, खासतौर से उस दान से चालू किया गया, जो एक अमरीकी यात्री ने हिंदुस्तान में खेती की तरक़्क़ी के लिए दिया। (यह महक़मा अब भी बहुत छोटा है।) उसके कुछ ही बाद सन् 1905 में उद्योग और व्यापार के लिए एक महक़मा खोला गया। लेकिन ये महक़मे बहुत थोड़ा काम करते थे। उद्योग-धंधों की तरक़्क़ी को जान-बूझकर रोका गया और हिंदुस्तान के स्वाभाविक आर्थिक विकास को बांध दिया गया।

हालांकि हिंदुस्तान की आम जनता बेहद ग़रीब थी और उसकी ग़रीबी बढ़ती जा रही थी, लेकिन चोटी पर के थोड़े-से आदमी इन नई हालतों में खूब मृद्ध हो रहे थे और पूंजी इकट्ठी कर रहे थे। इन्हीं लोगों ने राजनैतिक सुधारों की और पूंजी लगाने के मौक़ों की मांग की। राजनैतिक क्षेत्र में सन् 1885 में इंडियन नेशनल कांग्रेस क़ायम हुई। उद्योग-धंधे और व्यवसाय धीरे-धीरे बढ़े। और यहां एक बड़ी दिलचस्प बात यह है कि जिन लोगों ने इस काम को शुरू किया, वे वही लोग थे, जो पीढ़ी-दर-पीढ़ी सैकड़ों बरस से उद्योग-धंधों में और व्यवसाय में लगे हुए थे। कपड़े के कारबार का नया केंद्र अहमदाबाद, मुग़लों के ज़माने में, बल्कि उससे भी पहले से, एक मशहूर माल तैयार करनेवाला तिजारती केंद्र था और उसका तैयार माल विदेशों में जाता था। अफ्रीका और फ़ारस की खाड़ी के देशों से व्यापार करने के लिए अहमदाबाद के इन पुराने सौदागरों के पास अपने निजी जहाज़ थे। पास ही में भड़ोंच नाम का बंदरगाह यूनान और रोम के दिनों में भी मशहूर था।

गुजरात, काठियावाड़ और कच्छ के आदमी बहुत पुराने ज़माने से माल तैयार करते थे, तिजारत और सौदागरी करते थे और समुद्र पारकर दूसरी जगहों को आते-जाते रहते थे। हिंदुस्तान में बहुत-से परिवर्तन हुए, लेकिन नई हालतों में अपना मेल बिठाते हुए वे अपना तिजारती काम बराबर करते रहे। आजकल वे उद्योग और व्यवसाय के काम में सबसे ज़्यादा आगे बढ़े हुए लोगों में से है। पारसी लोग, जो तेरह सौ बरस पहले गुजरात

में आकर बसे, इस सिलसिले में गुजराती कहे जा सकते हैं। (उनकी भाषा बहुत समय से गुजराती है।) मुसलमानों में उद्योग और तिजारत में सबसे ज़्यादा बढ़े हुए लोग खोजा, मेमन और बोहरा वर्ग के हैं। ये सब हिंदू थे, बाद में इन्होंने इस्लाम को अपनाया और ये सब शुरू में गुजरात, काठियावाड़ या कच्छ के ही रहनेवाले थे। इन गुजरातियों की हिंदुस्तानी उद्योग और कारबार में ही प्रधानता नहीं है, बल्कि वे बरमा, लंका, पूरबी अफ्रीका, दक्षिण अमरीका आदि दूसरे देशों में भी फैल गए हैं।

राजपूताने के मारवाड़ियों का अंदरूनी तिजारत पर नियंत्रण रहता और वे हिंदुस्तान के सारे संचालन केंद्रों में पाये जाते। वे लोग बड़ी-बड़ी पूंजीवाले थे और साथ ही देहाती साहूकार थे। सुपरिचित मारवाड़ी कोठी के रुक्के की हिंदुस्तान में हर जगह, और यहांतक कि विदेशों में भी, साख होती। हिंदुस्तान में मारवाड़ी अब भी बड़ी पूंजी के प्रतिनिधि हैं और इधर तो उद्योग-धंधों को भी उन्होंने अपने हाथों में ले लिया है।

उत्तर-पच्छिम के सिंधियों की भी एक पुरानी व्यावसायिक परंपरा है। शिकारपुर या हैदराबाद में उसका प्रधान केंद्र था और वे मध्य एशिया में और दूसरी जगहों में आते- जाते रहते। आज (लड़ाई छिड़ने से पहले) दुनिया-भर में शायद ही कोई ऐसा बंदरगाह होगा, जहां कम-से-कम एक-दो सिंधी दुकानें न हों। कुछ पंजाबियों की भी एक लंबी व्यापारी परंपरा है।

मद्रास के चेट्टी लोग भी बहुत पुराने ज़माने से व्यवसाय में, ख़ासतौर से साहूकारी में, बढ़े-चढ़े रहे हैं। 'चेट्टी' शब्द संस्कृत के 'श्रेष्ठी' से बना है, जिसके मानी हैं सौदागरी समुदाय का नेता। प्रचलित 'सेठ' शब्द भी श्रेष्ठी से बना है। मद्रास के चेट्टियों ने सिर्फ़ दक्खिन हिंदुस्तान में ही एक महत्त्वपूर्ण हिस्सा नहीं लिया, बल्कि वे सारे बरमा में, यहांतक कि उसके देहातों में भी फैले हुए हैं।

माथ ही हर सूबे में व्यापार और व्यवसाय ज़्यादातर पुराने वैश्य वर्ग के हाथों में था। ये लोग व्यापार में बहुत पुराने ज़माने से लगे हुए थे। वे लोग थोक माल बेचते, फुटकर माल बेचते और साहूकारी करते। हर गांव में एक बनिये की दुकान होती, जो देहाती ज़िंदगी की ज़रूरत की चीज़ें बेचता और गांववालों को काफ़ी सूद पर कर्ज़ देता। देहाती कर्ज का ढांचा क़रीब-क़रीब पूरी तरह से इन बनियों के ही हाथों में था। उत्तर-पच्छिम के आज़ाद प्रदेश में भी ये लोग बस गए और इन्होंने महत्त्वपूर्ण काम किये। ज्यों-ज्यों ग़रीबी बढ़ी, देहाती कर्ज़ भी तेज़ी से बढ़ा और साहूकारों ने ज़मीन को गिरवी रखवा लिया और आगे चलकर उसमें से ज़्यादातर पर अपना क़ब्जा कर लिया। इस तरह साहूकार ज़मींदार भी बन गए।

ज्यों-ज्यों नये लोग विभिन्न व्यापारों में घुसे, व्यावसायिक, व्यापारी और साहूकारी वर्गों की अलग सत्ता धुंधली होने लगी। लेकिन वह सत्ता बराबर बनी रही, और आज भी वह दिखाई देती है। इसकी वजह वर्ण-व्यवस्था है, या परंपरा का बंधन है, या विरासत में पाई हुई योग्यता है, या ये सब बातें मिल कर ही इसका कारण हैं, यह ठीक-ठीक कहना मुश्किल है। बेशक ब्राह्मणों में और क्षत्रियों में व्यापार को एक नीची नज़र से देखा गया। यहांतक

कि धन-संग्रह को भी अच्छा नहीं समझा गया। सामंतवादी युग की तरह ज़मीन के क़ब्ज़े को सामाजिक हैसियत का प्रतीक समझा जाता था। इल्म की, चाहे उसके साथ ज़मीन पर अधिकार न भी हो, सब जगह इज़्ज़त की जाती थी। ब्रिटिश हुकूमत के ज़माने में सरकारी नौकरी में अमन था, रुतबा था और शान थी। बाद में जब हिंदुस्तानियों को इंडिया सिविल सर्विस में घुसने की छूट मिली, तो यह नौकरी, जिसको 'स्वर्गीय' बताया जाता था-जिसका स्वर्ग लंदन का ह्वाइट हाल था-अंग्रेज़ी पढ़े-लिखे लोगों के लिए इंद्र-लोक की तरह हो गई। आलिम पेशों के लिए भी इज़्ज़त थी, लेकिन इनमें ख़ासतौर से कुछ वकीलों ने नई अदालतों में बड़ा रुपया कमाया था और उनका बहुत रोब-दाब था और उनकी बहुत ऊंची हैसियत थी, इसलिए नौजवानों का वकालत की तरफ़ खिंचाव हुआ। लाज़िमी तौर पर राजनैतिक और समाज-सुधार आंदोलनों में इन वकीलों ने ख़ास हिस्सा लिया।

सबसे पहले बंगालियों ने वकालत शुरू की और उनमें से कुछ लोग बहुत ज़्यादा कामयाब हुए और उन्होंने वकालत पर जादू-सा कर दिया। ये लोग राजनैतिक नेता भी थे। रुझान न होने से या दूसरी वजहों से वे बढ़ते हुए उद्योग-धंधों से अपना मेल नहीं बिठा सके। उसका नतीजा यह हुआ कि जब देश की ज़िंदगी में उद्योग-धंधे एक अहम हिस्सा लेने लगे और राजनीति पर गहरा असर डालने लगे, तो राजनीति के मैदान में बंगाल की पहले की अहमियत घटने लगी। पहले सरकारी कर्मचारियों के बाने में या और दूसरी हैसियत से बंगाली अपने सूबे के बाहर जाते थे, अब वह धारा उलटी हो गई और दूसरे सूबों के आदमी बंगाल में, और ख़ासतौर से कलकत्ते में, आने लगे और वे वहां की तिजारती और व्यावसायिक ज़िंदगी में समा गए। कलकत्ता ब्रिटिश-पूंजी और उद्योग का खास केंद्र रहा है और अब भी है; और वहां के कारबार में अंग्रेज़ और स्काटलैंडवालों का आधिपत्य है। लेकिन अब मारवाड़ी और गुजराती भी उनकी बराबरी पर पहुंच रहे हैं, यहांतक कि कलकत्ते में छोटे-छोटे काम भी ग़ैर-बंगालियों के हाथों में हैं। कलकत्ते के हज़ारों टैक्सी ड्राइवर क़रीब-क़रीब बिना किसी अपवाद के सभी पंजाब के सिख हैं।

बंबई हिंदुस्तानियों के हाथों में उद्योग, व्यवसाय, बैंकिंग, बीमा आदि का प्रधान केंद्र बन गया। इन सब कामों में पारसी, गुजराती और मारवाड़ी अगुआ थे। यहां एक ख़ास बात यह है कि महाराष्ट्रियों या मराठों ने इन कामों में क़रीब-क़रीब कोई हिस्सा नहीं लिया। बंबई अब एक बहुत बड़ा शहर है, जहां सब जगह के लोग रहते हैं, लेकिन वहां की ज़्यादातर आबादी गुजराती और महाराष्ट्रीय है। मराठों ने पांडित्य और बड़े पेशों में प्रतिभा दिखाई है; और जैसी आशा की जा सकती है, वे अच्छे सिपाही हैं; उनमें बहुत बड़ी तादाद में लोग कपड़े की मिलों में मज़दूरों की तरह भी काम करते हैं। वे लोग मेहनती होते हैं और मज़बूत होते हैं और सारे सूबे को देखते हुए ग़रीब हैं; उनको शिवाजी की परंपरा का और अपने पुरखों के कारनामों का अभिमान है। गुजरातियों का शरीर कोमल होता है; वे ज़्यादा शिष्ट और धनी होते हैं और व्यापार और व्यवसाय तो मानो उनके लिए घर का काम है। शायद

ये फ़र्क़ ख़ासतौर से भौगोलिक हैं। मराठा प्रदेश बीहड़ और उजाड़ है और गुजरात धनी है और उपजाऊ है।

हिंदुस्तान के जुदा-जुदा हिस्सों में ये और ऐसे ही और दूसरे फ़र्क़ दिखाई देते हैं। ये फ़र्क़ अब भी बने हुए हैं, हालांकि वैसे धीरे-धीरे कम होते जा रहे हैं। मद्रास बड़े मेधावियों का सूबा है। उसने बड़े-बड़े दार्शनिक, गणितज्ञ और वैज्ञानिक पैदा किये हैं। बंबई अब क़रीब-क़रीब पूरी तरह से अपनी सारी भलाइयों और बुराइयों के साथ व्यापार में लगा हुआ है। बंगाल उद्योग और व्यापार में पिछड़ा हुआ है, लेकिन उसने कुछ बढ़िया वैज्ञानिकों को पैदा किया है। उसकी प्रतिभा ख़ासतौर से कला और साहित्य में प्रकट हुई है। पंजाब में कोई प्रमुख व्यक्ति नहीं हुआ, लेकिन वह एक आगे बढ़नेवाला सूबा है, और कई क्षेत्रों में उन्नति कर रहा है। वहां के लोग होशियार होते हैं और अच्छे मिस्त्री बन सकते हैं और वे छोटे व्यापार या छोटे धंधों में कामयाब होते हैं: संयुक्त प्रांत और दिल्ली में एक अजीब खिचड़ी है; और कुछ लिहाज़ से ये सब हिंदुस्तान का प्रतिनिधित्व करते हैं। वे पुरानी संस्कृति के केंद्र हैं और साथ ही उस ईरानी संस्कृति के भी, जो मुग़ल और अफ़ग़ान-युग में यहां आई। इसीलिए इन दोनों का मेल-जोल यहां सबसे ज़्यादा दिखाई देता है और उसमें पच्छिमी संस्कृति भी आकर मिल गई है। हिंदुस्तान के दूसरे हिस्सों के मुक़ाबले यहां सबसे कम प्रांतीयता है। बहुत अरसे से उन्होंने अपने को हिंदुस्तान का दिल समझा है और दूसरे लोगों ने भी उसको इसी तरह देखा है। आम बातचीत में उनको अकसर हिंदुस्तानी कहा जाता है।

यह बात ध्यान रखने की है कि ये फ़र्क़ भौगोलिक हैं, धार्मिक नहीं। एक बंगाली मुसलमान पंजाबी मुसलमान के मुक़ाबले बंगाली हिंदू से ज़्यादा मिलता-जुलता है; यही बात दूसरे लोगों के साथ है। अगर हिंदुस्तान में या और कहीं, बहुत-से बंगाली मुसलमान और हिंदू एक साथ मिलें, तो फ़ौरन ही एक जगह इकट्ठे हो जायंगे और बड़ा अपनापन-सा महसूस करेंगे। पंजाबी भी, चाहे वे हिंदू हों या मुसलमान या सिख, यही करेंगे। बंबई प्रेसीडेंसी के मुसलमानों (खोजा, मैमन और बोहरों) में बहुत-से हिंदू-रिवाज हैं। खोजों को (जो आग़ा खां के अनुयायी है) और बोहरों को उत्तर के मुसलमान कट्टर मुसलमान नहीं मानते।

वैसे तो सभी मुसलमान, लेकिन ख़ासतौर से बंगाल और उत्तर के मुसलमान, बहुत अरसे तक सिर्फ़ अंग्रेज़ी शिक्षा से ही दूर नहीं रहे, बल्कि उन्होंने उद्योग-धंधों की तरक़्क़ी में भी बहुत कम हिस्सा लिया। कुछ हद तक तो इसकी वजह उनकी सामंतवादी विचारधारा थी और कुछ हद तक इसकी वजह (रोमन कैथलिक-धर्म की तरह) इस्लाम सूद लेने के लिए मनाही थी। लेकिन अजीब-सी बात है कि सबसे ज़्यादा शैतान साहूकार पठानों की एक ख़ास जाति के लोग हैं, जो सरहद के रहनेवाले हैं। इस तरह उन्नीसवीं सदी के पिछले पचास वर्षों में मुसलमान अंग्रेज़ी शिक्षा में पिछड़े हुए थे और इसी वजह से पच्छिमी विचारों में, साथ ही सरकारी नौकरी और उद्योग-धंधों में भी, पिछड़े हुए थे।

हिंदुस्तान में उद्योग-धंधों की तरक़्क़ी ने, हालांकि वह बहुत धीमी और रुकी हुई थी,

प्रगति दिखाई और अपनी तरफ़ लोगों का ध्यान आकर्षित किया। फिर भी आम जनता की ग़रीबी के मसले पर या धरती के भार पर कोई भी फ़र्क नहीं पड़ा। उन करोड़ों आदमियों में से, जो बेकार थे या अध-बेकार थे, कुछ लाख आदमी उद्योग-धंधों में चले गए। लेकिन यह तब्दीली इतनी ज़रा सी थी कि हिंदुस्तान के बढ़ते देहातीकरण पर इसका कोई असर नहीं हुआ। व्यापक बेकारी और ज़मीन पर दबाव का नतीजा यह हुआ कि मज़दूर बहुत बड़ी तादाद में अपमानजनक हालतों में भी काम करने के लिए विदेशों में गए। वे दक्षिण अफ्रीका, फ़ौजी, ट्रिनिडाड, जमैका, गिनी, मौरीशस, लंका, बरमा और मलाया गए। वे छोटे-छोटे समुदाय या व्यक्ति, जिनको यहां पर विदेशी राज्य में तरक़्क़ी और बेहतरी का मौक़ा मिला, आम जनता से अलग कर दिये गए और आम जनता की हालत बदतर होती गई। इन समुदायों के पास थोड़ी-सी पूंजी इकट्ठी हुई और आगे उन्नति के लिए ठीक वातावरण तैयार किया गया। लेकिन ग़रीबी और बेकारी के बुनियादी मसले ज्यों-के-ज्यों बने रहे।

❐

10. हिंदुओं और मुसलमानों में सुधारवादी और दूसरे आंदोलन

तकनीकी तब्दीलियों और उनके ज़ोरदार नतीजों की शक़्ल में पच्छिम की असली टक्कर हिंदुस्तान से उन्नीसवीं सदी में हुई। विचारों के मैदान में भी धक्का लगा और रद्दो-बदल हुई। और वह क्षितिज, जो बहुत अरसे से एक संकरे खोल में घिरा हुआ था, विस्तृत हुआ। पहली प्रतिक्रिया अल्पसंख्यक अंग्रेज़ी पढ़े-लिखे वर्ग तक ही सीमित थी और उसमें क़रीब-क़रीब हर पच्छिमी चीज़ के लिए तारीफ़ थी और स्वीकृति थी। हिंदू-धर्म की कुछ सामाजिक प्रथाओं और रीतियों से नाराज़गी की वजह से बहुत-से हिंदू ईसाई-धर्म की ओर खिंचे और बंगाल में कुछ मशहूर आदमियों ने भी अपना धर्म बदल लिया। इसलिए राजा राममोहन राय ने इस बात की कोशिश की कि हिंदू-धर्म को इस नये वातावरण के अनुरूप किया जाय और उन्होंने ब्रह्म समाज की स्थापना की, जिसकी बुनियाद समाज-सुधार पर थी और जिसे अक़्ल क़ुबूल कर सकती थी। उनके उत्तराधिकारी केशवचंद्र सेन ने उसमें ईसाई - दृष्टिकोण को बढ़ा दिया। ब्रह्म समाज का बंगाल के नये, बढ़ते हुए मध्यम वर्ग पर असर हुआ, लेकिन एक धार्मिक विश्वास के रूप में वह बहुत थोड़े लोगों तक ही सीमित रहा। हां, इन लोगों में कुछ प्रमुख व्यक्ति थे और कुछ प्रमुख घराने थे। ये घराने भी, हालांकि इनकी धार्मिक और सामाजिक सुधार में बेहद उत्सुकता थी, धीरे-धीरे वेदांत के पुराने हिंदुस्तानी दार्शनिक आदर्शों की तरफ़ लौटते हुए दिखाई दिये।

हिंदुस्तान में और दूसरी जगहों में भी ऐसे ही रुझान काम कर रहे थे, और हिंदू-धर्म के उस समय प्रचलित सख़्त सामाजिक ढांचे और बहुरूपिया स्वभाव के खिलाफ़ असंतोष

था। उन्नीसवीं सदी के पिछले आधे हिस्से में एक बहुत बड़ा सुधार - आंदोलन शुरू किया गया। इसको शुरू करनेवाले स्वामी दयानंद सरस्वती गुजरात के रहनेवाले थे, लेकिन इस आंदोलन का सबसे ज़्यादा असर पंजाब के हिंदुओं पर हुआ। यह सुधार-आंदोलन था आर्य समाज का और इसकी पुकार थी-" वेदों की ओर चलो।" इस पुकार के असलियत में ये मानी थे कि वेदों के समय के आर्य धर्म में बाद में जो कुछ बातें जुड़ गई थीं, उनको अलग कर दिया जाय। बाद में वेदांत दर्शन जिस स्वरूप में उन्नत हुआ, उसकी; अद्वैतवाद की केंद्रीय विचारधारा की; 'सर्व ब्रह्ममयं जगत्' के दृष्टिकोण की; और साथ ही और बहुत-सी तब्दीलियों की ज़ोरदार निंदा की गई, यहांतक कि वेदों की भी एक ख़ास ढंग से व्याख्या की गई। आर्य समाज, इस्लाम और ईसाई-धर्म की, खासतौर से इस्लाम की, प्रतिक्रिया के रूप में था। यह भीतरी सुधार का और एक जिहादी आंदोलन था और साथ ही बाहरी हमलों के ख़िलाफ़ हिफ़ाजत के लिए यह एक सुरक्षा संगठन था। इसने हिंदू-धर्म में विधर्मियों की शुद्धि करके अपनाने की प्रथा डाली और इस तरह अपने दीन में शामिल करनेवाले दूसरे धर्मों से उसके झगड़ों की संभावना हो गई। आर्य समाज, जिसमें बहुत-सी बातें इस्लाम से मिलती-जुलती थीं, हर हिंदू चीज़ का हिमायती हो गया। उसे दूसरे धर्मों का हिंदू-धर्म पर संक्रमण बरदाश्त नहीं था। यहां पर एक ख़ास बात है कि ख़ासतौर से पंजाब और संयुक्त प्रांत के मध्यम वर्ग के हिंदुओं में यह फैला। एक वक़्त ऐसा भी था, जब सरकार इसको राजनैतिक-क्रांतिकारी आंदोलन समझती थी, लेकिन सरकारी नौकरों की बहुत बड़ी तादाद ने इसको बिलकुल मान्य बना दिया। लड़के-लड़कियों के शिक्षा - प्रसार में इसने बहुत अच्छा काम किया है। साथ ही स्त्रियों की हालत सुधारने में और दलित जातियों की हैसियत और मान्यता को उठाने में भी इसने बहुत अच्छा काम किया है।

क़रीब-क़रीब स्वामी दयानंद के ही ज़माने में, बंगाल में एक दूसरे ही ढंग की शख़्सियत सामने आई और उसकी ज़िंदगी ने बहुत-से नये अंग्रेज़ी पढ़े-लिखे लोगों पर असर डाला। यह शख़्सियत थी श्री रामकृष्ण परमहंस की, जो बहुत सादा आदमी थे, कोई विद्वान भी नहीं थे और वैसे उन्हें समाज-सुधार में भी कोई दिलचस्पी नहीं थी। लेकिन वह निष्ठावाले आदमी थे। वह चैतन्य और दूसरे भारतीय संतों की ही परंपरा में थे। ख़ासतौर से तो वह धार्मिक थे, लेकिन बहुत ही उदार थे, और आत्म-साक्षात्कार की अपनी खोज में वह मुसलमान और ईसाई तत्त्वज्ञों के पास गए और उनके पास वर्षों तक रहे और उनके कठोर नियम-अनुशासन का पालन किया। कलकत्ते में कालीघाट में वह बसें और उनके असाधारण व्यक्तित्त्व और चरित्र ने धीरे-धीरे लोगों का ध्यान अपनी तरफ़ खींचा। जो लोग इनको देखने गए—यहांतक कि वे लोग भी, जो उन पर हँसा करते थे, जब उनके पास गए-तो उनसे बहुत ज़्यादा प्रभावित हुए और ऐसे बहुत से लोगों ने, जो पच्छिमी रंग में पूरी तरह रंग गए थे, वहां पहुंचकर यह महसूस किया कि कोई एक ऐसी चीज़ भी थी, जो उनसे छूट गई थी। धार्मिक विश्वास की बुनियादी बातों पर ज़ोर देते हुए उन्होंने हिंदू-धर्म और दर्शन के जुदा-

जुदा पहलुओं को एक-दूसरे के साथ जोड़ दिया। ऐसा जान पड़ता था कि उनके व्यक्तित्त्व से उन सबकी नुमाइंदगी होती थी। असलियत में उनके क्षेत्र में दूसरे धर्म भी सम्मिलित थे। वह हर तरह की सांप्रदायिकता के खिलाफ़ थे और उन्होंने इस बात पर ज़ोर दिया कि सभी रास्ते सचाई की तरफ़ ले जाते हैं। वह कुछ उन संतों की तरह थे, जिनके बारे में एशिया और यूरोप के पुराने इतिहास में हमको पढ़ने को मिलता था। आधुनिक जीवन के संदर्भ में उनको समझना कठिन है, फिर भी वह हिंदुस्तान के बहुरंगे सांचे के अनुरूप थे और यहां के बहुत-से आदमियों के हृदय में उनके प्रति इज़्ज़त और श्रद्धा थी, और उनके व्यक्तित्व के चारों ओर एक दिव्य ज्योति थी। जिन लोगों ने उनको देखा, उन पर उनके व्यक्तित्त्व ने असर डाला और बहुत से लोगों पर, जन्होंने उनको नहीं देखा, उनकी ज़िंदगी की कहानी का असर हुआ है। इन दूसरी तरह के लोगों में एक रोम्यां रोलां हैं, जिन्होंने परमहंसजी की और उनके शिष्य स्वामी विवेकानंद की जीवनियां लिखी है।

विवेकानंद ने अपने गुरुभाइयों के साथ सेवा के लिए रामकृष्ण मिशन की स्थापना की, जिसमें सांप्रदायिकता नहीं है। विवेकानंद का आधार पुराने ज़माने में था, और उनमें हिंदुस्तान की देन का अभिमान था, लेकिन साथ ही ज़िंदगी के मसलों को हल करने का उनका ढंग इस ज़माने का था और वह हिंदुस्तान के गुज़रे हुए और मोजूदा ज़माने की खाई पर एक पुल की तरह थे। बंगला और अंग्रेज़ी में वह एक ओजस्वी वक़्ता थे और बंगला पद्य और काव्य के एक सुन्दर लेखक थे। वह एक, खूबसूरत और रोबीले आदमी थे और उनमें शान और गंभीरता भरी हुई थी, उनको अपने में और अपने मिशन में भरोसा था; साथ ही वह सक्रिय और तीव्र शक्ति से भरपूर थे और हिंदुस्तान को आगे बढ़ाने की उनमें गहरी लगन थी। बेबस और गिरे हुए हिंदू दिमाग़ के लिए वह एक जीवनोषधि के रूप में आये, और इसको उन्होंने अपने पर भरोसा करना सिखाया और अपने पुराने ज़माने की जानकारी कराई। सन् 1893 में शिकागो में वह दुनिया-भर के धर्म-सम्मेलन में शामिल हुए। एक साल उन्होंने संयुक्त राज्य अमरीका में बिताया, यूरोप की यात्रा एथेंस और कुस्तुंतुनिया तक की, और मिस्त्र, चीन और जापान भी गए। जहां कहीं भी वह गए, उन्होंने सिर्फ़ अपनी मौजूदगी से ही नहीं, बल्कि जो कुछ कहा, उससे और अपने कहने के ढंग से, एक हलचल मचा दी। एक बार इस हिंदू संन्यासी को देख लेने के बाद उसे और उसके संदेश को भुला देना मुश्किल था। अमरीका में विवेकानंद को 'तूफ़ानी हिंदू' कहा गया। पच्छिमी देशों की अपनी यात्रा का खुद उन पर बहुत असर पड़ा। उन्होंने अंग्रेज़ों की लगन की और अमरीकी जनता की दृढ़ता और बराबरी की भावना की तारीफ़ की। हिंदुस्तान में अपने एक दोस्त को उन्होंने लिखा-" किसी भी नये विचार के प्रचार के लिए अमरीका सर्वोत्तम क्षेत्र है।" लेकिन पच्छिम के धर्म के स्वरूप ने उनको प्रभावित नहीं किया और भारतीय दार्शनिक और आध्यात्मिक पृष्ठिभूमि में उनका विश्वास और भी मज़बूत हो गया। उनके लिहाज़ से हिंदुस्तान अपने पतन के बावजूद, अब भी 'प्रकाश' की नुमाइंदगी करता था।

उन्होंने वेदांत दर्शन के अद्वैतवाद का प्रचार किया और उन्हें इस बात का पक्का यक़ीन था कि विचारशील मानव जाति के लिए आगे चलकर सिर्फ़ वेदांत ही धर्म हो सकता है—वजह यह है कि वेदांत सिर्फ़ आध्यात्मिक ही नहीं है, बल्कि तर्क-संगत है और साथ ही उसका बाहरी दुनिया की वैज्ञानिक खोजों से भी सामंजस्य है।" इस विश्व का सृजन किसी विश्वोपरि ईश्वर ने नहीं किया और न वह किसी बाहरी दिमाग़ की कृति है। वह स्वयं-भू, स्वयं-संहारक, स्वयं-पोषक, एक अनंत अस्तित्त्व, ब्रह्म है।" वेदांत का आदर्श आदमी और उसकी सहज दैवी प्रकृति की एकता का था; मानव में ईश्वर-दर्शन ही सच्चा ईश्वर - दर्शन है; प्राणियों में मनुष्य सबसे बड़ा है, लेकिन "अदृश्य वेदांत को दैनिक जीवन में सजीव-काव्यमय हो जाना चाहिए, बेहद उलझी हुई पौराणिक गाथाओं में से निकलकर उसका साफ़ नैतिक स्वरूप सामने आना चाहिए, और रहस्यपूर्ण योगीपने के भीतर से एक वैज्ञानिक और अमली मनोविज्ञान सामने आना चाहिए।" हिंदुस्तान इसलिए गिर गया था कि उसने अपने-आपको संकरा कर लिया था, और उसने अपने को एक खोल में बंद कर लिया था। इस तरह दूसरे राष्ट्रों से उसका संपर्क छूट गया और उसकी हालत एक जड़ सभ्यता की-सी हो गई। वर्ण-व्यवस्था, जो अपनी शुरू की शक़्ल में ज़रूरी और वांछनीय थी और जिसका उद्देश्य शख़्सियत और आज़ादी को बढ़ाना था, बेहद गिर गई और अपने मक़सद से ठीक उलटी चलने लगी और उसने आम जनता को कुचला। वर्ण-व्यवस्था एक ढंग का सामाजिक संगठन है, जिसको धर्म से अलग रखना चाहिए था। सामाजिक संगठन में तो समय के साथ परिवर्तन होना चाहिए। विवेकानंद ने कर्म-कांड की बेमानी गूढ़-विवेचना की, और ख़ासतौर से ऊंचे वर्ण के लोगों की छुआछूत की, बहुत ज़ोरों से निंदा की। " हमारा धर्म रसोईघर में है, हमारा ईश्वर खाना बनाने का बर्तन है और हमारा धर्म है, "मुझे न छुओ, मैं पवित्र हूं।"

वह राजनीति से अलग रहे और उन्हें अपने वक़्त के राजनीतिज्ञ नापसंद थे। लेकिन उन्होंने आज़ादी, बराबरी और जनता को उठाने की ज़रूरत पर बार-बार ज़ोर दिया।" सिर्फ़ सोच-विचार और काम-काज की आज़ादी ही ज़िंदगी, तरक़्क़ी और खुशहाली की शर्त है। जहां यह आज़ादी नहीं है, वहां उस आदमी को, उस जाति को, उस राष्ट्र को ज़िंदा नहीं रखा जा सकता।" "हिंदुस्तान के लिए अगर कोई आशा है, तो वह यहां की आम जनता में है। ऊपरी वर्ग के लोग, भौतिक और नैतिक दृष्टि से मुर्दा हैं।" वह पच्छिमी प्रगति और हिंदुस्तान की आध्यात्मिक पृष्ठभूमि को मिला देना चाहते थे। यूरोपीय समाज हो और हिंदुस्तान का धर्म हो।" "बराबरी, आज़ादी, काम और शक्ति में तुम्हारी भावनाएं ज़्यादा से ज़्यादा पच्छिमी हों और साथ ही धर्म, संस्कृति और संस्कारों में तुम्हारी नस-नस हिंदुत्व से भरी हो। " दिन-ब-दिन विवेकानंद का अंतरराष्ट्रीय दृष्टिकोण बढ़ता गया। "खुद राजनीति और समाज-विज्ञान में जो समस्याएं बीस बरस पहले सिर्फ़ राष्ट्रीय थीं, अब सिर्फ़ राष्ट्रीय आधार पर हल नहीं की जा सकती। उनका आकार और परिमाण बेहद बढ़ रहा है। उनका हल सिर्फ़ उसी वक़्त हो सकता है, जब उनको अंतर्राष्ट्रीय दृष्टिकोण से सुलझाया जाय।

आज की आवाज है अंतर्राष्ट्रीय संस्थाएं, अंतर्राष्ट्रीय सहयोग, अंतर्राष्ट्रीय क़ानून। इससे एकता ज़ाहिर होती है। उसी तरह पदार्थ के बारे में विज्ञान का नज़रिया दिन-ब-दिन ज़्यादा विस्तृत हो रहा है।" और फिर-" अगर सारी दुनिया साथ न दे, तो तरक्क़ी हो भी नहीं सकती; यह चीज़ दिन-ब-दिन ज़्यादा साफ़ होती जा रही है कि कोई भी समस्या जातीय, राष्ट्रीय या और दूसरी संकरी बुनियाद पर हल नहीं हो सकती। हर विचार को इतना बढ़ना होता है कि वह सारी दुनिया में पा जाय और हर मकसद को इतना ज़्यादा फैलना होता है कि उसके घेरे में सारा मानव-जगत, यहांतक कि सारी ज़िंदगी ही समा जाय।" ये सब बातें विवेकानंद के वेदांत दर्शन के दृष्टिकोण के अनुरूप थीं और हिंदुस्तान में एक सिरे से लेकर दूसरे सिरे तक उन्होंने इसका प्रचार किया।" मुझे इस बात का पक्का यक़ीन है कि कोई भी व्यक्ति या राष्ट्र अपने को दूसरों से अलहदा करके नहीं रह सकता और जहां कहीं भी महानता, नीति या पवित्रता के झूठे ख़यालों की वजह से ऐसी कोशिश की गई है, वहां अलहदा होनेवाले के लिए नतीजा हमेशा ही विनाशकारी रहा है।" दुनिया के दूसरे राष्ट्रों से हमारी अलहदगी हमारी गिरावट का कारण है और उसका इलाज सिर्फ़ यही है कि हम फिर से बाक़ी दुनिया की धारा में शामिल हो जायें। गतिशीलता जीवन का चिह्न है।"

उन्होंने एक जगह लिखा है-" मैं समाजवादी हूं, लेकिन इसलिए नहीं कि मैं उसे एक पूर्ण (दोषहीन) व्यवस्था समझता हूं, बल्कि इसलिए कि पूरी रोटी न मिलने से आधी रोटी मिलना ही बेहतर है। दूसरी व्यवस्थाएं आज़माई जा चुकी हैं और उनमें कमी पाई गई है। इसको भी आज़माने दो—और कुछ नहीं तो सिर्फ़ इसके नयेपन के ही लिए।"

विवेकानंद ने बहुत-सी बातें कहीं, लेकिन एक चीज़, जिसको उन्होंने अपने व्याख्यानों और लेखों में बराबर कहा है, 'अभय' है। उनकी निगाह में आदमी तरस के क़ाबिल पापी नहीं है, बल्कि उसमें ईश्वर का अंश है। तब उसे किसी चीज़ का डर काहे को हो? 'अगर दुनिया में कोई पाप है, तो वह है दुर्बलता; दुर्बलता को दूर करो, दुर्बलता पाप है, दुर्बलता मृत्यु है।" यह उपनिषदों का महान उपदेश था। भय से बुराई और दुख और पछतावा होता है। ये सब चीज़ें बहुत हो लीं और कोमलता भी बहुत हो लीं।" अब हमारे देश को जिन चीज़ों की ज़रूरत है, वे हैं लोहे के पुट्ठे, फ़ौलाद की नाड़ियां और ऐसी प्रबल मनःशक्ति, जिसको रोका न जा सके। ये सब चीज़ें हों, जो विश्व के रहस्य और भेद के अंतर भी पैठ जायें और जैसे भी हो अपना काम पूरा करें, चाहे उसके लिए समुद्र के तले जाकर मौत का भी सामना करना पड़े।" उन्होंने जादू-टोने और रहस्यवाद की निंदा की और कहा कि "ये गिलगिली चीज़ें है; उनमें बड़ी सचाई हो सकती है, लेकिन उन्होंने हमको बरबाद कर दिया है। और सत्य की कसौटी यह है— कोई भी चीज़, जो तुम्हें शारीरिक, बौद्धिक या आध्यात्मिक रूप से कमज़ोर बनाती है, उसको ज़हर की तरह छोड़ दो; उसमें कोई ज़िंदगी नहीं है, वह सत्य नहीं हो सकती। सत्य मज़बूती लाता है। सत्य पवित्रता है, ज्ञान है ये रहस्यवाद, चाहे उनमें थोड़ा-सा सत्य का अंश हो, लेकिन आमतौर पर कमज़ोर बनाते हैं अपने उपनिषदों पर ध्यान दो, जिनमें चमक है,

शक्ति है और आभा है। इन रहस्यवादी चीज़ों से, इन कमज़ोर बनानेवाली चीज़ों से अलग हो जाओ। इस फ़िलसफ़े को उठाओ; सबसे बड़ा सत्य दुनिया में सबसे ज़्यादा सरल भी है, इतना सरल, जितना तुम्हारा निजी अस्तित्व।" अंधविश्वास से सावधान रहो। अंधविश्वासी मूर्ख की जगह अगर तुम कट्टर नास्तिक हो, तो मैं ज़्यादा पसंद करूं। नास्तिक ज़िंदा होता है, उससे कुछ बन पड़ सकता है। लेकिन जब अंधविश्वास हममें समा जाता है, तो दिमाग़ ग़ायब हो जाता है और तब ज़िंदगी का ख़ात्मा शुरू हो जाता है। जादू-टोना और अंधविश्वास हमेशा ही कमज़ोरी की निशानी हैं।"[94]

इस तरह हिंदुस्तान के दक्खिनी सिरे के कन्याकुमारी अंतरीप से लेकर हिमालय तक विवेकानंद ने गर्जना की और उन्होंने इस काम में अपने-आपको खपा डाला, यहांतक कि सन् 1902 में, जब वह सिर्फ़ उनतालीस बरस के ही थे, उनकी मृत्यु हो गई।

विवेकानंद के ही समकालीन थे रवींद्रनाथ ठाकुर। वैसे वह एक बाद की पीढ़ी के। ठाकुर-परिवार ने उन्नीसवीं सदी में बंगाल में कई सुधार-आंदोलनों में ख़ास हिस्सा लिया था। उस घराने में आध्यात्मिक रूप से बहुत उन्नत लोग थे, बढ़िया लेखक और कलाकार

---

94. इनमें से ज़्यादातर उद्धरण स्वामी विवेकानंद के 'लेक्चर्स फ्रॉम कोलंबो टु अलमोड़ा' से और 'लैटर्स फ्रॉम (स्वामी) विवेकानंद' से लिए गए हैं। ये दोनों ही किताबें अद्वैत आश्रम, मायावटी, अलमोड़ा (हिमालय) से प्रकाशित हुई हैं। दूसरी किताब के सन् 1942 के संस्करण में पृष्ठ 390 पर, एक ख़त ख़ास है, जो विवेकानंद ने एक मुसलमान दोस्त को लिखा था। उसमें वह लिखते हैं:

"हम उसे चाहे वेदांतवाद कहें या और कोई वाद कहें, लेकिन यह सच है कि धर्म और विचार में अद्वैतवाद आख़िरी चीज़ है और यही सिर्फ़ एक ऐसी स्थिति है, जहां से कोई आदमी दूसरे धर्मों को भी प्रेम से देख सकता है। हमारा ऐसा विश्वास है कि भविष्य में जाग्रत मानव-जगत का धर्म यही होगा। इब्रानियों और अरबों के मुक़ाबले ज़्यादा पुरानी जाति होने की वजह से हिंदुओं को और जातियों की अपेक्षा इस सत्य पर जल्दी पहुंचने का श्रेय मिल सकता है; लेकिन व्यवहार रूप में अद्वैतवाद, जिसमें सारे मानव-समाज को आत्मवत बरता जाता है, अभी व्यापक रूप से हिंदुओं में आना बाक़ी है।

"दूसरी तरफ़ हमारा अनुभव यह है कि अगर कभी भी किसी धर्म के अनुयायी इस साम्य पर रोज़ाना की अमली ज़िंदगी में कुछ हद तक पहुंच पाये हैं, तो वे इस्लाम के और सिर्फ़ इस्लाम के ही अनुयायी हैं। हां, यह बात दूसरी है कि इस बरताव के ज़्यादा गहरे सिद्धांतों को, जिन्हें हिंदू आमतौर पर स्पष्ट रूप से देखते हैं, वे लोग न जानते हों और न समझ पाते हों।...

"हमारे यहां के लिए इन दो महाधर्मों का, हिंदू और इस्लाम का सम्मिलन—वेदांती मस्तिष्क और इस्लामी शरीर—ही एकमात्र आशा है।

"मेरे दिमाग़ के सामने भविष्य के उस पूर्ण भारत की तस्वीर है, जो इस अवस्था और संघर्ष से ऊपर उठेगा और जो प्रतिभावान और अजेय होगा और जिसमें वेदांती मस्तिष्क और इस्लामी शरीर होगा।" यह खत अलमोड़ा से 10 जून, 1898 को लिखा गया था।

थे, लेकिन इनमें रवीन्द्रनाथ सबसे बढ़कर हुए। और दरअसल वह रफ़्ता-रफ़्ता इस दर्जे पर पहुंच गए कि हिंदुस्तान-भर में उनका कोई सानी न रह गया। रचनात्मक काम के उनके लंबे जीवन ने दो पीढ़ियों को ढक लिया और हमको ऐसा महसूस होता है, मानो वह हमारे ही ज़माने के हों। वह राजनीतिज्ञ नहीं थे, लेकिन वह हिंदुस्तानी जनता की आज़ादी के प्रति इतने सचेत और इतने आसक्त थे कि वह हमेशा ही अपने काव्य और संगीत के शीशमहल में नहीं रह सकते थे। जब-जब वह किसी घटनाक्रम को बरदाश्त नहीं कर सके, वह बार-बार बाहर आये और उन्होंने ब्रिटिश सरकार को या अपनी ही जनता को देव-दूतों जैसी भाषा में चेतावनी दी। बीसवीं सदी के शुरू के सालों में बंगाल में जो स्वदेशी आंदोलन चला, उसमें उन्होंने एक खास हिस्सा लिया और बाद में उस वक़्त भी, जब उन्होंने अमृतसर के हत्याकांड के समय अपनी 'सर' की पदवी का परित्याग किया। शिक्षा के मैदान में उनका जो रचनात्मक काम ख़ामोशी से शुरू हुआ, उसने 'शांतिनिकेतन' को भारतीय संस्कृति का एक प्रधान केंद्र ही बना दिया है। हिंदुस्तान के दिमाग पर, और ख़ास तौर से बाद की नई पीढ़ियों पर, उनका बेहद असर हुआ है। सिर्फ़ बंगला ही नहीं, जिसमें वह खुद लिखते थे, बल्कि हिंदुस्तान की सभी आधुनिक भाषाएं कुछ हद तक उनकी रचनाओं से प्रभावित हुई हैं। पूर्व और पच्छिम के आदर्शों में सामंजस्य स्थापित करने में उन्होंने और किसी भी हिंदुस्तानी के मुक़ाबले ज़्यादा मदद की है और साथ ही हिंदुस्तानी राष्ट्रीयता के आधार को चौड़ा किया है। वह हिंदुस्तान के सबसे बड़े अंतर्राष्ट्रीयतावादी रहे हैं। अंतर्राष्ट्रीय सहयोग में उन्होंने विश्वास किया है और उसके लिए काम किया है और वह हिंदुस्तान का संदेश दूसरे देशों को ले गए हैं और दूसरे देशों का संदेश अपनी जनता के लिए लाये हैं। फिर भी इस अंतर्राष्ट्रीयता के होते हुए भी उनके पैर हिंदुस्तान की ज़मीन पर ही मज़बूती से जमे रहे हैं और उनका मस्तिष्क उपनिषदों के ज्ञान से ओत-प्रोत रहा है। आम ढर्रे के ख़िलाफ़, ज्यों-ज्यों उनकी उम्र बढ़ती गई, उनका नज़रिया ज़्यादा इन्कलाबी होता गया। घोर व्यक्तिवादी होते हुए भी रूसी इन्कलाब के बड़े कारनामों के वह प्रशंसक थे, ख़ासतौर पर शिक्षा, संस्कृति, स्वास्थ्य और साम्य-भावना के। राष्ट्रवाद के प्रति निष्ठा मनुष्य के विचारों को संकीर्ण बना देती है, और जब राष्ट्रवाद की साम्राज्यवाद से टक्कर होती है, तब हर ढंग की निराशाएं और मानसिक उलझनें पैदा हो जाती हैं। जिस तरह एक दूसरे स्तर पर गांधीजी ने हिंदुस्तान की बेहद सेवा की है, उसी तरह ठाकुर ने देश की इस रूप में बड़ी भारी सेवा की है कि उन्होंने जनता को कुछ हद तक उसके सोच-विचार के संकीर्ण घेरे से धकेल बाहर निकाला, और उसके दृष्टिकोण को ज़्यादा विस्तृत और व्यापक बनाया। रवींद्रनाथ हिंदुस्तान में एक बहुत बड़े मानव-हितैषी थे।

बीसवीं सदी के पहले आधे हिस्से में ठाकुर और गांधी यक़ीनी तौर पर हिंदुस्तान के दो ख़ास और मार्के के पुरुष रहे हैं। उनकी सम और विषम बातों का मिलान शिक्षाप्रद है। कोई भी दो व्यक्ति अपने स्वभाव या मानसिक गठन में एक-दूसरे से इतने ज़्यादा जुदा नहीं

हो सकते। रवींद्रनाथ एक संभ्रांत कलाकार थे, जो आम लोगों से सहानुभूति रखने की वजह से लोकतंत्रवादी बन गए थे। वह ख़ासतौर से हिंदुस्तान की सांस्कृतिक परंपरा के नुमाइंदे थे–उस परंपरा के, जो ज़िंदगी को उसके पूरे रूप में अंगीकार करती है, और जिसमें नाच और गाने के लिए जगह है। गांधीजी खासतौर से आम जनता के आदमी थे, और क़रीब-क़रीब हिंदुस्तानी किसान का ही स्वरूप थे और वह हिंदुस्तान की दूसरी पुरानी परंपरा के नुमाइंदे थे। यह परंपरा थी संन्यास और त्याग की। फिर भी रवींद्रनाथ ख़ासतौर से विचार-जगत के आदमी थे और गांधीजी अनवरत कर्मण्यता के। दोनों का ही अपने-अपने ढंग से विश्व-व्यापी दृष्टिकोण था और साथ ही दोनों ही पूरी तरह हिंदुस्तानी थे। ऐसा प्रतीत होता था कि वे हिंदुस्तान के जुदा-जुदा, लेकिन आपस में मेल रखनेवाले, पहलुओं की नुमाइंदगी करते थे और एक-दूसरे के पूरक थे।

रवींद्रनाथ और गांधीजी पर विचार करते हुए हम अपने मौजूदा ज़माने तक आ जाते हैं। लेकिन हम तो एक पहले युग पर विचार कर रहे थे। हम तो यह देख रहे थे कि विवेकानंद ने और दूसरे लोगों ने हिंदुस्तान की विगतकालीन महानता पर जो ज़ोर दिया और उस पर अपना जो अभिमान प्रकट किया, उसका आम जनता पर और ख़ासतौर से हिंदुओं पर क्या असर हुआ। विवेकानंद खुद सावधान थे और उन्होंने जनता को भी इस बात से सचेत कर दिया कि वह विगत काल में ही न विचरती रहे और उन्होंने उससे भविष्य की तरफ़ निगाह उठाने को कहा। उन्होंने लिखा-"हे ईश्वर, हमारा यह देश भूतकाल में अपने शाश्वत विचरण से कब मुक्त होगा?" लेकिन खुद उन्होंने और साथ ही दूसरे लोगों ने उस भूतकाल को आमंत्रित किया था और उसमें एक सम्मोहन था और उससे छुटकारा नहीं था।

गुज़रे हुए ज़माने की ओर निगाह उठाने और वहां शांति और पोषण पाने के काम में प्राचीन साहित्य और इतिहास के फिर से अध्ययन से मदद मिली। बाद में पूर्वी समुद्रों में हिंदुस्तानी उपनिवेशों की कहानियों से भी इसमें मदद मिली। हिंदू मध्यम वर्ग में फिर से अपनी आध्यात्मिक और राष्ट्रीय विरासत में विश्वास बढ़ाने में श्रीमती एनी बेसेंट का ज़बरदस्त हाथ रहा। इस सबमें एक आध्यात्मिक और धार्मिक भावना मिली हुई थी, लेकिन साथ ही इसमें एक सुदृढ़ राजनैतिक पृष्ठभूमि भी थी। उठता हुआ मध्यम वर्ग राजनैतिक प्रवृत्तिवाला था और उसे धर्म की कोई ख़ास तलाश नहीं थी। उसे एक सांस्कृतिक नींव की ज़रूरत थी, जिसे वह पकड़ सकता और जिससे उसे अपनी क्षमता में विश्वास होता, एक ऐसी चीज़, जो उस सारी मायूसी और हीनता को दूर करती, जिसको विदेशी जीत और विदेशी हुकूमत ने पैदा किया था। हर देश में राष्ट्रीयता की तरक्क़ी के साथ धर्म के अलावा एक ऐसी तलाश होती है, और गुज़रे ज़माने पर ध्यान देने का रुझान होता है। ईरान जान-बूझकर इस्लाम से पहले की अपनी महानता के युग में पैठा है, और इससे उसकी धार्मिक निष्ठा में किसी तरह की कमी नहीं हुई। उस युग में जाने का मक़सद उस वक़्त की याद को ताज़ा करना था। ईरान में मौजूदा राष्ट्रीयता को मज़बूत करने के लिए उस याद का

उपयोग किया गया है। यही बात और दूसरे देशों में भी है। हिंदुस्तान के गुज़रे ज़माने में कितने ही सांस्कृतिक पहलू हैं और उसकी महानता सारी हिंदुस्तानी जनता की, चाहे वह हिंदू, मुसलमान या ईसाई कुछ भी हो, एक मिली-जुली विरासत है और उन लोगों के पुरखों ने ही तो उसका निर्माण किया था। यह बात कि बाद में उन्होंने धर्म-परिवर्तन कर लिया, उनकी इस विरासत को मिटा नहीं देती—ठीक उसी तरह, जैसे यूनानी जब ईसाई हो गए, तब भी उनका अपने पुरखों की महान उपलब्धियों के लिए अभिमान कम नहीं हुआ और न इटलीवाले रोमन गणराज्य या रोमन साम्राज्य के दिनों को ही अपने धर्म परिवर्तन के बाद भूले। अगर हिंदुस्तान की सारी जनता ने भी इस्लाम या ईसाई मत को अपना लिया होता, तब भी वह सांस्कृतिक विरासत उसको उकसाने के लिए बनी रहती और उसको उससे वह गंभीरता और शान मिलती, जो मानसिक संघर्ष और जीवन की समस्याओं में होकर निकले हुए एक सभ्य अस्तित्व के लंबे इतिहास से उसकी जनता को मिलती है।

अगर हम एक आज़ाद राष्ट्र रहे होते और देश में मौजूदा वक़्त में सब मिल-जुलकर सामूहिक भविष्य के लिए काम कर रहे होते, तो हम सबने इस गुज़रे वक़्त को बराबर अभिमान के साथ देखा होता। दरअसल मुग़ल ज़माने में बादशाह और उनके खास साथी, नये होने के नाते, इस गुज़रे ज़माने के साथ अपने को मिलाना चाहते थे और दूसरों की तरह उस पर अभिमान महसूस करना चाहते थे। लेकिन इतिहास के संयोग ने और उसकी रविश ने दूसरे ही ढंग से काम किया और जो तब्दीलियां हुई, उन्होंने स्वाभाविक तरक़्क़ी को रोक दिया। इसमें कुछ हद तक मानवीय नीति और दुर्बलताओं की भी मदद थी। यहां यह उम्मीद की जा सकती है कि पच्छिम के आघात से और वैज्ञानिक और आर्थिक तब्दीली से जो नया मध्यम वर्ग पैदा हुआ, उसमें हिंदुओं और मुसलमानों में एक-सी ही पृष्ठ-भूमि रहती। कुछ हद तक ऐसा हुआ भी, लेकिन कुछ हद तक ऐसे फ़र्क़ भी उठ खड़े हुए, जो पहले सामंती और अर्ध-सामंती वर्ग में और आम जनता में या तो थे ही नहीं, या अगर थे, तो बहुत कम थे। हिंदू और मुसलमान आम जनता में एक-दूसरे में छांट करना मुश्किल था और ऊपरी वर्ग में ढंग ढर्रे हिंदू और मुसलमान दोनों ही एक थे। यही नहीं, उनकी एक-सी संस्कृति थी, एक-से रिवाज थे, और एक-से त्योहार थे। मध्य वर्ग मनोवैज्ञानिक रूप से अलग-अलग हुए और बाद में और दूसरी तरह के फ़र्क़ भी आ गए।

पहली बात तो यह है कि शुरू में मुसलमानों में यह बीच का वर्ग क़रीब-क़रीब था ही नहीं। उनके पच्छिमी शिक्षा, उद्योग और व्यवसाय से अलग रहने की वजह से और सामंती ढर्रे से चिपके रहने की वजह से हिंदू आगे निकल गए, क्योंकि उन्होंने इन सब चीज़ों से फ़ायदा उठाया। ब्रिटिश नीति का झुकाव हिंदुओं के पक्ष में था और मुसलमानों के ख़िलाफ़ था। यह बात पंजाब में नहीं थी और इसीलिए और जगहों के मुक़ाबले वहां के मुसलमानों ने पच्छिमी तालीम को आसानी से अपनाया। लेकिन पंजाब में अंग्रेज़ों का क़ब्जा होने से पहले ही हिंदू बहुत आगे बढ़ गए थे। इसलिए पंजाब में भी, जहां हिंदुओं और मुसलमानों के

लिए एक-सी हालतें थीं, हिंदू माली हालत के लिहाज़ से आगे थे। विदेशी-विरोधी भावनाएं हिंदू और मुसलमान आम जनता और ऊंचे वर्ग में बराबर थीं।

सन् 1857 के बलवे में दोनों ही शामिल थे, लेकिन उसका दमन मुसलमानों को ज़्यादा महसूस हुआ। यह सही भी था, क्योंकि दोनों के मुक़ाबले में उन्हें ज़्यादा नुक़सान उठाना पड़ा। इस विद्रोह से दिल्ली की सल्तनत के बने रहने के सपने बिलकुल ख़त्म हो गए। वह सल्तनत तो बहुत पहले, यहांतक कि अंग्रेज़ों के रंगमंच पर आने के पहले ही ख़त्म हो चुकी थी। मराठों ने उसे ख़त्म कर दिया था और खुद दिल्ली पर भी उनका नियंत्रण था। पंजाब में रंजीतसिंह का राज्य था। अंग्रेज़ों के दख़ल दिये बिना ही उत्तर में मुग़ल साम्राज्य ख़त्म हो चुका था और दक्खिन में भी वह तितर-बितर हो चुका था। फिर भी नाममात्र का सम्राट दिल्ली के महलों में था और हालांकि पहले उसे मराठों से और बाद में अंग्रेज़ों से पेन्शन मिलती थी, फिर भी वह मुग़ल वंश का प्रतीक तो था ही। लाज़िमी तौर पर ग़दर के दौरान में बागियों ने इस प्रतीक से फ़ायदा उठाने की कोशिश की, अगरचे वह खुद कमज़ोर था और इसके लिए तैयार नहीं था। उस ग़दर के ख़ात्मे के मानी ये हुए कि यह प्रतीक भी ख़त्म हो गया।

ज्यों-ज्यों ग़दर के आतंक के बाद लोग धीरे-धीरे पनपे, उनके दिमाग़ में एक खोखलापन आया और खाली जगह को भरने के लिए किसी चीज़ की ज़रूरत थी। लाज़िमी तौर पर ब्रिटिश हुकूमत को तो मंज़ूर करना ही था, लेकिन भूतकाल से विच्छेद से सिर्फ़ एक नई सरकार ही सामने नहीं आई, बल्कि उसके साथ उलझन और घबराहट आई और आत्म-विश्वास चला गया। असल में वह विच्छेद तो ग़दर से बहुत पहले हो चुका था और जैसा कि मैं ज़िक्र कर चुका हूं, उसकी वजह से बंगाल में और दूसरी जगहों में कोई आंदोलन हुए लेकिन हिंदुओं के मुक़ाबले में मुसलमान ज़्यादातर अपने खोल में समाये हुए थे और पच्छिमी तालीम से बचते थे। वे बराबर इस बात का सपना। देखते थे कि पुरानी हालत फिर से वापस आयगी। अब ग़दर के बाद इस तरह के सपने नहीं देखे जा सकते थे, लेकिन सहारे के लिए किसी चीज़ की ज़रूरत थी। नई तालीम से वे अब भी अलग थे। धीरे-धीरे बहुत मुश्किल और बहस-मुबाहसे के बाद सर सैयद अहमद खां ने उनके दिमाग़ को अंग्रेज़ी शिक्षा की तरफ़ मोड़ा और अलीगढ़ कॉलेज क़ायम किया। सरकारी नौकरी के लिए सिर्फ़ वही एक रास्ता था और इस नौकरी का लालच इतना ज़बरदस्त साबित हुआ कि पुरानी नाराज़ी और पुरानी धारणाएं ठहर न सकीं। यह बात कि हिंदू शिक्षा में और नौकरियों में बहुत आगे निकल गए थे, नापसंद की गई और खुद वैसा ही करने के लिए एक ज़बरदस्त दलील साबित हुई। पारसी और हिंदू तो उद्योग-धंधों में भी आगे बढ़ रहे थे, लेकिन मुसलमानों की निगाह सिर्फ़ सरकारी नौकरियों की तरफ़ थी।

लेकिन काम-काज के इस नये रुझान ने, जो असल में कुछ थोड़े-से ही लोगों तक महदूद था, उनके दिमाग़ के शक और उलझन को दूर नहीं किया। हिंदुओं ने ऐसी ही हालत

में पीछे निगाह डाली थी और प्राचीन युग में शांति की तलाश की थी। पुराने फ़िलसफ़े, पुरानी कला और पुराने साहित्य और इतिहास से कुछ सकून मिला। राममोहन राय, दयानंद, विवेकानंद और दूसरे लोगों ने नई विचारधारा के आंदोलन चलाये थे। जहां एक ओर तो उन्होंने अंग्रेज़ी साहित्य के भरे-पूरे भंडार से लाभ उठाया था, दूसरी ओर उनका दिमाग़ प्राचीन संतों और शूरवीरों से भरा हुआ था। उनके दिमाग़ में इनके विचार और काम थे और वे गाथाएं और परंपराएं थीं, जिनको उन्होंने अपने बचपन से बराबर सीखा था।

इस गुज़रे हुए ज़माने की बहुत-सी बातों का मुसलमानों से भी इतना ही लगाव था, क्योंकि वे इन परंपराओं से वाक़िफ़ थे; लेकिन यह बात महसूस की गई और यह ख़ासतौर से मुसलमानों के ऊंचे तबके में ही महसूस की गई कि उनके लिए अपने-आपको इन अर्ध-धार्मिक परंपराओं के साथ मिलाना ठीक नहीं था और उनको किसी तरह का भी बढ़ावा देना इस्लाम की भावना के ख़िलाफ़ होगा। उन्होंने अपनी क़ौमी बुनियाद की दूसरी जगह तलाश की। कुछ हद तक उन्हें यह हिंदुस्तान के अफ़ग़ान और मुग़ल-युग में मिली, लेकिन उस ख़ाली जगह को भरने के लिए यह काफ़ी नहीं थे। वे युग हिंदू और मुसलमानों के लिए एक-से थे और हिंदुओं के दिमाग़ से विदेशी हस्तक्षेप की भावना ग़ायब हो गई थी। मुग़ल शासकों को हिंदुस्तानी राष्ट्रीय शासकों की तरह देखा गया। हां, औरंगज़ेब के बारे में अलग-अलग रायें थीं। यहां एक ध्यान देने की बात यह है कि अकबर को, जिसकी हिंदू ख़ासतौर से तारीफ़ करते थे, इधर कुछ मुसलमानों ने नापसंद किया है। पिछले साल हिंदुस्तान में उसके जन्म-दिन का 400वां वार्षिकोत्सव मनाया गया। हर जमात के लोग (और इनमें कुछ मुसलमान भी थे।) इस जलसे में शामिल हुए, लेकिन मुस्लिम लीग अलहदा रही, क्योंकि अकबर तो हिंदुस्तान की एकता का प्रतीक था।

सांस्कृतिक बुनियाद की तलाश में हिंदुस्तानी मुसलमान (यानी उनके बीच के तबक़े के कुछ लोग) इस्लामी इतिहास की तरफ़ गए और वे उस ज़माने में पहुंचे, जब इस्लाम बग़दाद, स्पेन, कुस्तुंतुनिया, मध्य-एशिया आदि में विजेता के रूप में छाया हुआ था। इस इतिहास में दिलचस्पी हमेशा से रही है और पड़ोसी इस्लामी देशों से कुछ ताल्लुक़ात भी रहे थे। मक्का में हज के लिए यात्री जाते थे और वहां दूसरे देश के मुसलमानों से मुलाक़ात होती थी। लेकिन ये सब ताल्लुक़ महदूद थे और सतही थे, और इसका हिंदुस्तानी मुसलमानों के आम नज़रिये पर कोई ख़ास असर नहीं हुआ। वह तो सिर्फ़ हिंदुस्तान तक महदूद था। दिल्ली के अफ़ग़ान बादशाहों ने, ख़ासतौर से मुहम्मद तुग़लक ने, क़ाहिरा के खलीफ़ा को अपना सरपरस्त माना था। बाद में कुस्तुंतुनिया के आटोमन बादशाह खलीफ़ा बन गए, लेकिन उनको हिंदुस्तान में माना नहीं जाता था। हिंदुस्तान के मुग़ल बादशाहों ने किसो खलीफ़ा को या हिंदुस्तान के बाहर से किसी मज़हबी नेता को अपना सरपरस्त नहीं माना। उन्नीसवीं सदी की शुरुआत में मुग़ल ताक़त के ख़त्म होने के बाद ही हिंदुस्तान की मस्जिदों में तुर्की के सुल्तान का नाम लिया जाना शुरू हुआ। ग़दर के बाद यह आम रवैया हो गया।

इस तरह हिंदुस्तान के मुसलमानों ने इस्लाम के उस पुराने बड़प्पन से कुछ मनोवैज्ञानिक संतोष पाना चाहा, जो ख़ासतौर से दूसरे देशों में था। तुर्की के आज़ाद मुस्लिम ताक़त बने रहने पर(और इस वक़्त तुर्की ही एकमात्र आज़ाद मुस्लिम ताक़त थी) उन्होंने अभिमान किया। इस भावना का हिंदुस्तानी क़ौमियत से कोई संघर्ष या विरोध नहीं था। असल में खुद बहुत-से हिंदू इस्लामी इतिहास से सुपरिचित थे और वे उसके प्रशंसक थे। उन्होंने तुर्की के साथ सहानुभूति प्रकट की, क्योंकि उन्होंने उसे यूरोपीय ज़्यादतियों का एशियाई शिकार समझा। फिर भी एक भेद था, और हिंदुओं के लिए इस भावना ने वह मनोवैज्ञानिक ज़रूरत पूरी नहीं की, जो मुसलमानों के लिए पूरी हुई।

ग़दर के बाद हिंदुस्तानी मुसलमान इस झिझक में थे कि किस रास्ते को अपनायें। ब्रिटिश सरकार ने जानबूझकर उनका हिंदुओं से भी ज़्यादा दमन किया था। इस दमन से ख़ासतौर से मुसलमानों के उस हिस्से पर असर पड़ा था, जिससे नया बीच का तबक़ा या 'बूर्जुआ' वर्ग पैदा होता। उन्होंने बहुत मायूसी महसूस की और वे बहुत ज़्यादा ब्रिटिश विरोधी थे और साथ ही रूढ़िवादी और अनुदार थे। सन् 1870 के बाद उनकी तरफ़ ब्रिटिश नीति में धीरे-धीरे तब्दीली आई और वह उनके मुआफिक हुई। इस तब्दीली की ख़ास वजह ब्रिटिश सरकार की संतुलन की नीति थी, जिसको बराबर बरता जा रहा था। फिर भी इस सिलसिले में सर सैयद अहमद खां का भी बहुत बड़ा हाथ था। उनको इस बात का पक्का यक़ीन था कि ब्रिटिश सरकार के सहयोग से ही वह मुसलमानों को ऊपर उठा सकते हैं। वह उन्हें अंग्रेज़ी तालीम के पक्ष में करने के लिए फ़िक्रमंद थे और उनके कट्टरपन को दूर करना चाहते थे। उन्होंने जो यूरोपीय सभ्यता देखी थी, उससे वह बहुत प्रभावित थे। असल में उनके यूरोप से लिखे हुए कुछ ख़तों से यह बात ज़ाहिर होती है कि उस सभ्यता से वह इतने चकाचौंध थे कि उनकी संतुलन की बुद्धि जाती रही थी।

सर सैयद एक जोशीले सुधारक थे और वह इस ज़माने के वैज्ञानिक विचार और इस्लाम में मेल बिठाना चाहते थे। इसके करने के मानी ये नहीं थे कि किसी बुनियादी धारणा पर चोट की जाय; बल्कि वह यह चाहते थे कि धर्म-ग्रंथों की तर्क-संगत व्याख्या की जाय। उन्होंने इस्लाम और ईसाई-धर्म के बुनियादी यकसांपन की तरफ़ इशारा किया। उन्होंने मुसलमानों में परदा प्रथा की आलोचना की। तुर्की के खलीफ़ा के प्रति वफ़ादारी या उसकी मातहती के वह ख़िलाफ़ थे। सबसे बड़ी बात यह थी कि वह नई शिक्षा को मुसलमानों में फैलाना चाहते थे। क़ौमी तहरीक़ की शुरुआत ने उनको डरा दिया, क्योंकि उनका यह ख़याल था कि ब्रिटिश अधिकारियों के विरोध से उन्हें अपने तालीमी कामों में अंग्रेज़ों की मदद नहीं मिल सकेगी। उनकी मदद सर सैयद को ज़रूरी मालूम पड़ी। इसलिए उन्होंने मुसलमानों की ब्रिटिश विरोधी भावनाओं को घटाने की कोशिश की और उनको नेशनल कांग्रेस से भी, जो उस वक़्त बन रही थी, अलग रखने की कोशिश की। अलीगढ़ कॉलेज का एक ज़ाहिरा मक़सद यह भी था कि वह "हिंदुस्तान के मुसलमानों को ब्रिटिश ताज की

योग्य और उपयोगी प्रजा बनाये।" वह राष्ट्रीय कांग्रेस के ख़िलाफ़ इसलिए नहीं थे कि वह एक ऐसी संस्था थी, जिसमें हिंदुओं की प्रधानता थी; बल्कि इसलिए कि उनके लिहाज़ से वह राजनैतिक दृष्टि से बहुत ज़्यादा तेज़ थी (हालांकि उन दिनों कांग्रेस बहुत नरम विचारों की ही संस्था थी) और वह ब्रिटिश सहायता और सहयोग चाहते थे। उन्होंने यह बात दिखाने की कोशिश की कि कुल मिलाकर मुसलमानों ने ग़दर में हिस्सा नहीं लिया था और बहुत-से लोग ब्रिटिश ताक़त के प्रति वफ़ादार रहे थे। वह किसी भी लिहाज़ से हिंदू-विरोधी नहीं थे और न वह सांप्रदायिक अलहदगी चाहते थे। उन्होंने इस बात पर बार-बार ज़ोर दिया कि धार्मिक मतभेदों का कोई भी क़ौमी या राजनैतिक महत्त्व नहीं होना चाहिए। उन्होंने कहा-" क्या तुम सब एक ही देश के रहनेवाले नहीं हो?" "याद रखो हिंदू और मुसलमान शब्द तो धार्मिक छांट के लिए हैं, वरना सब लोग, हिंदू, मुसलमान और यहांतक कि ईसाई भी, जो इस देश में रहते हैं, इस लिहाज़ से सिर्फ़ एक ही क़ौमी के लोग हैं।"

सर सैयद अहमद खां का असर मुसलमानों के ऊंचे तबके के कुछ हिस्सों तक उनका देहाती या शहरी आम जनता से वास्ता नहीं था। यह आम जनता अपने ऊंचे तबके से क़रीब-क़रीब बिलकुल अलहदा थी और वह हिंदू आम जनता के कहीं ज़्यादा क़रीब थी। जहां मुस्लिम ऊंचे वर्ग के कुछ लोग मुग़ल ज़माने के शासक समुदायों की औलाद थे, वहां आम जनता की ऐसी कोई पृष्ठ-भूमि या परंपरा नहीं थी। उनमें से ज़्यादातर सबसे निचले दर्जे के हिंदुओं से मुसलमान बने थे और उनकी बहुत बुरी हालत थी। वे सबसे ज़्यादा ग़रीब थे और सबसे ज़्यादा सताये हुए थे।

सर सैयद के कई क़ाबिल और मशहूर साथी थे। उनके तर्कसंगत काम में उन्हें बहुत-से लोगों ने सहयोग दिया। इन सहयोग देनेवालों में सैयद चिराग़ अली और नवाब मोहसिन-उल-मुल्क़ थे। उनके तालीमी कामों की तरफ़ मुंशी करामत अली, दिल्ली के मुंशी ज़काउल्ला, डा० नज़ीर अहमद, मौलाना शिबली नूमानी और शायर हाली, जो उर्दू साहित्य में एक ख़ास जगह रखते हैं, खिंचे। जहांतक मुसलमानों में अंग्रेज़ी तालीम शुरू करने का और मुस्लिम दिमाग़ को राजनैतिक आंदोलन से अलग करने का सवाल था, सर सैयद कामयाब हुए। एक मुस्लिम एजुकेशनल कान्फ्रेंस शुरू की गई और मुसलमानों के बढ़ते हुए बीच के तबक़े का, जो नौकरियों या दूसरे पेशों में था, इसकी तरफ़ ध्यान गया।

फिर भी बहुत-से मशहूर मुसलमान कांग्रेस में शामिल हुए। ब्रिटिश नीति अब निश्चित रूप से मुसलमानों की, या कहा जाय, मुसलमानों के उन हिस्सों की तरफ़दार हो गई, जो क़ौमी आंदोलन के ख़िलाफ़ थे। लेकिन बीसवीं सदी के शुरू में मुसलमानों की नई पीढ़ी में क़ौमियत और राजनैतिक कार्रवाई के लिए झुकाव मालूम पड़ा। इस तरफ़ से ध्यान हटाकर उसके लिए एक निकासी देने की गरज़ से सन् 1906 में ब्रिटिश प्रेरणा से और अंग्रेज़ों के एक ख़ास मददगार आग़ा खां के नेतृत्व में मुस्लिम लीग चालू हुई। लीग के दो ख़ास मक़सद थे। एक तो ब्रिटिश सरकार के प्रति वफ़ादारी, और दूसरे मुस्लिम हितों की हिफ़ाज़त।

एक बात ध्यान देने की है कि ग़दर के बाद हिंदुस्तानी मुसलमानों में जितने भी ख़ास आदमी थे (और इनमें ही सर सैयद थे), वे सब पुरानी पारंपरिक शिक्षा की ही उपज थे। हां, बाद में उन लोगों ने अंग्रेज़ी भी सीखी और वे नये विचारों के असर में आये। नई पच्छिमी तालीम ने उनमें कोई बड़ी शख़्सियत नहीं पैदा की। ग़ालिब उर्दू के मशहूर शायर थे और हिंदुस्तान में उस सदी के ख़ास लेखकों में से एक थे। वह ग़दर से पहले के ज़माने के थे।

बीसवीं सदी के शुरू के सालों में पढ़े-लिखे मुसलमानों में दो धाराएं थीं—एक, जो ख़ासतौर से कम उम्रवालों में थी, क़ौमियत की तरफ़ थी, और दूसरी हिंदुस्तान के गुज़रे हुए ज़माने से और कुछ हद तक मौजूदा ज़माने से अलग रहती थी और इस्लामी देशों में, ख़ासतौर से तुर्की में, जहां खलीफ़ा रहता था, उसकी ज़्यादा दिलचस्पी थी। इस्लामी मुल्कों की तरफ़दार जिस तहरीक़ को तुर्की के सुल्तान अब्दुल हमीद ने आगे बढ़ाया था, उसके कुछ मददगार ऊंचे तबके के मुसलमानों में मिले; लेकिन सर सैयद ने इसका विरोध किया और उन्होंने तुर्की और सुल्तान में दिलचस्पी लेने के लिए हिंदुस्तानियों को मना किया। इस नये तुर्क-आंदोलन की कई प्रतिक्रियाएं हुईं। हिंदुस्तान के ज़्यादातर मुसलमानों ने शुरू में इसको कुछ शकभरी निगाह से देखा और सुल्तान के लिए आमतौर पर हमदर्दी थी। उसको तुर्की में यूरोपीय ताक़तों की जालसाज़ियों के ख़िलाफ़ एक रोक की चीज़ समझा जाता था। लेकिन कुछ दूसरे लोग भी थे और उन्हीं में मौलाना अबुल कलाम आज़ाद थे, जिन्होंने नौजवान तुर्कों का स्वागत किया, और उनके साथ संवैधानिक और सामाजिक सुधार का जो भविष्य था, उसको पसंद किया। जब त्रिपोली जंग में सन् 1911 में इटली ने तुर्की पर अचानक हमला किया और बाद में सन् 1912- 13 में बाल्कन का जंग हुआ, उस वक़्त हिंदुस्तानी मुसलमानों में तुर्की के लिए हमदर्दी की एक हैरत अंगेज़ लहर उठी। वैसे तो यह हमदर्दी सभी हिंदुस्तानियों को थी, लेकिन मुसलमानों में यह बहुत ज़्यादा थी और ऐसा मालूम पड़ता था कि मानो वह उनका अपना सवाल है। आखिरी बची हुई मुस्लिम ताक़त के खात्मे का अंदेशा था; भविष्य के लिए उनके विश्वास का सबसे बड़ा लंगर बरबाद हो रहा था। डा० एम० ए० अन्सारी तुर्की के लिए एक ज़बरदस्त मेडीकल मिशन ले गए और उसके लिए ग़रीबों तक ने चंदा दिया; खुद मुसलमानों की बेहतरी की किसी तहरीक के लिए इतनी जल्दी रुपया नहीं इकट्ठा हुआ, जितना कि इस वक़्त तुर्की के लिए हुआ। पहली बड़ी जंग मुसलमानों के लिए एक इम्तिहान के तौर पर थी, क्योंकि तुर्की दूसरी तरफ़ था। उन्होंने अपनी बेबसी महसूस की; वे कुछ कर ही नहीं सकते थे। जब लड़ाई ख़त्म हुई, तो उनके दबे हुए जज़्बे खिलाफ़त आंदोलन के रूप में फूट पड़े।

हिंदुस्तान के मुसलमानी दिमाग़ की तरक़्क़ी में सन् 1912 भी एक ख़ास साल है; क्योंकि उसमें दो नये साप्ताहिक निकलने शुरू हुए। उनमें से एक तो 'अल हिलाल' था, जो उर्दू में था और दूसरा अंग्रेज़ी में 'दि कामरेड' था। 'अल हिलाल' को मौलाना अबुल कलाम आज़ाद (वर्तमान कांग्रेस सभापति) ने चलाया था। वह एक चौबीस बरस के नौजवान थे। उनकी शुरू की पढ़ाई-लिखाई क़ाहिरा में अल-अज़हर विश्वविद्यालय में हुई थी और जिस वक़्त वह पंद्रह

और बीस बरस के ही बीच में थे, उसी वक़्त वह अपनी अरबी और फ़ारसी की क़ाबलियत के लिए मशहूर हो गए थे। इसके अलावा उनको हिंदुस्तान के बाहर की इस्लामी दुनिया की अच्छी जानकारी थी और उन्हें उन सुधार- आंदोलन का पूरा पता था, जो वहां पर चल रहे थे। साथ ही उन्हें यूरोपीय मामलों की भी जानकारी थी। उनका नज़रिया बुद्धिवादी था और साथ ही इस्लामी साहित्य और इतिहास की उन्हें पूरी जानकारी थी। उन्होंने इस्लामी धर्म ग्रंथों की बुद्धिवादी नज़रिये से व्याख्या की। इस्लामी परंपरा से वह छके हुए थे और उनके मिस्त्र, तुर्की, सीरिया, फ़िलिस्तीन, ईराक और ईरान के मशहूर मुस्लिम नेताओं और सुधारकों से जाती ताल्लुक़ात थे। इन देशों के इख़लाकी और राजनैतिक हालात का उन पर बहुत ज़्यादा असर था। अपने लेखों की वजह से इस्लामी देशों में और किसी हिंदुस्तानी मुसलमान की अपेक्षा वह ज़्यादा परिचित थे। उन लड़ाइयों में, जिनमें तुर्की फंस गया, उनकी बेहद दिलचस्पी हुई, और उनकी हमदर्दी तुर्की के लिए सामने आई। लेकिन उनके ढंग में और नज़रिये में और दूसरे बुज़ुर्ग मुसलमान नेताओं के नज़रिये में फ़र्क़ था। उनका नज़रिया ज़्यादा विस्तृत और तर्क-संगत था और इसकी वजह से न तो उसमें सामंतवाद था और न संकरी धार्मिकता और न सांप्रदायिक अलहदगी। इसने उनको लाज़िमी तौर पर हिंदुस्तानी क़ौमियत का हामी बना दिया। उन्होंने तुर्की में और दूसरे इस्लामी देशों में क़ौमियत की तरक़्क़ी को ख़ुद देखा था। उस जानकारी का उन्होंने हिंदुस्तान में इस्तेमाल किया और उन्हें हिंदुस्तानी क़ौमी आंदोलन का वही रुख़ दिखाई दिया। हिंदुस्तान के दूसरे मुसलमानों को इन देशों के आंदोलनों की शायद ही जानकारी रही हो और वे अपने सामंती वातावरण में घिरे रहे। वे सिर्फ़ मज़हबी नज़र से चीज़ों को देखते थे और तुर्की के साथ उनकी हमदर्दी सिर्फ़ धर्म के नाते थी। इस ज़बरदस्त हमदर्दी के बावजूद वे तुर्की की क़ौमी और ग़ैरमज़हबी तहरीक़ों के साथ न थे।

अबुल कलाम आज़ाद ने अपने हफ़्तेवार रिसाले 'अल-हिलाल' में एक नई भाषा में बात की। वह भाषा सिर्फ़ विचार या नज़रिये के लिहाज से ही नई नहीं थी, बल्कि उसका गठन भी दूसरे ढंग का था। उसकी वजह यह थी कि आज़ादी की शैली में ज़ोर था, मर्दानगी थी और अपनी फ़ारसी पृष्ठभूमि के कारण कभी-कभी वह समझने में कुछ मुश्किल होती थी। उन्होंने नये विचारों के लिए नई शब्दावली का इस्तेमाल किया और उर्दू भाषा आज जैसी भी है, उसको बनाने में एक निश्चित असर डाला। मुसलमानों के पुराने कट्टरपंथी नेताओं में इस सबके लिए अनुकूल प्रतिक्रिया नहीं हुई; और उन्होंने आज़ाद के विचारों और उनके नज़रिये की आलोचना की। लेकिन उनमें से क़ाबिल-से-क़ाबिल लोग भी आज़ाद से बहस या दलील में, यहांतक कि धर्म-ग्रंथों और पुरानी परंपराओं की बुनियाद पर भी, आसानी से टक्कर नहीं ले सकते थे। वजह यह थी कि इन चीज़ों के बारे में उनके मुक़ाबले में आज़ाद की जानकारी ज़्यादा थी। उनमें मध्य-युग इल्म, अठारहवीं सदी के तर्कवाद और मौजूदा ज़माने के नज़रिये का एक अजीब मेल था।

पुरानी पीढ़ी के कुछ ऐसे लोग थे, जिन्होंने आज़ाद के लेखों को पसंद किया। इनमें

एक तो विद्वान मौलाना शिबली नूमानी थे, जो खुद तुर्की घूमकर आये थे और जो अलीगढ़ कॉलेज के सिलसिले में सर सैयद अहमद खां के साथ थे। जो भी हो, अलीगढ़ कॉलेज की परंपरा बिलकुल जुदा और राजनैतिक और सामाजिक दोनों ही नज़रों से अनुदार थी। उसके ट्रस्टी नवाब और ज़मींदार थे, जो सामंती ढांचे के ही नुमाइंदे थे। एक के बाद दूसरे ऐसे अंग्रेज़ प्रिंसिपलों के अधीर रहकर, जो सरकारी हलक़ों से नज़दीकी ताल्लुक़ रखते थे, इसमें अलहदगी के रुझान ने तरक़्क़ी की और क़ौमियत के खिलाफ़ और कांग्रेस के ख़िलाफ़ नज़रिया क़ायम हो गया। वहां के विद्यार्थियों के सामने जो ख़ास मक़सद रखा गया, वह सरकारी नौकरियों में जगह पाने का था। उसके लिए सरकारी मदद करने का रुख़ ज़रूरी था और उसमें क़ौमियत और बग़ावत की गुंजाइश नहीं थी। अलीगढ़ कॉलेज का समुदाय अब नये पढ़े-लिखे मुसलमानों का नेतृत्व कर रहा था और उसने कभी-कभी खुलेआम, लेकिन ज़्यादातर परदे के पीछे से, क़रीब-क़रीब हर मुस्लिम आंदोलन पर असर डाला। बहुत कुछ उन्हीं की कोशिशों का नतीजा था कि मुस्लिम लीग का जन्म हुआ।

अबुल कलाम आज़ाद ने कट्टरता के और क़ौमियत के विरोधी इस गढ़ पर हमला किया। सीधे तौर पर नहीं, बल्कि ऐसे विचारों का प्रचार करके, जो अलीगढ़ की परंपरा को ही खोखला कर देते। मुसलमानों के बुद्धिजीवी लोगों के दायरे में इस नौजवान लेखक और संपादक ने हलचल मचा दी। नई पीढ़ी के दिमाग़ में उनके शब्दों से एक उबाल पैदा हुआ। यह उबाल तुर्की, मिस्र, ईरान और साथ ही हिंदुस्तानी राष्ट्रीय आंदोलन की घटनाओं से पहले ही शुरू हो चुका था। आज़ाद ने उसको एक निश्चित धारा दी और उन्होंने यह जताया कि इस्लाम और इस्लामी देशों से सहानुभूति में और हिंदुस्तानी क़ौमियत में कोई संघर्ष नहीं था। इससे मुस्लिम लीग को कांग्रेस के पास लाने में मदद मिली। आज़ाद खुद भी, 1906 में लीग के पहले ही जलसे में, जब वह लड़के ही थे, शरीक़ हुए थे।

ब्रिटिश सरकार के नुमाइंदों ने 'अल हिलाल' को पसंद नहीं किया। प्रेस ऐक्ट के मातहत उससे ज़मानत मांगी गई और आख़िर सन् 1914 में उसका प्रेस जब्त कर लिया गया। इस तरह दो साल की छोटी-सी ज़िंदगी के बाद 'अल हिलाल' खत्म हो गया। इसके बाद आज़ाद ने एक दूसरा साप्ताहिक 'अल-बलाग़' निकाला, लेकिन ब्रिटिश सरकार द्वारा आज़ाद के क़ैद किये जाने पर यह भी सन् 1916 में ख़त्म हो गया। चार साल तक वह क़ैद में रखे गए और जब वह बाहर आये, तो उन्होंने फ़ौरन ही नेशनल कांग्रेस के नेताओं में अपनी जगह हासिल कर ली। तब से वह बराबर कांग्रेस की सबसे ऊंची कार्यकारिणी में रहे, और उस वक़्त भी अपनी कम उम्र के होते हुए भी वह कांग्रेस के बड़ों में गिने गए। क़ौमी और राजनैतिक मामलों में और साथ ही सांप्रदायिक या अल्पसंख्यक समस्या के सिलसिले में उनकी सलाह की बहुत क़द्र की जाती है। दो बार वह कांग्रेस के सभापति रहे हैं और कई बार उन्होंने लंबी मुद्दतें जेल में बिताई हैं।

दूसरा साप्ताहिक, जो सन् 1912 में 'अल हिलाल' से कुछ महीने पहले शुरू किया

गया, वह था 'दि कामरेड'। यह अंग्रेज़ी में था और इसने ख़ासतौर से अंग्रेज़ी पढ़े-लिखे मुसलमानों की नई पीढ़ी पर असर डाला। इसके संपादक थे मौलाना मुहम्मद अली, जिनमें इस्लामी परंपरा और आक्सफ़ोर्ड की शिक्षा का एक अजीब मेल था। शुरू में वह अलीगढ़-परंपरा के समर्थक थे और उग्र राजनीति के ख़िलाफ़ थे। लेकिन उनकी शख़्सियत और भाषा में ओज था। सन् 1911 में बंग-भंग के रद्द हो जाने से उनको धक्का पहुंचा और ब्रिटिश सरकार के बारे में उनका यक़ीन हिल गया था। बाल्कन लड़ाई के समय वह चुप न रह सके और उन्होंने तुर्की और उसकी इस्लामी परंपरा की तरफ़दारी में ज़ोरों से लिखा। धीरे-धीरे उनकी ब्रिटिश-विरोधी भावना बढ़ती गई और पहले बड़े युद्ध में तुर्की के शामिल होने पर यह भावना अपने शिखर पर पहुंच गई। 'कामरेड' में एक मशहूर और बेहद लंबा लेख 'तुर्कों का निश्चय' (दि च्वाइस ऑव दि टर्क्स) शीर्षक उन्होंने लिखा। (उनके लेख और व्याख्यान छोटे नहीं होते थे)। इस लेख की वजह से 'कामरेड' की ज़िंदगी ख़त्म हो गई, सरकार ने उस पर रोक लगा दी। उसके कुछ ही दिन बाद सरकार ने उनको और उनके भाई शौक़त अली को गिरफ़्तार कर लिया और उनको लड़ाई ख़त्म होने के एक साल बाद तक क़ैद में रखा। सन् 1919 के आख़िर में वे छोड़े गए और वे दोनों फ़ौरन ही कांग्रेस में शरीक़ हो गए। सन् 1920 के बाद में कुछ बरसों तक अली भाइयों ने ख़िलाफ़त आंदोलन और कांग्रेसी राजनीति में एक अहम हिस्सा लिया और उसके लिए जेल भी गए। मुहम्मद अली कांग्रेस के एक सालाना जलसे में सभापति रहे और कई वर्ष तक वह उसकी कार्यकारिणी के मेंबर रहे। सन् 1930 में उनकी मृत्यु हो गई।

मुहम्मद अली में जो तब्दीली हुई, वह हिंदुस्तानी मुसलमानों की बदलती हुई मनोवृत्ति की प्रतीक थी। यहांतक कि मुस्लिम लीग भी जिसकी स्थापना मुसलमानों को क़ौमी रुझान से अलग रखने को हुई थी, और जिसका नियंत्रण पूरी तरह अर्ध-सामंती और प्रतिक्रियावादी लोगों के ज़रिये होता था, नई पीढ़ी के दबाव को मानने को मजबूर। हालांकि वह रज़ामंद तो नहीं थी, लेकिन फिर भी वह राष्ट्रीयता के बहाव में वह रही थी और वह कांग्रेस के नज़दीक आती जा रही थी। सन् 1913 में उसने सरकार के प्रति अपनी वफ़ादारी की नीति बदली और हिंदुस्तान के लिए खुदमुख़्तारी की मांग की। मौलाना आज़ाद ने ' अली हिलाल' में अपने तेजस्वी लेखों से इस परिवर्तन के पक्ष में वकालत की थी।

❐

11. कमाल पाशा:एशिया में राष्ट्रीयता:इक़बाल

हिंदुस्तान के मुसलमान और हिंदुओं, दोनों में ही कमाल पाशा क़ुदरती तौर पर बहुत प्रिय था। उसने तुर्की को विदेशी आधिपत्य और अंदरूनी फूट से ही नहीं बचाया था, बल्कि उसने यूरोप की साम्राज्यवादी ताक़तों को और ख़ासतौर से इंग्लिस्तान की चालों को बेकार

कर दिया था। लेकिन ज्यों-ज्यों अतातुर्क की नीति सामने आई, और उसने मज़हब को हटाया और सुल्तान-पद और ख़िलाफ़त को खत्म किया और एक ग़ैर-मज़हबी सरकार क़ायम की; जहांतक ज़्यादा कट्टर मुसलमानों का सवाल है, वह प्रशंसा घट गई, और उनमें आधुनिकवाद की नीति के ख़िलाफ़ एक नाराज़ी पैदा हुई। लेकिन दूसरी तरफ़ इसी नीति ने उसे हिंदू और मुसलमान दोनों ही की नई पीढ़ी में ज़्यादा प्रिय बना दिया। हिंदुस्तानी मुसलमानों के दिमाग़ में ग़दर के बाद धीरे-धीरे जो सपने जैसा ढांचा तैयार हुआ था, उसे अतातुर्क ने कुछ हद तक मिटा दिया। फिर एक ढंग का खोखलापन पैदा हुआ। बहुत-से मुसलमानों ने इस खाली जगह को क़ौमी आंदोलन में शरीक़ होकर भरा, और बहुत-से लोग उसमें पहले ही शरीक़ हो चुके थे; दूसरे लोग अलग रहे और वे झिझकते रहे और संशय में पड़े रहे। असली संघर्ष तो सामंती विचारधारा में और मौजूदा ज़माने के रुझानों में था। व्यापक ख़िलाफ़त - आंदोलन ने उस वक़्त सामंती नेतृत्व को एक ओर हटा दिया था, लेकिन खुद उस आंदोलन की आम जनता की ज़रूरतों में और सामाजिक और आर्थिक हालतों में कोई ठोस बुनियाद न थी। उसका केंद्र दूसरी जगह था और जब अतातुर्क ने उस बुनियाद को ही खत्म कर दिया, तो ऊपरी ढांचा गिर पड़ा। तब आम मुस्लिम जनता भौंचक्की रह गई और उसकी किसी राजनैतिक कार्रवाई के लिए इच्छा नहीं रही। पुराने सामंती नेता, जो पीछे चले गए थे, फिर ब्रिटिश नीति की मदद से, जो उन्हें हमेशा ही सहारा देती रहती है, सामने आये। लेकिन वे निर्विवाद नेतृत्व की अपनी पुरानी स्थिति पर फिर नहीं पहुंच सके, क्योंकि अब हालतें बदल गई थीं। देर में सही, लेकिन अब मुसलमानों में एक बीच का वर्ग ऊपर आ रहा था, और राष्ट्रीय कांग्रेस के नेतृत्व में लोकव्यापी राजनैतिक आंदोलन के अनुभव से भी एक बहुत बड़ा फ़र्क पैदा हो गया था।

अगरचे आम मुस्लिम जनता और नये मध्यम वर्ग के रुझान के बनाने में ख़ासतौर से घटना- प्रवाह का हाथ था, फिर भी मध्यम वर्ग को, और ख़ासतौर से उसकी नई पीढ़ी को, प्रवाहित करने में सर मुहम्मद इक़बाल का एक महत्त्वपूर्ण भाग था। आम जनता पर उनका शायद ही असर हुआ हो। इक़बाल ने उर्दू में जोशीली राष्ट्रीय कविताएं लिखना शुरू किया और ये कविताएं बहुत प्रचलित हो गई। बाल्कन युद्ध के दौरान में उन्होंने इस्लामी विषयों की तरफ़ ध्यान दिया। तत्कालीन परिस्थितियों से और मुसलमानों की सामूहिक भावना से वह प्रभावित हुए थे और उन्होंने खुद इन भावनाओं पर असर डाला और उनकी तेज़ी को बढ़ाया। फिर भी वह कोई लोक-नेता नहीं थे; वह एक शायर थे, एक बुद्धिजीवी आदमी और फ़िलसूफ़ थे, और पुराने सामंती ढांचे से उनका लगाव था। उनका घराना शुरू में काश्मीरी ब्राह्मण था। फ़ारसी और उर्दू दोनों ही की शायरी में उन्होंने मुसललान पढ़े-लिखे लोगों को एक दार्शनिक पृष्ठभूमि दी और इस तरह उनके दिमाग को अलहदगी की दिशा में हटाया। इसमें शक नहीं कि उनकी शोहरत उनकी शायरी की वजह से थी, लेकिन इससे भी ज़्यादा बड़ी वजह यह थी कि उस वक़्त, जबकि मुस्लिम दिमाग़ सहारे के लिए किसी लंगर की तलाश में था, उन्होंने उसकी ज़रूरत को पूरा किया। पुराने इस्लामी विश्व के आदर्श में अब कोई मानी नहीं रहे थे;

अब ख़िलाफ़त नहीं थी और सभी इस्लामी देश और ख़ासतौर से तुर्की, बहुत ज़्यादा क़ौमी विचार के थे और उन्हें दूसरे देशों की इस्लामी जनता की ज़रा भी फ़िक्र नहीं थी; और दूसरी जगहों की तरफ़ एशिया में भी राष्ट्रीयता का ज़ोर था। हिंदुस्तान में राष्ट्रीय आंदोलन ताक़तवर हो गया था और उसने ब्रिटिश हुकूमत को बराबर चुनौती दी। उस राष्ट्रीयता ने हिंदुस्तान के मुस्लिम दिमाग़ को ख़ूब लुभाया। आज़ादी की लड़ाई में मुसलमानों की बड़ी तादाद ने ख़ास हिस्सा लिया था। फिर भी हिंदुस्तानी क़ौमियत पर हिंदू हावी थे और उसके स्वरूप में हिंदूपन था। इससे मुस्लिम दिमाग़ में एक संघर्ष उठा खड़ा हुआ; बहुत से लोगों ने उस क़ौमियत को मंज़ूर किया, और उन्होंने उसे अपनी वांछित दिशा की ओर मोड़ने की कोशिश की। बहुत-से लोगों की उसके साथ सहानुभूति थी, लेकिन वे अनिश्चितता से अलग बने रहे। फिर भी, ऐसे भी बहुत-से लोग थे, जो उस अलहदगी की दिशा में बहने लगे, जिसके लिए इक़बाल के काव्यमय और फ़िलसफ़ियाना नज़रिये ने उनको तैयार किया था।

जहांतक मेरा ख़्याल है, यही वह पृष्ठ भूमि है, जिसमें से इधर हाल के बरसों में हिंदुस्तान के बंटवारे की आवाज़ उठी है। और बहुत-सी वजहें थीं और हर तरफ़ की ग़लतियां थी; साथ ही ख़ासतौर से ब्रिटिश सरकार की अलहदगी पैदा करने की वह नीति थी, जो जान-बूझकर बरती गई थी। लेकिन इन सबके पीछे यह मनोवैज्ञानिक पृष्ठ-भूमि थी, जो और दूसरे ऐतिहासिक कारणों के अतिरिक्त हिंदुस्तान में मुस्लिम मध्यम वर्ग के देर से जन्म लेने के कारण पैदा हुई थी। विदेशी हुकूमत के ख़िलाफ़ राष्ट्रीय संघर्ष के अलावा हिंदुस्तान में जो अंदरूनी संघर्ष है, वह असल में सामंती ढांचे के बचे हुए हिस्सों में और आधुनिक विचार और संस्थाओं में है। यह संघर्ष राष्ट्रीय स्तर पर है और साथ ही हर बड़े समुदाय में, मसलन हिंदू, मुसलमान आदि में है। राष्ट्रीय आंदोलन, जिसकी नुमाइंदगी ख़ासतौर से राष्ट्रीय कांग्रेस करती है, यक़ीनीतौर पर विचारों और संस्थाओं में मेल बिठाने की ऐतिहासिक प्रक्रिया की अभिव्यक्ति करता है। हां, उसमें कुछ पुरानी बुनियादों से भी मेल बिठाने की कोशिश है। इसी वजह से उसकी और सभी तरह के लोग आकर्षित हुए; वैसे उनमें आपस में बहुत फ़र्क़ है। जहांतक हिंदुओं का सवाल है, एक कड़े सामाजिक ढांचे ने तरक्क़ी के रास्ते में रुकावट डाली है; और यही नहीं, बल्कि दूसरे समुदायों को डरा दिया है। लेकिन यह सामाजिक ढांचा खुद खोखला हो गया है और इसका कड़ापन तेज़ी से ग़ायब हो रहा है। जो भी हो, अब वह इतना ताक़तवर नहीं है कि व्यापक राजनैतिक और सामाजिक मानों में उस राष्ट्रीय आंदोलन की बढ़ती को रोक सके, जिसमें अब इतना वेग पैदा हो गया है कि वह सब अड़चनों के बावजूद अपने रास्ते पर आगे बढ़ता जाता है। मुसलमानों में सामंती हिस्से ताक़तवर बने रहे हैं और वे आम मुस्लिम जनता पर आमतौर से अपना नेतापन बनाये रखने में कामयाब हुए हैं। हिंदू और मुसलमान मध्यम वर्ग की तरक़्क़ी में क़रीब-क़रीब एक पीढ़ी का फ़र्क़ है, और वह फ़र्क़ राजनैतिक, आर्थिक और कई दूसरी दिशाओं में ज़ाहिर होता है। इसी पिछड़ेपन की वजह से मुसलमानों में डर की मनोवृत्ति पैदा होती है।

पाकिस्तान या हिंदुस्तान के बंटवारे का प्रस्ताव इस पिछड़ेपन का नहीं है। यह बात दूसरी है कि कुछ लोगों की भावुकता को यह प्रस्ताव बहुत रुचिकर हो। उससे तो इस बात की संभावना ज्यादा है कि कुछ वक़्त के लिए सामंतवादियों का पंजा और ज़्यादा मज़बूत हो जाय, और उससे मुसलमानों की आर्थिक प्रगति में देरी हो। इक़बाल पाकिस्तान की सबसे पहले सलाह देनेवालों में से एक थे; फिर भी ऐसा मालूम पड़ता था कि उन्होंने उसके जन्म-जात ख़तरे और उसके निकम्मेपन को महसूस कर लिया था। एडवर्ड टामसन ने लिखा है कि बातचीत के सिलसिले में इक़बाल ने उनको बताया कि उन्होंने मुस्लिम लीग के अधिवेशन के सभापति होने के नाते पाकिस्तान को सलाह दी थी; लेकिन उन्हें इस बात का यक़ीन था कि पाकिस्तान कुल मिलाकर सारे हिंदुस्तान के ही लिए और ख़ासतौर से मुसलमानों के लिए घातक होगा। शायद उनके विचार बदल गए थे, या शायद पहले उन्होंने इस मामले पर ज़्यादा ग़ौर ही नहीं किया था, क्योंकि उस वक़्त उसकी कोई अहमियत नहीं थी। पाकिस्तान या हिंदुस्तान के बंटवारे की बाद में पैदा हुई शक़्ल से ज़िंदगी के उनके नज़रिये का मेल ही नहीं बैठता।

अपने आख़िरी बरसों में इक़बाल समाजवाद की तरफ़ दिन-ब-दिन ज़्यादा झुके। सोवियत रूस की ज़बरदस्त तरक्क़ी ने उनको आकर्षित किया। यहांतक कि उनकी शायरी की दिशा भी बदली। अपनी मृत्यु से कुछ महीने पहले, जब वह रोग-शैया पर पड़े थे, उन्होंने मुझे बुलाया, और मैंने ख़ुशी से उनके बुलावे की तामील की। ज्यों-ज्यों हम दोनों ने बहुत-सी चीज़ों पर बातचीत की, मैंने यह महसूस किया कि बहुत-से भेदों के बावजूद, हम दोनों में बहुत-सी बातें एक-सी थीं और हमारे लिए एक साथ काम करना आसान होता। वह पुरानी बातों को याद कर रहे थे और एक विषय से दूसरे विषय पर दौड़ जाते। मैं उनकी बात चुपचाप सुनता रहा और ख़ुद बहुत कम बोला। मैंने उनकी और उनकी शायरी की तारीफ़ की, और मुझे यह महसूस करके बहुत ख़ुशी हुई कि वह मुझे पसंद करते थे और मेरे बारे में उनकी अच्छी राय थी। बिछुड़ने से पहले उन्होंने मुझ से कहा-"तुममें और जिन्ना में क्या बात एक सी है? वह एक राजनीतिज्ञ है और तुम देशभक्त हो।" मेरी ऐसी आशा है कि अब फिर मेरे और मि० जिन्ना के अंदर बहुत-सी बातें हैं। जहांतक मेरे देशभक्त होने का सवाल है, मुझे नहीं मालूम कि इन दोनों में, कम-से-कम इस शब्द के संकुचित मानो में, यह कोई एक विशेषता की बात है। हिंदुस्तान से मुझे बहुत लगाव है और मैंने बहुत अरसे से ऐसा महसूस किया है कि अपनी समस्याओं को समझने और सुलझाने के लिए राष्ट्र-प्रेम के अलावा और किसी चीज़ की भी ज़रूरत है। सारी दुनिया की समस्याओं को सुलझाने के लिए तो यह और भी ज़्यादा ज़रूरी है। लेकिन इस बात में इक़बाल सही थे कि मैं कोई राजनीतिज्ञ नहीं हूं, अगरचे मैं राजनीति के शिकंजे में आ फंसा हूं और उसका शिकार बन गया हूं।

❐

12. भारी उद्योग-धंधों की शुरुआत:तिलक और गोखले: पृथक निर्वाचन-पद्धति

हिंदू-मुस्लिम समस्याओं की और पाकिस्तान और बंटवारे की नई मांग की पृष्ठभूमि को समझा पाने की ख़्वाहिश से मैं क़रीब आधी सदी आगे बढ़ आया। इस अरसे में बहुत-सी तब्दीलियां हुईं। ये तब्दीलियां सरकार के ऊपरी ढांचे में उतनी नहीं हुईं, जितनी जनता के दिमाग़ में। कुछ मामूली संवैधानिक सुधार ज़रूर हुए और अकसर इनका दिखावा होता है, लेकिन उनसे ब्रिटिश राज्य के हुकूमतपरस्ती के ढंग में कोई फ़र्क़ नहीं आया; न उन्होंने ग़रीबी और बेकारी के मसलों को ही छुआ। सन् 1911 में जमशेदजी टाटा ने लोहे और फ़ौलाद का कारखाना उस जगह पर क़ायम करके, जो बाद में जमशेदपुर कहलाया, हिंदुस्तान में भारा उद्योग-धंधों की नींव डाली। सरकार ने इस कारख़ाने को और दूसरे उद्योग-धंधों को शुरू करने की कोशिशों को नापसंदगी की निगाह से देखा और उनको किसी भी ढंग से प्रोत्साहन नहीं दिया। अमरीकी विशेषज्ञों की ही मदद से यह लोहे और फ़ौलाद का उद्योग शुरू हुआ। उसका बचपन बड़ी डावांडोल हालत में बीता, किंतु बाद में 1914-18 का महायुद्ध उसकी मदद को आ गया। बाद में फिर यह मुरझाने लगा और ऐसा खतरा मालूम दिया कि यह अंग्रेज़ साहूकारों के हाथ में पहुंच जायेगा, लेकिन क़ौमी दबाव ने इसको बचा लिया।

हिंदुस्तान में कारख़ानों में काम करनेवाले मज़दूरों की जमात बढ़ रही थी। वह असंगठित थी और बेबस थी और यह जमात उन किसानों में से ही तैयार हुई थी, जिनका रहन-सहन का मापदंड बेहद नीचा था और इस बात से उनकी मज़दूरी की बढ़ती में या उनकी दशा सुधार में रुकावट हुई। जहांतक बे हुनर मज़दूरों का सवाल है, करोड़ों बेकार आदमी थे और उनमें से काम करनेवाले आदमियों को रखा जा सकता था और ऐसी हालत में कोई हड़ताल कामयाब नहीं हो सकती थी। सबसे पहली ट्रेड यूनियन कांग्रेस सन् 1920 के आस-पास संगठित की गई। इस सर्वहारा वर्ग की तादाद इतनी काफ़ी नहीं थी कि उससे हिंदुस्तानी राजनैतिक मैदान में कोई असर पड़ता। किसानों और ज़मीन के मज़दूरों के मुक़ाबले में वे नहीं के बराबर थे। सन् 1920 के बाद कारख़ानों के मज़दूरों की आवाज सुनाई पड़ने लगी, लेकिन वह बहुत कमज़ोर थी। अगर रूसी क्रांति ने लोगों की कारख़ानों के मज़दूरों को अहमियत देने के लिए मजबूर न किया होता, तो शायद उसकी अवहेलना कर दी जाती। कुछ बड़ी और सुसंगठित हड़तालों की तरफ़ भी ध्यान गया।

किसान, अगरचे वे सभी जगह थे और उनकी समस्या हिंदुस्तान में सबसे बड़ी थी, इससे भी ज़्यादा ख़ामोश थे और उनको राजनैतिक नेताओं और सरकार दोनों ने ही भुला दिया था। राजनैतिक आंदोलन में शुरू में ऊपरी मध्यम वर्ग के आदर्शवादी रुझानों का और ख़ासतौर से पेशेवर जमातों का और उन लोगों का, जो नई हुकूमती मशीन में जगह पाना चाहते थे, जोर था। जब राष्ट्रीय कांग्रेस, जिसको सन् 1888 में क़ायम किया गया था,

बालिग़ हुई, तो एक नया नेतृत्व सामने आया, जो पिछले के मुक़ाबले में ज़्यादा ज़ोरदार और निचले मध्यम वर्ग के लोगों, विद्यार्थियों और नौजवानों की ज़्यादा बड़ी तादाद की नुमाइंदगी करनेवाला था। बंग-भंग के ख़िलाफ़ ज़बरदस्त आंदोलन में इस तरह के कई क़ाबिल और ज़ोरदार नेता सामने आये; लेकिन नये युग के सच्चे प्रतीक महाराष्ट्र के बाल गंगाधर तिलक थे। पुराने नेतृत्व का प्रतिनिधित्व भी एक महाराष्ट्रीय सज्जन करते थे। इनका नाम था गोपाल कृष्ण गोखले। उनकी उम्र तो ज़्यादा नहीं थी, लेकिन वह थे बड़े योग्य। क्रांतिकारी नारे हवा में गूंज रहे थे। मिजाज़ बिगड़े हुए थे और संघर्ष लाज़िमी था। इस संघर्ष को बचाने की ग़रज़ से कांग्रेस के बुज़ुर्ग, दादाभाई नौरोजी, जिनकी सब इज़्ज़त करते थे और जिनको सारे देश का ही बुज़ुर्ग माना जाता था, और जो अपनी उम्र की वजह से इस काम से अलग हो गए थे, फिर सामने आया। लेकिन यह बचाव थोड़े दिनों को ही हुआ और सन् 1907 में संघर्ष हुआ और उसमें ज़ाहिर तौर पर पुराने उदार दल की जीत हुई। लेकिन इसकी जीत इस वजह से हुई कि संस्था के संगठन पर उसका नियंत्रण था और कांग्रेस में मताधिकार बहुत संकरा था। इस बात में कोई भी शक नहीं था कि हिंदुस्तान में राजनैतिक दृष्टि से जगे हुए लोगों का ज़्यादातर काफ़ी हिस्सा तिलक और उनके समुदाय की तरफ़ था। कांग्रेस की अहमियत घट गई और उसकी दिलचस्पी दूसरे मामलों में हो गई। बंगाल में आतंकवादी काम सामने आया। रूसी और आयरिश क्रांतिकारियों का अनुकरण किया जा रहा था।

इन क्रांतिकारी विचारों का मुसलमान नौजवानों पर भी असर हो रहा था। अलीगढ़ कॉलेज ने इस प्रवृत्ति को रोकने के लिए और इसी वक़्त सरकारी प्रेरणा से आग़ा खां ने और दूसरे लोगों ने मुसलमानों के लिए एक राजनैतिक मंच बनाने और इस तरह उनको कांग्रेस से अलग रखने के लिए मुस्लिम लीग को शुरू किया। इससे भी ज़्यादा अहमियत की बात यह थी कि मुसलमानों के लिए पृथक निर्वाचन क्षेत्रों का फ़ैसला किया गया। हिंदुस्तान के भविष्य पर यह एक असर डालनेवाली चीज़ थी। भविष्य में मुसलमान सिर्फ़ जुदे मुसलमान निर्वाचन क्षेत्रों से ही खड़े हो सकते थे और चुने जा सकते थे। उनके चारों तरफ़ एक राजनैतिक दीवार खड़ी कर दी गई और उनको बाक़ी हिंदुस्तान से अलहदा कर दिया गया। इस तरह आपस में घुल-मिलकर एक हो जाने की वह प्रक्रिया, जो सदियों से चल रही थी और जो वैज्ञानिक प्रगति से लाज़िमी तौर पर तेज़ हो रही थी, अब उलट दी गई। यह दीवार शुरू में छोटी-सी थी, क्योंकि निर्वाचन का क्षेत्र संकुचित था, लेकिन हर बार मताधिकार के बढ़ने से वह दीवार बढ़ती गई और उससे सार्वजनिक और सामाजिक जीवन के सारे ढांचे पर इस तरह असर पड़ा, मानो सारे ढांचे में घुन लग गया हो। इससे म्युनिसिपल और स्थानिक स्वराजी संस्थाओं में ज़हर फैला, जिससे आखिर में बेहद ग़लत ढंग के विभाजन करने पड़े। काफ़ी बाद में पृथक मुस्लिम ट्रेड यूनियनें बनीं, अलग विद्यार्थी संगठन बने और अलग व्यापर चैंबर क़ायम हुए। चूंकि मुसलमान इन सारे कामों में पिछड़े हुए थे, इसलिए ये संस्थाएं खुद-ब-खुद पैदा नहीं हुईं, बल्कि इनको ऊपर से कृत्रिम रूप से बनाया

गया और उनका नेतृत्व पुराने ढंग से अर्ध-सामंती लोगों के हाथों में रहा। इस तरह कुछ हद तक मुस्लिम मध्यम वर्ग, यहांतक कि आम मुस्लिम लोग भी, तरक़्क़ी की उन धाराओं से अलग हो गए, जो बाक़ी हिंदुस्तान पर असर डाल रही थीं। हिंदुस्तान में ऐसे बहुत से निहित स्वार्थ थे, जिनको ब्रिटिश सरकार ने पैदा किया था, या जिनकी उसने हिफ़ाजत की थी। अब पृथक निर्वाचन क्षेत्रों का एक नया और ज़बरदस्त निहित स्वार्थ पैदा किया गया।

यह कोई ऐसी अस्थायी खराबी नहीं थी, जो बढ़ती हुई राजनैतिक चेतना के साथ ख़त्म हो जाती। सरकारी नीति से पोषण पाकर वह बढ़ी और चारों तरफ़ फैली; यहांतक कि इसने देश की सारी असली समस्याओं को, चाहे वे राजनैतिक हों या सामाजिक या आर्थिक, ढंक लिया। इससे बंटवारे पैदा हुए और भय पैदा हुए; और वे भी ऐसी जगहों में, जहां पहले उनका नाम भी नहीं था। इससे असलियत में संरक्षित समुदाय ही कमज़ोर हो गया; क्योंकि उसमें कृत्रिम सहारे पर खड़ा होने की प्रवृत्ति बढ़ी, और वहां आत्मनिर्भरता की बात सोची ही नहीं गई।

ऐसे समुदायों और अल्पसंख्यकों से, जो शिक्षा की दृष्टि से और आर्थिक दृष्टि से पिछड़े हुए थे, व्यवहार की स्पष्ट नीति यह थी कि उनको अपनी कमी पूरी करने की हर ढंग से मदद की जाती। ख़ासतौर से इस काम में एक प्रगतिशील शिक्षण-नीति से मदद मिलती। मुसलमानों के लिए और दूसरे अल्पसंख्यकों के लिए, या दलित वर्ग के लिए, जिसको इसकी सबसे ज़्यादा ज़रूरत थी, ऐसी कोई भी चीज़ नहीं की गई। सारी दलील नौकरियों में छोटी-छोटी जगहों के लिए थी और बजाय मापदंड ऊंचा उठाने के, अकसर योग्यता का बलिदान किया जाता।

इस तरह पृथक निर्वाचन से वे समुदाय, जो कमज़ोर थे, या पिछड़े हुए थे, और ज़्यादा कमज़ोर हो गए। उससे अलहगदी की भावना को बढ़ावा मिला और राष्ट्रीय एके की तरक़्क़ी में रुकावट पड़ी। पृथक निर्वाचन के मानी थे लोकतंत्र से इन्कार। उसने अत्यंत प्रतिक्रियावादी ढंग के नये निहित स्वार्थ पैदा किये, उससे मापदंड नीचे हो गए, और उसने सारे ही देश के सामने जो असली आर्थिक समस्याएं थीं, उनसे ध्यान हटा दिया। ये पृथक-निर्वाचन क्षेत्र मुसलमानों से शुरू हुए और बाद में ये दूसरे अल्प- संख्यकों और दूसरे समुदायों में भी फैल गए। यहांतक कि हिंदुस्तान इन अलग-अलग तत्त्वों का एक जमघट बन गया। शायद उन्होंने कुछ वक़्त के लिए थोड़ा-सा फ़ायदा किया भी हो, वैसे मुझे खुद तो ऐसा कोई फ़ायदा नज़र नहीं आता। लेकिन हिंदुस्तानी ज़िंदगी के हर महक़मे को उन्होंने निस्संदेह एक ज़बरदस्त चोट पहुंचाई है। उसने हर ढंग की अलहदगी की प्रवृत्तियां पैदा हुई हैं और आख़िर में हिंदुस्तान के बंटवारे की ही मांग की गई है।

ये पृथक निर्वाचन-क्षेत्र शुरू करने के वक़्त लॉर्ड मार्ले भारत-सचिव थे। इन्होंने पहले तो इसका विरोध किया, लेकिन आगे चलकर वाइसराय के दबाव की वजह से वह इसके लिए रज़ामंद हो गए। इस ढंग से अंदर जो जन्मजात ख़तरे हैं, उनका उन्होंने अपनी डायरी

में ज़िक्र किया है और यह बताया है कि उनसे प्रतिनिधि संस्थाओं की तरक़्क़ी में लाज़िमी तौर से देर होगी। शायद इसी चीज़ को वाइसराय और उनके साथी चहाते थे। हिंदुस्तानी संवैधानिक सुधारों पर मांटेग्यू-चेम्सफ़ोर्ड रिपोर्ट में सांप्रदायिक निर्वाचन क्षेत्रों के खतरों पर फिर ज़ोर दिया गया है।" संप्रदायों और वर्गों के आधार पर बंटवारे के मानी ऐसे राजनैतिक दल तैयार करना है, जो एक-दूसरे के ख़िलाफ़ संगठित हैं। उससे लोग चीज़ों को नागरिक की दृष्टि से नहीं, बल्कि बंटवारे की दृष्टि से देखते हैं... इसीलिए हमारी निगाह में सांप्रदायिक निर्वाचन क्षेत्र का एक ढांचा स्वशासन के सिद्धान्त की तरक़्क़ी के लिए एक बहुत ज़बरदस्त रुकावट है।"

❒

8. आखिरी पहलू-2

राष्ट्रीयता बनाम साम्राज्यवाद

1. मध्यम वर्ग की बेबसी:गांधीजी का आगमन

पहला महायुद्ध शुरू हुआ। राजनीति उतार पर थी। इसकी ख़ास वजह यह थी कि कांग्रेस दो हिस्सों–गरम दल और नरम दल-में बंटी हुई थी। साथ ही इसकी वजह युद्ध के ज़माने की रुकावटें और पाबंदियां भी थीं। फिर भी एक प्रवृत्ति ख़ासतौर से नज़र आ रही थी। मुसलमानों में बढ़ते हुए मध्यम वर्ग की विचारधारा अधिकाधिक राष्ट्रवादी होती जा रही थी और यह मध्यम वर्ग मुस्लिम लीग को कांग्रेस की तरफ़ धकेल रहा था, यहांतक कि उन दोनों ने हाथ भी मिला लिए।

लड़ाई के दौरान में उद्योग-धंधे बढ़े और उनमें बहुत ज़्यादा मुनाफ़ा हुआ। बंगाल की जूट की मिलों में 100 फ़ी-सदी से लेकर 200 फ़ी-सदी तक सालाना मुनाफ़ा हुआ। इस मुनाफ़े का कुछ हिस्सा तो लंदन और डंडी में विदेशी पूंजी के मालिकों के पास चला गया और कुछ हिस्से से हिंदुस्तानी करोड़पति और भी मालदार हुए। फिर भी उन मज़दूरों की, जिनकी वदौलत यह मुनाफ़ा हुआ था, रहन-सहन की हैसियत इतनी गिरी हुई थी कि उस पर यक़ीन नहीं हो सकता। उनके रहने की कोठरियां बेहद गंदी और बीमारी पैदा करनेवाली थीं। उनमें न तो कोई खिड़की होती और न कोई धुंआ निकलने का रास्ता ही होता। वहां न कोई रोशनी का इंतज़ाम था, न पानी का और न वहां पर सफ़ाई का ही कोई इंतज़ाम था। और यह सब उस कलकत्ते के नज़दीक़ ही था, जिसको महलों का शहर कहा जाता था और जिस पर विदेशी पूंजी का आधिपत्य था। बंबई में हिंदुस्तानी पूंजी ज़्यादा नज़र आती थी। एक जांच कमीशन के मुताबिक़ वहां 15 फ़ुट लंबे और 12 फुट चौड़े एक कमरे में 6 कुटुंब, यानी कुल मिलकार 30 बड़े और छोटे प्राणी एक साथ गुज़र करते थे। इनमें से तीन औरतों का प्रसव-काल नज़दीक था और उस अकेले कमरे में हर कुटुंब का अलग-अलग चूल्हा था। यह एक विशेष उदाहरण है, किंतु यह कोई बहुत असाधारण अपवाद नहीं है। उन्नीस सौ बीस और तीस के बीच के, जबकि कुछ सुधार भी हो चुके थे, इन उदाहरणों से उस वक़्त की हालत का पता लगता है। इन सुधारों के पहले क्या हालत रही होगी, यह सोचकर कल्पना भी ठिठककर रह जाती है।[95]

---

95. यह उद्धरण और बयान बी० शिवराव की 'दि इंडस्ट्रियल वर्कर इन इंडिया' (एलेन एंड

कारख़ानों के मज़दूरों की ये अंधेरी कोठरियां मैंने देखी हैं। मुझे याद है कि मैं वहां सांस लेने के लिए छटपटाने लगा था और जब बाहर आया, तो नाराज़ी और नफ़रत से भरा हुआ था। मुझे यह भी याद है कि एक बार मैं झरिया की कोयले की खान में अंदर घुसा था और मैंने वहां मजदूर औरतों की हालत देखी थी। इस तस्वीर को मैं कभी भी भुला नहीं सकता और न उस चोट को ही भूला सकता हूं, जो इन्सानों को इस तरह काम करते देखकर मुझे लगी। बाद में औरतों के ज़मीन के अंदर काम करने पर रोक लगा दी गई। लेकिन अब फिर वह रोक हट गई है, चूंकि कहा यह जाता है कि लड़ाई की ज़रूरतों की वजह से और ज्यादा मज़दूरों की ज़रूरत हो गई है। इतने पर भी दसियों लाख आदमी भूखे रहते हैं और बेकार हैं। आदमियों की कोई कमी नहीं है। लेकिन मज़दूरी इतनी कम है और काम करने की शर्तें इतनी बुरी हैं कि काम की तरफ़ कोई खिंचाव नहीं होता।

सन् 1928 में ब्रिटिश ट्रेड यूनियन कांग्रेस का भेजा हुआ एक शिष्टमंडल हिंदुस्तान आया। अपनी रिपोर्ट में उसने कहा कि "असम की चाय में साल-हो-साल दस लाख हिंदुस्तानियों का पसीना, भूख और मायूसी शामिल होती है।" सन् 1927-28 की रिपोर्ट में बंगाल के तंदुरुस्ती के महकमे के डायरेक्टर ने कहा कि उस सूबे का किसान वर्ग" एक ऐसी खुराक पर गुज़र कर रहा है, जिस पर चूहे भी पांच हफ़्ते से ज़्यादा ज़िंदा नहीं रह सकते।"

आख़िर पहला महायुद्ध ख़त्म हुआ और शांति के साथ चैन और तरक्क़ी आने के बजाय दमनकारी क़ानून और पंजाब में फ़ौजी क़ानून आये। हमारी जनता में बेइज़्ज़ती की तीखी भावना और बेहद नाराज़ी भरी हुई थी। उस वक़्त, जबकि देश की मर्दानगी को कुचला जा रहा था और लगातार शोषण की निर्दय प्रक्रिया से हमारी ग़रीबी बढ़ रही थी और हमारी शक्ति ज़ाया हो रही थी, सुधारों और नौकरियों के भारतीयकरण की लंबी- चौड़ी बातचीत करना हमारी हंसी उड़ाना और अपमान करना था। हम लोग एक बेबस क़ौम बन गए थे।

लेकिन हम कर क्या सकते थे और इस कुटिल तरीक़े को कैसे रोकते? ऐसा मालूम पड़ता था कि किसी सर्वशक्तिमान राक्षस के चंगुल में हम बेबस हैं, हमारे जिस्म के हिस्सों को लकवा मार गया है और हमारे दिमाग़ मुर्दा हो गए हैं। किसान-वर्ग दब्बू था और उसमें डर समाया हुआ था; कारखाने के मज़दूरों की हालत भी कोई बेहतर न थी। मध्य-वर्ग के और पढ़े-लिखे लोग, जो इस अंधेरे वातावरण में रोशनी दिखा सकते थे, खुद ही इस अंधेरे में डूबे हुए थे। कुछ हद तक तो उनकी हालत किसानों से भी ज़्यादा दयनीय थी। असंगठित दिमाग़ी लोगों की एक बड़ी तादाद किसी क़िस्म का हाथ का काम या वैज्ञानिक हुनर नहीं जानती थी और वह खेती से अनभिज्ञ थी। उन लोगों ने भी मायूस, बेबस और बेकार लोगों की जमात की गिनती को बढ़ाया और वे लोग दलदल में दिन-ब-दिन ज़्यादा नीचे घुसते गए। कुछ मुट्ठी भर कामयाब वकीलों, डाक्टरों, इंजीनियरों या क्लर्कों से आम जनता में क्या

अनविन, लंदन, 1939) से लिया गया है। इसमें हिंदुस्तान के मज़दूरों के मसलों और उनके रहने की हालतों पर गौर किया गया है।

फ़र्क़ आ सकता था? किसान भूखे रहते थे, लेकिन अपने वातावरण के ख़िलाफ़ सदियों से एक बेजोड़ संघर्ष करते-करते उनको बरदाश्त करना आ गया था, यहांतक कि ग़रीब और भूखे होने पर भी उनमें एक खास ढंग की ख़ामोशी की शान थी और सर्वशक्तिमान भाग्य के आगे सिर झुकाने की भावना थी। यह बात मध्यम वर्ग में और ख़ासतौर से नये छोटे बुर्जुआ वर्ग में नहीं थी, क्योंकि उनकी पृष्ठभूमि उनकी जैसी नहीं थी। वे लोग पूरी तरह पनप भी नहीं पाये थे कि पानी फिर गया। उनकी समझ में ही नहीं आता था कि किधर नज़र डालें; क्योंकि उनको पुराने या नये, किसी में भी उम्मीद दिखाई नहीं दे रही थी। हालांकि तकलीफ़ थी, लेकिन उनका सामाजिक उद्देश्य से कोई मेल नहीं था, कोई सार्थक काम करने का संतोष भी उन्हें हासिल न था। रिवाजों के भार से दबे होने के नाते वे जन्म से पुराने तो थे, किंतु उनमें पुरानी संस्कृति का अभाव था। आधुनिक विचार उन्हें आकर्षित करता था, लेकिन उनमें उसके अंदरूनी तत्त्व, आधुनिक सामाजिक और वैज्ञानिक चेतना की कमी थी। कुछ लोगों ने तो गुज़रे ज़माने के मुर्दा ढांचे को मजबूती से पकड़े रहने की कोशिश की और उससे मौजूदा तकलीफ़ से राहत पाने की उम्मीद की। किंतु वहां चैन कैसे मिल सकता था, क्योंकि जैसा श्री रवींद्रनाथ ठाकुर ने कहा है, हमको अपने भीतर मुर्दा चीज़ों को नहीं पालना चाहिए, क्योंकि मुर्दा तो मुर्दापन लानेवाला है! दूसरे लोगों ने पच्छिम की असफल और फीकी नक़ल की। इस तरह मन और शरीर की सुरक्षा के लिए पागलों की तरह कहीं पैर रखने की जगह तलाश करते रहे, पर उसे पा न सकने के कारण वे लोग हिंदुस्तानी ज़िंदगी के अंधेरे सागर में बेसहारा लोगों की तरह बिना मक़सद के तैरते रहे।

हम क्या कर सकते थे? ग़रीबी और पस्तहिम्मती की इस दलदल से, जो हिंदुस्तान को अपने अंदर खीचें जाती थी, हम उसे किस तरह बाहर ला सकते थे? उत्तेजना, तकलीफ़ और उलझन के कुछ बरसों से ही नहीं, बल्कि लंबी पीढ़ियों से हमारी जनता ने अपने खून और मेहनत, आंसू और पसीने की भेंट दी थी। हिंदुस्तान के शरीर और आत्मा में यह प्रक्रिया बहुत गहरी घुस गई थी और उसने हमारे सामाजिक जीवन के हर एक पहलू में ज़हर डाल दिया था। यह सब उस बीमारी की तरह था, जो नसों, नाड़ियों और फेफड़ों का क्षय करती है और जिसमें मौत धीरे-धीरे (लेकिन यक़ीनी तौर पर) होती है। कभी-कभी हम यह सोचते थे कि कोई ज़ाहिरा और ज़्यादा तेज़ तरीक़ा, मसलन हैज़ा या प्लेग बेहतर होता। लेकिन वह एक आया गया ख़याल था। वजह यह है कि सिर्फ़ साहसिकता से हम कहीं नहीं पहुंच सकते और गहरी पैठी हुई बीमारियों के ऊपरी इलाज से कोई नतीजा नहीं होता।

और तब गांधीजी का आना हुआ। गांधीजी ताज़ी हवा के उस प्रबल प्रवाह की तरह थे, जिसने हमारे लिए पूरी तरह फैलना और गहरी सांस लेना संभव बनाया। वह रोशनी की उस किरण की तरह थे, जो अंधकार में पैठ गई और जिसने हमारी आंखों के सामने से परदे को हटा दिया। वह उस बबंडर की तरह से थे, जिसने बहुत-सी चीज़ों को, ख़ासतौर से मज़दूरों के दिमाग़ को उलट-पुलट दिया। गांधीजी ऊपर से आये हुए नहीं थे, बल्कि हिन्दुस्तान के

करोड़ों आदमियों की आबादी में से ही उपजे थे। उनकी भाषा वही थी, जो आम लोगों की थी और वह बराबर उस जनता की ओर और उसकी डरावनी हालत की ओर ध्यान आकर्षित करते थे। उन्होंने कहा कि तुम लोग, जो किसानों और मज़दूरों के शोषण पर गुज़र करते हो, उनके ऊपर से हट जाओ; उस व्यवस्था को, जो ग़रीबी और तकलीफ़ की जड़ है, दूर करो। तब राजनैतिक आज़ादी की एक नई शक़्ल सामने आई और उसमें एक नया अर्थ पैदा हुआ। उनकी ज़्यादातर बातों को हमने आंशिक रूप में माना और कभी-कभी तो बिलकुल ही नहीं माना। लेकिन यह सब एक गौण बात थी। उनकी सीख का सार था निर्भयता और सत्य; और इन दोनों के साथ सक्रियता मिली हुई थी और उसमें हमेशा आम लोगों की बेहतरी का ख़याल था। हमारी प्राचीन पुस्तकों में यह कहा गया था कि किसी आदमी या किसी राष्ट्र के लिए सबसे बड़ा उपहार है अभय—निर्भयता; सिर्फ़ शारीरिक हिम्मत ही नहीं, बल्कि दिमाग़ से डर का हट जाना। हमारे इतिहास के ही प्रभात में जनक और याज्ञवल्क्य ने कहा था कि जनता के नेताओं का काम उसको (जनता को) निर्भय बनाना है। लेकिन ब्रिटिश राज्य के अंदर हिंदुस्तान में जो सबसे अहम लहर थी, उसमें डर—कुचलनेवाला, दम घोटनेवाला, मिटा देनेवाला-डर था-फ़ौज का, पुलिस का, चारों तरफ़ फैले हुए खुफ़िया विभाग का डर था; अफ़सरों की जमात का डर था; कुचलनेवाले क़ानूनों और जेल का डर था; ज़मींदार के कारिंदे का डर था; साहूकार का डर था; बेकारी और भूखे मरने का डर था, जो हमेशा ही नज़दीक बने रहते थे। चारों तरफ़ समाये हुए इस डर के ही ख़िलाफ़ गांधी की शांत, किंतु दृढ़ आवाज़ उठी—" डरो मत!" क्या यह ऐसी आसान बात थी? नहीं। फिर भी डर के अपने कल्पना-चित्र होते हैं और वे असलियत से भी ज़्यादा डरावने रहते हैं और अगर ठंडे दिमाग़ से असलियत का विश्लेषण किया जाय और उसके नतीजों को खुशी से भुगतने को तैयार रहा जाय, तो उसका बहुत-सा आतंक अपने-आप ख़त्म हो जाता है।

इस तरह मानो अचानक ही लोगों के ऊपर से डर का काला लबादा हटा दिया गया; यह नहीं कि वह पूरी तरह हटा दिया गया, लेकिन फिर भी एक बहुत बड़ी, एक हैरत - अंगेज़ हद तक, तो हटा ही दिया गया। चूंकि डर झूठ का क़रीबी दोस्त है, इसलिए निडरता के साथ सच आता ही है। हिंदुस्तान की जनता जैसी भी थी, उससे कोई बहुत ज़्यादा सच बोलनेवाली नहीं बन गई; और न उस जनता ने रातों-रात अपने बुनियादी स्वभाव को ही बदल लिया। फिर भी एक बड़ी तब्दीली दिखाई पड़ी, क्योंकि झूठ और लुक-छिपकर काम करने की ज़रूरत कम हो गई। यह तब्दीली मानो वैज्ञानिक थी- ठीक इस ढंग से, मानो कोई मनोविश्लेषक प्रक्रिया का विशेषज्ञ रोगी के भूतकाल में गहरा घुस गया हो और उसने उस रोगी की मानसिक विकृति के कारण को जानकर उसे रोगी के सामने खोल दिया हो और इस तरह उसको उसके बोझ से छुटकारा दिला दिया हो।

साथ ही वह मनोवैज्ञानिक प्रतिक्रिया भी थी, जिसमें उस विदेशी राज्य के सामने लंबे अरसे से सिर झुकाये रखनेपर शर्म महसूस हुई, जिसने हमें गिरा दिया था और जिसने हमारी

बेइज़्ज़त की थी। इसमें यह इरादा भी मिला हुआ था कि चाहे नतीजा कुछ भी हो, अब आगे सिर न झुकाया जाय।

जैसे हम पहले थे, उसके मुक़ाबले हम कोई बहुत ज़्यादा सच्चे नहीं बन गए, लेकिन अटल सत्य के प्रतीक गांधीजी बराबर हमारे सामने थे, जो हमको ऊपर खींचते थे और जो सत्य पर डट रहने का हमें वास्ता दिलाते थे। सत्य क्या है? पक्के तौर पर मैं यह नहीं जानता और शायद हमारे सत्य सापेक्षिक हैं और पूरे के पूरे हमारी पहुंच के परे हैं। अलग-अलग आदमी सत्य को अलग-अलग तरह से लेते हैं और हर आदमी पर अपनी-अपनी पृष्ठभूमि, शिक्षा और प्रवृत्तियों का बड़ा असर होता है। वही बात गांधीजी के साथ लागू है। लेकिन आदमी के लिए कम-से-कम वह तो सत्य है ही, जो वह खुद महसूस करता है और जो वह खुद समझता है। इस परिभाषा के अनुसार गांधीजी की तरह सत्य की धारणा रखनेवाले किसी भी शख़्स को मैं नहीं जानता। राजनीतिज्ञ के लिए यह गुण बहुत ख़तरनाक है, क्योंकि इस तरह तो वह अपने दिमाग़ को खोलकर सामने रख देता है और जनता को भी उस दिमाग़ के बदलते हुए पहलुओं को देखने देता है।

हिंदुस्तान में अलग-अलग हद तक गांधीजी ने करोड़ों आदमियों पर असर डाला; कुछ लोगों ने तो अपनी ज़िंदगी का ताना-बना पूरी तरह बदल दिया, दूसरे लोगों पर थोड़ा-सा असर हुआ और वह असर पूरी तरह तो नहीं, लेकिन फिर भी मिट गया। वजह यह थी कि उसका कुछ हिस्सा पूरी तरह अलहदा भी नहीं किया जा सकता था। अलग-अलग लोगों में अलग-अलग प्रतिक्रियाएं हुईं और हर एक आदमी इस सवाल का अपना अलग जवाब देगा। कुछ लोग तो शायद क़रीब-क़रीब एल्किबियेडीज़ के शब्दों में कहें-" इसके अलावा जब हम किसी को बात करते देखते हैं, तो चाहे वह कितनी ही ओजस्वी वक़्ता क्यों न हो, हम उसकी बात की रत्ती भर भी परवाह नहीं करते। लेकिन जब हम तुमको सुनते हैं या किसी को तुम्हारी बात दोहराते हुए सुनते हैं, तो चाहे उसके कहने का ढंग कितना ही भद्दा क्यों न हो और चाहे सुननेवाला मर्द, औरत या बच्चा हो, हम भौंचक्के रह जाते हैं और ऐसा मालूम होता है कि हम पर जादू कर दिया गया हो। और सज्जनो, जहां तक मेरा अपना सवाल है, अगर मुझे यह डर न हो कि आप यह कहेंगे कि मैं बिलकुल पागल हो गया हूं, तो मैं क़सम खाकर कह सकता हूं कि उसके लफ़्ज़ों ने मेरे ऊपर कैसा असाधारण असर डाला - और अगर फिर वे दोहराये जायं, तो आज भी उनका वही असर होगा। ठीक उस वक़्त, जब मैं उसे बोलते हुए सुनता हूं, तो मैं एक ढंग के पवित्र आवेश से उत्तेजित हो उठता हूं, जो कोरीबैंट की उत्तेजना से भी बदतर है और मेरा दिल फ़ौरन ज़बान पर आ जाता है और मेरी आंखों में आंसू आ जाते हैं-आह! यह सिर्फ़ मेरे साथ ही नहीं होता, बल्कि यही हाल और बहुत-से लोगों का भी होता है।

हां, मैंने पेरिक्लीज़ और दूसरे बड़े ओजस्वी वक़्ताओं को भी सुना है, और मेरा ख़याल था कि वे सब बहुत ओजस्वी हैं; लेकिन उनमें से किसी का भी मेरे ऊपर असर नहीं हुआ;

मेरी समूची आत्मा को वे कभी उलट नहीं पाये और न उनके असर से मैंने ऐसा ही महसूस किया कि मैं हीनतम से भी हीन हूं; लेकिन इधर इस पिछले दिन से मेरे दिमाग़ की हालत ऐसी हो गई है कि मैं महसूस करता हूं कि मैं अबतक जिस ढंग से रहता आया हूं, अब आगे उसी तरह मैं नहीं रह सकता।...

"और एक चीज़ मैंने किसी और के साथ महसूस नहीं की—एक ऐसी चीज़, जिसकी तुम मुझ में उम्मीद ही नहीं कर सकते हो और वह है एक तरह की शर्मिंदगी। दुनिया में सिर्फ़ सुकरात ही ऐसा आदमी है, जो मुझे शर्मिंदा महसूस करा सकता है। क्योंकि उससे बचने की कोई तरक़ीब नहीं है, इसलिए मैं जानता हूं कि मुझे काम को उसी तरह करना चाहिए, जैसे वह करने को कहता है। फिर भी ज्यों ही मैं उसकी नज़र से हट जाता हूं, तो मैं इस बात की परवाह नहीं करता कि मैं भेड़-चाल चलने के लिए क्या करता हूं। इसलिए मैं फरार की तरह भाग जाता हूं और जबतक मुमकिन हो सकता है, उसकी पकड़ के बाहर रहता हूं। और जब मैं फिर दूसरी बार मिलता हूं, तो मुझे वे सब बातें याद आ जाती हैं, जो मुझे पहली बार मंज़ूर करनी पड़ती थीं, और तब कुदरतन मैं अपने को शर्मिंदा महसूस करता हूँ...।

"यही कि मैं सांप से भी ज़्यादा ज़हरीली चीज़ का काटा हुआ हूं; दरअसल इससे ज़्यादा पीड़ा पहुंचानेवाली कोई चीज़ हो ही नहीं सकती। मैं दिल में या दिमाग़ में या उसे तुम चाहे जो कुछ कहो, उसमें डस लिया गया हूं...।"[96]

2. गांधीजी के नेतृत्व में कांग्रेस गतिशील संस्था बन जाती है

कांग्रेस में गांधीजी पहली बार दाख़िल हुए और फ़ौरन ही उस संस्था के संविधान में पूरी तरह तब्दीली आई। उन्होंने कांग्रेस को एक लोकतंत्री और लोक संगठन बना दिया। वैसे तो पहले भी वह लोकतंत्री थी, लेकिन पहले उसके मतदाताओं का क्षेत्र संकुचित था और वह केवल बड़े लोगों तक ही सीमित थी। अब उसमें किसान भी आये और अपनी नई शक़्ल में अब वह किसानों की एक बहुत बड़ी संस्था मालूम पड़ने लगी और उसमें मध्यम वर्ग के लोगों का, हालांकि उनकी तादाद थोड़ी थी, काफ़ी ज़ोर था। कांग्रेस का यह खेतिहर-प्रधान स्वरूप बढ़नेवाला था। औद्योगिक मजदूर भी उसमें आये, लेकिन सिर्फ़ अपनी व्यक्तिगत हैसियत में, न कि अपने पृथक और संगठित रूप में।

इस संस्था का मक़सद और उसकी बुनियाद थी सक्रियता। ऐसी सक्रियता, जिसकी बुनियाद शांतिपूर्ण ढंग पर थी, अबतक जो रवैया था, वह था सिर्फ़ बात करना और प्रस्ताव पास करना, या आतंकवादी काम करना। इन दोनों को ही अलग हटा दिया और आतंकवाद

96. 'दि फाइव डाइलॉग्स ऑव प्लैटो' (एवरीमैन्स लाइब्रेरी)

की तो ख़ासतौर से निंदा की गई, क्योंकि वह तो कांग्रेस की बुनियादी नीति के ख़िलाफ़ था। काम करने का एक नया तरीक़ा निकाला गया, जो वैसे तो बिलकुल शांतिपूर्ण था, लेकिन साथ ही उसमें जिस चीज़ को ग़लत समझा जाता था, उसके सामने सिर झुकाना मंज़ूर नहीं किया गया था। उसका नतीजा यह हुआ कि तरीक़े में जो तकलीफ़ और मुसीबतें थीं, उनको बरदाश्त करने की राज़ामंदी थी। गांधीजी एक अजीब किस्म के शांत आदमी थे, क्योंकि वह तो सक्रिय थे और उनमें गतिशील शक्ति भरी हुई थी। क़िस्मत या जो कुछ वह बुरा समझते थे, उसके सामने सिर झुकाने की भावना उनमें नहीं थी। उनमें मुक़ाबला करने की ताक़त भरी हुई थी। हां, उनका ढंग शांतिपूर्ण और मीठा था।

सक्रियता की पुकार दोहरी थी। ज़ाहिर है, विदेशी राज्य को चुनौती देने और मुक़ाबला करने की सक्रियता तो थी ही; साथ ही अपनी निजी सामाजिक कुरीतियों का मुक़ाबला करने की सक्रियता भी थी। कांग्रेस के बुनियादी मक़सद-हिंदुस्तान की आज़ादी--के अलावा और शांतिपूर्ण सक्रियता के साथ, कांग्रेस के ख़ास आधार थे क़ौमी एकता, जिसमें अल्पसंख्यकों के मसलों को हल करना शामिल था और दलित जातियों को ऊपर उठाकर छूत छात के अभिशाप को ख़त्म करना।

ब्रिटिश राज्य की असली बुनियाद डर, रोब और उस सहयोग पर थी, जो वे लोग मन या बेमन से देते थे, जिनके निहित स्वार्थ ब्रिटिश राज्य में केंद्रित थे। गांधीजी ने इन बुनियादों पर चोट की। उन्होंने कहा कि ख़िताबों को छोड़ो; और अगरचे बहुत ज़्यादा लोगों ने ख़िताब नहीं छोड़ी, फिर भी अंग्रेज़ों द्वारा दिये हुए ख़िताबों की आम इज़्ज़त ग़ायब हो गई और ये गिरावट के प्रतीक बन गए। नया मापदंड बना और नया मूल्यांकन हुआ और वाइसराय के दरबार और रजवाड़ों की शान और सजावटें, जो इतना असर डाला करती थीं, अब जनता की हद दर्जे की ग़रीबी और तकलीफ़ के वातावरण में बेहद भद्दी, नामुनासिब, यहां तक कि लज्जाजनक मालूम पड़ने लगीं। अमीर आदमी अपनी दौलत का शानदार दिखावा करने के लिए उत्सुक नहीं थे। कम-से-कम ऊपरी तौर पर उनमें से बहुत से लोगों ने अपना रहन-सहन सादा बनाया और सिर्फ़ उनकी पोशाक से उनमें और मुक़ाबले में मामूली आदमियों में कोई फ़र्क़ नहीं मालूम पड़ सकता था।

कांग्रेस के पुराने नेता, जो एक अलग और ज़्यादा निष्क्रिय परंपरा में पले हुए थे, इस नई रद्दो-बदल को आसानी से अपना नहीं सके और आम जनता के उभार से उन्हें परेशानी हुई। फिर भी विचारों और भावनाओं की जो लहर देश में बही, वह इतनी ज़बरदस्त थी कि वे लोग भी कुछ हद तक उसके नशे से भर गए। बहुत थोड़े-से लोग बाहर निकल गए और उनमें एक श्री एम० ए० जिन्ना भी थे। उन्होंने कांग्रेस को हिंदू- मुस्लिम सवाल पर किसी राय के फ़र्क़ की वजह से नहीं छोड़ा, बल्कि कांग्रेस को इस वजह से छोड़ा कि वह उसकी नई और अधिक उन्नत विचारधारा से मेल नहीं बिठा सके। इससे भी ज़्यादा बड़ी वजह यह थी कि उनको हिंदुस्तानी में बोलनेवाले, सादगी से रहनेवाले लोगों से, जिनकी कांग्रेस में भीड़ बढ़

रही थी, नफ़रत थी। राजनीति के संबंध में उनका ख़याल उस ऊंचे ढंग का था, जो विधान सभाओं के कमरों या कमेटी के कमरों के अनुरूप ही होता है। कुछ बरसों तक तो वह मैदान से बिलकुल अलग मालूम दिये, यहां तक कि उन्होंने हमेशा के लिए हिंदुस्तान छोड़ने का इरादा कर लिया। वह इंग्लैंड में बस गए और वहां उन्होंने कई बरस बिताये।

यह कहा जाता है और मेरे ख़याल से यह सच भी है कि हिंदुस्तानी स्वभाव ख़ासतौर से ख़ामोशी का है। शायद पुरानी जातियों का ज़िंदगी की तरफ़ यही रुख़ बन जाता है; फ़िलसफ़े को लंबी परंपरा भी शायद उसी तरफ़ ले जाती है। फिर भी गांधीजी, जो बिलकुल हिंदुस्तानी सांचे में ढले हुए हैं, इस ख़ामोशी से बिलकुल उलटे हैं। शक्ति और सक्रियता के तो वह महारथी रहे हैं और वह एक ऐसे शख़्स हैं, जो अपने-आपको ही आगे नहीं बढ़ाते, बल्कि दूसरों को भी आगे बढ़ाते हैं। जहां तक मैं जानता हूं, हिंदुस्तानी जनता की निष्क्रियता से लड़ने और उसे दूर करने की जितनी कोशिश उन्होंने की है, उतनी और किसी ने नहीं की।

उन्होंने हमको गांवों में भेजा और सक्रियता के नये संदेश को ले जानेवाले अनगिनत दूतों के काम-काज से देहात में चहल-पहल मच गई। किसान को झकझोरा गया और वह अपनी निष्क्रियता की खोल से बाहर निकलने लगा। हम लोगों पर असर दूसरा था, लेकिन कम गहरा नहीं था, क्योंकि असलियत यह है कि हमने पहली बार ग्रामीण को कच्ची झोंपड़ी और भूख की उस छाया से, जो उसका हमेशा पीछा करती रहती थी, चिपटे हुए देखा। हमने किताबों और विद्वत्तापूर्ण भाषणों के मुक़ाबले अपना हिंदुस्तानी अर्थशास्त्र इन आंखों-देखी हालतों से ज़्यादा जाना। वह भावनात्मक अनुभव, जो हमको पहले हो चुका था, वह अब पक्का हुआ और उसके सबूत सामने आये। इसलिए आगे चलकर हमारे विचारों में और चाहे जो रद्दो-बदल होती, अब अपनी ज़िंदगी के पुराने ढर्रे और पुराने मापदंड को वापस नहीं लौटा जा सकता था।

आर्थिक, सामाजिक और दूसरे मामलों में गांधीजी के विचार बहुत सख़्त थे। उन्होंने इस सबको कांग्रेस पर लादने की कोशिश नहीं की। हां, उन्होंने अपनी विचारधारा का बराबर पोषण किया और इन प्रक्रिया में कभी-कभी अपने लेखों के द्वारा उसमें रद्दो-बदल भी की, लेकिन कुछ विचारों को उन्होंने कांग्रेस में पैठाने की कोशिश की। वह बड़ी सावधानी से आगे बढ़े, क्योंकि वह जनता को अपने साथ ले चलना चाहते थे। कभी वह कांग्रेस के लिहाज़ से बहुत आगे बढ़ जाते और उनको पीछे आना होता। उनके विचारों को अक्षरशः तो बहुत लोगों ने नहीं माना और कुछ लोगों का तो उसके बुनियादी दृष्टिकोण से ही मतभेद था। लेकिन उस वक़्त की मौजूदा परिस्थितियों के अनुकूल होने के वजह से वह जिस बदली हुई शक़्ल में कांग्रेस में आये, उस तरह बहुत लोगों ने उनको मंजूर कर लिया। दो तरह से उनके विचारों की पृष्ठभूमि का धुंधला, लेकिन बहुत काफ़ी असर हुआ। एक तो यह कि हर चीज़ की बुनियादी कसौटी यह थी कि वह आम जनता को किस हद तक फ़ायदा पहुंचाती है, और दूसरी यह कि चाहे उद्देश्य सही ही क्यों न हो, लेकिन साधनों का हमेशा ख़याल होना

चाहिए और उनकी अवहेलना नहीं की जा सकती, क्योंकि साधन का असर उद्देश्य पर पड़ता है और ये उद्देश्य में तब्दीली पैदा कर सकते हैं।

गांधीजी, ख़ासतौर से, एक धार्मिक आदमी थे, जो अपने अस्तित्व के अंतरतम से भी हिंदू थे, फिर भी धर्म के उन दृष्टिकोण का किसी परंपरा, किसी कर्म-कांड या किसी प्रचलित धारणा से कोई भी संबंध नहीं था।[97] बुनियादी तौर पर उनका ताल्लुक़ तो उस नैतिक क़ानून से था, जिसको उन्होंने प्रेम या सत्य के क़ानून का नाम दिया है। सत्य और अहिंसा उनको एक ही चीज़ या एक ही चीज़ के अलग-अलग पहलू मालूम देते हैं और उसके लिए दोनों में से एक ही शब्द में दोनों के मानी आ जाते हैं। हिंदू-धर्म की बुनियादी भावना को समझने का दावा करते हुए भी वह ऐसी हर क्रिया और हर चीज़ को नामंज़ूर कर देते हैं, जो उनकी आदर्शवादी व्याख्या से मेल नहीं खाती। उनका कहना है कि ये चीज़ें या तो बाद में जोड़ दी गई हैं या बिगड़ी हुई शक़्लों में है। गांधीजी ने कहा है-"उस प्रचलित ढंग या रीति का, जिसको मैं समझ नहीं सकता हूं, या नैतिक बुनियाद पर मैं जिसकी हिमायत नहीं कर सकता हूं, मैं ग़ुलाम होने को तैयार नहीं हूं।" और इस तरह अमली तौर पर अपनी पंसद का रास्ता अपनाने के लिए वह असाधारण रूप में स्वतंत्र हैं। उस रास्ते के बदलने के लिए, उससे अपना मेल बिठाने के लिए और ज़िंदगी और काम के अपने फ़िलसफ़े में तरक़्क़ी करने के लिए वह आज़ाद हैं। लेकिन जिस चीज़ में बुनियाद पर फ़ैसला होता है, वह तो नैतिक क़ानून है, जो उनकी समझ में आया है। वह फ़िलसफ़ा सही है या ग़लत है, इस पर बहस की जा सकती है, लेकिन वह उस बुनियादी पैमाने को हर चीज़ के लिए और ख़ासतौर से अपने लिए इस्तेमाल करने पर ज़ोर देते हैं। औसत आदमी के लिए राजनीति में और ज़िंदगी के दूसरे पहलुओं में इससे परेशानी होती. है और अकसर ग़लतफ़हमियां होती हैं। लेकिन किसी भी परेशानी की वजह से वह अपनी पसंद के सीधे रास्ते से नहीं हटते। हां, एक ख़ास हद तक वह बदलती हुई हालत से बराबर अपना मेल बिठाते रहते हैं। जिस सुधार और जिस नसीहत की वह दूसरों को सलाह देते हैं, उस पर वह पहले खुद अमल करते हैं। वह हमेशा चीज़ों को अपने-आप से शुरू करते हैं और उनके लफ़्ज़ों और कामों में इस तरह का मेल होता है, जैसा हाथ में और दस्ताने में होता है। और इसलिए चाहे जो कुछ होता रहे, उनका समूचा व्यक्तित्व कभी भी गायब नहीं होता, और उनकी ज़िंदगी और कामों में हमेशा ही एक सजीव पूर्णता दिखाई देती है। अपनी नाकामियों में भी वह ऊंचे उठते दिखते हैं।

---

97. 1 जनवरी, 1928 में फ़ेडरेशन आव इंटरनेशनल फ़ेलोशिप में गांधीजी ने बताया कि "लंबे अध्ययन और तज़ुरबे के बाद मैं इन नतीजों पर पहुंचा हूं कि (1) सब धर्म सच्चे हैं (2) सब धर्मों में थोड़ी-बहुत ग़लतियां भी हैं (3) सभी धर्म मुझ को इतने प्यारे हैं, जितना खुद मेरा हिंदू-धर्म। दूसरे धर्मों के लिए भी मेरी उतनी ही श्रद्धा है, जितनी खुद अपने धर्म के लिए है। इसलिए धर्म-परिवर्तन का ख़याल नामुमकिन है..... दूसरों के लिए हमारी प्रार्थना यह कभी नहीं होनी चाहिए— 'प्रभो ! दूसरों को भी तू यही ज्ञान - ज्योति दे, जो तूने मुझ को दी है !' बल्कि 'उनकी सर्वोच्च उन्नति के लिए उन्हें जितने भी सत्य और प्रकाश की ज़रूरत है, वह सब तू उनको दे'।"

अपनी इच्छाओं और आदर्शों के अनुसार जिस सांचे में वह हिंदुस्तान को ढालने जा रहे थे, वह क्या था? " मैं उस हिंदुस्तान के लिए काम करूंगा, जिसमें ग़रीब-से-ग़रीब भी यह महसूस करेगा कि यह उसका देश है और जिसके निर्माण में उसकी खुद को कारगर आवाज़ है; ऐसा हिंदुस्तान, जिसमें सारी जातियां आपसी मुहब्बत के साथ रहेंगी।... ऐसे हिंदुस्तान में छुआछूत या नशे के अभिशाप के लिए कोई भी जगह नहीं हो सकती।...स्त्रियों को भी वही अधिकार प्राप्त होंगे, जो पुरुषों को हैं।... जिस हिंदुस्तान का मैं सपना देखता हूं, वह यह है।" जहां एक तरफ़ उन्हें अपनी हिंदू विरासत का अभिमान था, वहां साथ ही उन्होंने हिंदू-धर्म को एक सार्वलौकिक बाना पहनाने की कोशिश की और सत्य के घेरे में सब धर्मों को शामिल किया। अपनी सांस्कृतिक विरासत को संकरा करने से उन्होंने इन्कार किया। उन्होंने लिखा है-"हिंदुस्तानी संस्कृति न तो बिलकुल हिंदू ही है और न बिलकुल मुसलमानी।" आगे चलकर वह कहते हैं—"मैं चाहता हूं मेरे घर में सब देशों की संस्कृति ज़्यादा से ज़्यादा आज़ादी के साथ फैले। लेकिन उनमें से कोई भी मुझे बहा ले जाय, यह मैं न चाहूंगा। दूसरे लोगों के मकानों में एक भिखारी या गुलाम या अनचाहे आदमी की तरह रहने को मैं तैयार नहीं हूं।" आधुनिक विचारधारा का उन पर असर तो हुआ है, लेकिन उन्होंने अपनी जड़ों को कटने नहीं दिया और वह उनको मज़बूती से पकड़े रहे हैं।

और इस तरह उन्होंने पच्छिमी ढंग से प्रभावित चोटी के मुट्ठी-भर लोगों में और जनता में दीवारों को तोड़ने की और फिर से अंदरूनी मेल क़ायम करने की कोशिश की। उन्होंने पुरानी जड़ों के सजीव हिस्सों को खोजकर, उनके ऊपर नई इमारत को खड़ी करने और आम जनता को उसकी नींद और निष्क्रिय दशा से सचेत करके सक्रिय बनाने की कोशिश की। उनका एक निश्चित रास्ता था, फिर भी उनकी प्रकृति के कई पहलू थे। इसमें दूसरों पर जिस चीज़ की ख़ासतौर से छाप पड़ती थी, वह यह थी कि गांधीजी ने सर्वसाधारण से अपने-आपको एकाकार कर दिया था और अपनी और जनता की भावनाओं को एकरूप कर लिया था और हिंदुस्तान के ही नहीं, बल्कि दुनिया-भर के ग़रीब और लुटे हुए लोगों के साथ उनको हैरत-अंग्रेज़ हमदर्दी थी। इन गिरे हुए लोगों को उठाने की लगन के सामने और दूसरी चीज़ों की तरह धर्म का भी गौण स्थान था। " एक अध-भूखे राष्ट्र का न तो धर्म हो सकता है, न कला और न संगठन।" "करोड़ों भूखे आदमियों को जो चीज़ भी क़ाम की हो सकती है, वही मेरे दिमाग़ में ख़ूबसूरत चीज़ है। आज हम सबसे पहले ज़िंदगी देनेवाली चीज़ों को महत्त्व दें और उसके बाद ज़िंदगी के सारे अलंकार और उसकी सारी परिष्कृतियां अपने-आप आ जायेंगी।... मैं उस कला और साहित्य को चाहता हूं, जो करोड़ों आदमियों के लिए काम का हो।" इन दुखी और अपहरित आदमियों के मसले उनके दिमाग़ को घेरे रहे और सारी चीज़ें इन्हीं के चारों तरफ़ घूमती हुई मालूम दीं। " करोड़ों आदमियों के लिए यह एक शाश्वत चौकीदारी है। एक शाश्वत मूर्च्छा है।" गांधीजी ने कहा है कि उनकी आकांक्षा यह है कि "हर आंख से हर एक आंसू पोंछ लिया जाय।"

यह कोई अचंभे की बात नहीं है कि इस आश्चर्यजनक रूप से मज़बूत आदमी ने, जिसमें आत्म-विश्वास है और एक असाधारण ढंग की ताक़त भरी हुई है और जो हर इन्सान की बराबरी का और आज़ादी का हिमायती है और जिसके पैमाने में ग़रीब-से- ग़रीब आदमी का ख़याल है, हिंदुस्तान की जनता को मोहित किया और एक चुंबक की तरह उसको अपनी तरफ़ खींचा। उसको वह ऐसा महसूस हुआ कि वह विगत और भविष्य को जोड़नेवाली कड़ी है और जिसकी वजह से ऐसा महसूस हुआ कि दुख भरा वर्तमान भविष्य के लिए सीढ़ी की तरह है। यह बात सिर्फ़ सर्वसाधारण में ही नहीं पैदा हुई, बल्कि बुद्धिजीवियों और दूसरे लोगों में हुई। हां, यह जरूर है कि इन लोगों के दिमाग़ में अक्सर परेशानी और उलझन हुई और अपनी ज़िंदगी-भर की आदतों में रद्दो-बदल करने में उनको ज़्यादा मुश्किल मालूम दी। इस तरह उन्होंने न सिर्फ़ अपने अनुयायियों में, बल्कि अपने विपक्षियों में भी और उन बहुत से ग़ैर-तरफ़दार लोगों में, जो सोचने और काम करने के बारे में कोई फ़ैसला नहीं कर सके, एक मनोवैज्ञानिक क्रांति पैदा की।

कांग्रेस गांधीजी के कहने में थी, लेकिन यह एक अजीव ढंग का क़ाबू था; क्योंकि कांग्रेस सक्रिय थी, क्रांतिकारी थी और कई पहलुओंवाली ऐसी संस्था थी, जिसमें तरह-तरह की रायें थीं और वह आसानी से इस या उस तरफ़ नहीं ले जाई जा सकती थी। अक्सर गांधीजी ने ऐसी स्थिति को झुककर स्वीकार कर लिया कि दूसरों की इच्छा पूरी हो सके। कभी-कभी तो उन्होंने अपने खिलाफ़ फ़ैसलों को भी मंजूर कर लिया। अपने लिए कुछ अहम मामलों में गांधीजी ज़िद्दी थे, और कई मौक़ों पर उनमें और कांग्रेस में नाता टूट गया। लेकिन हमेशा ही वह हिंदुस्तान की आज़ादी और जोशीली क़ौमियत के प्रतीक थे। हिंदुस्तान को गुलाम बनानेवाले सभी लोगों के वह कभी न झुकनेवाले विपक्षी थे। इस प्रतीक होने के नाते ही लोग उनको घेरते थे और उनके नेतृत्व को मंजूर करते थे-वैसे चाहे वे बहुत-से मामलों में गांधीजी से सहमत न रहते हों। जिस वक़्त कोई सक्रिय संघर्ष छिड़ा हुआ न हो, उस वक़्त लोगों ने उनके नेतृत्व को हमेशा मंजूर नहीं किया, लेकिन जब संघर्ष लाज़िमी हुआ, तो यह प्रतीक सबसे ज़्यादा अहम बन गया और बाक़ी सब चीज़ें गौण हो गईं।

इस तरह 1920 में नेशनल कांग्रेस और बहुत हद तक सारे देश ने इस नये अनदेखे रास्ते को अपनाया और उसकी ब्रिटिश ताक़त के साथ बार-बार लड़ाई हुई। इस नये ढंग में और उस हालत में, जो पैदा हो गई थी, संघर्ष का बीज था। लेकिन इसके पीछे राजनैतिक चालें या पैंतरे नहीं थे, बल्कि हिंदुस्तानी जनता को मज़बूत बनाने की ख़्वाहिश थी; क्योंकि उस ताक़त के ही बूते पर वे आज़ादी हासिल कर सकते थे और उसको क़ायम रख सकते थे। एक के बाद दूसरा सविनय अवज्ञा आंदोलन हुआ और उसमें बेहद मुसीबतें उठानी पड़ीं। लेकिन उन मुसीबतों को खुद न्योता दिया गया था, और इसलिए उनसे ताक़त मिलती थी। ये मुसीबतें उस क़िस्म की नहीं थीं, जो ग़ैर-रज़ामंद आदमी को दबोच देती हैं और जिनका

नतीजा होता है मायूसी और पस्त-हिम्मती। सरकारी दमन के भयानक विस्तृत जाल में पकड़े जाने की वजह से ग़ैर- रज़ामंद आदमियों को भी मुसीबतें उठानी पड़ीं और कभी-कभी तो रज़ामंद आदमी भी हार मान गए और झुक गए। लेकिन बहुत-से लोग सच्चे और मज़बूत बने रहे और उस सारे तजुरबे की वजह से और भी ज़्यादा पक्के हो गए। किसी वक़्त भी, यहांतक कि अपने बुरे दिनों में भी कांग्रेस किसी बड़ी ताक़त या विदेशी हुकूमत के सामने झुकी नहीं। हिंदुस्तान की आज़ादी की तड़पन और विदेशी हुकूमत की मुखालफत की वह प्रतीक बनी ही। यही वजह थी कि ज़्यादातर हिंदुस्तानियों की उसके साथ हमदर्दी थी। चाहे उनमें से बहुत से आदमी बहुत कमज़ोर रहे हों, या अपनी परिस्थितियों में वे खुद कुछ भी न करने के लिए मज़बूर रहे हों, फिर भी नेतृत्व के लिए उनकी निगाह कांग्रेस की तरफ़ थी। कुछ लिहाज़ से कांग्रेस एक पार्टी थी; साथ ही वह कई पार्टियों के लिए एक मिला-जुला प्लेटफ़ार्म रही है; लेकिन ख़ासतौर से वह सिर्फ़ इतने से कुछ ज़्यादा माने रखती है, क्योंकि वह तो हमारी जनता की बहुत बड़ी तादाद की सबसे भीतरी ख्वाहिश की नुमाइंदगी करती है। हालांकि उसकी फ़हरिस्त में मेंबरों की गिनती बहुत बड़ी थी, फिर भी उसकी व्यापकता की उस गिनती से बहुत कम झलक मिलती है। मेंबर होना लोगों की शामिल होने की मरज़ी पर नहीं, बल्कि दूर-दूर के गांवों में हमारे पहुंचने पर निर्भर था। अक्सर (आजकल की तरह) हम एक ग़ैर-क़ानूनी संस्था रहे हैं—क़ानून की निगाह में हमारा कोई अस्तित्व ही नहीं रहा है और पुलिस हमारी किताबों और काग़ज़ों को उठा ले गई है।

उस वक़्त भी, जब सविनय अवज्ञा आन्दोलन जारी नहीं था, हिंदुस्तान में ब्रिटिश सरकारी मशीन से असहयोग का आम रुख़ बराबर बना रहा। हां, उस वक़्त उसका आक्रामक पहलू हट गया। इसके मानी ये नहीं हैं कि आंग्रेज़ों से असहयोग हो। जब बहुत-से सूबों में कांग्रेसी सरकारें क़ायम हुईं, तो लाज़िमी तौर पर सरकारी और इंतज़ामी मामलों में काफ़ी सहयोग हुआ, लेकिन इतने पर भी वह पृष्ठभूमि नहीं बदली और सरकारी कामों के अलावा कांग्रेसियों का क्या व्यवहार हो, इस बारे में हिदायतें दी गई थीं। हालांकि कभी-कभी अस्थायी समझौता या मेल लाज़िमी हो जाता था, लेकिन फिर भी हिंदुस्तानी राष्ट्रीयता और विदेशी साम्राज्यवाद में कोई स्थायी शांति नहीं हो सकती थी। आज़ाद हिंदुस्तान इंग्लैंड को सिर्फ़ बराबरी के दर्जे पर ही सहयोग दे सकता था।

❐

3. सूबों में कांग्रेसी सरकारें

ब्रिटिश पार्लमेंट ने कई साल तक कमीशनों और कमेटियों के काम के बाद और साथ ही बहसों के बाद, सन् 1935 में एक गवर्नमेंट ऑव इंडिया एक्ट पास किया। इस एक्ट में एक तरह का प्रांतीय स्वशासन और संघीय ढांचा रखा गया था, लेकिन इसमें इतने रोक

और पेंच थे कि राजनैतिक और आर्थिक, दोनों तरह की, सत्ता ब्रिटिश सरकार के हाथों में ज्यों-की-त्यों बनी रही। सच तो यह है कि कई ढंग से उस एक्ज़ीक्यूटिव कौन्सिल की ताक़त को, जो ब्रिटिश सरकार के सामने ही जवाबदेह थी, बढ़ा दिया था और उसकी बुनियाद को मज़बूत कर दिया था। संघीय ढांचा एक ऐसी शक़्ल में था कि असली तरक़्क़ी नामुमकिन थी। ब्रिटिश सत्ता से संचालित उस हुकूमती ढांचे में दखल देने या उसमें सुधार करने के लिए हिंदुस्तानी जनता के नुमाइंदों के लिए कोई रास्ता ही नहीं था। उसमें किसी ढंग की ढील या तब्दीली सिर्फ़ ब्रिटिश पार्लमेंट के ज़रिये हो सकती थी। इस तरह इस ढांचे के प्रतिक्रियावादी होने के साथ ही उसमें स्व-विकास का तो कोई भी बीज नहीं था, ताकि किसी क्रांतिकारी परिवर्तन की नौबत न आये। इस एक्ट से ब्रिटिश सरकार की रजवाड़ों से, ज़मींदारों से और हिंदुस्तान की दूसरी प्रतिक्रियावादी जमातों से दोस्ती और भी ज़्यादा मज़बूत हो गई। पृथक निर्वाचन-पद्धति को इससे बढ़ावा दिया गया और इस तरह अलग होनेवाली प्रवृत्तियों को बढ़ावा मिला। इस एक्ट ने ब्रिटिश व्यापार, उद्योग, बैकिंग और जहाज़ी व्यापार को, जिनका पहले से ही आधिपत्य था, अब और ज़्यादा सुदृढ़ कर दिया। इस एक्ट में ऐसी धाराएं साफ़ तौर पर रख दी गईं कि उनकी इस हैसियत पर कोई रोक या पाबंदियां नहीं लगाई जा सकती थीं। इस प्रतिबंध की परिभाषा यह की गई कि कोई भेद-भाव नहीं बरता जायगा।[98] इस क़ानून के मुताबिक भारतीय राजस्व, फ़ौज और विदेश-नीति के सारे मामलों में पूरा नियंत्रण ब्रिटिश हाथों में ज्यों-का-त्यों बना रहा। इसने वाइसराय को पहले से भी कहीं ज़्यादा ताक़त सौंप दी।

प्रांतीय स्वशासन के सीमित क्षेत्र में ज़्यादा अधिकार हस्तांतरित किये गए, या कम-से-कम ऐसा मालूम पड़ा ही। ताहम एक लोकप्रिय सरकार की स्थिति बड़ी विचित्र थी। उस पर ग़ैर-ज़िम्मेदार केंद्रीय हुकूमत और वाइसराय की ताक़तों की रोक-थाम लगी हुई थी। वाइसराय की तरह प्रांतीय गवर्नर भी दख़ल दे सकते थे, किसी क़ानून को रोक सकते थे और अपने निजी फ़ैसले और अधिकार के बल पर जनता के नुमाइंदे मंत्रियों और सूबों की असेंबलियों के साफ़ विरोध के होते हुए भी कोई नया क़ानून जारी कर सकते थे। सरकारी आमदनी का एक बहुत बड़ा हिस्सा कुछ निहित स्वार्थों के लिए तय था और उसमें हाथ भी नहीं लगाया जा सकता था। बड़ी नौकरियों और पुलिस का बचाव किया गया था और मंत्री

98. हिंदुस्तान में ब्रिटिश उद्योग और व्यापार के प्रतिनिधि इन प्रतिबंधी धाराओं को हटाने का अब भी भयंकर विरोध करते हैं। ब्रिटिश विरोध के होते हुए भी अप्रैल, 1945 में केंद्रीय असेंबली में इन प्रतिबंधों का हटाने का प्रस्ताव पास किया गया। हिंदुस्तानी राष्ट्रीयता और सारी हिंदुस्तानी जमातें इनको हटाने की कट्टर पक्षपाती हैं और हिंदुस्तानी उद्योगपति तो इस सिलसिले में ज़्यादा व्यग्र हैं। फिर भी यह बात ध्यान देने की है कि लंका में कुछ हिंदुस्तानी व्यापारी अपने लिए वैसा ही संरक्षण मांग रहे हैं, जो ख़ुद अपने देश में ब्रिटिश व्यवसायियों को दे दिये जाने पर खलते हैं। निजी लाभ के बहाव में आदमी न्याय और इन्साफ़ के लिए ही सिर्फ़ अंधा नहीं हो जाता, बल्कि मामूली अक़्ल की बात और सीधी-सादी दलील भी उसे नज़र नहीं आती।

लोग उनको छू भी नहीं सकते थे। उनका नज़रिया एकदम तानाशाही का था और अपने पथ-निर्देश के लिए पहले की ही तरह मंत्रियों की जगह उनकी निगाह गवर्नर की तरफ़ रहती थी। लेकिन फिर भी ये ही लोग थे, जिनके ज़रिये लोकप्रिय सरकारों को काम करना था। सरकार का सारा जटिल ढांचा ज्यों-का-त्यों बना रहा; ऊपर गवर्नर से लेकर मामूली अहलकार और पुलिस के आदमी तक उस ढांचे में कोई भी तब्दीली नहीं हुई। बस सिर्फ़ उनके बीच में किसी जगह पर चुनी हुई असेंबली के प्रति ज़िम्मेदार कुछ मंत्री बिठा दिये गए थे, जो अपनी शक्ति भर काम करते थे। अगर गवर्नर (जो ब्रिटिश सत्ता का प्रतिनिधि था) और उसके नीचे काम करनेवाले सरकारी नौकर मंत्रियों का पूरा-पूरा साथ देते, तो सरकारी मशीन आसानी से चल सकती थी। वरना—और इसकी संभावना भी बहुत ज़्यादा थी, चूंकि पुरानी तानाशाही-पुलिस-सरकार और लोकप्रिय सरकार के रवैये में बहुत बड़ा फ़र्क़ होता है—उनमें बराबर कश-म-कश और संघर्ष होना लाज़िमी था। यहां तक कि उस वक़्त भी, जबकि गवर्नर और सेवाओं और लोकप्रिय सरकार की नीति में कोई साफ़ मतभेद न हो, वे लोग उस सरकार के कार्य में रुकावट डाल सकते थे, देर कर सकते थे, उसको तोड़-मरोड़ सकते थे और उस पर पानी तक फेर सकते थे। क़ानूनी तौर पर ऐसी कोई चीज़ नहीं थी, जो गवर्नर या वाइसराय को अपने मनमाने ढंग से काम करने से रोक सकती, और इसमें चाहे मंत्रियों और असेंबली का सक्रिय विरोध ही क्यों न हो; संघर्ष का डर ही सिर्फ़ एक कारगर रोक थी। मंत्री लोग इस्तीफ़ा दे सकते थे और असेंबली में और कोई वर्ग बहुमत को अपनी ओर कर नहीं सकता था और तब सार्वजनिक आंदोलन हो सकते थे। यह तो वही पुराना संवैधानिक संघर्ष था, जो निरंकुश राजा और पार्लमिंट में दूसरे देशों में अक्सर होता आया है और जिससे क्रांतियां हुई हैं और राजा को दबना पड़ा है। और सब बातों के साथ ही यहां पर तो राजा एक विदेशी सत्ता थी, जिसको विदेशी फ़ौज और आर्थिक ताक़त का सहारा था, और जिसको विशेष हितोंवाले समुदायों और उन जी-हुज़ूरों से, जिनको उसने इस देश में पैदा किया था, मदद मिलती थी।

इसी वक़्त हिंदुस्तान से बरमा अलहदा किया गया। बरमा में ब्रिटिश और हिंदुस्तानी और कुछ हद तक चीनी आर्थिक और व्यावसायिक स्वार्थों में संघर्ष चल रहा था। इसीलिए ब्रिटिश नीति यह रही थी कि बरमावासियों में भारतीय-विरोधी और चीनी- विरोधी भावनाओं को बढ़ावा दिया जाय। कुछ वक़्त तक तो इस नीति से मदद मिली, लेकिन जब यह आज़ादी से इन्कार के साथ जुड़ गई, तो उसका नतीजा यह हुआ कि बरमा में एक ज़बरदस्त आंदोलन जापानियों के पक्ष में शुरू हो गया, और जब 1942 में जापानियों ने हमला किया, तो यह ऊपर सतह पर आ गया।

हिंदुस्तानी विचारधारा के हर एक हिस्से ने 1935 के एक्ट का प्रबल विरोध किया। उसमें उस हिस्से की, जो प्रांतीय स्वशासन से संबंधित थी, तीखी आलोचना की गई, क्योंकि उसमें बहुत-से रोक-थाम थे और उसमें गवर्नर और वाइसराय को विशेषाधिकार दिये गए थे। उसमें संघीय ढांचे से ताल्लुक रखनेवाला हिस्सा और भी ज़्यादा खला। स्वयं संघीय

हिस्से का विरोध नहीं किया गया, क्योंकि यह तो आमतौर पर माना जाता था कि हिंदुस्तान

भारत 1935 में

के लिए संघीय ढांचा मौज़ूद था, लेकिन जिस संघीय ढांचे का प्रस्ताव किया गया था, उसमें ब्रिटिश राज्य और हिंदुस्तान में निहित स्वार्थों को मज़बूत किया गया था। सिर्फ़ प्रांतीय स्वशासन से ताल्लुक रखनेवाला हिस्सा अमल में लाया गया और कांग्रेस ने चुनाव लड़ने का फ़ैसला किया। लेकिन इस सवाल पर कि उक्त एक्ट की सीमाओं के अंदर ही प्रांतीय हुकूमत की जिम्मेदारी ली जाय या नहीं, कांग्रेस के अंदर बड़ी तीखी बहस हुई। ज़्यादातर सूबों में चुनाव में कांग्रेसी की ज़बरदस्त कामयाबी हुई, फिर भी जबतक यह बात साफ़ न हो जाय कि गवर्नर या वाइसराय का हस्तक्षेप नहीं होगा, मंत्रिमंडल की ज़िम्मेदारी लेने में झिझक थी। कुछ महीनों के बाद कुछ अस्पष्ट आश्वासन इस संबंध में दिये गए और जुलाई,

1937 में कांग्रेसी सरकारें क़ायम हुईं। आखिर में, ग्यारह में से आठ सूबों में ऐसी सरकारें बनीं, और जो सूबे बाक़ी बचे, वे थे बंगाल, सिंध और पंजाब। सिंध का सूबा हाल ही में बनाया गया था, छोटा-सा और एक ढ़ंग से ग़ैर-मुस्तकिल था। बंगाल में जहां तक विधानमंडल का सवाल है, कांग्रेस अकेले तो सबसे बड़ी पार्टी थी, लेकिन कुछ मिलाकर वह बहुसंख्यक नहीं थी, इसलिए वह शासन-कार्य में शामिल नहीं हुई। हिंदुस्तान में ब्रिटिश पूंजी का बंगाल (या कलकत्ता कहना ज़्यादा सही होगा) प्रधान केंद्र होने की वजह से यूरोपीय व्यवसायी वर्गों को हैरत-अंग्रेज ढंग से ज़्यादा नुमाइंदगी दी गई थी। गिनती में वे सिर्फ़ मुट्ठी भर हैं (शायद कुछ हजार ही), फिर भी उनको 25 जगहें दी गई हैं, जबकि सारे सूबे की आम ग़ैर-मुसलमान आबादी को, जो एक करोड़ सत्तर लाख है, 50 जगहें दी गई हैं। इस गिनती में अनुसूचित जातियों की आबादी शामिल नहीं है। बंगाल की राजनीति में विधानमंडल में इस ब्रिटिश दल की एक अहम जगह है और वह मंत्रिमंडल को बना-बिगाड़ सकता है।

यह बात साफ़ है कि हिंदुस्तानी मसले के अस्थायी हल की हालत में भी कांग्रेस 1935 के एक्ट को मंजूर नहीं कर सकती थी। उसकी प्रतिज्ञा आज़ादी के लिए थी और उसे इस एक्ट से लड़ना था। फिर भी अधिकांश ने यही तय किया कि प्रांतीय स्वशासन के कार्यक्रम को चलाया जाय—इस तरह उसकी दुहरी नीति थी-एक तो आज़ादी की लड़ाई को जारी रखना और दूसरे विधानमंडलों के ज़रिये रचनात्मक काम और सुधार करना। खेतिहर जनता के सवाल पर, खासतौर से, फ़ौरन ही ध्यान देना ज़रूरी था।

हालांकि कांग्रेस का शुमार के लिहाज़ से बहुमत था और इसलिए एक तरह से, ज़रूरी न होते हुए भी, इस सवाल पर भी गौर किया गया कि कांग्रेसी दूसरे दलों को अपने साथ मिलाकर संयुक्त सरकार बनायें। फिर भी सरकारी काम में ज़्यादा-ज्यादा लोगों को अपने साथ ले लेना ज़्यादा अच्छा था। हमेशा ही, कैसी भी मिली-जुली सरकार बनाने में कोई निहित बाधा नहीं है, और असल में सरहदी सूबे में और असम में ऐसी सरकार बनाने की बात मान भी ली गई। सच तो यह है कि कांग्रेस ख़ुद एक ढंग की सम्मिलित संस्था या संयुक्त मोर्चा थी, जिसमें बहुत-से दल थे और वे हिंदुस्तान की आज़ादी की लगन से एक साथ बंधे हुए थे। अपने अंदर इस ढंग की भिन्नता के होते हुए भी, उसमें एक अनुशासन और एक सामाजिक दृष्टिकोण था और एक अपने शांतिपूर्ण ढंग से लड़ने की सामर्थ्य थी। इससे ज़्यादा बड़े सम्मेलन के मानी थे ऐसे लोगों के साथ मिलना, जिनका राजनैतिक और सामाजिक दृष्टिकोण बिलकुल जुदा था और जिनकी ख़ासतौर से दफ़्तरों में या मंत्री पद में दिलचस्पी थी। उस हालत में संघर्ष तो शुरू से था-ब्रिटिश हितों के प्रतिनिधियों से संघर्ष, वाइसराय और गवर्नर से और दूसरे बड़े-बड़े अफ़सरों से; साथ ही ज़मीन में और उद्योग-धंधों में निहित स्वार्थों से किसानों के मामलों में या मज़दूरों की हालतों पर संघर्ष था। ग़ैर-कांग्रेसी अनासिर आमतौर पर राजनैतिक और सामाजिक दृष्टि से अनुदार थे, और उनमें से कुछ तो विशुद्ध पदलोलुप थे। अगर ऐसे अनासिर सरकार में शामिल होते, तो वे हमारे

सारे सामाजिक कार्यक्रम को रद्द कर देते या कम-से-कम अड़चनें डालते और उसमें देर करते। यही नहीं, दूसरे मंत्रियों की पीठ पीछे गवर्नर के साथ षड्यंत्र भी हो सकते थे। ब्रिटिश हुकूमत के ख़िलाफ़ संयुक्त मोर्चा ज़रूरी था। इसमें किसी तरह की भी फूट हमारे मक़सद के लिए नुक़सान पहुंचानेवाली होती। न आपस में बांधनेवाला कोई मसाला ही होता, और न कोई परस्पर मान्य निष्ठा ही होती, अलग-अलग दृष्टिकोण होते, और वे अलग-अलग दिशाओं में चलते।

स्वाभाविक तौर पर हमारे सार्वजनिक जीवन में ऐसे बहुत-से लोग शामिल थे, जो सिर्फ़ राजनीतिज्ञ थे और उससे ज़्यादा कुछ नहीं थे और वे अच्छे और बुरे दोनों ही मानों में अपना हित साधनेवाले पदलोलुप लोग थे। कांग्रेस में और साथ ही और जमातों में भी और दूसरे क़ाबिल और देशभक्त स्त्री-पुरुष और साथ ही मतलबी और पदलोलुप लोग भी थे। लेकिन 1920 के बाद से कांग्रेस एक संवैधानिक राजनैतिक संस्था से कहीं ज़्यादा बड़ी चीज़ रही थी और वास्तविक अथवा निहित क्रांतिकारी काम का वायुमंडल उसे घेरे रहता था और वह अक्सर क़ानून के दायरे से बाहर हो जाती थी। महज़ इसलिए कि इस काम का हिंसा, गुप्त-मंत्रणा या षड्यंत्र या क्रांतिकारी काम की अन्य साधारण बातों से कोई ताल्लुक़ नहीं था, कांग्रेस कुछ कम क्रांतिकारी नहीं थी। यह बात दूसरी है कि उसकी नीति सही थी या ग़लत, कारगर थी या नहीं, इस पर बहस की जा सकती है। लेकिन यह बात साफ़ है कि उसमें होश-भरा जोश था और एक बहुत ऊंचे दर्जे की सहनशीलता थी। शायद हिम्मत से थोड़ी देर के लिए हिंसात्मक काम के उफ़ान में शामिल होना आसान है और उसमें मौत तक का स्वागत हो सकता है। लेकिन इसके मुक़ाबले में, दिन-प्रति- दिन, माह-प्रति माह, साल-दर-साल महज़ अपनी ही अच्छा से जीवन के उपहारों को छोड़कर जीवन को चलाना ज़्यादा मुश्किल है। यह एक ऐसा इम्तिहान है, जिसमें किसी भी जगह शायद गिने-चुने आदमी ही कामयाब हो सकें और यह एक अचंभे की बात है कि हिंदुस्तान में इतने आदमी कामयाब हुए!

विधानमंडलों में कांग्रेस-पार्टियां इस बात के लिए चिंतित थी कि किसी संकट के घिरने से पहले मज़दूरों और किसानों के पक्ष में नये क़ानून पास कर दें। किसी मंडराते हुए संकट की भावना बराबर मौजूद थी; संकट तो उसमें बीज रूप से था ही। क़रीब-क़रीब हर सूबे में एक और सदन था। जो बहुत सीमित निर्वाचन पर निर्भर था और इस तरह उसमें ज़मीन या उद्योग से संबंधित स्वार्थों की नुमाइंदगी थी। प्रगतिशील क़ानून बनाने पर और दूसरे ढंग की रोक थी। मिली-जुली सरकारों से ये सारी परेशानियां और बढ़ जातीं, और यह तय किया गया कि सिवाय सरहदी सूबे और असम के शुरू में ऐसा न किया जाय।

किसी भी सूरत से यह फ़ैसला आख़िरी फ़ैसला नहीं था और तब्दीली की गुंजाइश बराबर ध्यान में रखी गई, लेकिन तेज़ी से बदलती हुई हालतों ने इस तब्दीली को ज़्यादा मुश्किल बना दिया और सूबों की कांग्रेसी सरकारें उन बहुत से मसलों में, जिन पर फ़ौरन

ही ध्यान देने की ज़रूरत थी, फंस गई। बाद के बरसों में उस फ़ैसले की अक़्लमंदी पर बहुत बहस हुई है और उस पर अलग-अलग रायें हैं। किसी घटना के समाप्त होने पर अक़्लमंद होना ज़्यादा आसान है, लेकिन अब भी मेरा अपना ख़याल यही है कि राजनैतिक नज़र से और परिस्थितियों के लिहाज से हमारे लिए वह फैसला कुदरती था और तर्कसंगत था। फिर भी यह सच है कि फ़िरक़ेवार सवाल पर उसका बहुत बुरा असर पड़ा और उसकी वजह से बहुत-से मुसलमानों में शिकायत और अलहदगी का सवाल पैदा हुआ। इससे बहुत-से-प्रतिक्रियावादी तत्त्वों ने फ़ायदा उठाया और उन्होंने कुछ खास गिरोहों में अपनी स्थिति मज़बूत कर ली।

राजनैतिक या संवैधानिक नज़र से, इस नये एक्ट से और सूबों में कांग्रेसी सरकारों के क़ायम होने से, सरकारी ब्रिटिश ढांचे में कोई ख़ास फ़र्क़ नहीं हुआ। असली ताक़त वहीं रही, जहां वह एक लंबे अरसे से थी, लेकिन मनोवैज्ञानिक नज़रिये से एक बहुत फ़र्क़ हुआ और ऐसा मालूम पड़ा, मानो देश में बिजली दौड़ गई हो। शहरों के मुक़ाबले देहात में यह तब्दीली ज़्यादा नज़र आई। हां, शहरों के औद्योगिक केंद्रों के मज़दूरों में भी यही प्रतिक्रिया हुई। एक इस ढंग की भावना थी, मानो जनता को कुचलनेवाला बहुत बड़ा बोझ हट गया हो और बहुत चैन हो; बहुत अरसे से दबी हुई सामूहिक शक्ति को छुटकारा मिला और यह बात चारों तरफ़ नज़र आती थी। कम-से-कम कुछ वक़्त के लिए पुलिस और खुफ़िया विभाग का डर ग़ायब हो गया, यहां तक कि ग़रीब-से-ग़रीब किसान में भी आत्म-सम्मान और आत्म-विश्वास की भावना बढ़ी। पहली बार उसने यह महसूस किया कि उसकी भी अहमियत है और उसको नज़रअंदाज नहीं किया जा सकता। अब सरकार कोई अनजान दैत्य की तरह नहीं रही थी, जिसे ऐसे सरकारी अफ़सरों की अनगिनती तहों ने उससे अलग कर रखा हो और जिस पर असर' डालना तो दूर रहा, जिस तक आसानी से पहुंचा भी नहीं जा सकता था और जिसके अफ़सर उसको ज़्यादा-से-ज्यादा चूसने पर तुले हुए थे। समर्थ के आसन पर अब उन लोगों का क़ब्ज़ा था, जिनको उसने अक्सर देखा था, सुना था और जिनसे उसने बातचीत की थी; कभी-कभी वे लोग साथ-साथ जेल में भी रहे थे और उनमें आपस में साथियों की-सी भावना थी।

सूबों की सरकारों के ख़ास केंद्रों में, पुरानी हुकूमत के गढ़ों में, कई प्रतीकात्मक दृश्य देखे गए। प्रांतीय सचिवालय इनका नाम था और यहीं सारे बड़े-बड़े दफ़्तर थे और यह जगह बहुत ऊंची और लोगों की पहुंच से परे समझी जाती थी। यहां से ऐसे गुप्त हुक्म निकलते थे, जिनको कोई चुनौती नहीं दे सकता था। पुलिस के आदमी या लाल वर्दीवाले अरदली, जिनकी कमर की चपरासों में चमकती हुई कटारें लटकती थीं, इन पर पहरा देते थे और सिर्फ़ वे लोग, जो खुशकिस्मत थे या बहुत साहसी थे और या जो बहुत बड़ी तिजोरियोंवाले थे, इनको पारकर अंदर पहुंच सकते थे। अब अचानक ही गांव के और शहर के झुंड के झुंड लोग इन पवित्र हदों में घुसते और जहां मन चाहा, घूमते। उनकी हर एक चीज़ में दिलचस्पी

थी; वे असेंबली चैंबर में गए, जहां मेंबर लोग काम-काज करते थे; उन्होंने मंत्रियों के कमरों में भी नज़र डाली। उनको रोकना मुश्किल था, क्योंकि वे अपने-आपको बाहर का नहीं समझते थे; और हालांकि यह उनके लिए बहुत जटिल था, और उनको समझना मुश्किल था, फिर भी उनमें एक स्वामित्व की भावना थी। पुलिस के आदमी और चमकती हुई कटारोंवाले अरदली जड़वत थे; पुराने मापदंड गिर गए थे; यूरोपीय पोशाक की, जो ओहदे और हुकूमत की निशानी थी, अब अहमियत नहीं थी। असेंबली के मेंबरों और शहर और देहात से आनेवाले आदमियों में छांट करना मुश्किल था। अक्सर उन लोगों की पोशाक एक-सी ही होती थी। आमतौर पर हाथ का कता-बुना हुआ कपड़ा होता था और सिर पर सुपरिचित गांधी टोपी होती थी।

पंजाब और बंगाल में, जहां मंत्रिमंडल कई महीने पहले बन चुके थे, दूसरी ही हालत थी। वहां की रफ़्तार में कोई रुकावट नहीं पैदा हुई और तब्दीली बिलकुल खामोशी से हुई थी और ज़िंदगी के ढंग में कोई भी फ़र्क़ नहीं हुआ था। खासतौर से पंजाब में पुराना रवैया जारी था और ज़्यादातर मंत्री नये नहीं थे। वे पहले भी ऊंचे अफ़सर रह चुके थे और अब भी थे। उनमें और ब्रिटिश हुकूमत में कोई भी संघर्ष या तनातनी नहीं थी, क्योंकि राजनैतिक नज़र से वही हुकूमत सबसे ऊंची थी।

नागरिक स्वतंत्रता और राजनैतिक क़ैदियों के सिलसिले में कांग्रेसी सूबों और पंजाब और बंगाल में जो फ़र्क़ था, वह फ़ौरन ही ज़ाहिर हो गया। पंजाब और बंगाल दोनों ही सूबों में पुलिस और खुफिया विभाग के राज में किसी तरह की ढील नहीं हुई और न राजनैतिक क़ैदियों को छुटकारा ही मिला। बंगाल में, जहां मंत्रिमंडल अक्सर यूरोपीय वोटों के सहारे चलता था, इन सबके अलावा हज़ारों नज़रबंद थे, यानी ऐसे स्त्री और जिनको अनिश्चित काल के लिए बिना मुक़दमा चलाये ही जेल में बरसों से बंद कर रखा गया था। इसके बर-अक्स कांग्रेसी सूबों में जो सबसे पहला क़दम उठाया गया, उससे राजनैतिक क़ैदियों की रिहाई हुई। इनमें से कुछ लोगों के मामलों में, जो हिंसात्मक कार्रवाईयों के लिए क़ैद किए गये थे, गवर्नरों के अ-सहमत होने के वजह से देरी इसी मामले पर 1938 के शुरू में बात बहुत बढ़ गई, और दो कांग्रेसी सरकारों ने (संयुक्त प्रांत और बिहार में) अपने इस्तीफे भी पेश कर दिये। इस पर गवर्नर ने अपना विरोध वापस लिया और क़ैदी छोड़ दिये गए।

❒

4. हिंदुस्तान में ब्रिटिश-अनुदारता बनाम भारतीय गतिशीलता

नई प्रांतीय असेंबलियों में देहाती हलक़ों की नुमाइंदगी बहुत ज़्यादा थी और इसका लाज़िमी नतीजा यह हुआ कि उन सब में कृषि संबंधी सुधारों की मांग हुई। स्थायी बंदोबस्त

और दूसरे कारणों से बंगाल में काश्तकारों की हालत सब जगह से ज़्यादा ख़राब थी। उनके बाद उन सब बड़े-बड़े सूबों का नंबर था, यहां ज़मींदारी प्रथा थी। इनमें खास सूबे थे बिहार और संयुक्त प्रांत। उसके बाद वे सूबे थे, जहां शुरू में काश्तकार को खुद ज़मीन का मालिक बनाया गया था, लेकिन वहां बड़ी-बड़ी ज़मींदारियां भी बन गई थीं। ये सूबे थे मद्रास, बंबई और पंजाब। बंगाल में हर कारगर सुधार के रास्ते में स्थायी बंदोबस्त की अड़चन थी। क़रीब-क़रीब सभी आदमी इस मामले के एकमत हैं कि स्थायी बंदोबस्त ख़त्म हो जाना चाहिए, यहांतक कि एक सरकारी कमीशन ने भी इसको ख़त्म करने की सिफ़ारिश की है, लेकिन निहित स्वार्थोंवाले ऐसा इंतज़ाम करते हैं कि यह तब्दीली रुक जाती है या उसमें देर हो जाती है। इस मामले में पंजाब खुशक़िस्मत रहा, क्योंकि उसके पास नई ज़मीन थी।

कांग्रेस के लिए कृषि-संबंधी सवाल ख़ास सामाजिक मसला था और उसके अध्ययन और इस संबंध में नीति बनाने के लिए काफ़ी समय दिया गया था। यह नीति हर सूबे में अलग-अलग थी, क्योंकि हर सूबे की हालत अलग-अलग थी और साथ ही सूबों की कांग्रेस कमेटियों का वर्ग-गठन अलग-अलग था। केंद्रीय संस्था द्वारा निर्धारित एक अखिल भारतीय नीति थी, जिसमें हर सूबे ने अपनी हालत विशेष को ध्यान में रखकर और बातें जोड़ लीं। इस लिहाज़ से संयुक्त प्रांत की कांग्रेस सबसे आगे थी और वह इस नतीजे पर पहुंच गई थी कि ज़मींदारी प्रथा को खत्म कर देना चाहिए। गवर्नर और वाइसराय के विशेषाधिकारों और सूबे के ऊपरी सदन को, जिनमें ज़्यादातर ज़मींदार थे, छोड़ने पर भी 1935 के गवर्नमेंट ऑव इंडिया एक्ट के मातहत ऐसा करना नामुमकिन था। इसलिए इस ढांचे के ऊपरी घेरे के अंदर ही तब्दीली करनी थी। हां, यह बात दूसरी थी कि कोई क्रांतिकारी बात उठ खड़ी हो और वह खुद इस प्रथा को ख़त्म कर दे। इसलिए सुधार करना मुश्किल हो गया और उसमें बहुत-सी उलझनें पैदा हुईं और इसमें आशा से अधिक समय लगा।

फिर भी कृषि-संबंधी महत्त्वपूर्ण सुधार किये गए और साथ ही देहाती कर्ज़ की समस्या पर भी प्रहार किया गया। इसी तरह कारख़ानों में मज़दूरों की हालत, सार्वजनिक स्वास्थ्य और सफ़ाई, स्थानीय स्वराज्य संस्थाओं, प्रारंभिक और विश्वविद्यालय की उच्च शिक्षा, साक्षरता, उद्योग, ग्रामोन्नति आदि दूसरे मसलों को सुलझाया गया। पहली सरकारों ने इन सामाजिक, सांस्कृतिक और आर्थिक समस्याओं को भुला दिया था और ध्यान से उतार दिया था; उनका काम तो पुलिस और कर वसूली विभाग को कुशल बनाना था और वे बाक़ी विभागों को अपने ढंग से चलने की इजाज़त देती थीं। कभी-कभी थोड़ी- सी कोशिश की गई थी, और कमीशनें और जांच कमेटियां नियुक्त की गई थीं और ये बरसों के सफ़र और मेहनत के बाद लंबी-चौड़ी रिपोर्ट तैयार करती। तब वे रिपोर्ट अपनी-अपनी दराज़ों में रख दी जातीं और उन पर कोई कार्रवाई नहीं की जाती। यही नहीं, बल्कि बार-बार सार्वजनिक मांग के होते हुए भी सही और पूरे आंकड़े भी इकट्ठे नहीं किये गए थे। किसी भी दिशा में प्रगति करने के मामले में इन आंकड़ों की कमी और पूरी-पूरी ख़बर के अभाव से बड़ी भारी

रुकावट रही है। इस तरह आम हुकूमती काम के अलावा प्रांतीय सरकारों के सामने काम का पहाड़ था, जो बरसों की लापरवाही का नतीजा था, और हर तरफ़ ऐसी समस्याएं थीं, जिन पर फ़ौरन ध्यान देना ज़रूरी था। पुलिस सरकार को बदलकर जन-नियंत्रित सरकार बनाना था। एक तो वैसे ही यह काम कोई आसान काम नहीं था, फिर उनके महदूद अधिकारों की वजह से, लोगों की ग़रीबी की वजह से और प्रांतीय और केंद्रीय सरकार के (जो वाइसराय के मातहत पूरी तरह स्वेच्छाचारी और तानाशाही थी) जुदा दृष्टिकोण होने की वजह से, यह काम और भी ज़्यादा मुश्किल हो गया।

इन सब खामियों और रुकावटों को हम जानने थे और हम अपने दिल में यह महसूस करते थे कि जबतक हालतों में जड़ से तब्दीली न आये, तबतक हम ज़्यादा बड़ा काम नहीं कर सकते थे और इसलिए आज़ादी की प्रबल इच्छा थी, फिर भी आगे बढ़ने की लालसा हममें भरी हुई थी, और हमारी ख्वाहिश थी कि दूसरे देशों को, जो कई ढंग से आगे बढ़े हुए थे, हम दौड़कर पकड़ लें। संयुक्त राज्य अमरीका हमारे सामने था, और यही नहीं, कुछ पूरबी देश भी थे, जो तेज़ी से आगे बढ़ रहे थे। लेकिन हमारे सामने जो बड़ी मिसाल थी, वह थी सोवियत संघ की; जिसने लड़ाई, आंतरिक संघर्ष और अदम्य प्रतीत होनेवाली कठिनाइयों से भरे बीस बरसों के अंदर ही बड़ी भारी तरक़्क़ी की थी। साम्यवाद की तरफ़ कुछ लोग खिंचे और कुछ लोग नहीं भी खिंचे थे, लेकिन सब लोग शिक्षा, संस्कृति, स्वास्थ्य-प्रबंध, शरीर रक्षा और राष्ट्रीयताओं के मसलों के हल के बारे में सोवियत संघ की प्रगति से आकर्षित हुए थे। वे लोग पुराने पचड़ों से सोवियत संघ के एक नया संसार बनाने के आश्चर्यपूर्ण भगीरथ प्रयत्न से प्रभावित थे। यहां तक कि श्री रवींद्रनाथ ठाकुर, जो बहुत ज़्यादा व्यक्तिवादी थे और जो साम्यवाद के कुछ पहलुओं से खुश नहीं थे, इस नई सभ्यता के प्रशंसक बन गए, और उन्होंने अपने देश की मौजूदा अवस्था के साथ उसका मिलान किया। अपने आख़िरी संदेसे में, जो उन्होंने मृत्यु शैया से दिया था, उन्होंने सोवियत रूस की उस लगन और उसकी बारह कोशिशों की चर्चा की, "जिससे उसने रोग और निरक्षरता का मुक़ाबला किया और अज्ञान और निर्धनता को मिटाने में कामयाबी हासिल की और एक महादेश के मुंह पर से हीनता की भावना को मिटा दिया। उसकी सभ्यता वर्गों और मतों के आपस के भेद-भावों से बिलकुल मुक्त है। उसकी तेज़ और आश्चर्यपूर्ण प्रगति से मुझे एक साथ ही प्रसन्नता और ईर्ष्या दोनों हुईं।... जब मैं दूसरी जगह दो सौ राष्ट्रीयताएं देखता हूं, जो कुछ बरस पहले ही विकास के जुदा-जुदा स्तरों पर थीं और जो अब एक साथ प्रेमपूर्वक आगे बढ़ रही हैं, और जब मैं अपने देश की तरफ़ देखता हूं, जहां विकसित और बुद्धिमान मनुष्य बर्बरता के बहाव में बह रहे हैं, तो मुझे विवश होकर दोनों जगहों की सरकारों का फ़र्क़ दिखाई देता है—एक सहयोग के सहारे चलती है, और दूसरी की बुनियाद शोषण पर है, और इसी वजह से यह भेद-भाव मुमकिन है।"

अगर दूसरे लोग यह कर सकते हैं, तो हम क्यों नहीं कर सकते? हमें अपनी सामर्थ्य

में, अपनी बुद्धि में, अपनी लगन में, अपनी सहनशीलता में और सफलता में भरोसा था। हम अपनी मुश्किलों को, अपनी ग़रीबी और पिछड़ेपन को, अपने प्रतिक्रियावादी दलों और वर्गों को और आपसी फ़र्क़ को जानते थे, फिर भी हम उनका सामना कर उन्हें जीत सकते हैं। हम जानते थे कि क़ीमत बहुत महंगी है, फिर भी हम उसे देने के लिए तैयार थे, क्योंकि अपनी मौजूदा हालत में जो क़ीमत हम रोज़ाना चुका रहे थे, उससे ज़्यादा और कोई क़ीमत नहीं हो सकती थी। लेकिन हम अपनी नई समस्याओं का हल किस तरह शुरू करते, जब हर घुमाव पर ब्रिटिश राज्य और ब्रिटिश आधिपत्य की समस्या का हमको सामना करना पड़ता और जो हमारे हर प्रयत्न को बेकार कर देता।

फिर भी, चूंकि इन सूबों की सरकारों में हमारे लिए अवसर था (चाहे वह कितना ही सीमित और संकुचित क्यों न हो), हम उससे पूरा-पूरा फ़ायदा उठाना चाहते थे। लेकिन हमारे मंत्रियों के लिए यह बड़ा जी तोड़नेवाला काम था। वे बेहद काम और ज़िम्मेदारी से घिरे हुए थे, क्योंकि न तो उनमें सामंजस्य था और न समान दृष्टिकोण था। बदक़िस्मती से इन मंत्रियों की संख्या बहुत छोटी थी। उनसे यह उम्मीद की जाती थी कि वे सादा रहन-सहन की और सार्वजनिक खर्च में किफ़ायत की मिसाल पेश करेंगे। उनकी तनख़्वाहें थोड़ी थीं और एक विचित्र दृश्य दिखाई देता कि उस मंत्री के सेक्रेटरी या दूसरे मातहत लोग, जो इंडियन सिविल सर्विस के सदस्य थे, तनख़्वाह और भत्ता मिलाकर इतना रुपया पाते थे, जो मंत्रियों के वेतन से चार या पांच गुना था। हम लोग सिविल सर्विसवालों की तनख़्वाह में हाथ भी नहीं लगा सकते थे। यही नहीं, रेल से मंत्री दूसरे या कभी-कभी तीसरे दरजे में सफ़र करता, जबकि उसका सहकारी उसी गाड़ी में पहले दरजे में या ठाठ के साथ रिज़र्व डिब्बे में सफ़र करता !

अक्सर यह कहा गया है कि केंद्रीय कांग्रेस कार्यकारिणी ने ऊपर से हुक्म करके इन सूबों की सरकारों के काम में बराबर दख़ल दिया। यह बिलकुल ग़लत बात है। अंदरूनी इंतज़ाम में कोई भी हस्तक्षेप नहीं था। कांग्रेस कार्यकारिणी जो चीज़ चाहती थी, वह यह थी कि सारे बुनियादी राजनैतिक मामलों में सब सूबों की सरकारों की एक-सी नीति हो और वह कांग्रेसी कार्यक्रम, जो चुनाव के घोषणा-पत्र में रखा गया था, जहांतक मुमकिन हो, आगे बढ़ाया जाय। ख़ासतौर से गवर्नरों और हिंदुस्तान सरकार के प्रति इनकी नीति एक-सी होती थी।

केंद्रीय सरकार में, जो अब भी बिलकुल ग़ैर- ज़िम्मेदार और तानाशाही थी, कोई रद्दो-बदल किये बिना प्रांतीय स्वशासन का कार्यक्रम चालू करने का एक ज़्यादा मुमकिन नतीजा यह था कि प्रांतीयता और भेद की तरक़्क़ी हो और इस तरह हिंदुस्तानी एकता की भावना कम हो। तोड़-फोड़वाले हिस्सों और प्रवृत्तियों को बढ़ावा देने की अपनी नीति को आगे बढ़ाते वक़्त शायद यह बात ब्रिटिश सरकार के ध्यान में थी। हिंदुस्तान सरकार, जो न तो हटाई जा सकती थी और जो ब्रिटिश साम्राज्यवाद की पुरानी परिपाटी की नुमाइंदगी करती थी, अब चट्टान की तरह मज़बूती के साथ जमी हुई थी, और हर सूबे की सरकार के

साथ उसकी एक-सी नीति थी। नई दिल्ली और शिमला की हिदायतों के मुताबिक गवर्नर भी उसी तरह काम करते थे। यदि कांग्रेसी सूबों की सरकारों की प्रतिक्रिया अलग-अलग हुई होती, और सबकी अपनी निजी नीति होती, तो उनका क़िस्सा अलग-अलग ख़त्म कर दिया जाता। इसलिए यह लाज़िमी था कि ये सूबों की सरकारें एक साथ रहें, और हिंदुस्तान-सरकार के सामने एक मिला-जुला मोर्चा लें। दूसरी तरफ़ खुद हिंदुस्तान-सरकार भी इस बात की फ़िक्र में थी कि इनका आपसी सहयोग टूट जाय और वह हर सूबे की सरकार से अलग-अलग निबटना चाहती थी और वह दूसरी जगह मिलते-जुलते मसलों का ज़िक्र भी नहीं उठाना चाहती थी।

अगस्त, 1937 में सूबों की कांग्रेसी सरकारों के क़ायम होने के बाद फ़ौरन ही कांग्रेस-कार्य समिति ने निम्नलिखित प्रस्ताव पास किया:

"कार्य-समिति कांग्रेसी मंत्रियों से इस बात की सिफ़ारिस करती है कि वे विशेषज्ञों की एक कमेटी नियुक्त करें, जो उन ज़रूरी और अहम मसलों पर गौर करे, जिनका हल राष्ट्रीय पुनर्निर्माण और सामाजिक आयोजन की किसी भी योजना के लिए ज़रूरी है। इस हल के लिए व्यापक सर्वे करनी होगी और आंकड़े इकट्ठे करने होंगे और साथ ही एक सुस्पष्ट और सुनिश्चित सामाजिक आदर्श ज़रूरी होगा। इनमें से बहुत-से मसलों का प्रांतीय आधार पर पूरा-पूरा हल नहीं होगा, क्योंकि एक-दूसरे से लगे हुए प्रांतों के हित आपस में घुले-मिले हैं। नदियों की विस्तृत सर्वे करना है, ताकि ऐसी नीति निर्धारित हो सके कि विनाशकारी बाढ़ें रोकी जा सकें और उनके पानी से सिंचाई के काम में फ़ायदा उठाया जा सके, ज़मीन के कटाव का मसला सोचा जा सके, मलेरिया रोका जा सके और पानी से बिजली पैदा करने की या ऐसी ही और दूसरी योजनाओं पर ग़ौर हो सके। इस मक़सद के लिए सारी नदी-घाटी की जांच और सर्वे हो और बड़े पैमाने पर सरकारी तौर से योजना बने। उद्योग-धंधों की तरक़्क़ी और नियंत्रण के लिए कितने ही सूबों का मिल-जुलकर एक साथ काम करना ज़रूरी है। इसलिए कार्य समिति यह सलाह देती है कि पहले विशेषज्ञों की अंतर्प्रांतीय कमेटी नियुक्त की जाय, जो समस्याओं की साधारण प्रकृति पर गौर करे और वह अपनी राय ज़ाहिर करे कि किस तरह और किस ढंग से उनको हल करने के लिए बढ़ा जाय। विशेषज्ञों की यह कमेटी अलग-अलग समस्याओं के लिए अलग-अलग कमेटी या बोर्ड तैनात करने की सलाह दे सकती है और ये कमेटियां संबंधित प्रांतीय सरकारों को मिल-जुलकर काम करने और कार्यक्रम के संबंध में सलाह दे सकती हैं।"

इस प्रस्ताव से उस सलाह की झलक मिलती है, जो किसी वक़्त सूबों की सरकारों को दी गई थी। इससे यह भी ज़ाहिर होता है कि आर्थिक और औद्योगिक क्षेत्र में सूबों की सरकारों में आपसी सहयोग बढ़ाने के लिए कांग्रेस-कार्यसमिति कितनी ख़्वाहिशमंद थी। हालांकि सलाह कांग्रेसी सरकारों के नाम दी गई थी, फिर भी वह सिर्फ़ उन्हीं तक सीमित नहीं थी। नदियों की विस्तृत सर्वे में सूबों की सीमाएं टूट जाती थीं; गंगा नदी की घाटी की

सर्वे और गंगा-नदी-कमीशन नियुक्त करना उसी वक़्त संभव था, जब तीन प्रांतीय सरकारें, यानी संयुक्त प्रांत, बिहार और बंगाल, एक-दूसरों का साथ दें। इस काम का बेहद महत्त्व है और आज भी यह करना बाक़ी है।

इस प्रस्ताव से यह भी ज़ाहिर है कि कांग्रेस बड़े पैमाने पर उठाई गई सरकारी योजना को कितना महत्त्व देती है। जबतक केंद्रीय सरकार लोकप्रिय नियंत्रण में नहीं थी, और जबतक सूबों की सरकारों पर से बेड़ियां नहीं हटती थीं, तबतक इस तरह की योजना बनाना असंभव था। फिर भी हमें ऐसी उम्मीद थी कि कुछ ज़रूरी प्रारंभिक कार्य किया जा सकता है और भविष्य की योजनाओं की बुनियाद रखी जा सकती है। 1938 के आख़िरी महीनों में नेशनल प्लानिंग कमेटी (राष्ट्रीय आयोजना समिति) बनी और मैं उसका सभापति हुआ।

मैं अक्सर कांग्रेसी सरकारों के काम की आलोचना करता और उनकी प्रगति के धीमेपन पर झुंझलाता। लेकिन अब सिंहावलोकन करते हुए उनके कारनामों पर, जो उन्होंने सवा दो साल के छोटे-से अरसे में दिखाये, मैं आश्चर्य में पड़ जाता हूं। उनके ये कारनामे उन अनगिनत मुश्किलों के बावजूद थे, जो उन्हें बराबर घेरे रहती थीं। बदक़िस्मती 'से उनके कुछ अहम कामों का नतीजा नहीं निकल पाया, क्योंकि जिस वक़्त वह पूरा होने को था, उन लोगों ने इस्तीफ़ा दे दिया और बाद में उनके वारिस ने, यानी ब्रिटिश गवर्नर ने, उस काम को ढहा दिया। खेतिहर और मज़दूर दोनों ही तरह की जनता को फ़ायदा हुआ और उनकी ताक़त बढ़ गई। एक अत्यंत महत्त्वपूर्ण और गहरी उपलब्धि यह थी कि बुनियादी शिक्षा नाम की एक व्यापक शिक्षा प्रणाली को शुरू कर दिया गया। इसकी बुनियाद सिर्फ़ शिक्षा के नवीनतम सिद्धांत पर ही नहीं थी, बल्कि हिंदुस्तानी हालतों के लिए यह ख़ासतौर से मौंजू थी।

हर एक निहित स्वार्थ ने प्रगतिशील परिवर्तन के रास्ते में अड़चनें डालीं। कानपुर के सूती कपड़े के कारख़ानों में मज़दूरों की हालतों के सिलसिले में जांच करने के लिए संयुक्त प्रांतीय सरकार ने एक कमेटी मुकर्रिर की। इस कमेटी के साथ मिल-मालिकों ने (ख़ासकर यूरोपीय लोगों ने वैसे तो उनमें कुछ हिंदुस्तानी भी शामिल थे) ज़्यादा से ज़्यादा अशिष्ट बरताव किया, और उन्होंने बहुत-सी बातें और आंकड़े बताने से इन्कार कर दिया। मज़दूरों को बहुत अरसे से मिल मालिकों और सरकार के संगठित विरोध का सामना करना पड़ा था और पुलिस मिल मालिकों की मदद को हमेशा तैयार रहती थी। इसलिए इस नीति में कांग्रेसी सरकरों ने जो रद्दो-बदल की, वह मिल मालिकों को नागवार मालूम हुई। श्री बी० शिवराव, जिन्हें हिंदुस्तान में मज़दूर आंदोलन का लंबा तजुरबा है और जो उसके उदार पक्ष के हैं, हिंदुस्तान में मिल मालिकों की चाल के बारे में लिखते हैं-" हड़ताल के मौक़ों पर मिल मालिकों में जो औचित्य-अभाव और कार्य-क्षमता दिखाई देती है और जिस तरह पुलिस की मदद ली जाती है, उस पर उन लोगों को, जो हिंदुस्तानी परिस्थितियों से अपरिचित हैं, विश्वास नहीं होगा।" ज़्यादातर देशों की सरकारें, अपने गठन के कारण मिल मालिकों

की तरफ़ झुकी हुई हैं। श्री शिवराव बताते हैं कि हिंदुस्तान में इसकी एक ख़ास वजह और है-"व्यक्तिगत शत्रुभाव के अलावा कुछ अपवादों को छोड़कर हिंदुस्तान में हाकिमों में इस बात का डर सवार रहता है कि यदि ट्रेड यूनियनों को बढ़ने का मौक़ा दिया जाय, तो यह लोकव्यापी जागृति में सहायक होगा और भारत में राजनैतिक संघर्ष के समय-समय पर असहयोग तथा सविनय अवज्ञा आंदोलन की शक़्ल में उभरते रहने की वजह से उन लोगों ने शायद यह महसूस किया कि इस हालत में जन संगठन के सिलसिले में कोई जोखिम उठाना मुनासिब नहीं है।"[99]

सरकारें नीति निश्चित करती हैं, विधानमंडल क़ानून बनाते हैं; लेकिन इस नीति को अमल में लाना और इन क़ानूनों को लागू करना, आख़िर में स्थायी सेवाओं और इंतज़ामी महक़मों पर निर्भर होता है। प्रांतीय सरकारों को इस तरह लाज़िमी तौर पर स्थायी सेवाओं और खास तौर से इंडियन सिविल सर्विस और पुलिस पर भरोसा करना पड़ता था। ये सेवाएं एक तानाशाही की और जुदा परंपरा में पली थीं और वे इस नये वातावरण को और जनता की अपने अधिकारों पर ज़ोर देने की प्रवृत्ति को नापसंद करती थीं। उन्हें यह बात नापसंद थी कि उनकी निजी अहमियत कम हो और वे उन लोगों के मातहत हों, जिनको वे गिरफ़्तार करने और जेल भेजने के आदी थे। शुरू-शुरू में तो उनमें शंकाएं उपजीं कि न जाने क्या होगा। लेकिन कोई ख़ास क्रांतिकारी बात नहीं हुई, और धीरे-धीरे वे अपने पुराने ढर्रे पर जम गए। मंत्रियों के लिए उन लोगों के काम में दखल देना आसान नहीं था और कुछ ख़ास हालतों में साफ़ सबूत होने पर ही वे ऐसा कर सकते थे। सेवाओं का एक घनिष्ठ संगठन था और अगर किसी आदमी का तबादला किया जाता तो उसकी जगह आनेवाला आदमी भी संभवतः उसी ढंग से काम करता। सेवाओं की पुरानी प्रतिक्रियावादी और निरंकुश मनोवृत्ति को अचानक ही पूरी तरह बदलना नामुमकिन था। कुछ शख़्स बदल सकते थे, कुछ नई हालतों से मेल बिठाने की कोशिश कर सकते थे, लेकिन उनकी एक बहुत ही बड़ी तादाद दूसरे ही ढंग से सोचती थी और हमेशा एक दूसरे ही ढंग से काम करती आई थी। उनमें अचानक ही ऐसा महान परिवर्तन कैसे हो सकता था और वे एकदम एक नई परंपरा के कट्टर हामी कैसे हो सकते थे? ज़्यादा-से-ज़्यादा उनकी एक जड़ और निश्चेष्ट निष्ठा हो सकती थी; असलियत के बमूजिब इस नये काम में उनका कोई खास उत्साह हो ही नहीं सकता था, क्योंकि एक तो उनका उसमें विश्वास ही नहीं था, और दूसरे, उससे उनके निजी निहित स्वार्थों को भी धक्का लगता था। बदकिस्मती से आमतौर पर इस निश्चेष्ट निष्ठा का भी अभाव था।

सिविल सर्विस के बड़े सदस्यों में, जो अरसे से तानाशाही के ढंग और निरंकुश शासन के आदी थे, एक ऐसी भावना थी कि ये मंत्री लोग और असेंबली के मेंबर एक ऐसे मैदान में दखल देनेवाले हैं, जो बिलकुल उन्हीं (सिविल सर्विसवालों) के लिए रिज़र्व हो चुका है। यह पुरानी धारणा कि ये स्थायी सेवाएं और ख़ासतौर से उनका ब्रिटिश अंश ही हिंदुस्तान

99. बी० शिवराव : 'दि इंडस्ट्रियल वर्कर इन इंडिया' (लंदन, 1939)

था और बाक़ी सब तो महत्त्वहीन और फालतू था, गहरी जमी हुई थी। इन नये आदमियों को बरदाश्त करना आसान नहीं था और फिर उनसे हुक्म लेना तो और भी ज़्यादा मुश्किल था। उनको ऐसा महसूस हुआ, जैसा किसी कट्टर हिंदू को उस वक़्त महसूस होता है, जब अछूत उसके निजी मंदिर के पवित्र स्थानों में ज़बरदस्ती घुस हों। जातीय बड़प्पन और शान की इमारत, जो इतनी मेहनत से तैयार की गई थी और जो उनके लिए मज़हब-जैसी चीज़ बन गई थी, अब चटख रही थी। ऐसा कहा जाता है कि चीनियों का 'चेहरे' में बहुत विश्वास होता है, फिर भी मुझे इस बात में शक है कि 'चेहरे' के प्रति उनकी इतनी ममता होगी, जितनी हिंदुस्तान में रहनेवाले ब्रिटिश लोगों की है। इन लोगों के लिए यह व्यक्तिगत, जातीय या राष्ट्रीय शान की ही चीज़ नहीं है; उसका उनके राज्य और निहित स्वार्थों से भी घनिष्ठ संबंध है।

फिर भी इन हस्तक्षेप करनेवालों को उन्हें बरदाश्त करना था, लेकिन ज्यों-ज्यों ख़तरे की भावना दूर हटती गई, यह सहनशीलता भी धीरे-धीरे कम होती गई। हुकूमत के हर विभाग में यह रुख़ समाया हुआ था, और राजधानी से दूर ज़िलों में तो यह ख़ासतौर से ज़ाहिर था— ख़ासतौर से उन महक़मों में, जो शांति और व्यवस्था से संबंधित थे और जिनके सिलसिले में जिला मजिस्ट्रेट और पुलिस को ख़ास हक़ हासिल थे। नागरिक स्वतंत्रता पर कांग्रेसी सरकारों के ज़ोर देने की वजह से मुक़ामी हाकिमों को बहाना मिल गया और उन्होंने ऐसी चीज़ें होने दी, जिनके लिए आमतौर पर कोई भी सरकार इजाज़त नहीं देती। असल में मुझे तो इस बात का पक्का यक़ीन है कि मौक़ों पर तो इन अवांछनीय घटनाओं के लिए मुक़ामी हाकिमों या पुलिस से बढ़ावा मिला। जो बहुत-से फिरकेवार झगड़े हुए, उनकी बहुत-सी वजहें थीं, लेकिन यह बात है कि हर मौके पर मजिस्ट्रेट और पुलिस निर्दोष नहीं थे। तजुरबे से यह बात मालूम हुई कि मौक़े पर कुशलता से और फुर्ती से काम लेने से झगड़ा खत्म हो गया। जो चीज़ हमको बार-बार देखने को मिली, एक हैरत-अंग्रेज़ काहिली थी। उन मौक़ों पर जान-बूझकर अपने फ़र्ज़ की अदायगी को टाल दिया जाता था। यह बात साफ़ हो गई कि उनका उद्देश्य कांग्रेसी सरकारों को बदनाम करना था। संयुक्त प्रांत के औद्योगिक नगर कानपुर में, मुकामी हाकिमों की बद- इंतज़ामी और निकम्मेपन की एक खास मिसाल सामने आई और यह बात इरादतन ही हो सकती थी। फिरक़ेवार झगड़े, जिनसे कभी-कभी मुक़ामी दंगे हो जाया करते थे, 1930 के कुछ पहले के और कुछ बाद के बरसों में नज़र आते थे। कांग्रेसी सरकारों के दफ़्तर संभालने के बाद कई ढंग से वे बहुत कम हुए। उसकी शक़्ल बदल गई, और अब वह निश्चित रूप से राजनैतिक थी, और अब जान-बूझकर उसको बढ़ावा दिया जाता था और उसका संगठन किया जाता था।

सिविल सर्विस की एक ख़ास शोहरत थी, जिसे खुद उसने फैला रखा था, यानी यह कि वह बहुत कार्य-कुशल है। लेकिन यह बात साफ़ हो गई कि उस संकरे दायरे के काम के अलावा, जिसके लिए वह अभ्यस्त थी, वह बेवस और निकम्मी थी। लोकतंत्री ढंग से

काम करने की उसको शिक्षा नहीं मिली थी और उसको जनता का सहयोग और उसकी सद्भावनाएं नहीं मिल सकती थीं, और साथ ही उसे जनता से डर भी था और नफ़रत भी थी। सामाजिक प्रगति की तीव्रगामी बड़ी योजनाओं का उसको कोई अंदाज़ नहीं था; और वह अपनी कल्पनाहीनता और अपने साहबी ढंग से उनमें सिर्फ़ अड़चन ही डाल सकती थी। कुछ लोगों को छोड़कर, उच्चतर सेवाओं के अंग्रेज़ों और हिंदुस्तानियों, दोनों पर ही, यह बात लागू थी। उन नये कामों के लिए, जो उनके सामने थे, वे एकदम से ग़ैर-मौजूं थे।

वैसे तो जन-प्रतिनिधियों में भी बहुत अयोग्यता और बहुत-सी ख़ामियां थीं, लेकिन शक्ति और उत्साह से जन-साधारण के संपर्क में यह कमी पूरी हो जाती थी। उन लोगों की ख़्वाहिश थी और उनमें यह ताक़त थी कि अपनी निजी ग़लतियों से आगे के लिए सबक़ सीखते। उनमें शक्ति थी, छलकती हुई ज़िंदगी थी, तनाव का ध्यान था, काम को किसी-न-किसी तरह पूरा करने की ख़्वाहिश थी। ब्रिटिश शासक वर्ग और उनके साथियों की उपेक्षा और अनुदारता से मिलान करते हुए एक विचित्र असाम्य दिखाई देता था। इस तरह हिंदुस्तान में, जो परंपराओं का देश था, एक व्यंग्यचित्र दिखाई दिया। अंग्रेज़, जो एक सक्रिय समाज के नुमाइंदे की हैसियत से यहां आये थे, वे अब निष्क्रिय समाज की अपरिवर्तनशील परंपरा के ख़ास खंभे बन गए थे। हिंदुस्तानियों में ऐसे बहुत-से लोग थे, जो नई सक्रिय परंपरा की नुमाइंदगी करते थे और जो सिर्फ़ राजनैतिक क्षेत्र में ही नहीं, बल्कि सामाजिक और आर्थिक क्षेत्र में भी परिवर्तन करने के लिए उत्सुक थे। हां, उन हिंदुस्तानियों के पीछे बड़ी-बड़ी ताक़तें काम कर रही थीं, जिनका शायद खुद उनको भी पता नहीं था। अभिनय के इस व्यंग से यह सचाई ज़रूर ज़ाहिर होती थी कि गुज़रे हुए ज़माने में हिंदुस्तान में अंगेज़ों ने चाहे जो सृजनात्मक और प्रगतिशील काम किया हो, लेकिन अब बहुत अरसे से वह ख़त्म हो गया है, और अब वह हर तरह की तरक़्क़ी के लिए रुकावट डालनेवाला है। उनकी अफ़सरी ज़िंदगी का रवैया धीमा था और वे हिंदुस्तान के सामने जो अहम मसले थे, उनका हल करने में असमर्थ थे। उनके कथन तक, जिनमें कुछ स्पष्टता और दृढ़ता थी, अब अस्तित्वहीन, अनुपयुक्त और खोखले होते थे।

एक इस प्रकार का कथन प्रचलित है, जिसका ब्रिटिश अधिकारियों ने प्रचार किया है कि अपनी उच्चतर सेवाओं के ज़रिये ब्रिटिश सरकार हमको स्व- शासन की कठिन और जटिल कला सिखाती रही। अंग्रेज़ों के यहां आने और हमको सीख देने के हज़ारों बरस पहले हम अपना काम खुद और वह भी काफ़ी कामयाबी के साथ करते आये थे। बेशक हममें कुछ अच्छे गुणों की कमी है, जो हममें होने चाहिए। लेकिन कुछ भूले हुए लोग तो यहांतक कहते हैं कि हमारे अंदर ये कमियां ब्रिटिश हुकूमत के ही दौरान में आ गई हैं। हमारी ख़ामियां चाहे जो हों, हमको यह बात साफ़ मालूम देती थी कि यहां की स्थायी सेवाएं हिंदुस्तान को किसी भी तरक़्क़ी की दिशा में ले जाने के लिए बिलकुल असमर्थ हैं। ठीक उन्हीं गुणों ने, जो उनमें थे, उनको निकम्मा बना दिया था, क्योंकि पुलिस-राज में जिन गुणों की ज़रूरत होती

है, वे उन गुणों से, जिनकी प्रगतिशील लोकतंत्री समाज में ज़रूरत होती है, बिलकुल जुदा होते हैं। इससे पहले कि दूसरों को सिखाने की सोचें, उनके लिए अपनी शिक्षा को भूल जाना ज़रूरी था और उनको लेय[100] नदी में नहाना था, ताकि वे अपने विगत काल को बिलकुल भूल जायें।

निरंकुश केंद्रीय सरकारों के नीचे सूबों की लोकप्रिय सरकारों की अजीब स्थिति थी और इस वजह से तरह-तरह की असाम्य स्थिति देखने को मिली। कांग्रेसी सरकारें नागरिक स्वतंत्रता को बनाये रखने के लिए उत्सुक थीं और उन्होंने सूबों के खुफ़िया विभाग की व्यापक कार्रवाइयों को रोका। इस खुफिया विभाग का ख़ास काम राजनीतिज्ञों का और उन लोगों का, जिनको सरकार विरोधी विचारों का समझा जाता था, पीछा करना था। जहां एक तरफ़ ये कार्रवाईयां रोक दी गईं, वहां शाही (केंद्रीय) खुफ़िया विभाग बराबर और शायद पहले से भी ज़्यादा ज़ोरों के साथ काम करता रहा। सिर्फ़ हमारे ही ख़तों पर सेंसर नहीं होता था, बल्कि मंत्रियों तक के पत्र-व्यवहार का भी सेंसर होता था, लेकिन यह सब चुपचाप होता था और सरकारी तौर पर मंजूर नहीं किया जाता था। पिछले पच्चीस या इससे भी ज़्यादा बरसों से मैंने ऐसा एक भी खत नहीं लिखा, जिसको मैंने हिंदुस्तान में डाला हो, फिर चाहे उसे हिंदुस्तान भेजना हो या विदेश, जिसको लिखते वक़्त मुझे यह ध्यान न रहा हो कि यह देखा जायेगा और शायद इसकी नक़ल भी की जायगी। टेलीफ़ोन पर बात करते हुए भी मुझे इस बात का ध्यान रहता है कि संभवतः मेरी बातचीत बीच में सुनी जाये। जो पत्र मेरे पास आये हैं, उनको भी सेंसर से गुज़रना पड़ा है। इसके मानी ये नहीं हैं कि हमेशा ही और हर ख़त का सेंसर होता है; कभी-कभी सब ख़तों को देखा गया है और कभी-कभी कुछ घंटे हुए ख़तों को ही। इसका लड़ाई से कोई ताल्लुक़ नहीं है; उस वक़्त तो दोहरा सेंसर होता है।

ख़ुशकिस्मती से हम लोगों ने हमेशा खुले में काम किया और हमारी राजनैतिक कार्रवाइयों में छिपाने की कोई भी चीज़ नहीं रही। फिर भी इस ख़याल का बराबर बना रहना कि हमको सुना जायेगा, हमारा पीछा किया जायेगा और हमारे पत्र-व्यवहार का सेंसर किया जायेगा, अच्छा नहीं लगता, उससे झुंझलाहट पैदा होती है और एक तरह की रोक रखनी होती है, जिससे कभी-कभी आपसी रिश्तों पर भी बुरा असर पड़ता है। सेंसर ऊपर से झांक रहा हो, तो मन की बात लिखना आसान नहीं होता।

मंत्रियों को बहुत मेहनत करनी होती थी और कुछ की तो तंदुरुस्ती ने साथ छोड़ दिया। उनका स्वास्थ्य गिर गया और उनकी सारी ताज़गी गायब हो गई और उनका बिलकुल थका हुआ और मुरझाया हुआ शरीर बाक़ी बच रहा। लेकिन उद्देश्य के प्रति उनकी निष्ठा उनको खींच ले चली और उन्होंने अपने आई०सी०एस० सेक्रेटरियों और उनके सहकारियों से भी खूब काम कराया; उनके दफ्तरों की बिजलियां काफ़ी रात गए तक जलती रहतीं। जब

100. यूनानी गाथाओं में वर्णित नरक की वह नदी, जिसमें नहाने से नहानेवालों को पिछली बातें भूल जाती हैं। - सं०

नवंबर, 1939 में कांग्रेसी सरकरों ने इस्तीफ़े दिये, तो बहुत-से लोगों ने चैन की सांस ली। इसके बाद सरकारी दफ़्तर फिर तीसरे पहर ठीक चार बजे बंद होने लगे और फिर वे उन मठों के कमरों की तरह हो गए, जहां खामोशी रहती थी और जहां जन-साधारण का स्वागत नहीं था। ज़िंदगी का पुराना रवैया और उसकी धीमी रफ़्तार फिर आ गई और तीसरे पहर और शाम का वक़्त पोलो, टेनिस, ब्रिज, आदि क्लब के खेलों के लिए खाली रहता। दुस्वप्न तिरोहित हो गया था और दैनिक व्यापार और खेल-कूद फिर पुराने ढर्रे से चलाये जा सकते थे। यह सच है कि इस वक़्त सिर्फ़ यूरोप में लड़ाई जारी थी और हिटलर के सैनिकों ने पोलैंड को कुचल दिया था। लेकिन यह सब तो एक दूर देश में था। फ़ौजी सिपाही अपना फ़र्ज़ अदा कर रहे थे; लड़ रहे थे और मर रहे थे। यहां भी फ़र्ज़ अदा करना था और वह फ़र्ज़ यह था कि गोरे आदमियों के बोझ को शान से और क़ाबलियत से ढोया जाय।

कांग्रेसी सरकारों ने सूबों में थोड़े-से अरसे तक काम किया, लेकिन उससे ही हमारी यह धारणा और ज़्यादा पक्की हो गई कि हिंदुस्तान में तरक़्क़ी के लिए सबसे बड़ा रोड़ा वह राजनैतिक और आर्थिक ढांचा है, जो अंग्रेज़ों ने यहां लाद दिया है। यह भी बिलकुल सच था कि बहुत-सी पुरानी आदतें और सामाजिक रीति-रिवाज प्रगति के लिए बाधक थे और उनको हटाना था। फिर भी हिंदुस्तान की अर्थ-व्यवस्था के विकसित होने की पैदाइशी प्रवृत्ति को इन आदतों और रीति-रिवाजों ने इतना नहीं रोका, जितना अंग्रेज़ों के राजनैतिक और आर्थिक घातक फंदे ने रोका। अगर यह फ़ौलादी ढांचा न होता, तो विकास लाज़िमी तौर पर होता और साथ ही बहुत से सामाजिक परिवर्तन होते और बीते हुए रिवाज बगैरह खत्म हो जाते। इसीलिए इस ढांचे को हटाने पर ध्यान देना था; और दूसरे मामलों में जो शक्ति ख़र्च की जाती थी, उससे फ़ायदा नहीं के बराबर था और वह रेगिस्तान में हल चलाने की तरह था। गुज़रे ज़माने की अर्धसामंती ज़मींदारी प्रणाली पर ही उस ढांचे की बुनियाद थी, और साथ ही वह ढांचा उस प्रणाली की हिफ़ाज़त करता था। ब्रिटिश राजनैतिक और आर्थिक ढांचे से हिंदुस्तान में किसी भी तरह का लोकतंत्र मेल नहीं खाता था और उन दोनों में संघर्ष लाज़िमी था। इसलिए 1937-39 का आंशिक लोकतंत्र हमेशा ही संघर्ष के क़रीब बना रहता। इसलिए ब्रिटिश सरकारी मत यह था कि हिंदुस्तान में लोकतंत्र नाकामयाब रहा, क्योंकि वे लोग तो उसको सिर्फ़ इस पैमाने पर ही जो देख सकते थे कि उनका उस ढांचे पर उस मूल्यांकन पर और उन निहित स्वार्थों पर, उन्होंने बनाये थे, क्या असर हुआ। चूंकि जिस लोकतंत्र को वे पसंद कर सकते थे, वह दब्बू ढंग का था और जो लोकतंत्र सामने आया, उसमंब आमूल परिवर्तन करने का इरादा था, इसलिए ब्रिटिश ताक़त के लिए जो रास्ता बचा, वह यही था कि वह फिर से तानाशाही हुकूमत पर आ जाये और लोकतंत्र के सार दिखावे को खत्म कर दे। इस दृष्टिकोण की वृद्धि और यूरोप में फ़ासिस्त-मत के जन्म और तरक्क़ी में एक विशेष साम्य है। यहांतक कि वह क़ानूनी राज्य, जिस पर अंग्रेज़ लोगों को हिंदुस्तान में अभिमान था, अब ख़त्म हुआ और उसकी जगह एक ऐसा घेरा-सा डाल दिया गया, जिसमें आर्डिनेंस और विशेषाधिकारों का राज था।

❐

5. अल्पसंख्यकों का सवाल:मुस्लिम लीग:मोहम्मद अली जिन्ना

पिछले सात बरसों में मुस्लिम लीग की बढ़ती एक असाधारण घटना है। 1906 में जब यह शुरू हुई तो अंग्रेज़ों ने इसको इस इरादे से बढ़ावा दिया कि मुसलमानों की नई पीढ़ी नेशनल कांग्रेस से अलहदा रहे। उसके बाद सामंत तत्त्वों से संचालित, यह एक छोटी- सी उच्च-वर्गीय संस्था रही। आम मुस्लिम जनता में इसका कोई असर नहीं था, और न वह इसको जानती थी। अपनी बनावट से ही यह एक छोटे-से समुदाय तक सीमित थी और उसके नेतागण स्थायी थे, जो अपने स्थायित्व को बनाये रखते थे। इतने पर भी घटनाओं ने और मुसलमानों में मध्यम वर्ग की बढ़ती ने उसको कांग्रेस की तरफ़ धकेला। पहले महायुद्ध और तुर्की में ख़िलाफ़त और मुस्लिम तीर्थ स्थानों के मसले की वजह से हिंदुस्तान के मुसलमानों पर एक ज़बरदस्त असर हुआ और वे अत्यंत ब्रिटिश-विरोधी हो गए। मुस्लिम लीग बनी हुई ही इस ढंग से थी कि वह इस जगी हुई और उत्तेजित जनता को कोई पथ-निर्देश या नेतृत्व नहीं कर सकी। असल में मुस्लिम लीग में एक घबराहट पैदा हुई और क़रीब-क़रीब वह ख़त्म हो गई। कांग्रेस के घनिष्ठ संपर्क में एक नई मुसलमान संस्था, ख़िलाफ़त कमेटी, पैदा हुई। बहुत बड़ी तादाद में मुसलमान कांग्रेस में शरीक़ हो गए और उसके ज़रिये काम करने लगे। 1920-23 के पहले असहयोग आंदोलन के बाद खुद ख़िलाफ़त कमेटी भी रफ़्ता-रफ़्ता मिटने लगी, क्योंकि अब उसका आधार-तुर्की ख़िलाफ़त का मामला-ही ख़त्म हो गया था। राजनैतिक कार्रवाई से मुस्लिम जनता दूर हटने लगी। यह बात हिंदू जनता में भी हुई, लेकिन उसका परिमाण कम था। फिर भी मुसलमानों की, ख़ासतौर से बीच के वर्ग के मुसलमानों की, बहुत बड़ी तादाद कांग्रेस के ज़रिये काम करती रही।

इस दौरान में कई छोटी-छोटी मुस्लिम संस्थाएं काम करती रहीं और अक्सर उनमें आपस में झगड़े हुए। उन्हें न तो कोई सार्वजनिक सहयोग हासिल था, और सिवाय उस अहमियत के जो ब्रटिश सरकार ने उन्हें दे दी थी, न उनकी कोई राजनैतिक अहमियत थी। उनका ख़ास काम था विशेष रियायतों और संरक्षणों की मांग करना। वे चाहते थे कि विधानमंडलों और सेवाओं में मुसलमानों का ख़ास ख़याल रखा जाये। यह ठीक है कि इस मामले में वे एक निश्चित मुस्लिम नज़रिये की नुमाइंदगी करती थीं, क्योंकि शिक्षा, सेवाओं और उद्योग गें हिंदुओं के ऊंचे दर्जों और ज़्यादा तादाद की बजह से भी गुसलगानों गें घबराहट और नाराज़ी थी। श्री मोहम्मद अली जिन्ना ने भारतीय राजनीति से विदा ली, और यही नहीं बल्कि हिंदुस्तान से भी विदा ले ली और वह इंग्लैंड में जाकर बस गए।

सन् 1930 के दूसरे सविनय अवज्ञा आंदोलन में मुसलमानों का सहयोग बहुत काफ़ी था, अगरचे वह 1920-23 के मुक़ाबले में कम था। इस आंदोलन के सिलसिले में जिन लोगों को जेल भेजा गया, उनमें कम-से-कम दस हज़ार मुसलमान थे। उत्तरी पच्छिमी सरहदी

सूबे ने, जो क़रीब-क़रीब पूरे तौर से मुस्लिम सूबा है (85 फ़ी-सदी मुसलमान), इस आंदोलन में एक ख़ास और अहम हिस्सा लिया। यह ज़्यादातर ख़ान अब्दुल गफ़्फ़ार- खां के काम और शख़्सियत की वजह से हुआ, जो इस सूबे के पठानों के माने हुए प्रिय नेता थे। मौजूदा वक़्त में हिंदुस्तान में जितनी महत्त्वपूर्ण घटनाएं हुई हैं, उनमें सबसे ज़्यादा अचंभा गफ़्फ़ार ख़ां के उस कमाल पर है, जिससे उन्होंने अपने झगड़ालू और भड़कीले लोगों को राजनैतिक कार्रवाई के शांतिपूर्ण ढंग सिखा दिये, जिनमें बहुत तकलीफ़ें उठानी पड़ती थीं। तकलीफ़ सचमुच ही बेहद थी और उसकी तीखी याद बनी हुई है; फिर भी उनका अनुशासन और आत्म-संयम ऐसा था कि पठानों ने सरकारी ताक़त के खिलाफ़ या अपने विरोधियों के ख़िलाफ़ एक भी हिंसा का काम नहीं किया। जिस वक़्त इस बात को ध्यान में रखा जाय कि पठान, जो अपनी बंदूक को अपने भाई से ज़्यादा प्यार करता है, जो बहुत जल्दी उत्तेजित हो जाता है, और जो थोड़ी-सी उत्तेजना पर मार डालने के लिए मशहूर है, तब यह आत्म-अनुशासन एक अचरज की चीज़ मालूम होता है।

अब्दुल गफ़्फ़ार खां के नेतृत्व में सरहदी सूबा राष्ट्रीय कांग्रेस के साथ मजबूती से जमा रहा और इसी तरह राजनैतिक दृष्टि से जगे हुए मध्यम वर्ग के मुसलमानों ने दूसरी जगहों में भी साथ दिया। किसानों और मज़दूरों में कांग्रेस का असर काफ़ी था। संयुक्त प्रांत - जैसे सूबों में यह असर ख़ासतौर से था, क्योंकि वहां पर किसानों और मज़दूरों के सिलसिले में बहुत बढ़ा-चढ़ा कार्यक्रम था। फिर भी यह बात सच थी कि कुल मिलाकर आम मुस्लिम जनता फिर से पुराने, मुक़ामी और सामंती नेताओं की तरफ़ मुस्लिम हितों के संरक्षकों के रूप में आये।

सांप्रदायिक समस्या में अल्पसंख्यकों के अधिकारों का इस तरह मेल बिठाना था कि जिसमें बहुसंख्यकों की कार्रवाई के ख़िलाफ़ उन्हें काफ़ी संरक्षण हो। यहां यह बात ध्यान में रखने की है कि हिंदुस्तान के अल्पसंख्यक यूरोप की तरह जातीय या राष्ट्रीय अल्पसंख्यक नहीं हैं—वे धार्मिक रूप से अल्पसंख्यक हैं। जातीय रूप से हिंदुस्तान में एक अजीव मिश्रण है, लेकिन यहां जातीय सवाल न तो उठे हैं और न उठ ही सकते हैं। इन जातीय भिन्नताओं के ऊपर धर्म है, जो एक-दूसरे में घुला-मिला हुआ है, और उनको अलग- अलग पहचानना अक्सर मुश्किल होता है। ज़ाहिर है धार्मिक दीवारें स्थायी नहीं होतीं, क्योंकि एक से दूसरे में धर्म-परिवर्तन हो सकता है और धर्म बदलने से उस आदमी की जातीय पृष्ठभूमि, सांस्कृतिक और भाषा संबंधी विरासत मिट नहीं सकती। लफ़्ज के असली मानों में, धर्म ने हिंदुस्तानी राजनैतिक झगड़ों में क़रीब-क़रीब कोई हिस्सा नहीं लिया; हां, वैसे इस लफ़्ज का अक्सर इस्तेमाल किया जाता है और उससे नाजायज़ फ़ायदा उठाया जाता है। अपने सहज रूप में धार्मिक मतभेदों से कोई अड़चन नहीं होती, क्योंकि उनमें आपस में बहुत भारी सहनशीलता है। राजनैतिक मामलों में धर्म की जगह सांप्रदायिकता ने ले ली है। यह वह संकरी मनोवृत्ति है, जिसने अपनी बुनियाद किसी धार्मिक गिरोह पर बना ली है, लेकिन जिसका मक़सद दरअसल राजनैतिक ताक़त अपने हाथ में कर लेना और अपने समुदाय को बढ़ावा देना है।

कांग्रेस व और दूसरी संस्थाओं ने मुख्तलिफ़ गिरोहों की रज़ामंदी से इस सांप्रदायिक समस्या को हल करने की बार-बार कोशिश की है। कुछ थोड़ी-सी कामयाबी मिली, लेकिन एक बुनियादी दुश्वारी थी, यानी ब्रिटिश सरकार की मौजूदगी और उसकी नीति। क़ुदरती तौर पर ब्रिटिश लोग किसी ऐसे असली समझौते के पक्ष में नहीं थे, जिससे वह राजनैतिक आंदोलन, जो अब उनके ख़िलाफ़ व्यापक हो गया है, मज़बूत हो। एक ऐसी तीन तरफ़ा स्थिति बन गई थी, जिसमें ख़ास रियायतें देकर सरकार एक-दूसरे को लड़ा सकती थी। अगर और पार्टियां काफ़ी अक़्लमंद होतीं, तो उन्होंने इस रुकावट को भी पार कर लिया होता, लेकिन उनमें अक़्लमंदी और दूरदर्शिता की कमी थी। जब-जब वे किसी समझौते पर पहुंचनेवाली ही होती, तभी सरकार कोई ऐसा क़दम उठाती कि संतुलन बिगड़ जाता।

जिस तरह राष्ट्र संघ (लीग ऑव नेशन्स) ने निश्चित किया था, उस तरह अल्पसंख्यकों की हिफ़ाज़त के लिए साधारण प्रबंध करने के सिलसिले में कोई झगड़ा नहीं था। सिर्फ़ उतनी ही नहीं, बल्कि उससे कुछ ज़्यादा बातें मंजूर थीं। धर्म, संस्कृति, भाषा और व्यक्ति और समुदाय के बुनियादी अधिकारों की रक्षा की जाती और एक ऐसे संविधान में, जो बराबरी से सब पर लागू होता, बुनियादी संवैधानिक प्रावधानों के ज़रिये ये सुनिश्चित किये जाते। इसके अलावा हिंदुस्तान का सारा इतिहास अल्पसंख्यकों या विचित्र जातीय समुदाय के प्रति शहनशीलता का ही नहीं, बल्कि प्रोत्साहन का साक्षी था। यूरोप में जैसे तीखे धार्मिक झगड़े रहे, और जैसा धार्मिक उत्पीड़न हुआ है, उस ढंग की चीज़ हिंदुस्तान के इतिहास में कहीं भी दिखाई नहीं देती। इसलिए धार्मिक और सांस्कृतिक उदारता और सहनशीलता के विचारों को सीखने के लिए हमको कहीं बाहर नहीं जाना था; ये बातें तो हिंदुस्तान की ज़िंदगी में शुरू से थीं। ज़ाती और राजनैतिक अधिकारों के सिलसिले में हम पर फ्रान्सीसी और अमरीकी क्रांतियों का, और साथ ही ब्रिटिश पार्लमेंट के संवैधानिक इतिहास का, असर पड़ा था। समाजवादी विचारधारा और सोवियत क्रांति का असर तो बाद में हुआ, और उसने हमारी विचारधारा में आर्थिक दृष्टिकोण को बहुत महत्त्व दे दिया।

व्यक्ति और समुदाय के ऐसे सारे अधिकारों की पूरी हिफ़ाज़त के अलावा यह बात सबको मंज़ूर थी कि सरकारी तौर पर और व्यक्तिगत साधनों से ऐसी हर एक सामाजिक और पारंपरिक रुकावट को हटा दिया जाये, जिससे आपस में दुर्भावनाएं होती हैं; और यह बात मंज़ूर थी कि शिक्षा के और आर्थिक दृष्टिकोण से पिछड़े हुए वर्गों को इस बात में मदद दी जाये कि वे जल्दी-से-जल्दी अपनी कमियों से छुटकारा पा लें। यह बात ख़ासतौर से दलित जातियों पर लागू थी। साथ ही यह बात भी साफ़ थी कि नागरिकता की वे सारी सुविधाएं, जो पुरुषों को प्राप्त होंगी, स्त्रियों को भी प्राप्त होंगी।

तब क्या बात बाक़ी थी? यह डर कि बहुसंख्यक अल्पसंख्यकों को राजनैतिक रूप दबा देंगे। साधारणतया इस तादाद के मानी थे किसान और मज़दूर, जिनमें हर धर्म के माननेवाले वे आम लोग थे, जिनको बहुत अरसे से सिर्फ़ विदेशी राज्य ने ही नहीं, बल्कि

ख़ुद अपने ऊंचे वर्ग के लोगों ने चूसा था। धर्म और संस्कृति की हिफ़ाज़त का आश्वासन देने के बाद जो बड़े मसले सामने आते थे, वे आर्थिक होते, और उनका किसी आदमी के धर्म से कोई ताल्लुक़ न होता; और अगर धर्म खुद किसी निहित स्वार्थ की नुमाइंदगी न करे, तो धार्मिक झगड़ों को कोई सवाल ही नहीं था। हां, वर्ग संघर्ष शायद होते। फिर भी लोग धार्मिक-विच्छेद की दिशाओं में सोचने के ऐसे आदी हो गए थे और सरकारी नीति और सांप्रदायिक व धार्मिक संस्थाओं से इसके लिए बराबर बढ़ावा मिलता रहता था कि यह डर कि बहुसंख्यक धार्मिक जाति, यानी हिंदू जाति, दूसरों को दबा लेगी, बहुत- से मुसलमानों के दिमाग़ में बना रहा। यह बात समझ में नहीं आती थी कि मुसलमानों जैसी बड़ी अल्पसंख्यक जाति के हितों को कोई बहुसंख्यक जाति भी किस तरह चोट पहुंचा सकती है; क्योंकि मुसलमान ख़ासतौर से देश के कुछ हिस्सों में केंद्रित थे और ये हिस्से खुदमुख़्तार होते। लेकिन भय में तर्क कहां होता है।

मुसलमानों (और बाद में और दूसरे छोटे समुदायों) के लिए अलग निर्वाचन क्षेत्र शुरू किये गए और उनको उनकी आबादी के अनुपात से ज़्यादा जगहें दी गईं। फिर भी किसी भी आम लोगों की नुमाइंदा असेंबली में ज़्यादा जगहें देकर अल्पसंख्यकों को बहुसंख्यक नहीं बनाया जा सकता। असल में पृथक निर्वाचन से संरक्षित समुदाय के लिए स्थिति कुछ ख़राब हो गई, क्योंकि तब बहुसंख्यकों ने उनमें दिलचस्पी लेना छोड़ दिया। उस वक़्त आपसी सोच-विचार का बहुत कम मौक़ा था। संयुक्त निर्वाचन में आपस में मेल बिठाने की लाज़िमी कोशिश होनी चाहिए, क्योंकि तब तो हर एक उम्मीदवार को हर समुदाय का साथ लेना होता है। कांग्रेस इस मामले में आगे बढ़ी और उसने घोषणा की कि अगर कोई ऐसा मामला हुआ, जिसका अल्पसंख्यकों में मतभेद हो, तो उसका फ़ैसला बहुसंख्यकों के वोटों से नहीं होगा, बल्कि वह मामला एक निष्पक्ष न्यायालय को, या ज़रूरत पड़ने पर किसी अंतर्राष्ट्रीय पंच को सौंपा जाना चाहिए और उसका फ़ैसला आख़िर होना चाहिए।

समझ में नहीं आता कि किसी भी लोकतंत्री ढांचे में किसी धार्मिक अल्पसंख्यक समुदाय को इससे ज़्यादा क्या संरक्षण दिया जा सकता है? साथ ही यह बात याद रखनी चाहिए कि कुछ सूबों में मुसलमान खुद बहुसंख्यक थे और चूंकि वे सूबे खुदमुख्तार होते, इसलिए कुछ अखिल भारतीय बातों पर ध्यान रखते हुए, उन सूबों में मुसलमान बहुसंख्यकों को अपनी पसंद के मुताबिक़ काम करने की पूरी आज़ादी होती। केंद्रीय सरकार में मुसलमानों का लाज़िमी तौर से एक अहम हिस्सा होता। मुस्लिम बहुसंख्यक प्रांतों में सांप्रदायिक-धार्मिक समस्या उलटी थी, क्योंकि यहां पर दूसरे अल्पसंख्यकों (यानी हिंदू और सिख लोगों) की मुसलमान बहुसंख्यकों के ख़िलाफ़ हिफ़ाजत की मांग थी। इस तरह पंजाब में हिंदू, मुस्लिम और सिखों का त्रिभुज था। अगर मुसलमानों का निर्वाचन क्षेत्र अलग था, तो दूसरे लोग भी अपने लिए ख़ास हिफ़ाजत की मांग करते। एक बार पृथक निर्वाचन शुरू कर देने के बाद बंटवारे और हिस्से का और उससे पैदा हुई कठिनाइयों का

कोई ख़ात्मा ही नहीं था। ज़ाहिर है कि किसी समुदाय को ज़्यादा नुमाइंदगी देने के मानी ये थे कि दूसरे समुदाय को घाटा रहे और उसे अपनी आबादी के अनुपात से कम जगहें मिलें। इसका नतीजा, और ख़ासतौर से बंगाल में, बड़ा अजीब हुआ। वहां यूरोपीयों को बेहद नुमाइंदगी देने की वजह से आम निर्वाचन के लिए दी हुई. जगहें बुरी तरह कम हो गईं। इस तरह बंगाल के उस बुद्धिजीवी वर्ग ने, जिसने हिंदुस्तानी राजनीति और आज़ादी की लड़ाई में एक ख़ास हिस्सा लिया था, अचानक ही यह महसूस किया कि सूबे के विधानमंडल में उसकी स्थिति बहुत कमज़ोर है और इस स्थिति को क़ानूनी तौर पर निश्चित और सीमित कर दिया गया है।

कांग्रेस ने बहुत-सी ग़लतियां कीं, लेकिन ये ग़लतियां अपेक्षाकृत छोटे सवालों में या कोशिश के ढंग में थीं। यह बात ज़ाहिर थी कि सिर्फ़ राजनैतिक कारणों से भी कांग्रेस सांप्रदायिक हल निकालने के लिए उत्सुक और चिंतित थी और इस तरह तरक़्क़ी के रास्ते की अड़चनों को दूर करना चाहती थी। विशुद्ध सांप्रदायिक संस्थाओं में ऐसी कोई उत्सुकता नहीं थी, क्योंकि उनके अस्तित्व का मुख्य कारण यह था कि वे अपने-अपने समुदायों की ख़ास मांगों पर ज़ोर दें और इसका नतीजा यह हुआ कि सारे ढांचे को यथावत बनाये रखने में उनका एक निहित स्वार्थ था। मेंबरों की गिनती के लिहाज़ से कांग्रेस में ज़्यादातर हिंदू थे, लेकिन साथ ही उसमें मुसलमान भी बहुत बड़ी तादाद में थे और दूसरे धार्मिक समुदाय, मसलन सिख और ईसाई वग़ैरह भी थे। इस तरह उसे हर चीज़ पर राष्ट्रीय दृष्टिकोण से सोचना होता था। उसके लिए जो चीज़ सबसे ज़्यादा अहम थी, वह थी क़ौमी आज़ादी और एक स्वाधीन लोकतंत्री राज्य की स्थापना। वह इस बात को महसूस करती थी कि हिंदुस्तान जैसे विस्तृत और बहुरंगी देश में ऐसा साधारण लोकतंत्र, जिसमें सारी ताक़त बहुसंख्यक दल पर निर्भर हो, और जिसको अल्पसंख्यकों को कुचलने या उनकी अवहेलना करने का अधिकार हो, न तो संतोषप्रद ही होगा, और न वांछनीय, वैसे उसे स्थापित करना चाहे संभव ही क्यों न हो। हम लोग एका चाहते थे और उसको मानकर चलते थे; लेकिन हमें इसकी कोई वजह दिखाई नहीं देती थी कि हिंदुस्तान के सांस्कृतिक जीवन की अनेकता और संपन्नता को सिर्फ़ एक सांचे में कस दिया जाय। इसीलिए बहुत हद तक प्रादेशिक स्वायत्तता मान ली गई थी और व्यक्तिगत और सामुदायिक आज़ादी और सांस्कृतिक तरक्क़ी के लिए संरक्षण भी मंजूर कर लिए गए थे।

लेकिन दो बुनियादी सवालों पर कांग्रेस दृढ़ थी—राष्ट्रीय ऐक्य और लोकतंत्र-ये बुनियादें ऐसी थीं, जिन पर वह क़ायम हुई थी और आधी सदी के दौर में खुद उसके विकास ने इन बातों पर ज़ोर दिया था। जहांतक मुझे पता है, कांग्रेस दुनिया भर की ज़्यादा-से-ज़्यादा लोकतंत्री संस्थाओं में से एक है। यह बात सिद्धांत में भी है और व्यवहार में भी। अपनी उन दसियों हज़ार स्थानीय संस्थाओं के ज़रिये, जो देश भर में फैली हुई हैं, उसने जनता को लोकतंत्री ढंग की शिक्षा दी है और इसमें उसे बहुत बड़ी कामयाबी मिली है। इस बात

से कि गांधीजी-जैसे लोकप्रिय और प्रभावशाली व्यक्तित्व उससे संबंधित रहा, कांग्रेस के लोकतंत्र में कोई कमी नहीं हुई। संकट और संघर्ष के मौक़ों पर पथ-निर्देश के लिए नेता की ओर देखने की अनिवार्य प्रवृत्ति थी और ऐसा हर एक देश में होता है। साथ ही ऐसे मौक़े यहां बराबर आये। कांग्रेस को तानाशाही जमात कहने से ज़्यादा ग़लत बात और कोई नहीं हो सकती और इस सिलसिले में एक मज़ेदार और ध्यान देने लायक़ बात यह है कि ऐसा आरोप आमतौर पर ब्रिटिश हुकूमत के उन ऊंचे प्रतिनिधियों द्वारा लगाया जाता है, जो हिंदुस्तान में निरंकुशता और तानाशाही के प्रतीक हैं।

गुज़रे ज़माने में ब्रिटिश सरकार भी-कम-से-कम सिद्धांत रूप से—हिंदुस्तान के एके और लोकतंत्र की हामी रही है। उसने इस बात में फ़न महसूस किया है कि उसके राज्य से हिंदुस्तान में राजनैतिक एका हुआ, हालांकि वह एक ग़ुलामी का एका था। इसके अलावा उस सरकार ने हमें बताया कि वह हमको लोकतंत्र के ढंग और ढर्रे सिखा रही है। लेकिन विचित्र सी बात है कि उसकी नीति साफ़ तौर पर हमें ऐसी दिशा में ले गई है, जिसने न तो ऐक्य है और न लोकतंत्र। अगस्त, 1940 में कांग्रेस कार्य- कारिणी यह घोषणा करने के लिए बाध्य हुई कि हिंदुस्तान में ब्रिटिश सरकार की नीति 'जनता में दुर्भावनाएं पैदा करती है और तनाव बढ़ाती है।" ब्रिटिश सरकार के ज़िम्मेदार लोगों ने हम लोगों को खुले तौर पर यह बताया कि शायद किसी नई व्यवस्था के पक्ष में हिंदुस्तान के एके का बलिदान करना पड़े और दूसरे यह कि लोकतंत्र हिंदुस्तान के लिए उपयुक्त नहीं है। आज़ादी की और लोकतंत्री सरकार क़ायम करने की हिंदुस्तान की मांग का यही जवाब उनके पास बाक़ी रह गया था। इस उत्तर से यह बात भी साथ-साथ जान पड़ती है कि अंग्रेज़ खुद उन दो बड़े मक़सदों में, जो उन्होंने अपने सामने रखे थे, नाकामयाब हुए हैं। इस बात को समझने में उन्हें डेढ़ सौ बरस लग गए।

सांप्रदायिक समस्या का ऐसा हल पाने में, जो सब पार्टियों को मंजूर होता, हम लोग नाकामयाब रहे; और चूंकि उस नाकामयाबी के नतीजे हमको भोगने हैं, इसलिए निश्चय ही हम उसके दोष से बच नहीं सकते। लेकिन किसी अहम प्रस्ताव या रद्दो-बदल को कोई भी आदमी किस तरह से सबसे मनवा सकता है? हमेशा ही ऐसे सामंती और प्रतिक्रियावादी अनासिर होते हैं, जो हर तरह की तब्दीली के ख़िलाफ़ होते हैं, और फिर वे लोग हैं, जो राजनैतिक, आर्थिक और सामाजिक रद्दो-बदल चाहते हैं। दोनों के बीच दुल - मुल समूह होते हैं। अगर एक छोटा गुट तब्दीली पर वीटो (निषेध) का इस्तेमाल कर सकता है, तो निश्चय ही तब्दीली कभी हो ही नहीं सकती। जिस वक़्त शासक वर्ग की यह नीति हो कि ऐसे समुदायों को पैदा किया जाये और उनको बढ़ावा दिया जाये, फिर चाहे उनका परिमाण आबादी का अणु-मात्र ही क्यों न हो, तब तब्दीली सिर्फ़ एक सफल क्रांति के ज़रिये ही हो सकती है। यह बात ज़ाहिर है कि हिंदुस्तान में बहुत-से सामंती और प्रतिक्रियावादी समुदाय हैं, जिनमें से कुछ तो हिंदुस्तान की ही उपज हैं, और अंग्रेज़ों की देन हैं। तादाद के लिहाज से चाहे वे छोटे ही क्यों न हों, लेकिन उनके पास ब्रिटिश ताक़त की मदद है।

मुसलमानों में मुस्लिम लीग के अलावा और बहुत-सी संस्थाएं उठ खड़ी हुईं। उनमें से एक पुरानी संस्था जमीअत-उल-उलेमा थी, जिसमें सारे हिंदुस्तान के मौलवी और पुराने ढंग के आलिम थे। उसका आम नज़रिया परंपरावादी और अनुदार था और ख़ासतौर से मज़हबी था, फिर भी राजनैतिक दृष्टिकोण से उसकी विचारधारा उन्नत थी और वह साम्राज्यवाद के ख़िलाफ़ थी। राजनैतिक स्तर पर उसने अक्सर कांग्रेस के साथ हाथ मिलाकर काम किया और उसके बहुत-से मेंबर कांग्रेस के मेंबर थे और वे कांग्रेस-संगठन के ज़रिये काम करते थे। अहरार जमात की स्थापना बाद में हुई और पंजाब में वह सबसे ज़्यादा मज़बूत थी। इसमें ख़ासतौर से निचले मध्यम वर्ग के मुसलमान थे और ख़ास हिस्सों में इसका आम जनता में भी काफ़ी असर था। हालांकि मोमिन लोगों की (जिसमें ख़ासतौर से जुलाहे थे) गिनती बहुत ज़्यादा थी, फिर भी वे लोग मुसलमानों में सबसे ज़्यादा ग़रीब और पिछड़े हुए थे, कमज़ोर और असंगठित थे। उनकी कांग्रेस के साथ दोस्ती थी और वे मुस्लिम लीग के ख़िलाफ़ थे। कमज़ोर होने की वजह से वे राजनैतिक कार्रवाई से बचते थे। बंगाल में कृषक - सभा थी। जमीअत-उल-उलेमा के लोग और अहरारी, दोनों ही, अक्सर कांग्रेस के साधारण कार्यक्रम में और ब्रिटिश सरकार के साथ आक्रामक लड़ाइयों में साथ देते थे और तकलीफ़ों का सामना करते थे। वह ख़ास मुसलमानी संस्था, जिसकी ब्रिटिश अधिकारियों के साथ लफ़्ज़ी लड़ाइयों के अलावा और कैसी भी लड़ाई नहीं हुई, मुस्लिम लीग है। इसमें जितने भी हेर-फेर और चढ़ाव-उतार हुए हैं, यहांतक कि उस वक़्त भी, जब उसमें बहुत बड़ी तादाद में लोग शामिल हुए हैं, उसका उच्चवर्गीय सामंती नेतृत्व बराबर बना रहा है।

इसके अलावा शिया मुसलमान थे, जो अलग संगठित थे, पर सुसंगठित नहीं थे और उनका ख़ास मक़सद राजनैतिक मांगें पेश करना था। अरब में इस्लाम के शुरू के दिनों में ख़िलाफ़त के उत्तराधिकारी होने के सिलसिले में एक तीखी लड़ाई हुई और मुसलमानों में एक दरार पड़ गई, जिससे शिया और सुन्नी नाम के दो समुदाय सा संप्रदाय बन गए। यह झगड़ा चिरजीवी हो गया और हालांकि उनकी उस दरार की अब कोई राजनैतिक अहमियत नहीं रही है, फिर भी दोनों समुदाय अब भी अलहदा हैं। हिंदुस्तान में और ईरान के सिवाय और दूसरे मुसलमान मुल्कों में सुन्नियों की तादाद ज़्यादा है। ईरान में शिया बहुसंख्यक हैं। इन धार्मिक समुदायों में कभी-कभी धार्मिक झगड़े होते रहे हैं। हिंदुस्तान में शिया - संगठन, जैसा कुछ भी है, मुस्लिम लीग से अलहदा रहा है और उसका उससे मतभेद है। वह सबके लिए संयुक्त निर्वाचन के पक्ष में है। वैसे बहुत-से मशहूर शिया लोग लीग में भी हैं।

इन सब मुस्लिम संस्थाओं ने, और इसके अलावा कुछ दूसरी मुस्लिम संस्थाओं ने (और इनमें मुस्लिम लीग शामिल नहीं है) आज़ाद मुस्लिम कान्फ्रेंस का काम बढ़ाने के लिए आपस में हाथ मिला लिए। यह कान्फ्रेंस मुस्लिम लीग के बिलकुल अलग ढंग पर मुसलमानों के एक संयुक्त मोर्चे की तरह थी। इस कान्फ्रेंस का पहला सफल जलसा दिल्ली में 1940 में हुआ, जिसमें सब जगह के और इन सब संस्थाओं के प्रतिनिधियों ने भाग लिया।

हिंदुओं की ख़ास सांप्रदायिक संस्था हिंदू महासभा है, जो मुस्लिम लीग के बर अक्स है और मुक़ाबले में कम महत्त्व की है। लीग की तरह वह भी आक्रामक रूप से सांप्रदायिक है, लेकिन वह अपने दृष्टिकोण की संकीर्णता को कुछ अस्पष्ट राष्ट्रीय शब्दावली से छिपाने की कोशिश करती है। वैसे उसका दृष्टिकोण प्रगतिशील नहीं है और वह फिर से बीते हुए युग को वापस लाना चाहती है। उसे बदक़िस्मती के कुछ ऐसे नेता मिले हैं, जो मुस्लिम लीग के नेताओं की तरह बहुत ग़ैर-ज़िम्मेदार और उत्तेजक बकवास करते हैं। यह लफ़्ज़ी लड़ाई, जो दोनों तरफ़ से चलती रहती है और बराबर झुंझलाहट पैदा करती है, उसके लिए काम की जगह ले लेती है।

गुज़रे ज़माने में मुस्लिम लीग का सांप्रदायिक रुख़ अक्सर दिक़्क़त डालनेवाला और बेजा था, लेकिन हिंदू महासभा का रुख़ भी कुछ कम बेजा नहीं था। पंजाब और सिंध के अल्पसंख्यक हिंदू और पंजाब का महत्त्वपूर्ण सिख समुदाय समझौते के रास्ते में अक्सर रोड़े अटकाता रहा। ब्रिटिश नीति बराबर यह थी कि इन इख़्तलाफ़ों पर ज़ोर दिया जाय और उनको बढ़ावा दिया जाय और उसने कांग्रेस के ख़िलाफ़ इन सांप्रदायिक संस्थाओं को ज़्यादा अहमियत दी।

किसी समुदाय या पार्टी की अहमियत की, या कम-से-कम जनता पर उसके असर की, एक जांच चुनाव है। 1937 में हिंदुस्तान के आम चुनाव में हिंदू महासभा बिलकुल नाकामयाब रही। नक़्शे में उसकी कोई भी जगह नहीं थी। मुस्लिम लीग ने इसके मुकाबले में ज्यादा कामयाबी पाई, लेकिन कुल मिलाकर यह भी कोई बड़ी कामयाबी न थी, ख़ासतौर से उन सूबों में, जहां मुस्लिम आबादी की प्रधानता थी। पंजाब और सिंध में तो वह बिलकुल नाकामयाब रही, बंगाल में उसे केवल आंशिक सफलता मिली। उत्तर-पच्छिमी सूबे में बाद में कांग्रेस ने वज़ारत बना ली। मुस्लिम अल्पसंख्यक प्रांतों में लीग कुल मिलाकर ज़्यादा कामयाब रही, लेकिन दूसरे आज़ाद तथा कांग्रेसी टिकटों पर खड़े मुसलमान भी चुने गए।

इसके बाद सूबों में कांग्रेस सरकारों और खुद कांग्रेस संस्था के ख़िलाफ़ मुस्लिम लीग की तरफ़ से एक खास आंदोलन शुरू हुआ। रोज़-रोज़ और बार-बार यह दोहराया गया कि ये कांग्रेसी सरकारें मुसलमानों पर ये 'जुल्म' कर रही हैं। इन सरकारों में मुसलमान मंत्री भी थे, लेकिन वे मुस्लिम लीग के मेंबर नहीं थे। 'जुल्म' क्या थे, यह आमतौर पर नहीं बताया गया। छोटी-छोटी मुक़ामी घटनाओं को, जिनका सरकार से कोई ताल्लुक नहीं था, तोड़ा मरोड़ा गया और उनको बढ़ा-चढ़ाकर बताया गया। कुछ महक़मों की कुछ छोटी-छोटी ग़लतियां, जिनको फौरन ही ठीक कर दिया गया, 'जुल्म ' बन गईं। कभी-कभी बिलकुल झूठी और बे-बुनियाद शिकायतें की गईं, यहांतक कि एक रिपोर्ट भी निकाली गई और उसमें बड़ी-बड़ी अजीब बातें थीं, लेकिन उनका सचाई से कोई ताल्लुक नहीं था। जिन लोगों ने शिकायतें की थीं, कांग्रेसी सरकारों ने उन लोगों को न्यौता दिया कि वे जांच के लिए ब्यौरा दें या खुद ही सरकारी मदद लेकर छान-बीन करें। इस सहयोग का किसी ने भी फ़ायदा नहीं उठाया।

फिर भी लीग की लड़ाई बिना किसी रोक-टोक के चलती रही। सन् 1940 के शुरू में कांग्रेस मंत्रिमंडलों के इस्तीफ़ा देने के कुछ ही बाद तत्कालीन कांग्रेस सभापति डा० राजेंद्रप्रसाद ने मिस्टर एम०ए० जिन्ना को लिखा और साथ ही एक सार्वजनिक वक़्तव्य दिया और मुस्लिम लीग को कांग्रेस के ख़िलाफ़ फ़ेडरल कोर्ट के सामने जांच और फ़ैसले के लिए शिकायत और सबूत भेजने को निमंत्रित किया। मिस्टर जिन्ना ने इस प्रस्ताव से इन्कार कर दिया, और इस सिलसिले में एक शाही जांच कमीशन तैनात करने की संभावना के बारे में इशारा किया। इस तरह के कमीशन को नियुक्त करने का कोई सवाल नहीं था, और ऐसा तो सिर्फ़ ब्रिटिश सरकार ही कर सकती थी। कुछ ब्रिटिश गवर्नरों ने, जिन्होंने कांग्रेसी सरकारों के वक़्त में काम किया था, सार्वजनिक रूप से यह कहा कि अल्पसंख्यकों के साथ व्यवहार के सिलसिले में उन्हें कोई भी आपत्तिजनक बात नहीं मिली थी। उन्हें सन 1935 के एक्ट के मुताबिक ज़रूरत पड़ने पर अल्पसंख्यकों की रक्षा के लिए विशेष अधिकार मिले हुए थे।

हिटलर के अपने हाथ में ताक़त कर लेने के बाद प्रचार के नाजी ढंग का मैंने गहरा अध्ययन किया था और मुझे यह देखकर ताज्जुब हुआ कि कुछ वैसी ही चीज़ हिंदुस्तान में हो रही थी। एक साल बाद, 1938 में, जब चेकोस्लोवेकिया को सूडेटनलैंड-संकट का सामना करना पड़ा, तो वहां पर काम के लाये गए नाज़ी ढंग का मुस्लिम लीग के ख़ास आदमियों द्वारा अध्ययन किया गया और उन्होंने तारीफ़ के साथ उनका ज़िक्र किया। हिंदुस्तान के मुसलमानों और सूडेटनलैंड के जर्मनों का मिलान किया गया। व्याख्यानों और कुछ अख़बारों में उत्तेजना और लड़ाई के लिए उकसाव साफ़ ज़ाहिर होता था। एक कांग्रेसी मुसलमान मंत्री को छुरा मार दिया गया, लेकिन मुस्लिम लीग के किसी भी नेता की तरफ़ से इसकी निंदा नहीं की गई; बल्कि सच तो यह है कि उसको माफ़ी के क़ाबिल समझा गया। जब-तब हिंसा के और दूसरे प्रदर्शन भी हुए।

इन घटनाओं से और सार्वजनिक जीवन के मापदंड के गिर जाने से मुझे बहुत ज्यादा नाउम्मीदी हुई। हिंसा, बेहूदगी और ग़ैर-ज़िम्मेदारी बढ़ रही थी और ऐसा मालूम होता था कि मुस्लिम लीग के ज़िम्मेदार नेताओं की उसके लिए रज़ामंदी थी। इनमें से कुछ नेताओं को मैंने लिखा और उनसे इस प्रवृत्ति को रोकने की प्रार्थना की, लेकिन कोई कामयाबी नहीं हुई। जहांतक कांग्रेसी सरकारों का सवाल है, यह साफ़ उनके हित में था कि वे हर अल्पसंख्यक समुदाय को अपने साथ लेती और उन्होंने इसके लिए पूरी-पूरी कोशिश की। असल में कुछ हलक़ों से तो यह शिकायत हुई कि कांग्रेसी सरकारें मुसलमानों के साथ बेजा तरफ़दारी कर रही थीं और उसकी वजह से दूसरे समुदायों को घाटे में रहना पड़ता था। लेकिन यह सवाल किसी ख़ास शिकायत का नहीं था, जिसका इलाज किया जा सके, और न वह किसी मामले पर ढंग से सोच-विचार करने का ही सवाल था। मुस्लिम लीग के मेंबरों और उससे हमदर्दी रखनेवाले लोगों की तरफ़ से मुस्लिम जनता को यह इतमीनान दिलाने का ज़बरदस्त आंदोलन चल रहा था कि बड़ी भयंकर घटनाएं घट रही हैं और उनके लिए कांग्रेस कुसुरवार

है। वे भयंकर बातें क्या थीं, यह किसी को भी नहीं मालूम था। लेकिन यह बात तय है कि इस शोर और हुल्लड़ के पीछे यहां नहीं तो कहीं-न-कहीं कुछ-न-कुछ ज़रूर होगा। उप-चुनावों के मौक़ों पर यह आवाज़ उठाई गई कि इस्लाम ख़तरे में है और मुस्लिम लीगी उम्मीदवार को वोट देने के लिए मतदाताओं से कुरान की क़सम खाने को कहा गया।

आम मुस्लिम जनता पर इस सबका बेशक असर हुआ। फिर भी यह देखकर ताज्जुब होता है कि कितने लोगों ने उसका मुक़ाबला किया। ज़्यादातर उप-चुनावों में लीग जीती और कुछ में वह हारी, और उस वक़्त भी, जबकि लीग जीती, अल्पसंख्यक मतदाताओं की ऐसी बहुत बड़ी तादाद थी, जो लीग के ख़िलाफ़ गई और उस पर कांग्रेस के कृषि- कार्यक्रम का ज़्यादा असर था। लेकिन अपने इतिहास में पुलिस लीग को पहली बार आम जनता का सहारा मिला, और जन-संगठन के रूप में उसकी तरक्क़ी शुरू हुई। जो कुछ हो रहा था, वह मुझे नापसंद था, फिर भी एक ढंग से मैंने इस तब्दीली का स्वागत किया, क्योंकि मेरा ऐसा खयाल था कि शायद आख़िर में इसके फलस्वरूप सामंती नेतृत्व में तब्दीली आये और ज़्यादा प्रगतिशील हिस्से आगे आयें। अबतक जो असली मुश्किल थी, वह यह थी कि मुसलमान राजनैतिक और सामाजिक नजरिये से बहुत ज्यादा पिछड़े हुए थे, और इसकी वजह से प्रतिक्रियावादी नेतागण उनका नाजायज़ फ़ायदा उठा सकते थे।

मुस्लिम लीग के अपने ज़्यादातर साथियों के मुक़ाबले में श्री मोहम्मद अली जिन्ना ज़्यादा आगे बढ़े हुए थे। असल में मिस्टर जिन्ना और उनके साथियों में ज़मीन-आसमान का फ़र्क़ था और इसलिए लाज़िमी तौर पर वह मुस्लिम लीग के एकमात्र नेता थे। कई बार उन्होंने सार्वजनिक मंच से अपने साथियों की अवसरवादिता और उससे भी बड़ी ख़ामियों पर अपना बड़ा भारी असंतोष ज़ाहिर किया था। वह इस बात को अच्छी तरह जानते थे कि मुसलमानों में निस्वार्थ, प्रगतिशील और साहसी समुदाय का अधिकांश कांग्रेस में शामिल हो चुका था और उसके ज़रिये काम करता था। फिर भी भाग्य ने या घटना-चक्र ने उनको उन लोगों के ही बीच में धकेल दिया था, जिनके लिए उनके दिल में कोई इज़्ज़त नहीं थी। वह उनके नेता थे, लेकिन वह उनको अपने साथ सिर्फ़ उसी हालत में रख सकते थे, जबकि उनकी प्रतिक्रियावादी विचारधारा में वह खुद एक कैदी बन जाते। यह बात नहीं कि वह अनिच्छित क़ैदी हों। जहांतक विचारधारा का सवाल है, अपनी ऊपरी आधुनिकता के होते हुए भी वह पुरानी पीढ़ी के थे, जो आधुनिक राजनैतिक विचारधारा से क़रीब-क़रीब बेख़बर थी। ऐसा मालूम होता है कि अर्थशास्त्र से, जिसकी आजकल सारी दुनिया पर छाया है, वह नावाक़िफ़ थे। ज़ाहिरा तौर पर उन असाधारण घटनाओं को, जो दुनिया-भर में पहले महायुद्ध के बाद हुई थीं, उन पर कोई भी असर नहीं हुआ था। उन्होंने कांग्रेस को उस वक़्त छोड़ा, जब उसने आगे की तरफ़ अपना राजनैतिक डग भरा था। ज्यों-ज्यों कांग्रेस का नज़रिया ज़्यादा आर्थिक और सार्वजनिक होता गया, यह खाई और भी चौड़ी होती गई। लेकिन ऐसा मालूम होता है कि नज़रिये और विचारधारा के लिहाज़ से मिस्टर जिन्ना ठीक उसी जगह बने रहे,

जहां वह एक पीढ़ी पहले थे, या शायद वह अब कुछ और पीछे हट गए थे, क्योंकि अब वह दोनों चीज़ों की-हिंदुस्तान के एके और लोकतंत्र की निंदा करते थे। उन्होंने कहा है कि "वे लोग शासन की किसी ऐसी प्रणाली में नहीं रहेंगे, जिसकी बुनियाद पच्छिमी लोकतंत्र के बेवकूफ़ी से भरे हुए खयालों पर है।" उनको यह बात समझने में एक लंबा अरसा लगा कि अपनी ज़िंदगी के काफ़ी लंबे हिस्से में वह बराबर जिस बात के समर्थक रहे थे, वह बेवकूफी से भरी हुई थी।

खुद मुस्लिम लीग में भी मिस्टर जिन्ना अकेले-से आदमी हैं, वह अपने-आपको अपने घनिष्ठतम साथियों से भी अलग रखते हैं; उनकी इज़्ज़त काफ़ी, लेकिन दूर से होती है; प्रेम करने के मुक़ाबले लोग उनसे डरते ज़्यादा हैं। एक राजनीतिज्ञ के नाते उनकी योग्यता में कोई भी शक नहीं है, लेकिन किसी तरह से वह योग्यता आजकल हिंदुस्तान में ब्रिटिश राज्य की कुछ अजीब शर्तों से बंधी हुई है। एक वकील-राजनीतिज्ञ और जोड़-तोड़ लगानेवाले की हैसियत से तो उनकी क़ाबलियत ज़ाहिर होती है; और वह उन लोगों में से हैं, जो यह खयाल करते हैं कि राष्ट्रवादी हिंदुस्तान और ब्रिटिश ताक़त का संतुलन उनके हाथों में है। अगर हालतें दूसरी हों और अगर उन्हें राजनैतिक और आर्थिक असली मसलों का सामना करना हो, तो यह कहना मुश्किल है कि यह योग्यता उन्हें कितनी दूर ले जायेगी। शायद उन्हें खुद भी इस बारे में शक है, हालांकि उनकी अपने बारे में कोई मामूली राय नहीं है। शायद यह शक उनके अंदर की उस उप-चेतन प्रवृत्ति की अंदरूनी सचाई हो, जिसकी वजह से वह तब्दीली के ख़िलाफ़ हैं और चीज़ों को ज्यों-का-त्यों चलने देना चाहते हैं और जिसकी वजह से उन लोगों के साथ-साथ, जिनसे वह पूरी-पूरी तरह सहमत नहीं हैं, तर्कपूर्ण विवाद और समस्याओं के गंभीर विवेचना से बचना चाहते हैं। इस मौजूदा सांचे में तो वह सही बैठते हैं; लेकिन वह या और कोई आदमी दूसरे सांचे में सही बैठेंगे या नहीं, यह कहना मुश्किल है। किस बात की लगन उन्हें चालू रखती है और किस मक़सद के लिए वह काम करते हैं? या कहीं ऐसी बात तो नहीं है कि उनमें किसी भी चीज़ की लगन नहीं है? और शायद उन्हें सिर्फ़ राजनैतिक शतरंज में मजा आता है, और उसमें कभी-कभी उन्हें—" मैंने मात दे दी!" — यह कहने का मौक़ा मिलता है? ऐसा मालूम होता है कि कांग्रेस के लिए उनमें नफ़रत है और वह दिन-ब-दिन बढ़ती गई है। उनकी नफ़रत और नापसंदगी ज़ाहिर है, लेकिन वह पसंद किस चीज़ को करते हैं? अपनी सारी मज़बूत और पक्केपन के बावजूद वह एक विचित्र, नकारात्मक व्यक्ति हैं, जिनका उपयुक्त प्रतीक है 'न'। इसलिए उनके निश्चयात्मक पहलू को समझने की सारी कोशिश नाकामयाब होती है और कोई भी उसकी पकड़ नहीं कर पाता।

हिंदुस्तान में ब्रिटिश राज्य क़ायम होने के बाद मुसलमानों में आधुनिक ढंग की प्रमुख शख़्सियतें कम ही हुई हैं। उनमें कुछ ख़ास आदमी हुए ज़रूर, लेकिन आमतौर पर वे पुरानी संस्कृति और परंपरा के क्रम की नुमाइंदगी करते थे और वे मौजूदा प्रवाह से आसानी से मेल नहीं बिठा सके। बदलते हुए वक़्त के साथ चलने की और नये वातावरण के साथ सांस्कृतिक या दूसरे ढंग से मेल बिठाने की असमर्थता का कारण कोई पैदाइशी कमी नहीं है। उसकी कुछ

ख़ास ऐतिहासिक वजहें हैं। उनमें नये औद्योगिक मध्यम वर्ग की तरक़्क़ी में देरी हुई और साथ ही मुसलमानों की पृष्ठभूमि बहुत ज़्यादा सामंती थी और इस वजह से तरक़्क़ी के रास्ते रुक गए और सारी प्रतिभा मुंदी रही। बंगाल में मुसलमान ख़ासतौर से पिछड़े हुए थे, लेकिन इसकी दो साफ़ वजहें थीं-एक तो ब्रिटिश राज्य के शुरू में उनके उच्च वर्ग की बरबादी, और दूसरी यह कि उनमें से ज़्यादातर तादाद निचले दर्जे के उन हिंदुओं के धर्म परिवर्तन से बनी थी, जिनको बहुत अरसे से तरक़्क़ी का मौक़ा देने से इन्कार किया गया था। उत्तरी हिंदुस्तान में सुसंस्कृत उच्चवर्गीय मुसलमान अपनी पुरानी प्रचलित परिपाटियों और ज़मींदारी से बंधे हुए थे। इधर हाल के बरसों में काफ़ी तब्दीली हुई है, और हिंदुस्तानी मुसलमानों में एक नया मध्यम वर्ग काफ़ी तेज़ी से पैदा हो गया है। लेकिन अब भी विज्ञान और उद्योग में वे हिंदुओं और दूसरे लोगों से बहुत पिछड़े हुए हैं। हिंदू भी पिछड़े हुए हैं और कभी-कभी तो वे काम-काज और सोच-विचार के पुराने ढर्रे से मुसलमानों के मुक़ाबले ज़्यादा मज़बूती से जकड़े हुए हैं। फिर भी उनमें कुछ लोग ऐसे पैदा हुए हैं, जो विज्ञान, उद्योग और दूसरे क्षेत्रों में बहुत आगे बढ़े हुए थे। छोटी-सी पारसी जाति में आधुनिक उद्योग के कुछ प्रमुख आदमी पैदा हुए हैं। एक दिलचस्प बात यह है कि श्री जिन्ना का घराना शुरू में हिंदू था।

बीते ज़माने में, हिंदू और मुसलमान दोनों ही ज़्यादातर प्रतिभा और योग्यता सरकारी नौकरियों में खप गई है, क्योंकि वही सबसे आकर्षक और खुला मैदान था। आज़ादी के राजनैतिक आंदोलन की तरक़्क़ी के साथ यह आकर्षण कम होता गया और लगनवाले, योग्य और साहसी आदमी उसमें से खिंच आये। इसी तरह मुसलमानों के बहुत-से आला लोग कांग्रेस में आ गए। ज़्यादा हाल के बरसों में नौजवान मुसलमान समाजवादी और साम्यवादी पार्टियों में भी शामिल हो गए। इन सब सच्चे और प्रगतिशील आदमियों के होते हुए भी मुसलमानों के नेताओं का मापदंड बहुत नीचा था और उन लोगों में अपनी तरक़्क़ी के लिए सिर्फ़ सरकारी नौकरियों की तरफ़ देखने का ही झुकाव था। मिस्टर जिन्ना दूसरी ही किस्म के थे। वह योग्य थे, दृढ़ थे और उनमें ओहदे के लिए वह लोभ नहीं था जो और बहुत-से लोगों में था। इस तरह मुस्लिम लीग में उनकी बेजोड़ जगह हो गई थी और उन्हें वह इज़्ज़त मिली, जो लीग के और बहुत-से मशहूर आदमियों को नहीं मिल सकी थी। बदक़िस्मती से उनकी दृढ़ता ने उनको नये विचारों के प्रति अपने दिमाग को खोलने से रोक दिया और अपनी निजी संस्था पर निर्विवाद नेतृत्व के कारण उनमें अपनी या दूसरी संस्थाओं में मतभेद के लिए रवादारी जाती रही। वह खुद मुस्लिम लीग थे। लेकिन एक सवाल उठता था कि जब लीग आम जनता की संस्था बनती जा रही थी, तब आखिर कबतक यह सामंतवादी नेतृत्व, जिसके विचारों का युग बीत चुका था, चलेगा?

जब मैं कांग्रेस का सभापति था, तब मैंने कई बार मिस्टर जिन्ना को लिखा और प्रार्थना की कि वह हमको निश्चित रूप से बता दें कि आखिर वह क्या चाहते हैं। मैंने उनसे पूछा कि लीग क्या चाहती है और उसका निश्चित उद्देश्य क्या है। मैं यह भी जानना चाहता था कि

कांग्रेसी सरकारों के खिलाफ़ लीग की क्या शिकायतें थीं। ख़याल यह था कि पत्र-व्यवहार से हम मामलों को साफ़ कर लें और तब उन अहम सवालों पर, जो उठें, खुद मिलकर सोच-विचार कर लें। मिस्टर जिन्ना ने लंबे-लंबे जवाब भेजे, लेकिन उन्होंने कोई चीज़ बताई नहीं। यह एक असाधारण-सी बात थी कि मुझको या किसी और को भी वह यह बताने से बचना चाहते थे कि वह ठीक-ठीक क्या चाहते हैं और लीग की क्या शिकायतें हैं। बार-बार हम लोगों में पत्र-विनिमय हुआ, फिर भी हमेशा ही अस्पष्टता और अनिश्चितता थी, और मुझे कोई चीज़ ठीक-ठीक पता नहीं लग सकी। इससे मुझे बेहद ताज्जुब हुआ और मैंने थोड़ी-सी बेबसी महसूस की। ऐसा मालूम होता था कि मिस्टर जिन्ना किसी निश्चित बात में फंसना ही नहीं चाहते और वह समझौते के लिए बिलकुल भी उत्सुक नहीं हैं।

बाद में गांधीजी और हममें से और दूसरे लोग मिस्टर जिन्ना से कई बार मिले। उनमें घंटों बातें हुईं, लेकिन वे लोग कभी भी प्रारंभिक बातों के आगे पहुंचे ही नहीं पाये। हमारा प्रस्ताव यह था कि कांग्रेस और मुस्लिम लीग के प्रतिनिधि एक जगह मिलें और अपने सारे आपसी मसलों पर सोच-विचार करें। मिस्टर जिन्ना ने कहा कि ऐसा तो सिर्फ़ तभी किया जा सकता है, जब हम पहले खुले तौर पर यह बात मंजूर कर लें कि हिंदुस्तान में मुसलमानों की एकमात्र संस्था मुस्लिम लीग है, और साथ ही कांग्रेस अपने-आपको विशुद्ध हिंदू संगठन समझे। इससे साफ़ तौर पर एक दिक़्क़त पैदा हुई। यह ठीक है कि हम लीग की अहमियत को मानते थे, और उसी वजह से हम उसके पास गए थे, लेकिन देश की दूसरी मुस्लिम संस्थाओं की, जिनमें से कुछ को तो हमारे साथ गहरा ताल्लुक़ था, हम किस तरह अवहेलना कर सकते थे? साथ ही खुद कांग्रेस में मुसलमानों की एक बहुत बड़ी तादाद थी और वे लोग हमारी सबसे बड़ी कार्यकारिणी समितियों में भी थे। मिस्टर जिन्ना की मांग को मंजूर करने के अमली तौर पर ये मानी थे कि हम अपने पुराने मुस्लिम साथियों को कांग्रेस के बाहर धकेल दें, और इस बात की घोषणा कर दें कि उनके लिए कांग्रेस का दरवाजा बंद है। उसके मानी ये थे कि कांग्रेस के बुनियादी रूप को ही बदल दिया जाय और उसको सबका स्वागत करनेवाली राष्ट्रीय संस्था से एक सांप्रदायिक संस्था में बदल दिया जाय। हम लोगों के लिए ऐसा सोचना नामुमकिन था। अगर कांग्रेस- संगठन खुद पहले से नहीं होता, तो हमें एक ऐसी नई राष्ट्रीय संस्था बनानी होती, जिसका दरवाजा हर हिंदुस्तानी के लिए खुला हो।

इस बात पर मिस्टर जिन्ना की ज़िद को, और किसी दूसरी चीज़ पर बात करने से इन्कार को, हम समझ नहीं सके। हम फिर यही नतीजा निकाल सकते थे कि वह कोई समझौता नहीं चाहते थे, और न वह अपने-आपको किसी निश्चित बात में फंसाना ही चाहते थे। उन्हें चीज़ों को यों ही बहने देने में संतोष था और उन्हें उम्मीद थी कि वह ब्रिटिश सरकार से कुछ ज़्यादा बड़ी चीज़ पा सकेंगे।

मिस्टर जिन्ना की मांग की बुनियाद उस नये सिद्धांत पर थी, जिसकी उन्होंने हाल ही में घोषणा की थी कि हिंदुस्तान में दो राष्ट्र हैं, एक हिंदू, एक मुसलमान। सिर्फ़ दो ही क्यों, मैं

नहीं जानता, क्योंकि अगर राष्ट्रीयता की बुनियाद मज़हब पर हो, तब तो हिंदुस्तान में बहुत-से राष्ट्र थे। हिंदुस्तान के ज़्यादातर गांवों में कमोबेश ये दो राष्ट्र मौजूद थे। ये ऐसे राष्ट्र थे, जिनकी सीमाएं नहीं थीं। वे एक-दूसरे से गुंथे हुए थे। एक बंगाली हिंदू और बंगाली मुसलमान, जो दोनों एक साथ रहते थे, एक ही भाषा बोलते थे जिनकी परंपरा और जिनके रिवाज बहुत-कुछ एक से थे, अलग-अलग राष्ट्र थे। यह सब समझना बहुत मुश्किल था; ऐसा मालूम होता था मानो वह किसी मध्य युगीन सिद्धांत की तरफ़ वापस लौट रहे हो। राष्ट्र क्या है, इसकी परिभाषा देना मुश्किल है। शायद राष्ट्रीय चेतना की बुनियादी विशेषता आपसीपन की और मिलकर बाकी सारी दुनिया का सामना करने की भावना है। हिंदुस्तान में यह चीज़ कुल मिलाकर किस हद तक है, यह एक विवादास्पद बात है। इस संबंध में तो यहांतक भी कहा जा सकता है कि गुज़रे ज़माने में हिंदुस्तान एक बहु - राष्ट्रीय राज्य की तरह विकसित हुआ, और उसमें धीरे-धीरे राष्ट्रीय चेतना आई। लेकिन यह सब तो कोरी ख़याली बातें हैं, जिनका हमसे शायद ही कोई ताल्लुक़ हो। आज सबसे ज़्यादा अमरीका या सोवियत संघ की तरह राष्ट्रीय-चेतना बढ़ रही है।

मिस्टर जिन्ना के दो राष्ट्रों के उसूल से पाकिस्तान का, या हिंदुस्तान के विभाजन का ख़याल पैदा हुआ। लेकिन उससे भी दो राष्ट्रों का सवाल हल नहीं हुआ, क्योंकि ये तो देश भर में हर जगह थे। लेकिन उससे एक विचार साकार हो गया। खुद इसकी बहुत- से लोगों में एक ज़बरदस्त प्रतिक्रिया हुई और वह हिंदुस्तान के एके की हिमायत में थी आमतौर पर राष्ट्रीय एकता मानी हुई चीज़ है। सिर्फ़ उसी वक़्त जब राष्ट्र को चुनौती दी जाती है, या उस पर हमला किया जाता है, या उसके विच्छे की कोशिश की जाती है, एके का ख़ासतौर से ख़याल उठता है और उसको बनाये रखने की एक निश्चित प्रतिक्रिया होती है। इस तरह कभी-कभी विच्छेद की कोशिशों से एकता करने में मदद मिलती है।

कांग्रेस के और धार्मिक-सांप्रदायिक संस्थाओं के नज़रिये में एक बुनियादी फ़र्क था। ऐसी संस्थाओं में मुस्लिम लीग और दूसरी तरफ़, हिंदुओं में, हिंदू महासभा खास हैं। ये सांप्रदायिक संस्थाएं हालांकि अपने-आपको हिंदुस्तान की आज़ादी का समर्थक कहती इनकी दिलचस्पी अपने-अपने समुदायों के लिए खास सुविधाएं और संरक्षण मांगने में ज़्यादा है। इस तरह लाज़िमी तौर पर इन सुविधाओं के लिए उन्हें ब्रिटिश सरकार का मुंह ताकना पड़ता है और इसका नतीजा यह हुआ कि वे उससे संघर्ष से बचती। कांग्रेस का दृष्टिकोण एक संयुक्त राष्ट्र की तरह समूचे हिंदुस्तान की आज़ादी से इस तरह बंधा हुआ था कि उसके लिए हर दूसरी चीज़ गौण थी, और इसके मानी थे ब्रिटिश ताक़त से बराबर मुठभेड़। हिंदुस्तानी राष्ट्रीयता ने, जिसकी नुमाइंदगी कांग्रेस करती थी, ब्रिटिश साम्राज्यवाद का विरोध किया। इसके अलावा कांग्रेस के कृषि संबंधी, आर्थिक और सामाजिक कार्यक्रम थे। न तो मुस्लिम लीग ने और न हिंदू महासभा ने कभी ऐसे सवालों पर गौर किया और न ऐसा कार्यक्रम बनाने की कोशिश ही की। हां, समाजवादी और साम्यवादी इन मामलों में बेहद दिलचस्पी लेते थे और उनके अपने कार्यक्रम थे, जिनको उन्होंने कांग्रेस में लाने और साथ ही बाहर भी चलाने की कोशिश की।

कांग्रेस और इन धार्मिक-सांप्रदायिक संस्थाओं की नीति और काम में एक और खास फ़र्क़ था। आंदोलन के पहलू और मौक़ा मिलने पर कानून निर्माण की कार्रवाई से बिलकुल अलहदा कांग्रेस आम जनता में कुछ ख़ास रचनात्मक काम करने पर सबसे ज़्यादा ज़ोर देती थी। इस कार्यक्रम में ग्रामोद्योगों की उन्नति और संगठन, दलित जातियों के उत्थान और बाद में बुनियादी शिक्षा के प्रचार का काम था। गांव के काम में सफाई और मामूली तौर पर दवा-दारू की मदद का काम भी शामिल था। इन कामों को चलाने के लिए कांग्रेस ने अलग-अलग संस्थाएं बनाईं। ये संस्थाएं अपना काम राजनैतिक स्तर से हटकर करती थीं और इनमें पूरा समय देकर काम करनेवाले हज़ारों आदमी खप गए, और उनमें इससे भी ज़्यादा बड़ी तादाद में अपना आंशिक समय देकर काम करनेवाले लोग थे। यह शांत, अराजनैतिक रचनात्मक काम तो उस वक़्त भी चालू रहता, जब राजनैतिक कार्रवाई उतार पर होती। लेकिन जब-जब कांग्रेस के साथ सरकार की खुली लड़ाई होती, तब-तब सरकारी मशीन इस काम को भी दबा देती। कुछ लोगों को इस काम के आर्थिक मूल्य पर शक हुआ, लेकिन उसकी सामाजिक अहमियत के बारे में कोई शक नहीं हो सकता था। इसकी वजह से पूरा समय देकर काम करनेवाले लोगों की एक बहुत बड़ी जमात तैयार हो गई, जिसमें आम जनता के बारे में पूरी जानकारी थी। इस जमात ने जनता में स्वावलंबन और आत्म-विश्वास की भावना भर दी। कांग्रेसी स्त्रियों और पुरुषों ने ट्रेड यूनियनों व दूसरी खेतिहर संस्थाओं में भी बड़ा हिस्सा लिया, बल्कि बहुत-सी संस्थाओं को खुद उन्होंने बनाया। सबसे बड़ी और सबसे ज़्यादा सुसंगठित अहमदाबाद के सूती कपड़े के उद्योग की ट्रेड यूनियन की शुरुआत कांग्रेसियों ने की और वे उसके साथ घनिष्ठ संपर्क रखते हुए काम करते थे।

इन कामों ने कांग्रेसी कार्यक्रम को एक ठोस पृष्ठभूमि दे दी। धार्मिक सांप्रदायिक संस्थाएं इस पृष्ठभूमि से बिलकुल हीन थीं। ये संस्थाएं तो सिर्फ़ हलचल मचाती थीं और चुनावों के दौरान में ही इनको काम करने की धुन समाती थी। सरकारी कार्रवाई से व्यक्तिगत डर और जोखिम की भावना, जो कांग्रेसियों के साथ हमेशा ही बराबर बनी रहती थी, इन लोगों के साथ नहीं थी। इस तरह इन संस्थाओं में अवसरवादी पद-लोलुप व्यक्तियों के घुसने की प्रवृत्ति बहुत ज्यादा थी। हां, दो मुस्लिम संस्थाओं को, यानी जमीअत-उलप-उलेमा और अहरार पार्टी को, सरकारी दमन से बहुत तकलीफ़ें उठानी पड़ीं। उसकी वजह यह थी कि राजनैतिक सतह पर ये अक्सर कांग्रेस की दिशा में ही चलती थीं।

कांग्रेस सिर्फ़ उस क़ौमी उकसाव की ही नुमाइंदगी नहीं करती थी, जो नये बुर्जुआ वर्ग की बढ़ती के साथ बढ़ गई थी, बल्कि बहुत हद तक उस प्रेरणा की भी, जो मज़दूर- पेशा लोगों में सामाजिक तब्दीलियों के लिए थी। कांग्रेस खासतौर से किसानों से संबंध रखने वाली इन्क़लाबी तब्दीलियों की हामी थी। इसकी वजह से कभी-कभी खुद कांग्रेस में अंदरूनी झगड़े हुए और ज़मींदार और बड़े-बड़े उद्योगपति राष्ट्रीय होते हुए भी सामाजवादी तब्दीली के डर से उससे दूर रहे। खुद कांग्रेस में समाजवादियों और साम्यवादियों को जगह मिली और वे कांग्रेसी नीति पर असर डाल सकते थे। सांप्रदायिक संस्थाएं, चाहे वे हिंदू हो या मुसलमान, सामंतवादी

और अनुदार दलों से मिली-जुली थीं, और वे हर तरह के क्रांतिकारी समाजी परिवर्तन के खिलाफ़ थीं। इसलिए असली झगड़े का ताल्लुक धर्म से क़तई नहीं था। हां, अक्सर उस सवाल को धर्म का जामा पहना दिया जाता था। असल में झगड़ा तो उनमें था, जिनमें एक तरफ़ वे थे, जो राष्ट्रीय लोकतंत्री और सामाजिक दृष्टि से क्रांतिकारी नीति के समर्थक थे, और दूसरी तरफ़ वे लोग थे, जो पुराने सामती ढांचे के खंडहरों को बनाये रखना चाहते थे। संकट के मौक़ों पर ये लोग लाज़िमी तौर पर विदेशी सहारे पर निर्भर रहते थे और इस विदेशी ताक़त की दिलचस्पी चीज़ों को ज्यों-का-त्यों बनाये रखने में थी।

दूसरे महायुद्ध के शुरू से एक अंदरूनी संकट उठ खड़ा हुआ और उसका नतीजा यह हुआ कि सूबों की कांग्रेसी सरकारों ने इस्तीफ़े दे दिये। इससे पेशतर ही कांग्रेस ने मिस्टर जिन्ना और मुस्लिम लीग को साथ लेने की फिर कोशिश की। लड़ाई शुरू होने के बाद कांग्रेस-कार्यकारिणी की पहली मीटिंग में शामिल होने के लिए मिस्टर जिन्ना को निमंत्रण भेजा गया। वह हमारा साथ नहीं दे सके। बाद में हम उनसे मिले और विश्व-संकट को ध्यान में रखते हुए एक परस्पर मान्य नीत पर पहुंचने की कोशिश की। हम कुछ ज़्यादा आगे तो नहीं बढ़ पाये, फिर भी हमने बातों को जारी रखना तय किया। इसी बीच में कांग्रेसी सरकारों ने राजनैतिक सवाल पर इस्तीफ़े दे दिये, जिसका मुस्लिम लीग या सांप्रदायिक समस्या से कोई ताल्लुक नहीं था। जो भी हो, मिस्टर जिन्ना ने उस मौक़े पर कांग्रेस पर एक ज़ोरदार हमला करना पसंद किया और उन्होंने लीग को 'निजात का दिन' मनाने के लिए कहा। यह छुटकारा सूबों में कांग्रेसी हुकूमत से था। इसके बाद उन्होंने कांग्रेस के राष्ट्रीय मुसलमानों के लिए और ख़ासतौर से कांग्रेस सभापति मौलाना अबुल कलाम आज़ाद के लिए, जिनकी हिंदू और मुसलमान दोनों ही बहुत इज्ज़त करते थे, बहुत ही बेजा लफ़्ज इस्तेमाल किये।'निजात का दिन ' एक थोथी-सी चीज़ था और मुसलमानों ने ही इस 'निजात के दिन' के ख़िलाफ़ हिंदुस्तान के कुछ हिस्सों में प्रदर्शन किये। लेकिन इससे तीखापन बढ़ गया और यह यक़ीन और ज़्यादा पक्का हो गया कि मिस्टर जिन्ना और उनके नेतृत्व में मुस्लिम लीग का कांग्रेस से समझौता करने का या हिंदुस्तान की आज़ादी के आदर्श को आगे बढ़ाने का कोई इरादा न था। उनको मौजूदा हालत पसंद थी।[101] ❐

---

101. इस किताब का लिखना खत्म करने के बाद मैंने कनाडियन विद्वान विलफ्रेड कांटवैल स्मिथ की, जिन्होंने हिंदुस्तान और मिस्त्र में कुछ बरस बिताये हैं, एक किताब पढ़ी। इस किताब का नाम है 'मॉडर्न इस्लाम इन इंडिया-ए सोशल एनेलिसिस' और यह लाहौर से प्रकाशित हुई है। इसमें 1857 के भारतीय विद्रोह के बाद भारतीय मुसलमानों की विचारधारा के विकास की बड़ी योग्यता और सावधानी के साथ जांच और छान-बीन की गई है। सर सैयद अहमद खां के बाद से हरएक प्रगतिशील और प्रतिक्रियावादी हलचल की और मुस्लिम लीग के विभिन पक्षों की उसमें चर्चा ली गई है।

6. नेशनल प्लानिंग कमेटी

सन् 1938 के आख़िर में कांग्रेस के सुझाव पर नेशनल प्लानिंग कमेटी बनी। उसमें पंद्रह मेंबर थे और साथ ही प्रांतीय सरकारों और सहयोग के लिए प्रस्तुत हिंदुस्तानी रियासतों के भी प्रतिनिधि थे। उसके मेंबरों में सुपरिचित उद्योगपति, पूंजीपति, अर्थ-शास्त्री, प्रोफ़ेसर और वैज्ञानिक थे और साथ ही ट्रेड यूनियनों, कांग्रेस और ग्रामोद्योग संघ के प्रतिनिधि थे। ग़ैर-कांग्रेसी प्रांतीय सरकारें (बंगाल, पंजाब और सिंध) और साथ ही कुछ बड़ी-बड़ी रियासतें (हैदराबाद, मैसूर, बड़ौद त्रावनकोर और भोपाल) इस कमेटी के साथ थीं। एक ढंग से इस कमेटी में हर तरह के प्रतिनिधि थे, और इसमें न तो राजनैतिक दीवारें थीं और न हिंदुस्तान की सरकारी और गैर-सरकारी जमात की ऊंची दीवारें थीं। हां, इसमें हिंदुस्तान की सरकार का प्रतिनिधित्व नहीं था; उसका रुख़ तो असहयोग का था। उसमें बड़े-बड़े अनुदार व्यवसायी भी थे और ऐसे लोग भी थे, जो आदर्शवादी या सिद्धांतवादी कहे जाते हैं और साथ ही उसमें समाजवादी और साम्यवादी भी थे। सूबों की सरकारों के विशेषज्ञ और उद्योग-धंधों के डायरेक्टर भी इसमें थे।

अलग-अलग क़िस्म का एक अजीब मिलाव था और यह बात साफ़ नहीं थी कि यह विचित्र मिश्रण किस तरह काम करेगा। मैंने इस कमेटी का सभापतित्व मंजूर तो किया, लेकिन बड़ी झिझक और बड़े शक के साथ। काम मेरी तबीयत का था और मैं उससे अलग नहीं रह सकता था।

हर क़दम पर मुश्किलें हमारे सामने थीं। सच्ची कारगर योजना बनाने के लिए काफ़ी मसाला नहीं था, और कुछ थोड़ी-सी ही बातों के बारे में आंकड़े मालूम थे। हिंदुस्तान की सरकार सहायक नहीं थी। यहांतक कि सूबों की सरकारें भी, जिनका रुख़ सहयोग और दोस्ती का था, अखिल भारतीय योजना-निर्माण के बारे में ख़ासतौर से उत्सुक नहीं मालूम देती थीं, और उन्होंने हमारे काम में दूर से ही दिलचस्पी ली। अपनी समस्याओं और परेशानियों में वे खुद ही बहुत व्यस्त थीं। जिसकी ओर से यह कमेटी बनाई गई थी, उसी कांग्रेस के कुछ अहम हिस्से इसकी तरफ़ इस तरह देखते थे, जैसे वह एक अनिच्छित बच्चा हो और जिसके बारे में यह पता न हो कि वह किस तरह पलेगा और साथ ही जिसकी भविष्य की कार्रवाइयों के बारे में शक हो। बड़े-बड़े व्यवसायी निश्चित रूप से सशंकित थे और आलोचना करते थे। लेकिन वे शायद इसलिए शामिल हुए कि उन्होंने यह महसूस किया कि कमेटी से बाहर रहने के मुक़ाबले कमेटी में अंदर आकर वे अपने हितों की ज़्यादा देखभाल कर सकते थे।

यह बात ज़ाहिर थी कि कोई भी बड़ी योजना ऐसी आज़ाद क़ौमी सरकार के मातहत ही चल सकती हैं, जो खूब दृढ़ और लोकप्रिय हो, ताकि वह सामाजिक और आर्थिक ढांचे में बुनियादी तब्दीलियां कर सके। इस तरह योजना-निर्माण के सिलसिले में पहली बुनियादी बात यह थी कि क़ौमी आज़ादी हासिल की जाये और विदेशी नियंत्रण से छुटकारा पाया

जाये। कई और रुकावटें भी थीं, मसलन हमारा सामाजिक पिछड़ापन, रीति-रिवाज और परंपरावादी नज़रिया आदि। लेकिन जो भी हो, उनका सामना करना था। इस तरह योजना-निर्माण वर्तमान की नहीं, बल्कि एक अनिश्चित अपरिचित भविष्य की चीज़ थी, और उसमें आनुमानिकता की गंध थी। फिर भी उसकी बुनियाद वर्तमान पर करनी थी और हमारी यह उम्मीद थी कि यह भविष्य बहुत दूर नहीं है। अगर हम उपलब्ध जानकारी के क्रम से एकत्रित कर देते और उन योजनाओं के ख़ाके तैयार कर देते, तो भविष्य के सच्चे और कारगर योजना-निर्माण की नींव तैयार हो जाती। इसी बीच में हम सूबों की सरकारों और रियासतों को वह दिशा बता देते, जिस पर उन्हें बढ़ना चाहिए। मुख्तलिफ़ क़ौमी, आर्थिक, सामाजिक और सांस्कृतिक कार्रवाइयों को एक- दूसरे के सामंजस्य और समन्वय के साथ देखने की योजना की कोशिश की हमारे लिए और आम जनता के लिए एक बहुत बड़ी तालीमी अहमियत थी। उसकी वजह से लोग सोच-विचार और काम-काज की संकरी लीक से बाहर आये और उन्होंने समस्याओं पर एक-दूसरे के संबंध में ध्यान रखते हुए सोचना शुरू किया और कम-से-कम कुछ हद तक उनका नज़रिया ज़्यादा चौड़ा और सहयोगपूर्ण हुआ।

प्लानिंग कमेटी के पीछे शुरू में उद्योगों को रफ़्तार बढ़ाने का ख़याल था-"ग़रीबी और बेकारी, राष्ट्रीय सुरक्षा, और आर्थिक पुनर्जन्म के मसले कुल मिलाकर इसके बिना हल नहीं हो सकते। इसकी तरफ़ बढ़ने के लिए राष्ट्रीय योजना का विस्तृत ढांचा तैयार किया जाना चाहिए। इसमें बुनियादी बड़े उद्योगों की वृद्धि के लिए, बीच के पैमाने के उद्योगों के लिए और साथ ही घरेलू-धंधों के लिए इंतज़ाम होना चाहिए...।" लेकिन कोई भी योजना खेती को भुला नहीं सकती, क्योंकि वह तो लोगों का खास सहारा है। सामाजिक-सेवाएं भी उतनी ही महत्त्वपूर्ण थीं। इस तरह एक चीज़ से दूसरी पर पहुंच जाते थे और किसी चीज़ को या एक दिशा में तरक़्क़ी को दूसरी दिशाओं में मुनासिब तरक़्क़ी से अलग करना नामुमकिन था। इस योजना बनाने के काम पर हमने जितना ज़्यादा ग़ौर किया, उतना ही उसका क्षेत्र बढ़ता गया, यहांतक कि ऐसा मालूम पड़ा कि उसमें क़रीब-क़रीब हर एक कार्रवाई शामिल है। इसके मानी ये नहीं थे कि हम हर चीज़ का नियंत्रण या संचालन करना चाहते थे, लेकिन यह बात सही है कि योजना के किसी एक हिस्से के बारे में भी फ़ैसला करने के लिए हमको क़रीब-क़रीब हर एक चीज़ का ध्यान रखना पड़ता था। मेरे लिए इस काम का आकर्षण बढ़ता गया, और मेरा ख़याल है कि हमारी कमेटी के दूसरे मेंबरों के साथ भी यही बात थी। लेकिन साथ ही एक तरह की अस्पष्टता और अनिश्चितता भी आई, योजना के कुछ बड़े पहलुओं पर ध्यान केंद्रित करने की जगह हममें बिखरने की प्रवृत्ति थी। इसी की वजह से हमारी कई उप-समितियों के काम में देरी हुई। उनमें किसी निश्चित उद्देश्य के लिए सीमित समय में काम करने की उत्सुकता का अभाव था।

जिस तरह हमारी कमेटी बनी हुई थी, उसके लिहाज़ से किसी बुनियादी सामाजिक नीति या समाज-संगठन के आधारभूत सिद्धांतों पर हम सब के लिए एक राय हो जाना

आसान नहीं था। इन उसूलों पर गहरे विवेचना का लाजिमी नतीजा यह होता कि शुरू में ही बुनियादी इख्तलाफ़ उठ खड़े होते और शायद कमेटी टूट-फूट जाती। इस तरह की निर्देशक नीति का न होना एक बहुत बड़ी ख़ामी थी, फिर भी उसके लिए कोई चारा नहीं था। हमने योजना के आम मसले पर और हर अकेली समस्या पर क़यासी नहीं, बल्कि अमली तौर पर सोचना तय किया और इस विचार-विमर्श से सिद्धांतों को अपने-आप पनपने को छोड़ दिया। मोटे तौर पर समस्या को हल करने के लिए दो ढंग से आगे बढ़ा. जा सकता था—एक तो समाजवादी ढंग था, जिसके मुताबिक मुनाफ़े की भावना को मिटा देना था और जिसमें सम-विभाजन की महत्ता पर ज़ोर दिया जाता। दूसरा विशद व्यवसाय का ढंग था, जिसमें मुक्त उद्योग और मुनाफ़े की भावना को यथासंभव बनाये रखना था, और जिसमें अधिक उत्पादन पर ज़्यादा ज़ोर था। उन लोगों के नज़रिये में भी फ़र्क़ था, जो बड़े उद्योगों की तेज़ी से तरक़्क़ी चाहते थे, और दूसरे वे, जो ग्रामोद्योग और घरेलू धंधों की तरक्क़ी पर ज्यादा ध्यान दिलाना चाहते थे, ताकि बेकार और अध-बेकार लोगों की बहुत बड़ी तादाद को काम मिल जाय। आगे चलकर आखिरी फ़ैसलों में फ़र्क होना लाज़िमी था। और अगर कमेटी की दो या और ज़्यादा रिपोर्ट भी होती, तो भी कोई ऐसी बात नहीं थी, बशर्ते कि सारा उपलब्ध मसाला इकट्ठा हो जाता, क्रमवद्ध हो जाता और तब परस्पर मान्य बातें एक तरफ़ आ जातीं और मतभेदों को अलग जता दिया जाता। जब योजना को अमली शक़्ल देने का वक़्त आता, तब जो भी लोकतंत्री सरकार होती, वह अपनी बुनियादी नीति पसंद कर लेती। इस बीच में ज़रूरी तैयारी का एक बहुत बड़ा हिस्सा पूरा हो जाता और समस्या के मुख्तलिफ़ पहलू जनता के, सूबों की और क़ौमी सरकारों के सामने रख दिये जाते।

यह बात साफ़ है कि किसी निश्चित मक़सद या सामाजिक उद्देश्य के बिना हम किसी योजना पर ख़ासतौर पर सोच-विचार नहीं कर सकते थे। जिस मक़सद का ऐलान किया गया, वह यह था कि जनता के रहन-सहन का एक उचित मापदंड हो और वह निश्चित रूप से सुलभ हो, यानी दूसरे शब्दों में वह मक़सद यह था कि जनता को दर्दनाक ग़रीबी से छुटकारा मिले। रुपयों के पैमाने में अर्थशास्त्रियों ने जिस कम-से-कम आंकड़े का अंदाज़ किया है, वह फ़ी आदमी हर महीने पंद्रह और पच्चीस रुपये के बीच में है। (ये सारे आंकड़े लड़ाई के पहले के हैं)। पश्चिमी मापदंड की तुलना में यह बहुत कम था, लेकिन हिंदुस्तान के मौजूदा मापदंड के लिहाज़ से यह बहुत बढ़ा-चढ़ा था। यहां फ़ी आदमी का औसत क़रीब पैंसठ रुपया है। अमीर और ग़रीबों के बीच में बहुत बड़ी खाई होने की वजह से और थोड़े-से ही लोगों के हाथों में दौलत इकट्ठी हो जाने की वजह से, गांववाले आदमी की आमदनी का अंदाज़ तो और कम है—शायद फ़ी आदमी फ़ी साल तीस रुपये के क़रीब। इन आंकड़ों से लोगों की भयंकर ग़रीबी और जनता की हालत समझ में आती है। खाने की, कपड़े की, मकान की और इन्सानी ज़िंदगी की हर ज़रूरत की कमी थी। इस कमी को दूर करने और हर आदमी के लिए एक उचित मापदंड से रहना निश्चित रूप से सुलभ बनाने के लिए राष्ट्रीय आमदनी

बहुत ज़्यादा बढ़ानी थी और इस अधिक उत्पादन के साथ-ही-साथ संपत्ति का ज्यादा सम-विभाजन करना था। हमने हिसाब लगाया और देखा कि रहन-सहन के सचमुच प्रगतिशील मापदंड के लिए राष्ट्रीय संपत्ति का 500 से लेकर 600 फ़ी-सदी तक बढ़ाना ज़रूरी है। हमारे लिए यह छलांग तो बहुत बड़ी थी और हमने दस साल में 200 से लेकर 300 फ़ी-सदी तक बढ़ाने का लक्ष्य बनाया।

हमने योजना के लिए दस बरस का वक़्त तय किया और उसमें हर अरसे और आर्थिक ज़िंदगी के हर हिस्से के लिए नियंत्रित आंकड़े दिये। उद्देश्य के सिलसिले में कुछ कसौटियों की भी सलाह दी गई:

(1) शरीर-पोषण में सुधार—ऐसी संतुलित खुराक हो, जिसमें हर वयस्क कामगर को 2400 से लेकर 2800 कैलोरी की इकाइयां हासिल हों।

(2) उस वक़्त की क़रीब 15 ग़ज़ की खपत से बढ़कर फ़ी आदमी, फ़ी साल कम-से-कम 30 गज़ कपड़ा हो।

(3) आवास-स्तर बढ़कर फ़ी आदमी कम-से-कम 100 वर्ग फ़ुट हो। इसके अलावा कुछ और चीज़ों की तरक्क़ी को बराबर ध्यान में रखना था:

(क) कृषि-उत्पादन में वृद्धि हो।

(ख) औद्योगिक उत्पादन में वृद्धि हो।

(ग) बेकारी में घटती हो।

(घ) फ़ी आदमी आमदनी बढ़े।

(ङ) निरक्षरता का ख़ात्मा हो।

(च) सार्वजनिक उपयोगिता की सेवाओं में बढ़ती हो।

(छ) फ़ी एक हज़ार की आबादी के लिए एक आदमी के हिसाब से डाक्टरी मदद का इंतज़ाम हो।

(ज) ज़िंदगी की औसत उम्मीद में बढ़ोतरी हो।

कुल मिलाकर देश के सामने जो उद्देश्य था, वह यह था कि जहांतक मुमकिन हो, राष्ट्र स्वयं पर्याप्त हो। अंतर्राष्ट्रीय व्यापार को अलग नहीं किया गया, लेकिन हम आर्थिक साम्राज्यवादी ताक़त के शिकार होना चाहते थे और न हम ऐसी प्रवृत्तियों को अपने अंदर बढ़ाना चाहते थे। देश की उपज पर पहला हक़ खाने की, कच्चे और तैयार माल की घरेलू ज़रूरतों को पूरा करने के लिए होगा। फालतू पैदावार को विदेशों में बाज़ार में दर गिराने के लिए नहीं झोंका जायेगा, बल्कि उसका इस्तेमाल दूसरे देशों से उन चीज़ों के विनिमय के लिए होगा, जिनकी हमको ज़रूरत हो सकती है। अपनी क़ौमी अर्थ - व्यवस्था को निर्यात बाज़ार पर अवलंबित करने से दूसरे देशों से हमारे झगड़े हो सकते थे और उन बाज़ारों के हमारे लिए बंद होने से हमारी अर्थ-व्यवस्था चकनाचूर हो सकती थी।

हालांकि हमने किसी सुनिश्चित सामाजिक सिद्धांत से शुरुआत नहीं की, फिर भी

हमारे सामाजिक उद्देश्य बहुत कुछ साफ़ थे और उनमें योजना-निर्माण के लिए परस्पर मान्य आधार था। इस योजना का गुर नियंत्रण और समन्वय था। इस तरह जहां मुक्त उद्योग के लिए मनाही नहीं थी, वहीं साथ ही उसका क्षेत्र ख़ासतौर से सीमित कर दिया गया था। प्रतिरक्षा संबंधी उद्योगों के सिलसिले में यह तय किया गया कि उनका नियंत्रण राज्य करे और वही उनका मालिक हो। दूसरे बुनियादी उद्योगों के सिलसिले में अधिकांश की यह राय थी कि उन पर राज्य का क़ब्जा हो, लेकिन समिति के एक काफ़ी बड़े अल्पमत की यह राय थी कि राज्य का उन पर नियंत्रण ही काफ़ी होगा। हां, इन उद्योगों पर यह नियंत्रण बहुत सख्त होता। यह बात भी तय की गई कि सार्वजनिक उपयोगिताओं पर राज्य के किसी-न-किसी प्रतिनिधि—केंद्रीय सरकार, प्रांतीय सरकार, या स्थानीय बोर्ड-का क़ब्ज़ा हो। इस बात की राय दी गई कि लंदन ट्रांसपोर्ट बोर्ड-जैसी किसी चीज़ का सार्वजनिक उपयोगिताओं पर नियंत्रण हो। दूसरे ख़ास और बड़े उद्योग-धंधों के बारे में कोई ख़ास नियम नहीं बनाया गया, लेकिन यह बात साफ़ कर दी गई कि योजनाबद्ध कार्यक्रम की वजह से किसी-न-किसी अंश में नियंत्रण ज़रूरी था और यह नियंत्रण अलग-अलग उद्योग पर अलग-अलग परिमाण में हो सकता था।

जिन उद्योग-धंधों पर सरकार का क़ाबू था, उनकी व्यवस्था के सिलसिले में यह सलाह दी गई कि आमतौर पर एक स्वायत्त सार्वजनिक ट्रस्ट मुनासिब होगा। ऐसे ट्रस्ट की वजह से जनता की मिल्कियत और उसके क़ाबू बराबर बना रहेगा और साथ ही वे परेशानियां और बद-इंतज़ामियां, जो प्रत्यक्ष लोकतंत्री नियंत्रण में अक्सर पैठ जाती हैं, यहां पर नहीं होंगी। उद्योग-धंधों के लिए सहकारी मिल्कियत और नियंत्रण की सलाह दी गई। किसी योजना - निर्माण में उद्योग की हर शाखा में तरक़्क़ी की पक्की जांच ज़रूरी होगी और थोड़े-थोड़े अरसे बाद जो कुछ तरक्क़ी हुई है, उसका अंदाज़ करना होगा। साथ ही इसके ये भी मानी होंगे कि उद्योग के फैलाव के लिए तकनीकी काम करनेवालों को तैयार करना होगा और राज्य उद्योगों से ही ऐसे काम करनेवालों को तैयार करने के लिए कह सकता है।

ज़मीन के सिलसिले में नीति निर्धारित करने के लिए आम उसूल तय कर दिये गए- "कृषि भूमि, खानें, नदियां और जंगल राष्ट्रीय संपत्ति हैं, जिन पर हिंदुस्तान की आम जनता का सामूहिक रूप से पूरा-पूरा क़ब्ज़ा होना चाहिए।" ज़मीन का फ़ायदा उठाने के लिए सहकारिता के सिद्धांत को बरतना चाहिए और सामूहिक और सहकारी खेती चालू करनी चाहिए। कम-से-कम शुरू में तो ऐसा प्रस्ताव नहीं किया गया, जिसके मुताबिक़ किसानों को छोटे-छोटे खेतों पर अकेले ही खेती करने की मनाही हो, लेकिन यह बात साफ़ थी कि ताल्लुकेदार या ज़मींदार-जैसे किसी भी ढंग के बीचवालों को तब्दीली के अरसे के बाद रहने की मंज़ूरी नहीं होनी चाहिए। इन जमातों के पास जो हक़ और ख़िताब थे, उनको धीरे-धीरे ख़त्म कर देना चाहिए। खेती के क़ाबिल बेकार पड़ी हुई ज़मीन पर सरकार की तरफ़ से सामूहिक कृषि तो फ़ौरन शुरू होनी थी। सहकारी खेती-व्यक्तिगत या संयुक्त मिल्कियत

से शुरू हो सकती थी। अलग-अलग क़िस्मों को पनपने के लिए कुछ गुंजाइश छोड़ दी गई थी, ताकि ज़्यादा तजुरबा हासिल करके कुछ ख़ास क़िस्मों को दूसरों के मुक़ाबले ज़्यादा बढ़ावा दिया जा सके।

हम, या यों कहिये हममें से कुछ लोग, लेन-देन का एक समाज-नियंत्रित ढांचा बनाने की उम्मीद करते थे। अगर बैंकों, बीमा कंपनियों वगैरह का राष्ट्रीयकरण नहीं करना था, तो कम-से-कम उनको राज्य के नियंत्रण में तो लाना ही था, ताकि पूंजी और लेन-देन में घट-बढ़ की व्यवस्था राज्य ही करे। आयात और निर्यात व्यापार का नियंत्रण करना भी जरूरी था। इन साधनों से कुल मिलाकर ज़मीन और उद्योग के सिलसिले में बहुत काफ़ी हद तक सरकारी नियंत्रण हो जाता, हालांकि इस नियंत्रण का परिमाण अलग-अलग जगह पर बदलता रहता। साथ ही एक सीमित क्षेत्र में व्यक्तिगत उपक्रम भी जारी रहता।

इस तरह ख़ास समस्याओं पर विवेचन के ज़रिये हमारी नीति और हमारे सामाजिक आदर्श का विकास हुआ। उनमें खाली जगहें भी थीं, कहीं-कहीं अस्पष्टता भी थी, यहांतक कि कुछ मौक़ों पर उलटी बातें भी थीं। उसूली तौर पर यह योजना पूर्णता से बहुत दूर थी। लेकिन मुझे इस बात पर एक ताज्जुब था कि कमेटी में इतने विषम तत्त्वों के होते हुए भी हम इतनी हद तक एक राय के हो सके ! बड़े व्यवसायियों का अकेला सबसे बड़ा दल था और बहुत-से मामलों पर, ख़ासतौर से तिजारती और आर्थिक मामलों पर, उसका नज़रिया निश्चित रूप से अनुदार था। तेज़ी से तरक़्क़ी करने की प्रेरणा और यह यक़ीन कि सिर्फ़ इसी तरह हम ग़रीबी और बेकारी के मसलों को हल कर सकेंगे, ये दोनों बातें इतनी ज़बरदस्त थीं कि हम लोगों को अपनी प्रचलित लीक छोड़नी पड़ी, और हमको नई धाराओं में सोचना पड़ा। हमने किताबी ढंग को अलग रखा था, और चूंकि प्रत्येक अमली मसला एक बड़े संदर्भ में देखा गया, इसलिए हम लोग लाज़िमी तौर से एक निश्चित दिशा में चले। प्लानिंग कमेटी के सदस्यों की सहयोग की भावना मेरे लिए तो एक विशेष कृतज्ञता और शांति की बात थी, क्योंकि राजनीति के झगड़ों से मिलान करते हुए यह पहलू बहुत सुखद था। हम लोग अपने मतभेदों को जानते थे। फिर भी हर एक नज़रिये का विवेचन करने के बाद हम एक ऐसे समन्वयकारी नतीजे पर पहुंचने की कोशिश करते, जो सबको या हममें से ज़्यादातर को मंज़ूर हो, और इस कोशिश में हम अक्सर कामयाब होते थे।

हमारी जैसी स्थिति थी, उसमें सिर्फ़ अपनी कमेटी में ही नहीं, बल्कि हिंदुस्तान के बड़े मैदान में हम उस वक़्त विशुद्ध समाजवादी योजना नहीं बना सकते थे। फिर भी मेरे सामने यह बात साफ़ हो गई कि जैसे-जैसे हमारी योजना बढ़ती गई, वैसे ही - वैसे वह लाज़िमी तौर पर हमको एक ऐसी दिशा में ले जा रही थी, जिसमें हम समाजवादी ढांचे की कुछ बुनियादी बातों की जड़ जमाते जा रहे थे। इसमें समाज की शोषक प्रकृति को कम करना था और तरक़्क़ी की बहुत-सी रुकावटों को दूर करना था, और इस तरह एक तेज़ी से फैलनेवाले सामाजिक ढांचे की तरफ़ ले जाना था। उसकी बुनियाद जन- साधारण के फ़ायदे पर, उसके

मांपदंड को ऊंचा उठाने पर, उसको तरक़्क़ी के लिए मौक़ा देने और इस तरह दबी हुई अटूट प्रतिभा और सामर्थ्य को छुटकारा देने पर थी। और इस सबकी कोशिश लोकतंत्री आज़ादी के संदर्भ में करनी थी, जिनमें बहुत हद तक कम- से-कम ऐसे कुछ समूहों का भी सहयोग हो, आमतौर पर समाजवादी सिद्धांतों के ख़िलाफ़ थे। उस सहयोग की वजह से चाहे योजना में कुछ थोड़ी-सी कमी या कमज़ोरी ही क्यों न हो, लेकिन मुझे वह सहयोग ज़रूरी जंचा। शायद मैं ज़रूरत से ज़्यादा आशावादी था। लेकिन मैंने ऐसे महसूस किया कि जिस वक़्त सही दिशा में एक बड़ा क़दम उठाया जा रहा हो, उस वक़्त खुद परिवर्तन की प्रक्रिया के वेग से आगे की प्रगति का काम और आपस में मेल बिठाना आसान हो जायेगा। अगर संघर्ष होना लाज़िमी था, तो उसका भी सामना किया जाता। लेकिन यदि उसे हटाया जा सकता था या कम किया जा सकता था, तो निश्चित ही वह एक बहुत बड़ा फ़ायदा था। ख़ासतौर से इसलिए कि राजनैतिक क्षेत्र में ही हमारे लिए काफ़ी झगड़ा था और भविष्य में डावांडोल हालतें भी पैदा हो सकती थीं। इस तरह योजना के लिए आम सहमति एक बहुत क़ीमती चीज़ थी। किसी आदर्शवाद की बुनियाद पर योजना का ख़ाका खींचना आसान था, लेकिन किसी भी योजना को काफ़ी हद तक कारगर बनाने के लिए उसके पीछे जिस मंज़ूरी और आम रज़ामंदी की ज़रूरत थी, वह कहीं ज़्यादा मुश्किल चीज़ थी।

हालांकि योजना- निर्माण में बहुत काफ़ी नियंत्रण और संचालन होता है और कुछ हद तक व्यक्तिगत स्वतंत्रता में दखल दिया जाता है, फिर भी आज के हिंदुस्तान के संदर्भ में, असल में, उससे आज़ादी बहुत बढ़ जायेगी। हमारे पास आज़ादी है ही कहां, जो हम उसे खो देंगे! अगर हम लोकतंत्री राज्य के ढांचे के साथ बंधे रहें और यदि हमने सहकारी उद्योग को बढ़ावा दिया, तो शक्ति के केंद्रीकरण के ज़्यादातर खतरे टाले जा सकते हैं।

अपनी पहली बैठकों में ही हमने एक लंबी प्रश्नावली बनाई और वह मुख्तलिफ़ सूबों की और रियासती सरकारों, सार्वजनिक संस्थाओं, विश्वविद्यालयों, व्यापार-मंडलों, ट्रेड यूनियनों, अन्वेषक संस्थाओं आदि को भेजी गई। मुख्तलिफ़ समस्याओं के बारे में छान-बीन करने और उन पर अपनी रिपोर्ट देने के लिए उनतीस सब-कमेटियां नियुक्त की गईं। इनमें से आठ सब-कमेटियां खेती की समस्याओं पर थी; कुछ उद्योग-धंधों से ताल्लुक रखती थीं; पांच का व्यापार और अर्थ-व्यवस्था से संबंध था; दो का यातायात से; दो का शिक्षा से; दो का लोककल्याण से; एक का योजना-बद्ध अर्थ-व्यवस्था में स्त्रियों की जगह से; और दो का सामाजिक संबंधों और संस्थाओं से। कुल मिलाकर इन सब- कमेटियों के 350 मेंबर थे और इनमें से कुछ लोग कई कमेटियों में थे। उनमें से ज़्यादातर लोग अपने-अपने विषयों में विशेषज्ञ थे – व्यापारी, सरकारी और म्युनिसिपल कर्मचारी, विश्वविद्यालयों के अध्यापक, वैज्ञानिक, इंजीनियर, ट्रेड यूनियनों के मेंबर और सार्वजनिक जीवन के कार्यकर्ता। इस तरह देश की उपलब्ध प्रतिभा के एक बड़े हिस्से को हमने इकट्ठा किया। वे आदमी, जिनकी व्यक्तिगत रूप से हमारा साथ देने की इच्छा थी, लेकिन जिनको इजाज़त नहीं मिली, वे

लोग हिंदुस्तान की सरकार के हाक़िम और नौकर थे। हमारे काम में इतने लोगों का साथ होने की वजह से हमें कई तरह की मदद थी। हम उनके विशेष ज्ञान और अनुभव का फ़ायदा उठा सकते थे और साथ ही वे अपने विशेष विषयों पर बड़ी समस्याओं को ध्यान में रखते हुए सोचते थे। इसकी वजह से सारे देश में योजनाबद्ध काम के लिए ज़्यादा दिलचस्पी हुई। लेकिन इस बड़ी तादाद का एक नुक़सान भी था; क्योंकि इसकी वजह से काम में लाज़िमी तौर पर देर होती थी। कमेटी के मेंबर देश में अलग-अलग हिस्सों के थे और वे लोग कार्य व्यस्त आदमी थे और उनका बार-बार एक साथ मिलना मुश्किल होता था।

राष्ट्रीय काम-काज के मुख्तलिफ़ हिस्सों में इतने लायक़ और उत्सुक लोगों के संपर्क में आने से मुझे तसल्ली हुई। इन संपर्कों से मैंने खुद बहुत बड़ी जानकारी हासिल की। हमारे काम करने का ढंग यह था कि हर सब-कमेटी की एक अस्थायी रिपोर्ट प्लानिंग कमेटी के पास आती और वह उस पर अपनी सहमति या आंशिक आलोचना करके फिर उसी सब कमेटी के पास भेज देती। तब एक निश्चित रिपोर्ट तैयार की जाती और उसकी बुनियाद पर उस विषय पर निर्णय किये जाते। इस बात की बराबर कोशिश होती रहती थी कि हर विषय के फ़ैसलों का हर दूसरे विषय के फ़ैसलों के साथ ताल-मेल हो। इस तरह सारी निश्चित रिपोर्टों पर गौर करने के बाद प्लानिंग कमेटी सारी समस्या का, उसके विस्तार और जटिलता का सिंहावलोकन करती और खुद अपनी एक विस्तृत रिपोर्ट तैयार करती और उसके साथ सब-कमेटियों की रिपोर्ट परिशिष्ट की तरह दे दी जाती। असल में सब-कमेटियों की रिपोर्टों पर गौर करने के दौरान में ही उस आख़िरी रिपोर्ट की शक़्ल धीरे-धीरे तैयार होती जा रही थी।

कभी-कभी इतनी देर होती कि झुंझलाहट होती। उसकी ख़ास वजह यह थी कि सब-कमेटियां उस वक़्त की पाबंदी नहीं करती थीं, जो उन्हें दिया जाता था; लेकिन कुल मिलाकर हमने काफ़ी तरक़्क़ी की और बहुत काफ़ी काम पूरा कर लिया। शिक्षा के सिलसिले में दो दिलचस्प बातें तय हुईं। हमने इस बात की सलाह दी कि शिक्षा की हर सीढ़ी के लिए लड़कों और लड़कियों के शारीरिक स्वास्थ्य का एक मापदंड ज़रूर तय हो और सबकी तंदुरुस्ती कम-से-कम उतनी तो हो। साथ ही हमने इस बात की भी सलाह दी कि अठारह और बाईस बरस की उम्र के बीच में हर नौजवान लड़के या लड़की को एक साल तक सामाजिक या श्रमिक सेवा अनिवार्य रूप से करने की प्रणाली हो, ताकि वह राष्ट्रीय उपयोगिता, खेती, उद्योग और सार्वजनिक उपयोगिता के काम में अपना हिस्सा अदा कर सके। यह काम सबके लिए लाज़िमी होता और इसमें सिर्फ़ उन्हीं को छूट मिलती, जो शारीरिक या मानसिक रूप से इसके लिए अयोग्य होते।

जब सिंतबर, 1939 में दूसरा महायुद्ध शुरू हुआ, तो यह सलाह दी गई कि नेशनल प्लानिंग कमेटी को अपना काम स्थगित कर देना चाहिए। नवंबर में सूबों की कांग्रेसी सरकारों ने इस्तीफ़ा दे दिया और इससे हमारी परेशानी और भी बढ़ गई, क्योंकि सूबों में गवर्नरों के सर्वेसर्वा हो जाने पर हमारे काम में कोई दिलचस्पी नहीं ली गई। व्यवसायी लोग

लड़ाई की ज़रूरत की चीज़ों से रुपया बनाने में पहले कभी के मुक़ाबले अब ज़्यादा व्यस्त हो गए और उनकी दिलचस्पी योजना-निर्माण में उतनी नहीं रही, जितनी रुपया बनाने में। हालत दिन-ब-दिन बदलती जा रही थी। जो भी हो, हमने काम को जारी रखना तय किया और ऐसा महसूस किया कि लड़ाई के लिहाज़ से यह और भी ज़्यादा ज़रूरी था। लड़ाई की वजह से औद्योगीकरण ज़रूर बढ़ता और जो काम हम कर चुके थे या कर रहे थे, उससे इस प्रक्रिया में बहुत मदद मिल सकती थी। उस वक़्त हम इंजीनियरिंग उद्योग, यातायात, रासायनिक उद्योग आदि से ताल्लुक रखनेवाली सब-कमेटियों की रिपोर्टों पर गौर कर रहे थे और इन सब उद्योगों की लड़ाई के लिए सबसे ज़्यादा अहमियत थी। लेकिन सरकार की हमारे काम में दिलचस्पी नहीं थीं, बल्कि असल में वह तो उसके बहुत ख़िलाफ़ थी। लड़ाई के शुरू के महीनों में उसकी नीति हिंदुस्तानी उद्योग को प्रोत्साहन देने की नहीं थी। बाद में घटनाओं ने उसको अपनी ज़रूरत की चीज़ें हिंदुस्तान से ख़रीदने के लिए मजबूर किया, लेकिन इतने पर भी वह इसके ख़िलाफ़ थी कि हिंदुस्तान में कोई भी बड़ा बुनियादी उद्योग चालू किया जाये। उसकी रज़ामंदी न होने के मानी ये रुकावटों का आना, क्योंकि बिना सरकारी मंज़ूरी के कोई भी मशीन बाहर से नहीं मंगाई जा सकती थी।

प्लानिंग कमेटी ने अपना काम जारी रखा और उप-समितियों की रिपोर्टों पर विवेचन का काम उसने क़रीब-क़रीब खत्म कर लिया। जो कुछ काम बाक़ी बच रहा था, हम उसको ख़त्म करके अपनी विस्तृत रिपोर्ट तैयार करने के काम को हाथ में लेते। लेकिन अक्तूबर 1940 में मुझे गिरफ़्तार कर लिया गया और एक लंबी मियाद के लिए जेल भेज दिया गया। मुझे इस बात की फ़िक्र थी कि प्लानिंग कमेटी का काम जारी रहे। मैंने अपने उन साथियों से, जो बाहर थे, काम को जारी रखने की प्रार्थना की। मैंने इस बात की कोशिश की कि प्लानिंग कमेटी के काग़ज़ात और उसकी रिपोर्टें मुझे जेल में मिल जायें, ताकि मैं उनको पढ़कर विस्तृत रिपोर्ट का मसविदा तैयार कर दूं। हिंदुस्तान-सरकार ने दख़ल दिया और रोक दिया। ऐसे काग़ज़ात न तो मुझ तक पहुंचने दिये गए और न इस सिलसिले में मुलाक़ातों की इजाज़त मिली।

इस तरह जिस वक़्त मैंने अपने दिन जेल में बिताये, नेशनल प्लानिंग कमेटी मुरझाती रही। वह सारा काम जो मैंने किया था, हालांकि अभी वह अधूरा था, फिर भी उससे लड़ाई की तैयारियों में बहुत बड़ा फ़ायदा उठाया जा सकता था, वह हमारे दफ़्तर की दराज़ों में बंद रहा। दिसंबर, 1941 में मुझे छोड़ा गया और मैं कुछ महीनों के लिए जेल से बाहर रहा, लेकिन और लोगों की तरह मेरे लिए भी यह वक़्त बड़ी उलझनों और परेशानियों का था। हर तरह की नई घटनाएं घट चुकी थीं, प्रशांत महासागर में लड़ाई चल रही थी और जबतक राजनैतिक हालत बेहतर न होती, पुराने सूत्रों को इकट्ठा करके प्लानिंग कमेटी के बाक़ी काम को आगे चलाना मुमकिन नहीं था। और तब मैं फिर वापस जेल आ गया।

❐

7. कांग्रेस और उद्योग-धंधे:बड़े उद्योग बनाम घरेलू उद्योग

गांधीजी के नेतृत्व में कांग्रेस ने बहुत अरसे से ग्रामोद्योगों के फिर से उठाने की, ख़ासतौर से हाथ-कताई और हाथ - बुनाई की, हिमायत की थी। वैसे किसी भी वक़्त कांग्रेस बड़े उद्योगों की तरक़्क़ी के ख़िलाफ़ नहीं थी और विधानमंडलों में या दूसरी जगहों पर उसे जब भी मौका मिला, उसने इस रुझान को प्रोत्साहन दिया। सूबों की कांग्रेसी सरकारें भी ऐसा करने के लिए उत्सुक थीं। सन् 1910 और 1920 के बीच, जिस वक़्त टाटा आयरन एंड स्टील वर्क्स मुसीबत में था, बहुत हद तक केंद्रीय असेंबली में कांग्रेस पार्टी के ज़ोर देने की वजह से संकटपूर्ण समय को पार करने के लिए सरकारी मदद दी गई। हिंदुस्तान में जहाज़ों के बनाने और हिंदुस्तानियों द्वारा समुद्री यातायात की तरक़्क़ी का एक ऐसा मामला था, जिस पर राष्ट्रीय मत और सरकार में झगड़ा होता रहता था। और हिंदुस्तानी मतों की तरह कांग्रेस भी इस बात के लिए उत्सुक थी कि जहाज़ बनाने के हिंदुस्तानी कारबार को हर तरह की मदद दी जाये; सरकार भी उतनी ही तुली हुई थी कि बड़ी-बड़ी ब्रिटिश जहाज़ी कंपनियों के निहित स्वार्थों की हिफ़ाज़त की जाये। इस तरह सरकारी भेद-भाव की नीति की वजह से हिंदुस्तानी जहाज़ी कारबार बढ़ने से रोका गया; वैसे हिंदुस्तानी जहाज़ी कार-बार के पास पूंजी भी थी, और साथ ही इंतज़ाम करने की सामर्थ्य और तकनीकी योग्यता भी थी। जब कभी किसी ब्रिटिश औद्योगिक, व्यावसायिक और आर्थिक हित का सवाल होता, इस तरह का भेदभाव बराबर बरता जाता।

उस बड़े महासंगठन, इंपीरियल कैमिकल इंडस्ट्रीज़, का हमेशा पक्षपात किया गया है और इससे हिंदुस्तानी उद्योगों को नुक़सान हुआ है। कुछ बरस पहले उसको पंजाब के खनिज पदार्थों का और दूसरी चीज़ों को निकालने के लिए एक लंबे अरसे का पट्टा दिया गया था। जहांतक मुझे पता है, इस पट्टे की शर्तें ज़ाहिर नहीं की गई थीं, शायद इस वजह से कि 'सार्वजनिक हित' के लिए उनको ज़ाहिर न करना ठीक समझा गया।

प्रांतीय कांग्रेसी सरकारें पावर-अलकोहल का उद्योग चालू करने के लिए उत्सुक थीं। कई नज़र से यह ज़रूरी था, लेकिन संयुक्त प्रांत और बिहार में एक वजह और थी। वहां पर चीनी के बहुत से कारखाने थे और उनमें चीनी बनाने के सिलसिले में बहुत बड़े पैमाने पर शीरा बनता था, जो बिलकुल बेकार जाता था। यह तजवीज़ हुई कि पॉवर-अलकोहल तैयार करने के लिए इसका फ़ायदा उठाया जाय। उसका तरीक़ा भी आसान था और सिर्फ़ इस बात को छोड़कर कि शैल तथा बरमा ऑयल कंपनी के हितों पर असर पड़ता, और कोई मुश्किल भी नहीं थी। हिंदुस्तान सरकार ने इन हितों की हिमायत की और पॉवर-अलकोहल तैयार करने की इजाज़त देने से इन्कार कर दिया। मौजूदा लड़ाई के तीसरे साल में, जब बरमा क़ब्ज़े से निकल गया, और वहां से तेल और पेट्रोल मिलना बंद हो गया, तो सरकार को यह समझ आई कि पॉवर- अलकोहल ज़रूरी चीज़ थी, और उसको हिंदुस्तान में तैयार करना चाहिए।

अमरीकी ग्रेड़ी कमेटी ने 1942 में इस पर बहुत ज़्यादा ज़ोर दिया।

इस तरह कांग्रेस हमेशा ही हिंदुस्तान के औद्योगीकरण की हामी रही है और साथ ही वह घरेलू धंधों की तरक़्क़ी की भी तरफ़दार रही है? शायद महत्त्व देने में अंतर है, और उसमें उन इन्सानी और आर्थिक बातों का भी ख़याल रखा गया है, जिन्हें हिंदुस्तान में पहले नज़रअंदाज़ कर दिया गया था। हिंदुस्तानी उद्योगपति और उनका समर्थन करनेवाले राजनीतिज्ञ उन्नीसवीं सदी के यूरोप के पूंजीवादी उद्योग की तरक़्क़ी के ढंग पर सोचते थे और उन्होंने उन बुरे नतीजों को, जो बीसवीं सदी में बिलकुल साफ़ शक़्ल में सामने आये, भुला दिया। हिंदुस्तान में, जहां स्वाभाविक प्रगति 100 साल से रोक दी गई थी, ये बुरे नतीजे और भी ज़्यादा सामने आते। जिस ढंग से बीच के पैमाने के उद्योग हिंदुस्तान में चालू हो रहे थे, उनकी वजह से मौजूदा आर्थिक व्यवस्था में मज़दूरों की खपत नहीं हो रही थी, बल्कि बेकारी बढ़ रही थी। जहां एक सिरे पर तो पूंजी इकट्ठी होती जा रही थी, दूसरे सिरे पर ग़रीबी और बेकारी बढ़ रही थी। किसी दूसरे ढांचे में, बड़े पैमाने के उद्योग-धंधों पर ज़ोर देकर, जिनमें मज़दूरों की खपत हो, और क़ायदे के साथ अमली नक़्शा बनाकर, इन बुराइयों से बचा जा सकता था।

आम जनता की बढ़ती हुई ग़रीबी से गांधीजी पर ज़बरदस्त असर पड़ा। मेरा ऐसा ख़याल है कि यह सच है कि कुल मिलाकर उनके ज़िंदगी के नज़रिये में और उसमें, जिसको आधुनिक नज़रिया कहा जाता है, एक बुनियादी भेद है। आध्यात्मिक और नैतिक चीज़ों पर चोट पहुंचाकर विलास की चीज़ों की बढ़ती और दिन-ब-दिन बढ़नेवाले रहन-सहन की तरफ़ वह आकर्षित नहीं होते। आराम की ज़िंदगी के वह पक्ष में नहीं हैं; उनके लिए जो सीधा रास्ता है, वह मेहनत का है, और विलास-प्रियता से विकृति होती है और गुणों का क्षय होता है। सबसे बड़ी बात यह है कि अमीरों और ग़रीबों के बीच में, उनके रहन-सहन के ढंग में और विकास के मौक़ों में जो बहुत बड़ी खाई है, उससे गांधीजी के दिल को बहुत चोट पहुंचती है। अपने निजी और मनोवैज्ञानिक संतोष के लिए उन्होंने उस खाई को पार किया, और ग़रीबों की तरफ़ चले गए और सुधार की ऐसी चीज़ों को अपने काम में लाये, जो खुद ग़रीबों की बिसात के भीतर थीं—उन्हीं का- जैसा रहने-सहने का ढंग, उन्हीं की-सी पोशाक या उन्हीं की तरह अधढकापन! थोड़े- से अमीरों और ग़रीब जनता में जो बहुत बड़ा फ़र्क था, उसकी उन्हें दो ख़ास वजहें मालूम हुईं–विदेशी राज्य और उसके साथ होनेवाला शोषण, और पच्छिम की पूंजीवादी औद्योगिक सभ्यता, जिसकी प्रतीक बड़ी मशीन थी। दोनों के ही ख़िलाफ़ उनकी प्रतिक्रिया हुई। बड़ी चाह के साथ उन्हें गुज़रे ज़माने के वे दिन याद आये, जब स्व-शासी और बहुत हद तक स्वयं पर्याप्त ग्रामीण समुदाय थे, जहां अपने ही आप उत्पादन, विभाजन और उपभोग में संतुलन था, जहां राजनैतिक और आर्थिक सत्ता फैली हुई थी और आजकल की तरह केंद्रित नहीं थी, जहां एक सादा लोकतंत्र था, जहां ग़रीब और अमीर के बीच में बड़ी ख़ाई नहीं थी, जहां बड़े शहरों की बुराइयां नहीं थीं और

लोग जीवन देनेवाली ज़मीन के संपर्क में रहते थे और खुली जगह में ताज़ी और साफ़ हवा में सांस लेते थे।

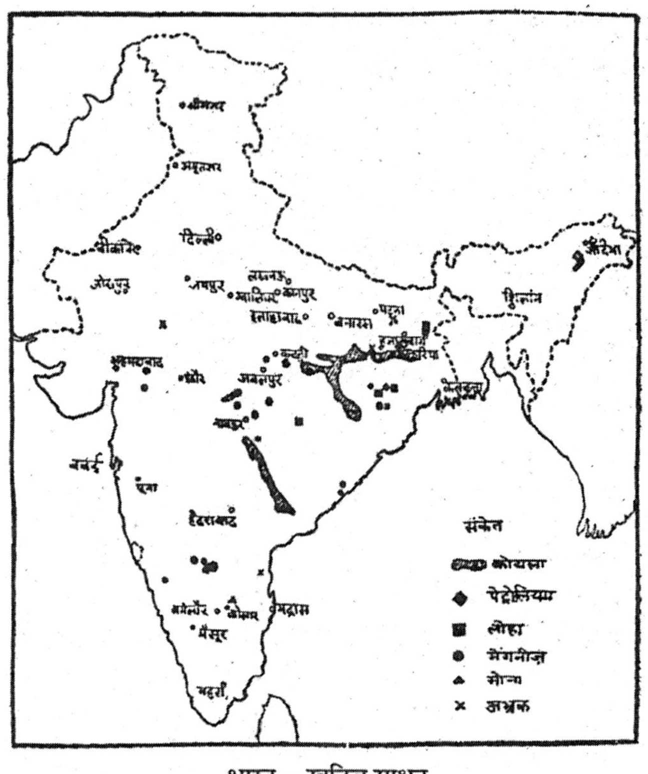

भारत—खनिज साधन

गांधीजी में और दूसरे लोगों में जीवन के मानों के बारे में ही यह सब बुनियादी फ़र्क था, और यही फ़र्क़ उनकी भाषा में और उनके काम-काज में ज़ाहिर था। उनकी भाषा साफ़ और ज़ोरदार थी, और उसकी प्रेरणा ख़ासतौर से हिंदुस्तान की, लेकिन साथ ही दूसरे देशों की भी, प्राचीन नैतिक और धार्मिक शिक्षाओं में थी। नैतिक मूल्य बराबर बना रहना चाहिए; उद्देश्य अनुचित साधनों को न्याय नहीं बना सकता; नहीं तो व्यक्ति और जाति मिट जाती है।

और फिर भी वह कोई स्वप्न देखनेवाले आदमी नहीं थे, जिसका ध्यान किसी काल्पनिक छाया-चित्र में हो और जो ज़िंदगी और उसकी समस्याओं से अलग हो। वह गुजरात के रहनेवाले थे, जो ऊंचे दर्जे के व्यापारियों का घर है। हिंदुस्तानी गांवों की और वहां की ज़िंदगी की हालत की उनको अद्वितीय जानकारी थी। अपने उस निजी तजुरबे से ही उन्होंने चरखे और ग्रामोद्योग का अपना कार्यक्रम तैयार किया। अगर बेकार और अर्ध-बेकार लोगों की बहुत बड़ी तादाद को फ़ौरन ही कुछ राहत पहुंचानी थी, अगर उस सड़ांध को, जो सारे हिंदुस्तान में फैल रही थी और जनता को निकम्मी बना रही थी, रोकना

था, अगर गांववालों के रहन-सहन के दर्जे को सामूहिक रूप से उठाना था, अगर बेबसों की तरह दूसरों का मुंह ताकने की जगह उन्हें आत्म-निर्भरता सिखानी थी, और अगर इस सबको थोड़ी-सी ही पूंजी के सहारे करना था, तो और कोई रास्ता नहीं था। विदेशी राज्य की जन्म-जात बुराइयों और शोषण के अलावा, और सुधार की बड़ी योजनाओं को शुरू और कारगर करने की आज़ादी के अभाव में, हिंदुस्तान के सामने जो मसला था, वह यह था कि पूंजी कम थी और श्रम की बहुतायत थी। उस निरर्थक श्रम को, उस जन-शक्ति को, जो कुछ भी उत्पादन नहीं कर रही थी, किस तरह काम में लाया जाये? जन-शक्ति में और यंत्र-शक्ति में हिमाक़त-भरी तुलना की जाती है। यह ठीक है कि एक बड़ी मशीन हज़ारों आदनियों का काम कर सकती है, लेकिन अगर वे दस हज़ार व्यक्ति बेकार बैठे रहें और भूखों मरें, तो उस मशीन का इस्तेमाल सामाजिक हित में नहीं है। वह तो सिर्फ़ उस व्यापक दृष्टिकोण में ही संभव होगा, जिसमें ख़ुद सामाजिक हालतों में रद्दोबदल होनी ज़रूरी है। जब वहां बड़ी मशीन बिलकुल है ही नहीं, तो तुलना का कोई सवाल ही नहीं उठता; व्यक्तिगत और राष्ट्रीय दोनों ही नज़रों से उत्पादन के लिए जन-शक्ति का इस्तेमाल एक निश्चित लाभ है। इसमें और बड़े-से-बड़े पैमाने पर मशीनों का इस्तेमाल करने में कई अनिवार्य संघर्ष नहीं है। बस उसके लिए ज़रूरी बात सिर्फ़ यही है कि मशीन के इस्तेमाल में पहला उद्देश्य श्रम को खपाने के लिए हो, न कि बेकारी बढ़ाने के लिए।

पच्छिम के छोटे लेकिन उद्योग की दृष्टि से अति उन्नत देशों का या उन बड़े देशों का, जिनकी आबादी बहुत कम और छितरी हुई है, मसलन अमरीका और सोवियत संघ का, हिंदुस्तान से मिलान करना ग़लतफ़हमी पैदा करता है। पच्छिमी यूरोप में औद्योगीकरण सौ साल से चालू रहा है। और धीरे-धीरे वहां का आबादी ने उससे अपना मेल बिठा लिया है; आबादी पहले तो बड़ी तेज़ी से बढ़ी, फिर उसकी तरक्क़ी रुक गई और अब घट रही है। अमरीका और सोवियत संघ में विस्तृत प्रदेश हैं, जिनमें थोड़ी, लेकिन बढ़ती हुई आबादी है। वहां खेती के लिए ज़मीन का फ़ायदा उठाने के लिए ट्रैक्टर बिलकुल ज़रूरी हैं। लेकिन गंगा नदी के घने बसे हुए प्रदेश में भी ट्रैक्टर की उतनी ही ज़रूरत है, यह बात ज़ाहिर नहीं होती, और कम-से-कम उस वक़्त तक तो यह सच है ही, जबतक बहुत बड़ी तादाद में आबादी गुज़र के लिए ज़मीन का सहारा लेती है। दूसरे मसले भी उसी तरह सामने आते हैं, जैसे वे अमरीका में सामने आये हैं। हिंदुस्तान में हज़ारों बरसों से खेती होती आई है और ज़मीन का पूरा-पूरा फ़ायदा उठाया गया है। क्या ट्रैक्टर की मदद से ज़मीन को ज़्यादा गहरा जोतने से यह ज़मीन कमज़ोर और ख़राब होगी? जब हिंदुस्तान में रेलें बनीं और उनके लिए ऊंचे बांध बनाये गए, तो देश के स्वाभाविक ढाल पर कोई ध्यान नहीं दिया गया। इन बांधों ने स्वाभाविक वहाव में दखल दिया है और उसका नतीजा यह हुआ है कि बार-बार बढ़ी चढ़ी बाढ़े आई हैं, ज़मीन में खादर हो गए हैं, और मलेरिया फैल गया है।

मैं पूरी-पूरी तरह से ट्रैक्टर और बड़ी मशीनों का हिमायती हूं और मेरा यह पक्का यक़ीन

है कि धरती का भार घटाने के लिए हिंदुस्तान का तेज़ी से औद्योगीकरण ज़रूरी है। साथ ही ग़रीबी का मुक़ाबला करने के लिए, रहन-सहन की हैसियत को उठाने के लिए, प्रतिरक्षा के लिए, और बहुत-से दूसरे कामों के लिए यह औद्योगीकरण ज़रूरी है। लेकिन, मुझे इस बात में भी इतना ही पक्का यक़ीन है कि अगर हमको औद्योगीकरण का पूरा-पूरा फ़ायदा उठाना है, और उसके बहुत-से ख़तरों से बचना है, तो हमको बड़ी सावधानी के साथ योजनाबद्ध होकर चलना होगा। उन सब देशों में, जहां तरक़्क़ी रुक गई है, मसलन चीन और हिंदुस्तान में, जिनमें अपनी निजी मज़बूत परंपराएं हैं, ऐसा योजना-निर्माण बहुत ज़रूरी है।

चीन में मैं औद्योगिक सहकारिता (इंडस्को)-आंदोलन से बहुत आकर्षित हुआ, और मुझे ऐसा लगता है कि कुछ ऐसे ही ढंग का आंदोलन हिंदुस्तान के लिए भी खासतौर से मुनासिब होगा। यह हिंदुस्तानी पृष्ठभूमि के अनुरूप होगा। यह छोटे उद्योगों को लोकतंत्री आधार देगा और इससे सहकारिता की आदत बढ़ेगी। इसे बड़े उद्योग का सहयोगी बनाया जा सकता है। यह बात ध्यान में रखने की है कि हिंदुस्तान में बड़े उद्योग की वृद्धि कितनी ही तेज़ी से क्यों न हो, छोटे और घरेलू धंधों के लिए एक बहुत बड़ा क्षेत्र बराबर खुला रहेगा। खुद सोवियत रूस में मालिक-उत्पादक सहकारी-संस्थाओं ने भी औद्योगिक बढ़वार में एक अहम हिस्सा लिया है।

छोटे कारबार में बिजली की ताक़त के इस्तेमाल से उसकी तरक़्क़ी में आसानी होती है और वह ऐसी आर्थिक स्थिति में आ सकती है कि बड़े पैमाने में उद्योगों से मुक़ाबला कर सके। विकेंद्रीकरण के पक्ष में अब लोग झुक रहे हैं, यहांतक कि हैनरी फ़ोर्ड भी उसके पक्ष में हैं। वैज्ञानिक भी उन मनोवैज्ञानिक और शारीरिक ख़तरों की तरफ़ इशारा कर रहे हैं, जो बड़े कारबारी शहरों की ज़िंदगी में ज़मीन से नाता छूट जाने पर पैदा होते हैं। कुछ लोगों ने तो यहांतक कहा है कि मानव अस्तित्व के लिए यह ज़रूरी है कि फिर ज़मीन और गांव से नाता जोड़ा जाये। खुशक़िस्मती से आज विज्ञान ने यह मुमकिन कर दिया है कि आबदी फैली हुई रहे और ज़मीन के संपर्क में हो और साथ ही वह आधुनिक सभ्यता और संस्कृति की सारी सुविधाओं का फ़ायदा उठा सके।

जो भी हो, पिछले बीसियों बरसों में हिंदुस्तान में हमारे सामने जो समस्या रही है, वह यह है कि मौजूदा परिस्थितियों में विदेशी राज्य और उससे उत्पन्न निहित स्वार्थों की वजह से सीमित होते हुए भी हम किस तरह जनता की ग़रीबी कम कर सकते हैं और उसमें आत्म-निर्भरता की भावना भर सकते हैं? वैसे तो हमेशा घरेलू धंधों को बढ़ाने के पक्ष में बहुत-सी दलीलें हैं, लेकिन जिस विशेष स्थिति में हम थे, उसमें निश्चित रूप से वही सबसे ज्यादा कारगर चीज़ थी। जिन रास्तों को अपनाया गया, ऐसा हो सकता है कि वे सबसे ज़्यादा मौज़ूं न हों। समस्या बड़ी थी, मुश्किलें थीं, उलझनें थीं और हमको अकसर सरकारी दमन का सामना करना पड़ता था। हमको धीरे-धीरे तजुरबे और ग़लती करके सीखना होता था। मेरा ऐसा ख़याल है कि हमको सहकारी संस्थाओं को शुरू से ही प्रोत्साहन देना चाहिए था और

घर और गांव के लिए उपयुक्त छोटी मशीनों के सुधार के लिए विशेषज्ञों की तकनीकी और वैज्ञानिक जानकारी का इस्तेमाल करना चाहिए था। अब इन संस्थाओं में सहकारी - सिद्धांत लागू किया जा रहा है।

अर्थशास्त्री जी.डी.एच. कोल ने कहा है कि " खद्दर-उद्योग को बढ़ाने का गांधीजी का आंदोलन किसी शौक़ीन मिजाज़ आदमी का गुजरे हुए ज़माने को लौटा लाने के लिए सिर्फ़ एक खिलवाड़ नहीं है, बल्कि गांव की हालत को सुधारने और ग़रीबी को दूर करने के लिए एक अमली कोशिश है।" बेशक यही बात थी, बल्कि उससे भी कुछ ज्यादा। उस योजना ने हिंदुस्तान को यह सोचने के लिए मजबूर किया कि ग़रीब किसान भी इन्सान हैं। उसने हिंदुस्तान को यह महसूस कराया कि थोड़े से शहरों की जगमगाहट के पीछे ग़रीबी और तकलीफ़ की कीचड़ थी, और इससे लोग इस बुनियादी सचाई को ज्ञान पाये कि हिंदुस्तान की आज़ादी और तरक़्क़ी की सच्ची कसौटी कुछ करोड़पतियों के या समृद्धिशाली वकीलों के या ऐसे ही लोगों के बनने में नहीं थी और न वह कौन्सिल या असेंबली बना देने में थी, बल्कि वह किसान की ज़िंदगी की हालत और हैसियत बदल देने में थी। अंग्रेज़ों ने हिंदुस्तान में एक नई जमात या जाति पैदा कर दी थी और वह थी अंग्रेजी पढ़े-लिखे लोगों की जमात, जो अपनी निजी दुनिया में रहती थी, आम जनता से अलहदा थी और जो हमेशा ही, यहांतक कि विरोध के मौक़ों पर भी, अपने शासकों के मुंह की तरफ़ देखती थी। गांधीजी ने कुछ हद तक उस खाई को पाटा और उनको दिशा बदलकर अपनी निजी जनता की तरफ़ देखने को मजबूर किया।

मशीन के इस्तेमाल के सिलसिले में गांधीजी का रुख़ धीरे-धीरे बदलता हुआ मालूम-' दिया। उन्होंने कहा—"जिस चीज़ के मैं खिलाफ़ हूं, वह है मशीन के लिए पागलपन; खुद मशीन के मैं ख़िलाफ़ नहीं हूं।" "अगर गांव के हर घर में बिजली हो, और अगर गांववाले अपने औज़ारों को बिजली से चलायें, तो उसमें मुझे कोई ऐतराज़ नहीं होगा।" कम-से-कम वर्तमान परिस्थितियों में, उनके लिहाज से, बड़ी मशीन से लाज़िमी तौर पर ताक़त और दौलत का केंद्रीकरण होता है। "मैं इसे एक पाप और अन्याय समझता हूं कि कुछ थोड़े-से-लोगों के हाथों में ताक़त और दौलत के केंद्रीकरण के लिए मशीन का इस्तेमाल किया जाय। आज मशीन का इस्तेमाल इसीलिए हाता है।" कई क़िस्म के बड़े उद्योगों, बड़े पैमाने पर बुनियादी उद्योगों और सार्वजनिक उपयोगिताओं की ज़रूरत को भी उन्होंने मंजूर कर लिया। लेकिन इसके बारे में उनकी शर्त यह ज़रूर थी कि उन पर सरकारी क़ब्जा हो और ये धंधे उन घरेलू धंधों में दखल न दें, जिनको वह ज़रूरी समझते थे। अपनी तजवीज़ों के बारे में ज़िक्र करते हुए उन्होंने कहा-" अगर इस कार्यक्रम को आर्थिक बराबरी की ठोस बुनियाद पर नहीं खड़ा किया गया, तो वह बालू पर बनी इमारत की तरह होगा।"

इस तरह घरेलू और छोटे धंधों के उत्साही समर्थक भी इस बात को मानते हैं कि कुछ हद तक बड़े पैमाने का उद्योग जरूरी और लाज़िमी है। बस, इतनी बात ज़रूर है कि

जहांतक मुमकिन हो, वे इसको सीमित कर देना चाहेंगे। इस तरह सवाल मोटे तौर पर यह रह जाता है कि इन दो तरीक़ों में किसे ज़्यादा अहमियत दी जाये और किस तरह दोनों में समतौल क़ायम किया जाये। इस बात के शायद ही कोई ख़िलाफ़ हो कि मौजूदा दुनिया के संदर्भ में अंतर्राष्ट्रीय अंतर्निर्भरता के ढांचे में भी कोई देश तबतक राजनैतिक और आर्थिक रूप से स्वतंत्र नहीं हो सकता, जबतक कि उसके उद्योग-धंधे खूब बढ़े हुए न हों और जबतक उसके शक्ति-स्रोत पूरी-पूरी तरह विकसित न हों। जीवन के क़रीब-क़रीब हर क्षेत्र में आधुनिक औद्योगिक हुनर के बिना वह देश रहन-सहन के ऊंचे मापदंड पर न तो पहुंच ही सकता है और न उस मापदंड को बनाये रख सकता है और न ग़रीबी को मिटा सकता है। उद्योगों में पिछड़े हुए देश से दुनिया का संतुलन बराबर बिगड़ता रहेगा और दूसरे उन्नत देशों की आक्रामक प्रवृत्तियों को प्रोत्साहन मिलेगा। अगर राजनैतिक आज़ादी हुई, तो वह सिर्फ़ नाम के लिए होगी और आर्थिक नियंत्रण धीरे-धीरे दूसरों के हाथों में चला जायेगा। इस नियंत्रण से ख़ुद उसकी छोटे पैमाने की अर्थ-व्यवस्था बिगड़ जायेगी, जिसको अपनी ज़िंदगी के नज़रिये के माफ़िक़ बनाये रखने की उसने कोशिश की थी। इस तरह घरेलू और छोटे उद्योग-धंधों की बुनियाद पर किसी देश की अर्थ-व्यवस्था बनाने की कोशिश कामयाब नहीं हो सकती। देश के बुनियादी मसलों को न तो वह हल कर सकती है और न आज़ादी को क़ायम रख सकती है, और सिवाय एक नौआबादी की शक़्ल में, उसका दुनिया के ढांचे में मेल भी नहीं बैठ सकता।

क्या किसी देश में बिलकुल दो ढंगों की अर्थ-व्यवस्था मुमकिन है—एक वह,-जिसकी बुनियाद बड़ी मशीन और औद्योगीकरण पर हो; और दूसरी वह, जिसमें घरेलू-धंधों की प्रधानता हो? यह बात मुमकिन नहीं मालूम देती, क्योंकि उनमें से किसी एक की जीत होगी, और इसमें कोई शक नहीं है कि जीत बड़ी मशीन की होगी। हां, अगर उसे ज़बरदस्ती रोक दिया जाये, तो बात दूसरी है। इस तरह यह दो ढंगों के उत्पादन और दो ढंगों की अर्थ-व्यवस्था के समतौल का सवाल नहीं है। उनमें एक की प्रधानता और महत्ता होगी और दूसरी उसमें, जहां मुमकिन होगा, पूरक की तरह जुड़ी होगी। वह अर्थ-व्यवस्था, जिसकी बुनियाद नई से नई तकनीकी जानकारी पर होगी, लाज़िमी तौर पर आधिपत्य उसी का होगा। अगर औद्योगिक हुनर के लिहाज से आजकल की तरह बड़ी मशीन की ज़रूरत हो, तो उसकी सारी अच्छाइयों-बुराइयों के बावजूद बड़ी मशीन को अपनाना होगा। उस हुनर के लिहाज़ से जहां कहीं उत्पादन में विकेंद्रीकरण मुमकिन हो, वहां वह वांछनीय होगा। लेकिन हर सूरत में नये-से-नये चलन को बनाये रखना होगा, क्योंकि उत्पादन के बीते हुए और पुराने ढरों से चिपके रहने पर (सिवाय किसी खास वजह से और वह भी अस्थायी रूप से ही) तरक़्क़ी रुक जायगी।

छोटे और बड़े पैमाने के उद्योग-धंधों के अपने गुणों के बारे में कोई दलील देना अब ख़ासतौर से बेमानी मालूम देता है, जबकि दुनया ने और उसके सामने आनेवाली हालत

की प्रभावी सचाइयों ने बड़े उद्योगों के पक्ष में फ़ैसला दे दिया है। ख़ुद हिंदुस्तान में भी इन्हीं सचाइयों की वजह से फ़ैसला हो गया है, और किसी को इसमें शक नहीं है कि नज़दीक भविष्य में हिंदुस्तान में तेज़ी से औद्योगीकरण होगा। उस दिशा में हिंदुस्तान ख़ुद काफ़ी आगे जा चुका है। बिना नियंत्रण और योजना निर्माण के औद्योगीकरण की बुराइयां अब मानी जाने लगी हैं। ये बुराइयां बड़े उद्योग के साथ लाज़िमी तौर से लगी हुई हैं या ये सामाजिक और आर्थिक ढांचे की वजह से हैं, यह एक दूसरी बात है। अगर उनकी ज़िम्मेदारी आर्थिक ढांचे पर ही है, तो निश्चय ही हमको उस ढांचे को बदलने की कोशिश करनी चाहिए, न कि पद्धति के वांछनीय और लाज़िमी नतीजों को दोष देना चाहिए।

असली सवाल यह नहीं है कि दो मुख्तलिफ़ तत्त्वों और पैदावार के तरीक़ों के बीच मिक़दार का समतौल किया जाये, बल्कि यह कि एक नये तरीक़े को कैसे अख़्तियार किया जाये, जिसके कई समाजी नतीजे हो सकते हैं। इस गुणात्मक परिवर्तन के आर्थिक और राजनैतिक पहलू महत्त्वपूर्ण हैं, लेकिन मनोवैज्ञानिक और सामाजिक पहलू भी उतने ही महत्त्वपूर्ण हैं। खासतौर से हिंदुस्तान में, जहां हम सोच-विचार और काम-काज के पुराने तरीक़ों से बहुत अरसे से बंधे रहे हैं, नये तजुरबे और नई प्रक्रियाएं, जो नये विचारों और नये क्षितिज की तरफ़ ले जायें, ज़रूरी हैं। इस तरह हम अपने जीवन के गतिहीन स्वभाव को बदल देंगे और उसको गतिशील और सजीव बना देंगे, और हमारे मस्तिष्क क्रियाशील और साहसपूर्ण हो जायेंगे। जब दिमाग़ को मजबूरन नई हालतों का सामना करना पड़ता है, तो नये तजुरबे होते हैं।

अब यह बात आमतौर पर मानी जाती है कि बच्चों की शिक्षा का किसी दस्तकारी या हाथ से क़रीबी ताल्लुक़ होना चाहिए। उससे दिमाग़ को उत्तेजना मिलती है और दिमाग़ के और हाथ के काम में समतौल पैदा होता है। उसी तरह मशीन से भी बढ़ती उम्र में लड़के या लड़की के दिमाग़ को उत्तेजना मिलती है। मशीन से वास्ता पड़ने पर वह विकसित होता है (हां, उचित व्यवस्था के ही अंदर, न कि उस हालत में, जबकि कारख़ाने में दुखी मज़दूर की तरह उसे पीसा जाता है) और नया क्षितिज सामने आता है। मामूली वैज्ञानिक प्रयोग, जैसे ख़ुर्दबीन से देखना और प्रकृति की साधारण-सी प्रक्रिया की व्याख्या से एक तरह की उत्तेजना आती है, ज़िंदगी की किसी प्रक्रिया की समझ आती है और इस बात की ख्वाहिश जगती है कि पुरानी बातों पर निर्भर रहने की जगह हम ख़ुद तजुरबे करें और जानकारी हासिल करें। अपने पर भरोसा करने और सहकारिता की भावना की वृद्धि होती है और वह मायूसी, जो पुरानी सड़न से पैदा होती है, कम होती है। ऐसी सभ्यता, जिसकी बुनियाद सदा परिवर्तनशील और प्रगतिशील यांत्रिक पद्धति पर होती है, इसी दिशा में ले चलती है। ऐसी सभ्यता पुराने ढंग से बिलकुल जुदा है और उसका आधुनिक औद्योगीकरण से गहरा ताल्लुक़ है। लाज़िमी तौर से उससे नई समस्याएं और नई परेशानियां सामने आती हैं। लेकिन उसमें उनको पार करने की तरकीब का भी पता लगता है।

शिक्षा के साहित्यिक पहलू के प्रति मुझ में पक्षपात का भाव है और मैं प्राचीन साहित्य का प्रशंसक हूं। लेकिन मुझे इस बात का विश्वास है कि बच्चों को भौतिकी और रसायन शास्त्र में और ख़ासतौर से प्राणीशास्त्र में प्रारंभिक शिक्षा देना और विज्ञान के उपयोगों की जानकारी कराना ज़रूरी है। सिर्फ़ इसी तरह वे आधुनिक दुनिया को समझ सकते हैं, उसके साथ मेल बिठा सकते हैं और कम-से-कम कुछ हद तक वैज्ञानिक स्वभाव बना सकते हैं। विज्ञान और आधुनिक औद्योगिक प्रशिल्प की ज़बरदस्त कामयाबियां आश्चर्यजनक हैं (निकट भविष्य में ये कामयाबियां और भी ज़्यादा हो जायेंगी)। उसी तरह वैज्ञानिक यंत्रों के कौशल में, आश्चर्यजनक रूप से कोमल किंतु शक्तिशाली मशीनों में, उन सबमें, जिसका जन्म विज्ञान की साहसपूर्ण खाज से हुआ है, प्रकृति की प्रक्रियाओं में और कारख़ानों की आकर्षक झलक में, अपने अनगिनत काम करनेवालों के ज़रिये विज्ञान के सुंदर विस्तार में, विचार और व्यवहार के क्षेत्र में, और सबसे अधिक इस बात में कि यह सब मानव-मस्तिष्क की ही देन है, एक आश्चर्य भरा हुआ है।

❐

8. औद्योगिक प्रगति पर सरकारी रोक:लड़ाई के ज़माने का उत्पादन और सामान्य उत्पादन

हिंदुस्तान में भारी उद्योग की नुमाइंदगी टाटा आयरन एंड स्टील वर्क्स, जमशेदपुर, से होती थी। उस ढंग की कोई और दूसरी चीज नहीं थी और दूसरे इंजीनियरिंग कारख़ाने तो असल में दुकानें थीं। सरकारी नीति की वजह से खुद टाटा-कारबार की तरक़्क़ी बहुत धीमी हुई थी। पहले महायुद्ध के दौरान में जब रेल के इंजनों और डिब्बों की कमी पड़ी थी, तो टाटा कारबार ने इंजन बनाने का इरादा किया, और मेरा ऐसा ख़याल है कि उसके लिए उन्होंने बाहर से मशीनें तक मंगा लीं। लेकिन जब लड़ाई ख़त्म हुई, तो हिंदुस्तान की सरकार और रेलवे बोर्ड ने (जो केंद्रीय सरकार का एक महकमा है), ब्रिटिश इंजनों को ही लेना तय किया। यह ज़ाहिर है कि उनके लिए जाती तौर पर तो कोई बाज़ार है नहीं, क्योंकि रेलों पर या तो सरकारी क़ब्जा है या ब्रिटिश कंपनियों का; और इसलिए टाटा कंपनी को अपना इरादा छोड़ना पड़ा।

अगर हिंदुस्तान को औद्योगिक ढंग से या दूसरे ढंग से बढ़ाना है, तो उसकी तीन बुनियादी ज़रूरतें हैं—भारी इंजीनियरी और मशीन बनानेवाले उद्योग-धंधे, वैज्ञानिक खोज की संस्थाएं और बिजली की ताक़त। सारी योजना की बुनियाद इन पर होनी चाहिए और नेशनल प्लानिंग कमेटी ने इस पर ज़्यादा-से-ज़्यादा ज़ोर दिया। हमारे यहां तीनों की ही कमी थी, और औद्योगिक फैलाव में बराबर रुकावटें थीं। एक प्रगतिशील नीति से ये रुकावटें तेज़ी से हट सकती हैं, लेकिन सरकारी नीति तो प्रगति के ख़िलाफ़ थी और वह साफ़ तौर

से हिंदुस्तान में भारी उद्योग-धंधों की तरक़्क़ी को रोकना चाहती थी। उस वक़्त भी, जब दूसरा महायुद्ध शुरू हुआ, बाहर से ज़रूरी मशीनें मंगाने की इजाज़त नहीं दी गई; बाद में जहाज़ी मुश्किलों का बहाना किया गया। हिंदुस्तान में न तो पूंजी की कमी थी और न होशियार हुनरदार आदमियों की ही कमी थी। सिर्फ़ मशीनों की कमी थी और उद्योगपति उनके लिए हल्ला मचा रहे थे। अगर बाहर से मशीनें मंगाने का मौक़ा दिया गया होता, तो सिर्फ़ हिंदुस्तान की आर्थिक हालत ही बेहद बेहतर नहीं हुई होती, बल्कि सुदूर पूर्व के युद्ध क्षेत्र का तमाम नक़शा ही बदल गया होता। बहुत-सी चीज़ें, जो बाहर से लाई जाती थीं, और जिनको हवाई जहाज़ से बहुत मुश्किलों में बहुत ख़र्च करके लाया जाता था, हिंदुस्तान में ही तैयार की जा सकती थीं। चीन और पूर्व के लिए हिंदुस्तान सचमुच ही एक अस्त्रागार बन गया होता और यहां की औद्योगिक उन्नति कनाडा या आस्ट्रेलिया की उन्नति को बराबरी करती। हालांकि लड़ाई की हालतों की ज़रूरतों का अहम ख़याल था, लेकिन हमेशा ही ब्रिटिश उद्योग की आगे की ज़रूरतें ध्यान में रखी जाती थीं, और हिंदुस्तान में किसी ऐसे उद्योग को बढ़ाना अच्छा न समझा जाता था, जो युद्ध के बाद के वर्षों में ब्रिटिश उद्योग-धंधों का मुक़ाबला करे। यह कोई गुप्त नीति नहीं थी। ब्रिटिश अख़बारों में उसको आमतौर पर ज़ाहिर किया जाता था और हिंदुस्तान में बराबर उसका विरोध होता था।

टाटा कारबार के दूरंदेश संस्थापक, जमशेदजी टाटा में काफ़ी सूझ थी और उन्होंने बंगलौर में इंडियन इंस्टीट्यूट ऑव साइन्स की शुरुआत की। इस खोज-संबंधी संस्था के ढंग की हिंदुस्तान में बहुत ही कम संस्थाएं थीं। जो संस्थाएं थीं, वे सरकारी थीं और उनका कार्य-क्षेत्र सीमित था। इस तरह वैज्ञानिक तथा औद्योगिक अन्वेषण के विस्तृत क्षेत्र की, जिसके सिलसिले में अमरीका और सोवियत संघ के हज़ारों संस्थाएं, अकादेमियों और विशेष केंद्र हैं, हिंदुस्तान में क़रीब-क़रीब पूरी तरह उपेक्षा कर दी गई थी। जो कुछ होता था, वह सिर्फ़ बंगलोर में या कुछ हद तक विश्वविद्यालयों में। दूसरे महायुद्ध के शुरू होने के कुछ बाद अन्वेषण को प्रोत्साहन देने की कोशिश की गई और हालांकि उसका क्षेत्र सीमित था, फिर भी उसके नतीजे अच्छे रहे हैं।

जहां पानी के जहाज़ और रेल के इंजन बनाने के काम को निरुत्साहित किया गया और रोका गया, वहां साथ ही मोटरों का उद्योग चालू करने की कोशिश भी रद्द कर दी गई। दूसरे महायुद्ध के छिड़ने के कुछ बरस पहले इसके लिए तैयारियां शुरू की गई थीं और एक मशहूर अमरीकी मोटर बनाने की कंपनी के सहयोग से एक इंतज़ाम कर लिया गया था। अलग-अलग तैयार हिस्सों को जोड़कर मोटर बनाने का काम हिंदुस्तान में पहले से ही कई जगहों पर हो रहा था। अब ख़ुद उन हिस्सों को ही हिंदुस्तान में, हिंदुस्तानी पूंजी और इंतज़ाम से, हिंदुस्तानी कारीगरों के ही हाथों बनाने का इरादा था। उस अमरीकी संस्था के साथ ऐसा इंतज़ाम कर लिया गया था उसकी पेटेंट चीज़ों को काम में लाया जा सकता था, और शुरू में उसकी तकनीकी देखभाल हासिल होती। बंबई के सूबे की सरकार ने, जो उस वक़्त कांग्रेसी

मंत्रिमंडल के हाथों में थी, कितने ही ढंग से मदद देने का वायदा किया। प्लानिंग कमेटी की इस योजना में ख़ासतौर से दिलचस्पी थी। असल में हर चीज़ तय हो चुकी थी और सिर्फ़ बाहर से मशीनें मंगाना बाक़ी था। भारत-सचिव ने इसको पसंद नहीं किया और अपना हुक्म मशीनें मंगाने के ख़िलाफ़ दिया। भारत-सचिव की राय में "इस वक़्त इस कारबार को चालू करने की किसी भी कोशिश से मज़दूर और मशीन दोनों ही, जिनकी लड़ाई के लिए ख़ासतौर से ज़रूरत है, भटक जायेंगे।" यह बात लड़ाई के शुरू के महीनों की है। यह बताया गया कि श्रम की, यहांतक कि कुशल श्रम की, भी बहुतायत थी; बल्कि असल में वह तो काम की तलाश में था। लड़ाई की ज़रूरत भी एक अजीब दलील थी; क्योंकि खुद उस ज़रूरत के लिए ही मोटर-यातायात की मांग थी। लेकिन भारत- सचिव, जो सर्वोच्च अधिकारी थे और लंदन में बैठे थे, इन दलीलों से प्रभावित नहीं हुए। यह बात भी सुनने में आई कि एक शक्तिशाली प्रतिद्वंद्वी अमरीकी मोटर-कारपोरेशन ने किसी दूसरे की ओर से हिंदुस्तान में मोटर-उद्योग शुरू करने की बात पसंद नहीं की।

हिंदुस्तान में लड़ाई के दौरान में यातायात की एक अहम समस्या पैदा हो गई। मोटर ठेलों की कमी थी, पेट्रोल की कमी थी, रेल के इंजनों की, डिब्बों की, यहांतक कि कोयले की भी कमी थी। क़रीब-क़रीब सभी मुश्किलें आसानी से हल हो गई होतीं, अगर लड़ाई से पहले के हिंदुस्तान के प्रस्ताव नामंज़ूर न कर दिये गए होते। इंजन, रेल के डिब्बे, मोटर-ठेले और साथ ही फ़ौलादी गाड़ियां भी हिंदुस्तान में बनती। पेट्रोल की कमी से जो परेशानी हुई थी, वह पॉवर-अलकोहल से बहुत हद तक कम हो जाती। जहांतक कोयले का सवाल है, हिंदुस्तान में कोई कमी नहीं थी; कोयला बहुत तादाद में था, लेकिन इस्तेमाल के लिए बहुत थोड़ा निकाला जाता था। लड़ाई के दौरान में कोयले की ज़्यादा मांग के होते हुए भी उसकी निकासी कम हो गई है। कोयले की खानों में हालतें इतनी ख़राब थीं और मज़दूरी इतनी कम थीं कि मज़दूरों को इस काम के लिए कोई कशिश न होती थी। आगे चलकर औरतों के लिए ज़मीन के अंदर काम करने पर जो रोक थी, वह हटा ली गई, क्योंकि उसी मज़दूरी पर औरतें काम करने के लिए तैयार थीं। कोयले के उद्योग को ठीक करने और मज़दूरी व हालतों को सुधारने की कोशिश नहीं की गई, जिससे मज़दूरों को आकर्षण होता। कोयले की कमी की वजह से उद्योग- धंधों की तरक़्क़ी को बहुत नुक़सान पहुंचा; यहांतक कि कुछ कारखानों को अपना काम बंद कर देना पड़ा।

कई सौ इंजन और कई हजार डिब्बे हिंदुस्तान से मध्य-पूर्व भेज दिये गए और इस तरह हिंदुस्तान में यातायात की मुश्किलें बढ़ गई, यहांतक कि कुछ रास्तों की पटरियां भी उखाड़कर बाहर भेज दी गई। आगे के नतीजों पर बिना ध्यान दिये जिस बेलोंसी से यह सब किया गया, उस पर आश्चर्य होता है। योजना और दूरदर्शिता का बिलकुल अभाव था और एक समस्या के आंशिक हल से फ़ौरन ही दूसरी बड़ी और ज़्यादा गंभीर समस्याएं सामने आती थीं।

सन् 1939 के आख़िर में या 1940 के शुरू में हिंदुस्तान में हवाई जहाज़ बनाने के उद्योग को शुरू करने की कोशिश की गई। एक अमरीकी कारबार के साथ हर एक चीज़ तय कर ली गई और हिंदुस्तान-सरकार और हिंदुस्तान में फ़ौजी प्रधान केंद्र को उनकी मंजूरी के लिए समुद्री तार भेजे गए। कोई जवाब नहीं मिला। कई बार याद दिलाने पर एक जवाब आया और उसमें योजना को नापसंद किया गया। जब जहाज़ इंग्लैंड और अमरीका से खरीदे जा सकते हैं, तो उन्हें हिंदुस्तान में बनाने की क्या ज़रूरत है?

लड़ाई से पहले बहुत-सी दवाइयां जर्मनी से हिंदुस्तान को आती थीं। लड़ाई की वजह से उनका आना बंद हो गया। फ़ौरन ही यह सलाह दी गई कि कुछ ज़्यादा ज़रूरी दवाइयों को हिंदुस्तान में बनाना शुरू कर दिया जाये। कुछ सरकारी संस्थाओं में यह इंतज़ाम आसानी से किया जा सकता था। हिंदुस्तान - सरकार ने इसको पसंद नहीं किया और कहा कि अब हर ज़रूरी चीज़ इंपीरियल कैमिकल इंडस्ट्रीज के ज़रिये मिल सकती है। जब यह सलाह दी गई कि वही चीज़ हिंदुस्तान में बहुत सस्ते दामों में बन सकती है और उसका आम जनता और फ़ौज में बिना किसी जाती मुनाफ़े के फ़ायदा उठाया जा सकता है, तो ऊंचे अधिकारी इस बात पर नाराज़ हुए कि राजकीय नीति के मामले में ऐसे ओछे ख़यालों से दखल दिया गया। यह कहा गया कि "सरकार कोई व्यापारिक संस्था नहीं है।"

सरकार व्यापारिक संस्था तो नहीं थी, लेकिन व्यापारिक संस्थाओं में उसकी बहुत ज़्यादा दिलचस्पी थी और इनमें से एक इंपीरियल कैमिकल इंडस्ट्रीज थी। इस विशाल संगठन को हिंदुस्तान में बहुत-सी सुविधाएं दी गई थीं। बिना सुविधाओं के ही इसके पास इतने ज़्यादा साधन थे कि संभवतः कुछ हद तक टाटा को छोड़कर और कोई भी हिंदुस्तानी कारबार उसका मुक़ाबला नहीं कर सकता था। इन सुविधाओं के अलावा उसको हिंदुस्तान और इंग्लैंड दोनों ही जगह ऊंचे अधिकारियों की मदद हासिल थी। हिंदुस्तान के वाइसराय का पद छोड़ने के कुछ ही महीनों बाद लॉर्ड लिनलिथगो इंपीरियल कैमिकल्स के डायरेक्टर की हैसियत से एक नये रूप में सामने आये। इससे हिंदुस्तान की सरकार और इंग्लैंड के बड़े व्यवसाय का क़रीबी रिश्ता ज़ाहिर हो जाता है और यह भी कि लाज़िमी तौर पर इसका सरकारी नीति पर क्या असर होगा। शायद उस वक़्त भी, जब लॉर्ड लिनलिथगो हिंदुस्तान के वाइसराय थे, वह इंपीरियल कैमिकल्स के एक बहुत बड़े हिस्सेदार रहे हों। जो भी हो, वाइसराय की हैसियत से उन्हें जो विशेष जानकारी थी, उसे और हिंदुस्तान के रिश्ते की अपनी शान को अब उन्होंने इंपीरियल कैमिकल्स की सेवा में अर्पित कर दिया है।

दिसंबर, 1942 में वाइसराय की हैसियत से लार्ड लिनलिथगो ने कहा - "हमने सप्लाई के सिलसिले में बड़े ज़बरदस्त काम किये हैं। हिंदुस्तान ने असाधारण अहमियत और क़ीमत की सहायता दी है।... लड़ाई के पहले छ: महीनों में क़रीब उनतीस करोड़ रुपये के ठेके दिये गए। 1942 में अप्रैल से अक्तूबर तक एक सौ सैंतीस करोड़ के दिये गए। लड़ाई के कुल दौरान में, अक्तूबर 1942 के आख़िर तक ये चार सौ अट्ठाईस करोड़ से भी ज़्यादा के हो

गए थे और इन आंकड़ों में उस काम की क़ीमत शामिल नहीं है, जो आर्डनेंस फैक्टरियों में हुआ और जिसका खुद का ही परिमाण बहुत ज़्यादा है।" यह बिलकुल सच है, और इस कथन के बाद हिंदुस्तान की लड़ाई की तैयारियों में सहायता बेहद बढ़ गई है। इससे ऐसा ख़याल होगा कि औद्योगिक काम में बड़ी भारी तरक़्क़ी हुई और उत्पादन बहुत बढ़ गया है। फिर भी ताज्जुब की चीज़ यही है कि ज़्यादा फ़र्क़ नहीं हुआ। सन् 1938-39 में हिंदुस्तान के औद्योगिक काम-काज का सूचनांक 111.1 था (सन् 1935 का अंक 100 माना गया है)। सन् 1939-40 में यह 114.0 था; 1940-41 में यह 112.1 और 127.0 के बीच में घटता बढ़ता रहा; मार्च 1942 में यह 118.9 था; अप्रैल 1942 में यह गिरकर 109.2 रह गया और तब फिर जुलाई 1942 तक बढ़कर 116.2 हो गया। ये आंकड़े पूरे नहीं हैं, क्योंकि इनमें कुछ रासायनिक उद्योग और हथियारों (गोला-बारूद) के उद्योग शामिल नहीं हैं। फिर भी ये महत्त्वपूर्ण हैं।

इससे यह आश्चर्यजनक सचाई ज़ाहिर होती है कि कुछ चीज़ों (गोला-बारूद) को छोड़कर जुलाई, 1942 में हिंदुस्तान का कुल औद्योगिक काम लड़ाई के पहले के वक़्त से कुछ थोड़ा-सा ज़्यादा ही था। दिसंबर, 1941 में कुछ वक़्त के लिए थोड़ा सा ही चढ़ाव आया, और उस वक़्त सूचनांक 127.0 हो गया और फिर घटने लगा। फिर भी उद्योग-धंधों को दिये हुए सरकारी काम की क़ीमत बराबर बढ़ रही थी। पहले छः महीनों में, यानी अक्तूबर, 1939 से लेकर मार्च, 1940 तक, इसकी क़ीमत उनतीस करोड़ रुपये थी, और जैसा लार्ड लिनलिथगो ने कहा है, 1942 में अप्रैल से अक्तूबर तक के छ: महीनों में यह एक सौ सैंतीस करोड़ रुपये थी।

लड़ाई के सिलसिले में इस लंबे-चौड़े काम से कुछ औद्योगिक उत्पादन में कोई ख़ास तरक़्क़ी नहीं ज़ाहिर होती, बल्कि उससे असल में इस बात का पता लगता है कि बहुत बड़े पैमाने पर सामान्य उत्पादन की जगह लड़ाई के लिए ख़ास चीज़ों के उत्पादन ने ले ली। उस वक़्त उन्होंने लड़ाई की ज़रूरतों को तो ज़रूर पूरा किया, लेकिन उसकी क़ीमत नागरिक आवश्यकताओं के उत्पादन को बेहद घटाकर दी। लाज़िमी तौर पर इसका बहुत गहरा असर हुआ। जिस वक़्त लंदन में हिंदुस्तान के पक्ष में स्टर्लिंग वैलेन्स बढ़ा और हिंदुस्तान में थोड़े-से लोगों के हाथों में दौलत इकट्ठी हुई, कुल मिलाकर देश ज़रूरत की चीज़ों के लिए तरसता रहा। देश में काग़ज़ी रुपया चल रहा था और उसकी तादाद दिन-ब-दिन बढ़ रही थी। क़ीमतें बढ़ गई और कभी-कभी तो ये इस दर्जे तक पहुंची कि उन पर यक़ीन नहीं होता। सन् 1942 के ही बीच में खाद्य संकट ज़ाहिर होने लगा। 1939 के पतझड़ में बंगाल और हिंदुस्तान के दूसरे हिस्सों में अकाल ने लाखों जानें ली। लड़ाई का और सरकारी नीति का बोझ हिंदुस्तान के उन करोड़ों आदमियों पर पड़ा, जो उसको उठाने के क़ाबिल न थे और बहुत बड़ी तादाद में लोग एक सबसे निर्दय प्रकार की मौत—भुखमरी—के शिकार होकर खत्म हो गए।

जो आंकड़े मैंने दिये हैं, वे 1942 तक के ही हैं। बाद के आंकड़े मुझे उपलब्ध नहीं हैं। शायद तब से बहुत-सी तब्दीलियां हो चुकी हैं और हिंदुस्तान के औद्योगिक काम का सूचनांक अब कुछ ज़्यादा हो।[102] लेकिन जो तस्वीर सामने आती है, उसका बुनियादी पहलू बदला नहीं है। वही प्रक्रियाएं काम कर रही हैं। एक के बाद दूसरा संकट पहले की ही तरह सामने आता है। वही पैबंद लगाये जाते हैं, वही अस्थायी इलाज किया जाता है, विस्तृत और योजनाबद्ध दृष्टिकोण की कमी अब भी दिखाई देती है, ब्रिटिश उद्योग-धंधों के वर्तमान और भविष्य के लिए अब भी वही पक्षपात है-और इसी बीच में लोग खाने की कमी से और महामारियों से बराबर मरते जा रहे हैं।

यह सच है कि कुछ मौजूदा उद्योग-धंधे–मसलन सूती कपड़े की मिलें, लोहे और जूट के धंधे—बहुत ज़्यादा खुशहाल हो गए हैं। उद्योगपतियों में, लड़ाई के ठेकदारों में और मुनाफ़ाखोरों में करोड़पतियों की तादाद बहुत बढ़ गई है और हिंदुस्तान की ऊपरी सतह के थोड़े से लोगों के हाथों में बहुत बड़ी रक़में इकट्ठी हो गई हैं। वैसे हालांकि सुपर टैक्स लागू है, लेकिन आमतौर से मजदूरों की जमात को फ़ायदा नहीं हुआ और मज़दूरों के नेता श्री एन. एम. जोशी ने केंद्रीय असेंबली में यह कहा कि लड़ाई के दौरान में हिंदुस्तान में मज़दूरों की हालत बदतर हो गई है। ज़मीन के मालिक और बीच के दर्जे के किसान, ख़ासतौर से पंजाब और सिंध के किसान, खुशहाल हो गए हैं, लेकिन खेतिहर आबादी के ज़्यादातर हिस्से को लड़ाई की वजह से चोट पहुंची है और उसको काफ़ी नुक़सान उठाना पड़ा है। पैसे की दर घटने से और बढ़ती हुई क़ीमतों की वजह से आमतौर पर खरीददार पिस गए हैं।

सन् 1942 के बीच में ग्रेडी कमेटी नाम का एक अमरीकी टेकनीकल मिशन हिंदुस्तान आया। हिंदुस्तान के मौजूदा धंधों का निरीक्षण करके वह उत्पादन बढ़ाने की सलाह देने के लिए आया था। स्वाभाविक है कि केवल युद्ध-उत्पादन से ही उसका ताल्लुक़ था। उसकी रिपोर्ट प्रकाशित नहीं की गई; शायद इस वजह से कि हिंदुस्तान-सरकार ने उसके लिए इजाज़त नहीं दी। हां, उसकी कुछ सिफ़ारिशों को ज़रूर ज़ाहिर कर दिया गया। उसने पॉवर

---

102. लेकिन ऐसा नहीं है। कलकत्ते के 'कैपीटल' ने मार्च, 1944 के अंक में भारत की औद्योगिक गति-विधियों के सूचनांक के बारे में ये आंकड़े दिये हैं :

(1935-36 =100)	**1938-39 ...111.1**
	1939-40 ... 114.0
	1940-41 ... 117.3
	1941-42 ... 122.7
	1942-43 ... 108.8
	1943-44... 108.0
जनवरी	**1944 ... 111.7**

इनमें हथियारों का उत्पादन शामिल नहीं है। इस तरह चार साल लड़ाई के बाद कुल मिलाकर औद्योगिक गति-विधि लड़ाई के पहले के वक़्त से असल में कुछ कम ही है।

-अलकोहल तैयार करने की, फ़ौलाद के धंधों को, विद्युत उत्पादन को, एलुमिनियम और शोधे हुए गंधक के उत्पादन को बढ़ाने की सलाह दी और साथ ही उसने अनेक उद्योगों में समझदारी बरतने की भी सलाह दी। सरकारी ढांचे के अलावा और उससे बिलकुल स्वतंत्र रूप में अमरीकी नमूने पर उच्च सत्ता द्वारा उत्पादन-नियंत्रण की भी उसने सलाह दी। ज़ाहिर है कि हिंदुस्तान-सरकार के काहिल और फूहड़ ढंग के लिए ग्रेडी कमेटी के दिल में कोई इज़्ज़त नहीं हुई। सरकारी ढर्रे पर घमासान लड़ाई का भी कोई खास असर नहीं हुआ था। टाटा स्टील वर्क्स के उस विशाल संगठन से, जिसका शुरू से आखिर तक हिंदुस्तानी ही संचालन करते थे, और उस संगठन की कुशलता से वह प्रभावित हुई। ग्रेडी कमेटी की प्रारंभिक रिपोर्ट में आगे यह भी कहा गया कि "मिशन पर हिंदुस्तानी श्रम की ऊंचे दर्जे की सामर्थ्य और उसके बढ़ियापन की अच्छी छाप पड़ी है। हिंदुस्तानी हाथ के काम में होशियार हैं, और काम करने की हालतों के सुधारने और नौकरी की तरफ़ से बेफ़िक्री होने पर वे और भी ज़्यादा मेहनत कर सकते हैं और उनका भरोसा किया जा सकता है।"[103]

पिछले दो-तीन बरसों में हिंदुस्तान में रासायनिक उद्योग बढ़ा है, पानी के जहाज़ बनाने के काम में भी कुछ तरक्क़ी हुई है, और एक छोटा-सा हवाई जहाज़ बनाने का धंधा भी शुरू कर दिया गया है। सुपर टैक्स के होते हुए भी लड़ाई के काम के सारे धंधों ने, जिनमें कपड़े और जूट की मिलें भी शामिल हैं, बहुत मुनाफ़ा उठाया है, और बहुत बड़ी पूंजी इकट्ठी हो गई है। नये औद्योगिक कारबार के लिए पूंजी लगाने पर हिंदुस्तान-सरकार ने रोक लगा दी है। इधर हाल में इस सिलसिले में कुछ ढील दे दी गई है; हालांकि लड़ाई खत्म होने तक इस सिलसिले में कोई बात निश्चित रूप से नहीं की जा सकती। इस ढील की ही वजह से बड़े व्यापार में शक्ति फट पड़ने लगी है और लंबी- चौड़ी औद्योगिक योजनाएं बन रही है। ऐसा मालूम होता है कि हिंदुस्तान में, जिसकी तरक्क़ी बहुत अरसे से रोक दी गई थी, अब बहुत बड़े पैमाने पर औद्योगीकरण होने वाला है।

❐

---

103. कमेटी की रिपोर्ट पर आलोचना करते हुए बंबई के 'कॉमर्स' ने 28 नवंबर, 1942 को लिखा—" यह तथ्य स्पष्ट है कि देश में औद्योगिक उन्नति का गला घोंटने के लिए शक्तिशाली स्वार्थ देश के बाहर काम कर रहे हैं, ताकि लड़ाई के बाद पच्छिम के कारबार को पूर्व के कारबार से होड़ का खतरा न रहे।"

9. आखिरी पहलू - 3

दूसरा महायुद्ध

1. कांग्रेस विदेश-नीति बनाती है

बहुत अरसे तक हिंदुस्तान की और दूसरी राजनैतिक संस्थाओं की तरह कांग्रेस भी देश की अंदरूनी राजनीति में फंसी रही और उसने विदेशों की घटनाओं पर बहुत कम ध्यान दिया। सन् 1920 के बाद के बरसों में उसने दूसरे देशों के मामलों में कुछ दिलचस्पी लेना शुरू किया। समाजवादियों और कम्युनिस्टों के छोटे-छोटे गुटों के अलावा ऐसा और किसी संस्था ने नहीं किया। मुसलमान संस्थाओं की दिलचस्पी फ़िलस्तीन में थी और वे कभी-कभी वहां के मुस्लिम अरबों से हमदर्दी रखनेवाला प्रस्ताव पास कर देती थीं। तुर्की, मिस्त्र और ईरान की कट्टर राष्ट्रीयता पर उनकी नज़र रहती थी; लेकिन एक डर के साथ, क्योंकि वह राष्ट्रीयता ग़ैर-मज़हबी थी, और उसके सबब से कुछ ऐसे सुधार हो रहे थे, जो उनकी समझ में इस्लामी प्रथा से पूरी तरह मेल नहीं खा रहे थे। धीरे-धीरे कांग्रेस की विदेश-नीति बनी, जिसकी बुनियाद सब जगह से राजनैतिक और आर्थिक साम्राज्यवाद को मिटाने और आज़ाद राष्ट्रों के सहयोग पर थी। यह हिंदुस्तान की आज़ादी की मांग के अनुकूल पड़ती थी। सन् 1920 में ही कांग्रेस ने विदेशी-नीति पर प्रस्ताव पास किया, जिसमें दूसरे देशों से मेल-जोल की अपनी इच्छा और ख़ासतौर पर अपने पड़ोसी देशों से दोस्ताना रिश्ता पैदा करने पर ज़ोर दिया गया था। बाद में दूसरी बड़ी लड़ाई की संभावना पर विचार किया गया, और दूसरे महायुद्ध के शुरू होने से बारह बरस पहले, 1927 में, कांग्रेस ने पहली बार उस सिलसिले में अपनी नीति ज़ाहिर की।

यह बात हिटलर के ताक़त में आने के पांच या छः बरस पहले, और मंचूरिया में जापानियों का हमला शुरू होने के पहले हुई थी। मुसोलिनी इटली में अपनी जड़ मज़बूत कर रहा था, लेकिन उस वक़्त उससे दुनिया की शांति को कोई भारी ख़तरा नहीं मालूम होता था। फ़ासिस्त इटली के इंग्लैंड से दोस्ताना ताल्लुकात थे और ब्रिटिश राजनीतिज्ञ इटली के तानाशाह की तारीफ़ करते थे। यूरोप में छोटे-छोटे कई तानाशाह थे और आम- तौर पर उनका भी इंग्लैंड से दोस्ताना व्यवहार था। हां, इंग्लैंड और सोवियत रूस के बीच पूरा विरोध

था; आर्कोस[104] पर छापा मारा जा चुका था और कूटनीतिक प्रतिनिधि वापस बुला लिए गए थे। लीग ऑव नेशन्स में और अंतर्राष्ट्रीय मज़दूर आफ़िस में ब्रिटिश और फ्रान्सीसी नीति निश्चित रूप से अनुदार थी। निशस्त्रीकरण के सिलसिले में जो लगातार बहसें हुईं, उनमें सभी देश, जो लीग ऑव नेशन्स के मेंबर थे और जिनमें संयुक्त राज्य अमरीका भी था, हवाई बमबाजी को बिलकुल बंद कर देने के पक्ष में थे, लेकिन ब्रिटेन ने कुछ बड़ी शर्तें इसमें भी लगा दीं। कितने ही बरसों तक ब्रिटिश सरकार ने ईराक़ के गांवों और क़स्बों पर और हिंदुस्तान में उत्तरी-पच्छिमी सरहद पर, बम बरसाने के लिए हवाई जहाज़ इस्तेमाल किये थे। कहा यह जाता था कि यह इस्तेमाल 'पहरा देने' या 'देख-भाल' करने के लिए है। इस अधिकार को बनाये रखने के लिए जोर दिया गया। नतीजा यह हुआ कि लीग में इस सिलसिले में कोई आम समझौता नहीं हुआ और उसी वजह से बाद में निशस्त्रीकरण कान्फ्रेंस में भी।

वाईमर के गणतंत्री-संविधान का जर्मनी लीग ऑव नेशन्स का मेंबर हो गया था और यूरोप में स्थायी शांति के पूर्व-सूचक के रूप में लोकार्नो का स्वागत किया गया था और यह ब्रिटिश नीति की जीत समझी गई। इन घटनाओं का एक दूसरा पहलू भी था, वह यह कि सोवियत रूस को अलहदा किया जा रहा था और यूरोप में उसके ख़िलाफ़ एक संयुक्त मोर्चा क़ायम किया जा रहा था। रूस ने कुछ ही वक़्त पहले अपनी क्रांति की दसवीं वर्षगांठ मनाई थी, और उसने मुख़्तलिफ़ पूर्वी देशों से दोस्ताना रिश्ते जोड़े थे। पर ये देश थे-तुर्की, ईरान, अफ़ग़ानिस्तान और मंगोलिया।

चीनी क्रांति ने भी लंबे डग भरे थे; राष्ट्रवादी फ़ौजों ने आधे चीन पर क़ब्जा कर लिया था और बंदरगाहों और भीतरी मुक़ामों पर विदेशी, ख़ासतौर पर ब्रिटिश, हितों से उनका संघर्ष हुआ था। बाद में अंदरूनी झगड़े हुए और कुओमिंतांग प्रतिद्वंद्वी दलों में बंट गया।

इधर दुनिया की स्थिति बिगड़कर एक भीषण संघर्ष की ओर बढ़ती जा रही थी, जिसमें यूरोपीय राष्ट्रों के अगुआ इंग्लैंड और फ्रान्स थे, और दूसरी तरफ़ सोवियत रूस था, जिसके साथ कुछ पूरबी क़ौमें थीं। संयुक्त राज्य अमरीका इन दोनों गुटों से अलहदा था। रूस से अलग तो इसलिए कि उसे साम्यवाद से बेहद नफ़रत थी; और ब्रिटिश गुट से इसलिए कि एक तो उसे ब्रिटिश नीति पर विश्वास नहीं था, दूसरे वह ब्रिटिश पूंजी, उद्योग और धंधों का प्रतिद्वंद्वी था। सबसे बड़ी वजह अमरीका को भीतरी अलग रहने की प्रवृत्ति और यूरोप के झगड़ों में फंसने का डर था।

ऐसी हालत में हिंदुस्तानी लोकमत लाज़िमी तौर पर सोवियत रूस और पूरबी क़ौमों की तरफ़ था। इसके ये मानी नहीं कि आमतौर पर साम्यवाद को मंजूर कर लिया गया था। हां, यह सच है कि समाजवादी विचारों की तरफ़ बहुत लोगों का झुकाव था। चीनी क्रांति की कामयाबी पर बड़े जोश से ख़ुशियां मनाई गईं और इसको हिंदुस्तान की आती हुई आज़ादी

104. यह लंदन में सरकारी सोवियत व्यापार - कार्यालय था।-सं०

और एशिया में यूरोप के आधिपत्य के मिटने का सूचक माना गया। डच ईस्ट इंडीज, हिंद चीन, एशिया के पच्छिमी देशों और मिस्र के राष्ट्रीय आंदोलनों में हमारी दिलचस्पी बढ़ी। सिंगापुर को एक बहुत बड़ा समुद्री अड्डा बनाना और सीलोन (लंका) में ट्रिकोमाली बंदरगाह का बढ़ाना, इन दोनों ही बातों को आनेवाली लड़ाई की आम तैयारी का एक हिस्सा समझा गया - उस लड़ाई का, जिसमें ब्रिटेन अपनी साम्राज्यवादी स्थिति को ज़्यादा मज़बूत और पक्का बनाने की कोशिश करेगा और पूरब के उठते हुए क़ौमी आंदोलन को और सोवियत रूस को कुचल डालेगा।

इस पृष्ठभूमि में, सन् 1927 में कांग्रेस ने अपनी विदेश-नीति बनानी शुरू की। उसने घोषणा की कि हिंदुस्तान किसी भी साम्राज्यवादी लड़ाई में साथ नहीं देगा और यह कहा कि किसी भी हालत में बिना हिंदुस्तानियों की मंज़ूरी के उसको किसी भी लड़ाई में मज़बूरन हिस्सा न लेना पड़े। बाद के बरसों में यह घोषणा अक्सर दुहराई गई और उसी के मुताबिक़ चारों तरफ़ ज़ोरों से प्रचार किया गया। कांग्रेसी नीति और बाद में जैसा आम-तौर पर माना गया, हिंदुस्तानी नीति की भी, यह घोषणा नींव बन गई। हिंदुस्तान में किसी आदमी या संगठन ने इसका विरोध नहीं किया।

इस बीच में यूरोप में तब्दीलियां हो रही थीं और हिटलर और नात्सी मत उठ चुके थे। इन तब्दीलियों के ख़िलाफ कांग्रेस में फ़ौरन ही एक प्रतिक्रिया हुई और उसने उनकी निंदा की; क्योंकि हिटलर और उसका मत तो उस साम्राज्यवाद और जातिवाद के सुदृढ़ और साकारस्वरूप मालूम हुए, जिनके खिलाफ़ कांग्रेस लड़ रही थी। मंचूरिया में जापानी आक्रमण ने तो और भी ज़ोरदार प्रतिक्रिया पैदा की; क्योंकि उसकी चीन के साथ सहानुभूति थी। अबीसीनिया, स्पेन, चीन-जापान युद्ध, चेकोस्लोवाकिया और म्यूनिख की बातों से यह भावना और भी मज़बूत हो गई, और आनेवाली लड़ाई के लिए तनाव बढ़ गया।

हिटलर के ताक़त में आने से पहले जिस लड़ाई का ख़याल किया जा रहा था, उससे यह आनेवाली लड़ाई शायद कुछ दूसरे ढंग की थी। यह होते हुए भी ब्रिटिश नीति बराबर नात्सियों और फ्रासिस्तों की तरफ़ थी और यह यक़ीन करना कठिन था कि यह एक रात में ही अचानक बदल जायेगी और आज़ादी और लोकतंत्र की हिमायत करने लगेगी। उसके ख़ास साम्राज्यवादी नज़रिये और साम्राज्य को बनाये रखने की उसकी इच्छा में दोनों ही बातें, चाहे जो कुछ हो, बराबर बनी रहेंगी। यह भी यक़ीन था कि रूस और उसके आदर्शों के लिए उसकी बुनियादी मुख़ालफ़त बनी रहेगी। लेकिन यह बात दिन-ब-दिन ज़्यादा साफ़ होती गई कि हिटलर को ख़ुश करने की हर कोशिश के बावजूद वह यूरोप की सबसे बड़ी ताक़त बनता जा रहा था। उससे पुराना संतुलन बिलकुल बदल गया और ब्रिटिश साम्राज्य के महत्त्वपूर्ण हितों के लिए संकट बढ़ गया। इंग्लैंड और जर्मनी के बीच अब लड़ाई की संभावना पैदा हो गई। और अगर यह लड़ाई हुई, तो हमारी नीति क्या होगी? अपनी नीति की दो खास धाराओं में हम कैसे मेल करेंगे—यानी ब्रिटिश साम्राज्यवाद का विरोध और नात्सी

और फासिस्त मतों का विरोध? तब हम किस तरह अपनी राष्ट्रीयता और अंतर्राष्ट्रीयता को साथ-साथ रख सकेंगे? उस वक़्त की हालतों में हमारे लिए यह एक मुश्किल सवाल था, लेकिन अगर ब्रिटिश सरकार हमें यह यक़ीन दिलाने के लिए कुछ कर दिखाती कि हिंदुस्तान में उसने साम्राज्यवादी नीति छोड़ दी है और अब वह जनता के सहयोग का सहारा चाहती है, तो यह सवाल मुश्किल भी नहीं था।

राष्ट्रीयता और अंतर्राष्ट्रीयता का मुक़ाबला होने पर जीत लाज़िमी तौर पर राष्ट्रीयता की होती। ऐसा हर एक प्रदेश में और हर संकट के मौके पर हुआ है। फिर एक ऐसे देश में, जहां पर परदेसियों का क़ब्ज़ा हो, कशमकश और तकलीफ़ों की एक तीखी याद बनी हो, सा फ़ैसला होना बिलकुल कुदरती और लाज़िमी था। इंग्लैंड और फ्रान्स ने गणतंत्री स्पेन और चेकोस्लोवाकिया को धोखा दिया, और जिसे उन्होंने ग़लती से (जैसा बाद में साबित हो गया) क़ौमी हित समझ रखा था, उसके लिए अंतर्राष्ट्रीयता की क़ुरबानी की। और अगरचे उसकी इंग्लिस्तान, फ्रान्स और चीन से हमदर्दी थी और नात्सीवाद, जापानी सैन्यवाद और हमलावर तरीकों से वह नफ़रत करता था, फिर भी संयुक्त राज्य अमरीका अपनी अलग-थलग रहने की नीति पर डटा रहा। यह तो पर्ल हार्बर पर जापानी हमले की वजह थी कि वह एकदम पूरे जोर-शोर से लड़ाई में शामिल हो गया। सोवियत रूस ने भी, जो अंतर्राष्ट्रीयता का प्रतीक माना जाता था, एक कट्टर राष्ट्रीय नीति अपनाई और इसका नतीजा यह हुआ कि उसके बहुत से दोस्त और हमदर्द साथी एक उलझन में पड़ गए। लेकिन जर्मन फ़ौजों के अचानक और बेख़बर हमले से सोवियत संघ भी लड़ाई में आ गया। इस बेमानी उम्मीद में कि वे अपने-आपको बचा लें और अलग रहें, स्कैंडी- नेविया के देशों, हालैंड और बेलजियम ने लड़ाई से बचने की कोशिश की, लेकिन वे भी इसके ज़ोरदार चक्कर में आ गए। तुर्की पांच बरसों से एक बदलती हुई ग़ैर-जानिबदारी की पतली धार पर अपने क़ौमी हितों का लिहाज़ रखते हुए टिका है। मिस्र की, जो ज़ाहिरा तो आज़ाद मालूम होता है, लेकिन जो असल में अध-गुलाम नौआबादी की हैसियत रखता है और जो खुद लड़ाई के क्षेत्र में आ जाता है, एक अजीब स्थिति है। अमली तौर पर वह भी लड़नेवालों में से एक है और वह संयुक्त राष्ट्रों की फ़ौजों के पूरी तरह क़ब्जे में है, लेकिन ज़ाहिरा तौर पर वह लड़नेवालों में नहीं है।

अलग-अलग सरकारों और देशों की इन नीतियों के लिए बहाने या सबब हो सकते हैं। जबतक जनता तैयार न हो जाये और पूरी तरह साथ न दे, कोई भी लोकतंत्र आसानी से लड़ाई में नहीं शामिल हो सकता, यहां तक कि तानाशाही सरकार को भी बुनियाद बनानी पड़ती है। इनके लिए चाहे कोई भी सबब हो या कोई भी सफाई हो, यह बात साफ़ है कि जब कभी कोई उलझन आई है, तो राष्ट्रीय विचारों की या उन विचारों की, जो इनके मुआफ़िक़ समझे गए, हमेशा जीत हुई है, और बाक़ी सब बिचार जो उससे मेल नहीं खाते थे, रद्द कर दिये गए हैं। यह एक असाधारण बात थी कि म्यूनिख के संकट के वक़्त सैकड़ों

अंतर्राष्ट्रीय संस्थाएं, फ़ासिस्त-विरोधी पार्टियां आदि सब की-सब यूरोप में बिलकुल चुप थीं। न उनमें कोई ताक़त थी, न उनका कोई असर था। कुछ आदमियों या छोटे-छोटे गुटों के विचारों में अंतर्राष्ट्रीयता आ सकती है, और वे अपने निजी या राष्ट्रीय हितों को किसी और बड़े आदर्श के लिए बलिदान करने को तैयार भी हो सकते हैं; लेकिन राष्ट्रों के साथ यह मुमकिन नहीं है। अंतर्राष्ट्रीय हितों के लिए तब जोश होता है, जब उनका राष्ट्रीय हितों से कोई टकराव नहीं होता। कुछ ही महीने पहले लंदन के अख़बार 'इकोनामिस्ट' ने, ब्रिटेन की विदेश-नीति पर विचार करते हुए, लिखा था- "ऐसी विदेश-नीति, जो बराबर बनाई रखी जा सकती है, वह सिर्फ़ वही है, जिसमें राष्ट्रीय हितों की साफ़ तौर पर और पूरी तरह हिफ़ाजत की गई हो। कोई भी राष्ट्र अंतर्राष्ट्रीय समुदाय के फ़ायदे को अपने निजी फ़ायदे के मुक़ाबले में पहली जगह नहीं देता। सिर्फ़ उसी वक़्त, जब ये दोनों बिलकुल एक हों, हम किसी कारगर अंतर्राष्ट्रीयता की उम्मीद कर सकते हैं।"

अंतर्राष्ट्रीयता तो सचमुच सिर्फ़ एक आज़ाद देश में ही पनप सकती है। उसकी वजह यह है कि किसी भी ग़ुलाम देश का सारा दिमाग़ और सारी ताक़त अपनी आज़ादी पाने की कोशिश में लगी रहती है। ग़ुलामी की हालत तो उस ज़हरीले फोड़े की तरह है, जो बदन के हिस्से को तंदुरुस्त होने से सिर्फ़ रोकता ही नहीं है, बल्कि जो बराबर दिमाग़ को बेचैन किये रहता है और जिसका असर हर काम और हर ख़याल पर दिखाई पड़ता है। झगड़े की तो उसमें जड़ ही है और उसकी वजह से सारा दिमाग़ उधर लग जाता है और ज़्यादा बे सवालों पर सोच-विचार करने में रुकावट आती है। पिछली लगातार की लड़ाई और तक़लीफ़ों की याद व्यक्तिगत और राष्ट्रीय मस्तिष्क में बराबर बनी रहती है। एक चिड़चिड़ापन पैदा होता है, एक ज़बरदस्त ज़िद पड़ जाती है, और जबतक बुनियादी वजह को न हटा दिया जाय, वह मिट नहीं सकती। और उस वक़्त भी, जब गुलामी की भावना चली गई हो, घाव धीरे-धीरे ही भरता है, क्योंकि बदन की चोटों के मुक़ाबले में दिमाग़ की चोटों के ठीक होने में ज़्यादा वक़्त लगता है।

बहुत अरसे से हिंदुस्तान की यह पृष्ठभूमि थी, लेकिन गांधीजी ने हमारे राष्ट्रीय आंदोलन को एक नया रुख़ दिया और उससे नाउम्मीदी और कडुएपन की भावना कम हो गई। क़ौमी भावनाएं बनी रहीं, लेकिन जहांतक मेरा ख़याल है और किसी दूसरे क़ौमी आंदोलन में इतनी कम नफ़रत नहीं थी। गांधीजी कट्टर राष्ट्रवादी थे, लेकिन साथ-ही- साथ उन्होंने महसूस किया कि उनके पास जो संदेश था, वह सिर्फ़ हिंदुस्तान के लिए ही नहीं, बल्कि सारी दुनिया के लिए था, और वह दिल से दुनिया भर में शांति चाहते थे इसी वजह से उनकी राष्ट्रीयता में दुनिया-भर का ख़याल था, और उसमें किसी दूसरे पर हमला करने की बू नहीं थी। हिंदुस्तान की आज़ादी चाहते हुए भी वह यह विश्वास करने लगे थे कि दुनिया-भर के राष्ट्रों का एक संघ ही सही आदर्श है। उन्होंने कहा था-

"मेरी राष्ट्रीयता का विचार तो यह है कि मेरा देश आज़ाद हो जाये, और ज़रूरत हो,

तो सारा देश मिट जाये, ताकि मानव जाति जीवित रह सके। जातीय विद्वेष के लिए यहां जगह नहीं है। यही हमारी राष्ट्रीयता होनी चाहिए।" और फिर " मैं सारी दुनिया का ख़याल रखते हुए सोचना चाहता हूं। मेरी देश-भक्ति में मानव मात्र का हित शामिल है। इसी वजह से हिंदुस्तान की सेवा में मानव मात्र की सेवा आ जाती है। बिलकुल अलग होकर आज़ादी बनाये रखना दुनिया की बड़ी क़ौमों का मक़सद नहीं है। उद्देश्य तो खुद-ब-खुद एक-दूसरे से मिलकर और एक-दूसरे पर भरोसा करते हुए रहना है। आज दुनिया के ज़्यादा समझदार विचारक बिलकुल आज़ाद और एक-दूसरे के ख़िलाफ़ लड़ती हुई सरकारें नहीं चाहते। वे तो दोस्ताना और एक-दूसरे पर भरोसा रखनेवाली सरकारों का संघ बनाना चाहते हैं। यह बात शायद बहुत आगे चलकर भविष्य में संभव हो। लेकिन आज़ादी की जगह दुनिया-भर की आपस की मिली-जुली आज़ादी के लिए अपनी तत्परता दिखाने में न तो मुझे कोई बहुत बड़ी बात ही महसूस होती है, और न ऐसा करना नामुमकिन ही है। आज़ादी का दावा किये बग़ैर मैं तो पूरी तरह आज़ाद बनने की योग्यता चाहता हूं।"

ज्यों-ज्यों राष्ट्रीय आंदोलन में शक्ति और विश्वास बढ़ा, लोगों के दिमाग़ आज़ाद हिंदुस्तान की बाबत सोचने लगे—उसे कैसे होना चाहिए, उसे क्या करना होगा, और दूसरे देशों से उसका क्या और कैसा नाता होगा? देश के बड़े होने, उसकी बड़ी ताक़त और उसके बहुत ज़्यादा फलने-फूलने की गुंजाइश से लोग बड़ी-बड़ी बातों को ही सोचने लगे। हिंदुस्तान किसी देश या राष्ट्र-समूह के पीछे चलनेवाला नहीं हो सकता था। उसकी आज़ादी और उन्नति से एशिया में और उसकी वजह से सारी दुनिया में एक बहुत बड़ा फ़र्क़ होगा। उसकी वजह से इंग्लैंड और उसके साम्राज्य से जो कड़ी हमें बांधे हुए थी, उसको तोड़कर पूरा आज़ादी का ख़याल हमारे सामने आया। डोमिनियन स्टेटस, चाहे वह आज़ादी के कितने ही नज़दीक क्यों न हो, हमारी पूरी तरक़्क़ी के लिए एक बिलकुल वाहियात रुकावट मालूम दिया। डोमीनियन स्टेटस के पीछे का यह विचार कि एक 'मातृ-देश' अपनी नौआबादियों से मिला हुआ है और उन सबके लिए एक ही सांस्कृतिक पृष्ठभूमि है, हिंदुस्तान पर बिलकुल लागू नहीं था। अंतर्राष्ट्रीय सहयोग के लिए, जो एक अच्छी चीज़ थी, यहां ज़्यादा बड़ा मौक़ा था, यह सही है; लेकिन उसके ये मानी ज़रूर थे कि साम्राज्य और कामनवेल्थ के बाहर के देशों के साथ खुलकर या पूरी तरह सहयोग नहीं होगा। इस तरह यह एक रोकनेवाली बात बन गई। हमारे विचार, जिनमें भविष्य की समृद्धि का चित्र था, इन सीमाओं को पारकर आगे बढ़े और हमने ज़्यादा व्यापक सहयोग की बात सोची। हमने ख़ासतौर से पूरब और पच्छिम के अपने पड़ोसी देशों, चीन, अफ़ग़ानिस्तान, ईरान और सोवियत संघ से गहरे रिश्ते की बातें सोचीं। सुदूर अमरीका से भी हम बहुत अच्छा नाता रखना चाहते थे। उसकी वजह थी और वह यह कि जैसे हम सोवियत संघ से बहुत कुछ सीख सकते थे, उसी तरह हम संयुक्त राज्य से भी सीख सकते थे। ऐसी धारणा होती जा रही थी कि इंग्लैंड से अब और कुछ सीखने की गुंजाइश नहीं थी। और कम-से-कम यह बात तो तय थी कि उसके साथ

से फ़ायदा तभी उठाया जा सकता है, जब वे बेड़ियां, जो हमें बांधे हुए हैं, टूट जायें और हम बराबरी के दर्जे पर मिलें।

ब्रिटिश डोमीनियनों और उपनिवेशों में जातीय भेदभाव और हिंदुस्तानियों के साथ बुरा बरताव इन दोनों बातों ने उस गुट से अलहदा होने के हमारे फ़ैसले पर काफ़ी असर डाला। ब्रिटेन की औपनिवेशिक नीति की ही निगरानी में पूरबी अफ्रीका और कीनिया और दक्खिनी अफ्रीका थे। इनकी और खासतौर पर दक्खिनी अफ्रीका की हरकतें बराबर उत्तेजना देने वाली थीं। कुछ अजीब-सी बात है कि कनाडावालों, आस्ट्रेलियावालों और न्यूज़ीलैंड वालों से हमारी अपने-आप ही अच्छी पटती रही। शायद उसकी वजह यह थी कि उनका एक अपना नया ढर्रा था और वे ब्रिटेन की सामाजिक रूढ़ियों और पक्षपातों से बिलकुल अलग थे।

जब हमने हिंदुस्तान की आज़ादी की बात की, तो उसमें एकदम अलग रहने का ख़याल नहीं था। बहुत-से दूसरे मुल्कों के मुक़ाबले हमने ज़्यादा साफ़ तौर पर यह महसूस किया कि पुराने ढंग की पूरी राष्ट्रीय स्वतंत्रता के लिए भविष्य नहीं था, और अब दुनिया-भर के सहयोग के एक नये युग का होना ज़रूरी था। इसीलिए हमने इस बात को बार-बार दुहराकर साफ़ किया कि अंतर्राष्ट्रीय ढांचे से मेल बनाये रखने के लिए दूसरे राष्ट्र के साथ हम अपनी स्वतंत्रता को सीमित करने को पूरी तरह तैयार थे। उस ढांचे में, जहांतक मुमकिन हो, सारी दुनिया या कम-से-कम उसका एक बहुत बड़ा हिस्सा आ जाये। या दूसरी तरफ़ वह कुछ हलक़ों में बांट दिया जाये। हालांकि इस ज़्यादा बड़े ढांचे में ब्रिटिश कामनवेल्थ खप सकती थी, लेकिन अपनी मौजूदा हालत में वह इन विचारों से मेल नहीं खाती थी।

यह एक अचंभे की बात है कि अपनी ज़ोरदार राष्ट्रीय भावनाओं के होते हुए भी, हमारे विचारों में कितनी अंतर्राष्ट्रीयता आ गई। किसी भी गुलाम मुल्क की कोई भी क़ौमी तहरीक़ इस नज़रिये तक नहीं आ पाई। ये दूसरे देश तो आमतौर से किसी भी अंतर्राष्ट्रीय ज़िम्मेदारी में नहीं फंसना चाहते थे। हिंदुस्तान में भी ऐसे लोग थे, जिन्होंने हमारे गणतंत्री स्पेन, चीन, अबीसीनिया और चेकोस्लोवाकिया की तरफ़दारी करने का विरोध किया। उनका कहना था कि इटली, जर्मनी और जापान-जैसे ताक़तवर देशों से क्यों दुश्मनी की जाय? राजनीति में आदर्शवाद की कोई जगह नहीं है। ब्रिटेन के हर दुश्मन को दोस्त समझा जाये उनकी निगाह में राजनीति का ताक़त से ताल्लुक़ था और मौक़ा पड़ने पर उस ताक़त से फ़ायदा उठाना था। लेकिन कांग्रेस ने जनता में जो विचार भर दिये थे उनकी वजह से इन विरोधियों की हिम्मत नहीं पड़ी और उन्होंने शायद ही अपने विचारों को सार्वजनिक रूप में रखा हो। मुस्लिम लीग बराबर होशियारी के साथ चुप रही, और किसी ऐसे अंतर्राष्ट्रीय मामले पर उसने कभी भी कोई जिम्मेदारी नहीं ली।

सन् 1938 में कांग्रेस ने एक डाक्टरी जत्था और डाक्टरी सामान चीन में मदद के लिए भेजा। जिस वक़्त इस जत्थे का संगठन किया गया, सुभाष बोस कांग्रेस के सभापति

थे। उन्होंने इसका विरोध नहीं किया, और न उन दूसरी बातों का ही, जो कांग्रेस ने चीन से सहानुभूति दिखाने के लिए की या नात्सी आक्रमण के विरोध में कीं। हमने ऐसे बहुत- से प्रस्ताव पास किये और ऐसे बहुत-से प्रदर्शन किये, जिनको अपने सभापतित्व-काल में वह ठीक नहीं समझते थे। लेकिन बिना किसी विरोध के उन्होंने इन चीज़ों को मंजूर कर लिया, क्योंकि इन भावनाओं के पीछे किसी सार्वजनिक शक्ति का उन्हें पता था। कांग्रेस-कार्यकारिणी में उनके और उनके साथियों के दृष्टिकोण में काफ़ी फ़र्क़ था। यह फ़र्क़ देश के अंदरूनी मामलों और दूसरे देशों के मामलों, दोनों में ही था। नतीजा यह हुआ कि 1939 में एक दरार पड़ गई, और तब उन्होंने खुले आम कांग्रेस की नीति का ज़ोरों से विरोध किया, और तब 1939 की अगस्त की शुरुआत में कांग्रेस-कार्यकारिणी एक असाधारण क़दम उठाया। वह क़दम यह था कि यह भूतपूर्व सभापति के ख़िलाफ़ अनुशासनात्मक कार्रवाई की गई।

❒

2. कांग्रेस और लड़ाई

इस तरह कांग्रेस ने लड़ाई के सिलसिले में अपनी दुहरी नीति तय की और उसको अक्सर दोहराया। एक तरफ़ फ़ासिस्तवाद, नात्सीवाद और जापानी सैन्यवाद का विरोध था। इसकी दो वजहें थीं, एक तो उनकी अंदरूनी नीति और दूसरी और मुल्कों पर उनकी हमला करने की नीति। जो हमले के शिकार थे, उनके लिए बहुत हमदर्दी थी और इस हमले को रोकने के लिए लड़ाई या किसी और दूसरी कोशिश में साथ देने की तत्परता थी। दूसरी तरफ़ हिंदुस्तान की आज़ादी के लिए ज़ोर दिया जाता था—सिर्फ़ इसीलिए नहीं कि हमारा वह ख़ास मक़सद था और उसके लिए हम बराबर मेहनत करते रहे थे, बल्कि इसलिए भी कि आनेवाली लड़ाई से उसका ताल्लुक़ था। हमने इस बात को बार- बार दुहराया कि सिर्फ़ आज़ाद हिंदुस्तान ही ऐसी लड़ाई में सही ढंग से शामिल हो सकता है, सिर्फ़ आजादी से ही हम इंग्लैंड से अपने पुराने रिश्ते की कड़वी विरासत को मिटा सकते हैं और अपनी पूरी-पूरी ताकत को संगठित कर सकते हैं। उस आज़ादी के बिना यह लड़ाई पुरानी लड़ाइयों की ही तरह होगी, जिसमें दो प्रतिद्वंद्वी साम्राज्यवादों में टक्कर होगी और ब्रिटिश साम्राज्य को बचाने और ज्यों-का-त्यों बनाये रखने की कोशिश होगी। हमें यह बात बिलकुल नामुमकिन और वाहियात मालूम दी कि हम उसी साम्राज्यवाद की हिफ़ाज़त के लिए साथ दें, जिसके ख़िलाफ़ हम इतने अरसे से लड़ रहे थे। और अगर हममें से कुछ लोग, दूर की बातों का ध्यान रखते हुए, इसे मुक़ाबले में कम बुरी बात समझते, तो यह बात हमारी ताक़त के बिलकुल बाहर थी कि हम अपने देशवासियों को इसके लिए तैयार कर लेते। सिर्फ़ आज़ादी से ही सामूहिक शक्ति मुक्त हो सकती थी और सिर्फ़ उसी से कड़वेपन की भावना मिटकर एक

आदर्श के लिए जोश आ सकता था। इसके अलावा कोई दूसरा रास्ता नहीं था।

कांग्रेस ने ख़ासतौर पर यह मांग की कि बिना हिंदुस्तानियों की या उनके प्रतिनिधियों की मर्ज़ी के हिंदुस्तान का किसी लड़ाई से गठबंधन न किया जाये और बिना ऐसी राय के हिंदुस्तानी फ़ौज किसी भी काम के लिए देश से बाहर न भेजी जाये। केंद्रीय लेजिस्लेटिव असेंबली ने भी, जिसमें विभिन्न दल और पार्टियां शामिल थीं, यही मांग पेश की। बहुत अरसे से हिंदुस्तानियों की यह शिकायत थी कि हमारी फ़ौजें देश से बाहर अक्सर साम्राज्यवादी मक़सद से भेजी जाती हैं, और उनसे उन आदमियों को जीतने या कुचलने या दबाये रखने का काम लिया जाता है, जिनसे हमारा कोई झगड़ा नहीं है और जिनकी आज़ादी की कोशिशों के लिए हमारे दिल में हमदर्दी है। हिंदुस्तानी फ़ौज को किराये के आदमियों की तरह, ऐसे ही कामों में बरमा, चीन ईरान और मध्य-पूर्व और अफ्रीका के हिस्सों में इस्तेमाल किया गया था। वे ब्रिटिश साम्राज्यवाद का प्रतीक बन गई थी। और उसी सबब से वहां के रहनेवालों के दिलों में हिंदुस्तान के ख़िलाफ़ भावनाएं पैदा हुई। मुझे एक मिस्त्री का यह ताना याद है—" तुमने सिर्फ़ अपनी ही आज़ादी नहीं खोई है, बल्कि तुम ब्रिटेन की दूसरों को गुलाम बनाने में मदद करते हो।"

इस दुहरी नीति के दोनों हिस्से अपने-आप एक दूसरे से मेल नहीं खा सके। वे दोनों आपस में एक विरोधाभास था। लेकिन इस उलटेपन के लिए हम ज़िम्मेदार नहीं थे। यह विरोधाभास उन परिस्थितियों में ही था, और उन परिस्थितियों को ध्यान में रखते हुए किसी भी नीति में उसका ज़ाहिर होना लाज़िमी था। बार-बार हमने इस बात का ध्यान दिलाया कि फ़ासिस्त और नात्सी मतों की निंदा और साम्राज्यवाद का समर्थन, ये दोनों बातें एक साथ नहीं चल सकती। यह सच है कि फ़ासिस्तवाद और नात्सीवाद भयंकर अत्याचार कर रहे थे। लेकिन हिंदुस्तान में व दूसरी जगहों पर साम्राज्यवाद अपने-आपको सुदृढ़ कर चुका था। उनमें फ़र्क़ किसी क़िस्म का नहीं था; वह तो सिर्फ़ दर्जे या वक़्त का फ़र्क़ था। इसके अलावा पहली चीज़ सुदूर देशों में थी, लेकिन पिछली चीज़ तो हमारे ही घर में थी और उसमें हम सब घिरे हुए थे और उसका असर सारे वातावरण में छाया हुआ था। हमने इस उलटी बात, का मज़ाक़ उड़ाया कि सब जगह तो लोकतंत्र का झंडा ऊंचा रखा जाय और उसी को हिंदुस्तान में रोक रखा जाय।

हमारी दुहरी-नीति में चाहे जो विषमता रही हो, लेकिन सशस्त्र युद्ध और आक्रमण से रक्षा के सिलसिले में अहिंसा के सिद्धांत का कोई सवाल नहीं उठा।

1938 की गरमियों में मैं यूरोप के महाद्वीप में था ओर अपने व्याख्यानों, लेखों और बातचीत में मैंने अपनी इस नीति को समझाया। साथ ही मैंने इस बात की तरफ़ भी इशारा किया कि इन मामलों में यों ही छोड़ देने में क्या ख़तरा छिपा था। सुडेटनलैंड के सवाल पर नाज़ुक हालत के समय मुझ से चेकोस्लोवाकिया के कुछ परेशान निवासियों ने पूछा कि लड़ाई की हालत में हिंदुस्तान का क्या इरादा है। ख़तरा उनके बहुत नज़दीक़ आ पहुंचा था

और फिर ख़तरा बहुत बड़ा था। अब ज़्यादा बारीक़ बातों या पुरानी शिकायतों का मौक़ा नहीं था। लेकिन फिर भी उन्होंने मेरी बातों को समझा और मेरे तर्कों से वे सहमत हुए।

सन् 1939 के मध्य में यह पता लगा कि हिंदुस्तानी फ़ौज देश से बाहर भेजी गई- शायद सिंगापुर को और मध्य-पूर्व को। तुरंत ही बड़ी ज़ोरदार आवाज़ें उठीं कि यह हिंदुस्तान के प्रतिनिधियों की सलाह लिए बिना किया गया है। यह बात तो मानी गई कि संकट - काल में फ़ौज का प्रोग्राम अक्सर गुप्त रखना पड़ता है; लेकिन फिर भी प्रतिनिधि नेताओं को विश्वास में लिया जा सकता था और इसके बहुतेरे तरीक़े थे। असेंबली की पार्टियों के नेता थे, और हर प्रांत में जनता द्वारा चुनी हुई सरकारें थीं। मामूली तौर पर केंद्रीय सरकार को इन प्रांतीय मंत्रियों से बहुत-से मामलों में सलाह-मशवरा करना पड़ता था और उन्हें राज़ की बातें बतानी पड़ती थीं। लेकिन इस मौके पर राष्ट्र के खुले ऐलान के होते हुए भी जनता के प्रतिनिधियों से ज़रा-सी भी सलाह नहीं ली गई। ब्रिटिश पार्लामेंट के ज़रिये गवर्नमेंट ऑव इंडिया एक्ट (सन् 1935) में संशोधन के लिए क़दम उठाये जा रहे थे। इस समय प्रांतीय सरकारें इसी एक्ट के अनुसार काम कर रही थीं। अब यह कोशिश की गई कि लड़ाई के सिलसिले में केंद्रीय सरकार को विशेषाधिकार दे दिये जायें, और सारी शक्ति केंद्र के हाथ में आ जाये। आमतौर पर एक लोकतंत्री राज्य में यह बात बिलकुल स्वाभाविक और तर्क-संगत होती, अगर इस बारे में मुख्तलिफ़ पार्टियों की राय ले ली जाती। यह तो एक आम जानकारी की बात है कि संघ में शामिल होनेवाले राज्य, प्रांत या स्व-शासी प्रदेश अपने अधिकारों को मज़बूती से पकड़े रहते हैं और उनको किसी संकट या विशेष अवसर पर भी केंद्रीय सरकार को सौंपने को आसानी से तैयार नहीं होते हैं। ऐसी रस्साकशी संयुक्त राज्य अमरीका में बराबर चलती रहती है, और जिस वक़्त मैं यह लिख रहा हूं, आस्ट्रेलिया में कामनवेल्थ- सरकार की शक्ति और अधिकार बढ़ाने के प्रस्ताव को परिपृच्छा द्वारा अस्वीकार किया गया। इस प्रस्ताव के अनुसार उसके विभिन्न सदस्य राज्यों के अधिकार सिर्फ़ लड़ाई के दौरान के लिए केंद्र को दिये जा रहे थे। यह बात ध्यान में रखने की है कि संयुक्त राज्य अमरीका और आस्ट्रेलिया दोनों ही जगह केंद्रीय सरकार और लेजिस्लेटिव असेंबली जनता द्वारा चुने हुए लोगों की हैं, और उनमें उन मेंबर राज्यों के नुमाइंदे काम करते हैं। हिंदुस्तान में केंद्रीय सरकार बिलकुल ग़ैर-ज़िम्मेदार है। वह चुने हुए जनता के प्रतिनिधियों की नहीं है, और किसी भी रूप में जनता या प्रांतों के प्रति उसकी कोई ज़िम्मेदारी नहीं है। प्रांतीय सरकारों या परिषदों के अधिकारों को छीनकर केंद्र के अधिकार बढ़ाने के मानी ये थे कि ये लोकतंत्र को और भी दुर्बल बना दिया जाय और प्रांतीय स्वराज्य की बुनियाद को ही कमज़ोर कर दिया जाय। इस पर बहुत नाराज़ी फैली। ऐसा अनुभव किया गया कि यह नीति उस आश्वासन के ख़िलाफ़ थी, जो कांग्रेस सरकारों को शुरू में दिया गया था। साथ ही यह बात ज़ाहिर होने लगी कि पहले की तरह बिना हिंदुस्तानियों के प्रतिनिधियों का ख़याल किये ही उन पर लड़ाई का बोझ लाद दिया जायेगा।

कांग्रेस कार्यकारिणी ने बहुत ज़ोरदार शब्दों में इस नीति का विरोध किया। उसके लिहाज़ से यह तो कांग्रेस और केंद्रीय असेंबली दोनों की ही घोषणाओं की जानबूझकर खुल्लम-खुल्ला अवहेलना थी। उसने ऐलान किया कि वह इस तरह की ज़बरदस्ती को रोकेगी और वह उसके निवासियों की सहमति के बिना ही हिंदुस्तान को गहरा असर रखनेवाली नीतियों के लिए ज़िम्मेदार बनाने पर राज़ी नहीं हो सकती। फिर (1939 के अगस्त में) उसने कहा कि "इस संसार-व्यापी संकट में कार्यकारिणी की सहानुभूति उन लोगों के लिए है, जो लोकतंत्र और स्वतंत्रता के पक्षपाती हैं और कांग्रेस ने यूरोप, अफ्रीका और सुदूर एशिया में फ़ासिस्त हमले की बार-बार निंदा की है। साथ ही ब्रिटिश साम्राज्यवाद द्वारा स्पेन और चेकोस्लोवाकिया में लोकतंत्र के प्रति विश्वासघात की भी निंदा की है।" लेकिन यह भी कहा गया कि "ब्रिटिश सरकार की पिछली नीति और इधर हाल की घटनाओं ने यह बात पूरी तरह दिखा दी कि यह सरकार आज़ादी और लोकतंत्र की हिमायत नहीं करती और किसी समय भी इन आदर्शों के साथ दग़ा कर सकती है। हिंदुस्तान ऐसी सरकार से अपना कोई नाता नहीं रख सकता, और उससे यह भी नहीं कहा जा सकता कि वह उस लोकतंत्री स्वतंत्रता के लिए अपना सहयोग दे, जो स्वयं उसे नहीं दी जा रही है और जिसको धोखा दिया जा सकता है।" इस नीति के विरोध में पहला क़दम यह था कि केंद्रीय लेजिस्लेटिव असेंबली के कांग्रेसी सदस्यों से कहा जाय कि वे असेंबली के अगले अधिवेशन में भाग न लें।

यह पिछला प्रस्ताव यूरोप में लड़ाई शुरू होने के ठीक तीन सप्ताह पहले पास किया गया। ऐसा मालूम पड़ा कि हिंदुस्तान की सरकार और उसका समर्थन करनेवाली ब्रिटिश सरकार लड़ाई के सिलसिले में बड़े-बड़े मामलों में ही नहीं, छोटे-छोटे मामलों में भी हिंदुस्तान के आम लोगों की भावनाओं का तिरस्कार करने पर तुली हुई है। सूबों में गवर्नरों के रुख़ से नीति की झलक दिखाई दी। साथ ही सिविल सर्विस के हाकिमों का कांग्रेस-सरकार से असहयोग बढ़ता जा रहा था। सूबों की कांग्रेसी सरकारों की दिन-ब- दिन मुश्किलें बढ़ती जा रही थीं और लोकमत के गरम अनासिर ज़्यादा उत्तेजित होते जा रहे थे और उनकी शंकाएं बढ़ रही थीं। उनको डर यह था कि ब्रिटिश सरकार उसी ढंग से पेश आयेगी, जैसे उसने पच्चीस बरस पहले, सन् 1914 में किया था; वह सूबों की सरकारों और लोकमत का ख़याल न करके लड़ाई को ज़बरदस्ती सिर मढ़ देगी; वह उस थोड़ी-सी आज़ादी को, जिसे हिंदुस्तान ने हासिल किया था, लड़ाई के नाम पर कुचल देगी; और वह मनमाने ढंग से अपने साधनों का नाजायज़ फ़ायदा उठायेगी।

लेकिन इन पच्चीस बरसों में बहुत-कुछ हो चुका था, और लोगों के तेवर अब बहुत बदले हुए थे। यह ख़याल कि हिंदुस्तान को एक जायदाद की तरह इस्तेमाल किया जाय, और उसके निवासियों की नफ़रत के साथ बिलकुल परवाह न की जाय, बहुत ज़्यादा बुरा लगा। क्या पिछले बीस बरसों की आज़ादी की लड़ाई और तकलीफ़ों की कोई क़ीमत ही

नहीं थी? क्या हिंदुस्तानी इस बेइज़्ज़ती और अवहेलना के सामने सिर झुकाकर जन्मभूमि के लिए एक शर्म की चीज़ बनेंगे? उनमें से बहुत-से लोगों ने बुराई का मुक़ाबला करना सीख लिया था, और वे उस चीज़ के सामने, जिसे वे शर्मनाक समझते थे, सिर झुकाने के लिए हरगिज़ तैयार नहीं थे। और वे इस सिर न झुकाने के नतीजे को भुगतने के लिए खुशी से तैयार भी थे।

इसके अलावा ऐसे लोग भी थे-नई पीढ़ीवाले, जिनको क़ौमी लड़ाई का कोई ज़ाती अनुभव नहीं था, न वे उसको पूरी तरह समझते थे; और उनके लिए 1920, यहांतक कि 1930 के सविनय अवज्ञा आंदोलन की बातें सिर्फ़ इतिहास की ही चीज़ें थीं और इससे ज़्यादा और कुछ नहीं। वे तजुरबों और तकलीफ़ों की आग में तपे हुए नहीं थे और बहुत-सी चीज़ों को यों ही मान लेते थे। वे पुरानी पीढ़ीवालों की कड़ी आलोचना करते थे; उनको कमज़ोर समझते थे और यह समझते थे कि ये तो छोटी बातों पर समझौता करने के लिए झुक सकते हैं। उनके लिहाज़ से सक्रिय प्रोग्राम की जगह सिर्फ़ उत्तेजक और ज़ोरदार भाषा ही ले सकती थी। वे आपस में नेताओं की शख़्सियत या राजनैतिक और आर्थिक उसूलों की बारीकियों पर झगड़ते थे। वे दुनिया की बातों पर बहस तो करते थे, लेकिन उन मामलों की उनकी कोई ख़ास जानकारी नहीं थी; वे अभी पक नहीं पाये थे और उनमें कोई टिकाव नहीं था। उनमें अच्छी बातें थीं, अच्छे आदर्शों के लिए बड़ा जोश था, लेकिन कुल मिलाकर उनसे नाउम्मीदी होती थी और हिम्मत पस्त होती थी। शायद यह एक वक़्ती पहलू था, जिसको वे पार कर लेंगे, या जिसे उन्होंने अपने कड़वे तजुरबों के बाद पार भी कर लिया हो।

और चाहे जो मतभेद हों, लेकिन राष्ट्रवादियों के भीतर इन सभी समूहों में इस संकट -काल में हिंदुस्तान के प्रति ब्रिटेन की नीति से एक-सी ही प्रतिक्रिया हुई। उन सबको उससे नाराज़ी हुई और उन्होंने कांग्रेस से उसका विरोध करने के लिए कहा। कोई भी स्वाभिमानी सजग, चेतन, राष्ट्रीयता इस तरह के अपमान के आगे सिर नहीं झुकाना चाहती। उसके सामने और सब बातें गौण हो गईं।

यूरोप में युद्ध का ऐलान हुआ और फ़ौरन ही हिंदुस्तान के वाइसराय ने ऐलान किया कि हिंदुस्तान भी लड़ाई में शामिल है। एक आदमी-एक विदेशी और वह भी एक ऐसी हुकूमत का नुमाइंदा, जिससे लोगों को नफ़रत थी—चालीस करोड़ आदमियों को, बिना उनकी रत्ती भर मर्ज़ी के, लड़ाई में उलझा दे! ज़ाहिर है कि उस ढांचे में बुनियादी तौर पर कोई ग़लती है, कोई सड़न है, जिसमें इस ढंग से चालीस करोड़ आदमियों की क़िस्मत का फ़ैसला किया जाता है। डोमीनियनों (उपनिवेशों) में जनता के प्रतिनिधियों द्वारा पूरी तरह सलाह-मशवरा और हर पहलू से सोच-विचार के बाद यही फ़ैसला किया गया। लेकिन हिंदुस्तान में ऐसा नहीं हुआ और उससे हिंदुस्तानियों के दिलों को चोट पहुंची।

❐

3. युद्ध की प्रतिक्रिया

जिस वक़्त यूरोप में लड़ाई शुरू हुई, मैं चुंगकिंग में था। कांग्रेस के सभापति ने तार द्वारा मुझ से तुरंत लौटने को कहा, और मैं जल्दी वापस आया। जिस वक़्त मैं आया, कांग्रेस-कार्यकारिणी की बैठक हो रही थी। इस मीटिंग में भाग लेने के लिए मि० जिन्ना को भी बुलाया गया था, लेकिन उन्होंने असमर्थता ज़ाहिर की। वाइसराय ने हिंदुस्तान को लड़ाई में शामिल ही नहीं किया, बल्कि कई आर्डिनेंस भी जारी कर दिये थे। ब्रिटिश पार्लमेंट ने गवर्नमेंट ऑव इंडिया एक्ट में संशोधन कर दिया था। इन क़ानूनों में सूबों की सरकारों के अधिकार और कार्य-क्षेत्र को सीमित किया गया था और वे अच्छे नहीं मालूम हुए, और ख़ासतौर पर इस वजह से कि जनता के नुमाइंदों से इस बारे में कोई सलाह नहीं दी गई थी - बल्कि असल में उनकी अक्सर दुहराई हुई ख्वाहिशों और ऐलानों की पूरी तरह अवहेलना कर दी गई थी।

14 दिसंबर, 1939 को लंबी बहस के बाद कांग्रेस-कार्यसमिति ने युद्ध-संकट के सिलसिले में एक लंबा बयान जारी किया। इसमें वाइसराय के उठाये हुए क़दमों और नये क़ानूनों का ज़िक्र था, और यह कहा गया कि "कार्यसमिति को इन घटनाओं को बड़े गंभीर रूप में लेना चाहिए।" फ़ासिस्त और नात्सी मतों की निंदा की गई और ख़ासतौर पर "नात्सी जर्मन सरकार के सबसे ताज़े हमले की, जो उसने पोलैंड पर किया था" और उन लोगों के लिए, जो ऐसी चीज़ों का मुक़ाबला कर रहे थे, हमदर्दी ज़ाहिर की।

हालांकि सहयोग के लिए हम तैयार थे, लेकिन यह बात साफ़ कर दी गई कि 'ज़बरदस्ती हमारे सिर मढ़े हुए फैसलों का... लाज़िमी तौर पर विरोध किया जायगा। अगर किसी ऊंचे आदर्श के लिए सहयोग की ज़रूरत है, तो यह बात ज़ाहिर है कि वह सहयोग दबाव या ज़बरदस्ती से नहीं मिल सकता। और न कार्यसमिति इस बात के लिए तैयार हो सकती है कि हिंदुस्तानी उन हुक्मों की पाबंदी करें, जो विदेशी शक्ति द्वारा दिये गए हैं। सहयोग तो बराबरवालों में होना चाहिए और उसमें आपसी रजामंदी होनी चाहिए और वह उस आदर्श के लिए, जिसको दोनों ही बड़ी चीज़ समझते हों। इधर हाल ही में हिंदुस्तानियों ने बड़े ख़तरों का सामना किया है, और अपने-आप ही आज़ादी हासिल करने और हिंदुस्तान में लोकतंत्र स्थापित करने के लिए बड़े-बड़े बलिदान किये हैं। उनकी हमदर्दी पूरी तरह लोकतंत्र और आज़ादी के लिए है। लेकिन हिंदुस्तान किसी ऐसी लडाई में शामिल नहीं हो सकता, जिसके लिए कहा तो यह जाये कि वह लोकतंत्र की आज़ादी के लिए है, लेकिन यह आज़ादी ख़ुद उसे हासिल नहीं है, और यही नहीं, बल्कि जो कुछ थोड़ी-बहुत आज़ादी उसके पास है, वह भी उससे छीनी जा रही है।"

"समिति इस बात से परिचित है कि ब्रिटेन और फ्रान्स की सरकारों ने यह घोषणा की है कि वे लोकतंत्र और आज़ादी के लिए लड़ रही हैं, और हमलावरों को रोकना चाहती

हैं। लेकिन इधर हाल का इतिहास ऐसी बातों से भरा हुआ है और उसमें ऐसी मिसालें हैं कि कही हुई बातों में, जताये हुए आदर्शों में, और असली नीयत और मक़सद में बराबर फ़र्क़ है।" पहले महायुद्ध के दौरान की, और उसके बाद की कुछ घटनाओं का भी ज़िक्र था। उस सिलसिले में यह कहा गया कि "बाद के इतिहास से यह बात फिर ताज़ा हो गई है कि जोश भरे, भरोसा दिलानेवाले ऐलानों को किस तरह बेशर्मी से पलटा जा सकता है...फिर यह ज़ोर दिया गया है कि लोकतंत्र ख़तरे में है और उसकी रक्षा करनी है। और इस वक़्तव्य से समिति पूरी तरह सहमत है। समिति यक़ीन करती है कि पच्छिम की जनता इस आदर्श और उद्देश्य के लिए आगे बढ़ रही है; और वह उनके लिए बलिदान करने के लिए तैयार है। लेकिन कितनी ही बार जनता के और उन लोगों के, जिन्होंने ऐसे संघर्षों में बलिदान किये हैं, आदर्शों और उनकी भावनाओं की, अवहेलना की गई है, और उनके साथ ईमानदारी नहीं बरती गई है।

"यदि लड़ाई सारी चीज़ों को ज्यों-त्यों बनाये रखने के लिए है-यानी साम्राज्यवादी क़ब्ज़े, उपनिवेशों, निहित स्वार्थों और विशेषाधिकारों के बचाव के लिए है-तो हिंदुस्तान का उससे कोई वास्ता नहीं हो सकता। लेकिन, अगर इस वक़्त सवाल लोकतंत्र और लोकतंत्र पर बने एक दुनिया-भर के ढांचे का है, तो हिंदुस्तान की उसमें बेहद दिलचस्पी है। समिति को पूरी तरह इतमीनान है कि हिंदुस्तानी लोकतंत्र और ब्रिटिश लोकतंत्र के या दुनिया के लोकतंत्र के हितों में कोई विरोध नहीं है। लेकिन साम्राज्यवाद और फ़ासिस्तवाद का हिंदुस्तान में या और जगह लोकतंत्र से एक बुनियादी और अमिट झगड़ा है। यदि ग्रेट ब्रिटेन लोकतंत्र को बनाये रखने और आगे बढ़ाने के लिए लड़ाई लड़ रहा है, तो लाज़िमी तौर पर उसे अपने साम्राज्यवाद को ख़त्म कर देना चाहिए। ...एक आज़ाद लोकतंत्री हिंदुस्तान ख़ुशी से दूसरी आज़ाद क़ौमों का हमलों से आपसी हिफ़ाज़त के लिए साथ देने को तैयार है, और वह तैयार है आर्थिक सहयोग के लिए। आज़ादी और लोकतंत्र की नींव पर दुनिया भर का एक संघ बनाने के लिए काम करने को तैयार है, जिसमें कि इन्सान की तरक़्क़ी के लिए दुनिया के सारे ज्ञान और साधनों को काम में लाया जाय।'

कांग्रेस-कार्यसमिति ने, राष्ट्रीय होते हुए भी अंतर्राष्ट्रीय नज़रिये को अपनाया और उसकी निगाह में लड़ाई सिर्फ़ हथियारबंद फ़ौजों की लड़ाई से कहीं ज़्यादा बड़ी चीज़ थी। " जिस संकट ने यूरोप को आ घेरा है, वह सिर्फ़ यूरोप का ही नहीं, बल्कि सारी दुनिया का है। दूसरे संकटों या लड़ाइयों की तरह वह यों ही नहीं टलेगा और आज की दुनिया का ढांचा भी जैसा-का- तैसा नहीं बचेगा। उससे दुनिया का राजनैतिक, सामाजिक और आर्थिक नक़्शा बिलकुल बदल जायगा। वह बदला हुआ नक़्शा बेहतर होगा या बदतर, यह बिलकुल दूसरी चीज़ है। यह संकट पिछली बड़ी लड़ाई के बाद तेज़ी से बढ़नेवाले अंतर्विरोधों, सामाजिक और राजनैतिक झगड़ों का लाज़िमी नतीजा है। यह संकट आखिरी तौर पर उस वक़्त तक नहीं टलेगा, जबतक ये झगड़े और विरोध हट न जायें और जबतक एक नया संतुलन क़ायम

न हो जाय। इस संतुलन की बुनियाद इस बात पर है कि एक देश के दूसरे देश पर आधिपत्य और शोषण का ख़ात्मा हो जाये, और आर्थिक रिश्तों को एक नये सिरे से ऐसे ढर्रे पर लाया जाये, जिसमें सबके फ़ायदे और सबके साथ इन्साफ़ का ध्यान हो। सारे सवालों की कसौटी है हिंदुस्तान। वह मौजूदा ज़माने के साम्राज्यवाद की ख़ास मिसाल है और दुनिया का कोई भी ढांचा, इस बड़े और ख़ास सवाल को यों ही छोड़कर कामयाब नहीं हो सकता। अपने बड़े साधनों की वजह से दुनिया के नये ढांचे और नये नक़्शे में उसका बहुत बड़ा हिस्सा होगा। लेकिन ऐसा तो वह एक आज़ाद राष्ट्र की हैसियत से ही कर सकता है, जिसमें इस बड़े मक़सद के लिए शक्ति फूटी पड़ती हो। आज़ादी का आज बंटवारा नहीं हो सकता। दुनिया के किसी भी हिस्से में साम्राज्यवादी क़ब्ज़ा बनाये रखने की कोशिश का लाज़िमी नतीजा एक ख़ौफ़नाक विध्वंस होगा।"

इसी सिलसिले में समिति ने हिंदुस्तानी रियासतों के शासकों के सहयोग की चर्चा की। उन्होंने यूरोप में लोकतंत्र की रक्षा के लिए अपने-आपको सौंपा था। समिति ने सलाह दी कि यह ज़्यादा मुनासिब होगा कि वे अपनी रियासतों में ही लोकतंत्र की शुरुआत करें।

समिति ने फिर हर ढंग से मदद देने की उत्सुकता की बात की, लेकिन ब्रिटिश नीति के रवैये पर अपना शक ज़ाहिर किया। उस नीति में उसे "लोकतंत्र या आत्म-निर्णय की मदद के लिए कोई कोशिश "दिखाई नहीं दी और" न उसे कोई ऐसा सबूत ही मिला कि मौजूदा लड़ाई के ऐलानों पर अमल किया जा रहा है, या आगे अमल किया जायगा।" फिर भी उसने कहा कि "अवसर के गंभीर होने के नाते और इस बात से कि पिछले कुछ दिनों की घटनाओं की तेज़ी आदमी के दिमाग़ की तेज़ी से भी ज़्यादा है, समिति इस वक़्त कोई आखिरी फ़ैसला नहीं देना चाहती, ताकि इस बात के साफ़ होने का मौक़ा रहे कि कौन-सी बातों पर इस वक़्त दांव लग रहा है, असली मक़सद क्या है, और हिंदुस्तान की मौजूदा मौके पर, और फिर आगे चलकर हैसियत क्या होगी।" इसीलिए उसने ब्रिटिश सरकार को इस बात के लिए आमंत्रित किया कि "वह बिलकुल साफ़ लफ़्ज़ों में कहे कि लोकतंत्र और साम्राज्यवाद और सारी दुनिया की एक भावी नई व्यवस्था के बारे में उसकी लड़ाई के मक़सद क्या हैं; और ख़ासतौर से यह बात कि ये युद्धोद्देश्य किस तरह अमल में लाये जायेंगे और उनको मौजूदा वक़्त में हिंदुस्तान में किस तरह लागू किया जायेगा? क्या उसमें साम्राज्यवाद को मिटाने और हिंदुस्तान के साथ एक आज़ाद राष्ट्र की तरह व्यवहार करने की बात शामिल है—उस आज़ाद हिंदुस्तान के साथ, जिसकी नीति जनता की इच्छाओं से तय होगी? किसी भी ऐलान की कसौटी उसको मौजदा वक़्त में लागू करना है, क्योंकि मौजूदा वक़्त से न सिर्फ़ आज की ही बातें तय होंगी, बल्कि आनेवाले दिनों का भी नक़्शा तैयार होगा।... यह तो एक अपार दुःख की बात होगी कि यह भयंकर लड़ाई साम्राज्यवादी नीयत से लड़ी जाय, और उसी ढांचे को बनाये रखने का मक़सद बना रहे, जो ख़ुद लड़ाई की जड़ है और इन्सान के नीचे गिरने की वजह है।'

इस बयान में, जो गहरे सोच-विचार के बाद निकाला गया था, हिंदुस्तान और इंग्लिस्तान के बीच से उन अड़ंगों को हटाने की कोशिश थी, जो उनके आपसी रिश्तों को डेढ़ सौ बरसों से ख़राब कर रहे थे। इसमें कोशिश थी कि कोई ऐसा रास्ता निकल आये कि आज़ादी के लिए हमारी बेचैनी और दुनिया के इस संघर्ष में आम जोश और सहयोग के साथ हमारी शामिल होने की दिली इच्छा, ये दोनों बातें एक साथ चल सकें। हिंदुस्तान की आज़ादी के हक़ का दावा कोई नई बात न थी; यह दावा लड़ाई या लोकव्यापी संकट का नतीजा नहीं था। बहुत अरसे से हमारे काम और हमारे विचारों की बुनियाद में यही हक़ था और कितनी-ही पीढ़ियों से हम इसी के चारों तरफ़ चक्कर काट रहे थे। हिंदुस्तान की आज़ादी का साफ़ ऐलान करने और लड़ाई की ज़रूरतों का ख़याल करते हुए नई हालत के लिए हेर-फेर करने में कोई मुश्किल न थी। अगर इंग्लिस्तान की इच्छा और नीयत हिंदुस्तान की आज़ादी को मानने को तैयार होती, तो बड़ी से बड़ी मुश्किलें मिट जाती। सच तो यह है कि ये तब्दीलियां लड़ाई की ज़रूरतों में मददगार होती। उसके बाद तो जिस बात की ज़रूरत रहती, उसे सभी पार्टियों की रज़ामंदी से आसानी से, ठीक किया जा सकता था। हर सूबे में सूबाई सरकारें काम कर रही थीं। लड़ाई के दौरान के लिए मरकज़ी सरकार के लिए ऐसा ढांचा बनाना आसान था, जिसमें आम जनता को यक़ीन हो। यह ढांचा लड़ाई की कोशिशों का संगठन करता और उसमें जनता का सहयोग होता। वह हथियारबंद फ़ौजों का पूरी तरह साथ देता। वह ढांचा एक तरफ़ ब्रिटिश सरकार और दूसरी तरफ़ जनता और सूबों की सरकारों के बीच एक कड़ी की तरह होता। दूसरी संवैधानिक समस्याएं लड़ाई के बाद के लिए मुल्तवी कर दी जाती, हालांकि मुनासिब यही था कि उनको हल करने की जल्दी से कोशिश हो। लड़ाई के बाद जनता के चुने हुए नुमाइंदे एक स्थायी संविधान बनाते और आपसी हितों की बाबत इंग्लिस्तान से समझौता करते।

कांग्रेस की कार्यसमिति के लिए ऐसी तजवीज़ इंग्लिस्तान के सामने रखना कोई आसान बात नहीं थी। इस वक़्त ज्यादातर लोगों की अंतर्राष्ट्रीय मसलों के बारे में जानकारी नहीं के बराबर थी और वे हाल की ब्रिटिश-नीति के लिए नाराज़ी ज़ाहिर करते थे। हम जानते थे कि एक-दूसरे पर शक और आपस में भरोसे की कमी लफ़्ज़ों के जादू से नहीं मिट सकती थी। फिर भी हमें उम्मीद थी कि घटनाओं की मार से इंग्लिस्तान के नेता अपने साम्राज्यवादी घेरों से बाहर आकर दूर की चीज़ों को ध्यान में रखते हुए, हमारे प्रस्ताव को मंजूर करेंगे और इस तरह इंग्लिस्तान और हिंदुस्तान के झगड़े खत्म हो जायेंगे और लड़ाई के लिए हिंदुस्तान का जोश और उसके साधन दोनों ही रुके बांध की तरह फूट पड़ेंगे।

लेकिन ऐसा होना नहीं था। उन्होंने जवाब में हमारी मांग को नामंजूर कर दिया। यह बात साफ़ हो गई कि वे हमारा साथ दोस्तों और बराबरवालों की तरह नहीं चाहते थे। उनकी इच्छा तो यह थी कि हम गुलामों की तरह उनका हुक्म बजायें। हम दोनों ने 'सहयोग' शब्द का इस्तेमाल किया, लेकिन दोनों ने ही उस लफ़्ज़ के अलग-अलग मानी लगायें। हमारे लिए

सहयोग के मानी थी-साथी होना, बराबर वाला उनके लिए उसके मानी थे कि उनका हुक्म हो और बिना चूं किये उसको हम बजा लायें। इस हालत को मंजूर करना हमारे लिए नामुमकिन था। इसके लिए तो ज़रूरी यह था कि हम उस सबको छोड़ दें, और उस सबसे मुंह मोड़ें, जिसे हमने अपनी ज़िंदगी में एक अहमियत दे रखी थी और जिसकी हम अबतक हिमायत करते रहे थे। और अगर हममें से कुछ इसके लिए राज़ी भी थे, तो कम-से-कम हम अपने साथ जनता को नहीं ले चल सकते थे। हम लोग राष्ट्रीयता की धारा से कटकर एक तरफ़ फिंक जाते, और इसीसे नहीं, बल्कि उस अंतर्राष्ट्रीय से भी, जिसका हम बराबर सपना देख रहे थे।

हमारे सूबों की सरकारों की दिक़्क़तें बढ़ गईं और उन्हें दो चीज़ों में से एक चुन लेनी थी—या तो वे वाइसराय और गवर्नर की दस्तंदाज़ी के सामने सिर झुकातीं या उनका मुक़ाबला करती। बड़े-बड़े सरकारी नौकर गवर्नर के साथ थे और वे मंत्रियों और असेंबलियों की तरफ़ इस तरह देखते थे, मानो वे उनके रास्ते में रोड़ा हों। फिर वही पुरानी झगड़ा सामने आया, जिसमें एक तरफ़ मनचाही करनेवाला बादशाह था, और दूसरी तरफ़ पार्लमेंट थी। यहां एक बात और थी; वह यह कि बादशाह परदेशी था और उसकी हुकूमत हथियारों और फ़ौज की बुनियाद पर थी। तब यह तय किया गया कि हिंदुस्तान में ग्यारह सूबों के से जिन आठ सूबों में कांग्रेसी सरकारें हैं (यानी बंगाल, सिंध और पंजाब को छोड़कर), वे विरोध में इस्तीफ़ा दे दें। कुछ लोगों की राय थी कि वे इस्तीफ़ा न दें और काम करती रहें, ताकि गवर्नर को उन्हें बरखास्त करने की नौबत आये। यह बात ज़ाहिर थी कि बुनियादी झगड़ों की वजह से, जो दिन-ब-दिन ज़्यादा साफ़ होते जा रहे थे, उन सरकारों में और गवर्नरों में झगड़े होने लाज़िमी थे। और अगर वे सरकारें इस्तीफ़ा न देतीं, तो उनको बरखास्त कर दिया जाता। उन सरकारों ने बिलकुल संवैधानिक रास्ता अपनाया, यानी इस्तीफ़ा दिया और असेंबली को भंग करके फिर से चुनावों के लिए 'न्यौता दिया। चूंकि असेंबली में उनके पीछे बहुमत था, इसलिए कोई नया मंत्रिमंडल क़ायम नहीं हो सकता था। लेकिन गवर्नर नये चुनावों से बचना चाहते थे, क्योंकि वे अच्छी तरह जानते थे कि उसमें कांग्रेस की बड़ी भारी जीत होगी। उन्होंने असेंबली को भंग किया, बल्कि उसके काम को मुल्तवी कर दिया और असेंबली और मंत्रिमंडल दोनों के ही सारे अधिकारों को अपने हाथों में ले लिया। सूबों के वे बिलकुल निरंकुश मालिक हो गए। वे क़ानून बनाते, हुक्म जारी करते और जो चाहते करते, और उसमें जनता की या उसके नुमाइंदों की राय का रत्ती भर भी ख़याल न होता।

ब्रिटिश-प्रवक़्ताओं ने अक्सर इस बात पर जोर दिया है कि कांग्रेस ने सूबों की सरकारों से इस्तीफा देने को कहकर एक हुकूमती ढंग अपनाया। यह तो उलटा इलज़ाम लगाना है! क्योंकि यह बात उन लोगों की तरफ़ से कही जाती है, जो नात्सियों और फ़ासिस्तों को छोड़कर सबसे ज़्यादा निरंकुश और तानाशाही ढंग के लोग हैं। सच तो यह है कि कांग्रेस-नीति की बुनियाद ही आज़ाद ढंग से काम करना है। वाइसराय और गवर्नर के यह भरोसा दिलाने पर ही कि सूबों के मैदान में कोई दखल नहीं दिया जायेगा, ये असेंबलियां

और सूबाई सरकारें काम करने लगी थीं। अब यह दस्तंदाज़ी आये दिन की चीज़ थी, और 1935 के एक्ट के संवैधानिक अधिकार अब और भी कम हो गए थे जैसा कि कहा जा चुका है, इन संवैधानिक अधिकारों के ऊपर अब ब्रिटिश पार्लमेंट द्वारा संशोधित एक्ट था। यह बात कि कब, कहां और कितना दखल दिया जायेगा, मरकज़ी सरकार, यानी वाइसराय के, लिए तय करने को छोड़ दी गई थी। कोई ऐसा रास्ता नहीं था कि सूबों की सरकारों के अधिकारों की हिफ़ाज़त की जा सके। इस हालत में तो वे सिर्फ़ सिर झुकाकर ही काम कर सकती थीं। वाइसराय और गवर्नर जनरल, अपनी तैनात की हुई कार्यकारिणी की मदद से–उस कार्यकारिणी की मदद से, जिसने साथ देने का इत्मीनान दिला दिया था-लड़ाई की ज़रूरत की आड़ में सूबों की सरकारों के हर फ़ैसले को उलट-पुलट सकते थे। कोई ज़िम्मेदार मंत्रिमंडल ऐसी हालत में काम नहीं कर सकता था। उसकी किसी एक से लड़ाई ज़रूर होती- चाहे वे गवर्नर और सिविल सर्विस के आदमी हों, या वे असेंबली में जनता के नुमाइंदे हों। हर असेंबली में, उन सूबों में, जहां कांग्रेसी सरकारें थीं, लड़ाई शुरू होने के बाद कांग्रेस की मांग को मंजूर कर लिया गया था। और अब वाइसराय द्वारा इस मांग के रद्द होने के मानी थे इस्तीफ़ा या झगड़ा। आम जनता में सिर्फ़ एक भावना थी कि ब्रिटिश ताक़त के साथ लड़ाई छेड़ दी जाये। लेकिन जहांतक मुमकिन हो सकता था, कार्यसमिति इसकी नौबत नहीं आने देना चाहती थी और इसीलिए उसने नरम नीति को अपनाया। ब्रिटिश सरकार के लिए यह आसान था कि वह यहां की जनता की भावनाओं की जांच कर ले। यह बात आम चुनावों से साफ़ हो जाती। उसने इस चीज़ से बचने की कोशिश की, क्योंकि उसे कोई शक नहीं था कि चुनावों में कांग्रेस की बड़ी भारी जीत होगी।

बंगाल और पंजाब के बड़े सूबों में, और सिंध के छोटे-से सूबे में इस्तीफ़े नहीं दिये गए। बंगाल और पंजाब दोनों ही में गवर्नर और सिविल सर्विस का पहले से ही बोल- बाला था; इसलिए वहां कोई झगड़ा नहीं उठ सकता था। इतने पर भी बंगाल में बाद में गवर्नर और प्रधान मंत्री की नहीं बनी और गवर्नर ने मंत्रिमंडल को इस्तीफ़ा देने के लिए मजबूर किया। आगे चलकर सिंध के प्रधान मंत्री ने वाइसराय को एक ख़त लिखा और उसमें ब्रिटिश नीति की बुराई - भलाई की और उसके विरोध में उन्होंने वह सरकारी खिताब, जो उन्हें दिया गया था, छोड़ दिया। उन्होंने इस्तीफ़ा नहीं दिया। लेकिन वाइसराय ने इस ख़त की वजह से, गवर्नर के हाथों, उन्हें प्रधान मंत्री के ओहदे से बरख़ास्त कराया, क्योंकि यह ख़त वाइसराय की शान के ख़िलाफ़ था।

कांग्रेसी सूबा-सरकारों को इस्तीफ़ा दिये हुए अब क़रीब पांच बरस हो चुके हैं। इस दौरान में हर सूबे में एक आदमी का-गवर्नर राज्य रहा है। और लड़ाई की ओट में, और उसके बहाने से हम उन्नीसवीं सदी के बीच की ख़ूरेज़ निरंकुशता पर पहुंच गए हैं। सिविल सर्विस और पुलिस का बोल-बाला है। और उनमें से कुछ, चाहे वे अंग्रेज़ हों या हिंदुस्तानी, अगर ब्रिटिश सरकार की निर्दय नीति के अनुसार काम करने में ज़रा नाख़ुशी जताते हैं, तो

उन्हें सरकार की ज़्यादा से ज़्यादा नाख़ुशी का नतीजा भोगना पड़ता है। कांग्रेसी सरकारों का किया हुआ बहुत-सा काम मिट्टी में मिला दिया गया है और उनकी स्कीमों पर पानी फेर दिया गया है। खुशक़िस्मती से कुछ काश्तकारी क़ानून अभी क़ायम हैं, अगरचे उनके भी अक्सर ऐसे मानी लगाये जाते हैं, जिनसे किसानों को नुकसान पहुंचता है।

पिछले दो सालों में असम, उड़ीसा और सरहद के छोटे-से सूबे में फिर से सूबों की सरकारें, क़ायम कर दी गई हैं। उसमें एक चाल है; असेंबली के कुछ मेंबरों को गिरफ़्तार कर लिया गया है, और इस तरह अल्पमत दलों को बहुमतवाला बना दिया गया है। बंगाल की मौजूदा सरकार एक काफ़ी बड़े यूरोपीय गुट के सहारे पर टिकी हुई है। उड़ीसा का मंत्रिमंडल ज़्यादा दिनों तक काम नहीं कर सका और उस सूबे में फिर एक आदमी का, गवर्नर का, राज्य वापस आ गया है। सरहदी सूबे में मंत्रिमंडल काम करता रहा, लेकिन उसके साथ बहुमत नहीं था। इसी वजह से असेंबली की बैठक नहीं बुलाई जाती थी। पंजाब और सिंध में ख़ासतौर पर हुक्म जारी किये गए, जिनकी मदद से असेंबली के कांग्रेसी मेंबर (जो जेल से बाहर थे) असेंबली के अधिवेशन और दूसरी सार्वजनिक कार्रवाइयों में हिस्सा लेने से रोक दिये गए।'[105]

❐

4. कांग्रेस की एक और तजवीज़:ब्रिटिश सरकार द्वारा उसकी नामंजूरी:विन्स्टन चर्चिल

इन आठ सूबों में एक आदमी के निरंकुश शासन क़ायम होने के मानी चोटी के आदमियों की तब्दीली ही नहीं थी—जैसा मंत्रिमंडल के बदलने पर होता है। वह तो एक ऐसी तब्दीली थी, जिसका असर शुरू से आख़िर तक पूरी सरकारी मशीन पर, उसकी भावना, उसकी नीति और उसे काम करने के ढंग पर था। कार्यकारी और स्थायी सेवाओं पर से अब असेंबली की निगरानी हट गई और गवर्नर से लेकर नीचे के अदना-से-अदना आदमी तक सिविल सर्विस और पुलिसवालों का जनता की तरफ़ रुख़ बिलकुल बदल गया। यहां सिर्फ़ कांग्रेस के ताक़त में आने के पहले की-सी हालत ही नहीं लौटी; बल्कि हालत कहीं ज़्यादा बिगड़ गई। क़ानूनी हालत से तो हम उन्नीसवीं सदी की निरंकुश स्वेच्छाचारिता पर पहुंच गए थे। अमली तौर पर यह बहुत खलनेवाली चीज़ थी, क्योंकि पुराना आपसी भरोसा हट चुका था। सरकार के ब्रिटिश सदस्यों में लंबे अरसे से स्थापित निहित स्वार्थों के मिट जाने का डर

---

105. 1945 के शुरू में सरहदी विधान सभा की आख़िरकार बजट पर विचार करनेवाली बैठक बुलानी पड़ी। अविश्वास के प्रस्ताव से मंत्रिमंडल हटा दिया गया और उसने इस्तीफ़ा दे दिया। तब डाक्टर खानसाहब की सदारत में कांग्रेसी मंत्रिमंडल ने फिर पद ग्रहण किया।

और शक समाया हुआ था। कांग्रेसी सरकार के सवा दो साल बड़ी मुश्किल से बरदाश्त हुए थे। उन्हीं लोगों के हुक्म की तामील करना, जिन्हें थोड़ी-सी शिकायत पर भी जेल भेजा जा सकता था, कुछ खुशगवार नहीं मालूम हुआ। अब पुरने धागों को जोड़ने की ही इच्छा नहीं थी, बल्कि इन फ़िसादियों को मुनासिब जगहों पर पहुंचा देने की ख़्वाहिश थी। हर एक को, चाहे वह खेत का किसान हो, कारख़ाने का मज़दूर हो, कारीगर हो, दुकानदार हो, उद्योगपति हो, नौकरीपेशा हो, कॉलेज की नौजवान लड़की हो या लड़का हो, छोटी नौकरीवाला हो या कितनी ही ऊंची नौकरीवाला हिंदुस्तानी, जिसने जनता की सरकार के लिए जोश दिखाया हो, उसको यह जाना था कि ब्रिटिश राज्य अब भी क़ायम है और उसका उसे ख़याल रखना होगा। यही राज्य उनके निजी भविष्य को और उनके तरक़्क़ी के मौक़ों को तय करेगा, न कि ये थोड़े-से आदमी, जो कुछ वक़्त दखल देने को आ घुसे थे। जिन लोगों ने मंत्रियों के सेक्रेटरियों की हैसियत से काम किया था, वे अब मालिक थे। उनके और गवर्नर के बीच में अब कोई नहीं था और अब वे फिर पुराने साहबी ढंग से बात करने लगे; ज़िलाधीश फिर अपने हलक़ों के सर्वेसर्वा हो गए; पुलिस को अब फिर अपनी पुरानी हरकतें करने की आज़ादी थी, क्योंकि उसको भरोसा था कि उसकी ग़लती होने पर भी, उसके दुर्व्यवहार करने पर भी, ऊपर के अफ़सर उसकी मदद करेंगे और उसकी हिफ़ाज़त करेंगे। लड़ाई के कुहरे में तो हर एक चीज़ ढकी जा सकती थी।

कांग्रेसी सरकारों के बहुत-से नुक़्ताचीनों को भी इस नये ढर्रे को देख कर हैरत हुई। अब उनको इन कांग्रेसी सरकारों की खूबियां याद आने लगीं, और उन्होंने उनके इस्तीफ़े पर सख़्त नाराज़गी ज़ाहिर की। उनके मुताबिक कांग्रेसी सरकारों को आगे बढ़े चलना था, चाहे नतीजा कुछ भी होता। कुछ अजीब-सी बात तो है, लेकिन मुस्लिम लीग के मेंबर तक आशंकित थे।

जब ग़ैर-कांग्रेसियों और कांग्रेस-सरकार के आलोचकों में यह प्रतिक्रिया हुई, तो आसानी से अंदाज़ा हो सकता है कि कांग्रेसियों, उनसे हमदर्दी रखनेवालों और असेंबली के मेंबरों की क्या हालत हुई होगी। मंत्रियों ने अपने ओहदों से इस्तीफ़ा ज़रूर दिया था, लेकिन असेंबली की मेंबरी से नहीं, और न इन असेंबलियों के मेंबरों और स्पीकरों ने ही इस्तीफ़े दिये। फिर भी वे हटा दिये गए और उनकी कोई सुनवाई नहीं हुई। और न कोई नये चुनाव ही हुए। विशुद्ध संवैधानिक दृष्टिकोण से भी इसे बरदाश्त करना आसान नहीं था और किसी भी देश में इससे एक विकट संकट खड़ा हो सकता था। कांग्रेस-जैसा शक्तिशाली, अर्ध-क्रांतिकारी संगठन, जिसमें देश की राष्ट्रीय भावना की नुमाइंदगी होती थी, और जिसका आज़ादी की लड़ाई का एक अपना इतिहास था, चुप होकर इस एक आदमी के निरंकुश राज्य को मंजूर नहीं कर सकता था। जो कुछ हो रहा था, उसके लिए वह सिर्फ़ दर्शक ही नहीं रह सकता था, और ख़ासतौर से इसलिए कि यह सब उसी के ख़िलाफ़ था। और हिंदुस्तान में अंग्रेज़ी नीति तथा सार्वजनिक और असेंबली के कामों के इस तरह कुचले जाने के ख़िलाफ़ बार-बार ज़ोरदार कार्रवाई करने की मांग की गई।

ब्रिटिश सरकार ने अपने लड़ाई के मक़सद को साफ़ करने और हिंदुस्तान में आगे कोई कदम उठाने से इन्कार कर दिया। इसके बाद कांग्रेस कार्य समिति ने ऐलान किया-" (कांग्रेस की) इस मांग का जो जवाब मिला है, वह बिलकुल नाक़ाबिल इत्मीनान है और ब्रिटिश सरकार की तरफ़ से ग़लतफ़हमी पैदा करने की कोशिश की गई है, और साथ ही ख़ास नैतिक सवाल को धुंधला करने की कोशिश की गई है.. लड़ाई के मक़सद के बारे में और हिंदुस्तान की आज़ादी की बारे में कुछ न बताने की कोशिश के, जिसमें बेकार की बातों की आड़ ली गई हैं, समिति यही मानी लगाती है कि इस देश के और प्रतिक्रियावादी हिस्सों से मिलकर हिंदुस्तान में साम्राज्यवाद को क़ायम रखने की इच्छा बाक़ायदा बनी हुई है। कांग्रेस ने इस युद्ध-संकट और उस सिलसिले की सारी समस्याओं को तो एक नैतिक दृष्टिकोण से देखा है और उसने इस युद्ध-संकट से फ़ायदा उठाकर सौदा करने के ख़याल से कुछ नहीं सोचा। हिंदुस्तान की आज़ादी और लड़ाई के मक़सद के बारे में (जो नैतिक और बड़े सवाल हैं, उनका) पहले ठीक ढंग से फ़ैसला हो जाना ज़रूरी है। इसके बाद ही और दूसरी छोटी चीज़ों पर गौर किया जा सकता है। किसी भी हालत में कांग्रेस सरकारी इंतज़ाम की ज़िम्मेदारी के लिए मंज़ूर तबतक नहीं दे सकती, जबतक कि सच्ची ताक़त जनता के नुमाइंदों को न सौंप दी जाय। बिना इस ताक़त के वह थोड़े-से बीच के ज़माने के लिए भी ज़िम्मेदारी लेने के तैयार नहीं हैं।"

समिति ने आगे चलकर यह कहा कि ब्रिटिश सरकार के नाम पर किये हुए ऐलानों की वजह से ही कांग्रेस को मजबूर होकर ब्रिटिश-नीति से अलग होना पड़ा है, और उसके सहयोग का पहला क़दम यह था कि सूबों की कांग्रेसी सरकारों ने इस्तीफ़ा दिया। असहयोग की आम नीति जारी रही है और जबतक ब्रिटिश सरकार अपनी नीति नहीं बदलती, यह आगे भी जारी रहेगी। " लेकिन कार्यसमिति कांग्रेसियों को याद दिलायेगी कि हर सत्याग्रह में यह बात बुनियादी तौर पर शामिल है कि विपक्षी से सम्मानपूर्ण समझौता करने के लिए कोई कसर न बाक़ी रहे।... इसलिए कार्यसमिति सम्मानपूर्ण समझौते पर पहुंचने के लिए ज़रिया पाने की बराबर कोशिश करती रहेगी, हालांकि कांग्रेस की आंखों के सामने ही ब्रिटिश सरकार ने अपना दरवाज़ा बंद कर दिया है।"

देश के चारों तरफ़ फैली उत्तेजना को ध्यान में रखते हुए और इस संभावना को सोचकर कि नौजवान हिंसात्मक दंगे के तरीक़े को न अपना लें, समिति ने देश को अहिंसा की बुनियादी नीति की याद दिलाई और उसे तोड़ने के ख़िलाफ़ चेतावनी दी। अगर कोई सविनय अवज्ञा भी हो, तो उसके लिए भी यह ज़रूरी था कि वह पूरी तरह शांतिपूर्ण हो। इसके अलावा, "सत्याग्रह के मानी हैं सबके लिए शुभ-कामनाएं—और वह ख़ासतौर पर मुख़ालिफ़ों के लिए।" अहिंसा के इस ज़िक्र का लड़ाई से या हमले के वक़्त देश की रक्षा से कोई ताल्लुक नहीं था। उसका ब्रिटिश हुकूमत से हिंदुस्तान की आज़ादी पाने की हर कोशिश से ही ताल्लुक़ था।

ये वे महीने थे, जब यूरोप में लड़ाई, पोलैंड के कुचले जाने के बाद, एक ख़ामोशी की हालत में थी। उस वक़्त ऊपरी तौर पर शांति मालूम देती थी और हिंदुस्तान के आम लोगों के ख़याल से लड़ाई अभी काफ़ी दूर थी और ख़ासतौर से हिंदुस्तान के ब्रिटिश अफ़सरों की निगाह में भी शायद यही बात थी। हां, उन्हें सामान जुटाने, और उसे भेजने की फ़िक्र ज़रूर थी। हिंदुस्तान की कम्युनिस्ट पार्टी, उस वक़्त और बाद में भी, जब तक जून, 1941 में जर्मनी ने रूस पर हमला नहीं किया, बराबर इस बात के ख़िलाफ़ थी कि इंग्लैंड को लड़ाई में मदद दी जाय। उनकी संस्था ग़ैर-क़ानूनी क़रार कर दी गई थी। उनका असर बहुत थोड़ा था। जो कुछ असर था, वह कुछ नौजवान समूहों में था। लेकिन इस वजह से कि वे व्यापक भावना को उग्र शब्दों में व्यक्त करते थे, उन पर रोक लगा दी गई।

इसी दौरान में मरकज़ी और सूबों की असेंबलियों के लिए चुनाव करना आसान होता। लड़ाई की वजह से उसमें कोई रुकावट नहीं थी। ऐसे चुनाव से सारा वातावरण साफ़ हो जाता और देश की असली स्थिति सतह पर आ जाती। लेकिन ब्रिटिश अधिकारियों को इस असलियत का ही तो डर था, क्योंकि तब उनकी बहुत-सी झूठी दलीलें आगे नहीं चल पातीं। इन दलीलों में वे बराबर अलग-अलग संस्थाओं और पार्टियों के असर का ज़िक्र करते थे। लेकिन सभी चुनावों से बचने की कोशिश की गई। सूबों में एक आदमी की हुकूमत चलती रही। मरकज़ी असेंबली, जिसके मेंबर तीन साल के लिए बहुत सीमित निर्वाचक मंडल द्वारा चुने जाते हैं, दस साल से बराबर चल रही है। उस वक़्त भी, जब सन् 1939 में लड़ाई शुरू हुई थी, उसकी मियाद के दो बरस खत्म हो चुके थे। हर साल बाद उसकी एक साल की मियाद और बढ़ा दी जाती है। उसके मेंबर बूढ़े होते जाते हैं, उनकी इज़्ज़त बढ़ती जाती है, कभी-कभी उनमें से कोई मर भी जाता है और यह याद भी धुंधली होती जाती है कि चुनाव कभी हुए भी थे। चुनाव ब्रिटिश सरकार को पसंद नहीं हैं। उनसे ज़िंदगी का ढर्रा बिगड़ जाता है और आपस में लड़नेवाले मज़हबी फ़िरक़ों और सियासी पार्टियों के हिंदुस्तान की तस्वीर गंदी हो जाती है। बिना चुनाव के किसी आदमी या किसी समुदाय को, जिस पर इनायत करनी है, अहमियत देना बहुत ज़्यादा आसान है।

वैसे तो सारे देश में ही, लेकिन ख़ासतौर पर उन सूबों में, जहां एक आदमी का राज्य था, दिन-ब-दिन हालत में तनाव ज़्यादा बढ़ता गया। अपनी आम कारगुज़ारियों के लिए भी कांग्रेसियों को जेल भेजा गया। छोटे-छोटे अफ़सरों और पुलिस की नई ज्यादतियों से राहत पाने के लिए किसान ज़ोरों से आवाज़ उठा रहे थे। इन पुलिसवालों और छोटे अफ़सरों पर बड़ों की इनायत थी; वे लड़ाई के नाम पर हर तरह की वसूलयाबी कर रहे थे। इस हालत के ख़िलाफ कुछ कार्रवाई करने के लिए मांग लाज़िमी हो गई। और तब कांग्रेस ने मार्च, 1940 में बिहार सूबे की रामगढ़ नाम की जगह में मौलाना अबुल कलाम आज़ाद की सदारत में अपने सालाना जलसे में यह तय किया कि सिर्फ़ सविनय अवज्ञा आंदोलन ही अब अकेला रास्ता है। इतने पर भी कोई नया क़दम उठाने से बचने की कोशिश की और जनता से तैयारी करने के लिए कहा गया।

अंदरूनी संकट दिन-ब-दिन ज़्यादा गहरा होता जा रहा था, और यह महसूस हुआ कि संघर्ष टल नहीं सकेगा। लड़ाई के सिलसिले में एहतियात के लिए भारत-रक्षा- क़ानून पास हुआ था, और आम कारगुज़ारियों को कुचलने के लिए उसका चारों तरफ़ इस्तेमाल हो रहा था और बिना जुर्म लगाये ही लोग गिरफ़्तार कर जेल में ठूंसे जा रहे थे।

लड़ाई की हालत में अचानक तब्दीली से, जिसकी वजह से डेनमार्क और नार्वे पर हमला हुआ, और उसके कुछ ही बाद फ्रान्स की अचंभे में डालनेवाली हार हुई, लोगों पर काफ़ी गहरा असर हुआ। अलग-अलग लोगों में अलग-अलग प्रतिक्रियाएं हुईं, और यह क़ुदरती बात थी। लेकिन फिर भी फ्रान्स के लिए और डंकर्क और हवाई हमलों के बाद इंग्लैंड के लिए बड़ी भारी हमदर्दी की लहर आई। जिस वक़्त आज़ाद इंग्लैंड की हस्ती ही खतरे में थी, कांग्रेस, जो सविनय अवज्ञा के लिए बिलकुल तैयार थी, इस वक़्त किसी ऐसे आंदोलन की सोच भी नहीं सकती थी। हां, कुछ ऐसे भी आदमी थे, जिनके ख़याल में इंग्लिस्तान को मुश्किलों और उसके ख़तरे में हिंदुस्तान के लिए मौक़ा था। लेकिन कांग्रेस के नेता इस चीज़ के बिलकुल ख़िलाफ़ थे कि ऐसी हालत का, जिसमें खुद इंग्लिस्तान का भविष्य ख़तरे से भरा हुआ हो, फ़ायदा उठाया जाये और यह ख़याल उन्होंने खुले तौर पर ज़ाहिर किया। उस वक़्त के लिए सविनय अवज्ञा का विचार छोड़ दिया गया।

कांग्रेस की तरफ़ से एक और कोशिश की गई कि ब्रिटिश सरकार से समझौता हो जाये। पहली कोशिश में हिंदुस्तान में तब्दीली के अलावा लड़ाई के मक़सद और साथ ही कितनी ही दूसरी बड़ी-बड़ी बातों के बारे में ऐलान की मांग की गई थी। लेकिन इस बार प्रस्ताव छोटा और निश्चित था और उसमें सिर्फ़ हिंदुस्तान का ही ज़िक्र था। उसमें हिंदुस्तान की आज़ादी को मंज़ूर करने की मांग की गई और कहा गया कि केंद्र में एक क़ौमी सरकार क़ायम की जाय, जिसके मानी थे कि मुख्तलिफ़ पार्टियों का सहयोग हो। उस वक़्त ब्रिटिश पार्लमेंट द्वारा किसी नये क़ानून बनाये जाने की बात निगाह में नहीं थी। सुझाव यह था कि जो मौजूदा क़ानूनी ढांचा है, उसी में वाइसराय के ज़रिये क़ौमी सरकार बना ली जाये। जिन तब्दीलियों का ज़िक्र किया गया था, वे बड़ी तो ज़रूर थीं, लेकिन आपसी समझौते और ढंग से उनको ठोस शक़्ल दी जा सकती थी। क़ानूनी और संवैधानिक तब्दीलियों का बाद में होना ज़रूरी था, लेकिन वे कुछ वक़्त के लिए रुक सकती थीं, ताकि उन पर फ़ुरसत के मौक़े से और ज़्यादा सोच-विचार हो सके। लेकिन शर्त यह थी कि हिंदुस्तान की आज़ादी के हक़ को मंज़ूर कर लिया जाय। इस हालत में लड़ाई की तैयारियों में पूरी तरह साथ देने का भरोसा दिलाया गया।

इन प्रस्तावों ने, जिनकी शुरुआत श्री राजगोपालाचार्य ने की, कांग्रेस की अक्सर दुहराई गई मांगों को घटा दिया। उनकी यह मांग हमारी उस मांग से, जो बहुत अरसे से थी, बहुत कम थी। बिना किसी क़ानूनी परेशानी के इन चीज़ों को फ़ौरन ही अमली शक़्ल दी जा सकती थी। उनमें और दूसरे बड़े समुदायों और दलों से मिलकर चलने की। कोशिश थी क्योंकि

यह बात ज़ाहिर थी कि क़ौमी सरकार लाज़िमी तौर पर मिली-जुलीं सरकार होती। इतना ही नहीं, बल्कि उनमें ब्रिटिश सरकार की हिंदुस्तान में अनोखी स्थिति का भी ध्यान रखा गया था। वाइसराय बराबर बना रहता, लेकिन यह उम्मीद की गई थी कि क़ौमी सरकार के फ़ैसलों को वह अपने निषेध के अधिकार से रद्द नहीं करेगा। लेकिन सरकार के प्रमुख की हैसियत से उसकी मौजूदगी के लाज़िमी तौर पर ये मानी थे कि उसका सरकार से काफ़ी गहरा नाता होगा। लड़ाई का सारा ढांचा कमांडर-इन-चीफ़ के क़ब्ज़े में बना रहता, और मुल्की हुकूमत का जो जाल अंग्रेज़ों ने बिछाया था, वह भी बना रहता। असल में इस रद्दो-बदल का जो ख़ास असर होता, वह यह था कि शासन में एक नई भावना आती, एक नया नज़रिया क़ायम होता, एक नई ताक़त होती और लड़ाई की तैयारियों में और देश के सामने जो गंभीर समस्याएं थीं, उनको हल करने में जनता का सहयोग होता। यह रद्दो-बदल और साथ ही लड़ाई के बाद हिंदुस्तान की आज़ादी का निश्चित आश्वासन—इन सबसे हिंदुस्तान में एक ऐसी जहनियत बनती, जिसके सबब से लड़ाई में पूरी-पूरी मदद मिलती।

अपने पिछले ऐलानों और तजुरबों के बाद कांग्रेस के लिए इस तजवीज़ को रखना कोई आसान बात नहीं थी। ऐसा महसूस किया जाता था कि ऐसे घेरे में बनी हुई क़ौमी सरकार बेबस होगी और उसका कुछ असर नहीं होगा। कांग्रेसी हलकों में इस पर काफ़ी विरोध हुआ, और मैं खुद भी बड़ी मुश्किल से, बहुत सोच-विचार के बाद ही इसके लिए राज़ी हो सका। मैं इसके लिए ख़ासतौर पर ज़्यादा बड़े अंतर्राष्ट्रीय सवालों को सोच कर ही राज़ी हुआ, और मेरी इच्छा यह थी कि अगर सम्मानपूर्ण ढंग से यह मुमकिन हो, तो हमको फ़ासिस्तवाद और नात्सीवाद के ख़िलाफ़ लड़ाई में पूरी तरह शामिल हो जाना चाहिए।

लेकिन हमारे सामने एक और ज़्यादा बड़ी मुश्किल थी और वह थी गांधीजी का विरोध। उनका यह विरोध तो सिर्फ़ शांति और अहिंसा की वजह से था। लड़ाई में मदद देने के हमारे पिछले प्रस्तावों का उन्होंने विरोध नहीं किया था, लेकिन इसमें कोई शक नहीं कि उन्हें बहुत बेचैनी रही होगी। लड़ाई के ठीक शुरू में ही उन्होंने वाइसराय से कहा था कि कांग्रेस तो सिर्फ़ नैतिक सहायता दे सकती है; लेकिन कांग्रेस का यह रुख़ नहीं था, और यह बात बाद में कई बार साफ़ कर दी गई थी। अब तो उन्होंने निश्चित रूप से विरोध किया, जिससे कांग्रेस हिंसात्मक लड़ाई की तैयारियों में ज़िम्मेदारी लेने को तैयार न हो जाय। इस चीज़ पर उनके इतने कट्टर विचार थे कि उन्होंने अपने साथियों, यहांतक कि कांग्रेस-संगठन से भी अपना नाता तोड़ लिया। उनके साथ काम करनेवालों के लिए यह चोट बहुत तकलीफ़देह थी, क्योंकि आज की कांग्रेस तो उनकी ही बनाई हुई थी। फिर भी कांग्रेस-संगठन लड़ाई की हालत में भी उनके अहिंसा के सिद्धांत को लागू करने के लिए राज़ी नहीं हो सका और ब्रिटिश सरकार से समझौता करने की ख्वाहिश में वह इतना आगे बढ़ गया कि उसने अपने मान्य और प्रिय नेता तक से नाता तोड़ दिया।

देश की हालत और कई मानों में बिगड़ती जा रही थी। राजनीति के मैदान में तो यह

बात ज़ाहिर थी। आर्थिक मामले में भी, हालांकि कुछ किसान और कुछ मज़दूर पहले से कुछ बेहतर थे, ज़्यादातर लोगों को लड़ाई की वजह से धक्का पहुंचा था। जो लोग सचमुच लड़ाई से मालामाल हो रहे थे, वे थे लड़ाई के मुनाफा खोर, ठेकेदार और वे अफसर खासतौर पर ब्रिटिश अफसर, जो लड़ाई के काम में ऊंची-ऊंची तनख़्वाहों पर रखे गए थे। ज़ाहिर है, सरकार का यह ख़याल था कि लड़ाई की तैयारियों को पूरी तरह कर पाने के लिए ज़्यादा मुनाफ़ा पाने की नीयत से बहुत मदद मिलेगी और इसीलिए उसको मौक़ा दिया गया था। रिश्वतख़ोरी और रियायत का बाज़ार ख़ूब गरम था और उनपर कोई रुकावटें नहीं थीं। आम लोगों की तरफ़ से नुक़्ताचीनी का होना लड़ाई की तैयारियों के लिए नुक़सानदेह समझा गया और उसको सब-कुछ समेटनेवाले भारत-रक्षा-क़ानून की गिरफ़्त में ले लिया गया। यह एक मायूसी लानेवाली दृश्य था।

इन सब चीज़ों ने हमको एक बार ब्रिटिश सरकार से समझौता करने की फिर कोशिश करने के लिए उकसाया। कहांतक इसकी उम्मीद थी? कोई ख़ास उम्मीद नज़र नहीं आई। स्थायी सेवाओंवाले सभी सरकारी महक़मों को नियंत्रण और आलोचना से ऐसा छुटकारा मिला हुआ था, जैसा पिछली दो पीढ़ियों से नहीं मिला था। जिस आदमी को वे ठीक नहीं समझते, उसे अभियोग लगाकर या बिना अभियोग के ही जेल में बंद कर सकते थे। गवर्नरों का बड़े-बड़े सूबों पर क़ाबू था और उनके अधिकारों पर कोई रोक-टोक नहीं थी। वे किसी तब्दीली के लिए क्यों राज़ी होते, जबतक कि परिस्थितियां ही उनको उसके लिए मजबूर न कर देतीं? इस शाही ढांचे की चोटी पर वाइसराय लार्ड लिनलिथगो थे, जिनके चारों तरफ़ उनकी हैसियत के मुताबिक़ बनाव-सजाव और शान थी। उनका जिस्म बड़ा था, लेकिन दिमाग़ सुस्त था; उनका दिमाग़ चट्टान की तरह ठोस लेकिन उसी की तरह जड़ था; और उनमें पुराने ढंग के ब्रिटिश रईसों की सारी खूबियां और कमियां मौजूद थीं। उन्होंने ईमानदारी से पूरी तरह इस उलझन से निकलने की कोशिश की। लेकिन उनकी अपनी बहुत-सी कमियां थीं; उनका दिमाग़ पुराने ढर्रे पर ही चलता था और किसी नये ढर्रे से उन्हें झिझक थी; जिस शासक वर्ग के वह नुमाइंदे थे, उसकी परिपाटी से उनका नज़रिया महदूद था। जो कुछ वह देखते और सुनते थे, वह सिविल सर्विस की आंखों और कानों से, या उन लोगों की मदद से, जो उन्हें घेरे रहते थे। जो लोग बुनियादी राजनैतिक और सामाजिक परिवर्तन की सलाह देते थे, उन पर उन्हें भरोसा नहीं था; वह उन लोगों को नापसंद करते थे, जो ब्रिटिश साम्राज्य और हिंदुस्तान में उसके ख़ास नुमाइंदे के ऊंचे मक़सदों की पूरी-पूरी तरह इज़्ज़त नहीं करते थे।

उन संकट के दिनों में, जब पच्छिमी यूरोप में जर्मनी हवाई जहाज़ों से बम बरसा रहा था, इंग्लैंड में कुछ तब्दीली हुई। मि० नेविल चैंबरलेन हट गए थे, और कई लिहाज़ से यह एक चैन की बात थी। ज़ेटलैंड के लाट, जो उनकी शाही हुकूमत के एक ख़ास रत्न थे, अब भारत-सचिव के पद से हट गए। उनके हटने पर किसी को अफ़सोस नहीं हुआ। और अब उनकी जगह आये मि० एमरी, जिनकी बाबत हमें क़रीब-क़रीब कुछ भी नहीं मालूम था, लेकिन जो कुछ

पता था, उसके खास मानी थे। हाउस ऑव कामन्स में, चीन पर जापान के हमले की, उन्होंने ज़ोरों से हिमायत की थी। उनकी दलील यह थी कि जापान ने चीन में जो कुछ किया, अगर हम उसकी निंदा करें, तो हमको उसी तरह हिंदुस्तान और मिस्र में ब्रिटेन ने जो कुछ किया था, उसकी भी निंदा करनी पड़ेगी। यह एक ज़ोरदार दलील थी, जिसको तोड़-मरोड़कर एक ग़लत मक़सद के लिए इस्तेमाल किया गया था।

लेकिन वह शख़्स जिसकी सचमुच कुछ अहमियत थी, वह थे मि० विन्स्टन चर्चिल। वह ब्रिटेन के नये प्रधान मंत्री थे। हिंदुस्तान की आज़ादी के सिलसिले में उनके ख़याल बिलकुल निश्चित और स्पष्ट थे और कई बार दोहराये जा चुके थे। हिंदुस्तान की आज़ादी के वह कट्टर विरोधी थे, उसके लिए किसी तरह झुकने या समझौता करने के लिए तैयार नहीं थे। जनवरी, 1937 में उन्होंने कहा था-" कभी-न-कभी तुम्हें गांधी, कांग्रेस और उनके आदर्शों को कुचलना पड़ेगा।" उसी साल दिसंबर में उन्होंने कहा-"ब्रिटिश राष्ट्र का हिंदुस्तान की आज़ादी और प्रगति पर से अपना नियंत्रण हटाने का कोई इरादा नहीं है।...बादशाह के ताज के सबसे ज़्यादा क़ीमती और सबसे ज़्यादा चमकीले उस हीरे को फेंक देने का हमारा क़तई इरादा नहीं है, जो अकेला ही और सब डोमीनियनों और अधिकृत प्रदेशों के मुक़ाबले ब्रिटिश साम्राज्य की ताक़त और शान को क़ायम रखता है।"

बाद में उन्होंने समझाया कि 'डोमिनियन स्टेटस' नाम के उन जादू-भरे लफ़्ज़ों के, जो अक्सर हमसे कह गए थे, हिंदुस्तान के सिलसिले में क्या मानी थे। जनवरी, 1941 में उन्होंने कहा था—"हमने उसको (डोमिनियन स्टेटस को) हमेशा ही आख़िरी मक़सद माना है। लेकिन रस्मी तौर को छोड़कर, किसी ने यह नहीं सोचा कि हिंदुस्तान के नुमाइंदे लड़ाई के दौरान में कान्फ्रेंसों में किस तरह भाग लेंगे; और न यह सोचा कि हिंदुस्तान के लिए उसूलों और नीतियों को आगे चलकर कभी, कम-से-कम जहांतक हमें मुनासिब तौर पर नज़र आता है, कोई अमली शक़्ल दी जायेगी।" और फिर दिसंबर, 1941 में— " बहुत-से बड़े-बड़े सार्वजनिक नेताओं ने व्याख्यान दिये और उन लोगों में से मैं भी था, और मैंने भी डोमीनियन स्टेटस पर व्याख्यान दिया था; लेकिन मैंने यह कभी नहीं सोचा था कि हिंदुस्तान को आगे चलकर वही संवैधानिक अधिकार मिलेंगे, जो कनाडा को प्राप्त हैं... हिंदुस्तान में अपने साम्राज्य को छोड़ने के बाद इंग्लैंड एक बड़ी ताक़त नहीं रह पायेगा।"

यही तो विकट समस्या थी। हिंदुस्तान ही साम्राज्य था। उस पर अधिकार और उसके शोषण से ही इंग्लैंड को वह शान और ताक़त हासिल थी, जिसने उसे एक बड़ी ताक़त बना दिया। मि० चर्चिल किसी ऐसे इंग्लैंड की नहीं सोच सकते थे, जिसमें वह एक बड़े साम्राज्य का मालिक न हो और इस तरह वह एक आज़ाद हिंदुस्तान की सोच ही नहीं सकते थे। और डोमिनियन स्टेटस का, जो बहुत अरसे से हमारी पहुंच के अंदर बताया जाता था, अब राज खुला। वह तो एक शब्द-जाल था और महज़ एक रस्म पूरी करने के लिए था। वह हमारी आज़ादी और ताक़त से बहुत दूर था। अपने पूरे-पूरे मानी में भी जो कुछ डोमीनियन स्टेटस हो

सकता था, हमको तो वह मंजूर नहीं था। हम तो चाहते थे आज़ादी। मि० चर्चिल और हमारे बीच में सचमुच एक बहुत बड़ी खाई थी।

हमको उनके लफ़्ज याद आये, और हम जानते थे कि वह बहुत जिद्दी और न झुकनेवाले शख़्स हैं। उनकी नेतागिरी में हमको इंग्लैंड से बहुत कम उम्मीद हो सकती थी। हिम्मत और नेतागिरी की बहुत-सी खूबियों के होते हुए भी वह उन्नीसवीं सदी के साम्राज्यवादी, अनुदार, प्रगति-विरोधी इंग्लैंड के नुमाइंदे थे। ऐसा मालूम होता था कि नई दुनिया, उसकी जटिल समस्याएं, उसकी ताक़तों को समझ सकने में वह असमर्थ हैं-और उससे भी कम उस भविष्य को समझ सकते हैं, जो अब बन रहा था। फ्रांस के साथ एक संघ बनाने के उनके प्रस्ताव से (हालांकि वह प्रस्ताव एक ख़तरे के मौक़े पर किया गया था) एक दूरदर्शिता दिखाई देती थी और उसमें परिस्थितियों के अनुकूल होने के आसार दिखाई देते थे। उससे हिंदुस्तान पर काफ़ी असर हुआ। शायद जिस नये पद पर वह पहुंचे थे, उसने और उस पद की ज़िम्मेदारियों ने उनकी निगाह को फैला दिया था। शायद अब वह अपने पहले ख़यालों और अपनी पहली आदतों को पार कर आगे बढ़ गए थे। शायद लड़ाई की ज़रूरतें ही, जिनकी अब सबसे ज़्यादा अहमियत थी, उन्हें यह मंजूर करने के लिए मजबूर करें कि हिंदुस्तान की आज़ादी लाजिमी ही नहीं, बल्कि लड़ाई के लिहाज़ से भी ज़रूरी और मुनासिब है। मुझे याद आया कि जब अगस्त, 1939 में मैं चीन जा रहा था, तो एक दोस्त के ज़रिये उन्होंने इस युद्धग्रस्त देश के मेरे इस दौरे के लिए शुभ-कामनाएं भेजी थीं।

इसीलिए जब हमने अपने प्रस्ताव को पेश किया, तो हम उम्मीद से खाली नहीं थे। लेकिन हमें उम्मीद बहुत ज़्यादा भी नहीं थी। जल्दी ही ब्रिटिश सरकार का जवाब आया। उस जवाब में बिलकुल साफ़ इन्कार था, और यही नहीं, उसके लफ़्ज भी ऐसे थे कि हमको इतमीनान हो गया कि इंग्लैंड का हिंदुस्तान पर से अपनी ताक़त उठा लेने का कोई इरादा नहीं है। वह फूट बढ़ाने और हर मध्ययुगीन विचारधारावाले और प्रतिक्रियावादी तत्त्वों को मज़बूत बनाने पर तुला हुआ था। हिंदुस्तान में अपना साम्राज्यवादी क़ाबू छोड़ने से ज़्यादा बेहतर बात तो उसे यह लगती थी कि यहां आपसी लड़ाई शुरू हो जाये और हिंदुस्तान बरबाद हो जाये।

हालांकि हम इस तरह के बरताव के आदी हो गए थे, फिर भी हमें एक धक्का लगा, और नाउम्मीदी की भावना बढ़ी। मुझे याद है, मैंने उस वक़्त एक लेख लिखा था, जिसे मैंने शीर्षक दिया था 'अलग-अलग रास्ते।' बहुत अरसे से मैं हिंदुस्तान की आज़ादी का हामी था, क्योंकि मुझे पूरा यकीन था कि उसके बिना न तो हम सामूहिक रूप से पूरी तरह उन्नति ही कर सकते हैं और न हमारा इंग्लैंड से दोस्ताना रिश्ता या साथ ही हो सकता है। फिर भी मैंने इस दोस्ताना रिश्ते की उम्मीद की। अब अचानक ही मुझे यह महसूस हुआ कि जबतक इंग्लैंड पूरी तरह न बदले, हमारे लिए कोई एक रास्ता नहीं था। हमारे रास्ते बिलकुल अलग थे।

❒

5. व्यक्तिगत सविनय अवज्ञा

इस तरह आज़ादी के ख़याल के उस नशे की जगह, जिससे हमारी शक्तियों का स्रोत खुलता और हम एक क़ौमी उत्साह के साथ दुनिया के संघर्ष में कूदते, हमको उस आज़ादी की इन्कारी की तकलीफ़देह मायूसी का तजुरबा हुआ। यह इन्कारी घमंडभरी भाषा के साथ थी और ब्रिटिश राज्य और नीति की अपने मुंह तारीफ़ और उन शर्तों के साथ थी, जिनके पूरा होने पर ही हिंदुस्तान आज़ादी की मांग कर सकता था। वे ऐसी शर्तें थीं, जिनमें से कुछ का पूरा होना नामुमकिन था। यह ज़ाहिर हो गया कि यह सारी बात, इंग्लैंड में पार्लमेंट की बहस, चिकनी-चुपड़ी भाषा और शानदार ऐलान सिर्फ़ राजनैतिक चालें थीं, जिनसे असली नीयत पर परदा डाला जाता था। इस नीयत के लिहाज़ से जबतक मुमकिन हो सके, हिंदुस्तान पर साम्राज्यवादी क़ब्जा बनाये रखना था। हिंदुस्तान के सजीव शरीर में साम्राज्यवाद का पंजा गहरा गड़ाये रखना था। और यह नमूना था उस आज़ादी और लोकतंत्र का, जिसके लिए ब्रिटेन लड़ने का दाबा कर रहा था।

इसके अलावा एक और बात से ख़ास इशारा मिला। बरमा ने एक बहुत मामूली-सी मांग पेश की थी कि उसे यह आश्वासन दिया जाय कि लड़ाई के बाद उसे डोमीनियन स्टेटस दे दिया जायेगा। यह बात प्रशांत महासागर की लड़ाई शुरू होने से बहुत पहले की है, और किसी भी सूरत से इससे लड़ाई में किसी तरह का हर्ज़ नहीं होता था, क्योंकि लड़ाई के ख़त्म होने के बाद ही उसको अमली शक़्ल देनी थी। बरमा ने आज़ादी नहीं, सिर्फ़ डोमीनियन स्टेटस की मांग की थी। पर जो बात हिंदुस्तान के साथ हुई, वही वहां हुई। उससे बार-बार कहा गया था कि ब्रिटिश नीति का आख़िरी मक़सद डोमीनियन स्टेटस है। हिंदुस्तान के बर-अक्स वहां बहुत कुछ यकसांपन था और वे सब सच्ची और झूठी दलीलें, जो अंग्रेज़ों द्वारा हिंदुस्तान के सिलसिले में दी जाती थीं, वहां लागू ही नहीं होती थीं। 'डोमीनियन स्टेटस' एक सुदूर भविष्य में होता। वह एक धुंधला, महज़ दिमाग़ी नक़्शा था, जिसका ताल्लुक़ किसी दूसरी दुनिया से और किसी दूसरे युग से था। वह तो, जैसा मि० विन्स्टन चर्चिल ने जताया था, सिर्फ़ थोथी दिखावटी बात थी, जिसका वर्तमान या निकट भविष्य से कोई संबंध नहीं था। इसी तरह वे आपत्तियां, जो हिंदुस्तान की स्वाधीनता के विरुद्ध उठाई गई थीं, सिर्फ़ थोथी बातें ही थीं, जिनमें न कोई सचाई थी और न कोई मतलब ही था। जो सचाई थी, वह तो यह थी कि इंग्लैंड का हर मुमकिन ढंग से हिंदुस्तान को जकड़े रखने का पक्का इरादा है और दूसरी तरफ़, जैसे भी बन पड़े, इस बंधन को तोड़ने का हिंदुस्तान का पक्का इरादा है। इसके अलावा बाक़ी सब बातें गप्पें थीं या वक़ीली बातें थीं या कूटनीतिज्ञों की चालबाज़ियां थीं। इन दो कट्टर विरोधियों के झगड़े का क्या परिणाम होगा, यह तो सिर्फ़ भविष्य ही बता सकता था।

भविष्य ने फ़ौरन ही बरमा में ब्रिटिश नीति का नतीजा दिखाया। हिंदुस्तान में भी धीरे-

धीरे वह भविष्य खुलने लगा और उसके साथ झगड़ा, कड़वाहट और तकलीफ आई।

ब्रिटिश सरकार के असभ्य आघात के बाद हिंदुस्तान में जो कुछ हुआ, उसके लिए सिर्फ़ दर्शक बनकर, जिसके हाथ-पांव बंधे हों, रहना नामुमकिन हो गया। जब एक भयंकर लड़ाई के बीच उस सरकार का यह रुख़ था, तो इस संकट के टल जाने पर और लोकमत के दबाव के कम हो जाने पर क्या रुख़ होगा? दुनिया के करोड़ों आदमी आज़ादी के आदर्श में विश्वास करके ही तो उसके नाम पर बड़ी-बड़ी क़ुरबानी कर रहे थे: इस बीच में हमारे आदमियों को देश-भर में एक-एक करके, चुनकर जेलों में भेजा गया। हमारे मामूली काम-काजों में दखल दिया जाने लगा और उन पर पाबंदियां लगा दी गई। यहां यह बात याद रखने की है कि हिंदुस्तान में ब्रिटिश सरकार राष्ट्रीय और मज़दूर आंदोलनों से बराबर लड़ाई लड़ती रही है; वह सविनय अवज्ञा के शुरू होने का तो इंतज़ार ही नहीं करती। कभी-कभी उस लड़ाई की लपट बाहर आ गई है और उसमें सरकार ने सब मोर्चों पर चारों तरफ़ से हमला किया है, या वह कभी-कभी कुछ घट गई लेकिन हमेशा वह बनी ज़रूर रही है।[106] हां, प्रांतों में कांग्रेसी सरकारों की हुकूमत के छोटे-से अरसे में उसमें कुछ ख़ामोशी आ गई थी। लेकिन उनके इस्तीफ़े के बाद फ़ौरन ही यह फिर शुरू हो गई। स्थायी सेवाओंवालों को कांग्रेसियों और असेंबली के मेंबरों को गिरफ़्तार करने के लिए हुक्म देने या जेल भेजने में एक अजीब तरह की ख़ुशी होती थी।

अब सीधी कार्रवाई लाज़िमी हो गई, क्योंकि कभी-कभी नाकामयाबी काम न करने की वजह से ही होती है। वह कार्रवाई हमारी निश्चित नीति के मुताबिक, सविनय अवज्ञा की तरह ही हो सकती थी। लेकिन इस बात की सावधानी रखी गई कि जनता का उभार न हो और वह सविनय अवज्ञा कुछ चुने हुए व्यक्तियों तक ही सीमित कर दी गई। सामूहिक सविनय अवज्ञा के मुकाबले में यह तो वह चीज़ थी, जिसे व्यक्तिगत सविनय अवज्ञा कहा जा सकता था। यह दरअसल एक बड़े नैतिक विरोध की शक्ल में थी। राजनीतिज्ञ के नज़रिये से यह मुनासिब नहीं मालूम होता कि हम जान-बूझकर हुकूमत को पलट देने की कोशिश से बचें और उसके लिए यह आसान कर दें कि वह उत्पाद मचानेवालों को जेल भेज दें। इन्कलाब या झगड़ा करनेवाली राजनैतिक कार्रवाई का यह रवैया और कहीं नहीं रहा है।

106. लड़ाई के शुरू होने के पहले से ही बहुत-से आदमी बराबर जेल में रहे हैं। मेरे कुछ नौजवान साथियों के जेल में 15 बरस बीत चुके हैं, और वे अब भी वहीं हैं। जब उनको सजा दी गई थी, तो वे लड़के थे, शायद ही बीस बरस से ऊपर रहे हों। अब उनके बाल सफ़ेद पड़ने लगे हैं, और वे प्रौढ़ हो गए हैं। बार-बार यू०पी० की जेलों में पहुंचने की वजह से मुझे उनसे मिलने का मौक़ा मिला है। मैं जेल में पहुंचा, कुछ वक़्त रहा और फिर बाहर आ गया; लेकिन वे वहीं बने रहे हैं। हालांकि वे लोग यू०पी० के हैं, और कुछ सालों से यू०पी० में रह रहे हैं, लेकिन उन लोगों को सज़ा पंजाब में दी गई थी, और इसलिए पंजाब सरकार के हुक्म से यहां हैं। यू.पी. की कांग्रेसी सरकार ने उनको छोड़ने की सिफ़ारिश की, लेकिन पंजाब सरकार को यह बात मंजूर नहीं हुई।

लेकिन यह गांधीजी का ढंग था कि इन्क़लावी राजनीति को नैतिकता से मिला दिया जाये, और जब कभी ऐसा आंदोलन हुआ, वह लाज़िमी तौर पर उसके नेता हुए। यह दिखाने का उनका यह अपना ढंग था कि हालांकि हमारा मक़सद झगड़ा करने का नहीं है, फिर भी ब्रिटिश नीति के आगे हम सिर नहीं झुका सकते और इस सिलसिले में अपनी नाराज़ी और पक्का इरादा दिखाने के लिए हम अपने-आप तकलीफ़ों को गले लगायेंगे।

यह व्यक्तिगत सविनय अवज्ञा आंदोलन एक बहुत छोटे पैमाने पर शुरू हुआ। उसमें हिस्सा लेने से पहले हर सत्याग्रह करने की ख्वाहिश रखनेवाले को इजाज़त लेनी पड़ती थी और उसके लिए एक तरह का इम्तिहान पास करना पड़ता। जो छांटे जाते थे, वे किसी मामूली से क़ानून को तोड़ते थे, गिरफ़्तार होते थे और जेल भेज दिये जाते थे। जैसा हमारा तरीक़ा है, चोटी के आदमी सबसे पहले छांटे गए, यानी कांग्रेस-कार्यसमिति के अध्यक्ष, भूतपूर्व सरकारी मंत्री, असेंबली के मेंबर, कांग्रेस महासमिति के और प्रांतीय कांग्रेस कमेटी के मेंबर। धीरे-धीरे यह घेरा बढ़ता गया, यहांतक कि पच्चीस और तीस हज़ार के बीच में आदमी और औरतें जेलों में पहुंच गए। इन लोगों में सूबों की विधान सभाओं के, जिन्हें सरकार ने स्थगित कर दिया था, अध्यक्ष और बहुत-से मेंबर शामिल थे। इस तरह हमने यह बात जताई कि अगर हमारी चुनी हुई विधान-सभाओं के सदस्यों को काम नहीं करने दिया जाता, तो वे मनमाने राज्य के आगे सिर न झुकाकर जेल जाना पसंद करेंगे।

उन लोगों के अलावा, जिन्होंने महज़ नाम के लिए कोई आज्ञा शांतिपूर्वक तोड़ीं, और कई हजार आदमी व्याख्यान देने के नाम पर या और किसी वजह से गिरफ़्तार करके जेल भेज दिये गए, और बिना किसी जुर्म लगाये ही उनको रोक रखा गया। क़रीब-क़रीब शुरू में ही मैं भी गिरफ़्तार हुआ और एक व्याख्यान के लिए मुझे चार साल जेल की सज़ा हुई। अक्तूबर, 1940 से ये सब लोग एक साल से ऊपर जेलों में रहे। जो कुछ ख़बरें हमको मिल सकती थीं, उनकी मदद से हम लड़ाई का रुख़, हिंदुस्तान की और सारी दुनिया की घटनाओं को समझने की कोशिश करते रहे। हमने प्रेसीडेंट रूज़वेल्ट की चार आज़ादियों की बात पढ़ी, अटलांटिक चार्टर की बात सुनी और फिर कुछ ही वक़्त बाद मि० चर्चिल की यह शर्त जानी कि यह चार्टर हिंदुस्तान पर लागू नहीं होता।

जून, 1941 में सोवियत रूस पर हिटलर के अचानक हमले से हम लोग हिल गए, और इस चिंता और उत्सुकता के साथ लड़ाई की हालत में तेज़ी से होनेवाली तब्दीलियों पर आंख लगाये रहने लगे।

4 दिसंबर, 1941 को हममें से बहुत-से लोग छोड़ दिये गए। उसके तीन दिन बाद ही पर्ल हार्बर पर हमला हुआ और प्रशांत महासागर की लड़ाई शुरू हो गई।

❒

6. पर्ल हार्बर के बाद : गांधीजी और अहिंसा

जिस वक़्त हम जेल से बाहर आये, राष्ट्रवादियों का रुख़ तथा हिंदुस्तान और इंग्लैंड के झगड़े का सवाल ज्यों-का-त्यों था। जेल का लोगों पर तरह-तरह का असर होता है; कुछ कमज़ोर हो जाते हैं, या कुचले जाते हैं; कुछ दूसरे लोग पक्के हो जाते हैं, और अपनी धारणाओं के बारे में कट्टर हो जाते हैं। आमतौर पर पिछली बात ही होती है और उसका आम जनता पर बहुत असर होता है। हालांकि क़ौमी नज़रिये से हम जहां- के-तहां थे, फिर भी पर्ल हार्बर के बाद एक नया तनाव आया और उसमें एक दूसरा नज़रिया पैदा हुआ। इस तनाव के नये वातावरण में कार्य समिति की बैठक फ़ौरन ही हुई। उस वक़्त तक जापानी बहुत आगे नहीं बढ़ पाये थे। लेकिन जो कुछ बड़ा और सदमा देनेवाला विध्वंस हो चुका था, वही क्या कम था ! लड़ाई अब दूर की चीज़ नहीं थी, और वह हिंदुस्तान के ज़्यादा नज़दीक आने लगी और उस पर गहरा असर डालने लगी। इस ख़तरे की हालत में अपना-अपना पार्ट अदा करने की हर कांग्रेसी की ख़्वाहिश तेज़ हुई और इस नई हालत में जेल जाना एक बेकार-सी बात मालूम दी, लेकिन जबतक सम्मानपूर्ण सहयोग के लिए दरवाज़ा न खुले, हम कर ही क्या सकते थे? इस तरह के सहयोग के समय ही जनता में काम करने के लिए निश्चित प्रेरणा हो सकती थी। मंडराते हुए खतरे का डर काफ़ी नहीं था।

पिछले इतिहास और पिछली घटनाओं के बावजूद हम लड़ाई में साथ देने और ख़ासतौर से हिंदुस्तान की हिफ़ाजत करने के ख़्वाहिशमंद थे। लेकिन उसके लिए लाज़िमी शर्त यह थी कि सरकार क़ौमी हो। मुल्क के दूसरे हिस्सों के साथ मिलकर काम करने में हमें उससे मदद मिलती। वह सरकार जनता को यह महसूस करा देती कि यह कोशिश सचमुच क़ौमी है, न कि उन परदेशियों के हुक्म से, जिन्होंने हमें गुलाम बना रखा है। इस नज़रिये में कांग्रेसियों और उनके अलावा और बहुत-से आदमियों में कोई फ़र्क़ नहीं था, लेकिन अचानक एक बहुत बड़ा उसूली सवाल उठ खड़ा हुआ। दूसरे देशों से लड़ाई के वक़्त भी गांधीजी अहिंसा के बुनियादी उसूल को छोड़ने को तैयार नहीं थे। लड़ाई की निकटता ही उनके लिए एक चुनौती बन गई, और अब उनके विश्वास की जांच का मौक़ा था। अगर इस नाज़ुक घड़ी में वह फिसलते, तो उसके दो ही मानी हो सकते थे— या तो अहिंसा वह बुनियादी और व्यापक सिद्धांत और कार्य-प्रणाली ही नहीं, जिसे उन्होंने समझा रखा है, और या उसे छोड़ने या उससे समझौता करने में वह ग़लती कर रहे हैं। अपने ज़िंदगी-भर के विश्वासों को वह छोड़ नहीं सकते थे। उनकी बुनियाद पर ही उन्होंने सारे कामकाज किये थे। उन्हें ऐसा मालूम हुआ कि उनको अहिंसा के नीतिओं और उसकी परेशानियों का सामना करने को तैयार होना चाहिए।

एक इसी ढंग की मुश्किल और ऐसा ही झगड़ा पहली बार उस वक़्त उठा था, जब 1938 में म्यूनिख-संकट के साथ लड़ाई के आने के आसार दिखाई दिये थे। मैं उस वक़्त

यूरोप में था और बहस के वक़्त मौजूद नहीं था। लेकिन संकट के टलने और लड़ाई के मुल्तवी होने के साथ ही यह मुश्किल भी हट गई। जब सितंबर, 1939 में लड़ाई शुरू हुई, तो न तो कोई ऐसा सवाल ही उठा और न उस पर बहस हुई। यह तो 1940 की गरमियों के आख़िर की बात है कि गांधीजी ने फिर इस बात को स्पष्ट किया कि वह हिंसात्मक लड़ाई में साथ नहीं दे सकते और वह कांग्रेस को भी यही सलाह देना चाहेंगे कि उस सिलसिले में उसका भी यही रुख़ हो। वह नैतिक और हर दूसरे ढंग की मदद के लिए राजी थे, लेकिन हिंसात्मक, हथियारबंद लड़ाई में खुद शामिल होने के लिए वह तैयार नहीं थे। वह चाहते थे कि कांग्रेस आज़ाद हिंदुस्तान में भी अहिंसा बनाये रखने का अपना ऐलान करे। हां, उन्हें यह मालूम था कि देश में, यहांतक कि खुद कांग्रेस में भी, ऐसे लोग हैं, जिनका अहिंसा में भी इतना विश्वास नहीं है। वह इस बात को अनुभव करते थे कि जब आज़ाद हिंदुस्तान में फ़ौजी, समुद्री और हवाई ताक़त का सवाल उठेगा, या जब प्रतिरक्षा का सवाल होगा, तो उसकी सरकार अहिंसा को एक तरफ़ हटा देगी। लेकिन वह चाहते थे कि अगर मुमकिन हो सके, तो कम-से-कम कांग्रेस तो अहिंसा के झंडे को ऊंचा उठाये रखे, और इस तरह आदमियों को सिखाये और उनके ऐसे विचार बनाये कि वे दिन-ब-दिन ज़्यादा शांतिपूर्ण उपायों को सोचें। हथियारबंद हिंदुस्तान का ध्यान करके वह सहम जाते थे। वह उस हिंदुस्तान का सपना देखते थे, जो अहिंसा का नमूना और प्रतीक होगा और जो अपनी मिसाल से बाक़ी दुनिया को लड़ाई और हिंसा से ऊपर उठा देगा। अगर पूरे हिंदुस्तान ने इस विचार को नहीं अपनाया, तो कम-से-कम इस परख के मौक़े पर कांग्रेस को उसे छोड़ नहीं देना चाहिए।

बहुत अरसे पहले, कांग्रेस ने अहिंसा के उसूल और अमल को अपनाया था कि उससे अपनी आज़ादी की लड़ाई लड़ी जायेगी और क़ौम के एके को बनाये रखा जायेगा। किसी वक़्त भी वह इस हद से आगे नहीं बढ़ी थी और उसे बाहर के हमले या अंदरूनी अराजकता के लिए कभी लागू नहीं किया था। सच तो यह है कि हिंदुस्तानी फ़ौज के मामलों में उसने बहुत दिलचस्पी ली थी और अक्सर यह मांग की थी कि उसमें अफ़सरों की जगहें भारतीयों को ही दी जायें। केंद्रीय असेंबली की कांग्रेस पार्टी ने अक्सर इस मामले में तजवीज़ पेश की थी या उस पर बहस के मौक़ों में हिस्सा लिया था। 1920-30 के बीच में पार्टी के नेता की हैसियत से, मेरे पिताजी ने स्कीन कमेटी की मेंबरी को मंजूर किया। इस कमेटी को हिंदुस्तानी फ़ौज के पुनर्संगठन और भारतीयकरण पर विचार करने के लिए बनाया गया था। उन्होंने वाद में इससे इस्तीफ़ा दिया। लेकिन उसकी वजह राजनैतिक थी और उसका अहिंसा से कोई ताल्लुक नहीं थी। 1937-38 में सूबों की सरकारों से सलाह लेकर कांग्रेस पार्टी ने केंद्रीय असेंबली में एक प्रस्ताव रखा। इसमें हिंदुस्तानी फ़ौज को बढ़ाने, उसको ज़्यादा-से-ज़्यादा वैज्ञानिक ईजादों का फ़ायदा उठाकर हथियारबंद बनाने और उसकी न के बराबर हवाई और समुद्री ताक़त को बढ़ाने और जल्दी से जल्दी ब्रिटिश फ़ौजों की जगह हिंदुस्तानी फ़ौजों को रखने की बाबत कहा गया था। चूंकि हिंदुस्तान में ब्रिटिश फ़ौजियों पर हिंदुस्तानी फ़ौजियों

के मुक़ाबले में चौगुना खर्च था, इसलिए ऊपर के प्रस्ताव को अमल में लाने के लिए किसी बाहरी खर्च की ज़रूरत न होती। म्यूनिख के संकट के दौरान में फिर हवाई ताक़त को बढ़ाने की अहमियत बताई गई, लेकिन सरकारी जवाब में कहा गया कि विशेषज्ञों की इस मामले में अलग-अलग रायें थीं। 1940 में कांग्रेस पार्टी ने ख़ासतौर पर केंद्रीय असेंबली की कार्रवाईयों में हिस्सा लिया और ऊपर की मांगों पर फिर दुहराया और बताया कि हिंदुस्तान की हिफ़ाज़त के लिए इंतज़ाम करने में सरकार और फ़ौजी महकमे कितने निकम्मे हैं।

जहांतक मुझे याद पड़ता है, फ़ौज, समुद्री और हवाई ताक़त के सवाल पर, या पुलिस के सवाल पर भी अहिंसा को ध्यान में रखते हुए कभी भी नहीं सोचा गया। यह बात तो मानी हुई थी कि वह तो सिर्फ़ हमारी आज़ादी की लड़ाई के दायरे में ही लागू थी। यह सच है कि हमारे सोच-विचार करने के ढंग पर उसका काफ़ी असर था और इसी वजह से कांग्रेस दुनिया-भर के निशस्त्रीकरण की ज़ोरों से हामी करती थी और चाहती थी कि राष्ट्रीय और अंतर्राष्ट्रीय झगड़ों का शांतिपूर्वक हल किया जाय।

जिस वक़्त सूबों में कांग्रेसी सरकारें काम कर रही थीं, उस वक़्त उनमें से ज़्यादातर यूनिवर्सिटियों और कालेजों में फ़ौजी शिक्षा को प्रोत्साहन देने के लिए ख़्वाहिशमंद थीं। इस मामले में भारत-सरकार ने अड़चनें डालीं; उसने इस चीज़ को नामंजूर किया।

इसमें शक नहीं कि गांधीजी इस बहाव को पसंद नहीं करते थे, लेकिन उन्होंने कोई दखल नहीं दिया। उनको तो दंगे दबाने के लिए भी हथियारबंद पुलिस का इस्तेमाल पसंद न था और उस सिलसिले में उन्होंने अपनी परेशानी ज़ाहिर की। लेकिन मुक़ाबले में कम बुरी बात समझकर उन्होंने उसे बरदाश्त किया और उम्मीद ज़ाहिर की कि उनकी सीख धीरे-धीरे हिंदुस्तान में अपनी जड़ जमा लेगी। कांग्रेस के ऐसे झुकाव को नापसंद करने की ही वजह से उन्होंने 1934 में कांग्रेस की सदस्यता से भी नाता तोड़ लिया, हालांकि इसके बाद भी वह कांग्रेस के सलाहकार और उसके निर्विवाद अगुआ बने रहे। हम सबके लिए यह एक अजीब-सी, एक असंतोष की स्थिति थी, लेकिन शायद इससे उन्होंने यह महसूस किया कि निजी तौर पर कांग्रेस के विभिन्न फ़ैसलों के लिए वह ज़िम्मेदार नहीं थे—उन फ़ैसलों के लिए —जो उनके उसूल और उनके ख़यालों से मेल नहीं खाते थे। उनके दिल में बराबर एक द्वंद्व चलता रहा है। हमारी राष्ट्रीय राजनीति भी हिंदुस्तान तक सीमित नहीं रही, बल्कि वह दुनिया के लिए, सारे मानव-समाज के लिए रही है। उसके सामने गांधीजी के दो स्वरूप रहे हैं; एक राष्ट्रीय नेता का रूप और दूसरा दुनिया को संदेश देनेवाले का रूप। इसीलिए यहां क़ौमी राजनीति में भी एक द्वंद्व चलता रहा है। पूर्ण सत्य के अक्षरश: पालन में और जीवन में उसके व्यवहार में मेल करना कभी भी आसान नहीं है और वह भी ख़ासतौर पर राजनैतिक जीवन में। आमतौर पर लोगों को इस बारे में कोई परेशानी नहीं होती। अगर सत्य कुछ थोड़ा-बहुत हो भी, तो उसे वे दिमाग़ के एक कोने में रख देते हैं, और रास्ता अख्तियार करते हैं, जिससे कामयाबी हासिल हो सके। राजनीति में तो यह आम रवैया है। उसकी वजह सिर्फ़

यही नहीं है कि बदक़िस्मती से राजनीतिज्ञ एक अजीब क़िस्म के मौक़ापरस्त होते हैं, बल्कि इसलिए कि वे सिर्फ़ जाती तौर पर कुछ नहीं कर सकते। उनको दूसरों से काम लेना होता है, इसलिए उन्हें दूसरों की कमियों और उनकी सचाई को समझ सकने की ताक़त का ख़याल रखना पड़ता है। इसकी वजह से उन्हें थोड़ा-सा सत्य छोड़कर भी समझौता करना पड़ता है। और परिस्थिति के अनुकूल बनना पड़ता है। यह चीज़ लाज़िमी हो जाती है, लेकिन उसके साथ हमेशा ख़तरा मिला रहता है। सत्य को छोड़ सकने की बात बढ़ती जाती है और आगे चलकर सिर्फ़ कामयाबी ही अकेली कसौटी रह जाती है।

कुछ उसूलों में चट्टान-जैसा दृढ़ विश्वास होते हुए भी गांधीजी में दूसरे आदमियों के या बदलती हालतों के अनुकूल होने की, उनकी खासतौर से आम जनता की ताक़त और कमज़ोरियों का ख़याल रखने की, और यह देख पाने की कि उनके सत्य में वह जनता कितना साथ देगी, एक बहुत बड़ी सामर्थ्य है। लेकिन समय-समय पर वह सावधान हो जाते हैं, मानो उन्हें यह डर हुआ हो कि समझौते में वह ज़रूरत से ज़्यादा आगे निगल गए हैं, और फिर वह अपनी जगह वापस आ जाते हैं। काम के बीच में भी वह जनता के दिमाग़ से सुर को पहचान सकते हैं, उसकी उचित प्रतिक्रिया उनमें होती है और इस तरह कुछ हदतक उसके अनुकूल हो सकते हैं, और अमली बातों से दूर मालूम होते हैं। उनके कामों और उनके लेखों में भी वही फ़र्क़ दिखाई पड़ता है। इससे उनके अपनी आदमी भी उलझन में पड़ जाते हैं। यह उलझन उन लोगों के लिए और भी ज़्यादा होती है, जो बाहर के हैं और हिंदुस्तान की पृष्ठभूमि को नहीं समझते।

एक अकेला आदमी एक क़ौम के विचारों को और उसके आदर्शों को कितना बदल सकता है, यह कहना मुश्किल है। इतिहास में कुछ लोगों ने बहुत ज़ोरदार असर डाला है, लेकिन यह हो सकता है कि जो कुछ उन्होंने कहा, वह यहां पहले से मौजूद था, या हो सकता है कि उन्होंने इस युग के धुंधले विचारों को स्पष्ट और निश्चित रूप में रख दिया। वर्तमान युग में हिंदुस्तान के दिमाग़ पर गांधीजी का बहुत बड़ा असर हुआ है; किस शक़्ल में और कबतक यह असर रहेगा, यह तो भविष्य ही बता सकता है। यह असर उन लोगों तक ही सीमित नहीं है, जो उनसे सहमत हैं या उनको क़ौमी का नेता मानते हैं। यह असर तो उन लोगों में भी फैला हुआ है, जो उनसे मतभेद रखते हैं और उनकी नुक़्ताचीनी करते हैं। हिंदुस्तान में बहुत कम लोग ही उनकी अहिंसा के उसूल या उनकी आर्थिक विचारधारा से पूरी तरह सहमत हैं, लेकिन किसी-न-किसी शक़्ल में ज़्यादातर लोगों पर उनका असर ज़रूर है। आमतौर पर धार्मिक भाषा में बोलते हुए उन्होंने रोज़मर्रा की ज़िंदगी के सवालों और राजनैतिक सवालों पर नैतिक ढंग से सोचने के लिए ज़ोर दिया है। धार्मिक पृष्ठभूमि का उन पर असर ख़ासतौर पर हुआ, जिनका इस तरफ़ झुकाव था; लेकिन नैतिक ढंग का असर और लोगों पर भी हुआ। बहुत-से लोगों के कामों में नैतिकता का दर्जा ऊंचा उठ गया है और उससे भी ज़्यादा लोग उसे निगाह में रखते हुए सोच-विचार करते हैं और उन ख़यालों

का अपने-आप ही, काम में और व्यवहार में कुछ-न-कुछ असर होता है। राजनीति सिर्फ़ मौक़ापरस्ती और कामयाबी ही नहीं रह जाती, जैसी वह आमतौर पर सब जगह रही है। और हर काम और ख़याल के पहले एक नैतिक द्वंद्व रहता है। कामयाबी या जल्दी से सफलता पाने की बात कभी भी भुलाई नहीं जा सकती, लेकिन दूर की और चारों तरफ़ की बातों को ध्यान में रखकर उसमें मुलायमियत ज़रूर आ जाती है।

इन अलग-अलग दिशाओं में गांधीजी का असर समा गया है और उसकी छाप मौजूद है। लेकिन यह अहिंसा का उसूल या आर्थिक विचार-धारा की वज़ह नहीं है कि वह हिंदुस्तान के सबसे बड़े और प्रमुख नेता हो गए हैं। हिंदुस्तान की बहुत बड़ी आबादी के लिए वह हिंदुस्तान के आज़ाद होने के पक्के इरादे के, उसकी प्रबल राष्ट्रीयता के, अक्खड़पन के आगे सिर न झुकाने के, और राष्ट्रीय अपमान से मिली हुई किसी चीज़ के लिए राज़ी न होने के प्रतीक हैं। सैकड़ों मामलों में बहुत से लोग उनसे सहमत न हों, वे उनकी आलोचना करें और किसी ख़ास सवाल पर उनसे अलग हो जायें, लेकिन जब लड़ाई का वक़्त आता है और जब हिंदुस्तान की आज़ादी का दांव लगा होता है, तो लोग उनके पास दौड़कर आते हैं और उन्हें अपना ऐसा नेता मानते हैं, जिसके बिना कुछ हो ही नहीं सकता।

जब 1940 में लड़ाई और आज़ाद हिंदुस्तान के सिलसिले में गांधीजी ने अहिंसा का सवाल उठाया, तो कांग्रेस-कार्यसमिति ने झिझक छोड़कर बहस की। समिति ने यह साफ़ कर दिया कि वह उनके साथ उस हद तक जाने में असमर्थ है, और न समिति बाहरी मामलों में इस उसूल को लागू करने के लिए हिंदुस्तान को या कांग्रेस को बांध सकती है। इस सवाल पर खुले और निश्चित रूप में उनसे नाता टूट गया। दो महीने बाद और ज़्यादा बहस का नतीजा यह हुआ कि दोनों को मान्य एक नीति निकल आई और वह कांग्रेसी- महासमिति के प्रस्ताव में पास हो गई। उस नीति में गांधीजी का रुख़ पूरी तरह से नहीं आया था। उसमें तो सिर्फ़ उतनी ही बात थी, जिसको गांधीजी ने कांग्रेस को आगे बढ़ने देने के लिए आधे मन से मंजूर कर लिया था। उस वक़्त ब्रिटिश सरकार ने राष्ट्रीय सरकार की बुनियाद पर कांग्रेस के लड़ाई में साथ देने के सबसे ताज़े प्रस्ताव को ठुकरा दिया था। किसी-न-किसी ढंग की लड़ाई नज़दीक आती जा रही थी और वह लाज़िमी हो गई थी। गांधीजी और कांग्रेस, दोनों एक-दूसरे की तरफ़ देख रहे थे, और उनकी बराबर यह ख्वाहिश थी कि उनके बीच की अड़चन को दूर करने का कोई रास्ता निकल आये। इस आपसी समझौते में लड़ाई का कोई ज़िक्र नहीं था, क्योंकि लड़ाई में साथ देने के हमारे प्रस्ताव को हाल ही में पूरी तरह ठुकरा दिया गया था। उसमें अहिंसा के सिलसिले में कांग्रेस के विचारों की बाबत ज़िक्र था और उसमें पहली बार यह कहा गया था कि भविष्य में आज़ाद हिंदुस्तान के बाहरी मामलों में उसे किस तरह लागू करना होगा। नीचे उस प्रस्ताव का एक हिस्सा दिया जाता है :

अखिल भारतीय कांग्रेस कमेटी अहिंसा की नीति और अमल में पूरी तरह विश्वास करती है, आज़ादी की लड़ाई में ही नहीं, बल्कि जहांतक मुमकिन हो, आज़ाद हिंदुस्तान

के मामलों में भी। कमेटी को पक्का इत्मीनान है और हाल की दुनिया की घटनाओं ने यह बात साफ़ कर दी है कि दुनिया भर का निशस्त्रीकरण ज़रूरी है। और साथ ही अगर दुनिया को अपने-आपको बरबाद होने से बचाना है और फिर जहालत की हालत को नहीं पहुंचना है, तो यह भी ज़रूरी है कि एक नया, इन्साफ़ पसंद राजनैतिक और अर्थिक ढांचा सारी दुनिया-भर के लिए क़ायम हो। इसलिए आज़ाद हिंदुस्तान दुनिया-भर के निशशस्त्रीकरण की हिमायत में अपना पूरा जोर लगायेगा और दुनिया से इस दिशा में बढ़ाने के लिए उसे सबसे पहले आगे बढ़ने को तैयार रहना चाहिए। लाज़िमी बात है कि आगे क़दम उठाना बाहरी बातों और अंदरूनी हालतों पर निर्भर होगा, लेकिन सरकार इस निशशस्त्रीकरण की नीति को अमल में लाने के लिए भरसक कोशिश करेगी। सफल निशशस्त्रीकरण और दुनिया में शांति की स्थापना के लिए क़ौमी लड़ाइयां ख़त्म करनी होंगी और उसके लिए असली ज़रूरत इस बात की है कि लड़ाई की जड़ और झगड़ों के कारण हट जायें। एक मुल्क या एक समुदाय पर दूसरे मुल्क या दूसरे समुदाय का क़ब्जा और शोषण ख़त्म करके इन कारणों को जड़ से उखाड़ फेंकना चाहिए। उस उद्देश्य के लिए हिंदुस्तान शांतिपूर्वक काम करेगा और इसी चीज़ को ध्यान में रखते हुए हिंदुस्तान की जनता स्वतंत्र और स्वावलंबी होना चाहती है। दुनिया की शांति और तरक़्क़ी के लिए आज़ाद राष्ट्रों के संघ के अंदर और देशों से मिल-जुलकर काम करने के लिए पहले ऐसी आज़ादी का होना ज़रूरी है।" इस ऐलान से यह ज़ाहिर है कि कांग्रेस ने शांतिपूर्ण काम और निशशस्त्रीकरण की ज़ोर से हिमायत करते हुए कई ज़रूरी बातों और शर्तों पर भी ज़ोर दिया था।

कांग्रेस का अंदरूनी संकट 1940 में हल हो गया। उसके बाद हममें से बहुत-से लोगों के लिए एक साल जेल का आया। 1941 के दिसंबर में फिर वह संकट खड़ा हो गया, जब गांधीजी ने पूरी अहिंसा के लिए जोर दिया। फिर फूट हुई और खुला मतभेद हुआ और कांग्रेस-सभापति मौलाना अबुल कलाम आज़ाद और दूसरे लोग गांधीजी के नज़रिये को स्वीकार नहीं कर सके। यह बात साफ़ हो गई कि कुल मिलाकर कांग्रेस और खुद गांधीजी के कुछ विश्वास पात्र अनुयायी भी इस मामले में गांधीजी से इत्तिफ़ाक न करते थे। परिस्थितियों के बहाव और घटनाओं के तेज तांते ने हम सब पर (गांधीजी भी हम सबमें शामिल थे) असर डाला, और वह (गांधीजी) कांग्रेस पर अपने नज़रिये के लिए ज़ोर देने में बचते रहे। अगरचे उन्होंने कांग्रेस के मत को पूरी तरह क़ुबूल नहीं किया था, गांधीजी ने इस सवाल को कांग्रेस में और किसी दूसरे मौक़े पर नहीं उठाया। बाद में, जब अपनी तजवीज़ों को लेकर सर स्टैफ़र्ड क्रिप्स आये, अहिंसा का कोई सवाल ही नहीं था। उनके प्रस्ताव तो सिर्फ़ राजनैतिक नज़रिये से देखे गए। बाद के महीनों में, धीरे-धीरे अगस्त, 1942 तक गांधीजी की राष्ट्रीय भावनाओं और स्वतंत्रता की तीव्र इच्छा ने गांधीजी से यह भी मंजूर करा लिया कि अगर हिंदुस्तान को आज़ाद देश की तरह काम करने की हैसियत हो, तो कांग्रेस लड़ाई में शामिल हो सकती है। उनके लिए एक बहुत बड़ा आश्चर्यजनक परिवर्तन थी, जिसमें मानसिक पीड़ा

था, और एक आत्मिक कराह थी। एक तरफ़ अहिंसा का सिद्धांत था, जो उनकी रग-रग में समाया हुआ था और ज़िंदगी में जिसे वह पकड़े हुए थे, और दूसरी तरफ़ हिंदुस्तान की आज़ादी थी, जो उनकी प्रबल और प्रमुख कामना थी। इन दोनों की आपसी खींचा-तानी में लड़ा आज़ादी की तरफ़ झुक गया। इसके मानी ये नहीं हैं कि अहिंसा में उनकी निष्ठा कम हो गई। लेकिन इसके मानी ये ज़रूर थे कि वह इस बात के लिए तैयार हो गए कि कांग्रेस उसे इस लड़ाई में लागू न करे। यथार्थवादी राजनीतिज्ञ ने कट्टर पैगंबर पर जीत हासिल की।

गांधीजी के मन में जब-तब होनेवाली इस कशमकश को मैंने देखा है, और उस पर सोचने की कोशिश की है। उसमें बहुत-से आपस में अंतर्विरोध दिखाई देते हैं। मुझ पर और मेरे काम पर उसका गहरा असर पड़ा है। और तब मुझे लिडेल हार्ट की एक किताब का उद्धरण याद आया है-" जहां एक दिमाग़ का दूसरे दिमाग़ पर असर डालने का मौक़ा होता है, वहां घुमा-फिराकर हल पेश करने का ख़याल बरबस आता है, और इन्सान के इतिहास में यह एक बहुत बड़ा असर रखनेवाली बात है। लेकिन इसका एक दूसरे ख़याल से मेल बिठाना मुश्किल हो जाता है, और वह यह कि सही नतीजे उसी वक़्त मुमकिन हैं, जब सत्य की तलाश नतीजों की तरफ़ से लापरवाह होकर की जाये।

"इन्सान की तरक़्क़ी के लिए जो बड़े-बड़े काम पैगंबरों ने किये हैं, इतिहास उनका गवाह है। यह गवाही असली व अमली अहमियत रखती है, जिसमें सत्य को बिना झिझक सामने रखा गया है। फिर भी यह बात बिलकुल साफ हो जाती है कि उस दिमाग़ी नक़्शे को मानने और फैलाने का काम एक दूसरी किस्म के लोगों पर निर्भर रहा है, जिनको नेता कहा जाता है। इनको दार्शनिक होते हुए अपनी लड़ाई लड़नी थी। इनको आदमी की ग्राह्य शक्ति और सत्य दोनों का ध्यान रखते हुए सफलता पानी थी। अक्सर उसका असर उनकी सत्य को देख पाने की अपनी कमियों और उस सत्य का प्रचार करनेवाली व्यवहार-बुद्धि पर निर्भर होता था।

'पैगंबरों पर पत्थर फेंके जाने चाहिए; उनकी क़िस्मत में यही लिखा है, और उनकी निजी तरक़्क़ी की यही कसौटी है। लेकिन अगर किसी नेता पर पत्थर पड़ें, तो उससे सिर्फ़ यही साबित होता है कि वह अक़्ल की कमी से, अपने काम को पैगंबरों से उलझा लेने की वजह से, नाकामयाब रहा है। यह तो वक़्त ही बता सकता है कि ऐसी क़ुरबानी के असर से वह ज़ाहिरा नाकामयाबी से आज़ाद हो जाता है। यह नाकामयाबी उसकी एक नेता की हैसियत से है, नहीं तो एक आदमी के नाते तो उसकी इज़्ज़त ही हुई है। कम-से-कम नेताओं की आम ग़लती से वह बचता है, यानी उस ग़लती से, जिसमें मक़सद को आखिर में कोई फ़ायदा पहुंचाये बिना ही सत्य को उसी वक़्त की कामयाबी के लिए क़ुरबान कर दिया जाता है, क्योंकि मसलहत के लिए जो सत्य को आदतन कुचलता है, उसके विचार-गर्भ से एक विकृत पदार्थ का सृजन होगा।

क्या कोई ऐसा अमली रास्ता है, जिससे सत्य को पाने और उसके मानने में मेल हो

सके? और उसूलों पर सोच-विचार करने से समस्या का हल दिखाई पड़ता है। यह उसूल इस बात के महत्त्व का इशारा करता है कि मक़सद को बराबर एक सिलसिले में रखा जाये और उसके लिए कोशिश करते हुए परिस्थितियों के अनुकूल रखा जाये। सत्य का विरोध होना लाज़िमी है, और ख़ासतौर पर उस वक़्त, जब वह एक नये ख़याल की शक़्ल में आता है। लेकिन इस ख़िलाफ़त की तेज़ी कम की जा सकती है—मक़सद पर ध्यान देकर ही नहीं, बल्कि उसको पाने के ढंग पर भी ध्यान देकर। एक लंबे अरसे से क़ायम हालत पर सामने से हमला नहीं करना चाहिए, बल्कि उसकी जगह बग़ल से हमला होना चाहिए, ताकि सत्य को अंदर ले जाने के लिए एक ऐसा रास्ता खुल जाये, जिसमें कम-से-कम रुकावट हो। लेकिन किसी भी ऐसी कोशिश में, जो घुमा-फिराकर की गई है, इसकी सावधानी रखनी है कि कहीं सत्य से बिछोह न हो जाये, क्योंकि उसकी असली तरक़्क़ी में झूठ से ज़्यादा ख़तरनाक और कोई चीज़ नहीं है... विभिन्न नये विचार जिस तरह माने गए हैं, उन स्तरों की ओर देखते हुए यह देखा जा सकता है कि जब वे एक आमूलचूल विचार की जगह बहुत अरसे से मान्य सिद्धांतों या अमल को, जो भुला दिये गए थे, मौजूदा ज़माने के नये बाने में लिपटे विचारों की तरह पेश किये गए, तो यह प्रक्रिया आसान हो गई। इसमें ज़रूरत धोखे की नहीं थी, बल्कि ज़रूरत थी संबंधों को सावधानी से खोज निकालने की, क्योंकि 'सूरज के नीचे कोई चीज़ नई नहीं है।"[107]

❐

7. तनाव

1942 के उन शुरू के महीनों में हिंदुस्तान में तनाव बढ़ा। युद्धक्षेत्र दिन-ब-दिन ज़्यादा नज़दीक आ रहा था और अब हिंदुस्तान के शहरों पर हवाई हमलों की संभावना थी। जहां लड़ाई पूरे ज़ोरों से चल रही थी, उन पूर्वी देशों में क्या होगा? हिंदुस्तान और इंग्लिस्तान के रिश्ते में क्या नया फ़र्क़ आयेगा? क्या हम एक-दूसरे की तरफ़ घूरते हुए, पुराने ही ढंग से बढ़े चलेंगे? क्या हम पिछले इतिहास की तीखी याद से लिपटे हुए एक-दूसरे से अलहदा रहेंगे? क्या हम एक ऐसी बदक़िस्मती के शिकार बने रहेंगे, जिसको कोई मिटा नहीं सकता? क्या आपस का ख़तरा हमारे बीच की खाई को पाट देगा? यहांतक कि बाज़ारों में भी उत्तेजना की एक लहर दौड़ गई और तरह-तरह की अफ़वाहें फैलने लगीं। पैसेवाले लोगों को भविष्य से, जो तेज़ी से उनकी तरफ़ बढ़ता आ रहा था, डर मालूम होता था, क्योंकि चाहे और जो कुछ हो, उस भविष्य में सामाजिक तख्ता पलट जायेगा, यह बात बहुत मुमकिन थी। उस ढांचे के वे आदमी थे। उसके पलटते ही उनके स्वार्थ, उनकी ख़ास हैसियत ख़तरे में पड़ जाती। किसान या मज़दूर को ऐसा कोई डर नहीं था, क्योंकि उसके पास खाने को था ही क्या!

---

107. लिडेल हार्ट : 'स्ट्रेटजी ऑव इनडायरेक्ट एप्रोच' (1941) भूमिका।

अपनी मौजूदा दुखभरी हालत में उसके लिए हर एक तब्दीली अच्छी ही होती।

हिंदुस्तान में चीन के लिए बराबर हमदर्दी रही थी और इसीलिए जापान से नाराज़ी रही थी। शुरू में यह ख़याल किया गया कि प्रशांत महासागर की लड़ाई से चीन को कुछ राहत मिलेगा। साढ़े चार साल से चीन जापान से अकेला ही लड़ रहा था; अब उसके साथ बहुत ताक़तवर देश थे और लाज़िमी था कि इससे उसका बोझ कुछ हलका होता और उसका ख़तरा कम होता। लेकिन उन साथियों पर एक के बाद दूसरी भारी चोटें हुई और एक आश्चर्यजनक तेज़ी से बढ़ती हुई जापानी फ़ौजों के सामने ब्रिटिश साम्राज्य तहस-नहस होने लगा। तब क्या यह शानदार ढांचा सिर्फ़ एक काग़जी इमारत थी, जिसकी न कोई बुनियाद थी, न कोई अंदरूनी मज़बूती? लाज़िमी तौर से इसके साथ, क़रीब-क़रीब आजकल की लड़ाई के साधनों के अभाव में एक लंबे अरसे तक, जो चीन ने जापान का मुक़ाबला किया था, उसका ध्यान आया। लोगों की निगाह में चीन की क़द्र बढ़ गई और हालांकि जापान के लिए कोई हमदर्दी नहीं थी, फिर भी एक एशियाई हथियारबंद ताक़त के सामने पुराने, जमे हुए, यूरोपीय ढंग के साम्राज्य के ढांचे को टूटते देखकर संतोष हुआ। जातीय भेद-भाव या पूरबी और एशियाई का ख़याल ब्रिटिश लोगों में था। हार और विध्वंस एक तो वैसे ही बुरे लगते, लेकिन इस वाक़ये से कि एक पूरबी और एशियाई ताक़त ने उन पर जीत पाई, उस हार और बेइज़्ज़ती का कड़ापन और तीखापन बढ़ गया। एक ऊंचे ओहदेवाले अंग्रेज ने कहा कि अगर 'प्रिंस ऑव वेल्स' और 'रिपल्स' को डुबोनेवाले इन पीले जापानियों की जगह जर्मन होते, तो उसे कहीं कम मलाल होता।

चीनी नेताओं—जनरल लिस्सिमो और मदाम च्यांग काई शेक का हिंदुस्तान में दौरा एक महत्त्व की बात थी। सरकारी रवैये से और हिंदुस्तान-सरकार की मर्ज़ी की वजह से, वे आम जनता से मिल-जुल नहीं सके। लेकिन इस संकट के मौके पर हिंदुस्तान में उनकी मौजूदगी और हिंदुस्तान की आज़ादी के लिए उनकी ज़ाहिरा हमदर्दी ने हिंदुस्तान को राष्ट्रीय खोल के बाहर आने में मदद दी और इस वक़्त जिन अंतर्राष्ट्रीय सवालों पर दांव लग रहा था, उनकी जानकारी बढ़ी। हिंदुस्तान और चीन को एक करनेवाले धागे और ज़्यादा मज़बूत हुए। और इसी तरह चीन और दूसरे मुल्कों के साथ मिलकर उससे—जो सभी का दुश्मन था- - लड़ने की ख्वाहिश भी तेज़ हो गई। हिंदुस्तान पर छाये हुए इस ख़तरे ने राष्ट्रीयता और अंतर्राष्ट्रीयता को पास-पास ला दिया, और अब जो कुछ फ़र्क़ बाक़ी था, उसकी वजह थी ब्रिटिश सरकार की नीति।

हिंदुस्तान की सरकार आनेवाले ख़तरों को पूरी तरह समझती थी; उसके दिमाग़ में जल्दी से कुछ-न-कुछ करने की परेशानी और फ़िक्र रही होगी, लेकिन हिंदुस्तान में अंग्रेज़ों का ऐसा रवैया था, वे अपनी आदतों के चक्कर में ऐसे फंसे थे, सरकारी लाल फीते से ऐसे बंधे हुए थे कि उनके नज़रिये या कामों में कोई ख़ास फ़र्क़ दिखाई नहीं पड़ा। उनके ढर्रे में किसी तनाव की, किसी जल्दी की या कुछ करने की बात ही महसूस नहीं होती थी। जिस

ढांचे के वे नुमाइंदे थे, वह किसी दूसरे युग का था और किसी दूसरे मक़सद के लिए था। चाहे अंग्रेज़ों की फ़ौज हो या सिविल सर्विस, उनका मक़सद तो हिंदुस्तान में बने रहने और हिंदुस्तानियों की आज़ादी की लड़ाई को कुचलने का था। इस काम के लिए वे काफ़ी होशियार थे। लेकिन एक ताक़तवर दुश्मन के साथ आधुनिक ढंग से लड़ाई एक बिलकुल ही दूसरी चीज़ थी। उनके लिए अपने आपको उसके अनुकूल बनाना बहुत मुश्किल मालूम हुआ। दिमाग़ी सतह पर इसके लिए वे नामौज़ूं हीं नहीं थे, बल्कि उनकी ज़्यादातर शक्तियां हिंदुस्तान की राष्ट्रीयता को दबाने में ख़त्म हो जाती थी। बरमा और मलाया की हुकूमतों का ख़त्म होना एक बहुत बड़ी और आंखें खोलनेवाली बात थी, लेकिन उससे इन्होंने कोई सबक नहीं सीखा। बरमा पर भी हिंदुस्तान की तरह सिविल सर्विस की हुकूमत थी। असलियत तो यह है कि कुछ साल पहले तक वह हिंदुस्तान की हुकूमत का ही हिस्सा था। वहां की सरकार का ढर्रा बिलकुल वही था, जो हिंदुस्तान की सरकार का था और बरमा ने यह साफ़ बता दिया था कि इस तरीक़े में अब बिलकुल दम नहीं रहा है। फिर भी बिना किसी परिवर्तन के वह ढर्रा चालू रहा; वाइसराय और बड़े-बड़े अफ़सर पहले की तरह काम करते रहे। उन्होंने अपने दल में उन कितने ही बड़े अफ़सरों को शामिल कर लिया, जो बरमा में बुरी तरह नाकामयाब साबित हुए थे; एक और महामहिम शिमला में पहाड़ की चोटियों पर थे। लंदन में निर्वासित सरकारों की तरह हम पर भी एक ऐसी सरकार की इनायत की गई, जो ब्रिटिश नौआबादियों के निर्वासित अफ़सरों से बनी थी। हाथ के दस्ताने की तरह वे हिंदुस्तान की ब्रिटिश सरकार के ढांचे पर चुस्त हो गए।

रंगमंच की छायाओं की तरह ये बड़े अफ़सर अपने पुराने तौर-तरीक़ों पर चलते रहे। अपने लंबे-चौड़े शाही ढर्रे, दरबारी रस्मों, दरबारों, क़वायदों, दावतों और लंबी- चौड़ी बातों से उन्होंने हम पर रोब डालने की कोशिश की। नई दिल्ली में वाइसराय का घर वह ख़ास मंदिर था, जहां सबसे बड़ा पुजारी बैठा था, लेकिन उसके अलावा कई मंदिर और कई पुजारी और थे। यह सारी शान और शाही दिखावा हमारी हिंदुस्तानी जनता पर रोब डालने के लिए था और पहले वक़्तों में इसका असर भी हुआ, क्योंकि खुद हिंदुस्तानी रस्म और सजावट के आदी हैं। लेकिन अब नया मापदंड हो गया था, चीज़ों की हैसियत में फ़र्क़ आ गया था और अब यह सरकारी तमाशा एक हंसी की, एक मज़ाक की चीज़ मालूम दी। हिंदुस्तानियों को धीरे-धीरे बदलनेवाला, तेज़ी और जल्दबाज़ी को नापसंद करनेवाला कहा जाता है; लेकिन उनमें भी अपने काम के लिए एक तेज़ी और ताक़त आ गई थी और उसकी वजह यह थी कि काम को पूरा करने की उनकी ख्वाहिश बेहद तेज़ हो उठी थी। कांग्रेसी सूबाई सरकारों में, चाहे उनकी कमियां कुछ भी रही हों, कुछ करने की उत्सुकता थी और उन्होंने बराबर मेहनत से काम किया और पुराने ढर्रों की परवाह नहीं की। हिंदुस्तान की सरकार और उसके एजेंटों की भयंकर संकट और खतरे के सामने सुस्ती और चुप्पी देखकर बड़ी झुंझलाहट होती थी।

और तब अमरीकी लोग आये। वे काफ़ी जल्दी कर रहे थे और काम को पूरा करने की फ़िक्र में थे। वे हिंदुस्तान-सरकार के रवैये और ढर्रों से अपरिचित थे और साथ ही उनको सीखने के लिए उनकी इच्छा भी नहीं थी। देर को बरदास न कर सकने की वजह से उन्होंने अड़चनों और चापलूसियों को एक तरफ़ हटा दिया, यहांतक कि नई दिल्ली की ज़िंदगी का बहाव भी बिलकुल बदल गया। उन्हें इस बात के लिए फ़ुरसत नहीं थी कि किस वक़्त कौन सी पोशाक पहनी जाये, और कभी-कभी सरकारी ढंग में और अंदाज में इससे बहुत बड़ा धक्का पहुंचा और उससे शिकायतें हुई। जो मदद वे दे रहे थे, उसका तो स्वागत बहुत था, लेकिन सबसे ऊपर के अफ़सरी हलक़ों में उससे चिढ़ थी और इस तरह रिश्तों में कुछ तनाव आ गया। कुछ मिलाकर हिंदुस्तानियों को उनकी बातें पसंद थीं। काम के लिए उनका जोश और उनकी कुव्वत तो बेहद असर डालनेवाली चीज़ थी। इसका मिलान हिंदुस्तान के ब्रिटिश पदाधिकारियों में इसके अभाव से किया गया। उनके खुले और सीधे ढंग को और ग़ैर- हुक्कामी तरीक़ों को पसंद किया गया। सरकारी हलक़ों और इन आगंतुकों के बीच इस तनाव पर मन ही मन मुस्कराहट थी और इस बारे में बहुत-सी झूठी और सच्ची कहानियां दुहराई गई।

लड़ाई के नज़दीक़ आने से गांधीजी भी बहुत परेशान हुए। उनकी अहिंसा की नीति और उसके कार्यक्रम में इन नई घटनाओं का मेल बिठाना आसान नहीं था। यह बात साफ़ थी कि देश पर हमला करनेवाली फ़ौज की मौजूदगी में या आपस में लड़ती हुई फ़ौजों की हालत में सविनय अवज्ञा का कोई सवाल ही नहीं था। निष्क्रियता या हमले के लिए सिर झुकाना भी मुमकिन नहीं था। तब क्या हो? उनके निजी साथी भी और कांग्रेस ख़ासतौर से, इस मौक़े के लिए या हमले की सशस्त्र ख़िलाफ़त की जगह अहिंसा को नामंजूर कर चुकी थी। और तब आख़िरकार उन्होंने इस बात को माना कि कांग्रेस को ऐसा करने का अधिकार था। लेकिन फिर भी वह परेशान थे और निजी तौर पर किसी हिंसात्मक कार्रवाई में साथ नहीं दे सकते थे। लेकिन वह सिर्फ़ एक व्यक्ति ही नहीं थे। राष्ट्रीय आंदोलन में क़ानूनी तौर पर उनका कोई पद न हो, लेकिन उनकी स्थिति सबसे ऊपर और सबसे ज़्यादा असर रखनेवाली थी और उनके शब्दों का बहुत लोगों पर बड़ा असर था।

गांधीजी हिंदुस्तान को, खासतौर से उसकी जनता को, जानते थे— इतनी अच्छी तरह, जितना शायद ही कोई और आदमी पिछले वक़्त में या मौजूदा वक़्त में उसे समझता हो। सिर्फ़ यही बात नहीं थी कि वह सारे हिंदुस्तान में बहुत घूमे थे और करोड़ों आदमियों के संपर्क में आये थे, बल्कि कुछ और भी ऐसी बात थी कि जिसकी वजह से वह जनता की भावनाओं के संपर्क में आ सके। वह अपने-आपको जनता में घुला - मिला सकते थे, और उसके दुख-सुख को महसूस कर सकते थे और चूंकि जनता इस बात को जानती थी, इसलिए उसकी श्रद्धा और सहयोग गांधीजी को हासिल थे। फिर भी हिंदुस्तान की बाबत उनके दिमाग़ के नक़्शे में उस नज़रिये की भी झलक थी, जो उन्होंने शुरू के दिनों में गुजरात

में बना लिया था। गुजराती ख़ासतौर से शांतिपूर्वक व्यापार करनेवाले सौदागर लोग थे, और उनपर जैन-धर्म के अहिंसा के सिद्धांत का असर था। हिंदुस्तान के दूसरे हिस्सों पर उसका बहुत कम असर था और कुछ पर तो बिलकुल ही नहीं था। चारों तरफ़ क्षत्रियों में इसका बिलकुल असर नहीं था और लड़ाई में या जंगली जानवरों के शिकार में कोई रुकावट नहीं थी। और दूसरे समुदायों में, जिनमें ब्राह्मण भी शामिल थे, कुल मिलाकर इसका बहुत कम असर हुआ। किंतु गांधीजी ने हिंदुस्तान के इतिहास और विचारधारा का वह नज़रिया अपनाया, जिसमें अच्छी चीज़ों को छांट लिया गया था और बुरी चीज़ों को छोड़ दिया गया था। उनका विश्वास था कि अहिंसा का सिद्धांत इस नज़र से बुनियादी था, हालांकि उसमें बहुत-से अपवाद थे। कुछ लोगों को यह एक खींचातानी से निकाला हुआ नतीजा मालूम दिया और वे इसको मानने को तैयार नहीं हुए। मानव जाति के मौजूदा दौर में अहिंसा की उपयोगिता से इसका कोई सरोकार न था। लेकिन हां, उससे यह पता ज़रूर लगता था कि गांधीजी के दिमाग़ में क्या ऐतिहासिक पूर्वाग्रह थे।

भूगोल के इत्तिफ़ाक़ों ने क़ौमी इतिहास और विशेषताएं निश्चित करने में काफ़ी असर डाला है। यह वाक़या कि हिंदुस्तान हिमालय की बड़ी भारी दीवार से और समुद्र की वजह से बाहर से कटा रहा, एक ख़ास असर लाया। उसकी वजह से इस लंबे-चौड़े प्रदेश में एक इकाई की, एक अलग सत्ता की, भावना पैदा हुई। इस विस्तृत प्रदेश में एक सजीव और मिली-जुली सभ्यता फली फूली, जिसमें फैलाव और तरक्क़ी के लिए बहुत बड़ी गुंजाइश थी, और जिसमें एक सुदृढ़ सांस्कृतिक एका बराबर बना रहा। फिर भी उस एके में भूगोल ने विभिन्नता ला दी। उत्तर में और मध्य में हिंदुस्तान के मैदानों में और दक्खिन के पठारी इलाक़ों में एक फ़र्क़ था। और अलग-अलग हिस्सों में रहनेवाले आदमियों में अलग-अलग विशेषताएं पैदा हुई। इतिहास का बहाव भी उत्तर और दक्षिण में अलग-अलग रहा। हां, कभी-कभी वे एक दूसरे से मिल गए और एक हो गए। रूस की तरह उत्तरी हिंदुस्तान में ज़मीन के सपाट होने की वजह से और खुली जगह होने से एक ताक़तवर मरकज़ी सरकार की ज़रूरत हुई, ताकि बाहरी दुश्मनों से हिफ़ाज़त हो सके। उत्तर और दक्खिन, दोनों ही में, साम्राज्य रहे, लेकिन असल में साम्राज्य का केंद्र उत्तर में रहा और उसकी हुकूमत दक्खिन में भी रही। पुराने वक़्तों में ताक़तवर मरकज़ी सरकार के मानी थे एक आदमी की हुकूमत। यह सिर्फ़ इतिहास में एक संयोग की ही बात नहीं है कि मुग़ल सम्राज्य को कुछ और वजहों के साथ ख़ासतौर से मराठों ने तोड़ दिया। मराठे दक्खिन के पठारी प्रदेशों में रहनेवाले थे और उनमें उस वक़्त भी कुछ आज़ादी की बू बची हुई थी, जब उत्तर के मैदानों में रहनेवाले गुलाम हो चुके थे और सिर झुकाने लगे थे। अंग्रेज़ों की बंगाल में आसानी से जीत हुई और उन उपजाऊ मैदानों के आदमी एक असाधारण दब्बूपन के साथ सिर झुकाने लगे। अंग्रेज़ अपने-आपको वहां जमाकर और तरफ़ फैलने लगे।

भूगोल का असर अब भी है और आगे भी रहेगा। लेकिन अब कुछ और ऐसी चीज़ें

हैं, जिनका बहुत ज्यादा असर होता है। पहाड़ और समुद्र अब रुकावटें नहीं हैं, लेकिन उनसे वहां के निवासियों की विशेषताओं और देश की राजनैतिक और आर्थिक हैसियत का फ़ैसला अब भी होता है। बंटवारे, अलहदा होने या एक होने की योजनाओं में हम उन्हें आंखों से ओझल नहीं कर सकते, जबतक कि योजनाएं सारी दुनिया के पैमाने पर न बनें।

हिंदुस्तान और हिंदुस्तान के आदमियों की बाबत गांधीजी की जानकारी बहुत गहरी और बहुत ज़्यादा है। हालांकि मामूली तौर पर उन्हें इतिहास में कोई दिलचस्पी नहीं और न इतिहास के लिए या उसे जांचने और समझने के लिए उनमें वह भावना ही है, जो कुछ लोगों में होती है; लेकिन उन बुनियादी इतिहास की बातों को, जिनका हिंदुस्तानियों पर असर है, वह पूरी तरह से और अच्छी तरह से जानते हैं। मौजूदा घटनाओं के बारे में उन्हें बहुत अच्छी जानकारी रहती है, और उनपर उनका ध्यान बराबर रहता है। लेकिन लाज़िमी तौर पर मौजूदा हिंदुस्तान के सवालों पर उनका सारा ध्यान रहता है। किसी सवाल का, किसी उलझन का, बेकार की बातों को छोड़कर तत्त्व छांट लेने की उनमें बड़ी सूझ है। जिसे वह नैतिक पहलू कहते हैं, उसकी कसौटी पर जांचकर वह चीज़ को चारों तरफ़ से देख पाते हैं और उसकी असलियत को पकड़ पाते हैं। बर्नाड शॉ ने कहा हैं कि वह (गांधीजी) चाल में चाहे कैसी ही ग़लती कर बैठें, लेकिन उनका असली तरीक़ा बराबर सही बना रहा है। लेकिन ज़्यादा लोगों की दूर की चीज़ों में दिलचस्पी नहीं होती; उनकी ख़ास नज़र वक़्ती फ़ायदे पर रहती है।

8. सर स्टैफ़र्ड क्रिप्स का हिंदुस्तान में आना

पेनांग और सिंगापुर के पतन के बाद, और ज्यों-ज्यों जापानी मलाया में बढ़ते गए, वहां से हिंदुस्तान और दूसरे लोग भागे और सब हिंदुस्तान में आये। उनको एकदम ही भागना पड़ा था और इसलिए अपने बदन के कपड़ों के अलावा उनके पास कुछ नहीं था। फिर बरमा से हिफ़ाज़त के लिए भाग कर आये लाखों आदमियों की बाढ़ आई, और उनमें ज़्यादातर हिंदुस्तानी थे। यह कहानी कि किस तरह से मुल्की अधिकारियों ने और दूसरे अफ़सरों ने उनका ऐन मौक़े पर साथ छोड़ दिया और न उनके लिए भागना और न वहां से हटने का कोई इंतज़ाम था, हिंदुस्तान में चारों तरफ़ फैल गई। उन्होंने सैकड़ों मीलों का पहाड़ों का घने जंगलों का रास्ता पार किया। दुश्मन से वे घिरे हुए थे। रास्ते में बहुत- लोग मर गए–कुछ छुरों से, कुछ बीमारी से और कुछ भूख से। लड़ाई का यह भयानक नतीजा था और कोई चारा नहीं था। लेकिन यह वजह लड़ाई की नहीं थी कि हिंदुस्तानी भागनेवालों में और ब्रिटिश भागनेवालों में भेद-भाव किया गया। ब्रिटिश लोगों की जितनी मुमकिन हो सकती थी, मदद की गई और उनके लिए रेल और जहाज़ी सफर का इंतज़ाम किया गया। बरमा की एक जगह से, जहां बहुत-से लोग इकट्ठे थे, हिंदुस्तान के लिए दो सड़कें थीं। जो ज़्यादा अच्छी थी,

ब्रिटिश लोगों और यूरोपीयों के लिए कर दी गई और उसका नाम 'व्हाइट रोड' (गोरे लोगों की सड़क) पड़ गया।

जातीय भेद-भाव और लोगों की तकलीफ़ की दर्दभरी कहानियां हम लोगों तक आईं और जो जिंदा बचे वहां से भागे लोग हिंदुस्तान-भर में फैले, तो उनके साथ ही वे. कहानियां थीं, और हिंदुस्तानी दिमाग़ पर उसका गहरा असर था।

ठीक उसी मौक़े पर सर स्टैफर्ड क्रिप्स हिंदुस्तान में ब्रिटिश वार कैबिनेट (ब्रिटिश युद्ध-मंत्रिमंडल) के प्रस्ताव लेकर आये। उन प्रस्तावों पर पिछले ढाई साल में पूरी तरह बहस हो चुकी है और वे प्रस्ताव एक बीते ज़माने की-सी चीज़ मालूम पड़ते हैं। एक ऐसे आदमी के लिए, जिसने उस समझौते की कोशिश में काफ़ी हिस्सा लिया, उस पर कुछ विस्तार से चर्चा करते हुए कुछ बातों को न कहना और किसी आगे के मौके के लिए छोड़ देना आसान नहीं है। असल में उस सिलसिले के ख़ास-ख़ास सवाल और ख़यालात आम जनता के सामने आ चुके हैं।

मुझे याद है, जब मैंने इस प्रस्तावों को पहली बार पढ़ा, तो मुझे बहुत मायूसी हुई। उस मायूसी की ख़ास वजह यह थी कि मैंने सर स्टैफर्ड क्रिप्स से उस वक़्त की नाज़ुक हालत देखते हुए कुछ ज़्यादा तत्त्व की चीज़ की उम्मीद की थी। लेकिन जितनी बार मैंने उन प्रस्तावों को पढ़ा और उन पर गहराई से सोच-विचार किया, मेरी मायूसी उतनी ही ज़्यादा होती गई। हिंदुस्तान की हालत से बेख़बर आदमी को तो ऐसा मालूम होता कि उन प्रस्तावों में हमारी मांगों को पूरा करने की काफ़ी कोशिश की गई है। लेकिन जब छान-बीन की गई, तब इतनी खामियां नज़र आईं और शर्तों को देखा, तो उसमें आत्मनिर्णय के अधिकार की स्वीकृति इस तरह जकड़ी हुई और संकुचित घेरे में दबी हुई थी कि सारे भविष्य को ख़तरे में डालनेवाली थी।

उन प्रस्तावों में भविष्य का, लड़ाई ख़त्म होने के बाद के वक़्त का, ही ख़ासतौर से ज़िक्र था। हां, बाद में एक ऐसा टुकड़ा और था, जिसमें बहुत अस्पष्ट रूप में मौजूदा वक़्त में सहयोग मांगा गया था। उस भविष्य में आत्म-निर्णय के सिद्धांत पर सूबों को हिंदुस्तानी संघ से अलग एक नया आज़ाद संघ क़ायम कर सकने का अधिकार था। इसके अलावा हिंदुस्तानी संघ से अलहदा हो सकने का हक़ हिंदुस्तानी रियासतों को भी दिया गया था। यह बात ख़याल रखने की है कि हिंदुस्तान में 600 से ज़्यादा ऐसी रियासतें हैं। इनमें कुछ तो बड़ी हैं, लेकिन ज़्यादातर तो बहुत छोटी हैं। ये रियासतें और ये सूबे संविधान बनाने में हिस्सा लेते, संविधान पर असर डालते और बाद में उससे बाहर निकल सकते थे। सारी पृष्ठभूमि में अलहदा होने की बू थी, और राजनैतिक और आर्थिक समस्याओं को एक गौण स्थान मिलता। प्रतिक्रियावादी तत्त्व, जिनमें बहुत-से आपसी फ़र्क होते, एक बार मिलकर मज़बूत, उन्नतिशील और एक क़ौमी सरकार की तरक्क़ी को कुचल देते। अलहदा होने की लगातार धमकियों की वजह से संविधान में बहुत-सी बेजा पाबंदियां लग जातीं। केंद्रीय

सरकार कमज़ोर और निकम्मी बना दी जाती, लेकिन इतने पर भी वे फिर अलग हो सकते थे और तब बाकी रियासतों और सूबों के लिए फिर एक अमली आईन बनाना मुश्किल होता। संविधान बनानेवाली संस्था के लिए चुनाव मौजूदा सांप्रदायिक क्षेत्रों से होते। वह एक बदक़िस्मती की चीज़ थी, क्योंकि उसमें पुरानी बंटवारे की भावना बनी रहती, लेकिन फिर भी उन परिस्थितियों में वह लाज़िमी थी; लेकिन रियासतों में चुनाव की बाबत कोई ज़िक्र नहीं था, और उनकी नौ करोड़ की आबादी का बिलकुल भी ख़याल नहीं किया गया था। रियासतों के सामंती शासक अपनी आबादी के अनुपात से अपने नुमाइंदों को नियुक्त कर देते। इन आदमियों में कुछ क़ाबिल मंत्री हो सकते थे, लेकिन कुल मिलाकर उनमें लाज़िमी तौर पर जनता की जगह सामंतवादी स्वेच्छाचारी राजा के नुमाइंदे होते। संविधान बनानेवाली सभा की क़रीब चौथाई जगहों पर वे क़ब्ज़ा करते और अपनी संख्या से उसके फ़ैसलों पर काफ़ी असर डालते। इस असर में एक चीज़ और उनकी मदद करती, वह थी उनकी सामाजिक प्रगति के लिहाज़ से पिछड़ी हुई हालत और उनकी अलहदा होने की धमकी। संविधान बनानेवाली संस्था चुने हुए ग़ैर चुने लोगों की एक अजीब खिचड़ी होती। चुने हुए आदमी सांप्रदायिक निर्वाचन-क्षेत्रों से आते और उनमें कुछ निहित स्वार्थोंवाले लोग भी होते, और दूसरे लोग रियासती राजाओं और नवाबों के तैनात किये हुए होते। इसमें भी एक चीज़ और थी कि आपस में मिलकर तय की हुई बातों को भी मनवाने के लिए बाद में कोई दबाव नहीं डाला जा सकता था। वह असलियत और समझ, जो आपस में मिल-जुलकर फ़ैसला करने में होती है, ग़ायब होती। उसके बहुत-से मेंबरों का झुकाव बिलकुल ग़ैर-ज़िम्मेदार होकर काम करने की तरफ़ होता, क्योंकि उन्हें यह लगता कि वे कभी भी अलग हो सकते हैं, और मिल-जुलकर किये हुए फ़ैसलों की भी ज़िम्मेदारी लेने से इन्कार कर सकते हैं।

हिंदुस्तान को हिस्सों में बांटने का कोई भी सुझाव सोचना दुखद होता। यह तो उन सारी भावनाओं और धारणाओं के ही खिलाफ़ होता, जो जनता में एक प्रबल प्रेरणा करती हैं। हिंदुस्तान की सारी क़ौमी तहरीक़ हिंदुस्तान के एके की बुनियाद पर थी, हालांकि यह एके की भावना राष्ट्रीयता के मौजूदा पहलू से बहुत ज़्यादा पुरानी और गहरी थी। उसकी जड़ तो हिंदुस्तान के इतिहास के एक बहुत पुराने वक़्त में थी। वह यक़ीन, वह भावना, मौजूदा घटनाओं से और ज़्यादा मज़बूत हो चुकी थी। इस तरह होते-होते वह हिंदुस्तान की एक बहुत बड़ी जनता के लिए विश्वास की एक बुनियादी बात हो गई- एक ऐसी चीज़ जिसको न कोई चुनौती दी जा सकती थी और न जिसके विषय में कोई दो रायें हो सकती थीं। मुस्लिम लीग की तरफ़ से एक चुनौती दी गई थी, लेकिन उस पर किसी ने ध्यान नहीं दिया। इसके अलावा मुसलमानों की खुद एक बहुत बड़ी तादाद थी, जो उसके ख़िलाफ़ थी। उस चुनौती की बुनियाद भी कोई प्रादेशिक नहीं थी। हां, उसमें कुछ धुंधला-सा, अनिश्चित इशारा उन हिस्सों के बंटवारे की तरफ़ था। उसकी बुनयाद तो मध्ययुगीन विचारों पर थी, जिसमें राष्ट्र

का आधार धर्म पर था। इस तरह हिंदुस्तान के हर गांव में दो या उससे भी ज़्यादा क़ौमें बसती थीं। हिंदुस्तान के बंटवारे से भी, चारों तरफ़ फैले हुए, एक-दूसरे से लिपटे हुए, धार्मिक भेद-भाव को पार नहीं किया जा सकता था। बंटवारे से तो मुश्किलें बढ़ जातीं। उससे तो वे सवाल भी, जिनका हल बंटवारा बताया जाता था, बढ़ जाते।

भावना के अलावा बंटवारे के ख़िलाफ़ ठोस दलीलें थीं। हिंदुस्तान की सामाजिक व आर्थिक समस्याओं की उलझन हद दर्जे पर पहुंच गई थी। इसकी ख़ास वजह थी ब्रिटिश सरकार की नीति। और अब अगर भयंकर से भयंकर सर्वनाश से बचना था, तो उसके लिए ज़रूरी था कि चौतरफ़ा प्रगति का क़दम उठाया जाय और तरक़्क़ी की जाय। यह तरक़्क़ी उसी वक़्त मुमकिन थी, जब सारे और पूरे हिंदुस्तान के लिए, अखंड भारत के लिए अमली और कार-आमद योजनाएं बनाई जायें। सारे समूचे हिंदुस्तान के लिए- क्योंकि अलग-अलग हिस्से एक-दूसरे की कमियों को पूरा करते थे। कुल मिलाकर हिंदुस्तान बहुत हद तक एक ताक़तवर और स्वावलंबी इकाई था। लेकिन अलग-अलग करके उसके हिस्से कमज़ोर थे और दूसरों पर निर्भर थे। अगर ये और इनके साथ दूसरी दलीलें पहले वक़्तों में लागू थीं और काफ़ी थीं, तो मौजूदा राजनैतिक और आर्थिक घटनाओं की वजह से उनकी अहमियत अब दुगुनी हो गई थी। सभी जगह छोटी सरकारों की अलग-अकेली हैसियत ख़त्म होती जा रही थी। वे बड़ी-बड़ी रियासतों में या तो शामिल होती जाती थीं या उनसे आर्थिक रूप में जुड़ गई थीं। बड़े-बड़े संघ बनाने का या राज्यों के आपस में मिलकर काम करने का रुझान बढ़ता जा रहा था। क़ौमी सरकार के विचार की जगह अब अनेक कौमों वाली सरकार ने ले ली थी और दूर भविष्य में दुनिया भर में एक संघ का नक़्शा नज़र आ रहा था। ऐसी हालत में हिंदुस्तान के बंटवारे की सोचना सारी आर्थिक और ऐतिहासिक घटनाओं के बहाव के ख़िलाफ़ था। असलियत से यह बेहद दूर मालूम होता था।

फिर भी सख्त ज़रूरत की मार से, या विध्वंस के दबाव से, आदमी बहुत-सी नापसंद चीज़ों के लए रजामंद हो जाता है। हालतों की मजबूरी से उस चीज़ का बंटवारा हो सकता है, जिसको क़ायदे से या सही ढंग से एक बनाये रखना चाहिए। लेकिन ब्रिटिश सरकार की तरफ़ से पेश किये हुए प्रस्तावों में हिंदुस्तान के किसी खास बंटवारे का ज़िक्र न था। उसमें सूबों और रियासतों के अनगिनत बंटवारों के लिए सिर्फ़ रास्ता खुला हुआ था। उन्होंने सारे प्रतिक्रियावादी, सामंती और समाजी-तरक़्क़ी के लिहाज़ से पिछड़े हुए लोगों को बंटवारे के हक़ के लिए उकसाया। शायद उनमें से कोई भी बंटवारा नहीं चाहता था, क्योंकि वे अपने पैरों पर अकेले खड़े नहीं रह सकते थे। लेकिन वे काफ़ी उत्पात मचा सकते थे और हिंदुस्तान की आज़ाद सरकार के बनने में रोड़ा अटका सकते थे और देर करा सकते थे। अगर उनको ब्रिटिश नीति से मदद मिलती, जैसा शायद होता भी, तो उसके मानी ये होते कि बहुत वक़्त तक रत्ती भर भी आज़ादी न हासिल होती। उस नीति का हमारा अनुभव बहुत कड़ुआ था और हर मौक़े पर हमने यह पाया था कि वह फूट डालनेवाली प्रवृत्तियों को बढ़ावा देती है।

इस बात की क्या गारंटी थी कि वह आगे भी ऐसा नहीं करेगी, या आगे चलकर यह कह दे कि वह अपना वायदा पूरा नहीं कर सकती, क्योंकि उसकी शर्तें पूरी नहीं हुईं? असल में इसी की संभावना थी कि वह नीति आगे भी उसी तरह जारी रहे।

इसलिए इस प्रस्ताव का मतलब सिर्फ़ पाकिस्तान या किसी ख़ास बंटवारे को मंजूर करना नहीं था, (हालांकि यह चीज़ भी कोई कम बुरी न होती) बल्कि वह उससे भी बदतर था। उसके लिहाज़ से दरवाजा खोल दिया जाता और उसमें अनगिनत बंटवारों की संभावना रहती। हिंदुस्तानी आज़ादी के लिए वह बराबर एक संकट बना रहता और ख़ास उसी वायदे को जो किया गया था, अमल में लाने के लिए एक अड़ंगा होता।

हिंदुस्तानी रियासतों के भविष्य के बारे में फ़ैसला उन रियासतों की जनता द्वारा नहीं होता। यह फ़ैसला जनता के नुमाइंदों की जगह वहां के मनमाने शासक करते। इस उसूल को क़ुबूल करने के मानी ये होते कि हम अपनी पक्की और बार-बार दुहराई गई नीति को पलट देते और रियासतों की जनता से दग़ा करते। उस हालत में उन लोगों को बहुत अरसे के लिए मनमाने शासन में ढकेल दिया जाता। हम राजाओं से ज्यादा-से-ज्यादा नरमी से व्यवहार करने को तैयार थे, ताकि लोकतंत्र के लिए रद्द - बदल में उनका सहयोग मिल सके। और अगर उस मौक़े पर ब्रिटिश ताक़त—एक तीसरी पार्टी—न होती, तो हमें शक नहीं है कि हम कामयाब हो गए होते। लेकिन रियासतों के मनमाने शासन को ब्रिटिश सरकार का सहारा मिलने पर यह संभावना थी कि राजा लोग हिंदुस्तानी संघ से बाहर रहें और अपनी जनता के ख़िलाफ लड़ाई में अपने बचाव के लिए ब्रिटिश फ़ौज का सहारा लें। असल में हमें यह बता दिया गया था कि अगर ऐसी हालत पैदा हुई, तो रियासतों में विदेशी हथियारबंद फ़ौज रहेंगी। और चूंकि इस बात की संभावना था कि ये रियासतें हिंदुस्तानी संघ के क्षेत्र में बीच-बीच में टापुओं की तरह होंगी, इसलिए यह सवाल उठा कि ये विदेशी फ़ौजें वहां कैसे पहुंचेंगी और जिस तरह अलग-अलग रियासतों में मौजूद विदेशी फ़ौजें अपना आना-जाना क़ायम रखेंगी। उसके मानी ये होते कि भारतीय संघ की ज़मीन पर होकर विदेशी फ़ौज को आने-जाने का रास्ता दिया जाता है।

गांधीजी ने बराबर ऐलान किया था कि वह राजाओं के कोई दुश्मन नहीं हैं। यह सच है कि राजाओं से बराबर उनका व्यवहार दोस्ताना रहा, हालांकि अक्सर उन्होंने उनके शासन के ढंग की आलोचना की और इस बात की भी आलोचना की कि उनकी जनता को मामूली अधिकारों की भी आज़ादी नहीं थी। कितने ही सालों से उन्होंने कांग्रेस को रोक रखा था कि वह रियासती मामलों में सीधे तौर पर दख़ल न दे। उनकी यह ख्वाहिश थी कि रियासतों की जनता खुद आगे बढ़े और इस तरह अपने अंदर आत्मविश्वास और ताक़त बढ़ाये। हममें से बहुत से लोगों को उनकी यह नीति नापसंद थी। लेकिन इस सबके पीछे एक पक्का विश्वास था। उन्हीं के शब्दों में- "मेरी नीति की एक बुनियादी बात यह है कि रियासती जनता के अधिकारों को बेच देने में मैं साथ नहीं दूंगा, (चाहे) इससे ब्रिटिश हिंदुस्तान की

जनता को आज़ादी ही क्यों न मिलती हो।" प्रोफ़ेसर बैरीडेल कीथ, जो ब्रिटिश कामनवेल्थ और हिंदुस्तान के संविधान पर अधिकारी और प्रामाणिक माने जाते हैं, गांधीजी के दावे का (जो दावा खुद कांग्रेस का भी है) समर्थन करते हैं। कीथ ने लिखा है-'सम्राट के सलाहकारों का यह सोचना नामुमकिन है कि रियासती जनता को वे अधिकार नहीं दिये जायेंगे, जो हिंदुस्तानियों को ब्रिटिश सूबों में हासिल हैं। सम्राट को यह सलाह देने का उनका फ़र्ज़ है कि राजा लोगों को संविधान में इसलिए शामिल किया जाय कि अपनी रियासतों में वे जनता की सरकार जल्दी ही क़ायम करें और इसके लिए सम्राट को अपने अधिकारों का उपयोग करना चाहिए। कोई भी संघ हिंदुस्तान के हित में नहीं होगा, अगर इसमें सूबों के नुमाइंदे ग़ैर-ज़िम्मेदार राजाओं के तैनात किये हुए आदमियों के साथ काम करने को मजबूर किये गए। असल में गांधीजी के दावे का यह जवाब नहीं है कि जनता को अधिकार हस्तांतरित करने के बाद राजा लोग लाज़िमी तौर पर सम्राट के मुताबिक चलेंगे।" प्रो० कीथ ने अपनी यह राय ब्रिटिश सरकार के एक पहले प्रस्ताव के सिलसिले में दी थी, जिसमें संघ की चर्चा थी। लेकिन सर स्टैफ़र्ड क्रिप्स के प्रस्तावों पर तो यह और भी ज़्यादा लागू थी।

जितना ज़्यादा इन प्रस्तावों पर सोचा गया, उतने ही वे असलियत से दूर मालूम हुए। हिंदुस्तान एक शतरंज का तख्ता-जैसा बन गया, जिसमें नाममात्र के लिए आज़ाद या नीम आज़ाद बीसियों रियासतें थीं, जिनमें से ज़्यादातर अपने स्वेच्छाचारी शासन को चलाने या अपनी हिफ़ाज़त के लिए ब्रिटिश फ़ौज पर निर्भर थीं। इस तरह इन छोटी-छोटी रियासतों के ज़रिये, जिन पर वह क़ाबू रखता, ब्रिटेन राजनैतिक और आर्थिक दोनों तरह का ही नियंत्रण जारी रखता।[108]

ब्रिटिश वार-कैबिनेट के दिमाग़ में हिंदुस्तान के भविष्य के बारे में क्या ख़याल था, मुझे नहीं मालूम। मेरे ख़याल से सर स्टैफ़र्ड हिंदुस्तान का भला चाहते थे और हिंदुस्तान की आज़ादी और क़ौमी एकता की उम्मीद करते थे। लेकिन यह जाती विचारों या रायों या शुभ-कामनाओं का मामला नहीं था। हमको एक सरकारी मसविदे पर सोच-विचार करना था। उसमें चीज़ें जान-बूझकर साफ़ नहीं की गई थीं, लेकिन उसे बड़ी सावधानी से लिखा गया था और उसमें हर लफ़्ज के मानी थे। हमको बताया गया कि हम उसे या तो ज्यों-का-त्यों मान लें या उसे रद्द कर दें। उसके पीछे ब्रिटिश सरकार की एक शताब्दी पुरानी नीति बराबर छिपी हुई थी–हिंदुस्तान में फूट डालना और क़ौमी तरक़्क़ी और आज़ादी के रास्ते में आनेवाली

---

108. ब्रिटिश ताक़त और बचाव पर हिंदुस्तानी रियासतों की पूरी निर्भरता पर सर ज्योफ्रे डि मौंटमौरेन्सी ने अपनी पुस्तक 'दि इंडियन स्टेट्स एंड इंडियन फ़ेडरेशन' में ज़ोर दिया है। रियासतें "हिंदुस्तान में इतनी ज़्यादा हैं कि वे हिंदुस्तान की तरक्क़ी के लिए एक विकट पहेली हैं और उसके लिए अभी कोई हल नहीं दिखाई देता...जहांतक हिंदुस्तान का सवाल है, ब्रिटेन का क़ब्जा हटने के बाद उनका मिटना या दूसरे बड़े हिस्से से मिलना लाज़िमी हो जायेगा।"

हर चीज़ को बढ़ावा देना। गुज़रे वक़्त में जब कभी कोई क़दम आगे बढ़ाया गया, तो उसके साथ कुछ शर्तें, कुछ पाबंदियां, हमेशा इस तरह लगी हुई थीं कि शुरू में तो वे बिलकुल नाचीज़ और मामूली मालूम होती थीं, लेकिन आगे चलकर वे बड़ी भारी रुकावटों और झगड़े की जड़ बन गईं।

ऐसा हो सकता था, शायद इसका बहुत इमकान था कि प्रस्ताव में मालूम देनेवाले झगड़े या ख़तरे भविष्य में साकार न हों। बुद्धि, देशभक्ति, हिंदुस्तान और दुनिया के भले का व्यापक नज़रिया, बहुत-से लोगों पर असर डालेगा और उनमें हिंदुस्तान के राजा लोग या उनके मंत्रिगण हो सकते हैं। अगर हम अकेले ही छोड़ दिये जाते, तो एक-दूसरे का हम सामना कर सकते थे। आपसी भरोसा होता, अलग-अलग दलों की मुश्किलों उलझनों और समस्यों पर विचार होता और चीज़ों पर हर पहलू से सोच-विचार करने के बाद एक समझौता निकल सकता था, जो सबको मंजूर होता। लेकिन इस इशारे के होते हुए भी कि हमको आत्म-निर्णय का अधिकार होगा, हमको अकेले छोड़ा नहीं जा रहा था। ब्रिटिश सरकार बराबर वहां थी। ख़ास महत्त्व की जगहों पर उसका क़ब्ज़ा था और वह कई ढंग से दख़ल दे सकती थी, रुकावटें डाल सकती थी। सरकारी मशीन पर, सेवाओं वग़ैरह पर ही सिर्फ़ उसका क़ब्ज़ा नहीं था, बल्कि रियासतों में उसके रेज़ीडेंट, पोलिटिकल एजेंट अहम और असर रखनेवाली हैसियत रखते थे। असल में खुद स्वेच्छाचारी राजा लोग वाइसराय के अधीन पोलिटिकल विभाग के पूरे पूरे नियंत्रण में थे। उनमें बहुत से प्रधान मंत्री उन लोगों पर ज़बरदस्ती लाद दिये गए थे और वे ब्रिटिश सेवाओं के सदस्य थे।

अगर हम ब्रिटिश प्रस्तावों के बहुत-से ख़तरों से बच भी जाते, तब भी हिंदुस्तान की आज़ादी को दबा देने के लिए बहुत-सी चीज़ें थीं; उसकी तरक्की को रोका जा सकता था, नई और ख़तरनाक समस्याएं उठाई जा सकती थीं, जिनसे मुश्किलें बेहद बढ़ जातीं। अलग सांप्रदायिक निर्वाचक मंडलों ने, जो क़रीब एक पीढ़ी पहले लागू किये गए थे, बहुत-कुछ शैतानी की थी। अब हर अड़चन डालनेवाले समूह के लिए रास्ता साफ़ किया जा रहा था और हिंदुस्तान में बराबर बंटवारे के डर का दरवाज़ा खुला था। एक अनिश्चित भविष्य के लिए इस इंतज़ाम पर हमसे साथ देने के लिए वायदा कराया जा रहा था। यह एक ऐसा भविष्य था, जिसमें झगड़े के अंकुर फूटते। कांग्रेस ने ही नहीं, बल्कि राजनैतिक नज़र से नरम - से नरम दलवाले राजनीतिज्ञों ने भी, जिन्होंने हमेशा ब्रिटिश सरकार का साथ दिया था, ऐसा करने से अपनी लाचारी ज़ाहिर की।

हिंदुस्तान के एके के लिए सारे जोश और ख्वाहिश के होते हुए भी कांग्रेस ने अल्पसंख्यकों और दूसरे दलों का सहयोग लेने की दिल से कोशिश की; और वह यहां तक आगे बढ़ गई कि उसने ऐलान किया कि कोई भी प्रादेशिक इकाई हिंदुस्तानी संघ में उसकी जनता की घोषित इच्छा के ख़िलाफ़ मजबूरन नहीं रखी जायेगी। अगर और कोई चारा न हो, तो बंटवारे के उसूल को उसने मान लिया। लेकिन किसी तरह वह इस चीज़ को बढ़ावा नहीं

देना चाहती थी। कांग्रेस-कार्यसमिति ने क्रिप्स-प्रस्तावों के सिलसिले पर अपने प्रस्ताव में कहा:-"कांग्रेस हिंदुस्तान की आज़ादी और उसके एके के मक़सद से बंधी हुई है और उसके टूटनें से, और ख़ासतौर से आज की दुनिया में, जब लोग लाज़िमी तौर पर बड़े-बड़े संघों की बाबत सोचते हैं, सभी को बहुत नुक़सान होगा और इसलिए उसके ख़याल से ही बेहद तकलीफ़ होती है। फिर भी कमेटी यह नहीं सोच सकती कि वह किसी ख़ास हिस्से के लोगों को उनकी ऐलानिया ख्वाहिश के ख़िलाफ़ हिदुस्तानी संघ में रहने को मजबूर करे। इन उसूल को मानते हुए भी कमेटी यह चाहती है कि ऐसी हर कोशिश की जायें, जिससे ऐसी हालत पैदा हो कि अलग-अलग हिस्सों के आदमी मिल-जुलकर एक क़ौमी ज़िंदगी बना सकें। इस उसूल को मानने के लाज़िमी मानी ये हैं कि अब ऐसी कोई रद्दोबदल न की जाये कि नये झगड़े पैदा हों या उन हिस्सों के दूसरे बड़े-बड़े समुदायों पर ज़बरदस्ती की जाये। देश के हर हिस्से को संघ के अंदर ज़्यादा-से-ज़्यादा स्थानीय स्वायत्तता होनी चाहिए और साथ ही एक मज़बूत क़ौमी सरकार होनी चाहिए। ब्रिटिश वार-कैबिनेट की मौजूदा तज़वीजें ऐसा बढ़ावा दे रही हैं कि उनकी वजह से बंटवारे की पूरी कोशिश होगी। यह सब संघ स्थापित करने के मौक़े पर हो रहा है। इस तरह तो आपसी झगड़े होंगे, ठीक ऐसे मौक़े पर, जब ज़्यादा ज़्यादा सहयोग और सद्भावनाओं की ज़रूरत है। यह प्रस्ताव शायद सांप्रदायिक मांग को पूरा करने के लिए है और इसके दूसरे नतीजे भी होंगे। राजनैतिक दृष्टि से प्रतिक्रियावादी और अलग संप्रदायों के अड़ंगा डालनेवाले लोग झगड़ा शुरू करेंगे और इस तरह देश की बड़ी-बड़ी समस्याओं की तरफ़ से जनता का ध्यान हट जायेगा।"

कमेटी ने आगे चलकर कहा कि " आज की संकट की हालतों में तो सिर्फ़ मौजूदा वक़्त के ही कुछ मानी हैं। भविष्य के प्रस्तावों का सिर्फ़ उतना ही महत्त्व है, जितना मौजूदा वक़्त पर उनका असर है।" हालांकि भविष्य के इन प्रस्तावों को वह मंजूर नहीं कर सकी, फिर भी किसी-न-किसी समझौते पर वह पहुंचने को बहुत उत्सुक थी, ताकि, जैसा वह कहती थी, हिंदुस्तान अपनी हिफ़ाज़त के भार को ठीक तरह से अपने कंधों पर ले सके। इसमें अहिंसा का कोई सवाल नहीं था और न किसी जगह उसका कोई ज़िक्र ही किया गया था। हां, एक सवाल, जिस पर बहस हुई, वह यह था कि प्रतिरक्षा-विभाग का मंत्री हिंदुस्तानी हो।

इस मौक़े पर कांग्रेस की स्थिति यह थी कि हिंदुस्तान पर मंडराते हुए युद्ध-संकट के कारण वह भविष्य की चीज़ों को एक तरफ़ रख देने के लिए तैयार थी। उसकी सारी निगाह एक क़ौमी सरकार बनाने की तरफ़ थी, जो लड़ाई में पूरी तरह साथ दे सके। वह भविष्य के सिलसिले में ब्रिटिश सरकार के उक्त प्रस्तावों को मानने को तैयार नहीं था, क्योंकि इसमें हर तरह की ख़तरनाक पाबंदियां थीं। जहांतक उनका सवाल था, ये प्रस्ताव वापस लिए जा सकते थे और इसके साथ ही ब्रिटिश नीयत को दिखाने के लिए क़ायम रखे जा सकते थे। लेकिन यह बात बिलकुल साफ़ थी कि कांग्रेस को वे मंजूर नहीं थे। लेकिन इसकी वजह से मौजूदा वक़्त में सहयोग का रास्ता निकालने के लिए कोई रुकावट नहीं थी।

जहांतक मौजूदा वक़्त का सवाल था, ब्रिटिश वार-कैबिनेट के प्रस्ताव अस्पष्ट थे, अधूरे थे। हां उनमें एक चीज़ ज़रूर साफ़ थी कि हिंदुस्तान की प्रतिरक्षा पूरी तरह से ब्रिटिश सरकार की ज़िम्मेदारी रहेगी। सर स्टैफ़र्ड क्रिप्स के बार-बार के बयानों में ऐसा मालूम होता था कि प्रतिरक्षा विभाग को छोड़कर बाक़ी सब विषयों का इंतज़ाम हिंदुस्तानी हाथों में दे दिया जायेगा। इसका भी जिक्र था कि वाइसराय सिर्फ़ संवैधानिक प्रमुख की तरह होगा, ठीक उसी तरह, जैसे इंग्लैंड का बादशाह था। इससे हमने यह समझा कि अब सिर्फ़ प्रतिरक्षा के प्रश्न पर ही सोच-विचार करना है। हमारी दलील यह थी कि लड़ाई के ज़माने में अक्सर ऐसा होता है, और बाद में ऐसा हुआ भी कि उसके (प्रतिरक्षा के) अंदर ज़्यादातर क़ौमी कारगुज़ारियां समा जाती हैं। अगर प्रतिरक्षा को राष्ट्रीय सरकार के कार्य-क्षेत्र से बिलकुल अलहदा कर दिया जाय, तो शायद ही कुछ बाक़ी बचे। यह बात मंजूर थी कि ब्रिटिश सेनापति हथियारबंद फ़ौज पर और फ़ौजी कार्रवाइयों पर अपना पूरा काबू बनाये रहे। यह बात भी मंजूर थी कि लड़ाई की नीति सम्राट के अधिकारों द्वारा तय हो। लेकिन इसके अलावा यह मांग की गई थी कि प्रतिरक्षा-मंत्री का काम राष्ट्रीय सरकार के हिंदुस्तानी सदस्य को मिलना चाहिए।

कुछ बहस के बाद सर स्टैफ़र्ड तैयार हो गए कि एक हिंदुस्तानी मेंबर के अधीन प्रतिरक्षा-विभाग हो। लेकिन जो काम इस विभाग के ज़िम्मे सौंपे गए, वे ये थे— लोक-संपर्क, पेट्रोल कैंटीन, लिखाई और छपाई का सामान, विदेशी शिष्ट-मंडलों के लिए सामाजिक प्रबंध, फ़ौजों के आराम का इंतज़ाम वगैरह। यह एक ध्यान देने लायक़ फ़हरिस्त थी और उससे प्रतिरक्षा मंत्री का पद एक मज़ाक़ की चीज़ बन गया। आगे बहस में एक दूसरा ही पहलू सामने आया। इन दोनों नज़रियों में अब भी काफ़ी फ़र्क़ था। लेकिन ऐसा महसूस हुआ कि हम एक-दूसरे के क़रीब आते जा रहे हैं। पहली बार मुझे ऐसा लगा और यही बात दूसरों को महसूस हुई कि अब समझौता मुमकिन है। लड़ाई की हालत में बढ़ता हुआ संकट बराबर एक अंकुश था कि हम सभी किसी समझौते पर पहुंचना चाहते थे।

लड़ाई और हमले का ख़तरा बड़ा था और उसका जैसे भी हो, मुक़ाबला करना था। फिर भी कई तरीक़े हो सकते थे। लेकिन मौजूदा वक़्त के लिए और उससे भी ज़्यादा भविष्य के लिए सिर्फ़ एक ही कारगर तरीक़ा हो सकता था। हमको ऐसा मालूम पड़ा कि मनोवैज्ञानिक अवसर हाथ से निकल सकता है और उसके बाद मौजूदा ख़तरे ही नहीं आयेंगे, बल्कि भविष्य के बड़े भारी ख़तरे और भी ज़्यादा बढ़ जायेंगे। पुराने और नये सभी हथियारों की ज़रूरत थी। और ज़रूरत थी उनको इस्तेमाल करने के लिए एक नये ढंग की, नये जोश की, नये क्षितिज की, भविष्य में-भूतकाल से बिलकुल भिन्न भविष्य में—एक नये विश्वास की। और उसका सबूत मौजूदा वक़्त की तब्दीलियों में था। शायद हमारी उत्सुकता से हमारी आशावादिता बढ़ गई और हम कुछ देर के लिए भूल गए और यह चीज़ धुंधली हो गई कि ब्रिटिश शासकों के और हमारे बीच की खाई बहुत चौड़ी है और बहुत गहरी है।

ख़तरे और विध्वंस के होते हुए भी सदियों पुराने झगड़े का हल हो जाना ऐसा आसान नहीं था। किसी भी शाही ताक़त के लिए साम्राज्य को जकड़े हुए अपने पंजे को ढीला करना कभी भी आसान नहीं होता। ऐसा सिर्फ़ ज़बरदस्ती ही कराया जा सकता था। क्या परिस्थितियों में वह ताक़त या दृढ़ता आ गई थी? हमें पता नहीं था, लेकिन हमने मान लिया कि शायद ऐसा ही हो!

और तब, ठीक उस वक़्त, जब मुझे सबसे ज़्यादा उम्मीद थी, अजीव चीज़ें होने लगीं। लार्ड हेलीफ़ेक्स ने संयुक्त राज्य अमरीका में कहीं व्याख्यान देते हुए कांग्रेस पर ज़ोरदार आक्षेप किये। दूर अमरीका में ठीक उसी वक़्त उन्होंने यह क्यों किया, यह समझ में नहीं आया। लेकिन यह साफ़ था कि कांग्रेस के साथ समझौते की बात-चीत चल रही थी, वह ऐसा उस वक़्त तक नहीं कर सकते थे, जबतक वह ब्रिटिश सरकार की नीति और विचारों को ही प्रकट न कर रहे हों। यह बात दिल्ली में अच्छी तरह मालूम थी कि वाइसराय लॉर्ड लिनलिथगो और सिविल सर्विस के बड़े-बड़े अफ़सर समझौते के सख्त ख़िलाफ़ थे। वे अपनी ताक़तों को घटाने के लिए तैयार नहीं थे। बहुत-सी बातें गुप-चुप ढंग से हुई और उनके बारे में पूरी जानकारी नहीं हुई।

जब हम सर स्टैफ़र्ड क्रिप्स से प्रतिरक्षा-मंत्री के काम-काज की बाबत एक नया समझौता निकालने और सोच-विचार करने के लिए फिर मिले, तो यह बात ज़ाहिर हुई कि हमारी पिछली बातों का असली चीज़ से कोई ताल्लुक नहीं था। न कोई नये मंत्री बनने थे और न उन्हें कोई अधिकार ही दिये जाने थे। वाइसराय की मौजूदा कार्यकारिणी बदस्तूर बनी रहेगी और इरादा सिर्फ़ यह था कि राजनैतिक दलों के कुछ और हिंदुस्तानियों को उसमें नियुक्त कर दिया जाय। यह कौन्सिल किसी भी मानी में कैबिनेट नहीं हो सकती थी। उसके मेंबर तो अपने-अपने विभागों के अध्यक्ष या मंत्री होते; लेकिन सारी ताक़त वाइसराय के हाथों में ही रहती। हमने महसूस किया कि कानून के रद्दोबदल में वक़्त लगता है और इसलिए हमने उसके लिए जोर नहीं दिया था। लेकिन हमने इस बात पर जरूर ज़ोर दिया था कि वाइसराय एक ऐसा ढर्रा अपनाये कि अमली तौर पर कौन्सिल कैबिनेट की तरह हो और वाइसराय उसके फ़ैसलों को माने। अब हमको बताया गया कि यह मुमकिन नहीं है और वाइसराय की ताक़त ज्यों-की-त्यों बनी रहेगी—क़ानूनी तौर से भी और अमली तौर से भी। यह एक अजीब तब्दीली थी, जिस पर यक़ीन करना मुश्किल था, क्योंकि पहले मौक़ों पर हमारी बातों की बुनियाद ही बिलकुल दूसरी थी।

हमने सोच-विचार किया कि हमले को रोकने के लिए किस तरह हिंदुस्तान की ताक़त को बढ़ाया जा सकता है। इस हिंदुस्तानी फ़ौज को यह महसूस कराना चाहते थे कि वह एक क़ौमी फ़ौजें है और इसी तरह हम लड़ाई में देशभक्ति की भावना को मिलाने चाहते थे। इसके साथ ही नई फ़ौज बनाते और होम गार्ड आदि तेज़ी से बनाते, ताकि हमले के मौक़े पर घर-घर में बचाव हो सके। यह ठीक है कि ये सब चीज़ें सेनापति के अधीन होतीं। हमसे

कहा गया था कि हमको ऐसा नहीं करने दिया जायेगा। हिंदुस्तानी फ़ौज तो असल में ब्रिटिश फ़ौज का ही एक हिस्सा थी और उसे किसी भी मानी में क़ौमी फ़ौज नहीं कहा जा सकता था। इसमें शक है कि होम गार्ड या मिलीशिया-जैसे नये हथियारबंद दस्तों और जत्थों के संगठन की हमको इजाज़त मिलती।

इस तरह इस सबके मानी ये निकले कि मौजूदा ढांचा ज्यों-का-त्यों बना रहेगा, वाइसराय के मनमाने अधिकार बराबर बने रहेंगे और हममें से कुछ उनके वर्दीपोश अनुयायी होकर नाचते और चाय-पानी या इससे मिलती-जुलती चीज़ों की देख-भाल कर सकते थे। इस प्रस्ताव में और अठारह महीने पहले के मि० एमरी के प्रस्ताव में रत्ती- भर भी फ़र्क़ नहीं था। मि० एमरी का प्रस्ताव उस हिंदुस्तान की बेइज्ज़ती करता हुआ मालूम दिया था। यह ठीक है कि इस सबसे एक मनोवैज्ञानिक अंतर होता और कुछ व्यक्तियों के परिवर्तन का भी असर होता है। वाइसराय के सिंहासन को चारों तरफ़ घेरे रखनेवाले जी-हूज़ूरों की जगह इरादेवाले और क़ाबिल लोग एक दूसरे ही ढंग से काम करते।

हमारे लिए किसी भी मौक़े पर, ख़ासतौर से इस वक़्त, इस स्थिति को मंजूर करना ख़याल के बाहर था, नामुमकिन था। अगर हमने ऐसा करने की हिम्मत की होती, तो हमारे ही आदमी हमारा साथ छोड़ देते हमारे ख़िलाफ़ हो जाते। सच तो यह है कि बाद में जब सारी बातें जनता के सामने आईं, तो उन रियासतों के लिए, जो समझौते के दौरान में हमने मंज़ूर कर ली थीं, बड़ी भारी नाराज़ी हुई।

सर स्टैफ़र्ड क्रिप्स से बातचीत के सारे दौरान में अल्पसंख्यकों के मामले पर या सांप्रदायिक कहे जानेवाले सवालों पर न तो कोई सोच-विचार हुआ और न उनका ज़िक्र ही उठा। असल में उस वक़्त यह सवाल ही नहीं उठा। भविष्य के संवैधानिक परिवर्तन के सिलसिले में यह एक सवाल था, लेकिन ब्रिटिश प्रस्तावों पर हमारी पहली प्रतिक्रिया के बाद इनको जान-बूझकर एक तरफ़ हटा दिया गया था। अगर क़ौमी सरकार को असली हुकूमती ताक़त सौंप देने का उसूल मान लिया था, तो यह बात लाज़िमी तौर से उठती कि मुख्तलिफ़ समुदायों के नुमाइंदे किस औसत में होंगे। और चूंकि हम उस स्थिति तक ही नहीं पहुंचे, इसलिए दूसरा सवाल न तो उठा और न उस पर सोच-विचार ही किया गया। जहांतक हमारा ताल्लुक़ है, हम ख़ास पार्टियों के विश्वास पर बनी एक सच्ची क़ौमी सरकार के लिए इतने उत्सुक थे कि हमको ऐसा महसूस होता था कि आपसी अनुपात के सवाल पर कोई खास परेशानी नहीं होगी। कांग्रेस सभापति मौलाना अबुल कलाम आज़ाद ने सर स्टैफ़र्ड क्रिप्स को एक ख़त में लिखा:"हम इस बात पर आपका ध्यान दिलायेंगे कि जो प्रस्ताव हमने पेश किये हैं, वे सिर्फ़ हमारी ही नहीं, बल्कि हिंदुस्तान की जनता की एकमत मांग कहे जा सकते हैं। इन मामलों पर अलग-अलग समुदायों और पार्टियों में कोई मतभेद नहीं है; फ़र्क़ तो कुल मिलाकर हिंदुस्तानी जनता और ब्रिटिश सरकार में है। हिंदुस्तान में जो कुछ मतभेद है, वह तो सिर्फ़ भविष्य के संवैधानिक परिवर्तन के बारे में हैं। हम इस सवाल को मुल्तबी

करने के लिए तैयार हैं, ताकि हिंदुस्तान की रक्षा के लिए मौजूदा संकट में ज़्यादा-से-ज़्यादा एकता हो सके। इस वक़्त जब हिंदुस्तान में इस बारे में सिर्फ़ एक ही राय है कि एक ऐसी राष्ट्रीय सरकार की स्थापना हो, जो हिंदुस्तान के आदर्श के लिए काम करते हुए उन करोड़ों आदमियों की भी सेवा करे, जो आज मौत और तक़लीफ़ का सामना कर रहे हैं। यह तो बिलकुल सर्वनाश की ही बात होंगी, अगर ब्रिटिश सरकार ऐसी सरकार की स्थापना को रोक रखे।"

बाद में कांग्रेस-सभापति के आख़िरी ख़त में यह कहा गया था-"हमारी दिलचस्पी इसमें नहीं है कि सिर्फ़ कांग्रेस को ही ताक़त मिले; बल्कि हमारी दिलचस्पी इसमें है कि हिंदुस्तान की सारी जनता को आज़ादी और ताक़त मिले। हमको विश्वास है कि अगर ब्रिटिश सरकार अपनी फूट डालनेवाली नीति को बढ़ावा न दे, तो हम सब, चाहे हम किसी पार्टी या दल के हों, आपस में मिल सकते हैं और काम करने का ऐसा रास्ता निकाल सकते हैं, जो सबको मंजूर होगा। लेकिन अफ़सोस कि इस भारी खतरे के मौके पर भी ब्रिटिश सरकार अपनी फूट डालनेवाली नीति को छोड़ने को तैयार नहीं है। इससे हमको मजबूर होकर इस नतीजे पर पहुंचना पड़ा है कि हिंदुस्तान की मंडराते हुए हमले से हिफ़ाजत की जगह, हिंदुस्तान में जबतक मुमकिन हो सके, अपना राज्य क़ायम रखने की उसके दिमाग़ में ज़्यादा अहमियत है और उसी मक़सद से वह यहां फूट और झगड़ा बढ़ाये जाती है। हमारे लिए और सभी हिंदुस्तानियों के लिए हिंदुस्तान की हिफ़ाज़त और प्रतिरक्षा का ही ख़ास ख़याल है और उसी कसौटी को हम सबसे ऊपर मानते हैं।"

इस ख़त में प्रतिरक्षा के बारे में भी हमारी स्थिति को उन्होंने साफ़ कर दिया। "किसीने भी सेनापति की आम ताक़तों को कम करने का सुझाव नहीं दिया है। यही नहीं, हम तो और भी आगे बढ़े, और युद्ध - मंत्री के नाम से और भी नई ताक़त उन्हें देने को तैयार थे। लेकिन ज़ाहिर है कि प्रतिरक्षा के मामले में ब्रिटिश सरकार के और हमारे ख़याल में बहुत बड़ा फ़र्क़ है। हमारे लिए तो उसके मानी ये हैं कि उसका राष्ट्रीय स्वरूप दे दिया जाय और हिंदुस्तान के हर मर्द और औरत से उसमें हिस्सा लेने को कहा जाय; उसके मानी हैं, अपनी जनता का विश्वास करना और इस बड़ी भारी कोशिश में उनका पूरा-पूरा साथ लेना। ब्रिटिश सरकार के नज़रिये की बुनियाद हिंदुस्तानियों का बिलकुल विश्वास न करने पर है और वह उनसे असली ताक़त को रोक रखना चाहती है। आपने प्रतिरक्षा के मामले में शाही सरकार के अहम कर्तव्य और ज़िम्मेदारी का ज़िक्र किया है। उस कर्तव्य और ज़िम्मेदारी का पूरा-पूरा पालन पूरे ढंग से तबतक नहीं हो सकता, जबतक हिंदुस्तानियों को खुद ज़िम्मेदारी न मिले और उन्हें उसका अनुभव न हो। इधर हाल की ही बातें उसकी गवाह हैं। हिंदुस्तान-सरकार इस बात को महसूस नहीं करती कि लड़ाई जनता के सहयोग से ही लड़ी जा सकती है।"

कांग्रेस-सभापति के इस आख़िरी ख़त के कुछ ही बाद सर स्टैफ़र्ड क्रिप्स हवाई जहाज़ से इंग्लैंड वापस लौट गए। लेकिन इससे पहले और फिर इंग्लैंड पहुंचने के बाद उन्होंने जनता

के सामने ऐसे बयान दिये, जो असलियत से उलटे थे। उनसे हिंदुस्तान में बेहद नाराज़ी हुई। हिंदुस्तान में ज़िम्मेदार आदमियों के विरोध और शिकायत के बाद भी सर स्टैफ़र्ड और दूसरे आदमी उन बयानों को दुहराते रहे।

ब्रिटिश प्रस्तावों को सिर्फ़ कांग्रेस ने ही रद्द नहीं किया था, बल्कि हर पार्टी और दल ने उन्हें रद्द कर दिया था। हमारे यहां के सबसे उदार राजनीतिज्ञों तक़ ने उन्हें नामंजूर किया था। मुस्लिम लीग को छोड़कर और सबकी वजहें भी क़रीब-क़रीब वही थीं। अपने ढर्रे के मुताबिक़ मुस्लिम लीग ने इंतज़ार किया कि और लोग अपनी राय ज़ाहिर करें, तब उसने अपनी अलग वजहें देकर प्रस्तावों को रद्द कर दिया।

ब्रिटिश पार्लमेंट में और दूसरी जगहों पर यह कहा गया कि कांग्रेस की रद्द करने की वजह नो गांधीजी का वह रुख़ था, जो समझौता चाहता ही नहीं था। यह बात बिलकुल गलत है। गांधीजी ने और लोगों के साथ इस बात को नापसंद किया था कि प्रस्ताव की वजह से भविष्य में अनगिनत बंटवारे करने पड़ते और साथ ही हिंदुस्तानी रियासतों की करोड़ जनता की अवहेलना की गई थी। उन्हें अपने भविष्य के बारे में कुछ कहने का अधिकार नहीं दिया गया था। समझौते की सारी बात-चीत, जिसमें भविष्य का नहीं, बल्कि मौजूदा हालत में रद्दोबदल का ही जिक्र था, गांधीजी की गैरहाज़िरी में हुई। अपनी पत्नी की बीमारी की वजह से उन्हें लौट जाना पड़ा था। उनका इस सबसे कोई ताल्लुक़ ही नहीं था। पिछले कितने ही मौक़ों पर कांग्रेस-कार्यसमिति अहिंसा के मामले में उनसे असहमत रही है। वह तो लड़ाई में और ख़ासतौर से हिंदुस्तान की रक्षा में साथ देने के लिए और राष्ट्रीय सरकार की स्थापना के लिए बहुत उत्सुक थी।

लोगों के दिमाग़ों में लड़ाई का ख़याल था और वही अहम सवाल था। हिंदुस्तान पर हमला साफ़ दिखाई पड़ रहा था। समझौते ने लड़ाई में रुकावट नहीं पेश की; क्योंकि उसका नियंत्रण तो विशेषज्ञ ही करते, न कि आम आदमी। लड़ाई की नीति के सिलसिले में किसी फैसले पर पहुंचना मुश्किल नहीं था। असली सवाल तो क़ौमी सरकार को ताक़त सौंपने का था। ब्रिटिश साम्राज्यवाद और हिंदुस्तानी राष्ट्रीयता का यह पुराना झगड़ा था। उस मामले में चाहे लड़ाई हो या न हो, हिंदुस्तान और इंग्लैंड में हुक्मरान तबक़ा उस सबको हाथ में रखने पर तुला हुआ था, जो अभी हाथ में था। इन सबके पीछे मि० विन्स्टन चर्चिल की बड़ी हस्ती थी।

❐

9. मायूसी

क्रिप्स संधि-चर्चा का अचानक ख़ात्मा और सर स्टैफ़र्ड की यकायक वापसी, इन दोनों बातों से अचंभा हुआ। जहांतक मौजूदा वक़्त का सवाल था, क्या इसी तुच्छ तजवीज़

के लिए, जैसी वह आगे चलकर साबित हुई और जिसमें पहले कई बार कही बातों को ही दुहराया गया था, ब्रिटिश वार- कैबिनेट का एक मेंबर हिंदुस्तान आया था? या यह सब संयुक्त राज्य अमरीका की जनता में प्रचार के ख़याल से किया गया था? उसकी प्रतिक्रिया तेज़ और तीखी हुई। ब्रिटेन के साथ समझौता की कोई उम्मीद नहीं थी। हिंदुस्तानियों को अपनी मर्ज़ी के मुताबिक़ अपने देश को बाहरी हमलों से बचाने का भी मौक़ा नहीं दिया जाना था।

इस बीच उस हमले की संभावना बढ़ रही थी और भूखे हिंदुस्तानी शरणार्थियों के झुंड के झुंड हिंदुस्तान की पूर्वी सीमा से अंदर आ रहे थे। पूर्वी बंगाल में, घबराहट में, हमले के डर की वजह से, दसियों हज़ार नावों को बरबार कर दिया गया। (बाद में यह कहा गया कि एक सरकारी हुक्म के गलत मानी लगाने की वजह से ऐसा किया गया था)। उस विस्तृत प्रदेश में जल मार्ग बहुत हैं और वहां आना-जाना इन्हीं नावों में मुमकिन था। उनके बरबाद कर देने की वजह से बड़े-बड़े समुदाय एक दूसरे से अलहदा हो गए। उनकी रोज़ी छिन गई। एक जगह से दूसरी जगह आने-जाने का सहारा नहीं रहा और यह बंगाल के अकाल की एक काफ़ी बड़ी वजह हुई। एक बड़े पैमाने पर वहां से हटने की तैयारियां की गई। दक्खिन बरमा में और रंगून में जो कुछ हुआ था, उसके दुहराये जाने के आसार दिखाई पड़ने लगे। मदरास शहर में एक अस्पष्ट और अनिश्चित अफ़वाह उड़ी (बाद में यह झूठी निकली)। इसमें कहा यह गया कि एक जापानी जहाज़ी बेड़ा आ रहा है। उसका नतीजा यह हुआ कि बड़े-बड़े सरकारी अफसर वहां से अचानक हटे और साथ ही कुछ हद तक वहां का बंदरगाह भी बिगाड़ दिया गया। ऐसा मालूम होता था कि हिंदुस्तान की मुल्की हुकूमत की हिम्मत टूट रही थी। उसकी बहादुरी हिंदुस्तान की क़ौमियत कुचलने में ही थी।

हम क्या करते? हम इस बात को बरदाश्त नहीं कर सकते थे कि हिंदुस्तान का कोई भी हिस्सा हमले के सामने चुपचाप सिर झुका दे। जहांतक कि हथियारबंद विरोध का सवाल है, उससे (जैसी कुछ वह थी) फ़ौज का और हवाई ताक़त का ताल्लुक़ था। अमरीका से मदद आ रही थी - ख़ासतौर से हवाई जहाजों की शक़्ल में, और उससे सारी फ़ौजी स्थिति धीरे-धीरे बदल रही थी। जिस ढंग से हम मदद कर सकते थे, वह था घरेलू मोर्चे के सहारे वातावरण में परिवर्तन। लोगों में जोश पैदा करते, किसी भी सूरत से हमला रोकने की तीव्र इच्छा जगा देते। इसके लिए नागरिकों का संगठन करते और गृह-रक्षक जत्थे बनाते। ब्रिटिश नीति ने हमारे लिए यह चीज़ बेहद मुश्किल बना दी थी। ख़ास हमले के मौक़े पर फ़ौज के बाहर किसी भी हिंदुस्तानी पर इतना भरोसा नहीं था कि उसे बंदूक दी जाती। यही नहीं, बल्कि गांवों में निजी हिफ़ाजत के लिए ग़ैर-हथियारबंद जत्थों को तैयार करने की कोशिश भी नापसंद की गई और अक्सर वह दबा दी गई। ब्रिटिश अधिकारी जन-रक्षा-संगठन को बढ़ावा देने की जगह उससे डरते थे। उसकी वजह थी। वे इन सार्वजनिक रक्षा के संगठनों में ब्रिटिश राज्य के प्रति विद्रोह और ख़तरा देखने के आदी हो गए थे। उनको अपनी पुरानी

नीति पर ही चलना था। उसकी जगह दूसरा रास्ता सिर्फ़ यही था कि हिफ़ाजत के लिए सार्वजनिक संगठन पर भरोसा करनेवाली क़ौमी सरकार क़ायम हो। इस रास्ते को उन्होंने पहले ही साफ़-तौर पर नामंजूर कर दिया था। अब बीच का कोई रास्ता नहीं था। लाज़िमी तौर पर वह जनता को जायदाद की तरह इस्तेमाल करना चाहते थे। लोगों की अपनी निज़ी प्रेरणा या सूझ नहीं होती। अधिकारी वर्ग बिलकुल अपनी इच्छा के मुताबिक उससे काम लेना या फायदा उठाना चाहता था। कांग्रेस-महासमिति ने अपनी अप्रैल, 1942 की बैठक में इस नीति और व्यवहार पर अपनी भारी नाराज़गी का ऐलान किया। उसने कहा कि वह किसी ऐसी स्थिति को मंजूर करने को तैयार नहीं है, जिसमें जनता को विदेशी सत्ता के गुलाम की हैसियत से काम करना पड़े।

फिर भी इस आनेवाले सर्वनाश के लिए हम मौन और बेबस तमाशबीन होकर नहीं रह सकते थे। हमें जनता को सलाह देनी थी – उस बड़ी भारी आबादी को सलाह देनी थी कि हमले की हालत में उन्हें क्या करना है। हमने उससे कहा कि ब्रिटिश नीति के लिए नफ़रत होते हुए भी उन्हें ब्रिटिश या मित्र राष्ट्रों की फ़ौजों के काम में कैसा भी दख़ल नहीं देना चाहिए, क्योंकि इस तरह तो हम हमला करनेवाले दुश्मन की ही मदद करेंगे। लेकिन साथ ही किसी भी सूरत में उन्हें आक्रमणकारी के आगे न तो सिर झुकाना चाहिए और न उसकी किसी इनायत को ही मंजूर करना चाहिए। अगर आक्रमणकारी सेवाएं उनके घरों और खेतों पर क़ब्ज़ा करें, तो उन्हें मरते दम तक उनको रोकना चाहिए। यह विरोध शांतिपूर्वक हो। दुश्मन से सोलहों आने पूरा असहयोग होना चाहिए।

बहुत से लोगों ने काफी व्यंग के साथ इसकी आलोचना की। आक्रमणकारी फ़ौज का इस अहिंसात्मक असहयोग से विरोध करना एक बिलकुल वाहियात ख़याल मालूम दिया। लेकिन वाहियात होने की जगह जनता के पास यही एक कारगर रास्ता बाक़ी था। यह तो एक बहुत बहादुराना ढंग था। हथियारबंद फ़ौजों को यह सलाह नहीं दी गई थी और न यही कहा गया था कि शांतिपूर्ण विरोध से काम चल जायेगा। यह सलाह निहत्थी नागरिक जनता को दी गई थी। सशस्त्र फ़ौजों के हट जाने या हार जाने पर यह जनता हमेशा ही आक्रमणकारी के आगे सिर झुका देती है। ख़ास हथियारबंद फ़ौज के अलावा, दुश्मन को परेशान करने के लिए छोटे-छोटे छापामार जत्थों का संगठन किया जा सकता है। लेकिन हमरे लिए यह मुमकिन नहीं था। इसके लिए शिक्षा की और हथियारों की ज़रूरत होती है। इसमें फ़ौज का पूरा साथ चाहिए। और अगर कुछ छापामार जत्थों को शिक्षा भी दे दी जाती, तब भी सारी जनता बाक़ी बच रहती। आमतौर पर यह उम्मीद की जाती है कि सारी नागरिक जनता दुश्मन के क़ब्ज़े के बाद सिर झुका देगी। यही नहीं, ब्रिटिश अधिकारियों द्वारा उन हिस्सों में हिदायतें जारी की गई थीं—जहां ख़तरा था- कि—बड़े-बड़े अफ़सरों के हटने के बाद वहां की जनता और यहांतक कि छोटे अफ़सर और अहलकार, दुश्मन की मातहती मान लें।

हम अच्छी तरह जानते थे कि शांतिपूर्वक असहयोग से आगे बढ़ती हुई दुश्मन की

फ़ौज रोकी नहीं जा सकती। हम यह भी जानते थे कि ज़्यादातर जनता के लिए, इच्छा होते हुए भी, उस फ़ौज को रोकना मुश्किल होगा। फिर भी हमें उम्मीद थी कि दुश्मन के जीते हुए गांवों और क़सबों में ऐसे प्रमुख व्यक्ति निकल आयेंगे, जो न उनका हुक्म मानेंगे और न उन्हें खाने-पीने के इंतजाम में मदद देंगे उसकी वजह से उन्हें फौरन सज़ा मिलती—बहुत मुमकिन था, मौत की सज़ा मिलती, वरना उनका सब-कुछ ज़ब्त तो हो ही जाता। हमारा ख़याल था कि कुछ गिने-चुने आदमियों द्वारा भी सिर न झुकाने और मरते दम तक विरोध करने का आम आबादी पर, सिर्फ़ उन हिस्सें में ही नहीं, बल्कि सारे हिंदुस्तान में, ज़ोरदार असर होगा। इस तरह हमें उम्मीद थी कि विरोध के लिए राष्ट्रीय भावना बढ़ाई जा सकती थी।

पिछले कुछ महीनों से हम संगठन कर रहे थे-खाने का इंतज़ाम करनेवाली कमेटियों का और गांवों और क़सबों में आत्म-रक्षा इकाइयों का अक्सर यह हमें सरकारी विरोध होते हुए भी करना पड़ा। खाने-पीने की चीज़ों की समस्या हमें परेशान कर रही थी। लड़ाई की वजह से यातायात की दिन-ब-दिन बढ़ती हुई मुश्किल से और लड़ाई के सिलसिले में और दूसरी बातों से हमें खाने-पीने की चीज़ों के संकट का डर था। इस मामले में सरकार क़रीब-क़रीब कुछ भी नहीं कर रही थी। हमने स्वयं-पर्याप्त इकाइयों की सभी जगह और ख़ासतौर से गांवों में संगठन करने की कोशिश की। हमने नये साधनों के अभाव में आने-जाने के पुराने साधनों-बलगाड़ी आदि के लिए बढ़ावा दिया। इस बात की भी बहुत संभावना थी कि अगर पूरब की तरफ़ से हमला हुआ तो, बहुत बड़ी संख्या में शरणार्थी और भागे हुए लोग एकदम पच्छिम की ओर दौड़ेंगे। यही बात चीन थी। हमने अपने-आप इस बात की तैयारी की कि उस वक़्त उन लोगों के खाने और रहने का इंतज़ाम हो सके। सरकारी मदद के बिना यह बहुत मुश्किल था, शायद मुमकिन भी नहीं था, फिर भी हमने हर मुमकिन कोशिश की। आत्म-रक्षा इकायों का उद्देश्य इस काम में मदद करना था। उन्हें अपने-अपने हलक़ों में व्यवस्था रखनी थी और घबराहट को रोकना था। काफ़ी दूर, किसी भी जगह फ़ौज़ी हमले या हवाई की ख़बर से यह घबराहट या भगदड़ हो सकती थी और इसे रोकना बहुत ज़रूरी था। इस मामले में सरकार की तरफ़ से इंतज़ाम बिलकुल नाकाफ़ी था। वहां जनता पर अविश्वास था। गांवों में चोरियां और डकैतियां दिन-ब-दिन बढ़ रही थीं।

हमने लंबी-चौड़ी योजनाएं बनाईं और कुछ हद तक उन्हें अमल में लाने की कोशिश की। लेकिन ज़ाहिर था कि हमारे सामने जो बहुत बड़ी समस्या थी, उसमें हम सिर्फ़ थोड़ा काम कर पा रहे थे। सरकारी ढांचे और जनता के पूरे-पूरे सहयोग से ही इस समस्या का हल हो सकता था। लेकिन सहयोग असंभव पाया गया। इस हालत को देखकर दिल टूटता था। जिस समय संकट में हमारी ज़रूरत थी और काम करने के लिए हमारा जोश उमड़ा पड़ता था, कुछ कर दिखाने के लिए रुकावट थी, इजाज़त नहीं थी। संकट और विध्वंस लंबे डग भरते हुए आगे बढ़ते आ रहे थे और हिंदुस्तान, बेबस और हाथ-पर-हाथ रखे बैठा हुआ था; उसमें नाराज़ी और गुस्सा था और वह प्रतिद्वंद्वी विदेशी शक्तियों का रण-स्थल बना हुआ था।

लड़ाई के लिए नफ़रत होते हुए भी हिंदुस्तान पर जापानी हमले के ख़याल से मुझे किसी तरह का डर नहीं हुआ। हिंदुस्तान पर आती हुई लड़ाई की बाबत सोचकर मेरे मन में एक तरह का आकर्षण पैदा हुआ। यह ठीक है कि लड़ाई एक भयंकर चीज़ है। ब्रिटेन ने हमारे ऊपर मरघट की शांति लाद रखी थी। मैं चाहता था कि हमारे करोड़ों आदमी उससे बाहर खींच लिए जायें; उन्हें निजी अनुभव हो और साथ ही उन्हें अच्छी तरह झकझोर दिया जाये। यह एक ऐसी बात होती, जो उन्हें गुज़रे ज़माने की चीज़ों से, जिनसे वे बुरी तरह चिपटे हुए थे, ऊपर उठा देती और जो उन्हें ज़बरदस्ती मौजूदा असलियत के सामने ला देती। इससे वे छोटी-छोटी राजनैतिक समस्याओं से और बढ़-चढ़कर दीखनेवाले छोटे-छोटे झगड़ों से, जो उनके दिमाग़ में घर किये हुए थे, बाहर निकल आते। उससे उनकी ज़िंदगी की लय बदल जाती और उनका सुर मौजूदा वक़्त और भविष्य से मिल जाता। लड़ाई की गहरी क़ीमत चुकानी पड़ती, उसके नतीजे का कुछ ठीक भी नहीं था। हमने नहीं चाहा था कि लड़ाई हो, लेकिन अब, जब वह आ ही गई थी, उससे क़ौमी की रगें मज़बूत की जा सकती थीं। उससे ऐसे महत्त्वपूर्ण अनुभव हो सकते थे, जिनसे नये जीवन का अंकुर फूटे। बहुत बड़ी तादाद में लोग मरेंगे, यह बात साफ़ थी, लेकिन अकाल से मरने से लड़ाई में मरना बेहतर है। दुखभरी, बेकार ज़िंदगी से मर जाना बेहतर है। मौत से नई ज़िंदगी आती है। वे व्यक्ति और राष्ट्र, जो मरना नहीं जानते, जीना भी नहीं जानते। "सिर्फ़ वहीं, जहां क़ब्रें हैं, पुनरुत्थान होता है।"

हालांकि लड़ाई हिंदुस्तान तक आ पहुंची थी, लेकिन उससे हममें कोई जोश नहीं आया था, किसी बड़ी कोशिश में हमारी ताक़त खुशी से फूटी नहीं पड़ती थी- किसी ऐसी कोशिश में, जिसमें तकलीफ़ और मौत का ध्यान नहीं होता, जहां खुद अपनी अहमियत भुला दी जाती है, जिसमें आजादी के निशाने की और दूसरी भविष्य के नक्शे की ही क़ीमत होती है। हमारे लिए तो सिर्फ़ तकलीफ़ और मुसीबतें ही थीं। इसके अलावा उस आते हुए सर्वनाश का ख़याल था, जिसको हम टाल नहीं सकते थे, जिससे हमारे दर्द की तेज़ी बढ़ती और हमारी चेतना सजग होती। अनिवार्य दुर्दशा की चिंता बढ़ती गई। यह दुर्दशा जाती भी थी और क़ौमी भी।

इसका लड़ाई की हार-जीत से कोई ताल्लुक़ नहीं था और न इस बात से कि कौन हारे और कौन जीते। हम धुरी राष्ट्रों की जीत नहीं चाहते थे; क्योंकि उससे लाज़िमी तौर पर सर्वनाश होता। हम नहीं चाहते थे कि जापानी हिंदुस्तान में घुसें और उसके किसी हिस्से पर क़ब्ज़ा करें। उसको जैसे भी हो सके, रोकना था और हमने बार-बार इस बात पर जनता का ध्यान दिलाया। लेकिन यह सब नकारात्मक कोशिश थी। लड़ाई का असली मक़सद क्या था? उससे आनेवाले ज़माने का नक़शा कैसे बनेगा? क्या यह पहली ग़लतियों और पहले विध्वंसों को दुहराना भर था, जिसमें प्रकृति की अचेतन शक्तियां काम करती थीं और वे इन्सानी ख्वाहिशों और आदर्शों का कोई ख़याल ही नहीं करती थीं? हिंदुस्तान का भविष्य क्या होगा?

एक ही साल पहले मृत्यु-शैया से दिये हुए श्री रवींद्रनाथ ठाकुर के आख़िरी संदेसे का हमें ध्यान आया। बर्बरता के पिशाच ने सारे आवरण हटा दिये हैं। संहार के तांडव में मानवता को चीरकर फेंकने के लिए वह अपने बड़े-बड़े दांतों को खोले हुए बाहर आया है। दुनिया के एक सिरे से दूसरे सिरे तक नफ़रत के ज़हरीले धुएं ने सारे वातावरण को काला कर दिया है। हिंसा की भावना, जो शायद पश्चिम की मनोवृत्ति में छिपी पड़ी थी, अब आखिरकार बाहर आई है और उसने मानव-आत्मा को कलंकित कर दिया है।

"किसी दिन भाग्य-चक्र अंग्रेज़ों को हिंदुस्तानी साम्राज्य छोड़ने के लिए मजबूर करेगा। लेकिन वह कैसा हिंदुस्तान छोड़कर जायेंगे? कितना दुख भरा! जब उनकी हुकूमत की सदियों पुरानी धारा सूख जायगी, तो कितनी दलदल, कितनी कीचड़ वे छोड़ जायेंगे! किसी समय मेरा विश्वास था कि यूरोप के हृदय से विभिन्न संस्कृतियों के स्रोत फूटेंगे। किंतु आज, जब मैं दुनिया को छोड़नेवाला हूं, इस विश्वास का बिलकुल दिवाला पिट गया है।

"चारों तरफ़ देखने पर मुझे एक गर्वीली सभ्यता के भग्न अवशेष दिखाई दे रहे हैं, मानो एक बहुत बड़ा, बिलकुल बेकार का ढेर तितर-बितर पड़ा हो। फिर भी मानव में विश्वास खोने का भारी पाप नहीं करूंगा। मैं उसके इतिहास में एक नये अध्याय को देखना चाहूंगा, जो इस तूफ़ान के बाद, वायुमंडल साफ़ होने के बाद, सेवा और बलिदान की भावना से शुरू होगा। शायद वह प्रभात, इसी क्षितिज पर होगा—पूर्व में—जहां सूर्योदय होता है। एक ऐसा दिन आयेगा, जब अपराजित मानव सारी रुकावटों के होते हुए अपने विजय-मार्ग पर वापस लौटेगा, ताकि वह अपनी खोई हुई मानवीय पैतृक संपत्ति को पा सके।

"आज हम उन ख़तरों को देख रहे हैं, जो शक्ति की उद्दंडता के साथ होते हैं। एक दिन ऋषियों द्वारा घोषित यह पूर्ण सत्य प्रकट होगा-:

"असत्याचरण से मनुष्य की समृद्धि होती है, शत्रुओं पर विजय प्राप्त होती है, चाही हुई चीज़ मिलती है, लेकिन जड़ में उसका नाश हो जाता है।"

नहीं, मानव में किसी का विश्वास नष्ट न हो। ईश्वर को हम अस्वीकार कर सकते हैं, लेकिन अगर हम मानव में विश्वास मिटा दें, तब हमारे लिए क्या आशा रहेगी, क्योंकि तब सभी कुछ बेकार हो जायेगा? फिर भी, किसी चीज़ में या इसमें कि सत्याचरण हमेशा ही विजयी होगा, विश्वास करना मुश्किल था।

थके तन और बेचैन मन से अपने इस वातावरण से बचने के लिए, मैंने हिमालय की भीतरी घाटियों में स्थित कुल्लू की यात्रा की।

❐

10. चुनौती:'भारत छोड़ो'-प्रस्ताव

एक पखवाड़े की ग़ैरहाज़िरी के बाद, कुल्लू से लौटने पर, मैंने अनुभव किया कि देश

की अंदरूनी हालत तेज़ी से बदल रही थी। समझौते की पिछली कोशिश की असफलता की प्रतिक्रिया बढ़ गई थी, और अब ऐसी धारणा थी कि उस तरफ़ कोई उम्मीद नहीं है। पार्लमेंट में ब्रिटिश अधिकारियों के बयानों ने इस धारणा को पक्का कर दिया था, और लोगों में उसकी वजह से नाराज़ी थी। हिंदुस्तान में अधिकारियों की नीति हमारे राजनैतिक और सार्वजनिक कामों को दबाने का पक्का, इरादा कर रही थी और चारों तरफ़ दबाव बढ़ता जा रहा था। हमारे बहुत-से साथी क्रिप्स वार्ता के दौरान में जेल में थे। अब मेरे सबसे क़रीबी और ख़ास दोस्त और साथी भारत- रक्षा क़ानून के मातहत गिरफ़्तार कर जेल भेज दिये गए थे। शुरू मई में रफ़ी अहमद किदवई गिरफ़्तार हुए। उसके कुछ ही बाद संयुक्त-प्रांतीय कांग्रेस कमेटी के सभापति श्रीकृष्णदत्त पालीवाल का नंबर आया और इसी तरह और बहुत-से लोगों का नंबर आया। ऐसा मालूम होता था कि हममें से ज़्यादातर को इस तरह छांटकर गिरफ़्तार कर लिया जायेगा और कार्य-क्षेत्र से हटा दिया जायेगा। हमारे राष्ट्रीय आंदोलन का इस तरह काम रोका जायेगा और धीरे-धीरे वह आंदोलन छिन्न-भिन्न हो जायेगा। क्या हम इसे चुपचाप सिर झुकाकर सह लेंगे? हमको ऐसी शिक्षा नहीं मिली थी। इस बरताव के ख़िलाफ़ विद्रोह करने को हमारा निजी और राष्ट्रीय अभिमान उठ खड़ा हुआ।

गंभीर युद्ध-संकट और हमले की संभावना का ख़याल करते हुए आख़िर हम क्या कर सकते थे? लेकिन हाथ-पर-हाथ रखकर बैठने से इस मक़सद को मदद न मिलती। उसकी वजह से ऐसी संभावनाएं बढ़ रही थीं कि उनको सोचकर चिंता होती, डर होता। इनते बड़े देश में और ऐसे संकट के समय, जैसा कि कुदरती था, जनता में तरह-तरह की रायें थीं। जापानियों की हिमायत की भावनाएं क़रीब-क़रीब बिलकुल नहीं थीं। कोई भी नहीं चाहता था कि एक विदेशी मालिक की जगह दूसरा आ जाये। चीनियों की तरफ़दारी में चारों तरफ़ बहुत ज़ोरदार भावनाएं थीं। लेकिन एक ऐसा छोटा-सा समूह भी था, जो एक लिहाज से जापानियों के पक्ष में था। उसका अंदाज़ था कि जापानी हमले का हिंदुस्तान की आज़ादी के लिए फ़ायदा उठाया जा सकता है। उस पर सुभाषचंद्र बोस के ब्राडकास्टों का असर था। बोस पिछले साल गुप्त रूप से हिंदुस्तान से बाहर निकल गए थे। हां, ज़्यादातर आदमी सिर्फ़ निष्क्रिय थे और चुपचाप घटनाओं को देख रहे थे। अगर बदकिस्मती से हालत ऐसी बदलती कि हिंदुस्तान के किसी हिस्से पर आक्रमणकारी का क़ब्ज़ा हो जाता, तो उसको ऐसे आदमी, ख़ासतौर से बड़ी आमदनीवाले आदमी ज़रूर मिलते, जो उसका साथ देते। उनको सबसे बड़ी ख्वाहिश अपनी जायदाद की और अपने को बचाने की थी। इस नस्ल के और इस मनोवृत्ति के साथ देनेवालों को हिंदुस्तान की ब्रिटिश सरकार बहुत चाहती थी और पिछले वक़्त में अपना काम लेने के लिए उसने उनको बहुत बढ़ावा दिया था। बदलती हुई हालतों के साथ ये लोग भी बदल सकते थे और हमेशा अपने निजी लाभ को ध्यान में रखते। फ्रान्स, बेलजियम, नार्वे और यूरोप के और बहुत-से अधिकृत देशों में, विरोध के ज़ोरदार आंदोलन के होते हुए भी, आक्रमणकारी का साथ देनेवालों की भी बाढ़ हमने देखी

थी। हमने देखा था कि किस तरह (पतनैक्स के शब्दों में) विशी के आदमियों ने " अपने दिमाग़ को धोखा देकर शर्म को इज्ज़त बताया, कायरता को हिम्मत बताया, खोखलेपन और बेखबरी को अक़्लमंदी बताया, अपमान को गुण बताया और जर्मनी की जीत को दिल से मंजूर कर लेने को नैतिक पुनर्जन्म बताया। "अगर यह चीज़ क्रांतिकारी देशभक्ति से प्रज्वलित फ्रान्स में हुई, तो उसी क़िस्म के लोगों का हिंदुस्तान में ऐसा होना नामुमकिन नहीं था, क्योंकि यहां ऐसा साथ देने की मनोवृत्ति बहुत अरसे से फल-फूल रही थी। उस पर ब्रिटिश सरकार की इनायत थी और तरह-तरह के इनाम मिले थे। असल में इस बात की ही ज़्यादा संभावना थी कि दुश्मन का साथ देनेवाले लोग ज़्यादातर वही होंगे, जो ब्रिटिश राज्य का साथ दे रहे थे और उस राज्य के प्रति अपनी निष्ठा का गला फाड़-फाड़कर ऐलान कर रहे थे। इस साथ देने के हुनर में वे बहुत मंज गए थे और अब ऊपरी ढांचा बदलने के बाद ठीक उसी ढंग से काम करने में उन्हें कोई मुश्किल नहीं होती। और बाद में अगर फिर ऊपरी ढांचा दुबारा बदलता, तो वे फिर दुबारा बदल सकते थे, ठीक उसी तरह, जैसे यूरोप में उनकी नस्ल के आदमी कर रहे थे। जब ज़रूरत होती, तो क्रिप्स-समझौते की नाकामयाबी से बढ़ी बढ़ी हुई ब्रिटिश-विरोधी भावनाओं का वे फ़ायदा उठा सकते थे। ऐसा ही और लोग भी करते, मौक़ापरस्ती और जाती फ़ायदे के लिए नहीं, बल्कि और दूसरी प्रेरणाओं से। उसमें न चारों तरफ़ का ही ख़याल होता और न बड़े-बड़े और अहम सवालों का। इन घटनाओं से हम भौंचक्के रह गए और हमें महसूस हुआ कि हिंदुस्तान में ब्रिटिश नीति के लिए ज़बरदस्ती और चुप-चाप सिर झुकाने से हर तरह के ख़तरनाक नतीजे हो सकते हैं और उससे यहां की जनता का पूरी तरह पतन होगा।

चारों तरफ़ काफ़ी हद तक यह ख़याल था कि अगर हमला हुआ और देश के पूरबी हिस्सों पर दुश्मन का क़ब्जा हुआ, तो दूसरी जगहों के ज़्यादातर हिस्सों में सिविल हुकूमत टूट जायेगी और उसके सबब से अराजकता फैल जायेगी। मलाया और बरमा में जो कुछ हुआ था, वह हमारे सामने था। इस बात का शायद ही किसी को ख़याल था कि देश के बहुत बड़े हिस्से पर दुश्मन क़ब्जा करेगा, चाहे लड़ाई उसके माफिक़ ही क्यों न हो। हिंदुस्तान बहुत बड़ा देश है और हम चीन में देख चुके थे कि विस्तार से एक लाभ है। लेकिन विस्तार से लाभ उसी समय होता है, जब उसका फ़ायदा उठाने के लिए पक्का इरादा हो और दबने या सिर झुकाने की जगह पूरी तरह रोकने की कोशिश हो। ज़ाहिरा विश्वसनीय खबरें थीं कि मित्र-राष्ट्रों की हथियारबंद फ़ौजें शायद पीछे हटकर रक्षा के दूसरे मोर्चों पर रुकेंगी। बड़े-बड़े हिस्से दुश्मन के क़ब्ज़े के लिए खुले छोड़ दिये जायेंगे, हालांकि ज्यादा मुमकिन यह था कि चीन की तरह दुश्मन शायद यहां भी क़ब्ज़ा न करे। इस तरह ये सवाल उठे कि सिविल हुकूमत के ख़त्म होने के बाद इन हिस्सों में और दूसरे हिस्सों में इस हालत का मुक़ाबला कैसे किया जाये? जहांतक मुमकिन था, हमने दिमाग़ी तौर से या और दूसरे तरीक़ों से इस संकट का सामना करने के लिए कोशिश की। हमने ऐसे मुक़ामी संगठनों को बनाया और

बढ़ावा दिया, जो काम कर सकते थे, अमन रख सकते थे और साथ ही आक्रमणकारी को हर मुमकिन ढंग से रोकने के लिए ज़ोर दे सकते थे।

पिछले बहुत-से बरसों से चीनी किसलिए इतने ज़ोरों से लड़ रहे थे? और सबके मुक़ाबले में रूसी लोग और सोवियत संघ के लोग इतनी हिम्मत, इतनी मज़बूती और इतने जी-जान से किसलिए लड़ रहे थे? और दूसरी जगहों में भी लोग बहादुरी से लड़ रहे थे, क्योंकि उनको देश-प्रेम की प्रेरणा थी, हमले का डर था और उनमें अपनी जीवन-शैली को बनाये रखने की ख्वाहिश थी। फिर भी रूस की लड़ाई के लिए जी-जान से कोशिश और दूसरे देशों की कोशिश में एक फ़र्क़ मालूम होता था। दूसरे लोग भी डंकर्क के मौक़े पर या दूसरे मौक़ों पर बड़े ज़ोरों से लड़े थे, लेकिन संकट आने के कुछ ही बाद कोशिश में एक नैतिक शिथिलता आ गई है। ऐसा मालूम होता था कि भविष्य के बारे में लोगों के दिल में शक है। हां, यह बात ज़रूर थी कि किसी-न-किसी तरह लड़ाई जीती जानी चाहिए। जहां तक सोवियत संघ का सवाल है, वहां भविष्य और मौजूदा वक़्त, दोनों के ही बारे में पूरा विश्वास है और न वहां कोई शक है न कोई विवाद। (हां, यह बात सच है कि वहां विवाद को बढ़ावा नहीं दिया जाता)। कम-से-कम, जो ख़बरें मिलती हैं, उनसे रूस के बारे में यही अंदाज़ होता है।

लेकिन हिंदुस्तान में? मौजूदा हालत के लिए सख्त नफ़रत थी, और भविष्य भी अंधेरे से पूरी तरह भरा मालूम देता था। जनता में देशभक्ति की भावना की कोई प्रेरणा नहीं थी। सिर्फ़ हमले से हिफ़ाज़त की ख़्वाहिश थी। उससे भी शायद दुर्दशा बढ़ती। थोड़े-से लोगों की प्रेरणा अंतर्राष्ट्रीय बातों को ध्यान में रखते हुए थी। इस सबके साथ विदेशी साम्राज्यवादी ताक़त के हाथों शोषण के ख़िलाफ़, कुचले जाने के ख़िलाफ़, और हुक्म पाने के ख़िलाफ़ नाराज़ी की भावनाएं भरी हुई थीं। इस ढांचे में बुनियादी ग़लती थी। इसमें सारी बातें एक स्वेच्छाचारी की इच्छा और सनक पर निर्भर थीं। आज़ादी सभी को प्यारी होती है और उन लोगों को तो ख़ासतौर से, जिनकी आज़ादी छिन गई है, या जिनकी आज़ादी छिनने का डर है। आज की दुनिया में आज़ादी पर बहुत-सी पाबंदियां हैं और उसके लिए कितनी ही शर्तें हैं। लेकिन जिनके पास आज़ादी नहीं है, वे इन पाबंदियों का ख़याल नहीं करते। आज़ादी उनका आदर्श बन जाती हैं, यहांतक कि उसकी भूख इतनी ज़बरदस्त हो जाती है कि उस ख़्वाहिश के लिए सब कुछ कुरबान किया जा सकता है। अगर कोई चीज़ इस इच्छा से मेल नहीं खाती या उसमें अड़चन डालती है, तो लाज़िमी बात है कि उस चीज़ को नुक़सान उठाना पड़ेगा। आज़ादी की ख़्वाहिश को, जिसके लिए हिंदुस्तान में बहुत-से लोगों ने मेहनत की थी और तकलीफ़ें सही थीं, सिर्फ़ धक्का ही नहीं पहुंचा, बल्कि ऐसा मालूम हुआ कि उसकी गुंजाइश भी पीछे हटकर किसी सुदूर धुंधले भविष्य में पहुंच गई है। असल में दुनिया की आज़ादी की लड़ाई में उस ख़्वाहिश को जोड़ने और उसकी शक्ति के विस्तृत भंडार का हिंदुस्तान और दुनिया की आज़ादी और हिंदुस्तान की हिफ़ाज़त के लिए फ़ायदा उठाने की

जगह हिंदुस्तान को लड़ाई से अलहदा कर दिया गया था और उस सिलसिले में अब कोई उम्मीद नहीं थी। किसी भी जन-समूह को, यहांतक कि दुश्मनों को भी, नाउम्मीद छोड़ना कभी भी अक़्लमंदी नहीं है।

हिंदुस्तान में कुछ ऐसे लोग भी थे, जिनकी निगाह में यह लड़ाई लड़नेवाले देशों के राजनीतिज्ञों की छोटी-छोटी आकांक्षाओं से कहीं ज़्यादा बड़ी चीज़ थी। उनको उसमें एक इन्कलाबी सचाई दिखाई दी। वे ऐसा महसूस करते थे कि उसका आख़िरी नतीजा राजनीतिज्ञों के बयानों, समझौतों और फ़ौजी जीत से कहीं ज़्यादा बड़ी चीज़ होगा और दुनिया में कहीं ज्यादा रद्दोबदल होगी। ऐसे आदमी लाज़िमी तौर से गिनती में बहुत थोड़े थे। दूसरे देशों की तरह यहां भी ज़्यादातर लोगों का संकुचित दृष्टिकोण था। इसको वे असलियत कहते थे और उन पर तात्कालिक नतीजों का ज़्यादा असर होता था। कुछ लोग जो मौक़ापरस्त थे, उन्होंने अपने आपको ब्रिटिश नीति के अनुकूल बना लिया और व उसके मुताबिक़ चलने लगे। अगर ब्रिटेन की जगह और किसी की हुकूमत होती, भी वे इसी तरह साथ देते और उस हुकूमत की नीति के मुताबिक चलते। कुछ लोगों में इस नीति के खिलाफ़ बहुत जोरों की प्रतिक्रिया हुई। उनको ऐसा मालूम पड़ा कि इस नीति के आगे सिर झुकाने के मानी हिंदुस्तान या दुनिया के उद्देश्य के साथ विश्वासघात था। बहुत से आदमी तो सिर्फ़ निष्क्रिय थे, ख़ामोश थे-यह हिंदुस्तानियों की वही पुरानी कमी थी, जिसके ख़िलाफ़ हम इतने अरसे से लड़ रहे थे।

जिस वक़्त हिंदुस्तान के दिमाग़ में, द्वंद्व चल रहा था और नाउम्मीदी की भावना बढ़ रही थी, गांधीजी ने कितने ही लेख लिखे, जिनसे अचानक जनता के अस्पष्ट विचारों को एक नई दिशा मिली, या जैसा अक्सर होता है, जनता के अस्पष्ट विचारों को उन्होंने एक शक़्ल दे दी। उस नाजुक मौक़े पर निष्क्रियता या उस वक़्त की घटनाओं के सामने चुपचाप सिर झुकाने की बात उन्हें बरदाश्त नहीं हुई। इस हालत का मुक़ाबला करने के लिए सिर्फ़ यही रास्ता था कि हिंदुस्तान की आज़ादी को मंजूर कर लिया जाये। तब मित्र- राष्ट्रों के सहयोग के साथ आज़ाद हिंदुस्तान हमले का मुक़ाबला करता। अगर यह मंजूरी नहीं मिलती, तो मौजूदा ढांचे को चुनौती देने के लिए कुछ कार्रवाई करनी चाहिए और जनता को उस काहिली से, जो उसे पंगु बना रही है और उसे हर तरह के हमले का शिकार बना रही है, जगाना चाहिए।

इस मांग में कोई नई बात नहीं थी, क्योंकि इसमें सिर्फ़ उसी बात को दुहराया गया था, जो हम बराबर कहते आये थे, लेकिन उनके लेखों और व्याख्यानों में एक नया जोश था और एक नई तेज़ी थी। और उनमें काम करने के लिए इशारा था। इसमें शक नहीं था कि उस वक़्त हिंदुस्तान में जो भावना चारों तरफ़ छाई हुई थी, उसे वह ज़ाहिर करते थे। दोनों की आपसी लड़ाई में राष्ट्रीयता ने अंतर्राष्ट्रीयता पर जीत पाई और गांधीजी के नये लेखों ने सारे हिंदुस्तान में हलचल मचा दी। फिर भी इस राष्ट्रीयता की अंतर्राष्ट्रीयता से कभी भी विरोध नहीं था और वह भरसक कोशिश कर रही थी कि व्यापक हितों में मेल खाने का कोई रास्ता

निकल आये। लेकिन यह तभी मुमकिन था, जब उसको इसके लिए एक सम्मानपूर्ण और प्रभावपूर्ण मौक़ा मिले। दोनों के बीच में कोई लाज़िमी झगड़ा नहीं था, क्योंकि यूरोप की आक्रामक राष्ट्रीयता की तरह यहां की राष्ट्रीयता में दूसरों से छेड़खानी करने की कोशिश नहीं थी। यहां तो असली फ़ायदे के लिए सहयोग की ही कोशिश थी। सच्ची अंतर्राष्ट्रीयता के लिए राष्ट्रीय आज़ादी ज़रूरी और बुनियादी मालूम होती थी और इसलिए अंतर्राष्ट्रीयता के लिए और फ़ासिस्तवाद और नात्सीवाद के ख़िलाफ़ मिलकर लड़ाई लड़ने के लिए उसको असली बुनियाद बताया गया। इस बीच में अंतर्राष्ट्रीयता, जिसके बारे में इतना शोर मचाया जा रहा था, साम्राज्यवादी शक्तियों की पुरानी नीति की तरह शक से भरी हुई मालूम पड़ने लगी। बिलकुल नई तो नहीं, लेकिन हां, कुछ हद तक, उसकी पोशाक नई थी। असल में वह खुद आक्रामक राष्ट्रीयता थी, जो साम्राज्य—कॉमनवेल्थ या संरक्षकता के नाम पर अपनी इच्छा को दूसरों पर ज़बरदस्ती लादने की कोशिश करती थी।

इस नई तब्दीली से हममें से कुछ लोग परेशान हुए और विचलित हुए, क्योंकि कोई भी कार्रवाई फ़िज़ूल थी—अगर वह कारगर न हो। ऐसी कोई भी कार्रवाई लड़ाई की तैयारियों के रास्ते में लाज़िमी तौर से अड़चन होती, क्योंकि इस वक़्त खुद हिंदुस्तान पर हमले का ख़तरा था। गांधीजी के आम नज़रिये में कुछ ख़ास अंतर्राष्ट्रीय बातों को छोड़ दिया गया था, और ऐसा मालूम होता था कि उसकी बुनियाद राष्ट्रीयता के संकरे घेरे में है। लड़ाई के तीन साल के दौरान में हमने जान-बूझकर परेशान न करने की नीति को अपनाया था और जो कुछ भी कार्रवाई हमने की थी, वह विरोध जता देने के लिए थी। जब 1940-41 में हमारे यहां के तीस हज़ार ख़ास ख़ास मर्द और औरतें जेल भेज दिये गए, तो प्रतीक रूप विरोध का पैमाना बहुत बढ़ गया। लेकिन यह जेल जाना भी एक जाती मामला था, जिसको चुने हुए आदमी कर रहे थे। इसमें जनता को उभारने और सरकारी मशीन के काम में खुली छेड़-छाड़ का कोई इरादा न था। हम उसको दुहरा नहीं सकते थे। अगर हमें कुछ और करना था, तो वह कार्रवाई दूसरे ढंग की होती और ज्यादा कारगर पैमाने पर होती। क्या इससे लड़ाई के काम में, जो हिंदुस्तानी सरहद पर ही थी, कोई दख़ल न पड़ता और क्या इससे दुश्मन को बढ़ावा न मिलता?

ज़ाहिरा मुश्किलें थीं, और इस सिलसिले में हमने गांधीजी से विस्तारपूर्वक बहस की। लेकिन हम एक-दूसरे की राय न बदल सके। मुश्किलें थीं और सक्रियता और निष्क्रियता दोनों ही में ख़तरा था, जोख़िम थी। अब सवाल उनमें समतोल लाने का था और उनमें से कम बुरी चीज़ को छांटना था। हमारी आपसी बहस से बहुत-सी चीज़ें, जो पहले धुंधली थीं, अनिश्चित थीं, अब साफ़ हो गईं और हमारे ध्यान दिलाने पर गांधीजी ने कई अंतर्राष्ट्रीय पेचों को मान लिया। उनके बाद के लेख बदले, और उन्होंने खुद उन अंतर्राष्ट्रीय पेचों पर ज़ोर दिया और हिंदुस्तान के सवाल पर ज़्यादा व्यापक हितों को ध्यान में रखते हुए सोचा। लेकिन उनका बुनियादी रुख़ बराबर बना रहा; हिंदुस्तान में ब्रिटिश स्वेच्छाचारी और कुचलनेवाले

शासन के सामने चुपचाप सिर झुकाना उन्हें मंजूर नहीं था और उसको चुनौती देने के लिए उनकी बहुत ज़ोरदार ख़्वाहिश थी। उनके लिहाज़ से उस वक़्त सिर झुकाने के मानी ये थे कि हिंदुस्तान की आत्मा टूट जायेगी और लड़ाई ही चाहे जो शक़्ल हो, और उसका चाहे जो नतीजा हो, उसकी जनता गुलामों की तरह काम करेगी और बहुत अरसे तक उसे आज़ादी हासिल नहीं होगी। साथ ही उसके मानी ये होंगे कि आक्रमणकारी का भी विरोध नहीं होगा और उसके सामने सिर झुका दिया जायेगा और यह तो उस वक़्त भी होगा, जब एक अस्थायी फ़ौजी हार हुई हो, या कुछ वक़्त के लिए पीछे हटकर नया मोर्चा बनाया गया हो। इसके मानी ये होंगे कि जनता की पूरी-पूरी नैतिक गिरावट होगी, और पिछली एक चौथाई सदी से आज़ादी की लड़ाई बराबर लड़ते हुए जो ताक़त जनता ने हासिल की थी, वह उसे भी खो देगी। इसके मानी ये भी होंगे कि दुनिया हिंदुस्तान की आज़ादी की मांग को भूल जायेगी और लड़ाई के बाद समझौते में पुरानी साम्राज्यवादी आकांक्षाओं और प्रवृत्तियों का ही ख़ास असर होगा। हिंदुस्तान की आज़ादी के वह जी-जान से इच्छुक थे। उनके लिए हिंदुस्तान मात्र प्यारी जन्मभूमि से भी कहीं ज़्यादा बड़ी चीज़ थी। दुनिया की सारी सताई हुई और गुलाम जनता का हिंदुस्तान एक प्रतीक था और वह ही एक ऐसी अचूक कसौटी था, जिस पर किसी भी सारी दुनिया के ताल्लुक रखनेवाली नीति की सही जांच हो सकती थी। अगर हिंदुस्तान गुलाम रहता, तो सारी नौआबादियां और गुलाम देश भी अपनी मौज़ूदा गुलामी की हालत में बने रहते और तब तो यह लड़ाई बिलकुल ही बेकार लड़ी गई होती। यह ज़रूरी था कि लड़ाई की नैतिक बुनियाद को बदल दिया जाये। फ़ौजें, समुद्री बेड़े और हवाई फ़ौजें अपने-अपने दायरों में काम करतीं और हिंसा के बेहतर तरीक़ों से वे लड़ाई जीत सकती थीं, लेकिन उस जीत का आख़िरी क्या नतीजा? और इसके अलावा खुद हथियारोंवाले में भी नैतिक सहारे की ज़रूरत होती है; क्या नेपोलियन ने नहीं कहा था कि लड़ाई में "नैतिक और भौतिक पहलुओं में तीन और एक का अनुपात है"? दुनिया-भर के करोड़ों गुलाम और सताये हुए लोगों का यह भरोसा और यह यक़ीन कि यह लड़ाई आज़ादी के लिए है, एक ऐसा नैतिक जोश लाता जो, खुद लड़ाई के संकरे नज़रिये से भी बहुत ज़्यादा महत्त्वपूर्ण होता और उसका उससे भी ज़्यादा महत्त्व आनेवाली शांति के लिए होता। इसी बात से लड़ाई की गति में एक संकट उठ खड़ा हुआ था, यह ज़रूरत ज़ाहिर होती थी कि उसकी नीति और इस नज़रिये में रद्दोबदल होनी चाहिए और इन करोड़ों सुस्त और शक से भरे लोगों को जोश के साथ मदद देनेवाला बना लेना चाहिए। अगर यह जादू हो जाता, तो धुरी-राष्ट्रों की सारी फ़ौजी ताक़त बेकार रहती और उनका पतन निश्चित हो जाता। ख़ुद-धुरी राष्ट्रीय देशों के बहुत से लोगों पर दुनिया-भर में छाई हुई इस ज़ोरदार भावना का असर होता।

जनता की काहिली से भरी इस निष्क्रियता को मुक़ाबले की, सिर न झुकाने की भावना में बदल देना हिंदुस्तान में एक बहुत अच्छी बात होती। हालांकि चुपचाप सिर न झुकाने की बात, ब्रिटिश अधिकारियों के मनमाने हुक्म के ख़िलाफ़ शुरू होती, लेकिन आगे चलकर

उसे आक्रमणकारी के मुक़ाबले के लिए बदला जा सकता था। एक के सामने ग़ुलामी और दब्बूपन से दूसरे के सामने भी वही गिरावट और बेइज्जती की हालत होती।

इन सब दलीलों को हम जानते थे। हम उनमें विश्वास करते थे और अक्सर उनसे हमने काम लिया था। लेकिन बड़े दुख की बात तो यह थी कि ब्रिटिश सरकार ने यह जादू नहीं चलने दिया, यहांतक कि सिर्फ़ लड़ाई के दौरान के लिए भी हिंदुस्तान की समस्या को सुलझाने की हमारी सारी कोशिशें नाकामयाब रहीं और लड़ाई की समस्या को सुलझाने की हमारी सारी प्रार्थनाएं भी नामंजूर हुईं यह बात तय थी कि इस ढंग की कोशिश आगे भी नाकामयाब रहेगी? तब क्या हो? अगर यह एक संघर्ष होता, तो चाहे नैतिक और दूसरी बुनियादों से वह कितना ही न्याय्य क्यों न हो, इसमें कोई शक नहीं था कि हिंदुस्तान की लड़ाई की कोशिश में और वह भी ख़ासतौर से ऐसे वक़्त में, जब हमले का बहुत बड़ा ख़तरा हो, वह संघर्ष बहुत ज़्यादा गड़बड़ करता। इस तथ्य को हम भुला नहीं सकते थे। और फिर भी, एक अजीब-सी बात है, इसी खतरे की ही वज़ह से तो हमारे दिमाग़ में यह संकट उठा था। हमारे देश में बदइंतज़ामी होती और वे लोग, जिनको हम अयोग्य समझते थे और जो अवसर के अनुरूप सार्वजनिक विरोध के संगठन का भारी बोझ संभालने के बिलकुल भी क़ाबिल नहीं थे, हमारे देश को बरबाद करते। हम इस सबके लिए सिर्फ़ एक तमाशबीन की तरह चुप नहीं रह सकते थे। अपनी सारी दबी भावना और रुके जोश के लिए हमको एक निकास की, कुछ सक्रियता की, ज़रूरत थी।

गांधीजी की उम्र बढ़ रही थी, वह सत्तर के ऊपर थे। एक लंबी और बराबर काम-काजी, मेहनत-भरी ज़िंदगी-शारीरिक और मानसिक काम-काज से भरी हुई ज़िंदगी- ने उनके बदन को कमज़ोर बना दिया था। लेकिन अब भी वह काफ़ी मज़बूत थे और ऐसा महसूस करते थे कि अगर उस वक़्त की हालतों के सामने उन्होंने सिर झुका दिया और अगर अपनी ज़्यादा-से-ज्यादा क़ीमती चीज़ को सत्य सिद्ध करने के लिए उन्होंने कोई कार्रवाई नहीं की, तो उनकी सारी ज़िंदगी की कमाई मिट्टी में मिल जायेगी। हिंदुस्तान की और दूसरे सताये हुए राष्ट्रों और समुदायों की आज़ादी के लिए उनके प्रेम ने उनकी अहिंसा की दृढ़ निष्ठा को जीता। एक पहले मौक़े पर बहुत हिचकिचाते हुए, बिलकुल बेमन से उन्होंने कांग्रेस को इस बात की मंज़ूरी दी थी कि प्रतिरक्षा के मामले में या राज्य के मामलों में किसी विकट परिस्थिति में अहिंसा की नीति को छोड़ा जा सकता था। लेकिन वह खुद उससे अलग थे। उन्होंने ऐसा महसूस किया कि इस मामले में हिचकिचाहट से ब्रिटेन या संयुक्त राष्ट्रों के साथ समझौते में भी बाधा पड़ सकती है। इसलिए वह आगे बढ़े और अपने-आप उन्होंने कांग्रेस का एक प्रस्ताव तैयार किया। इसमें ऐलान किया गया कि अस्थायी आज़ाद हिंद सरकार का सबसे पहला काम यह होगा कि वह आज़ादी की लड़ाई के लिए और हमले के ख़िलाफ़ अपने सारे साधनों को लगा दे और हथियारबंद फ़ौज या हर मुमकिन संगठन से हिंदुस्तान की हिफ़ाजत के लिए संयुक्त राष्ट्रों का पूरा-पूरा साथ दे। उनके लिए अपने-आपको इस तरह

सौंप देना कोई आसान चीज़ नहीं थी; लेकिन फिर भी उन्होंने इस कड़वी गोली को निगला। उसकी वज़ह यह थी कि किसी तरह समझौते पर पहुंचकर हिंदुस्तान को एक आज़ाद क़ौम की तरह हमले का मुक़ाबले करने के लिए तैयार करने की उनकी प्रबल इच्छा में अब सब-कुछ समा गया था।

बहुत-से आपसी सैद्धांतिक भेद, जो हममें से कुछ को गांधीजी से अलहदा किये हुए थे, अब मिट गए। फिर भी सबसे बड़ी मुश्किल अभी बाक़ी थी। हमारी किसी भी कार्रवाई से लड़ाई की तैयारियों में गड़बड़ी होती। हमें आश्चर्य होता था कि गांधीजी अब भी इस यक़ीन से चिपटे हुए थे कि ब्रिटिश सरकार से समझौता मुमकिन है और उन्होंने कहा कि इसके लिए वह अपनी भरसक कोशिश करेंगे। और इस तरह, अगरचे वह काम के बारे में बहुत बातें कर रहे थे, फिर भी न तो उस काम की उन्होंने कोई रूपरेखा ही बताई और न यही बताया कि वह क्या करना चाहते हैं।

हम इन चीज़ों पर बहस ही कर रहे थे और शक कर रहे थे कि देश का मिजाज़ बदल गया। काहिली से भरी निष्क्रियता की जगह उसमें उत्तेजना और उम्मीदी आ गई। घटनाएं कांग्रेस के फ़ैसले और प्रस्ताव का इंतज़ार नहीं कर रही थीं। गांधीजी की बातों से वे आगे बढ़ गई थीं और अब उनका खुद का बहाव उन्हें आगे बढ़ाये ले जा रहा था।

यह बात ज़ाहिर थी कि चाहे गांधीजी सही हों या ग़लत, उन्होंने जनता के उस वक़्त के मिजाज़ को एक रूप-रेखा दे दी है। उसमें एक लाचारी भरी हुई थी और उसमें एक ऐसी भावुकता का ज़ोर था कि तर्क, दलील, ठंडे दिमाग़ से सोच-विचार या काम के नतीजे का ख़ास ख़याल नहीं था। उन नतीज़ों को आंखों से ओझल नहीं किया गया था। यह महसूस किया जाता था कि चाहे कुछ हासिल हो या न हो, इन्सानी तकलीफ़ को शक़्ल में बहुत भारी क़ीमत चुकानी होगी। लेकिन रोज़ाना दिमाग़ की हद दर्जे की परेशानी की शक़्ल में जो क़ीमत देनी पड़ रही थी, वह भी बहुत ज़्यादा थी और उससे छुटकारे की कोई उम्मीद नहीं थी। दुर्भाग्य के सामने चुपचाप सिर झुकाने की बनिस्बत यह ज़्यादा बेहतर था कि सक्रियता के बड़े समुंदर में कूद पड़ा जाये। यह कोई राजनीतिज्ञों का फ़ैसला नहीं था, यह तो उस जनता का था, जो लाचार हो चुकी थी और अब जिसे नतीजों की परवाह नहीं थी। फिर भी हमेशा दलील का अपना असर था। आपस में विरोध रखनेवाली भावनाओं के बीच से रास्ता निकालने की कोशिश थी, ताकि मानव- स्वभाव की बुनियादी विषमताओं में कोई संतुलन हो सके। लड़ाई काफ़ी लंबी होती और कितने ही बरसों तक जारी रहती। कितने ही बार विनाश हो चुका था और आगे और भी ज़्यादा होता। लेकिन इस सबके होते हुए भी लड़ाई जारी रहती, जबतक खुद वह जोश ही ख़त्म न हो जाता, जिसने इस लड़ाई को शुरू किया और अब जिस जोश को लड़ाई ने बढ़ा दिया था। लड़ाई में इस बार अधूरी कामयाबी नहीं होनी चाहिए थी। अक्सर नाकामयाबी से अधूरी कामयाबी ज़्यादा तकलीफ़ देती है। लड़ाई की दिशा सिर्फ़ फ़ौजी-क्षेत्र में ही ग़लत नहीं थी, बल्कि उससे भी ज़्यादा ग़लती उन

बुनियादी उद्देश्यों में थी, जिनके लिए लड़ाई लड़ी जा रही थी। शायद हमारी कार्रवाई से इस पिछली ग़लती की तरफ़ दुनिया का ध्यान जाता और शायद उसमें एक नई और वांछित दिशा में तब्दीली होती और चाहे फ़ौरन सफलता न मिलती, लेकिन आगे चलकर मक़सद की हिफ़ाज़त होती और इस तरह भविष्य में फ़ौजी काम में भी बहुत भारी मदद मिलती।

अगर एक तरफ़ जनता का मिजाज़ बिगड़ रहा था, तो दूसरी तरफ़ सरकार का भी मिजाज़ बिगड़ रहा था। उसके लिए किसी भावुकता की या किसी मजबूरी की ज़रूरत नहीं थी। यह तो उसकी आदत थी और इसी ढंग से सरकार काम करती थी। किसी गुलाम देश पर क़ब्ज़ा करने के बाद विदेशी हुकूमत का यही ढंग होता है। ऐसा महसूस होता था कि दिल से वह एक ऐसा मौक़ा चाहती थी कि हमेशा के लिए देश में विरोध की हिम्मत करनेवालों को कुचल दिया जाये। और इसके लिए उसने बाक़ायदा तैयारी की।

घटनाएं होती रहीं। फिर भी, अजीब-सी बात थी कि गांधीजी ने, जो हिंदुस्तान की इज़्ज़त बचाने के लिए और उसकी आज़ादी के अधिकार पर ज़ोर देने के लिए (जिससे वह एक आज़ाद राष्ट्र की तरह लड़ाई में हमले के ख़िलाफ़ पूरा सहयोग दे सके) किसी- न-किसी कार्रवाई के लिए कह रहे थे, यह बात नहीं बताई कि वह कार्रवाई किस ढंग की हो। शांतिपूर्ण तो वह होती ही, लेकिन उसके आगे? उन्होंने ब्रिटिश सरकार से समझौते की संभावना पर ज़्यादा ज़ोर दिया। उन्होंने अपना यह इरादा ज़ाहिर किया कि वह फिर सरकार से इस मामले पर बातचीत शुरू करेंगे और कोई-न-कोई रास्ता निकालने की भरसक कोशिश करेंगे। आल इंडिया कांग्रेस कमेटी की बैठक की उनकी आख़िरी स्पीच में समझौते के लिए दिल दरख्वास्त थी और इस मामले में वाइसराय से मिलने का उनका पक्का इरादा ज़ाहिर किया गया था। न तो सार्वजनिक रूप में और न आपसी बातचीत में ही उन्होंने कांग्रेस-कार्यसमिति को यह बताया कि उनके दिमाग़ में किस ढंग की कार्रवाई का ख़याल था। सिर्फ़ एक बात ज़रूर ज़ाहिर थी। बातचीत में उन्होंने इशारा किया था कि समझौते के नाकामयाब होने पर किसी ढंग के असहयोग की, विरोध में एक दिन की हड़ताल की, देश में सारे काम-काज को रोकने की, वह सलाह देंगे। एक ढंग से वह एक दिन के लिए आम हड़ताल होगी और राष्ट्र के विरोध का प्रतीक होगी। यह भी एक धुंधला - सा इशारा था, और इस पर उन्होंने विस्तार से कुछ नहीं कहा। जबतक समझौते की पूरी-पूरी कोशिश न कर ली जाये, वह आगे कोई योजना भी नहीं बनाना चाहते थे। इसलिए न तो उन्होंने, और न कांग्रेस-कार्यसमिति ने ही, कोई हिदायतें जारी की—न सार्वजनिक रूप में और न आपसी तौर पर। हां, यह जरूर कहा गया कि जनता को हर नई परिस्थिति के लिए तैयार रहना चाहिए और हर हालत में उसका काम शांतिपूर्ण और अहिंसात्मक होना चाहिए।

हालांकि इस विकट उलझन से निकलने की गांधीजी को अब भी उम्मीद थी, लेकिन उनके अलावा और बहुत थोड़े से ही लोग थे, जिन्हें अब उम्मीद बाकी बची थी। घटनाओं के बहाव से और सारे चढ़ाव-उतारों से यह बात लाज़िमी मालूम होती थी कि झगड़ा होगा।

जब ऐसी हालत आ जाती है, तो बीच की जगह का कोई महत्त्व नहीं रहता, और हर आदमी को यह तय कर लेना पड़ता है कि उसे किस तरफ़ रहना है। कांग्रेसियों के लिए या उन लोगों के लिए, जो इसी ढंग से सोचते थे, तय करने का कोई सवाल ही न था। यह बात तो सोची भी नहीं जा सकती थी कि जब सरकार अपनी पूरी ताक़त से जनता को कुचलने की कोशिश करे, तब हममें से कुछ लोग अलग खड़े हुए तमाशा देखते रहें। यह तो ऐसी लड़ाई थी, जिसमें हिंदुस्तान की आज़ादी का सवाल मिला हुआ था। हां, बहुत-से ऐसे लोग हैं, जो सहानुभूति के होते हुए भी एक तरफ़ खड़े रहते हैं। अपनी पिछली कार्रवाइयों के नतीजे से अपने-आपको बचाने की ऐसी कोई भी कोशिश किसी भी मशहूर कांग्रेसी के लिए शर्म और बेइज्जती की बात होती। लेकिन इसके अलावा भी उनके सामने रास्ता तय करने का कोई सवाल नहीं था। हिंदुस्तान के सारे पुराने इतिहास ने, उसकी मौजूदा तकलीफ़ ने, भविष्य की आशा ने, उनको आगे बढ़ाया और उनके लिए एक ही रास्ता रह गया। "गुज़रे वक़्त पर गुज़रे वक़्त की तह अपने-आप बराबर जमती जाती है"- यह बात बर्गसन ने अपने 'क्रियेटिव इवोल्यूशन' में कही है। साथ ही असल में "भूतकाल तो स्वयं अपनी रक्षा करता है। पूरे मानों में तो वह हर मिनट हमारा पीछा करता है।... बेशक अपने भूतकाल के थोड़े से हिस्से को ही ध्यान में रखकर हम सोचते हैं। इससे हमारी आत्मा की, मन, वचन और कर्म की, बुनियादी प्रवृति भी शामिल होती है।"

बंबई में 7 और 8 अगस्त, 1942 को अखिल भारतीय कांग्रेस कमेटी ने खुली सभा में उस प्रस्ताव पर, जो अब ' भारत छोड़ो' - प्रस्ताव के नाम से मशहूर है, बहस की और सोच-विचार किया। वह एक लंबा और विशद प्रस्ताव था, "खुद हिंदुस्तान और संयुक्त राष्ट्रों के मक़सद की कामयाबी की खातिर "हिंदुस्तान की आज़ादी की फ़ौरन मंजूरी और भारत में ब्रिटिश हुकूमत के ख़ात्मे के लिए एक तर्कसंगत दलील था।" इस हुकूमत का जारी रहना हिंदुस्तान को गिरा और कमज़ोर कर रहा है और उसे दिन-ब-दिन अपनी हिफ़ाज़त करने और दुनिया की आज़ादी के मक़सद में साथ देने में असमर्थ बनाता जा रहा है।" "साम्राज्य पर अधिकार से शासक शक्ति की ताक़त नहीं बढ़ी, बल्कि वह उसके लिए एक बोझ और एक अभिशाप हो गया है। हिंदुस्तान, जो आधुनिक साम्राज्य की ख़ास शिकार है, अब इस सवाल की कसौटी बन गया है। हिंदुस्तान की आज़ादी से ही ब्रिटेन और संयुक्त राष्ट्रों की जांच होगी। इसी से एशिया और अफ़रीका के लोगों में उम्मीद और जोश आ सकता है।" प्रस्ताव में यह सलाह दी गई कि अस्थायी सरकार की स्थापना हो, जो मिली-जुली होगी और जिसमें जनता के सभी ख़ास दलों और वर्गों के प्रतिनिधि होंगे। इस सरकार का " सबसे पहला काम यह होगा कि मित्र-शक्तियों से मिलकर, अपनी सारी हथियारबंद फ़ौजों और ग़ैर-हथियारबंद ताक़तों का फ़ायदा उठाकर हिंदुस्तान की हिफ़ाज़त की जाये और हमले को रोका जाये।" यह सरकार संविधान बनानेवाली सभा की योजना तैयार करेगी और यह सभा हिंदुस्तान की जनता के सभी समुदायों को मान्य एक संविधान बनायेगी। संविधान संघीय होगा और संघ में शामिल होनेवाले हिस्सों को ज़्यादा-से-ज़्यादा स्वायत्तता होगी और कुछ ख़ास बातों को छोड़कर सारे अधिकार उन हिस्सों की सरकारों को होंगे। " आज़ादी हिंदुस्तान

को इस योग्य बनायेगी कि जनता के दृढ़ निश्चय और उसकी शक्ति के साथ वह हमले का प्रभावपूर्ण ढंग से मुक़ाबला कर सके।"

हिंदुस्तान की आज़ादी दूसरी एशियाई क़ौमों की आज़ादी का प्रतीक और पेशक़दम होगी। इसके अलावा आज़ाद क़ौमों के एक दुनिया भर के संघ का प्रस्ताव था, जिसकी शुरुआत संयुक्त राष्ट्रों से हो सकती थी।

कमेटी ने कहा कि वह "चीन और रूस की हिफ़ाज़त के हक़ में किसी तरह परेशानी न पैदा करने के लिए उत्सुक है। उनकी आज़ादी बहुमूल्य है, और उसे बनाये रखना है। और कमेटी संयुक्त राष्ट्रों की हिफ़ाजत की ताक़त को छिन्न-भिन्न न करने के लिए भी उत्सुक है।" (उस वक़्त चीन और रूस के लिए सबसे ज़्यादा ख़तरा था)। "लेकिन हिंदुस्तान के लिए और इन राष्ट्रों के लिए ख़तरा बढ़ता जा रहा है। इस मौक़े पर निष्क्रियता और विदेशी हुकूमत के सामने सिर झुकाना हिंदुस्तान के लिए सिर्फ़ बेइज़्ज़ती ही नहीं है, बल्कि उससे अपनी रक्षा के लिए उसकी सामर्थ्य घट रही है और न तो यह दब्बूपन उस ख़तरे का ही जवाब है और न इससे संयुक्त राष्ट्रों की जनता की ही सेवा हो सकती है।"

कमेटी ने "दुनिया की आज़ादी के हित में" फिर ब्रिटेन और संयुक्त राष्ट्रों से अपील की, लेकिन (और यहां प्रस्ताव की ख़ास चोट थी) "अब कमेटी साम्राज्यवादी और स्वेच्छाचारी सरकार के ख़िलाफ़ अपने अधिकार के लिए दबाव डालने की राष्ट्र की प्रवृत्ति को रोकना न्यायसंगत नहीं समझती। यह सरकार उस पर क़ब्जा किये हुए है, और उसको अपने और सारी दुनिया के फ़ायदे में काम करने से रोकती है। इसलिए हिंदुस्तान की आज़ादी के निर्विवाद अधिकार की पुष्टि के लिए कमेटी इस बात की इजाज़त देना तय करती है कि गांधीजी के लाजिमी नेतृत्व में अहिंसात्मक ढंग से एक व्यापक संघर्ष शुरू किया जाय।" यह इजाज़त उसी वक़्त लागू होती, जब गांधीजी ऐसा फ़ैसला करते आखिर में कमेटी ने कहा कि वह "कांग्रेस के लिए ताक़त नहीं हासिल करना चाहती है। जब ताक़त आयेगी, तो वह हिंदुस्तान की सारी जनता की होगी।"

अपने आख़िरी व्याख्यानों में कांग्रेस सभापति मौलाना अबुल कलाम आज़ाद और गांधीजी ने यह साफ़ कर दिया कि उनका अलग क़दम वाइसराय से, जो ब्रिटिश सरकार के नुमाइंदा हैं, मिलना है। इसके आलावा ख़ास ख़ास संयुक्त राष्ट्रों के सबसे बड़े पदाधिकारियों से अपील की जायेगी कि एक सम्मानपूर्ण समझौता हो। इससे हिंदुस्तान की आज़ादी को मंजूर करने के साथ-साथ हमलावर धुरी राष्ट्रों के खिलाफ़ संयुक्त राष्ट्रों की लड़ाई का मक़सद भी आगे बढ़ेगा।

8 अगस्त, 1942 को काफ़ी रात गए यह प्रस्ताव आख़िरी तौर पर मंजूर हुआ। चंद घंटों बाद, 9 अगस्त को सुबह बंबई में और देश में और दूसरी जगहों से बहुत-सी गिरफ्तारियां हुईं और इस तरह हम अहमदनगर के क़िले में आये।

❒

10. फिर अहमदनगर का क़िला

1. घटनाओं का क्रम

अहमदनगर का क़िला:तेरह अगस्त:उन्नीस सौ चवालीस

हमें यहां आये हुए दो साल हो गए। एक सपने-सी ज़िंदगी के ये दो साल एक ही जगह बीते हैं-वही गिने-चुने आदमी, वही छोटा-सा पड़ोस, वही रोज़मर्रा का ढर्रा। भविष्य में किसी वक़्त हम इस सपने से जग पड़ेंगे और ज़िंदगी और काम-काज की बड़ी दुनिया में जायेंगे, और वह दुनिया हमको बदली हुई मिलेगी। आदमी और चीज़ें नई-सी मालूम पड़ेंगी। हमको फिर उनकी याद आयेगी, पिछली स्मृतियां घेरेंगी, लेकिन फिर भी वे चीज़ें पहले-जैसी न होंगी, और न हम ही पहले जैसे होंगे, और शायद उनसे मेल खाना हमारे लिए मुश्किल हो। तब किसी वक़्त हमको ताज्जुब हो सकता है कि कहीं यह अनुभव और रोज़मर्रा की ज़िंदगी खुद एक नींद और सपना तो नहीं है, और शायद हम अचानक उस नींद और सपने से जाग पड़ें। इन दोनों में कौन-सी हालत जगने की है और कौन- सी सपने की? क्या ये दोनों ही सच हैं, क्योंकि हमको उनका पूरी तरह अनुभव होता है और हम पर उनका असर होता है, या इन दोनों में ही कोई असलियत नहीं है और ये दोनों ही सपने हैं, जो आते हैं और जाते हैं और उनके पीछे धुंधली-सी याद बाक़ी रह जाती है?

जेल और उसके अकेलेपन और बेकारी की वजह से सोच-विचार की तरफ़ झुकाव होता है और ज़िंदगी की ख़ाली जगह को अपनी ज़िंदगी और इन्सान के काम-काजों के इतिहास के लंबे सिलसिले की पिछली स्मृतियों से भरने की कोशिश होती है। इस तरह पिछले चार महीनों में लिखने के दौरान में मैंने अपने दिमाग़ को हिंदुस्तान के पिछले तजुरबों और पिछले इतिहास से घेर रखा है और विचारों के झुंड में से, जो मेरे दिमाग़ में आया, मैंने कुछ विचारों को छांट लिया और उनसे एक किताब तैयार कर दी। जो कुछ मैंने लिखा है, उस पर नज़र डालते हुए ऐसा महसूस होता है कि वह अधूरा है, बे-तरतीब है और उसमें कोई ऐक्य नहीं है, और उसमें बहुत-सी चीज़ों का मिश्रण है। उसमें अपने नज़रिये की बहुत अहमियत है और इसकी वजह से सारी बातों में उसकी झलक दिखाई पड़ती है, हालांकि इरादा तो यह था कि सारी बातें एक विश्लेषण के रूप में होतीं और उसमें सारी चीज़ों को

ज्यों-का-त्यों रख दिया जाता। यह व्यक्तिगत माद्दा बहुत हद तक मेरी इच्छा के ख़िलाफ़ अपने-आप आ गया है। अकसर मैंने उसे रोकने की कोशिश की और उसे रोक रखा, लेकिन कभी-कभी मैंने लगाम ढीली कर दी और उसे अपनी क़लम से बाहर आने की और कुछ हद तक अपने दिमाग़ का प्रतिबिंब डालने की इजाज़त दी।

गुज़रे ज़माने के बारे में लिखकर मैंने अपने-आप को गुज़रे ज़माने से आज़ाद करने की कोशिश की है। लेकिन मौजूदा वक़्त अपनी सारी उलझनों और बेतरतीबियों के साथ ज्यों-का-त्यों बना रहता है; उसी तरह वह अंधियारा भविष्य है, जो सामने है और इन दोनों का बोझ गुज़रे वक़्त के बोझ से कुछ कम नहीं है। घुमक्कड़ दिमाग़ को कहीं ठहरने की जगह नहीं मिलती, और इसी वजह से यह अब भी बेचैनी से इधर-उधर घूम रहा है और इससे उसके मालिक को और दूसरे लोगों को तकलीफ़ होती है। इन अछूते दिमाग़ों से, जिन पर विचारों का हमला नहीं हुआ और जिन पर शक की छाया नहीं पड़ी है और न कोई रेखा ही अंकित हुई है और जो किसी तरह मैले नहीं हुए हैं, एक तरह की हसद होती है। कभी-कभी होनेवाली ज़िंदगी की चोट और दर्द के बावजूद, उनके लिए ज़िंदगी कितनी आसान है !

एक के बाद दूसरी बातें होती हैं और घटनाओं का अनंत और बेरोक प्रवाह जारी रहता है। किसी ख़ास घटना को समझने के लिए हम उसको अलग कर लेते हैं और सिर्फ़ उसी को देखते हैं, मानों वही आदि और अंत दोनों हो, और उससे ठीक पहले की किसी बात का नतीजा हो। फिर भी उसका शुरू का कोई सिरा नहीं है, और वह एक अनंत क्रम में सिर्फ़ एक कड़ी है। और वह तो पहले की सारी बातों का नतीजा है और अनगिनत आदमियों के इरादों, इच्छाओं और झुकावों का आख़िरी नतीजा है। ये इरादे, इच्छाएं और झुकाव आपस में लड़ते हैं, साथ देते हैं और उनसे एक ऐसी बिलकुल नई चीज़ बनती है, जो किसी भी आदमी की चाही हुई चीज़ से अलग होती है; लेकिन साथ ही जो उन सबकी इच्छाओं वग़ैरह का मिला-जुला नतीजा है। इन इच्छाओं, इरादों और झुकावों पर खुद बहुत-सी पहली घटनाओं और पहले अनुभवों की पाबंदियां लगी हैं और यह नई घटना खुद भविष्य पर पाबंदियां लगायेगी। खुशक़िस्मत आदमी या ऐसा नेता, जो बहुत लोगों पर असर डालता है, इस क्रम में निस्संदेह एक बहुत बड़ा हिस्सा लेता है, लेकिन वह खुद भी पिछली घटनाओं और पिछली ताक़तों की उपज और खुद उसके असर पर उनकी पाबंदियां लगी हुई हैं।

❐

2. दो पृष्ठभूमियां : हिंदुस्तानी और ब्रिटिश

हिंदुस्तान में, अगस्त 1942 की सारी घटनाएं अचानक ही नहीं हुईं, बल्कि वे पिछली सारी घटनाओं का नतीजा थीं। इनके बारे में बहुत-कुद लिखा जा चुका है—कुछ हमले की शक़्ल में, कुछ नुक़्ताचीनी की शक़्ल में और कुछ बचाव और सफ़ाई के रूप में। फिर भी इन लेखों में बहुत हद तक असलियत ला-पता है। उसकी वजह यह है कि इन लेखों में एक

चीज़ को सिर्फ़ राजनैतिक पहलू से देखा गया है, जबकि वह चीज़ राजनीति से कहीं ज़्यादा गहरी है। सबसे पीछे वह ज़ोरदार भावना थी कि अब आगे विदेशी मनमाने राज्य में रहना या उस राज्य को बरदाश्त करना मुमकिन नहीं है। इसके सामने और सारे सवाल फीके पड़ गए। ऐसे सवाल कि इस राज्य के अंदर किसी दिशा में कोई सुधार या कोई तरक़्क़ी संभव है या नहीं, या चुनौती का नतीजा कहीं ज़्यादा ख़तरनाक और नुक़सानदेह न हो, अब गौण हो गए। सिर्फ़ इस राज्य से छुटकारा पाने के बहुत ज़ोरदार ख्वाहिश थी, और उस छुटकारे के लिए कोई भी क़ीमत दी जा सकती थी। सिर्फ़ यही भावना थी कि और चाहे जो कुछ हो, यह राज्य अब बरदाश्त नहीं किया जा सकता।

इस भावना में कोई नया अनुभव नहीं था; यह कितने ही सालों से थी। लेकिन पहले इसे कई ढंग से रोक रखा गया था और घटनाओं के मुताबिक उन पर क़ाबू रखा गया था। लड़ाई के खुद दो असर हुए-रुकावट भी हुई, निकास भी मिला। उससे बड़ी-बड़ी घटनाओं और इन्क़लाबी तब्दीलियों के लिए हमारे दिमाग़ खुल गए। निकट भविष्य में अपनी उम्मीदों के पूरे होने की संभावना दिखाई दी। मदद करने की ख्वाहिश की वजह से, और कम-से-कम धुरी राष्ट्रों के ख़िलाफ़ लड़ाई में कोई अड़चन न डालने की वजह से, बहुत से ऐसे कामों पर रोक लग गई, जिन्हें हम करते।

लेकिन ज्यों-ज्यों लड़ाई आगे बढ़ी, यह बात दिन-ब-दिन ज़्यादा साफ़ होती गई कि पच्छिमी लोकतंत्री सरकारें किसी रद्दो-बदल के लिए नहीं लड़ रही थीं, बल्कि वे पुराने ढर्रे को ही बनाये रखना चाहती थीं। लड़ाई से पहले उन्होंने फ़ासिस्तवाद को खुश करने की कोशिश की थी, सिर्फ़ नतीजों के डर की ही वजह से नहीं, बल्कि कुछ हद तक एक से आदर्श होने के नाते, आपसी हमदर्दी की वजह से ; और इसके दूसरी तरफ़ जो मुमकिन रास्ते थे, वे उन्हें सख्त नापसंद थे। नात्सी और फ़ासिस्त मत कुछ अचानक ही नहीं पैदा हुए। यह नहीं कहा जा सकता कि उनकी वजह इतिहास का संयोग है। पिछली घटनाओं के तांते की वजह से, यानी साम्राज्यवाद के बहाव से, जातीय भेद-भाव से, राष्ट्रीय संघर्षों से, ताक़त के केंद्रीयकरण से, वैज्ञानिक प्रणालियों की ऐसी तरक्क़ी से, जिसको समाज के ढांचे में फलने-फूलने की जगह नहीं मिली, लोकतंत्री आदर्श और उसके ख़िलाफ़ समाज के ढांचे की आपसी लड़ाई से नात्सी और फ़ासिस्त मतों का जन्म स्वाभाविक था। पच्छिमी यूरोप और उत्तरी अमरीका में राजनैतिक लोकतंत्र ने क़ौमी और व्यक्तिगत तरक्क़ी का दरवाजा खोलकर ऐसी नई ताक़तों और ऐसे नये ख़यालों का सोता खोल दिया, जिनका बहाव लाज़िमी तौर पर आर्थिक बराबरी की तरफ़ था। उस हालत के भीतर ही झगड़े की जड़ थी। या तो राजनैतिक लोकतंत्र का फैलाव बढ़ेगा, या उसको कुचलने और ख़त्म करने की कोशिश होगी। बराबर रुकावटों के होते हुए भी लोकतंत्र का फैलाव बढ़ा और उसमें जनता की अहमियत धीरे-धीरे बढ़ी। आगे चलकर वह राजनैतिक संगठन का ऐसा आदर्श बन गया, जो सबको मंजूर था। लेकिन एक ऐसा वक़्त आया, जब उसके फैलाव

से और ज़्यादा बढ़ने से सामाजिक ढांचे की बुनियद को ख़तरा हुआ, और तब उस ढांचे के हिमायतियों ने शोर मचाना शुरू किया, वे लड़ने को तैयार हो गए और रद्द - बदल का विरोध करने के लिए उन्होंने अपना संगठन बनाया। उन मुल्कों में, जहां हालत ऐसी थी कि यह संकट ज़्यादा तेज़ी से बढ़ गया, लोकतंत्र को खुले तौर पर जान-बूझकर कुचल दिया गया और नात्सी और फ़ासिस्त मत सामने आये। पच्छिमी यूरोप और उत्तरी अमरीका में भी यही ढर्रा चालू था, लेकिन कई और ऐसी वजहें थीं कि उस संकट में रुकावटें हुई और वह तेज़ी से नहीं बढ़ पाया। शायद शांतिपूर्ण और लोकतंत्री सरकार की रवैया भी एक ऐसी वजह थी कि जिसने संकट को टालने में मदद दी। इन लोकतंत्र सरकारों के क़ब्ज़े में साम्राज्य थे और वहां बिलकुल भी लोकतंत्र नहीं था। वहां वही तानाशाही, जो फ़ासिस्तवाद में होती है, चल रही थी। फ़ासिस्त देशों की तरह वहां भी हुकूमत ने प्रतिक्रियावादियों, मौकापरस्तों और सामंतशाही के अवशेषों से आज़ादी की मांग को दबा देने के लिए मेल कर लिया। वहां उन्होंने इस बात पर भी ज़ोर दिया कि हालांकि लोकतंत्र एक अच्छा आदर्श है और उनके अपने देश में वह वांछनीय है, फिर भी नौ आबादियों की अपनी ख़ास हालतों में वह मौजूं नहीं था। इस तरह यह एक क़ुदरती नतीजा था कि पच्छिमी लोकतंत्रों का फ़ासिस्तवाद के साथ आदर्श के नाते एक क़रीबी रिश्ता हो। हां, वे उसकी बेरहमी और बहुत-सी भद्दी बातों को नापंसद करते थे।

जब अपने बचाव के लिए उनको मजबूर होकर लड़ना पड़ा, तो उन्होंने उसी ढांचे को फिर से क़ायम करने का विचार किया, जो इस बुरी तरह नाकामयाब हुआ था। लड़ाई को इसी निगाह से देखा गया और यही कहा गया कि यह बचाव की लड़ाई है और एक तरह से यह सही था। लेकिन लड़ाई का एक दूसरा पहलू भी था। यह नैतिक पहलू था, और यह फ़ौजी मक़सद से कहीं ज़्यादा बड़ा था। और इसने फ़ासिस्त विचारधारा और नज़रिये पर ज़ोरदार हमला किया, क्योंकि जैसा कहा गया था, यह लड़ाई दुनिया की जनता की आत्मा की हिफ़ाज़त के लिए थी। उसमें न सिर्फ़ फ़ासिस्त मुल्कों के, बल्कि संयुक्त राष्ट्रों के लिए भी रद्दो-बदल के बीज थे। लड़ाई के इस नैतिक पहलू को ज़ोरदार प्रचार से ढंक दिया गया और बचाव पर और गुज़रे ढर्रे को क़ायम रखने पर ज़ोर दिया गया। एक नया भविष्य बनाने की बात का कोई जिक्र ही नहीं था। पच्छिम में भी ऐसे बहुत-से लोग थे, जो इस नैतिक पहलू में दिल से यक़ीन करते थे और वे एक ऐसी नई दुनिया बनाना चाहते थे, जिसमें इन्सानी समाज की कामिल नाकामयाबी के ख़िलाफ़, जो महायुद्ध से ज़ाहिर हो गई थी, अब कोई बचाव हो। सभी जगह ऐसे लोगों की एक बहुत बड़ी तादाद थी। इनमें ख़ासतौर से वे लोग शामिल थे, जो लड़ाई के मैदान में लड़े और मरे थे। इन लोगों को इस रद्दो - बदल की धुंधली सी, लेकिन पूरी उम्मीद थी। इसके अलावा करोड़ों ऐसे सताये हुए लोग थे, जो लुटे हुए थे और जिनके साथ जातीय भेद-भाव बरता गया था। ऐसे लोग यूरोप और अमरीका में थे, लेकिन उनसे कहीं ज़्यादा एशिया और अफ़रीका में थे। ये लोग लड़ाई की पिछली यादों को मौज़ूदा

तकलीफ़ों से अलहदा नहीं कर सकते थे। चाहे उनकी उम्मीद बेजा ही क्यों न हो, फिर भी उन्हें बहुत भारी उम्मीद थी कि लड़ाई से किसी-न-किसी तरह से वह बोझ, जो उन्हें कुचल रहा था, हट जायेगा।

लेकिन संयुक्त राष्ट्रों के नेताओं की आंखें दूसरी तरफ़ थीं। उनकी निगाह गुज़रे वक़्त की तरफ़ थी, आगे भविष्य की तरफ़ नहीं। कभी-कभी भविष्य के बारे में, लोगों की भूख मिटाने के लिए वे सुंदर व्याख्यान देते थे। लेकिन उनकी नीति का इन सुंदर शब्दों से कोई ताल्लुक़ नहीं था। मि० विन्स्टन चर्चिल के लिए यह लड़ाई खोये हुए को फिर से पाने के लिए थी। चर्चिल के लिए लड़ाई में इससे ज़्यादा कुछ नहीं था। उनका मक़सद इंग्लैंड के सामाजिक ढांचे की ओर उसके साम्राज्य के साम्राज्यवादी ढांचे को मामूली रद्दो-बदल के साथ जैसा-का- तैसा बनाये रखना था। प्रेसीडेंट रूज़वेल्ट की बातें ज़्यादा भरोसा दिलानेवाली थीं, लेकिन उनकी नीति में कोई ख़ास फ़र्क़ नहीं था। फिर भी सारी दुनिया के लोगों की निगाह उनकी तरफ़ थी। उन्हें उम्मीद थी कि इस आदमी में ऊंचे दर्जे की राजनैतिक योग्यता है और उसका नज़रिया बड़ा और समझदारी का है।

इस तरह जहांतक ब्रिटिश राज्य के बस की बात थी, हिंदुस्तान का और बाक़ी दुनिया का भविष्य गुज़रे ज़माने से मिलता-जुलता होता और मौजूदा वक़्त को भी लाज़िमी तौर पर उसी के मुताबिक़ होना पड़ता। उसी मौजूदा वक़्त में इस भविष्य के बीज बोये जा रहे थे। क्रिप्स - प्रस्तावों ने, सारी मालूम पड़नेवाली तरक्क़ी के होते हुए भी, हमारे लिए नये और ख़तरनाक मसले पैदा कर दिये। इन मसलों से हमारी आज़ादी के लिए अलंध्य दीवारें बन जाने का बहुत बड़ा डर था। कुछ हद तक उनका यह असर हो चुका है। हिंदुस्तान में ब्रिटिश सरकार की तानाशाही और सब कुछ समेटनेवाली मनमानी लड़ाई की आड़ में, और उसी दौरान में, अखिरी हद पर पहुंच गई और मामूली शहरी हक़ और आज़ादी, दोनों ही, चारों तरफ़ पूरी तरह कुचल दिये गए। मौजूदा पीढ़ी में किसी को भी ऐसा अनुभव नहीं हुआ था। ये बातें बराबर हमारी गुलामी की हालत और लगातर बेइज़्ज़ती की याद दिलानेवाली थीं। साथ ही ये बातें भविष्य की ओर आनेवाली चीज़ों की शक़्ल जताती थीं, क्योंकि इस मौजूदा वक़्त से ही तो भविष्य का जन्म होता। इस गिरावट के सामने सिर झुकाने के मुक़ाबले दूसरी हर चीज़ बेहतर मालूम दी।

हिंदुस्तान के करोड़ों आदमियों में से कितने इस तरह अनुभव करते थे, यह बताना नामुमकिन है। उन करोड़ों आदमियों में से ज़्यादातर के लिए सारे चेतन अनुभव ग़रीबी और तकलीफ़ की वजह से जड़ हो गए हैं। दूसरे लोगों में वे आदमी थे, जिनको ओहदों, रियायतों या निहित स्वार्थे ने बिगाड़ दिया था; या वे लोग थे, जिनका दिमाग़ विशेष अधिकारों की मांग की वजह से दूसरी तरफ़ लगा हुआ था। फिर भी उक्त भावना चारों तरफ़ थी— कहीं उसकी तेज़ी कम थी, कहीं ज़्यादा थी और कहीं-कहीं पर वह दूसरी भावनाओं से ढकी हुई थी। उस भावना में बहुत-से दर्जे थे। इसमें एक सिरे पर ऐसे लोग थे, जिनका उसमें पक्का

यक़ीन था और जिनमें सारी मुश्किलों का सामना करने की ज़ोरदार ख्वाहिश थी, और इसका लाज़िमी नतीजा कुछ-न-कुछ कार्रवाई होती। दूसरी तरफ़ ऐसे लोग भी थे, जिनमें थोड़ी-सी, धुंधली सी हमदर्दी थी, और वे महफ़ूज़ जगह पर रहना चाहते थे। इन दोनों के बीच में तरह-तरह के लोग थे। कुछ लोगों को इस कुचलनेवाले वातावरण में, जो चारों तरफ़ था, आज़ादी की सांस लेना मुश्किल जान पड़ा और उनका दम-सा घुटने लगा; दूसरे लोग ऐसे थे, जिनका दिमाग़ मामूली और उथली बातों पर रहता था और ग़ैर- पसंद हालतों के अनुरूप होने की ज़्यादा सामर्थ्य थी।

हिंदुस्तान में हुकूमत करनेवाले ब्रिटिश लोगों की पृष्ठभूमि बिलकुल दूसरी थी। असल में वह खाई, जो हिंदुस्तानियों और अंग्रेज़ों के दिमाग़ को अलग करती है, इतनी बड़ी है कि वह साफ़ ज़ाहिर हो जाती है और उनमें चाहे जो भी सही हो, हिंदुस्तान में ब्रिटिश लोगों की शासन करने की अयोग्यता का इस अकेली बात से ही पता लग जाता है; क्योंकि अगर कुछ तरक़्क़ी करनी है, तो सरकार में और प्रजा में कुछ मेल, कुछ यकसां नज़रिया होना ज़रूरी है, वरना सिर्फ़ झगड़ा ही होगा, चाहे वह खुला हो या छिपा हुआ हो। हिंदुस्तान के अंग्रेज़ हमेशा ब्रिटेन के सबसे ज़्यादा प्रगतिविरोधी दल के ही नुमाइंदे रहे हैं। उनमें और इंग्लैंड के उदार दल में शायद ही कुछ यकसां-पन हो। हिंदुस्तान में उनके जितने ज़्यादा साल बीतते जाते हैं उनका नज़रिया उतना ही ज़्यादा सख्त होता जाता है और जब नौकरी खत्म करने के बाद वे इंग्लैंड वापस जाते हैं तो वे विशेषज्ञ बन जाते हैं और हिंदुस्तानी मसलों पर सलाह देते हैं। अपने सही होने का, हिंदुस्तान में ब्रिटिश राज्य की ज़रूरत और उसके फ़ायदे का उन्हें पूरा और पक्का यक़ीन है। उनको यह यक़ीन भी है कि साम्राज्यवादी तरीक़े के नुमाइंदे होने के नाते वे एक बहुत ऊंचे मक़सद के लिए काम कर रहे हैं। चूंकि राष्ट्रीय कांग्रेस ने इस राज्य की सारी बुनियाद को ही चुनौती दी है और वह हिंदुस्तान को उससे आज़ाद करना चाहती है, इसलिए वह उनकी निगाह में जनता की सबसे बड़ी दुश्मन बन गई। हिंदुस्तान - सरकार के उस वक़्त गृह-सदस्य सर रेजीनाल्ड मैक्सवेल ने 1941 में केंद्रीय असेंबली में बोलते हुए अपने दिमाग़ की साफ़ झलक दी। जिस शिकायत के ख़िलाफ़ अपने बचाव में वह बोल रहे थे, वह यह थी कि कांग्रेसियों, सामाजवादियों और कम्युनिस्टों के साथ, जो बिना मुक़दमा चलाये ही जेल में बंद कर दिये गए थे, जैसा ग़ैर-इन्सानी व्यवहार किया जा रहा था, वह जर्मन और इटालियन लड़ाई के क़ैदियों के साथ किये गए बर्ताव से भी बदतर था। उन्होंने कहा कि जर्मन और इटालियन कम-से-कम अपने देश के लिए तो लड़ रहे हैं, लेकिन ये लोग तो समाज के दुश्मन थे और मौजूदा ढांचे को उलट देना चाहते थे। ज़ाहिर है, उन्हें यह बात बेजा मालूम दी कि हिंदुस्तानी भी अपने मुल्क के लिए आज़ादी की ख्वाहिश करें, या हिंदुस्तानी के आर्थिक ढांचे को बदलना चाहें। हालांकि उनका खुद का मुल्क जर्मनों और इटालियनों के खिलाफ़ एक भयंकर लड़ाई लड़ रहा था, फिर भी हिंदुस्तानियों के मुक़ाबले उनकी हमदर्दी साफ़ तौर पर जर्मनों और इटालियनों के लिए थी। यह बात रूस के लड़ाई

में शामिल होने से पहले की है और दुनिया का ढांचा बदलने की कोशिश की निंदा करने में कोई ख़तरा नहीं था। दूसरे महायुद्ध के शुरू होने से पहले फ़ासिस्त हुकूमतों की अकसर तारीफ़ की गई थी। क्या खुद हिटलर ने अपने 'मीन कैंफ़' में और फिर बाद में यह नहीं कहा कि वह चाहता है कि ब्रिटिश साम्राज्य क़ायम रहे?

धुरी राष्ट्रों के ख़िलाफ़ लड़ाई में हर तरह से मदद करने के लिए हिंदुस्तान की सरकार सचमुच संचित थी। लेकिन उसकी निगाह में वह जीत अधूरी रहती, अगर साथ- ही-साथ एक जीत और न हो। और वह थी हिंदुस्तान की क़ौमी तहरीक़ को (जिसकी नुमाइंदगी ख़ासतौर से कांग्रेस करती थी) कुचल डालने की जीत। क्रिप्स वार्ता से उसको परेशानी हुई थी और उसकी नाकामयाबी पर उसको खुशी हुई। अब कांग्रेस और उसका साथ देनेवालों पर आख़िरी चोट करने के लिए रास्ता साफ़ था। मौक़ा बहुत अच्छा था, क्योंकि पहले कभी भी केंद्र और सूबों, वाइसराय और उसके ख़ास सहकारियों को इतनी मनमानी और बेरोक ताक़त नहीं मिली थी। लड़ाई की हालत नाजुक थी और यह दलील बहुत आसान थी कि किसी तरह का विरोध या झगड़ा बरदाश्त नहीं किया जा सकता। हिंदुस्तान में दिलचस्पी रखनेवाले इंग्लिस्तान और अमरीका के उदार खयालों वाले लोग क्रिप्स-चर्चा और उसके बाद के प्रचार से अब चुप कर दिये गए थे। हिंदुस्तान के संबंध में भले दिखने की हमेशा मौजूद रहनेवाली भावना इंग्लिस्तान में बढ़ गई थी। वहां पर ऐसा महसूस किया गया कि हिंदुस्तानी या उनमें से ज़्यादातर लोग जिद्दी और झगड़ालू क़िस्म के हैं, उनका नज़रिया संकरा है, वे इस मौक़े के खतरों को नहीं समझते और शायद उनकी जापानियों के साथ हमदर्दी है। यह कहा जाता था कि गांधीजी के लेखों और बयानों ने साबित कर दिया है कि उनको खुश करना असंभव है और अब जो रास्ता बाक़ी बचा है, वह सिर्फ़ यही है कि एक बार, हमेशा के लिए गांधी और कांग्रेस को कुचल दिया जाय।

❑

3. व्यापक उथल-पुथल और उसका दमन

9 अगस्त, 1942 को, तड़के ही, सारे हिंदुस्तान में बहुत-सी गिरफ्तारियां हुईं। तब क्या हुआ? कितने ही हफ़्तों बाद धीरे-धीरे थोड़ी-सी ख़बरें हम तक पहुंच पाईं, और हम आज भी जो कुछ हुआ, उसकी सिर्फ़ एक अधूरी तस्वीर बना सकते हैं। सारे प्रमुख नेता अचानक ही अलग हटा दिये गए थे और जान पड़ता है किसी की समझ में न आता था कि क्या करना चाहिए। विरोध तो होता ही और अपने-आप ही उसके प्रदर्शन हुए। इन प्रदर्शनों को कुचला गया, उन पर गोली चलाई गई, आंसू गैस इस्तेमाल की गई और सार्वजनिक भावना को प्रकट करनेवाले सारे तरीक़े रोक दिये गए। और तब ये सारी दबी हुई भावनाएं फूट पड़ीं, और शहरों में और देहाती हलक़ों में भीड़ें इकट्ठी हुईं और पुलिस और फ़ौज के साथ खुली

लड़ाई हुई। उन्होंने ख़ासतौर से उन चीज़ों पर, जो ब्रिटिश हुकूमत और ताक़त की प्रतीक मालूम पड़ी, हमला किया। ये चीज़ें थीं थाने, डाकखाने और रेल के स्टेशन। उन्होंने तार और टेलीफोन के तारों को काट दिया। इन निहत्थे बिना नेताओं के झुंडों ने पुलिस और फ़ौजों का सामना किया। सरकारी बयानों के मुताबिक़ 538 मौक़ों पर गोलियां चलीं और साथ ही नीचे उड़नेवाली हवाई जहाज़ों से मशीन गनों से भी गोलियां चलाई गईं। देश के अलग-अलग हिस्सों में एक या दो महीने या इससे भी ज़्यादा वक़्त तक यह लड़ाई चलती रही, और तब वह धीरे-धीरे धीमी पड़ गई और उसकी जगह छुटपुट घटनाएं होती रहीं। हाउस ऑव कॉमन्स में मि० चर्चिल ने कहा-'सरकार की पूरी ताक़त से ये उपद्रव कुचले गए।" उन्होंने "बहादुर हिंदुस्तानी पुलिस की और साथ ही आमतौर पर सरकारी अफ़सरों की वफ़ादारी और दृढ़ता की "तारीफ़ की और कहा-" इनका बरताव ज़्यादा-से-ज्यादा तारीफ़ के क़ाबिल है।" इसके अलावा "काफ़ी सहायक सेना हिंदुस्तान में पहुंच गई है और उस देश में इस वक़्त जितनी गोरी फ़ौज है, उतनी ब्रिटिश इतिहास में हिंदुस्तान में पहले कभी नहीं थी।" इन विदेशी फ़ौजों ने और हिंदुस्तानी पुलिस ने निहत्थे किसानों के ख़िलाफ़ कितनी ही लड़ाइयां लड़ी थीं और जीती थीं और उनके विद्रोह को कुचला था; और हिंदुस्तान में ब्रिटिश राज्य की एक ख़ास बुनियाद (यानी अफ़सरों की जमात) ने खुले तौर पर या छिपे तौर पर, इस सारी कार्रवाई में मदद की।

देश में, गांवों और क़सबों, दोनों में ही यह प्रतिक्रिया असाधारण रूप से व्यापक थी। क़रीब-क़रीब हर सूबे में और ज़्यादातर हिंदुस्तानी रियासतों में, सरकारी रोक के बावजूद भी अनगिनत प्रदर्शन हुए। हड़तालें हुईं, दुकानें और बाज़ार बंद हुए, सभी जगह काम- काज रोक दिया गया। कुछ जगहों पर ये बातें कुछ दिनों तक रहीं, कहीं कुछ हफ़्तों तक और थोड़ी-सी जगहों पर ये बातें एक महीने से भी ज़्यादा चलती रहीं। इसी तरह मज़दूरों ने भी काम बंद किया। वे लोग ज़्यादा संगठित थे, मिलकर एक साथ काम करने का उनमें अनुशासन था। इन कारखानों के मज़दूरों ने बहुत-सी ख़ास ख़ास जगहों से अपने- आप हड़ताल का ऐलान किया। यह सब सरकार द्वारा क़ौमी नेताओं की गिरफ़्तारी के विरोध में हुआ। जमशेदपुर के लोहे और फ़ौलाद के बड़े शहर में इसकी एक ख़ास मिसाल देखने को मिली। यहां के हुनरमंद कारीगर मुल्क के अलग-अलग हिस्सों के रहनेवाले थे। वे एक हफ़्ते तक काम पर नहीं गए और सिर्फ़ इस शर्त पर वापस जाने को तैयार हुए कि कारख़ाने के व्यवस्थापक कांग्रेसी नेताओं को छुड़ाने और क़ौमी सरकार क़ायम कराने के लिए ज़्यादा-से-ज्यादा कोशिश करने का वायदा करें। यह वायदा किया गया और तब वे वापस गए। सूती कारख़ानों के बड़े केंद्र अहमदाबाद में एकदम, बिना ट्रेड यूनियन की ख़ास पुकार के, सारे कारख़ानों में पूरी तरह काम रोक दिया गया।[109] यह आम हड़ताल रोकने की सारी कोशिशों

109. बड़े सरकारी अफसरों ने यह कहा है और यह बात दूसरे लोगों ने अकसर दुहराई है कि इन हड़तालों को, ख़ासतौर से जमशेदपुर और अहमदाबाद की हड़तालों को, मिल मालिकों

के होते हुए भी अहमदाबाद में तीन महीने तक शांतिपूर्वक चलती रही। मज़दूरों की यह प्रतिक्रिया अपने-आप हुई और इसकी बुनियाद सिर्फ़ राजनैतिक थी। मज़दूरों को बहुत भारी नुक़सान हुआ, क्योंकि इस वक़्त मज़दूरी पहले के मुक़ाबले में काफ़ी बढ़ी हुई थी। इस लंबे अरसे में उन्हें बाहर से कोई माली मदद न मिली। दूसरी जगहों में काम थोड़े अरसे के लिए

ने बढ़ावा दिया। इस बात पर विश्वास करना बहुत मुश्किल है, क्योंकि इन हड़तालों से मिल- मालिकों को बहुत भारी नुकशान हुआ। मुझे तो अभी ऐसे बड़े उद्योगपतियों से मुलाक़ात करनी बाक़ी है, जो अपने निजी लाभ के ख़िलाफ़ इस ढंग से काम करते हैं। यह सच है कि बहुत-से उद्योगपति हिंदुस्तान की आज़ादी चाहते हैं, और उससे हमदर्दी रखते हैं। लेकिन लाज़िमी तौर से हिंदुस्तान की आज़ादी का उनके दिमाग़ में वही नक़शा है, जिसमें उनके लिए हिफ़ाज़त की जगह हो। इन्क़लाबी कार्रवाई और सामाजिक ढांचे में कोई भी बड़ी तब्दीली उन्हें नापसंद है। हां, यह मुमकिन है कि अगस्त और सितंबर 1942 की चारों तरफ़ छाई हुई गहरी सार्वजनिक भावनाओं का, उन पर असर हुआ और पुलिस के साथ मिलकर उन्होंने वह आक्रामक और इंतक़ामी ढंग नहीं अपनाया, जो वे आमतौर पर हड़तालों के होने पर अपनाते हैं।

एक दूसरी बात अकसर जोर देकर कही जाती है। वह यह है कि बड़े उद्योगपतियों द्वारा कांग्रेस को भारी माली मदद दी जाती है। यह बात ब्रिटिश हलक़ों में और ब्रिटिश अख़बारों में क़रीब-क़रीब पूरी तरह मानी जाती है। यह बिलकुल ग़लत बात है। मैं कितने ही सालों तक उसका प्रधान मंत्री या सभापति रहा हूं और अगर ऐसी बात होती, तो कम-से-कम मुझे उसका पता ज़रूर होता। कुछ उद्योगपतियों ने समय-समय पर गांधीजी की समाज-सुधार की कार्रवाईयों में आर्थिक सहायता दी है। ये समाज-सुधार के काम ग्रामोद्योग, प्रारंभिक या बुनियादी शिक्षा, दलित जातियों को उठाना, छूतछात को मिटाना आदि बातों से ताल्लुक रखते हैं। कांग्रेस के राजनैतिक काम में वे उससे साधारण समय में भी अलग रहे हैं और फिर सरकार से कांग्रेस के झगड़े के दौरान में तो वे ख़ासतौर से अलग रहे हैं। उनकी कभी-कभी हमदर्दी भले ही रही हो, लेकिन बहुत ज़्यादा समझदार लोगों की तरह उन्हें अपनी हिफाजत का ज्यादा ख़याल है। कांग्रेस का काम तो क़रीब-क़रीब पूरी तरह से उसके मेंबरों के चंदे और दान से चलता है। इन मेंबरों की संख्या बहुत बड़ी है। उसका ज़्यादातर काम सेवा के रूप में होता है और अवैतनिक है। कभी-कभी शहरों में व्यापारियों ने थोड़ी-सी मदद कर दी है। इसमें शायद एक ही अपवाद रहा है और वह मौक़ा था 1937 के आम चुनाव का। उस वक़्त उद्योगपतियों ने भी केंद्रीय चुनाव फंड में मदद की। हमारे सारे काम के फैलाव को देखते हुए यह फ़ंड भी बहुत छोटा था। यह एक ताज्जुब की बात है और पच्छिमी लोगों को शायद यक़ीन भी न हो कि हम बहुत थोड़े से रुपयों से पिछले पच्चीस बरसों से कांग्रेस का काम चला रहे हैं। इस दौरान में हिंदुस्तान को बार-बार राजनैतिक कार्रवाइयों के और आंदोलनों के झटके बरदाश्त करने पड़े हैं। संयुक्त प्रांत में, जो हमारे देश का एक बहुत क्रियाशील और सुसंगठित सूबा है, जिसके बारे में मुझे ज़्यादा जानकारी है, क़रीब-क़रीब हमारा सारा खर्च हमारे चवन्नीवाले मेंबरों के चंदे पर चलता है।

रोका गया और कहीं-कहीं पर तो सिर्फ़ कुछ दिनों के ही लिए। सूती कारख़ाना के दूसरे बड़े केंद्र कानपुर में, जहांतक मुझे पता है, कोई बड़ी हड़ताल नहीं हुई। उसकी वजह वह थी कि यहां कम्युनिस्ट नेता उस हड़ताल को हटवा देने में कामयाब हुए। रेलों में भी, जिन पर सरकार का क़ाबू है, आमतौर पर कोई काम नहीं रोका गया। हां, उपद्रवों की वजह से रेलों का काम ज़रूर रुका और बड़े पैमाने पर रुका।

सूबों में शायद पंजाब में सबसे कम असर था, हालांकि वहां भी बहुत-सी हड़तालें हुईं और बहुत जगह काम रोका गया। सरहदी सूबे में, जिसमें क़रीब-क़रीब सारी आबादी मुस्लिम है, एक अजीब बात हुई। अव्वल तो वहां बड़े पैमाने पर गिरफ़्तारियां ही नहीं हुईं, और न दूसरे सूबों की तरह वहां सरकार ने कोई दूसरी उत्तेजित करनेवाली छेड़खानी की। इसकी कुछ हद तक तो यह वजह थी कि सरहदी आदमी बहुत उत्तेजित होनेवाले समझे जाते हैं, और कुछ हद तक यह वजह भी थी कि सरकारी नीति यह दिखाना चाहती थी कि क़ौमी उभार से मुसलमान अलहदा थे। लेकिन जब हिंदुस्तान की और जगहों से वहां की घटनाओं की ख़बरें इस सूबे में पहुंचीं, तो यहां भी बहुत-से प्रदर्शन हुए और ब्रिटिश हुकूमत को एक ज़ोरदार चुनौती दी गई। प्रदर्शकों पर गोली चलाई गई और सार्वजनिक कामों को रोकने के सभी आम तरीक़े इस्तेमाल किये गए। हज़ारों लोगों को गिरफ़्तार किया गया। यही नहीं, पठानों के महान नेता बादशाह खान को (इसी नाम से अब्दुल गफ्फार खां मशहूर हैं) पुलिस की मार ने बुरी तरह घायल कर दिया। उत्तेजना के लिए यह बहुत बड़ी बात थी, फिर भी ताज्जुब की-सी बात है कि अब्दुल गफ़्फ़ार खां ने अपने आदमियों को जो बढ़िया अनुशासन सिखाया था, वह इस वक़्त भी बना रहा। वहां पर देश की और बहुत-सी जगहों की तरह कोई हिंसात्मक कार्रवाई नहीं हुई।

जनता की तरफ़ से अचानक असंगठिन प्रदर्शन, जिनका अंत हिंसात्मक झगड़ों और विनाश में हुआ, बहुत बड़ी और हथियारबंद फ़ौजों का विरोध होते हुए भी चलते रहे। इनसे जनता की भावनाओं की गहराई और तेज़ी का पता लगता है। नेताओं की गिरफ़्तारी से पहले भी ये भावनाएं मौजूद थीं। लेकिन इन गिरफ्तारियों ने और उनके बाद अकसर होनेवाले गोली-कांडों ने जनता के गुस्से को बढ़ा दिया और उन्होंने उसी रास्ते को अपनाया, जो एक नाराज़ गिरोह अपनाया करता है। कुछ वक़्त तक इस बारे में एक अनिश्चितता- सी रही कि क्या किया जाना चाहिए। कोई हिदायतें नहीं थीं, कोई कार्य-क्रम नहीं था। कोई ऐसा मशहूर आदमी भी नहीं था, जो उन्हें बता सकता कि क्या करना चाहिए या जो उनकी रहनुमाई कर सकता। लेकिन वे इतने ज़्यादा नाराज़ थे, इतने उत्तेजित थे कि ख़ामोश नहीं रह सकते थे। ऐसे मौक़ों पर जैसा अकसर होता है, मुक़ामी नेता आगे आये और कुछ वक़्त तक उनकी हिदायतों को मुताबिक़ काम हुआ। लेकिन जो-कुछ हिदायतें उन्होंने दीं, वे बहुत नाकाफ़ी थीं। लाज़िमी तौर से जनता का उभार तो अपने-आप हुआ था। सारे हिंदुस्तान में 1942 में नई पीढ़ी ने, ख़ासतौर से विश्व-विद्यालयों के विद्यार्थियों ने, उग्र और शांतिपूर्ण दोनों ही तरह

की कार्रवाइयों में बहुत ज़्यादा काम किया। बहुत से मुक़ामी नेताओं ने शांतिपूर्ण ढंग से कार्रवाई की और सविनय अवज्ञा आंदोलन को चलाने की कोशिश की। लेकिन उस वक़्त के वातावरण में यह बात मुश्किल थी। पिछले बीस बरसों से जो अहिंसा का पाठ पढ़ाया जा रहा था, जनता उसे भूल गई। फिर भी किसी तरह से सरासर हिंसा के लिए वह बिलकुल भी तैयार न थी। उस अहिंसात्मक ढंग की शिक्षा ने कुछ झिझक और कुछ शक पैदा किया और हिंसात्मक कार्रवाई के लिए हिचकिचाहट पैदा हुई। अगर अपनी धारणा के ख़िलाफ़ कांग्रेस ने पहले हिंसात्मक काम के लिए थोड़ा-सा भी इशारा कर दिया होता, तो इसमें शक नहीं कि जितनी हिंसा और उग्रता असल में हुई, उससे कम-से-कम सौ गुनी ज़्यादा हुई होती।

लेकिन इस ढंग का कोई इशारा नहीं दिया गया था। सच तो यह है कि कांग्रेस ने अपने आखिरी संदेसे में अहिंसात्मक कार्रवाई की ही अहमियत पर ज़ोर दिया था। फिर भी एक बात का जनता के दिमाग़ पर असर हुआ। अगर, जैसा हमने कहा था, किसी हमलावर दुश्मन के ख़िलाफ़ हथियार के ज़रिये हिफ़ाज़त करना जो और वाजिब था, तो यही बात मौजूदा आक्रमण के लिए क्यों लागू नहीं था? हमले और बचाव के हिंसात्मक ढंग से एक बात रोक हटाने के अनिच्छित परिणाम हुए और ज़्यादातर लोगों के लिए उनके बारीक़ भेदों को समझना आसान नहीं था। सारी दुनिया में हद दर्जे की हिंसा छाई हुई थी और लगातार प्रचार से उसको बचाव मिल रहा था। उस वक़्त जल्दी कामयाबी का और गहरी भावना का सवाल था। इसके अलावा कांग्रेस में और कांग्रेस से बाहर ऐसे भी लोग थे, जिनका अहिंसा में कभी भी यक़ीन नहीं रहा था और हिंसात्मक कार्रवाई के सिलसिले में उन्हें कभी भी कोई दुविधा नहीं हुई थी।

लेकिन वक़्ती उत्तेजना में बहुत ही कम लोग सोचते हैं। वे तो बहुत अरसे से दबे हुए अपने रुझान के मुताबिक़ काम करते हैं और यह बहाव उन्हें आगे बढ़ा ले जाता है। इस तरह 1857 के ग़दर के बाद बहुत बड़ी जनता हिंदुस्तान में ब्रिटिश राज्य के ढांचे को चुनौती देने के लिए पहली बार बलपूर्वक उठ खड़ी हुई। (लेकिन इस शक्ति के पास हथियार नहीं थे)। यह चुनौती बेमानी और बेमौक़े थी, क्योंकि दूसरी तरफ़ सुसंगठित हथियारबंद ताक़त थी। यह हथियारबंद ताक़त इतिहास में पहले किसी मौके पर इतनी ज़्यादा नहीं थी। चाहे भीड़ में आदमियों की तादाद कितनी भी ज़्यादा हो, शक्ति और सशस्त्र शक्ति के द्वंद्व में वह ठहर नहीं सकती। वह लाज़िमी तौर पर नाकामयाब होती। हां, यह बात दूसरी थी कि खुद इन हथियारबंद फ़ौजों की वफ़ादारी ही पलट जाये। लेकिन इन भीड़ों ने न तो इस लड़ाई की तैयारी ही की थी और न उसके लिए मौक़ा ही तलाश किया था। यह लड़ाई तो उन पर अनजाने ही आ गई और उसकी तात्कालिक प्रतिक्रिया में चाहे वह कितनी ही ग़लत हो या नासमझी से भरी हो, उन्होंने हिंदुस्तान की आज़ादी के लिए अपना प्रेम जताया और साथ ही विदेशी सरकार के लिए अपनी नफ़रत ज़ाहिर की।

हालांकि उस वक़्त अहिंसा की नीति दब गई, लेकिन उसके अनुसार उन्हें जो शिक्षा

लंबे अरसे से मिली थी, उसका एक ख़ास और अच्छा नतीजा हुआ। गुस्से और जोश के होते हुए भी क़ौमी भेद-भाव की भावना अगर थी, तो बहुत थोड़ी थी और कुल मिलाकर जनता ने खुद यह कोशिश की कि दुश्मनों को कोई जिस्मानी चोट न पहुंचे। सरकारी सामान की आमद-रफ़्त के साधनों की बहुत भारी बरबादी हुई थी, लेकिन इस बरबादी के बीच भी इस बात का ख़याल रखा गया था कि लोगों की जानें न जायें। न तो यह हमेशा मुमकिन था और न हमेशा इसकी कोशिश की गई, ख़ासतौर से उस वक़्त, जब पुलिस से और हथियारबंद फ़ौज से खुली हुई लड़ाई हुई। जहांतक मुझे याद आता है, सरकारी बयानों के मुताबिक सारे हिंदुस्तान में और झगड़े के सारे दौरान में, भीड़ों ने कुल 100 आदमियों की जानें लीं। झगड़े के क्षेत्रों का फैलाव और पुलिस के साथ लड़ाइयों को ध्यान में रखते हुए यह संख्या बहुत कम है। एक घटना ख़ासतौर से बेरहमी की हुई और उससे तक़लीफ़ हुई। वह यह थी कि बिहार में किसी जगह पर भीड़ ने कनाडा देश के दो हवाई उड़ाकों को क़त्ल कर दिया। लेकिन आमतौर पर उस वक़्त जातीय भेद-भाव का अभाव एक ख़ास चीज़ थी।[110]

1942 के झगड़ों में पुलिस और फ़ौज की गोलियों से मारे हुए और घायल किये हुए आदमियों की गिनती सरकारी अंदाज से यह है–1028 मरे और 3200 घायल हुए। ये आंकड़े निश्चय ही बहुत ज़्यादा घटाकर रखे गये हैं, क्योंकि सरकारी बयानों के ही मुताबिक़ कम-से-कम 538 मौक़ों पर गोलियां चलीं। इसके अलावा पुलिस और फ़ौज की पहरा देनेवाली लारियां अकसर लोगों पर गोली चला देती थीं। क़रीब-क़रीब सही तादाद पर पहुंचना बहुत मुश्किल है। जनता का अंदाज़ से क़रीब 25,000 आदमी मारे गए; लेकिन शायद यह तादाद भी बढ़ाकर दी गई है। शायद 10,000 आदमियों के मारे जाने का अनुमान ज़्यादा सही होगा।

यह एक असाधारण बात थी कि बहुत-से हलक़ों में, गांवों और क़सबों दोनों में ब्रिटिश

---

110. क्लाइव ब्रेन्स के पत्रों में, जो 'ब्रिटिश सोल्जर लुक्स एट इंडिया' नाम से प्रकाशित हुए, एक ख़ास घटना का उल्लेख है। ब्रेन्स एक कलाकर था और कम्युनिस्ट था। अंतरराष्ट्रीय ब्रिगेड में उसने स्पेन में काम किया था। 1944 में वह रायल आर्मर्ड कोर में शामिल हो गया और उसमें वह एक सार्जेंट था। अपनी रेजीमेंट के साथ 1942 में उसको हिंदुस्तान भेजा गया। 1944 में बरमा में, अराकान में, लड़ते हुए वह मारा गया। अगस्त, 1942 में वह बंबई में था। उस वक़्त नेताओं की गिरफ़्तारी हो चुकी थी और बंबई की जनता गुस्से और जोश से पागल हो रही थी और उस पर गोलियां चलाई जा रही थी। ब्रेन्स ने एक मौके पर कहा 'तुम्हारी राष्ट्रीयता कितनी स्वस्थ और अकलुष है! मैंने लोगों से कम्युनिस्ट पार्टी के दफ़्तर का रास्ता पूछा। मैं वर्दी में था। मुझ जैसे लोग निहत्थे हिंदुस्तानियों पर गोलियां चला रहे थे। क़ुदरती तौर पर मुझे फ़िक्र हुई। मुझे ताज्जुब हो रहा था कि न मालूम मेरे साथ कैसा बरताव किया जायेगा। लेकिन जिस किसी से मैंने पूछा, वह मेरी मदद करने को तैयार था— सि ने भी न तो मेरी बेइज़्ज़ती की और न किसी ने मुझे ग़लत रास्ता बताया।"

हुकूमत ख़त्म हो गई, और उन हिस्सों को 'दुबारा जीतने में' (आमतौर पर उसको यही कहा गया था), कई दिन और कहीं-कहीं तो कई हफ़्ते लगे। यह बात ख़ासतौर से बिहार में, बंगाल के मिदनापुर ज़िले में और संयुक्त प्रांत के दक्खिनी पूरबी हिस्सों में हुई। यह बात ध्यान रखने की है कि संयुक्त प्रांत बलिया जिले में (जिसको "दुबारा जीतना" पड़ा था) भीड़ों के ख़िलाफ़ किसी शारीरिक हिंसा या लोगों को क़िसी तरह की चोट पहुंचाने की शिकायत नहीं है। बाद में जो बहुत-से मुक़दमे चलाये गए और जो जांच हुई, कम-से-कम उससे तो ऊपर की ही बात ज़ाहिर होती है। उस हालत का मुक़ाबला करने में मामूली पुलिस निकम्मी साबित हुई। शुरू 1942 में एक नया संगठन– एस०ए०सी० (स्पेशल आर्ल्ड कांस्टेबुलरी)-तैयार किया गया था और इसको ख़ासतौर से सार्वजनिक प्रदर्शनों और उपद्रवों का मुक़ाबला करने की शिक्षा दी गई थी। इसने जनता को कुचलने और दबाने में एक ख़ास काम किया और अकसर इसके काम करने का ढंग वही था, जो आयरलैंड में 'ब्लैक एंड टैन्ज़' का था। इस सिलसिले में कुछ ख़ास समुदायों या वर्गों को छोड़कर हिंदुस्तानी फ़ौज आमतौर पर इस्तेमाल नहीं की गई। अकसर ब्रिटिश सिपाहियों से या गुरखों से ही काम लिया जाता था। कभी-कभी हिंदुस्तानी फ़ौज या स्पेशल पुलिस को अपनी जगह से बहुत दूर भेज दिया जाता था और वहां वे क़रीब-क़रीब अजनबियों की तरह ही काम करते, क्योंकि वे लोग वहां की भाषा ही नहीं समझ पाते थे।

अगर भीड़ की प्रतिक्रिया क़ुदरती थी, तो उन हालतों में सरकार की प्रतिक्रिया भी क़ुदरती थी। उसे जनता के अचानक विस्फोट और उसकी शांतिपूर्ण कार्रवाई, दोनों को ही कुचलना था। अपने निजी बचाव के लिए और अपने दुश्मनों को मिटा देने के लिए उसका ऐसा करना ज़रूरी था। अगर उसमें यह समझ होनी या समझने की ख्वाहिश होती कि जनता में यह तेज़ी कैसे आ गई, तो यह संकट आता ही नहीं और हिंदुस्तान की समस्या हल हो सकती थी। सरकार ने अपनी हुकूमत के ख़िलाफ़ किसी भी चुनौती को हमेशा-हमेशा के लिए कुचल देने की सावधानी से तैयारी की थी। उसने शुरुआत की, और पहली चोट के लिए उसने ही मौक़ा चुना। क़ौमी, मजदूर और किसान आंदोलनों में ख़ास काम करनेवाले हज़ारों स्त्री-पुरुषों को उसने जेल भेज दिया था। लेकिन देश में जो अचानक उभार आया, उससे उसको अचंभा हुआ और एक धक्का पहुंचा, और कुछ देर के लिए जनता को चारों तरफ़ कुचल सकनेवाली मशीन अस्त-व्यस्त हो गई। लेकिन उसके पास तो बेहद साधन थे, और उसने विद्रोह के हिंसात्मक और अहिंसात्मक प्रदर्शनों को कुचल डालने के लिए उन सबका इस्तेमाल किया। बहुत-से बड़े और मालदार आदमी, जिनमें क़ौम के लिए बहुत थोड़ी हिम्मत थी, और जो डरते-डरते सिर्फ़ कभी-कभी सरकार की आलोचना की हिम्मत करते थे, अखिल भारतीय पैमाने पर जनता की कार्रवाइयों का रूप देखकर सहम गए। इन कार्रवाइयों में निहित स्वार्थों की भलाई का रत्ती भर भी ख़याल न था और इनमें राजनैतिक परिवर्तन की ही नहीं, बल्कि सामाजिक परिवर्तन की भी झलक दिखाई देती थी। ज्यों ही

इस विद्रोह को कुचलने में सरकार की कामयाबी नज़र आने लगी, ये डांवाडोल मोक़ापरस्त सरकार से मिल गए, और उन लोगों की, जो उसकी हुकूमत को चुनौती देने की हिम्मत करते थे, जी भरकर बुराई की।

विद्रोह के बाहरी स्वरूप को कुचलने के बाद उसकी जड़ों को खोदना था और इसलिए सारी सरकारी मशीन को इस काम में लगा दिया गया, ताकि ब्रिटिश हुकूमत के सामने पूरी तरह सिर झुकवा लिया जाये। वाइसराय के आर्डिनेन्स या विशेष अधिकारों से रातों-रात नये कानून तैयार हो सकते थे, लेकिन इनकी पाबंदियां भी कम-से-कम कर दी गई। फ़ैडरल कोर्ट के और हाई कोर्ट के (जो ब्रिटिश हुकूमत ने ही क़ायम किये थे और जो उसी के प्रतीक थे) फ़ैसलों की काम करनेवाले लोग परवाह ही नहीं करते थे, या उन फ़ैसलों से बचाव के लिए एक नया आर्डिनेन्स पास कर दिया जाता था। स्पेशल अदालतों में (जिनको बाद में न्यायालयों ने बेक़ायदा बताया) गवाही का या काम करने के आम तरीक़ों का कोई ख़याल ही नहीं था और इन अदालतों ने हज़ारों आदमियों को लंबी सज़ाएं दीं, और बहुतों को तो मौत की भी सजा दी। पुलिस (ख़ासतौर से स्पेशल आ कांस्टेबुलरी) और खुफिया विभाग को तो पूरी आज़ादी थी और वे राज्य के ख़ास अंग बन गए थे। वे हर ढंग की बेक़ायदा बेरहमी की हरकतें कर सकते थे। उसके लिए न कोई रुकावट थी और न उसकी हरकतों की नुक़्ताचीनी। भ्रष्टाचार बेहद बढ़ गया। स्कूलों और कालेजों के विद्यार्थियों की बहुत बड़ी तादाद को तरह-तरह से सज़ा दी गई। हज़ारों नौजवानों को पीटा गया। सरकार के माफ़िक़ जो काम थे, उनको छोड़कर हर ढंग से सार्वजनिक कामों पर रोक लगा दी गई।

लेकिन सबसे ज़्यादा तकलीफ़ सरल हृदय ग़रीबी के मारे गांववालों को भुगतनी पड़ी। पीढ़ियों से वे लोग तकलीफ़ का बिल्ला लगाये हुए थे। उन्होंने ऊपर की तरफ़ उम्मीद के साथ अच्छे वक़्तों के सपने देखने की हिम्मत की और उन्होंने काम भी किया। इन्होंने बेवक़ूफ़ी या ग़लती की हो या न की हो, लेकिन हिंदुस्तान की आज़ादी के लिए अपनी वफ़ादारी ज़रूर साबित कर दी। वे नाकामयाब रहे और इस नाकामयाबी का बोझा उनके झुके हुए कंधों और टूटे हुए जिस्मों पर था। ऐसी बातों की ख़बर मिली है कि कितनी ही जगह पूरे गांव को सजा मिली और उसकी सारी आबादी की जानें कोड़ों से मारकर ले ली गई। बंगाल सरकार की तरफ़ से यह बयान दिया गया था कि "सरकारी फ़ौजों ने 1942 के समुंदरी बवंडर से पहले और उसके बाद में तामलुक और कोंताई की तहसीलों में 193 कांग्रेसी डेरे या मकान जलाये।" उक्त बवंडर से भयंकर विनाश हुआ था और उस हिस्से में बहुत बरबादी हुई थी, लेकिन उससे सरकारी नीति में कोई फ़र्क नहीं पड़ा।

समूचे गांवों पर सज़ा के तौर पर बड़ी-बड़ी रक़मों के जुरमाने किये गए। हाउस ऑव कॉमन्स में दिये गए मि० एमरी के बयानों के मुताबिक जुरमाने की रक़म कुल मिलाकर नब्बे लाख रुपये थी, और इसमें से 78,50,000 रुपये की वसूल हुई। इन भूखे ग़रीबों से ये बड़ी रक़में किस तरह वसूल की गई, यह एक अलग बात है। 1942 या उसके बाद की सारी बातों

से पुलिस की गोलियों से और उसके गांवों में आग लगाने से, इतनी ज्यादा तकलीफ़ नहीं हुई थी, जितनी इस रक़म को वसूल करने में ज़बरदस्ती से हुई। इसके अलावा सिर्फ़ यह जुरमाना ही वसूल नहीं किया गया, बल्कि अकसर उससे बहुत ज़्यादा रुपया वसूल किया गया और इस ज़्यादा रक़म को वसूल करनेवाले लोग हड़प कर गए।

वे सारे क़ायदे और बहाने, जिनसे सरकारी कार्रवाइयां ढकी रहती हैं, एक तरफ़ हटा दिये गए, और एक और अकेली हुकूमत की निशानी सिर्फ़ पाशविक शक्ति थी, जो नग्न रूप में सामने थी। इस वक़्त किसी बहाने की ज़रूरत नहीं थी, क्योंकि ब्रिटिश ताक़त कामयाब हो चुकी थी। कम-से-कम उस वक़्त राष्ट्रीय शक्ति के ज़रिये उसकी जगह ले लेने की सारी हिंसात्मक और अहिंसात्मक कोशिशें कुचली जा चुकी थीं और अब ब्रिटिश ताक़त का ही बोलबाला था। इस आख़िरी इम्तिहान में, जिसमें शक्ति और बल का ही मूल्य है और बाक़ी सब चीज़ें सिर्फ़ बेकार की बातें हैं, हिंदुस्तान नाकामयाब हुआ था। उसकी नाकामयाबी की वजह ब्रिटिश हथियारबंद ताक़त और लड़ाई की हालत से लोगों की दिमागी उलझन ही नहीं थी, बल्कि यह भी थी कि ज़्यादातर आदमी आज़ादी के लिए ज़रूरी आख़िरी क़ुरबानी के लिए तैयार नहीं थे। इस तरह ब्रिटिश लोगों ने महसूस किया कि हिंदुस्तान में उनका राज्य फिर मज़बूती से जम गया और अपना चंगुल फिर ढीला करने की उन्हें कोई वजह महसूस नहीं हुई।

❑

4. दूसरे देशों में प्रतिक्रिया

ख़बरों पर कड़ी रोक की वजह से हिंदुस्तान की घटनाओं पर एक बहुत मोटा परदा पड़ गया। जो कुछ हो रहा था, उसकी बाबत ख़बरें देने की हिंदुस्तानी अख़बारों को भी इजाज़त नहीं थी, और दूसरे देशों को जानेवाली ख़बरों पर कहीं और भी ज़्यादा निगरानी और रोक थी। साथ ही सरकारी प्रचार विदेशों में ज़ोरों से काम कर रहा था और झूठी और बेबुनियाद बातों का प्रचार किया जा रहा था। संयुक्त राज्य अमरीका में यह प्रचार ख़ासतौर से किया गया, क्योंकि वहां के लोकमत की अहमियत थी, और इसलिए सैकड़ों व्याख्यानदाता और प्रचारक, जिनमें अंग्रेज़ भी थे और हिंदुस्तानी भी, उस देश में दौरा करने के लिए भेजे गए।

इस प्रचार के अलावा इंग्लैंड पर लड़ाई का दबाव था और उसकी फ़िक्र थी। इसलिए वहां पर हिंदुस्तानियों के ख़िलाफ़ और ख़ासतौर से उन लोगों के ख़िलाफ़, इस संकट के मौक़े पर उनकी परेशानियों को बढ़ा रहे थे, नाराज़ी होना क़ुदरती था। इस पर इकतरफ़ा प्रचार का असर हुआ, और इससे भी ज़्यादा असर ब्रिटिश जनता का अपनी नेकनीयती में यक़ीन की वजह से हुआ। दूसरों की भावनाओं से बेख़बरी ही तो उनकी मज़बूती की जड़ था और इसलिए इस सिलसिले में उन्होंने अपनी हर कार्रवाई को सही समझा, और उन्होंने किसी भी

दुर्घटना या असाम्य का दोष उन लोगों पर डाल दिया, जो ब्रिटिश लोगों के स्पष्ट गुणों को भी नहीं देख सकते थे। हिंदुस्तान में जिन लोगों ने उन गुणों में शक किया, उनको कुचलने में ब्रिटिश ताक़त और हिंदुस्तानी पुलिस की कामयाबी ने फिर उन गुणों को न्याय्य साबित कर दिया था। साम्राज्य ने ठीक किया था और मि० विन्स्टन चर्चिल ने ख़ासतौर से हिंदुस्तान की बाबत ऐलान किया-"ब्रिटिश साम्राज्य को ख़त्म करनेवाली कार्रवाई की सदारत करने के लिए मैं बादशाह का प्रधान मंत्री नहीं बना हूं।" इसमें कोई शक नहीं कि यह कहते हुए मि० चर्चिल अपने देश की बहुत बड़ी आबादी के नज़रिये की नुमाइंदगी कर रहे थे। इस बड़ी आबादी में वे लोग भी शामिल थे, जिन्होंने पहले साम्राज्यवाद के उसूलों और उसके काम की आलोचना की थी। ब्रिटिश मज़दूर दल ने नेताओं ने, यह दिखाने के लिए कि शाही परंपरा की बफ़ादारी में वे किसी और दल से पीछे नहीं हैं, मि० चर्चिल के बयान का समर्थन किया और 'ब्रिटिश जनता के इस पक्के इरादे पर ज़ोर दिया" कि "लड़ाई के बाद वह अपने साम्राज्य को ज्यों-का-त्यों रखेगी।"

अमरीका में जिन लोगों को सुदूर हिंदुस्तान की समस्याओं में दिलचस्पी थी, उनकी राय अलग-अलग थी। ब्रिटिश शासकों के गुणों पर उनको अंग्रेज़ों की तरह यक़ीन नहीं था और दूसरे लोगों के साम्राज्यों को वे अच्छी नज़र से नहीं देखते थे। वे हिंदुस्तान की सद्भावनाओं को हासिल करने के लिए उत्सुक थे। जापान के ख़िलाफ़ लड़ाई में वे उसके साधनों का पूरा-पूरा फ़ायदा उठाना चाहते थे। फिर इकतरफ़ा और झूठे प्रचार का लाज़िमी असर हुआ और उनमें यह ख़याल जमने लगा कि हिंदुस्तान की समस्या तो बहुत ज़्यादा उलझी हुई है और उनके लिए उसको सुलझाना मुमकिन नहीं है। इसके अलावा अपने साथी ब्रिटेन के मामले में उनका दखल देना मुश्किल था।

रूस में सरकारी अफ़सरों के या आम जनता के हिंदुस्तान की बाबत क्या ख़याल थे, यह कह सकना नामुमकिन था। वे अपने ज़बरदस्त युद्ध-प्रयासों में ही जुटे हुए थे। उनका ध्यान अपने देश से हमलावर को बाहर निकालने में लगा हुआ था। उस वक़्त उन मामलों पर, जिनका उनसे कोई क़रीबी ताल्लुक नहीं था, सोचने की उनके पास फुरसत नहीं थी। फिर भी वे चीज़ों पर काफ़ी दूरदर्शिता से सोचने के आदी हैं और यह मुमकिन नहीं था कि सोच-विचार के वक़्त हिंदुस्तान, जो उनकी एशियाई सरहद से मिला हुआ है, उनकी आंखों से ओझल हो गया हो। भविष्य में उनकी क्या नीति होगी, यह कोई नहीं बता सकता। हां, यह बात तय है कि उसमें असलियत का ख़याल होगा और सोवियत संघ की राजनैतिक और आर्थिक स्थिति को और भी मज़बूत बनाने का ख़ास ख़याल होगा। वे होशियारी से हिंदुस्तान की बाबत कुछ कहने से बचते रहे, लेकिन सोवियत इन्क़लाव के पच्चीसवें सालाना जलसे पर स्तालिन ने घोषणा की कि उनकी आम नीति यह है कि 'जातीय भेद-भाव मिट जाये, राष्ट्रों की बराबरी की हैसियत हो और उनके क्षेत्रों का एका बना रहे, गुलाम क़ौमें आज़ाद हों और उनको उनके सारे अधिकार वापस हों, क़ौमों को अपने-अपने मामलों

का अपनी इच्छा के मुताबिक इंतज़ाम करने की आज़ादी हो, जिन क़ौमों ने नुक़सान उठाया है, उनकी माली मदद हो और अपनी माली खुशहाली हासिल करने की उनकी कोशिश में उनको मदद दी जाये, लोकतंत्री आज़ादियां वापस आयें और हिटलरी निज़ाम का खात्मा हो।"

चीन में यह बात ज़ाहिर थी कि हमारे किसी ख़ास काम की चाहे जो प्रतिक्रिया हो, उनकी हमदर्दी पूरी तरह हिंदुस्तान की आज़ादी की तरफ़ थी। उस हमदर्दी की बुनियाद ऐतिहासिक थी लेकिन इससे भी ज़्यादा गहरी बात यह थी कि जबतक हिंदुस्तान आज़ाद नहीं होगा, चीन की आज़ादी को भी ख़तरा बना रहेगा। यह बात सिर्फ़ चीन में ही नहीं थी, बल्कि सारे एशिया में, मिस्त्र में और मध्य पूर्व में हिंदुस्तान की आज़ादी और दूसरे गुलाम मुल्कों की भी आज़ादी की प्रतीक बन गई थी। उसकी आज़ादी की कसौटी पर मौजूदा वक़्त की या आनेवाले वक़्त की जांच की जा सकती थी। अपनी किताब 'वन वर्ल्ड' में मि० वेंडेल विल्की ने कहा है- "बहुत-से स्त्री-पुरुषों ने, जिनसे मैंने अफ़रीका से लेकर अलास्का तक बातचीत की, एक सवाल पूछा, जो एशिया में तो हर जगह ही किया गया और जो वहां व्यापक था-'हिंदुस्तान का क्या होगा?'... क़ाहिरा के बाद हर जगह मेरे सामने यही सवाल था। चीन के सबसे ज़्यादा अक़्लमंद आदमी ने मुझ से कहा–'जब हिंदुस्तान की आज़ादी की ख्वाहिश को भविष्य के लिए टाल दिया जाता है, तो सुदूर पूर्व में जनता की निगाहों में ग्रेट ब्रिटेन नहीं गिरता, बल्कि संयुक्त राज्य अमरीका गिर जाता है।"

हिंदुस्तान में जो कुछ हुआ, उसने युद्ध-संकट के होते हुए भी दुनिया को थोड़ी देर के लिए हिंदुस्तान की तरफ़ देखने को और पूर्व के बुनियादी मसलों पर गौर करने को मज़बूर कर दिया। एशिया के हर देश में जनता का दिल और दिमाग हिल उठा। हालांकि उस वक़्त हिंदुस्तानी बेबस मालूम देते थे और वे ब्रिटिश साम्राज्यवाद के मज़बूत शिकंजों में बुरी तरह फंसे हुए थे, लेकिन उन्होंने यह जता दिया था कि जबतक हिंदुस्तान आज़ाद नहीं होता, हिंदुस्तान में या एशिया में शांति नहीं हो सकती।

❑

5. हिंदुस्तान में प्रतिक्रिया

विदेशी हुकूमत को किसी सभ्य जाति पर हुकूमत करने में बहुत-बहुत सी असुविधाएं होती हैं और साथ ही कितनी ही बुराइयां पैदा होती हैं। इनमें से एक नुक़सान तो यह है कि आबादी के अवांछनीय तत्त्वों पर उसको निर्भर होना पड़ता है। आदर्शवादी, स्वाभिमानी, सजग और गर्वीले लोग, जो आज़ादी की काफ़ी परवाह करते हैं, जो विदेशी हुकूमत के सामने ज़बरदस्ती सिर झुकाकर अपने-आपको गिराने के लिए तैयार नहीं होते, या तो एक तरफ़ रहते हैं या उनका सरकार से झगड़ा होता है। विदेशी हुकूमत के दल में पदलोलुप

और मौक़ापरस्त लोगों की तादाद आज़ाद देशों के मुक़ाबले बहुत ज़्यादा होती है। आज़ाद मुल्कों में भी, जहां पर एकतंत्री सरकार होती हैं, भले आदमी सरकारी कार्रवाइयों में साथ देने में अकसर असमर्थ होते हैं और वहां किसी नई प्रतिभा के प्रकट होने का क़रीब - क़रीब बिलकुल मौक़ा नहीं होता। एक विदेशी सरकार में, जो लाज़िमी तौर पर तानाशाही ढर्रे की होगी, ये सब बुराइयां होती हैं और ये बढ़ती जाती हैं, क्योंकि उसको हमेशा विरोध के और आतंक स्थापित करने के वातावरण में काम करना होता है। सरकार और जनता दोनों को ही हमेशा डर लगा रहता है और सबसे ज़्यादा महत्त्वपूर्ण सरकारी विभाग पुलिस और खुफ़िया विभाग बन जाते हैं।

जिस वक़्त सरकार और जनता में खुली लड़ाई होती है, जनता के इन अवांछनीय तत्त्वों पर भरोसा करने और उनको बढ़ावा देने का रुझान और ज़्यादा साफ़ शक़्ल में ज़ाहिर होता है। बहुत से भले आदमियों को, चाहे वे इसे पसंद करते हों या नहीं, परिस्थितियों की मजबूरी से सरकारी ढांचे में काम करना पड़ता है। लेकिन जो लोग चोटी पर पहुंचते हैं और जिनको बड़े-बड़े ओहदे दिये जाते हैं, उनका चुनाव उनकी अराष्ट्रीयता, जी हुजूरी अपने देशवासियों की बेइज्जती करने और उनको कुचलने की याग्यता पर होता है। कभी-कभी आपसी होड़ या नाउम्मीदी से वे ज़्यादातर जनता की भावनाओं और धारणाओं का विरोध करते हैं। जितना ही ज्यादा विरोध वे कर पाते हैं, उतनी ही ज़्यादा उनकी क़ाबलियत समझी जाती है। इस विकृत और अस्वस्थ वातावरण में किसी आदर्शवाद या किसी ऊंचे विचार को जगह नहीं मिलती। जो इनाम दिये जाते हैं, वे हैं ऊंचे ओहदे और ऊंची तनख्वाहें। सरकार के मददगारों का निकम्मापन और साथ ही उनकी बड़ी-से- बड़ी कमियां बरदाश्त कर ली जाती हैं, क्योंकि हर एक चीज़ को नापने का एक पैमाना है कि सरकार के विरोधियों को कुचलने में उन्होंने कितनी सरगरमी से सहायता दी है। इसकी वजह से सरकार का बड़ी अजीब जमातों से और बहुत वाहियात लोगों से गठबंधन हो जाता है। रिश्वतख़ोरी, बेरहमी, बेदर्दी और लोक-कल्याण की बिलकुल अवहेलना होती है और उनसे सारा वायुमंडल ज़हरीला हो जाता है।"[111]

---

111. बंगाल का हुकूमत की जांच कमेटी ने, जिसके सर आर्चीबाल्ड रोलैंड्स सभापति थे मई 1945 में प्रकाशित अपनी रिपोर्ट में कहा-"रिश्वतख़ोरी चारों तरफ़ इतनी ज़्यादा फैल गई है और उसको दूर करने के लिए इतने बेमन से कार्रवाई की गई है कि हमारी राय है कि इस बुराई को दूर करने के लिए ज्यादा-से-ज्यादा सख्ती बरती जानी चाहिए। इस बुराई ने सरकारी नौकरों और जनता के नैतिक पहलू को बिलकुल बिगाड़ दिया है।" कमेटी को जब यह गवाही मिली कि मुल्की नौकरीवालों के जनता के प्रति बरताव में बहुत-सी ख़राबियां हैं, तो उसको ताज्जुब हुआ और साथ ही अफ़सोस भी। यह कहा गया था कि "वे अपनी श्रेष्ठता की भावना की वजह से अलहदा रहते हैं, एक निर्जीव मशीन के ढर्रे को चालू रखने पर उनकी ज़्यादा निगाह रहती है और उनको जनता की भलाई का ध्यान नहीं रहता। वे अपने-आप को जनता का सेवक नहीं, बल्कि उसका मालिक समझते हैं।

सरकार की ज़्यादातर कार्रवाइयों पर सख्त नाराज़ी होती है, लेकिन उससे भी ज़्यादा नाराज़ी उसके हिंदुस्तानी मददगारों की हरकतों से होती है। ये लोग बादशाह से भी ज़्यादा बादशाहत के हामी बन जाते हैं। उनके इस बरताव से औसत हिंदुस्तानी की सख्त नफ़रत और झुंझलाहट होती है। उनकी निगाह में इन लोगों का मुक़ाबला विशी के आदमियों से या जर्मनों और जापानियों के ज़रिये क़ायम हुई कठपुतली सरकारों से किया जा सकता है। यह ख़याल और ऐसी भावनाएं सिर्फ़ कांग्रेस में ही नहीं है, बल्कि मुस्लिम लीग के मेंबरों में भी हैं और हमारे ज़्यादा-से-ज़्यादा नरमदली राजनीतिज्ञ भी इस बात को ज़ाहिर कर चुके हैं।[112]

लड़ाई ने खासी छूट दे दी और सरकार की ज़ोरदार राष्ट्रविरोधी कार्रवाइयों को और प्रचार के नये-नये तरीक़ों को एक आड़ मिल गई। 'मज़दूरों का साहस बनाये रखने के लिए' सैकड़ों छोटे-छोटे मज़दूर गुटों की सरकार ने रुपये से मदद की, गांधीजी और कांग्रेस को गालियां देनेवाले अख़बार चलाये गए और उनकी आर्थिक मदद की गई। अख़बारी कागज़ की उस वक़्त कमी थी और पुराने अख़बारों के काम में भी हर्ज होता था, लेकिन ये अख़बर चलाये गए। सरकारी विज्ञापन, जिनका लड़ाई की तैयारियों से संबंध बताया गया, इस काम में लाये गए। विदेशों में समाचार देनेवाले केंद्र खोले गए, जो हिंदुस्तान-सरकार की तरफ़ से बराबर प्रचार करते थे। सरकार द्वारा संगठित शिष्टमंडलों में साधारण योग्यता के और अकसर अपरिचित व्यक्तियों के झुंड के झुंड ख़ासतौर से अमरीका को भेजे गए। ये लोग केंद्रीय असेंबली के विरोध के होते हुए भेजे गए और इनको वहां ब्रिटिश सरकार के प्रोपेगेंडा - एजेंटों की तरह काम करने के लिए या उसके सिखाये हुए सबक़ों को दुहराने के लिए भेजा गया था। ऐसे शख्स को, जिसकी स्वतंत्र विचारधारा थी और जो सरकारी नीति का आलोचक था, बाहर जाने का कोई मौक़ा नहीं था। न तो उसको पासपोर्ट ही मिलता और न उसको सफ़र की ही सुविधा दी जाती।

पिछले दो बरसों में "जनता को ख़ामोश " करने के लिए सरकार ने ऐसी ही और दूसरी तरकीबों से भी फ़यदा उठाया है। राजनैतिक और सार्वजनिक कामों में निष्क्रियता आ जाती है। एक देश में, जहां क़रीब-क़रीब फ़ौजी क़ब्जा या फ़ौजी राज्य हो, यह निष्क्रियता लाजिमी

---

112. हिटलर, जो अपनी मातहती में दूसरों को ज़बरदस्ती लाने में होशियार है, अपनी 'मीन कैफ' में लिखता है-" हमको यह उम्मीद नहीं करनी चाहिए कि ये चरित्रहीन सिर झुकानेवाले आदमी अचानक ही अक़्ल या दुनिया के अनुभवों की वजह से पछताकर अपना पहला ढर्रा छोड़कर नये ढंग से काम करने लगेंगे। उसके बरखिलाफ़ यही लोग, जब तक या तो सारा राष्ट्र हमेशा के लिए अपनी गुलामी के जुए का आदी नहीं हो जाता, या जबतक ज़्यादा श्रेष्ठ शक्तियां ऊपर आकर इन बदनाम चरित्रहीनों से ही सत्ता को नहीं छीन लेतीं, ऐसे सारे सबकों से अपने को दूर ही रखेंगे। पहली हालत में इन लोगों को कुछ भी बुरा नहीं मालूम देता, क्योंकि अकसर विजेता उन्हें गुलाम निरीक्षक बना देता है। इस काम को ये चरित्रहीन लोग दुश्मन द्वारा तैनात किसी विदेशी हैवान के मुक़ाबले ज़्यादा निर्दयतापूर्वक कर सकते हैं।"

तौर पर आती है। लेकिन इन लक्षणों को ज़बरदस्ती दबाने से तो बीमारी सिर्फ़ बढ़ ही सकती है और हिंदुस्तान बहुत बीमार मुल्क है। प्रमुख अनुदार हिंदुस्तानी, जो हमेशा सरकार का साथ देते रहे हैं, इस ज्वालामुखी की वजह से, जिसका फ़िलहाल मुंह बंद कर दिया गया है, फ़िक्र में पड़ गए हैं। इसी वजह से वे कहते हैं कि ब्रिटिश सरकार के ख़िलाफ़ इतना तीखापन, इतनी कटुता, हमने कभी नहीं देखी या सुनी।

जबतक मैं अपनी जनता से न मिल लूं, न तो मुझे यह मालूम ही होगा और न मैं बता ही सकता हूं कि इन दो सालों के दौरान में उनमें क्या तब्दीलियां हुई हैं और आज उनके दिल में क्या है। लेकिन मुझे कोई शक नहीं है कि इन हाल के अनुभवों ने उनको कई ढंग से बदल दिया होगा। मैंने, जब-तब खुद अपने दिमाग़ को परखने की कोशिश की है और इस बात की छान-बीन की है कि इन घटनाओं की खुद-ब-खुद क्या प्रतिक्रिया हुई। गुज़रे वक़्त में मैं हमेशा इंग्लैंड जाने की सोचता था, क्योंकि वहां मेरे बहुत-से दोस्त हैं और पुरानी स्मृतियां मुझे वहां की तरफ़ खींचती हैं। लेकिन अब ऐसी कोई ख्वाहिश नहीं मालूम दी और अब उसका ख़याल भी बुरा मालूम पड़ा। अब मैं इंग्लैंड से ज़्यादा-से- ज़्यादा दूर रहना चाहता हूं और अंग्रेज़ों से हिंदुस्तान की समस्याओं पर बातचीत करने की भी कोई ख्वाहिश नहीं है। तब मुझे कुछ दोस्तों का ख़याल आया और मेरी सख्ती कम हुई और मैंने अपने-आपको समझाया कि सारी जनता के बारे में इस तरह राय बनाना कितना गलत है। मुझे उन विकट अनुभवों का ख़याल आया, जो लड़ाई के दौरान में अंग्रेज़ों को हुए। फिर उस खिंचाव का ध्यान आया, जिसमें वे बराबर इस बीच में रहे हैं और उनके बहुत-से आत्मीयों की मौत का भी मुझे ध्यान आया। इन सबसे भावनाओं का तीखापन कुछ कम हुआ, लेकिन बुनियादी प्रतिक्रिया बनी रही। शायद समय और भविष्य इसको कुछ कम कर दे और एक नया नज़रिया पैदा हो सके। लेकिन अगर मैं, जिसका इंग्लैंड और अंग्रेज़ों से इतना नाता था, इस तरह महसूस कर सकता हूं, तब और लोगों में, जिनका उनसे कोई संपर्क नहीं है, किस तरह की प्रतिक्रिया हुई होगी?

❐

6. हिंदुस्तान का मर्ज़:अकाल

हिंदुस्तान बहुत बीमार था—शरीर से भी और मन से भी। हालांकि कुछ लोग लड़ाई से खुशहाल हो गए थे, लेकिन दूसरे लोगों पर बोझ हद दर्जे पर पहुंच गया था और इसकी डरावनी याद अकाल ने आकर दिलाई। इस अकाल का बड़ा विस्तार था। उसका मैदान बंगाल में और हिंदुस्तान के पूरबी और दक्खिनी हिस्से में था। ब्रिटिश हुकूमत के पिछले 170 बरसों में यह सबसे ज़्यादा बड़ा और विनाशकारी अकाल था। इसकी तुलना 1766 से 1770 के बंगाल और बिहार के भयंकर अकालों से ही की जा सकती है, जो ब्रिटिश

राज्य के क़ायम होने के कुछ ही बाद हुए। महामारियां, ख़ासतौर से हैज़ा और मलेरिया की बीमारियां, फ़ैलीं और वे दूसरे सूबों में भी फैल गईं और आज भी हज़ारों आदमी उनके शिकार हो रहे हैं। लाखों आदमी अकाल और बीमारी से मर चुके हैं। फिर भी वही दृश्य हिंदुस्तान में चारों तरफ़ मंडरा रहा है और जानें ले रहा है।[113]

इस अकाल ने चोटी के थोड़े-से आदमियों की खुशहाली के नीचे हिंदुस्तान में ब्रिटिश राज्य की कई पीढ़ियों की हुकूमत से जो ग़रीबी और गंदगी, इन्सानी गिरावट और बरबादी की तस्वीर तैयार हुई थी, खोलकर रख दी। हिंदुस्तान में ब्रिटिश राज्य का यह नतीजा था और यही उसकी कामयाबी थी। यह कोई प्रकृति का कोप नहीं था कि अकाल पड़ा और न इसकी वजह लड़ाई की कार्रवाई थी और न यह दुश्मन के घेरे की वजह ही हुआ। हर जानकार दर्शक इस बात से सहमत है कि यह अकाल आदमी का बनाया था। इसको पहले से देखा जा सकता था और इसको टाला जा सकता था। हर शख़्स इस बात से सहमत है कि संबंधित अधिकारियों ने आश्चर्यजनक अवहेलना, निकम्मापन और बेफ़िक्री दिखलाई। आख़िरी वक़्त तक, जबतक हज़ारों आदमी रोज़ाना सड़कों पर मरने नहीं लगे, अकाल की मौजूदगी को माना ही नहीं गया, और उस सिलसिले में अख़बारों में चर्चा सेंसर के ज़रिये दबा दी गई। जब कलकत्ते में 'स्टेट्समैन' अख़बार ने कलकत्ते की गलियों में भूख से मरती हुई औरतों और बच्चों की दर्दनाक और डरावनी तस्वीरें छापीं, तो हिंदुस्तान-सरकार के एक प्रवक़्ता ने सरकारी तौर पर केंद्रीय असेंबली में बोलते हुए परिस्थिति को 'नाटकीय' बनाने का विरोध किया। ज़ाहिर है, उनके लिए हिंदुस्तान में भूख से हज़ारों आदमियों का रोज़ाना मर जाना मामूली-सी बात थी। लंदन में इंडिया ऑफ़िस के मि० एमरी ने अपने बयानों से और अपनी इन्कारी से अपने-आप को ला-सानी बना दिया। और जब इस व्यापक अकाल की मौजूदगी पर न तो कोई परदा ही डाला जा सका और उसकी मौजूदगी को नामंज़ूर ही किया जा सका, तो हर हुक्मरान गुट ने किसी दूसरे गुट को दोष दिया। हिंदुस्तान-सरकार ने कहा कि क़सूर सूबे की सरकार का है। सूबे की सरकार खुद एक कठपुतली सरकार थी,

---

113. 1943-44 के बंगाल के अकाल की मौतों के बारे में अलग-अलग अंदाज़ हैं। कलकत्ता विश्वविद्यालय के एंथ्रोपोलोजी विभाग ने वैज्ञानिक ढंग से अकाल के क्षेत्रों में नमूने के टुकड़े लेकर विस्तृत छान-बीन की। उनके लिहाज़ से बंगाल के अकाल में कुल 34,00,000 मौतें हुईं। यह भी पाया कि 1943-44 के दौरान में बंगाल के 46 फ़ी - सदी लोगों को बड़ी बीमारियां हुईं। बंगाल सरकार की सरकारी ख़बरों के लिहाज़ से, जो ज़्यादातर पटवारी, मुखिया आदि की अविश्वसनीय ख़बरों पर निर्भर थीं, मौतों की गिनती काफ़ी कम है। सरकारी अकाल जांच कमीशन, जिसकी सदारत सर जान वुडहैड ने की, इस नतीजे पर पहुंचा कि बंगाल में" अकाल और उससे संबंधित महामारियों के ही कारण" 15,00,000 मौतें हुईं। ये आंकड़े सिर्फ़ बंगाल के ही हैं। देश के और कई हिस्सों में भी अकाल की जह उसे या उसके साथ आनेवाली बीमारियों की वजह से बहुत बरबादी हुई।

जो गवर्नर के मातहत, सिविल अधिकारियों के ज़रिये काम करती थी। सभी का कुसूर था और लाज़िमी तौर पर सबसे ज़्यादा उस तानाशाही सरकार का, जिसका वाइसराय खुद अकेला प्रतिनिधि है। वह हिंदुस्तान में किसी भी जगह जो चाहता, कर सकता था। किसी भी लोकतंत्री या अर्ध-लोकतंत्री देश में ऐसी बरबादी की वजह से उससे संबंधित सारी सरकार मिट गई होती। लेकिन हिंदुस्तान में ऐसा नहीं हुआ और यहां सारी चीज़ें ज्यों-की-त्यों चलती रही।

लड़ाई के नज़रिये से देखते हुए भी यह अकाल ऐसी जगह पड़ा, जो लड़ाई के सबसे ज़्यादा क़रीब थी और जहां हमला होना मुमकिन था। व्यापक अकाल और आर्थिक ढांचे की बरबादी से हिफाजत और बचाव की सामर्थ्य लाजिमी तौर पर कुचली जायेगी और हमला करने की ताक़त तो और भी कम हो जायेगी। इस तरह हिंदुस्तान की हिफ़ाज़त और जापानी आक्रमणकारियों के ख़िलाफ़ लड़ाई की तैयारी के सिलसिले में हिंदुस्तान सरकार ने अपनी जिम्मेदारी निबाही। सरकारी नीति का निशान साधनों की बरबादी और फुंकी हुई ज़मीन नहीं थी (ताकि दुश्मन उसका कोई फ़ायदा न उठा सके), बल्कि लड़ाई के अहम हलके में लाखों की तादाद में फुंके हुए, भूखे और मरे हुए आदमी थे।

सारे देश में हिंदुस्तानी ग़ैर-सरकारी संस्थाओं और साथ ही इन्सानियत-परस्त इंग्लैंड के क्वकरों ने सहायता पहुंचाने की काफ़ी कोशिश की। आख़िर में मरकज़ी और सूबाई सरकारें भी जगीं और उन्होंने संकट की भयंकरता को महसूस किया और सहायता पहुंचाने के लिए फ़ौज की मदद ली गई। उस वक़्त अकाल के फैलाव को रोकने की और उसके बुरे नतीजों को कम करने की कोशिश की गई। लेकिन सहायता अस्थायी थी और उसके नतीजे अब भी चल रहे हैं और किसी को पता नहीं कि कब फिर इससे भी बदतर पैमाने पर अकाल आ जाये। बंगाल तहस-नहस हो चुका है, उसका आर्थिक और सामाजिक जीवन बरबाद हो चुका है और नई पीढ़ी के लिए कमज़ोर लोग बाक़ी बच रहे हैं।

जब ये घटनाएं हो रही थीं और कलकत्ते की सड़कों पर लाशें बिछी हुई थीं, कलकत्ते के ऊपरी वर्ग के दस हज़ार आदमियों के सामाजिक जीवन में कोई फ़र्क नहीं आया। वहां नाच-गाने हो रहे थे, दावतें दी जाती थीं, विलास का बाज़ार गरम था और जीवन विनोदमय था। काफ़ी अरसे के बाद तक वहां कोई राशनिंग नहीं थी। कलकत्ते के घुड़दौड़ बराबर होती रही और फैशनेबल लोग वहां पर जाते रहे। खाद्य सामग्री के लिए यातायात का कोई इंतज़ाम नहीं था, लेकिन घुड़दौड़ के घोड़े रेल के डिब्बों में देश के दूसरे हिस्से से आते रहे। इन शानदार ज़िंदगी में अंग्रेज़ और हिंदुस्तानी दोनों ही समृद्ध हुए थे। और अब रुपये की बहुतायत थी। कभी-कभी तो वह रुपया खाने-पीने के पदार्थों पर चढ़े-चढ़े दामों की शक़्ल में कमाया गया होता था-वही खाने की चीज़ें, जिनके अभाव से दसियों हज़ार आदमी रोज़ाना मर रहे थे।

अकसर यह कहा जाता है कि हिंदुस्तान एक ऐसा देश है, जहां कई बड़े अंतर्विरोध हैं।

कुछ लोग बहुत मालदार हैं, बहुत-से लोग बहुत ज़्यादा ग़रीब हैं; यहां आधुनिकता भी है, मध्ययुगीनता भी है; शासक हैं, शासित हैं; ब्रिटिश हैं और हिंदुस्तानी हैं। 1943 के पिछले छः महीनों में, भयंकर अकाल के महीनों में, कलकत्ते में जितने विरोधाभास देखने को मिले, इतने पहले कभी नहीं दिखाई दिये। दो दुनियाएं-आमतौर से अलग-अलग रहनेवाली, एक-दूसरे से बेख़बर-अचानक ही सामने आईं, और दोनों साथ-साथ एक ही जगह मौजूद थीं। यह असाम्य हैरतअंगेज़ था और इससे भी ज्यादा बड़ी बात यह थी कि बहुत से लोगों ने इस भयंकरता को, इस आश्चर्यजनक असाम्य को, महसूस भी नहीं किया, और वे अपनी पुरानी लीक पर ज्यों के त्यों चलते रहे। उनको क्या अनुभव हुआ, यह नहीं कहा जा सकता, उनके बारे में राय तो उनके व्यवहार को देखकर ही दी जा सकती है। शायद ज़्यादातर अंग्रेज़ों के लिए यह आसान था, क्योंकि उनका जीवन अलग बीतता था और उनमें वर्गीय भावना थी। चाहे उनमें से कुछ आदमियों का इस तरफ़ झुकाव ही क्यों न हुआ हो, लेकिन वे अपना पुराना ढर्रा बदल नहीं सकते थे। लेकिन वे हिंदुस्तानी, जो इस ढंग से काम करते थे, उस बड़ी खाई को दर्शाते थे, जो उनको बाक़ी जनता से अलग किये हुए थी और जिसको भद्रता या मानवती या किसी भी ख़याल से पाटा नहीं जा सकता था।

हर बड़े संकट की तरह अकाल में भी हिंदुस्तानी जनता के अच्छे गुण और उसकी कमज़ोरियां देखने को मिलीं। उनमें से बहुत-से आदमी, जिनमें वे लोग भी थे, जिनकी सबसे ज्यादा अहमियत थी, जेल में थे और किसी ढंग से मदद नहीं कर सकते थे। फिर भी गैर-सरकारी ढंग से संगठित किये हुए सहायता के काम में हर वर्ग के मर्द और औरतें थीं। इन्होंने जी तोड़नेवाली हालतों में मेहनत की काबलियत दिखाई, आपसी मदद की भावना दिखाई और सहयोग और आत्म-बलिदान दिखाया। उन लोगों में, जो छोटी- छोटी बातों पर झगड़ों में फंसे हुए थे, जिनमें आपसी जलन थी, जो निष्क्रिय थे और जिन्होंने दूसरों की मदद के लिए कुछ नहीं किया, और उन थोड़े-से आदमियों में, जो इतने राष्ट्रविरोधी हो गए थे और जिनमें से इन्सानियत इतनी गायब हो गई थी कि उन्होंने इन सब घटनाओं की बिलकुल भी परवाह नहीं की, हमको कमज़ोरियां नजर आईं।

अकाल लड़ाई की हालतों का सीधा-सादा नतीजा था और उसकी दूसरी वजह थी हुकूमत में दूरंदेशी की कमी और उसकी लापरवाही। देश की खाद्य-समस्या के बारे में इन अधिकारियों का अवहेलना समझ में नहीं आती, क्योंकि हर समझदार आदमी को, जिसने इस मामले पर ध्यान दिया, यह मालूम था कि इस ढंग का संकट आ रहा है। लड़ाई के शुरू सालों से ही खाद्य-स्थिति का ठीक ढंग से इंतज़ाम करने से अकाल टाला जा सकता था। हर दूसरे देश में, जिस पर लड़ाई का असर हुआ, युद्धकालीन इंज़ामत के इस पहलू पर पूरी तरह ध्यान दिया गया था। यह काम उन्होंने लड़ाई छिड़ने के पहले शुरू कर दिया था। हिंदुस्तान में हिंदुस्तान की सरकार ने यूरोप में लड़ाई छिड़ने के सवा तीन साल बाद और जापान से लड़ाई छिड़ने के एक साल बाद एक खाद्य-विभाग खोला। और इसके अलावा यह आम जानकारी

की बात थी कि बरमा पर जापानियों के क़ब्जे से बंगाल की खाद्य सामग्री के मिलने पर असर हुआ था। खाने के सामान के बारे में हिंदुस्तान-सरकार की 1943 के छ: महीने बाद तक कोई नीति नहीं थी, और उस वक़्त अकाल का भयंकर तांडव शुरू हो चुका था। यह एक बेहद असाधारण बात है कि हुकूमत को चुनौती देनेवालों को कुचलने के अलावा सरकार और दूसरे कामों में कितनी सुस्त और निकम्मी है। शायद यह कहना ज़्यादा सही होगा कि जिस ढंग से वह बनी है, उसके लिहाज़ से उसका दिमाग़ अपने-आपको बराबर क़ायम रखने के ख़ास काम में पूरी तरह घिरा रहता है। जब कोई संकट खुद आ ही जाता। जब कोई संकट खुद आ ही जाता है, तब उसका ध्यान दूसरी बातों पर जाता है। और यह संकट सरकार की योग्यता और उपयुक्तता में विश्वास के अभाव से और ज़्यादा दृढ़ हो जाता है।[114]

---

114. अकाल-जांच कमीशन, जिसके सर जॉन वुडहैड अध्यक्ष थे (जिसकी रिपोर्ट मई, 1945 में प्रकाशित हुई), दबी हुई सरकारी भाषा में उन सरकारी ग़लतियों के तांते और जाती लालच का जिक्र करता है, जिनकी वजह से बंगाल का अकाल पड़ा। "हमारे लिए बंगाल के अकाल की वजहों की छानबीन करना एक बहुत दुख और दर्द से भरा काम रहा है। हमारे ऊपर भयंकर विनाश की गहरी भावना छाई रही है। बंगाल के अकाल में पंद्रह लाख आदमी उन हालतों के शिकार हुए, जिनके लिए वे खुद जिम्मेदार नहीं थे। समाज अपने संगठन के होते हुए भी अपने कमजोर सदस्यों की हिफ़ाज़त करने में नाकामयाब रहा। असल में नैतिक, सामाजिक और साथ ही सरकारी ढांचा टूट गया।" सूबे की आर्थिक कमियों की तरफ़, जमीन पर गुज़र करनेवालों की तादाद की बढ़ती पर, जिसमें उद्योग-धंधों की तरक्क़ी से कोई कमी नहीं हुई, उन्होंने इशारा किया। उन्होंने यह भी बताया कि आबादी का बहुत बड़ा हिस्सा सिर्फ़ किसी तरह गुज़र ही कर रहा था और वह और ज़्यादा आर्थिक तनाव बरदाश्त नहीं कर सकता था, स्वास्थ्य की हालत बहुत बिगड़ी हुई थी और पोषण का मापदंड बहुत नीचा था, तंदुरुस्ती और आर्थिक दशा दोनों में ही हिफ़ाजत और बचाव की गुंजाइश नहीं थी। इसके बाद उन्होंने और ज़्यादा क़रीबी वजहों पर गौर किया, उस मौसम की बुरी फ़सल, बरमा की हार और उसकी वजह से बरमा से आनेवाले चावल का न आना, सरकार की 'नामंजूरी' की नीति, उससे कुछ ग़रीब जमातों की बरबादी होना, खाने के सामान और यातायात के लिए फ़ौजी मांग और सरकार में विश्वास की कमी। उन्होंने हिंदुस्तान - सरकार की और बंगाल सरकार की नीति की, या अकसर नीति के अभाव की या अकवर बदलनेवाली नीति की निंदा की; उनकी दूरदर्शिता की कमी और आनेवाले ख़तरों के लिए इंतज़ाम की कमी की भी उन्होंने आलोचना की; अकाल के आ जाने के बाद भी उसकी मौजूदगी को न मानने या उसकी बाबत ऐलान न करने के रवैये की भी उन्होंने आलोचना की; साथ ही परिस्थिति का सामना करने के लिए बिलकुल अधूरे इंतज़ाम की उन्होंने आलोचना की। आगे चलकर वह कहते हैं - " सारी हालतों पर गौर करते हुए हम इस नतीजे को टाल नहीं सकते कि बंगाल सरकार के लिए यह मुमकिन था कि वह हिम्मत से, पक्के इरादे से, ठीक वक़्त पर सोच-समझकर इंतज़ाम से, अकाल की भयंकर बरबादी को बहुत हदतक रोक सकती थी और अकाल इस हदतक न पहुंच पाता, जैसा वह असल में पहुंच गया।"

हालांकि अकाल निस्संदेह लड़ाई की हालतों की वजह से था और उसको रोक सजा सकता था, लेकिन साथ ही यह बात भी है कि उसकी ज़्यादा गहरी वजह उस बुनियादी नीति में थी, जो हिंदुस्तान की दिन-ब-दिन ज़्यादा ग़रीब बनाती जा रही थी और जिसकी वजह से करोड़ों आदमी क़रीब-क़रीब भूखे रहते थे। 1913 में इंडियन मैडीकल सर्विस के डायरेक्टर मेजर जनरल सरजॉन मोगा ने हिंदुस्तान में सार्वजनिक स्वास्थ्य पर अपनी रिपोर्ट में एक जगह लिखा है- कुल मिलाकर हिंदुस्तान में, सरकारी अस्पतालों के डाक्टरों के लिहाज से 39 फ़ी-सदी का ठीक पोषण होता है, 41 फ़ी-सदी का पोषण पूरी तरह नहीं होता और 20 फ़ी-सदी का पोषण बहुत कम होता है। सबसे ज़्यादा खराब हालत का ज़िक्र बंगाल के डाक्टरों ने किया है। उनके लिहाज़ से उस सूबे की आबादी के सिर्फ़ 22 फ़ी-सदी भाग को पर्याप्त पोषण मिलता है और वहां 31 फी-सदी का पोषण बहुत नाकाफी है।"

हिंदुस्तान में ब्रिटिश राज्य पर बंगाल की भयंकर बरबादी ने, उड़ीसा, मलाबार और दूसरी जगहों के अकालों ने, आखिरी फ़ैसला कर दिया है। ब्रिटिश लाज़िमी तौर पर हिंदुस्तान छोड़ेंगे और उनके हिंदुस्तानी साम्राज्य की याद रह जायेगी। लेकिन जब वे जायेंगे, तो वे क्या छोड़ेंगे कितनी इन्सानी गिरावट और कितना संचित दुख? तीन साल पहले मृत्यु-शैया पर पड़े हुए रवींद्रनाथ ठाकुर के सामने यह चित्र आया था-"लेकिन कैसा हिंदुस्तान वे छोड़ेंगे, कितना दुख-भरा? जब सदियों पुरानी उनकी शासन की धारा अंत में सूख जायेगी, तो अपने पीछे वे कितनी कीचड़ और कितनी दलदल छोड़ेंगे।"

❐

इसके अलावा हिंदुस्तान सरकार ने काफ़ी जल्दी ही यह बात महसूस नहीं की कि खाने के यातायात के लिए एक योजना और एक ढंग की जरूरत है ...।" "बंगाल सरकार के साथ ही हिंदुस्तान - सरकार भी मार्च, 1943 में कंट्रोल तोड़ने के लिए जिम्मेदार है। बाद में हिंदुस्तान-सरकार का हिंदुस्तान के ज़्यादातर हिस्से में मुक्त-व्यापार चालू करने का प्रस्ताव बिलकुल बेजा था और ऐसा प्रस्ताव होना ही नहीं चाहिए था। अगर बहुत-से प्रांतों और रियासतों का विरोध कामयाब न हुआ होता, तो आज उसके लागू करने से हिंदुस्तान के बहुत से हिस्सों में भारी बरबादी हुई होती।" केंद्र और सूबे, दोनों ही जगहों में सरकारी मशीन की बदइंतज़ामी और हृदयहीनता की चर्चा के बाद कमीशन ने कहा कि "बंगाल की जनता या कम-से-कम उसके कुछ हिस्से भी कुसूरवार हैं। हमने डर और लालच के उस वातावरण का जिक्र किया है, जिसने कंट्रोल के हटने के बाद मंहगाई को तेज़ी से बढ़ा दिया। इस भयंकर संकट के वक़्त बेहद मुनाफाखोरी हुई, और इन परिस्थितियों में कुछ लोगों के मुनाफ़े के मानी दूसरे लोगों को मौत थी। बहुत-से लोगों के पास बहुतायत थी और दूसरी तरफ़ लोग भूखों मर रहे थे। तकलीफ़ को अपनी आंखों से देखकर भी बहुत से लोगों पर कोई असर नहीं हुआ और उनकी उपेक्षा बनी रही। सूबे में चारों तरफ़ भ्रष्टाचार का राज था और वह समाज के कितने ही हिस्सों में था। भूख और मौत के कारबार में कुल मिलाकर 150 करोड़ रुपये का मुनाफ़ा हुआ। इस तरह से अगर पंद्रह लाख मौतें हुई, तो हर मौत के ऊपर 1000 रुपये का मुनाफा हुआ!"

7. हिंदुस्तान की सजीव सामर्थ्य

अकाल और लड़ाई चाहे हों या न हों, लेकिन अपने जन्म-जात अंतर्विरोधों से पूर्ण और उन्हीं विरोधों और उनसे प्रतिफलित विनाशों से पोषण पाती हुई जीवन की धारा बराबर चालू रहती है। प्रकृति अपना कायाकल्प करती है और कल के लड़ाई के दौरान को आज फूलों और हरी घास से ढक देती है, और पहले जो खून गिरा था, वह अब ज़मीन को सींचता है और नये जीवन को रंग, रूप और शक्ति देता है। इन्सान, जिसमें याददाश्त का गैर-मामूली गुण होता है, गुज़रे हुए ज़माने की कहानियों और घटनाओं से चिपटा रहता है। वह शायद ही कभी मौजूदा वक़्त के साथ चलता हो, जिसमें वह दुनिया है, जो हर रोज़ नई ही दिखाई देती है। मौजूदा वक़्त, इससे पहले कि हमको उसका पूरा होश हो, गुजरे ज़माने में खिसक जाता है; आज, जो बीती हुई कल का बच्चा है, खुद अपनी जगह अपनी संतान, आनेवाली कल को दें जाता है। मार्के की जीत का ख़ात्मा खून और दलदल में होता है; मालूम पड़नेवाली हार की कड़ी जांच में से तब उस भावना का जन्म होता है जिसमें नई ताकत होती है और जिसके नज़रिये में फैलाव होता है। कमजोर भावनावाले झुक जाते हैं, और वे हटा दिये जाते हैं, लेकिन बाकी लोग प्रकाश-ज्योति को आगे ले चलते हैं और उसे आनेवाले कल के मार्ग दर्शकों को सौंप देते हैं।

हिंदुस्तान के अकाल ने हिंदुस्तान की समस्याओं के भयंकर और तेज बहाव को कुछ हदतक महसूस करा दिया। उसने देश पर मंडराते हुए भयंकर सर्वनाश की याद दिला दी। इंग्लैंड में लोगों ने उसके बारे में क्या महसूस किया, मुझे पता नहीं, लेकिन उनमें से कुछ लोगों ने अपनी आदत के मुताबिक सारा कुसूर हिंदुस्तान और उसकी जनता का बताया। खाने की कमी थी, डॉक्टरों की कमी थी, सफाई के इंतज़ाम की कमी थी, डॉक्टरी सामान की कमी थी, आमद-रफ़्त के साधनों की कमी थी, इन्सान को छोड़कर हर चीज़ की कमी थी। आबादी बढ़ गई थी और आगे भी बढ़ती हुई मालूम दे रही थी। कुसूरवार थी एक गैर-दूरंदेश जाति की यह बढ़ती हुई आबादी, जो बगैर इत्तला दिये हुए बढ़ रही थी और जो एक नेक सरकार को योजना या योजनाहीनता को गड़बड़ा रही थी। इस तरह आर्थिक मसलों की अचानक ही अहमियत बढ़ गई। हमसे कहा गया राजनीति और राजनैतिक मसलों को एक तरफ़ रख देना चाहिए, मानो जबतक उस वक़्त के अन्य मसलों को वह सुलझा न सके, राजनीति का कोई महत्त्व ही न हो। दुनिया में 'लैसेज फेअर' (उद्योग और व्यापार में सरकारी हस्तक्षेप से स्वतंत्रता) की तरफ़दारी करनेवाली गिनी-चुनी सरकारों में से हिंदुस्तान सरकार भी एक थी, अब वह योजनाओं की सोचने लगी, लेकिन संगठिन योजना के बारे में उसे के बारे में उसे कुछ भी पता नहीं था। वह तो अपने मौजूदा ढांचे को बनाये रखने की बाबत ही सोच सकती थी। वह निहित स्वार्थों या वैसी ही बातों को बनाये रखने के सिलसिले में ही ध्यान दे सकती थी।

हिंदुस्तान की जनता में प्रतिक्रिया जोरदार और ज़्यादा गहरी हुई। लेकिन भारत रक्षा कानून या उसके नियमों के चारों तरफ़ फैले हुए चंगुल की वजह से उसका कोई खुला इज़हार नहीं हुआ। बंगाल का आर्थिक ढांचा बिलकुल टूट गया था और करोड़ों आदमी बिलकुल कुचल दिये गए थे। हिंदुस्तान के दूसरे हिस्सों में जो कुछ हो रहा था, बंगाल की मिसाल उसमें एक हद पर पहुंच गई थी और ऐसा मालूम होता था कि फिर अच्छा इंतज़ाम होना मुश्किल है। उद्योग-धंधों के मालिक भी, जो लड़ाई के दौरान में मालामाल हो गए थे, झकझोर दिये गए और अपने संकरे घेरे के बाहर देखने को मजबूर हुए। कुछ राजनीतिज्ञों के आदर्शवाद से उन्हें डर तो लगता था, लेकिन वे अपने ढंग से यथार्थवादी थे, और उस यथार्थवाद से वे जिन नतीजों पर पहुंचे, वे बहुत गहरे और व्यापक असरवाले थे। बंबई के उद्योगपतियों ने, खासतौर से टाटा कारबारवालों ने हिंदुस्तान की तरक्क़ी के लिए एक पंद्रह साल की योजना बनाई। वह योजना अभी पूरी नहीं हुई है और उसमें कई जगह खोखलापन है। लाज़िमी तौर पर बड़े-बड़े कारखानेवालों ने उस पर अपने ही ढंग से सोचा है और उनमें इन्क़लाबी तब्दीलियों से बचने की ज्यादा-से-ज्यादा कोशिश की गई है। फिर भी हिंदुस्तान की घटनाओं के दबाव ने उनको ज्यादा बड़े पैमाने पर सोचने के लिए मजबूर किया और जिस घेरे में सोचने के वे आदी थे उससे अब उन्हें बाहर आना पड़ा है। उस योजना के भीतर ही इन्क़लाबी तब्दीली है-चाहे खुद योजना-बनानेवाले उसे न पसंद करते हों, लेकिन फिर भी वह है। इस योजना के बनानेवालों में से कुछ नेशनल प्लानिंग कमेटी के मेंबर थे, और उन्होंने उस कमेटी के थोड़े-से काम का फ़ायदा उठाया है। बेशक इस योजना में रद्दोबदल करनी होगी और उसमें कितीन ही बातें जोड़नी पड़ेंगी और कई ढंग से उसका इंतजाम करना होगा। लेकिन यह बात ध्यान में रखते हुए कि वह योजना अनुदार वर्ग की है, वह स्वागत के योग्य है और उससे बढ़ावा, और इशारा मिलता है कि हिंदुस्तान को किधर जाना है। उसकी बुनियाद, आज़ाद हिंदुस्तान और हिंदुस्तान के राजनैतिक और आर्थिक एके, पर है। इस योजना में पूंजी के मामले में अनुदार साहूकार को महत्त्व या काबू नहीं दिया गया है, और इस बात पर ज़ोर दिया है कि देश की असली पूंजी उसके साधनों में, उसकी माली शक्ति और उसकी जन-शक्ति में है। इस योजना की या और किसी दूसरी योजना की कामयाबी लाज़िमी तौर पर सिर्फ़ उत्पादन पर ही नहीं निर्भर होगी, बल्कि उसके लिए पैदा की हुई सारी राष्ट्रीय संपत्ति का उचित और समान वितरण ज़रूरी होगा। साथ ही खेती और ज़मीन में सुधार बुनियादी और सबसे पहली ज़रूरत है।

योजना-निर्माण और योजनाबद्ध समाज का ख़याल अब कमोवेश सभी लोग मानते हैं। लेकिन खुद योजना के कोई मानी नहीं, और यह लाज़िमी नहीं है कि उससे अच्छे नतीजे हों। हर एक चीज़ योजना के उद्देश्य पर निर्भर होती है। किसका उस पर क़ाबू होगा, सरकार का क्या रवैया होगा, इन दोनों बातों की भी बहुत अहमियत है। क्या उस योजना में सारी जनता की तरक्क़ी और बेहतरी का मक़सद लाज़िमी तौर पर है? क्या उस योजना में हर एक को

आज़ादी, सहकारिता, सुसंगठित और काम के लिए मौक़ा है? पैदावार को बढ़ाना ज़रूरी है, लेकिन सिर्फ़ इतने ही से कोई फ़ायदा नहीं है और शायद उससे हमारी उलझनें और बढ़ जायें। पुरानी जमी हुई रियायतों और निहित स्वार्थों को बनाये रखने की कोशिश योजना की जड़ को काट देती है। सच्ची योजना को यह बात माननी होगी कि सारी जनता की बेहतरी के लिए किसी भी कार्यक्रम में इन ख़ास रियायतों को अड़चन डालने का मौक़ा नहीं दिया जायेगा। सभी तरफ़ सूबों में कांग्रेसी सरकारों को इन बुनियादी बातों से रुकावट हुई कि वे ज़्यादातर निहित स्वार्थों पर हाथ नहीं उठा सकती थीं। पार्लमेंट के क़ानून के मुताबिक उनकी हिफ़ाजत होती थी। काश्तकारी क़ानून में थोड़ी-सी रद्दो-बदल करने की कोशिश और खेती पर की आमदनी पर इनकम-टैक्स लगाने की उनकी कोशिश को भी अदालतों में फ़ैसले के लिए भेजा गया कि वे क़ानूनी हैं या नहीं।

अगर योजनाओं पर बड़े-बड़े उद्योगपतियों का ही क़ाबू हो, तो क़ुदरती तौर पर उसका ढांचा वही होगा, जिसके वे आदी हैं और लाज़िमी तौर पर उसकी बुनियाद मुनाफ़े की नीयत पर होगी, जो इस अपने-अपने फ़ायदे की ही सोचनेवाले समाज में चारों तरफ़ है। वे लोग कितने ही नेकनीयत क्यों न हों, और उनमें कितने ही सचमुच बहुत नेकनीयत हैं भी, लेकिन बिलकुल नये ढंग से सोचना उनके लिए मुश्किल है, यहां तक कि जिस वक़्त वे उद्योगधंधों पर सरकारी क़ब्जे की बात कहते हैं, तो सरकार की जो शक़्ल उनके दिमाग़ में होती है, उसमें और मौजूदा सरकार में क़रीब-क़रीब कोई फ़र्क नहीं है।

हमको कभी-कभी यह बताया जाता है कि मौजूदा हिंदुस्तान-सरकार, जो रेलों की मालिक है और उनका इंतज़ाम करती है, और जिसका उद्योग, पूंजी और आम ज़िंदगी पर दखल और क़ाबू दिन-ब-दिन बढ़ता जा रहा है, समाजवादी दिशा में आगे बढ़ रही है। इस बात को छोड़कर भी कि यह ख़ासतौर से विदेशी नियंत्रण है, एक बात और है, और वह यह है कि मौजूदा सरकार के नियंत्रण में और लोकतंत्री सरकार के नियंत्रण में बहुत बड़ा फ़र्क़ है। हालांकि कुछ पूंजीवादी कर्रवाइयों पर रोक है, लेकिन सारा ढांचा रियायतों की हिफ़ाज़त की बुनियाद पर खड़ा है। पुराने तानाशाही औपनिवेशिक ढांचे में सिवाय कुछ ख़ास स्वार्थों के आर्थिक मसलों पर ध्यान ही नहीं दिया जाता था। नई परिस्थिति का 'लैसेज़ फ़ेअर' ढंग से मुक़ाबला करने में अपनी असमर्थता को देखकर अपनी तानाशाही को बनाये रखने के पक्के इरादे से लाज़िमी तौर पर वह नीति फ़ासिस्त दिशा में जाती है और आर्थिक जीवन पर फ़ासिस्त ढंग से क़ब्ज़ा करने की कोशिश करती हैं, मौजूदा नागरिक अधिकारों को कुचल देती है और मामूली रद्दो-बदल के बाद नई हालत में अपनी एकतंत्री सरकार और अपने पूंजीवादी ढांचे को जमा लेती है। इस तरह फ़ासिस्त देशों के ढंग पर एक आदमी की सरकार बनाने की कोशिश होती है। उद्योग-धंधों पर और राष्ट्रीय ज़िंदगी पर काफ़ी क़ब्ज़ा होता है और आज़ादी से व्यापार और काम-काज पर पाबंदियां होती हैं/और पुरानी बुनियाद ज्यों-की-त्यों बनाई रखी जाती है। यह तो समाजवाद से बहुत दूर की चीज़ है; असल में,

जहां विदेशी हुकूमत हो, वहां पर समाजवाद की बात ही बिलकुल बेमानी है। अस्थायी रूप में भी ऐसी कोशिश कामयाब हो सकती है, इस बात में भी बहुत शक है, क्योंकि उससे तो मौजूदा मसले और ज़्यादा बढ़ते जाते हैं। लेकिन लड़ाई की हालत में उसे काम करने के लिए उपयुक्त वातावरण मिल जाता है। उद्योग-धंधों के पूरे राष्ट्रीयकरण से, जिसमें साथ-ही-साथ राजनैतिक लोकतंत्र नहीं है, एक दूसरे ढंग का शोषण शुरू हो जायेगा, क्योंकि उस वक़्त उद्योग-धंधे तो सरकार के ज़रूर होंगे, लेकिन सरकार जनता की नहीं होगी।

हिंदुस्तान में हमारी बड़ी-बड़ी मुश्किलों की वजह यह है कि हम—राजनैतिक या सामाजिक या उद्योग-धंधों की या सांप्रदायिक या खेती-बाड़ी की या हिंदुस्तानी रियासतों की—अपनी समस्याओं पर मौजूदा हालतों के ढांचे में ही सोच-विचार करते हैं। उसी ढांचे में उन रियायतों और ख़ास अधिकारों को, जो उसमें चिपटे हुए हैं, बनाये रखकर उन समस्याओं का हल करना नामुमकिन है। अगर परिस्थिति के दबाव से कहीं छोटी-मोटी मरम्मत कर दी जाये, तो वह न ज़्यादा रुक सकती है और न रुकती ही है। पुराने मसले बने रहते हैं और नये मसले या पुराने मसले एक नई शक़्ल में आकर खड़े हो जाते हैं। हमारा यह ढंग हमारी आदत और पुराने ढर्रे की वजह से है, लेकिन उसकी सबसे बड़ी और ख़ास वजह ब्रिटिश सरकार का वह 'फ़ौलादी ढांचा' है, जो इस टूटी इमारत को संभाले हुए है।

लड़ाई ने हिंदुस्तान के मौजूदा अंतर्विरोधों को—राजनैतिक, सामाजिक और आर्थिक क्षेत्रों के अंतर्विरोधों को बढ़ा दिया है। राजनैतिक नज़र से हिंदुस्तान की आज़ादी को, पूरी स्वतंत्रता की, बहुत चर्चा है, लेकिन शायद उसको जनता अपने इतिहास के किसी समय में भी इतने स्वेच्छाचारी शासन और इतने व्यापक और गहरे दमन से दबी हुई नहीं रही, जितनी मौजूदा वक़्त में है; और इस 'आज' से ही तो लाज़िम तौर पर 'कल' का जन्म होगा। आर्थिक नज़र से भी अभी अंग्रेज़ों का काबू है; फिर भी हिंदुस्तानी अर्थ-व्यवस्था में फैलाव ज़ाहिर है और वह बराबर अपने बंधनों को तोड़ देने की कोशिश कर रही है। अकाल है और चारों तरफ़ हाहाकार हैं, और साथ ही दूसरी तरफ़ कुछ लोगों के पास पूंजी बेहद बढ़ रही है। ग़रीबी और अमीरी, निर्माण और नाश, विच्छेद और ऐक्य, मृति विचारधारा और नई विचारधारा दोनों ही पहलू साथ-साथ मौजूद हैं। इन सब परेशान करनेवाले पहलुओं के पीछे एक नई ताकत है, जिसको कुचला या दबाया नहीं जा सकता हैं।

ऊपरी तौर पर लड़ाई ने हिंदुस्तान की औद्योगिक प्रगति और उसकी उत्पादन शक्ति को बढ़ाया है। फिर भी इसमें शक है कि इसकी वजह से कितने नये उद्योग चालू हुए हैं, या सिर्फ़ पुराने उद्योग ही बढ़ गए हैं, और उन्हें ही किसी दूसरे काम में लगा दिया गया है। लड़ाई के दौरान में हिंदुस्तानी उद्योग-धंधों की गतिविधि को बतानेवाले आंकड़ों से वही माप मालूम होता है और उससे यह नतीजा निकलती है कि बुनियादी तौर पर कोई तरक़्क़ी नहीं हुई। असल में कुछ योग्य आदमियों की यह राय है कि लड़ाई ने और उस दौरान में ब्रिटिश नीति ने हिंदुस्तान के उद्योग-धंधों की तरक़्क़ी में रुकावट डाली है। डा. जान मथाई ने, जो एक प्रमुख

अर्थशास्त्री हैं और टाटा कारबार में डायरेक्टर हैं, हाल ही में कहा था—यह आम खयाल... कि लड़ाई ने हिंदुस्तान के उद्योग धंधों की तरक़्क़ी की रफ़्तार को बेहद तेज कर दिया है, एक ऐसी बात है कि जिसके लिए अभी बहुत-से प्रमाणों की आवश्यकता होगी। हां, यह सच है कि कुछ पुराने उद्योग-धंधों ने लड़ाई की मांग की वजह से अपना उत्पादन बढ़ा दिया है, लेकिन कई नये उद्योग-धंधे जिनकी देश के लिए बुनियादी अहमियत है और जिनको चालू करने की बाबत लड़ाई से पहले इरादा किया जा रहा था, लड़ाई की हालतों की वजह से या तो अधूरे छोड़ दिये गए, या उनको चालू करने का इरादा ही छोड़ दिया गया। मेरी निजी राय यह है कि हिंदुस्तान में कनाडा और ऑस्ट्रेलिया आदि दूसरे देशों की उलटी बात हुई है, और लड़ाई की असर तेज़ी लाने के बजाय उसकी रफ़्तार को कम करनेवाला हुआ है। हां, मैं इस बात से ज़रूर सहमत हूं... कि हिंदुस्तान में अपनी बुनियादी कारबारी ज़रूरत को पूरा करने की काफ़ी बड़ी सामर्थ्य है। औद्योगिक गतिविधियों के बारे में जो कुछ आंकड़े मिलते हैं, वे इस राय का समर्थन करते हैं और उनसे यह ज़ाहिर होता है कि लड़ाई से पहले जिस रफ़्तार से तरक़्क़ी हो रही थी, अगर वह जारी रहती, तो सिर्फ़ नये उद्योग-धंधे ही न क़ायम हुए होते, बल्कि कुल मिलाकर यहां उत्पादन बहुत ज़्यादा बढ़ जाता है।[115]

लड़ाई से एक बात जरूर ज़ाहिर हुई और इसमें कोई शक नहीं रहा कि अगर मौका मिले, तो हिंदुस्तान बहुत तेज़ी के साथ अपनी शक्ति और अपने साधनों से इस सामर्थ्य को व्यवहार में ला सकता है। एक आर्थिक इकाई की तरह से काम करते हुए, लड़ाई के इन पांच सालों में, सारी रुकावटों के होते हुए भी उसने बहुत बड़ी पूंजी और संपत्ति इकट्ठी कर ली है। उसकी यह संपत्ति स्टर्लिंग सिक्यूरिटी' के रूप में है, जो उसे मिल नहीं रही और जो भविष्य में रोक दी जायेगी। हिंदुस्तान-सरकार ने ब्रिटिश सरकार या संयुक्त राज्य अमरीका के लिए

115. 30 मई, 1945 को लंदन में बोलते हुए श्री जे० आर. डी. टाटा ने भी इस बात को नामंजूर किया कि हिंदुस्तान को अपने उद्योग या उनकी सामर्थ्य बढ़ाने में लड़ाई से काफ़ी मदद मिली है कहीं-कहीं पर किसी उद्योग में कुछ बढ़ती हुई हो, लेकिन कुल मिलाकर, 'अगर हथियारों के कारखाने या कुछ खास कारखानों को छोड़ दिया जाये, तो कोई भी-तरक़्क़ी नहीं हुई। अगर लड़ाई न होती, तो कई नये काम शुरू हो गए होते। मैं अपने निजी तजुरबे से जानता हूं कि ये नये बड़े-बड़े काम सिर्फ़ इसलिए छोड़ दिये गए कि ईंट, फौलाद और मशीन हासिल करना नामुमकिन हो गया। जो लोग लड़ाई के दौरान में हिंदुस्तान के उद्योग-धंधों की और उसकी आर्थिक दशा की बेहतरी या तरक़्क़ी की बात करते हैं, वे असलियत से बेखबर हैं।" इसके अलावा श्री टाटा ने कहा-"मैं इस बुलबुले को फोड़ना चाहता हूं। यह कहना कि लड़ाई की वजह से हिंदुस्तान में काफी तरक़्क़ी हुई है, बिलकुल। ना समझी है। किसी-न-किसी वजह से हिंदुस्तान में कोई खास तरक़्क़ी या बढ़ती नहीं हुई-है। बल्कि असलियत यह है कि हालत बदतर हो गई है। जो कुछ हुआ है, यह है कि लड़ाई की वजह से और उसमें हिंदुस्तान की मदद की वजह से बंगाल में अकाल में हमारे लाखों आदमी मर गए। हमारे यहां कपड़े का भी अकाल है। इस तरह यह ज़ाहिर है कि आर्थिक उन्नति का भान तो उसकी अनुपस्थिति विशेष से ही होता है।"

जो अपनी तरफ़ से खर्च किया, वही स्टर्लिंग सिक्यूरिटी है। साथ ही यह स्टर्लिंग सिक्यूरिटी हिंदुस्तान की भूख, अकाल, महामारी, कमजोरी, बुज़दिली, रुकी हुई बढ़वार, मौत भूख और बीमारी से बड़ी तादाद में मौत की निशानी है।

इस पूंजी और संपत्ति के इकट्ठे होने से हिंदुस्तान ने इंग्लैंड का क़र्ज़ चुका दिया और अब वह साहूकार देश बन गया है। बेहद लापरवाही और बदइंतजामी से हिंदुस्तान की जनता को बेहद तकलीफ हुई है, लेकिन एक बात जरूर ज़ाहिर हुई है कि हिंदुस्तान बहुत थोड़े से वक़्त में इतनी बड़ी रकमें इकट्ठी कर सकता है। पिछले सौ से ज्यादा साल के दौरान में हिंदुस्तान में जितनी ब्रिटिश पूंजी लगी है, उसके मुकाबले लड़ाई के पांच सालों में हिंदुस्तान का उस पर खर्च कहीं ज्यादा है। इस तथ्य से यह बात साफ और सही तौर पर ज़ाहिर हो जाती है कि इन पिछले सौ बरसों में ब्रिटिश हुकूमत के दौरान में रेल में, सिंचाई के साधनों में या और चीजों में, जिनके बारे में इतना हल्ला मचाया जाता है, कितनी कम तरक़्क़ी हुई है। इससे यह बात भी ज़ाहिर होती है कि हिंदुस्तान में तेज़ी से चौतरफ़ा तरक्क़ी करने की कितनी ज़बरदस्त ताक़त है। अगर इतनी ज्यादा तरक्क़ी जी तोड़नेवाली हालतों में हो सकती है और वह भी एक विदेशी हुकूम के मातहत, जो हिंदुस्तान में उद्योग-धंधों की तरक़्क़ी नापसंद करती है, तो यह बात साफ़ है कि आज़ाद क़ौमी सरकार की देखभाल में योजनाबद्ध तरक़्क़ी से चंद बरसों में ही हिंदुस्तान की शक्ल बदल जायेगी। मौजूदा हिंदुस्तान की आर्थिक और सामाजिक तरक्क़ी के बारे में, पिछले ज़माने की किसी भी जगह की सामाजिक तरक़्क़ी की कसौटी पर उसे एक ढंग से जांचते हुए, ब्रिटिश लोगों में तारीफ़ करने की एक अजीब-सी आदत हो गई है। कई सदियों पहले जो रद्दोबदल की रफ़्तार थी, उससे अपने पिछले सौ साल की रद्दो-बंदल का मुक़ाबला करते हुए उन्हें खुद बड़ा संतोष हुआ है। लेकिन जिस वक़्त वे हिंदुस्तान की बाबत सोचते हैं, यह बात कि औद्योगिक क्रांति ने, और ख़ासतौर से पिछले पचास साल की ज़बरदस्त वैज्ञानिक तरक्क़ी ने, ज़िंदगी की चाल और रफ़्तार बिलकुल बदल दी है, उनकी नज़र से किसी तरह हट जाती है। वे इस बात को भी भूल जाते हैं कि जिस वक़्त वे यहां आये थे, हिंदुस्तानी बंजर उजड़ा हुआ या जंगली देश नहीं था, बल्कि वह एक बहुत तरक्क़ीयाफ़्ता और सुसंस्कृत राष्ट्र था, जो अस्थायी रूप से वैज्ञानिक प्रगति में निष्क्रिय था या पिछड़ गया था।

इस ढंग का मुक़ाबला करते हुए हम किस तरह चीज़ों का मूल्यांकन करें या हमारा मापदंड क्या हो? जापानियों ने अपने फ़ायदे के लिए आठ साल में ही मंचूरिया में बेहद औद्योगिक उन्नति कर दिखाई। अंग्रेजों की पीढ़ियों कोशिश के बाद हिंदुस्तान में इतना कोयला नहीं निकाला जाता, जितना इन आठ सालों के बाद मंचूरिया में। कोरिया में उनके माली खुशहाली के रिकार्ड की और औपनिवेशिक साम्राज्यों से तुलना करने योग्य है।[116]

---

116. हैलेट एबेंड, जो सूदूर पूर्व में कई बरस तक 'न्यूयार्क टाइम्स' के संवाददाता थे, अपनी किताब 'पैसिफ़िक चार्टर' में कहते हैं–"जापानियों के साथ इंसाफ़ करते हुए यह बात

और फिर भी इस हालत के पीछे गुलामी, क्रूरता, बेइज्जती, शोषण और जनता की आत्मा को मिटा देने की कोशिश है। नात्सियों और जापानियों ने अधिकृत जनता और जातियों को बेरहमी के साथ कुचल देने के नये नमूने पेश किये हैं। हमको अकसर इसकी याद दिलाई जाती है और हमसे कहा जाता है कि अंग्रेज़ों ने इतना बुरा बरताव तो नहीं किया। क्या मुक़ाबले के लिए और फ़ैसले के लिए यही मापदंड और नज़रिया होगा?

आज हिंदुस्तान में बहुत ज़्यादा निराशा छाई हुई है; यहां एक ढंग की बेबसी है, और ये दोनों बातें समझ में आती है, क्योंकि घटनाओं ने हमारी जनता को बुरी तरह कुचला है और भविष्य आशापूर्ण नहीं है। लेकिन साथ ही सतह के नीचे हलचल है, आगे बढ़ने की कोशिश है, नई ज़िंदगी और नई ताक़त के चिह्न हैं और अज्ञात शक्तियां काम कर रही हैं। नेतागण चोटी पर काम करते हैं, लेकिन वे उस जगती हुई जनता की, जो भूतकाल को पारकर आगे बढ़ गई है, अस्पष्ट और अचेतन इच्छा की दिशा में बहे चले जाते हैं।

❒

8. हिंदुस्तान की बाढ़ मारी गई

आदमी की तरह राष्ट्र के भी कई व्यक्तित्त्व होते हैं और ज़िंदगी के अनेक नज़रिये होते हैं। अगर इन मुखालिफ़ नज़रियों में एक आपस का गहरा संबंध होता है, तो ठीक है, वरना ये व्यक्तित्व अलग-अलग हो जाते हैं और इससे बरबादी और परेशानी होती है। आमतौर पर एक ऐसी प्रक्रिया चलती रहती है कि उनमें आपस में मेल बैठ जाता है और समतौल पैदा हो जाता है। लेकिन अगर स्वाभाविक बाढ़ रोक दी जाये, या कोई रद्दो-बदल इतनी तेज़ी से हो कि उसको आसानी से अपनाया न जा सके, तो इन अलग-अलग नज़रियों में आपस में संघर्ष पैदा हो जाता है। हिंदुस्तान के दिल और दिमाग़ में, हमारे ऊपरी झगड़ों और

माननी होगी कि कोरिया में उन्होंने बहुत शानदार काम किया है। जब उन्होंने वहां पर क़ब्ज़ा किया था, तो वह जगह गंदी थी, अस्वास्थ्यकर थी और वहां बेहद ग़रीबी थी। पहाड़ों पर जंगल उजड़ गए थे, घाटियों में बराबर बाढ़ आती रहती थी, अच्छी सड़कों का नाम-निशान भी नहीं थी।, चारों तरफ़ निरक्षरता थी और हर साल मोतीझरा, चेचक, हैज़ा, पेचिश, प्लेग की महामारी आती थी। आज वहां के पहाड़ों पर जंगल आबाद हैं। रेलवे, टेलीफ़ोन और तार का इंतज़ाम बहुत बढ़िया है, अच्छी सड़कों की बहुतायत, बाढ़ की रोक और सिंचाई गाकूल इंतज़ाम से वहां की खाद्य पैदावार बेहद बढ़ गई है। बहुत बढ़िया बंदरगाह बनाये गए हैं और उनका बहुत ही बढ़िया इंतज़ाम है। यह देश इतना समृद्ध और स्वास्थ्यकर हो गया है कि 1905 में इसकी आबादी 1, 10,00,000 थी और अब आबादी 2,40,00,000 है। पिछली सदी के अंत में जो रहने की हैसियत थी, उसके मुक़ाबले आजकल का रहना-सहना बेहद बेहतर है।" लेकिन मि० एबेंड ने बताया है कि यह माली खुशहाली कोरिया के निवासियों के फ़ायदे के लिए नहीं हुई, बल्कि इसलिए कि जापानी उससे ज़्यादा-से-ज़्यादा मालामाल हो सकें।

भेद-भावों की सतह के नीचे, बहुत अरसे से बाढ़ पर रोक की वजह से यह बुनियादी संघर्ष रहा है। अगर किसी समाज को मज़बूत और प्रगतिशील होना है, तो उसकी एक कमोबेश निश्चित उसूली बुनियाद होना चाहिए और साथ ही उसका एक ज़िंदा नज़रिया होना चाहिए। इस ज़िंदा नज़रिये के बग़ैर सड़न और बरबादी होती है। उसूलों की निश्चित बुनियाद के बिना विच्छेद और विनाश का इमक़ान रहता है।

आदिकाल से ही हिंदुस्तान में उन बुनियादी उसूलों की—अपरिवर्तनशील, विश्व-व्यापी और पूर्ण की खोज हुई। साथ ही गतिशील नज़र थी और दुनिया की तब्दीली और ज़िंदगी की जानकारी थी। इन दो बुनियादों पर हर मज़बूत और प्रगतिशील समाज बनाया गया। हालांकि हमेशा ही जोर मजबूती और हिफ़ाज़त और जाति को बनाये रखने पर दिया गया। बाद में गतिशील नज़र फीकी पड़ने लगी और सनातन उसूलों पर सामाजिक ढांचा ऐसा बनाया गया, जिसमें न तो लचीलापन था और न रद्दो-बदल की गुंजाइश। असल में वह बिलकुल सख्त तो नहीं था और उसमें धीरे-धीरे बराबर रद्दो-बदल हुई, लेकिन उसके पीछे जो आदर्श था, उसका ढांचा आमतौर से ज्यों-का-त्यों बना रहा। इसके ख़ास खंभे थे गांव की सामूहिक और खुदमुख्तार ज़िंदगी, संयुक्त परिवार और क़रीब-क़रीब स्वाधीन जातियां। इन सब में समुदाय की भावना थी। ये खंभे इतने अरसे तक इसलिए बने रहे कि कुछ ख़ामियां के होते हुए भी उनसे मानव स्वभाव और समाज की कुछ ख़ास ज़रूरतें पूरी होती थीं। उस ढांचे में हर समुदाय की हिफ़ाजत थी, मज़बूती थी और साथ ही एक ढंग से सामुदायिक स्वतंत्रता थी। वर्ण-व्यवस्था इसलिए बनी रही कि उसमें समाज के साधारण शक्ति संबंध का प्रतिनिधित्व होता रहा और वर्ग-विशेषाधिकार इसलिए बने रहे कि न सिर्फ़ उस वक़्त का आदर्श ही उनके अनुकूल था, बल्कि उनको ताक़त, अक़्ल, काबलियत और इनके साथ ही आत्म बलिदान का सहारा मिला। उस आदर्श की बुनियाद अधिकारों के संघर्ष पर नहीं थी, बल्कि उसकी बुनियाद-एक दूसरे के प्रति कर्तव्य पर, उस कर्तव्य को पूरी तरह निभाने पर उस समुदाय में सहयोग पर और अलग-अलग समुदायों के आपसी मेल पर और ख़ासतौर से लड़ाई पर नहीं, बल्कि शांति बनाये रखने पर थी। हालांकि सामाजिक ढांचे में लचीलापन नहीं था, फिर भी दिमाग़ी आज़ादी पर किसी तरह की पाबंदी नहीं थी।

हिंदुस्तानी सभ्यता बहुत हद तक अपने मक़सद पर पहुंच गई, लेकिन उस तरक़्क़ी। के दौरान में ज़िंदगी गायब होने लगी, क्योंकि ज़िंदगी तो इतनी ज्यादा गतिशील है कि वह बहुत अरसे तक ऐसे घेरे में नहीं रह सकती, जो न तो लचीली हो और न जिसमें रद्दो- बदल की गुंजाइश हो, यहांतक कि अगर उन बुनियादी उसूलों को, जिन्हें अपरिवर्तनशील कहा जाता है, पूरी तरह मान लिया जाये और उनके लिए खोज बंद हो जाये, तो उनकी ताज़गी और उनकी सचाई ख़त्म हो जाती है। सत्य, सुंदरता और आज़ादी के ख़याल भी मुरझाते हैं और किसी निर्जीव ढर्रे से चिपटे रहने से हम गुलाम बन जाते हैं।

ठीक वही चीज़, जिसकी हिंदुस्तान के पास कमी थी, पच्छिम के पास मौजूद थी,

और वहां वह मौजूद थी ज़रूरत से ज्यादा तादाद। उसका नजरिया गतिशील था। बदलती हुई दुनिया में उसकी दिलचस्पी थी। न बदलने वाले और व्यापक आख़िरी उसूलों की उसे परवाह नहीं थी। उसने फ़र्क़ और जिम्मेदारियों पर क़रीब-क़रीब बिलकुल। ध्यान नहीं दिया, बल्कि उसने अधिकारों पर ज़ोर दिया। वह सक्रिय थी, आक्रामक थी और वह ताक़त, हुकूमत और कब्जा चाहती थी। मौजूदा वक़्त पर उसकी निगाह थी और भविष्य में उसके कार्यों का क्या नतीजा होगा, उसे इसकी परवाह नहीं थी। चूंकि वह गितिशील थी, इसीलिए उसमें प्रगति थी, ज़िंदगी थी, लेकिन उस ज़िंदगी में एक बुखार था और उसकी तेज़ी बराबर बढ़ती गई।

अगर हिंदुस्तानी सभ्यता इस वजह से मुरझाई कि उसमें गतिहीनता थी, उसका सारा ध्यान अपने में ही था और उसकी अपने आपसे बहुत ममता थी, तो दूसरी तरफ़ आधुनिक पच्छिमी सभ्यता कई दिशाओं में बहुत ज्यादा तरक़्क़ी के होते हुए भी ख़ासतौर से कामयाब नहीं हुई और न वह अबतक ज़िंदगी के बुनियादी मसलों को ही हल कर पाई है। संघर्ष उसमें शुरू से है, और जब-जब बहुत बड़े पैमाने पर वही सभ्यता अपनी बरबादी के काम में जुट जाती है। ऐसा महसूस होता है कि उसमें किसी ऐसी चीज़ की कमी है, जो उसे पायदारी दे। उसमें ज़िंदगी को सार्थक बनानेवाली किन्हीं बुनियादी उसूलों की कमी है। लेकिन ये उसूल कौन से हैं, मैं खुद नहीं कह सकती। फिर भी चूंकि वह गतिशील है, उसमें ज़िंदगी है, जिज्ञासा है, इसलिए उसके लिए कुछ उम्मीद है।

हिंदुस्तान और साथ ही चीन को भी पच्छिम से सबक सीखना चाहिए। आधुनिक पच्छिम के पास सिखाने को बहुत कुछ है और इस युग की भावना की पच्छिम नुमाइंदगी करता है। लेकिन ज़ाहिर है, पच्छिम को भी बहुत-कुछ सीखने की जरूरत है। अगर पच्छिमी ज़िंदगी की गहरी बातों को, जिन पर हर युग में हर देश के विचारकों का दिमाग बराबर गौर करता रहा है, नहीं सीखता, तो उसको अपनी सारी वैज्ञानिक तरक़्क़ी से भी कोई खास आराम नहीं मिलेगा।

हिंदुस्तान गतिहीन बन गया था, फिर भी यह खयाल बिलकुल गलत होगा कि उसमें तब्दीली नहीं हुई। बिलकुल तब्दीली न होने के मानी हैं मौत। एक बहुत उन्नत राष्ट्र की हैसियत से उसका बना रहना यह बताता है कि उसमें अपने को परिस्थितियों के अनुकूल बनाने को कोई-न-कोई प्रक्रिया बराबर चलती रही। जिस वक़्त अंग्रेज़ हिंदुस्तान में आये, वह तकनीकी तरक़्क़ी में कुछ पिछड़ा हुआ ज़रूर था, फिर भी दुनिया की बहुत बड़ी तिजारती कौमों में से एक था। यकीनी तौर पर तकनीकी तब्दीलियां भी हुई होतीं, और पच्छिमी देशों की तरह हिंदुस्तान भी बदल जाता, लेकिन ब्रिटिश ताक़त से उसकी बाढ़ रुक गई। औद्योगिक तरक़्क़ी रुकी और उसकी वजह से समाजी तरक़्क़ी में भी रुकावट आई। समाज के स्वाभाविक शक्ति-संबंध आपस में मेल नहीं खा सके और समतौल नहीं हो सका, क्योंकि सारी ताकत तो विदेशी हुकूमत के हाथों में थी और उसने अपनी बुनियादी ताक़त

पर बनाई और उसने उन वर्गों और समुदायों को, जिनकी अब कोई खास अहमियत नहीं रह गई थी, बढ़ावा दिया। हिंदुस्तानी ज़िंदगी इस तरह दिन ब-दिन ज़्यादा अस्वाभाविक हो गई, क्योंकि उन व्यक्तियों और समुदायों के लिए, जिनका उसमें खास हाथ था, अब कोई ख़ास काम तो बाक़ी नहीं रहा, फिर भी विदेशी हुकूमत के सहारे वे बने रहे। इतिहास में उनका काम तो बहुत पहले ख़त्म हो चुका था और अगर उन्हें विदेशी मदद न मिली होती, तो नई ताकतों ने उनको एक तरफ़ हटा दिया होता। वे विदेशी हुकूमत के निर्जीव प्रतीक बन गए। जो मशीन की तरह बिलकुल उसी के इशारों पर थे। इस तरह राष्ट्र की गतिशील धाराओं से वे और ज्यादा अलहदा हो गए। आम हालत में तो इन्कलाब के ज़रिये या किसी लोकतंत्री प्रक्रिया से वे या तो जड़ से मिटा दिये जाते, या उनको मुनासिब जगह पर पहुंचा दिया जाता, लेकिन जबतक विदेशी तानाशाही हुकूमत मौजूद थी, ऐसे कोई तब्दीली नहीं हो सकती थी। इस तरह गुजरे ज़माने की निशानियों का हिंदुस्तान में एक जमघट बना दिया गया और जो असली तब्दीली हो रही थी, वह ऊपरी ग़ैर- कुदरती तह के नीचे दबा दी गई। कोई भी सामाजिक समतौल या समाज में आपस का शक्ति-संबंध इस तरह न तो बढ़ सकता था और न प्रकट हो सकता था। झूठे मसलों की अहमियत बेहद बढ़ी गई।

आज हमारे ज्यादातर मसले इस रुकी हुई बाढ़ और ब्रिटिश हुकूमत द्वारा सहजे स्वाभाविक व्यवस्था पर रोक की वजह से हैं। अगर बाहरी दखलन हो, तो हिंदुस्तानी राजवाड़ का मसला बहुत आसानी से हल हो सकता है। अल्पसंख्यकों का मसला और जगहों के अल्पसंख्यकों के मसले से बिलकुल अलग ढंग का है। असल में वह अल्पसंख्यकों का मसला ही नहीं है। उसके कई पहलू हैं और बेशक गुज़रे वक़्त में या मौजूदा वक़्त में हम उसके दोष से बच नहीं सकते, लेकिन इन मसलों के या और दूसरे मसलों के पीछे ब्रिटिश सरकार की, जहांतक मुमकिन हो सके, हिंदुस्तानी जनता के मौजूदा राजनैतिक संगठन और अर्थ-व्यवस्था को ज्यों-का-त्यों बनाये रखने की ख्वाहिश है। इसी गरज़ से वह समाज के पिछड़े हुए लोगों को उनकी मौजूदा हालत में बनाये रखना चाहती है और इसके लिए बढ़ावा देती है। राजनैतिक और आर्थिक तरक़्क़ी सिर्फ़ खुले तौर पर ही नहीं रोकी गई, बल्कि उसके लिए यह लाज़िमी कर दिया गया है कि प्रतिक्रियावादी गुटों और निहित स्वार्थों से पहले उसका समझौता हो। अगर भविष्य के इंतज़ाम में इन पिछड़े हुए लोगों को अहमियत दे दी जाये या उनके विशेषाधिकारों या रिआयतों को ज्यों-का-त्यों बनाये रखा जाये, सिर्फ़ तभी यह तरक्क़ी खरीदी जा सकती है। इसके मानी ये होंगे कि असली रद्दो-बदल या तरक़्क़ी के रास्ते में हम भयंकर अड़चनें खड़ी कर लें। एक नये संविधान में मज़बूती और असर के लिए सिर्फ़ अधिकांश जनता की इच्छाओं की ही नुमाइंदगी होना ज़रूरी नहीं है, बल्कि उसमें सामाजिक शक्तियों और उनके आपसी संबंधों की भी साफ़ झलक होनी चाहिए। हिंदुस्तान की ख़ास मुश्किल यह रही है, कि भविष्य के बारे में जो संवैधानिक इंतज़ाम अंग्रेज़ों या बहुत से हिंदुस्तानियों ने सुझाये हैं, उनमें इन मौजूदा सामाजिक शक्तियों की और ख़ासतौर

से उन बड़ी शक्तियों की, जो बहुत अरसे से रोक दी गई हैं, और जो बाहर फूटी पड़ रही हैं, अवहेलना की गई है। इसके अलावा उस संवैधानिक इंतज़ाम में एक ऐसे ढांचे को लादा जा रहा है, जिसमें लचीलापन नहीं है, जिसकी बुनियाद गुज़रे वक़्तों के संबंध पर है, जो अब ग़ायब होता जा रहा है और जो असल में अब बेकार है।

हिंदुस्तान में जो बुनियादी सचाई है, वह यह है कि यहां ब्रिटिश फ़ौज है, और एक ऐसी नीति है, जो उस फ़ौज के सहारे चलती है। कई ढंग से उसे ज़ाहिर किया जा चुका है। अकसर उसको अस्पष्ट शब्दाली की पोशाक पहनाई गई है, लेकिन इधर एक फ़ौजी वाइसराय ने उसे साफ कर दिया है। जहां तक ब्रिटिश लोगों को बस चलेगा, यह फ़ौजी क़ब्ज़ा बना रहेगा। लेकिन हैवानी ताक़त के इस्तेमाल की भी आख़िर हद है। उससे न सिर्फ़ विरोधी ताक़तों की तरक़्क़ी होती है, बल्कि उसके कई ऐसे नतीजे और होते हैं, जिनके बारे में उन लोगों ने, जो उस ताक़त के भरोसे रहते हैं, पहले कभी सोचा भी नहीं था।

हिंदुस्तान की तरक्क़ी को ज़बरदस्ती कुचलने और रोकने के नतीजे हमारे सामने हैं। सबसे ज़्यादा ज़ाहिर बात तो यह है कि हिंदुस्तान में ब्रिटिश शासन निर्जीव है और उससे हिंदुस्तान की ज़िंदगी कुचल दी गई है। विदेशी राज्य अधिकृत जनता की सृजनात्मक शक्ति के बिलकुल अलहदा रहता है। जिस समय इस विदेशी राज्य का आर्थिक और सांस्कृतिक केंद्र गुलाम देश से बहुत दूर होता है, और साथ ही अगर उसमें जातीय भेद-भाव मौजूद हो, तो यह अलगाव पूरा हो जाता है और गुलाम जनता की आध्यात्मिक और सांस्कृतिक मौत हो जाती है। राष्ट्र की रचनात्मक शक्ति को अगर कोई सच्चा मैदान मिलता है, तो वह शासन के ख़िलाफ़ किसी विरोध के सिलसिले में होता है। फिर भी वह मैदान संकरा होता है और नज़रिया इकतरफ़ा और तंग होता है। वह विरोधी तो उस चेतन या अचेतन कोशिश की निशानी है, जो सीमित करनेवाले खोल को तोड़ने के लिए ही रही है। इस तरह यह एक प्रगतिशील और अनिवार्य प्रवृत्ति है, लेकिन यह विरोध इतना नकारात्मक और इकतरफ़ा होता है कि हमारी ज़िंदगी की सचाई के कई पहलू उससे अलग रहते हैं। भेद-भाव, पूर्वाग्रह और शक बढ़ जाते हैं और दिमाग़ पर अपनी छाया डालते हैं। असली मसलों के हल और उनकी छान-बीन की जगह वर्ग या जाति की भावना आ जाती है और ख़ास नारें या बंधे फ़िकरे दिमाग़ में घर कर लेते हैं। बंजर विदेशी हुकूमत के ढांचे में कोई कारगर हल मुमकिन नहीं हैं। हल न किये जाने की वजह से राष्ट्रीय मसलों को तीखापन और भी ज़्यादा हो जाता है। हम हिंदुस्तान में एक ऐसी हालत में पहुंच गए हैं कि अधूरी रद्दो-बदल से हमारे मसले हल नहीं हो सकते और किसी एक पहलू की तरक्क़ी काफ़ी नहीं हो सकती। एक बहुत बड़ा क़दम उठाने की ज़रूरत है और हर तरफ़ आगे बढ़ना होगा, वरना इसका नतीजा होगा भयंकर सर्वनाश।

सारी दुनिया की तरह हिंदुस्तान में भी एक दौड़ चल रही है। यह दौड़ शांतिपूर्ण प्रगति और निर्माण की शक्तियों में और विध्वंस और बरबादी की ताक़तों में है। और हर नई

बरबादी पहली बरबादी से कहीं बड़ी होती है। अपने दिमाग़ी गठन या अपने स्वभाव के अनुसार हम इस दृश्य को आशावादी और निराशावादी ढंग से देख सकते हैं। जिनको विश्व की घटनाओं के ईश्वरीय संचालन में विश्वास है और जिनके लिहाज़ से अंत में सत्य की ही जीत होगी, वे सौभाग्य से ईश्वर पर ज़िम्मेदारी डालकर दर्शक या सहायक हो सकते हैं। दूसरे लोगों को तो यह बोझ अपने कमज़ोर कंधों पर ढोना होगा- अच्छे-से- अच्छे नतीजे की उम्मीद रखनी और बुरे-से-बुरे नतीजे को झेलने के लिए तैयार रहना होगा।

❐

9. मज़हब, फ़िलसफ़ा और विज्ञान

हिंदुस्तान को बहुत हद तक बीते हुए ज़माने से नाता तोड़ना होगा और वर्तमान पर उसका जो आधिपत्य है, उसे रोकना होगा। इस गुज़रे ज़माने के बेजान बोझ से हमारी ज़िंदगी दबी हुई है। जो मुर्दा है और जिसने अपना काम पूरा कर लिया है, उसे जाना ही होता है। लेकिन इसका मतलब यह नहीं कि गुज़रे ज़माने की उन चीज़ों से हम नाता तोड़ दें या उनको भूल जायें, जो ज़िंदगी देनेवाली हैं और जिनकी अपनी अहमियत है। हम उन आदर्शों को नहीं भूल सकते, जिन्होंने हमारी जाति को प्रेरित किया है। हिंदुस्तानी जनता के युगों से चले आनेवाले सपनों को, पुराने लोगों के ज्ञान को, ज़िंदगी और प्रकृति में अपने पुरखों के प्रेम और उमंग को, उनकी मानसिक, खोज और जिज्ञासा की भावना को, उनके विचार की साहसिकता को, साहित्य, कला और संस्कृति में उनकी प्रतिभा को, सचाई, खूबसूरती और आज़ादी के लिए उनकी मुहब्बत को, उनके बुनियादी मूल्य- निर्धारण को, ज़िंदगी के रहस्य के उनके ज्ञान को, दूसरों के प्रति उनकी रवादारी को, दूसरे व्यक्ति और उनकी संस्कृति को अपनाने की सामर्थ्य को समन्वय करके एक बहुअंगी मिली-जुली संस्कृति बनाने की उनकी क्षमता को, हम अपनी आंखों से ओझल नहीं कर सकते। और न हम उन अनगिनत अनुभवों को ही भूल सकते हैं, जिन्होंने हमारी प्राचीन जाति को बनाया और जो हमारे उपचेतन मन में जमे हुए हैं। हम उन्हें कभी नहीं भूलेंगे और अपनी इस ऊंची परंपरा के संबंध में हमारा गर्व हमेशा बना रहेगा। अगर हिंदुस्तान उन्हें भूल जायेगा, तो हिंदुस्तान वह चीज़ नहीं रहेगा, जिससे हमें उस पर खुशी और शान महसूस होती है।

हमको नाता इससे नहीं तोड़ना है, बल्कि युगों पुरानी उस धूल और मिट्टी से, जिसने उसे ढक दिया है और जिसने उसकी अंदरूनी खूबसूरती और सचाई को छिपा दिया है, उस फालतू या विकृत हिस्से को, जिसने उसकी भावना को जड़ बना दिया और उसे भ्रष्ट कर दिया है, सख्त ढांचों में कस दिया है और उसकी तरक़्क़ी की रोक दिया है हमको इन फालतू हिस्सों को अलग करना है, पुराने ज्ञान को एक बिलकुल नये सिरे से अपनाना है और मौजूदा हालतों से उसका मेल बिठाना है। सोचने और रहने के परंपरागत ढर्रों से हमें बाहर आना है।

इन ढर्रों ने गुज़रे ज़माने में जो भी फ़ायदा पहुंचाया हो तब इनमें सचमुच बहुत अच्छाई थी लेकिन आज उनमें अहमियत नहीं है। सारी मानव जाति की उपलब्धियों को हमें अपनाना है, दूसरों के साथ मानव के दिलचस्प अन्वेषण और साहसिक प्रयत्नों में शरीक़ होना है। शायद पुराने ज़माने के मुकाबले में ये अन्वेषण अब ज़्यादा दिलचस्प हैं, क्योंकि यह याद रखना हैं कि अब उनमें क़ौमी सीमाएं या पुराने विभाजन नहीं रहे अब उस खोज में सभी जगह के आदमी शरीक़ हैं। सचाई, खूबसूरती और आज़ादी के लिए उस भूख को हमें फिर जगाना है, जिससे ज़िंदगी में सार्थकता होती है। हमें फिर से गतिशील नज़रिये और खोज की उस भावना को बढ़ाना है, जिसने हमारी उस जाति को प्रमुख बनाया, जिसके सदस्यों ने पुराने ज़माने में हमारी इमारत को मजबूत और स्थायी बुनियाद पर खड़ा किया। हम लोग पुराने हैं और मानव-इतिहास और प्रयत्न के आदि-काल तक हमारी स्मृतियां फैली हुई हैं। हमको मौजूदा वक़्त के सुर-से-सुर मिलाते हुए, मौजूदा वक़्त में जवानी के उठते हुए जोश और उल्लास के साथ और भविष्य में यकीन के साथ, फिर से जवान बनना है।

आख़िरी असलियत की शक़्ल में अगर कोई सचाई है, तो वह सनातन, अमर और अपरिवर्तनशील होगी; लेकिन उस अपरिवर्तनशील, शाश्वत और अनंत सत्य का मनुष्य का सीमित मस्तिष्क पूरी तरह भान नहीं कर सकता। वह तो ज्यादा-से-ज्यादा उसके किसी ऐसे छोटे-से पहलू को समझ सकता है, जो समय और स्थान से सीमित हो, और जिसे समझने में उसे दिमाग़ की तरक़्क़ी के दर्जे और उस ज़माने के आदर्श के लिहाज़ से आसानी हो। ज्यों-ज्यों दिमाग़ तरक़्क़ी करता जाता है और उसका मैदान फैलता जाता है, ज्यों-ज्यों आदर्श बदलता जाता है और सत्य को जताने के लिए नये प्रतीक आते जाते हैं, उसके नये पहलुओं पर रोशनी पड़ती जाती है। ऐसा मुमकिन है कि अब भी उसकी बुनियाद वही हो, जो पहले थी। इसीलिए सत्य की हमेशा खोज करनी होती है, उसको नया करना होता है, उसको नई शक़्ल देनी होती है और उसे बढ़ाते रहना होता है, ताकि वह विचारधारा की बढ़वार और इन्सानी ज़िंदगी की रद्दो-बदल के अनुरूप रह सके। सिर्फ़ उसी वक़्त वह मानवता के लिए सजीव सत्य बन सकता है और उसकी उस लाज़िमी ज़रूरत को पूरा कर सकता है, जिसके लिए वह तड़पती है। तभी वह मौजूदा वक़्त में या भविष्य में पथ-प्रदर्शन कर सकता है।

अगर पुराने ज़माने में किसी अंधविश्वास से सत्य का कोई पहलू निर्जीव बना दिया गया, तो न वह बढ़ता है और न वह मानवता की बदलती हुई ज़रूरतों के अनुरूप हो सकता है। उसके दूसरे पहलू छिपे रहते हैं; और वह बाद के ज़माने में अहम सवालों का जवाब नहीं दे पाता। अब वह अतिशील नहीं, बल्कि गतिहीन हो जाता है। अब उसमें ज़िदगी देनेवाली ताक़त नहीं होती, बल्कि वह एक मुर्दा ख़याल या मुर्दा रिवाज रह जाता है। दिमाग़ और समाज की तरक्क़ी के लिए वह अब एक रुकावट बन जाता है। शायद असलियत यह है कि जिस ज़माने में वह पैदा हुआ था और जिस ज़माने की भाषा और निशानियों की उसे पोशाक पहनाई गई थी, उस ज़माने में यह जिस रूप में समझा जाता था, अब नहीं समझा जाता।

बाद के ज़माने में उसका संदर्भ बिलकुल अलग होता है, मानसिक वातावरण बदला हुआ होता है। नई सामाजिक रीतियों या परंपराएं पैदा हो जाती हैं, और अकसर उस पुराने लेख के मतलब को और ख़ासतौर से उसकी भावना को समझने में मुश्किल होती है। इसके अलावा, जैसाकि अरविंद घोष ने कहा है, हर सत्य, चाहे उसमें कितनी ही सचाई क्यों न हो, उन दूसरी सचाइयों से अलहदा करने पर, जो उसे फ़ौरन ही सीमित कर देती है और जो उसे पूरा करती हैं, दिमाग़ को गुलाम बनानेवाला फंदा हो जाता है, और वह ऐसा यक़ीन होता है, जो ग़लत रास्ते पर ले जाता है। असल में वह अकेला सत्य एक ताने-बाने के जटिल धागों में से एक है और उस ताने-बाने से किसी भी धागे को अलहदा नहीं निकालना चाहिए।

मानवता की तरक़्क़ी में मज़हबों ने बहुत मदद की है; उन्होंने चीज़ों की क़ीमत तय की है, मापदंड बनाये हैं और ज़िंदगी में रास्ता दिखानेवाले उसूलों को बताया है। लेकिन जो कुछ भलाई उन्होंने की है, उसके साथ ही खास शक़्ल या पक्के यक़ीनों में उन्होंने सत्य को क़ैद करने की भी कोशिश की है। उन्होंने ऊपरी रख-रखाव और ढर्रे को बढ़ावा दिया है। कुछ ही अरसे से इन ढर्रों का असली मतलब ग़ायब हो जाता है और तब सिर्फ़ एक ढंग की ख़ाना-पूरी बाक़ी रह जाती हैं। आदमी के चारों तरफ़ जो अज्ञात शक्ति है, मज़हब ने उसके रहस्य और अचंभे की आदमी को अहमियत जताई है। लेकिन साथ ही उसने न सिर्फ़ उस अज्ञात को समझने की कोशिश की, बल्कि सामाजिक प्रयत्न को समझने की कोशिश को रोका भी है। जिज्ञासा और विचार को बढ़ावा देने की जगह उसने प्रकृति के सामने, स्थापित संप्रदाय के सामने, और सारी मौजूदा व्यवस्था के सामने सिर झुकाने के फ़िलसफ़े का प्रचार किया है। इस यक़ीन से कि कोई ग़ैबी ताक़त सारी चीज़ों का इंतज़ाम करती है, एक ढंग की ग़ैर-ज़िम्मेदारी-सी आ गई है। तर्कसंगत विचार और खोज की जगह भावुकता ने ले ली है। हालांकि इसमें शक नहीं कि अपने मूल्यांकन से धर्म ने अनगिनत लोगों को आराम पहुंचाया है और समाज को स्थायी बनाया है, लेकिन उसने मानव समाज की जन्मजात उन्नति और रद्दो-बदल की प्रवृत्ति को रोका है।

फ़िलसफ़ा इनमें से ज़्यादातर खाइयों से अलहदा रहा है और उसने खोज और विचार को बढ़ावा दिया है। लेकिन आमतौर से वह एक हवाई महल में रहा है। ज़िंदगी और उसके रोज़मर्रा के सवालों से उसका कोई नाता नहीं है। उसकी सारी निगाह आखिरी मक़सद पर है और आदमी की ज़िंदगी के और उसके बीच में कोई जोड़नेवाली कड़ी नहीं है। तर्क और बुद्धि उसके निर्देशक थे और उसे कई दिशाओं में काफ़ी दूर ले गए, लेकिन वह तर्क ज़रूरत से ज़्यादा दिमाग़ी था और उसका असलियत से कोई ताल्लुक नहीं था।

विज्ञान ने आख़िरी मक़सदों पर ध्यान नहीं दिया और सिर्फ़ असलियत पर ही ग़ौर किया। उसकी वजह से दुनिया लंबी छलांग भरकर आगे बढ़ गई, एक भड़कीली सभ्यता बन गई, जानकारी बढ़ाने के अनगिनत रास्ते खुल गए और उसने आदमी की ताक़त इस हद तक बढ़ा दी कि पहली दफ़ा यह सोचना मुमकिन हुआ कि अपने भौतिक वातावरण को

इन्सान जीत सकता है और उसमें रद्दोबदल कर सकता है। आदमी एक ढंग से ऐसी भूगर्भिक शक्ति बन जाता है, जो जमीन की शक़्ल को रासायनिक, भौतिक और कई दूसरे ढंगों से बदल सकता है। लेकिन ठीक जिस वक़्त चीज़ों की यह दुखद योजना क़रीब-क़रीब उसके क़ाबू में मालूम हुई और ऐसा महसूस हुआ कि वह दिली ख्वाहिश के मुताबिक़ चीज़ों को ढाल सकता है, किसी बुनियादी चीज़ की कमी, किसी खास चीज़ की ग़ैर-हाज़िरी खटकी। आखिरी मक़सद की कोई जानकारी नहीं थी, यहांतक कि मौजूदा मक़सद का भी कुछ पता नहीं था। विज्ञान ने ज़िंदगी के उद्देश्य के बारे में तो कुछ बताया ही नहीं था। साथ ही उस आदमी में, जिसमें कुदरत पर क़ाबू पाने की ज़बरदस्त ताक़त थी, अपने पर क़ाबू करने की ताक़त नहीं थी और अब यह राक्षस, जिसको उसने तैयार किया था, चारों तरफ़ बरबादी करने लगा। शायद प्राणीशास्त्र, मनोविज्ञान या ऐसे ही और विज्ञान के नये विकास से और प्राणीशास्त्र और भौतिक विज्ञान की व्याख्या से आदमी को अपने को समझने और अपने पर क़ाबू पाने में पहले के मुक़ाबले ज़्यादा मदद मिले। यह भी मुमकिन है कि इसके पहले कि ऐसी तरक्क़ियो से आदमी की ज़िंदगी पर काफ़ी असर पड़े, वह अपनी बनाई हुई सभ्यता को बरबाद कर डाले और उसे फिर नये सिरे से शुरू करना पड़े।

अगर विज्ञान को आगे बढ़ने का मौक़ा दिया जाये, तो ज़ाहिरा उसकी उन्नति की कोई हद नहीं दिखाई देती। फिर भी ऐसा हो सकता है कि चीज़ों को देखने का वैज्ञानिक ढंग हर तरह के मानव-अनुभव के लिए लागू न हो सके और वह हमारे चारों तरफ़ के अनजाने समुंदर को पार न कर सके। फ़िलसफ़े की मदद से वह कुछ और आगे जा सकता है और जब विज्ञान और फ़िलसफ़ा दोनों ही आगे न चल सकें, तो हमको ऐसी दूसरी ज्ञान-शक्तियों का सहारा लेना होगा, जो हमारे लिए मुमकिन हों। ऐसा मालूम होता है कि एक ऐसी आख़िरी हद है, जिसके आगे अक़्ल (कम-से-कम जैसी वह आजकल है) नहीं जा सकती। पैस्कल का कहना है कि "तर्क का आख़िरी क़दम यह है कि वह जान ले कि उसके परे अनंत चीज़े हैं। अगर वह उन तक नहीं पहुंच सकता, तो वह कमज़ोर है।"

दलील और विज्ञान के तरीक़े की इन खामियों को जानते हुए भी हमको उन्हें अपनी सारी ताक़त से पकड़े रहना है, क्योंकि बिना उस मज़बूत पृष्ठभूमि या बुनियाद के हम किसी भी सत्य या असलियत को पकड़ नहीं सकते। सत्य के थोड़े से हिस्से को हीं समझना और ज़िंदगी में उसे अमल में लाना कुछ न समझने और अस्तित्व के रहस्य को खोज पाने की बेकार कोशिश में इधर-उधर भटकने के मुक़ाबले में बेहतर है। हर देश के लिए और हर जाति के लिए आज विज्ञान का इस्तेमाल लाज़िमी और ज़रूरी है। वैज्ञानिक ढंग में साहसपूर्ण खोज है, फिर भी साथ ही आलोचना और छान-बीन है, उसमें सत्य की और नये ज्ञान की तलाश है, लेकिन बिना जांच के, बिना प्रयोग के किसी चीज़ को मान लेने से इन्कार है, उसमें नये प्रमाणों के मिलने पर पिछले नतीजों को बदल सकने की सामर्थ्य है। उसमें प्रत्यक्ष सत्य पर भरोसा है, न कि दिमाग़ी या काल्पनिक बातों पर। इन सब चीज़ों की सिर्फ़ विज्ञान में ही

ज़रूरत नहीं होती, बल्कि खुद ज़िंदगी और उसके बहुत-से मसलों को हल करने के लिए भी उनकी ज़रूरत है। बहुत-से वैज्ञानिक, जो अपने-आपको विज्ञान का पुजारी समझते हैं, अपने ख़ास दायरों के बाहर उसके बारे में सब-कुछ भूल जाते हैं। वैज्ञानिक ढंग या स्वभाव जीवन का ढंग है या कम-से-कम उसे ऐसा होना चाहिए। वह तो सोचने का, काम करने का और अपने साथियों से सहयोग का एक ढंग है। यह एक बहुत बड़ी चीज़ है और निस्संदेह बहुत ही कम लोग शायद ऐसे निकल सकेंगे, जो थोड़ी हद तक भी इस ढंग से काम कर सकें। लेकिन यह आलोचना तो पूरी तौर से या बहुत ज़्यादा हद तक उन प्रवचनों या आदेशों के लिए लागू होनी है, जो हमको दर्शन और धर्म ने दिये हैं। वैज्ञानिक स्वभाव उस मार्ग की ओर संकेत करता है, जिसकी दिशा में आदमी को चलना चाहिए। वह एक आज़ाद आदमी का स्वभाव है। हम विज्ञान के युग में रहते हैं। कम-से-कम हमसे कहा यही जाता है। लेकिन उस स्वभाव की किसी भी जगह की जनता में या उनके नेताओं में भी थोड़ी-सी झलक दिखाई नहीं देती।

विज्ञान का प्रत्यक्ष ज्ञान के क्षेत्र से ताल्लुक़ है, लेकिन जो स्वभाव उसे बनाना चाहिए, वह इस क्षेत्र के भी आगे चला जाता है। इन्सान के आखिरी मक़सद सत्य की अनुभूति, ज्ञान-प्राप्ति, भलाई और खूबसूरती की समझ कहे जा सकते हैं। प्रत्यक्ष छान-बीन का वैज्ञानिक ढंग इन सबमें लागू नहीं हो सकता। ऐसा मालूम होता है कि बहुत-सी चीज़ें, जिनकी ज़िंदगी में अहमियत है, विज्ञान की पहुंच से बाहर हैं। कला और काव्य के प्रति चेतना, उनसे उत्पन्न सौंदर्य और भावुकता, और भलाई की अंदरूनी अनुभूति उसके क्षेत्र के परे हैं। वनस्पति विज्ञान के और प्राणीशास्त्र के बहुत-से आचार्य, यह मुमकिन है, प्रकृति के सौंदर्य और आकर्षण को कभी भी अनुभव न कर पायें। समाज-विज्ञान के आचार्यों में मानवता के प्रति प्रेम का अभाव हो सकता है। लेकिन जहां विज्ञान के तरीक़े काम नहीं देते और जहां फ़िलसफ़ा है और ऊंचे दर्जे की भावुकता है और जहां हम आगे के विस्तृत प्रदेश को देखते हैं, उस जगह भी वैज्ञानिक स्वभाव और वैज्ञानिक प्रवृत्ति की ज़रूरत है।

धर्म का ढंग बिलकुल दूसरा है। प्रत्यक्ष छान-बीन की पहुंच के परे जो प्रदेश है, धर्म का मुख्यतः उसी से संबंध है और वह भावना और अंतर्दृष्टि का सहारा लेता है। संगठित धर्म धर्म-शास्त्रों से मिलकर ज़्यादातर निहत स्वार्थों से संबंधित रहता है और उसे प्रेरक भावा का ध्यान नहीं होता। वह एक ऐसे स्वभाव को बढ़ावा देता है, जो विज्ञान के स्वभाव से उलटा है। उससे संकीर्णता, ग़ैर-रवादारी, भावुकता, अंधविश्वास, सहज-विश्वास और तर्क-हीनता का जन्म होता है। उसमें आदमी के दिमाग़ को बंद कर देने का, सीमित कर देने का रुझान है। वह ऐसा स्वभाव बनाता है, जो गुलाम आदमी का दूसरों का सहारा टटोलनेवाले आदमी का, होता है।

बोल्तेयर ने कहा था कि अगर ईश्वर का अस्तित्व नहीं भी है, तो उसका आविष्कार करना ज़रूरी होगा। शायद यह सच है। असल में इन्सान का दिमाग़ हमेशा ऐसी किसी मानसिक मूर्ति या विचार को बनाने की कोशिश करता रहा है, जिसकी दिमाग़ के साथ ही

तरक़्क़ी होती रही। लेकिन इसके उलटे विचार में भी कुछ असलियत है। अगर यह माना जाये कि ईश्वर है, तो भी यह वांछनीय हो सकता है कि न तो उसकी तरफ़ ध्यान ही दिया जाये और न उस पर निर्भर हो रहा जाये। दैवी शक्तियों में ज़रूरत से ज़्यादा भरोसा करने से अकसर ऐसा हुआ भी है और अब भी हो सकता है कि आदमी का आत्म-विश्वास घट जाये और उसकी सृजनात्मक योग्यता और सामर्थ्य कुचल जाये। फिर भी ऐसा मालूम देता है कि हमारे भौतिक जगत की पहुंच के बाहर जो सूक्ष्म चीज़ें हैं, उनमें किसी-न-किसी ढंग का विश्वास ज़रूरी है। नैतिक, आध्यात्मिक और आदर्शवादी विचारों पर कुछ भरोसा करना ज़रूरी है, वरना न तो जीवन में कोई उद्देश्य होगा, न कोई लक्ष्ण होगा और न कोई स्थिरता होगी। हम ईश्वर में विश्वास करें या न करें, लेकिन किसी-न-किसी चीज़ में विश्वास न करना नामुमकिन है। उसे सृजनात्मक ज़िंदगी देनेवाली ताक़त कह सकते हैं या पदार्थ में अंतर्निहित वह प्रमुख शक्ति कह सकते हैं, जो पदार्थ को जीव बनाती है, उसकी बदलने और बढ़ने की सामर्थ्य देती है। हम उसे चाहे कोई भी नाम दें, लेकिन एक ऐसी चीज़ है, जिसकी सत्ता है, जिसमें असलियत है, उसी तरह, जैसे ज़िंदगी मौत के मुक़ाबले में एक असलियत है, हालांकि उसका प्रत्यक्ष पता नहीं लगता। हमको उसका होश हो या न हो, हममें से ज़्यादातर उस अदृश्य वेदी पर किसी-न-किसी ईश्वर की उपासना करते हैं और उसे भेंट चढ़ाते हैं। वह कोई भी आदर्श हो सकता है-व्यक्तिगत, राष्ट्रीय या अंतर्राष्ट्रीय। वह कोई सुदूर लक्ष्य है, जो हमको खींचे जाता है। हां, बुद्धि को उसके समर्थन की सामग्री नहीं मिल सकती। वह पूर्ण मनुष्य और उन्नत संसार की एक अस्पष्ट धारणा है। पूर्णता पाना नामुमकिन हो सकता है, लेकिन हमारे अंदर कोई शक्ति, कोई भूत हमको बलात आगे बढ़ाता है और एक के बाद दूसरी पीढ़ी में हम उसी रास्ते पर चलते जाते हैं।

ज्यों-ज्यों ज्ञान बढ़ता जाता है, संकीर्ण मानों में जो धर्म का क्षेत्र है, वह सिकुड़ता जाता है। ज़िंदगी और प्रकृति को हम जितना ज़्यादा समझते जाते हैं, उतना ही दैवी शक्तियों की तरफ़ हम कम ध्यान देते हैं। जो कुछ हम समझा सकते हैं और जिस पर हम नियंत्रण कर सकते हैं, वह रहस्य नहीं रह जाता। खेती का काम, हमारा खाना, हमारे कपड़े, हमारे समाजी रिश्ते-किसी वक़्त ये सभी बातें धर्म के और उसके बड़े महंतों के दायरे में थीं। धीरे-धीरे वे उसके क़ाबू से बाहर निकल आई हैं और वैज्ञानिक अध्ययन का विषय बन गई हैं। फिर भी इनमें से बहुत सी बातों पर धार्मिक ख़यालों और उनसे चिपटे हुए अंधविश्वासों का अब भी ज़बरदस्त असर होता है। अब भी आख़िरी रहस्य आदमी के दिमाग़ की पहुंच से बहुत दूर हैं, और शायद इसी तरह आगे भी दूर बने रहेंगे। लेकिन ज़िंदगी के और बहुत-से रहस्यों का हल हो सकता है और उसकी सख्त ज़रूरत है, इसलिए अंतिम रहस्य पर इस वक़्त ज़िद करना न तो जा ही मालूम होता है और न ज़रूरी। अब भी ज़िंदगी में सिर्फ़ दुनिया की खूबसूरती ही नहीं है, बल्कि उसमें ताज़ी, हिम्मतभरी, दिलचस्प, कभी खत्म न होने वाली खोजों की बराबर गुंजाइश है। अब भी ज़िंदगी में नया ढर्रा लानेवाले ऐसे नये दृश्य हैं जो दुनिया को

ज़्यादा धनी और ज्यादा भरा-पूरा बना सकते हैं।

इसलिए वैज्ञानिक ढंग और स्वभाव को फ़िलसफ़े से मिलाकर और जो कुछ परे हैं, उसके लिए श्रद्धा रखते हुए हमको ज़िंदगी का सामना करना चाहिए। इस तरह से हम ज़िंदगी का एक संगठित ढांचा तैयार कर सकते हैं, जिसके बड़े फैलाव में पिछले और मौजूदा वक़्त शामिल हैं, उनकी सारी ऊंचाइयां और गहराइयां मौजूद हैं और तब हम शांति से, गंभीरता से, भविष्य पर दृष्टि डाल सकते हैं। वहां गहराइयां और उन्हें भुलाया नहीं जा सकता, और उस ख़ूबसूरती के साथ-ही-साथ, जो हमारे चारों तरफ़ हैं, दुनिया का दुख-दर्द भी है। ज़िंदगी में, आदमी के सफ़र में, दुख-सुख का एक अजीब मिलाव है! सिर्फ़ इसी तरह वह सीख सकता है और आगे बढ़ सकता है। आत्मा की मेहनत एक दुखद और रूखा व्यापार है। बाहरी घटनाओं से और उनके नतीजों से हम पर ज़बरदस्त असर होता है, लेकिन हमारे दिमाग को सबसे बड़े धक्के अंदरूनी डर या द्वंद्व से पहुंचते हैं। जिस वक़्त हम ऊपरी सतह पर आगे बढ़ते हैं (और अगर हमको बना रहना है तो यह ज़रूरी भी है); हमको अपने अंदर, अपने पड़ोस और अपने बीच में शांति पानी है। यह एक ऐसी शांति होनी चाहिए, जो हमारी भौतिक और पार्थिव ज़रूरतों को ही पूरा न करे, बल्कि जो हमारी उन अंदरूनी, कल्पनात्मक और साहसिक भावनाओं की भूख को बुझाये, जिन्होंने आदमी को अपनी यात्रा के आरंभ से दिमाग़ और काम-काज में प्रमुख बनाया है। उस यात्रा का कोई आखिरी उद्देश्य है या नहीं, हमको नहीं मालूम, फिर भी उसके अपने फ़ायदे हैं और वह उन क़रीबी मक़सदों की तरफ़ इशारा करता है, जो पहुंच के अंदर मालूम होते हैं और जहां से फिर आगे के लिए एक नई कोशिश शुरू हो सकती है।

विज्ञान का पच्छिमी दुनिया पर आधिपत्य है और वहां सब उसको सिर झुकाते हैं, लेकिन फिर भी पच्छिम ने असली वैज्ञानिक स्वभाव को क़रीब-क़रीब बिलकुल नहीं अपनाया। उसको आत्मा और शरीर में सृजनात्मक समतौल क़ायम करना अभी बाक़ी है। कई ज़ाहिरा तरीक़ों से हमको हिंदुस्तान में एक ज़्यादा लंबी मंज़िल तय करनी है। लेकिन फिर भी हमारे रास्ते में बड़ी-बड़ी मुश्किलें मुक़ाबले में कम होंगी, क्योंकि हिंदुस्तानी विचारधारा की गुज़रे जमानों में लाज़िमी बुनियाद वैज्ञानिक ढंग और स्वभाव और साथ ही अंतर्राष्ट्रीय के अनुरूप है। इधर बाद की विकृतियों से हमको मतलब नहीं। जिस हिंदुस्तानी विचारधारा की बाबत हम कह रहे हैं, वह कई युगों तक शुरू में थी। उसकी बुनियाद सत्य की भयरहित खोज पर, आदमी की मज़बूती पर, हर सजीव पदार्थ की दैविकता पर, व्यक्ति और समुदाय की स्वतंत्र और सामूहिक प्रगति पर, और व्यक्ति तथा प्राणियों के स्वतंत्र तथा समयोगितापूर्ण विकास की अधिकाधिक स्वतंत्रता और मानविक वृद्धि की उच्चातिउच्च ऊंचाइयों में है।

❐

10. क़ौमियत के विचार की अहमियत : हिंदुस्तान के लिए जरूरी तब्दीलियां

पिछली बातों के लिए अंधी भक्ति बुरी होती है। साथ ही उनके लिए नफ़रत भी उतनी ही बुरी है। उसकी वजह यह है कि इन दोनों में से किसी पर भविष्य की बुनियाद नहीं रखी जा सकती। वर्तमान का और भविष्य का लाज़िमी तौर से भूतकाल से जन्म होता है और उन पर उसकी छाप होती है। इसको भूल जाने के मानी हैं इमारत को बिना बुनियाद के खड़ा करना और क़ौमी तरक्क़ी की जड़ को ही काट देना। उसके मानी हैं इन्सान पर असर रखनेवाली एक सबसे बड़ी ताक़त को भुला देना। राष्ट्रीयता असल में पिछली तरक़्क़ी, परंपरा और अनुभवों की एक समाज के लिए सामूहिक याद है। आज राष्ट्रीयता जितनी ताक़तवर है, उतनी वह पहले कभी नहीं थी। बहुत-से लोगों का ख़याल था कि राष्ट्रीयता का ज़माना बीत गया और अब लाज़िमी तौर पर दिन-ब-दिन बढ़ती हुई दुनिया की अंतर्राष्ट्रीय प्रवृत्ति उसकी जगह ले लेगी। समाजवाद ने, जिसकी पृष्ठभूमि में सर्वहारा वर्ग है, क़ौमी संस्कृति का मजाक उड़ाया है, क्योंकि उसकी समझ में इस संस्कृति का ताल्लुक़ उस मध्य वर्ग से है, जिसका ज़माना अब ख़त्म हो गया है। पूंजीवाद खुद अधिकाधिक अंतर्राष्ट्रीय हो गया। उसमें कारटेल (पूंजीवादी कारबारों के संघ) और संयुक्त संस्थाएं बनने लगीं और वे राष्ट्रीय सीमाओं को पार कर गईं। व्यापार, आने-जाने में आसानी और तेज़ रफ़्तार की सवारियां, रेडियो, सिनेमा–इन सबने मिलकर एक अंतर्राष्ट्रीय वातावरण बनाने में मदद दी, और एक ऐसा ग़लत ख़याल पैदा कर दिया कि राष्ट्रीयता का अब कोई भविष्य नहीं है।

लेकिन जब कोई संकट आया है, राष्ट्रीयता उठ खड़ी हुई है और उसी का बोल- बाला रहा है और लोगों ने पुरानी परंपराओं में ही ताक़त और आराम को ढूंढ़ा है। मौजूदा ज़माने की एक बहुत अहम घटना यह है कि गुज़रे हुए ज़माने और राष्ट्र की दुबारा खोज हुई है और उसका एक नया रूप सामने आया है। राष्ट्रीय परंपराओं में वापस लौटने की बात मज़दूरों की जमात में और मेहनत का काम करनेवालों में ख़ासतौर से दिखाई दी है। और पहले यही लोग अंतर्राष्ट्रीय कार्रवाई के सबसे बड़े समर्थक माने जाते थे। लड़ाई या ऐसे ही किसी संकट से उनकी अंतर्राष्ट्रीय ग़ायब हो जाती है, और इन लोगों में दूसरे समुदायों के मुक़ाबले ज़्यादा राष्ट्रीय घृणा और डर वग़ैरह आ जाते हैं। इसकी सबसे ज़्यादा साफ़ मिसाल सोवियत संघ की हाल की घटनाओं में है। उसका बुनियादी सामाजिक और आर्थिक ढांचा ज्यों-का-त्यों बना रहा है, फिर भी अंतर्राष्ट्रीय सर्वहरा वर्ग की पुकार के मुक़ाबले जन्मभूमि रूस की पुकार ज़्यादा ज़ोरदार है और वह आज खासतौर से राष्ट्रीयता की भावना से भरा हुआ है। राष्ट्रीय इतिहास के महापुरुषों की फिर से इज़्ज़त हुई है और सोवियत जनता के लिए वे आदर्श और साहस और वीरता की प्रतिमा बन गए हैं। इस लड़ाई में सोवियत जनता का शानदार काम, उसकी मज़बूती और उसका एका बेशक उस सामाजिक और आर्थिक ढांचे की वजह से

है, जिससे बेहद समाजी तरक़्क़ी हुई है, योजनाबद्ध उत्पादन और उपभोग हुआ है, विज्ञान और उसके इस्तेमाल का क्षेत्र बढ़ा है, नई प्रतिभा और नये नेतृत्व को, और शानदार नेतृत्व को, मौक़ा मिला है। लेकिन कुछ हद तक उसकी वजह यह भी है कि उन पिछली चीज़ों की, जिनसे मौजूदा बातें मिली हुई हैं, एक नई जानकारी हुई है। यह सोचना ग़लत होगा कि रूस के इस क़ौमी नज़रिये में और पुराने क़ौमी नज़रिये में कोई फ़र्क़ नहीं है। ऐसा सोचना बिलकुल ग़लत होगा। क्रांति और उसके बाद के अनगिनत अनुभव भुलाये नहीं जा सकते। उसकी वजह से सामाजिक ढांचे और मानसिक गठन में जो रद्दोबदल हुई, वह बनी रहेगी। इस सामाजिक ढांचे से लाज़िमी तौर पर एक अंतर्राष्ट्रीय नज़रिया पैदा होता है। फिर भी राष्ट्रीयता एक ऐसी शक़्ल में वापस आई है कि वह नये वातावरण के अनुरूप हो सके और जनता की ताक़त बढ़ा सके।

सोवियत सत्ता की रद्दोबदल और दूसरे देशों की कम्युनिस्ट पार्टियों की क़िस्मत के चढ़ाव उतार की तुलना से कुछ सबक सीखा जा सकता है। सोवियत क्रांति के बाद ही सभी देशों में बहुत-से-आदमियों में, ख़ासतौर से सर्वहारा वर्ग की क़तारों में पहली बार जोश उमड़ा। उससे कम्युनिस्ट पार्टियों या गुट स्थापित हुए। तब इन गुटों में और राष्ट्रीय मज़दूर दलों में झगड़े खड़े हुए। सोवियत पंचवर्षीय योजनाओं के दौरान में फिर दिलचस्पी बढ़ी और जोश उमड़ा और मज़दूरों के मुक़ाबले इसका ज़्यादा असर बीच के दर्जे के पढ़े-लिखे लोगों में हुआ। फिर सोवियत संघ की विरोधी तत्त्वों को मिटा देने की कोशिश के वक़्त प्रतिक्रिया हुई। कुछ देशों में कम्युनिस्ट पार्टियां दबा दी गई और कुछ देशों में उन्होंने तरक़्क़ी की लेकिन करीब-करीब हर जगह संगठित राष्ट्रीय मज़दूर दलों से उनके झगड़े हुए। कुछ हद तक तो इसकी वजह यह थी कि ये दल प्रगति-विरोधी थे, लेकिन असली वजह यह थी कि ये कम्युनिस्ट पार्टियां एक विदेशी गुट की प्रतिनिधि थीं, और उसकी नीति रूस से तय होती थी। मज़दूर दलों की सहज राष्ट्रीयता को कम्युनिस्ट पार्टी का सहयोग लेने में अड़चन हुई; हालांकि वैसे उनमें से बहुत-से लोगों का साम्यवाद की तरफ़ झुकाव था। सोवियत नीति में बहुत-सी तब्दीलियां हुईं। रूस की हालतों को ख़याल में रखते हुए वे समझ में आती थी, लेकिन जब और जगहों पर कम्युनिस्ट पार्टियों ने उनको अपनाया, तो वे समझ में नहीं आ सकीं। हां, इस बुनियाद पर कि जो कुछ रूस के भले में है, वह सारी दुनिया के लिए भी भला होगा, वे शायद समझी जा सकती थीं। इन कम्युनिस्ट पार्टियों में हालांकि कुछ योग्य और सच्ची लगनवाले आदमी थे, लेकिन जनता की राष्ट्रीय भावनाओं से संपर्क हट जाने की वजह से वे कमज़ोर होने लगीं। जिस वक़्त राष्ट्रीय परंपरा से सोवियत संघ घुल-मिल रहा था, दूसरे देशों की कम्युनिस्ट पार्टियां उससे दूर हटती जा रही थीं।

और दूसरी जगहों में क्या हुआ, उसके बारे में मुझे ज़्यादा पता नहीं; लेकिन मैं जानता हूं कि हिंदुस्तानी कम्युनिस्ट पार्टी उस क़ौमी परंपरा से, जो जनता के दिमाग़ में घर किये हुए है, बिलकुल अलग है, और उससे बेख़बर है। उसका यह विश्वास है कि साम्यवाद में

लाज़िमी तौर से पिछली चीज़ों के लिए नफ़रत होती है। जहांतक उसका ताल्लुक़ है, दुनिया का इतिहास सन् 1917 के नवंबर से शुरू हुआ और इससे पहले जो कुछ हुआ, वह तो इसके लिए तैयारी थी। आमतौर पर हिंदुस्तान - जैसे देश में, जहां बहुत बड़ी तादाद में लोग भूखे रहते हैं और जहां आर्थिक ढांचा चटख रहा है, लोगों का साम्यवाद की तरफ़ झुकाव होना चाहिए। एक ढंग से धुंधला-सा झुकाव तो है, लेकिन कम्युनिस्ट पार्टी उसका फ़ायदा नहीं उठा सकती, क्योंकि उसने अपने-आपको क़ौमी भावना की धारा से अलहदा कर लिया है और वह एक ऐसी भाषा बोलती है, जिसकी जनता के दिलों में कोई गज नहीं होती। वह एक मज़बूत, लेकिन छोटी-सी पार्टी जिसकी असल में कोई बुनियाद नहीं है।

हिंदुस्तान में सिर्फ़ यह कम्युनिस्ट पार्टी ही नहीं, जो इस मामले में नाकामयाब रही है। ऐसे और लोग भी हैं, जो आधुनिकता और आधुनिक ढंग के बारे में लंबी-चौड़ी बातें करते हैं, लेकिन उनमें आधुनिक भावना और संस्कृति की असल में ज़रा भी समझ नहीं है। यही नहीं, ये खुद अपनी संस्कृति से भी बेख़बर हैं। कम्युनिस्टों के पास कम-से- कम एक आदर्श या प्रेरक शक्ति तो है, लेकिन इन लोगों के पास न कोई आदर्श है और न कोई ऐसी शक्ति है, जो उन्हें आगे बढ़ाये। वे पच्छिम के ऊपरी ढर्रे और जाल को अपना लेते हैं (और अकसर उनके काम वांछनीय पहलू) और यह समझते हैं कि वे एक प्रगतिशील सभ्यता के अगुआ हैं। वे नौसिखिया हैं, फिर भी अपने-आपको बहुत क़ाबिल समझते हैं। वे कुछ बड़े-बड़े शहरों में ही ख़ासतौर से रहते हैं और उनका जीवन ऐसा अस्वाभाविक है कि पूर्व या पश्चिम की संस्कृति से उसका कोई सजीव संपर्क नहीं है।

इसलिए राष्ट्रीय तरक्क़ी न तो गुज़री चीज़ों को दुहराने से हो सकती है और न उनसे आंखें फेर लेने से ही हो सकती है। लाज़िमी तौर से अब नये नक़्शों की ज़रूरत है, लेकिन साथ ही उसमें पुराने का मेल होना भी ज़रूरी है। जो कुछ नया है, उसमें अगरचे पहले के मुक़ाबले में बहुत फ़र्क़ मिलता है, फिर भी पुराने निशानात मिलते हैं और इस तरह एक तरक्क़ी का सिलसिला बना रहता है और यह नयापन क़ौमी इतिहास की ज़ंजीर की एक कड़ी-जैसा होता है। हिंदुस्तानी इतिहास में इस तरह की तब्दीलियां ख़ासतौर से मिलती है। पुराने विचारों का नई परिस्थितियों में मेल बिठाने और पुराने नक़्शों का नये से सामंजस्य करने की बराबर कोशिश उसमें ज़ाहिर होती है। इसकी वजह से उसमें कोई सांस्कृतिक विच्छेद नहीं मालूम देता। मोहनजोदड़ो के अति प्राचीन समय से आजतक बराबर तब्दीलियों के होते हुए भी उसमें एक सिलसिला है। पुरानी चीज़ों और परंपराओं के लिए श्रद्धा थी, लेकिन साथ ही आज़ादी थी, दिमाग़ का लचीलापन था और रवादारी थी। इस तरह के ढांचे के बने रहने पर भी उसका अंदरूनी तथ्य बराबर बदलता रहा। किसी दूसरे ढंग से वह समाज हज़ारों बरस तक ज़िंदा नहीं रह सकता था। सिर्फ़ ज़िंदा, बढ़ता हुआ, दिमाग़ ही रिवाजों की ऊपरी शक़्ल की सख्ती को जीत सकता था। सिर्फ़ वही शक़्ल बराबर क़ायम रह सकती थी।

फिर भी यह समतौल नाजुक हो सकता है और उसका एक पहलू दूसरे पहलू को ढंक

या कुचल सकता है। हिंदुस्तान में कुछ सख्त सामाजिक ढांचों के साथ ही दिमाग़ की बेहद आज़ादी थी। आगे चलकर इस ढांचे का असर हुआ और दिमाग़ी आज़ादी अमली तौर पर दिन-ब-दिन ज़्यादा सख्त और महदूद होने लगी। पच्छिमी यूरोप में दिमाग़ की ऐसी आज़ादी न थी और वहां समाजी ढांचों में भी ऐसी सख्ती न थी। दिमाग की आजादी के लिए यूरोप को एक लंबी लड़ाई लड़नी पड़ी और इस वजह से उसकी समाजी शक़्ल भी बदलती रही।

चीन में दिमाग़ का लचीलापन हिंदुस्तान से भी ज़्यादा था। परंपरा के लिए मुहब्बत और मोह होते हुए भी उस दिमाग़ ने अपना लचीलापन या अपनी रवादारी, इन दोनों में से किसी को नहीं खोया। परंपरा की वजह से कभी-कभी रद्दो-बदल में देरी हुई, लेकिन उस दिमाग़ को रद्दो-बदल का डर नहीं था। हां, उसके पुराने नक्शे बने रहे। चीनी समाज ने हिंदुस्तान से भी ज़्यादा संतुलन स्थापित किया। वह हज़ारों बरसों की रद्दो-बदल के बाद भी क़ायम है। दूसरे देशों के मुकाबले चीन को एक बात का खास फ़ायदा रहा है। वह अंधविश्वास से संकरे छोटे धार्मिक नज़रिये से, बिलकुल आज़ाद रहा है। उसने तर्क और सहज बुद्धि पर भरोसा किया। चीन में और देशों के मुक़ाबले संस्कृति की बुनियाद धर्म पर कम है। उसका आधार नैतिकता और औचित्य पर ज़्यादा है। उस संस्कृति में इन्सान की ज़िंदगी के विभिन्न पहलुओं की समझदारी है।

हिंदुस्तान में इस दिमाग़ी आज़ादी को मान लेने से (चाहे वह अमली तौर पर कितनी ही कम क्यों न रही हो) नये विचारों का अपनाना बंद नहीं हुआ है। दूसरे देशों के मुक़ाबले, जहां जीवन का नज़रिया ज़्यादा सख्त और अंधविश्वासी है, हिंदुस्तान में इन विचारों पर ज़्यादा हद तक गौर किया जा सकता है और उन्हें मंजूर भी किया जा सकता है। हिंदुस्तानी संस्कृति के असली आदर्शों की बुनियाद बहुत चौड़ी है और उनको किसी भी वातावरण के अनुरूप किया जा सकता है। उन्नीसवीं सदी में धर्म और विज्ञान के जिस भयंकर संघर्ष ने यूरोप को झकझोर दिया, वह हिंदुस्तान में नहीं हो सकता और न यहां विज्ञान के उपयोग की बुनियाद पर किसी रद्दो-बदल से ही उन आदर्शों का विरोध होगा। बेशक, ऐसी तब्दीलियां हिंदुस्तान के दिमाग़ को हिला देंगी और ऐसा हो भी रहा है, लेकिन हिंदुस्तान का दिमाग़ उनसे लड़ने या उन्हें नामंजूर करने की जगह अपने आदर्श के नज़रिये में उन्हें तर्कसंगत रूप में मिला लेगा, और अपने मानसिक ढांचे में खपा लेगा। ऐसा मुमकिन है कि इस प्रक्रिया में पुराने नज़रिये में बहुत-सी अहम तब्दीलियां करनी पड़ें। लेकिन यहां एक फ़र्क़ होगा। ये तब्दीलियां बाहर से लादी हुई नहीं होंगी, बल्कि वे समाज की सांस्कृतिक पृष्ठभूमि में क़ुदरती तौर पर पैदा होती हुई मालूम देंगी। पहले के मुक़ाबले इस काम में अब ज़्यादा मुश्किल है। वजह यह है कि बहुत अरसे से तरक़्क़ी रुकी रही है और अब बड़ी और बुनियादी तब्दीलियों की सख्त ज़रूरत है।

हां, बुनियादी आदर्शों के चारों तरफ़ जो ऊपरी ढांचा खड़ा हो गया है, जो आज मौजूद है और जो हमें तबाह कर रहा है, उस ढांचे से झगड़ा ज़रूर होगा। इस ढांचे को लाज़िमी

तौर पर जाना ही होगा, क्योंकि एक तो खुद उसका ज़्यादातर हिस्सा ख़राब है, दूसरे वह इस ज़माने की भावना के ख़िलाफ़ है। जो उसको बनाने रखने की कोशिश करते हैं, वे हिंदुस्तानी संस्कृति के बुनियादी आदर्शों की कुसेवा करते हैं, क्योंकि भले और बुरे दोनों को मिलाकर, वे भले के लिए खतरा पैदा कर देते हैं। दोनों को अलग करना आसान नहीं है। उनका निश्चित विभाजन बहुत मुश्किल है और इस बारे में रायें अलग-अलग हैं। लेकिन किसी ऐसी काल्पनिक या तार्किक रेखा के खींचने की ज़रूरत नहीं है। परिवर्तनशील जीवन और घटना-क्रम का तर्क धीरे-धीरे हमारे लिए यह रेखा खींच देगा। हर ढंग की तरक्क़ी (चाहे वह वैज्ञानिक हो या दार्शनिक) खुद ज़िंदगी के साथ संपर्क ज़रूरी बना देती है। इस संपर्क की कमी से सड़न पैदा होती है और रचनात्मक प्रतिभा और जीवन- शक्ति का नाश होता है। लेकिन अगर हम ये संपर्क बनाये रहे और उनका स्वागत करें, तो हम ज़िंदगी के मोड़ के साथ-साथ चल सकते हैं और उन विशेषताओं को, जिनकी हमने वक़्त की है, हम नहीं खोयेंगे।

पिछले वक़्त में ज्ञान पाने की हमारी कोशिश में समन्वय था, लेकिन वह कोशिश हिंदुस्तान तक सीमित थी। वह सीमा बनी रही, और धीरे-धीरे समन्वय के स्थान पर विश्लेषण आने लगा। अब हमको समन्वयकारी पहलू को ज़्यादा अहमियत देनी है और सारी दुनिया ही हमारे अध्ययन का मैदान होगी। हर राष्ट्र के लिए और हर व्यक्ति के लिए, जिसको बढ़ना है, काम-काज और सोच-विचार के उन संकरे घेरों को, जिनमें ज्यादातर लोग बहुत अरसे से रहते आये हैं, छोड़ना होगा, और समन्वय पर ख़ास ध्यान देना होगा। विज्ञान और उसके आविष्कारों की तरक्क़ी ने हमारे लिए यह मुमकिन बना दिया है। साथ ही इस नये ज्ञान की ज़्यादती ने इस मुश्किल को बढ़ा भी दिया है। विशेषज्ञता ने अलग-अलग हलकों में व्यक्तिगत जीवन को संकरा कर दिया है। मसलन, एक बहुत बड़े कारखाने में एक आदमी उस लंबी प्रक्रिया के एक छोटे-से-काम में ही हाथ बंटाता है। ज्ञान और काम-काज में विशेष जानकारी की कोशिश जारी रहेगी, लेकिन अब इस बात की पहले के मुक़ाबले ज़्यादा ज़रूरत है कि हर ज़माने के मानव - जीवन को और मानव-खोज को एक समन्वय-कारी दृष्टिकोण से देखा जाये और उसको प्रोत्साहन दिया जाये। इस दृष्टिकोण में गुज़रे ज़माने और मौजूदा वक़्त का ख़याल होगा और उसके अंदर सारे देश और सारे राष्ट्र होंगे। शायद इस ढंग से अपनी राष्ट्रीय पृष्ठभूमि और संस्कृति के अलावा हमको दूसरों की भी सही जानकारी होगी और इस तरह दूसरे देशों के लोगों को समझने या उनके साथ काम करने की सामर्थ्य बढ़ेगी। इस तरह आज के ऐसे व्यक्तियों की जगह (जो किसी एक दिशा में तो बहुत क़ाबिल हैं और दूसरी दिशाओं में उनको साधारण ज्ञान भी नहीं है) हम कुछ हद तक सर्वतोमुखी प्रतिभावाले व्यक्तित्त्व बनाने में सफलता पायेंगे। प्लेटो के शब्दों में हम शायद " हर समय के हर प्राणी और हर पदार्थ के द्रष्टा" बन सकें। हमारा पोषण उस भंडार से होगा, जो मानवता ने एकत्रित किया है। हम उस भंडार को बढ़ायेंगे और भविष्य निर्माण में उसका उपयोग करेंगे।

यह एक ख़ास, लेकिन अजीब-सी, बात है कि सारी आधुनिक वैज्ञानिक तरक़्क़ी और अंतर्राष्ट्रीय की बातचीत के होते हुए भी जातीय भेद-भाव और दूसरी फ़र्क़ डालनेवाली बातें आज जितनी नज़र आ रही हैं, उतनी वे इतिहास में पहले कभी नहीं थीं। इस सारी तरक्क़ी में किसी ऐसी चीज़ की कमी है, जिसकी वजह से आदमी की आत्मा में और अलग-अलग राष्ट्रों में मेल नहीं हो पाता। शायद समन्वय और पिछले ज़माने के ज्ञान के प्रति विनम्रता से (आख़िर यह ज्ञान सारी मानव जाति का संचित अनुभव ही तो है) हमें एक नया दृष्टिकोण और ज़्यादा सामंजस्य स्थापित करने में मदद मिले। इसकी ख़ासतौर से उन लोगों के लिए ज़रूरत है, जिनकी बीमार ज़िंदगी का सिर्फ़ मौजूदा वक़्त ताल्लुक़ है और जो गुज़री हुई चीज़ों को क़रीब-क़रीब भूल गए हैं। लेकिन हिंदुस्तान-जैसे देश के लिए दूसरी चीज़ की ज़रूरत है। हमारे पास पिछला तो बहुत है, लेकिन हमने वर्तमान की अवहेलना की है। हमको तो संकीर्ण धार्मिक दृष्टिकोण से छुटकारा पाना है और दैवी कल्पनाओं, मज़हबी कार्रवाइयों और रहस्यभरी भावुकता की वजह से बिगड़े हुए मानसिक अनुशासन से आज़ाद होना है। ये चीज़ें अपने-आपको समझने में या दुनिया के समझने में हमारे लिए रुकावटें डालती हैं। हमको तो मौजूदा वक़्त से, इस ज़िंदगी से, इस दुनिया से, इस प्रकृति से, जो अनगिनत शक़्लों में हमारे चारों तरफ़ हैं, मुक़ाबला करना है। कुछ हिंदू वेदों के युग को वापस जाना चाहते हैं, और कुछ मुसलमान इस्लामी धार्मिक राज्य का सपना देखने हैं। ये व्यर्थ की कल्पनाएं हैं, क्योंकि पीछे लौटा नहीं जा सकता; अगर यह अच्छा भी होता, तो भी ऐसी मुमकिन नहीं है। समय के क्षेत्र में हम एक ही दिशा में चल सकते हैं।

इसलिए हिंदुस्तान को अपनी मज़हबी कट्टरता कम करनी चाहिए और विज्ञान की तरफ़ ध्यान देना चाहिए और उसे अपने विचारों और सामाजिक स्वभावों की अलहदगी से छुटकारा पाना चाहिए। यह अलहदगी उसके लिए जेलखाना बन गई है और यह हिंदुस्तान की भावना को कुचल रही है और इसकी तरक्क़ी को रोक रही है। लोकाचार की पवित्रता के ख़याल ने सामाजिक संबंधों में दीवार खड़ी कर दी हैं और सामाजिक कार्रवाईयों का क्षेत्र संकीर्ण हो गया है। कट्टर हिंदू का रोज़ाना की ज़िंदगी की आध्यात्मिक बातों के मुक़ाबले इस बात से ज़्यादा ताल्लुक है कि क्या खाना चाहिए और किसकी अलहदा रखना चाहिए। उसके सामाजिक जीवन में रसोई घर के नियम-उपनियमों की हुकूमत है। खुशक़िस्मती से इस्लाम इन पाबंदियों से आज़ाद है, लेकिन उसके अपने संकरे रस्म-रिवाज हैं और उसका अपना तरीक़ा है, जिसके मुताबिक वह बड़ी कट्टरता से काम करता है और उस भाई-चारे के सबक को, जो उसके मज़हब ने सिखाया, वह भूल जाता है। हिंदुओं के मुकाबले ज़िंदगी का उसका नज़रिया शायद और भी ज़्यादा संकरा और बंजर है। हां, आज का औसत हिंदू सही हिंदू नज़रिये का सच्चा नुमाइंदा नहीं है। वजह यह है कि परंपरागत विचार-स्वातंत्र्य उसने खो दिया है और वह पृष्ठभूमि, जो ज़िंदगी को कई ढंग से भरी-पूरी बनाती है, ग़ायब हो गई है।

हिंदुओं की अलहदगी की साकार तस्वीर और उसका प्रतीक वर्ण-व्यवस्था है। कभी-

कभी यह कहा जाता है कि वर्ण-व्यवस्था का बुनियादी ख़याल बना रहे और बाद में उसमें जो नई नुक़सानदेह चीज़ें जुड़ गई, वे हट जायें और उसका निश्चय जन्म से नहीं बल्कि योग्यता से हो। यह दलील बिलकुल बेतुकी है और इससे सवाल ज्यादा उलझ जाता है। ऐतिहासिक संदर्भ में वर्ण-व्यवस्था की उत्पत्ति के अध्ययन का कुछ मूल्य है, लेकिन यह बात साफ़ है कि हम उस ज़माने में वापस नहीं जा सकते, जिसमें वर्ण-व्यवस्था क़ायम हुई थी; मौजूदा सामाजिक ढांचे में उसके लिए कोई जगह बाक़ी नहीं है। अगर योग्यता ही कसौटी है और हर एक को आगे बढ़ने का बराबर मौक़ा है, तो वर्ण-व्यवस्था की कोई ख़ास शक़्ल ही नहीं रहेगी और वह खत्म हो जायेगी। पिछले समय में वर्ण-व्यवस्था से सिर्फ़ कुछ समुदाय दबाये ही नहीं गए, बल्कि विद्वत्ता और खोज और कारीगरी के मैदान से अलग हो गए; फ़िलसिफ़े में और असली ज़िंदगी और उसके सवालों में कोई रिश्ता न रहा। यह तो ऊंचे वर्गवालों का एक नज़रिया था, जो परंपरा के आधार पर क़ायम था। इस नज़रिये को पूरी तरह बदलना होगा, क्योंकि वह मौजूदा हालतों और लोकतंत्र के आदर्श के बिलकुल ख़िलाफ़ है। हिंदुस्तान में सामाजिक समुदायों का कारबारी आधार पर संगठन जारी रह सकता है, लेकिन ज्यों-ज्यों आधुनिक उद्योग-धंधों में नये काम शुरू होंगे और पुराने काम खत्म होंगे, उसमें भारी रद्दो-बदल करनी होगी। सभी जगह आजकल कारबारी आधार पर संगठन की तरफ़ झुकाव है और अव्यक्त अधिकारों की धारणा की जगह अब काम या पेशे ने ले ली है। इस सबमें और पुराने हिंदुस्तानी आदर्श में मेल है।

इस युग की भावना बराबरी की तरफ़ है, हालांकि अमली तौर पर उसको कहीं बरता नहीं जाता। इन तंग मानों में कि आदमी किसी दूसरे की जायदाद नहीं बन सकता, हम ग़ुलामी से छुटकारा पा गए हैं। लेकिन सारी दुनिया में उसकी जगह एक नई गुलामी आ गई है जो पहली गुलामी से भी बदतर है। व्यक्तिगत आज़ादी के नाम से राजनैतिक और आर्थिक ढांचे आदमियों का नाजायज़ फ़ायदा उठाते हैं और उनको इस तरह बरतते हैं, मानों वे सौदे की चीज़ें हों। और फिर, हालांकि एक आदमी दूसरे आदमी की जायदाद नहीं हो सकता, लेकिन एक देश या राष्ट्र दूसरे राष्ट्र की जायदाद हो सकता है, और इस तरह सामूहिक गुलामी बरदाश्त की जाती है। जातीय भावना भी हमारे युग की एक खास चीज़ है और अधिपति राष्ट्रों की तरह अधिपति जातियां भी हैं।

फिर भी युग की भावना की जीत होगी। कम-से-कम हिंदुस्तान में हमारा ध्यान बराबरी की ओर होना चाहिए। इसके ये मानी नहीं कि सब लोग शरीर से, बुद्धि से और आध्यात्मिक दृष्टि से बराबर हैं। ऐसा हो भी नहीं सकता। हां, इसके ये मानी ज़रूरी हैं कि सबके लिए बराबर मौका हो और किसी आदमी या किसी समुदाय को राजनैतिक, आर्थिक या सामाजिक रुकावट का सामना न करना पड़े। उसके मानी हैं मानवता में विश्वास और साथ ही इस बात में विश्वास कि कोई ऐसी जाति या ऐसा समुदाय नहीं है, जो तरक्क़ी नहीं कर सकता और मौक़ा मिलने पर अपने ढंग से आगे नहीं बढ़ सकता। इसके मानी है कि इस सचाई को महसूस

करना कि किसी समुदाय का पिछड़ापन या उसकी गिरावट उसकी निजी खामियों की वजह से नहीं है, बल्कि उसकी खास वजह यह है कि उसको बढ़ने का मौक़ा नहीं मिला और बहुत अरसे तक किसी दूसरे समुदाय का उस पर दबाव रहा। उससे यह समझ आनी चाहिए कि आधुनिक दुनिया में असली तरक़्क़ी, चाहे वह राष्ट्रीय तरक्क़ी हो या अंतर्राष्ट्रीय हो, बहुत हद तक एक मिला-जुला व्यापार है और हर एक पिछड़ा हुआ समुदाय दूसरों को भी पीछे घसीटता है। इसलिए सबको सिर्फ़ बराबर मौक़ा ही नहीं मिलना चाहिए, बल्कि पिछड़े हुए लोगों को पढ़ाई- लिखाई, आर्थिक और सांस्कृतिक तरक्क़ी के लिए ख़ास सुविधा देनी चाहिए, ताकि वे जल्दी से दूसरे लोगों के बराबर आ सकें। हिंदुस्तान में सबको तरक्क़ी के लिए इस तरह मौक़ा देने की किसी भी कोशिश से बेहद कार्य-शक्ति और योग्यता सामने आयेगी और बड़ी तेज़ी से देश का हुलिया बदल देगी।

अगर युग की भावना बराबरी चाहती है, तो उसके लिए लाज़िमी तौर पर ऐसे आर्थिक ढांचे की भी ज़रूरत होगी, जो उसके अनुरूप हो और उसको बढ़ावा दे। हिंदुस्तान में मौजूदा नौआबादियों का-सा तरीक़ा उससे बिलकुल उलटा है। निरंकुशता की बुनियाद सिर्फ़ ग़ैर-बराबरी पर ही नहीं, होती, बल्कि वह उसको जीवन के हर क्षेत्र में स्थायी कर देती है। वह राष्ट्र की सृजनात्मक और फिर से ज़िंदा करनेवाली ताक़तों को कुचल देती है, प्रतिभा और सामर्थ्य पर ताला लगा देती है और जिम्मेदारी की भावना को मिटा देती है। जो उसके अधीन रहते हैं, उनका स्वाभिमान और आत्म-विश्वास मिट जाता है। हिंदुस्तान के मसले बहुत उलझे हुए मालूम देते हैं, लेकिन उनकी ख़ास वजह यह है कि यहां पर राजनैतिक और आर्थिक ढांचे को ज्यों-का-त्यों रखते हुए तरक़्क़ी की कोशिश की जाती है। राजनैतिक तरक़्क़ी के साथ मौजूदा ढांचे और निहित स्वार्थों को बनाये रखने की शर्त है। दोनों चीज़ें एक साथ नहीं चल सकतीं।

राजनैतिक तब्दीली तो होनी ही चाहिए, लेकिन आर्थिक तब्दीली भी उतनी ही ज़रूरी है। यह तब्दीली लोकतंत्री योजनाबद्ध समष्टिवाद की दिशा में होगी। आर०एच० टीनी का कहना है—" प्रतियोगिता और एकाधिकार में छांट का सवाल नहीं है, बल्कि वह छांट होगी, उस एकाधिकार में, जो ग़ैर-ज़िम्मेदार है और ज़ाती है और उस एकाधिकार में जो ज़िम्मेदार और सार्वजनिक है।" पूंजीवादी राज्यों में भी सार्वजनिक एकाधिकार बढ़ रहे हैं और वे आगे भी बढ़ते रहेंगे। उनमें और ज़ाती एकाधिकार के विचार में जो झगड़ा है, वह उस वक़्त तक चलता रहेगा, जबतक कि उनमें से एक, यानी जाती एकाधिकार, का ख़ात्मा नहीं हो जाता। एक लोकतंत्री समष्टिवाद के मानी ये नहीं हैं कि व्यक्तिगत संपत्ति नहीं रहेगी, बल्कि इसके मानी हैं बड़े-बड़े और बुनियादी उद्योग-धंधों पर आम लोगों का अधिकार का होना। उसके मानी होंगे ज़मीन पर सामूहिक या मिला-जुला नियंत्रण हो। ख़ासतौर से हिंदुस्तान में बड़े-बड़े उद्योग धंधों के अलावा, सहकारी-सभाओं द्वारा संचालित ग्रामोद्योगों की ज़रूरत होगी। इस ढंग के लोकतंत्री समष्टिवाद के लिए बराबर सावधानी से योजनाएं बनानी होंगी और बराबर

ऐसी कोशिश करनी पड़ेगी कि जनता की बदलती हुई ज़रूरतों के मुताबिक रद्दो-बदल हो। हर मुमकिन ढंग से राष्ट्र की उत्पादन-शक्ति को बढ़ाने का इरादा होना चाहिए। साथ ही यह कोशिश भी होनी चाहिए कि देश की सारी कार्य-शक्ति का उपयोग हो, हर एक आदमी किसी-न-किसी काम में लगा हुआ हो और बेकारी न हो। जहांतक मुमकिन हो सके, हर किसी को अपना पेशा चुनने की आज़ादी होनी चहिए। इसका नतीजा यह नहीं होगा कि सब की आमदनी बराबर हो जायेगी, लेकिन हर एक को अपना-अपना हिस्सा तो जरूर मिलेगा और बराबरी की तरफ़ रुझान होगा। हर हालत में आज जो बहुत ज़्यादा फ़र्क दिखाई देता है, वह बिलकुल ग़ायब हो जायेगा और वर्ग-भेद, जो ख़ासतौर से आमदनी के फ़र्क़ की वजह से है, दिन-ब-दिन कम होने लगेगा।

ऐसी रद्दो - बदल से मौजूदा समाज, जो मुनाफ़े की नीयत पर बना है, बिलकुल अस्त-व्यस्त हो जायेगा। मुनाफ़े की भावना कुछ हदतक फिर भी बनी रह सकती है, लेकिन न तो उसकी इतनी अहमियत ही होगी और न उसका इतना बड़ा क्षेत्र ही होगा। यह कहना तो बिलकुल ग़लत होगा कि मुनाफ़े की भावना एक हिंदुस्तानी को अच्छी नहीं लगती। हां, यह ज़रूर सच है कि हिंदुस्तान में उसको इतनी अच्छी नज़र से नहीं देखा जाता, जितना पच्छिम में। मालदार आदमी से जलन हो सकती है, लेकिन उसकी कोई ख़ास इज़्ज़त या तारीफ़ नहीं होती। इज़्ज़त या तारीफ़ अब भी उसी स्त्री या पुरुष की होती है, जिसे अच्छा या अक़्लमंद समझा जाता है और ख़ास तौर से उन लोगों को, जिन्होंने आम भलाई के लिए अपनी या अपने माल की क़ुरबानी की है। हिंदुस्तानी नज़रिये ने, यहांतक कि आम जनता के नज़रिये ने भी बटोरने या क़ाबू में कर लेने की भावना को कभी पसंद नहीं किया।

समष्टिवाद में सामूहिक ज़िम्मेदारी होती है, मिल-जुलकर कोशिश होती है। इस बात में और पुरानी हिंदुस्तानी सामाजिक धारणाओं में यहां भी पूरा मेल है। वे धारणाएं सामुदायिक विचार की बुनियाद पर थीं। ब्रिटिश हुकूमत के दौरान में सामुदायिक प्रणाली, ख़ासतौर से खुदमुख्तार गांवों की बरबादी, से हिंदुस्तानियों को बहुत को बहुत गहरी चोट पहुंची, यह आर्थिक तो है, लेकिन उससे भी ज़्यादा मनोवैज्ञानिक है। उसकी जगह कोई निश्चित चीज़ नहीं आई और उनकी आज़ादी की भावना, उनकी ज़िम्मेदारी का ख़याल और आपसी फ़ायदे के लिए उनकी सहयोग की सामर्थ्य, ये सब बातें नष्ट हो गई। गांव, जो पहले एक सजीव, सुदृढ़ इकाई था, अब धीरे-धीरे उजड़ने लगा और सिर्फ़ कुछ मिट्टी की झोपड़ियों और ग़लत ढंग के आदमियों की बस्ती बन गया। फिर भी किसी अदृश्य कड़ी से गांव बना हुआ है और पुरानी बातों की याद आती है। सदियों पुरानी परंपराओं का आसानी से फ़ायदा उठाया जा सकता है, और खेती-बारी में और छोटे कारबारों में सामूहिक सहकारी संस्थाएं बनाई जा सकती है। गांव अब स्वावलंबी आर्थिक इकाई नहीं रह सकता (हां उसका सामूहिक या सहकारी कृषि से बहुत करीबी रिश्ता रह सकता है) लेकिन वह अब सरकारी इंतज़ाम की या चुनाव की इकाई बखूबी बन सकता है बड़े राजनैतिक ढांचें में हर एक ऐसी

इकाई खुद मुख्तार रह सकती है और वह गांव की ख़ास ज़रूरतों का इंतज़ाम करेगी। अगर कुछ हद तक उसको चुनाव की इकाई बना लिया जाये, तो उससे सूबाई और अखिल भारतीय चुनावों में काफ़ी सादगी और आसानी आ जायेगी। वजह यह है कि उससे प्रत्यक्ष निर्वाचकों की संख्या काफ़ी कम हो जायेगी। गांव के हर बालिग़ मर्द और औरत की चुनी हुई गांव की पंचायत खुद बड़े चुनावों के लिए निर्वाचकों का काम करेगी। परोक्ष चुनावों में कुछ खामियां हो सकती हैं, लेकिन हिंदुस्तान की हालतों का ख़याल रखते हुए मैं यही मुनासिब समझता हूं कि गांव को एक इकाई की तरह बरता जाये। इस तरह नुमाइंदगी ज़्यादा सच्ची और ज़्यादा ज़िम्मेदार होगी।

इस प्रादेशिक नुमाइंदगी के अलावा ज़मीन और उद्योग-धंधों की सहकारी सभा और सामूहिक संस्थाओं की भी प्रत्यक्ष नुमाइंदगी होनी चाहिए। इस तरह राज्य के लोकतंत्री संगठन में प्रादेशिक और पेशेवर, दोनों तरह की, नुमाइंदगी होगी और उसकी बुनियाद मुक़ामी स्वराज्य पर होगी। इस तरह का इंतज़ाम हिंदुस्तान के गुज़रे ज़माने और साथ ही उसकी मौजूदा ज़रूरतों से पूरी तरह मेल खायेगा। उसमें विच्छेद की भावना नहीं होगी (सिवाय उन हालतों के, जो ब्रिटिश राज्य के दौरान में आई) और जनता का दिमाग़ इसे उस अनवरत क्रम का ही अंग समझेगा, जिसके सुंदर भूतकाल की उसे अब भी याद आती है और जिसके लिए उसके दिल में मुहब्बत है।

हिंदुस्तान में इस ढंग की रद्दोबदल राजनैतिक और आर्थिक अंतर्राष्ट्रीयता के अनुरूप होगी। उसमें दूसरे राष्ट्रों से झगड़े नहीं होंगे और एशिया में और दुनिया में शांति के लिए उसका ज़बरदस्त असर होगा। वह उस "एक दुनिया" को साकार करने में मदद करेगा, जिसकी तरफ़ हम लाज़िमी तौर से बढ़ रहे हैं। हमारी बलवती प्रवृत्तियां हमको धोखे में डाले रहती हैं और हमरा दिमाग़ उस बहाव को समझ नहीं पाता। दबाव और मायूसी के चंगुल से आज़ाद होकर हिंदुस्तानी जनता फिर अपना पूरा बड़प्पन हासिल करेगी और उनकी संकरी राष्ट्रीयता और अलहदगी मिट जायेगी। अपनी हिंदुस्तानी विरासत पर गर्व करते हुए वे दूसरे आदमियों और दूसरी क़ौमों के लिए अपना दिल और दिमाग खोल देंगे और खूबसूरत और बड़ी दुनिया के नागरिक बन जायेंगे, और दूसरे लोगों के साथ उस सनातन खोज में शरीक होंगे, जिसमें उनके पुरखे सबसे आगे थे।

❒

11. हिंदुस्तान:विभाजन या मज़बूत क़ौमी रियासत या राष्ट्रोपरि राज्य का केंद्र?

जिस तरह किसी व्यक्ति की आशाओं और शंकाओं के बीच सही समतौल पा लेना मुश्किल है, उसी तरह किसी आदमी के खयालों पर उसकी ख्वाहिशों की छाप रोकना भी

मुश्किल है। हमारी ख्वाहिशें ऐसी दलीलों की तलाश में रहती हैं, जो उनके माफ़िक़ हों और वे उन सचाइयों या दलीलों की, जो उनसे मेल नहीं खातीं, अवहेलना की कोशिश करती हैं। मैं उस समतौल को हासिल करने की कोशिश करता हूं, ताकि मैं चीज़ों को सही ढंग से देख सकूं और काम के लिए सही बुनियाद पा लूं, फिर भी मैं जानता हूं कि मैं कामयाबी से कितनी दूर हूं और मैं उन विचारों या भावनाओं से, जिन्होंने मुझे बनाया है और जो अपने अदृश्य सींखचों से मुझे घेरे हुए हैं; झुटकारा नहीं पा सकता। इसी तरह दूसरे लोग भी विभिन्न दिशाओं में ग़लती कर सकते हैं। दुनिया में हिंदुस्तान की क्या जगह है, इसके बारे में हिंदुस्तानी और अंग्रेज के नज़रियों में लाज़िमी तौर से बहुत फ़र्क़ होगा। उसकी वजह यह है कि दोनों की अपनी अलग-अलग क़ौमी और शख्सी तारीख़ है। व्यक्ति और राष्ट्र अपने-अपने कामों से अपना भविष्य बनाते हैं। उनकी मौजूदा हालत उनके पिछले कामों का नतीजा है, और आज वे जो कुछ करते हैं, उससे उनके भविष्य की बुनियाद तैयार होती है। हिंदुस्तान में इसको, कार्य-कारण नियम को, कर्म कहा गया है, जिसमें हमारा काम हमारी क़िस्मत बनाता चलता है। ऐसा नहीं है कि यह क़िस्मत बदल नहीं सकती। और भी कई ऐसी बातें हैं, जिनका इस पर असर होता है और ऐसा ख़याल है कि व्यक्तिगत मनःशक्ति का भी कुछ असर होता है। अगर पिछले कामों के नतीजों को बदलने की यह आज़ादी न होती, तब तो हम सब क़िस्मत के मज़बूत चंगुल में लाज़िमी तौर से सिर्फ़ कठपुतली होते। फिर भी व्यक्ति को या राष्ट्र को बनाने में पिछले कर्म का ज़बरदस्त असर होता है और राष्ट्रीयता खुद उसकी छाया है, जिसमें गुज़रे ज़माने की सारी अच्छी और बुरी यादगारें गुंथी हैं।

शायद इस पिछली विरासत का राष्ट्रीय समुदाय पर व्यक्ति के मुकाबले ज़्यादा असर होता है, क्योंकि ज्यादातर इन्सान अचेतन और ग़ैरजाती बहावों में बह जाते हैं। व्यक्ति के साथ यह चीज़ बहुत कम होती है। इसलिए लोगों के सामूहिक रुख़ को बदलना ज्यादा मुश्किल होता है। नैतिक ख़यालों का व्यक्ति पर असर होता है, लेकिन समुदाय पर उनका असर बहुत कम होता है; और वह समुदाय जितना ज़्यादा बड़ा होता है, उस पर उतना ही कम असर होता है। समुदाय पर परोक्ष रूप से प्रचार से असर डालना (ख़ासतौर से मौजूदा दुनिया में) आसान है। और फिर भी कभी-कभी (हालांकि ऐसे मौक़े बहुत कम होते हैं) समुदाय आप ही नैतिक व्यवहार में ऊंचा उठता है और व्यक्ति को अपने संकरे और स्वार्थी ढंग से छोड़ने को मजबूर करता है। वैसे आमतौर पर समुदाय व्यक्तिगत नैतिक स्तर से बहुत नीचे रहता है।

लड़ाई से दोनों प्रतिक्रियाएं होती हैं; लेकिन आधिपत्य उस झुकाव का होता है, जो नैतिक ज़िम्मेदारी से छुटकारा चाहता है और उन सारे आदर्शों को, जिन्हें सभ्यता ने बड़ी मेहनत से तैयार किया था, ख़त्म करना चाहता है। लड़ाई में कामयाबी और आक्रामक ढंग का नतीजा यह होता है कि इस नीति को न्याय्य ठहराया और जारी रखा जाता है और फिर उसकी वजह से साम्राज्यवादी आधिपत्य और अधिपति-जाति की भावना पैदा होती है।

हार से मायूसी होती है और बदला लेने की भावना पनपती है। दोनों ही सूरतों में नफ़रत और हिंसा की आदत बढ़ती है। बेरहमी और बेदर्दी होती है और दूसरे के नज़रिये को समझने की कोशिश से भी इन्कार कर दिया जाता है। और इस तरह एक ऐसे भविष्य की नींव पड़ती है, जिसमें लड़ाई और संघर्ष बराबर बढ़ते हैं और उनके अपने ख़तरनाक नतीजे होते हैं।

हिंदुस्तान और इंग्लैंड के बीच पिछले दो सौ बरसों के मजबूरी के रिश्ते ने दोनों ही के लिए यह कर्म, यह क़िस्मत, तैयार की है। उनके आपसी रिश्ते अब भी उसी से तय होते हैं। कर्म के जाल में हम फंसे हुए हैं। इस पिछली विरासत से छुटकारा पाकर एक नई बुनियाद की तलाश में हमारी अबतक की सारी कोशिशें बेकार हुई हैं। बदकिस्मती से लड़ाई के पिछले पांच सालों ने इस पिछले कर्म की बुराई को बढ़ा दिया है और इस वजह से समझौता और स्वाभाविक रिश्ता अब ज़्यादा मुश्किल हो गया है। पिछले दो सौ बरसों के इतिहास में, जैसाकि हमेशा होता है, भलाई और बुराई दोनों की ही मिलावट है। अंग्रेज़ के लिहाज़ से बुराई के मुक़ाबले भलाई ज़्यादा है, और हिंदुस्तानी की निगाह में बुराई इतनी ज्यादा है कि दो सौ साल का सारा ज़माना बिलकुल काला है। भलाई और बुराई का कैसा भी संतुलन क्यों न हो, यह बात साफ़ है कि कोई रिश्ता, जो ज़बरदस्ती लादा जाता है, एक-दूसरे के लिए सख्त नफरत और नापसंदगी पैदा करता है और इन भावनाओं के सिर्फ़ बुरे नतीजे हो सकते हैं।

हिंदुस्तान में राजनैतिक और आर्थिक दोनों ही तरह की इन्क़लाबी तब्दीली ज़रूरी ही नहीं, बल्कि लाज़िमी भी मालूम देती है। लड़ाई शुरू होने के कुछ वक़्त बाद, 1939 के आखिर में, और फिर अप्रैल, 1942 में, इस बात की थोड़ी सी संभावना हुई कि शायद इंग्लैंड और हिंदुस्तान दोनों को रज़ामंदी से ऐसी तब्दीली हो जाये। चूंकि हर बुनियादी तब्दीली से डर था, इसलिए वे संभावनाएं और वे मौक़े बीत गए। लेकिन तब्दीली होगी। क्या रज़ामंदी का मौक़ा अब ख़त्म हो गया? जब ख़तरा दोनों के ही लिए होता है, तो गुज़रे ज़माने का तीखापन कुछ कम हो जाता है और मौजूदा वक़्त पर भविष्य के लिहाज़ से ग़ौर किया जाता है। अब गुज़री याद फिर आ गई है और उसका तीखापन बढ़ गया है उदारता की जगह अब सख्ती और कड़वापन आ गया है। वैसे कोई-न-कोई समझौता होगा जरूर, चाहे जल्दी हो या देर में; चाहे ज़्यादा संघर्ष के बाद हो या बिना संघर्ष के, लेकिन अब इस बात की गुंजाइश बहुत ही कम है कि वह समझौता सच्चा और दिली होगा। उसमें अब आपसी सहयोग की बहुत कम संभावना रह गई है। ज़्यादा मुमकिन यह है कि हालतों की मज़बूरी से दोनों ही बेमन से झुकेंगे और अविश्वास और दुर्भावनाएं बनी रहेंगी। किसी भी ऐसे हल के, जो हिंदुस्तान को ब्रिटिश साम्राज्य का हिस्सा बनाये रखने के उसूल को मानता हो, मंजूर किये जाने का रत्ती भर भी मौक़ा नहीं है। कोई भी हल, जिसमें हिंदुस्तान में सामंती अवशेष बनाये रखने का इरादा हो, चल नहीं सकता।

हिंदुस्तान में ज़िंदगी सस्ती है। इसके साथ ही यहां ज़िंदगी खोखली है, भद्दी है, उसमें

पैबंद लगे हुए हैं और ग़रीबी का दर्दनाक खोल उसके चारों तरफ़ है। हिंदुस्तान का वातावरण बहत कमज़ोर बनानेवाला हो गया है। उसकी वजहें कुछ बाहर से लादी हुई हैं, और कुछ अंदरूनी हैं, लेकिन वे सब बुनियादी तौर पर ग़रीबी और कमी का नतीजा हैं। हमारे यहां के रहन-सहन का दर्जा बेहद नीचा है और हमारे यहां मौत की रफ़्तार बहुत तेज़ है। उद्योग-धंधों से सजे हुए और मालदार देश ग़रीब मुल्कों की तरफ़ ठीक उसी तरह से देखते हैं, जिस तरह मालदार आदमी ग़रीब और बदक़िस्मत आदमियों की तरफ़ देखते हैं। अपने विस्तृत साधनों और मौक़ों की वजह से धनी आदमी अपना मापदंड ऊंचा कर लेते हैं और उनके बड़े खर्चीले शौक़ होते हैं। वे ग़रीबों को उनकी आदतों के लिए, उनकी असभ्यता के लिए, दोष देते हैं। अपने-आपको बेहतर बनाने के लिए एक तो उन्हें मौक़ा नहीं दिया जाता, और फिर ग़रीबी और उससे लगी हुई बुराइयों को, आगे भी उन्हें महरूम रखने के लिए, उनके ख़िलाफ़ दलील बनाया जाता है

हिंदुस्तान ग़रीब देश नहीं है। किसी देश को धनी बनानेवाली जितनी चीज़ें होती हैं, उनकी उसके पास बहुतायत है, फिर भी उसके निवासी बहुत ग़रीब हैं। संस्कृति के विविध अंगों की हिंदुस्तान के पास ऊंची विरासत है, और उसकी सामर्थ्य संस्कृति की दिशा में बहुत बड़ी है; लेकिन कई नई बातों की और संस्कृति के उपकरणों की कमी है। इस कमी की भी कई वजहें हैं, लेकिन उसकी ख़ास वजह यह है कि उसको उन उपकरणों से जबरदस्ती वंचित किया गया है। जब ऐसा होता है, तो जनता की जीवन- शक्ति को इन अड़चनों को पार करना चाहिए और उन कमियों को पूरा करना चाहिए। हिंदुस्तान में आज यही हो रहा है। अब यह सत्य बिलकुल स्पष्ट हो गया है कि हिंदुस्तान के पास तरक्क़ी करने के लिए साधन हैं, अक़्ल है, चतुराई है और सामर्थ्य है। उसके पास कितने ही युगों के आध्यात्मिक और सांस्कृतिक अनुभवों की निधि है। वह वैज्ञानिक सिद्धांत और व्यावहारिक विज्ञान दोनों ही में तरक़्क़ी कर सकता है और एक बड़ा औद्योगिक राष्ट्र बन सकता है। हालांकि उसके सामने कितनी ही मुश्किलें हैं और उसके नौजवान स्त्री-पुरुषों को वैज्ञानिक काम करने के मौके नहीं मिलते, फिर भी उसकी वैज्ञानिक उपलब्धियां महत्त्वपूर्ण हैं। इस देश का फैलाव और उसकी संभावनाओं को ध्यान में रखते हुए वे उपलब्धियां बहुत नहीं हैं, लेकिन उनसे यह पता ज़रूर लगता है कि मौक़ा दिया जाने पर और राष्ट्र की शक्तियों का सोता खोल देने पर क्या होगा।

रास्ते में सिर्फ़ दो अड़चनें हो सकती हैं-अंतर्राष्ट्रीय परिस्थिति और हिंदुस्तान पर बाहरी दबाव और देश के ही अंदर एक आम मक़सद की कमी। आख़िर में पिछली बात की ही अहमियत होगी। अगर हिंदुस्तान को दो या इससे ज़्यादा हिस्सों में तोड़ दिया जायेगा, अगर वह एक आर्थिक और राजनैतिक इकाई की तरह काम न कर सकेगा, तो उसकी तरक़्क़ी पर ज़बरदस्त असर होगा। एक तो खुद ही कमज़ोरी आयेगी, लेकिन इससे बदतर चीज़ वह मनोवैज्ञानिक लड़ाई होगी, जो हिंदुस्तान को अखंड बनाये रखनेवालों और उसके विरोधियों में होगी। नये निहित स्वार्थ पैदा हो जायेंगे, जो रद्दो-बदल और तरक्क़ी को रोकेंगे। नये दुष्कर्म

भविष्य में हमारा पीछा करेंगे। एक ग़लती से हम दूसरी पर जा पहुंचते हैं। यही बात पहले हुई है और ऐसा ही भविष्य में हो सकता है। फिर भी कभी-कभी ज़्यादा बड़ी बुराई से बचने के लिए छोटी बुराई को अपनाना पड़ता है; राजनीति की यही एक अजीब उलटी बात है। कोई भी आदमी यह नहीं कह सकता कि आगे चलकर मौजूदा ग़लती से उस ख़तरे के मुक़ाबले में, जिसका डर है, कम नुकसान होगा या ज़्यादा। फूट के मुक़ाबले में एका हमेशा बेहतर है, लेकिन ज़बरदस्ती लादा हुआ एका-एक धोखा है और उसमें ख़तरा होता है और वह विस्फोट की संभावनाओं से भरा होता है। एक तो दिल और दिमाग़ से होना चाहिए। उसके लिए अपनेपन की, संकट का मिलकर सामना करने की, भावना होनी चाहिए। मुझे पक्का यक़ीन है कि हिंदुस्तान में वह बुनियादी एका है, लेकिन इस वक़्त कुछ हद तक दूसरी ताक़तों की वजह से उस पर परदा पड़ गया है, वह छिपा दिया गया है। ये ताक़तें झूठी और अस्थायी हो सकती हैं, लेकिन आज उनकी अहमियत है, और कोई भी आदमी उन्हें नज़रअंदाज नहीं कर सकता।

दरअसल यह हमारा ही क़सूर है, और अपनी ग़लतियों का नतीजा हमको भुगतना पड़ेगा। लेकिन हिंदुस्तान में इरादतन फूट डालने का ब्रिटिश अधिकारियों ने जो काम किया है, मैं उसके लिए उनको माफ़ नहीं कर सकता। और सारी चोटें अच्छी हो जायेंगी, लेकिन इसकी बेहद तकलीफ़ बहुत अरसे तक बनी रहेगी। जब मैं हिंदुस्तान की बाबत सोचता हूं, तो मुझे अकसर चीन और आयरलैंड की याद आ जाती है। गुज़री और मौजूदा समस्याओं की बाबत उनमें और हिंदुस्तान में बहुत फ़र्क़ है, फिर भी उनमें कई जगह यकसांपन है। क्या भविष्य में हम सबका रास्ता एक सा ही होगा?

जिम फ़ेलां ने अपनी किताब 'जेल जरनी' में मानव स्वभाव पर जेल के असर की बाबत बताया है और हर वह आदमी, जिसने जेल में काफ़ी वक़्त गुज़ारा है, उसकी सचाई को जानता है- "जेल मानव-स्वभाव के लिए उस शीशे की तरह काम करती है, जिसमें चीज़ें बड़ी दिखाई देती हैं। हर छोटी सी कमज़ोरी ज़ाहिर हो जाती है, उस पर ज़ोर दिया जाता है, उसको उकसाया जाता है, यहांतक कि आख़िर में वह क़ैदी नहीं रह जाता, जिसमें कमज़ोरियां हैं, बल्कि सिर्फ़ कमज़ोरियां रह जाती हैं, जो क़ैद का जामा पहने हुए रहती है।" क़ौमी स्वभाव पर विदेशी हुकूमत का कुछ ऐसा ही असर होता है। सिर्फ़ यही असर नहीं होता। अच्छे गुण भी बढ़ते हैं और विरोध से धीरे-धीरे शक्ति भी जमा होती है। लेकिन विदेशी हुकूमत पहली चीज़ को बढ़ावा देती है और दूसरे असर को कुचलने की कोशिश करती है। जिस तरह जेल में क़ैदी-चौकीदार होते हैं, जिनकी ख़ास क़ाबलियत अपने जेली साथियों पर खुफ़िया का काम करने में समझी जाती है, उसी तरह गुलाम देश में ऐसे चापलूस और कठपुतले आदमियों की भी कमी नहीं होती, जो हुकूमत करनेवालों की वर्दी पहन लेते हैं और उनके इशारों पर काम करते हैं। दूसरे लोग ऐसे हैं, जो जान- बूझकर इस तरह तो काम नहीं करते, लेकिन हुकूमत की नीतियों और जालसाज़ियों का उन पर असर ज़रूरी होता है।

हिंदुस्तान के बंटवारे के उसूल को, या यों कहा जाये कि इस उसूल को कि मजबूरी से एका न लादा जाये, मान लेने से उसके नतीजों पर निष्पक्षता और गंभीरता से विचार करने का मौक़ा मिलता है और इस तरह महसूस होगा कि एके से सभी को फ़ायदा है। लेकिन यह बात ज़ाहिर है कि अगर एक बार ग़लत क़दम उठा लिया जाये, तो बहुत-सी ग़लतियां इसके साथ खुद-ब-खुद हो जायेंगी। किसी मसले को ग़लत ढंग से हल करने की कोशिश से नये मसले पैदा हो सकते हैं। अगर हिंदुस्तान दो या इससे ज़्यादा हिस्सों में बांटा जाता है, तो बड़ी हिंदुस्तानी रियासतों को हिंदुस्तान में खापना ज़्यादा मुश्किल हो जायेगा। उस वक़्त उन रियासतों को अलग रहने की और अपनी निरंकुश हुकूमत बनाये रखने की एक और दलील मिल जायेगी, जो उन्हें वैसे नहीं मिल सकती।[117]

117. यह कहा जा सकता है कि कुल मिलाकर हिंदुस्तानी रियासतें मज़बूत हिंदुस्तानी संघ बनाये रखने की ख्वाहिशमंद हैं। हां, अपनी अंदरूनी स्वाधीनता को वे बनाये रखने की इच्छुक हैं। हिंदुस्तान के बंटवारे के प्रस्ताव का रियासतों के प्रमुख राजनीतिज्ञों और मंत्रियों ने ज़ोरदार विरोध किया है और उन्होंने यह बात साफ़ कह दी है कि अगर ऐसा बंटवारा होता है, तो वे अलग ही रहना ज़्यादा पसंद करेंगे और विभाजित हिंदुस्तान के किसी भी हिस्से से वे अपने-आपको नहीं बांधेंगे। त्रावणकोर के दीवान और रियासतों के सबसे ज़्यादा क़ाबिल और तजुरबेकार मंत्रियों में से एक सर सी०पी० रामास्वामी ऐयर रियासतों की अंदरूनी स्वाधीनता के कट्टर हिमायती हैं (हालांकि अपनी निरंकुश नीति और जिनको पसंद नहीं करते, उनको कुचलने की नीति की वजह से वह काफ़ी बदनाम हैं)। साथ ही पाकिस्तान या बंटवारे के किसी भी प्रस्ताव के वह ज़ोरदार और पक्के विरोधी हैं। इंडियन कौन्सिल ऑव वर्ल्ड एफ़ेयर्स की बंबई शाखा में 6 अक्तूबर, 1944 को व्याख्यान देते हुए उन्होंने कहा-"रियासतों को ऐसी योजना में आना चाहिए और मेरे लिहाज से वे ऐसी ही योजना में आयेंगी, जिसमें हिंदुस्तान की सारी राजनैतिक और हुकूमती इकाइयों को वे केंद्रीय विधिकारी और कार्यकारी संगठन बनाने और उसको चलाने में सहयोग देंगी। ऐसा संगठन हिंदुस्तान में और विदेशों में क़ौमी और नुमाइंदा हैसियत से कारगर तौर पर काम करेगा। हिंदुस्तान के अंदर इकायों का आपसी रिश्ता बराबरी का होगा और उनमें किसी के बड़प्पन का सवाल नहीं होगा; हालांकि केंद्र के बचे हुए और अन्य सारे अधिकारों को पूरी तरह स्वीकार किया जायेगा।" आगे चलकर वह कहते हैं-"मेरा विचार यह है कि पुराने संधि-अधिकार हों या न हों, लेकिन किसी भी ऐसी हिंदुस्तानी रियासत को बने रहने का अधिकार नहीं होगा, जो ऐसी योजना में शामिल नहीं होती, जिससे हिंदुस्तानी रियासतों और ब्रिटिश हिंदुस्तान का उन सभी से ताल्लुक रखनेवाले मामलों में केंद्रीय नियंत्रण या इंतज़ाम हो, या जो ईमानदारी से उस राजनैतिक इंतज़ाम के मुताबिक अमल नहीं करती, जिसको सबने बराबरी की हैसियत से मिलकर, सोच-विचारकर आपस में तय किया हो।" "मैं इस बात पर खासतौर से ज़ोर देना चाहता हूं और मैं जानता हूं कि यह एक विवादास्पद बात होगी कि किसी भी हिंदुस्तानी रियासत का बने रहने का अधिकार नहीं है, अगर वह जनता की खुशहाली के मामले में ब्रिटिश भारत से आगे नहीं, तो कम-से-कम उसके बराबर भी नहीं है।"

मज़हबी बुनियाद पर हिंदुओं और मुसलमानों के बीच हिंदुस्तान का बंटवारा, जैसाकि मुस्लिम लीग सोचती है, इन दो ख़ास धर्मों के माननेवालों को अलग-अलग नहीं कर सकता, क्योंकि वे सारे देश में फैले हुए हैं। अगर उन हिस्सों को भी अलहदा किया जाये, जहां एक वर्ग का बहुमत है, तो उन हिस्सों में अल्पसंख्यक बहुत बड़ी तादाद में बाक़ी बचे रहते हैं। इस तरह अल्पसंख्यकों की समस्या को हल करने में हम एक की जगह कई समस्याएं खड़ी कर लेते हैं। दूसरे धार्मिक वर्ग, मसलन सिख अपनी इच्छा के खिलाफ़ दो अलग सरकरों में बंट जायेंगे। एक वर्ग को अलग होने की आज़ादी देने से दूसरे वर्गों को, जो उन हिस्सों में अल्पसंख्यक हैं, अलग होने की आज़ादी नहीं मिलती। उनको उनकी मरज़ी के सख्त ख़िलाफ़ मजबूर किया जाता है कि वे अपने-आपको बाक़ी हिंदुस्तान से अलहदा कर लें। अगर यह कहा जाये कि जहांतक अलहदगी का सवाल है, हर हिस्से में (धार्मिक) बहुसंख्यकों की बात मानी जाये, तो फिर कोई वजह नहीं कि समूचे हिंदुस्तान के सवाल को भी बहुसंख्यकों के नज़रिये से क्यों न तय किया जाये। या हर छोटा-सा हिस्सा अपनी निजी हैसियत को अपने-आप तय करे और इस तरह छोटी- छोटी रियासतों की एक बहुत बड़ी तादाद हो जायेगी - यह एक अजीब और मज़ाक की बात होगी। इसके अलावा किसी ढंग से यह हो ही नहीं सकता, क्योंकि सारे देश में अलग-अलग मज़हब के आदमी हर जगह फैले हुए हैं और हर हिस्से की आबादी में घुले-मिले हैं।

जहां क़ौमियतों का सवाल है, इस तरह से मामलों को बंटवारे से हल करना बहुत मुश्किल होता है, लेकिन जहां कसौटी मज़हब की हो, वहां इन्साफ़ की बुनियाद पर उसको हल करना नामुमकिन है। यह तो मध्ययुगीन धारणाओं की तरफ़ वापस लौटना है और आज की दुनिया में उसका मेल नहीं बिठाया जा सकता।

अगर बंटवारे के आर्थिक पहलू पर गौर किया जाये, तो यह बात साफ़ है कि अखंड हिंदुस्तान मज़बूत और बहुत हद तक एक अपने में पूरी आर्थिक इकाई होगा। किसी भी बंटवारे से क़ुदरती तौर पर वह कमज़ोर होगा और एक हिस्से को दूसरे हिस्से का सहारा लेना होगा। अगर बंटवारा इस तरह किया जाये कि बहुसंख्यक हिंदू या मुस्लिम हिस्से अलग-अलग कर दिये जायें, तो हिंदुओं के पास ज़्यादातर खनिज साधन के और उद्योग- धंधों के हिस्से पहुंच जायेंगे। दूसरी तरफ़ मुसलमान हिस्से आर्थिक दृष्टि से पिछड़े हुए होंगे और

एक दूसरी बात, जिस पर रामास्वामी ऐयर ने ज़ोर दिया है, यह है कि 601 रियासतों से बराबरी दर्जे पर बरताव नामुमकिन है। उनका खयाल है कि हिंदुस्तान के नये संविधान में 601 रियासतें घटाकर 15-20 कर दी जायेंगी और वे बाक़ी प्रांतों या बड़ी रियासतों की इकाइयों में मिला ली जायेंगी।

रामास्वामी ऐयर ज़ाहिरा तौर पर रियासतों में अंदरूनी राजनैतिक तरक्क़ी को कोई ख़ास अहमियत नहीं देते हैं या कम-से-कम उसे एक गौण बात समझते हैं। लेकिन इसकी कमी से रियासतों में चाहे और दिशा में कितनी ही तरक्क़ी क्यों न हो, जनता में और हुकूमत में बराबर संघर्ष चलता रहेगा।

अकसर उनके पास ज़रूरतों के लिहाज़ से चीज़ों की कमी बनी रहेगी और बिना बाहरी मदद के वे अपना अस्तित्व भी नहीं रख सकेंगे। इस तरह से यह कड़वी सचाई सामने आती है कि आज जो लोग बंटवारा चाहते हैं, वही सबसे ज़्यादा नुक़सान में रहेंगे। कुछ हद तक इस सचाई को महसूस करने की वजह से अब वे यह कहने लगे हैं कि बंटवारा इस ढंग से हो और उन्हें ऐसा हिस्सा मिले कि आर्थिक समतौल हो सके। मुझे नहीं मालूम कि किन्हीं परिस्थितियों में ऐसा मुमकिन भी हो सकता है, लेकिन मुझे उस पर ज़रूर शक है। हर सूरत में ऐसी कोशिश के मानी ये होंगे कि विभाजित भाग से हिंदू और सिखों की बहुत बड़ी आबादी को जबरन बांध दिया जाये। आत्म-निर्णय के उसूल को अमल में लाने का यह एक अजीब तरीक़ा होगा। मुझे उस आदमी की कहानी याद आती है, जिसने अपने मां-बाप को मार डाला, और फिर अदालत के सामने यह फ़रियाद की कि वह अनाथ है !

एक और अजीब विरोधाभास सामने आता है। आत्म-निर्णय के उसूल की दुहाई दी जाती है, लेकिन इसको तय करने के लिए वहां की जनता का मत लेने की बात नहीं मानी जाती; यह कहा जाता है कि अगर राय लेनी है, तो सिर्फ़ उन हिस्सों के मुसलमानों की ही राय ली जाये। बंगाल और पंजाब में मुसलमानी आबादी 54 फ़ी-सदी या इससे भी कम है। उनकी राय के मानी ये हुए कि 54 फ़ी - सदी के वोट से बाक़ी 46 फ़ी-सदी आदमियों को उस मामले में कुछ भी कहने का हक़ नहीं होगा। इसका नतीजा यह हो सकता है कि हिंदुस्तान के 28 फ़ी-सदी आदमी बाक़ी 72 फ़ी-सदी आदमियों की भी क़िस्मत का फ़ैसला करें।

समझ में नहीं आता कि किस तरह कोई समझदार आदमी ऐसा प्रस्ताव पेश कर सकता है और यह उम्मीद कर सकता है कि दूसरे लोग उसे मान लेंगे? मुझे नहीं मालूम, और जबतक इस सवाल पर वोट नहीं लिये जाते, किसी को मालूम हो भी नहीं सकता कि उन हिस्सों के कितने मुसलमान बंटवारा चाहते हैं। मेरा ऐसा ख़याल है कि बहुत काफ़ी लोग, शायद ज़्यादातर लोग, उसके ख़िलाफ़ वोट देंगे। कई मुसलमान संस्थाएं उसके ख़िलाफ़ हैं। हर एक ग़ैर-मुस्लिम, चाहे वह हिंदू, सिख, ईसाई या पारसी हो, उसके ख़िलाफ़ है। ख़ासतौर से बंटवारे की भावना उन हिस्सों में पैदा हुई है, जहां मुसलमानों की आबादी बहुत कम है—ऐसे हिस्सों में, जो हर सूरत में बाक़ी हिंदुस्तान से अलहदा नहीं होंगे। जिन हिस्सों में मुसलमान बहुसंख्यक हैं, वहां इसका कोई असर नहीं है; क़ुदरती बात है कि वे खुद अपने पैरों पर खड़े हो सकते हैं और उन्हें दूसरे समुदायों का डर नहीं है। सरहदी सूबे में उसका असर सबसे कम है, जहां मुसलमान 15 फ़ी-सदी हैं। वहां के पठान बहादुर हैं, उन्हें अपने ऊपर भरोसा है और उन्हें किसी तरह का डर नहीं है। इस तरह यह एक अजीब-सी बात है कि मुस्लिम लीग के प्रस्ताव का समर्थन उन हिस्सों में बहुत कम है और उसका असर तो सिर्फ़ उन हिस्सों में है, जहां मुसलमान अल्पसंख्यक हैं और जहां बंटवारे का कोई भी असर नहीं होगा। फिर भी यह वाक़या ज़रूर है कि उसके नतीजे पर गौर किये बिना मुसलमान काफ़ी बड़ी तादाद में इस बंटवारे के ख़याल की तरफ़ भावुकता से खिंच गए हैं। असल में अभी

तो यह प्रस्ताव बहुत धुंधली शक़्ल में सामने आया है और बार- बार पूछने पर भी अबतक उसकी रूप- रेखा निश्चित करने की कोशिश नहीं की गई।

मेरे ख्याल से यह भावना अस्वाभाविक तौर पर पैदा की गई है और मुस्लिम जनता के दिमाग़ में इसकी कोई जड़ नहीं है। लेकिन घटनाओं पर असर डालने के लिए और नई हालत पैदा करने के लिए एक अस्थायी भावना भी काफ़ी ताक़तवर हो सकती है। आमतौर पर समय-समय पर सुलझाव और समझौता होता रहता है, लेकिन आज हिंदुस्तान जिस अजीब स्थिति में है और जब सारी ताक़त विदेशी हाथों में है, यहां कुछ भी हो सकता है। पर बात साफ़ है कि असली समझौता तभी होगा, जब उसकी बुनियाद समझौता करनेवालों की सद्भावनाओं पर हो और सब जमातों में एक आम मक़सद के लिए मिलकर काम करने की ख्वाहिश हो। इसको हासिल करने के लिए कोई भी वाजिब क़ुरबानी की जा सकती है। हर समुदाय क़ानूनन या अमली तौर पर सिर्फ़ आज़ाद ही न हो और उसकी तरक़्क़ी के लिए सिर्फ़ बराबर मौक़ा ही न मिले, बल्कि उसको आज़ादी और बराबरी की चेतना भी होनी चाहिए। अगर जोश को और बेक़ायदा भावनाओं को एक तरफ़ रख दिया जाये, तो सूबों और रियासतों को ज़्यादा-से-ज्यादा स्वायत्तता देते हुए और साथ ही मज़बूत केंद्र बनाते हुए ऐसी आज़ादी का इंतज़ाम किया जा सकता है। बड़े-बड़े सूबों और रियासतों में भी सोवियत रूस की तरह और छोटी-छोटी स्वशासी इकाइयां हो सकती हैं। इसके अलावा अल्पसंख्यकों के अधिकारों के बचाव और हिफ़ाज़त के लिए संविधान में सभी मुमकिन हिफ़ाज़तें रखी जा सकती हैं।

यह सब किया जा सकता है, फिर भी मैं नहीं जानता कि बहुत-सी अनजानी ताक़तों और बातों की भी वजह से, ख़ासतौर से ब्रिटिश नीति की वजह से, आगे क्या सूरत पैदा होगी। ऐसा हो सकता है कि हिंदुस्तान पर जबरदस्ती कोई बंटवारा लाद दिया जाये और अलहदा हिस्सों को एक कमजोर बंद से मिला दिया जाये। अगर ऐसा हो भी जाये, तो भी मुझे पक्का यक़ीन है कि एके की बुनियादी भावना और दुनिया की रद्दो-बदल से ये विभाजित हिस्से एक-दूसरे के क़रीब आ जायेंगे और उनमें सच्चा एका होगा।

यहां एका भौगोलिक है, ऐतिहासिक है और सांस्कृतिक है। लेकिन उसके पक्ष में जो सबसे बड़ी ताक़त है, वह है दुनिया की घटनाओं का रुझान। हममें से बहुत से लोगों की राय में हिंदुस्तान एक राष्ट्र है। मि० जिन्ना ने दो राष्ट्रों का सिद्धांत पेश किया है और बाद में अपने सिद्धांत में और राजनैतिक शब्दावली में कुछ नई चीज़ें और जोड़ दी है। उनके लिहाज़ से यहां के और दूसरे धार्मिक समुदाय उपराष्ट्र हैं। उनके खयाल से धर्म और राष्ट्र में कोई फ़र्क़ नहीं है। आजकल आमतौर से ऐसी विचारधारा नहीं है। लेकिन अब इसकी कोई ख़ास अहमियत नहीं कि हिंदुस्तान को एक राष्ट्र कहना सही होगा या दो राष्ट्र, क्योंकि क़ौमियत का मौजूदा विचार राज्य से क़रीब-क़रीब अलग हो गया है। आज राष्ट्रीय राज्य एक बहुत छोटी इकाई है और छोटे-छोटे राज्यों का कोई स्वतंत्र अस्तित्व नहीं हो सकता—यहांतक

कि कुछ बड़ी राष्ट्रीय सरकारों की अलग और स्वतंत्र सत्ता होगी, अब इसमें भी शक है। राष्ट्रीय सरकारों की जगह अब बहु-राष्ट्रीय सरकारों या बड़े-बड़े संघों को मिल रही है। सोवियत संघ इसका एक ख़ास नमूना है। संयुक्त राज्य अमरीका, राज्यों के एक मज़बूत बंधन से जुड़े होने पर भी, बुनियादी तौर पर एक बहुराष्ट्रीय राज्य है। यूरोप में हिटलर के हमलों के पीछे नात्सियों की विजय लालसा के अलावा भी कुछ और बात थी। नई ताक़तें यूरोप में छोटी-छोटी सरकारों का ढांचा ख़त्म करना चाहती थीं। हिटलर की फ़ौजें अब तेज़ी से वापस लौट रही हैं या ख़त्म की जा रही हैं, लेकिन बड़े-बड़े संघों का ख़याल बना हुआ है।

पुराने पैगंबरों के-से उत्साह के साथ मि० एच० जी० वेल्स सारी दुनिया को बताते रहे हैं कि मानवता का एक युग ख़त्म हो रहा है— एक ऐसा युग, जिसमें दुनिया के मामलों का प्रबंध विभाजन द्वारा होता है। राजनैतिक नज़र से ये टुकड़े अलग-अलग बिलकुल स्वतंत्र सरकारें हैं और आर्थिक नज़र से वे निरंकुश व्यापारी संस्थाएं हैं, जिनमें मुनाफ़े के लिए प्रतियोगिता चल रही है। वेल्स का कहना है कि राष्ट्रीय व्यक्तिवाद और पृथक, स्वतंत्र उद्योग का ढांचा ही दुनिया की बीमारी है। हमको राष्ट्रीय सरकार को ख़त्म करना होगा और एक ऐसा समष्टिवाद चालू करना होगा, जो न किसी को गिरायेगा न ग़ुलाम बनायेगा। पैग़म्बरों की, उनके जीवन काल में, अवहेलना होती है, और कभी- कभी तो उनको पत्थर खाने पड़ते हैं। इसी तरह मि० वेल्स, की या और लोगों की चेतावनी नक्कारखाने में तूती की आवाज़ की तरह है, और जहांतक हुकूमतों का सवाल है, उन पर कोई भी असर नहीं है। फिर भी वे अनिवार्य प्रवृत्तियों की तरफ़ तो इशारा करती ही हैं। इन प्रवृत्तियों की रफ़्तार बढ़ाई या घटाई जा सकती है या जिन लोगों के हाथ में ताक़त है, अगर वे बिलकुल अंधे हैं, तो शायद उन्हें एक और बड़े विध्वंस का भी इंतज़ार करना पड़े और तभी शायद इन प्रवृत्तियों को सफलता मिले।

दूसरी जगहों की तरह हिंदुस्तान में भी हम लोग पिछली घटनाओं या आदर्शों से पैदा हुए नारों और उद्घोषों से बंधन में बंधे हैं। वे आजकल बिलकुल बेतुके हैं और उनका ख़ास काम मौजूदा मसलों पर ग़ैर जानिबदारी के और तर्कसंगत विचार को रोकना है। धुंधले आदर्शों और धुंधली कल्पनाओं की तरफ़ भी एक झुकाव है। इनसे भावुकता पैदा होती है, जो अपने ढंग से अच्छी हो सकती है, लेकिन उससे भी दिमाग़ में एक ढंग की काहिली आती है, और हमारे सामने एक ग़लत नक़शा आता है। पिछले कुछ सालों में हिंदुस्तान के बंटवारे और एके के बारे में बहुत-कुछ लिखा और कहा जा चुका है। फिर भी यह हैरत अंग्रेज़ वाक़या हमारे सामने है कि जिन लोगों ने 'पाकिस्तान' या बंटवारे का प्रस्ताव पेश किया है, उन्होंने अपना मतलब समझाने या उसके नतीजों पर ग़ौर करने से इन्कार कर दिया है। वे सिर्फ़ भावुकता की ही सतह पर काम करते हैं। यही हाल उनके ज़्यादातर विरोधियों का भी है। जिस सतह पर वे रहते हैं वह ख़याली हैं, धुंधली-सी ख्वाहिशों की है और इन सबके पीछे कुछ कल्पित फ़ायदे है। लाज़िमी तौर से, भावुकता या ख़याली बातों पर निर्भर इन दो

नज़रियों के बीच कोई भी समझौते का रास्ता नहीं निकल सकता। और इस तरह 'पाकिस्तान' और 'अखंड हिंदुस्तान' के नारे सब जगह एक-दूसरे के मुक़ाबले में उठाये जा रहे हैं। यह बात साफ़ है कि सामुदायिक भावनाओं और चेतन और अचेतन प्रवृत्तियों की अहमियत होती है और उनका ख़याल रखना होगा। उसी तरह यह बात भी साफ़ है कि भावना की चादर से ढक देने या छिपा देने से असलियत या सचाई ग़ायब नहीं हो सकती; वह बेमौके और अनजाने ढंग से बाहर फूट पड़ती है। इन भावनाओं की ही बुनियाद पर अगर कोई फ़ैसले किये जायें या इन फ़ैसलों में समझ के मुक़ाबले भावना का ही ज़्यादा ज़ोर हो, तो इस बात की संभावना है कि वे ग़लत होंगे और उनके नतीज़े ख़तरनाक होंगे।

यह बात बिलकुल साफ़ है कि हिंदुस्तान का भविष्य चाहे जो हो, और चाहे बंटवारा ही क्यों न हो, लेकिन हिंदुस्तान के अलग-अलग हिस्सों को सैकड़ों बातों में मिल- जुलकर काम करना पड़ेगा। बिलकुल आज़ाद राष्ट्रों को भी एक-दूसरे के साथ मिल- जुलकर काम करना पड़ता है। हिंदुस्तान के सूबों को या उन हिस्सों को, जो बंटवारे से बनेंगे और भी ज़्यादा हद तक आपसी सहयोग की ज़रूरत होगी, क्योंकि इन सबका एक आपसी क़रीबी रिश्ता होगा, और उन्हें या तो साथ-साथ रहना होगा या गिरना और बरबाद होना पड़ेगा और अपनी आज़ादी खोनी होगी। इसलिए सबसे पहला अमली सवाल यह है कि अगर हिंदुस्तान को आज़ाद रहना है और तरक्क़ी करनी है, तो उसके विभिन्न हिस्सों को जोड़े रखनेवाले बंधन कौन से होंगे, जिनकी ज़रूरत खुद उन हिस्सों की आज़ादी और सांस्कृतिक उन्नति के लिए भी होगी। हिफ़ाज़त की बात सबसे बड़ी है और ज़ाहिर है। उस हिफ़ाज़त के पीछे उसके ज़िंदगी देनेवाले बड़े-बड़े कारखाने हैं, आने-जाने के ज़रिये हैं और कुछ हद तक आर्थिक योजना भी है। इसके अलावा चुंगी, मुद्रा और विनिमय और हिंदुस्तान को अंदरूनी तौर पर मुक्त व्यापार का क्षेत्र बनाये रखने के सवाल हैं; क्योंकि देश के अंदर तिजारती टैक्स लगने से तिजारती तरक़्क़ी में ज़बरदस्त रुकावट होगी। इस तरह और भी सवाल हैं, जिनका समूचे हिंदुस्तान और उसके हिस्सों, दोनों ही के लिहाज़ से मिला-जुला केंद्रीय नियंत्रण होना ज़रूरी है। चाहे हम पाकिस्तान के हक़ में हों या न हों, लेकिन हम इन बातों से अलग नहीं हो सकते। हां, यह बात दूसरी है कि हम वक़्ती जोश में आकर और सब चीज़ों की तरफ़ से आंखें बंद कर लें। हवाई सफ़र की बहुत ज़्यादा बढ़ती की वजह से उसके अंतर्राष्ट्रीयकरण की या उसमें किसी ढंग के अंतर्राष्ट्रीय नियंत्रण की मांग की गई है। मुखालिफ़ मुल्क इसको मानने की अक़्लमंदी दिखायेंगे, इसके बारे में अभी शक है। लेकिन यह बात बिलकुल तय है कि हिंदुस्तान में हवाई तरक्क़ी सिर्फ़ सारे हिंदुस्तान की बुनियाद पर हो सकती है, यह बात तो ख़याल के भी बाहर है कि विभाजित हिंदुस्तान के हिस्से उस सिलसिले में अलग-अलग तरक़्क़ी करें। यही बात कई और ऐसी कार्रवाइयों के लिए लागू होती है, जिनके लिए राष्ट्रीय सीमाओं का क्षेत्र बहुत छोटा है। कुल मिलाकर हिंदुस्तान काफी बड़ा है और उसमें तरक्क़ी के लिए जगह है, लेकिन यह बात विभाजित हिस्सों में नहीं होगी।

इस तरह हम इस लाज़िमी नतीजे पर पहुंचते हैं कि चाहे पाकिस्तान हो या न हो, सरकार के कई अहम और बुनियादी काम कुल हिंदुस्तान की बुनियाद पर करने होंगे कम-से-कम, अगर हिंदुस्तान को एक आज़ाद सरकार की तरह रहना है और अगर उसे तरक़्क़ी करनी है, तो यह बात जरूरी होगी। दूसरी तरफ़ सड़न, बरबादी और राजनैतिक और आर्थिक आज़ादी का नुकसान सिर्फ़ हिंदुस्तान का ही नहीं होगा, बल्कि उसके सभी विभाजित हिस्सों का होगा। एक मशहूर और क़ाबिल आदमी ने कहा है-"ज़माना मुल्क के सामने दो बिलकुल अलग रास्ते पेश करता है—एके और आज़ादी का या बंटवारे और गुलामी का।" उस एके की क्या शक़्ल होगी, उसको क्या नाम दिया जायेगा, इसकी कोई खास अहमियत नहीं है। वैसे नामों का अपना असर होता है और उसका एक मनोवैज्ञानिक मूल्य होता है। असली बात यह है कि बहूत से कम कारगर तरीक़े पर सिर्फ़ कुल हिंदुस्तानी बुनियाद पर ही हो सकते हैं। शायद इनमें से बहुत से कामों पर जल्दी ही अंतर्राष्ट्रीय संस्थाओं का नियंत्रण हो जायेगा। दुनिया सिकुड़ती जाती है और उसके मसले सभी जगहों के लिए एक होते जा रहे हैं। हवाई जहाज़ से दुनिया को पार करने में और किसी एक जगह से दूसरी जगह जाने में अब पूरे तीन दिन भी नहीं लगते और भविष्य में स्ट्रटीस्फ़ीयर (ज़मीन से दस मील से ज़्यादा ऊंचाई पर की हवा की परत) में आने-जाने के विज्ञान में तरक़्क़ी होने पर और भी कम वक़्त लगेगा। हिंदुस्तान दुनिया के हवाई सफर का एक बड़ा केंद्र ज़रूर बनेगा। रेल के ज़रिये हिंदुस्तान एक तरफ़ तो पच्छिमी एशिया और यूरोप से और दूसरी तरफ़ चीन और बरमा से मिलेगा। हिमालय के दूसरी तरफ़ हिंदुस्तान से कुछ दूर, सोवियत एशिया में, एक बहुत उन्नत औद्योगिक प्रदेश है और भविष्य में उसके बेहद बढ़ने की गुंजाइश है। हिंदुस्तान पर इसका असर होगा और उसमें कई प्रतिक्रियाएं होंगी।

इसलिए एके या पाकिस्तान की समस्या पर हमारी निगाह भावुकता से भरी हुई नहीं होनी चाहिए, बल्कि उस पर अमली बातों को निगाह में रखते हुए, मौजूदा दुनिया को निगाह में रखते हुए, ग़ौर करना चाहिए इस ढंग से हम कुछ निश्चित और स्पष्ट नतीजों पर पहुंचते हैं—कुछ अहम कामों या मामलों के लिए सारे हिंदुस्तान को साबित बनाये रखना ज़रूरी है। इसके अलावा शामिल होनेवाली इकाइयों को पूरी आज़ादी हो सकती है और होना चाहिए। इसके अलावा कुछ चीज़ें हो सकती हैं, जिनमें केंद्र और ये इकाइयां, दोनों ही मिलकर काम करें। इस मसले में अलग-अलग रायें हो सकती हैं कि हमारा कार्यक्षेत्र कहां ख़त्म होता है या कहां शुरू होता है, लेकिन अमली तौर से इन फ़र्कों को काफ़ी आसानी से समझौता करके दूर किया जा सकता है।

लेकिन एक बात लाज़िमी है। वह यह है कि इस सबकी बुनियाद रज़ामंदी से मिल-जुलकर काम करने की भावना पर हो, उसमें दबाव या ज़बरदस्ती की भावना न हो; और उसमें हर इकाई और हर आदमी आज़ादी महसूस करे। पुराने निहित स्वार्थ मिटेंगे और यह बात भी साफ है कि नये स्वार्थ पैदा भी नहीं किये जायेंगे। कुछ ऐसे प्रस्ताव हैं, जो वर्गों

को आधिभौतिक धारणाओं की बुनियाद पर हैं और वे वर्ग के व्यक्तियों को भुलाकर एक आदमी को दूसरे के दो या तीन आदमियों के बराबर राजनैतिक अधिकार दिलाना चाहते हैं और इस तरह नये स्वार्थों की स्थापना करते हैं। ऐसी बातों से बेहद असंतोष होगा और उनमें पायदारी नहीं होगी।

हिंदुस्तानी फेडरेशन या संघ से किसी ढंग से शामिल हुए हिस्से के अलहदा होने के अधिकार की बात अकसर पेश की गई है और उन सिलसिले में समर्थन के लिए सोवियत संघ की दलील असल में लागू ही नहीं होती; क्योंकि वहां की हालतें बिलकुल दूसरी हैं और उस अधिकार की अमली तौर पर कोई क़ीमत नहीं है। हिंदुस्तान के मौजूदा भावुक वातावरण में भविष्य के लिए इसको मान लेना वांछनीय हो सकता है, ताकि दबाव से आज़ादी की भावना, जो बहुत ज़रूरी है, बनी रहे। अमली तौर पर कांग्रेस ने उसे मान लिया है। लेकिन उस अधिकार को इस्तेमाल करने के लिए यह ज़रूरी है कि पहले ऊपर कही हुई उन सारी समस्याओं पर गौर कर लिया जाये, जिनका सभी से ताल्लुक़ है। साथ ही शुरू में अलहदगी की संभावना से एक बड़ा भारी ख़तरा है। वजह यह है कि ऐसी कोशिश से खुद आज़ादी की शुरूआत और आज़ाद राष्ट्रीय सरकार के निर्माण को चोट पहुंचेगी। दुश्वार मसले उठ खड़े होंगे और सारे अमली सवालों पर परदा पड़ जायेगा। चारों तरफ़ विच्छेद का ही वातावरण होगा। हर ढंग के समुदाय, जो वैसे तो मिलकर रहने को तैयार हैं, अलग-अलग अपनी सरकार क़ायम करने की मांग करेंगे या ऐसे ख़ास अधिकार मांगेंगे, जिनसे दूसरों के अधिकारों पर हमला होता हो। हिंदुस्तानी रियासतों का मसला हल करना बेहद मुश्किल हो जायेगा और मौजूदा रियासती ढांचे को एक नई ज़िंदगी हासिल हो जायेगी। सामाजिक और आर्थिक मसलों को हल करना और भी ज़्यादा मुश्किल हो जायेगा। असल में ऐसी अशांति में किसी आज़ाद सरकार का क़ायम करना मुमकिन नहीं होगा और अगर कोई ऐसी सरकार बन भी गई, तो वह दयनीय और उपहास्य होगी और वह अंतर्विरोधी और उलझनों से भरी हुई होगी।

इससे पहले कि अलहदा होने के अधिकारों को इस्तेमाल किया जाये, यह ज़रूरी है कि एक ठीक ढंग से बनी हुई आज़ाद सरकार पूरी तरह काम करने लगे। जब बाहरी असर हट जायेंगे और देश के असली मसले सामने होंगे, तो उस वक़्त मौजूदा भाजुकता से हटकर, ग़ैर- जानिबदारी के साथ, इन मसलों पर अमली नज़रिये से ग़ौर करना मुमकिन होगा। इस भावुकता से तो बहुत ख़तरनाक नतीजें होंगे, जिनसे आगे चलकर हम सभी को मलाल हो सकता है। इसलिए आज़ाद हिंदुस्तानी सरकार के क़ायम होने के बाद (मसलन दस बरस बाद) कोई वक़्त तय कर देना ज़्यादा मुनासिब हो सकता है। उस अरसे के बाद उचित संवैधानिक ढंग से संबंधित हिस्सों की साफ़ ज़ाहिर की हुई ख्वाहिश के बमूजिब ही अलग होने के अधिकार का इस्तेमाल हो सकता है।

हममें से बहुत-से लोग हिंदुस्तान की मौजूदा हालतों से बेहद परेशान हो गए हैं और

कोई-न-कोई रास्ता निकालने के लिए जी-जान से ख्वाहिशमंद हैं। कुछ लोग तो इस धुंधली आशा से कि उन्हें कुछ थोड़ी-सी राहत मिलेगी, दम घोटनेवाले ढांचे से बाहर कुछ सांस लेने का मौक़ा मिलेगा, उस दिशा में बहने वाले तिनके को भी पकड़ने के लिए तैयार हैं। यह बहुत स्वाभाविक है, लेकिन इस ढंग की कोशिशों में हमेशा खतरा होता है। ये मसले बहुत अहम हैं और उनका असर करोड़ों आदमियों की खुशहाली पर और भविष्य में दुनिया की शांति पर होता है। हिंदुस्तान में हम बराबर विध्वंस के नज़दीक रहते हैं और कभी-कभी विध्वंस हमको कुचल डालता है। हिंदुस्तान में, बंगाल में और दूसरी जगहों में, कुछ हुआ, वह कोई दुखद अपवाद नहीं था। उसकी कोई असाधारण या अचानक वजह नहीं थी, जिसका नियंत्रण या इंतज़ाम न किया जा सकता हो। हिंदुस्तान पीढ़ियों से तकलीफ़ पा रहा है। उसकी बीमारी उसके शरीर में गहरी पैठी हुई है और उसके बदन के हिस्सों को खाये जा रही है। उस अकाल में इस हिंदुस्तान की भयंकर और साफ़ तस्वीर सामने आई। अगर हम अपनी सारी शक्तियों को इस बीमारी की जड़ खोदने और उस बीमारी को दूर करने में न लगायें, तो यह बीमारी दिन-ब-दिन ज़्यादा ख़तरनाक और विध्वंसकारी होती जायेगी। बंटे हुए हिंदुस्तान से, जिसमें हर हिस्सा सिर्फ़ अपनी ही फ़िक्र करेगा और उसे न दूसरों की परवाह होगी और न वह दूसरों से मिल-जुलकर काम करेगा, यह बीमारी बढ़ जायेगी, और हम नाउम्मीदी, बेबसी और तकलीफ़ की दलदल में फंस जायेंगे। इस वक़्त भी हम बहुत ज्यादा पिछड़े हुए हैं, और हमें खोये हुए वक़्त की कमी को पूरा करना है। क्या बंगाल के अकाल के सबक़ का भी हम पर असर नहीं होगा? अब भी ऐसे बहुत से लोग हैं, जो आबादी के राजनैतिक आंकड़ों, सुरक्षाधिकारों, समतोल, रोक और विशेषाधिकारी गुटों या ऐसे ही नये गुटों के मानों में ही सोच सकते हैं। वे लोग दूसरे लोगों को आगे बढ़ने से रोकना चाहते हैं क्योंकि या तो वे खुद बढ़ना नहीं चाहते या खुद बढ़ ही नहीं सकते। उनका दिमाग़ निहित स्वार्थों को और मामूली रद्दो - बदल को छोड़कर मौजूदा हिंदुस्तान की तस्वीर को ज्यों-का-त्यों बनाये रखने की बातें सोचता है। वे लोग व्यापक सामाजिक और आर्थिक तब्दीलियों को टालना चाहते हैं। ऐसा करना बड़ी भूल होगी।

वक़्ती मसले बड़े मालूम देते हैं और हमारा सारा ध्यान उधर ही है। लेकिन मुमकिन है कि ज़्यादा दूरंदेशी से काम लेने पर उनकी ख़ास अहमियत न रहे और इन ऊपरी घटनाओं की सतह के नीचे ज़्यादा बड़ी ताक़तें काम कर रही हों। मौजूदा मसलों को कुछ देर के लिए एक तरफ़ रखकर आगे ध्यान देने पर मज़बूत साबित हिंदुस्तान की तस्वीर सामने आती हैं, जिसमें आज़ाद इकाइयों का संघ होगा, जिसके अपने पड़ोसियों से बहुत गहरे रिश्ते होंगे, और जिसकी दुनिया के मामलों में एक अहमियत होगी। ऐसे बहुत ही मुल्क हैं, और हिंदुस्तान उनमें से एक है, जो अपने साधनों और अपनी सामर्थ्य के बल पर अपने पैरों पर खड़े हो सकते हैं। आज शायद ऐसे देश सिर्फ़ संयुक्त राज्य अमरीका और सोवियत संघ हैं। ग्रेट ब्रिटेन की भी उन देशों में गिनती हो सकती है, वशर्ते कि उसके अपने साधनों के साथ

उसके साम्राज्य के साधन हों, फिर भी दूर तक फैला हुआ और असंतुष्ट साम्राज्य कमज़ोरी की जड़ होता है। चीन और हिंदुस्तान में उस दल में शामिल होने के बहुत बड़े साधन - सामर्थ्य हैं। दोनों ही भौगोलिक दृष्टि से सुगठित हैं, दोनों ही सम हैं, और दोनों ही प्राकृतिक संपत्ति, जन-शक्ति, कारीगरी और सामर्थ्य से भरपूर हैं। शायद हिंदुस्तान के औद्योगिक वसीले चीन से भी ज़्यादा हैं, उनका फैलाव और वैभिन्य भी। इसी तरह हिंदुस्तान की निर्यात की चीज़ें भी ज़्यादा हैं और आवश्यक आयात के लिए इनकी ज़रूरत होगी। इन चार देशों के अलावा, अकेले किसी और देश के वसीले ऐसे नहीं हैं। हां, यह मुमकिन है कि यूरोप में और दूसरी जगहों में राष्ट्र-समुदाय या बड़े संघ मिलकर बहुत बड़े बहुराष्ट्रीय राज्य बनायें और उनकी स्थिति भी ऐसी ही हो।

भविष्य में दुनिया का संचालन-केंद्र एटलांटिक से हटकर पैसिफ़िक (प्रशांत महासागर) में आ जायेगा, ऐसी संभावना है। हालांकि हिंदुस्तान पैसिफ़िक तट का राज्य नहीं है, फिर भी लाज़िमी तौर पर उसका वहां बहुत अहम असर होगा। हिंद महासागर, दक्खिनी- पूरबी एशिया और मध्य-पूर्व के इलाक़ों में हिंदुस्तान आर्थिक और राजनैतिक कार्रवाइयों का बहुत बड़ा केंद्र हो जायेगा। भविष्य में दुनिया का जो हिस्सा तेज़ी से तरक़्क़ी करेगा, उसमें हिंदुस्तान की स्थिति का एक आर्थिक और फ़ौजी महत्त्व हैं। अगर हिंद महासागर के किनारे के देशों का प्रादेशिक संघ बने, तो उसमें ईरान, इराक़, अफ़ग़ानिस्तान, हिंदुस्तान, सीलोन (लंका), बरमा, मलाया, स्याम, जावा आदि होंगे और मौजूदा अल्पसंख्यकों का सवाल ग़ायब हो जायेगा या कम-से-कम उस पर एक बिलकुल दूसरे संदर्भ में ग़ौर करना पड़ेगा।

मिस्टर जी०डी०एच० कोल के ख़याल से हिंदुस्तान ख़ुद एक राष्ट्रोपरि क्षेत्र है और उनका ख़याल है कि आगे चलकर वह एक शक्तिशाली राष्ट्रोपरि राज्य का केंद्र बन जायेगा। इसमें पूरा मध्य-पूर्व होगा और यह क्षेत्र या तो एक चीनी-जापानी सोवियत गणराज्य या मिस्त्र अरब और तुर्की के मेल से बने एक नये राज्य और उत्तर में सोवियत संघ के बीच में होगा। यह सब अभी कोरी कल्पना है और कोई आदमी अभी यह नहीं कह सकता कि इस ढंग की तब्दीली होगी। जहांतक मेरा सवाल है, मुझे यह पसंद नहीं है कि दुनिया को कुछ बड़े-बड़े राष्ट्रोपरि इलाक़ों में बांट दिया जाये। हां, अगर वे सब सारी दुनिया के संघ से मज़बूती से बंधे हों, तो बात दूसरी है, लेकिन अगर लोग दुनिया के एके को और दुनिया के संघ को अपनी बेवकूफ़ी से क़ायम नहीं होने देंगे, तो ये विशाल राष्ट्रोपरि राज्य, जिनमें स्थानीय स्वायत्तता होगी, बन जायेंगे। छोटे राष्ट्रीय राज्य का कोई भविष्य नहीं है। सांस्कृतिक रूप से वह एक स्वाधीन इकाई रह सकता है, लेकिन अब वह स्वतंत्र राजनैतिक इकाई नहीं रह सकता।

चाहे जो हो, लेकिन अगर हिंदुस्तान अपना असर महसूस करा सके, तो यह बात दुनिया की भलाई के हक़ में होगी। वजह यह है कि वह असर हमेशा सुलह के हक़ में और ज़बरदस्ती के ख़िलाफ़ होगा।

❐

12. यथार्थवाद और भू-राजनीति:विश्व विजय या विश्व-संघ : संयुक्त राज्य अमरीका और सोवियत संघ

यूरोप में लड़ाई अब अपनी आख़िरी मंजिल पर पहुंच गई है और पूरब और पच्छिम से बढ़ती हुई फ़ौजों के सामने नात्सी ताक़त चकनाचूर हो रही है। वह ख़ूबसूरत और शानदार शहर पेरिस, जिसका आज़ादी की लड़ाई से इतना ताल्लुक़ रहा, अब ख़ुद आज़ाद हो गया है। शांति की समस्याएं, जो लड़ाई की समस्याओं से ज़्यादा मुश्किल होती हैं, अब उठ रही हैं और लोगों के दिमाग़ों को परेशान कर रही हैं। उनके पीछे पहले महायुद्ध के बाद के सालों की भारी नाकामयाबी की छाया है। कहा जाता है—अब फिर यह बात न होनी चाहिए। लेकिन 1918 में भी तो यही कहा गया था !

पंद्रह साल पहले, 1929 में, मि० विन्स्टन चर्चिल ने कहा था-" यह एक कही हुई कहानी है, जिससे भविष्य के लिए ज़रूरी ज्ञान और सबक़ निकाला जा सकता है। राष्ट्रों के झगड़ों में और उन झगड़ों की वजह से लड़ाइयों की तकलीफ़ में बेहद नामुनासिब अनुपात है। रणभूमि के ऊंचे प्रयत्नों में और उनके छोटे निस्तत्व पुरस्कारों में भी वैसा ही भेद है। लड़ाई की जीत जल्दी से ग़ायब हो जाती है; पुनर्निर्माण धीरे-धीरे होता है और उसमें बहुत वक़्त लगता है; मेहनत, तकलीफ़ और ख़तरे की बातें ही इस सिलसिले में होती है; कभी-कभी सर्वनाश सिर्फ़ बाल बराबर दूरी पर ही रह जाता है, जो किसी संयोग से ही टल जाता है। इन सब बातों से मानव-समाज का सारा ध्यान आगे किसी दूसरे महायुद्ध को रोकने में लग जाना चाहिए। "

लड़ाई और अमन दोनों ही के ज़माने में मि० चर्चिल ने बड़ा काम किया है; ख़तरे और परेशानी के मौक़े पर अपने देश का असाधारण हिम्मत से नेतृत्व किया है और जीत के मौक़े पर बड़ी आकांक्षाएं रखी हैं। इसलिए मि० चर्चिल को सब पता होना चाहिए। पहले महायुद्ध के बाद ब्रिटिश फ़ौजें सारे पश्चिमी एशिया पर कब्जा किए हुए थीं। वे हिंदुस्तान की सीमा से लेकर ईरान, इराक़, फ़िलिस्तीन और सीरिया होते हुए कुस्तुंतुनिया तक सब जगह मौजूद थीं। उस वक़्त मि० चर्चिल को ब्रिटेन के एक नये मध्यपूर्वी साम्राज्य का नक़्शा दिखाई दिया। लेकिन क़िस्मत ने कुछ दूसरा ही फ़ैसला किया। अब भविष्य के लिए मि० चर्चिल क्या सपने देखते हैं? मेरे एक बहादुर और प्रमुख साथी ने, जो अब जेल में है, लिखा है-"लड़ाई एक विचित्र कीमयागर है, और उसके छिपे हुए कमरों में ऐसी ताक़तें तैयार होती हैं कि वे जीतनेवालों और हारनेवालों, दोनों की योजनाओं को तहस-नहस कर देती हैं। पिछली लड़ाई के बाद किसी शांति-सम्मेलन ने यह नहीं तय किया कि यूरोप और एशिया के चार ताक़तवर साम्राज्य—रूस, जर्मनी, आस्ट्रिया और तुर्किस्तान के साम्राज्य-मिट्टी में मिला दिया जायें। और न लायड जार्ज, विलसन या क्लीमैंशो ने रूस, जर्मनी या तुर्की की क्रांतियों को ही घोषित किया।"

लड़ाई में जीत के बाद और अपनी कोशिशों में कामयाबी के बाद जीते हुए राष्ट्रों के नेता जब एक साथ मिलेंगे, तो क्या कहेंगे? उनके दिमाग़ों में भविष्य की क्या शक़्ल बन रही है और आपस में उनमें कितनी सहमति या कितना मतभेद है? जब लड़ाई का जोश ख़त्म हो जायेगा और लोग फिर शांति के भूले हुए ढंग को अपनायेंगे, तो उनकी क्या प्रतिक्रिया होगी? यूरोप के गुप्त विरोधी आंदोलनों और उनसे ताक़त का जो सोता फूटा है, उनका क्या होगा? दिमाग़ और तजुरबे में बढ़े हुए और जिनमें लड़ाई ने मज़बूती ला दी है, ऐसे सिपाही जब घर लौटेंगे, तो वे क्या कहेंगे और क्या करेंगे? उस ज़िंदगी से, जो उनकी ग़ैरमौजूदगी में बदल गई है, वे किस तरह अपना मेल बिठायेंगे? यूरोप के शहीद और बरबाद हुए हिस्सों का क्या होगा और साथ ही एशिया और अफ्रीका में क्या होगा? मि० वेंडेल विल्की के शब्दों में "एशिया के करोड़ों आदमियों की आज़ादी की भूख और तड़प का क्या होगा?" इन सब बातों पर और दूसरी बातों पर क्या रुख़ होगा? इन सबके ऊपर, उस चाल का, जो क़िस्मत अकसर चला करती है और हमारे नेताओं के सारे नक़शों को उलट-पुलट देती है, क्या होगा?

ज्यों-ज्यों लड़ाई आगे बढ़ती गई और फ़ासिस्त शक्तियों की जीत की संभावना कम होती गई, संयुक्त राष्ट्रों के नेताओं का रुख़ उतना ही कड़ा और उतना ज़्यादा अनुदार होता गया। एटलांटिक चार्टर और चार आज़ादियां, जो पहले ही धुंधली थीं और जिनका दायरा सीमित था, अब पृष्ठभूमि में खिसक गई हैं और भविष्य में पिछली चीज़ों को ज्यों-का-त्यों बनाये रखने का इरादा है। लड़ाई का हुलिया अब सिर्फ़ फ़ौजी रह गया है और उसमें पाशविक बल का पाशविक बल से मुक़ाबला है। उसमें नात्सियों और फ़ासिस्तों के उसूलों की ख़िलाफ़त अब नहीं रही। जनरल फ्रैंको और दूसरे छोटे और होनहार तानाशाहों को यूरोप में बढ़ावा दिया गया है। मि० चर्चिल अब आलीशान साम्राज्य की सोचते हैं। जार्ज बर्नाड शॉ ने हाल ही में कहा था कि "दुनिया में कोई भी ऐसी ताक़त नहीं है, जो ब्रिटिश साम्राज्य की तरह पूरी तौर से अपनी हुकूमत के ख़याल से भरी हुई हो। यहांतक कि जब मि० चर्चिल 'साम्राज्य' शब्द कहते हैं, तो वह हर बार उनके गले में अटक जाता है।"[118]

---

118. यह बात साफ़ है कि ब्रिटिश शासक वर्ग साम्राज्य के युग को ख़त्म करने की नहीं सोचता। ज़्यादा से ज़्यादा वह औपनिवेशिक राज्य के ढांचे को नई शक़्ल दे सकता है। उनके लिए उपनिवेशों का क़ब्ज़ा 'बड़प्पन और संपत्ति के लिए ज़रूरी है। लंदन का 'इकॉनामिस्ट' ब्रिटेन की प्रभावशाली जनता का नुमाइंदा है। 16 सितंबर, 1944 को उसने लिखा-"साम्राज्यवाद के ख़िलाफ़ अमरीकी तरफ़दारी से, चाहे वह साम्राज्य अंग्रेजी, फ्रान्सीसी या डच हो, बहुत-से युद्धोत्तर योजना बनानेवाले इस धारणा पर पहुंचे हैं कि दक्खिनी-पूरबी एशिया में फिर से पुरानी हुकूमतें क़ायम नहीं होंगी और किसी शक़्ल में या तो अंतर्राष्ट्रीय नियंत्रण होगा, या अधिकार वहीं की स्थानीय आबादी को सौंप दिये जायेंगे और पच्छिमी राष्ट्रों से पुरानी हुकूमतें ले ली जायेंगी; चूंकि यह रुख़ बराबर बना हुआ है और कुछ प्रमुख अमरीकी अख़बार उसका समर्थन करते हैं, इसलिए अभी तो

इंग्लैंड, अमरीका और दूसरी जगहों में ऐसे बहुत-से लोग हैं, जो भविष्य का एक बिलकुल नया नक़शा चाहते हैं। उनको डर है कि अगर ऐसा नहीं हुआ, तो मौजूदा लड़ाई के बाद नई लड़ाइयां और नई बरबादी और भी ज़्यादा बड़े पैमाने पर होंगी। लेकिन जिनके पास ताक़त या हुकूमत है, उन पर इन ख़यालों का असर नहीं मालूम होता। या शायद वे खुद ऐसी ताक़तों के चंगुल में फंसे हैं, जो उनके क़ाबू से बाहर हैं। इंग्लैंड, अमरीका और रूस में बल - राजनीति की पुरानी शतरंज फिर बड़े पैमाने पर नज़र आ रही है। उसको यथार्थवाद या अमली राजनीति कहा जाता है। भू-राजनीति के एक अमरीकी विद्वान प्रोफ़ेसर एन० जे० स्पाइकमैन ने अपनी एक हाल की किताब में लिखा है-" वह राजनीतिज्ञ, जो विदेश-नीति का संचालन करता है, न्याय, औचित्य और सहिष्णुता से उसी हद तक संबंधित है, जहांतक वे उसके शक्ति-प्राप्ति के उद्देश्य के लिए सहायक होते हैं या कम-से-कम उसके लिए विघ्न नहीं होते। ताक़त हाथ में करने के लिए नैतिक समर्थन की नज़र से उनका औज़ारों की तरह इस्तेमाल किया जा सकता है, लेकिन जिस क्षण यह महसूस हो कि उनके इस्तेमाल से कमज़ोरी आ रही है, उनको फ़ौरन एक तरफ़ हटा देना चाहिए। ताक़त की तलाश नैतिक मूल्य को पाने के लिए नहीं की जाती। ताक़त हाथ में करने की सहूलियत के लिए ही नैतिक मूल्य का इस्तेमाल किया जाता है। "[119]

अमरीका की विचारधारा की इससे नुमाइंदगी न होती हो, लेकिन निश्चित रूप से उसके एक ताक़तवर हिस्से की नुमाइंदगी ज़रूर होती है। मि० वाल्टर लिपमैन की सारी दुनिया की तीन-चार परिधियों की तस्वीर—एटलांटिक, रूसी, चीनी और दक्खिन एशिया में हिंदू-मुस्लिम परिधियों की तस्वीर—ज़्यादा बड़े पैमाने पर बल-राजनीति जारी रखने की नीति दिखाई देती है, और यह समझना मुश्किल है कि उससे किस तरह सहयोग होगा और किस तरह दुनिया में शांति होगी। अमरीका अनुदार यथार्थवाद और धुंधले से आदर्शवाद और मानवतावाद का एक अजीब सम्मिश्रण है। इनमें से आगे चलकर कौन-सी प्रवृत्ति जीतेगी या उन दोनों के मेल का क्या नतीजा होगा? अधिकांश जनता चाहे जो सोचे, लेकिन विदेशनीति तो विशेषज्ञों के हाथ में रहेगी और वे आमतौर से पुरानी परंपराओं को बनाये रखना चाहते हैं और किसी ऐसे नये इंतज़ाम से, जिससे उनका देश किसी नई ज़िम्मेदारी में पड़ जाये, उन्हें डर लगता है। यथार्थवाद तो होना चाहिए, क्योंकि कोई भी देश अपनी विदेश

वक़्त है कि ब्रिटिश, फ्रैंच और डच अपने इरादों को पूरी और साफ़ तौर से ज़ाहिर कर दें; चूंकि उनमें से किसी का भी इरादा अपने औपनिवेशक साम्राज्य को छोड़ने का नहीं है, बल्कि उसके विपरीत जापान के सह-समृद्धि क्षेत्र को पूरी तरह कुचलने के लिए वे यह ज़रूरी समझते हैं कि मलाया ब्रिटिश को, हिंद-चीन फ्रैंच को, और पूर्वी हिंदेशिया डच को वापस करना ज़रूरी है। इसलिए इससे बहुत ख़तरनाक ग़लतफ़हमी फैलेगी और यह एक विश्वासघात होगा, अगर ये तीनों राष्ट्र अपने अमरीकी साथी के दिमाग़ में इस तरह का शक बना रहने दें।"

119. एमेरिकाज स्ट्रैटेजी इन वर्ल्ड पॉलिटिक्स।

या घरेलू नीति सद्भावनाओं पर या कल्पित आशांकाओं पर नहीं बना सकता, लेकिन यह तो एक अजीब यथार्थवाद है, जो पुराने खोखले खोल से चिपटा हुआ है और जो मौजूदा वक़्त की उन कड़वा सचाइयों को समझने से इन्कार कर देता है, जो सिर्फ़ राजनैतिक या आर्थिक ही नहीं हैं, बल्कि जो जनता की एक बड़ी तादाद की भावनाओं और प्रवृत्तियों को ज़ाहिर करती हैं। इस तरह का यथार्थवाद ख़याली ज़्यादा है और आज की और आगे की समस्याओं से बहुत-से लोगों के कहे जानेवाले आदर्शवाद के मुक़ाबले बहुत ज़्यादा अलग है।

भू-राजनीति अब यथार्थवादी का लंगर बन गई है और ऐसा ख़याल किया जाता है कि उसके 'हृद-प्रदेश' और 'तटवर्ती प्रदेश' के शब्द - जंजाल से राष्ट्रीय तरक़्क़ी और बरबादी के रहस्य पर रोशनी पड़ेगी। इंग्लैंड में (या स्काटलैंड में?) उसकी पैदाइश हुई और बाद में वह नात्सियों के लिए मार्गदर्शक बन गई। उसने नात्सियों के दुनिया जीतने के सपनों और इरादों को पाला और उन्हें बरबादी की तरफ़ ले गई। कभी-कभी झूठ के मुक़ाबले आंशिक सत्य ज़्यादा ख़तरनाक होता है। एक ऐसा सत्य, जिसका ज़माना ख़त्म हो गया, बने रहने पर मौजूदा असलियत के लिए आंखें बंद कर देता है। एच० जे० मैकिंडर के भू-राजनीति के उसूल की बाद में जर्मनी में तरक़्क़ी हुई। उसकी बुनियाद इस बात पर थी कि सभ्यता की तरक़्क़ी महाद्वीपों के (यूरोप और एशिया के) समुद्र तटों पर हुई, जिसकी ' हृद-प्रदेश' से (जो यूरेशियन जातियों का आदि-स्थल था) आये हमलावरों से हिफ़ाज़त की जानी थी। इस 'हृद प्रदेश' पर क़ाबू के मानी थे दुनिया की हुकूमत लेकिन अब सभ्यता सिर्फ़ समुद्री तटों पर ही सीमित नहीं है और वह अपने फैलाव और तत्त्व में दिन-ब-दिन ज़्यादा विश्व व्यापी होती जा रही है। उत्तरी और दक्षिणी अमरीका की बढ़ती से यह बात कट जाती है कि यूरेशियन 'हृद-प्रदेश' की दुनिया पर हुकूमत होगी और हवाई ताक़त से अब जल-शक्ति और थल-शक्ति का समतौल बिलकुल मिट गया है।

जर्मनी के सपने सारी दुनिया को जीतने के थे, लेकिन चारों तरफ़ से घिर जाने का डर भी छाया हुआ था। सोवियत रूस को यह डर था कि उसके दुश्मन आपस में एक हो जायेंगे। बहुत अरसे से इंग्लैंड की राष्ट्रीय नीति की बुनियाद यूरोप के शक्ति-संतुलन पर रही है। वह नीति यूरोप की सबसे ज़्यादा बढ़ती हुई ताक़त के ख़िलाफ़ रही है। वहां हमेशा ही दूसरों का डर रहा है और इस डर की वजह से आक्रमक ढंग रहा है और हमेशा जालसाज़ियां होती रही हैं। मौजूदा लड़ाई के बाद एक बिलकुल नई स्थिति होगी- संयुक्त राज्य अमरीका और सोवियत संघ दुनिया की दो अहम ताक़तें होंगी और बाक़ी सब ताक़तें उनसे बहुत पिछड़ी हुई होंगी। हां, अगर वे मिलकर किसी तरह का संघ बना लें, तो बात दूसरी होगी। अब संयुक्त राज्य अमरीका से भी प्रोफ़ेसर स्पाइकमैन, अपने सबसे नये वसीयतनामे में कहते हैं कि उन्हें भी घिर जाने का ख़तरा है और उनको किसी 'तटवर्ती प्रदेश' से मिल जाना चाहिए और हर सूरत में उन्हें 'हृद-प्रदेश' को (जिसका मतलब अब सोवियत संघ से है) तटवर्ती प्रदेश से

मिलने से नहीं रोकना चाहिए।

यह सब बड़ी चतुराई की और यथार्थवादी बात मालूम देती है, लेकिन यह हद दर्जे की बेवकूफी से भरी है। वजह यह है कि इसकी बुनियाद फैलाव, साम्राज्य और शक्ति- संतुलन की पुरानी नीति पर है और उससे लाज़िमी तौर पर संघर्ष और लड़ाई होती है। चूंकि दुनिया गोल है, हर एक देश दूसरे देशों से घिरा हुआ है। बल-राजनीति के ऐसे घेरों से बचने के लिए समझौते हों, जीत हो या फैलाव हो, लेकिन किसी भी देश का राज्य या असर का हलका कितना ही बड़ा क्यों न हो, घिरने का ख़तरा हमेशा बना रहता है। जो ताक़तें बाहर बच रही हैं, वे घेर सकती हैं। लेकिन ये बची ताक़तें इस बेहद बड़ी प्रतिद्वंद्वी सरकार की तरफ़ से सशंकित रहती है। इस ख़तरे से बचने का रास्ता सिर्फ़ यही है कि या तो सारी दुनिया को जीतने की सबसे ताज़ी कोशिश हमारे सामने नाकामयाब हो रही। क्या यह सबक सीखा जायेगा या अभी ऐसे और लोग भी होंगे, जो हविस, जाति या ताक़त के घमंड से इस खतरनाक हलके में अपनी क़िस्मत अज़मायेंगे?

असल में दुनिया को जीतने और दुनिया के संघ के बीच कोई रास्ता नहीं दिखाई देता। पुराने बंटवारे या बल-राजनीति पर चलने की आज कोई क़ीमत नहीं है और वे हमारे वातावरण से बे-मेल हैं, फिर भी वे जारी हैं। राज्यों के स्वार्थ और उनकी कार्रवाइयां उनकी सीमाओं को पार कर गई है; और वे अब सारी दुनिया में फैली हुई हैं। कोई भी राष्ट्र न तो अपने-आपको दूसरे राष्ट्रों से अलहदा ही कर सकता है और न उनकी आर्थिक और राजनैतिक नियति की अवहेलना ही कर सकता है। अगर सहयोग नहीं होता, तो संघर्ष होगा और उसके लाज़िमी नतीजे होंगे। सहयोग की बुनियाद बराबरी और पारस्परिक भलाई पर होगी। उस बुनियाद के लिहाज़ से पिछड़ी हुई जातियों को दूसरी जातियों की सांस्कृतिक तरक़्क़ी और खुशहाली की सतह तक आना होगा। उस बुनियाद के लिहाज़ से जातीय भेद-भाव या क़ब्ज़ा ख़त्म हो जायेगा। चाहे उसको कितना ही ख़ूबसूरत नाम क्यों न दे दिया जाये, कोई भी राष्ट्र किसी दूसरे राष्ट्र की हुकूमत या उसके हाथों अपने शोषण को बरदास्त नहीं कर सकता। जिस वक़्त दुनिया के दूसरे हिस्से फल-फूल रहे हों, उस वक़्त भी राष्ट्र अपनी ग़रीबी और अपनी तकलीफ़ की अवहेलना नहीं कर सकता। यह तो सिर्फ़ उसी वक़्त मुमकिन था, जब दूसरी जगह के परिवर्तनों के बारे में बेखबरी थी।

यह सब बिलकुल साफ़ ज़ाहिर होता है, फिर भी पिछली घटनाओं के लंबे इतिहास यह पता लगता है कि आदमी का दिमाग़ तब्दीलियों से बहुत पीछे रहता है और वह बहुत धीरे-धीरे ही अपने-आपको उनसे मिला पाता है। भविष्य में तबाही से बचने के लिए और अपने लाभ की नज़र से भी, राष्ट्रों को इस व्यापक सहयोग के लिए तैयार होना चाहिए। लेकिन पिछले यक़ीनों और पिछड़ी धारणाओं की वजह से 'यथार्थवादी' का निजी स्वार्थ कहीं ज़्यादा सीमित हो जाता है और उसके लिहाज़ से एक युग के लिए उपयुक्त विचार और सामाजिक ढांचा मानव - स्वभाव और मानव-समाज के लिए स्थायी और

अपरिवर्तनशील हैं। वह इस बात को भूल जाता है कि मानव-प्रकृति और मानव- स्वभाव से ज़्यादा परिवर्तनशील और कोई चीज़ नहीं है। मज़हबी बात और सवाल जड़ पकड़ लेते हैं, सामाजिक संस्थाएं जड़ हो जाती हैं, लड़ाई को ज़िंदगी के लिए ज़रूरी समझा जाता है, साम्राज्य और फैलाव को उन्नतिशील और सजीव राष्ट्र की विशेषता समझा जाता है, मुनाफे की नीयत को इन्सानी रिश्तों की एक ख़ास चीज़ समझा जाता है, राष्ट्रीय अहम्मन्यता को जातीय बड़प्पन का ख़याल समझा जाता है और उस पर धीरे-धीरे विश्वास जमता जाता है और कुछ समय में वह स्वयं सिद्ध जान पड़ने लगता है। ऐसे कुछ विचार पूरब और पच्छिम दोनों की ही सभ्यता में थे। उनमें से कितने ही विचार उस आधुनिक पच्छिम सभ्यता की पृष्ठभूमि में हैं, जिससे फ़ासिस्त और नात्सी मतों का जन्म हुआ है। नैतिक दृष्टि से उनमें और फ़ासिस्त उसूलों में कोई फ़र्क़ नहीं है, हालांकि यह सच है कि मानव-जीवन और मानवता के लिए फ़ासिस्त उसूलों में बहुत ज़्यादा नफ़रत थी। असल में मानववाद, जिसका यूरोप में बहुत अरसे तक असर रहा, अब धीरे-धीरे ग़ायब हो रहा है। पच्छिम के राजनैतिक और आर्थिक ढांचे से फ़ासिस्तवाद के बीच मौजूद थे। अगर पिछला आदर्श छोड़ा नहीं जाता, तो लड़ाई की जीत से कोई ख़ास तब्दीली नहीं आयेगी और अगर पुरानी बातें ज्यों-की-त्यों चलती रहीं, तो हमको फिर उसी चक्कर में पड़ना होगा।

इस लड़ाई से दो ख़ास बातें सामने आई हैं। संयुक्त राज्य अमरीका और सोवियत संघ की ताक़त बहुत ज़्यादा बढ़ गई है। इसके अलावा दोनों देश प्रकट-संपत्ति और निहित साधन-संपत्ति से भरपूर हैं। वैसे लड़ाई से पहले के मुक़ाबले में सोवियत संघ शायद अब कुछ निर्धन हो गया है। वजह यह है कि उसकी बेहद बरबादी हुई है। लेकिन उसकी साधन-सामर्थ्य विराट है। इसी कारण वह जल्दी ही कमी पूरी कर लेगा और आगे बढ़ जायेगा। यूरेशियाई महाद्वीप पर भौतिक और आर्थिक ताक़त में उसे कोई चुनौती नहीं देगा। फैलाव की तरफ़ उसका झुकाव ज़ाहिर हो रहा है और क़रीब-क़रीब ज़ार के साम्राज्य की ही बुनियाद पर वह अपना क्षेत्र बढ़ा रहा है। यह सिलसिला किस हद तक जायेगा, यह कहना मुश्किल है। उसकी समाजवादी अर्थ-व्यवस्था के लिए फैलाव ज़रूरी नहीं है, क्योंकि वह स्वयं पर्याप्त हो सकती है। लेकिन दूसरी ताक़तें और पुराने शक काम कर रहे हैं और फिर वही घिर जाने का डर नज़र आ रहा है। हां, फ़िलहाल कई साल तक सोवियत संघ लड़ाई की बरबादी को दूर करने और पुनर्निर्माण में लगा होगा। फिर भी फैलने का झुकाव (प्रादेशिक फैलाव न हो, और ढंग का हो) ज़ाहिर हो रहा है। सोवियत संघ के अलावा और किसी देश में राजनैतिक दृष्टि से ठोस और आर्थिक दृष्टि से संतुलित तस्वीर नहीं दिखाई देती, अगरचे इधर हाल की उसकी कार्रवाइयों से, उसके बहुत-से पुराने प्रशंसकों को भी धक्का पहुंचा है। उसके मौजूदा नेताओं की हैसियत पर वहां अंगुली भी नहीं उठाई जा सकती और भविष्य की हर चीज़ उनके दृष्टिकोण पर निर्भर है।

संयुक्त राज्य अमरीका ने अपने विराट उत्पादन और अपनी संगठन शक्ति से दुनिया

को हैरत में डाल दिया है। इस तरह उसने सिर्फ़ लड़ाई में ही ख़ास हिस्सा नहीं लिया, बल्कि उसने अमरीकी अर्थ-व्यवस्था की जन्मजात प्रक्रिया को तीव्रतर कर दिया है और अपने लिए एक ऐसी समस्या खड़ी कर ली है, जिसमें भविष्य में उसको अपनी पूरी ताक़त और अक़्ल लगानी पड़ेगी। बिना ज़बरदस्त अंदरूनी और बाहरी कश-म-कश के अपने मौजूदा आर्थिक ढांचे को बनाये रखते हुए वह उसको किस तरह हल करेगा, समझ में नहीं आता। यह कहा जाता है कि अब उसका अलग रहने का (यूरोप या दूसरी जगह के झगड़ों से अलग रहने का) ख़याल नहीं है। यह लाज़िमी है, क्योंकि अब उसे कुछ हद तक विदेशों में निर्यात पर निर्भर रहना होगा। लड़ाई से पहले उसकी अर्थ- व्यवस्था में जो एक मामूली-सी बात थी, यहांतक कि उसकी अवहेलना की जा सकती थी, अब वह बहुत अहम बात हो गई है। जब शांति के लिए उत्पादन युद्ध-उत्पादन की जगह ले लेगा, तो बिना झगड़ा या रगड़ा पैदा किये ये निर्यात कहां खपाये जायेंगे? करोड़ों हथियारबंद आदमी जब घर लौटेंगे, तो उन्हें किस तरह काम में लगाया जायेगा? हर लड़नेवाले देश के सामने यह समस्या होगी; लेकिन जिस हद तक यह अमरीका के सामने होगी, उस हद तक यह और किसी के सामने नहीं होगी। जो बहुत बड़े तकनीकी परिवर्तन हुए हैं, उनकी वजह से उत्पादन बेहद बढ़ जायेगा और जनता में बेकारी फैलेगी या शायद दोनों ही बातें होंगी। बड़े पैमाने पर बेकारी से जनता में सख्त नाराज़ी होगी और संयुक्त राज्य अमरीका की सरकार की ऐलानिया नीति यह है कि ऐसा मौक़ा नहीं आयेगा। लौटते हुए सिपाहियों को काम देने के बारे में काफ़ी सोच-विचार किया जा रहा है। इस पर गौर किया जा रहा है कि किस तरह काम फ़ायदेमंद हो और बेकारी दूर रहे। इसका अमरीका के लिए अंदरूनी पहलू कुछ भी हो (और अगर बुनियादी रद्दो-बदल न हुई, तो वह काफ़ी गंभीर हालत होगी), लेकिन इसका अंतर्राष्ट्रीय पहलू भी उतना ही अहम है।

इस विराट उत्पादन की मौजूदा अर्थ-व्यवस्था की ऐसी अजीब हालत है कि सबसे ज़्यादा मालदार और सबसे ज़्यादा ताक़तवर मुल्क—अमरीका—भी उन दूसरे देशों पर निर्भर है, जो उसके ज़रूरत से ज़्यादा उत्पादन को खपाते हैं। लड़ाई के बाद कुछ सालों तक यूरोप में, चीन में और हिंदुस्तान में मशीनों की और तैयार माल की बहुत मांग होगी। अपनी फालतू पैदावार की व्यवस्था करने में इससे अमरीका को बहुत मदद मिलेगी। लेकिन हर एक देश तेज़ी से अपनी ज़रूरत की चीज़ों को खुद ही तैयार करने की अपनी सामर्थ्य को बढ़ायेगा और धीरे-धीरे निर्यात में ऐसी ख़ास चीज़ें रह जायेंगी, जो उन देशों में पैदा नहीं की जा सकती। जनता की क्रय-शक्ति को बढ़ाने के लिए बुनियादी आर्थिक तब्दीलियों की ज़रूरत होगी। यह बात समझ में आती है कि दुनिया-भर में रहन-सहन का माप काफ़ी ऊंचा उठ जाने पर अंतर्राष्ट्रीय व्यापार और वस्तु विनिमय बढ़ेगा और खूब तरक़्क़ी करेगा। लेकिन खुद इस माप को ऊंचा उठाने के लिए नौआबादियों और पिछड़े हुए देशों के उत्पादन से राजनैतिक और आर्थिक बेड़ियों को हटाना ज़रूरी है। लाज़िमी तौर पर इसके मानी हैं बहुत बड़ी रद्दो - बदल; जिसमें सारी चीज़ें उलट-पुलट जायेंगी, और एक नये ढांचे से मेल बिठाना होगा।

गुज़रे ज़माने में इंग्लैंड की अर्थ-व्यवस्था की बुनियाद बहुत बड़े नियांत - व्यापार पर विदेशों में लगी हुई पूंजी पर रही है। लंदन शहर का आर्थिक नेतृत्व था और साथ ही भारी जहाज़ी भारवाही का व्यापार भी था। लड़ाई से पहले इंग्लैंड की लगभग 50 फ़ी-सदी खाद्य सामग्री बाहर से मंगानी पड़ती थी। शायद अब इतने बड़े खाद्य आयात के लिए वह निर्भर नहीं होगा, क्योंकि वहां पर खाद्य उत्पादन बढ़ाने की बड़ी ज़बरदस्त कोशिश हुई है। खाने के सामान और कच्चे माल के आयात का तैयार माल के निर्यात से, पूंजी से, माल की जहाज़ी भारवाही से, वित्तीय सेवाओं से और उन चीज़ों से, जिन्हें 'अदृश्य' निर्यात कहा जाता है, भुगतान होता था, इस तरह से विदेशी व्यापार और ख़ासतौर से बहुत बड़ा निर्यात ही ब्रिटेन की अर्थ-व्यवस्था की ख़ासियत और अहम बात थी। नौआबादियों में एकाधिकार पर क़ाबू से या साम्राज्य में किसी-न-किसी ढंग का संतुलन बनाये रखने के इंतज़ाम से वह अर्थ-व्यवस्था क़ायम रखी जाती थी। उस एकाधिकार नियंत्रण से और उन इंतज़ामों से नौआबादियों को या गुलाम देशों को बहुत नुक़सान था और भविष्य में उन्हें इन पुरानी शक़्लों में बनाये रखना मुमकिन नहीं है। ब्रिटेन की विदेशों में लगी हुई पूंजी अब ग़ायब हो गई है और उसकी जगह उस पर बहुत बड़ा कर्ज़ है और लंदन की आर्थिक प्रधानता अब ख़त्म हो गई है। इसके मानी ये हैं कि लड़ाई के बाद ब्रिटेन को पहले से भी ज़्यादा हद तक निर्यात व्यापार और जहाज़ी भारवाही के व्यापार पर निर्भर रहना होगा। लेकिन निर्यात बढ़ाने की, यहां तक कि उसको ज्यों-का-त्यों रखने की, संभावना भी अब बहुत कम है।

लड़ाई से पहले 1936-38 में इंग्लैंड का आयात (पुनः निर्यात घटाकर) औसतन 8,60,00,000 पौंड था। उसका इस तरह भुगतान किया गया।

निर्यात	4780	लाख	पौंड
विदेशी पूंजी से आमदनी	2030	लाख	पौंड
जहाज़ी भारवाही का काम	1050	लाख	पौंड
वित्तीय सेवाएं	400	लाख	पौंड
घाटा	400	लाख	पौंड
कुल	8660	लाख	पौंड

विदेशी पूंजी से बहुत बड़ी आमदनी की जगह अब विदेशी कर्जे का बहुत बड़ा बोझ होगा। यह विदेशी कर्ज़ हिंदुस्तान, मिस्र, अर्जेंटाइना और दूसरे देशों से (अमरीकी उधार- पट्टे के अलावा) सामान और काम उधार लेने की वजह से है। लॉर्ड कीन्स का अंदाज़ यह है कि लड़ाई के ख़ात्मे पर यह कर्ज़ इकट्ठा होकर 30,000 लाख पौंड हो जायेगा। 5 फ़ी - सदी के हिसाब से इसका सालाना पड़ता 1,500 लाख पौंड होगा। इस तरह अगर लड़ाई से पहले के सालों का औसत लिया जाये, तो ब्रिटेन को हर साल 3,000 लाख पौंड से ज़्यादा का घाटा रहेगा। अगर निर्यात से या और दूसरे ज़रियों से आमदनी न बढ़ी और इस घाटे को पूरा न किया गया, तो रहन-सहन का स्तर काफ़ी गिर जायेगा।

ब्रिटेन की युद्ध के बाद की नीति की यह सबसे अहम बात मालूम होती है और अगर उसे मौजूदा आर्थिक दर्जा बनाये रखना है, तो वह यह महसूस करता है कि ऐसी छोटी- मोटी रद्दो-बदल को छोड़कर, जिसे टाला ही नहीं जा सकता, उसे अपने औपनिवेशिक साम्राज्य पर क़ब्ज़ा बनाये रखना चाहिए। सिर्फ़ कई देशों (नौआबादियों और ग़ैर- नौआबादियों) के गुट का नेता बनकर ही उसे अपनी हैसियत बनाये रखने की उम्मीद है और उसी सूरत में राजनैतिक और आर्थिक दृष्टि से वह दो बड़ी ताक़तों (संयुक्त राज्य अमरीका और सोवियत संघ) के बेहद बड़े साधनों का संतुलन कर सकेगा। इसलिए साम्राज्य को—जो कुछ है उसको—बनाये रखने की इच्छा है और साथ ही नये हलक़ों पर, मसलन थाइलैंड पर अपना असर बढ़ाने की कोशिश है। इसलिए ब्रिटिश नीति का इरादा डोमिनियनों से और पच्छिमी यूरोप के छोटे-छोटे देशों से क़रीबी रिश्ता बनाये रखने का है। आमतौर से फ्रान्सीसी और डच औपनिवेशिक नीति नौआबदियों और गुलाम देशों के प्रति ब्रिटिश नज़रिये का समर्थन करती है। डच साम्राज्य असल में एक पुछलग्गा साम्राज्य है और वह ब्रिटिश साम्राज्य के बिना टिक नहीं सकता।

ब्रिटिश नीति के इस रुख़ को समझना आसान है, क्योंकि उसकी बुनियाद गुज़रे हुए नज़रिये से और पैमाने पर है और यह नीति उन लोगों की बनाई हुई है, जो गुज़रे ज़माने से बंधे हुए हैं। फिर भी उन्नीसवीं सदी की अर्थ-व्यवस्था के संदर्भ में भी आज ब्रिटेन के सामने जो मुश्किलें हैं, वे बहुत बड़ी हैं। भविष्य के लिहाज़ से उसकी स्थिति कमज़ोर है, उसकी अर्थ-व्यवस्था मौजूदा हालतों के लिए अनुपयुक्त है, उसके आर्थिक साधन बहुत सीमित हैं और उसकी फ़ौजी और औद्योगिक ताक़त पहले जैसी नहीं रह सकती। उस पुरानी अर्थ-व्यवस्था को बनाये रखने के लिए जो ढंग बताये जाते हैं, उनमें एक बुनियादी स्थायित्वहीनता है, क्योंकि उनकी वजह से तो बराबर झगड़े होते रहेंगे, सुरक्षा की कमी होगी, गुलाम देशों में दुर्भावनाएं बढ़ती रहेंगी, जिनकी वजह से ब्रिटेन का भविष्य और भी ज़्यादा खतरनाक हो सकता है। अंग्रेज़ों की ख़्वाहिश समझी जा सकती है। वे अपने रहन-सहन का माप पुरानी सतह पर बनाये रखना चाहते हैं; अगर हो सके, तो उसे उठाना चाहते हैं। लेकिन इसकी बुनियाद ब्रिटिश-निर्यात के संरक्षित बाजारों पर, सस्ता खाने का सामान और कच्चा माल देनेवाले औपनिवेशिक या दूसरे गुलाम प्रदेशों पर है। इसके मानी ये हैं कि चाहे करोड़ों आदमियों के लिए एशिया और अफ़रीका में ज़िंदगी की ज़रूरतें भी पूरी न हों, उनके लिए ज़िंदा रहना भी मुश्किल हो, लेकिन उन्हीं के साधनों के सहारे अंग्रेज़ों की रहन-सहन की हैसियत ऊंची बनी रहे। कोई भी यह नहीं चाहता कि ब्रिटिश मापदंड गिरा दिया जाये, लेकिन यह बात साफ है कि एशिया और अफ़रीका की जनता इस बात के लिए राज़ी नहीं हो सकती कि उनको इन्सान से भी बदतर हालत में रखकर यह औपनिवेशिक अर्थ-व्यवस्था क़ायम रखी जाये। (लड़ाई से पहले) इंग्लैंड में फ़ी आदमी की सालाना क्रय शक्ति 97 पौंड बताई जाती है (अमरीका की इससे भी अधिक है), हिंदुस्तान में 6 पौंड से

भी कम है। इस बहुत बड़े अंतर को बरदाश्त नहीं किया जा सकता। असलियत यह है कि औपनिवेशिक अर्थ-तंत्र के क्रियागत ह्रास का अंत में अधिकारी शक्ति के लिए भी बुरा असर होता है। संयुक्त राज्य अमरीका में यह बात साफ़ तौर पर महसूस की जाती है और इसी वजह से उन लोगों की ख़्वाहिश यह है कि उद्योग-धंधे बढ़ाकर और साथ ही खुदमुख्तारी देकर औपनिवेशिक आबादी की क्रय-शक्ति को बढ़ा दिया जाये, यहांतक कि ब्रिटेन में भी कुछ हद तक हिंदुस्तान के उद्योग-धंधों के बढ़ाने की ज़रूरत महसूस की जाती है और बंगाल के अकाल की वजह से बहुत-से लोगों ने इस विषय पर ख़ासतौर से ध्यान दिया है। लेकिन ब्रिटिश नीति का इरादा यह है कि हिंदुस्तान में उद्योग-धंधों की तरक़्क़ी तो हो, लेकिन उस पर ब्रिटिश नियंत्रण हो और साथ ही उसमें ब्रिटिश कारबार के विशेषाधिकार हों। एशिया के और दूसरे देशों की तरह हिंदुस्तान का भी औद्योगीकरण ज़रूर होगा। सवाल सिर्फ़ रफ़्तार का है। लेकिन इस बात में बेहद शक है कि औपनिवेशिक अर्थ-व्यवस्था से या विदेशी नियंत्रण से उसका मेल बैठ सकता है।

मौजूदा हालत में ब्रिटिश साम्राज्य भौगोलिक इकाई नहीं है और न वह कारगर आर्थिक या फ़ौजी इकाई है। वह तो एक ऐतिहासिक और भावुकतामय इकाई है। भावुकता है पुराने बंधनों की अब भी अहमियत है, लेकिन यह मुमकिन नहीं है कि आगे चलकर और ज़्यादा बड़ी बातों से भी उनकी अहमियत ज़्यादा हो जाये। और फिर यह भावुकता तो उन कुछ जगहों तक ही सीमित है, जहां ब्रिटिश-जनता जैसी जातीय आबादियां हैं। निश्चित रूप से वह हिंदुस्तान में या बाक़ी ग़ुलाम औपनिवेशिक आबादियों में बिलकुल भी लागू नहीं होती—असल में यहां तो इससे उलटी बात है। जहांतक बोअरों का सवाल है, वह दक्खिनी अफ़रीका में भी लागू नहीं होती। बड़े-बड़े डोमिनियनों में ऐसी बारीक़ तब्दीलियां हो रही हैं, जिनका झुकाव ब्रिटेन से परंपरागत रिश्तों को कमज़ोर करने की तरफ़ है। कनाडा लड़ाई के दौरान में औद्योगिक क़द में बेहद बढ़ गया है, अब एक बड़ी ताक़त है और वह संयुक्त राज्य अमरीका से कुछ क़रीबी तौर पर बंधा हुआ है। उसकी अर्थ-व्यवस्था ऐसी हो गई है, जो दिन-ब-दिन फैलती जायेगी और यह बात ब्रिटिश उद्योग-धंधों के रास्ते में अड़चन डालेगी। आस्ट्रेलिया और न्यूज़ीलैंड की भी अर्थ-व्यवस्था फैलती जा रही है और वे महसूस कर रहे हैं कि वे ग्रेट ब्रिटेन की यूरोपीय परिधि में नहीं हैं, बल्कि वे प्रशांत महासागर की एशियाई-अमरीकी परिधि में हैं, जहां पर संयुक्त राज्य अमरीका का एक खास हिस्सा होगा। जहांतक संस्कृति का सवाल है, कनाडा और आस्ट्रेलिया दोनों ही दिन-ब-दिन अमरीका से ज़्यादा प्रभावित होते जा रहे हैं।

आज का औपनिवेशिक दृष्टिकोण अमरीका की नीति और फैलाव की प्रवृत्तियों से मेल नहीं खाता। संयुक्त राज्य अमरीका अपने निर्यात के लिए खुला बाजार चाहता है और दूसरी ताक़तों की उन बाज़ारों को सीमित करने को या उन पर नियंत्रण रखने की कोशिशें उसे पसंद नहीं हैं। वह चाहता है कि एशिया की करोड़ों की जनता में उद्योग-धंधे बढ़ें और सभी

जगह रहन-सहन की हैसियत ऊंची उठे। इसकी वजह भावुकता नहीं है—अपने फ़ालतू माल को खपाने के लिए अमरीका को इसकी ज़रूरत है। अमरीकी और ब्रिटिश निर्यात-व्यापार में और जहाज़ी भारवाही में संघर्ष लाज़िमी मालूम देता है। अमरीका दुनिया-भर में हवाई मामले में अपनी बड़ाई क़ायम रखना चाहता है और इसके लिए उसके पास अटूट साधन हैं। लेकिन यह बात इंग्लैंड में खलती है। शायद अमरीका थाईलैंड को आज़ाद रखना पसंद करे, लेकिन अंग्रेज़ों की ख्वाहिश उसे अर्ध-उपनिवेश बनाने की है। ये बातें एक-दूसरे के ख़िलाफ़ हैं। इनकी बुनियाद अपनी-अपनी वांछित अर्थ-व्यवस्था पर है और ये बातें सारे नौआबदी हलक़ों में दिखाई देती हैं।

उन अजीब हालतों में, जिनमें आज ब्रिटेन आ गया है, ब्रिटिश नीति का इरादा कामनवेल्थ और साम्राज्यवाद को ज़्यादा सुगठित करने का है, और यह बात समझ में आती है। लेकिन सचाइयों की दुनिया के झुकावों की, दलील उसके ख़िलाफ़ है। साथ ही डोमिनियनों में राष्ट्रीयता की तरक्क़ी और औपनिवेशिक साम्राज्य को तोड़नेवाली प्रवृत्तियां भी उसके ख़िलाफ़ हैं। पुरानी बुनियाद पर इमारत खड़ी करने की कोशिश, एक गुजरे ज़माने के ढांचे की ही सोचना, अब भी दुनिया-भर में फैले हुए साम्राज्य और विशेषाधिकारों की बातें करना या उनके सपने देखना—ये सब बातें दूसरे देशों के मुक़ाबले ब्रिटेन के लिए और भी ज़्यादा ग़लत और अदूरदर्शी नीति से भरी हुई हैं, क्योंकि वे कारण, जिन्होंने उसे राजनैतिक, औद्योगिक और आर्थिक प्रधानता दी, अब ग़ायब हो गए हैं। फिर भी गुज़रे ज़माने में, और अब भी, ब्रिटेन में कुछ ख़ास खूबियां हैं—हिम्मत के साथ और मिलकर काम करने का गुण, वैज्ञानिक और रचनात्मक योग्यता, और परिस्थिति के अनुकूल होने की सामर्थ्य। ये गुण और दूसरे गुण, जो उसके पास हैं, किसी भी क़ौम को बहुत हद तक बड़ा बनाते हैं और उसको इस योग्य बनाते हैं कि वह अपने ख़तरों और संकटों को जीतकर पार कर जाय। इसलिए ऐसा हो सकता है कि वह इन बड़ी और अहम समस्याओं का सामना कर सके और वह किसी दूसरे ज़्यादा संतुलित आर्थिक ढांचे से अपना मेल बिठा ले। लेकिन अगर वह अपने पुराने ढंग से अपने साम्राज्य को अपने साथ बांधे रखकर चलने की कोशिश करता है, तो उसकी कामयाबी की संभावना बहुत ही कम है।

लाज़िमी तौर से ज़्यादातर बात अमरीकी और सोवियत नीति पर और उन दोनों के ब्रिटेन से संघर्ष या सहयोग पर निर्भर होगी। हर आदमी ज़ोर-ज़ोर से कहता है कि दुनिया की शांति और उसमें सहयोग के लिए यह ज़रूरी है कि तीनों बड़े (अमरीका, सोवियत संघ और ब्रिटेन) मिल-जुलकर काम करें। फिर भी हर मौके पर, यहांतक कि लड़ाई के दौरान में भी, मतभेद दिखाई देते हैं। चाहे भविष्य में कुछ भी हो, यह बात साफ़ मालूम देती है कि लड़ाई के बाद अमरीकी अर्थ-व्यवस्था ख़ासतौर से विस्तारवादी होगी और उसके नतीजे क़रीब-क़रीब विस्फोटक होंगे। क्या इससे किसी नये ढंग का साम्राज्यवाद पैदा होगा? अगर ऐसा हुआ, तो यह एक और सर्वनाश की बात होगी, क्योंकि भविष्य का ढर्रा ठीक करने के

लिए अमरीका के पास ताक़त है और मौक़ा है।

सोवियत संघ की भावी नीति अभी एक रहस्य बनी हुई है, लेकिन उसकी कुछ साफ़ झलक मिल गई है। उसका इरादा अपनी सरहद के किनारे ज़्यादा-से-ज़्यादा देशों को मित्रतापूर्ण और निर्भर या अर्ध-निर्भर रखने का है। हालांकि वह और ताक़तों के साथ मिलकर सारी दुनिया के संगठन के लिए काम कर रहा है, फिर भी उसे अपनी ताक़त को मज़बूत बुनियाद पर खड़ी करने पर ज़्यादा भरोसा है। जहांतक दूसरे राष्ट्रों का बस चल सकता है, वे भी इसी तरह की ही काम करते हैं। सारी दुनिया के सहयोग की यह शुरुआत आशापूर्ण नहीं है। सोवियत संघ या दूसरे देशों के बीच निर्यात बाज़ार के लिए उस तरह लड़ाई नहीं है, जैसी ब्रिटेन और अमरीका के बीच में है। लेकिन फ़र्क़ ज़्यादा गहरे हैं, उनके नज़रियों में ज़्यादा फ़र्क़ है, और लड़ाई में मिलकर काम करने के बाद भी उनके आपसी शक कम नहीं हुए। अगर ये फ़र्क़ ज़्यादा बढ़ते गए, तो अमरीका और ब्रिटेन एक-दूसरे के ज़्यादा क़रीब आते जायेंगे और सोवियत संघ के दल के ख़िलाफ़ एक-दूसरे की मदद करेंगे।

इस नक़शे में एशिया और अफ़रीका के करोड़ों आदमियों की जगह कहां होगी? उनको अपने-आपका और अपनी क़िस्मत का ज़्यादा होश हो गया है, और साथ ही उन्हें दुनिया का भी होश है। उनमें से बहुत बड़ी तादाद में लोगों की दुनिया की घटनाओं में दिलचस्पी है। लाज़िमी तौर पर उनके लिए हर घटना एक कसौटी है—क्या इससे हमारी आज़ादी को मदद मिलेगा? क्या इससे एक देश का दूसरे देश पर क़ब्ज़ा ख़त्म होगा? क्या इससे राष्ट्रों को और उनके अंतर्गत समुदायों को बराबरी के अवसर मिलेंगे? क्या इसमें ग़रीबी और निरक्षरता के जल्दी खत्म होने की उम्मीद है? क्या इससे रहने की हालतें बेहतर होंगी? वे राष्ट्रवादी हैं, लेकिन उनकी राष्ट्रीयता न दूसरों पर क़ाबू चाहती है और न किसी तरह की छेड़खानी। वे दुनिया के सहयोग और अंतर्राष्ट्रीय ढांचा क़ायम करने की हर कोशिश का स्वागत करते हैं, लेकिन उन्हें ताज्जुब होता है और शक होता है कि कहीं पुराने क़ाबू को बनाये रखने की यह कोई नई तरकीब न हो। एशिया और अफ़रीका के ज़्यादातर हिस्से जग गए हैं, असंतुष्ट हैं, बेचैन हैं और मौजूदा हालतों को अब और ज़्यादा बरदाश्त नहीं कर सकते। एशिया के विभिन्न देशों में हालतों और समस्याओं में बहुत फ़र्क है, लेकिन इस सारे विस्तृत क्षेत्र में चीन और हिंदुस्तान में, दक्खिनी-पूरबी एशिया में, पच्छिमी एशिया में और अरब जगत में भावनाओं के एक-से धागे फैले हुए हैं और ऐसी अदृश्य कड़ियां हैं, जो उन्हें एक साथ मिलाये हुए हैं।

एक हज़ार साल या इससे कुछ ज़्यादा वक़्त तक, जिस वक़्त यूरोप पिछड़ा हुआ था और अंध-युग में फंसा हुआ था, एशिया मनुष्य की प्रगतिशील आत्मा की नुमाइंदगी करता था। शानदार संस्कृति के एक के बाद दूसरे युग फलते-फूलते रहे और सभ्यता और शक्ति के बड़े-बड़े केंद्र पैदा हुए। क़रीब पांच सौ वर्ष पहले यूरोप संभला और धीरे-धीरे पूरब और पच्छिम की तरफ़ फैला, और इन सदियों के दौरान में दुनिया की ताक़त, संपत्ति और संस्कृति

का प्रमुख महाद्वीप बन गया। क्या इस तब्दीली का कोई चक्र था, और क्या अब वह प्रकिया उलट रही है? वह निश्चय ही अमरीका की तरफ़ ज़्यादा हट गई है, जो बहुत दूर पच्छिम में है और साथ ही वह यूरोप के उस पूरबी हिस्से में पहुंच गई है, जो यूरोपीय विरासत का हिस्सा नहीं था। पूरब में भी साइबेरिया में बेहद तरक़्क़ी हो गई। पूरब के दूसरे मुल्क भी रद्दो-बदल के लिए और तेज़ी से आगे बढ़ने के लिए तैयार हो चुके हैं। भविष्य में संघर्ष होगा, या पूरब और पच्छिम में एक नया समतौल क़ायम होगा?

सुदूर भविष्य ही इसका फैसला कर सकेगा और इतनी ज़्यादा दूर की बातों पर सोचने से कोई फ़ायदा नहीं। फ़िलहाल हमको बोझ को ढोना है और उन मसलों का सामना करना है, जो हमारे सामने हैं। दूसरे देशों की तरह हिंदुस्तान में भी इन मसलों के पीछे असली सवाल है-यह महज़ उन्नीसवीं सदी के यूरोप के नमूने का लोकतंत्र क़ायम करने का ही नहीं है, बल्कि गहरा सामाजिक क्रांति का है। लोकतंत्र खुद इस ज़ाहिरा लाज़िमी रद्दो - बदल में शामिल हो गया है, इसलिए जो लोग इस तब्दीली को नापसंद करते हैं, उन्हें लोकतंत्र की उपयोगिता के बारे में शक और इन्कारी पैदा होती है और इससे फ़ासिस्त मनोवृत्ति पैदा होती है और साम्राज्यवादी नज़रिया बना रहता है। हिंदुस्तान में हमारे सारे मौजूदा मसले - सांप्रदायिक या अल्पसंख्यक समस्या, रजवाड़े, मज़हबी जमातों और बड़े ज़मींदारों के निहित स्वार्थ और हिंदुस्तान में ब्रिटिश हुकूमत और उद्योग-धंधों के जमे हुए स्वार्थ–अंत में सामाजिक तब्दीली का विरोध करते हैं। चूंकि असली लोकतंत्र से ऐसी तब्दीली की संभावना है, इसलिए खुद लोकतंत्र का विरोध होता है और कहा जाता है कि हिंदुस्तान की अपनी परिस्थितियों में वह अनुपयुक्त है। इस तरह चाहे उनमें कैसे ही फ़र्क़ मालूम पड़ते हों, लेकिन हिंदुस्तान के मसलों की भी बुनियाद वही है, जो चीन, स्पेन या दुनिया के और दूसरे देशों के मसलों की है और जिसकी लड़ाई ने ऊपर सतह पर ला दिया है। यूरोप के बहुत-से नात्सी-विरोधी आंदोलनों में इन झगड़ों की झलक दिखाई देती है। हर जगह सामाजिक शक्तियों का पुराना संतुलन बिगड़ गया है और जबतक एक नया संतुलन क़यम नहीं हो जाता, कश-म-कश होगी और संघर्ष चलता रहेगा। इन मौजूदा समस्याओं से हम अपने ज़माने की केंद्रीय समस्याओं पर पहुंच जाते हैं, यानी लोकतंत्र और समाजवाद को किस तरह मिलाया जाये? राष्ट्रीय और अंतर्राष्ट्रीय सतह पर जनता के योजनाबद्ध आर्थिक जीवन को क़ायम रखते हुए और साथ ही केंद्रित सामाजिक नियंत्रण रखते हुए किस तरह व्यक्तिगत आज़ादी और व्यक्तिगत प्रयत्न को बनाये रखा जाये?

❒

13. आज़ादी और सल्तनत

ऐसा मालूम होता है कि भविष्य में अमरीका और सोवियत संघ का एक ख़ास हिस्सा होगा। जितना फ़र्क़ किन्हीं दो उन्नत देशों में हो सकता है, उतना फ़र्क़ उन दोनों में है, यहांतक कि उनकी कमियां भी विरोधी दिशाओं में दिखाई देती हैं। राजनैतिक लोकतंत्र के अभाव की सारी बुराइयां सोवियत संघ में मौजूद हैं। फिर भी उनमें बहुत-सी एक- सी बातें हैं - एक गतिशील नज़रिया, बेहद साधन, सामाजिक लचीलापन, मध्ययुगीन पृष्ठभूमि का अभाव, विज्ञान और उसके आविष्कारों में विश्वास, जनता के लिए व्यापक. शिक्षा और आगे बढ़ने का मौक़ा। आमदनी में बहुत बड़ा असाम्य होते हुए भी अमरीका में बहुत-से और मुल्कों की तरह वर्ग-भेद नहीं हैं और बराबरी की भावना है। रूस में पिछले बीस सालों की सबसे बड़ी घटना वहां की जनता में शिक्षा और संस्कृति की बेहद तरक़्क़ी है। इस तरह दोनों ही देशों में प्रगतिशील लोकतंत्री समाज की ज़रूरी बुनियाद मौजूद है, क्योंकि ऐसे किसी समाज की बुनियाद अपढ़ और उदासीन जनता पर थोड़े- से बुद्धिजीवियों ही हुकूमत पर नहीं हो सकती।

सौ साल पहले, उस वक़्त के अमरीकियों की चर्चा करते हुए दि तोकविले ने कहा था—"अगर एक तरफ़ लोकतंत्री सिद्धांत लोगों को विज्ञान को महज़ इल्म की ख़ातिर अपनाने के लिए प्रेरित नहीं करता, तो दूसरी तरफ़ वह उन लोगों की तादाद को, जो उसे अपनाते हैं, बेहद बढ़ा देता है।...लोगों के रहन-सहन की हालतों की स्थायी असमानता से आदमी अमूर्त सत्यों की बेहूदा और निष्प्रयोजन खोज में घिर जाते हैं, जबकि लोकतंत्र की संस्थाएं और सामाजिक परिस्थितियां विज्ञान के फ़ौरी और उपयोगी अमली नतीजों को तलाश करने के लिए तैयार करती हैं। यह रुझान क़ुदरती और लाज़िमी है।" तब से अमरीका बदल गया है और तरक़्क़ी कर गया है और उसमें कई जातियां घुल-मिल गई हैं, लेकिन उसकी बुनियादी विशेषताएं वही है।

अमरीकियों और रूसियों की एक और समान विशेषता है। उन पर गुज़रे ज़माने का वह भारी बोझ नहीं है, जिससे एशिया और यूरोप दबे हुए हैं और जिसने बहुत हद तक उनके काम-काजों और झगड़ों पर असर डाला है। लेकिन जिस तरह और लोग नहीं बच सकते, उसी तरह मौजूदा पीढ़ी के बोझ से वे भी नहीं बच सकते। लेकिन दूसरों के मुक़ाबले में उनका गुज़रा हुआ ज़माना ज़्यादा साफ़ और कम बोझल है और भविष्य की यात्रा भार से कम दबी हुई है।

इसकी वजह से वे दूसरे लोगों के पास इस तरह पहुंच सकते हैं कि उनके पीछे आपसी शक की वह पृष्ठभूमि नहीं होगी, जो सुस्थापित साम्राज्यवादी राष्ट्रों में और दूसरों में हुआ करती है। यह बात नहीं कि उनका गुज़रा हुआ ज़माना धब्बों और शक्को-शुबाह से पाक और साफ़ है। अमरीकियों की अपनी नीग्रो समस्या रही है, जो उनके लोकतंत्र और बराबरी

के दावे के लिए शर्मनाक चीज़ है। रुसियों को पूरबी यूरोप में पुरानी नफ़रतों की याद को हटाना है, लेकिन मौजूदा लड़ाई उस याद को बढ़ा रही है। फिर भी अमरीकियों की दूसरे देशों से आसानी से दोस्ती हो जाती है। रूसियों में जातीय भेद-भाव क़रीब-क़रीब बिलकुल नहीं है।

यूरोप के ज़्यादातर राष्ट्र आपसी नफ़रत और पुराने झगड़ों और बेइन्साफ़ियों के ख़याल से भरे हैं। लाज़िमी तौर से साम्राज्यवादी ताक़तों ने शासित जनता की सख्त नफ़रत को इसमें और जोड़ दिया है। लंबे अरसे से साम्राज्यवादी हुकूमत की वजह से इंग्लैंड का बोझ सबसे ज़्यादा है। इसकी वजह से या जातीय विशेषताओं की वजह से अंग्रेज़ एक तरफ़ अलग रहते हैं और वे आमतौर पर दूसरों से आसानी से दोस्ती नहीं करते। बदक़िस्मती से उनके बारे में हम राय उन सरकारी नुमाइंदों को देखकर क़ायम करते हैं, जो आमतौर पर उनकी उदारता और संस्कृति के सही अलमबरदार नहीं होते और जिनमें अकसर अहम्मण्यता और बनावटी चरित्रशीलता के भाव दिखाई देते हैं। दूसरे लोगों का विरोध करने का इन सरकारी अधिकारियों में एक अजीब हुनर होता है। कुछ महीने पहले हिंदुस्तान-सरकार के एक सचिव ने गांधीजी को (जब वह नज़रबंद थे) एक ख़त लिखा। वह ख़त इरादतन बदतमीजी का नमूना था और बहुत बड़ी तादाद में लोगों ने उसे हिंदुस्तान की जनता की बेइज़्ज़ती समझा, क्योंकि गांधीजी हिंदुस्तान के प्रतीक हैं।

भविष्य में कौन सा युग आयेगा—साम्राज्यवाद का दूसरा युग, या दुनिया की कामनवेल्थ का युग, या अंतर्राष्ट्रीय सहयोग का युग? पलड़ा सबसे पहले युग की तरफ़ झुका हुआ है। पुरानी दलीलें दुहराई जाती हैं, लेकिन अब उनमें पुरानी साफ़गोई नहीं मिलती। इन्सान के नैतिक रुझान और उनकी क़ुरबानियां ओछे कामों के लिए इस्तेमाल की जाती हैं और हुकूमत करनेवाले आदमी की अच्छाई और भलमनसाहत का नाजायज़ फ़ायदा उठाते हैं और जनता के शक, डर और उसकी झूठी आकांक्षाओं का उपयोग करते हैं। पुराने वक़्त में साम्राज्य के बारे में लोगों की इतनी झिझक नहीं थी। एथेन्स के साम्राज्य का ज़िक्र करते हुए यूसिडाइडिस ने लिखा था-" साम्राज्य के अपने अधिकार के लिए हमको सफ़ाई पेश नहीं करनी है, क्योंकि जंगलियों को हमने अकेले ही हराया और अपनी प्रजा के लिए, अपनी सभ्यता के लिए हमने अपनी जान जोख़िम में डाली। व्यक्ति की तरह राज्य को अपनी माकूल हिफ़ाज़त का इंतज़ाम करने के लिए दोष नहीं दिया जा सकता।... यह डर है, जो हमको अपने यूनान के साम्राज्य से चिपटे रहने के लिए मजबूर करता है; और यह डर ही हमको यहां लाया है, जहां हम अपने साथियों की मदद से सिसली के मामलों में हुक्म दे सकते हैं।" बाद में उसने एथेन्स की नौआबादियों की देन का ज़िक्र किया है–" उसको जीतना बुरी बात मालूम हो सकती है, लेकिन अब हम अगर उसे हाथ से निकल जाने दें, तो निश्चय ही बहुत बड़ी ग़लती होगी।"

एथेन्स का इतिहास लोकतंत्र और साम्राज्य के असामंजस्य की मिसालों से भरा हुआ

है। उसमें उपनिवेशों पर लोकतंत्री सरकार के अत्याचार की कहानी है और उस साम्राज्य के तेज़ी से गिरने की तस्वीर है। साम्राज्य और आज़ादी का कोई भी समर्थक अपनी बात को ऐसे ज़ोरदार लफ़्ज़ों में नहीं कह सकता, जैसे थ्यूसिडाइडिस ने कहे हैं–"हम सभ्यता के नेता हैं और मानव-जाति के अगुआ हैं। मनुष्य जो ज़्यादा-से-ज़्यादा बड़ा आशीर्वाद दे सकता है, वह हमारा साथ और संपर्क है। हमारे असर के हलके में आने के मानी गुलामी नहीं, खुशकिस्मती है। पूर्व की सारी संपत्ति मिलकर भी उस धन का, जो हम देते हैं, भुगतान नहीं कर सकती। इसलिए हम खुशी के साथ काम कर सकते हैं। सारा धन और सारे साधन जो हमारे पास हैं, हम इनका इस्तेमाल उस काम में कर सकते हैं और हमको यह भरोसा रखना चाहिए कि हालांकि हमारी इसमें जांच होगी, लेकिन हम जीतेंगे। वजह यह है कि कोशिश से, कितनी ही जगहों पर तकलीफ़ से, हमने इन्सान की ताक़त का रहस्य जान लिया है और यही इन्सान की खुशी का रहस्य है। लोगों ने अलग-अलग नामों से उसका अनुमान किया है, लेकिन सिर्फ़ हमने ही उसको जाना है और उसका अपने शहर में आसानी से इस्तेमाल किया है। जिस नाम से हम उसे जानते हैं, वह है आज़ादी। उसने हमको सिखाया है कि सेवा करने के मानी आज़ाद होने के हैं। क्या तुम्हें इस बात पर ताज्जुब है कि मानव जाति में हम ही अकेले ऐसे आदमी क्यों हैं, जो अपने उपहारों को निजी लाभ की शर्त पर नहीं देते, बल्कि उन्हें आज़ादी के पक्के भरोसे पर देते हैं?"

आज जब लोकतंत्र और आज़ादी के बारे में इतना शोर है, हालांकि वह कुछ ही लोगों तक सीमित है, उक्त बातों की गूंज कुछ परिचित सी मालूम देती है। उसमें सचाई है, लेकिन उससे इन्कार भी किया गया है। थ्यूसिडाइडिस को बाक़ी दुनिया के बारे में जानकारी नहीं थी और उसकी नज़र तो सिर्फ़ भूमध्य सागर के देशों तक ही सीमित थी उसको अपने मशहूर शहर की आज़ादी पर गर्व था। इस आज़ादी को उसने इन्सान की ताक़त और खुशी का रहस्य बताया। फिर भी उसने यह महसूस नहीं किया कि और लोगों को भी इस आज़ादी की ख्वाहिश थी। आज़ादी के प्रेमी एथेन्स ने मेलोस को हराया और बरबाद किया, वहां के सब बालिग़ आदमियों को क़त्ल कर दिया और वहां की औरतों और बच्चों को गुलामों की तरह बेच दिया। उस वक़्त भी, जब थ्यूसिडाइडिस साम्राज्य और आज़ादी की बाबत लिख रहा था, वह साम्राज्य गिर चुका था, और उस आज़ादी का, जिसका वह ज़िक्र करता है, वजूद न था।

वजह यह है कि बहुत अरसे तक आज़ादी को हुकूमत और गुलामी से मिलाना मुमकिन नहीं है। एक चीज़ दूसरी पर हावी हो जाती है और साम्राज्य की शान और घमंड में और उसकी बरबादी में थोड़े-से वक़्त का फ़र्क़ होता है। पहले किसी भी वक़्त के मुक़ाबले में अब आज़ादी ज़्यादा हद तक अविभाज्य है। पेरिक्लीज़ की अपने प्रिय शहर की शानदार तारीफ़ के कुछ वक़्त बाद ही वह शहर बरबाद हो गया और स्पार्टा की फ़ौजों ने एक्रोपोलिस पर क़ब्ज़ा कर लिया। फिर भी उसके लफ़्ज़ों में ख़ूबसूरती, आज़ादी, अक़्ल और हिम्मत के लिए

वह मुहब्बत ज़ाहिर होती है, जो हमको अब भी हिला देती है। वे उस वक़्त के एथेन्स के लिए ही लागू नहीं होते, बल्कि दुनिया के ज़्यादा बड़े संदर्भ में भी लागू होते हैं। "हम ख़ूबसूरती से मुहब्बत करते हैं, लेकिन ज़्यादती के साथ नहीं; हम अक़्ल के क़द्रदां हैं, लेकिन हममें ग़ैरमर्दानगी नहीं। संपत्ति हमारे लिए महज़ शान की चीज़ नहीं है, बल्कि उससे उपलब्धि के लिए अवसर मिलता है; ग़रीबी को मंज़ूर करने में हमारे लिहाज़ से शान नहीं घटती, लेकिन उसको दूर करने की कोशिश के न होने को हम सचमुच गिरावट समझते हैं। हमारी प्रेरणा सिर्फ़ उन दोहराई हुई दलीलों से नहीं होनी चाहिए कि लड़ाई में हिम्मत दिखाना एक बहुत ऊंची और बढ़िया चीज़ है, बल्कि वह प्रेरणा उस बड़े शहर के कार्य - व्यस्त जीवन से, जो हमारे सामने रोज़ाना आता है, होनी चाहिए। उसको देखते ही हम उस पर मुग्ध हो जाते हैं, और हमको याद आती है कि उसकी महानता का श्रेय योद्धाओं की हिम्मत को, अक़्लमंदों की समझ और कर्तव्यनिष्ठा को और भले आदमियों के स्व-अनुशासन को है। वह श्रेय उन आदमियों को है, जो चाहे नाकामयाब ही रहे हों, लेकिन जिन्होंने इस शहर को अपनी सेवाएं अर्पण कीं और अपनी सबसे बड़ी भेंट-अपनी ज़िंदगी-बलि पर चढ़ाई। इस तरह उन्होंने कामनवेल्थ के लिए अपना शरीर निछावर कर दिया और उसके बदले में उन्हें ऐसी याद, ऐसी तारीफ़ मिली है, जो हमेशा बनी रहेगी। साथ ही उनको वह शानदार स्मारक मिला है - वह नहीं, जिसमें उनकी पार्थिव अस्थियां रखी हुई हैं—बल्कि वह, जो लोगों के दिमाग़ में है और जहां उनका गौरव सजीव बना रहता है और अवसर के अनुसार बड़े काम के लिए, बड़ी बातों के लिए प्रेरणा करता है। महापुरुषों के लिए सारी दुनिया की एक स्मारक है और उनकी कहानी उनकी जन्मभूमि में ही पत्थरों पर खुदी हुई नहीं है, बल्कि इससे भी आगे जाती है; इस तरह कि उसका कोई दिखाई पड़नेवाला प्रतीक नहीं होता, वह तो दूसरे लोगों की ज़िंदगी में समाई हुई है। अब तुम्हारे लिए यह बाक़ी है कि तुम उनके बराबर ऊंचे उठो। यह जान लो कि खुशी की कुंजी आज़ादी है और आज़ादी का रहस्य एक बहादुर दिल है, जो दुश्मन को आते देखकर एक तरफ़ अलग नहीं रह सकता।"[120]

14. आबादी का सवाल:पैदाइश की गिरती हुई औसत और राष्ट्रीय ह्रास

लड़ाई के पांच सालों में आबादी के बड़े उलट-फेर हुए हैं, और उसमें तब्दीलियां आई हैं। शायद पहले किसी ज़माने में इतने बड़े पैमाने पर ऐसा नहीं हुआ था। लड़ाई की वजह से ख़ासतौर पर चीन, रूस, पोलैंड और जर्मनी में होनेवाली करोड़ों आदमियों की मौतों के

120. थ्यूसिडाइडिस के उद्धरण अल्फ्रेड ज़िमर्न की पुस्तक 'दि ग्रीक कॉमनवैल्थ' (1924) सं लिए गए हैं।

अलावा बहुत बड़ी तादाद में लोग अपने घरों से, अपने मुल्कों से अलहदा हो गए हैं। फ़ौजी ज़रूरतें रही हैं, मज़दूरों की मांग रही है और साथ ही मजबूरी की हालत में अपना घर और मुल्क छोड़कर भागना पड़ा है। हमलावर फ़ौजों के आने के पहले शरणार्थी बहुत बड़ी तादाद में अपनी जगहों को खाली कर गए हैं। लड़ाई से पहले भी, नात्सी-नीति की वजह से, यूरोप में इन भागे हुए लोगों की समस्या काफी बड़े पैमाने पर पहुंची हुई थी। लेकिन लड़ाई के वक़्त की इस समस्या के सामने लड़ाई से पहले की समस्या पीछे पड़ जाती है। लड़ाई की ज़ाहिरा वजूहात के अलावा यूरोप की रद्दो-बदल ख़ासतौर से नात्सियों की जातीय नीति के सबब से है। उन्होंने खुलेतौर पर लाखों यहूदियों को मार दिया और उससे उन कई देशों की आबादी का, जहां यहूदी रहते थे, नक़्शा ही पलट गया। सोवियत संघ में लाखों आदमी पूरब की तरफ़ हट गए हैं और उन्होंने यूराल पहाड़ के दूसरी तरफ़ बस्तियां बसा ली हैं और शायद ये बस्तियां स्थायी हो जायेंगी। चीन के बारे में यह अंदाज है कि क़रीब पांच करोड़ आदमी अपनी जगह से हट गए हैं।

बेशक, इन आदमियों को या लड़ाई से बचे हुए आदमियों को वापस लाने और फिर से बसाने की कोशिश होगी, हालांकि यह काम बेहद उलझा हुआ है। बहुत-से लोग पुराने घरों को वापस आ जायेंगे और बहुत-से लोग अपने नये पड़ोस में ही रहना पसंद करेंगे। साथ ही इसकी भी संभावना है कि यूरोप में राजनैतिक रद्दो - बदल की वजह से आबादी की अदल-बदल और लौट-पलट और भी ज़्यादा होगी।

इससे भी ज़्यादा और गहरी अहमियत उन तब्दीलियों की है, जिनका प्राणीशास्त्र और शरीर-विज्ञान से ताल्लुक़ है और जिनकी वजह से दुनिया की आबादी तेज़ी से बदल रही है। औद्योगिक क्रांति और आधुनिक तकनीक की तरक़्क़ी की वजह से यूरोप की आबादी तेज़ी से बढ़ गई। यह बात खासतौर से उत्तरी-पच्छिम और मध्य यूरोप में हुई। ज्यों-ज्यों यह तकनीक जानकारी पूरब की तरफ़, सोवियत संघ की तरफ़ बढ़ी है, इन हिस्सों की आबादी और भी ज़्यादा तेज़ी से बढ़ी है और इसमें नये आर्थिक ढांचे का और कुछ दूसरी बातों का भी असर रहा है—विज्ञान की जानकारी का, शिक्षा का, सफ़ाई का, सार्वजनिक स्वास्थ्य का। पूरब की तरफ़ फैलाव अभी चल रहा है और उसमें एशिया के कई देश आ जायेंगे। इनमें से कुछ देशों को, मसलन हिंदुस्तान को, आबादी की बढ़ती की ज़रूरत नहीं होगी, क्योंकि दरअसल वह मौजूदा आबादी से कम में ही ज़्यादा ख़ुशहाल हो सकेगा।

इस दौरान में यूरोप में आबादी के सिलसिले में एक उलटी प्रक्रिया चल रही है। वहां पैदाइश की औसत गिरने की समस्या ज़्यादा अहम होती जा रही है। यह प्रवृत्ति चारों तरफ़ है और उसका असर दुनिया के बहुत से देशों पर है। इसमें कुछ ख़ास अपवाद हैं, जैसे चीन, हिंदुस्तान, जावा और सोवियत संघ। उद्योग-धंधों के लिहाज़ से उन्नत देशों में वह ख़ासतौर से ज़ाहिर होती है। कई साल पहले फ्रान्स की आबादी की बढ़ती ख़त्म हो गई, और अब आबादी धीरे-धीरे कम होती जा रही है। इंग्लैंड में पिछली सदी के उत्तरार्द्ध के बाद पैदाइश

की रफ़्तार बराबर कम होती रही है और फ्रांस को छोड़कर वह अब यूरोप में सबसे कम है। जर्मनी और इटली में पैदाइश की रफ़्तार बढ़ाने की हिटलर और मुसोलिनी की कोशिशों का नतीजा सिर्फ़ अस्थायी हुआ। उत्तरी, पच्छिमी और मध्य यूरोप में दक्खिनी-पूरबी यूरोप के मुक़ाबले (सोवियत संघ को छोड़कर) पैदाइश की रफ़्तार ज़्यादा तेज़ी से गिर रही है, लेकिन इन सभी हिस्सों में प्रवृत्ति एक-सी है। मौजूदा प्रवृत्तियों के लिहाज़ से (सोवियत संघ को छोड़कर) यूरोप की आबादी सन् 1955 में सबसे ज़्यादा होगी और उसके बाद फिर उसमें कमी आ जायेगी। इसका लड़ाई की क्षति से कोई ताल्लुक़ नहीं है, लेकिन उस क्षति से गिरावट की तरफ़ झुकाव बढ़ जायेगा।

दूसरी तरफ़, सोवियत संघ की आबादी बराबर बढ़ती जा रही है और यह संभावना है कि सन् 1970 तक वह पच्चीस करोड़ से ज़्यादा हो जायेगी। लड़ाई के नतीजे से जो प्रादेशिक रद्दो-बदल होगी, उसकी बढ़वार इसमें शामिल नहीं है। इस आबादी की बढ़वार से और साथ ही तकनीकी और और तरह की तरक़्क़ी से वह यूरोप और एशिया में लाज़िमी तौर पर एक बड़ी ताक़त बन जायेगा। एशिया में ज़्यादातर बातें चीन और हिंदुस्तान की औद्योगिक तरक्क़ी पर निर्भर हैं। उनकी बड़ी आबादियां एक बोझ और कमज़ोरी हैं। हां, अगर उचित और उपयोगी ढंग से उनका संगठन हो सके, तो दूसरी बात है। ऐसा मालूम होता है कि यूरोप की साम्राज्यवादी ताक़तों के विस्तारवादी और आक्रामक ढंग का ज़माना निश्चित रूप से ख़त्म हो चुका। ऐसा हो सकता है कि राजनैतिक संगठन से और उनकी जनता की योग्यता और कुशलता की वजह से दुनिया के मामलों में उनकी अहम जगह रहे। लेकिन धीरे-धीरे उनकी गिनती बड़ी ताक़तों में नहीं रहेगी। अगर वे सामुदायिक ढंग पर काम करें, तो शक़्ल दूसरी होगी। "ऐसी संभावना नहीं मालूम देती कि उत्तरी-पच्छिमी या मध्य यूरोप का कोई राष्ट्र फिर दुनिया को चुनौती देगा। तेज़ी से तरक़्क़ी करती सभी देशों की जनता में तकनीकी सभ्यता समा जाने की वजह से अपने पच्छिमी पड़ोसियों की तरह जर्मनी भी अब उस युग को पार कर गया है, जिसमें वह दुनिया की प्रधान ताक़त हो सकता था।"[121]

कई पच्छिमी देशों और क़ौमों को वैज्ञानिक और औद्योगिक उन्नति से बड़ी ताक़त हासिल हुई है। इसकी बहुत ही कम संभावना है कि ताक़त के इस सोते पर कुछ राष्ट्रों का ही एकमात्र अधिकार रहेगा। इसलिए दुनिया के एक बहुत बड़े हिस्से पर यूरोप की आर्थिक और राजनैतिक हुकूमत लाज़िमी तौर से तेज़ी से घटेगी और वह यूरेशियाई महाद्वीप और अफरीका का संचालन-केंद्र नहीं रहेगा। इस बुनियादी सबब की वजह से पुरानी यूरोपीय ताक़तें शांति और अन्तर्राष्ट्रीय सहयोग के बारे में अब ज्यादा सोच-विचार करेंगी और

---

121. अमरीका के 'फ़ॉरिन अफ़ेयर्स' पत्र के अप्रैल, 1944 अंक में फ्रेंक डब्ल्यू0 नोटस्टीन का 'पोपुलेशन एंड पॉवर इन पोस्ट वार यूरोप' लेख। इंटरनेशनल लेबर आफिस ने ई० एम० कुलिशेर का लिखा हुआ एक अध्ययन 'दि डिस्प्लेसमेंट ऑव पोपुलेशन इन यूरोप' (1943) प्रकाशित किया है।

जहांतक मुमकिन हो सकेगा, लड़ाई को टालेंगी। जब ज़बरदस्ती के तरीक़ों से महज़ बात ही दिखाई पड़ती हो, तो उनमें कशिश नहीं रह जाती। लेकिन दुनिया की उन ताक़तों में, जिनकी आज अहमियत है, दूसरों से सहयोग करने की प्रवृत्ति नहीं है। यह प्रवृत्ति नैतिक होनी चाहिए, लेकिन ताक़त और नैतिकता का साथ बहुत कम होता है।

चारों तरफ़ पैदाइश के औसत के गिरने की वजह क्या है? संततिनिग्रह के उपायों के उपयोग और छोटे और सुनियंत्रित परिवार बनाये रखने की इच्छा का कुछ असर तो हो सकता है, लेकिन आमतौर पर यह बात मानी जाती है कि इसकी वजह से बहुत ज्यादा फ़र्क नहीं पड़ा। आयरलैंड एक कैथलिक देश है और शायद वहां संतति-निग्रह के साधनों का उपयोग नहीं है। लेकिन वहां पर पैदाइश की रफ़्तार दूसरे देशों से पहले ही कम होनी शुरू हुई थी। शायद पच्छिम में शादी को ज़्यादा बड़ी उम्र में करने की आदत भी एक वजह है। आर्थिक बातों का कुछ असर हो सकता है, लेकिन यह कोई ख़ास असर नहीं है। यह आम जानकारी है कि अमीरों के मुक़ाबले आमतौर पर ग़रीबों में संतानोत्पत्ति-सामर्थ्य ज़्यादा है। इसी तरह शहरी हलक़ों के मुक़ाबले यह सामर्थ्य देहाती हलक़ों में ज़्यादा है। छोटे-से समुदाय के लिए ऊंची हैसियत बनाये रखना आसान है और व्यक्तिवाद की तरक़्क़ी से समुदाय या जाति की अहमियत कम हो जाती है। प्रोफ़ेसर जे० बी० एस० हॉल्डेन का कहना है कि आमतौर पर बहुत-से सभ्य समाजों में ऐसे लोगों में, जिन्हें इज़्ज़त हासिल है, आम जनता के मुक़ाबले उत्पादन - सामर्थ्य कम होती है। इस तरह ऐसा मालूम होता है कि जीव विज्ञान के लिहाज़ से ऐसे समाज प्रायदार नहीं हो सकते। बड़े परिवारों में अकसर अपेक्षाकृत नीचे दर्जे की बुद्धि पाई गई है। ऐसा समझा जाता है कि आर्थिक कामयाबी प्राणिशास्त्रिक वृद्धि के विपरीत चलती है।

गिरती हुई पैदाइश की रफ़्तार की बुनियादी वजहों के बारे में कोई ख़ास जानकारी नहीं है। हां, कुछ वजहों का अंदाज़ किया जाता है। ऐसा मुमकिन है कि उसके पीछे कुछ शरीर-विज्ञान के और प्राणिशास्त्र संबंधित कारण हों। साथ ही औद्योगिक जातियां जिस ढंग की ज़िंदगी बिताती हैं और जिस वातावरण में उन्हें रहना होता है, इन दोनों बातों का भी असर मालूम देता है। अपूर्ण भोजन, शराबखोरी, बुरी शारीरिक और मानसिक तंदुरुस्ती, अस्वास्थ्यकर परिस्थितियां इन सबका जनन शक्ति पर असर होता है। फिर भी बीमार और अधभूखी जातियों में, मसलन हिंदुस्तान में, पैदाइश की रफ़्तार बहुत ज़्यादा हैं। शायद आधुनिक ज़िंदगी की लगातार कशमकश, फ़िक्र और प्रतियोगिता से भी उत्पादन - सामर्थ्य कम होती है। ज़िंदगी देनेवाली भूमि को छोड़ने से शायद काफ़ी असर पड़ता है। अमरीका तक में खेती से ताल्लुक रखनेवाले मजदूरों की उत्पादन-सामर्थ्य नौकरीपेशा लोगों के मुक़ाबले दूने से भी ज़्यादा है।

ऐसा मालूम होता है कि आधुनिक सभ्यता से, जो पच्छिम में पैदा हुई और जो बाद में और जगहों में फैल गई, और साथ ही उस शहरी ज़िंदगी की वजह से, जो इस सभ्यता

की विशेषता है, एक ग़ैर-पायदार समाज बनता है और धीरे-धीरे अपनी शक्ति खोता जाता है। ज़िंदगी कई हलक़ों में तरक्क़ी करती है, लेकिन उसकी बुनियाद ग़ायब होती जाती है, वह ज्यादा अस्वाभाविक हो जाती है और उसमें उतार आने लगता है। दिन-ब-दिन उत्तेजक चीज़ों की ज़रूरत बढ़ती जाती है। सोने के लिए या और दूसरे मामूली कामों के लिए दवाइयों की ज़रूरत होती है। ऐसी खाने-पीने की चीज़ों का शौक़ होता है, जो जीभ को अच्छी महसूस होती हैं और थोड़ी देर को तबीयत खुश हो जाती है, लेकिन जिनसे शरीर का ढांचा कमज़ोर होता जाता है। क्षणिक उत्तेजना और खुशी की तरकीबों को काम में लाया जाता है, लेकिन बाद में उनकी प्रतिक्रिया होती है और खोखलापन महसूस होता है। चाहे उसकी कितनी ही शानदार शक़्ल क्यों न हो और उसके कारनामे जो भी हों, लेकिन जो सभ्यता हमने बनाई है, वह जाली-सी मालूम देती है। हम उत्तेजक खादों से पैदा किये हुए उत्तेजक खाने को खाते हैं; हम उत्तेजक भावनाओं में डूबे रहते हैं और हमारे इन्सानी रिश्ते ऊपरी सतह के नीचे शायद ही जाते हों। विज्ञापक हमारे युग के प्रतीकों में से एक हैं और उनकी लगातार और कर्कश कोशिशों से हम धोखे में पड़ जाते हैं। वे कोशिशें हमारी चेतना-शक्ति को धुंधला कर देती हैं और हमको बे-ज़रूरी और कभी-कभी नुक़सानदेह चीज़ों को ख़रीदने के लिए फ़ुसलाती हैं। इस हालत के लिए मैं दूसरों को दोष नहीं दे रहा हूं। हम सब इसी युग की उपज हैं और हममें इस पीढ़ी की विशेषताएं हैं। हम सब पर इस दोष या श्रेय की ज़िम्मेदारी है। यक़ीनी तौर पर मैं खुद इस सभ्यता का एक हिस्सा हूं, जिसकी मैं आलोचना या तारीफ़ करता हूं और दूसरे लोगों की तरह मेरे ख़यालों और कामों पर इसका असर है।

इस आधुनिक सभ्यता में ऐसी क्या ख़राबी है, जिसकी वजह से जड़ में जातियों के ज़वाल और बांझपने के चिह्न दिखाई देते हैं? लेकिन यह कोई नई चीज़ नहीं है। ऐसा पहले भी हुआ है और इतिहास ऐसी मिसालों से भरा हुआ है। अपने पतन के समय शाही रोम की हालत कहीं बदतर थी। क्या इस भीतरी ज़वाल का कोई चक्कर है? क्या हम उसका कारण खोजकर उसका उपाय कर सकते हैं? आधुनिक उद्योगवाद और समाज का पूंजीवादी ढांचा - यही उसके एकमात्र कारण नहीं हो सकते, क्योंकि उनसे पहले अकसर ज़वाल आया है। हां, यह मुमकिन है कि उनकी मौजूदा शक़्ल से एक उपयुक्त वातावरण बनता हो; एक ऐसी दुनियावी और दिमाग़ी आबो-हवा बनती हो, जिसमें इन कारणों को पनपने में आसानी होती हो। अगर बुनियादी कारण आध्यात्मिक हो या ऐसा हो, जिसका ताल्लुक़ आदमी की आत्मा और उसके मन से होता हो, तो हालांकि हम उसे समझने की कोशिश कर सकते हैं, लेकिन उसका पकड़ पाना मुश्किल है। हां, उसका एहसास ज़रूर हो सकता है। लेकिन एक बात ज़रूर ज़ाहिर है; ज़मीन से रिश्ता तोड़ना व्यक्ति और जाति दोनों के ही लिए बुरा है। ज़मीन और सूरज दोनों ज़िंदगी के सोते हैं और अगर बहुत अरसे तक हम उनसे अलहदा रहें, तो ज़िंदगी से कोई लगाव नहीं रहा है और वे उस आनंद को महसूस नहीं करती, जो प्रकृति देती है और न उन्हें वह खूबसूरत तंदुरुस्ती ही हासिल होती है, जो धरती माता के

संपर्क से मिलती है। लोग प्रकृति की खूबसूरती की बातें करते हैं, और हफ़्ते के आख़िर में कभी-कभी फ़ुरसत निकालकर उसकी तलाश में जाते हैं और अपनी अस्वाभाविक ज़िंदगी की देन को देहातों में बिखेर आते हैं, लेकिन वे प्रकृति से घुल-मिल नहीं सकते और न वे अपने-आपको उसका हिस्सा ही महसूस कर सकते हैं। प्रकृति ऐसी चीज़ है, जिसको देखना चाहिए और जिसकी तारीफ़ करनी चाहिए—क्योंकि ऐसा उनसे कहा जाता है-इसलिए उसे देखकर, वे एक चैन की सांस लेते हुए अपने रोजमर्रा के ढर्रे पर आ जाते हैं। यह सब ठीक उसी तरह होता है, जैसे वे किसी सनातन-साहित्य के कवि या लेखक की तारीफ़ करने की कोशिश करें और फिर उस कोशिश से थककर अपनी तबीयत के उपन्यास या जासूसी कहानी पर वापस आ जायें, जहां दिमाग़ को मेहनत नहीं करनी पड़ती। पुराने हिंदुस्तानियों या यूनानियों की तरह वे प्रकृति की संतान नहीं हैं, बल्कि वे तो ऐसे अजनबी-जैसे हैं, जो जैसे दूसरे के किसी रिश्तेदार के न्योते की बला टालते हों। उन्हें प्रकृति के संपन्न जीवन और अनंत रूप का आनंद अनुभव नहीं होता और न उस सजीव जीवन की ही अनुभूति होती है, जो हमारे पुरखों के लिए सहज थी। तब उसमें क्या ताज्जुब है कि प्रकृति उनको सौतेली संतान की तरह बरते?

हम उस पुराने नज़रिये पर, जो इस सारे संसार को ब्रह्ममय मानता है, वापस नहीं जा सकते। फिर भी हम प्रकृति के रहस्य का अनुभव कर सकते हैं, उसके ज़िंदगी और खूबसूरती के गाने को सुन सकते हैं और उससे शक्ति संचय कर सकते हैं। वह गाना सिर्फ़ किन्हीं ख़ास जगहों पर ही नहीं गाया जाता है और अगर हममें योग्यता हो, तो हम उस गाने को हर जगह सुन सकते हैं। लेकिन कुछ ऐसी जगहें हैं, जहां प्रकृति उन लोगों को भी मुग्ध कर देती है, जिनमें उसकी योग्यता नहीं है और उसका स्वर किसी दूर के साज़-संगीत की गंभीर ध्वनि-जैसे लगता है। ऐसी इनी-गिनी जगहों में से काश्मीर एक है, जहां खूबसूरती बसी हुई है, और जहां चेतन-शक्ति पर चुपचाप मोहिनी पड़ जाती है। फ्रांसीसी विद्वान एम० फ़ूशर ने काश्मीर के बारे में अपने लेख में कहा है-"मेरी दृष्टि में काश्मीर की विशेष मोहिनी की जो असली वजह है, मैं उसे कहना चाहता हूं—उस मोहिनी की, जिसकी हर एक को तलाश है, यहांतक कि उसको भी, जो उसका विश्लेषण नहीं करता। वह मोहिनी सिर्फ़ इस वजह से नहीं हो सकती कि वहां के जंगल खूबसूरत हैं, वहां की झीलें निर्मल जल से भरी हुई हैं, उसकी बर्फ़ीली पहाड़ी चोटियां शानदार हैं या वहां की ठंडी धीमी हवा में उसके अनगिनत झरनों की प्यारी आवाज़ समाई हुई है। न उसकी वजह पुरानी इमारतों की शान या उनका वैभव है, यद्यपि करेवा की अग्रभूमि पर मार्तंड के खंडहर उसी गर्व के साथ खड़े हुए हैं, जिस तरह पहाड़ी के अग्रभाग पर खड़ा कोई यूनानी मंदिर हो, या जैसे दस पत्थरों के कटाव पर बना हुआ पयार का छोटा-सा मंडप है, जिसमें लाइसिक्रेटीज़ की प्रमुख मूर्तियों में सर्वोच्च श्रेणी का अनुपात है। कोई यह भी नहीं कह सकता कि इस मोहिनी की वजह कला और वातावरण का मिलाप है, क्योंकि कई दूसरे देशों में भी सुरम्य स्थानों में खूबसूरत इमारतें

बनी हुई हैं। लेकिन जो चीज़ सिर्फ़ काश्मीर में ही मिलती है, वह यह है कि ये दोनों सुषमाएं एक साथ ऐसी जगह पाई जाती हैं, जहां प्रकृति में अब भी रहस्यमयी जीवन की प्रेरणा है, जहां प्रकृति हमारे अंतरंग से बात करना जानती है और हमारे नास्तिक तंतुओं को भी हिला देती है और चेतन या अचेतन रूप में हमें उस विगत काल में जिसका कवियों को मलाल है, ले जाती है, जब दुनिया का शैशव था और 'जब देवभूमि में स्वर्ग और धरती साथ-साथ विचरण करते थे और सांस लेते थे।"

लेकिन काश्मीर की तारीफ़ करना मेरा मक़सद नहीं है, हालांकि कभी-कभी इसके प्रति मेरा पक्षपात मुझे भटका देता है। न मेरा इरादा दुनिया के ब्रह्ममय होने के हक में दलील पेश करने का ही है—मैं तो इस हद तक नास्तिक ज़रूर हूं कि मैं यक़ीन करता हूं कि नास्तिकता का संपुट शरीर और मन के फ़ायदे में होता है। मैं ऐसा ज़रूर सोचता हूं कि वह ज़िंदगी, जो ज़मीन से पूरी तरह विच्छेद कभी नहीं होता और प्रकृति की प्रक्रियाओं में समय लगता है। लेकिन आधुनिक सभ्यता की यह कमज़ोरी है कि वह दिन-ब-दिन ज़िंदगी देनेवाले सोतों से अलहदा होती जा रही है। आधुनिक पूंजीवादी समाज की प्रतियोगिता और अधिग्रहण की विशेषताओं से संपत्ति को सब चीज़ों से ऊपर जगह देने की वजह से दिमागी तंदुरुस्ती ख़राब होती है, और एक ऐसी हालत हो जाती है कि नाड़ियों में एक अस्वाभाविक उत्तेजना आ जाती है। एक ज़्यादा अक़्लमंद और समतौलवाले आर्थिक ढांचे से ही इन हालतों में सुधार होगा। फिर भी यह ज़रूरी होगा कि ज़मीन और प्रकृति से ज़्यादा जीता-जागता संपर्क हो। इसके मानी ये नहीं कि पुराने संकरे मानी में हम ज़मीन और खेती पर वापस आयेंगे, या हमारी ज़िंदगी का ढर्रा वैसा ही हो जायगा, जैसा आदि-काल में था। इस तरह का इलाज तो बीमारी से भी बदतर होगा। आधुनिक उद्योग का संगठन इस ढंग का होना चाहिए कि मर्द और औरतें जमीन से ज़्यादा-ज़्यादा निकट संपर्क में हों, और साथ ही देहाती हलक़ों का सांस्कृतिक दर्जा ऊंचा हो। शहरों और देहातों दोनों में ही ज़िंदगी की सहूलियतें होनी चाहिए, ताकि दोनों में ही शारीरिक और मानसिक तरक़्क़ी का पूरा मौक़ा हो और दोनों ही जगह ज़िंदगी के हर पहलू की तरक़्क़ी हो सके।

मुझे इसमें शक नहीं है कि यह किया जा सकता है। बस ज़रूरत इस बात की है कि लोगों में करने की ख्वाहिश हो। मौजूदा वक़्त में, ज़्यादा लोगों में इस ढंग की ख्वाहिश नहीं है। हमारी ताक़त (एक-दूसरे की जान लेने के अलावा) उत्तेजक पदार्थ और उत्तेजक मनोरंजन की चीज़ें बनाने में लगी हुई हैं। इनमें से ज़्यादातर के ख़िलाफ़ मुझे कोई बुनियादी ऐतराज़ नहीं है और कुछ को तो मैं अच्छा भी समझता हूं, लेकिन उनमें जो वक़्त लगता है, उसका बेहतर इस्तेमाल हो सकता है। हां, एक बात और है कि उन चीज़ों से ज़िंदगी का नज़रिया ग़लत बन जाता है। कारख़ाने में बनी हुई खादों की बहुत मांग है, और मेरा ख़याल है कि अपने ढंग से वे फ़ायदेमंद भी हैं। लेकिन यह बात मुझे अजीब-सी मालूम होती है कि इन खादों के जोश की वजह से लोग कुदरती खाद को भुला दें, यहांतक कि उसे बरबाद

कर दें और फेंक दें। जहांतक राष्ट्र का सवाल है सिर्फ़ चीन ने ही इतनी समझ दिखाई है और कुदरती खाद का पूरा-पूरा इस्तेमाल किया है। कुछ विशेषज्ञों का कहना है कि कृत्रिम खाद से असर तो बहुत तेज़ी से दिखाई देता है, लेकिन उससे ज़मीन कमज़ोर हो जाती है और इस तरह वह बंजर हो जाती है। जो बात हमारी व्यक्तिगत ज़िंदगी के साथ है, वह ज़मीन के साथ है। हम मोमबत्ती को दोनों सिरों से जल रहे हैं। हम उसकी दौलत को तेज़ी से ले रहे हैं और बदले में क़रीब-क़रीब कुछ नहीं दे रहे है।

रासायनिक प्रयोगशाला में क़रीब-क़रीब हर एक चीज़ को बनाने की हमारी योग्यता बढ़ती जा रही है और हमको इसका गर्व है। भाप के युग से हम बिजली के युग पर आये, और अब हम प्राणदा-प्रक्रिया के और इलेक्ट्रानिक युग तक आ गए हैं। सामाजिक- विज्ञान का युग भविष्य में दिखाई देता है, और हमें ऐसी उम्मीद मालूम पड़ती है कि वह उन गहरे मसलों को, जो हमें, परेशान कर रहे हैं, हल कर सकेगा। हमको यह भी बताया जाता है कि हम लोग मैगनेशियम-एलुमिनियम युग के प्रवेश द्वार पर हैं, और चूंकि ये दोनों धातुएं हर जगह बेहद तादाद में पाई जाती हैं, इसलिए इनकी किसी को भी कमी न होगी। नया रसायन-शास्त्र मनुष्य जाति के लिए एक नया जीवन तैयार कर रहा है। हम एक ऐसे युग में हैं, जब मानव जाति का शक्ति-स्रोत बेहद बढ़नेवाला है। हर ढंग के युगांतरकारी आविष्कार निकट भविष्य में प्रकट होने के लिए मंडरा रहे हैं।

इस सबसे बड़ी तसल्ली होती है, लेकिन मेरे दिमाग़ में एक शक पैदा होता है। हमारी तकलीफ़ ताक़त की कमी की वजह से नहीं है, बल्कि वह उस ताक़त के, जो हमारे पास है, इस्तेमाल की वजह से है। विज्ञान ताक़त देता है, लेकिन उसका खुद कोई मक़सद नहीं है, वह अव्यक्तिगत है और उसका इस बात से कोई ताल्लुक़ नहीं कि हम उसके दिये हुए ज्ञान का किस तरह इस्तेमाल करते हैं। उसकी जीत आगे भी जारी रह सकती है, लेकिन अगर वह कुदरत की बहुत ज़्यादा अवहेलना करता है, तो क़ुदरत उससे बदला ले सकती है। जिस वक़्त ज़िंदगी बाहरी क़द में बढ़ती मालूम देती है, वह अंदर-ही-अंदर किसी ऐसी चीज़ की कमी की वजह से मुरझा सकती है, जिसकी खोज विज्ञान अभीतक नहीं कर पाया है।

15. एक पुरानी समस्या के लिए नया तरीक़ा

इस ज़माने का दिमाग़, यानी आज का ऊंचे दर्जे का दिमाग़, व्यवहारिक है और कौशल - युक्त है, नैतिक है और सामाजिक है, परोपकारी है और मानववादी है। उसका संचालन सामाजिक उन्नति के अमली आदर्शवाद से होता है। उसके पीछे काम करनेवाले आदर्श ज़माने की रविश की—युग-धर्म की नुमाइंदगी करते हैं। पुराने लोगों के दार्शनिक ढंग को, उनकी अंतिम सत्य की खोज को, बहुत हद तक छोड़ दिया गया है। साथ ही मध्य युग

का भक्तिवाद और रहस्यवाद भी छोड़ दिया गया है। उसका ईश्वर है मानवता, और उसका धर्म है समाज-सेवा। यह धारणा भी अपूर्ण हो सकती है, क्योंकि हर युग का मस्तिष्क अपने वातावरण से सीमित रहता है और हर युग ने आंशिक सत्य को ही संपूर्ण सत्य की कुंजी समझा है। हर पीढ़ी में, हर जनता में, यह झूठा खयाल रहा है कि सिर्फ़ उसी का नज़रिया बिलकुल सही है या ज़्यादा-से-ज़्यादा सही है। हर संस्कृति का एक अपना मूल्यांकन होता है, जो उस संस्कृति से सीमित होता है और उससे बंधा हुआ होता है। उस संस्कृति को माननेवाले लोग इस क़ीमत को पत्थर की लकीर समझने लगते हैं और उसको एक स्थायी महत्ता दे देते हैं। इसी तरह शायद हमारी वर्तमान संस्कृति का मूल्यांकन स्थायी और अंतिम न हो। फिर भी हमारे लिए उसकी एक ख़ास अहमियत है, क्योंकि वह हमारे युग की भावना की नुमाइंदगी करता है। कुछ दूरदर्शी और मेधावी लोगों के सामने मानव-जाति का और विश्व का ज़्यादा पूरा नक़शा हो सकता है। वे उस तत्त्व के बने हुए होते हैं जिससे सारी सच्ची तरक़्क़ी होती है। जनता का अधिकांश मौजूदा मूल्यांकन को समझ नहीं पाता। हालांकि वह उसके बारे में उस वक़्त की हवा की वजह से बातें बहुत करता है, लेकिन वह गुज़रे ज़माने की बातों में फंसा रहता है।

इसलिए हम को अपने युग के सबसे ऊंचे आदर्शों के बमूजिब काम करना चाहिए। हां, हम उनमें अपने राष्ट्रीय संस्कारों को जोड़ सकते हैं; या उन आदर्शों को उनके अनुरूप बना सकते हैं। उन आदर्शों का वर्गीकरण, दो शीर्षकों में हो सकता है— मानववाद और वैज्ञानिक स्वभाव। इन दोनों के बीच में ज़ाहिरा काफ़ी झगड़ा रहा है, लेकिन आजकल विचारों की उस ज़बरदस्त उथल-पुथल से, जिसमें सारे मूल्यांकन कसौटी पर कसे जा रहे हैं इन दोनों की पुरानी सरहदें हट रही हैं। इसी तरह विज्ञान की बाहरी दुनिया में और अंतर्दृष्टि की अंदरूनी दुनिया में उस उथल-पुथल की वजह से सीमाएं टूट रही हैं। मानववाद और वैज्ञानिक स्वभाव - दोनों में समन्वय बढ़ रहा है, और एक ढंग का वैज्ञानिक मानववाद पैदा हो रहा है। विज्ञान, हालांकि प्रकट सचाइयों से चिपटा हुआ है, दूसरे क्षेत्रों में भी घुसने की तैयारी में है, कम-से-कम अब अवहेलना के साथ उनको नामंजूर नहीं करता। हमारी पांच इंद्रियां और उनके ज्ञान-क्षेत्र में, ज़ाहिर है, यह सारा विश्व नहीं आता। पिछले पच्चीस बरसों में भौतिक दुनिया के बारे में वैज्ञानिक के दिमाग़ी नक़शे में काफ़ी तब्दीली हुई है। विज्ञान की दृष्टि में मनुष्य और प्रकृति क़रीब-क़रीब दो अलग चीज़ें थीं। लेकिन अब सर जेम्स जीन्स बताते हैं कि विज्ञान का सार यह है कि 'मनुष्य अब प्रकृति को अपने से पृथक नहीं देखता।" और तब वही पुराना सवाल, जो उपनिषद के विचारकों के मन में उठा था, सामने आता है—ज्ञाता को किस तरह जाना जा सकता है? बाह्य जगत को देखनेवाली आंखें अपने-आपको कैसे देख सकती हैं? बाह्य आंतरिक का ही हिस्सा है, और जो कुछ हम देखते हैं या सोचते हैं, वह सब हमारे मस्तिष्क का ही प्रकटीकरण है और विश्व और प्रकृति और आत्मा और मन और शरीर, अंतरंग और बहिरंग सब बुनियादी तौर पर एक ही चीज़ है, तो हम अपने दिमाग़

के संकीर्ण घेरे में इस विशाल योजना को किस तरह समझेंगे ! विज्ञान ने इन समस्याओं पर ध्यान देना शुरू कर दिया है और चाहे वे उससे हल न हो पायें, फिर भी आज का जिज्ञासु वैज्ञानिक पुराने युग के दार्शनिक और धार्मिक व्यक्तियों की ही प्रतिमूर्ति है। प्रोफ़ेसर एलबर्ट आइन्स्टीन कहते हैं-"हमारे इस जड़वाद के युग में सिर्फ़ जिज्ञासु वैज्ञानिक अन्वेषकों में ही गहरी धार्मिकता है।"[122]

इस सबसे विज्ञान में एक पक्का विश्वास मालूम देता है, फिर भी यह ज़रूर है कि उद्देश्यहीन और प्रकट सचाइयों से ही संबंधित विज्ञान काफ़ी नहीं है। क्या जीवन के उपकरण देते समय विज्ञान जीवन के लक्ष्य की अवहेलना कर रहा था? प्रकट सचाइयों की दुनिया में सामंजस्य पाने की कोशिश हो रही है; क्योंकि धीरे-धीरे यह बात ज़्यादा साफ़ होती जा रही थी कि पहली चीज़ पर ज़रूरत से ज़्यादा ध्यान देने की वजह से आदमी की आत्मा कुचली जा रही है। जिस सवाल ने पुराने दार्शनिकों को परेशान किया था, वह एक नई शक़्ल में और एक नये संदर्भ में फिर सामने आ गया है। दुनिया के बाह्य जीवन का व्यक्ति के आंतरिक आध्यात्मिक जीवन से किस तरह मेल बिठाया जाये? अब चिकित्सक इस नतीजे पर पहुंच गए हैं कि व्यक्ति के या समूचे समाज के शरीर का इलाज ही काफ़ी नहीं है। इधर कुछ बरसों से, उन डाक्टरों ने जो मानसिक शरीर - विज्ञान से परिचित हैं, कर्म की और कायिक बीमारियों की विषमता पर ज़ोर देना छोड़ दिया है और अब वे मनोवैज्ञानिक पहलू पर ज़्यादा ज़ोर देते हैं। प्लेटो ने लिखा था-" बीमारी के इलाज में सबसे बड़ी खामी यह है कि शरीर की चिकित्सा करनेवाले भी हैं और मनकी भी, फिर भी दोनों ही एक हैं और अविभाज्य हैं।"

सबसे ज़्यादा मशहूर और बड़े वैज्ञानिक आइन्स्टीन हमको बताते हैं कि "आज पहले युगों की अपेक्षा आदमी का भाग्य नैतिक शक्ति पर अधिक निर्भर है। हर जगह आनंद और आह्लाद का साधन है त्याग और आत्मसंयम। "विज्ञान के इस गर्वीले युग से वह अचानक हमको पुराने दार्शनिकों के युग में ले पहुंचते हैं। शक्ति की कामना और मुनाफ़े की नीयत से वह हमको उस परित्याग की भावना पर पहुंचा देते हैं, जिससे हिंदुस्तान सुपरिचित है। शायद आज के बहुत से वैज्ञानिक उनकी बात को नहीं मानेंगे, और न वे उनके इस कथन से ही सहमत होंगे कि "मुझे पक्का यक़ीन है कि दुनिया की कोई भी दौलत मानवता को आगे नहीं बढ़ा सकती, चाहे वह दौलत आदर्श के लिए जी- जान से काम करनेवालों के ही हाथों में क्यों न हो। पवित्र और महान व्यक्तियों के उदाहरण से ही सुंदर विचारों या श्रेष्ठ कामों की प्रेरणा हो सकती है। धन तो सिर्फ़ स्वार्थ को रुचता है और वह मालदार आदमियों में उसके दुरुपयोग का ज़बरदस्त लोभ जगाता है।"

यह सवाल सभ्यता के सामने आदिकाल से रहा है। आज इसका सामना करने में

---

122. पचास बरस पहले स्वामी विवेकानंद ने कहा था कि आधुनिक विज्ञान सच्ची धार्मिक भावना का प्रकटीकरण है, क्योंकि उसमें सत्य को सच्ची लगन से समझने की कोशिश है।

विज्ञान को कई ऐसी सहूलियतें हैं, जो पहले दार्शनिकों को नहीं थीं। उसके पास संग्रही ज्ञान का भंडार है और एक ऐसा ढंग है, जो उचित रूप से कारगर है। उसने कई ऐसे प्रदेशों का नक़शा बनाया है और उनकी खोज की है, जिनसे पुराने लोग परिचित नहीं थे। चूंकि उसने आदमियों की समझ को और चीज़ों पर उसके नियंत्रण को बढ़ा दिया है, इसलिए वे अब उसके लिए रहस्य नहीं रह गईं, और उनकी वजह से धर्म के पुजारी उनका नाजायज़ फ़ायदा नहीं उठा सकते। लेकिन उसकी कई कमियां भी हैं। संग्रहीत ज्ञान के ही बाहुल्य के कारण मनुष्य के लिए संपूर्ण का समन्वयकारी दृष्टिकोण बनाना कठिन हो गया है और वह खुद अपने-आप को उनके किसी हिस्से में खो बैठता है। वह उसका विश्लेषण करता है, उसका अध्ययन करता है, कुछ हद तक उसे समझता है; लेकिन संपूर्ण से उसका संबंध देख पाने में नाकामयाब रहता है। विज्ञान ने जो बेहद ताकत व्यक्त की है उसकी वजह से मनुष्य घबरा जाता है; वह ताक़त उसे आगे बढ़ाये ले जाती है और अकसर वह अपनी अनिच्छा से अनजाने किनारे पर पहुंच जाता है। आधुनिक ज़िंदगी की रफ़्तार से, लगातार एक के बाद दूसरे संकट से सत्य के शांत अनुसंधान में रुकावट होती है। अक़्ल खुद इधर-उधर धकेल दी जाती है और वह आसानी से उस गंभीरता को और उस अनासक्त दृष्टिकोण को नहीं खोज पाती, जो सच्ची समझ के लिए बहुत ज़रूरी है। "क्योंकि ज्ञान का मार्ग गंभीर है और उसके स्वभाव में उद्वेग नहीं है।"

शायद हम मानव-जाति के एक महायुग में रह रहे हैं, और इस सौभाग्य की हमको क़ीमत देनी होगी। हर महायुग में संघर्ष और अस्थिरता की भरमार होती है; पुरानी व्यवस्था को छोड़कर नई के लिए कोशिश होती है। पायदारी, हिफ़ाज़त, अपरिवर्तनशीलता- जैसी कोई चीज़ नहीं है, क्योंकि तब तो खुद ज़िंदगी ही ख़त्म हो जायेगी। ज़्यादा-से-ज़्यादा हम एक सापेक्षिक स्थिरता और गतिशील संतुलन की तलाश कर सकते हैं। ज़िंदगी मनुष्य की मनुष्य के ख़िलाफ़ मनुष्य की अपने वातावरण के ख़िलाफ़ लगातार लड़ाई है। यह लड़ाई भौतिक, बौद्धिक और नैतिक सतह पर है और इसमें नई चीज़ों का नक़शा बनता है और विचार उगते हैं। रचना और बरबादी साथ-साथ चलते हैं और प्रकृति के दोनों पहलू हमेशा दिखाई देते हैं। ज़िंदगी तो तरक्क़ी का ही सिद्धांत है, निश्चलता का नहीं। उसमें गतिशीलता बराबर बनी रहती है और उसमें गतिहीन हालत का मौक़ा नहीं है।

आज राजनीति और अर्थ-शास्त्र की दुनिया में ताक़त की तलाश है, लेकिन जब ताकत आ जाती है, तो दूसरी चीजें, जिनकी बहुत कीमत है, हट जाती हैं। आदर्शवाद की जगह राजनैतिक चालें और दांव-पेच आ जाते हैं। निस्वार्थ हिम्मत की जगह बुज़दिली और खुदगरज़ी आ जाती है। तत्त्व की जगह ऊपरी शक़्ल रह जाती है और ताक़त, जिसके लिए इतनी उत्सुक तलाश थी, अपने मक़सद पर पहुंचने में नाकामयाब होती है। वजह यह है कि ताक़त की अपनी ख़ामियां हैं और शक्ति अपने ऊपर ही आ टूटती है। दोनों में से कोई आत्मा का नियंत्रण नहीं कर सकती। हां, वे उसे सख्त या खुरदरा बना सकती हैं। कनफ़ूशस

ने कहा है—"तुम फ़ौज से सेनापति को अलग कर सकते हो, लेकिन छोटे- से-छोटे आदमी को उसकी इच्छा शक्ति से अलग नहीं कर सकते।"

अपनी आत्म-कथा में जॉन स्टुअर्ट मिल ने लिखा-"मुझे अब पक्का यक़ीन है कि मानव जाति की हालत में अब कोई ख़ास सुधार मुमकिन नहीं है। अगर उसके ख़याल के ढंग के बुनियादी ढांचे में कोई बड़ी तब्दीली हो जाये, तो बात दूसरी है।" फिर भी सोचने के ढंग में बुनियादी तब्दीली, ज़िंदगी की लगातार की लड़ाई के साथ जो दर्द और तक़लीफ़ होती है, उससे, और बदलते हुए वातारण से होती है। और इस तरह हालांकि हम इस सोचने के ढंग में सीधी तौर पर तब्दीली कर सकते हैं, लेकिन उससे भी ज़्यादा जरूरी उस वातावरण में परिवर्तन है, जिसमें वे ढंग पैदा हुए और पनपे। दोनों एक-दूसरे पर निर्भर हैं और एक दूसरे पर असर डालते हैं। हर आदमी का दिमाग़ अलग-अलग ढंग का है और हर एक दिमाग सत्य को अपने ढंग से देखता है और वह अकसर दूसरे के नज़रिये को समझ नहीं पाता। उसी वजह से झगड़ा होता है। उस आपसी रगड़ का एक दूसरा नतीजा भी है और वह यह कि उससे ज़्यादा भरा-पूरा और ज़्यादा व्यवस्थित सत्य सामने आता है। वजह यह है कि हमको यह महसूस करना है कि सत्य के कई पहलू हैं और उस सत्य पर किसी एक आदमी या किसी एक राष्ट्र का ही एकमात्र अधिकार नहीं है। यही बात काम करने के ढंग के बारे में है। अलग-अलग हालतों में अलग-अलग आदमियों के लिए अलग-अलग ढंग हो सकते हैं। हिंदुस्तान ने, चीन ने और साथ ही कई दूसरे राष्ट्रों ने अपने जीवन की अपनी शैली बनाई और उसको एक मज़बूत बुनियाद पर खड़ा किया। उनका ऐसा ख़याल था और अब भी बहुत-से लोगों का ऐसा निरर्थक ख़याल है कि सिर्फ़ उनकी शैली ही सही थी। आज यूरोप और अमरीका ने अपने जीवन की एक निजी शैली बनाई है और यह शैली आज की दुनिया में प्रमुख है। वहां के लोगों का ख़याल है कि सिर्फ़ यही सही ढंग है। शायद इनमें से कोई भी शैली अकेली ही सही या वांछनीय नहीं है और उनमें से हर एक शैली हर दूसरी से कुछ-न-कुछ सीख सकती है। यक़ीनन हिंदुस्तान को और चीन को बहुत कुछ सीखना है, क्योंकि वे गतिहीन हो गए थे; और पच्छिम सिर्फ़ युग-भावना का ही प्रतिनिधि नहीं है, बल्कि वह गतिशील है, परिवर्तनशील है और उसमें उन्नति की सामर्थ्य है। हां, यह बात जरूर है कि इस उन्नति का रास्ता आत्म-विध्वंस और मानव-बलिदान के बीच में से होकर है।

हिंदुस्तान में और शायद दूसरे देशों में भी आत्म-वैभव और आत्म- दैन्य की प्रवृत्तियां क्रम से दिखाई देती हैं। दोनों ही अवांछनीय हैं और हेय हैं। भावुकता से ज़िंदगी को नहीं समझा जा सकता। उसके लिए ज़रूरी यह है कि बिना हिचकिचाहट के हिम्मत के साथ असलियत का मुक़ाबला किया जाये। हम अपने-आपको ऐसे मसलों की तलाश में, जिनका ज़िंदगी से कोई ताल्लुक़ नहीं है, छोड़ नहीं सकते। वजह यह है कि घटनाएं होती जाती हैं और वे हमारी फ़ुरसत का इंतज़ार नहीं करतीं। न यही मुमकिन है कि हमारा नाता सिर्फ़ बाहरी चीज़ों से रहे और हम आदमी की अंदरूनी ज़िंदगी की, अहमियत को भुला दें। एक समतौल

की ज़रूरत है— एक ऐसी कोशिश की जो दोनों में सामंजस्य स्थापित कर दे। सत्रहवीं सदी में स्पिनोज़ा ने लिखा था-" मन का सारी प्रकृति में जो सम्मिलन है, उसका ज्ञान ही सर्वोत्तम हित है।... उसको मन जितना ज़्यादा जानता जाता है, उतनी ही ज़्यादा आसानी उसको अपनी ताक़तों और प्रकृति के ढर्रे को समझने में होती है; प्रकृति के ढर्रे को वह जितना ज़्यादा समझता जाता है, उतनी ही आसानी उसे अपने- आपको बेकार की चीज़ों से आज़ाद करने में होगी। यही सारी प्रक्रिया है।"

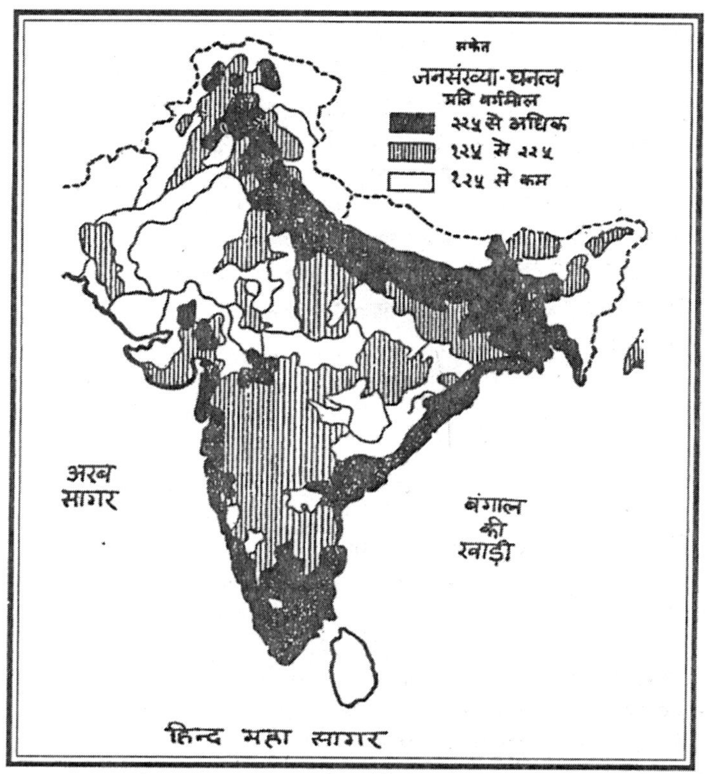

भारत—जनसंख्या का घनत्व

अपनी व्यक्तिगत ज़िंदगी में भी हमको शरीर और आत्मा में और उस मनुष्य में, जो प्रकृति का अंग है और उस मनुष्य में, जो समाज का अंग है, संतुलन खोजना पड़ता है। रवींद्रनाथ ठाकुर ने कहा है-" अपनी पूर्णता के लिए हमको पूरी तरह जंगली होना पड़ता है और मन से परिष्कृत होना पड़ता है; हममें यह कौशल होना चाहिए कि हम प्रकृति के साथ प्राकृतिक हो सकें और मानव-समाज में मानव हों।" पूर्णता हमसे परे की चीज़ है, क्योंकि उसके मानी होते हैं अंत। हम तो बराबर सफ़र कर रहे हैं और हम बराबर ऐसी चीज़ तक पहुंचने की कोशिश कर रहे हैं, जो बराबर पीछे हटती जा रही है। हममें से हर एक में कई मानव हैं—अलग-अलग

और परस्पर विरोधी। सब अलग- अलग दिशाओं में खींचते हैं। ज़िंदगी से मुहब्बत भी है, झुंझलाहट भी है। ज़िंदगी की सारी चीज़ों की मंजूरी भी है और उसकी ज़्यादातर चीज़ों से इन्कार भी है। इन विरोधी प्रवृत्तियों में सामंजस्य स्थापित करना मुश्किल है, और कभी एक हावी होती है, तो कभी दूसरी। लाओत्से ने कहा है–"अकसर मनुष्य जीवन का रहस्य देखने के लिए अपने-आपको कामना से पृथक कर लेता है और अकसर कामना के बहु-अंगी परिणामों को देखने के लिए वह जीवन और कामना को मिला लेता है।'

संग्रहीत ज्ञान, अनुभव, समझ और तर्क की सारी ताक़तों के होते हुए भी हम ज़िंदगी के रहस्य के बारे में क़रीब-क़रीब कुछ नहीं जानते और उसकी रहस्यभरी प्रक्रियाओं की सिर्फ़ कल्पना ही किया करते हैं। लेकिन उसकी खूबसूरती को हम समझ सकते हैं और कला के ज़रिये हम ईश्वर के ही ढंग से सृजनात्मक काम कर सकते हैं। हम कमज़ोर और ग़लती करनेवाले इन्सान हो सकते हैं, जिनकी ज़िंदगी का फैलाव छोटा और अनिश्चित है, फिर भी हममें देवताओं का भी कुछ अंश है। इसलिए अरस्तू ने कहा है – "जो हमको इसलिए विवश करते हैं कि हम इन्सान हैं, मर्त्यलोक के प्राण हैं और हमारी विचारधारा इन्सानों की-सी है, तो हमको उनकी आज्ञा का पालन नहीं करना चाहिए। जहां तक मुमकिन हो सके, हमको अमरत्व बरतना चाहिए और अंतर्निहित सर्वोत्तम के अनुसार जीवन बिताने की कोशिश में कोई कसर बाक़ी नहीं रखनी चाहिए। "

❐

16. उपसंहार

इस लेख-माला को शुरू किए हुए क़रीब पांच महीने हो गए, और मैंने अपने दिमाग़ में भरे हुए ख़यालों से लिखावट के हज़ार सफ़े भर दिये हैं। पांच महीनों मैंने गुज़रे ज़माने की सैर की है और भविष्य में झांका है, और कभी-कभी "उस बिंदु पर, जहां समय का अनंत से मेल होता है," मैंने अपने को टिकाने की कोशिश की है। इन महीनों में दुनिया में बड़ी-बड़ी घटनाएं हुई हैं और जहांतक फ़ौजी जीत का सवाल है, लड़ाई जीत की मंज़िल की तरफ़ तेज़ी से बढ़ गई है। मेरे अपने देश में भी काफ़ी घटनाएं हुई हैं और मैं उनके लिए सिर्फ़ एक तमाशबीन था, और कभी-कभी दुख की लहरें थोड़ी देर के लिए मेरे ऊपर आ गईं और फिर आगे बढ़ गईं। विचार करने और अपने विचारों को किसी रूप में प्रकट करने के व्यापार की मदद से मैंने अपने-आपको मौजूदा वक़्त की चुभती धारा से अलहदा रखा है और मैं भूत और भविष्य के विस्तृत क्षेत्र में घूमता रहा हूं।

लेकिन, इस सौर का कहीं ख़ात्मा होना चाहिए। चाहे इसके लिए कोई दूसरी वजह काफ़ी न होती, लेकिन अब तो एक असली दिक़्क़त सामने है और उसको भुलाया नहीं जा सकता। बड़ी मुश्किल से जितने क़ागज़ का मैं इंतज़ाम कर पाया था, अब वह क़रीब - क़रीब खत्म हो चुका है और अब काग़ज मिलना आसान नहीं है।

हिंदुस्तान की खोज—मैं क्या खोज कर पाया हूं? यह कल्पना करना कि मैं उसे परदे से बाहर ला सकूंगा और उसके वर्तमान और अति प्राचीन युग के स्वरूप को देख पाऊंगा, एक अनाधिकार चेष्टा थी। आज उसमें चालीस करोड़ अलग-अलग स्त्री और पुरुष हैं। सब एक दूसरे से भिन्न हैं और हर एक व्यक्ति विचार और भावना की अपनी दुनिया में रहता है। जब मौजूदा ज़माने में ही यह बात है, तब उस गुज़रे ज़माने की गिरफ्त कर पाना तो कहीं ज्यादा मुश्किल होगा, जिसमें अनगिनत इन्सानों और अनगिनत पीढ़ियों की कहानी है। फिर भी किसी चीज़ ने उन सबको एक साथ बांध रखा है और वह उन्हें अब भी बांधे हुए है। हिंदुस्तान की भौगोलिक और आर्थिक सत्ता है, उसमें विभिन्नता में एक सांस्कृतिक ऐक्य है और बहुत-सी परस्पर विरोधी बातें सुदृढ़, किंतु अदृश्य धागों से, एक साथ गुंथी हुई हैं। बार-बार आक्रमण होने पर भी उसकी आत्मा कभी जीती जा नहीं सकी और आज भी—जब वह एक अहंकारी विजेता का क्रीड़ा-स्थल मालूम होता है—उसकी आत्मा अपरास्त है, अविजित है। एक पुरानी किंवदंती की तरह उसमें एक पकड़ में न आने का गुण है। ऐसा मालूम होता है कि कोई जादू उसके दिमाग़ पर छाया हुआ है। वह तो असल में एक विचार है और एक गाथा है, एक कल्पनाचित्र है और स्वप्न है, किंतु है सच्चा सजीव और व्यापक। कुछ अंधियाले पहलुओं की डरावनी झलक भी दिखाई देती है और हमको आरंभिक युग की याद आती है, लेकिन साथ ही संपन्न और उजले पहलू भी हैं। उसका एक गुज़रा ज़माना है और कहीं-कहीं उससे शर्म महसूस होती है या नफ़रत होती है; उसमें ज़िद है और ग़लती भी है और कभी-कभी उसमें भावुक उद्विग्नता भी दिखाई देती है। फिर भी वह बहुत प्रिय है और उसके बच्चे, चाहे वे कहीं भी हों और चाहे वे कैसी भी परिस्थितियों में क्यों न हो, उसको भुला नहीं सकते। वजह यह है कि वह उन सबसे संबंधित है और उसकी महानता और खामियों को उनसे ताल्लुक़ है। वे सब, जिन्होंने बेहद बड़े परिमाण में ज़िंदगी की कामना, खुशी और ग़लती को देखा है और जिन्होंने ज्ञान-कूप की थाह ली है, उसकी उन आंखों से प्रतिबिंबित होते हैं। उनमें से हर एक उसकी ओर आकर्षित है, लेकिन हर एक के आकर्षण का सबब शायद जुदा-जुदा है और कभी-कभी तो उनके पास इसका कोई खास सबब भी नहीं है। हर एक को उसके बहुअंगी व्यक्तित्त्व का एक अलग पहलू दिखाई देता है। हर युग में उसमें बड़े आदमी और बड़ी स्त्रियां पैदा हुई है। सभी पुरानी परंपरा को आगे ले चले हैं, लेकिन साथ ही उन्होंने उसे समय के अनुरूप बना लिया है। इस महान क्रम में रवींद्रनाथ ठाकुर भी थे। हालांकि वह मौजूदा ज़माने के स्वभाव और प्रवृत्तियों से भरे हुए थे, लेकिन उनकी बुनियाद हिंदुस्तान के पुराने ज़माने में थी। उन्होंने खुद अपने अंदर पुराने और नये का समन्वय किया। उन्होंने कहा– "मैं हिंदुस्तान से प्रेम करता हूं। इसलिए नहीं कि मैं भौगोलिक आकार की उपासना करता हूं, न इसलिए कि संयोग से मेरी उसकी ज़मीन में पैदाइश हुई, बल्कि इसलिए कि उसने अपनी श्रेष्ठ संतान को, ज्योतिर्मयी चेतना में से निकले हुए सजीव शब्दों को, समय की उथल-पुथल से सुरक्षित रखा है। "बहुत से लोग यही बात

कहेंगे, लेकिन दूसरे लोग उसके लिए अपने प्रेम का कोई दूसरा सबब बतायेंगे

ऐसा मालूम होता है कि पुराना जादू अब हट रहा है और हिंदुस्तान चारों तरफ़ देख रहा है और मौजूदा वक़्त के लिए सजग हो रहा है। उसमें तब्दीली होगी। लेकिन चाहे जो तब्दीली हो, पुराना जादू बना रहेगा और उसके लोगों के दिलों पर अपना क़ाबू बनाये रहेगा। उसकी पोशाक बदल सकती है, लेकिन वह ज्यों-का-त्यों रहेगा। इस कड़ी, प्रतिकारवादी और फंसानेवाली दुनिया में जो कुछ अच्छी, खूबसूरत और सच्ची है, उसे अपनाने में उसको अपने ज्ञान भंडार से मदद मिलेगी।

आज की दुनिया ने बहुत कुछ हासिल किया है, लेकिन मानवता के प्रति प्रेम की घोषण के होते हुए भी उनकी बुनियाद उन खूबियों की जगह, जो आदमी को इन्सान बनाती हैं, नफ़रत और हिंसा पर ज़्यादा रही है। लड़ाई सचाई और इन्सानियत से इन्कार है। कभी-कभी ऐसा हो सकता है कि लड़ाई का टालना मुमकिन न हो, लेकिन उसके नतीजे बहुत ख़तरनाक होते हैं। उसमें सिर्फ़ आदमियों की जान ही नहीं ली जाती, बल्कि जान-बूझकर लगातार नफ़रत और झूठ का प्रचार किया जाता है और धीरे-धीरे ये बातें लोगों की आम आदत हो जाती है। अपनी ज़िंदगी के बहाव में नफरत और झूठे के इशारों पर चलना बहुत खतरनाक होता है। उससे ताक़त की बरबादी होती है, दिमाग़ संकरा और विकृत हो जाता है और सचाई को देखने में रुकावट होती है। दुख की बात है कि आज हिंदुस्तान में बहुत सख्त नफ़रत है। गुज़रा ज़माना हमारा पीछा करता है और मौजूदा ज़माना उससे भिन्न नहीं है। एक स्वाभिमानी जाति की शान पर जो बार-बार चोट की गई है, उसको भूलना आसान नहीं है। लेकिन खुशकिस्मती से हिंदुस्तानियों में नफ़रत की आदत नहीं है और जल्दी ही उनकी सद्वृत्तियां ऊपर आ जाती है।

जैसे ही आज़ादी के नये क्षितिज दिखाई देंगे, हिंदुस्तान फिर अपने स्वरूप में आ जायेगा। उस वक़्त भविष्य का आकर्षण इतना होगा कि ये पिछली मायूसियां और बेइज्जतियां निगाह से हट जायेंगी। आत्म-विश्वास के साथ वह आगे बढ़ेगा और अपने-आप में निष्ठा रखते हुए भी वह दूसरों से सीखने और उनके साथ मिल-जुलकर काम करने को उत्सुक होगा। आजकल वह पुराने रिवाजों की अंध-भक्ति और विदेशी शैली के अंधानुकरण के बीच में लटका हुआ है। इनमें से किसी भी ढंग से न तो उसे चैन ही मिल सकता है, और न तरक्क़ी या ज़िंदगी ही हासिल हो सकती है। यह बात साफ़ है कि उसे अपने खोल से बाहर आना होगा और मौजूदा ज़माने की कार्रवाइयों में पूरा-पूरा हिस्सा लेना होगा। साथ ही यह बात भी बिलकुल साफ़ होनी चाहिए कि नक़ल की बुनियाद पर सच्ची आध्यात्मिक या सांस्कृतिक उन्नति नहीं हो सकती। यह नक़ल तो उन थोड़े से लोगों तक ही महदूद रहेगी, जो क़ौमी ज़िंदगी के सोते से और जनता से अलग हो जायेंगे। सच्ची संस्कृति को दुनिया के हर कोने से प्रेरणा मिलती है, लेकिन वह अपनी ही जगह पर उगती है और उसकी जड़ें सारी जनता में समाई रहती हैं। बराबर विदेशी सांचों की सोचते रहने से कला और साहित्य

निर्जीव हो जाते हैं। छोटे-से समुदायों की संकीर्ण संस्कृति का ज़माना अब गुजर चुका। अब हमको आम जनता के नज़रिये से सोचना है। उनकी संस्कृति पिछले बहाव के क्रम में ही होनी चाहिए और साथ ही उसमें उनके नये झुकावों की ओर उनकी सृजनात्मक प्रवृत्तियों की नुमाइंदगी होनी चाहिए।

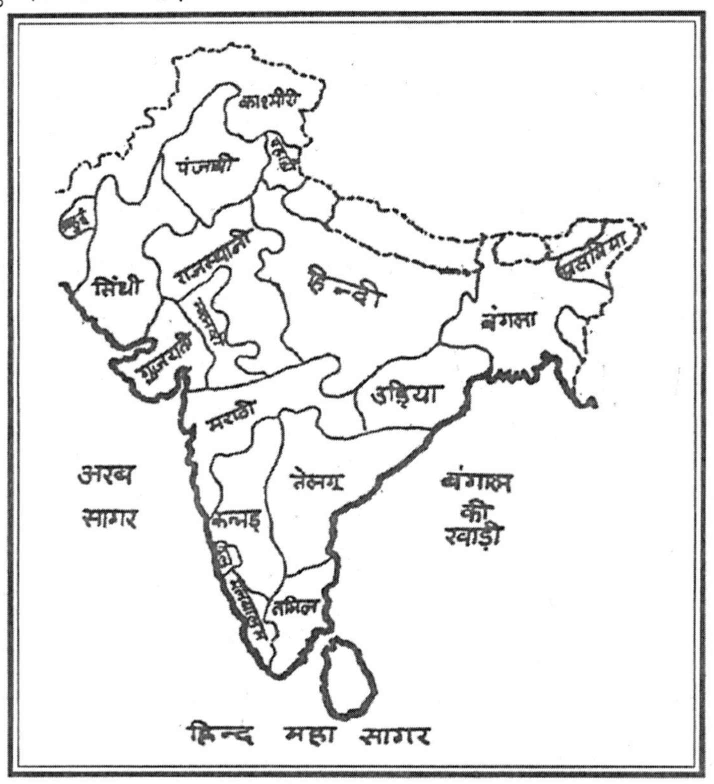

भारत—प्रमुख भाषाएं

क़रीब सौ साल पहले इमर्सन ने अमरीका के अपने देशवासियों को चेतावनी दी कि उनको सांस्कृतिक उन्नति के लिए न तो यूरोप का अनुकरण करना चाहिए और न उस पर निर्भर ही रहना चाहिए। एक नई क़ौम होने के नाते इमर्सन चाहता था कि वे लोग अपने यूरोपीय भूतकाल की ओर ज़्यादा ध्यान न दें, बल्कि वे अपने नये देश के संपन्न जीवन से प्रेरणा लें।" हमारी निर्भरता का दिन, दूसरे देशों की विद्या को सीखने की हमारी लंबी कोशिश का वक़्त अब खत्म होता है। हमारे चारों तरफ़ जो लाखों आदमी ज़िंदगी में दौड़धूप कर रहे हैं, उनका पोषण विदेशी फ़सलों के सूखे हिस्से से नहीं हो सकता। ऐसी घटनाएं, ऐसे कर्म सामने आते हैं, जिनको लयबद्ध करना चाहिए और जो स्वयं लयबद्ध होंगे...उनमें सृजनात्मक शैली है, सृजनात्मक कर्म है और सृजनात्मक शब्द है... अर्थात वे किसी रिवाज या किसी सत्ता को

नहीं जताते, बल्कि उनका जन्म स्वयं ही मस्तिष्क की भली और सुंदर भावना से होता है।" फिर 'आत्म-निर्भरता' शीर्षक अपने निबंध में वह कहता है-"स्व परिष्कृति" के अभाव की ही वजह से सारे पढ़े-लिखे अमरीकियों पर घूमने का वह फ़ितूर सवार है, जिसके आदर्श इटली, इंग्लैंड और मिस्र हैं। जिन लोगों ने इंग्लैंड, इटली या यूनान को सम्माननीय बनाया, वे अपनी जगह पर दुनिया की कीली की तरह मज़बूती से जमे रहे। अपनी कर्मशीलता की घड़ियों में हम यह अनुभव करते हैं कि सिर्फ़ कर्तव्य ही हमारी जगह है। आत्मा कोई यात्री नहीं है; अक़्लमंद आदमी घर पर ही रहता है और जब ज़रूरत और फ़र्ज़ किसी मौके पर उसे घर से बाहर, विदेशी मैदान में बुलाते हैं, तब भी वह जैसे घर पर ही बना रहता है। अपनी मुखमुद्रा से वह लोगों को यह जता देता है कि वह ज्ञान और गुण के पुजारियों के मार्ग पर चलता है और जब वह शहरों और आदमियों को देखने जाता है, तो वह नौकर या बिचौलिया की तरह नहीं, बल्कि बादशाह की तरह जाता है।

आगे चलकर इमर्सन ने कहा है–"कला, अध्ययन अपने परोपकार के उद्देश्य से दुनिया की सैर करने के मैं ख़िलाफ़ नहीं हूं। शर्त यह है कि मानव को पहले व्यवस्थित कर दिया जाये और उसे यह बात दिया जाये कि उसे किसी नई चीज़ को पाने के लिए विदेश-यात्रा नहीं करती है। जो मनोरंजन के लिए या किसी ऐसी चीज़ को पाने के लिए घूमता है, जो उसके पास नहीं है, वह अपने से ही दूर चला जाता है और पुराने वातावरण में जवानी में ही बुड्ढा हो जाता है। थेबीज़ या पाल्माइरा के शहरों में जाने पर उसके दिमाग़ और उसकी इच्छाशक्ति में वही बुढ़ापा आ जाता है, जो उन शहरों में है। वह खंडहरों में खंडहर ले जाता है।

"लेकिन घूमने की धुन एक गहरे खोखलेपन का लक्षण है, जिसका असर सारी दिमाग़ी कार्रवाइयों पर होता है। हम नक़ल करते हैं... हमारे घर विदेशी रुचि पर बने हुए हैं। हमारी प्रतिभा दूर की चीज़ों का, गुज़रे ज़माने का अनुसरण करती है और उसका झुकाव उन्हीं की तरफ़ है। जहां कहीं कला की उन्नति हुई है, स्वयं आत्मा ने ही उस कला का सृजन किया है। कलाकार ने अपने सांचे को अपने ही दिमाग़ में तलाश किया है। जो चीज़ की जानी थी और जिन नियमों का पालन करना था, उन पर उसने अपने विचारों को ही इस्तेमाल किया। अपने-आप पर ही जोर दी; कभी अनुकरण न करो। जीवन के सारे संस्कारों की एकत्रित शक्ति से तुम हर मिनट अपना उपहार भेंट कर सकते हो। लेकिन दूसरों की प्रतिभा के अनुकरण से तुम्हारे पास अधूरी चीज़ ही जाती है और वह निखरी हुई नहीं होती।'

हम हिंदुस्तानियों को 'सुदूर' और 'प्राचीन' की तलाश में देश से बाहर नहीं जाना। उसकी हमारे पास बहुतायत है। अगर हमें विदेशों में जाना है, तो वह सिर्फ़ वर्तमान की तलाश में। यह तलाश ज़रूरी है, क्योंकि उससे अलहदा रहने के मानी हैं पिछड़ापन और क्षय। इमर्सन के वक़्त की दुनिया बदल गई है और पुरानी दीवारें टूट रही हैं। ज़िंदगी अब ज़्यादा अंतर्राष्ट्रीय होती जा रही है। इस आनेवाली अंतर्राष्ट्रीयता में हमको भी अपना हाथ बंटाना है और इस गरज़ से सफ़र करना है, दूसरों से मिलना है, उनसे सीखना और समझना है। लेकिन सच्ची

अंतर्राष्ट्रीय कोई हवाई चीज़ नहीं है, जिसकी न बुनियाद हो और न जिसका कोई लंगर हो। उसे राष्ट्रीय संस्कृतियों को पार करना होगा और आज वह सच्ची अंतर्राष्ट्रीय आज़ादी और बराबरी की बुनियाद पर ही हो सकती है। फिर भी इमर्सन की चेतावनी गुज़रे ज़माने की तरह आज भी लागू है और हमारी कोशिश उसके बताये हुए नियमों के अनुसार चलने पर ही सफल हो सकती है। किसी भी जगह हम बिचौलियों की हैसियत में नहीं जायेंगे। हम तो सिर्फ़ वहीं जायेंगे, जहां हम एक मिली-जुली कोशिश में साथी हों, बराबर के हों और जहां हमारा स्वागत हो। ऐसे देश हैं और ख़ासतौर से ऐसे ब्रिटिश डोमिनियन हैं, जो हमारे देशवासियों की बेइज्जती करने की कोशिश करते हैं। उनका हमारा साथ नहीं हो सकता। फ़िलहाल विदेशी जुए के नीचे हमें ज़बरदस्ती सिर झुकाकर तकलीफ़ सहनी पड़ती है और गुलामी के भारी बोझ को ढोना पड़ता है; लेकिन हमारी आज़ादी का दिन दूर नहीं हो सकता। हम किसी मामूली देश के नागरिक नहीं हैं, और हमको अपनी जन्मभूमि पर अपनी जनता पर, अपनी संस्कृति पर और अपनी परंपरा पर गर्व है। वह गर्व किसी ऐसे रोमांचकारी भूतकाल के लिए नहीं होना चाहिए, जिससे हम चिपटे रहना चाहते हैं। न इससे अलहदगी को ही बढ़ावा मिलना चाहिए, और न इसकी वजह से और दूसरे लोगों के ढंग को समझने में रुकावट होनी चाहिए। उसकी वजह से हमें अपनी कमियां और खामियां भूल नहीं जानी चाहिए और न उनसे छुटकारा पाने की हमारी तीव्र इच्छा में ही कुछ शिथिलता आनी चाहिए। हमें तो एक बहुत बड़ी मंजिल तय करनी है और पहली कमी को पूरा करना है। हम मानव सभ्यता और प्रगति के उस काफ़िले में, जो हमसे आगे निकल गया है, तेज़ी से बढ़कर ही अपनी सही जगह पर पहुंच सकते हैं। हमको बहुत फुर्ती करनी होगी, क्योंकि हमारे पास वक़्त बहुत थोड़ा है और दुनिया की रफ़्तार दिन-ब-दिन ज्यादा तेज़ होती जा रही है। गुज़रे ज़माने में हिंदुस्तान दूसरी संस्कृतियों का स्वागत करता था और उन्हें अपने में खपा लेता था। आज इस बात की और भी ज़्यादा ज़रूरत है। वजह यह है कि हम उस 'एक दुनिया" की तरफ़ बढ़ रहे हैं, जहां मानव जाति की अंतर्राष्ट्रीय संस्कृति में सारी राष्ट्रीय संस्कृतियां घुल-मिल जायेंगी। इसलिए हमको जहां कहीं भी ज्ञान, विज्ञान, मित्रता और सहयोग या इनमें से एक भी चीज़ मिलेगी, हम उसको अपनायेंगे और साथ ही हम दूसरों के साथ मिलकर ऐसे कामों को करेंगे, जिनसे सबका हित हो। लेकिन हम दूसरों की कृपा या इनायत के भिखारी नहीं हैं। इस तरह हम सच्चे हिंदुस्तानी और एशियाई होंगे और साथ ही हम भले अंतर्राष्ट्रीयतावादी होंगे और दुनिया के नागरिक होंगे।

हिंदुस्तान में और दुनिया में मेरी पीढ़ी के लोगों को काफ़ी मुसीबतें उठानी पड़ी हैं। हम थोड़ी देर तक इसी तरह और चल सकते हैं, लेकिन हमारा वक़्त ख़त्म होगा और हम अपनी जगह दूसरी पीढ़ी के लोगों को दे देंगे और वे अपनी ज़िंदगी बितायेंगे और सफ़र की दूसरी मंज़िल तक अपने बोझ को ढोयेंगे। अपने जीवन-युग में, जो समाप्ति की ओर बढ़ रहा है, हमने विश्व रंगमंच पर कैसा अभिनय किया है? मैं नहीं जानता—अगले युग के लोग इसका

फैसला करेंगे। लेकिन सफलता और असफलता को नापते किस मापदंड से हैं? वह भी मैं नहीं जानता। हम इस बात की शिकायत नहीं कर सकते कि ज़िंदगी बहुत ज़्यादा परेशानी से भरी रही है, क्योंकि जहांतक हमारा सवाल है, ऐसी ज़िंदगी हमने खुद ही पसंद की। इसके अलावा, ज़िंदगी कोई ऐसी बुरी भी तो नहीं रही। सिर्फ़ वे ही लोग ज़िंदगी का स्वाद ले सकते हैं, जो अकसर उसके बिलकुल छोर पर ही रहते हैं, जो मौत से ख़ौफ़ नहीं खाते। चाहे जो भी ग़लतियां हमने की हों, लेकिन हम ओछेपन, बुज़दिली और अंदरूनी शर्म से ज़रूर दूर रहे हैं। इसमें हमारे निजी व्यक्तित्व के लिए कुछ उपलब्धि ज़रूर हुई है। "आदमी की सबसे ज़्यादा प्यारी दौलत ज़िंदगी है, और चूंकि आदमी को ज़िंदगी सिर्फ़ एक बार ही मिलती है, इसलिए उसे यह ज़िंदगी इस ढंग से बितानी चाहिए कि उसको ओछेपन और बुज़दिली से भरे हुए गुज़रे ज़माने की शर्म की तपन न हो। उसे इस तरह रहना चाहिए कि बरसों तक उसे ज़िंदगी में उद्देश्य के अभाव की तकलीफ़ न हो, इस तरह रहना चाहिए कि मरते वक़्त यह कह सके – 'मैंने अपनी सारी ताक़त, अपनी सारी ज़िंदगी दुनिया के सबसे बड़े आदर्श – मानव जाति की आज़ादी - के लिए निछावर कर दी।'[123]

❑

ताज़ा क़लम

इलाहाबाद:उनतीस दिसम्बर:उन्नीस सौ पैंतालिस

अहमदनगर क़िले की जेल में नज़रबंद कांग्रेस-कार्यसमिति के सदस्य सन् 1945 की मार्च और अप्रैल में तितर-बितर कर दिये गए और अपने-अपने सूबे भेज दिये गए। क़िला-जेल बंद कर दी गई और शायद फ़ौजी अधिकारियों को लौटा दी गई। हम तीनों आदमियों ने—गोविंदबल्लभ पंत और नरेंद्रदेव और मैंने—28 मार्च को अहमदनगर का क़िला छोड़ा और हम लोग नैनी सेंट्रल जेल लाये गए। यहां हमें कई पुराने साथी मिले; उनमें रफ़ी अहमद किदवई भी थे। अगस्त, 1942 में अपनी गिरफ़्तारी के बाद यहां हमको पहली बार 1942 की घटनाओं के कुछ आंखों देखे बयान सुनने को मिले। वजह यह थी कि नैनी जेली के बहुत से-आदमी हमारी गिरफ़्तारी के कुछ बाद गिरफ़्तार किये गए थे। नैनी से हम तीनों बरेली के नज़दीक इज्ज़तनगर सेंट्रल जेल ले जाये गए। तंदुरूस्ती खराब होने की वजह से गोविंदबल्लभ पंत को छोड़ दिया गया। इस जेल की एक बारक में हम दोनों (नरेंद्रदेव और मैं) दो महीने से कुछ ज़्यादा अरसे तक साथ-साथ रहे। जून के शुरू में हम दोनों आल्मोड़ा के उस पहाड़ी जेल में भेज दिये गए, जिससे दस बरस पहले मेरी बहुत क़रीबी जानकारी हो गई थी। अगस्त, 1942 में अपनी गिरफ़्तारी के ठीक 1041 दिन बाद हम दोनों 15 जून

123. लेनिन।

को छोड़ दिये गए। इस तरह मेरी नवीं बार की और सबसे लंबी क़ैद की मुद्दत ख़त्म हो गई।

तब से साढ़े छः महीने बीत चुके हैं। जेल के लंबे एकांत से मैं चहल-पहल में आया, और मैं बेहद काम-काज और लगातार सफ़र में लगा रहा। घर पर मैंने सिर्फ़ एक रात बिताई और मैं जल्दी से कांग्रेस-कार्यसमिति की बैठक के लिए बंबई चला गया। फिर वहां से शिमला कान्फ्रेंस में, जिसे वाइसराय ने बुलाया था, गया। नये बदलते हुए वातावरण से अपना मेल बिठाने में मुझे दिक़्क़त मालूम दी और मैं उसके अनुरूप नहीं हो सका। हालांकि हर एक चीज़ जानी-पहचानी थी और पुराने दोस्तों और साथियों से मिलना अच्छा था, फिर भी मुझे ऐसा महसूस हुआ कि मैं अजनबी हूं, बाहरी आदमी हूं और मेरा दिमाग़ पहाड़ों और हिमाच्छादित चोटियों की तरफ़ दौड़ने लगा। ज्योंही शिमला का धंधा ख़त्म हुआ, मैं फ़ौरन ही काश्मीर चला गया। मैं घाटी में नहीं ठहरा, बल्कि फ़ौरन ही सवारी के ज़रिये ज़्यादा ऊंची जगहों और ज़्यादा ऊंचे दर्रों के लिए रवाना हो गया। काश्मीर में मैं एक महीने रहा और तब फिर मैं भीड़-भीड़ में और रोज़मर्रा की उत्तेजना और यकसांपन से भरी हुई ज़िंदगी में वापस आ गया।

धीरे-धीरे पिछले तीन सालों की थोड़ी-सी तस्वीर मेरे दिमाग़ में अपने-आप बनी। औरों की तरह मैंने भी देखा कि जो खुद हुआ था, वह हमारी कल्पना से कहीं ज़्यादा था। इन तीन सालों में हमारी जनता को बेहद तकलीफ़ उठानी पड़ी और हर शख्स के चेहरे पर, जिससे हम मिले, उस तकलीफ़ की छाप दिखाई दी। हिंदुस्तान बदल गया था और सतह पर दिखनेवाली ख़ामोशी के नीचे शक था, सवाल था, मायूसी थी, नाराज़ी थी और दबा हुआ जोश और उफ़ान था। हमारे छुटकारे से और घटनाओं के घटने से दृश्य- परिवर्तन हुआ, चिकनी ऊपरी सतह घटने लगी और दरारें नज़र आने लगीं। देश में उत्तेजना की लहर दौड़ गई और जनता अपने खोल को तोड़कर बाहर आई। पहले मैंने ऐसी भीड़ नहीं देखी थी, ऐसी उन्मत्त उत्तेजना नहीं देखी थी और न जनता में अपने- आपको आज़ाद करने की ऐसी तेज़ ख्वाहिश ही देखी थी। नौजवान मर्द और औरतें, लड़के और लड़कियां - सभी कुछ-न-कुछ करने के इरादे से भरे हुए थे। लेकिन उन्हें क्या करना चाहिए, यह उनकी समझ में नहीं आता था।

लड़ाई ख़त्म हुई और परमाणु-बम नये युग का प्रतीक बन गया। इस बात के इस्तेमाल से और राजनीति की चालों से आंखें और ज़्यादा खुल गईं। पुराने साम्राज्यवाद अब भी काम कर रहे थे और हिंदेशिया और हिंद-चीन की घटनाओं से दृश्य की भयंकरता और बढ़ गई। इन दोनों देशों में अपनी आज़ादी के लिए लड़ती हुई जनता के ख़िलाफ़ हिंदुस्तानी फ़ौज के इस्तेमाल से हमको शर्मिंदा होना पड़ा, लेकिन कडुएपन और नाराज़गी के होते हुए भी हमारी बेबसी थी। देश का पारा बराबर चढ़ता रहा।

लड़ाई के बरसों के दौरान में बरमा और मलाया में बनी हुई आज़ाद हिंद फ़ौज की कहानी सारे देश में एकदम फैल गई और उससे आश्चर्यजनक जोश पैदा हुआ। उसके कुछ

अफ़सरों पर फ़ौजी अदालत में मुक़दमा चलाये जाने की वजह से देश इतना नाराज हो गया, जितना पहले वह किसी बात पर नहीं हुआ था। ये अफ़सर हिंदुस्तान के अलग-अलग धार्मिक समुदायों के एके के प्रतीक बन गए, क्योंकि उस फ़ौज में हिंदू, मुसलमान, सिख, ईसाई सभी थे। उन्होंने आपस में सांप्रदायिक समस्या को हल कर दिया था। तब हम भी वैसा ही क्यों न करें !

अब कुछ वक़्त में हिंदुस्तान में आम चुनाव होनेवाले हैं और सारा ध्यान इन चुनावों में लग गया है। लेकिन चुनाव तो कुछ वक़्त में खत्म हो जायेंगे-तब! संभावना यह है कि आनेवाला साल तूफ़ान, उत्पात, संघर्ष और उथल-पुथल से भरा होगा। हिंदुस्तान में या और जगहों में आज़ादी के बिना शांति नहीं हो सकती।